याद किया दिल ने

हिन्दी सिनेमा के सबसे गौरवशाली
संगीत–निर्देशकों का जीवन और कृतित्व

याद किया दिल ने

हिन्दी सिनेमा के सबसे गौरवशाली
संगीत-निर्देशकों का जीवन और कृतित्व

त्रिनेत्र बाजपेयी
अंशुला बाजपेयी

अनुवाद
युगांक धीर

राजकमल प्रकाशन

Those Magnificent Music Makers का हिन्दी अनुवाद

ISBN : 978-93-90971-75-6

मूल्य : ₹ 3999

पहला संस्करण : 2022

प्रकाशक : राजकमल प्रकाशन प्रा. लि.
1-बी, नेताजी सुभाष मार्ग, दरियागंज
नई दिल्ली-110 002

शाखाएँ : अशोक राजपथ, साइंस कॉलेज के सामने, पटना-800 006
पहली मंजिल, दरबारी बिल्डिंग, महात्मा गांधी मार्ग, प्रयागराज-211 001
36 ए, शेक्सपियर सरणी, कोलकाता-700 017

वेबसाइट : www.rajkamalprakashan.com
ई-मेल : info@rajkamalprakashan.com

मुद्रक : बी.के. ऑफ़सेट
नवीन शाहदरा, दिल्ली-110 032

YAAD KIYA DIL NE
by Trinetra Bajpai, Anshula Bajpai
Translated by Yugank Dheer

अनुक्रम

भूमिका | युगल सुर

बात जितनी अनूठी है, उतनी ही समझ में न आने वाली भी। कहते हैं कि यह नाचीज जब सिर्फ दो-तीन वर्ष का था तो फिल्म संगीत के किसी भी 78 आरपीएम रिकॉर्ड को दूर से ही देखकर पहचान लेता था कि उस पर कौन-सा गीत बजने वाला है—20 फीट दूर से भी। मेरी माँ स्वर्गीय शांति कुमारी बाजपेयी एक जानी-मानी साहित्यकार होने के साथ-साथ बनारस के महिला कॉलेज में हिन्दी की प्राध्यापिका भी थीं। हम बनारस हिन्दू यूनिवर्सिटी के स्टाफ क्वार्टरों में बी2/बी1, न्यू लेडीज कॉलोनी में रहते थे। हमारे घर के पिछवाड़े में 20 फीट गुणा 12 फीट का एक छोटा-सा आँगन था। मेरी माँ बताया करती थीं कि जब कॉलेज की लड़कियाँ घर पर उनसे मिलने या पढ़ने आती थीं तो मेरी अनूठी याददाश्त का जमकर मजा लेती थीं। वे आपस में शर्तें लगाया करती थीं कि मैं किसी खास गीत को पहचान सकूँगा या नहीं और मैं हर बार सोलह आने खरा उतरता था।

थोड़ा बड़ा होने पर फिल्म संगीत का मेरा यह जुनून मेरी पूरी मित्र-मंडली पर हावी हो गया। हम जिंदगी की सभी घटनाओं को फिल्मी गीतों से जोड़कर देखने लगे। इम्तिहान नजदीक होते तो हम कहते—'बचना जरा ये जमाना है बुरा' (गीता दत्त, एन. दत्ता : 'मिलाप') और उनके गुजरते ही हमारे होंठों पर यह खुशी भरा गीत होता—'दुख भरे दिन बीते रे भैया, अब सुख आयो रे' (आशा, रफी ,मन्ना डे, नौशाद : 'मदर इंडिया')।

इसके बाद होनेवाली पत्नी कनिका शुक्ला के रूप में जिंदगी में रोमांस का मौसम भी आया और संयोग देखिए, वह भी फिल्म संगीत की उतनी ही दीवानी। जब मैंने उसे पहली बार अपनी माँ की प्यारी सहेली (और मेरी प्यारी मौसी) डॉ. पद्मा मिश्र के घर के सामने वाली खिड़की में देखा तो मेरे कानों में 'आवारा' फिल्म की एकॉर्डियन की धुन गूँजने लगी (शंकर-जयकिशन) और दिल में 'पतिता' फिल्म का वह बेहद सुरीला गीत मचलने लगा—'किसी ने अपना बनाके मुझको मुस्कराना सिखा दिया' (लता मंगेशकर, शंकर-जयकिशन)। हम दोनों लखनऊ के कार्लटन होटल में पहली बार मिले (अपनी पहली 'डेट' के रूप में) तो कनिका के होंठों पर 'आए बहार बनके लुभाकर चले गए' (रफी, शंकर-जयकिशन : 'राजहठ') उभर आया। मैं भी जवाब में 'जलते हैं जिसके लिए, तेरी आँखों के दीये' (तलत, सचिन देव बर्मन : 'सुजाता') सुनाए बिना न रह सका। विवाह की रात हम दोनों 'चुपके से मिले प्यासे-प्यासे, कुछ तुम कुछ हम' (रफी, गीता दत्त, सचिन देव बर्मन : 'मंजिल') जैसे गीत बजाकर माहौल को और ज्यादा मधुर और नशीला बनाते रहे।

कार्लटन होटल की वह पहली मुलाकात

इसके बाद हमारा सर्वोत्तम प्रोजेक्ट सामने आया—बेटी अंशुला के जन्म के रूप में। जैसाकि स्वाभाविक था, बेटी अंशुला की रगों में भी खून के साथ-साथ हिन्दी फिल्म संगीत दौड़ रहा था। संगीत की वही जन्मजात समझ और उसके प्रति वही लगाव जो उसके माता-पिता की जिंदगी का हिस्सा था। जब भी हम 'घड़ी-घड़ी मेरा दिल धड़के' (लता,

सलिल चौधरी : 'मधुमति') का रिकॉर्ड बजाते तो छह महीने की अंशुला झूमने लगती। वह दो वर्ष की हुई तो रेल के सफर के दौरान सहयात्रियों को 'आएगा आने वाला' (लता, खेमचन्द प्रकाश : 'महल') और 'दूर पपीहा बोला' (सुरैया, अनिल बिस्वास : 'गजरे') सुनाकर घोर आश्चर्य में डालने लगी। आज एक सुशिक्षित और सुसंस्कृत नवयुवती के रूप में हमारी बेटी अंशुला को हिन्दी फिल्म संगीत का लगभग वैसा ही जुनून है जैसाकि हम दोनों को। अपने दादा-दादी के जमाने के गाने उसे खास तौर से पसन्द हैं, यानी मेरे माता-पिता के जमाने के (1930 और 1940 के दशक के) गाने। वह लंदन में रहती है और अब 'के.एल. रॉक्स' के नाम से दुनिया भर में एक संगीत आन्दोलन शुरू करने की योजना बना रही है। जैसाकि नाम से जाहिर है, यह फैन क्लब गायन-सम्राट कुन्दनलाल सहगल को समर्पित है। तो फिर यह बड़ा स्वाभाविक था कि वह अपने पिता के साथ इस किताब की सह-लेखिका होती! अब मैं इस भूमिका का सूत्र उसी के हाथ में पकड़ाना चाहूँगा, ताकि वह हिन्दी फिल्म संगीत के साथ अपने जन्मजात जुड़ाव और दिनोदिन बढ़ते अपने इस जुनून को लेकर अपने मन की बात खुद आप तक पहुँचा सके। तो लीजिए, कलम अब अंशुला के हाथ में... :

★

ऐसा लगता है कि पैदा होते ही मेरे खून में एमनियॉटिक रसों के साथ-साथ पुरानी हिन्दी फिल्मों का संगीत भी बहने लगा था। एमनियॉटिक रस मेरी कोशिकाओं को तृप्त करते थे तो संगीत मेरी आत्मा को। बल्कि मुझे तो यह बताया जाता है कि मैं हिन्दी सिनेमा के सुनहरे दौर के बहुत से हिट गानों की जानकारी के साथ ही पैदा हुई थी। मैं हमेशा से ही किसी पुरानी आत्मा की तरह महसूस करती रही हूँ—एक ऐसे सुर की तरह, जो अपने कारवाँ से बिछुड़ गया हो और भटकते-भटकते किसी गलत दौर में आ पहुँचा हो, या जो संयोग से अपनी ही तरह के दो भटके हुए सुरों से आ मिला हो—त्रिनेत्र और कनिका से—एक ऐसा मिलन जिसके बिना त्रिनेत्र-कनिका-अंशुला का 'त्रिताल' पूरा नहीं हो सकता था।

मैं कभी भी अपनी उँगलियों से कोई साज ढंग से बजा नहीं सकी। लेकिन उँगलियों की इस कमी को मानो मेरे कानों, हृदय और आत्मा में रचे-बसे संगीत ने पूरा कर दिया। फिल्म संगीत के बेमिसाल बादशाहों द्वारा रचे गए अलौकिक संगीत की कलात्मक बारीकियों को समझना, पहचानना और उनका आनन्द लेना सचमुच ही मुझे विरासत में मिला है और मेरे जींस का हिस्सा है।

मुझे अपना छुटपन तो याद नहीं है, लेकिन इतना जरूर याद है कि पुराने सुरीले गीतों की कलात्मक बारीकियाँ मेरे अस्तित्व के एक अभिन्न हिस्से की तरह थीं। एक बच्चे और इनसान के रूप में मेरी बढ़त में जितना हाथ मेरे शानदार माता-पिता का रहा है, उतना ही सुनहरे दौर के उस मधुर संगीत का भी—जब फिल्म संगीत पर सुरीलेपन का राज था, या जैसाकि अंग्रेजी में कहते हैं : 'मैलॉडी वॉज द क्वीन'। यह संगीत बरस-दर-बरस जीवन के हर पड़ाव पर, हर महत्त्वपूर्ण मोड़ पर मुझे रास्ता दिखाता रहा है, प्रेरणा देता रहा है, और मेरे अनुभवों और अनुभूतियों का अभिन्न अंग बना रहा है।

यहाँ मैं कुछ ऐसे गीतों का जिक्र करना चाहूँगी जिन्होंने संगीत में मेरी रुचि को तो तराशा ही, साथ ही जीवन के प्रति मेरा दृष्टिकोण गढ़ने में भी मदद की। मेरी एक बेहद मीठी याद कानन देवी के एक सुरीले गाने से जुड़ी हुई है—'ए चाँद छुप न जाना'। फिल्म 'जवाब' (1942) का यह गाना मैं अपनी दादी-माँ के साथ सुना करती थी, जो कानन देवी और शांता आप्टे की जबर्दस्त फैन थीं। दादी-माँ के कारण ही 'सुनो-सुनो बन के प्राणी' ('अमर ज्योति', 1936) और शांता आप्टे की जोरदार आवाज में ऑपेरा शैली में स्वरबद्ध लागफेलो की मशहूर कविता 'द सैम ऑफ लाइफ' ('दुनिया न माने', 1937) जैसे अविस्मरणीय गीतों से मेरा परिचय हुआ। हिन्दी फिल्म संगीत के पथ-प्रदर्शक माने जानेवाले आर.सी. बोराल से मेरा पहला परिचय 'डोले हृदय की नैया' (कानन देवी : 'विद्यापति', 1934) और 'अम्बुआ की डाली-डाली' (कानन देवी, पहाड़ी सन्याल : 'विद्यापति', 1934) जैसे गीतों के रूप में हुआ। 'जैक एंड जिल' और 'ट्विंकल-ट्विंकल लिटिल स्टार' जैसे नर्सरी गीत सीखने से पहले ही मुझे 'ए चाँद छुप न जाना' जैसे गानों के बोल जुबानी याद हो गए थे। दुर्भाग्यवश, जैसाकि आगे के अध्यायों में हमने जिक्र किया है, आर.सी. बोराल या सरस्वती देवी द्वारा संगीतबद्ध किए गए कई गाने खुद अभिनेताओं द्वारा ही नर्सरी की कविताओं की तरह गा दिये जाते थे। अगर गानेवाली कानन या शांता हो या फिर पंकज मलिक या महान सहगल तो इन गीतों के साथ निश्चित ही न्याय हो जाता था, लेकिन अगर गाने का जिम्मा किसी अशोक कुमार या गजब की खूबसूरत देविका रानी पर आ पड़े तो गाने का कलात्मक प्रभाव थोड़ा कम जरूर हो जाता था, लेकिन उसका जादू फिर भी बरकरार रहता था। शायद उस जमाने की सादगी में अपना एक अनूठा आकर्षण था। मुझे याद है, मैं और अम्मा मिलकर खूब जोर-जोर से 'उड़ी हवा में जाती है...' (सरस्वती देवी : 'अछूत कन्या', 1937) गाया करते थे, मजाक उड़ाते हुए नहीं बल्कि पूरा मजा लेते हुए और देविका रानी के अन्दाज में शब्दों को बोलते और हँसकर लोट-पोट होते हुए। यह एक न भुलाया जा सकने वाला अनुभव था।

मेरे पिता और उनके बड़े गहरे दोस्त और मेरे प्यारे अंकल अरुण ठाकुर के कई पसन्दीदा पार्टी-गीत भी थे जिन पर

ये खूब मस्ती से झूमा करते थे—जैसेकि शंकर-जयकिशन का 'बेचैन दिल खोई सी नजर' ('यहूदी', 1958) या फिर पंचम दा यानी राहुल देव बर्मन का 'आजा आजा मैं हूँ प्यार तेरा' या 'ओ हसीना जुल्फोंवाली' (दोनों 'तीसरी मंजिल', 1966)।

अंशुला 'बार स्टूल' पर

इसी तरह मम्मी की पार्टियों में 'मुन्नी बदनाम हुई' और 'शीला की जवानी' से लेकर 'रात अकेली है, बुझ गए दीए' और 'बैठे हैं क्या उसके पास' (दोनों 'ज्वेलथीफ', 1967) की धूम रहती थी और फिर मैं 'बाजपेयी बार स्टूल क्लासिक्स' या यूँ कहें कि 'बाजपेयी मधुशाला गीतमाला' के रूप में 'दिन ढल जाए हाय रात न जाए' (सचिन देव बर्मन : 'गाइड', 1966), 'है अपना दिल तो आवारा' (सचिन देव बर्मन : 'सोलहवाँ साल'), 'शाम-ए-गम की कसम' (खय्याम : 'फुटपाथ', 1953), 'अभी न जाओ छोड़कर' (जयदेव : 'हम दोनों', 1962) और 'है दुनिया उसी की जमाना उसी का' (ओ.पी. नैयर : 'कश्मीर की कली', 1963) को कैसे भूल सकती हूँ?

इसके अलावा एक 'महफिल स्पेशल' श्रेणी भी थी। इन महफिलों में मेरे पिता हारमोनियम बजाया करते थे और मैं, मम्मी और हमारे कई पारिवारिक मित्र दिल खोलकर गाया करते थे। जिंदगी का सारा तनाव मानो चुटकियों में गायब हो जाता था।

मेरी माँ भी अक्सर 'कोई आया धड़कन कहती है' ('लाजवन्ती', 1958) की धुन पर थिरकती रहती थीं, खासकर जब मेरे पिताजी के दफ्तर से घर लौटने का समय होता था या जब वे सऊदी अरब में होते थे और माँ को बड़ी बेसब्री से उनके लौटने का इन्तजार रहता था। किसी का भी जन्मदिन 'तुम जियो हजारों साल' (सचिन देव बर्मन, 'सुजाता', 1959) के बिना पूरा नहीं माना जाता था। मेरे जन्मदिन पर माँ खासतौर से 'मेरे घर आई एक नन्ही परी' (खय्याम, 'कभी कभी', 1976) का रिकॉर्ड बजाया करती थीं। इसी तरह माँ और पिताजी के विवाह की वर्षगाँठ पर मैं भी 'दो सितारों का जमीं पर है मिलन आज की रात' (नौशाद, 'कोहिनूर', 1960) बजाना नहीं भूलती थी। इन खुशनुमाँ अवसरों पर सुने जाने वाले कुछ अन्य गीतों में ओ.पी. नैयर के 'मैं प्यार का राही हूँ' ('एक मुसाफिर एक हसीना', 1962) और 'सर पर टोपी लाल हाथ में रेशम का रूमाल' ('तुमसा नहीं देखा', 1957) और नौशाद का 'मुझे दुनियावालो शराबी न समझो' जैसे मस्ती भरे गीत शामिल होते थे।

एक अन्तर्राष्ट्रीय छात्रा होने के नाते और घूमने-फिरने के शौक के कारण मुझे अक्सर यात्राएँ करनी पड़ती थीं और ये गाने हमेशा मेरे हमसफर होते थे। घर की याद आती तो ये गाने मेरा एक छोटा-सा सुरक्षित घोंसला बन जाते और मैं इनमें दुबककर घर की गरमाइश और अपनापन महसूस करती।

2004 में मैं इंग्लैंड चली गई तो ब्राइटन शहर में मुझे एक बड़ा प्यारा घर मिल गया। मैं वहाँ की यूनिवर्सिटी से क्रिएटिव एंड क्रिटिकल राइटिंग में मास्टर्स की डिग्री कर रही थी। कुछ दिन बाद यह जानकर मेरे आश्चर्य की कोई सीमा नहीं रही कि यह घर उसी गली में था जहाँ 1940 के दशक में अपने इंग्लैंड प्रवास के दौरान मेरे दादाजी ठहरे थे। इसे आप कुछ भी कह लीजिए, लेकिन मैं एक ऐसे व्यक्ति के साथ एक अदृश्य-सा सूत्र महसूस कर रही थी जिससे मैं कभी नहीं मिली थी और जिसके साथ मेरी रुचियाँ बहुत ज्यादा मिलती-जुलती थीं। मेरी शक्लोसूरत और देहकाठी तो कुछ-कुछ उनके जैसी है ही, साथ ही तरह-तरह के व्यंजन बनाने, घूमने-फिरने, फोटोग्राफी और सबसे बढ़कर मेरा संगीत का शौक भी शायद मेरे प्यारे दादाजी श्री गोकरण नाथ बाजपेयी की देन है। इस अनूठे सूत्र को परिभाषित करने के लिए कानन देवी की दिलकश आवाज में आर.सी. बोराल का यह अद्‌भुत गीत सबसे उपयुक्त जान पड़ता है—'न जाने क्या है दिल का राग' ('मुक्ति', 1935)। कहते हैं कि यह गीत दादाजी का सबसे पसन्दीदा गीत था और मैं भी इसे सुनते ही सब कुछ भूलकर किसी दूसरी दुनिया में खो जाती हूँ।

दादाजी की पसन्द के कई दूसरे गायक भी मेरे दिल के बहुत करीब रहे हैं, जैसेकि के.एल. सहगल, जिन्हें मैं भगवान से कम नहीं समझती, और फिर आत्मा की गहराइयों में उतर जाने वाली वे आवाजें जो अगर मैदान में डटी रहतीं तो लता मंगेशकर को कड़ा संघर्ष करना पड़ता। पल भर में ही अपने मोहक आकर्षण में जकड़ लेने वाली नूरजहाँ और दिलों में आग भड़का देनेवाली राजकुमारी—ऐसी ही कुछ आवाजें थीं। अगर मैं अपने दिल और आत्मा को मंत्रमुग्ध कर देनेवाले हर गाने का जिक्र करने बैठ जाऊँ—जिनकी वजह से ही आज मैं वह हूँ, जो मैं हूँ—तो शायद हम अपने मूल उद्‌देश्य से भटक जाएँगे। इसलिए मैं इस भूमिका के सिलसिले को एक मोड़ देकर खत्म करने की कोशिश करूँगी। सहगल, नूरजहाँ और राजकुमारी मेरे सबसे चहेते गायक हैं, इसलिए मैं आर.सी. बोराल ('स्ट्रीट सिंगर', 1938), नौशाद ('शाहजहाँ' और 'अनमोल घड़ी', 1946), हुस्नलाल-भगतराम ('मिर्जा साहिब', 1947) और खेमचन्द प्रकाश ('तानसेन', 1942 और 'महल', 1949) जैसे विद्वान संगीतकारों की विलक्षण प्रतिभा को कोटि-कोटि प्रणाम करना चाहूँगी। इन संगीतकारों ने इन महान गायकों को अपने कुछ सबसे यादगार गीत गाने का अवसर तो दिया ही, साथ ही हम संगीत-प्रेमियों को संगीत का एक ऐसा भरपूर खजाना भी दिया जो जिंदगी भर के लिए काफी है।

मैं अपने माता-पिता कनिका और त्रिनेत्र बाजपेयी के प्रति भी आभार प्रकट करना चाहूँगी, जिन्होंने पुराने फिल्म संगीत में मेरी रुचि विकसित करने और इस संगीत के प्रति मेरी चाहत, मेरे जुनून और मेरी संवेदनशीलता को प्रोत्साहित करने में

बढ़-चढ़कर योगदान दिया। इस तरह का संगीत फिर से पैदा होना असम्भव है। काश, मैं उस जमाने में पैदा हुई होती! मेरे पिता ने बड़े प्यार और बड़ी मेहनत से पुराने हिन्दी फिल्म संगीत का ऐसा अनमोल खजाना इकट्ठा करके परोसा है जो इस संगीत के सभी प्रेमियों के लिए एक मनचाहा उपहार साबित हो सकता है। मुझे गर्व है कि उनके नाम के साथ मेरा नाम भी जा रहा है—वह भी एक ऐसी किताब पर, जिसका विषय हमारे दिलों के बहुत करीब है। ...तो लीजिए, भूमिका की डोर एक बार फिर डियर 'पा' के हाथ में... !

★

हमने लगभग सत्रह वर्षों का लम्बा समय सऊदी अरब के तेल-समृद्ध पूर्वी अंचल में गुजारा, जहाँ आपके इस सेवक ने विश्व स्तर के पेट्रोकेमिकल, स्टील और लकड़ी उद्योगों की स्थापना की। इस पूरी अवधि के दौरान हमारा जान से प्यारा हिन्दी फिल्म संगीत हमारे साथ रहा, जिसका हमने विशाल संग्रह इकट्ठा कर लिया था। यह सारा संगीत 1935 से 1970 के बीच का था, जब फिल्म संगीत मिठास और सुरीलेपन का प्रतीक था। अल-जुबैल से दमन, अल-खोबर और बहरीन आते-जाते हुए रेगिस्तानों की लम्बी यात्राओं के दौरान इस संगीत को सुनना एक यादगार अनुभव था, खासकर चाँदनी रातों में। कनिका, अंशुला और मैं—इन गीतों को सुनते हुए एक अवर्णनीय आनन्द में खो जाते थे और इन्हें रचनेवाले महान संगीतकारों की विलक्षण प्रतिभा और लगन को मन-ही-मन प्रणाम करते थे।

एक दिन अल-जुबैल में अपने घर के लॉन में बैठे हम सब चाय पी रहे थे कि अचानक हमें एक विचार सूझा, बल्कि सही मायनों में यह सुझाव अंशुला का था : क्यों न हम इन महान संगीतकारों की अप्रतिम संगीत-साधना पर कोई किताब लिखें या ऐसा ही कुछ करें कि इनकी ये अनमोल रचनाएँ अमर हो जाएँ? यह उन हस्तियों के प्रति अपनी कृतज्ञता व्यक्त करने का बड़ा अच्छा तरीका था जिनकी रचनाएँ हमारी जिंदगियों का अभिन्न हिस्सा थीं और बरस-दर-बरस हमें अविस्मरणीय आनन्द देने के साथ-साथ हमारी आत्मा को भी तृप्त करती रही थीं। यह वर्ष 2005 के मध्य की बात है।

हम इस विचार के बीज को अपने दिलों में लिये जीते रहे और फिर तीन महीने पहले अचानक ही हम बाप-बेटी ने इस विचार को साकार करने की ठान ली और बड़ी कर्मठता से और लगभग बिना रुके मुम्बई और लन्दन में लेखन कार्य में जुट गए।

संगीत-प्रेमियों को यह किताब प्रस्तुत करते हुए हमें सचमुच बहुत गर्व महसूस हो रहा है—जो इन महान संगीत हस्तियों की प्रतिभा और रचनात्मकता के प्रति हमारा कृतज्ञता भरा नमन है।

—त्रिनेत्र बाजपेयी
—अंशुला बाजपेयी

इस पुस्तक की रचना में मिले अथक सहयोग के लिए
इन सभी महान हस्तियों और मित्रों का
आभार

दिलीप कुमार ● सायरा बानू ● लता मंगेशकर ● खय्याम ● जगजीत कौर
लेख टंडन ● अमीन सयानी ● नक्श लायलपुरी ● शशिकला त्रिपाठी
राजू भारतन ● अली पीटर जॉन ● रहमान नौशाद ● अहमद वसी
अमिताभ कान्त ● हेमेन्द्र सिंह हेमराज ● विश्वनाथ चटर्जी
मनोहर अय्यर ● पंकज राग ● विश्वास नेरूरकर
सुरेश राव ● मानेक प्रेमचन्द ● मिलिन्द
प्रदीप खय्याम ● जे.पी. श्रीवास्तव
डॉ. पी.एच. घाटे ● योगेश त्रिपाठी

लेखक–द्वय उन सभी लेखकों के भी ऋणी हैं
जिनके पत्र–पत्रिकाओं में प्रकाशित लेखों और पुस्तकों से
इस पुस्तक को समृद्ध करने में बहुमूल्य मदद मिली।

'रॉल ऑफ ऑनर'

गुजरे जमाने के महारथी

हिन्दी की पहली बोलती हुई यानी 'टॉकी' फिल्म इम्पीरियल मूवीटोन की 'आलमआरा' थी। आर्देशीर एम. ईरानी द्वारा निर्मित और निर्देशित यह फिल्म बम्बई (अब मुम्बई) के मैजेस्टिक थिएटर में 14 मार्च, 1931 को रिलीज हुई थी। इसमें फिरोजशाह मिस्त्री का संगीत था। किसी हिन्दी 'टॉकी' फिल्म के लिए रिकॉर्ड किया गया पहला गाना इसी फिल्म का 'दे दे खुदा के नाम पे प्यारे ताकत हो गर देने की' था, जिसे अभिनेता वजीर मुहम्मद खान ने गाया था। इस फिल्म में मास्टर विट्ठल, जुबैदा, जिल्लू और पृथ्वीराज कपूर थे और फिल्म के कुल 17 गानों में से कुछ गाने जुबैदा और जिल्लू ने भी गाए थे। इसके बाद संगीत हिन्दी फिल्मों का एक अभिन्न और महत्त्वपूर्ण अंग बन गया और आज तक बना हुआ है। फिल्म को मनभावन गीतों से सजाना लोकप्रिय भारतीय सिनेमा की अनिवार्य शर्त बन चुका है और शायद हमेशा बना रहेगा।

हिन्दी फिल्म संगीत को उसके शैशव-काल (पहले पाँच वर्ष) में पालने-पोसने वाले संगीतकारों की सूची काफी लम्बी है। इसमें फिरोजशाह मिस्त्री, उस्ताद झंडे खाँ, मास्टर मुहम्मद, बृजलाल वर्मा, एस.पी. राणे, मोतीलाल, गोविन्दराव ताम्बे, प्राणसुख नायक, नागरदास नायक, रफीक गजनवी, मधुलाल दमोदर, मास्टर केशवराव भोले, अन्ना साहब मेनकर, हरीशचन्द्र बाली, राधाचरण भट्टाचार्य, सुन्दरदास, चंडीराम, आर.सी. बोराल, बी.एस हूगन, मास्टर मुहम्मद, लल्लूभाई नायक, बन्ने खाँ, गंगाप्रसाद पाठक, रेवाशंकर मारवाड़ी, बुनियाद हुसैन, हबीब खान, दमोदर शर्मा, रामगोपाल पांडे, विट्ठलदास पंचोटिया, मास्टर मोहन, शास्त्रीय संगीत के विद्वान प्रो. बी.आर. देवधर, बापूराव काटकर, दादा चन्देकर, मुश्ताक हुसैन, बसन्त कुमार नायडू, एन.आर. भट्टाचार्य, भुरजी खान, अमीर साहब, के.आर. गोरे, शूलपणि मुखर्जी, आर.टी. हीरा, जी.ए. खान, जी.एस. देवल्कर, बी.पी. गांगुली, अब्दुल करीम खान, साबर खान, निरेन लाहड़ी, कान्तिलाल पछीगड़, आर.एस. पाठक, सरदार अमर सिंह,

फिरोज दस्तूर, प्रो. रमजान खान, मूलराज कापड़िया, विक्रम चौधरी, कीकूभाई याग्निक, प्रेम कुमार, गुदोपन्त बलवलकर, दिनकाराव अम्मेवाल, मिहिर किरण भट्टाचार्य, सोमनाथ पटपट, क्यू.एस. जहूर, अमूल्य चरण विश्वास, देबराम सोलंकी और मुश्ताक अहमद बरेलीवाले इत्यादि शामिल हैं। इनके अलावा कुछ महिला संगीतकार भी थीं— सुविख्यात जद्दन बाई (महान अभिनेत्री नर्गिस की माँ), मुख्तार बेगम,गौहर कर्नाटकी, शिवरानी घोष और इशरत सुल्ताना। हिन्दी फिल्म संगीत को उसके पालने में झुलाने वाले इन शुरुआती संगीतकारों ने जो नींव रखी, उसी पर आगे चलकर हिन्दी फिल्मों के संगीत के सुनहरे दौर की इमारत खड़ी हुई। बड़े अफसोस की बात है कि फिल्म संगीत के इन पथ-प्रदर्शकों के काम को पूरी तरह भुला दिया गया है और उनके नाम गुमनामी के अँधेरों में खो गए हैं। हिन्दी फिल्म इंडस्ट्री अपने पूर्वजों के प्रति इतनी उदासीन और कृतघ्न क्यों है ? खैर, जो भी हो, फिल्म संगीत के इन पथ-प्रदर्शकों और इनके उत्कृष्ट कृतित्व के महत्त्व को नकारा नहीं जा सकता, जो फिल्म संगीत के इतिहास का एक अभिन्न और मूल्यवान अंग है।

जल्दी ही फिल्म निर्माण कला में सिद्धहस्त, बड़े-बड़े और सुविधा-सम्पन्न स्टूडियो अस्तित्व में आ गए और हिन्दी फिल्म इंडस्ट्री की तसवीर बदलने लगी। इन स्टूडियो में बम्बई (अब मुम्बई) के मिनर्वा मूवीटोन, बॉम्बे टॉकीज, सागर मूवीटोन, नेशनल स्टूडियो और प्रकाश पिक्चर्स, पूना (अब पुणे) का प्रभात चित्र मंडल, कलकत्ता (अब कोलकाता) का न्यू थिएटर्स और लाहौर का पंचोली स्टूडियो प्रमुख थे। बाद में इनमें मद्रास (अब चेन्नई) के ए.वी.एम. और जेमिनी स्टूडियो भी जुड़ गए। हर स्टूडियो का अपना एक म्यूजिक डिपार्टमेंट या संगीत विभाग होता था, जिसमें एक साथ कई संगीतकार मासिक वेतन पर रखे जाते थे। उदाहरण के लिए सरस्वती देवी, रामचन्द्र पाल, अनिल बिस्वास और पन्नालाल घोष 'बॉम्बे टॉकीज' में काम करते थे। इसी तरह मीर साहब 'मिनर्वा मूवीटोन' में, आर.सी. बोराल और पंकज मलिक 'न्यू थिएटर्स' में, गोविन्दराम तेम्बे, केशवराव भोले, मास्टर कृष्णराव और हुस्नलाल-भगतराम 'प्रभात' में तथा गुलाम हैदर, रफीक गजनवी और खुर्शीद अनवर लाहौर के स्टूडियो में काम करते थे। इन सभी स्टूडियो का संगीत उनकी फिल्मों की तरह अपनी एक अलग छाप लिये होता था, जो फिल्म-निर्माण के प्रति उनके नजरिये से प्रभावित था। उदाहरण के लिए 'बॉम्बे टॉकीज' के संगीत की धुनें सीधी-सरल और आसानी से गुनगुनाए जा सकने वाली होती थीं, जबकि 'प्रभात' का नाट्य संगीत या हिन्दुस्तानी शास्त्रीय संगीत पर आधारित धुनों पर ज्यादा जोर रहता था। इसी तरह कलकत्ता के 'न्यू थिएटर्स' का संगीत रवीन्द्र संगीत या बंगाली लोक-संगीत पर बहुत ज्यादा निर्भर करता था, जबकि लाहौर में रचा गया संगीत पंजाबी मस्ती और धूम-धड़ाके का रंग लिये रहता था। सभी संगीतकार अपने स्टूडियो की छवि के अनुरूप शुद्धतावादी, पंजाबी, बंगाली और ऐसी ही अन्य संगीत-शैलियों के खाँचों में फिट थे और इसी रूप में पहचाने जाते थे।

लेकिन कुछ ऐसे संगीतकार भी थे जो इन निर्धारित खाँचों और क्षेत्रीय शैलियों से ऊपर उठकर अपनी एक अलग विशिष्ट पहचान बनाने और हिन्दी फिल्म संगीत को एक नई, सुरीली और कलात्मक दिशा देने में सफल रहे। फिल्म संगीत को सुर, लय और ताल की अभूतपूर्व और उत्कृष्ट ऊँचाइयों तक पहुँचाने वाले इन संगीतकारों में अनिल बिस्वास, नौशाद, सी. रामचन्द्र, वसन्त देसाई, सज्जाद, एस.डी. बर्मन, शंकर-जयकिशन, ओ.पी. नैयर, सलिल चौधरी और खय्याम जैसे नाम शामिल थे। इन्हीं संगीतकारों ने फिल्म संगीत के उस सर्वोत्तम युग का सूत्रपात किया जिसे हिन्दी फिल्मों के सुनहरे दौर या 'गोल्डन एरा' के रूप में जाना जाता है। यह सुनहरा दौर 1960 के दशक के अन्त तक जारी रहा। 1970 के दशक के आसपास और खास कर 1980 के दशक से हिन्दी फिल्म संगीत अपना सुरीलापन और कलात्मकता खो बैठा और उसका स्तर निरन्तर गिरता चला गया। गिरावट का यह दौर अभी तक नहीं थमा है। यह पुस्तक मुख्य रूप से 1935 से 1975 के बीच रचे गए संगीत और इससे जुड़े संगीतकारों को समर्पित है, यानी कि जैसाकि अंग्रेजी में कहते हैं—'मैलोडी वॉज द क्वीन'—जब सुरीलेपन का राज था।

एक से एक योग्य, प्रतिभाशाली और अविस्मरणीय व कर्णप्रिय धुनों के धनी संगीत-निर्देशकों की लम्बी सूची में से कुछ नाम चुनना सचमुच बहुत मुश्किल काम था। हमने बड़ी सावधानी से और थोड़ा डरते-डरते यह मुश्किल चुनाव किया और 153 फिल्म संगीतकारों की सूची में से 26 ऐसे नाम छाँटे जिन पर अलग-अलग अध्याय लिखे जा सकते थे। इसके अलावा हमने 52 ऐसे नाम भी छाँटे जिन्हें एक साथ एक बड़े अध्याय में हिन्दी फिल्म संगीत के 'हॉल ऑफ फेम' में शामिल किया जा सकता था। काफी सोच-विचार और आपसी बहसबाजी के बाद हमें लगा कि फिल्म संगीत के इन महान सुर-साधकों के जीवन, समय और सृजन को एक पुस्तक के रूप में प्रस्तुत करने का यही सबसे सही, तर्कसंगत और व्यावहारिक तरीका था।

नामों का चयन पूरी तरह से योग्यता और गुणवत्ता पर आधारित था, जिसके लिए तीन सरल मापदंडों को ध्यान में रखा गया था—(क) संगीत का स्तर और मात्रा, (ख) ट्रेंड या चलन शुरू करने की क्षमता (ग) लोकप्रियता का गुण अर्थात् 'पाप्युलर अपील'। हमारे 'थिंक टैंक' में त्रिनेत्र, कनिका और अंशुला तो शामिल थे ही, साथ ही श्री खय्याम, श्री नक्श लायलपुरी, डॉ. पी.एच. घाटे, श्री पद्म मंगल त्रिवेदी और श्री मनोहर अय्यर भी हमें समय-समय पर अपने सुझाव देते रहे। कई हफ्तों की मगजपच्ची के बाद हम उन 26 संगीत-निर्देशकों के नाम छाँटने में सफल रहे जिन पर अलग-अलग अध्याय लिखे जा सकते थे। इस सूची को हमने हिन्दी फिल्म संगीत के 'रोल ऑफ ऑनर' का नाम दिया। यह सूची इस प्रकार है :

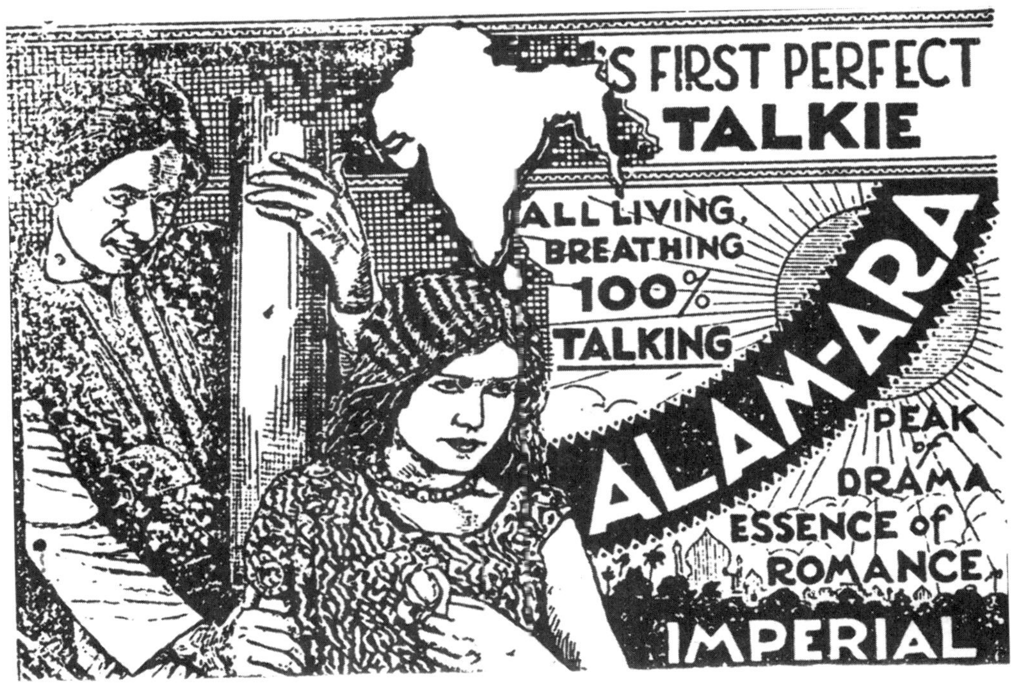

1.	आर.सी. बोराल	14.	सचिन देव बर्मन
2.	अनिल बिस्वास	15.	गुलाम मुहम्मद
3.	सरस्वती देवी	16.	चित्रगुप्त
4.	खेमचन्द प्रकाश	17.	शंकर-जयकिशन
5.	वसन्त देसाई	18.	रोशन
6.	गुलाम हैदर	19.	खय्याम
7.	नौशाद	20.	ओ.पी. नैयर
8.	सी. रामचन्द्र	21.	मदन मोहन
9.	एस.एन. त्रिपाठी	22.	सलिल चौधरी
10.	श्याम सुन्दर	23.	हेमन्त कुमार
11.	हुस्नलाल-भगतराम	24.	रवि
12.	सज्जाद हुसैन	25.	जयदेव
13.	हंसराज बहल	26.	राहुल देव बर्मन

इनके अलावा और भी बहुत से ऐसे संगीतकार हुए हैं जिनके बहुमूल्य योगदान को भुलाया नहीं जा सकता, लेकिन उनके बारे में पर्याप्त सामग्री उपलब्ध न होने, पुस्तक की सीमित पृष्ठ संख्या को देखते हुए, या फिर उनके संगीत का स्तर इन महान सुर-साधकों के समतुल्य न होने के कारण उन्हें 'रॉल ऑफ ऑनर' की सूची में शामिल नहीं किया जा सका। ऐसे सभी संगीतकारों के योगदान का उल्लेख और सराहना न करना अन्यायपूर्ण होता। इसलिए हमने हिन्दी फिल्म संगीत के 'हॉल ऑफ फेम' के रूप में उन्हें दूसरी सूची में शामिल कर लिया है। इस सूची में शामिल 55 नाम इस प्रकार हैं :

1.	उस्ताद झंडे खाँ	29.	जमाल सेन
2.	पंकज मलिक	30.	शिवराम कृष्णा
3.	केशवराव भोले	31.	सरदार मलिक
4.	मीर साहब	32.	मुहम्मद शफ़ी
5.	मास्टर कृष्ण राव	33.	एन. दत्ता
6.	तिमिर बरन	34.	दत्ताराम
7.	रफीक गजनवी	35.	उषा खन्ना
8.	ज्ञान दत्त	36.	इकबाल कुरैशी
9.	पं. गोविन्दराम	37.	कल्याणजी-आनन्दजी
10.	रामचन्द्र पाल	38.	लक्ष्मीकान्त-प्यारेलाल
11.	जी.ए. चिश्ती	39.	जी.एस. कोहली
12.	शंकर राव व्यास	40.	सी. अर्जुन
13.	के. दत्ता	41.	सपन जगमोहन
14.	पं. अमरनाथ	42.	सोनिक ओमी
15.	खुर्शीद अनवर	43.	जे.पी. कौशिक
16.	कमल दासगुप्ता	44.	रवीन्द्र जैन
17.	हाफिज खान	45.	कनु रॉय
18.	फिरोज निजामी	46.	हृदयनाथ मंगेशकर
19.	बुलो सी. रानी	47.	दान सिंह
20.	विनोद	48.	राजेश रोशन
21.	एस.के. पाल	49.	बप्पी लाहिड़ी
22.	लच्छीराम	50.	आनन्द-मिलिन्द

23. अविनाश व्यास
24. नीनू मजुमदार
25. सुधीर फड़के
26. स्नेहल भाटकर
27. नौशाद
28. एस. महिन्दर

51. राम-लक्ष्मण
52. अनु मलिक
53. जतिन-ललित
54. ए.आर. रहमान
55. विशाल भारद्वाज

हम अच्छी तरह जानते हैं कि इन सूचियों से जबर्दस्त बहस उठ खड़ी होगी, लेकिन हमने बहुत गहराई से सोच-विचार के बाद ही ये सूचियाँ बनाई हैं और हम अपने मत पर अडिग हैं। जो इन सूचियों में नहीं हैं तो नहीं हैं और हमें अपने निर्णय पर जरा भी अफसोस नहीं है। हमारी नजर में जो लोग हिन्दी फिल्म संगीत के पतन का कारण बनने, उसे बढ़ावा देने या बरकरार रखने के जिम्मेदार हैं, उन्हें 'रोल ऑफ ऑनर' या 'हॉल ऑफ फेम' में स्थान नहीं दिया जा सकता।

इन महान संगीत हस्तियों को अपनी विनम्र श्रद्धांजलि अर्पित करना हमारे लिए अत्यन्त गर्व और सम्मान का विषय है।

आर.सी. बोराल (1903-1981)

सुरों के महागुरु और प्रथम पथ-प्रदर्शक

हिन्दी फिल्म संगीत का इतिहास लिखने बैठे किसी भी व्यक्ति के मन में सबसे पहले इन प्रश्नों का उभरना स्वाभाविक है—बैकग्राउंड संगीत की धारणा की शुरुआत किसने की? प्लेबैक सिंगिंग (पार्श्व गायन) की शुरुआत किसने की? भारतीय सिनेमा के सबसे पहले गायकों की खोज किसने की? और सबसे पहला गीत किसने रिकॉर्ड किया?

इन सभी प्रश्नों का एक ही उत्तर है—आर.सी. बोराल। अपने समय के प्रथम पथ-प्रदर्शक—सुरों के पहले महागुरु। राय चन्द्र (आर.सी.) बोराल कलकत्ता (अब कोलकाता) के एक धनवान और सुसंस्कृत परिवार में 1903 में पैदा हुए थे। उनके पिता लालचन्द बोराल खुद भी संगीत के शौकीन थे और एक अच्छे गायक और पखावज वादक थे। राय चन्द तीन भाइयों में सबसे छोटे थे। उन्हें बहुत कम उम्र में ही संगीत की धुन लग गई थी। वे कलकत्ता में अपने पिता के विशाल भवन में आयोजित होने वाली संगीत महफिलों में बड़े चाव से शामिल होते थे। उनके पिता लालचन्द बोराल तो संगीत के दीवाने थे ही, उन्होंने अपने सबसे छोटे पुत्र में संगीत के प्रति इतना अनुराग देखा तो उसकी औपचारिक संगीत शिक्षा के लिए रायपुर और ग्वालियर घराने के संगीत शिक्षकों की व्यवस्था कर दी। इनमें उस्ताद मुश्ताक हुसैन खान, मसित खान (तबला वादक), मशहूर ग्वालियर घराने से जुड़े सरोद-वादक उस्ताद हाफिज अली खान और पंडित विश्वनाथ राव शामिल थे। आर.सी. बोराल बड़े होनहार शिष्य साबित हुए और जल्दी ही बहुत अच्छा पियानो और तबला बजाने लगे। उन्होंने तबले पर 'साथ संगत' सीखी और संगीत कार्यक्रमों में भाग लेने के लिए लखनऊ, इलाहाबाद और बनारस (अब वाराणसी) जाने लगे। दुर्भाग्यवश, लालचन्द बोराल का जल्दी ही असामयिक निधन हो गया और परिवार की जिम्मेदारी आर.सी. के बड़े भाई पर आ पड़ी।

आर.सी. बोराल ने तबला वादन में इतनी सिद्धहस्तता हासिल कर ली कि लखनऊ में आयोजित एक संगीत सम्मेलन में उन्हें 'सारस्वत महामंडल पुरस्कार' से सम्मानित किया गया। उनकी प्रसिद्धि दूर-दूर तक फैलने लगी। 1927 में कलकत्ता मे इंडियन ब्राडकास्टिंग कम्पनी (जो बाद में 'ऑल इंडिया रेडियो' बन गई) की स्थापना हुई तो उन्हें इसके संगीत विभाग का प्रमुख बना दिया गया। आर.सी. बोराल तब सिर्फ 24 वर्ष के थे।

उन दिनों कलकत्ता के फिल्म जगत पर मादन (उर्फ मैडन) थिएटर छाया हुआ था। इसकी स्थापना 1902 में पारसी थिएटर के प्रशंसक जे.एफ. मैडन ने की थी, जो एक फिल्म निर्माता होने के साथ-साथ वितरक और प्रदर्शक भी थे। 1970 में सबसे पहला दादा साहब फालके पुरस्कार प्राप्त करने वाले बीरेन्द्र नाथ (बी.एन.) सरकार—जिनके पिता सर एन.एन. सरकार तत्कालीन वायसराय काउंसिल में कानून मंत्री थे—लंदन से इंजीनियरिंग की डिग्री प्राप्त करने के बावजूद सिनेमा कला से बहुत ज्यादा प्रभावित थे। उन्होंने 10 फरवरी 1931 को कलकत्ता में ऐतिहासिक न्यू थिएटर्स की स्थापना की, जिसका प्रतीक-चिन्ह बिगुल बजाता हुआ हाथी था। बी.एन. सरकार की अभिनय या निर्देशन में कोई रुचि नहीं थी। वे सिर्फ अच्छी फिल्मों का निर्माण करना चाहते थे, इसलिए उन्होंने स्तरीय फिल्मों के निर्माण के लिए बहुत सारे प्रतिभाशाली कलाकारों, निर्देशकों, सिनेमैटोग्राफरों, संगीतकारों और अन्य तकनीशियनों को अनुबन्धित कर लिया। उनके दृढ़ संकल्प और दूरदृष्टि के

बी.एन. सरकार

पी.सी. बरुआ

कानन देवी

पहाड़ी सान्याल

उमा शशि

न्यू थियेटर की रिकॉर्ड डिस्कें

न्यू थियेटर की टीम

परिणामस्वरूप जल्दी ही न्यू थिएटर्स हिन्दी और बंगाली में उच्चस्तरीय सिनेमा का प्रतीक बन गया। न्यू थिएटर्स के मंच से कई अमर और अविस्मरणीय फिल्मों के साथ-साथ एक से एक विलक्षण प्रतिभाएँ सामने आने लगीं। इनमें देवकी बोस, पी.सी. बरुआ, प्रेमांकुर अतोर्थी, हेम चन्दर और नितिन बोस जैसे निर्देशक, आर.सी. बोराल, पंकज मलिक, तिमिर बरन और कमल दासगुप्ता जैसे संगीतकार तथा के.एल. सहगल, कानन देवी, उमा शशि, के.सी. डे, छबी विश्वास, पहाड़ी सान्याल, पारुल घोष, जगदीश सेठी और सुप्रभा सरकार जैसे गायक/कलाकार शामिल थे। जैसाकि स्वाभाविक था, आर.सी. बोराल रेडियो की नौकरी छोड़कर न्यू थिएटर्स से जुड़ गए। वह मूक फिल्मों का युग था, यानी फिल्मों ने अभी बोलना नहीं सीखा था। सबसे पहले आर.सी. बोराल ने ही इन मूक फिल्मों के लिए 'बैकग्राउंड संगीत' के चलन की शुरुआत की। संगीतकार और साजिंदों की टीम सिनेमाघर के मंच पर बैठ जाती थी और परदे पर चल रहे दृश्यों की माँग के अनुरूप 'लाइव' संगीत पेश करती थी। खुद आर.सी. ने भी 'चोशेर मेइ' और 'चोर काँटे' जैसी कई मूक फिल्मों के लिए मंच पर ऑर्केस्ट्रा का संचालन किया था। उनके बाद आए महान संगीतकार अनिल बिस्वास ने सच ही उन्हें 'भारतीय सिनेमा का जनक' कहा था।

लगभग इसी समय 14 मार्च 1931 को मैजेस्टिक सिनेमा में इम्पीरियल मूवीटोन की 'आलमआरा' की रिलीज के साथ बम्बई (अब मुम्बई) में भी 'टॉकी युग' की शुरुआत हो गई थी। आर्देशीर ईरानी द्वारा निर्देशित इस फिल्म में फिरोजशाह एम. मिस्त्री का संगीत था। इस फिल्म के कलाकारों में मास्टर विट्ठल, जुबैदा और पृथ्वीराज कपूर शामिल थे। बम्बई के फिल्म जगत से जुड़े इस दौर के अन्य पथ-प्रदर्शक संगीतकारों में उस्ताद झंडे खाँ, मास्टर मुहम्मद, बृजलाल वर्मा, एस.पी. राणे, गोविन्दराव तेम्बे और प्राणसुख नायक प्रमुख थे।

बम्बई के इन संगीतकारों को कलकत्ता या न्यू थिएटर्स का जवाब थे—आर.सी. बोराल। 'टॉकी' के रूप में सिनेमा के नए तकनीकी विकास से प्रेरणा लेते हुए वे टॉकी या सवाक फिल्मों के लिए संगीत की सम्भावनाएँ तलाशने में जुट गए। एक संगीत-निर्देशक के रूप में उनकी पहली हिन्दी टॉकी फिल्म थी 'मुहब्बत के आँसू'। इसके निर्देशक जाने-माने साहित्यकर्मी प्रेमांकुर अतोर्थी थे। कलाकारों में जल्दी ही एक 'लेजेंड' के रूप में फिल्माकाश पर छा जाने वाले कुन्दनलाल (के.एल.) सहगल और अख्तरी मुरादाबादी शामिल थे, जो अपने गीत खुद ही गाने वाले थे। ऐसा माना जाता है कि सहगल ने अपने सबसे पहले फिल्मी गीत 'नवाजिश चाहिए इतनी' और 'हम इजतराबे कल्ब का खुद इन्तजार करते' आर.सी. बोराल के संगीत निर्देशन में ही गाए थे। लेकिन वास्तव में के.एल. सहगल की खोज किसने की, इसे लेकर अलग-अलग मत हैं।

हम थोड़ा आगे चलकर इनकी चर्चा करेंगे। अपनी पहली हिन्दी टॉकी फिल्म 'मुहब्बत के आँसू' के बाद आर.सी. बोराल हिन्दी और बंगाली फिल्मों के पथ-प्रदर्शक संगीत-निर्देशक के रूप में संगीत की दुनिया पर छा गए। अगले 28 वर्षों में उन्होंने 66 फिल्मों में संगीत दिया, 33 हिन्दी और 33 बंगाली।

यूँ 'मुहब्बत के आँसू' (1932) से पहले आर.सी. बोराल एक बंगाली टॉकी फिल्म का संगीत दे चुके थे। बी.एन. सरकार द्वारा निर्मित न्यू थिएटर्स की इस फिल्म का नाम 'देना पाओना' (1931) था। शरतचन्द्र के इसी नाम के उपन्यास पर आधारित इस फिल्म का निर्देशन भी प्रेमांकुर अतोर्थी ने किया था, इसलिए एक संगीतकार के रूप में इसी बंगाली फिल्म को आर.सी. बोराल की पहली टॉकी फिल्म कहा जा सकता है।

न्यू थिएटर्स की ज्यादातर फिल्मों में आर.सी. बोराल या पंकज मलिक का ही संगीत होता था। पंकज मलिक एक तरह से आर.सी. बोराल के ही शिष्य थे और उन्हें अपना गुरु मानते थे। लेकिन एक संगीतकार होने के साथ-साथ पंकज मलिक एक जाने-माने गायक के रूप में भी उभरे और जल्दी ही अपने-आपमें एक 'लेजेंड' बन गए। उनके द्वारा संगीत-निर्देशित फिल्मों में 'यहूदी की लड़की', 'धरतीमाता', 'दुश्मन', 'बड़ी दीदी', 'कपाल कुंडल', 'नर्तकी', 'जिंदगी', 'डॉक्टर' और 'काशीनाथ' इत्यादि शामिल थीं। एक गायक के रूप में उनके कुछ गीत 'पिया मिलन को जाना' और 'ये रातें, ये मौसम' इत्यादि आज भी याद किए और गुनगुनाए जाते हैं। आर.सी. बोराल और पंकज मलिक के अलावा न्यू

पंकज मलिक

के.एल. सहगल

'मुहब्बत के आँसू'

'देना पाओना'

थिएटर्स के एक तीसरे नियमित संगीतकार थे तिमर बरन। उन्होंने 'देवदास', 'पुजारिन', 'अधिकार', 'समाज', 'बादबान' और 'सम्पत्ति' इत्यादि कई मशहूर फिल्मों में संगीत दिया था। न्यू थिएटर्स के अन्य संगीतकारों में नृपेन मजुमदार और मिहिर किरण भट्टाचार्य प्रमुख थे।

कुन्दन लाल सहगल की तरफ लौटें तो उनकी खोज को लेकर कई धारणाएँ प्रचलित हैं। सबसे प्रमाणित धारणा यह है कि वे एच.सी. बाली की खोज थे। जलन्धर से आए हरीश चन्द्र (एच.सी.) बाली खुद भी एक गायक थे और बाद में एक संगीतकार के रूप में भी खूब चमके (महान संगीत-निर्देशक सज्जाद हुसैन कभी उनके सहायक हुआ करते थे)। के.एल. सहगल भी जलन्धर में जनमे और पले-पढ़े थे और एच.सी. बाली के घनिष्ठ मित्र थे। बाली ही उन्हें कलकत्ता लेकर आए थे और उन्हें आर.सी. बोराल से मिलवाने के इच्छुक थे। अपने कलकत्ता प्रवास के दौरान बाली हमेशा आर.सी. बोराल के साथ ही ठहरा करते थे। जैसाकि किस्सा मशहूर है, इससे पहले कि बाली के.एल. सहगल को आर.सी. बोराल से मिलवा पाते, वे दोनों खुद ही एक-दूसरे से टकरा गए। आर.सी. बोराल कलकत्ता के पॉश इलाके एसप्लेनेड में एक पान की दुकान पर पान खा रहे थे कि वे पास ही खड़े एक नौजवान को एक गीत गुनगुनाते सुनकर चौंक गए—'कौन बुझाए तड़प मेरे मन की'। वे उस नौजवान का परिचय पाए बिना ही आगे तो बढ़ गए लेकिन उसकी आवाज देर तक उनका पीछा करती रही। उस रात वे काफी देर से घर लौटे। उन्होंने उसी नौजवान को अपने ड्राइंग-रूम के एक कोने में फर्श पर बिस्तर बिछाकर सोए पाया। पता चला कि वह नौजवान उनके मित्र एच.सी. बाली के साथ आया था जो उसी शाम जलन्धर से कलकत्ता पहुँचे थे और उन्हीं के घर पर ठहरे हुए थे। अगली सुबह एच.सी. बाली ने उन्हें उस नौजवान से मिलवाया तो आर.सी. बोराल देर तक मंत्रमुग्ध से उसका गायन सुनते रहे। वे उसे अपने साथ न्यू थिएटर्स ले गए। जैसे ही सहगल की जादुई उंगलियाँ हारमोनियम पर फिसलीं और उनकी मदहोश कर देने वाली आवाज उनके कंठ से निकली तो मानो पूरा स्टूडियो स्तब्ध रह गया। उस समय प्रतिष्ठित और दृष्टिहीन गायक के.सी. डे अपना मेकअप करवा रहे थे। वे सब कुछ छोड़कर ऑडिशन-रूम की तरफ लपके और के.एल. सहगल को गले लगाते हुए मुक्त कंठ से उनकी प्रशंसा करने लगे। बस, उसी घड़ी ऐतिहासिक गायक कुन्दनलाल सहगल का जन्म हो गया। आर.सी. बोराल ने उन्हें 200 रुपए के मासिक वेतन पर एक गायक कलाकार के रूप में न्यू थिएटर्स में रखवा दिया, जो उस समय के हिसाब से बहुत बड़ी रकम थी। आने वाले दिनों में के.एल. सहगल की कुल 28 फिल्मों में से 11 में आर.सी. बोराल ने ही संगीत दिया।

'पूरन भक्त'

इस तरह, के.एल. सहगल के बेमिसाल कैरियर की शुरुआत आर.सी. बोराल के हाथों ही हुई। सहगल ही नहीं, उस दौर के कई दूसरे प्रतिभाशाली गायक-गायिकाओं की खोज का श्रेय भी आर.सी. बोराल को ही जाता है, जिनमें कानन देवी, राधा रानी, असित बरन, पहाड़ी सान्याल, उमा शशि जैसी कई नामी हस्तियाँ शामिल थीं। इन चोटी के गायकों को दुनिया के सामने लाने के अलावा आर.सी. बोराल ने संगीत और तकनीक के क्षेत्र में भी कई नए प्रयोग किए और नए चलनों और नई परम्पराओं की शुरुआत की। उदाहरण के लिए, उन्होंने उत्तर भारत की ग़ज़ल शैली को 19वीं सदी के बंगाली संगीत के साथ मिलाकर पेश करने की कोशिश की, जबकि उस समय कलकत्ता के संगीन जगत में रवीन्द्र संगीत का बहुत ज्यादा प्रभाव था। इसी तरह, न्यू थिएटर्स के साउंड इंजीनियर मुकुल राय के साथ मिलकर उन्होंने ध्वनियों के भिन्न-भिन्न प्रयोग करके 'एम्प्लीफायर' का प्रभाव पैदा करने की कोशिश की।

'पूरन भक्त'

आर.सी. बोराल की दूसरी हिन्दी फिल्म न्यू थिएटर्स की 'सुबह का सितारा' (1932) थी। इस फिल्म के निर्देशक भी प्रेमांकुर अतोर्थी ही थे। इसमें के.एल. सहगल के साथ रतनबाई (असली नाम इमाम बांदी, जो कलकत्ता के बहू बाजार की मशहूर तवायफ थी) मुख्य भूमिका में थी। यह फिल्म एक दासी और एक सम्भ्रान्त पुरुष की प्रेमकथा पर आधारित थी। इसमें सहगल द्वारा गाए गए कुछ गाने उन दिनों खूब लोकप्रिय हुए थे, जैसेकि 'न सुरूर हूँ न खुमार हूँ', 'खुली है बोतल भरे हैं सागर' और 'आरजू इतनी है अब मेरे दिल-ए-नाशाद की'। मशहूर शायर आरजू लखनवी फिल्म के गीतकार थे। इसके बाद आई 'जिंदा लाश' (1932) न्यू थिएटर्स की एक कॉमेडी फिल्म थी, जिसमें सहगल के साथ माहजबीं थी। इस फिल्म में भी सहगल और आर.सी. बोराल की जोड़ी ने खूब रंग जमाया था, जैसेकि 'सारा आलम धोखा है, ये जाना है', 'गुजरे गुजरे हाँ रंग यूँ ही कटे दिन-रात', 'आँखों में सर रहता है क्यों', 'लागी कजेरवा में चोट', 'जानते हो तुम मुहब्बत किस कदर इस दिल में है', 'सजा मिली है मुझे तुमसे दिल लगाने की' और 'पहले तो शौक में खाक दर-ए-मयखाना कर लूँ', इत्यादि। लेकिन शुरू की ये तीनों फिल्में बॉक्स ऑफिस पर कोई खास कमाल नहीं दिखा पाईं। ये फिल्में कथानक के मामले में बम्बइया फिल्मों से या कलकत्ता के मादन थिएटर्स द्वारा बनाई जाने वाली फिल्मों से कोई खास अलग नहीं थीं। इसलिए बी.एन. सरकार ने नई जमीन तलाशने के लिए बंगाली साहित्य की समृद्ध परम्परा का लाभ उठाने और गुरुदेव रवीन्द्रनाथ टैगोर, बंकिमचन्द्र और शरतचन्द्र की कृतियों पर फिल्में बनाने का फैसला किया। बल्कि 1932 में ही उन्होंने गुरुदेव टैगोर के पीछे पड़कर उन्हें अपने नृत्य-नाटक 'नटिर पूजा' पर एक फिल्म बनाने और इसका निर्देशन करने के लिए राजी कर लिया। एक बौद्ध कथा पर आधारित यह फिल्म देश भर में हिट साबित हुई। इसके बाद मानो न्यू थिएटर्स को अपने ट्रेडमार्क विषयों के रूप में सही रास्ता मिल गया।

'चंडीदास'

अगले ही वर्ष, 1933 में न्यू थिएटर्स की 'पूरन भक्त' ने बॉक्स ऑफिस पर धूम मचा दी। विख्यात देवकी बोस द्वारा

नितिन बोस

'रूपलेखा'

'रूपलेखा'

'कारवाँ-ए-हयात'

'कारवाँ-ए-हयात'

'धूप-छाँव'

निर्देशित इस फिल्म में कुमार, अनवरी और दृष्टिहीन गायक के.सी. डे थे। आर.सी. बोराल और सहगल की जोड़ी ने इस बार ऐसा कमाल किया कि 'राधा रानी दे डारो न बाँसुरी मेरी रे' (राग यमन कल्याण और तराना), 'दिन नीके बीत जात हैं' 'अवसर बीतो जाए' और 'भजूँ मैं तो भाव से गिरधारी' जैसे गीत गली-गली में गूँजने लगे। अब के.एल. सहगल पूरे देश के चहेते गायक बन चुके थे। हालाँकि 'पूरन भक्त' में उनकी कोई भूमिका नहीं थी, फिर भी उनके द्वारा गाए गए सभी गीत उन्हीं पर फिल्माए गए थे। इस फिल्म में कुल मिलाकर 20 गीत थे, जिनमें से कुछ के.सी. डे ने भी गाए थे। 'जाओ जाओ ओ मेरे साधे रहो गुरु के संग' और 'क्या कारण है अब रोने का काली रात हुई उजियाली' जैसे उनके कुछ गीत भी सुपरहिट हुए थे। के.सी. डे आने वाले समय के एक और महान गायक मन्ना डे के चाचा थे। 'पूरन भक्त' एक श्रद्धालु राजकुमार की पंजाबी लोककथा पर आधरित फिल्म थी।

इसी वर्ष रिलीज हुई न्यू थिएटर्स की एक और फिल्म 'राजरानी मीरा' भी सुपरहिट रही और आर.सी. बोराल द्वारा संगीतबद्ध 19 गानों ने एक बार फिर धूम मचा दी। इस फिल्म के निर्देशक भी देवकी बोस थे। कलाकारों में दुर्गा खोटे, पृथ्वीराज कपूर और पहाड़ी सान्याल शामिल थे। 'मेरे तो गिरधर गोपाल' और 'बसे मोरे नैनों में नन्दलाल' जैसे मीरा के भजन देश भर में गूँजने लगे। मैसूर के राजदरबार की मशहूर गायिका और शास्त्रीय संगीत में पारंगत इन्दुबाला ने भी अपनी लुभावनी आवाज में फिल्म के कुछ गाने गाए थे, जो उन्हीं पर फिल्माए भी गए थे। इनमें से 'पिया मिलन की आस' और 'चन्द्रकला-सी श्वेत रात थी उछल रहा अनुराग' जैसे कुछ गीत खूब लोकप्रिय हुए थे।

न्यू थिएटर्स की अगली फिल्म 'चंडीदास' (1934) भी सुपरहिट साबित हुई। नितिन बोस द्वारा निर्देशित इस फिल्म के नायक के.एल. सहगल थे। (इसके मूल बंगाली संस्करण का निर्देशन देवकी बोस ने किया था।) 'चंडीदास' में एक बार फिर आर.सी. बोराल का संगीत सर चढ़कर बोला। वैष्णव दर्शन पर आधारित इस फिल्म के कई गीत आज तक लोकप्रिय बने हुए हैं, खासकर 'तड़पत बीते दिन रैन' (सहगल), 'देखत वाको ही रूप प्रेम का पुजारी' (सहगल), 'बसन्त ऋतु आई आली फूल खिले डाली-डाली' (उमा शशि), 'छाई बसन्त आई बसन्त करके सोलह सिंगार' (पहाड़ी सान्याल) और फिल्म का सबसे अधिक धूम मचा देने वाला युगल गीत 'प्रेम नगर में बनाऊँगी घर मैं तज के सब संसार' (सहगल-उमा शशि)। इस बार आर.सी. बोराल ने एक नया प्रयोग करते हुए शास्त्रीय रागों और लोक-संगीत का बड़ा सुन्दर संयोजन किया था। बाद में पंकज मलिक, तिमिर बरन, खेमचन्द प्रकाश और मास्टर गुलाम हैदर जैसे संगीतकारों ने इस मिश्रण को और संवारा-निखारा। 'चंडीदास' के गीत मशहूर लेखक और नाट्यकार आगा हश्र कश्मीरी ने लिखे थे। पन्द्रहवीं सदी के कवि चंडीदास के जीवन पर आधारित इस फिल्म में छुआछूत और जात-पात जैसी सामाजिक बुराइयों पर कड़ी चोट की गई थी।

इसी वर्ष, 1934 में रिलीज हुई न्यू थिएटर्स की एक अन्य फिल्म 'डाकू मंसूर' में अपने समय के सुपरस्टार पृथ्वीराज कपूर के साथ सिंगापुर में जनमीं हुस्न बानो नायिका की भूमिका में थीं। पहाड़ी सान्याल, सहगल और उमा शशि इस फिल्म के अन्य प्रमुख कलाकार थे। इस फिल्म में आर.सी. बोराल के 'शायराना संगीत' की खूब तारीफ हुई थी। फिल्म के दर्जन भर गीतों में 'शिकवा नहीं है मुझको', 'इशरत क्या है कुछ भी नहीं' और 'वो मुझसे दूर भी है' जैसे कई यादगार गीत शामिल थे। इसी वर्ष विलक्षण प्रतिभा से सम्पन्न प्रथमेश चन्द्र (पी.सी.) बरुआ न्यू थिएटर्स की 'रूपलेखा' के निर्देशक के रूप में सामने आए, जिसमें के.एल. सहगल, रतनबाई और पहाड़ी सान्याल की मुख्य भूमिकाएँ थीं। इस फिल्म के लिए आर.सी. बोराल ने सहगल का अमर गीत 'सब दिन होत न एक समान' (सूरदास का भजन) संगीतबद्ध किया। फिल्म के अन्य गीत बनी कुमार ने लिखे थे। इस फिल्म में सहगल ने सम्राट अशोक की भूमिका निभाई थी।

अगले वर्ष, 1935 में न्यू थिएटर्स की 'आफ्टर द अर्थक्वेक' उर्फ (इंकलाब) में पृथ्वीराज कपूर के सबसे बड़े बेटे और हिन्दी सिनेमा के शीर्ष अभिनेता-निर्माता-निर्देशक राज कपूर ने एक बाल कलाकार के रूप में फिल्मी दुनिया में कदम रखा। केदार शर्मा इस फिल्म के लेखक-निर्देशक तो थे ही साथ ही, उन्होंने अपना लिखा एक गीत गाया भी था—'आओ री चमेली एक बात बताएँ'। इस फिल्म में भी आर.सी. बोराल का संगीत था। इसी वर्ष रिलीज हुई 'देवदास' के बंगाली संस्करण में भी उन्हीं का संगीत था। (इसके सुपरहिट हिन्दी संस्करण में तिमिर बरन का संगीत था।) दोनों संस्करणों के निर्देशक पी.सी. बरुआ थे। फिल्म के बंगाली संस्करण के लिए के.एल. सहगल द्वारा गाया गया एक गीत 'गोलाप होए उठूक फूटे' पूरे बंगाल की गली-गली में गूँजता रहा था। न्यू थिएटर्स की ही 'कारवाँ-ए-हयात' में के.एल. सहगल के साथ राजकुमारी मुख्य भूमिका में थीं और इस फिल्म के निर्देशक प्रेमांकुर अतोर्थी थे। इस फिल्म में आर.सी. बोराल और मिहिर किरण भट्टाचार्य ने मिलकर संगीत दिया था। इसमें 'कोई प्रीत की रीत बता दे हमें' (सहगल-पहाड़ी सान्याल), 'हैरत-ए-नजारा आखिर बन गई रानाइयाँ' (सहगल), 'ये कूच के वक्त कैसी आवाज' (पहाड़ी सान्याल) और 'दिल से तेरी निगाह जिगर तक' (सहगल) जैसे कई लोकप्रिय गीत थे। इस दिलचस्प फिल्म में सहगल एक मनचले शहजादे की भूमिका में थे जो एक शहजादी का दिल जीतने के लिए मामूली आदमी का भेस धारण कर लेता

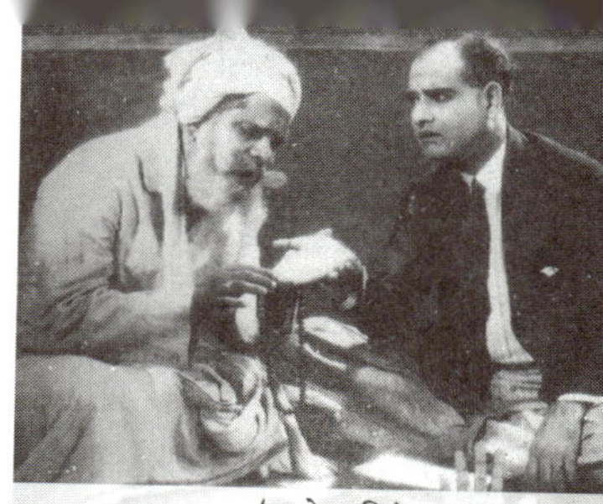

'करोड़पति'

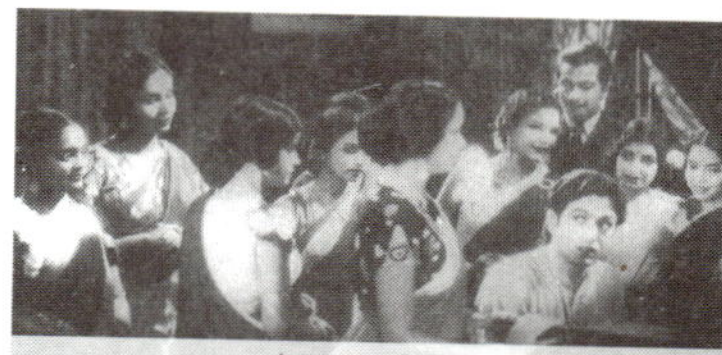

'अनाथ आश्रम'

'विद्यापति'

है। मजे की बात यह कि खुद शहजादी भी ऐसा ही करती है।

हिन्दी फिल्मों के जाने-माने निर्देशक, लेखक और गीतकार पंडित केदार शर्मा ने एक बार हमें आर.सी. बोराल से जुड़ा एक दिलचस्प प्रसंग सुनाया था। यह प्रसंग श्रीसाउंड स्टूडियो में उनके एक गाने की रिकॉर्डिंग को लेकर था। उन दिनों फिल्म के संगीत को पहले से रिकॉर्ड करने का चलन नहीं था। फिल्म की शूटिंग के साथ-साथ ही संगीत की रिकॉर्डिंग भी की जाती थी। इसलिए सभी साजिंदों को कैमरे की आँख से दूर छिपकर बैठना पड़ता था और संगीतकार कैमरे के पीछे से उनका निर्देशन करता था। एक दिन फिल्म की शूटिंग और संगीत रिकॉर्डिंग के दौरान साजिंदों के लिए कोई और जगह न होने के कारण उन्हें एक तालाब में बिठा दिया गया, जिसमें घुटनों तक पानी भरा हुआ था। उनके साज पानी में खड़ी मेजों पर रख दिए गए थे। कैमरे के पीछे से उनका निर्देशन कर रहे आर.सी. बोराल ने जब एक तबलची को 'विलम्बित' की जगह 'द्रुत' गीत बजाते देखा तो उनके गुस्से की कोई सीमा न रही। पूछने पर तबलची ने बताया कि उसकी धोती में तालाब की एक मछली घुस गई थी, इसलिए 'विलम्बित' की बजाय 'द्रुत' लय निकल रही थी। तो इस तरह हुआ करती थी उन दिनों फिल्म की शूटिंग और संगीत रिकॉर्डिंग!

वर्ष 1935 में ही रिलीज हुई न्यू थिएटर्स की 'धूप-छाँव' भारतीय सिनेमा के इतिहास में और आर.सी. बोराल के कैरियर में मील का पत्थर साबित हुई। नितिन बोस द्वारा निर्देशित इस फिल्म के लिए (और इसके बंगाली संस्करण 'भाग्य-चक्र' के लिए) भारतीय सिनेमा का पहला प्लेबैक गीत रिकॉर्ड किया गया। पंडित सुदर्शन द्वारा लिखित इस गीत के बोल थे—'मैं खुश होना चाहूँ, खुश हो न सकूँ, सबक है तेरा...'। इस गीत को पारुल घोष, सुप्रवा सरकार और हरिमती ने गाया था और जैसाकि हम बता चुके हैं, इस ऐतिहासिक क्षण के सूत्रधार थे महागुरु आर.सी. बोराल। इस फिल्म के सुपरहिट गीतों में 'बाबा मन की आँखें खोल' (के.सी. डे), 'तेरी गठरी में लागा चोर' (के.सी. डे), 'मूरख मन होवे क्यों हैरान' (पहाड़ी सान्याल), 'मोरी प्रेम की नैया चली जल में' (उमा शशि-पहाड़ी सान्याल) और 'अंधे की लाठी तू ही है' (के.सी. डे) इत्यादि शामिल थे। 'अंधे की लाठी...' के.एल. सहगल की आवाज में भी रिकॉर्ड किया गया था, लेकिन फिल्म में इसका उपयोग नहीं किया जा सका। उमा शशि द्वारा गाया गया इसी फिल्म का एक सोलो गीत 'प्रेम कहानी सखि सुनत सुहाए, चोर चुराए माल' आम और खास दोनों ही तरह के श्रोताओं में खूब लोकप्रिय हुआ था।

अगला वर्ष 1936 न्यू थिएटर्स की 'माया', 'मंजिल' और 'करोड़पति' का वर्ष था। पी.सी. बरुआ द्वारा निर्देशित 'माया' में पहाड़ी सान्याल और जमुना ('देवदास' में अपनी भूमिका के लिए विख्यात) थे। आर.सी. बोराल ने 'गाए जा गाए जा बेकरार दिल गाए जा' (पहाड़ी सान्याल) के रूप में एक हिट गीत तो दिया, लेकिन फिल्म कुछ खास नहीं चली। बरुआ द्वारा ही निर्देशित दूसरी फिल्म 'मंजिल' में पृथ्वीराज कपूर, जमुना और स्वयँ बरुआ मुख्य भूमिकाओं में थे। यह फिल्म शरतचन्द्र के प्रसिद्ध उपन्यास 'गृहदाह' पर आधारित थी और खूब चली थी। इस फिल्म में आर.सी. बोराल ने 'सुन्दर नारी प्रीतम प्यारी' (पंकज मलिक), 'गुल-ए-तसवीर में वो बास मेरी जान कहाँ' (हरिमती), 'आए सलोने शुभ दिन आए' (हरिमती), और 'सारी दुनिया गोरखधन्धा' (हरिमती) जैसे लोकप्रिय गीत दिए थे, जिन्हें आरजू लखनवी ने कलमबद्ध किया था। 'माया' के गीत असगर हुसैन 'शोर' ने लिखे थे।

'करोड़पति' में आर.सी. बोराल और के.एल. सहगल की टीम एक बार फिर सामने आई। इस फिल्म में सहगल के साथ मोलिना, जगदीश सेठी और पहाड़ी सान्याल थे। हेम चन्दर द्वारा निर्देशित यह फिल्म एक जबर्दस्त कॉमेडी थी, जिसमें सहगल एक ऐसे सिरफिरे नौजवान की भूमिका में थे जिसके हाथ एक करोड़ की लाटरी लग जाती है। आर.सी. बोराल का संगीत इस फिल्म की एक खास खूबी था और इस फिल्म 'जगत में प्रेम ही प्रेम' (सहगल), 'जो नौकरी दिला दे' (सहगल-पहाड़ी सान्याल), 'किससे कहें कि कौन है' (सहगल) और नई-नई उभर रही राजकुमारी द्वारा गाया गया बड़ा सुरीला गीत 'घिर-घिर आई बदरिया कारी' सभी खूब लोकप्रिय हुए थे। गीत केदार शर्मा ने लिखे थे।

सन् 1937 न्यू थिएटर्स की कई अमर और यादगार फिल्मों का वर्ष था—'मुक्ति', 'विद्यापति', और 'प्रेजिडेंट'। लेकिन सबसे पहले आई 'अनाथ आश्रम'। देवकी बोस द्वारा निर्देशित इस फिल्म में पृथ्वीराज, नजम, उमा शशि और जगदीश सेठी थे। केदार शर्मा द्वारा लिखे गए 14 गीतों को आर.सी. बोराल ने बड़ी सुंदर धुनों से सजाया था। इनमें 'मन प्रेम की ज्योत जला' (उमा शशि-पहाड़ी सान्याल), 'तोरा नहीं कन्हैया सुन यशोदा मैया' (हरिमती), 'पायल बाजे छनन सखी' (कल्याणी) और 'सखि जा सखि मथुरा नगरी जा' (हरिमती) प्रमुख थे। 'मन प्रेम की ज्योत जला' में ऑर्गन का ऊँचा स्वर अद्भुत प्रभाव पैदा करता था।

पी.सी. बरुआ द्वारा निर्देशित 'मुक्ति' में एक नई उभरती हुई गायिका-अभिनेत्री के रूप में कानन देवी का पदार्पण हुआ। फिल्म के नायक खुद बरुआ थे। इस फिल्म में आर.सी. बोराल और पंकज मलिक ने मिल-जुलकर संगीत दिया था, हालाँकि फिल्म के 14 गानों में से सिर्फ दो गाने ही आर.सी. बोराल ने संगीतबद्ध किए थे लेकिन यही दो गाने फिल्म के सबसे सुपरहिट गाने साबित हुए और आज तक अमर हैं। कानन देवी द्वारा गाए गए ये दो अविस्मरणीय गीत

थे—'न जाने क्या है दिल का राग' और 'कैसा उड़ा चमन खुशी का'। आर.सी. बोराल और कानन देवी की जुगलबन्दी के जादू को शब्दों में बाँध पाना असम्भव है। इसे समझने के लिए 'न जाने क्या है दिल का राग' को खुद अपने कानों से सुनना जरूरी है। इस फिल्म के गीत भी शायद आरजू लखनवी ने ही लिखे थे। इस फिल्म से आर.सी. बोराल और पंकज मलिक की संगीत शैलियों की भिन्नता का भी पता चलता है। जहाँ आर.सी. बोराल भारतीय वाद्य-यंत्रों पर ज्यादा निर्भर करते थे, वहीं पंकज मलिक पश्चिमी वाद्य-यंत्रों से प्रभावित थे।

आर.सी. बोराल के कैरियर की सबसे बड़ी और भव्य कीर्तिमान फिल्म थी देवकी बोस द्वारा निर्देशित न्यू थिएटर्स की अमर फिल्म 'विद्यापति'। इसमें पृथ्वीराज कपूर, कानन देवी, छाया देवी और पहाड़ी सान्याल मुख्य भूमिकाओं में थे। तेरह एक से बढ़कर एक यादगार गानों से सुसज्जित यह फिल्म मिथिला नरेश राजा शिवसिंह, रानी लक्ष्मी और कवि विद्यापति के त्रिकोण पर आधरित थी और बॉक्स ऑफिस पर जबर्दस्त हिट हुई थी। आर.सी. बोराल द्वारा संगीतबद्ध एक-से-एक लुभावने गीतों में 'डोल हृदय की नैया' (कानन देवी), 'देखत है अब बाट पिया की' (कानन देवी-के.सी. डे), 'अम्बुआ की डाली-डाली झूम रही मतवाली' (कानन देवी-धूमी खान), 'गोकुल से गए गिरधारी' (के.सी. डे), 'पनघट पे कन्हैया आता है' (के.सी. डे), 'दर्शन हुए तिहारे' (पहाड़ी सान्याल), 'काहे देर करत सजनी' (के.सी. डे-कानन देवी), 'पिया मिलन को जात है' (कानन देवी-पहाड़ी सान्याल-के.सी. डे) और 'तन का कर ले बन्द किवाड़' (कानन देवी-के.सी. डे) इत्यादि शामिल थे। ये सभी गीत बड़े सुरीले और अविस्मरणीय गीत थे और इन्हें केदार शर्मा ने लिखा था।

'वापस'

'वसीयतनामा'

'अन्जनगढ़'

'मंत्रमुग्ध'

नितिन बोस द्वारा निर्देशित 'प्रेजिडेंट' में के.एल. सहगल के साथ कमलेश कुमारी, जगदीश सेठी और लीला देसाई मुख्य भूमिकाओं में थे। (बाद में गुरुदत्त ने इसी कहानी पर 'बहारें फिर भी आएँगी' नाम से एक फिल्म बनाई थी, जो 1966 में रिलीज हुई थी।) इस फिल्म का संगीत आर.सी. बोराल और पंकज मलिक ने मिलकर दिया था। फिल्म के आठ गानों में से तीन गाने आर.सी. बोराल ने संगीतबद्ध किए थे, जिनमें सहगल के दो अमर गाने 'इक राजा का इक बेटा लेकर उड़ने वाला घोड़ा' और 'इक बंगला बने न्यारा, रहे कुनबा जिसमें सारा' भी शामिल थे। एक भारतीय स्त्री को एक मिल मालकिन की नई छवि में प्रस्तुत करने वाली यह फिल्म न्यू थिएटर्स की एक सुपरहिट और कीर्ति-स्तम्भ फिल्म थी।

अगला वर्ष 1938 के.एल. सहगल, आर.सी. बोराल और न्यू थिएटर्स की एक और कीर्तिमान फिल्म 'स्ट्रीट सिंगर' का वर्ष था। लेकिन इससे पहले प्रफुल्ल राय द्वारा निर्देशित 'अभागिन' रिलीज हुई, जो बंगाली लेखक उपेन्द्रनाथ गांगुली की एक सुधारवादी कहानी पर आधारित थी। पृथ्वीराज कपूर, मोलिना, विजय कुमार और देवबाला की मुख्य भूमिकाओं से सजी इस फिल्म में भी आर.सी. बोराल ने कई मधुर और रसीले गीत रचे थे। इनमें उभरती हुई गायिका कमला झरिया द्वारा गाए गए 'तुमसे माँगने में लाज आए' और 'जिगर के घाव को' और मोलिना द्वारा स्वरबद्ध 'नैनों के आँसू से' और 'इक नेक तबीयत का राजा' शामिल थे। लेकिन यह फिल्म बॉक्स ऑफिस पर चारों खाने चित्त हो गई। यह फिल्म मदन पुरी और अमरीश पुरी के भाई और अपने-आपमें एक जाने-माने चरित्र अभिनेता चमन पुरी की पहली फिल्म थी।

'अभागिन' की असफलता की निराशा को 'स्ट्रीट सिंगर' के संगीत की जबर्दस्त सफलता ने जल्दी ही भुला दिया। एक नए निर्देशक (जो बाद में एक महान निर्देशक के रूप में प्रतिष्ठित हुए) फणी मजुमदार द्वारा निर्देशित इस फिल्म में के.एल. सहगल के साथ कानन देवी और जगदीश सेठी थे। फिल्म के अद्‌भुत संगीत में सहगल की हृदयस्पर्शी आवाज में मुगल बादशाह बहादुर शाह जफर द्वारा रचित 'बाबुल मोरा नैहर छूटो जाए' जैसी 'हाँटिंग मैलोडी' शामिल थी। आर. सी. बोराल ने इस गीत को राग भैरवी पर आधारित रखा था। जैसाकि हम बता चुके हैं, उन दिनों फिल्म की शूटिंग के साथ-साथ ही संगीत की 'लाइव' रिकॉर्डिंग की जाती थी। बोराल ने आवाज में हृदय-विदारक प्रभाव पैदा करने के लिए माइक्रोफोन को सहगल के ऊपर कुछ ऊँचाई पर पकड़ रखा था, जिसके लिए एक ट्रक का इस्तेमाल किया गया था। फिल्म के एक-से-एक सुरीले और रसीले गानों में 'जीवन बीन मधुर न बाजे' (सहगल, कल्याण थाट पर आधारित), 'घुंघरवा बाजे छनन छुन' (कानन देवी), 'सकून दिल का मयस्सर' (सहगल-कानन देवी), 'प्रीतम से प्रीत निभाऊँगी' (कानन देवी), 'लक्ष्मी मूरत दरस दिखाए' (कानन देवी) और 'साँवरिया प्रेम की बंसी बजाए' (कानन देवी) इत्यादि शामिल थे। भुलवा (के.एल. सहगल) और मंजू (कानन देवी) नामक दो लावारिसों के थिएटर की दुनिया में संघर्ष पर आधारित यह फिल्म के.एल. सहगल और कानन देवी की जोड़ी की सबसे बड़ी सफलता थी। इसी फिल्म में भविष्य के एक महान संगीतकार खेमचन्द प्रकाश ने भी आर.सी. बोराल के सहायक के रूप में फिल्म संगीत की दुनिया में कदम रखा था। उन्होंने एक कॉमेडी भूमिका निभाते हुए एक गीत भी गाया था—'लो खा लो मैडम खाना'। इस फिल्म के गीत आरजू लखनवी ने लिखे थे।

1939 में आर.सी. बोराल की दो फिल्में रिलीज हुईं। हेम चन्दर द्वारा निर्देशित 'जवानी की रीत' में कानन देवी और नजम की मुख्य भूमिकाएँ थीं। न्यू थिएटर्स की यह फिल्म पूरी तरह से कानन देवी की फिल्म थी। 'लूट लियो मन धीर', 'कौन मन लुभावत', 'चली पवन हर सू' और 'मन में भी जो महके' जैसे उनके गीत खूब चले। इस बार भी गीतकार आरजू लखनवी थे। आर.सी. बोराल की इस वर्ष की दूसरी फिल्म 'सपेरा' थी। देवकी बोस द्वारा निर्देशित न्यू थिएटर्स

की इस फिल्म में पृथ्वीराज कपूर, कानन देवी, पहाड़ी सान्याल और के.सी. डे मुख्य भूमिकाओं में थे। कानन देवी और आर.सी. बोराल ने मिलकर एक बार फिर खूब रंग जमाया और 'सपनों में कोई आता है' और 'मन में मेरे आँधी' जैसे कई हिट गीत दिए। इस फिल्म के गीतकार केदार शर्मा थे।

उपेन्द्रनाथ गांगुली के उपन्यास 'शुभ योग' पर आधारित न्यू थिएटर्स की 'हार-जीत' आर.सी. बोराल की 1940 के वर्ष की एकमात्र रिलीज फिल्म थी। अमर मलिक द्वारा निर्देशित इस फिल्म में कानन देवी और पहाड़ी सान्याल थे। एक बार फिर कानन देवी पूरी फिल्म और इसके संगीत पर छाई रहीं। आर.सी. बोराल ने 'मस्त पवन शाखें लहराएँ' (पहाड़ी सान्याल के साथ युगल गीत), 'तुम मनमोहन तुम सखियन संग', 'कैसे सुन्दर फूलों के हार' और 'मै हिरणी हरे-भरे वन की' समेत उनके लिए एक-से-एक सुन्दर धुनें संजोईं। इस फिल्म में आरजू लखनवी और केदार शर्मा के गीत थे।

1941 में आई 'लगन' ने एक बार फिर आर.सी. बोराल के नाम की धूम मचा दी और लोकप्रियता के नए रिकॉर्ड स्थापित किए। नितिन बोस द्वारा निर्देशित न्यू थिएटर्स की इस फिल्म में के.एल. सहगल के साथ एक बार फिर कानन देवी और जगदीश सेठी थे। फिल्म की कहानी एक कवि, उसकी प्रेयसी और उसके पति के त्रिकोण पर आधारित थी। कई वर्ष बाद 1958 में महान अभिनेता और निर्माता-निर्देशक गुरुदत्त ने अपनी बहुचर्चित क्लासिक फिल्म 'प्यासा' में यही त्रिकोण अपनाया था। 'लगन' के एक-से-एक मधुर और हृदयस्पर्शी गीतों में 'काहे को रार मचाई (सहगल), 'मदभरी मदभरी मतवारी फुलवारी' (कानन देवी), 'ये कैसा अन्याय दाता' (सहगल), 'तुम बिन काल न आवे मोहे' (कानन देवी), 'मैं सोते भाग जगा दूँगा' (सहगल) और 'कोई समझाए सखी ये गीत क्या है' (कानन देवी) इत्यादि शामिल थे। इस सुपरहिट फिल्म के गीत आरजू लखनवी ने लिखे थे।

न्यू थिएटर्स में काम करते हुए आर.सी. बोराल ने कभी भी कोई बाहर की फिल्म साइन नहीं की। इस महान स्टूडियो के लगभग बन्द हो जाने के बाद ही उन्होंने एक फ्री-लान्सर के तौर पर बाहर की इक्का-दुक्का फिल्में कीं। एक उल्लेखनीय तथ्य यह भी है कि महान निर्माता-निर्देशक बिमल राय ने भी न्यू थिएटर्स की तीन फिल्मों का निर्देशन किया था, जिनमें आर.सी. बोराल का संगीत था। ये तीन फिल्में थीं—'हमराही', 'अन्जनगढ़' और 'पहला आदमी'। यहाँ हम 'लगन' (1941) के बाद आर.सी. बोराल द्वारा संगीत-निर्देशित न्यू थिएटर्स की फिल्मों की सूची दे रहे हैं :

क्रम	फिल्म	वर्ष	निर्देशक	गीतकार	कलाकार
1.	सौगन्ध	1942	हेम चन्दर	पं. नटवर	पहाड़ी सान्याल, भारती देवी
2.	वापस	1943	हेम चन्दर	पं. भूषण, मुंशी जाकिर अख्तर	असित बरन, भारती देवी
3.	हमराही	1945	बिमल राय	मुन्शी जाकिर हुसैन	आर. भट्टाचार्य, बिनिता बोस
4.	वसीयतनामा	1945	सौमेन मुखर्जी	मुन्शी जाकिर हुसैन	भारती देवी, असित बरन
5.	अन्जनगढ़	1948	बिमल राय	पं. भूषण, रमेश पांडे	सुनन्दा देवी, रमा नेहरू,
6.	पहला आदमी	1950	बिमल राय	प्रकाश, ए. कृष्ण,	स्मृति विश्वास, पहाड़ी सान्याल, बलराज विज

इन सभी फिल्मों में आर.सी. बोराल ने अपनी छवि के अनुरूप उच्च स्तरीय और सुरीला संगीत दिया था। 'अब आई बसन्त बहार', 'राजा बेटा केकड़ा के घूंट लो' और 'रंग गई आज मन की बगिया' ('सौगन्ध'), 'तुमने मुझसे प्रेम जताकर', 'अलबेला मस्ताना इक हंसों का जोड़ा', 'हम कोचवान प्यारे' ('वापस'), 'मधुगन्ध भरा मधु स्निग्ध छाया', 'जिगर का दाग ('हमराही'), 'मन फूले नहीं समाए', 'काहे मन बेचैन सजनी', 'भूल जा तू दुनिया का गम' ('वसीयतनामा'), 'संसार के आधार पर दया हम पे' ('अंजनगढ़') और 'तारों की रोशनी में नई दुनिया बसाएँ', 'क्यों न खुशी के गीत गाएँ' 'हम चले नई दुनिया बसाने', 'अश्कों में छुपी उल्फत की कहानी' ('पहला आदमी') जैसे गीत खूब लोकप्रिय हुए थे।

'स्ट्रीट सिंगर'

'स्ट्रीट सिंगर'

भारतीय सिनेमा बड़ी तेजी से करवट बदल रहा था और नई पीढ़ी बदलाव की माँग कर रही थी। शिक्षित मध्यवर्ग हॉलीवुड शैली की तेज रफ्तार मनोरंजक फिल्मों की तरफ मुड़ रहा था। पौराणिक कथाओं और फन्तासियों पर आधारित फिल्मों का जमाना लद रहा था। न्यू थिएटर्स कई वर्षों से समय के साथ कदम मिलाते हुए चलता रहा था और साथ ही उद्देश्यपूर्ण और उच्चस्तरीय सिनेमा के नए मापदंड भी स्थापित करता रहा था। लेकिन अब व्यावसायिकता की आँधी के सामने उसका टिका रहना मुश्किल हो रहा था। फिल्में दिनोदिन बड़े बजट की हो रही थीं और बम्बइया फिल्मों की चकाचौंध हर किसी को अपनी चपेट में लेने लगी थी। पृथ्वीराज कपूर, जगदीश सेठी, नितिन बोस, देवकी बोस और के.एल. सहगल जैसे कई सितारे और निर्देशक एक-एक करके बम्बई का रुख करने लगे। न्यू थिएटर्स अब भी फिल्में बना रहा था, लेकिन उसकी फिल्मों को पहले जैसी सफलता नहीं मिल रही थी। एक के बाद एक कई फिल्मों के फ्लॉप होने के बाद न्यू थिएटर्स की नींव लड़खड़ाने लगी और धीरे-धीरे उसका पतन होता चला गया। न्यू थिएटर्स का सबसे लम्बा साथ देने और सबसे आखिर में मुम्बई का रुख करने वालों में पहाड़ी सान्याल और आर.सी. बोराल शामिल थे।

बम्बई में आर.सी. बोराल की सबसे पहली फिल्म प्रकाश पिक्चर्स की 'चैतन्य महाप्रभु' (1953) थी। विजय भट्ट द्वारा निर्देशित यह फिल्म खूब सफल रही थी और मुख्य अभिनेता भारत भूषण को सर्वश्रेष्ठ अभिनेता के रूप में फिल्मफेयर

पुरस्कार भी मिला था। फिल्म के लोकप्रिय गीतों में 'क्या हो गया मुझे, क्या हो गया जो भ्रमर-सा फिरे' (तलत महमूद), 'गोकुल कदम की छाँव में' (मुहम्मद रफी और आशा भोंसले द्वारा स्वरबद्ध रासलीला), 'कजरारे नैना छुप-छुप घात करें' (लता मंगेशकर), 'वो गोकुल का ग्वाला था' (लता-धनंजय भट्टाचार्य), 'तेरी प्रीत समझ न आए' (लता) और 'निभाई चाँद ओ गोरे चाँद' (बिनोती चक्रवर्ती) इत्यादि शामिल थे। ये सभी बड़े सुरीले गीत थे और आर.सी. बोराल के हृदयस्पर्शी संगीत की उच्चस्तरीय छाप लिए थे। नितिन बोस द्वारा निर्मित और निर्देशित 'दर्द-ए-दिल' (1953) में भी आर.सी. बोराल ने लता मंगेशकर के साथ मिलकर खूब रंग जमाया। इनमें लता की एक बड़ी खूबसूरत और यादगार ग़ज़ल भी शामिल थी—'न तो दिन ही दिन वो रहे मेरे, न वो रात मेरी रही'। बोराल ने अपनी शैली को आधुनिकता का स्पर्श देते हुए आशा भोंसले से भी एक अनूठा गीत गवाया—'प्यार हो गया मुझे'। दो वर्ष बाद 1955 में रिलीज हुई अमर मलिक प्रोडक्शन्स की 'स्वामी विवेकानन्द' आर.सी. बोराल की आखिरी हिन्दी फिल्म साबित हुई। इस आखिरी फिल्म में भी वे 'पथिक अकेला बढ़ता जा' (हेमन्त कुमार), 'हे शम्भू हे त्रिपुरारि' (रफी) और 'चूर करो अभिमान को' (तलत) जैसे संगीत के अनमोल रत्न देना नहीं भूले।

इसके बाद आर.सी. बोराल कलकत्ता लौट गए और 1960 में रिटायर होने तक बंगाली फिल्मों में संगीत देते रहे। 1959 में प्रदर्शित 'सागर संगमे' के लिए उन्हें सर्वश्रेष्ठ संगीत का राष्ट्रीय पुरस्कार भी मिला। 'नूतन फसल' (1960) उनकी आखिरी फिल्म थी।

जहाँ तक पुरस्कारों की बात है, आर.सी. बोराल को वर्ष 1978 में संगीत नाटक अकादमी पुरस्कार से सम्मानित किया गया था। अगले वर्ष 1979 में, और भले ही कुछ देर से, उन्हें दादा साहब फालके पुरस्कार से भी सम्मानित किया गया।

आर.सी. बोराल को भारत की पहली कार्टून फिल्म बनाने और कुछ डाक्यूमेंटरियों (वृत्तचित्रों) के निर्माण का भी श्रेय प्राप्त है। वे ऑल इंडिया रेडियो (आकाशवाणी) की म्यूजिक रिसर्च अकेडमी के भी सदस्य रहे।

25 नवम्बर 1981 को 78 वर्ष की उम्र में फिल्म संगीत की दुनिया के इस महान और दिग्गज सुर-साधक का निधन हो गया।

आर.सी. बोराल द्वारा संगीतबद्ध एक-से-एक अनूठे और रसीले गीतों में से बारह मोती चुनना सचमुच बहुत मुश्किल काम है। फिर भी हमने एक छोटी-सी कोशिश की है। उनके द्वारा रचे गए बारह अनमोल गीतों की सूची इस प्रकार है :

आर.सी. बोराल के 12 अनमोल रत्न

क्रम	गीत	फिल्म	गायक/गायिका
1.	जाओ-जाओ ओ मेरे साधो रहो गुरु के संग	पूरन भगत	के.सी. डे
2.	प्रेम नगर में बनाऊँगी घर मैं तज के सब संसार	चंडीदास	सहगल-उमा शशि
3.	बाबा मन की आँखें खोल	धूप-छाँव	के.सी. डे
4.	घिर-घिर आई बदरिया कारी	करोड़पति	राजकुमारी
5.	न जाने क्या है दिल का राग	मुक्ति	कानन देवी
6.	डोले हृदय की नैया	विद्यापति	कानन देवी
7.	इक बंगला बने न्यारा	प्रेजिडेंट	के.एल. सहगल
8.	बाबुल मोरा नैहर छूटो जाए	स्ट्रीट सिंगर	के.एल. सहगल
9.	लूट लियो मन धीर	जवानी की रीत	कानन देवी
10.	काहे को रार मचाई	लगन	के.एल. सहगल
11.	मस्त पवन शाखें लहराएँ	हार-जीत	कानन देवी-पहाड़ी सान्याल
12.	न तो दिन ही दिन वो रहे मेरे	दर्द-ए-दिल	लता मंगेशकर

इस महान पथ-प्रदर्शक को हमारी सच्ची श्रद्धांजलि यही हो सकती है कि हम उनके गीतों को सुनें, गाएँ और इनकी उपलब्धता को सुगम बनाने में हाथ बटाएँ। ये सभी रचनाएँ एक चिरंतन आनन्द की महाधारा के समान हैं—न जाने क्या है दिल का राग!

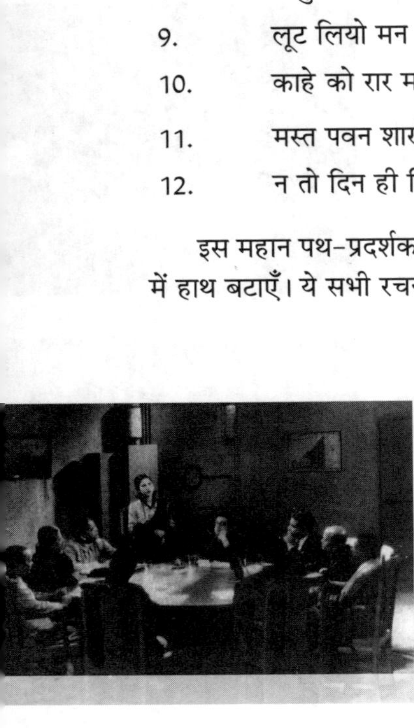

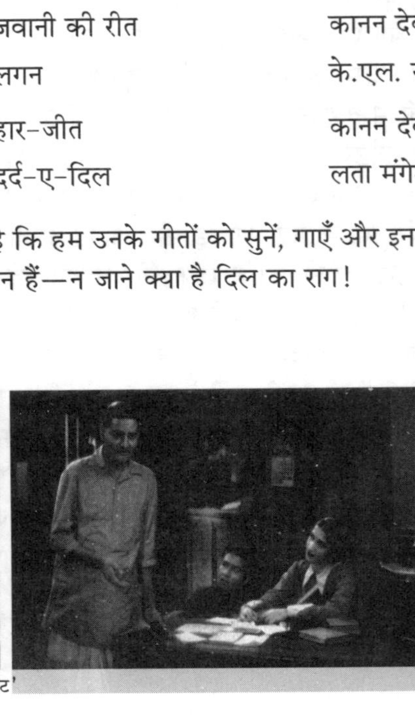

'प्रेजिडेंट'

अनिल बिस्वास (1914-2003)

मूल सुर-साधक और मधुरतम संगीत के प्रकाश-स्तम्भ

हिन्दी फिल्म संगीत की भव्य और गौरवशाली परम्परा में अगर किसी संगीतकार का कद अपने सभी समकालीनों से कहीं अधिक ऊँचा दिखाई देता है तो वे हैं हमारे अकेले और इकलौते अनिल बिस्वास—हमारे मूल सुर-साधक और हिन्दी फिल्म संगीत को असीम ऊँचाइयों पर ले जाने वाले एक महान पथ-प्रदर्शक। अनिल बिस्वास संगीतकारों के संगीतकार थे—इस मायने में कि उनके सभी समकालीन और आने वाली पीढ़ियों के अधिकांश संगीतकार भी उन्हें अत्यन्त सम्मान की दृष्टि से और अपने प्रेरणा-स्रोत के रूप में देखते थे। वे एक हरफनमौला पथ-प्रदर्शक थे और हिन्दी फिल्म संगीत के विकास और उत्थान में उनका योगदान अतुलनीय है। उनके लिए फिल्म संगीत कोई पेशा न होकर एक जुनून की तरह था और यह जुनून जिंदगी की आखिरी घड़ियों तक उन पर हावी रहा।

फिल्म संगीत के क्षेत्र में उन्होंने बहुत से नए प्रयोग किए, बहुत सारी नई पहलें कीं, जिनमें से कुछ का यहाँ उल्लेख करना उचित होगा—(यूँ अनिल दा के योगदान की सूची लम्बी ही नहीं बल्कि अन्तहीन प्रतीत होती है) :

- फिल्म संगीत में काउंटर मैलोडी की शुरुआत उन्होंने ही की। इसे कोंट्रा मैलोडी भी कहा जाता है, जिसमें किसी वाद्य-यंत्र या दूसरे गायक का स्वर मुख्य गायक के स्वर पर छाते यानी 'ओवरलैप' करते हुए एक दूसरी दिशा में बहता हुआ प्रतीत होता है, या एक पंक्ति दूसरी पंक्ति को ढकती हुई या उस पर चढ़ती हुई प्रतोत होती है। पश्चिमी संगीत की इस 'कैंटाला' तकनीक को हिन्दी फिल्मों में सबसे पहले अनित बिस्वास ने ही प्रयोग किया।
- अनिल बिस्वास को ही सबसे पहले ऑर्केस्ट्रा के प्रयोग का श्रेय जाता है, जिसमें 12 साजिंदे होते थे। आगे चलकर ऑर्केस्ट्रा में 200 साजिंदे और वाद्य-यंत्र तक शामिल होने लगे।
- उन्होंने ही सबसे पहले ऑर्केस्ट्रा संगीत के साथ कोरस गायन की शुरुआत की।
- पश्चिमी सिम्फोनी पर अपनी सिद्धहस्तता के कारण वे गीत की 'ओपनिंग' (शुरुआत), 'इंटरल्यूड' (दो अन्तरों के बीच का संगीत) और 'एंडिंग' (अन्त) में तालमेल स्थापित करने में भी सबसे आगे रहे।
- अनिल दा ने ही गानों की कम्पोजीशन में गायक और ऑर्केस्ट्रा की आवाज में एक सहज और स्वाभाविक तालमेल स्थापित करने की शुरुआत की।
- उन्होंने ही सबसे पहले भारतीय वाद्य-यंत्रों के साथ पश्चिमी ऑर्केस्ट्रा शैली के प्रयोग की शुरुआत की।
- अनिल दा ने ही महान गायिका जोहराबाई अम्बालेवाली को 'पिया घर नहीं आए, अकेले मोहे डर लागे' ('ग्रामोफोन सिंगर', 1938) के रूप में उनका पहला ब्रेक दिया।
- महान गायक तलत महमूद ने भी अपना पहला हिट हिन्दी फिल्मी गाना अनिल बिस्वास के लिए ही गाया था—'ए दिल मुझे ऐसी जगह ले चल जहाँ कोई न हो'। ('आरजू' 1950) फिल्म का यह गाना दिलीप कुमार पर फिल्माया गया था।

अनिल बिस्वास

अनिल बिस्वास, लता और पन्नालाल घोष

★ इसी तरह एक और महान गायक और उस समय संघर्षरत मुकेश को भी उन्होंने ही उनका पहला हिट गीत दिया—'दिल जलता है तो जलने दे'। 'पहली नजर' फिल्म का यह गाना मोतीलाल पर फिल्माया गया था।

★ गायक अभिनेता सुरेन्द्र ने भी अपना पहला हिट गीत अनिल बिस्वास के संगीत निर्देशन में ही रिकॉर्ड किया था—'काहे अकेले डोलत बादल' ('ग्रामोफोन सिंगर', 1938)।

★ सुर सम्राज्ञी लता मंगेशकर अपनी भेंटवार्ताओं में कई बार कह चुकी हैं कि उन्होंने गाते-गाते चुपके से साँस लेना और छोड़ना अनिल बिस्वास से ही सीखा था।

★ महान शायर और गीतकार साहिर लुधियानवी को भी हिन्दी फिल्मों में उनका पहला ब्रेक अनिल दा ने ही ('दोराहा', 1952) दिया था।

7 जुलाई, 1914 को पूर्वी बंगाल (अब बांग्लादेश) के बड़िसाल में जन्मे अनिल कृष्ण विश्वास को संगीत प्रेम अपनी माँ से प्राप्त हुआ था, जिन्हें संगीत का बेहद शौक था। उनके पिता जे.सी. विश्वास एक मध्यवर्गीय परिवार से थे और घर की आर्थिक स्थिति कोई खास अच्छी नहीं थी। उनकी माँ ने चार वर्ष की उम्र में ही उन्हें गाना और छह वर्ष की उम्र में तबला बजाना सिखा दिया था। दस वर्ष की उम्र में वे नाटकों में भी काम करने लगे। इस तरह अनिल बिस्वास 'होनहार बिरवान के होत चीकने पात' वाली कहावत को चरितार्थ कर रहे थे। चौदह वर्ष के होते-होते वे स्थानीय संगीत कार्यक्रमों के लिए गाने के साथ-साथ संगीत का संयोजन भी करने लगे थे। उनके साथ उनकी बहन पारुल भी गाया करती थीं, जो बाद में पारुल घोष के नाम से एक लोकप्रिय गायिका के रूप में प्रसिद्ध हुईं। (उन्हीं की आवाज में 'धूप-छाँव' के लिए न्यू थिएटर्स का पहला प्लेबैक गीत रिकॉर्ड किया गया था।) पारुल का विवाह प्रसिद्ध बाँसुरी वादक पन्नालाल घोष के साथ हुआ था, जो संगीत के उतने ही रसिया थे और वक्त-बेवक्त अनिल बिस्वास की मदद करते रहते थे।

अनिल बिस्वास अभी मैट्रिक ही कर रहे थे कि उन्हें देशभक्ति और क्रान्ति की भावना ने जकड़ लिया और वे देश की आजादी की लड़ाई में कूद पड़े। उन्हें कई बार जेल जाना पड़ा। अनिल बिस्वास के एक घनिष्ठ मित्र सत्यव्रत घोष के अनुसार उन दिनों बड़िसाल की जेल में इतने ज्यादा मच्छर होते थे कि कैदी रात भर सो नहीं पाते थे। इसलिए वे सब अनिल के मार्गदर्शन में कुछ न कुछ गाते रहते थे। कैदियों का सबसे प्रिय गीत था—'लाठी मार भांगड़े लाला, जोता सब बन्दीशाला' (लाठी मारकर जेल के ताले तोड़ दो और आजाद हो जाओ)।

1930 में अनिल बिस्वास के पिता की मृत्यु हो गई तो परिवार की जिम्मेदारी उनके कन्धों पर आ पड़ी। लेकिन पुलिस उनके पीछे पड़ी हुई थी। वे भेस बदलकर बड़िसाल से निकल भागे और कलकत्ता (अब कोलकाता) जा पहुँचे। वहाँ उनके मित्र (जो बाद में पारुल से विवाह करके उनके बहनोई बन गए) पन्नालाल घोष ने उन्हें सहारा दिया और उन्हें अपनी बहन और बहनोई के घर पर ठहरा दिया। आजीविका चलाने के लिए अनिल बिस्वास को तरह-तरह के पापड़ बेलने पड़े। उन्हें रेलवे स्टेशन पर कुलीगिरी से लेकर होटलों में बर्तन तक धोने पड़े। संयोगवश ऐसे ही एक होटल में मशहूर जादूगर मनोरंजन सरकार की उन पर नजर पड़ गई। या यूँ कहना चाहिए कि मनोरंजन सरकार के कानों में उनकी आवाज पड़ गई। अनिल बिस्वास होटल की किचन में बर्तन धोते-धोते गुनगुना रहे थे और उनकी इसी गुनगुनाहट ने मशहूर जादूगर पर भी जादू कर दिया। मनोरंजन सरकार उन्हें अपने साथ एक संगीत कार्यक्रम में ले गए। यह संगीत कार्यक्रम संगीत प्रेमी राय बहादुर अघोरनाथ के घर पर आयोजित था। ऐसी शानदार महफिल में जाने के लिए अनिल बिस्वास के पास ढंग के कपड़े तक नहीं थे। पन्नालाल घोष को उन्हें अपनी एक कमीज उधार देनी पड़ी। राय बहादुर अघोरनाथ के घर पर आयोजित इस संगीत महफिल में मशहूर कवि जितेन्द्रनाथ बागची और मैगाफोन ग्रामोफोन कम्पनी के मालिक भी मौजूद थे। अनिल बिस्वास ने 'श्याम संगीत' सुनाकर हर किसी को मंत्रमुग्ध कर दिया। राय बहादुर ने उसी समय उन्हें अपने दो पोतों के संगीत शिक्षक के रूप में नियुक्त कर लिया और अनिल बिस्वास उन्हें भक्ति संगीत सिखाने लगे।

लेकिन इस नौकरी में वे ज्यादा नहीं टिक पाए और जल्दी ही एक डॉक्टर की बेटी को संगीत सिखाने लगे। उनकी तनख्वाह सिर्फ पाँच रुपए महीना थी। पर भाग्य को यह भी मंजूर नहीं था। एक दिन पुलिस ने उन्हें धर दबोचा और वे एक बार फिर जेल की सलाखों के पीछे पहुँच गए। चार महीने बाद जब उनके खिलाफ कोई भी सबूत नहीं मिला तो पुलिस को उन्हें रिहा करना पड़ा।

अनिल बिस्वास एक बार फिर सड़क पर थे। इस बार निताई मोतीलाल नाम के एक व्यक्ति उनकी जिंदगी में आए जो 'रंगमहल थिएटर' नामक एक कम्पनी के मालिक थे। उन्होंने अनिल बिस्वास की संगीत प्रतिभा देखी तो उनके सामने एक प्रस्ताव रखा—'तुम्हारे पास हुनर है और मेरे पास पैसा। तुम्हें तुम्हारे काम के दाम तो मिलेंगे लेकिन नाम मेरा होगा'। लाचार अनिल बिस्वास ने यह शर्त स्वीकार कर ली और 40 रुपए महीने की तनख्वाह पर रंगमहल थिएटर में काम करने लगे। वे थिएटर के लिए गीत लिखते थे और उसका संगीत भी तैयार करते थे, लेकिन नाम निताई मोतीलाल का जाता था। इस थिएटर के लिए अनिल बिस्वास ने कुछ नाटकों में अभिनय और नृत्य भी किया। वे संगीत का ट्यूशन भी देने लगे और 200 रुपए महीने तक कमाने लगे तो उन्होंने अपनी माँ, भाई और बहन को अपने पास कलकत्ता बुला लिया।

इसी बीच अनिल बिस्वास की मुलाकात बंगाल के प्रसिद्ध कवि और लेखक काजी नजरुल इस्लाम से हुई जो ग्रामोफोन कम्पनी ऑफ इंडिया के लिए काम करते थे। काजी उनकी प्रतिभा से बहुत प्रभावित हुए और उनकी मदद करने के लिए तैयार हो गए। अनिल बिस्वास ने कुछ गीतों की रिकॉर्डिंग की। उन्होंने हिन्दुस्तान म्यूजिक कम्पनी के लिए पन्नालाल घोष के बाँसुरी-वादन की पहली रिकॉर्डिंग के बोल भी लिखे। काजी ने उन्हें

संगीत-निर्देशक हिरेन बोस से भी मिलवाया। हिरेन बोस ने उनकी प्रतिभा से प्रभावित होकर उन्हें अपने सहायक के रूप में नियुक्त कर लिया। हिरेन बोस बम्बई (अब मुम्बई) जाने की ताक में थे। उन्होंने अनिल बिस्वास का मन टटोला तो उन्होंने भी झट से 'हाँ' कर दी। बम्बई को फिल्मों के नए स्वर्ग के रूप में देखा जाने लगा था और उसके नाम से ही अनिल बिस्वास के मन में गुदगुदी-सी होने लगी थी।

अनिल बिस्वास

जल्दी ही हिरेन बोस और अनिल बिस्वास की जोड़ी बम्बई शिफ्ट हो गई। अनिल बिस्वास बम्बई के खुले माहौल को देखकर दंग रह गए जो कलकत्ता की दमघोंटू जीवनशैली से बिलकुल अलग था। हिरेन बोस और अनिल बिस्वास वी.एम. व्यास की फिल्म कम्पनी में भर्ती हो गए। अनिल पर संगीत का इतना भूत सवार था कि वे हर समय किसी नई धुन के बारे में सोचते रहते थे और गाते-गुनगुनाते और झूमते हुए ही चला करते थे। एक दिन अपने परम्परागत गुजराती झूले पर बैठे वी.एम. व्यास ने यह सब देखा तो उन्हें किसी कुत्ते की तरह उंगली उठाकर और 'श...श...श...' करके पुकारते हुए अपने पास बुलाया और मोटी-मोटी गालियाँ देने लगे। जेल में खूब मारकर खाकर सख्त जान हो चुके अनिल बिस्वास से यह अपमान सहा न गया और उन्होंने अपने मालिक वी.एम. व्यास की जमकर धुनाई कर दी। इससे पहले कि नौकर उन्हें पकड़ पाता, अनिल बिस्वास वहाँ से भाग खड़े हुए। जैसाकि स्वाभाविक था, उनकी और हिरेन बोस की उसी दिन कम्पनी से छुट्टी हो गई।

इसके बाद कुछ दिन काम की तलाश में मारे-मारे फिरना पड़ा और भुखमरी भी झेलनी पड़ी। जल्दी ही उन्हें कुमार मूवीटोन में काम तो मिल गया लेकिन वे वहाँ भी नहीं टिक पाए। वी.एम. कुमार के साथ रचनात्मक मतभेदों के कारण वे एक बार फिर सड़क पर आ गए। गर्दिश, भुखमरी और खाली जेबों के दिन एक बार फिर शुरू हो गए। कई बार काम की तलाश में दिन भर बम्बई की सड़कें छानने के बाद रात को सिर्फ पानी पीकर ही सो जाना पड़ता था। एक बार वे इतने परेशान हो गए कि प्रकाश पिक्चर्स में जा पहुँचे और वहाँ मौजूद म्यूजिक डिपार्टमेंट के इन्चार्ज से कहने लगे—"मैं फर्श पर झाड़ू मारने से लेकर कोई भी साज बजाने या नाचने-गाने तक को तैयार हूँ! बस, मुझे काम दे दीजिए।" म्यूजिक डिपार्टमेंट का इन्चार्ज खुद भी बंगाली था। उसे लगा कि अगर कोई दूसरा बंगाली—वह भी एक प्रतिभाशाली बंगाली—कम्पनी में आ गया तो उसकी अपनी नौकरी खतरे में पड़ जाएगी। इसलिए उसने बड़ी सख्ती से मना कर दिया। अनिल बिस्वास को उसका यह व्यवहार इतना ज्यादा अखरा कि उन्होंने प्रकाश पिक्चर्स के लिए कभी भी काम न करने की कसम खा ली। यह कसम उन्होंने मरते दम तक निभाई।

भाग्य का खेल कह लीजिए या संयोग, उन्हें उसी दिन काम मिल गया। भूखे पेट और जेब में सिर्फ एक आना (6 पैसे) लिए वे हिरेन बोस के साथ पैदल चलते-चलते मीलों दूर स्थित ईस्टर्न आर्ट सिंडिकेट (दरयानी भाइयों की कम्पनी) के दफ्तर में जा पहुँचे। निर्माता-निर्देशक राम दरयानी (जिन्होंने बाद में 'घर की इज्जत', 'तराना', 'चाँद मेरे आजा' जैसी मशहूर फिल्में बनाईं) ने पहले अनिल बिस्वास को कुछ सुनाने के लिए कहा। उस समय दोपहर के तीन बज रहे थे। अनिल बिस्वास का भूख के मारे बुरा हाल था। कहते हैं भूखे पेट भजन न होवे। लेकिन उस दिन सचमुच ही उन्होंने भूखे पेट एक भजन सुनाया—'घनश्याम भज मन बारम्बार'। वे गाते भी जाते और साथ-साथ रोते भी जाते। राम दरयानी उनके भजन और उनके आँसुओं दोनों पर ही मोहित हो गए। उन्हें कहाँ पता था कि अनिल बिस्वास गीत की भावनाओं में बहकर नहीं बल्कि भूख के कारण रो रहे थे। उन्होंने झट से उन्हें चुन लिया। पास ही बैठे मशहूर कामेडियन गोप ने असलियत को जरूर भांप लिया था। वे झट से अनिल बिस्वास को कम्पनी की कैन्टीन में ले गए, जहाँ उन्होंने मस्का-पाव (मक्खन-टोस्ट) और आमलेट खाया। उसी दिन से गोप और अनिल बिस्वास के बीच बहुत गहरी दोस्ती हो गई। गोप उन्हें हमेशा 'बिसू' कहकर बुलाया करते थे।

अनिल बिस्वास को शुरू में सहायक संगीतकार (म्यूजिक असिस्टेंट) और गायक के तौर पर नियुक्त किया गया था। उनका पहला गाना था—'काली माँ तू प्यारी, तुम जगत जननी'। इसके बाद 'भारत की बेटी' (1935) में उन्होंने उस्ताद झंडे खाँ के साथ संगीत देते हुए अपना पहला सुपरहिट गाना 'तेरे पूजन को भगवान, बना इक मन्दिर आलीशान' ('रतनबाई') दिया। एक दूसरा गाना 'दीन दयाल दया करके' भी खूब लोकप्रिय हुआ। ईस्टर्न आर्ट्स की 'धर्म की देवी' (1935) में उन्हें एक स्वतंत्र संगीत निर्देशक के रूप में पहला ब्रेक मिला, जिसके निर्देशक हिरेन बोस थे। कुमार और सरदार अख्तर की मुख्य भूमिकाओं से सजी इस फिल्म ने ऐसी धूम मचाई कि अनिल बिस्वास ने फिर पीछे मुड़कर नहीं देखा। अगले तीस वर्षों में उन्होंने लगभग 74 हिन्दी फिल्मों में संगीत दिया। 'धर्म की देवी' अनिल बिस्वास के रूप में एक ऐसी नई संगीत-शैली की प्रतीक बन गई जो थिएटर के परम्परागत नाट्य संगीत से बिलकुल अलग थी। उन्होंने शास्त्रीय रागों को सरल बनाते हुए और उनमें लोक संगीत का मिश्रण करते हुए हिन्दी फिल्म संगीत को अपनी एक अलग पहचान दी। उन्होंने बंगाली, गुजराती, राजस्थानी से लेकर पंजाबी और उत्तर भारतीय तक सभी तरह की लोक संगीत शैलियों को फिल्म संगीत में पिरोने और हिन्दी फिल्म संगीत का एक नया ढाँचा तैयार करने की पहल की। यह सचमुच ही एक भव्य पैमाने का और पथ-प्रदर्शक कृत्य था।

'धर्म की देवी' की शूटिंग शुरू हुई तो प्ले-बैक सिंगिंग (पार्श्व-गायन) का जमाना नहीं आया था। कलाकारों को फिल्म के सेट पर ही 'लाइव' गाना पड़ता था। फिल्म की नायिका सरदार अख्तर (जिनका बाद में महान निर्माता-निर्देशक महबूब खान के साथ विवाह हुआ) तो अच्छी-खासी गायिका थीं, लेकिन फिल्म के नायक कुमार का गीत-संगीत से दूर-दूर तक कोई सम्बन्ध नहीं था। अनिल बिस्वास ने उनके गीत को फिल्माने का एक नया तरीका सुझाया। कैमरे को कुमार के पीछे रखकर उनके कन्धे के ऊपर से शॉट (ओ.एस.) लिया गया। कुमार गाते रहे और कैमरा सरदार अख्तार के चेहरे पर टिका रहा। बाद में कुमार के कुछ शॉट लेकर एडिटिंग के दौरान इस दृश्य में जोड़ दिए गए। कुमार की प्रतिक्रिया के क्लोजअप

लेने के लिए सरदार अख्तर के पीछे से ओ.एस. शॉट लिए गए। यह तरकीब सचमुच ही सफल रही और एक तरह से देखा जाए तो इसे प्लेबैक गायन की शुरुआत कहा जा सकता है।

इस फिल्म में खुद अनिल बिस्वास ने भी एक फकीर की भूमिका निभाई थी और 'कुछ भी नहीं भरोसा दुनिया है आनी-जानी' (एक गायक के रूप में उनका पहला फिल्मी गीत), 'क्षमा करो क्षमा करो' और 'कर हाल पे अपने रहम जरा' जैसे कुछ गीत गाए थे। इसी फिल्म का एक बेहद खूबसूरत और सुरीला गीत था—'न भूलो न भूलो प्रिय आज का ये अपना अनुराग'। फिल्म में कुल 13 गाने थे, जिन्हें पं. गौरीशंकर लाल 'अख्तर' ने लिखा था। अभिनेता गोप ने अनिल बिस्वास को एक सिन्धी धुन सुझाई तो उन्होंने एक गाने में इसका भी बड़ा सुन्दर उपयोग कर लिया। जाने-माने संगीत-निर्देशक रफीक गजनवी ने भी इस फिल्म में एक कॉमेडी भूमिका निभाई थी। इस फिल्म के एक गाने की शूटिंग के बारे में एक दिलचस्प किस्सा मशहूर है। कहते हैं कि जब एक फकीर की भूमिका में अनिल बिस्वास अपना पहला फिल्मी गीत 'कुछ भी नहीं भरोसा...' गाते हुए पीछे-पीछे जा रहे थे और एक ट्रॉली पर रखा कैमर उनका अनुसरण कर रहा था तो हर कोई इस दृश्य की शूटिंग में इतना ज्यादा खो गया कि अनिल बिस्वास के साथ-साथ साउंड रिकॉर्डिस्ट और कैमरामैन भी पीछे स्थित एक तालाब में जा गिरे।

अपनी इस पहली स्वतंत्र फिल्म के बाद अनिल बिस्वास ने तीन फिल्में ('प्रेम बन्धन', 'फिदा-ए-वतन', 'शेर का पंजा') उस्ताद झंडे खाँ के साथ मिलकर और एक फिल्म ('दुखियारी') मधुलाल मास्टर के साथ मिलकर की। इनमें से अधिकांश दरयानी भाइयों की फिल्में थीं और इनके गीत पं. गौरीशंकर लाल 'अख्तर' ने लिखे थे। दरयानी भाइयों के साथ अनिल बिस्वास के इतने घनिष्ठ सम्बन्ध हो गए थे कि उन्होंने डेढ़ दशक में उनके साथ पूरी नौ फिल्में कीं। इनमें उपरोक्त फिल्मों के अलावा 'प्रतिभा', 'संगदिल समाज', 'बुलडॉग' और बेहद मशहूर 'तराना' शामिल थीं। उनके शुरू के हिट गीतों में 'कैसे कटे मोरी सूनी रे', 'चैन न आए जब पिया सुध आती', 'बिन देखे तुम्हारे मैं मर जाऊँगी' (सभी 'प्रेम बन्धन', 1936); 'जा जा रे भँवरा' (सरदार अख्तर), 'झूला झूल-झूल-झूल' (सरदार अख्तर), 'आज देखी मैंने जीवन ज्योत' (नजीर-सरदार अख्तर—सभी 'प्रतिभा', 1936); 'ये माना हमने मुहब्बत की दवा तुम हो' (सरदार अख्तर), 'बढ़कर परी से शक्ल मेरे दिलरुबा की है' (अनिल बिस्वास-सरदार अख्तर), 'साकी हो शान-ए-बाग हो' (अनिल बिस्वास-सरदार अख्तर—सभी 'पिया की जोगन', 1936); 'नैनों के तीर चलाओ न हम पर' (सरदार अख्तर), 'प्रीत की रीत बसी है मन में', 'वो मुहब्बत के मजे और वो मुलाकातें (कव्वाली—सभी 'संगदिल समाज', 1936); 'ऐसी चलत पवन सुखदाई', 'साँवरे बाँके मदमाते', 'क्या नैन मतवाले निकले', 'चिलम जो गाँजे की भरी पीते हैं' (कव्वाली—सभी 'शेर का पंजा', 1936); 'मयनोशी मदहोशी है जहाँ में जिंदगानी मस्तों की' (खुर्शीद, 'शोख दिलरुबा', 1936); 'आशा-आशा मोरे मुरझाए मन की' (वाई. एफेंदी, 'बुलडॉग', 1937); 'हृदय सेज पर फूल बिछाए', 'नैया पे आजा सैयाँ सावन आया' ('जैंटलमैन डाकू', 1937); 'जल भरने को पनघट पे सखियाँ', 'दिल की गहराइयों में छिपाएँ', 'आज बना सुन्दर संसार' (सभी 'इंसाफ', 1937) इत्यादि शामिल थे। इन्हें पं. 'अख्तर' के अलावा एम.आर. कपूर, मुन्शीराम और रफीक इत्यादि विभिन्न गीतकारों ने लिखा था।

अनिल बिस्वास फिल्म संगीत के एक ताजे झोंके की तरह आए थे, ऐसी धुनें लेकर जिन्हें आसानी से गुनगुनाया जा सके, और जल्दी ही वे एक तूफान की तरह फिल्माकाश पर छा गए। उनकी सफलता और माँग का अन्दाजा इसी से लगाया जा सकता है कि एक स्वतंत्र संगीत-निर्देशक के तौर पर अपने पहले दो वर्षों (1936 और 1937) में उन्होंने 18 फिल्मों में संगीत दिया। उस समय का अत्यन्त प्रतिष्ठित बैनर सागर मूवीटोन हाथ धोकर उनके पीछे पड़ गया। इस बैनर के साथ अपने लम्बे जुड़ाव की शुरुआत करते हुए अनिल बिस्वास ने 'मनमोहन' (1936) के दो गानों का संगीत दिया। सुरेन्द्र और बिब्बो की मुख्य भूमिकाओं वाली इस फिल्म के बाकी आठ गाने अशोक घोष ने संगीतबद्ध किए थे। एक अत्यन्त मोहक युगल गीत 'तुम्हीं ने मुझको प्रेम सिखाया' (सुरेन्द्र-बिब्बो) के रूप में अनिल बिस्वास ने सुरेन्द्र को उनका पहला हिट गीत दिया। फिल्म के गीतकार (जो बाद में 'हम लोग','फुटपाथ' जैसी फिल्मों के प्रगतिशील लेखक-निर्माता-निर्देशक के रूप में पहचाने गए) जिया सरहदी थे। इस फिल्म का निर्देशन जाने-माने और महान निर्माता-निर्देशक महबूब खान ने किया था। इसी फिल्म से उनके और अनिल बिस्वास के बीच एक लम्बे जुड़ाव और मित्रता का सिलसिला शुरू हुआ। अनिल महबूब को प्यार से 'मवाली' कहा करते थे तो महबूब उन्हें 'बंगाली' कहकर बुलाया करते थे, जो दोनों की अन्तरंगता और गहरी मित्रता का परिचायक था।

महबूब द्वारा ही निर्देशित सागर मूवीटोन की अगली फिल्म 'जागीरदार' (1937) ने सफलता के झंडे गाड़ दिए। सुरेन्द्र और बिब्बो के साथ महान अभिनेता मोतीलाल की केन्द्रीय भूमिकाओं वाली यह फिल्म भी महबूब के प्रिय विषय जमींदारी-विरोध पर आधारित थी। फिल्म तो सुपर-ड्यूपर हिट हुई ही, साथ ही अनिल बिस्वास के संगीत ने भी खूब धूम मचाई। उनके हिट गीतों में 'नदी किनारे बैठके आओ खेल में जी बहलाएँ' (मोतीलाल-माया बनर्जी), 'पुजारी मोरे मन्दिर में आओ' (सुरेन्द्र-बिब्बो), 'जिनके नैनों में रहते हैं तारे' (सुरेन्द्र), 'वही पुराने खेल जगत के' (अनिल बिस्वास), 'अगर देनी है मुझको हूर-ए-जन्नत' (सुरेन्द्र) और 'बाँके बिहारी भूल न जाना' (माया बनर्जी-मोतीलाल) शामिल थे। इस फिल्म के लिए महान गायिका राजकुमारी ने भी दो लोकप्रिय गीत गाए थे—'औरों के क्यों पग पड़ता है' और 'क्यों चले गए उस पार'। जिया सरहदी और पं. इन्द्र द्वारा रचित गीतों वाली यह फिल्म अनिल बिस्वास के कैरियर का पहला बड़ा बॉक्स ऑफिस धमाका थी।

अनिल बिस्वास ने सागर मूवीटोन के लिए लगभग एक दर्जन फिल्मों में संगीत दिया और एक से एक हिट गीत दिए। इनमें 'महागीत' (1937) का 'जीवन है एक कहानी' भी शामिल था, जिसे हिन्दी फिल्मों के सबसे पहले प्लेबैक गीतों में गिना जाता है। 'महागीत' के अन्य गीतों में 'आए हैं घर महाराज' (सुरेन्द्र-माया बनर्जी) और 'प्रेम का पुष्प खिला मेरे मन में' (सुरेन्द्र) शामिल थे। इसी तरह महबूब द्वारा निर्देशित 'हम-तुम और वो' (1938) में उन्होंने 'प्रेम का है संसार', 'सजनी प्रेम का राग सुना दो', 'हमें प्रीत किसी से नहीं करनी'; 'सितारा' (1938) में 'आओ सखी

कहीं छुपकर बैठें' (बिब्बो-हरीश) और 'बदली ओट छिप-छिप जाए'; 'अभिलाषा उर्फ पोस्टमैन' (1938) में 'दिल की कहानी दिल की जुबानी' (बिब्बो); 'जीवन साथी उर्फ कामरेड्स' (1939) में 'मधुर मिलन का चित्र बनाएँ' (माया बनर्जी) और 'आन बसे परदेस सजनवा' (सुरेन्द्र-ज्योति); 'एक ही रास्ता' (1939) में 'मुझे मिल जाएगी कि उनकी उमरिया' (अनिल बिस्वास-वहीदन) और 'भाई हम परदेसी लोग' (अनिल बिस्वास); महबूब निर्देशित 'वतन' (1938) में 'रंगे जां से खूं उछल पड़े' (बिब्बो-अनिल बिस्वास), 'जहाँ तू है वही मेरा वतन है' (माया बनर्जी) और 'क्यों हमने दिल दिया' (सितारा); 'कोकिला' (1937) में 'नैनन के सैन से बुलाई हो शाम', 'सागर गाए पर्वत गाए' और 'मोरे घर के द्वारे लागा जमुनिया का पेड़'; 'निराला हिन्दुस्तान' (1938) में 'धनवानो-धनवानो गरीबों की परवाह करो'; '300 डेज एंड आफ्टर'(1938) में 'घर अपना ये कुर्सी अपनी' (मोतीलाल) जैसे लोकप्रिय गीत दिए। '300 डेज' फिल्म के इस गीत के लिए उन्होंने पहली बार 12 साजिंदों के ऑर्केस्ट्रा का प्रयोग किया। इसी तरह 'डायनामाइट' (1938) के लिए 'कलियाँ खिलीं' गीत के लिए भी उन्होंने 12 साजिंदों का उपयोग किया।

सागर मूवीटोन की 'ग्रामोफोन सिंगर' (1938) अनिल बिस्वास के कैरियर में मील का पत्थर साबित हुई। रामचन्द्र ठाकुर और वी.सी. देसाई की जोड़ी द्वारा निर्देशित इस फिल्म में सुरेन्द्र और बिब्बो थे। इस फिल्म के संगीत की धुनों के लिए अनिल बिस्वास ने शास्त्रीय रागों का इतना सुन्दर और सरल प्रयोग किया कि इस फिल्म के गाने घर-घर में गूँजने लगे। इसी फिल्म के लिए महान गायिका जोहराबाई अम्बालेवाली ने अपना पहला फिल्मी गाना 'पियाघर नहीं मोहे डर लागे' गाया। यूँ इस फिल्म के संगीत पर पूरी तरह सुरेन्द्र छाए हुए थे, जिन्होंने पाँच 'सोलो' और दो 'डुएट' गाए थे। उनके सोलो गीतों में 'वो दिल कि जिसको खुदा पर', 'इक छोटा सा मन्दिर', 'मुझको मेरी खबर सुना जाते', 'जग में राम नाम ही सहारा' और सुपरहिट 'काहे अकेले डोलत बादल' शामिल थे। अपने दोनों डुएट 'वृन्दावन में कभी न आना' और 'मैं तेरे गले की माला' उन्होंने बिब्बो के साथ मिलकर गाए थे। राग मल्हार पर आधारित 'काहे अकेले डोलत बादल' और 'मैं तेरे गले की माला' की लोकप्रियता सचमुच ही एक अभूतपूर्व घटना थी। इस फिल्म के गीत पं. सुदर्शन, जिया सरहदी और बालकृष्ण बोहरा ने लिखे थे।

1940 में रिलीज हुई 'अलीबाबा' में अनिल बिस्वास ने अरबी संगीत का खुलकर प्रयोग करते हुए ऑर्केस्ट्रेशन और फिल्म संगीत की शैली को एक नया आयाम दिया। महबूब खान द्वारा निर्देशित सागर मूवीटोन की इस फिल्म में सुरेन्द्र और सरदार अख्तर मुख्य भूमिकाओं में थे। हिन्दी और पंजाबी दोनों भाषाओं में बनी इस फिल्म के संगीत में पहली बार मैडोलियन और ट्रम्पेट का प्रयोग किया गया था। इस फिल्म में वहीदन बाई (प्रसिद्ध अभिनेत्री निम्मी की माँ) और सुरेन्द्र के एक सुपरहिट युगल गीत 'हम और तुम और ये खुशी, ये कहकहे ये दिल्लगी' के साथ-साथ तीन अन्य लुभावने गीत भी थे—'हाँ दिल का साज बजाए जा', 'दिल छीन के जाता है' और 'तेरी इन आँखों ने किया बीमार'। सुरेन्द्र द्वारा गाया गया सोलो गीत 'सेज-ए-फुरकत है यही, दर्द-ए-उल्फत है यही' भी खूब लोकप्रिय हुआ था। इस फिल्म के गीत डॉ. 'आह' सीतापुरी (जिन्हें डॉ. सफदर 'आह' के नाम से भी जाना जाता है) ने लिखे थे। वे लम्बे समय तक अनिल दा के साथ जुड़े रहे। 'अलीबाबा' भी एक हिट फिल्म साबित हुई।

अम्बालाल पटेल (जो बाद में फिल्म सेंटर के भी मालिक रहे) सागर मूवीटोन के संयुक्त संस्थापक थे। वे इस कम्पनी से अलग हो गए तो सागर मूवीटोन का संचालन फैजल भाई के हाथ में आ गया, जिन्होंने फौरन ही इसका नाम बदलकर नेशनल स्टूडियो रख दिया। उस समय पुराने बैनर की फिल्म 'औरत' (1940) निर्माणाधीन थी। महबूब खान द्वारा निर्देशित इस फिल्म में भी अनिल बिस्वास का संगीत था। बाद में यह फिल्म नेशनल स्टूडियो के बैनर तले रिलीज हुई तो इसने बॉक्स ऑफिस पर पिछले सभी रिकॉर्ड तोड़ दिए। 26 वर्ष बाद महबूब खान ने इसी फिल्म को टेक्नीकलर में 'मदर इंडिया' के नाम से बनाया, जिसने न सिर्फ बॉक्स ऑफिस पर एक बार फिर नए रिकॉर्ड स्थापित किए बल्कि महबूब खान को राष्ट्रीय और अन्तर्राष्ट्रीय ख्याति भी दिलाई। 'औरत' में मुख्य भूमिका ('मदर इंडिया' की नर्गिस वाली भूमिका) सरदार अख्तर ने निभाई थी। सुरेन्द्र और याकूब ने उनके दो बेटों का रोल किया था। ('मदर इंडिया' में राजेन्द्र कुमार और सुनील दत्त)। दिलचस्प बात यह है कि महान चरित्र अभिनेता कन्हैयालाल ने इन दोनों ही फिल्मों में गाँव के धूर्त और मक्कार लाला का रोल किया था। सुरेन्द्र और ज्योति ('मदर इंडिया' की कुमकुम) द्वारा गाए गए चारों युगल-गीत 'बोल-बोल रे बन के पंछी', 'अपने मस्तों को बेसुध बना दे', 'तुम रूठ गईं रूठ गईं' और सबसे बढ़कर 'उठ सजनी खोल किवाड़' खूब लोकप्रिय हुए थे। फिल्म के अन्य हिट गीतों में होली गीत 'आज होली खेलेंगे सजन के संग' (अनिल बिस्वास), 'मोरे बाँके साँवरिया साँवरिया रे' (वत्सल कुमेठकर-हरीश) और 'काहे करता देर बराती' शामिल थे। इस फिल्म के गीतों को भी डॉ. सफदर 'आह' ने लिखा था, जिन्हें अनिल बिस्वास ने लोक-संगीत का बड़ा सुन्दर प्रयोग करते हुए बड़ी मोहक धुनों में पिरोया था। फिल्म के साथ-साथ फिल्म का संगीत भी सुपरहिट हुआ था।

नेशनल स्टूडियो और अनिल बिस्वास की अगली फिल्म 'पूजा' (1940) थी, जिसके निर्देशक ए.आर. कारदार थे। सरदार अख्तर, सितारा देवी और जहूर रजा की मुख्य भूमिकाओं वाली यह फिल्म एक नव-यथार्थवादी और प्रगतिशील थीम पर आधारित थी। इसमें 'लट उलझी है सुलझा जा बालम' (ज्योति), 'आज पिया घर आएँगे' (सितारा-सरदार अख्तर) और 'इक बात कहूँ मैं साजना' (सरदार अख्तर-जहूर रजा) जैसे कई सुरीले और हिट गीत थे। खान शातिर गजनवी के गीतों से सजी यह फिल्म अनिल बिस्वास के लिए एक और बड़ी उपलब्धि थी।

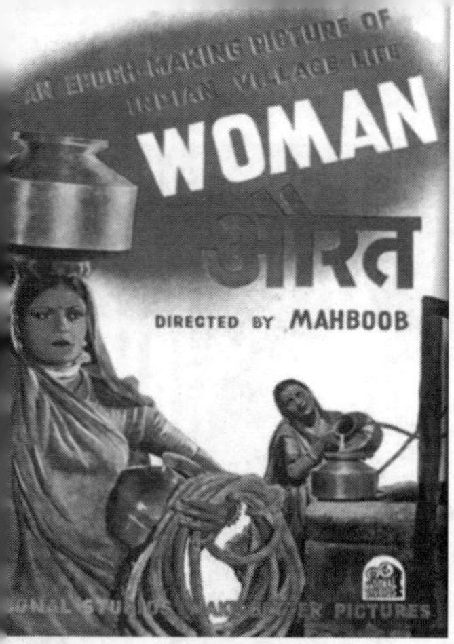

FILM WAS LATER REMADE BY MEHBOOB KHA AS THE CLASSIC 'MOTHER INDIA'

अब वे बड़ी तेजी से सफलता की सीढ़ियाँ लाँघ रहे थे और अपने दौर के उन चोटी के संगीतकारों में गिने जाने लगे थे जिनके गाने सुरीले और स्तरीय होने के साथ-साथ आसानी से गुनगुनाए जा सकते थे। 1941 में रिलीज हुई 'आसरा' और 'नई रोशनी' के गीत भी खूब लोकप्रिय हुए। 'आसरा' में जहाँ 'साँझ भई बंजारे', 'उल्टी गंगा बहाए न नदी' और 'कदम बढ़ाओ नारियो' जैसे प्रेरणादायक गीत थे, वहीं 'नई रोशनी' में 'वो पूछते हैं ऐ दिल', 'अपने पिया को रिझाऊँ मैं' और 'गाओ प्रेम का राग' जैसे कई रसीले गीत थे। इन दोनों फिल्मों के गीतकार डॉ. सफदर 'आह' ('आह' सीतापुरी) थे। उन्हीं दिनों महान अभिनेता मोतीलाल ने अपने भानजे मुकेश माथुर (बाद के समय के महान गायक मुकेश) को अनिल बिस्वास से मिलवाया था और अनिल बिस्वास ने उनसे 'साँझ भई बंजारे' ('आसरा') गवाकर भी देखा था। उन्हें मुकेश की आवाज तो अच्छी लगी थी, लेकिन उनमें ट्रेनिंग की कमी दिखाई दी थी। बाद में अनिल बिस्वास ने यह गाना खुद गाया। कुछ वर्ष बाद 1945 में मोतीलाल की 'पहली नजर' में अनिल बिस्वास ने मुकेश से गवाया भी, लेकिन ठुकरा दिए जाने के बाद मुकेश ने अपनी पीड़ा व्यक्त करते हुए मोतीलाल से कहा था—''अगर अनिल बिस्वास अपने गाने खुद ही गाते रहेंगे तो नए गायकों को मौका कैसे मिलेगा?'' यूँ मुकेश को ज्यादा इन्तजार नहीं करना पड़ा। उन्हें 1941 में ही 'निर्दोष' नामक फिल्म में अपना पहला गाना 'दिल बुझा हुआ हो तो फसल-ए-बहार क्या' गाने का अवसर मिल गया। नलिनी जयवन्त की मुख्य भूमिका वाली इस फिल्म के संगीत-निर्देशक अशोक घोष थे। इस फिल्म में एक दिलचस्प बात यह थी कि इसमें अनिल बिस्वास की फिल्म 'मनमोहन' (1956) के एक लोकप्रिय गीत 'तुम्हीं ने मुझको प्रेम सिखाया' को नलिनी जयवन्त और मुकेश से फिर से गवाया गया था, हालाँकि इसका कोई रिकॉर्ड नहीं बनाया गया था। मुकेश ने इस फिल्म में अभिनय भी किया था।

अनिल बिस्वास की अगली सुपरहिट फिल्म थी महबूब खान निर्देशित 'बहन' (1941)। शेख मुख्तार और नलिनी जयवन्त की मुख्य भूमिकाओं वाली इस फिल्म में डॉ. सफदर 'आह' और वजाहत मिर्जा के गीत थे, जिन्हें अनिल बिस्वास ने बड़ी सुरीली धुनों में पिरोया था। इनमें 'हवा बसन्त की डोल रही है' (नलिनी जयवन्त-हरीश), 'नहीं खाते हैं भैया मेरे पान' (नलिनी जयवन्त-शेख मुख्तार), 'कोयल गाए पपीहे बोल-बोल-बोल' (हुस्नबानो) और 'प्रीत नहीं जाने बालम' (मिस इकबाल) जैसे कई लोकप्रिय गीत शामिल थे। महान अभिनेत्री मीना कुमारी ने भी इस फिल्म में एक बाल कलाकार के रूप में काम किया था और वीना कुमारी के साथ एक गीत—'तोहे कजरा लगाऊँ मोरी रानी' भी गाया था।

वह किसी न किसी स्टूडियो के लिए काम करने और कांट्रेक्ट या अनुबन्ध का जमाना था। अनिल बिस्वास के नाम की इतनी धूम मच चुकी थी कि हर स्टूडियो उन्हें अपनी तरफ खींचने की ताक में लगा रहता था। बॉम्बे टॉकीज के साथ भी यही बात थी। अनिल बिस्वास ने उनके लिए काम तो किया लेकिन अपने बजाय अपने बहनोई और मशहूर बाँसुरी-वादक पन्नालाल घोष के नाम से। बॉम्बे टॉकीज की 'बसन्त' (1942) ऐसी ही एक फिल्म थी, जो सुपरहिट साबित हुई थी। अमिय चक्रवर्ती द्वारा निर्देशित इस फिल्म में 'तुमको मुबारक हों ऊँचे महल' (पारुल घोष), 'काँटा लागो रे सजनवा' (अरुण कुमार-पारुल घोष) और 'हुआ क्या कसूर जो हमसे हो दूर' (पारुल घोष) जैसे कई मोहक गीत थे जो खूब लोकप्रिय हुए थे। पारुल घोष द्वारा ही गाया गया एक अन्य गीत—'मेरे छोटे से मन में' एक बाल कलाकार बेबी मुमताज पर फिल्माया गया था, जो कोई और नहीं बल्कि आने वाले समय की महान अभिनेत्री 'वीनस ऑफ इंडियन सिनेमा'—मधुबाला थी। एक मशहूर किस्सा यह भी है कि एक और महान अभिनेत्री निम्मी (जो तब बच्ची थीं) अपनी माँ (वहीदन बाई) से बार-बार 'बसन्त' फिल्म दिखाने ले जाने की जिद किया करती थीं क्योंकि उन्हें गाने के बाद मधुबाला (बेबी मुमताज) द्वारा बोला गया डायलॉग 'आप लोग कल आहए तो और सुनाऊँगी गाना' याद आता था और वे बड़े भोलेपन से अपनी माँ से कहती थीं, ''उसने बुलाया है तो हमें जाना चाहिए न!'' इस फिल्म के गीत पी.एल. सन्तोषी ने लिखे थे।

महबूब और अनिल बिस्वास की 'मवाली-बंगाली' की जोड़ी ने 'रोटी' (1942) के रूप में एक बार फिर बॉक्स ऑफिस पर धूम मचा दी। इस फिल्म में बड़े सम्मोहक व्यक्तित्व और रौबीली आवाज वाले चन्द्रमोहन के साथ शेख मुख्तार और सितारा देवी (महान नर्तकी जो उन दिनों कानपुर की सितारा के नाम से गाती भी थीं) केन्द्रीय भूमिकाओं में थे। इस नव-यथार्थवादी फिल्म में भड़क नाम का एक सूत्रधार भी था। इस भूमिका को अशरफ अली ने बड़े प्रभावशाली ढंग से निभाया था और अपने सभी गाने खुद ही गाए थे, जो खूब लोकप्रिय हुए थे—'रोटी-रोटी-रोटी क्यों रटता रोटी', 'रहम न खाना है मक्कार जमाना' और 'गरीबों पर दया करके अहसान करते हो'। बाद में अशरफ अली सांसारिक सुखों का त्याग करके सचमुच ही एक पीर बन गए। 'रोटी' का एक अन्य उल्लेखनीय पहलू यह था कि ठुमरी और ग़ज़लों की मलिका बेगम अख्तर ने भी इस फिल्म में काम किया था और 'फिर फसल-ए-बहार आई दिल-ए-दीवाना', 'चार दिनों की जवानी मतवाले पीले', 'उलझ गए नैनवा छूटे नहीं छुटाए', 'ऐ प्रेम तेरी बलिहारी हो', 'वो हँस रहे हैं आह किए जा रहा हूँ मैं' और 'रहने लगा है दिल में अँधेरा तेरे बगैर' जैसे कई लोकप्रिय और यादगार गीत गाए थे। लेकिन

कहा जाता है कि बेगम अख्तर फिल्म में इन गीतों के उपयोग को लेकर अदालत में चली गई थीं क्योंकि उनका कहना था कि नेशनल स्टूडियो ने उन्हें सिर्फ फिल्म में अभिनय करने के लिए साइन किया था। इसलिए इन गीतों को फिल्म से निकालना पड़ा। इन सब गीतों के अलावा इस फिल्म में सितारा की आवाज में एक बेहद सुरीला गीत भी था—'सजना साँझ गई आन मिलो'—जिसे सितारा ने बड़े मोहक अन्दाज में गाया था। अनिल बिस्वास इस गीत को अपने सर्वश्रेष्ठ गीतों में गिनते थे। इस गीत में सितार का बड़ा सुन्दर प्रयोग किया गया था और महान संगीतकार मास्टर गुलाम अहमद भी इसे अपना सबसे पसन्दीदा गीत कहा करते थे। इस फिल्म की कहानी और पटकथा का आइडिया भी अनिल बिस्वास की देन था। एक बार महबूब खान बीमार हो गए तो डॉक्टर ने उन्हें रोटी न खाने और सिर्फ गुजराती व्यंजन खाखरा-दही से काम चलाने का निर्देश दिया। बस, तभी अनिल बिस्वास को 'रोटी' फिल्म का आइडिया सूझ गया। इस फिल्म ने महबूब को यथार्थवादी और सामाजिक विषयों पर सशक्त और सफल फिल्में बनाने वाले निर्देशक के रूप में अच्छी तरह से स्थापित कर दिया और 'औरत', 'बहन' और 'रोटी' के रूप में उनकी हैट-ट्रिक पूरी हो गई। महबूब और अनिल बिस्वास ने साथ-साथ आठ फिल्मों में काम किया—'जागीरदार', 'हम-तुम और वो', 'वतन', 'एक ही रास्ता', 'अलीबाबा', 'औरत', 'बहन' और 'रोटी'। इसके बाद वे ऐसे जुदा हुए कि उन्होंने फिर कभी भी साथ-साथ काम नहीं किया।

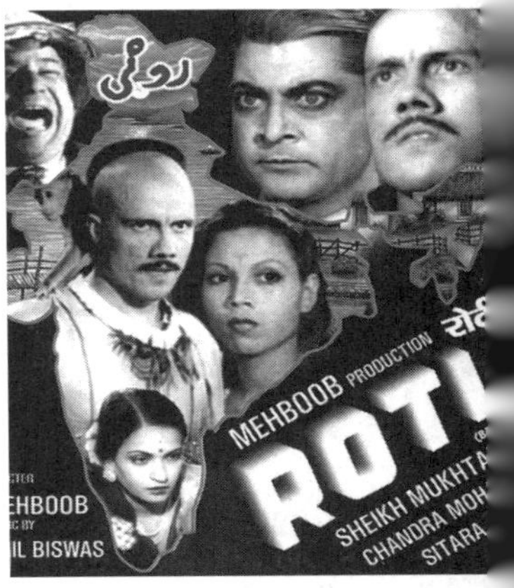

दरअसल महबूब और अनिल बिस्वास की जोड़ी के टूटने का कारण यह था कि महबूब नेशनल स्टूडियो को छोड़कर चले गए और उन्होंने अपना खुद का महबूब प्रोडक्शन स्थापित कर लिया। महबूब को उम्मीद थी कि उनके अन्य नजदीकी साथियों की तरह अनिल बिस्वास भी उनके साथ चलेंगे। लेकिन ऐसा नहीं हुआ। अनिल बिस्वास ने उनके साथ जाने की बजाय देविका रानी का प्रस्ताव स्वीकार कर लिया और उन दिनों के हिसाब से 2,000 रुपए महीने की भारी-भरकम तनख्वाह पर बॉम्बे टॉकीज से जुड़ गए। बॉम्बे टॉकीज तब एक नामी और खूब फलती-फूलती हुई कम्पनी थी। इससे महबूब को एक झटका सा लगा और उन्होंने फौरन ही अपने प्रोडक्शन की पहली फिल्म 'नजमा' (1943) के लिए रफीक गजनवी को संगीतकार के रूप में साइन कर लिया। अनिल बिस्वास के अनुसार महबूब ने उनसे पूछा तक नहीं कि उन्होंने उनके प्रोडक्शन की बजाय बॉम्बे टॉकीज को क्यों चुना था। 'नजमा' के प्रीमियर पर भी महबूब अनिल बिस्वास से उखड़े-उखड़े से रहे और अनिल समझ गए कि उनकी बरसों पुरानी दोस्ती खत्म हो चुकी है। कई वर्ष बाद 1956 में अनिल बिस्वास ने महबूब प्रोडक्शन की फिल्म 'पैसा ही पैसा' में संगीत जरूर दिया था, लेकिन इस फिल्म के निर्देशक महबूब न होकर उनके सहायक मेहरिश थे।

जहाँ तक नेशनल स्टूडियो का सम्बन्ध था, 1942 में प्रदर्शित 'जवानी' और 'अपना पराया' इस बैनर के लिए अनिल बिस्वास की आखिरी दो फिल्में थीं। 'जवानी' में 'ध्यान उसका लगाए बैठे हैं' (सुरेन्द्र), 'आई बसन्त रुत मदमाती' (हुस्नबानो-सुरेन्द्र—राग बसन्त में), 'बदनाम न हो जाना' (सुरेन्द्र-हुस्नबानो) और 'बीत गई बीत गई' (सुरेन्द्र-हुस्नबानो) जैसे लोकप्रिय गीत थे तो 'अपना पराया' के 'ओ परदेसी घर आजा' (राजकुमारी) और 'गोरी काहे खड़ी अंगना' (अनिल बिस्वास-माया बनर्जी) भी खूब चले थे। 'जवानी' के गीत हसरत आरजू ने और 'अपना पराया' के पं. इन्द्र ने लिखे थे। इससे पहले मोहन सिन्हा निर्देशित 'विजय' भी रिलीज हुई थी, जिसमें डॉ. सफदर 'आह' द्वारा लिखे गए गीतों को अनिल बिस्वास ने बड़ी सुन्दर धुनों में बाँधा था। इनमें से कुछ लोकप्रिय गीत थे—'कौन है तेरा अरे हाँ' (अनिल बिस्वास-राजकुमारी), 'धरती-धरती चलो जरा प्यारी' और 'तेरा रूप निराला साजन'।

लेकिन 'रोटी' के बाद अनिल बिस्वास की सबसे उल्लेखनीय फिल्म थी बॉम्बे टॉकीज के साथ उनकी पहली फिल्म 'हमारी बात'। यह फिल्म उनके संगीत कैरियर का एक कीर्ति-स्तम्भ साबित हुई। एम.आई. धर्मसे द्वारा निर्देशित यह फिल्म एक अभिनेत्री के रूप में देविका रानी की आखिरी फिल्म थी, जिसमें वे जयराज के साथ मुख्य भूमिका में थीं। इस फिल्म के हिट गीतों में 'जीवन जमुना पार मिलेंगे' (सुरैया-अरुण कुमार), 'बादल सा निकल चला ये दिल मतवाला रे'; (अनिल बिस्वास), 'इनसान क्या जो ठोकरें नसीब की न खा सके' (पारुल घोष-अनिल बिस्वास), 'वो दिल में घर किए थे' (पारुल घोष) और 'ऐ बाद-ए-सबा इठलाती न आ' (पारुल घोष) शामिल थे। पारुल घोष द्वारा ही गाया गया 'मैं उनकी बन जाऊँ रे' फिल्म का सबसे लोकप्रिय गीत साबित हुआ था और गली-गली गूँजने लगा था। इस फिल्म के गीत पं. नरेन्द्र शर्मा ने लिखे थे। यह बात बहुत कम लोगों को मालूम है कि महान अभिनेता और निर्माता-निर्देशक राजकपूर इस फिल्म में पहली बार पर्दे पर दिखाई दिए थे। उन्होंने एक ऑफिस के चपरासी की छोटी सी कॉमेडी भूमिका निभाई थी।

अनिल बिस्वास के कैरियर का सबसे बड़ा धमाका थी 'किस्मत' (1943)। बॉम्बे टॉकीज की भी यह सबसे बड़ी हिट थी। ज्ञान मुखर्जी द्वारा निर्देशित इस फिल्म में अशोक कुमार और मुमताज शांति मुख्य भूमिकाओं में थे। फिल्म में नौ सुपरहिट गाने थे। कवि प्रदीप ने पहली बार अनिल बिस्वास के साथ काम किया था और हर गाने में अपनी भावनाएँ

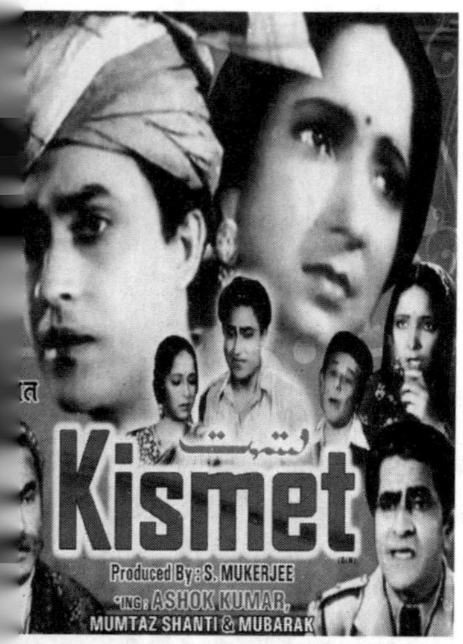

मीना कपूर और अनिल दा

निचोड़कर रख दी थीं। फिल्म के एक देशभक्ति भरे गीत 'दूर हटो ऐ दुनियावालो हिन्दुस्तान हमारा है' (अमीरबाई) ने तो तूफान ही मचा दिया था। ब्रिटिश सरकार इतना घबरा गई थी कि जनता पर इस गाने के प्रभाव के बारे में जानने के लिए उसने बाकायदा एक कमेटी नियुक्त कर दी थी। इस कमेटी के प्रमुख सी.आई.डी. इंस्पेक्टर धर्मेन्द्र गौड़ थे, जो फिल्म लेखक-गीतकार-निर्देशक ब्रजेन्द्र गौड़ के सगे भाई थे। गौड़ ने अपनी रिपोर्ट में कहा था कि जनता पर इस गाने का कोई भड़काऊ प्रभाव नहीं पड़ा था, क्योंकि यह गाना फिल्म में एक स्टेज कार्यक्रम का हिस्सा था। फिर भी इसी गाने के कारण लोग थिएटरों पर टूट पड़ रहे थे और पर्दे पर इसके आते ही सम्मानपूर्वक खड़े हो जाते थे। अनिल बिस्वास ने इस गाने को राग भैरवी और एक ताल पर आधारित रखकर इसके जोशीले स्वर को और भी मुखर कर दिया था। उन्होंने कोरस का भी बड़ा अनूठा और प्रभावशाली प्रयोग किया था, जिसमें कवि प्रदीप की आवाज भी शामिल थी। खेमचन्द प्रकाश और मास्टर गुलाम हैदर दोनों ने ही मुक्तकंठ से इस गाने की प्रशंसा की थी। फिल्म के दूसरे सभी गाने भी एक से बढ़कर एक थे और देश के कोने-कोने में गूँजने लगे थे। 'पपीहा रे मेरे पिया से कहियो जाय' (पारुल घोष) में जहाँ लोक-संगीत और कीर्तन-शैली का बड़ा सुन्दर प्रयोग किया गया था, वहीं 'घर-घर में दिवाली है मेरे घर अँधेरा' (अमीरबाई) के लिए कवि प्रदीप ने पूरे 52 अन्तरे लिखे थे, जिनमें से तीन-चार सर्वश्रेष्ठ अन्तरों को चुनना सचमुच बड़ा मुश्किल काम हो गया था। 'अब तेरे सिवा कौन मेरा कृष्ण कन्हैया' (अमीरबाई), राग भैरवी पर आधारित 'पिऊ-पिऊ बोल प्राण' (प्रदीप), 'तेरे दुख के लिए फिरेंगे' (अरुण कुमार) और 'हम ऐसी किस्मत का क्या करें' (अरुण कुमार-अमीरबाई) भी खूब बन पड़े थे। लेकिन फिल्म का सबसे सुरीला गाना अमीरबाई और अरुण कुमार द्वारा गाया गया रोमांटिक युगल गीत 'धीरे-धीरे आ रे बादल, धीरे-धीरे आ' था, जो दो भागों में था। उन दिनों हर रोमानी जोड़ा इस गाने की मस्ती में डूबा दिखाई देता था। अनिल बिस्वास भटियाली और बाउल संगीत के विशेषज्ञ माने जाते थे और उनकी यह खूबी 'अब तेरे सिवा कौन मेरा कृष्ण-कन्हैया' में साफ झलकती है। इसी तरह 'पपीहा रे मेरे पिया से' की धुन भी इतनी मोहक थी कि बाद में प्रदीप ने अपने एक सुपरहिट गाने 'पिंजरे के पंछी रे तेरा दर्द न जाने कोय' में इसी धुन का प्रयोग किया। 'किस्मत' का टाइटल संगीत भी कमाल का था, जिसे संगीत के पुराने शौकीन आज भी याद करते हैं। कलकत्ता का रॉक्सी थिएटर आमतौर से अंग्रेजी फिल्मों के लिए रिजर्व रहता था। 'किस्मत' को दो अंग्रेजी फिल्मों के बीच का खाली समय भरने के लिए कुछ ही हफ्तों के लिए वहाँ रिलीज किया गया था। लेकिन हफ्तों या महीनों तो क्या फिल्म ने बरसों तक वहाँ से उतरने का नाम नहीं लिया। यह फिल्म पूरे तीन वर्ष तक वहाँ लगातार चलती रही, वह भी हाउसफुल। छत्तीस वर्ष बाद जी.पी. सिप्पी की मल्टी-स्टार और भव्य फिल्म 'शोले' (1976) ही 'किस्मत' का यह रिकॉर्ड तोड़ पाई।

अब खुद अनिल बिस्वास की जिंदगी में भी मानो 'धीरे-धीरे आ रे बादल' के रूमानी युगल गीत का असर होने लगा था—यानी प्रेम के बादल उमड़ने लगे थे। वे अभिनेत्री मेहरुन्निसा से दिल लगा बैठे। दोनों का विवाह हुआ और मेहरुन्निसा श्रीमती आशालता विश्वास बन गईं। उनकी चार सन्तानें भी हुईं, तीन बेटे और एक बेटी। लेकिन फिर भी यह विवाह आजीवन नहीं चल पाया। कुछ वर्ष बाद एक प्रतिभाशाली गायिका मीना कपूर अनिल बिस्वास की जिंदगी में आ गई। वे अपने समय के जाने-माने चरित्र अभिनेता विक्रम कपूर की बेटी थीं। अनिल बिस्वास उनकी आवाज के दीवाने हो गए। दोनों एक-दूसरे के इतने करीब आ गए कि मेहरुन्निसा (आशालता) से विवाहित होते हुए भी अनिल बिस्वास ने वर्ष 1959 में मीना कपूर से गुपचुप विवाह कर लिया। कुछ वर्ष बाद उन्होंने मेहरुन्निसा को तलाक दे दिया जबकि मीना कपूर का साथ उन्होंने मरते दम तक निभाया।

1944 में रिलीज हुई 'चार आँखें' में भी अनिल बिस्वास के कुछ लुभावने गीत थे, जिन्हें पं. नरेन्द्र शर्मा ने लिखा था। सुशील मजुमदार निर्देशित इस फिल्म के एक लोकप्रिय गीत 'आँखों में आँखें डाल दो, नजरों से मीना ढाल दो' (तारा-प्रताप) में अनिल बिस्वास ने ऑर्केस्ट्रेशन के साथ घुँघरुओं का बड़ा अनूठा और लुभावना प्रयोग किया था। इसी तरह दादरा शैली में ढले एक दूसरे गीत 'राम करे कहीं नैना न उलझें' में भी उन्होंने घुँघरुओं का बड़ा मोहक प्रयोग किया था। फिल्म का टाइटल-संगीत इतना जोरदार था कि इसकी भी एक 78 आरपीएम डिस्क तैयार की गई थी, जो बाजार में खूब बिकी थी। फिल्म के अन्य लोकप्रिय गीतों में 'हम क्यों बताएँ किसका हमें इन्तजार है' और 'हमें याद आ रही है उनकी' (लीला चिटणिस) शामिल थे।

लेकिन इस वर्ष की सबसे उल्लेखनीय फिल्म थी 'ज्वार भाटा', जो हिन्दी सिनेमा के महानतम अभिनेता और सुपरस्टार दिलीप कुमार की पहली फिल्म थी। बॉम्बे टॉकीज की इस फिल्म के निर्देशक अमिय चक्रवर्ती थे (जिन्होंने बाद में 'दाग', 'पतिता', 'सीमा', 'कठपुतली' जैसे कई अमर फिल्में बनाईं)। फिल्म में दिलीप कुमार के अलावा मृदुला, शमीम और आगा मुख्य भूमिकाओं में थे। इसके एक से एक मोहक गीतों में 'साँझ की बेला पंछी अकेला' (अरुण कुमार), 'भूल जाना चाहती हूँ भूल पाती नहीं' (पारुल घोष-चितलकर), 'प्रभु चरणों में दीप जलाओ' (पारुल घोष-अमीरबाई), 'सरसों पीली-धान सुनहले' (पारुल घोष-अरुण कुमार), होली गीत 'मोरे आँगन में छिटकी चाँदनी' (पारुल घोष) शामिल थे। 'भूल

जाना चाहती हूँ...' पारुल घोष ने सोलो भी गाया था, जिसमें वायलिन और पियानो के इंटरल्यूडों का बड़ा सुन्दर प्रयोग किया गया था। सी. रामचन्द्र (चितलकर) जो अपने-आपमें एक दिग्गज संगीत-निर्देशक के रूप में उभरे, ने एक गायक के रूप में अपना पहला गाना इसी फिल्म में अनिल बिस्वास के संगीत निर्देशन में गाया था। इसी तरह महान गायक मन्ना डे ने भी इसी फिल्म से अपने शानदार कैरियर की शुरुआत की थी और पारुल घोष के साथ एक युगल गीत 'भूला-भटका पथ हारा' गाया था। इस फिल्म का टाइटल संगीत भी 'चार आँखें' के टाइटल संगीत के साथ ही 78 आरपीएम डिस्क के दूसरी तरफ रिलीज किया गया था।

★

स्टूडियो सिस्टम अब धीरे-धीरे खत्म हो रहा था और फ्री-लांसिंग का जमाना आ रहा था। अनिल बिस्वास ने भी हवा का रुख देखते हुए बॉम्बे टॉकीज से किनारा कर लिया और स्वतंत्र रूप से संगीत देने का फैसला किया। उनकी पहली स्वतंत्र फिल्म थी—अभिनेता मजहर खान की 'पहली नजर' (1945)। इसमें मोतीलाल, वीना और मुन्नवर सुलताना मुख्य भूमिकाओं में थे। इसी फिल्म में अनिल बिस्वास ने मुकेश से किए गए वायदे को पूरा करते हुए उनसे अपना पहला गीत गवाया,जो आज तक अमर है। निर्माता-निर्देशक मजहर खान मुकेश की आवाज को इस्तेमाल करने के खिलाफ थे, लेकिन अनिल बिस्वास और मोतीलाल ने किसी तरह उन्हें समझा-बुझाकर राजी कर लिया। गीतकार डॉ. सफदर 'आह' ने गीत लिखा—'दिल जलता है तो जलने दे, आँसू न बहा फरियाद न कर...'। इस गीत की रिकॉर्डिंग का दिन और समय भी निर्धारित कर दिया गया और सभी साजिंदे और रिकॉर्डिस्ट समय पर पहुँच भी गए। लेकिन मुकेश नहीं पहुँचे। उन्हें रिकॉर्डिंग के समय को लेकर कुछ गलतफहमी हो गई और वे दो घंटे लेट पहुँचे। कहते हैं कि अनिल बिस्वास को उन पर इतना गुस्सा आया कि उन्होंने सबके सामने उन्हें एक थप्पड़ जड़ दिया। मुकेश को इतना ज्यादा अपमान महसूस हुआ कि उनकी आँखों में आँसू आ गए। इसी हालत में उन्होंने यह गीत रिकॉर्ड करवाया, जो उनकी अपनी हालत को भी बखूबी बयान करता था। अनिल बिस्वास की इच्छानुसार उन्होंने यह गीत सहगल के अन्दाज में गाया था। (कई लोग आज भी इसे सहगल का गीत समझते हैं।) गीत तो रिकॉर्ड हो गया, लेकिन निर्माता-निर्देशक मजहर खान अब भी इसे फिल्म में रखने के इच्छुक नहीं थे। इस बार मुकेश उनके पीछे पड़ गए और किसी तरह उन्होंने उन्हें मना भी लिया। यह गीत फिल्म का सबसे सुपरहिट गीत साबित हुआ और यह आज भी रेडियो पर अकसर सुनाई पड़ जाता है। बल्कि इसी गीत के कारण इस फिल्म को याद किया जाता है। यूँ फिल्म में कई दूसरे लोकप्रिय गीत भी थे, जिनमें 'उनका इशारा जान से प्यारा' (नसीम अख्तर), 'तय करके बड़ी पुरपेच डगरिया' (मुकेश), 'पहली नजर का तीर रे लागा' (नसीम अख्तर-मुकेश) और 'जवानी ये भरपूर दिलकश अदाएँ' (मुकेश-नसीम अख्तर) प्रमुख थे।

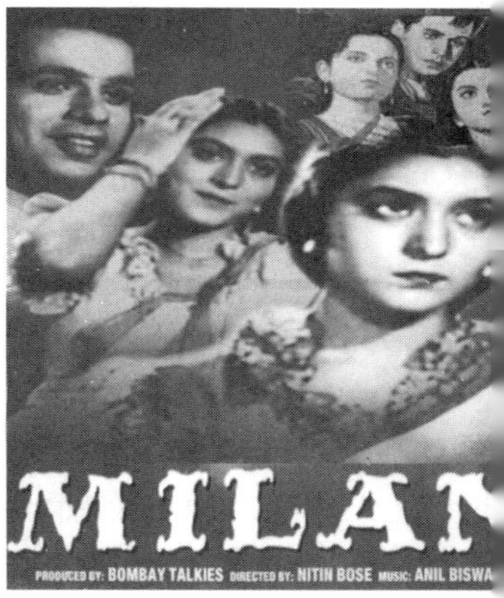

बॉम्बे टॉकीज के लिए अनिल बिस्वास की आखिरी फिल्म 'मिलन' अगले वर्ष 1946 में रिलीज हुई। यह दिलीप कुमार की फिल्म थी, जिसमें दो नायिकाएँ थीं—मीरा मिश्रा और रंजना। निर्देशक थे जाने-माने नितिन बोस। यह फिल्म रवीन्द्रनाथ टैगोर की कृति 'नौका डूबी' पर आधारित थी। वर्षों बाद इसी कथा पर जैमिनी प्रोडक्शन्स ने 'घूँघट' (1962) नाम से एक फिल्म बनाई, जिसके निर्देशक रामानन्द सागर थे। अनिल बिस्वास ने इस फिल्म में भी बहुत मधुर गीत दिए। इनमें 'गुनगुन-गुनगुन बोले भँवरा' (पारुल घोष), 'ऊपर है बदरिया कारी मौजों में है नाव हमारी' (शंकर दासगुप्ता), 'सुहानी बेलिया बीती जाए' (पारुल घोष) और भैरवी राग पर आधारित 'जिसने बजा दी बाँसुरी' खूब लोकप्रिय हुए थे। फिल्म के गीत आरजू लखनवी और पी.एल. सन्तोषी ने लिखे थे। इस फिल्म में पहली बार दिलीप कुमार को एक संवदेनशील और स्वाभाविक अभिनेता के रूप में पहचाना गया था।

अगले वर्ष गीतकार डॉ. सफदर 'आह' द्वारा निर्देशित 'भूख' (1947) रिलीज हुई। इसमें भी अनिल बिस्वास के कई लोकप्रिय गीत थे। इनमें 'सारे जग में पेट का धंधा' (अनिल बिस्वास), 'जय जननी जय भारत माता', 'सोना-चाँदी खाओ अमीरो', 'इस जग के गरीबों का नहीं कोई ठिकाना' (गीता), 'देखो हरा-भरा वन' (शमशाद बेगम-अनिल बिस्वास) और 'आँखों में क्यों अश्क' (गीता) प्रमुख थे। इसी तरह मजहर खान और मुन्नवर सुलताना की प्रमुख भूमिकाओं वाली 'नैया' (1947) में भी अनिल बिस्वास ने 'आई मिलन की बहार रे' (जोहराबाई) और 'सावन-भादो नैन हमारे' (जोहराबाई) के रूप में कुछ मधुर धुनें बनाई थीं। लेकिन ये दोनों ही फिल्में बॉक्स ऑफिस पर पिट गईं। डॉ. सफदर 'आह' (आह सुलतानपुरी) 'भूख' के निर्देशक होने के साथ-साथ इसके निर्माता भी थे। वे तब बम्बई के सबसे पॉश और महँगे इलाके मालाबार हिल में रहा करते थे और उनके पास कई गाड़ियाँ थीं। लेकिन 'भूख' की असफलता ने उन्हें आसमान से जमीन पर ला पटका और वे आर्थिक संकटों में घिर गए।

अनिल बिस्वास को सबसे ज्यादा ख्याति दिलाने वाली फिल्म थी 1948 में प्रदर्शित 'अनोखा प्यार'। इस फिल्म में उनके संगीत ने ऐसी ऊँचाइयाँ छुईं कि इसे आज भी उनकी अद्‌भुत प्रतिभा की अमर धरोहर के रूप में देखा जाता है। सुरों की मलिका लता मंगेशकर ने इसी फिल्म में पहली बार अनिल बिस्वास के निर्देशन में गाया और इनमें से कई गीत

लता, मीना, गीता

आज भी भुलाए नहीं जा सके हैं। एम.ई. धर्मसे द्वारा निर्देशित इस फिल्म की स्टार कास्ट भी काफी प्रभावशाली थी—नर्गिस, दिलीप कुमार और नलिनी जयवन्त। लता के अलावा इस फिल्म में मुकेश और मीना कपूर (जो बाद में अनिल बिस्वास की पत्नी बनीं) के भी गाने थे। अनिल बिस्वास के निर्देशन में ही लता मंगेशकर ने अपनी आवाज की असीम सम्भावनाओं और विविधतापूर्ण 'रेंज' को पहचाना। दूसरी तरफ लता की अद्भुत आवाज और रेंज ने अनिल बिस्वास को संगीत के नए आयाम तलाशने के लिए प्रेरित किया, जैसाकि उस दौर के कई दूसरे महान संगीतकारों के साथ भी हुआ। लता को नूरजहाँ की छाया से निकालकर उन्हें अपनी एक अलग पहचान देने का श्रेय भी अनिल बिस्वास को दिया जाना चाहिए। लता ने पहली बार ही अनिल बिस्वास के साथ यूँ गाया मानो वे एक चैम्पियन गायिका हों। 'अनोखा प्यार' में उनके एक से एक सुरीले गानों—'याद रखना चाँद-तारों की सुहानी रात को', 'घड़ी-घड़ी पूछो न रे', 'इक दिल का लगाना बाकी था', 'मेरे फूलों में छुपी है', 'जीवन सपना टूट गया', 'मेरे लिए वो गम-ए-इन्तजार', 'ऐ दिल मेरी वफा में कोई असर नहीं है' (रोशन की पत्नी इरा नागरथ के साथ), 'अब याद न कर भूल भी जा सपने सुहाने' (मुकेश के साथ) और 'भोला-भाला रे'—का सचमुच कोई जवाब नहीं है। लेकिन विचित्र बात यह है कि इनमें से तीन गाने 'मेरे लिए वो गम-ए-इन्तजार', 'अब याद न कर भूल भी जा' और 'इक दिल का लगाना बाकी था' फिल्म में मीना कपूर की आवाज में हैं। कहा जाता है कि फिल्म के लिए ये गाने रिकॉर्ड करवाने के बाद मीना कपूर बीमार पड़ गई थीं, इसलिए 78 आरपीएम डिस्क के लिए इन्हें लता मंगेशकर से गवाया गया था। यह भी कहा जाता है कि 'जीवन सपना टूट गया' वाला गाना अनिल बिस्वास ने किसी दूसरी फिल्म के लिए के.एल. सहगल की आवाज में रिकॉर्ड करने के लिए कम्पोज किया था। यह फिल्म 'मलिका-ए-तरन्नुम' नूरजहाँ के तत्कालीन पति शौकत हुसैन रिज्वी बनाने वाले थे, लेकिन शौकत और नूरजहाँ के पाकिस्तान चले जाने और के.एल. सहगल का निधन हो जाने के कारण यह फिल्म खटाई में पड़ गई। आखिर अनिल बिस्वास ने यह गाना पहले मुकेश की आवाज में और फिर लता मंगेशकर की आवाज में 'अनोखा प्यार' के लिए रिकॉर्ड किया और फिल्में में ये दोनों ही वर्जन थे। फिल्म के गीत जिया सरहदी, शम्स अजीमाबादी, बहजाद लखनवी और गोपाल सिंह नेपाली ने लिखे थे। लता और मुकेश के साथ-साथ मीना कपूर ने भी खूब मेहनत की थी और अपने सभी गाने बहुत अच्छे गाए थे। इस फिल्म के संगीत ने अनिल बिस्वास की लोकप्रियता को आसमान पर पहुँचा दिया।

अनिल बिस्वास की अगली फिल्म 'वीणा' (1948) में भी मुकेश ने कुछ यादगार गाने गाए—'गोकुल की इक नार छबीली जमुना तट पर आई रे', 'वो तीखी नजरों से मेरे दिल पर' और 'मेरे सपनों की रानी रे, तू लाखों में लसानी रे'। जे.पी. आडवाणी द्वारा निर्देशित इस फिल्म के अन्य लोकप्रिय गीत थे—'कोई श्याम रंग कोई गोरी' (चितलकर), 'राही तू चल प्रेम नगरिया' और सबसे बढ़कर 'पंछी और परदेसी दोनों नहीं किसी के मीत' और 'चन्द्रकिरण के डाल हिंडोले'। इन गीतों को पं. नरेन्द्र शर्मा ने लिखा था।

1948 में ही प्रदर्शित अनिल बिस्वास की एक अन्य फिल्म थी 'गजरे'। जाने-माने सिनेमैटोग्राफर आर.डी. माथुर द्वारा निर्देशित इस फिल्म में मोतीलाल और सुरैया मुख्य भूमिकाओं में थे। इसमें भी एक से एक सुरीले और लुभावने गाने थे, जिनमें से कई आज तक अमर हैं, जैसेकि 'बरस-बरस बदली भी बिखर गई' (लता), 'दूर पपीहा बोला रात आधी रह गई' (सुरैया), 'घर यहाँ बसाने आए थे' (लता), 'ओ दुपट्टा रंग दे मेरे रंगरेज' (सुरैया), 'प्रीतम तेरा-मेरा प्यार' (लता), 'जलने के सिवा मन क्या है यहाँ' (सुरैया) और 'कब तक कटेगी जिंदगी' (लता)। फिल्म के पूरे संगीत पर लता और सुरैया ही छाई हुई थीं और एक-दूसरे को कड़ी टक्कर देती हुईं प्रतीत होती थीं। फिल्म के गीत गोपाल सिंह नेपाली ने लिखे थे। कहा जाता है कि जब लता मंगेशकर 'गजरे' का एक गीत रिकॉर्ड करवा रही थीं तो वहाँ संयोग से राजकपूर भी मौजूद थे। उन्होंने उसी समय फैसला कर लिया था कि वे अपनी नई फिल्म 'बरसात' के गाने लता मंगेशकर से ही गवाएँगे। यही हुआ भी और अगले वर्ष इस फिल्म के गीतों ने लता के साथ-साथ नई संगीतकार जोड़ी शंकर-जयकिशन की भी धूम मचा दी।

अगला वर्ष 1949 अनिल बिस्वास और उनकी पत्नी आशालता विश्वास द्वारा संयुक्त रूप से एक फिल्म प्रोडक्शन कम्पनी की स्थापना का वर्ष रहा। इसका नाम 'वेरायटी पिक्चर्स' रखा गया और आने वाले वर्षों में इस बैनर ने चार फिल्में बनाईं—(लाडली), 'लाजवाब', 'बड़ी बहू' और 'हमदर्द'। दुर्भाग्यवश इनमें से कोई भी फिल्म बॉक्स ऑफिस पर ज्यादा सफल नहीं रही। हाँ, इन फिल्मों में अनिल बिस्वास के संगीत को जरूर पसन्द किया गया। 1949 में प्रदर्शित (लाडली) अनिल बिस्वास के घरेलू बैनर की पहली फिल्म थी। जे.पी. आडवाणी द्वारा निर्देशित इस फिल्म में जयराज और सुलोचना चटर्जी मुख्य भूमिकाओं में थे। इस फिल्म में लता का एक ऐसा गाना था जिसे उनके श्रेष्ठतम गानों में गिना जाता है। राग भैरवी पर आधारित यह गाना था—'तुम्हारे बुलाने को जी चाहता है'। अनिल बिस्वास ने इसमें पियानो का अद्भुत और मंत्रमुग्ध कर देने वाला प्रयोग किया था। लता के अन्य मोहक गानों में 'जिंदगी की रोशनी तो खो गई' (इसमें ढोलक का बड़ा सुन्दर प्रयोग किया गया था) और 'कैसे कह दूँ बजरिया के बीच' शामिल थे। एस.डी. बातिश द्वारा गाया गया 'आँखें कह गईं दिल की बात' भी खूब लोकप्रिय हुआ था। इस फिल्म के गीत वहजाद लखनवी ने लिखे थे।

मोहन सिन्हा द्वारा निर्देशित 'जीत' अनिल बिस्वास की इस वर्ष की एक और फिल्म थी। इस फिल्म में सुरैया और देव आनन्द की मशहूर जोड़ी थी। इस बार अनिल बिस्वास ने सन्मुख बाबू पाठक के साथ मिलकर संगीत दिया था।

अनिल बिस्वास और तलत

फिल्म के हिट गीतों में 'चाहे कितनी कठिन डगर हो' (सुरैया-शंकर दासगुप्ता), 'तुम मीत मेरे प्राण मेरे' (सुरैया), 'मस्त पवन है चंचल धारा' (लता), 'कुछ फूल खिले अरमानों के' (सुरैया) और 'हँस ले गा ले ओ चाँद' (लता) शामिल थे। इसी वर्ष रिलीज हुई एक और फिल्म 'गर्ल्स स्कूल' में भी अनिल बिस्वास ने संयुक्त रूप से संगीत दिया। इस बार उनके जोड़ीदार कभी उनके सहायक और शिष्य रहे सी. रामचन्द्र थे। अमिय चक्रवर्ती द्वारा निर्देशित यह फिल्म काफी समय से निर्माणाधीन थी और लता मंगेशकर ने अनिल बिस्वास के साथ अपना पहला गाना दरअसल इसी फिल्म के लिए गाया था—'तुम्हीं कहो मेरा मन क्यों रहे उदास'। लेकिन यह फिल्म 'अनोखा प्यार' और 'गजरे' के एक वर्ष बाद रिलीज हुई।

अनिल बिस्वास की अगली फिल्म 'बेकसूर' (1950) के लिए हंसराज बहल दो गाने पहले ही रिकॉर्ड कर चुके थे। अनिल बिस्वास ने फिल्म के बाकी छह गाने कम्पोज किए। मधुबाला और अजित की मुख्य भूमिकाओं वाली इस फिल्म के निर्देशक के. अमरनाथ थे। अनिल बिस्वास द्वारा संगीतबद्ध फिल्म के छह गानों में लता के चार बेहद सुरीले गाने शामिल थे—'मतवाले नैनोंवाले की मैं', 'हुए उनसे नैना चार', 'मन में नाचें मन की उमंगें' और 'भोर सुहानी आई देखो'। राजकुमारी द्वारा गाया गया 'चले जइयो बेदर्दी' भी बहुत मधुर बन पड़ा था। इसी तरह मुहम्मद रफी और जी.एम. दुर्रानी द्वारा गाई गई कव्वाली 'खबर किसी को नहीं' भी खूब लोकप्रिय हुई थी। इस फिल्म के गीत आरजू लखनवी और अहसान रिज्वी ने लिखे थे।

'ज्वार भाटा', 'मिलन' और 'अनोखा प्यार' के बाद दिलीप कुमार के साथ अनिल बिस्वास की चौथी फिल्म थी 'आरज़ू' (1950)। शाहिद लतीफ द्वारा निर्देशित और दिलीप कुमार और कामिनी कौशल की लोकप्रिय जोड़ी वाली इस फिल्म में अनिल बिस्वास के संगीत ने एक बार फिर नई बुलन्दियाँ छुईं। इस फिल्म में दस गाने थे, सभी एक से एक बढ़कर और अनिल बिस्वास के अनूठे और हृदयस्पर्शी सुरीलेपन की छाप लिए हुए। यह फिल्म उर्दू की महान लेखिका इस्मत चुगताई और उनके पति शाहिद लतीफ की घरेलू प्रोडक्शन थी और एमिलो ब्रोन्ते के विश्वविख्यात अंग्रेजी उपन्यास 'वुदरिंग हाइट्स' पर आधारित थी। इस उपन्यास का नायक हीथक्लिफ दिलीप कुमार का प्रिय पात्र रहा है, जिसे उन्होंने बार-बार पर्दे पर निभाया—'आरज़ू', 'हलचल' और 'दिल दिया दर्द लिया' में। 'आरज़ू' में दिलीप कुमार का अभिनय तो गजब का था ही, इसके शाहकार संगीत की भी खूब तारीफ हुई। उन दिनों तलत महमूद 'तपन कुमार' के नाम से कलकत्ता में गैर-फिल्मी बंगाली गीत गाया करते थे और इक्का-दुक्का हिन्दी फिल्मों में भी गा चुके थे। उन्हें कलकत्ता से बम्बई लाने और हिन्दी फिल्मों में पहला बड़ा ब्रेक देने का श्रेय अनिल बिस्वास को जाता है। उन्होंने 'आरज़ू' के लिए तलत से राग दरबारी पर आधारित 'ऐ दिल मुझे ऐसी जगह ले चल' गवाया तो फिर तलत ने पीछे मुड़कर नहीं देखा। यूँ यह फिल्म पूरी तरह से लता की फिल्म थी, जिसमें उनके एक से एक सुरीले और लुभावने गीत थे। राग आसावरी पर आधारित 'कहाँ तक हम उठाएँ गम' और बीच-बीच में बाँसुरी की मधुर तानवाले 'मेरा नरम करेजवा डोल गया' का तो कहना ही क्या, 'आई बहार जिया डोले', 'जाना न दिल से दूर आँखों से दूर जाके' और 'उन्हें हम जो दिल से भुलाने चले' भी मंत्रमुग्ध कर देने वाले गीत थे। 'उन्हें हम जो...' तो सीधा दिल में उतर जाता था और देर तक दिलोदिमाग पर छाया रहता था। फिल्म के अन्य गीतों में नौटंकी शैली का कॉमेडी गीत 'हमें मार चला ये ख्याल-ए-गम' (अनिल बिस्वास), 'मिल गए नैन, गया सुख-चैन' (सुधा मल्होत्रा) और नृत्य-नाटिका 'जाओ सिधारो हे राधा के श्याम' (शमशाद बेगम-मुकेश-एस.डी. बातिश) शामिल थे। इस फिल्म में मजरूह सुल्तानपुरी ने पहली बार अनिल बिस्वास के लिए कुछ गीत लिखे। फिल्म के अन्य गीत प्रेम धवन और जाँ निसार अख्तर ने लिखे थे।

'आरज़ू'

अनिल बिस्वास की 'लाजवाब' (1950) उनके अपने बैनर 'वैरायटी पिक्चर्स' की फिल्म थी। जे.पी. आडवाणी निर्देशित और रेहाना और सोहन की मुख्य भूमिकाओं वाली इस फिल्म का संगीत भी बड़ा मोहक और सुरीला था। फिल्म के लोकप्रिय गीतों में वाल्ज-शैली का सदाबहार डुएट (युगल गीत) 'जमाने का दस्तूर है ये पुराना' (लता-मुकेश), पूरबी-शैली का 'जब कारी बदरिया छाएगी और याद तुम्हारी तड़पाएगी' (मीना कपूर), लोक-संगीत की तर्ज पर 'डिंगू नाचे री गोरी डिंगू' (लता-अनिल बिस्वास), 'सुन्दरी ओ सुन्दरी है दो दिनों की जिंदगी' (लता-बीनापाणी मुखर्जी-अनिल बिस्वास) और 'दिल न हाथों से निकल जाए' (लता-बीनापाणी) शामिल थे। लता के तीन सोलो गाने भी खूब बन पड़े थे—'इस हँसती-गाती दुनिया में', 'द्वार तिहारे आई हूँ' और 'इक मेरा दिल इक तेरा दिल'। इन गीतों को प्रेम धवन, शेखर और डॉ. सफदर 'आह' ने लिखा था।

डी.डी. कश्यप द्वारा निर्देशित 'दो सितारे' (1951) में भी अनिल बिस्वास ने कई हिट गाने दिए। इस फिल्म का निर्माण बाबूराव पई की फेमस पिक्चर्स ने किया था, जो इससे पहले सुपरहिट 'बड़ी बहन' बना चुके थे। इस फिल्म में लोकप्रिय जोड़ी सुरैया और देव आनन्द फिर एक साथ थी, और कहते हैं कि इसी फिल्म की शूटिंग के दौरान उनका प्यार परवान चढ़ा था। फिल्म के लोकप्रिय गानों में 'मेरे दिल की धड़कन में ये कौन समाया' (सुरैया), 'इधर खो गया या उधर खो गया' (लता), 'मुझे तुझसे मुहब्बत है मगर अब तक कहाँ हो तुम' (सुरैया) और लोक-शैली की तर्ज पर

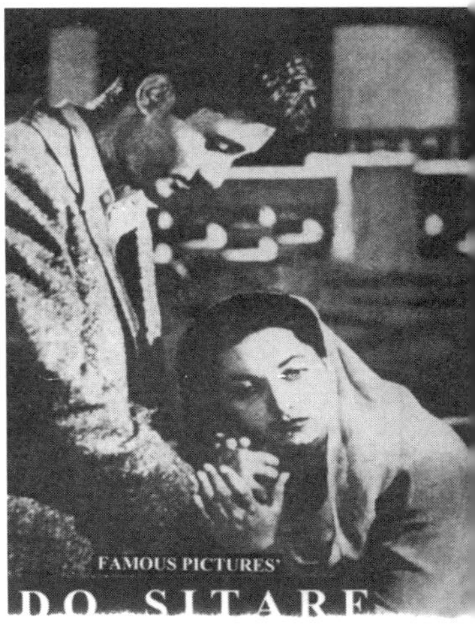

'दे दे कन्हैया' (मीना कपूर) शामिल थे। लेकिन फिल्म का सुपरहिट गीत रहा लता द्वारा गाया गया 'मेरी आसमानी घोड़ी मेरी'। यह फिल्म चली जरूर, लेकिन बॉक्स ऑफिस पर कोई बड़ा तूफान नहीं मचा सकी।

अनिल बिस्वास की अगली फिल्म 'बड़ी बहू' में लता का वह अमर क्लासिक गीत था—'बदली तेरी नजर तो नजारे बदल गए'। निम्मी और शेखर की मुख्य भूमिकाओं वाली यह फिल्म अनिल बिस्वास के अपने बैनर वैरायटी पिक्चर्स की तीसरी फिल्म थी। इस बार उन्होंने निर्देशन की जिम्मेदारी जे.पी. आडवाणी की बजाय एस. भगत को सौंपी थी। 'बदली तेरी नजर...' के अलावा फिल्म में कई और लोकप्रिय गीत भी थे—'निंदिया आई रे नन्ही को मेरी' (राजकुमारी), 'प्यार की राह पर क्या भटकने का डर' (लता-मुकेश) और पंजाबी बोलियों की शैली पर आधारित 'काहे नैनों में कजरा भरो' (लता-मुकेश), जिसमें बाँसुरी का बड़ा मोहक प्रयोग किया गया था। लेकिन अनिल बिस्वास के घरेलू बैनर की पहली दो फिल्मों की तरह यह फिल्म भी एक कमजोर फिल्म साबित हुई और बॉक्स ऑफिस पर कोई कमाल नहीं दिखा सकी।

देव आनन्द, मधुबाला और प्रेमनाथ की मुख्य भूमिकाओं वाली 'आराम' (1951) अनिल बिस्वास की इस वर्ष की तीसरी फिल्म थी। 'दो सितारे' की तरह इस फिल्म के निर्देशक भी डी.डी. कश्यप थे। इस फिल्म में एक बार फिर लता और अनिल बिस्वास ने मिलकर बड़ा सुरीला और यादगार संगीत दिया था। राग जौनपुरी पर आधारित 'बलमवा नादान... बलमा जा-जा रे' में लता का अन्दाज देखते (या यूँ कहिए कि सुनते) ही बनता था। इसी तरह 'मन में किसी की प्रीत बसा ले', 'रूठा हुआ चन्दा है रूठी हुई चाँदनी', 'मिल-मिलके बिछड़ गए नैन' और 'उजड़ी री मेरे प्यार की दुनिया उजड़ी' में भी वे अपनी कला की ऊँचाइयों पर पहुँच गई थीं। मुकेश ने भी 'ऐ जाने जिगर दिल में समाने आ जा' के रूप में एक यादगार गीत दिया था। लेकिन फिल्म का सबसे सुपरहिट गीत था तलत महमूद द्वारा गाया गया 'शुक्रिया ऐ प्यार तेरा शुक्रिया', जो फिल्म में एक पार्टी के दृश्य में उन्हीं पर फिल्माया गया था। इस गाने की रिकॉर्डिंग के बारे में एक दिलचस्प किस्सा मशहूर है। तलत की आवाज में एक स्वाभाविक कंपन था, जो उन दिनों के संगीत-प्रेमियों में चर्चा का विषय बन गया था। उनके प्रशंसक इस कम्पन को पसन्द करते थे, लेकिन कभी-कभी इसे लेकर उन पर छींटाकशी भी होती रहती थी। इस गाने की रिकॉर्डिंग के दिन तलत ने तय कर लिया कि वे अपनी आवाज को काँपने नहीं देंगे और उन्होंने सचमुच ही बिलकुल सीधा गाया। टेक के बाद अनिल दा ने व्यंग्य करते हुए कहा, ''तुम कौन हो भाई, गाना तो तलत को गाना था!'' उन्होंने तलत को अपने स्वाभाविक अन्दाज में गाने के लिए कहा। तलत ने ऐसा ही किया और अगले टेक में उनकी स्वाभाविक और 'ट्रेडमार्क' कम्पन फिर उभर आई। यह गाना न सिर्फ सुपरहिट हुआ बल्कि उनके अमर गानों में शामिल हो गया। इस फिल्म के गीत राजेन्द्र कृष्ण और प्रेम धवन ने लिखे थे।

हमने पीछे मधुबाला और निम्मी के बचपन की बात की थी। अब वे दोनों ही युवावस्था में कदम रख चुकी थीं और बड़ी तेजी से दो मुख्य और बड़ी अभिनेत्रियों के तौर पर उभर रही थीं। 'बड़ी बहू' की नायिका निम्मी थी तो 'आराम' की मधुबाला। (ये दोनों दो वर्ष पहले ही 'बरसात' और 'महल' के रूप में दो बड़े बॉक्स ऑफिस धमाके कर चुकी थीं।)

अगला वर्ष 1952 महान शायर और गीतकार साहिर लुधियानवी की फिल्मी शुरुआत का वर्ष था। यह शुरुआत उन्होंने अनिल बिस्वास के साथ 'दोराहा' फिल्म से की। नलिनी जयवन्त और शेखर की मुख्य भूमिकाओं वाली इस फिल्म के लिए साहिर का पहला गीत था—'मुहब्बत तर्क की मैंने, गरिबाँ सी लिया मैंने'। इसे तलत महमूद ने गाया था। राग मल्हार पर आधारित इस गीत ने तो देश भर में धूम मचाई ही, तलत द्वारा गाए गए दो अन्य गीत 'तेरा ख्याल दिल से भुलाया नहीं अभी' और 'दिल में बसाके मीत बनाके' भी खूब लोकप्रिय हुए। इस बीच सुर-सम्राट मुहम्मद रफी एक महान प्लेबैक गायक के रूप में उभर चुके थे और बड़ी तेजी से शिखर की तरफ बढ़ रहे थे। कहा जाता है कि फिल्म के सभी पुरुष-गीत पहले उन्हीं से गवाए गए थे, लेकिन अनिल बिस्वास को उनकी आवाज फिल्म के नायक शेखर के चरित्र के अनुकूल नहीं लगी, इसलिए ये गीत तलत महमूद की आवाज में फिर से रिकॉर्ड किए गए। यह बड़े आश्चर्य की बात है कि अनिल बिस्वास जैसा विविधतापूर्ण और प्रतिभाशाली संगीतकार आज तक के महानतम गायक मुहम्मद रफी की अप्रतिम आवाज के साथ अपना तालमेल नहीं बिठा पाया। उन्हें अपने धीमे सुरों वाले संगीत पर रफी की आवाज भारी पड़ती हुई प्रतीत होती थी। रफी ने अनिल बिस्वास के साथ बहुत कम गीत गाए। खैर! 'दोराहा' के हिट गीतों में लता का 'लूटा है जमाने ने' भी शामिल था, जो सीधा दिल की गहराइयों में उतर जाता था।

इसी वर्ष रिलीज हुई 'तराना' (1952) ने एक बार फिर अनिल बिस्वास के नाम की धूम मचा दी। फिल्म तो सुपरहिट हुई ही, इसके गाने भी गली-गली में गूँजने लगे। अनिल बिस्वास ने बहुत दिनों बाद अपने पुराने साथियों दरयानी भाइयों के साथ एक फिल्म की थी और अपना सर्वश्रेष्ठ संगीत देने के लिए पूरा जोर लगा दिया था। राम दरयानी द्वारा निर्देशित इस फिल्म में दिलीप कुमार और मधुबाला की सुपरहिट जोड़ी थी। अभिनय-सम्राट दिलीप कुमार के साथ अनिल बिस्वास की यह पाँचवीं फिल्म थी। कहते हैं कि उनके द्वारा संगीतबद्ध एक बेहद रोमांटिक युगल गीत 'नैन मिले नैन हुए बाबरे' (लता-तलत) के फिल्मांकन के दौरान ही दिलीप कुमार और मधुबाला एक-दूसरे की आँखों में खो गए थे और पर्दे का रोमांस असली जिंदगी के रोमांस में बदल गया था। अनिल बिस्वास ने कलात्मकता की उच्चतम ऊँचाइयाँ छूते हुए एक से एक मधुर और अमर गीत दिए थे। इनमें 'वो दिल कहाँ गए बता जब इस नजर में प्यार था' (लता), 'बोल पपीहे बोल रे तू' (लता-सन्ध्या मुखर्जी), 'बेइमान तेरे नैनवा निंदिया न आए' (लता), 'मोसे रूठ गया मोरा साँवरिया' (हरवती), 'एक मैं हूँ एक मेरी बेकसी की शाम है' (तलत), 'यूँ छुप-छुपके' (लता) और 'वापस

ले ले ये जवानी' जैसे कई अनमोल रत्न शामिल थे। राग काफी पर आधारित 'बेइमान तोरे नैनवा' तो लता ने इतने अद्भुत अन्दाज में गाया था और इसके फिल्मांकन के दौरान दिलीप कुमार और मधुबाला ने इतना मोहक अभिनय किया था कि यह गीत भारतीय सिनेमा का एक शिखर-बिन्दु बन गया। लेकिन 'तराना' का सबसे शाहकार और सबसे लाजवाब गीत था इसका बेहद लोकप्रिय युगल-गीत 'सीने में सुलगते हैं अरमाँ' (लता-तलत) । एक अभिशप्त प्रेम की पीड़ा को शायद ही इससे बेहतर अन्दाज में व्यक्त किया जा सके। दिलीप कुमार और मधुबाला ने भी पर्दे पर इस गीत के साथ पूरा न्याय किया था और अपने सहज और हृदयस्पर्शी अभिनय से दर्शकों को हिलाकर रख दिया था। इस फिल्म के गीत पुराने धुरंधर डी.एन. मधोक, प्रेम धवन और कैफ इरफानी ने लिखे थे।

अनिल बिस्वास ने दिलीप कुमार के साथ छह फिल्मों में काम किया—'ज्वार भाटा', 'मिलन', 'अनोखा प्यार', 'आरजू', 'तराना' और अधूरी रह गई 'शिकवा'। नौशाद को छोड़कर (जिन्होंने दिलीप कुमार की पन्द्रह फिल्मों में संगीत दिया) किसी भी दूसरे संगीतकार ने अभिनय-सम्राट की इतनी सारी फिल्मों में संगीत नहीं दिया। रमेश सहगल की 'शिकवा' में दिलीप कुमार के साथ नूतन थीं और यह फिल्म लगभग 98 प्रतिशत पूरी हो चुकी थी, लेकिन प्रोडक्शन कम्पनी 'फिल्मकार' की कुछ अन्दरूनी समस्याओं के कारण यह फिल्म रिलीज नहीं हो पाई। इस फिल्म में मुहम्मद रफी ने अनिल बिस्वास के निर्देशन में कई गाने गाए थे।

☆

'आराम', 'दोराहा' और 'तराना' अनिल बिस्वास की अपनी विशिष्ट संगीत शैली की छाप लिए थीं और उनके कैरियर की तीन बड़ी उपलब्धियाँ थीं। उन्होंने अपने साजिंदों में गोवा के तीन महारथियों ए.पी. अल्बकर्क, पीटर डोराडो और राम सिंह (यह तिगड़ी 'ए.आई.पी. पार्टी' के नाम से मशहूर थी) को शामिल कर लिया था। राम सिंह तो अनिल बिस्वास के लगभग पूरे कैरियर के दौरान उनसे जुड़े रहे।

1953 में प्रदर्शित 'आकाश' में अनिल बिस्वास एक बार फिर लता और मीना कपूर दोनों का इस्तेमाल करते हुए कई सुरीले गीत लेकर आए। लता ने जहाँ 'सो गई चाँदनी जाग उठी बेकली' और 'बहुत मर-मर के जीने से' जैसे दो यादगार गीत गाए, वहीं मीना कपूर भी 'भीनी-भीनी रात आई, लब पे दिल की बात आई' और 'मेरे दिल के गीत चुप थे' में उन्हें बराबर की टक्कर देती हुई प्रतीत होती थीं। शंकर दासगुप्ता ने भी दो सोलो गीत गाए थे—'तेरी महफिल में सभी कुछ है' और 'अजीब है जिंदगी की मंजिल'। फिल्म में एक बहुत लुभावना युगल गीत भी था—'ये मस्त नजर शोख अदा किसके लिए है'। हैरानी की बात यह थी कि इससे बिलकुल मिलता-जुलता गीत हेमन्त कुमार ने भी संगीतकार के रूप में 'बन्दी' फिल्म के लिए रिकॉर्ड किया था। बलराज साहनी, नादिरा और शम्मी की मुख्य भूमिकाओं से सजी 'आकाश' के निर्देशक मनमोहन साबिर थे। उन्होंने मजरूह सुल्तानपुरी, प्रेम धवन और सत्येन्द्र अथैया के साथ-साथ फिल्म के कुछ गीत भी लिखे थे। अच्छे संगीत के बावजूद यह फिल्म बॉक्स ऑफिस पर पिट गई।

इस्मत चुगताई और शाहिद लतीफ की एक और फिल्म 'फरेब' (1953) में धुरंधर गायक किशोर कुमार ने पहली बार अनिल बिस्वास के साथ काम किया। उन्होंने लता के साथ एक हिट डुएट 'आ मुहब्बत की बस्ती बसाएँगे हम, इस जमीं से अलग आसमानों से दूर' तो दिया ही, उनका सोलो गीत 'हुस्न भी है उदास-उदास, इश्क भी है गम से चूर' भी कम नहीं था। फिल्म में लता के भी कई सुरीले गीत थे—'रात गुनगुनाती है, लोरियाँ सुनाती है', 'मोरे मन में समा गए ऐसे पिया', 'जाओगे ठेस लगाके बहुत पछताओगे' और 'मिला दिल मिलके टूटा जा रहा है'। इन हृदयस्पर्शी गीतों को मजरूह सुल्तानपुरी ने लिखा था। अच्छे संगीत के बावजूद यह फिल्म भी कुछ खास नहीं चली।

अनिल बिस्वास के अपने बैनर वैरायटी पिक्चर्स की आखिरी फिल्म 'हमदर्द' (1953) भी इसी वर्ष रिलीज हुई। निम्मी और शेखर की मुख्य भूमिकाओं से सजी इस फिल्म में अनिल बिस्वास ने एक बार फिर अपना उत्कृष्ट संगीत दिया। इस फिल्म का संगीत शास्त्रीय संगीत की छाप लिए था और राग-रागनियों का अद्भुत प्रयोग देखते (सुनते) ही बनता था। लता और मन्ना डे द्वारा गाया गया युगल-गीत 'रुत आए रुत जाए सखी रे' तो अपने-आपमें एक पूरी रागमाला थी, जिसमें ख्याल अंग का बड़ा सुन्दर प्रयोग करते हुए अन्तरों को भिन्न-भिन्न रागों—गौड़, सारंग, जोगिया, बहार इत्यादि पर आधारित रखा गया था। इस लाजवाब युगल-गीत के अलावा कई सोलो भी उत्कृष्टतम संगीत-सृजन के उदाहरण थे और एक से बढ़कर एक थे। इनमें 'तेरे सब गम मिले' (लता), 'तोरे नैना रसीले कटीले' (मन्ना डे), 'सपने तुझे बुलाएँ' (गीता दत्त) और 'मेरे मन की धड़कन में कोई नाचे' (मन्ना डे) जैसे कई अविस्मरणीय गीत शामिल थे। फिल्म का बहुआयामी संगीत किसी भी संगीत-प्रेमी के लिए अलौकिक आनन्द से कम नहीं था। लेकिन अफसोस मजरूह सुल्तानपुरी और प्रेम धवन के अति सुन्दर गीतों और अनिल बिस्वास के उत्कृष्टतम संगीत के बावजूद यह फिल्म कमजोर पटकथा के कारण बॉक्स ऑफिस पर बुरी तरह पिट गई।

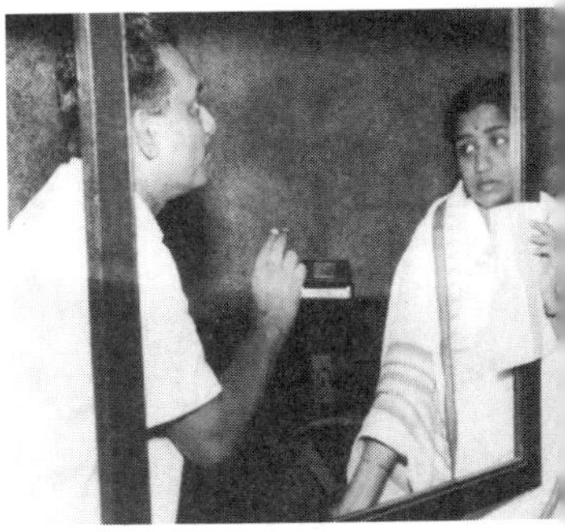
अनिल दा और लता

पुराने दिग्गज आर.एस. चौधरी द्वारा निर्देशित फेमस पिक्चर्स की 'जलियाँवाला की ज्योति' (1953) अपने नाम के अनुरूप देशभक्ति पर आधारित फिल्म थी। अनिल बिस्वास ने इस फिल्म के विषय के अनुरूप भावनाओं को झकझोरने

वाला और प्रेरणादायक संगीत दिया था। फिल्म के लोकप्रिय गीतों 'जानो न जानो पिया मैं तो चली रे' (लता), 'सीखो जो आँखों से पीना पिलाना' (राजकुमारी), 'क्या तेरा-मेरा मेल परदेसी' (मीना कपूर) और 'तुम्हारे कारण हमार जिया जाए रे' (राजकुमारी) इत्यादि शामिल थे। लेकिन फिल्म का सबसे उत्कृष्ट गीत था लता और तलत द्वारा गाया गया युगल-गीत 'मुख से न बोलूँ अखियाँ न खोलूँ'। फिल्म के गीत गीतकारों की एक पूरी मंडली राजेन्द्र कृष्ण, प्रेम धवन, मजरूह सुल्तानपुरी, परताव लखनवी और उद्धव कुमार ने लिखे थे। इसके बावजूद फिल्म फ्लॉप हो गई।

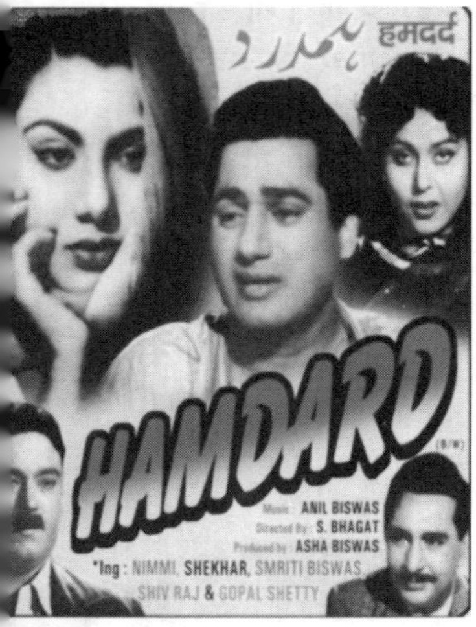

जाने-माने लेखक-निर्माता-निर्देशक रामानन्द सागर ने अपने खुद के बैनर 'सागर आर्ट्स' की स्थापना की तो अपनी पहली फिल्म 'मेहमान' (1953) के संगीत क लिए अनिल बिस्वास को साइन किया। निम्मी, प्रेमनाथ और सज्जन की मुख्य भूमिकाओं वाली इस फिल्म में भी अनिल बिस्वास ने कई लुभावने गीत दिए। लता के तीन सोलो गीत—'आँखों में चितचोर समाए', 'मेरा सपनों का संसार किसी ने लूट लिया' और 'तू आ न आ बिछड़ जाने वाले'—खूब लोकप्रिय भी हुए। फिल्म के अन्य मोहक गीतों में 'आस ने कितने दिए जलाए' (मन्ना डे) और 'मन का पंछी मस्त पवन में' (मीना कपूर) शामिल थे। राजा मेहंदी अली खान, पी.एन. रंगीन और उद्धव कुमार के गीतों वाली यह फिल्म बॉक्स ऑफिस पर एक औसत हिट साबित हुई।

इस बीच जाने-माने प्रगतिशील लेखक-निर्देशक ख्वाजा अहमद अब्बास और अनिल बिस्वास एक-दूसरे के बहुत नजदीक आ गए थे और दोनों में खूब छनने लगी थी। अब्बास ने अपने खुद के प्रोडक्शन की पहली फिल्म 'राही' (1953) के लिए अनिल बिस्वास को संगीत देने के लिए कहा तो वे झट से तैयार हो गए। सामाजिक जागरूकता वाले विषयों के लेखक और निर्देशक के रूप में मशहूर के.ए. अब्बास की इस फिल्म में देव आनन्द, नलिनी जयवन्त और बलराज साहनी जैसे बड़े सितारे थे। फिल्म के विषय के अनुरूप फिल्म का संगीत भी सामाजिक चेतना का स्वर लिए हुए था। 'ये जिंदगी है इक सफर, कभी इधर कभी उधर' (हेमन्त कुमार) और चार भागों वाले 'क्या हम पे जुल्म ढाए बिदेसिया' (लता-हेमन्त-मीना कपूर) जैसे गीत खूब लोकप्रिय हुए थे। फिल्म के अन्य सुरीले गीतों में लोरी-गीत 'चाँद सो गया तारे सो गए' (मीना कपूर) और होली-गीत 'होली खेलें नन्दलाला बिरज में' (इरा मजुमदार) शामिल थे। लेकिन फिल्म का सबसे उत्कृष्ट और अमर गीत था लता मंगेशकर द्वारा गाया गया 'जाने वाले राही इक पल रुक जाना'। मुल्कराज आनन्द के उपन्यास पर आधारित यह फिल्म हिन्दी और अंग्रेजी दोनों भाषाओं में बनाई गई थी, पर बॉक्स ऑफिस पर यह कोई चमत्कार नहीं दिखा पाई। अनिल बिस्वास ने के.ए. अब्बास की 'मुन्ना' (1954) में भी संगीत दिया था, जो एक गीतविहीन फिल्म थी। अनिल बिस्वास ने इसमें उत्कृष्ट बैकग्राउंड संगीत दिया था।

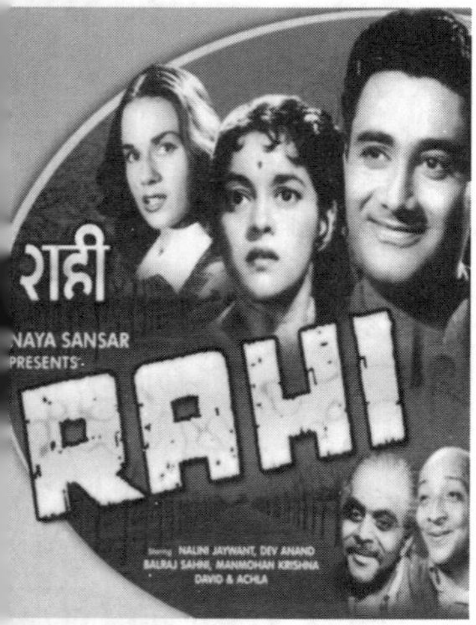

गीतकार डॉ. सफदर 'आह' एक बार फिर निर्देशक की भूमिका सँभालते हुए फिल्म 'मान' (1954) लेकर आए। इसमें अजित और चित्रा मुख्य भूमिकाओं में थे। अनिल बिस्वास ने इसमें भी एक से एक मधुर गीत दिए, एक से एक मोहक धुनें संजोईं। इनमें 'मैं क्या करूँ रुकती नहीं आँसुओं की रवानी' (मीना कपूर), 'फैली है खबर आज ये' (लता), 'दम भर का था दौर खुशी का' (मुकेश), 'मेरे प्यार में तुझे क्या मिला मेरे देवता' (लता), 'गुजरा हुआ उल्फत का जमाना' (लता), 'दिलबर दिलारा दिलदार हो' (मीना कपूर), 'कह दो कि मुहब्बत से न' (लता) और 'क्या बताएँ चीरकर तेरा' (कल्याणी-मुबारक बेगम) जैसे कई यादगार गीत शामिल थे। इसी फिल्म के एक और गीत को लेकर एक दिलचस्प किस्सा सुनने में आता है। कहते हैं कि के. आसिफ ने जब अपनी महान फिल्म 'मुगलेआजम' (1960) पहली बार 1947 में बनानी शुरू की थी तो इसमें चन्द्रमोहन, नर्गिस और सप्रू मुख्य भूमिकाओं में थे और इसके संगीत के लिए उन्होंने पहले पं. गोविन्दराम को और फिर अनिल बिस्वास को साइन किया था। अनिल दा ने लता की आवाज में इस फिल्म के लिए एक गीत 'अल्लाह भी है, मल्लाह भी है, खुशी है कि डूबी जाती है' भी रिकॉर्ड किया था, जिसे कैफ भोपाली ने लिखा था। लेकिन जब 'मुगलेआजम' का निर्माण खटाई में पड़ गया और अनिल बिस्वास ने फिल्म छोड़ दी तो उन्होंने इस गीत को 'मान' फिल्म में इस्तेमाल कर लिया। यह गीत फिल्म का सबसे सुपरहिट गीत साबित हुआ। फिल्म के अन्य गीतकारों में डॉ सफदर 'आह' और राजा मेहंदी अली खान शामिल थे। यह फिल्म भी बॉक्स ऑफिस पर कोई खास धमाका नहीं कर सकी।

दिग्गज अभिनेता और निर्देशक गजानन जागीरदार की इसी वर्ष रिलीज हुई 'महात्मा कबीर' (1954) में भी अनिल बिस्वास का संगीत था। गायक-अभिनेता सुरेन्द्र ने इस फिल्म में कबीर की केन्द्रीय भूमिका निभाई थी। फिल्म के विषय को देखते हुए अनिल बिस्वास ने इस बार भक्ति-रस पर हाथ आजमाया और भक्ति-भावना से ओत-प्रोत एक से एक सुरीले गीत और भजन दिए। इनमें 'मनुआ तेरा दिन दिन बीता जाए' (मन्ना डे), 'राम रस बरसे रे मन चातक' (सी.एच. आत्मा), 'घूँघट का पट खोल' (मन्ना डे), 'मेरे मन्दिर अब लौ नहीं' (आशा भोंसले), 'झीनी-झीनी रे बीनी चदरिया' (मन्ना डे), 'सतगुरु मोरा रंगरेज' (अनिल बिस्वास-मन्ना डे) और 'कैसे कहूँ अपने मन की विपत्तियाँ' (आशो भोंसले-अमीरबाई कर्नाटकी) जैसे उत्कृष्ट और अविस्मरणीय भजन शामिल थे। सन्त कबीरदास के अपने कुछ भजनों के अलावा इस फिल्म के गीत/भजन डॉ. सफदर 'आह', चन्द्रशेखर पांडे, इजहार मलीहाबादी, अहसान और पं.

नरेन्द्र शर्मा ने लिखे थे। पं. नरेन्द्र शर्मा के साथ अनिल बिस्वास की यह आखिरी फिल्म थी।

'फूल' और 'हलचल' जैसी फिल्मों के ख्यातिप्राप्त निर्देशक एस.के. ओझा ने अपना खुद का बैनर एस.के. फिल्म्स स्थापित किया तो उन्होंने अपनी पहली और महत्त्वाकांक्षी फिल्म 'नाज' (1954) के संगीत की जिम्मेदारी अनिल बिस्वास को सौंपी। इस फिल्म में अशोक कुमार और नलिनी जयवन्त जैसे उस समय के चोटी के सितारे थे। इतना ही नहीं, यह पहली भारतीय फिल्म थी जिसकी शूटिंग विदेश (इंग्लैंड और मिस्र) में की गई थी। लेकिन कुछ कारणों से इस फिल्म को पूरी होने में काफी समय लग गया। अनिल बिस्वास ने इसके छह सुरीले गाने 1951 में ही रिकॉर्ड कर लिए थे, जबकि फिल्म 1954 में रिलीज हुई। फिल्म में ज्यादातर गाने लता के थे, जिनमें पियानो के अद्भुत प्रयोग वाले 'झिलमिल सितारों के तले, आ मेरा दामन थाम ले' के साथ-साथ 'ऐ दिल दुखड़ा किसे सुनाएँ', 'आँखों में दिल है' और मन के तारों को झकझोर देने वाला 'कटती है अब तो जिंदगी मरने के इन्तजार में' शामिल थे। मीना कपूर द्वारा गाया गया 'खमोश है जहाँ मदहोश है फिजा' भी बड़ा मोहक गाना था। गीतकार सत्येन्द्र अथैय्या की यह पहली फिल्म थी। अन्य गीतकारों में केदार शर्मा, प्रेम धवन और डॉ. सफदर 'आह' शामिल थे। यह फिल्म बॉक्स ऑफिस पर इतनी बुरी तरह पिटी कि निर्देशक एस.के. ओझा अपनी अगली फिल्म 'बहरूपिया' की घोषणा करने के बावजूद इसे बनाने की हिम्मत नहीं जुटा सके। किसी पत्रकार के प्रश्न के जवाब में सदाबहार अशोक कुमार ने चुटकी लेते हुए कहा था—''उनके 'नाज' ने उन्हें 'बहरूपिया' नहीं बनाने दिया।'' महत्त्वाकांक्षी 'नाज' की विफलता अनिल बिस्वास के कैरियर के लिए भी एक बड़ा झटका थी।

'नाज' में अशोक कुमार

'नाज' : नलिनी जयवंत और अशोक

उनकी अगली फिल्म महान अभिनेता-निर्माता-निर्देशक सोहराब मोदी की 'वारिस' (1954) थी। जाने-माने नितिन बोस द्वारा निर्देशित इस फिल्म में सुरैया और तलत महमूद मुख्य भूमिकाओं में थे। इस फिल्म में भी अनिल बिस्वास ने कई अमर गीत दिए। सबसे बढ़कर था सुरैया और तलत का युगल-गीत 'राही मतवाले तू छेड़ इक बार मन के सितार', जो तीन भागों में था। 'कभी है गम कभी खुशियाँ यही तो जिंदगानी है' (तलत), 'दूर होते नहीं जो दिल में रहा करते हैं' (सुरैया-तलत), 'सौतन घर न जा ओ मोरे सैयाँ' (राजकुमारी), 'घर तेरा अपना घर लागे' (सुरैया-तलत) और 'दुनिया को नहीं मंजूर तो तेरा दर्द छुपाकर देखेंगे' फिल्म के अन्य यादगार गीत थे। इन गीतों को मजरूह सुल्तानपुरी और कमर जलालाबादी ने लिखा था। कहा यह भी जाता है कि फिल्म का सुपरहिट युगल-गीत 'राही मतवाले...' खुद अनिल बिस्वास ने लिखा था, लेकिन अधिकृत तौर पर उन्होंने इसका श्रेय कमर जलालाबादी को दे दिया था। यह फिल्म भी बॉक्स ऑफिस पर औसत सफलता ही पा सकी।

तलत और सुरैया

अनिल बिस्वास ने सदाबहार रोमांटिक नायक देव आनन्द की पाँच फिल्मों में संगीत दिया—'जीत', 'आराम', 'दो सितारे', 'राही' और 'फरेब'। इनमें से आखिरी फिल्म 'फरेब' 1955 में रिलीज हुई। फणी मजूमदार द्वारा निर्देशित इस फिल्म में देव आनन्द के साथ गीताबाली मुख्य भूमिका में थीं, लेकिन इस फिल्म का संगीत कोई खास धूम नहीं मचा सका। आश्चर्य की बात यह भी थी कि इस फिल्म के सभी गीत गीता दत्त की आवाज में थे—न लता थीं, न आशा और न मीना कपूर। गीता दत्त के 'इक रात की ये प्रीत', 'जी भरके प्यार कर लो', 'दिल चुरा लूँ चुरा लूँ' और 'हर इक नजर इधर-उधर' काफी मोहक बन पड़े थे। अली सरदार जाफरी और प्रेम धवन के गीतों वाली यह फिल्म भी बॉक्स ऑफिस पर कोई कमाल नहीं कर सकी।

1950 के इस दशक में फिल्म संगीत करवटें बदलने लगा था और उसमें कई नए चलन दिखाई देने लगे थे। शंकर-जयकिशन, सलिल चौधरी, ओ.पी. नैयर, मदन मोहन, हेमन्त कुमार और खय्याम जैसे कई नए संगीतकार बड़ी तेजी से उभर रहे थे। 'तराना' (1952) के बाद अनिल बिस्वास की कोई भी फिल्म बॉक्स ऑफिस पर हिट नहीं हुई थी। दर्शकों और श्रोताओं की रुचि भी बड़ी तेजी से बदल रही थी। इसलिए अनिल बिस्वास का जादू फीका पड़ने लगा और उन्हें बहुत कम फिल्में मिलने लगीं। 1953 में उनकी छह फिल्में रिलीज हुई थीं और 1954 में पाँच लेकिन 1955 में उनकी सिर्फ एक फिल्म ('फरार') ही रिलीज हुई।

अपनी मल्टीस्टार फिल्म 'अमर' (1954) की शानदार सफलता के बाद महबूब खान 'मदर इंडिया' (1957) बनाने की तैयारी कर रहे थे तो उन्होंने इस बीच झटपट दो छोटी फिल्में बनाने का फैसला किया और इनका निर्देशन अपने सहायकों को सौंप दिया। इन्हीं में से एक फिल्म थी किशोर कुमार, शकीला और माला सिन्हा की मुख्य भूमिकाओं वाली 'पैसा ही पैसा' (1956), जिसके निर्देशक मेहरिश थे। इसके संगीत के लिए उन्होंने अपने पुराने 'बंगाली' दोस्त अनिल बिस्वास की सेवाएँ लीं, जो अनिल बिस्वास की अपने 'मवाली' दोस्त महबूब के बैनर के लिए पहली और आखिरी फिल्म थी। यूँ दोनों के सम्बन्धों में आई दरार अब भी खत्म नहीं हुई थी। कहते हैं कि जब मेहरिश ने 'पैसा ही पैसा' के संगीत के लिए अनिल बिस्वास का नाम सुझाया तो महबूब ने तुनककर कहा था, ''तुम्हारी मर्जी! अगर तुम यही चाहते हो तो यही सही!'' मेहरिश ने अनिल बिस्वास को मनाने के लिए गीतकार डॉ. सफदर 'आह' का सहारा लिया और

वे मान भी गए। इस फिल्म के एक गीत को लेकर भी एक विवाद खड़ा हो गया। अनिल बिस्वास ने 'पैसे का मन्तर' वाला गाना मुहम्मद रफी की आवाज में रिकॉर्ड किया, लेकिन किशोर कुमार की जिद पर उन्हें इसे फिर से उन्हीं की आवाज में रिकॉर्ड करना पड़ा। यह दूसरी बार था जब अनिल बिस्वास ने मुहम्मद रफी का कोई गाना रिकॉर्ड करके रद्द किया था और उसे किसी दूसरे गायक से गवाया था। (पहली बार 'दोराहा' फिल्म के दौरान ऐसा हुआ था।) लेकिन रफी इतने खुले और उदार दिल के थे कि उन्होंने जरा भी बुरा नहीं माना और आशा भोंसले के साथ एक डुएट रिकॉर्ड करवाने के लिए खुशी-खुशी राजी हो गए। यह युगल-गीत था—'उफ न करना कि मुहब्बत मेरी बदनाम न हो'। रफी ने इसी फिल्म के लिए किशोर कुमार के साथ भी दो युगल-गीत गाए—'ले लो सोने का लड्डू' और 'दिल ने माँगा प्यार' (इसमें रफी और किशोर के साथ आशा भी थीं)। फिल्म के अन्य गीतों में 'पायल मोरी बाजे' (लता), 'आ भी जा रे सनम' (लता-किशोर-आशा) और 'लड़ गई अखियाँ जाने न बालम' (लता) शामिल थे। लेकिन फिल्म की तरह इस फिल्म का संगीत भी कोई खास नहीं चला। फिल्म के गीतकार मजरूह सुल्तानपुरी थे।

इसके बाद आई 'हीर' (1956) फिल्मिस्तान की एक बड़ी और महत्त्वाकांक्षी फिल्म थी। इस बार अनिल बिस्वास ने कुछ सुरीले गीत तो दिए लेकिन कुल मिलाकर फिल्म का संगीत कोई खास धूम नहीं मचा सका। प्रदीप कुमार और नूतन की मुख्य भूमिकाओं वाली यह फिल्म हीर-राँझा की लोकप्रिय प्रेम-कथा पर आधारित थी। इसके निर्माता पहले बॉम्बे टॉकीज और अब फिल्मिस्तान की बहुत बड़ी हस्ती एस. मुखर्जी थे और उन्होंने फिल्म को एक सुपरहिट फिल्म बनाने के लिए पूरा जोर लगा दिया था। लेकिन फिल्म बॉक्स ऑफिस पर बुरी तरह पिट गई, अनिल बिस्वास के कैरियर को एक बड़ा और आखिरी झटका देते हुए। हमीद बट्ट द्वारा निर्देशित इस फिल्म के गीत भी मजरूह सुल्तानपुरी ने लिखे थे। फिल्म के कुछ यादगार गीतों में एक दर्दभरे युगल-गीत 'ओ सजना छूटा है जो दामन तेरा' के साथ-साथ 'एक चाँद का टुकड़ा' (हेमन्त कुमार), 'ओ खामोश जमाना है' (रफी-गीता दत्त), 'ले जा उसकी दुआएँ' (रफी), 'आ मेरा रांझना' (लता), 'आ जाओ तुम्हें दिल का' (रफी-आशा भोंसले), 'बहार आई तो क्या आई' (आशा भोंसले) और 'बुलबुल मेरे चमन के' (गीता दत्त) शमिल थे।

अपनी भरपूर सफलता के बावजूद अनिल बिस्वास कभी भी घमंड या अहंकार के शिकार नहीं हुए थे। वे अपने सहकर्मियों और सहयोगियों से सलाह या मदद लेने से भी नहीं झिझकते थे। इस सम्बन्ध में खय्याम ने हमें एक दिलचस्प प्रसंग सुनाया था। गीता दत्त के 'बुलबुल मेरे चमन के' की रिकॉर्डिंग की तैयारी चल रही थी, लेकिन अनिल बिस्वास गाने के प्रभाव से सन्तुष्ट नहीं थे। उन्हें लगता था कि कहीं न कहीं जरूर कुछ कमी थी। एक दिन सुबह की सैर के दौरान वे खय्याम से मिले तो उन्हें खींचकर रिकॉर्डिंग स्टूडियो में ले गए और उनसे पूछने लगे कि गाने में आखिर क्या कमी थी। खय्याम ने कहा कि उन्हें एक खास काउंटर-मैलोडी अखर रही थी, जिसे हटा दिया जाना चाहिए। अनिल बिस्वास ने झट से उनके सुझाव पर अमल करते हुए ऐसा ही किया और गाने में महसूस हो रही कमी सचमुच ही दूर हो गई। अनिल बिस्वास दूसरे संगीतकारों की पीठ ठोंकने और खुलेआम उनकी तारीफ करने में भी पीछे नहीं रहते थे। 'हम दोनों' फिल्म में जयदेव के संगीत और खासकर लता के गाए अमर भजन 'अल्लाह तेरो नाम ईश्वर तेरो नाम' से वे इतने खुश हुए कि उन्होंने खुद उनके घर जाकर उनकी पीठ ठोंकी।

अब अनिल बिस्वास के कैरियर की ढलान शुरू हो चुकी थी और उन्हें बहुत कम फिल्में मिलने लगी थीं। ये फिल्में भी ज्यादातर छोटे बैनरों या दूसरे दर्जे की फिल्में होती थीं। अभिनेता हरीश द्वारा निर्देशित 'जलती निशानी' (1957) ऐसी ही एक फिल्म थी। इस फिल्म का नाम पहले 'बीरबल परिस्तान' था। लेकिन कमल कपूर और गीताबाली की मुख्य भूमिकाओं वाली इस फिल्म में भी अनिल बिस्वास ने ऊँचे दर्जे का और यादगार संगीत देने की कोशिश की। फिल्म के कई मोहक गीतों में 'कह रही है जिंदगी जी सके तो जी' (हेमन्त कुमार), 'दिल है बेकरार क्यों' (लता-मुकेश), 'चाँद पे बादल छा गया' (लता), 'ऐसा जाम पिला नजरों से' (लता-हेमन्त कुमार), 'आज भरी महफिल में ऐ दिल' (लता) और राग हेमन्त पर आधारित मंत्रमुग्ध कर देने वाला 'रूठ के तुम तो चल दिए अब मैं दुआ को क्या करूँ' (लता) शामिल थे। इस फिल्म के गीत कमर जलालाबादी ने लिखे थे। 'कह रही है जिंदगी' को पहले बिना कोरस के रिकॉर्ड किया गया था, लेकिन अनिल बिस्वास और हेमन्त कुमार दोनों को ही लग रहा था कि कहीं कुछ कमी थी। लिहाजा इस गीत को पूरे कोरस के साथ फिर से रिकॉर्ड किया गया और गीत में मानो जान आ गई।

फिल्मिस्तान की 'अभिमान' (1957) इस वर्ष अनिल बिस्वास की एक और फिल्म थी। महेश कौल द्वारा निर्देशित इस फिल्म में शेखर और अमीता मुख्य भूमिकाओं में थे। इस 'फ्लॉप' फिल्म के कुछ लोकप्रिय गीतों में 'अकड़ो न हमसे पिया' (आशा), 'चली जवानी ठोकर खाने' (रफी-आशा), 'किसी का नहीं रहा अभिमान' (मन्ना डे) और 'घर की रानी हूँ जी' (गीता दत्त) शमिल थे। इन्हें सरस्वती कुमार 'दीपक', पं. मधुर और इन्दीवर ने लिखा था।

इसी वर्ष रिलीज हुई के.ए. अब्बास की 'परदेसी' (1957) अनिल बिस्वास की एक यादगार फिल्म थी। उनके

घनिष्ठ मित्र अब्बास ने यह फिल्म रूस के सहयोग से (भारत-रूस कॉ-प्रोडक्शन के रूप में) बनाई थी और इसमें नर्गिस और बलराज साहनी के साथ-साथ रूसी अभिनेता ओलेग भी थे। राग जयजयवन्ती पर आधारित और मीना कपूर द्वारा गाया गया इस फिल्म का एक गीत 'रसिया रे मन बसिया रे, तेरे बिना जिया मेरा लागे न' तो हमेशा के लिए अमर हो गया। लोक-संगीत की शैली में ढले इस गीत में बीच-बीच में बाँसुरी (पन्नालाल घोष), सितार और सन्तूर का इतना मधुर और मोहक प्रयोग किया गया था कि सुननेवाला मंत्रमुग्ध हो जाता था। राग गौड़ सारंग में लता द्वारा गाया गया शास्त्रीय गीत 'नादिर धीन ताना देरे न... न जा न जा बलम' भी अद्‌भुत बन पड़ा था और जादू-सा असर करता था। मराठी लोक-संगीत पर आधारित युगल-गीत 'रिमझिम बरसे पानी आज मेरे आँगना' (मन्ना डे-मीना कपूर) और मीना कपूर की बड़ी मीठी लोरी 'रो मत ललना झुलाऊँ तोहे पलना' फिल्म के दो अन्य यादगार और अनमोल गीत थे। लेकिन मन के तारों को झंकृत कर देने वाले संगीत के बावजूद यह इंडो-रशियन कॉ-प्रोडक्शन फिल्म दर्शकों को नहीं बाँध पाई और बॉक्स ऑफिस पर फ्लॉप हो गई। इस फिल्म से जुड़ा एक उल्लेखनीय तथ्य यह है कि इसी फिल्म के निर्माण के दौरान अनिल बिस्वास ने मीना कपूर से विवाह कर लिया था। शायद 'रसिया रे मन बसिया रे' की अद्‌भुत मधुरता में इन दोनों के व्यक्तिगत सम्बन्धों की मधुरता का भी हाथ था।

अनिल और मीना कपूर

लेकिन व्यक्तिगत जिंदगी की इन खुशियों के बावजूद अनिल बिस्वास का मन बम्बई फिल्म इंडस्ट्री से उखड़ने लगा था। वे इंडस्ट्री के तेजी से बदलते माहौल से तालमेल नहीं बिठा पा रहे थे। या यूँ कहें कि व्यवसायिकता की तेज आँधी में वे अपनी रचनात्मकता को नहीं बचा पा रहे थे। फिल्मिस्तान की 'जासूस' (1957) से जुड़े एक कटु अनुभव के बाद उनका मन सचमुच ही खट्टा हो गया। एस. मुखर्जी फिल्मिस्तान को छोड़कर अपना खुद क फिल्मालय स्टूडियो स्थापित कर चुके थे और फिल्मिस्तान का संचालन तोलाराम जालान के हाथ में आ गया था। उन्होंने अनिल बिस्वास से साफ-साफ कहा कि 'जासूस' फिल्म के लिए उन्हें पश्चिमी शैली का संगीत चाहिए, इसलिए वे बेधड़क होकर पश्चिमी गानों की नकल करें। अनिल बिस्वास के लिए ऐसा कर पाना असम्भव था। उन्होंने तलत की आवाज में पियानो के मधुर सुरों वाला एक बेहद सुरीला गाना 'जीवन है मधुबन तू इसमें फूल खिला, काँटों से न भर दामन अब मान भी जा' तैयार किया और जालान से झूठमूठ ही कह दिया कि यह अंग्रेजी गाने 'लोवेला लोवेला' की नकल था। फिल्म के कुछ दूसरे सुरीले गानों में 'छू मत अंगारे हैं' (गीता दत्त), 'तुम काहे को नेहा लगाए' (आशा भोंसले) और सुनो ऐ दुनियावालो' (मन्ना डे-आशा भोंसले) शामिल थे। फिल्म के गीत सरस्वती कुमार 'दीपक' और कैफ इरानी के साथ-साथ भविष्य के दो धुरंधरों आनन्द बख्शी और इन्दीवर ने लिखे थे।

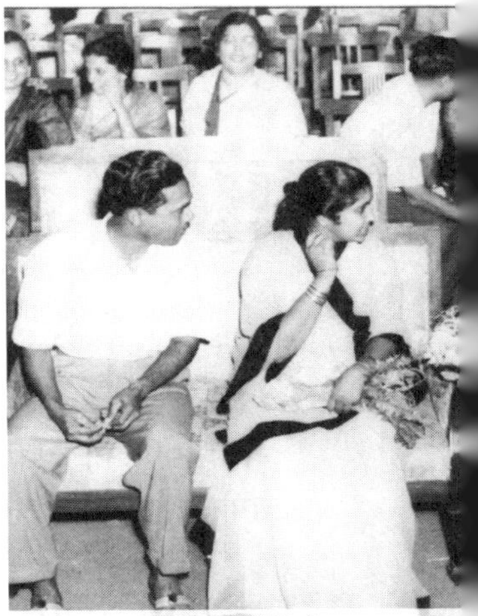

अनिल दा आशा के साथ

अगले वर्ष रिलीज हुई फिल्मिस्तान की 'संस्कार' (1958) में भी अनिल बिस्वास का संगीत था। चतुर्भुज दोषी द्वारा निर्देशित इस फिल्म के सुरीले गानों में आशा भोंसले का एक यादगार गाना 'दिल शाम से डूब जाता है, रात आएगी तो क्या होगा' भी शामिल था, जिसे उनके सर्वश्रेष्ठ गानों में गिना जाता है। यह राग जयजयवन्ती पर आधारित था। 'तेरी हिम्मत में बल भगवान का' (मन्ना डे), 'हाथ मेरा थाम के छोड़ न देना' (आशा भोंसले), 'भगवान भी खुश-खुश' (रफी) और 'राधे तेरे आँसू पी को रोक न पाएँगे' (आशा भोंसले) फिल्म के कुछ अन्य लोकप्रिय गीत थे। सरदार सैलानी, इन्दीवर और दिवाकर के गीतों वाली यह फिल्म बॉक्स ऑफिस पर बुरी तरह पिट गई।

के.ए. अब्बास की अगली फिल्म 'चार दिल चार राहें' (1960) बड़ी स्टार-कास्ट की एक महत्त्वाकांक्षी फिल्म थी। इसमें राज कपूर, मीना कुमारी, निम्मी, अजित, शम्मी कपूर और कुमकुम मुख्य भूमिकाओं में थे। जैसाकि स्वाभाविक था, अब्बास ने इस बार भी फिल्म के संगीत निर्देशन का दायित्व अपने अंतरंग मित्र अनिल बिस्वास को सौंपा। संगीत की गहरी समझ रखने वाले राज कपूर के साथ अनिल बिस्वास की यह पहली फिल्म थी। इसी के साथ वे उन गिने-चुने संगीतकारों की सूची में भी शामिल हो गए थे जिन्होंने दिलीप कुमार, देव आनन्द और राज कपूर तीनों महानायकों की फिल्मों में संगीत दिया था। इस फिल्म के संगीत का हाईलाइट था लता का गाया और हवाओं में भटकता/तैरता-सा एक अद्‌भुत सुरीला गीत 'इन्तजार और भी, और भी, और भी', जो तीन-तीन रागों यमन कल्याण, बिहाग और भैरव के पड़ावों से गुजरता था। लता का ही मुजरा शैली का 'कोई माने न माने मगर जानेमन, कुछ तुम्हें चाहिए कुछ हमें चाहिए', मीना कपूर का लोक-शैली पर आधारित 'कच्ची है उमरिया', मुकेश का 'नहीं किया तो करके देख' और होली गीत 'होली खेलें नन्दलाल' (मीना कपूर) भी एक से एक बढ़कर थे और उत्कृष्ट और लोकप्रिय संगीत के उदाहरण थे। के.ए. अब्बास के रुझान के अनुरूप फिल्म का एक गीत बड़े प्रभावशाली ढंग से जन-क्रान्ति का सन्देश देता था और बहुत सुन्दर बन पड़ा था—'साथी रे, कदम से कदम, दिल से दिल' (मुकेश-मन्ना डे-महेंद्र कपूर-मीना कपूर)। इन गीतों को साहिर लुधयानवी ने लिखा था। लेकिन बड़ी स्टार-कास्ट और अच्छे संगीत के बावजूद यह फिल्म भी बॉक्स ऑफिस पर कोई कमाल नहीं दिख सकी।

1960 में ही रिलीज हुई अनिल बिस्वास की एक और फिल्म 'अंगुलिमाल' थाईलैंड सरकार द्वारा बनाई गई थी।

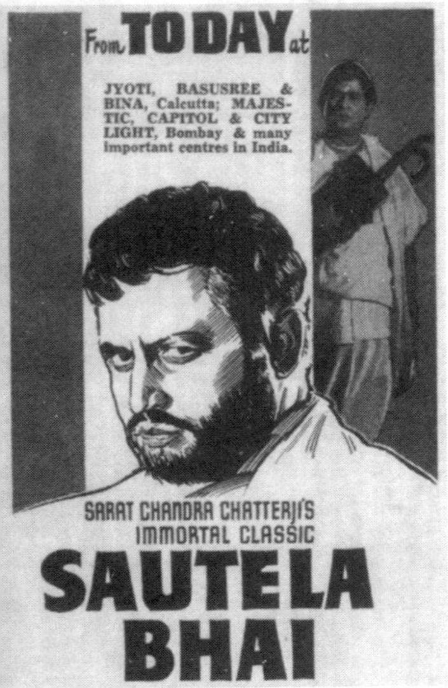

गौतम बुद्ध के समय के कुख्यात डाकू अंगुलिमाल के जीवन पर आधारित यह फिल्म गोवा कलर में थी (वह ब्लैक एंड व्हाइट का जमाना था), जिसमें प्रसिद्ध अभिनेता भारत भूषण ने अंगुलिमाल की भूमिका निभाई थी। नायिका थीं निम्मी। इसका निर्देशन प्रकाश पिक्चर्स के मालिक विजय भट्ट ने किया था। अनिल बिस्वास ने फिल्म के विषय के अनुरूप बड़े प्रभावशाली टाइटल-गीत 'बुद्धम् शरणम् गच्छामि' (मन्ना डे) की रचना की। फिल्म में कई दूसरे सुरीले गीत भी थे। इनमें राग बहार पर आधारित 'आई आई बसन्ती बेला' (लता-मन्ना डे-मीना कपूर), 'धीरे-धीरे ढल रे चन्दा' (आरती मुखर्जी), 'मेरे चंचल नैना मधु रस के भरे' (मीना कपूर), 'मुरलीवाले गोपाल तेरी शरण' (आशा भोंसले) और 'बड़े आए शिकारी बनने' (मन्ना डे-आशा भोंसले) खासतौर से ध्यान खींचनेवाले थे। फिल्म के गीत पं. भरत व्यास ने लिखे थे। मधुर संगीत के बावजूद यह फिल्म भी अनिल बिस्वास की एक और फ्लॉप फिल्म साबित हुई।

अब बड़े बैनरों ने अनिल बिस्वास का साथ छोड़ दिया था और उन्हें स्टंट या बच्चों की फिल्में मिलने लगी थीं। इस तरह की अधिकांश फिल्मों में उन्होंने बेमन से ही संगीत दिया। 'रिटर्न ऑफ द सुपरमैन' (1960), 'लकी नम्बर' (1961) और पुराने मित्र मनमोहन साबिर की 'हमें खेलने दो' (1962) ऐसी ही कुछ फिल्में थीं। लेकिन 1962 में आई 'सौतेला भाई' में अनिल बिस्वास एक बार फिर चमके, मानो उनके फिल्मी संगीत की लौ बुझने से पहले एक बार फिर तेज हो गई हो। महेश कौल द्वारा निर्देशित और गुरुदत्त और प्रोणोति भट्टाचार्य (चरित्र अभिनेता अभि भट्टाचार्य की पत्नी) की मुख्य भूमिकाओं वाली 'सौतेला भाई' में उन्होंने अपनी छवि के अनुरूप उत्कृष्ट और मधुर संगीत दिया। इसमें राग अडाना पर आधारित मुजरा शैली का 'जा मैं तोसे नहीं बोलूँ' एक अद्‌भुत और अविस्मरणीय गीत था और कला और माधुर्य के संगम का उत्कृष्ट उदाहरण था। मुजरा और कव्वाली शैली में ही 'अब लागी नाहीं छूटे रामा' (लता-मीना कपूर-अनिल बिस्वास), असमिया बिहू शैली में 'फूल बन बगिया कली-कली' (मीना कपूर-मन्ना डे) और चाय बागानों की लोक-शैली में 'का का करूं अक्खा जिया मुखो गयो रे' (मन्ना डे) एक से एक सुन्दर रचनाएँ थीं। मीना कपूर और पंकज मित्रा का युगल-गीत 'जसोदा हरि लीनो गोद उठाए' भी बड़ा मोहक गीत था। इस बार अनिल बिस्वास की धुनों में शब्द पिरोने की जिम्मेदारी शैलेन्द्र ने निभाई थी। लेकिन गीतकार और संगीतकार की यह प्रतिभाशाली जोड़ी भी फिल्म को फ्लॉप होने से नहीं बचा सकी।

बम्बई की फिल्म इंडस्ट्री के लिए अनिल बिस्वास की आखिरी फिल्म 'छोटी-छोटी बातें' (1965) थी। यह महान अभिनेता मोतीलाल की भी आखिरी फिल्म थी, जिन्होंने खुद ही इसे लिखा, निर्देशित और निर्मित किया था। इस फिल्म में मोतीलाल के साथ नादिरा थीं और यह छोटे बजट की बड़ी खूबसूरत और मर्मस्पर्शी फिल्म थी। इस फिल्म में अनिल बिस्वास का संगीत भी उतना ही मर्मस्पर्शी था। मीना कपूर द्वारा गाया गया 'कुछ और जमाना कहता है, कुछ और है जिद मेरे मन की' तो भुलाए नहीं भूलता। राग सारंग पर आधारित यह गीत हमेशा के लिए अनिल बिस्वास के अमर गीतों में शामिल हो गया। राग नन्द पर आधारित 'जिंदगी का अजब फसाना है' (मुकेश-लता) भी दिल को छू लेने वाला युगल-गीत था। फिल्म के अन्य लुभावने गीतों में 'जिंदगी ख्वाब है ये हमें पता न था' (मुकेश), सिन्धी लोक धुन पर आधारित 'दिल का करे न कोई मोल' और बिहारी लोक धुन की तर्ज पर 'मोरी बाली रे उमरिया अब कैसे बीते राम' (लता) शामिल थे। इस फिल्म के गीत भी शैलेन्द्र ने लिखे थे।

जिंदगी में कुछ निजी त्रासदियों ने अनिल बिस्वास को तोड़कर रख दिया। छोटे भाई और फिर बड़े भाई (एयरफोर्स अफसर) की मौत ऐसे झटके थे जिनसे उबर पाना बहुत मुश्किल था। वे बम्बई की फिल्मी दुनिया को अलविदा कहकर दिल्ली में बस गए और ऑल इंडिया रेडियो के नेशनल ऑर्केस्ट्रा के डायरेक्टर बन गए। 1975 तक वे 'सुगम संगीत' के मुख्य निर्माता की भूमिका भी निभाते रहे। सरकारी विभागों में इतनी ज्यादा लालफीताशाही थी कि उनके एक मित्र ने उनका दुख व्यक्त करते हुए कहा था, ''आजकल अनिल दा फाइलों में संगीत खोज रहे हैं।'' बाद में अनिल दा ने कई डाक्युमेंट्री फिल्मों में भी संगीत दिया और 1991 तक काफी सक्रिय रहे। उन्होंने दूरदर्शन के शुरू के कुछ सीरियलों में भी संगीत दिया, जिनमें बेहद लोकप्रिय 'हम लोग' (1984) और लेख टंडन के 'फिर वही तलाश' और 'बैसाखी' शामिल थे। उन्होंने ग़ज़लों पर बंगाली में एक किताब 'गजलेर रंग' भी लिखी। ऑल इंडिया रेडियो यानी आकाशवाणी के लिए भी उन्होंने कई उत्कृष्ट और अमर धुनों की रचना की। मन्ना डे द्वारा गाया गया पं. नरेन्द्र शर्मा का गीत 'नाच रे मयूरा' तो बेहद लोकप्रिय हुआ। ऑल इंडिया रेडियो के लिए बनाई गई उनकी इक्कीस ऑर्केस्ट्रा धुनों और खासकर गुरुदेव टैगोर की कुछ रचनाओं पर आधारित उनकी धुनों को भी खूब सराहना मिली। 1986 में उन्हें 'संगीत नाटक अकादमी सम्मान' भेंट किया गया, जिसके वे सही अर्थों में अधिकारी थे। उन्हें संस्कृति मंत्रालय द्वारा 'नेशनल फैलो एमेरिट्स' बनाकर भी सम्मानित किया गया। उनको प्राप्त होने वाले अन्य सम्मानों में मध्य प्रदेश सरकार का 'लता मंगेशकर पुरस्कार' भी शामिल था।

31 मई, 2003 को इस महान सुर-साधक और हिन्दी फिल्म संगीत के प्रथम पथ-प्रदर्शक का 89 वर्ष की उम्र में दिल्ली में निधन हो गया। वे अपने पीछे अपनी दूसरी पत्नी मीना कपूर, दो बेटों अमित विश्वास और उत्पल विश्वास और एक बेटी शिखा वर्मा को छोड़ गए हैं। उत्पल विश्वास एक संगीत-निर्देशक जोड़ी अमर-उत्पल का हिस्सा रहे हैं और 'शहँशाह' (1988), 'मैं आजाद हूँ' (1992) और 'आजा मेरी जान' (1993) जैसी बड़ी फिल्मों में संगीत दे चुके हैं। अनिल बिस्वास के निधन पर देश के प्रधानमंत्री ने फिल्म संगीत में 'शास्त्रीय संगीत की शुद्धता और लोकप्रियता का दुर्लभ संयोजन प्रस्तुत करने, कई प्रतिभाशाली गायक-गायिकाओं को दुनिया के सामने लाने और फिल्म संगीत में अनेकानेक नए प्रयोग करने' के अनिल बिस्वास के अथक प्रयासों की प्रशंसा करते हुए उन्हें अपनी श्रद्धांजलि अर्पित की थी। यह एक ऐसी विरासत है जो हमेशा जिंदा रहेगी।

अनिल बिस्वास ने इतने सारे मधुर और अमर गीत दिए हैं कि इनमें से बारह अनमोल रत्नों का चुनाव करना सचमुच बड़ा मुश्किल काम है। फिर भी हमने एक छोटी-सी कोशिश की है :

अनिल बिस्वास के 12 अनमोल रत्न

क्रम	गीत	फिल्म	गायक/गायिका
1.	दिल जलता है तो जलने दे	पहली नजर	मुकेश
2.	याद रखना चाँद-तारों की सुहानी रात को	अनोखा प्यार	लता
3.	ऐ दिल मुझे ऐसी जगह ले चल	आरजू	तलत
4.	तुम्हारे बुलाने को जी चाहता है	लाड़ली	लता
5.	दूर पपीहा बोला रात आधी रह गई	गजरे	सुरैया
6.	सीने में सुलगते हैं अरमाँ	तराना	लता-तलत
7.	आ मुहब्बत की बस्ती बसाएँगे हम	फरेब	लता-किशोर
8.	राही मतवाले तू छेड़ इकबार मन का सितार	वारिस	सुरैया-तलत
9.	जीवन है मधुबन तू इसमें फूल खिला	जासूस	तलत
10.	रसिया रे मन बसिया रे, तेरे बिन जिया मेरा लागे न	परदेसी	मीना कपूर
11.	कुछ और कहता है, कुछ और है जिद मेरे मन की	छोटी छोटी बातें	मीना कपूर
12.	दिल शाम से डूब जाता है	संस्कार	आशा भोंसले

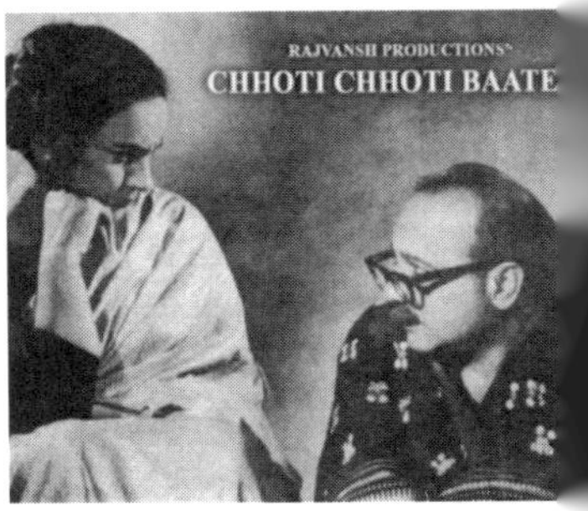

अनिल दा

ये अनिल बिस्वास ही थे जिन्होंने हिन्दी फिल्म संगीत को उसके शैशव-काल से उठाकर युवावस्था में और सुरीले और अमर संगीत के उस दौर में पहुँचाया जिसे फिल्म संगीत के सुनहरे युग के रूप में याद किया जाता है। जब फिल्म संगीत में मिठास और सुरीलेपन का राज था या यूँ कहें कि जब 'मैलोडी वॉज द क्वीन'। हिन्दी फ़िल्म संगीत को उसकी असीम ऊँचाइयों पर पहुँचाने और देश के कोने-कोने में लोकप्रिय बनाने में उनका योगदान सचमुच ही अद्भुत और आश्चर्यजनक था। आज भी दुनिया के कोने-कोने में उनके कई प्रशंसक देखे जा सकते हैं, जो एक टीस के साथ सुरों के इस जादूगर को याद करते हुए कहते हैं—वो दिन कहाँ गए बता जब इस नजर में प्यार था...।

सरस्वती देवी (1912- 1980)

पहली महिला संगीत-निर्देशक

बड़ी अजीब बात है कि हमारी फिल्म इंडस्ट्री में जहाँ अभिनेत्रियों और गायिकाओं की बहुत महत्त्वपूर्ण भूमिका रही है, वहीं गीत लेखन और संगीत निर्देशन के क्षेत्र में बहुत कम महिलाओं के नाम दिखाई देते हैं। गीत और संगीत हमेशा से ही भारतीय सिनेमा का एक अभिन्न और सबसे विशिष्ट अंग रहा है। तो फिर क्या कारण है कि महिला गीतकारों या संगीतकारों के रूप में हम कुछ गिने-चुने नाम ही याद कर पाते हैं?

इसका जो भी कारण रहा हो, लेकिन हिन्दी फिल्म संगीत के शैशव-काल में ऐसी स्थिति नहीं थी। तब न सिर्फ महिलाएँ भी संगीत निर्देशन के क्षेत्र में थीं, बल्कि उनमें से एक उस समय के चोटी के संगीत-निर्देशकों में शामिल थीं—सरस्वती देवी—जिन्हें हम बहुत-सी फिल्मों में संगीत देने वाली पहली महिला संगीतकार कह सकते हैं।

यूँ हिन्दी फिल्मों की पहली महिला संगीत-निर्देशक होने का दावा कुछ अन्य महिलाएँ भी कर सकती हैं। इनमें महान अभिनेत्री नर्गिस की माँ जद्दनबाई का नाम सबसे प्रमुख है, जो एक गायिका होने के साथ-साथ संगीत-निर्देशक भी थीं—भले ही उन्होंने दो-तीन फिल्मों में ही संगीत दिया था। इसी तरह शास्त्रीय गायिकाओं मुख्तार बेगम और गौहर कर्नाटकी का नाम भी इस सूची में शामिल है, जिन्होंने कुछ फिल्मों में गाने के साथ-साथ संगीत निर्देशन भी किया था। मुन्नी बाई और इशरत सुल्ताना ('आदिल-ए-जहाँगीर',1934) ने भी कुछ फिल्मों में संगीत दिया था। लेकिन सरस्वती देवी के अलावा अगर किसी दूसरी महिला संगीतकार ने नियमित रूप से और लम्बे समय तक हिन्दी फिल्मों में संगीत दिया तो वे थी वर्षों बाद 1957 में फिल्मी दुनिया में कदम रखने वाली उषा खन्ना—जिन्होंने अपनी पहली फिल्म 'दिल देके देखो' (शम्मी कपूर, आशा पारिख) में सुपरहिट संगीत दिया और आज भी सक्रिय हैं।

सरस्वती देवी 1912 में एक साधन-सम्पन्न पारसी परिवार में पैदा हुई थीं। उनका जन्म का नाम खुर्शीद मनचेर्शर मिनोचर होमजी था। उनके पिता एक सफल व्यवसायी थे और बम्बई (अब मुम्बई) के पारसी समुदाय में उनकी अच्छी-खासी प्रतिष्ठा थी। मिस होमजी (तब सरस्वती देवी को फिल्म इंडस्ट्री में इसी नाम से जाना जाता था) को बचपन से ही संगीत का शौक था और उनकी छोटी बहन मणिक को भी (जो बाद में चन्द्रप्रभा के नाम से एक गायिका-अभिनेत्री के रूप में उभरीं। उनके पिता ने उनकी इस जन्मजात लगन को देखते हुए उन्हें शारदा संगीत विद्यालय में दाखिल करवा दिया, जहाँ उनकी माँ सेक्रेटरी का काम करती थीं। यह संगीत विद्यालय शास्त्रीय संगीत के जाने-माने गुरु पंडित विष्णु नारायण भातखंडे चलाते थे, जो ध्रुपद और धमार के महापंडित माने जाते थे। स्कूल की पढ़ाई पूरी होने के बाद दोनों बहनें लखनऊ के लॉर्ड मैरिस कॉलेज (अब भातखंडे संगीत महाविद्यालय) में भर्ती हो गईं, जहाँ बाद में सरस्वती देवी ने अध्यापन का काम भी किया। यहीं उनका परिचय वायलिन-वादक एस.एन. त्रिपाठी से हुआ, जो कुछ समय तक सरस्वती देवी के शिष्य और सहायक रहने के बाद एक स्वतंत्र और जाने-माने संगीत-निर्देशक के रूप में उभरे। दोनों बहनों ने पढ़ाई के दिनों में ही विभिन्न संगीत समारोहों में गाना-बजाना शुरू कर दिया था। 1927 में बम्बई में इंडियन ब्राडकास्टिंग कम्पनी (अब ऑल इंडिया रेडियो और आकाशवाणी) की स्थापना हुई तो दोनों बहनों

ने अपनी दो छोटी बहनों के साथ मिलकर 'होमजी सिस्टर्स' के नाम से एक ग्रुप बना लिया और नियमित रूप से रेडियो पर और अन्य समारोहों में संगीत कार्यक्रम देने लगीं। कहा जाता है कि सरस्वती देवी ऑर्गन बजाया करती थीं जबकि अन्य तीन बहनें सितार, दिलरुबा और मेंडोलिन में पारंगत थीं।

एस.एन. त्रिपाठी

बम्बई की फिल्मी दुनिया के एक महान स्तम्भ हिमांशु राय 'बॉम्बे टॉकीज' की स्थापना करने को तैयारी में थे। उन्हीं दिनों 1933-34 के आसपास उन्होंने रेडियो पर 'होमजी सिस्टर्स' के संगीत कार्यक्रम सुने और बहुत ज्यादा प्रभावित हुए। एक दिन बम्बई की थियोसोफिकल सोसायटी द्वारा आयोजित एक संगीत कार्यक्रम के बाद जाने-माने कवि और चरित्र अभिनेता हरीन्द्रनाथ चट्टोपाध्याय (सरोजिनी नायडू के भाई) ने हिमांशु राय को सरस्वती देवी से मिलवाया तो मानो उनकी मनोकामना पूरी हो गई। उन्होंने झट से दोनों बहनों को बॉम्बे टॉकीज में भर्ती होने का प्रस्ताव दे डाला। सरस्वती देवी हिचकिचा रही थीं क्योंकि उनका कहना यह था कि उन्हें फिल्म संगीत के बारे में कुछ भी नहीं पता है। लेकिन हिमांशु राय नहीं माने और उन्होंने जोर देकर दोनों बहनों को बॉम्बे टॉकीज में भर्ती होने के लिए राजी कर लिया। यह खबर फैलते ही बम्बई का पारसी समाज भड़क उठा। भला कोई पारसी लड़की फिल्मों में काम कैसे कर सकती थी? एक दिन तो कट्टरपन्थी पारसियों की भीड़ ने हिमांशु राय की कार का घेराव कर लिया और उनके साथ कार में बैठी सरस्वती देवी को नीचे उतारने की माँग करने लगे। हिमांशु राय ने यह कहकर कि उनके साथ बैठी महिला मिस होमजी नहीं बल्कि देविका रानी हैं, बड़ी मुश्किल से सरस्वती देवी की जान बचाई। इस घटना के बाद ही उन्होंने मिस होमजी को 'सरस्वती देवी' और उनकी छोटी बहन को 'चन्द्रप्रभा' नाम देने का फैसला किया ताकि उनको असली पहचान को छिपाया जा सके। इसके बाद बॉम्बे टॉकीज का बोर्ड ऑफ डायरेक्टर्स पारसी लड़कियों की भर्ती का विरोध करने लगा, लेकिन हिमांशु राय तब भी नहीं झुके। उन्होंने बोर्ड के कुछ उदारवादी पारसी सदस्यों फिरोज सेठ और सर कावसजी जहाँगीर को समझा-बुझाकर अपनी तरफ कर लिया और किसी तरह यह विरोध शांत हो गया।

बॉम्बे टॉकीज का पोस्टर

सरस्वती देवी की देखरेख में ही बॉम्बे टॉकीज के रिकॉर्डिंग-रूमों और संगीत टीमों की स्थापना हुई और फिल्म संगीत के लिए जरूरी सभी वाद्य यंत्र खरीदे गए। सरस्वती देवी ने अपनी मदद के लिए लखनऊ के अपने पुराने सहयोगियों सितार-वादक पं. माधवलाल, तबला-वादक पं. करुणा शंकर जोशी और खासकर अपने प्रमुख सहायक (चीफ असिस्टेंट) के रूप में एस.एन. त्रिपाठी को बम्बई बुला लिया।

बॉम्बे टॉकीज की 'जवानी की हवा' एक संगीत-निर्देशक के रूप में सरस्वती देवी की पहली फिल्म थी। जर्मन तकनीशियन फ्रांज ऑस्टन द्वारा निर्देशित इस फिल्म में देविका रानी और नजमुल हसन मुख्य भूमिकाओं में थे। एस.एन. त्रिपाठी ने एक योग्य सहायक की भूमिका निभाते हुए गानों के ऑर्केस्ट्रेशन की जिम्मेदारी सँभाली। जैसाकि हम बता चुके हैं, उस जमाने में फिल्म के अभिनेता-अभिनेत्रियाँ अपने गाने खुद ही गाया करते थे। इसलिए इस फिल्म के कलाकारों देविका रानी, नजमुल हसन, जे.एस. कश्यप, माणिक रिभ और मस्सी ने भी अपने गाने खुद ही गाए थे। इन अनाड़ी गायकों से सुर में गवाना कोई आसान काम न था। सरस्वती देवी को अपनी धुनों को आसान बनाना पड़ता था। इसके बावजूद रिकॉर्डिंग से पहले न जाने कितनी रिहर्सलें करनी पड़ती थीं। खैर, किसी तरह इस फिल्म के गाने रिकॉर्ड हुए और 'सखी री मोहे प्रेम का सार बता दे' (देविका रानी-माणिक रिभ), 'मैं मिल जाऊँ तुझसे यही जुस्तजू है' (मस्सी) और गरबा-गीत 'उधड़िया उर द्वार आज' खूब लोकप्रिय भी हुए। इसके बाद सरस्वती देवी ने पीछे मुड़कर नहीं देखा और अगले दो दशकों में लगभग तीस फिल्मों में संगीत दिया। इनमें से ('जवानी की हवा' समेत) अठारह फिल्में बॉम्बे टॉकीज की थीं।

'जवानी की हवा' बम्बई के इम्पीरियल थिएटर में रिलीज हुई थी, जो तब शहर के सबसे शानदार सिनेमाघरों में गिना जाता था। फिल्म के रिलीज होते ही एक बार फिर पारसी समुदाय के विरोध-प्रदर्शनों का दौर शुरू हो गया और फिल्म को रुकवाने की माँग उठने लगी। सर कावसजी जहाँगीर ने बीच-बचाव करके किसी तरह इस तूफान को शांत किया।

सरस्वती देवी की दूसरी फिल्म बॉम्बे टॉकीज की 'जीवन नैया' (1936) थी, जो हिन्दी सिनेमा के पितामह माने जाने वाले 'दादामुनि' यानी सदाबहार अशोक कुमार की पहली फिल्म थी। वे संयोग से ही इस फिल्म के 'हीरो' बन गए थे। फिल्म के असली नायक नजमुल हसन फिल्म की नायिका और हिमांशु राय की पत्नी देविका रानी के साथ कैमरे के पीछे भी इश्क लड़ाने लगे तो हिमांशु राय ने कम्पनी की लैब में काम करने वाले

और बेहद शर्मीले अशोक कुमार को पकड़कर जबर्दस्ती कैमरे के सामने खड़ा कर दिया और फिल्म का नायक बना दिया। (अशोक कुमार के बहनोई एस. मुखर्जी भी बॉम्बे टॉकीज में ही थे और हिमांशु राय के दाहिने हाथ माने जाते थे।) इस फिल्म में सरस्वती देवी के प्रमुख सहायक होने के साथ-साथ संगीतकार एस.एन. त्रिपाठी ने खलनायक की भूमिका निभाई थी और एक गाना 'ऐ री लचक-लचक' भी गाया था। इस गाने की धुन उन्होंने खुद ही तैयार की थी। फिल्म के लोकप्रिय गानों में 'मैं तुम में हूँ तुम मुझ में हो' (अशोक कुमार), 'प्रेम की नदिया जीवन नैया' (चन्द्रप्रभा), 'क्यों आँख मिलाके अब आँख दिखाते हो' (एच. मसीह) और 'तुम जो रूठे हो, मजा आ जाएगा' (एच. मसीह-सुनीता देवी) शामिल थे। इस फिल्म में अशोक कुमार द्वारा गाया गया एक और गीत भी था—'कोई हमदम न रहा, कोई सहारा न रहा'। कई वर्ष बाद अशोक कुमार के छोटे भाई किशोर कुमार ने इसी गीत को लगभग मिलती-जुलती धुन में 'झुमरू' (1961) फिल्म में फिर से गाया, जो सुपरहिट साबित हुआ।

जैसाकि हम कह चुके हैं, सरस्वती देवी के संगीत की सबसे बड़ी खूबी उनकी धुनों की सरलता थी क्योंकि उन्हें फिल्म के अभिनेता-अभिनेत्रियों की सीमित गायन-क्षमता को ध्यान में रखना पड़ता था। यह एक तरह से अच्छा भी रहा, क्योंकि नर्सरी की कविताओं जैसे ये गीत देश भर में खूब लोकप्रिय हुए। यह सरलता ऑर्केस्ट्रेशन में भी दिखाई देती थी। सरस्वती देवी तुरही, सितार और तबले का भरपूर प्रयोग करती थीं। वे जल-तरंग का भी बड़ा प्रभावशाली उपयोग किया करती थीं। राग मांड उनका सबसे चहेता राग था।

बॉम्बे टॉकीज की अगली फिल्म 'अछूत कन्या' (1936) ने पूरे देश को हिलाकर रख दिया और बॉक्स ऑफिस पर ऐसी धूम मचाई कि अशोक कुमार और देविका रानी घर-घर के नाम बन गए। इसे आज भी एक अमर क्लासिक फिल्म के रूप में देखा जाता है। दलितों के उद्धार के विषय पर आधारित यह फिल्म एकमात्र ऐसी फिल्म थी जिसे राष्ट्रपिता महात्मा गाँधी ने भी देखा था। कहा जाता है कि उन्होंने न सिर्फ इस फिल्म को देखा था बल्कि मुक्तकंठ से इसकी प्रशंसा भी की थी। उस समय की पूरी पीढ़ी ही 'अछूत कन्या' की दीवानी हो गई थी और युवक-युवतियाँ अशोक कुमार और देविका रानी में अपना प्रतिबिम्ब देखने लगे थे। इस फिल्म का संगीत इसका एक शिखर-बिन्दु था और देश की गली-गली और कोने-कोने में गूँजने लगा था। इनमें राग मांड पर आधारित 'किसे करता मूरख प्यार प्यार तेरा कौन है' (अशोक कुमार), राग मल्कान पर आधारित 'उड़ी हवा में जाती है गाती चिड़िया ये राग' (देविका रानी), 'कित आए हो खेवनहार' (सरस्वती देवी) और राग दुर्गा पर आधारित 'खेत को मूली बाग को आम, मैं तो हूँ छोरा तू है बाम' (अशोक कुमार-देविका रानी) जैसे सुपरहिट गीत शामिल थे। लेकिन फिल्म का सबसे लोकप्रिय और यादगार गीत था अशोक कुमार और देविका रानी का युगल-गीत 'मैं बन की चिड़िया बन के संग-संग डोलूँ रे'। कहा जाता है कि इस गीत की रिकॉर्डिंग से पहले सहायक संगीत-निर्देशक एस.एन. त्रिपाठी को पूरे एक महीने तक अशोक कुमार और देविका रानी को रिहर्सल करवानी पड़ी थी।

'अछूत कन्या' की जबर्दस्त सफलता ने बॉम्बे टॉकीज को एक बड़े, शक्तिशाली और प्रतिष्ठित बैनर के रूप में स्थापित कर दिया। उस समय की पूरी पीढ़ी पर इस फिल्म और इसके संगीत के प्रभाव की कल्पना करना मुश्किल है। मेरी माँ (स्वर्गीय शांति कुमारी बाजपेयी) लगभग रोज ही 'उड़ी हवा में जाती है' कम से कम एक बार जरूर सुना करती थीं और सन् 2005 में 86 वर्ष की उम्र में अपनी मृत्यु तक वे ऐसा ही करती रहीं। मेरी माँ की एक सहकर्मी (प्रोफेसर विद्या गुप्ता)तो यहाँ तक कहती थीं कि लता मंगेशकर जैसी गायिकाएँ (जिनकी आवाज उन्हें सीटी जैसी लगती थी) 'उड़ी हवा...' के साथ कभी न्याय नहीं कर सकती थीं। यह सच नहीं है, लेकिन इससे देविका रानी और सरस्वती देवी को लेकर उनकी पीढ़ी की दीवानगी का जरूर पता चलता है।

हालाँकि पहले प्लेबैक (पार्श्व) गाने की रिकॉर्डिंग का श्रेय आर.सी. बोराल ('धूप छाँव') को दिया जाता है, लेकिन कुछ लोगों का मानना है कि इस विचार के पीछे हिमांशु राय और सरस्वती देवी का हाथ था। उन दिनों फिल्म की शूटिंग के साथ-साथ ही गानों को 'लाइव' गाना पड़ता था। कहते हैं कि 'जवानी की हवा' की शूटिंग के दौरान गायिका और अभिनेत्री चन्द्रप्रभा का गला खराब हो गया और शूटिंग रद्द होने के आसार दिखाई देने लगे, तभी हिमांशु राय को यह विचार सूझा कि क्यों न यह गाना सरस्वती देवी गा दें और चन्द्रप्रभा सिर्फ होंठ हिला दें। सरस्वती देवी को पहले तो यह नामुमकिन-सा काम लगा, लेकिन थोड़े सोच-विचार के बाद वे राजी हो गईं और यह गाना इसी तरीके से सफलतापूर्वक शूट और रिकॉर्ड कर लिया गया। शायद हिन्दी फिल्मों के इतिहास का यह पहला प्लेबैक गाना था। दुर्भाग्यवश यह गाना आज उपलब्ध नहीं है, क्योंकि इसकी 78 आरपीएम डिस्क तैयार ही नहीं की गई थी। शायद अब तो फिल्म का प्रिन्ट भी उपलब्ध नहीं है।

सरस्वती देवी ने बॉम्बे टॉकीज की सत्रह-अठारह फिल्मों में संगीत दिया था, जिनके बहुत से गाने लोकप्रिय हुए थे, भले ही फिल्म चली हो या न चली हो। आइए, बॉम्बे टॉकीज की कुछ कम चर्चित फिल्मों में उनके द्वारा संगीतबद्ध लोकप्रिय गानों पर एक नजर डालते हैं :

(1) 'इज्जत' (1937)—राग मांड पर आधारित 'मतवाले नैनोंवाली' (अशोक कुमार-देविका रानी), 'प्रेम डोर में बंधे हम' (सुनीता देवी-मुमताज अली), 'नगरी लागे सूनी सूनी' (देविका रानी), 'भरने दे मोहे नीर' (देविका रानी-अशोक कुमार) और राग यमन कल्याण पर आधारित 'कित जाओगे कन्हैया'। गीतकार—जमुना स्वरूप (जे.एस.) कश्यप 'नटवा'।

बॉम्बे टॉकीज की कुछ फिल्में

(2) 'सावित्री' (1937)—'जल भरने आई गुजरिया', 'ये सुनो गीत संगीत', 'मय वही चन्द्र वही' (सभी अशोक कुमार)। गीतकार—जे.एस. कश्यप।

(3) 'भाभी' (1938)—'फूल सजा तू मेरे मन भँवरा' (रेणुका देवी), 'बन तितली मैं फूल-फूल पर जाती' (मिस मीरा), शास्त्रीय कजरी-शैली में 'झुकी आई बदरिया' (रेणुका देवी) और 'नन्ही-नन्ही बुँदियाँ' (रेणुका देवी)। गीतकार—जे.एस. कश्यप।

(4) 'प्रेम कहानी' (1937)—'बरखा आय गई' (चन्द्रप्रभा), 'नदी किनारे खड़ी क्या सोचती' (अशोक कुमार-माया देवी) और 'आया ख्याल-ए-यार में' (अशोक कुमार)। गीतकार—जे.एस. कश्यप।

(5) 'जीवन प्रभात' (1937)—'बने चाँदी का पलना' (देविका रानी), 'होली आई रे कान्हा' (सरस्वती देवी), 'तुम मेरी तुम मेरे सजना' (देविका रानी-किशोर साहू), 'उन मोटरवालों के यहाँ म्हारी उमा दीदी ब्याही जाएगी' (देविका रानी-किशोर साहू) और सुपरहिट ग़ज़ल 'चले वो बड़े दुश्मन-ए-जाँ बनके' (बलवन्त सिंह)। गीतकार—जे.एस. कश्यप।

(6) 'वचन' (1938)—'आ रे पंछी प्यारे पंछी आ' (देविका रानी), 'है है दोनों ही पर हासिल क्या' (अशोक कुमार)। गीतकार—जे.एस. कश्यप।

(7) 'दुर्गा' (1939)—राग भैरवी पर आधारित 'अब जागो राधा रानी' (बलवन्त सिंह), 'नदी पार है आम की बगिया' (देविका रानी)। गीतकार—पंडित नरोत्तम व्यास।

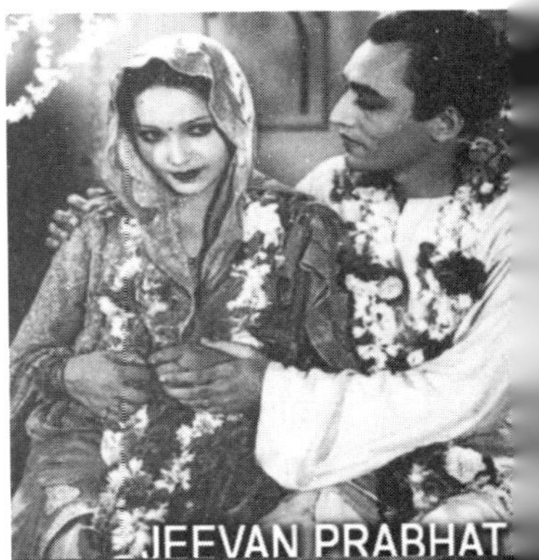

(8) 'निर्मला' (1938)—'बोलो सजनी बोलो चन्दा को देख' (अशोक कुमार-देविका रानी), 'मानना ही पड़ेगा' (अशोक कुमार), 'कोई क्या जाने घायल मन की पीर' (देविका रानी), 'तुम और मैं और मुन्ना प्यारा' (देविका रानी-अशोक कुमार), 'दुख-सुख से है जिनका नाता' (देविका रानी-अरुण कुमार) और 'जन्म लिया है तो जी ले बन्दे' (बलवन्त सिंह)। गीतकार—जे.एस. कश्यप।

'आजाद'

गायक मुमताज अली (मशहूर कॉमेडियन महमूद के पिता) एक बहुत अच्छे नर्तक भी थे और बॉम्बे टॉकीज की कई फिल्मों में उनके नृत्य-दृश्य खूब लोकप्रिय हुए थे। नायक बलवन्त सिंह के 'जन्म लिया है तो जी ले बन्दे' से ऑल इंडिया रेडियो के तत्कालीन प्रमुख बुखारी साहब इतने प्रभावित हुए कि उन्होंने उन्हें स्थाई रूप से आकाशवाणी के लिए अनुबन्धित कर लिया बलवन्त सिंह ने ही आकाशवाणी की संकेत-धुन तैयार की, जिसे आज भी सुना जा सकता है। एक और उल्लेखनीय तथ्य यह है कि अशोक कुमार के चचेरे भाई अरुण कुमार की आवाज उनसे बहुत ज्यादा मिलती-जुलती थी, इसलिए सरस्वती देवी ने कुछ फिल्मों में उन्हें अशोक कुमार के लिए प्लेबैक गायक के रूप में इस्तेमाल किया। बाद में अरुण कुमार खुद भी संगीत-निर्देशक बन गए। बिमल राय की 'परिणिता' उनकी प्रसिद्ध फिल्मों में शामिल है।

रामचन्द्र पाल

बॉम्बे टॉकीज से जुड़े सहायक संगीत-निर्देशकों में रामचन्द्र पाल भी शामिल थे। बाद के वर्षों की कुछ फिल्मों में सरस्वती देवी ने उनके साथ संयुक्त रूप से संगीत दिया। रामचन्द्र पाल को पश्चिमी संगीत की बहुत अच्छी जानकारी थी। इन दोनों की जोड़ी की एक सुपरहिट फिल्म थी 'कंगन' (1939), जिसमें अशोक कुमार और लीला चिटणिस मुख्य भूमिकाओं में थे। इस फिल्म के सरस्वती देवी द्वारा संगीतबद्ध गीतों में 'राधे-राधे बंसी रही पुकार' (अरुण कुमार, राग बहार पर आधारित), 'सूनी पड़ी है सितार' (लीला चिटणिस, राग काफी पर आधारित),

'कंगन'

'हवा तुम धीरे बहो' (लीला चिटणिस), 'मैं तो आरती उतारूँ घनश्याम की' (लीला चिटणिस-प्रदीप) और 'अरे रे कबीर' (प्रदीप, राग बिहाग पर आधारित) जैसे बेहद लोकप्रिय गीत शामिल थे। यह फिल्म राष्ट्रभक्ति के गीतों के लिए मशहूर महान कवि प्रदीप की भी पहली फिल्म थी। इसके बाद उन्होंने सरस्वती देवी के साथ कई फिल्में कीं। कहते हैं कि प्रदीप जब पहली बार हिमांशु राय से मिले थे तो उन्होंने आधे घंटे में ही 'हवा तुम धीरे बहो' लिखकर उन्हें चमत्कृत कर दिया था और हिमांशु राय ने झट से उन्हें बॉम्बे टॉकीज में नियुक्त कर लिया था।

फ्रांज ऑस्टन द्वारा निर्देशित बॉम्बे टॉकीज की आखिरी फिल्म थी 'नवजीवन' (1939)। यह फिल्म बेबाक और आजाद ख्याल अभिनेत्री हंसा वाडकर की पहली फिल्म थी। उन्होंने इस फिल्म में सरस्वती देवी के संगीत निर्देशन में चार गाने गाए थे, जिनमें से 'प्यारी के प्राण भारती की शान' और 'चन्द्रकिरण से पूछा मैंने' खूब लोकप्रिय हुए थे। बॉम्बे टॉकीज की अगली फिल्म 'आजाद' (1940) में अशोक कुमार और लीला चिटणिस की लोकप्रिय जोड़ी के साथ हंसा वाडकर भी थीं। यह फिल्म वैवाहिक सम्बन्धों को लेकर एक नए और अपरम्परागत विषय पर आधारित थी। इस फिल्म में भी हंसा वाडकर ने कुछ गीत गाए थे। लेकिन सरस्वती देवी की ये दोनों ही फिल्में कुछ खास नहीं चलीं।

1940 के दशक की शुरुआत बॉम्बे टॉकीज की कुछ बेहद सफल और प्रतिष्ठित फिल्मों से हुई। बम्बई के मालाड उपनगर में स्थित बॉम्बे टॉकीज स्टूडियो ने हिट फिल्मों और हिट गानों की मानो झड़ी लगा दी थी। इन यादगार फिल्मों में सबसे पहली फिल्म थी 'बन्धन' (1940)। एन.आर. आचार्य द्वारा निर्देशित इस फिल्म में एक बार फिर अशोक कुमार और लीला चिटणिस मुख्य भूमिकाओं में थे। इस फिल्म ने न सिर्फ बॉक्स ऑफिस पर जबर्दस्त धमाका कर दिया, बल्कि इसके गीतों ने भी देश भर में धूम मचा दी। सरस्वती देवी एक बार फिर लोकप्रियता के शिखर पर जा पहुँचीं। 'चल-चल रे नौजवान, रुकना तेरा काम नहीं चलना तेरी शान' तो मानो पूरे देश के लिए एक प्रेरणा-गीत बन गया और कई स्कूलों और कॉलेजों की सुबह की प्रार्थना के साथ गाया जाने लगा। इसी तरह 'चना जोर गरम बाबू मैं लाया मजेदार चना जोर गरम' (अरुण कुमार) भी देश की गली-गली में गूँजने लगा। फिल्म के अन्य हिट गीतों में जलतरंग के मधुर इंटरल्यूडों वाला 'मनभावन सा सावन आया' (लीला चिटणिस), 'अपने भैया को नाच नचाऊँगी' (लीला चिटणिस-सुरेश), 'पिउ-पिउ बोले' (प्रदीप, राग भैरवी पर आधारित), 'रुक न सको तो आओ' (अरुण कुमार) और 'कैसे छुपोगे अब तुम ओ सलोने' (लीला चिटणिस)। इन एक से एक लोकप्रिय गीतों को कवि प्रदीप ने लिखा था।

इसी वर्ष रिलीज हुई बॉम्बे टॉकीज की एक दूसरी फिल्म 'पुनर्मिलन' (1940) में सिर्फ एक गाने का श्रेय सरस्वती देवी को दिया गया था। किशोर साहू और स्नेहप्रभा प्रधान की मुख्य भूमिकाओं वाली इस फिल्म के मुख्य संगीतकार रामचन्द्र साहू थे। (एक दिलचस्प तथ्य यह है कि इस फिल्म की शूटिंग के दौरान नायक-नायिका में प्रेम हो गया था और उन्होंने विवाह भी कर लिया था, हालाँकि बाद में उनका तलाक हो गया।) सरस्वती देवी द्वारा संगीतबद्ध गीत था—'मेरा गीत भरा संगीत भरा मनवा' (स्नेहप्रभा प्रधान)। हालाँकि कहने वाले यह भी कहते हैं कि फिल्म के एक बेहद लोकप्रिय गीत 'नाचो-नाचो प्यारे मन के मोर' (स्नेहप्रभा प्रधान) की धुन भी सरस्वती देवी ने तैयार की थी, भले ही इसका श्रेय रामचन्द्र साहू को दे दिया गया था। उस पीढ़ी और उसके बाद की पीढ़ी के कई संगीत-प्रेमी इस गीत को आज भी बड़ी हसरत से याद करते हैं। मुझे याद है, मैं जब कभी भी यह गीत बजाता था तो मेरी सास श्रीमती सावित्री शुक्ल का चेहरा खिल उठता था। पिछले वर्ष ही उनका स्वर्गवास हो गया। इस फिल्म के गीत जे.एस. कश्यप, आनन्द, पं. इन्द्र और प्रदीप ने लिखे थे।

अशोक कुमार और लीला चिटणिस की सुपरहिट जोड़ी की अगली फिल्म थी 'झूला' (1941)। ज्ञान मुखर्जी द्वारा निर्देशित बॉम्बे टॉकीज की इस फिल्म ने बॉक्स ऑफिस पर सफलता के पिछले सभी रिकॉर्ड तोड़ दिए। फिल्म का संगीत भी उतना ही सुपरहिट साबित हुआ। सरस्वती देवी ने एक बार फिर एक से एक लोकप्रिय धुनों की रचना की थी। अशोक कुमार द्वारा गाए गए 'न जाने किधर आज मेरी नाव चली रे' को तो लोग आज भी याद करते हैं। इसी तरह 'मैं तो दिल्ली से दुल्हन लाया रे' भी हर शादी में बार-बार बजाया जाता था। कहा जाता है कि हिन्दी फिल्मों के 'रिबेल स्टार' शम्मी कपूर तब अपने लड़कपन में थे और अपने पिता पृथ्वीराज कपूर के थिएटर—ट्रुप के कार्यक्रमों में इस गाने पर जमकर नाचा करते थे। यह गाना अभिनेत्री कुक्कू पर फिल्माया गया था, जिन्होंने फिल्म में एक बंजारन की भूमिका निभाई थी। बंजारा समुदाय ने इस गाने को समुदाय की छवि बिगाड़ने वाला ठहराते हुए कई जगह विरोध-प्रदर्शन भी किए थे। लेकिन गाने की लोकप्रियता को देखते हुए उनका विरोध धीरे-धीरे शांत हो गया और इस विवाद के बाद फिल्म और यह गाना और भी लोकप्रिय हो गए। फिल्म के अन्य लोकप्रिय गीतों में 'झूले के संग झूलो' (लीला चिटणिस), 'देखो हमारे राजा की आज सगाई है' (रहमत बानो-अरुण कुमार), 'हिंडोले कैसे झूलूँ मेरा जिया डोले' (लीला चिटणिस), 'मेरे बिछड़े हुए साथी' (प्रदीप), 'एक बात बताओ हमें गोरी' (अशोक कुमार-लीला चिटणिस) और 'मुझे मत भूलना मेरे चितचोर' (अशोक कुमार-लीला चिटणिस) शामिल थे। पर सबसे बढ़कर था अशोक कुमार द्वारा गया गया 'आज मौसम सलोना-सलोना रे', जो उस जमाने में एक 'क्रेज', एक दीवानगी बन गया था।

जैसाकि महान संगीतकार एस.एन. त्रिपाठी ने एक बार हमसे कहा था—''बॉम्बे टॉकीज को नजर लग गई।'' 'झूला' अभी बन ही रही थी कि हिमांशु राय का निधन हो गया। वे दूसरे विश्वयुद्ध के दिन थे। बॉम्बे टॉकीज के प्रमुख और स्थाई निर्देशक फ्रांज ऑस्टन जर्मन थे और भारत में अंग्रेजों का राज था, इसलिए उन्हें घर में लगभग नजरबन्द कर दिया गया। हिमांशु राय के गुजर जाने के बाद बॉम्बे टॉकीज की जिम्मेदारी देविका रानी के कन्धों पर आ गई। तब यह स्टूडियो अपनी प्रसिद्धि और सफलता के चरम पर था। देविका रानी ने आगे की फिल्मों के निर्माण के लिए दो अलग-अलग टीमें बना दीं, जिनके प्रमुख क्रमशः अमिय चक्रवर्ती और एस. मुखर्जी/राय बहादुर चुन्नीलाल थे। अमिय चक्रवर्ती अपनी फिल्मों में अनिल

बिस्वास का संगीत चाहते थे, इसलिए वे उन्हें नेशनल स्टूडियो से बॉम्बे टॉकीज में ले आए। एस. मुखर्जी वाली टीम सरस्वती देवी को ही अपनी फिल्मों की संगीत-निर्देशक के रूप में लेती रही।

'नया संसार'

सरस्वती देवी की अगली फिल्म एस. मुखर्जी की देखरेख में बनी 'नया संसार' (1941) थी। एन.आर. आचार्य द्वारा निर्देशित इस फिल्म में अशोक कुमार और रेणुका देवी थे। इसकी पटकथा महान लेखक-निर्माता-निर्देशक ख्वाजा अहमद (के.ए.) अब्बास ने लिखी थी। यह फिल्म लीक से अलग हटकर बनाई गई थी और काफी चली भी थी। सरस्वती देवी ने इस फिल्म के लिए कई लोकप्रिय धुनों की रचना की थी, जिनमें से 'अखबार का दफ्तर है यह' (सुरेश), 'एक नया संसार बसाते' (अशोक कुमार-रेणुका देवी), 'मैं हरिजन की छोरी' (राजकुमारी) और 'चलो-चलो भूल-भूलैया खेलें' खूब चली थी।

सरस्वती देवी

लेकिन देविका रानी बॉम्बे टॉकीज को कुशलतापूर्वक नहीं सँभाल पा रही थीं। उनमें और एस. मुखर्जी में मतभेद पैदा होने लगे तो एस. मुखर्जी और रायबहादुर चुन्नीलाल ने कई कलाकारों और तकनीशियनों समेत बॉम्बे टॉकीज से अलग होकर अपनी खुद की फिल्म कम्पनी 'फिल्मिस्तान स्टूडियो' स्थापित कर ली। सरस्वती देवी के दाहिने हाथ समझे जाने वाले एस.एन. त्रिपाठी भी बॉम्बे टॉकीज से अलग होकर स्वतंत्र संगीत-निर्देशक बन गए। जल्दी ही खुद सरस्वती देवी भी बॉम्बे टॉकीज को छोड़कर 'मिनर्वा मूवीटोन' में चली गईं, जो जाने-माने अभिनेता-निर्माता-निर्देशक सोहराब मोदी की कम्पनी थी। उन्होंने मिनर्वा मूवीटोन की चार सुपरहिट फिल्मों में संगीत दिया—'भक्त रायदास', 'पृथ्वीवल्लभ', 'डॉ. कुमार' और 'परख'। लेकिन उनकी नर्सरी की कविताओं जैसी सीधी-सादी धुनें शायद सोहराब मोदी की गरजती हुई आवाज और भव्य ऐतिहासिक फिल्मों के साथ मेल नहीं खाती थीं। मिनर्वा मूवीटोन के स्थाई संगीत-निर्देशक मीर साहब थे, जिन्होंने 'पुकार' जैसी जबर्दस्त हिट फिल्म में संगीत दिया था। कुछ समय तक मीर साहब और सरस्वती देवी दोनों ही बारी-बारी से मिनर्वा मूवीटोन की फिल्मों में संगीत देते रहे।

इस दौर में सरस्वती देवी द्वारा संगीतबद्ध लोकप्रिय गीतों में 'शुभनाम प्रभु का साँचा' ('भक्त रायदास', 1943, परेश बनर्जी), 'राधे-राधे कृष्ण भजो' ('भक्त रायदास', सुधा घोष-अनन्त मराठे-बेबी शांत), 'प्यारी-प्यारी राधा रानी' ('भक्त रायदास'), 'जीवन का युग आया' ('पृथ्वीवल्लभ', अमीरबाई कर्नाटकी), 'हवा ने बाँधा है क्या रंग' ('पृथ्वीवल्लभ'), 'समय तू जल्दी-जल्दी बीत' ('परख', 1944, इरा निगम) और 'मीठा-सा दिल में दर्द है' ('डॉ. कुमार', 1944, परेश बनर्जी) शामिल थे।

लेकिन जमाने की हवा बदल रही थी और इसके साथ ही संगीत का रूप और अन्दाज भी। गुलाम हैदर के पंजाबी लोकगीतों पर आधारित संगीत की धूम, नौशाद का पूरबी शैली में मढ़ा शास्त्रीय संगीत और सी. रामचन्द्र का लय और ताल के अनूठे संगम वाला ठुमकता हुआ संगीत इसी नई हवा के संकेत थे। सरस्वती देवी की सीधी-सादी धुनों का आकर्षण फीका पड़ने लगा था। नन्दलाल जसवन्तलाल (जिन्होंने बाद में 'अनारकली' और 'नागिन' जैसी सुपरहिट फिल्में दीं) द्वारा निर्देशित 'आम्रपाली' (1945) में सरस्वती देवी ने जरूर कुछ मोहक धुनें बनाई थीं। प्रेम अदीब और लीला देसाई की मुख्य भूमिकाओं वाली इस फिल्म में 'उड़ जाऊँ रे मैं तो तारों की दुनिया में', 'पिया मेरे साथ रहेंगे', 'रुनक-झुनक चपल चरण नाच मोरे मन' और 'इस दुनिया की पगडंडी पर तुम्हीं हो मेरे साथी' जैसे कई लुभावने गाने थे। लेकिन यह फिल्म बॉक्स ऑफिस पर नहीं चल पाई।

सरस्वती देवी ने 'महारानी मीनल देवी' (1946), 'खानदानी' (1947), 'नकली हीरा' (1948), 'उषा हरण' (1949) और 'बेचलर हसबैंड' (1950) जैसी कई और फिल्मों में भी संगीत दिया लेकिन 'महारानी मीनलदेवी' के सुपरहिट 'ए मेरी मधुनैना' के बावजूद उन्हें बॉम्बे टॉकीज के दिनों जैसी सफलता नहीं मिल पाई। अपने कैरियर के आखिरी दिनों में उन्हें यह सन्तोष जरूर रहा होगा कि उन्हें 'मेलोडी क्वीन' या 'सुरों की मलिका' लता मंगेशकर के साथ भी कुछ गाने रिकॉर्ड करने का अवसर मिला। 'उषा हरण' में लता के ये दो गाने थे—'लहरों पे कभी नाचूँ' और 'आँगन में चाँदनी चमके छम-छम'।

अब सरस्वती देवी को इक्का-दुक्का फिल्में ही मिल रही थीं, इसलिए उन्होंने फिल्म संगीत से संन्यास ले लेना ही बेहतर समझा। इसके बाद उन्होंने कुछ गैर-फिल्मी गाने जरूर रिकॉर्ड किए। ये गाने प्रसिद्ध शास्त्रीय गायिका जहाँआरा कज्जन की आवाज में थे, जो एक अभिनेत्री भी रह चुकी थीं और बरसों पहले 'प्रार्थना' (1943) फिल्म के लिए सरस्वती देवी के संगीत-निर्देशन में गा चुकी थीं। कई वर्ष बाद सरस्वती देवी ने 'बाबा री लाड़ली' (1961) नामक एक गुजराती फिल्म में संगीत दिया। इस बीच उन्होंने एच.एम.वी. के लिए पाकिस्तानी गायक हबीब वली मुहम्मद के कुछ गाने भी रिकॉर्ड किए।

सरस्वती देवी ने कभी भी विवाह नहीं किया, उनकी छोटी चन्द्रप्रभा ने भी नहीं। दुर्भाग्यवश उनके परिवार के सदस्य एक-एक करके गुजरते चले गए और दोनों बहनें अकेली रह गईं। उन्होंने एक मराठी परिवार के छह बच्चों को गोद ले लिया। उन्हें पढ़ाया-लिखाया, नौकरियाँ दिलवाईं और उनके घर बसाए। सरस्वती देवी एक संगीत स्कूल में पढ़ाती भी रहीं, जबकि उनकी बहन चन्द्रप्रभा एक लाइब्रेरियन की नौकरी करती रहीं।

बाद के वर्षों में सरस्वती देवी अपने घर में अकेली रहती रहीं। एक दिन वे बस से उतरते हुए गिर गईं और उनके पाँव की हड्डी टूट गई। उनके पड़ोसियों ने तो उनकी मदद की, लेकिन फिल्म इंडस्ट्री का शायद ही कोई व्यक्ति उनके घर की तरफ फटका। 1980 में 68 वर्ष की उम्र में वे इस दुनिया से हमेशा के लिए चली गईं।

हमने सरस्वती देवी के संगीत के खजाने में से बारह अमूल्य मोती चुने हैं, जो शायद आपको भी अच्छे लगें।

सरस्वती देवी के 12 अनमोल रत्न

क्रम	गीत	फिल्म	गायक/गायिका
1.	उड़ी हवा में जाती है गाती चिड़िया ये राग	अछूत कन्या	देविका रानी
2.	मैं बन की चिड़िया बन के संग-संग डोलूँ रे	अछूत कन्या	देविका-अशोक कुमार
3.	जनम लिया है तो जी ले बन्दे	निर्मला	बलवन्त सिंह
4.	राधा रानी बंसी रही पुकार	कंगन	अरुण कुमार
5.	चन्द्रकिरण से पूछा मैंने	नवजीवन	हंसा वाडकर
6.	चल-चल रे नौजवान	बन्धन	अशोक कुमार
7.	नाचो-नाचो प्यारे मन के मोर	पुनर्मिलन	स्नेहप्रभा
8.	न जाने किधर आज मेरी नाव चली रे	झूला	अशोक कुमार
9.	मैं तो दिल्ली से दुल्हन लाया	झूला	अरुण-रहमत बानो
10.	एक नया संसार बसा ले	नया संसार	अशोक-रेणुका
11.	रुनक-झुनक चपल चरन	आम्रपाली	अमीरबाई
12.	लहरों पे कभी नाचूँ	उषा हरण	लता मंगेशकर

सरस्वती देवी ने शास्त्रीय संगीत को सरल बनाकर इतनी सुरीली धुनें दीं जो आज भी जिंदा हैं। 'अछूत कन्या', 'कंगन', 'बन्धन' और 'झूला' जैसी फिल्मों में उनके संगीत को भुलाया नहीं जा सकता। सत्तर वर्ष बाद भी देश के किसी कोने में गूँजता 'मैं बन की चिड़िया...' आज भी मन को गुदगुदा देता है। हिन्दी फिल्म संगीत में सरस्वती देवी का सबसे बड़ा योगदान यह है कि उन्होंने इसे लोकप्रिय बनाया, इसे घर-घर तक पहुँचाया। चल-चल रे नौजवान, रुकना तेरा काम नहीं चलना तेरी शान...।

खेमचन्द प्रकाश (1907-1950)

वक्त के अँधेरों में झिलमिलाता एक चिरंतन संगीत-स्तम्भ

आजादी के बाद पैदा होने वाली देश की नई पीढ़ी एक बेहद मीठे और सुरीले गीत के साथ पालने में झूलती हुई बड़ी हुई थी। इस गीत को गानेवाली गायिका भी (अपेक्षाकृत) नई थी और पर्दे पर इसे अभिनीत करने वाली अभिनेत्री भी। इस गोत की अपार लोकप्रियता ने सुरों की मलिका लता मंगेशकर को प्रसिद्धि के आसमान पर चढ़ा दिया। ऐसा ही फिल्म की नायिका और 'भारतीय पर्दे की वीनस' कही जाने वाली मधुबाला के साथ भी हुआ लता और मधुबाला दोनों को प्रसिद्धि के शिखर पर पहुँचा देने वाला यह अमर गीत था—'आएगा आनेवाला आएगा, आएगा'। यह गीत बॉम्बे टॉकीज की अमर फिल्म 'महल' (1949) का था और संगीत-निर्देशक थे खेमचन्द प्रकाश।

आज बहुत कम लोगों को इस महान और विलक्षण प्रतिभा से सम्पन्न संगीत-साधक का नाम याद रह गया है। खेमचन्द प्रकाश के कई मीठे-सुरीले गीतों की तरह उनका नाम भी मानो एक भुला दिए गए इतिहास का इतिहास बनकर रह गय है, जो बड़े अफसोस की बात है। वे हिन्दी फिल्म संगीत के सबसे प्रतिभाशाली पथ-प्रदर्शकों में से थे, जिन्होंने सिर्फ दस वर्ष के छोटे से समय में एक से एक अविस्मरणीय और अनमोल गीत दिए। इतना ही नहीं, हिन्दी फिल्म संगीत के चोटी के गायक किशोर कुमार को एक प्लेबैक गायक के रूप में पहला ब्रेक देने का श्रेय भी खेमचन्द प्रकाश को ही जाता है। उन्होंने ही सबसे पहले 'जिद्दी' (1948) फिल्म में देव आनन्द के लिए उनकी आवाज का प्रयोग किया था। इसी तरह 'मौसिकार-ए-आज्म' कहे जाने वाले महान संगीतकार नौशाद कभी उनके सहायक ('मेरी आँखें', 1939) हुआ करते थे।

12 दिसम्बर 1907 को बीकानेर (राजस्थान) के सुजानगढ़ नामक क्षेत्र में जनमे खेमचन्द प्रकाश के पिता पंडित गोवर्द्धन प्रसाद एक जाने-माने ध्रुपद गायक और कत्थक नर्तक थे। उनकी माँ जादवबाई उनकी दूसरी पत्नी थीं। जैसाकि स्वाभात्रिक था, खेमचन्द प्रकाश को बचपन से ही संगीत और नृत्य की शिक्षा मिलने लगी। वे अभी तीन वर्ष के ही थे कि जयपुर के महाराजा ने उनके पिता को अपने दरबार में एक संगीतज्ञ और नर्तक के रूप में नियुक्त कर लिया और उनका परिवार जयपुर में आ बसा। चार-पाँच वर्ष की उम्र से ही अपने पिता, चाचा (गोपालजी) और मौला बख्श से संगीत की नियमित शिक्षा पाने के कारण खेमचन्द राजस्थान के समृद्ध और सुरीले लोक-संगीत में पारंगत होते चले गए। उन्होंने अपने सौतेले भाइयों पं. बद्रीप्रसाद और पं. जयलाल से कत्थक नृत्य भी सीखा। इतना ही नहीं, उन्होंने आगरा जाकर वहाँ के एक कोढ़ी गुरु से राग हेम भी सीखा और धीरे-धीरे अपनी अटूट लगन और साधना के कारण ध्रुपद गायन और कत्थक नृत्य के महारथी के रूप में देखे जाने लगे। उन्हें कसरत, कुश्ती और कबड्डी का भी खूब शौक था। उस समय के राजस्थानी गाँवों की परम्परा के अनुरूप सिर्फ सात वर्ष की उम्र में उनका विवाह हो गया। उनकी पत्नी का नाम रूपवती था। उनकी सिर्फ एक संतान हुई। वे अपनी पत्नी और इकलौती बेटी सावित्री को बहुत ज्यादा चाहते थे। बाद में उन्होंने सुजानगढ़ में एक शानदार हवेली बनाई, जिसे उन्होंने अपनी बेटी के विवाह पर उसे भेंट कर दिया। यह विवाह भी बड़े भव्य स्तर पर हुआ था और लगभग एक महीने तक तरह-तरह की रस्मों और दावतों का दौर चलता रहा था। खेमचन्द बड़े उदार दिल के व्यक्ति थे। बाद में उन्होंने अपने छोटे भाई बसन्त प्रकाश को एक तरह से गोद ले लिया और उसे संगीत का प्रशिक्षण

सुजानगढ़ हवेली

पत्नी, बेटी और बसन्त प्रकाश के साथ खेमचन्द

सागर तरंग, मुम्बई में खेमचन्द प्रकाश का मक

खेमचन्द प्रकाश कोलकाता में

खेमचन्द प्रकाश स्ट्रीट सिंगर में

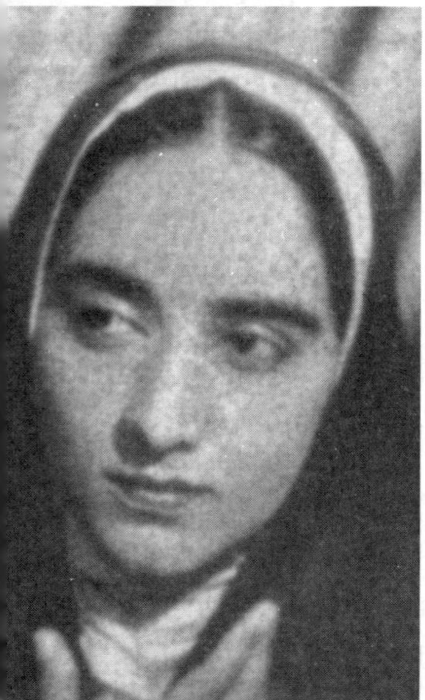

'गाजी सलाहुद्दीन'

दिया। (बाद में बसन्त प्रकाश एक स्वतंत्र संगीत-निर्देशक भी बने।) खेमचन्द को अपनी पत्नी से इतना ज्यादा लगाव था कि उसकी असामयिक मृत्यु के बाद वे पूरी तरह टूट गए और कुछ ही महीनों में खुद भी चल बसे। वे बम्बई (अब मुम्बई) में 'सागर तरंग' नामक बिल्डिंग में रहा करते थे, जो आज भी मौजूद है।

खेमचन्द प्रकाश कत्थक नृत्य कला के विभिन्न रूपों—खड़ग-नृत्य, बताशा, गुलाल नृत्य और जल-नृत्य में इतने निष्णात थे कि 18 वर्ष की उम्र में ही उनकी ख्याति दूर-दूर तक फैल गई थी। बड़े-बड़े मन्दिरों के नृत्य कार्यक्रमों में उन्हें और उनकी टोली को बड़े गर्व के साथ बुलाया जाता था। एक ब्रिटिश दम्पती उनके नृत्य से इतने प्रभावित हुए कि उनकी कला को अन्तर्राष्ट्रीय मंच पर प्रस्तुत करने के लिए उन्हें अपने साथ इंग्लैंड ले गए। लेकिन उनका परिवार नहीं चाहता था कि वे विदेश में बस जाएँ, इसलिए माँ की मौत का झूठा बहाना करके उन्हें भारत वापस बुला लिया गया।

जयपुर में नेपाल नरेश रुद्र शमशेर सिंह के स्वागत में एक भव्य कार्यक्रम का आयोजन हुआ तो इसमें भी खेमचन्द प्रकाश ने अपने नृत्य और संगीत से दर्शकों को मंत्रमुग्ध कर दिया। नेपाल नरेश इतने प्रभावित हुए कि वे उन्हें अपने साथ काठमांडू ले जाने और अपने दरबार का शाही नर्तक और संगीतज्ञ बनाने का आग्रह करने लगे। खेमचन्द इससे पहले बीकानेर के महाराजा का ऐसा ही प्रस्ताव ठुकरा चुके थे, लेकिन वे नेपाल नरेश के निमंत्रण को अस्वीकार न कर सके। वे उनके साथ काठमांडू चले गए, जहाँ उन्होंने राजसी संरक्षण में सात वर्ष गुजारे। लेकिन भाग्य उन्हें हिन्दी सिनेमा में धकेलना चाहता था। सात वर्ष बाद राणा रुद्र शमशेर सिंह का तख्ता पलट गया और खेमचन्द को बड़ी कठिन परिस्थितियों में नेपाल छोड़ना पड़ा। इस बीच उनकी पत्नी एक बेटे को जन्म दे चुकी थी, जो दुर्भाग्यवश ज्यादा समय तक नहीं जी पाया।

खेमचन्द ने नेपाल से कलकत्ता (अब कोलकाता) का रुख किया, जिसे उन दिनों देश की सांस्कृतिक राजधानी माना जाता था। वहाँ हिन्दी और बंगाली सिनेमा भी खूब फल-फूल रहा था और बी.एन. सरकार और उनके न्यू थिएटर्स की धूम थी।

खेमचन्द प्रकाश भी उत्कृष्ट फिल्में बनाने वाली इस प्रगतिशील कम्पनी से जुड़ना चाहते थे। लेकिन कलकत्ता में शुरू-शुरू में उन्हें काफी गर्दिश भरे दिन देखने पड़े। उन्होंने ऑल इंडिया रेडियो में एक गायक के रूप में नौकरी भी की। बंगाल के महान संगीतकार तिमिर बरन ने रेडियो पर उनकी आवाज सुनी तो उन्हें अपने सहायक के रूप में न्यू थिएटर्स में रखवा दिया। खेमचन्द को मानो अपनी मंजिल तक पहुँचने का सही रास्ता मिल गया।

बहुत कम लोगों को मालूम है कि पंकज मलिक के सदाबहार हिट गीत 'पिया मिलन को जाना' ('कपाल कुंडल', 1939) में तबला खेमचन्द प्रकाश ने ही बजाया था। इसी तरह फणी मजूमदार निर्देशित 'स्ट्रीट सिंगर' (1938) में उन्होंने एक छोटा-सा रोल करने के साथ-साथ 'लो खा लो मैडम खाना' वाला गाना भी गाया था। यह गाना उन पर और कानन बाला पर फिल्माया गया था। देवकी बोस निर्देशित 'सपेरा' (1939) में भी उन्होंने अभिनय किया था। इस बीच वे संगीत पर भी पूरा ध्यान देते रहे थे। कहा जाता है कि 'देवदास' (1939) में के.एल. सहगल के दो सुपरहिट गानों 'दुख के दिन अब बीतत नाहीं' और 'बालम आय बसो मोरे मन में' की धुनें उन्होंने ही तैयार की थीं, लेकिन इनका श्रेय फिल्म के अधिकृत संगीत-निर्देशक तिमिर बरन को दे दिया गया था। वे न्यू थिएटर्स से जुड़े आर.सी. बोराल के सहायक के रूप में भी काम करते रहते थे।

महान अभिनेता पृथ्वीराज कपूर भी तब न्यू थिएटर्स से जुड़े हुए थे। खेमचन्द प्रकाश की उनके साथ बहुत गहरी दोस्ती हो गई, जो मरते दम तक जारी रही। खेमचन्द न्यू थिएटर्स में खुश नहीं थे। न तो उन्हें अच्छे पैसे मिलते थे और न अपने काम का श्रेय ही मिलता था। पृथ्वीराज कपूर ने उन्हें अपने साथ बम्बई चलने के लिए कहा तो वे झट से तैयार हो गए। पृथ्वीराज कपूर ने उन्हें एक स्वतंत्र संगीत-निर्देशक के रूप में सुप्रीम थिएटर्स में रखवा दिया। इसी बैनर के लिए खेमचन्द प्रकाश ने एक स्वतंत्र संगीत-निर्देशक के रूप में अपनी पहली फिल्म 'गाजी सलाहुद्दीन' (1939) में संगीत दिया। उनकी दूसरी फिल्म थी द्वारका खोसला निर्देशित 'मेरी आँखें' (1939), जिसके बाद उन्होंने पीछे मुड़कर नहीं देखा। सिर्फ ग्यारह वर्षों के छोटे से कार्यकाल में उन्होंने चवालीस फिल्मों में संगीत दिया, जिनमें कई सुपरहिट गाने शामिल थे।

खेमचन्द प्रकाश की छोटी-सी जिंदगी (1907-1950) सिर्फ 43 वर्ष की उम्र में खत्म हो गई। किसी भी दूसरे संगीत निर्देशक ने इतनी छोटी-सी जिंदगी में संगीत का इतना भरपूर और अनमोल खजाना नहीं रचा।

खेमचन्द प्रकाश किसी भी चुनौती का बेधड़क होकर सामना करना पसन्द करते थे, वह व्यक्तिगत हो या संगीतात्मक। उनकी पहली ही फिल्म 'गाजी सलाहुद्दीन' अरब पृष्ठभूमि पर आधारित थी, इसलिए उन्होंने इसका संगीत भी बिलकुल उसी शैली का तैयार किया था। मिस कल्याणी, रतनबाई और कान्तिलाल द्वारा गाए गए फिल्म के सभी गीत फिल्म के विषय और पृष्ठभूमि के साथ पूरी तरह मेल खाते थे। इस फिल्म में गालिब की मशहूर ग़ज़ल 'कभी नेकी भी उसके जी में गर' भी थी, जिसे खेमचन्द प्रकाश ने मिस कल्याणी ने बिलकुल अनूठे अन्दाज में गवाया था। कभी उनके सहायक रहे महान संगीतकार नौशाद के अनुसार, इस फिल्म के गीतों की रिकॉर्डिंग के दौरान पूरे स्टूडियो का माहौल अरबी संगीत के रंग में रंग जाता था।

नौशाद को मशहूर गीतकार और निर्देशक दीनानाथ (डी.एन.) मधोक खेमचन्द प्रकाश के पास लेकर आए थे। उन्होंने इस नौजवान की प्रतिभा को पहचानने में जरा भी भूल नहीं की और झट से उसे अपना सहायक नियुक्त कर लिया। उनकी अगली फिल्म 'आँखें' (1939) में नौशाद अली ने ही उनके सहायक की भूमिका निभाई। इस फिल्म में गायिका-अभिनेत्री खुर्शीद ने पहली बार खेमचन्द प्रकाश के संगीत निर्देशन में गाया। उनके गाए तीनों गाने—'ऐसा गीत सुना जाओ', 'सच के खेल खिलाए आशा' और 'दूध पियो सब दूध'—इतने लोकप्रिय हुए कि इसके बाद खुर्शीद और खेमचन्द प्रकाश की जोड़ी एक हिट गायिका-संगीतकार की जोड़ी बन गई। फिल्म के अन्य गीत कानपुर की सितारा (मशहूर नर्तकी-अभिनेत्री सितारा देवी) ने गाए थे।

खेमचन्द प्रकाश के संगीत में उनके प्रिय थाट खमाज और इससे जुड़े विभिन्न रागों—देस, झिंझोटी, जयजयवन्ती और तिलक कामोद का भरपूर प्रयोग दिखाई देता है। शास्त्रीय रागों के अलावा खेमचन्द प्रकाश के संगीत में राजस्थान की लोक-संस्कृति की भी महक आती थी। उन्होंने अपनी धुनों में राजस्थान के विविध तीज-त्योहारों मूमल, कुर्जा, पीपली और पनिहारी इत्यादि से जुड़े संगीत का बड़ा अनूठा प्रयोग किया। शुरू में आर.सी. बोराल और अनिल बिस्वास जैसे बंगाली संगीनकारों के साथ काम करने के कारण उनके संगीत में कभी-कभार बंगाल का प्रभाव भी देखा जा सकता था। लेकिन यह प्रभाव सिर्फ ऊपरी स्तरों तक ही सीमित रहता था और वे अपनी मौलिकता को हमेशा बचाए रखते थे। साथ ही फिल्मों के बदलते विषयों के साथ-साथ उनके संगीत में विविधता भी दिखाई देती थी। सभी युगल गीत, प्रेम गीत, सिचुएशन-प्रधान सोलो, ग़ज़लें और भजन बनाने की उनकी अपनी विशिष्ट शैली थी, जिसकी नकल करना बहुत मुश्किल था। वे कई मुश्किल रागों की बंदिशों को आसान बनाने में भी माहिर थे। इसी तरह मस्ती भरे युगल-गीत या फिर दर्द भरे सोलो बनाने में भी उनका कोई जवाब नहीं था। वे सही मायनों में एक पथ-प्रदर्शक थे।

'हमारा हिन्दुस्तान'

खेमचन्द प्रकाश की अपार सफलता और लोकप्रियता का दौर तब शुरू हुआ जब वे सुप्रीम पिक्चर्स को छोड़कर सरदार चन्दुलाल शाह के प्रतिष्ठित बैनर रंजीत मूवीटोन से जुड़ गए। पाँच वर्षों के इस जुड़ाव के दौरान उन्होंने स्टूडियो की उन्नीस फिल्मों में संगीत दिया, जिनमें कई सुपरहिट फिल्में शामिल थीं।

रणजीत मूवीटोन के लिए खेमचन्द प्रकाश की पहली फिल्म 'हमारा हिन्दुस्तान' (1940) थी। जयन्त देसाई द्वारा निर्देशित इस फिल्म के ज्यादातर गाने कानपुर की सितारा, नायक ईश्वरलाल और कॉमेडियन चार्ली ने गाए थे। कान्तिलाल और सितारा द्वारा गाया गया एक युगल-गीत 'दगा देके चले गए हो बलम' खूब लोकप्रिय हुआ। इसके बाद खेमचन्द प्रकाश ने जयन्त देसाई के निर्देशन वाली लगभग आधा दर्जन फिल्मों में संगीत दिया, जिनमें सुपरहिट 'तानसेन' भी शामिल थी। 'हमारा हिन्दुस्तान' के बाद रणजीत मूवीटोन की अगली दो फिल्मों 'दीवाली' (1940) और 'होली' (1940) की जबर्दस्त सफलता के बाद वह चोटी के संगीतकारों में गिने जाने लगे। 'दीवाली' के निर्देशक जयन्त देसाई थे तो 'होली' के ए.आर. कारदार। इन दोनों फिल्मों में उस समय के सबसे लोकप्रिय अभिनेता मोतीलाल थे, 'दीवाली' में माधुरी तो 'होली' में खुर्शीद के साथ। लेकिन इन दोनों फिल्मों की सफलता का श्रेय इसके बेहद लोकप्रिय संगीत को भी जाता था। खेमचन्द प्रकाश ने इतनी सरल और सुरीली धुनें बनाई थीं कि इन्हें कोई भी आसानी से गुनगुना सकता था। 'दीवाली' के सबसे लोकप्रिय गीतों में 'काहे पंछी बावरिया क्यों रोना राग सुनाए' (कान्तिलाल-बसन्ती) और 'जल दीपक दीवाली आई' (बसन्ती) शामिल थे तो 'होली' के 'फागुन की रुत आई री' (सितारा-अमृतलाल), 'नैना शराबी रंग तोरे' (सितारा) और 'पगले मन किसे सुनाता है' (कान्तिलाल) ने खूब धूम मचाई थी। बसन्ती द्वारा गया गया 'दीवाली' का एक गीत 'घर-घर दीप जले घर-घर शोभा छाई' ऐसा पहला गीत था जिसे पूरे कोरस के साथ रिकॉर्ड किया गया था। 1940 में ही रिलीज हुई 'पागल' के कई गीत भी खूब लोकप्रिय हुए थे। पृथ्वीराज कपूर और शोभना समर्थ की मुख्य भूमिकाओं वाली इस फिल्म में सितारा द्वारा गाया गया 'सजन हम तुम बिन भए उदास' और शोभना समर्थ और कान्तिलाल की आवाजों में एक युगल-गीत 'खिंची चितवन चढ़े तेवर' खासतौर से यादगार थे। इसी तरह 'हॉलीडे इन बॉम्बे' का 'जिनकी जवानी उनका जमाना' भी खूब चला था। इसी फिल्म में खेमचन्द प्रकाश ने एक सुप्रशिक्षित शास्त्रीय गायिका वत्सला कुमठेकर—'मेरी आँखें शराबी' और 'तेरे नैनों में नैना डाले'—को भी पहली बार पेश किया था।

'शादी'

तानसेन के रूप में सहगल

खेमचन्द प्रकाश और खुर्शीद की जोड़ी ने असली धूम मचाई रणजीत मूवीटोन की 'परदेसी' (1941) से। आसावरी थाट पर आधारित 'पहले जो मुहब्बत से इनकार किया होता' ने तो देश भर के संगीत-प्रेमियों को दीवाना बना दिया। कहा जाता है कि सहायक संगीत-निर्देशक ने खुर्शीद को दो हफ्ते तक कड़ी रिहर्सल करवाई थी, इसके बाद ही वे इस ग़ज़ल शैली के गाने की रिकॉर्डिंग करने की हिम्मत जुटा पाए थे। खुर्शीद ने 'टूट गई डाली... अब कहाँ बसेरा अपना' भी खूब गाया था। उनके दो डुएट 'दो नैन तुम्हारे दो नैन हमारे' (कान्तिलाल के साथ) और 'मोरी अटरिया है सूनी' (स्नेहप्रभा के साथ) भी खूब लोकप्रिय हुए थे। फिल्म के रसीले गीतों को डी.एन. मधोक ने लिखा था। इस सुपरहिट फिल्म में एक बार फिर मोतीलाल मुख्य भूमिका में थे।

अभी लोग 'परदेसी' के सुरीले तूफान से उबर भी न पाए थे कि एक के बाद एक दो और फिल्मों 'प्यास' (1941) और 'शादी' (1941) के सुपरहिट संगीत ने खेमचन्द प्रकाश को सफलता की बुलन्दियों पर पहुँचा दिया। राम दरयानी निर्देशित 'प्यास' का युगल-गीत 'भुलाना न याद करो न करो' (ईश्वरलाल-स्नेहप्रभा) तो फिल्म की हाइलाइट बना ही, जयन्त देसाई निर्देशित सुपरहिट 'शादी' का संगीत भी सिर चढ़कर बोला। मोतीलाल, खुर्शीद और माधुरी की मुख्य भूमिकाओं वाली इस फिल्म के एक से एक सुरीले गानों में भैरवी राग पर आधारित 'ऐ दिल कहाँ ले जाऊँ' (खुर्शीद) और ग़ज़ल शैली का 'कोई किसी से दिल न लगाए' (कान्तिलाल) शामिल थे। ये दोनों गाने अपने जमाने के दर्द भरे गानों में एक मिसाल बन गए और खूब लोकप्रिय हुए। लोकगीत शैली का 'भिगोई मोरी सारी रे' (खुर्शीद) और 'कित जाऊँ रे मन' (खुर्शीद) भी खूब चले। फिल्म का एक भजन 'हरी के गुण गाऊँ' भी घर-घर का भजन बन गया। इन दोनों फिल्मों के बाद आई 'उम्मीद' (1941) का संगीत भी खेमचन्द प्रकाश का सुरीला स्पर्श लिए था। नूरजहाँ की मुख्य भूमिकाओं वाली इस फिल्म का एक युगल-गीत 'गेंद समझ के उछालो न सजनिया' (ईश्वरलाल-नूरजहाँ) खूब लोकप्रिय हुआ था।

अब खेमचन्द प्रकाश अपने सृजन के चरम पर थे और हिट गीतों की बौछार कर रहे थे। अगला वर्ष रणजीत मूवीटोन की कुछ और यागदार फिल्में लेकर आया। जयन्त देसाई निर्देशित 'चाँदनी' (1942) में खुर्शीद के कई सुरीले गीत थे। रोमांटिक 'मैं चाँद हूँ या चाँदनी' से लेकर भावनाओं के विभिन्न रंगों में डूबे 'दिल आह भर ऐसी', 'सुनो मेरा मन कुछ बोले' और 'गिरधारी छेड़ मुरलिया प्यारी' तक।

राम दरयानी निर्देशित 'सुख-दुख' (1942) में खेमचन्द प्रकाश ने एक नए उभरते हुए गायक को अवसर देते हुए उनसे दो युगल-गीत गवाए—'अब देर न कर साजन फूलों से मिलना है' और 'मोरी अटरिया पे आ जा'। कानपुर की सितारा के साथ गाए गए ये दोनों युगल-गीत इतने लोकप्रिय हुए कि देखते ही देखते यह नई आवाज देश की सबसे चहेती और जानी-पहचानी आवाज बन गई। यह नई आवाज किसी और की नहीं बल्कि महान प्लेबैक गायक मुकेश की थी, जिनका इससे पहले सिर्फ एक गाना (अशोक घोष के संगीत निर्देशन में) रिकॉर्ड किया गया था। इसी तरह चालीस के दशक की चोटी की गायिका राजकुमारी ने भी अपना पहला सोलो ('है आज तुझको फिकर ही क्या') इसी फिल्म में गाया था। जयन्त देसाई निर्देशित रणजीत मूवीटोन की अगली फिल्म 'फरियाद' (1942) में नूरजहाँ, मुबारक और शमीम थे। इस फिल्म में भी राजकुमारी के एक गाने 'सैयाँ न जइयो न जइयो रे' ने दर्शकों/श्रोताओं पर जादू कर दिया था। स्टूडियो की एक और फिल्म 'इकरार' (1942) में मोतीलाल और माधुरी फिर एक साथ थे। मणिभाई व्यास द्वारा निर्देशित इस फिल्म में भी खेमचन्द प्रकाश के संगीत ने खूब धूम मचाई थी। एक बार फिर राजकुमारी पूरी फिल्म के संगीत पर छाई हुई थीं। उनके द्वारा गाए गए गीतों में 'जवानी मेरी चांद-तारों की दुनिया', 'रात भई बालम आए द्वारे' और 'जिंदगी क्या है एक कहानी' खासतौर से यादगार थे। इसी वर्ष रिलीज हुई खेमचन्द प्रकाश की दो अन्य फिल्मों में अमर पिक्चर्स की 'खिलौना' (निर्देशक सर्वोत्तम बदामी) और रणजीत मूवीटोन की 'मेहमान' (निर्देशक चतुर्भुज दोषी) शामिल थीं। 'खिलौना' का 'बिन्दिया मोरी चमकन लागी' (स्नेहप्रभा) और 'मेहमान' का 'क्या चैन से बैठे हैं बेचैन मुझे करके' (राजकुमारी) उनके यादगार गीतों में गिने जा सकते हैं।

1943 खेमचन्द प्रकाश का सफलतम वर्ष था। इस वर्ष की शुरुआत मुरली मूवीटोन की राम दरयानी निर्देशित 'चिराग' ('आओ फिर याद करें भूले हुए अफसानों को'—वीणा कुमारी-ईश्वरलाल) और 'कुर्बानी' ('दिल दिया और गम लिया ये क्या किया'—कौशल्या) से हुई थी। रणजीत मूवीटोन की केदार शर्मा निर्देशित 'गौरी' ('मजबूर हैं इस दिल से'—शमीम) और 'विषकन्या' इस वर्ष की औसत सफलताएँ थीं। 'विषकन्या' में गायक-अभिनेता सुरेन्द्र को खेमचन्द प्रकाश के साथ पहली बार गाने का अवसर मिला था और उनके दो गीत 'प्रीत की ज्योत जलाकर चुप हैं' और 'नैया को खेवैया के' (कंचनबाला के साथ) खूब चले भी थे। लेकिन इस वर्ष खेमचन्द प्रकाश की सबसे बड़ी उपलब्धि रही रंजीत मूवीटोन का सबसे बड़ा बॉक्स ऑफिस धमाका 'तानसेन'। इस यादगार क्लासिक फिल्म में सुर-सम्राट के.एल. सहगल के साथ खुर्शीद मुख्य भूमिका में थीं। उन दिनों सहगल के लिए कोई गीत बनाना बहुत बड़ी चुनौती समझा जाता था। यह संगीतकारों के लिए प्रतिष्ठा का प्रश्न भी होता था। लेकिन खेमचन्द प्रकाश ने बड़ी खुशी और गर्व के साथ इस चुनौती को स्वीकार किया और शास्त्रीय रागों पर आधारित ऐसा सुरीला संगीत दिया जिसे आज भी भुलाया नहीं जा सका है। इस फिल्म का हर गीत अपने-आप में एक बहुमूल्य रत्न था, इसलिए हम इस फिल्म के गीतों की सूची अलग से एक तालिका में दे रहे हैं :

'तानसेन' (1943) के 13 अनमोल गीत

क्रम	गीत	राग	गायक/गायिका
1.	घटा घनघोर घोर मोर मचाए शोर	मिश्र सारंग/मल्हार	खुर्शीद
2.	आओ गोरी आओ श्यामा	मिश्र सारंग/मल्हार	के.एल सहगल
3.	काहे गुमान करो गोरी (ठुमरी शैली)	पीलू	के.एल. सहगल
4.	रुमझुम रुमझुम चाल तिहारी	शंकरा	के.एल. सहगल
5.	बाग लगा दूँ सजनी	बहार	के.एल. सहगल
6.	मोय बचपन के साथी छैला (पहला भाग)	तिलक कामोद/देस	सहगल-खुर्शीद
7.	सप्त सुरन तीन ग्राम (ध्रुपद शैली)	हेमन्त	के.एल. सहगल
8.	हो दुखिया जियरा रोते नैना	हेमन्त	खुर्शीद
9.	अब राजा भए मोरे बालम	हेमन्त	खुर्शीद
10.	बिना पंख का पंछी हूँ मैं	भैरवी	के.एल. सहगल
11.	दिया जलाओ जगमग-जगमग	दीपक	के.एल. सहगल
12.	बरसो रे बरसो रे	मेघ मल्हार	खुर्शीद
13.	मोय बचपन के साथी छैला (दूसरा भाग)	तिलक कामोद/देस	सहगल-खुर्शीद

'तानसेन'

'भँवरा'

'तानसेन' हिन्दी की पहली ऐसी फिल्म थी जो पूरी तरह शास्त्रीय संगीत पर आधारित थी। यह रणजीत मूवीटोन की पहली सफल संगीत प्रधान फिल्म थी और बॉक्स ऑफिस पर इसकी अपार सफलता ने स्टूडियो की प्रतिष्ठा और साख को नई ऊँचाइयों पर पहुँचा दिया था। कलकत्ता छोड़ने के बाद के.एल. सहगल ने बम्बई में जो सबसे पहली दो फिल्में साइन की थीं, यह उन्हीं में से एक थी। (दूसरी फिल्म ज्ञान दत्त के संगीत वाली 'भक्त सूरदास' थी।) खेमचन्द प्रकाश और के.एल. सहगल की जोड़ी ने मिलकर ऐसा संगीत दिया जो हृदय की गहराइयों में उतरकर आत्मा तक पहुँचने की क्षमता रखता था। खुर्शीद ने भी इन दोनों का भरपूर साथ दिया था और फिल्म को एक अमर संगीत प्रधान फिल्म बनाने में महत्त्वपूर्ण भूमिका निभाई थी। कभी खेमचन्द प्रकाश के सहायक रह चुके नौशाद के अनुसार—''खेमचन्दजी ने 'तानसेन' में रागदारी का जो इस्तेमाल किया है वह कोई नहीं कर पाया। यह एक फिल्म न होकर मौसिकी का स्कूल है।'' आज भी संगीत के दीवाने इस फिल्म के संगीत को सुनकर विस्मित रह जाते हैं, जैसेकि 'घटा घनघोर घोर' का मुखड़ा, जिसमें हारमोनियम के सिर्फ तीन स्वरों का प्रयोग किया गया था। नौशाद की तरह एस.एन. त्रिपाठी भी इस फिल्म के संगीत पर मोहित थे, जिनके अनुसार, ''खेमचन्द प्रकाश की टक्कर का संगीतकार खोजना मुश्किल है।'' सिर्फ गाने ही नहीं, 'तानसेन' का टाइटल संगीत भी गजब का था। इसी तरह, अकबर के दरबार में तानसेन द्वारा सुनाया जाने वाला संगीत भी फिल्म के सबसे हृदयस्पर्शी और मंत्रमुग्ध कर देने वाले दृश्यों में शामिल था।

खेमचन्द प्रकाश और के.एल. सहगल की अद्भुत और सफल जोड़ी का जलवा आगे भी जारी रहा। रणजीत स्टूडियो की अगली फिल्म 'भँवरा' (1944) में सहगल के साथ कमला चटर्जी मुख्य भूमिका में थीं। गानों में सहगल का साथ देने के लिए इस बार अमीरबाई कर्नाटकी को चुना गया। केदार शर्मा द्वारा निर्देशित इस फिल्म में भी सहगल के कई सुपरहिट गाने थे। इनमें राष्ट्रवादी भावनाओं वाले 'ठुकरा रही है दुनिया हम हैं कि सो रहे हैं' के साथ-साथ 'मुस्कराते हुए यूँ आँख चुराया न करो', 'हम अपना उन्हें बना न सके' और 'दिया जिसने दिल लुट गया वो बिचारा' जैसे कई लुभावने गीत शामिल थे। अमीरबाई के साथ सहगल का एक युगल-गीत 'क्या हमने बिगाड़ा है क्यों हमको सताते हो' भी खूब लोकप्रिय हुआ था। लेकिन हिट गानों वाली यह फिल्म बॉक्स ऑफिस पर लुढ़क गई।

खेमचन्द प्रकाश की अगली फिल्म नवीन पिक्चर्स की 'भर्तृहरि' (1944) थी। चतुर्भुज दोशी द्वारा निर्देशित इस फिल्म में सुरेन्द्र और मुमताज शांति मुख्य भूमिकाओं में थे। यह एक सुपरहिट फिल्म थी। राजा भर्तृहरि की कहानी एक दार्शनिक स्पर्श लिए थी, इसलिए खेमचन्द प्रकाश को एक बार फिर शास्त्रीय संगीत का भरपूर प्रयोग करने का अवसर मिल गया था। उन्होंने इस अवसर का भरपूर लाभ उठाते हुए अपना मनचाहा, मधुर और उत्कृष्ट संगीत दिया। राग बिहाग पर आधारित और ठुमरी शैली में रचित 'चन्दा देश पिया के जा' (अमीरबाई कर्नाटकी) किसी अनमोल रत्न

से कम नहीं था। यही बात राग काफी पर आधारित 'अलख नाम रस पीले प्राणी' (सुरेन्द्र) के बारे में भी कही जा सकती है। अमीरबाई के अन्य शास्त्रीय गानों में 'मोरा धीरे से घूँघट हटाए पिये' और 'सूना मन्दिर मेरा सखी रे' शामिल थे। उन्होंने सुरेन्द्र के साथ एक बेहद मोहक और सुपरहिट युगल-गीत 'भिक्षा दे माँ पिंगला' भी गाया था, जो संवाद शैली पर आधारित था। 1930 के दशक की लोकप्रिय गायिका-अभिनेत्री जहाँआरा कज्जन ने इसी फिल्म में अपने आखिरी दो गाने गाए थे—'घूँघट पट नहीं खोलूँ' (मिश्र काफी) और 'कूकत कोयलिया कुंजन में' (बृन्दावनी सारंग)।

रणजीत बैनर की अगली फिल्म 'मुमताज महल' (1944) में एक बार फिर खुर्शीद छाई हुई थीं। यही बात इस स्टूडियो की दूसरी फिल्म 'शहंशाह बाबर' (1944) के बारे में भी कही जा सकती है। केदार शर्मा निर्देशित 'मुमताज महल' में खेमचन्द प्रकाश और खुर्शीद की जोड़ी ने 'उदास शाम की आहें', 'जो हमने गुजारी है', 'न वो भूले न हम भूले' और 'जला पतँगा तो इसमें कसूर किसका' जैसे सुपरहिट गीत दिए थे। इन खूबसूरत ग़ज़लों को वली साहब ने लिखा था। वजाहत मिर्जा निर्देशित 'शहंशाह बाबर' के 'बुलबुल आ तू भी आ' और 'मुहब्बत में सारा जहाँ जल रहा है' खूब लोकप्रिय हुए थे। इसी फिल्म में जोहराबाई अम्बालेवाली ने अजीज के साथ एक लुभावना युगल-गीत 'हमें भूल मत जइयो राजाजी' भी गाया था। संगीत-निर्देशक बुलो सी. रानी ने भी इस फिल्म में एक गाना गाया था, जो रणजीत स्टूडियो में ही थे और खेमचन्द प्रकाश के शिष्यों और सहायकों ('जोगन' इत्यादि) में शामिल थे।

'सिन्दूर'

'ज़िद्दी'

लता और खेमचन्द प्रकाश

अगले वर्ष रणजीत मूवीटोन की 'धन्ना भगत' (1945) और 'प्रभु का घर' (1945) इस स्टूडियो के लिए खेमचन्द प्रकाश की आखिरी दो फिल्में साबित हुईं। केदार शर्मा द्वारा निर्देशित 'धन्ना भगत' में फिल्म के विषय के अनुरूप मोहनतारा तलपदे और खान मस्ताना के गाने थे। 'पंछी पिंजरा हुआ पुराना' (खान मस्ताना) खूब लोकप्रिय भी हुआ था।

वजाहत मिर्जा निर्देशित 'प्रभु का घर' रणजीत मूवीटोन के लिए ही नहीं बल्कि खुर्शीद के साथ भी खेमचन्द प्रकाश की आखिरी फिल्म साबित हुई। इस फिल्म के बाद वे पाकिस्तान चली गईं। लेकिन जाते-जाते वे इस फिल्म के कई लुभावने गीतों के रूप में हिन्दुस्तानियों को एक मीठा और यादगार तोहफा दे गईं। इस फिल्म में उनके नायक त्रिलोक कपूर थे। फिल्म के कई यादगार गीतों में खुर्शीद के 'नदी किनारे साँझ सखारे', 'बंसीवाले श्याम बाँसुरिया बजा', 'मधुबन में राधा झूले' और 'ओ रसिया मदमाते बालम' के साथ मन्ना डे के दो गीत 'तुम नाथ हो फिर मैं अनाथ क्यों' और 'अवतार लिया जुग-जुग' भी शामिल थे। मन्ना डे ने इसी फिल्म में पहली बार खेमचन्द प्रकाश के संगीत निर्देशन में गाया था।

खेमचन्द प्रकाश के रणजीत स्टूडियो से अलग होने के पीछे भी एक दिलचस्प कारण था। स्टूडियो के मालिक सरदार चन्दुलाल शाह और खेमचन्द प्रकाश एक नई और उभरती हुई गायिका की आवाज को लेकर आपस में भिड़ गए थे। खेमचन्द इस आवाज में फिल्म संगीत का भविष्य और संगीत की नई ऊँचाइयाँ देख रहे थे तो चन्दुलाल शाह को यह आवाज बहुत पतली और बारीक प्रतीत होती थी। खेमचन्द ने उन्हें समझाने और मनाने की भरसक कोशिश की, लेकिन वे नहीं माने। टकराव इतना बढ़ गया कि खेमचन्द ने रणजीत स्टूडियो ही छोड़ दिया और दोबारा कभी पलटकर उधर का रुख नहीं किया। दो महारथियों के इस टकराव का कारण थी वही 'पतली' और 'बारीक' आवाज वाली नई गायिका—लता मंगेशकर। कुछ ही वर्षों में यह आवाज एक तूफान की तरह उठी और देखते ही देखते पूरे फिल्म संगीत और पूरे देश पर छा गई। सोचने की बात यह है कि खेमचन्द प्रकाश ने सुर-सम्राज्ञी लता मंगेशकर की चमत्कारिक आवाज और अद्‌भुत क्षमता को कितनी जल्दी पहचान लिया था। बाद में उन्होंने ही लता मंगेशकर से वह अमर और अनमोल गीत गवाया जिसने उन्हें घर-घर की और पूरे देश की आवाज बना दिया।

अब खेमचन्द प्रकाश एक फ्री-लान्स संगीत-निर्देशक के रूप में धड़ाधड़ कई बड़े बैनरों की फिल्मों में संगीत देने लगे—बॉम्बे टॉकीज, फिल्मिस्तान, प्रकाश पिक्चर्स, फेमस पिक्चर्स इत्यादि। एस.के. मलिक की 'चलते-चलते' (1947) में उन्होंने पहली बार अनिल बिस्वास की शिष्या मीना कपूर से गवाया—'आज बढ़ आई बढ़ आई हैं दिल की तमन्नाएँ' (मीना कपूर-मन्ना डे)। इस फिल्म में राजकुमारी—'चलते-चलते रास्ते में हम देखते हैं' और मन्ना डे के भी गीत थे। जमुना प्रोडक्शन्स की 'गाँव' (1947) में खेमचन्द प्रकाश गीता दत्त को लेकर आए, जिन्होंने मुकेश के साथ एक सुपरहिट राष्ट्रवादी युगल-गीत 'वतन की माटी हाथ में लेकर' गाया। फिल्म के अन्य गायकों में जोहराबाई, राजकुमारी, मन्ना डे और करण दीवान शामिल थे। इसी तरह फेमस पिक्चर्स की अमिया चक्रवर्ती निर्देशित 'मेरा सुहाग' (1947) में उन्होंने नसीम बानू से एक बेहद प्यारा गीत 'दिल किस लिए रोता है प्यार' और प्रकाश पिक्चर्स की विजय भट्ट निर्देशित 'समाज को बदल डालो' (1947) में अमीरबाई कर्नाटकी से उतना ही प्यारा 'नैना रो-रो के रह जाएँगे' गवाया।

लेकिन खेमचन्द प्रकाश की इस वर्ष की सबसे उल्लेखनीय फिल्म थी फिल्मिस्तान की 'सिन्दूर' (1947)। किशोर साहू निर्देशित इस फिल्म में खुद किशोर साहू अभिनेत्री शमीम के साथ मुख्य भूमिका में थे। इस जुबली हिट फिल्म के युगल-गीत 'किसी के मधुर प्यार में' (नसीम अख्तर-सुशील साहू) और अमीरबाई द्वारा गाए गए सोलो 'ओ रूठे हुए भगवान तुमको कैसे मनाऊँ' ने देशभर के श्रोताओं को दीवाना बना दिया था। एक बार लता मंगेशकर ने 'ओ रूठे हुए भगवान' और नौशाद द्वारा संगीतबद्ध 'क्या मिल गया भगवान' ('अनमोल घड़ी') में बहुत ज्यादा समानता की तरफ इशारा किया था तो खेमचन्द प्रकाश ने उनसे कहा था, ''नौशाद मेरे असिस्टेंट रह चुके हैं, इसलिए उनके कुछ गीतों में मेरी शैली दिखाई देना स्वाभाविक है।'' जो भी हो इन दो मिलते-जुलते गानों में 'ओ रूठे हुए भगवान' पहले कम्पोज किया गया था। लता खेमचन्द प्रकाश को किसी

फरिश्ते से कम नहीं समझती थीं और बड़े गर्व से याद करती थीं कि गाने की रिकॉर्डिंग के अवसर पर खेमचन्द प्रकाश उनके लिए अपने घर से खाना लाया करते थे।

लता मंगेशकर को अपने साथ गाने का पहला मौका खेमचन्द प्रकाश ने बॉम्बे टॉकीज की 'आशा' (1948) फिल्म में दिया। एल. मेघानी निर्देशित इस फिल्म में शांता कुँवर और सोहन मुख्य भूमिकाओं में थे। लता ने इस फिल्म में तीन मोहक गीत गाए थे—'दूर जाए रे राह मेरी आज तेरी राह से', 'चेत-चेत कर चल रे चतुर नार' और 'कित जाए बसे हो मुरारी'।

लेकिन खेमचन्द प्रकाश और लता मंगेशकर की जोड़ी ने असली तूफान बॉम्बे टॉकीज की अगली फिल्म 'जिद्दी' (1948) में मचाया। यह खेमचन्द प्रकाश के कैरियर की एक बड़ी उपलब्धि तो थी ही, महान अभिनेता और एवरग्रीन सुपरस्टार देव आनन्द की भी यह पहली हिट फिल्म थी। इस फिल्म में वे कामिनी कौशल के साथ थे। शाहिद लतीफ द्वारा निर्देशित इस फिल्म के साथ कई नई शुरुआतें जुड़ी हुई थीं —

- यह नए और उभरते हुए रोमांटिक नायक देव आनन्द की पहली हिट फिल्म थी।
- इसी फिल्म में पहली बार किशोर कुमार ने देव आनन्द के प्लेबैक गायक की भूमिका निभाई थी (और मानो आने वाले दिनों की एक सुपरहिट प्लेबैक सिंगर और हीरो की जोड़ी का सूत्रपात कर दिया था)। यह गाना था—'मरने की दुआएँ क्या माँगूँ'।
- इसी फिल्म में पहली बार लता और किशोर ने अपना पहला युगल-गीत गाया था—'ये कौन आया रे करके ये सोलह सिंगार'।
- इसी फिल्म में लता मंगेशकर ने अपना पहला सुपरहिट गाना गाया था, जो देश के कोने-कोने में गूँजने लगा था—'चन्दा रे जा रे जा रे पिया से सन्देसा मोरा कहियो जाए'।

इस तरह, हिन्दी फिल्मों के दो चोटी के और बहुमुखी प्रतिभासम्पन्न गायकों सुर-सम्राज्ञी लता मंगेशकर और किशोर कुमार (जो गायक के अलावा एक अभिनेता, कॉमेडियन, निर्माता-निर्देशक और संगीतकार होने के नाते किसी जीनियर से कम नहीं थे) को सही अर्थों में दुनिया के सामने लाने और उनकी प्रतिभा को निखारने-सँवारने का श्रेय खेमचन्द प्रकाश को ही जाता है। फिल्म का सबसे लोकप्रिय गीत 'चन्दा रे जा रे जा रे' राग छायानट पर आधारित था और इसकी अत्यन्त सूक्ष्म और अनूठी मिठास या मेलोडी परम्परागत ठुमरी से प्रेरित थी। लता ने इस गीत के बारे में कहा था कि इतने लम्बे मुखड़े को सुरों में ढालना सचमुच बहुत मुश्किल काम था, लेकिन खेमचन्द जी ने इसे जिस सरलता और खूबी से किया, वह शायद ही कोई दूसरा कर पाता। इस फिल्म में लता के अन्य गाने 'जादू कर गए किसी के नैना', 'रूठ गए मोरे श्याम सखी री', 'तुझे ओ बेवफा हम जिंदगी का', 'अब कौन सहारा है' और शमशाद बेगम का गाया गाना 'चली पी के मिलन बन-ठन के दुल्हन' भी खूब लोकप्रिय हुए थे।

'सावन आया रे'

लता और किशोर की पहली मुलाकात को लेकर भी एक दिलचस्प किस्सा है। 'जिद्दी' के डुएट की रिकॉर्डिंग का दिन था और दोनों इससे पहले कभी नहीं मिले थे। लता नाना चौक में रहा करती थीं और ग्रान्ट रोड से लोकल ट्रेन पकड़कर मालाड जाया करती थीं, जहाँ बॉम्बे स्टूडियो स्थित था। उस दिन वे लोकल ट्रेन में बैठीं तो महालक्ष्मी स्टेशन पर एक अजीब-सा दिखाई देने वाला नौजवान भी उसी डिब्बे में चढ़ गया। उसने ढीला-ढाला कुर्ता-पायजामा पहन रखा था। कन्धे पर एक स्कार्फ और हाथ में एक घड़ी। वह लता के सामने ही बैठ गया। शर्मीली लता अपने-आपमें कुछ और सिमट गईं। वे मालाड स्टेशन पर उतरीं तो वह नौजवान भी उतर गया। वे एक ताँगे में बैठीं तो वह नौजवान भी दूसरे ताँगे में बैठ गया। वे बॉम्बे स्टूडियो के बाहर उतरीं तो वह नौजवान भी उतर गया। अब तो लता को पूरा यकीन हो गया कि यह सिरफिरा-सा नौजवान जरूर उनका पीछा कर रहा है। वे लगभग दौड़ती हुईं खेमचन्द प्रकाश के चैम्बर में पहुँची और हाँफते हुए उन्हें इस घटना के बारे में बता ही रही थीं कि वह नौजवान भी चैम्बर में आ पहुँचा। लता भयभीत-सी उसकी तरफ इशारा करते हुए बोलीं—''यही था... यही था वह नौजवान!'' खेमचन्द प्रकाश की हँसी छूट गई। हँसते-हँसते ही उन्होंने लता को बताया, ''अरे भई! ये तो अपना किशोर है... अशोक कुमार का भाई! इसी के साथ तो तुम्हें डुएट गाना है!'' इसी दिलचस्प घटना के बाद लता ने किशोर के साथ अपना पहला युगल-गीत 'ये कौन आया रे करके सोलह सिंगार' गाया।

अभिनेता-निर्देशक किशोर साहू ने अपने खुद के प्रोडक्शन हाउस 'हिन्दुस्तान चित्र' की स्थापना की तो अपनी पहली फिल्म 'रिमझिम' (1949) के संगीत के लिए खेमचन्द प्रकाश को ही साइन किया। खेमचन्द प्रकाश ने किशोर कुमार की आवाज में एक बेहद दमदार गीत रिकॉर्ड किया—'जगमग-जगमग करता निकला चाँद पूनम का प्यारा'। पं. भरत व्यास द्वारा लिखा गया यह गीत एक ऐसे प्रेमी की गहरी व्यथा को व्यक्त करता था जो अपनी प्रेयसी को खो चुका है।

इसकी धुन बनाते समय खुद खेमचन्द प्रकाश की मनोस्थिति भी ऐसी ही थी, क्योंकि उनकी बेहद चहेती पत्नी गुजर गई थी। इसके बाद वे खुद भी ज्यादा नहीं जी पाए। इस दर्द भरे गीत में कुछ बेहद प्यारा खो जाने की ऐसी गहरी टीस थी कि किशोर कुमार इसे अपने दस सबसे पसन्दीदा गानों में गिना करते थे। (यह सूची 1978 में प्रकाशित हुई थी।) इस फिल्म में किशोर साहू के साथ रमोला थीं। फिल्म के बहुत से हिट गीतों में 'न तुम आए न नींद आई' (शमशाद बेगम), 'रह न सकोगे हम बिन साजन' (शमशाद), 'मेरे घर आगे हैं दो-दो गलियाँ' (शमशाद-किशोर-मोहना) और 'हवा तू उनसे जाकर कह दे इक दीवाना आया है' (किशोर-शमशाद)।

किशोर साहू के बैनर की अगली फिल्म 'सावन आया रे' (1949) में भी खेमचन्द प्रकाश का संगीत था। नायक-नायिका भी वही थे—किशोर साहू और रमोला। यह एक सुपरहिट फिल्म साबित हुई। सुरों के बादशाह मुहम्मद रफी ने इसी फिल्म में पहली बार खेमचन्द प्रकाश के साथ गाया। यह लोकप्रिय युगल-गीत 'ऐ दिल न मुझे याद दिला बातें पुरानी' उन्होंने शमशाद बेगम के साथ गाया था। फिल्म के अन्य लोकप्रिय गीतों में 'नहीं फरियाद करते हम' (शमशाद), 'पहने पीली रंग सारी' (अमीरबाई), 'खुशी की आस रही दिल को' (खान मस्ताना) और 'ठंडी-ठंडी रात में' (शमशाद) शामिल थे।

लेकिन 'तानसेन' (1943) के बाद खेमचन्द प्रकाश के कैरियर का सबसे बड़ा कीर्ति स्तम्भ थी 'महल' (1949)। बॉम्बे टॉकीज की यह फिल्म हिन्दी फिल्म संगीत के इतिहास में एक महत्त्वपूर्ण मोड़ साबित हुई—एक ऐसा तूफान जिसने देश भर के सिने-दर्शकों और संगीत-प्रेमियों को अपनी चपेट में ले लिया। अशोक कुमार और मधुबाला की मुख्य भूमिकाओं वाली यह फिल्म एक गोल्डन जुबली फिल्म थी, जिसे आज भी एक अमर क्लासिक फिल्म के रूप में देखा जाता है। अपनी प्रिय पत्नी के देहान्त के कुछ ही समय बाद रचे गए इस फिल्म के संगीत में खेमचन्द प्रकाश ने मानो अपने दिल, अपनी आहों, अपनी पीड़ा और टीस को निचोड़कर रख दिया था। इतना दर्द भरा, गहरा और दमदार संगीत बहुत कम फिल्मों में देखने को मिला है। फिल्म के आठों गाने अपने-आपमें एक अनमोल रत्न से कम न थे, इसलिए 'तानसेन' की तरह इस फिल्म के सभी गानों की सूची भी हम अलग से एक तालिका में दे रहे हैं :

'मंहल' के आठ अनमोल गाने

क्रम	गीत	गायक/गायिका
1.	खामोश है जमाना... आएगा, आएगा, आएगा आने वाला	लता
2.	छुन-छुन घुंघरवा... ये रात फिर न आएगी	राजकुमारी-जोहरा
3.	मुश्किल है बहुत मुश्किल चाहत को भुला देना	लता
4.	घबरा के जो हम सर को	राजकुमारी
5.	मैं वो हसीन हूँ लब पे जो	राजकुमारी
6.	इक तीर चला दिल पे लगा हाय मेरा दिल	राजकुमारी
7.	दिल ने फिर याद किया बेवफा लौट भी आ	लता
8.	सुनो मोरे नैना	राजकुमारी

आठवाँ गाना फिल्म में नहीं रखा गया था, इसलिए दुर्भाग्यवश वह अब उपलब्ध नहीं है।

अकसर कहा जाता है कि अगर खेमचन्द प्रकाश ने कोई दूसरा गाना बनाया ही न होता और सिर्फ एक गाना 'आएगा आने वाला' बनाकर ही फिल्मों से विदा ले लेते, तो भी उनका नाम हमेशा के लिए अमर हो जाता। हमारा अपना भी मानना है कि यमन बिलावल पर आधारित यह सदाबहार गाना छह दशक बाद भी अपने-आपमें एक अनोखा सृजन बना हुआ है और कोई भी दूसरा गाना इसकी तुलना नहीं कर सकता।

इस गाने की परिकल्पना, रचना और रिकॉर्डिंग के पीछे भी एक दिलचस्प कहानी है। 'पुकार' और 'जेलर' जैसी बड़ी फिल्मों के प्रतिष्ठित लेखक कमाल अमरोही की एक निर्देशक के रूप में यह पहली फिल्म थी। वे इसे एक शाहकार और यादगार फिल्म बना देना चाहते थे। उन्हें लगता था कि अतृप्त प्रेम की अनूठी कथा को देखते हुए सिर्फ खेमचन्द प्रकाश ही फिल्म के विषय के साथ न्याय कर सकते थे। लेकिन खेमचन्द प्रकाश अपनी गिरती सेहत के कारण इस फिल्म को हाथ में लेने से हिचकिचा रहे थे। कमाल अमरोही नहीं माने और उनके बहुत जोर देने पर आखिर खेमचन्द प्रकाश राजी हो गए। इसका एक कारण फिल्म का विषय भी था, जो उनकी रगों में बसे संगीत में खलबली मचा रहा था। उन्होंने बड़ी लगन से फिल्म का पहला गाना 'आएगा आने वाला' तैयार किया। लता मंगेशकर के अनुसार, उन्हें पूरा हफ्ता इस गाने की रिहर्सल करनी पड़ी थी। लेकिन जब खेमचन्द प्रकाश ने बॉम्बे टॉकीज के कार्यकारी निर्माता सावक

वाचा को हारमोनियम पर यह गाना सुनाया तो उन्होंने मुँह बनाते हुए कहा, ''तुम कहते हो आएगा, आएगा... अरे भई कब आएगा?'' गीतकार जे. नक्शब भी इस धुन से खुश नहीं थे। लेकिन खेमचन्द प्रकाश और कमाल अमरोही अड़े रहे और अखिर में इसी धुन को फाइनल किया गया। गाने की शुरू की पंक्तियाँ 'खामोश है जमाना...' खुद कमाल अमरोही ने लिखी थीं, जबकि बाकी गाना नक्शब ने लिखा था। फिल्म के अतृप्त प्रेम और पुनर्जन्म के विषय को देखते हुए खेमचन्द प्रकाश ने इस गाने की रिकॉर्डिंग के समय एक नया प्रयोग किया। उन्होंने लता मंगेशकर को शुरू की पंक्तियाँ चलते-चलते गाने के लिए कहा। इसका बहुत अच्छा प्रभाव पड़ा। गाना शुरू होता था तो ऐसा लगता था जैसे कोई बहुत दूर से गा रहा हो, फिर धीरे-धीरे आवाज नजदीक आती जाती थी और आखिर में एक बार फिर कहीं दूर खोती हुई प्रतीत होती थी। यह गाना फिल्म के पर्दे पर तो और भी जादू-सा असर करता था। लता के दो अन्य गाने, पहाड़ी शैली का 'मुश्किल है बहुत मुश्किल' और 'दिल ने फिर याद किया' भी अद्‌भुत कलात्मक ऊँचाइयाँ लिए थे। मारू बिहाग पर आधारित मुजरा 'ये रात फिर न आएगी' भी राजकुमारी और जोहराबाई अम्बालेवाली ने इतने दिलकश और नशीले अन्दाज में गाया था कि श्रोता झूम-झूम उठते थे। राजकुमारी का सोलो 'घबरा के जो हम सर को' भी खूब बन पड़ा था। शास्त्रीय स्पर्श वाला यह गाना भी कोई कम लोकप्रिय नहीं हुआ था।

'महल' का संगीत सुरों के एक अद्‌भुत मेले और लय और ताल के एक अबूझ नृत्य से कम नहीं है। हवाओं में तैरता, भटकता हुआ-सा संगीत, जिसका हर सुर अतृप्त प्रेम की गहरी पीड़ा व्यक्त करता हुआ और रूहानी प्रभाव पैदा करता हुआ प्रतीत होता है। दिल की गहराइयों को झिंझोड़ता हुआ 'इक तीर चला' या 'मुश्किल है बहुत मुश्किल' हो या फिर नशीला और गुदगुदाता हुआ-सा 'ये रात फिर न आएगी', 'महल' का हर गीत दिल, दिमाग और आत्मा को किसी दूसरी दुनिया में ले जाता हुआ प्रतीत होता है। श्रोताओं के अन्तर्मन और उनकी रग-रग में बस जाने वाला संगीत शायद यही संगीत होता है।

पर अफसोस इतना उत्कृष्ट, अलौकिक और अमर संगीत रचने वाले खेमचन्द प्रकाश 'महल' की रिलीज के समय अस्पताल में पड़े थे। दुनिया उनके संगीत पर मोहित हो रही थी और वे दुनिया से हमेशा के लिए विदा लेने की राह देख रहे थे। और सचमुच 'महल' की रिलीज के कुछ ही महीनों बाद और इसकी जबर्दस्त बॉक्स ऑफिस सफलता के बीचोबीच 10 अगस्त, 1950 को वे इस दुनिया से हमेशा के लिए विदा हो गए। वे सिर्फ 42 वर्ष के थे। वे अपने पीछे ढेर सारे सुरीले संगीत का खजाना जरूर छोड़ गए थे, लेकिन उनके चाहनेवालों और प्रशंसकों का मन अभी नहीं भरा था, 'महल' के अतृप्त संगीत की तरह।

अपने असामयिक निधन के समय बहुत सारी फिल्में खेमचन्द प्रकाश के हाथ में थीं। इनमें से कुछ फिल्मों को उनके सहयोगियों तो कुछ को दूसरे संगीत-निर्देशकों ने पूरा किया। इनमें 'बिजली', नर्गिस और राजकपूर की 'जान-पहचान' (1950), नलिनी जयवन्त, किशोर कुमार और सज्जन की 'मुकद्दर' (1950), 'श्री गणेश जन्म' (1951) और देव आनन्द व मीना कुमारी की 'तमाशा' (1952) शामिल थीं।

खेमचन्द प्रकाश द्वारा संगीतबद्ध कुछ आखिरी (और उतने ही अनूठे और लोकप्रिय) गाने थे :

- ✯ किशोर कुमार और आशा भोंसले के सबसे पहले युगल-गीत 'एक दो तीन चार बागों में आई बहार' और 'आती है याद हमको कभी जनवरी कभी फरवरी' ('मुकद्दर')।
- ✯ गीता दत्त और तलत महमूद का बेहद लुभावना युगल-गीत 'अरमान भरे दिल की लगन तेरे लिए है' ('जान-पहचान'), जिसे नर्गिस और राजकपूर पर फिल्माया गया था।
- ✯ मुकेश और आशा भोंसले का युगल-गीत 'हमने सारी दुनिया छोड़ी' ('बिजली')।
- ✯ चोटी की अभिनेत्री नलिनी जयवन्त का सोलो गीत 'जब नैनों में कोई आन बसे' ('श्री गणेश जन्म')।

अपने दशक भर के छोटे-से कैरियर में खेमचन्द प्रकाश ने इतने सारे मधुर, रसीले और सुरीले गीतों की रचना की कि हमें बारह अनमोल गीत छाँटने के लिए काफी मगपच्ची करनी पड़ी। फिर भी हमने बड़े जतन से जो बारह मोती चुने, वे इस प्रकार हैं :

'जान पहचान'

'मुकद्दर'

'तमाशा'

खेमचन्द प्रकाश के 12 अनमोल रत्न			
क्रम	गीत	फिल्म	गायक/गायिका
1.	सैयाँ न जइयो न जइयो	फरियाद	राजकुमारी
2.	जो हमपे गुजरी है	मुमताज महल	खुर्शीद
3.	चन्दा देस पिया के जा	भ्रार्तृहरि	अमीरबाई कर्नाटकी
4.	बाग लगा दूँ सजनी	तानसेन	के.एल. सहगल
5.	घटा घनघोर घोर मोर मचाए शोर	तानसेन	खुर्शीद
6.	हम अपना उन्हें बना न सके	भँवर	के.एल. सहगल
7.	चन्दा रे जा रे जा रे	जिद्दी	लता
8.	जगमग-जगमग करता निकला	रिमझिम	किशोर
9.	आएगा, आएगा, आएगा आनेवाला	महल	लता
10.	घबरा के जो हम सबको	महल	राजकुमारी
11.	ये रात फिर न आएगी	महल	राजकुमारी-जोहराबाई
12.	अरमान भरे दिल की लगन	जान-पहचान	लता/गीता दत्त

अपने छोटे से कैरियर में भी खेमचन्द प्रकाश इतना बड़ा काम कर गए कि उनकी गिनती हिन्दी सिनेमा के महानतम संगीत-निर्देशकों में न करना असम्भव है। उन्होंने फिल्म संगीत को एक ऐसा विशिष्ट और अनूठा स्वरूप दिया जो शायद उन्हीं के बस की बात थी। उनके बाद कोई दूसरा खेमचन्द प्रकाश पैदा नहीं हुआ। ये रात फिर न आएगी, जवानी बीत जाएगी...।

वसन्त देसाई (1912-1975)

विशुद्ध शास्त्रीय संगीत के पुजारी

हिन्दी फिल्म संगीत के सुनहरी दौर में बहुत-से ऐसे संगीत के महारथी हुए जिन्होंने परम्परागत हिन्दुस्तानी शास्त्रीय संगीत का बहुत सुन्दर उपयोग किया, और उसे सरल बनाकर—जरूरत के अनुसार अपने-अपने ढंग से स्वतंत्रता लेते हुए—एक से एक सुरीले और यादगार गीत दिए। लेकिन वसन्त देसाई शायद ऐसे अकेले शीर्ष संगीतकार थे जिन्होंने कभी भी 'शुद्धता' का दामन नहीं छोड़ा और बहुत हठपूर्वक विशुद्ध शास्त्रीय संगीत देने और इसके नियमों और ढाँचे के साथ किसी तरह की स्वतंत्रता न लेने पर अड़े रहे। उन्होंने 49 फिल्मों में अत्यन्त मधुर और उत्कृष्ट संगीत दिया, जो खूब लोकप्रिय भी हुआ। इससे विशुद्ध शास्त्रीय संगीत पर उनकी पकड़ और किसी तरह के भटकाव के बिना सुरीला और लोकप्रिय संगीत रचने की उनकी धुन और लगन का पता चलता है।

वसन्त देसाई 7 जुलाई 1912 को महाराष्ट्र के कोंकण क्षेत्र (गोवा के पास) में पैदा हुए थे। उनके गाँव का नाम सोनवाड़ी था जो तत्कालीन सामन्तवाड़ी एस्टेट में पड़ता था। सभी होनहार बिरवानों की तरह उन्हें भी लड़कपन से ही नाचने-गाने का चस्का लग गया था। वे मराठी रंगमंच की दो विशिष्ट शैलियों 'लावणी' और 'पोंवड़ा' से बहुत ज्यादा प्रभावित थे। लेकिन यौवन की दहलीज पर पहुँचते ही दूसरे नवयुवकों की तरह वे भी सिनेमा की तरफ आकर्षित हो गए और उन्हें अभिनेता बनने की धुन सवार हो गई। तब हिन्दी और मराठी सिनेमा के जाने-माने निर्माता-निर्देशक-अभिनेता व्ही शांताराम और उनके पूना (अब पुणे) स्थित प्रभात स्टूडियो की धूम थी। थोड़े मोटे कद और गठीले बदन के वसन्त देसाई ने भी अपने बाल बढ़ाए और एक दिन व्ही शांताराम के सामने जाकर खड़े हो गए। व्ही शांताराम ने भी फौरन ही उन्हें रख लिया। उन दिनों स्टंट फिल्मों और हट्टे-कट्टे नायकों का जमाना था। जल्दी ही एक फिल्म 'खूनी खंजर' (1930) में उन्हें एक रोल भी मिल गया। इसके बाद कई और फिल्मों में भी उन्होंने छोटे-छोटे रोल निभाए। लेकिन संगीत के प्रति लड़कपन से ही उनका लगाव एक बार फिर जोर मारने लगा था। वे उस्ताद अब्दुल करीम खाँ साहब और संगीत-निर्देशक गोविन्दराव तेम्बे से संगीत सीखने लगे। उनकी रगों में रसा-बसा संगीत मानो छलककर बाहर आने को अधीर हो रहा था, इसलिए जल्दी ही वे प्रभात के कई संगीत-निर्देशकों के सहायक के रूप में काम करने लगे। इनमें केशवराव भोले, गोविन्दराव तेम्बे और मास्टर कृष्णराव शामिल थे। 'टॉकी' यानी बोलती हुई फिल्मों का युग आया तो वसन्त देसाई एक गायक-अभिनेता बन गए। प्रभात की पहली टॉकी (सवाक) फिल्म 'अयोध्याचे राजा' (1932) में भी उन्होंने गायक-अभिनेता के रूप में 'जय-जय राजाधिराज' गीत गाया था। प्रभात के संगीत-निर्देशकों के असिस्टेंट के रूप में काम करने के साथ-साथ वे कई हिन्दी/मराठी द्विभाषी फिल्मों में गायक-अभिनेता की भूमिकाएँ भी करते रहे। इनमें 'पड़ोसी', 'दुनिया न माने', 'अमृत मंथन', 'सन्त ज्ञानेश्वर' और 'अमर ज्योति' इत्यादि फिल्में शामिल थीं। वसन्त देसाई ने विद्रोही छवि वाली तेज-तर्रार अभिनेत्री शांता आप्टे के साथ कुछ युगल-गीत भी गाए।

इन सभी गतिविधियों के बीच भी वसन्त देसाई ने शास्त्रीय संगीत की शिक्षा और साधना का रास्ता नहीं छोड़ा था। वे बड़ी लगन से उस्ताद इनायत खाँ और डागर बन्धुओं से हिन्दुस्तानी शास्त्रीय संगीत (ध्रुपद और धमार) की गहरी शिक्षा लेते रहे। वे ऑल इंडिया रेडियो के लिए पार्टटाइम गायक का काम भी करते रहे।

VASANT DESAI

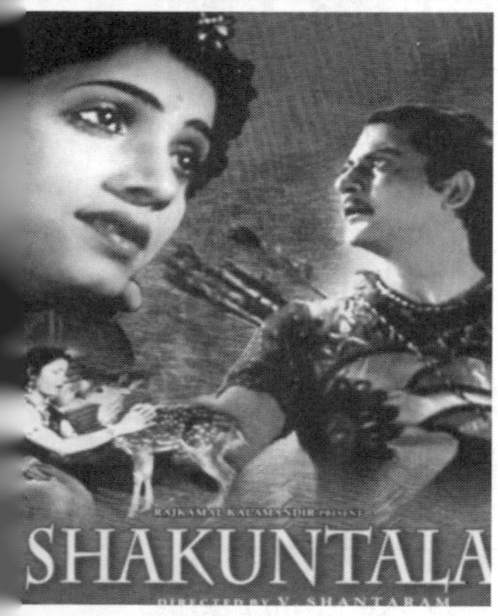

प्रभात स्टूडियो में व्ही शांताराम के कुछ दूसरे हिस्सेदार भी थे। आपस में मतभेद पैदा हो जाने के कारण उन्होंने प्रभात स्टूडियो को छोड़कर बम्बई (अब मुम्बई) में राजमकल कला मन्दिर के नाम से एक नया फिल्म स्टूडियो स्थापित करने का फैसला कर लिया। वसन्त देसाई भी उनके साथ बम्बई चले आए। कुछ दिन बाद वे वसन्त स्टूडियो के मालिक होमी वाडिया से मिलने गए तो उनके कसरती बदन को देखकर होमी वाडिया ने हँसते हुए पूछा, ''तुम संगीतकार हो या कोई पहलवान?'' वसन्त देसाई ने जवाब में उन्हें सेमी-क्लासिकल 'बिजली चमकन लागी' सुनाकर लाजवाब कर दिया। होमी वाडिया ने झट से उन्हें साइन कर लिया और वाडिया मूवीटोन की फिल्म 'शोभा' (1942) में वसन्त देसाई ने पहली बार एक स्वतंत्र संगीत-निर्देशक के रूप में संगीत दिया। इस फिल्म में अपने समय की प्रसिद्ध अभिनेत्री शोभना समर्थ (नूतन और तनूजा की माँ और काजोल की नानी) शाहू मोडक के साथ मुख्य भूमिका में थीं। फिल्म का निर्देशन शोभना के पति कुमारसेन समर्थ ने किया था। वाडिया मूवीटोन की 'आँख की शर्म' (1943) और वसन्त पिक्सर्च की 'मौज' वसन्त देसाई की अगली फिल्में थीं। होमी वाडिया के साथ पहली भेंट में उनके द्वारा सुनाए गए 'बिजली चमकन लागी' को 'आँख की शर्म' में शामिल कर लिया गया। इसी फिल्म में मीनाक्षी की ग़ज़ल 'आँख मिलते ही मुहब्बत हो गई' भी खूब लोकप्रिय हुई। वसन्त देसाई और होमी वाडिया में खूब छनने लगी थी। उनकी यह दोस्ती उम्र भर कायम रही। वसन्त देसाई बम्बई में वरली स्थित उनके घर 'वास द विन्सी' में उनसे मिलने जाते थे तो उन्हें 'पल्लाच्या पोरी जरा जाफन जाफन' सुनाना नहीं भूलते थे और होमी वाडिया हँसते-हँसते लोट-पोट हो जाते थे।

इस बीच व्ही शांताराम के नए स्टूडियो राजकमल कला मन्दिर के निर्माण का काम पूरा हो चुका था। स्टूडियो की पहली फिल्म 'शकुन्तला' (1943) में वसन्त देसाई ने ही संगीत दिया। फिल्म सुपरहिट रही और वसन्त देसाई सफलता के शिखर पर पहुँच गए।

'शकुन्तला' में 16 गाने थे, जिन्हें फिल्म की नायिका जयश्री (शांताराम की पत्नी और साठ के दशक की अभिनेत्री राजश्री की माँ) समेत जोहराबाई अम्बालेवाली, अमीरबाई कर्नाटकी और परशुराम ने गाया था। वसन्त देसाई ने शास्त्रीय रागों में मराठी लोक संगीत का रंग मिलाते हुए बहुत मधुर और लोकप्रिय गीतों की रचना की थी। उन्होंने खुद भी एक गाना 'किसी कन्या को' गाया था। फिल्म के सबसे लोकप्रिय गीतों में 'जीवन की नाव न डोले', 'कमल है मेरे सामने', 'मेरे बाबा ने बात मेरी' और कई हिस्सोंवाला 'प्यारी-प्यारी ये सच' शामिल थे। कई वर्ष बाद शांताराम ने 'शकुन्तला' को 'स्त्री' (1963) के नाम से दोबारा बनाया। इस रंगीन फिल्म में संध्या उनकी नायिका थीं और संगीत सी. रामचन्द्र का था। लेकिन यह फिल्म बुरी तरह फ्लॉप हो गई। मूल 'शकुन्तला' के गीत दीवान शरार और रत्न पिया ने लिखे थे। वसन्त देसाई और व्ही शांताराम उम्र भर एक-दूसरे से जुड़े रहे। बीच में कुछ रचनात्मक मतभेदों के कारण थोड़ा तनाव जरूर आया था। वसन्त देसाई ने व्ही शांताराम द्वारा निर्मित बारह हिन्दी फिल्मों में संगीत दिया, जो अपने-आपमें एक रिकॉर्ड है। उन्होंने इस बैनर की बहुत-सी मराठी फिल्मों में भी संगीत दिया। वसन्त देसाई के संगीत से सजी व्ही शांताराम की बारह हिन्दी फिल्मों में 'शकुन्तला', 'पर्वत पे अपना डेरा', 'डॉ. कोटनीस की अमर कहानी', 'जीवन यात्रा', 'अंधों की दुनिया', 'मतवाला शायर राम जोशी', 'दहेज', 'झनक झनक पायल बाजे', 'तूफान और दीया', 'दो आँखें बारह हाथ', 'मौसी' और 'लड़की सहयाद्री की' शामिल हैं। 'शकुन्तला' के बाद व्ही शांताराम की अगली फिल्म 'पर्वत पे अपना डेरा' पाखंडी साधुओं के विषय पर आधारित थी। इस फिल्म में प्रतिध्वनि के प्रभाव (ईको-इफेक्ट) का बड़ा सुन्दर प्रयोग करते हुए वसन्त देसाई ने दौर से हटकर बिलकुल नई शैली का संगीत दिया था। इस हिट फिल्म के लोकप्रिय गीतों में 'परेशान हूँ कि क्यों मेरी' (अमीरबाई), 'सपनों में आने वाले' (खान मस्ताना), 'जो दर्द बनके जमाने पे छाए जाते हैं' (जोहराबाई), 'आँखोंवाले तू देख के चल' और 'आती है इक बार' शामिल थे।

'डॉ. कोटनीस की अमर कहानी' (1946) व्ही शांताराम की महानतम फिल्मों में शामिल थी, जिसे आज भी हिन्दी सिनेमा के एक मील के पत्थर के रूप में देखा जाता है। यह चीन में एक महामारी के दौरान मानवता की सेवा में अपना सर्वस्व झोंक देने वाले एक समर्पित भारतीय डॉक्टर की कहानी थी। वसन्त देसाई के संगीत से सजी इस फिल्म को चीन के लोग आज भी भुला नहीं पाए हैं। उन्होंने चीन की विशिष्ट संगीत शैली से प्रेरणा लेते हुए कुछ बहुत प्यारे गीतों की रचना की थी। इनमें चीनी युद्ध-गीत 'चिलाई' से प्रेरित 'चल आ गुलामी नहीं तू जोश में आ' (जयश्री) और 'मैं नन्ही-नन्ही दुल्हन' (जयश्री) शामिल थे। लेकिन फिल्म का सबसे सुपरहिट गीत था ठेठ भारतीय लोक शैली पर आधारित 'परदेसी रे' (जीनत)। बॉक्स ऑफिस पर खूब धूम मचाने वाली इस फिल्म के गीत दीवान शरार ने लिखे थे।

व्ही शांताराम और वसन्त देसाई की अगली फिल्म 'जीवन यात्रा' (1946) के निर्देशक मास्टर विनायक (अभिनेत्री नन्दा के पिता) थे। जीनत की आवाज में 'ऐ रात सियाह' बड़ा मोहक और मधुर गीत था। फिल्म का एक और आश्चर्य था नई-नई उभर रही लता मंगेशकर की आवाज में 'चिड़िया बोले चूँ-चूँ-चूँ'। वसन्त देसाई की अगली फिल्म 'सुभद्रा' (1947) में लता ने कुछ गीत गाने के साथ-साथ एक छोटी-सी भूमिका भी निभाई थी। प्रफुल्ल पिक्चर्स के बैनर तले

लता और वसन्त देसाई

वसन्त देसाई

बनी इस फिल्म के निर्देशक भी मास्टर विनायक थे। फिल्म के लोकप्रिय गीतों में लता का 'साँवरेया ओए बाँसुरिया बजाए गयो रे' शामिल था, जो आने वाले दिनों में उनके वसन्त देसाई—बल्कि ओ.पी. नैयर को छोड़कर हिन्दी सिनेमा के सभी महारथी संगीतकारों—की सबसे प्रिय गायिका बन जाने का मानो पूर्व संकेत था।

यह वह दौर था जब देश की आजादी का आन्दोलन अपने चरम पर था। इसका प्रभाव सिनेमा पर भी दिखाई दे रहा था और राष्ट्रप्रेम, गांधीजी के नैतिकतावाद और मानवतावाद से प्रेरित फिल्मों की बाढ़-सी आ गई थी। राजकमल कला मन्दिर की 'अंधों की दुनिया' (1947) ऐसी ही एक फिल्म थी। अभिनेता के. दाते द्वारा निर्देशित इस फिल्म में लीला चिटणिस, मनमोहन कृष्ण और मुनव्वर मुख्य भूमिकाओं में थे। वसन्त देसाई ने इस फिल्म में कई हिट गीत दिए थे, जिनमें 'गरीबों के दाता गरीबों के', 'कोई बता दे मुझे दर्द-ए-मुहब्बत' और 'सुनाऊँ हाल-ए-दिल किसको' इत्यादि शामिल थे। राजकमल की अगली फिल्म 'मतवाला शायर राम जोशी' (1947) का निर्देशन व्ही शंताराम और बाबूराव पेन्टर ने संयुक्त रूप से किया था। अभिनेता मनमोहन कृष्ण ने शायर राम जोशी की मुख्य भूमिका निभाई थी। वसन्त देसाई ने फिल्म के विषय के अनुरूप संगीत को मराठी पृष्ठभूमि देते हुए 'लावणी' और 'पोंवडा' जैसी लोक शैलियों का भरपूर प्रयोग किया था। फिल्म के अधिकांश गाने जोहराबाई अम्बालेवाली और फिल्म के नायक मनमोहन कृष्ण ने गाए थे। इनमें 'सखी री मोहे निस दिन विरहा सताए', 'यमुना तट पर खेलें होरी', 'छवि रूपकला री त्रिवेणी', 'भाई सावधान सोनभँवर उड़ जाएगा', 'धूप-छाँव के खेल-खेल में' और 'देखो मेरी उमरिया है बाली' खूब लोकप्रिय हुए थे। जोहराबाई की ग़ज़ल 'अब तो हमारा यह आलम है' भी खूब बन पड़ी थी। कहा जाता है कि फिल्म के गानों के लिए जोहराबाई अम्बालेवाली को 40,000 रुपए दिए गए थे, जो उस जमाने में नायक-नायिका को भी नहीं मिलते थे।

मास्टर विनायक और दिनकर पाटिल द्वारा संयुक्त रूप से निर्देशित 'मन्दिर' (1948) में भी वसन्त देसाई के कई सुन्दर गीत थे। जहाँ 'चले जाओ—क्विट इंडिया' में देशप्रेम झलकता था, वहीं गाँधीजी के प्रिय भजन 'वैष्णव जन तो तैने कहिए' की मधुर प्रस्तुति मन को असीम शांति प्रदान करती थी।

वसन्त देसाई ने बहुत से सुरीले भजनों की रचना की। मिनर्वा मूवीटोन की 'नरसिंह अवतार' (1949) में लता के दो भजन 'भज रे मधुर-मधुर नाम' और 'हरि को बिसरो न हरि बिसरेंगे' खूब लोकप्रिय हुए थे। फिल्म भी एक औसत हिट फिल्म थी। उनकी अगली फिल्म 'उद्धार' (1949) में भी लता का एक भजन था—'करो रान हो राम फिर श्रीमुख कभी न खोला'। एस.एस. कुलकर्णी द्वारा निर्देशित इस फिल्म में देव आनन्द और मुनव्वर सुल्ताना मुख्य भूमिकाओं में थे। फिल्म के अन्य लोकप्रिय गीतों में 'बादर की चादर में' (मोहनदास तलपदे), 'आज जिंदगी के बन्द द्वार' (लता), 'पतझड़ के दिन बीत गए' और बेहद लुभावना 'रात जा रही है' (लता) शामिल थे। 'रात जा रही है' में हवई गिटार के टुकड़ों का बड़ा सुन्दर प्रयोग किया गया था। इसी वर्ष रिलीज हुई वसन्त देसाई की तीसरी फिल्म 'नई तालीम' (1949) में भी पियानो के मधुर प्रयोग वाले 'आ गई है बहार' (लता) और परेड गीत 'तालीम का तराना' (रफी) समेत कई लोकप्रिय गाने थे।

हमेशा उद्देश्यपूर्ण फिल्में बनाने वाले व्ही शांताराम की 'दहेज' (1950) अपने नाम के अनुरूप दहेज प्रथा की बुराइयों पर आधारित थी। पृथ्वीराज कपूर, जयश्री और करन दीवान की मुख्य भूमिकाओं वाली इस फिल्म में भी वसन्त देसाई ने बहुत कर्णप्रिय संगीत दिया था। 'आम्बुआ की डारी से' (जयश्री), 'आ जा निगाहों में आ जा' (कृष्ण गोयल), 'चूड़ी धीरे पहना' (शमशाद बेगम), 'जो दिल पे गुजरती है' (जयश्री), 'वो तो बाँस बरेली' (जयश्री) और 'ऐ काले बादल बोल' (शमशाद) जैसे गीत श्रोताओं में खूब लोकप्रिय हुए थे। 'कागज की नाव' के नाम से शुरू की गई इस फिल्म का नाम बाद में बदल गया था। व्ही शांताराम की बहुत-सी फिल्मों की तरह यह फिल्म भी एक सुपरहिट फिल्म साबित हुई।

इसी वर्ष वसन्त देसाई ने बॉम्बे टॉकीज की एक फिल्म 'हमारा हिन्दुस्तान' (1950) में भी संगीत दिया। जर्मन सिनेमैटोग्राफर पॉल जिल्स द्वारा निर्देशित यह फिल्म डाक्यूमेंट्री शैली की फिल्म थी और इसका बैकग्राउंड म्यूजिक इसका एक उल्लेखनीय पहलू था। बाद में वसन्त देसाई को बैकग्राउंड संगीत के विशेषज्ञ के रूप में भी देखा जाने लगा था। इस

फिल्म में एक शिव-नृत्य भी था, जिसमें उन्होंने बड़ा अद्‌भुत संगीत दिया था। इस नृत्य में पृथ्वीराज कपूर, देव आनन्द और नलिनी जयवन्त जैसे कई बड़े सितारों ने हिस्सा लिया था।

वसन्त देसाई की अगली फिल्म सोहराब मोदी की शाहकार और सुपरहिट फिल्म 'शीशमहल' (1950) थी। सामन्ती पारिवारक व्यवस्था के पतन के विषय पर आधारित यह फिल्म एक सामाजिक भावना-प्रधान फिल्म थी, जिसमें वसन्त देसाई को बहुत मधुर और लुभावना संगीत देने का अवसर मिला था। शमशाद बेगम द्वारा गाया गया फिल्म का सबसे लोकप्रिय गीत 'हुस्नवालों की गलियों से जाना नहीं' अपने समय की सबसे खूबसूरत नायिका नसीम बानू (सायरा बानू की माँ) पर फिल्माया गया था। फिल्म के कई दूसरे गानों 'जिसे ढूँढती रहती है' (रफी-गीता दत्त), 'तकदीर बनाने वाले ने' (पुष्पा हंस), 'धूप-छाँव है दुनिया' (शमशाद बेगम) और 'तुम देख रहे हो' (पुष्पा हंस) ने भी खूब धूम मचाई थी। इस फिल्म के गीत शम्स लखनवी और नजीम पानीपती ने लिखे थे।

1951 में रिलीज हुई 'जीवन तारा' में एक नहीं, दो नहीं बल्कि तीन-तीन संगीत-निर्देशक थे—वसन्त देसाई, चित्रगुप्त और शंकरराव व्यास। वसन्त देसाई द्वारा संगीतबद्ध इस फिल्म के तीन गीत 'जगमग-जगमग दीप जले' (आशा भोंसले), 'ओ छुप-छुपके सपनों में' (आशा-जी.एस. दुर्रानी) और 'ओ महलों में रहने वाले बालमा' (आशा-सुलोचना कदम) प्रेम धवन ने लिखे थे।

1951 की तरह 1952 में भी वसन्त देसाई की एक ही फिल्म रिलीज हुई—'हैदराबाद की नाजनीन'। एस.एम. यूसुफ निर्देशित यह फिल्म अपने नाम के अनुरूप मुस्लिम पृष्ठभूमि पर आधारित थी। इसका संगीत तैयार करते समय वसन्त देसाई की उर्दू की गहरी समझ बड़े काम आई और 'वे क्या-क्या न लोग चल बसे शौक-ए-जमाल-ए-यार में' (लता) और 'नजरों के सामने करार आ न सकेगा' (राजकुमारी) जैसे शानदार और यादगार गाने बना सके। लता का 'जाओ चमका सुबह का तारा' भी खूब लोकप्रिय हुआ था।

1953 में एक बार फिर वसन्त देसाई की तीन फिल्में देखने को मिलीं। एस.एम. यूसुफ निर्देशित 'आनन्द भुवन' में जहाँ लता की दो बड़ी शानदार ग़ज़लें 'उस दिल की भला ताबीर हो क्या' और 'क्या हमसे हुआ कसूर' सुनने को मिलीं, वहीं आर.एल. मल्होत्रा निर्देशित 'धुआँ' में वसन्त देसाई द्वारा संगीतबद्ध इकलौते गीत 'मैं सागर की मस्त लहर' (लता) ने श्रोताओं को मंत्रमुग्ध कर दिया। इस फिल्म के अन्य गीत धनीराम ने तैयार किए थे।

पर इस वर्ष वसन्त देसाई की सबसे महत्त्वाकांक्षी फिल्म थी सोहराब मोदी की भव्य और पहली रंगीन फिल्म 'झाँसी की रानी'। सोहराब मोदी के मिनर्वा मूवीटोन के लिए यह वसन्त देसाई की तीसरी फिल्म थी। इस फिल्म के गाने तो अपनी जगह प्रेरणादायक और देशभक्ति से परिपूर्ण थे ही—जैसेकि 'अमर है झाँसी की रानी' और 'हमारा प्यारा हिन्दुस्तान'—लेकिन इस फिल्म के बैकग्राउंड संगीत का भी जवाब नहीं था, खासकर सिंह-नृत्य और ग्वालियर राजदरबार के नृत्य का संगीत। अपने बैनर की इस पहली रंगीन फिल्म पर पानी की तरह पैसा बहाने के बावजूद सोहराब मोदी को बॉक्स ऑफिस पर असफलता का मुँह देखना पड़ा। यह फिल्म उनके बैनर मिनर्वा मूवीटोन के लिए एक बड़ा झटका साबित हुई। इस महत्त्वाकांक्षी फिल्म के गीत पंडित राधेश्याम ने लिखे थे।

☆

दरअसल वह बहुत सारी महत्त्वाकांक्षी फिल्मों का दौर था। महबूब खान 1952 में 'आन' बनाकर भारत में रंगीन फिल्मों के युग का सूत्रपात कर चुके थे। इस फिल्म की जबर्दस्त सफलता से प्रभावित होकर ही सोहराब मोदी ने 'झाँसी की रानी' को इतने भव्य पैमाने पर और टेक्नीकलर में बनाने की हिम्मत की थी। अब इन दो महारथियों की तरह तीसरे महारथी व्ही शांताराम ने भी एक भव्य और रंगीन फिल्म बनाने का सपना संजो डाला—'झनक झनक पायल बाजे' (1955) के रूप में। अपनी इस महत्त्वाकांक्षी फिल्म के संगीत के लिए उन्होंने एक बार फिर अपने प्रिय संगीत-निर्देशक वसन्त देसाई को चुना। दरअसल यह पूरी तरह से एक संगीत-प्रधान फिल्म थी। पूरी तरह से सिर्फ नृत्य और संगीत पर आधारित

लता और वसन्त देसाई

वसन्त देसाई कुछ महान प्रतिभाओं के साथ : काम और विश्राम

फिल्म। इसमें न तो कोई नाटकीय कथा थी और न बड़े सितारे ही। फिल्म की नायिका संध्या थी जबकि नृत्य निर्देशक गोपी कृष्ण ने नायक की भूमिका निभाई थी। यह सचमुच ही बहुत जोखिम भरा, अपने-आपमें अनूठा और प्रयोगात्मक प्रयास था। लेकिन व्ही शांताराम को मालूम था कि वे क्या बनाने जा रहे थे और उन्होंने जो कुछ बनाया उसने बॉक्स ऑफिस पर ऐसी धूम मचाई कि फिल्म ने एक बरस तक सिनेमाघरों से उतरने का नाम ही नहीं लिया।

वसन्त देसाई ने भी इस अनूठी चुनौती को बखूबी स्वीकारा और ऐसा संगीत दिया कि इस कलात्मक फिल्म के सौन्दर्य, आकर्षण और प्रभाव को चार चाँद लग गए। फिल्म के हर गीत, हर नृत्य-संगीत और बैकग्रउंड संगीत के हर टुकड़े ने दर्शकों का मन मोह लिया। शायद ही किसी दूसरे गीत में राग मालगूँजी की इतनी सुन्दर अभिव्यक्ति दिखाई दी हो, जितनी कि लता और हेमन्त कुमार के युगल-गीत 'नैन से नैन नाही मिलाओ' में। हिन्दी सिनेमा के गीतों के खजाने में यह गीत एक अनमोल मोती से कम नहीं है। नौशाद से प्रेरणा लेते हुए वसन्त देसाई ने उस्ताद अमीर खाँ को फिल्म का टाइटल ट्रैक गीत 'झनक झनक पायल बाजे' गाने के लिए राजी कर लिया, जिसे उन्होंने राग अडाना में बड़े अद्‌भुत अन्दाज में गाया। लता का सुरीला भजन 'जो तुम तोड़ो पिया मैं नहीं' और मन्ना डे के साथ उनका डुएट 'मेरे ए दिल बता' दोनों ही राग भैरवी पर आधारित थे और अपनी अनूठी और हृदयस्पर्शी प्रस्तुति के कारण आज भी श्रोताओं को मोहित कर देते हैं। इसी तरह राग देस पर आधारित लता का 'सैयाँ जाओ-जाओ मोसे न बोलो' भी अपनी अद्वितीय अभिव्यक्ति के कारण आज भी याद किया जाता है। विशुद्ध शास्त्रीय 'नृत्य बन्दिश', 'मुरली मनोहर मोहन गिरधर' और 'मुझे गोप-गवाला कहते हैं' भी खूब बन पड़े थे। इस फिल्म के गीतों को दीवान शरार और हसरत जयपुरी ने लिखा था।

अब वसन्त देसाई अपनी प्रसिद्धि के चरम शिखर पर थे। उन्हें कलात्मक और उत्कृष्ट संगीत के विद्वान के रूप में देखा जाने लगा था, जिनकी लोकप्रियता को 'झनक झनक पायल बाजे' की अपार सफलता ने घर-घर तक पहुँचा दिया था। राजकमल कला मन्दिर की अगली फिल्म 'तूफान और दीया' (1956) ने उन्हें दर्शकों-श्रोताओं मे और भी लोकप्रिय बना दिया। प्रभात कुमार द्वारा निर्देशित इस फिल्म में राजेन्द्र कुमार और नन्दा मुख्य भूमिकाओं में थे फिल्म के एक से एक रसीले गीतों में ज्यादातर लता ही छाई हुई थीं। राग जौनपुरी पर आधारित मीरा का भजन 'पियो ने कहाँ गयो ने हरा लगाए' हो या फिर अवधी लोकगीत शैली का 'मुरलिया बाजे री जमुना के तीर' या राजस्थानी लोक शैली पर आधारित 'गिरधारी म्हाने चाकर राखोजी'—लता ने इन सभी को बड़े मोहक और मधुर अन्दाज में गाया था। ऊँचे सुरों वाला 'मेरी आन भगवान' भी बहुत सुन्दर बन पड़ा था। लता और गीता दत्त का विदाई गीत 'मेरी छोटी सी बहन देखो गहने पहन' भी कम नहीं था। मन्ना डे की आवाज में फिल्म का टाइटल गीत 'निर्बल से लड़ाई बलवान की, ये कहानी है दीए की और तूफान की' भी अद्‌भुत था और खूब लोकप्रिय हुआ था। दो गीत शमशाद बेगम ने भी गाए थे—'आँखों में आँखें डाल के' और 'दिल तुमने लिया है'—जिनमें कोरस का भी प्रयोग किया गया था। फिल्म के गीत पं. भरत व्यास और हसरत जयपुरी ने लिखे थे।

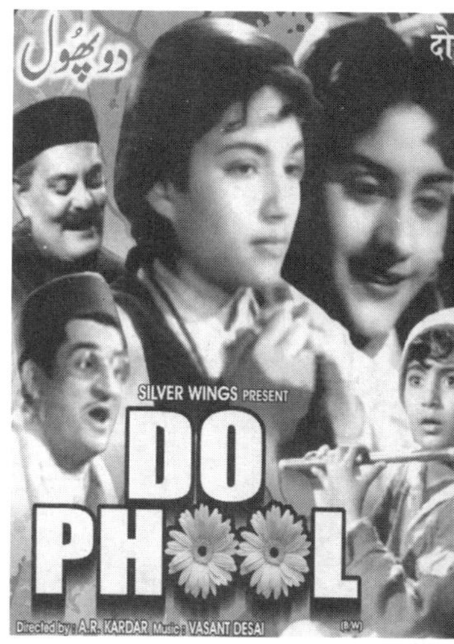

वसन्त देसाई एक असाधारण संगीत-निर्देशक थे। वे न तो लिखे हुए गीत के हिसाब से धुन बनाते थे और न धुन के हिसाब से गीत लिखवाते थे। वे फिल्म की सिचुएशन के अनुसार संगीत और गीत का साथ-साथ सृजन करना पसन्द करते थे। उनके इंटरल्यूड गीत के मुखड़े और अन्तरों के साथ इतने घुले-मिले होते थे कि स्वर और ऑर्केस्ट्रेशन में अनूठी समरसता दिखाई देती थी। वे भारी-भरकम ऑर्केस्ट्रेशन के भी विरुद्ध थे और गायकों को गीत की भावनाओं को अपने तरीके से अभिव्यक्त करने की स्वतंत्रता देते थे। इसे समझने के लिए लता और गीता दत्त का दोगाना (युगल-गीत) 'अखियाँ भूल गई हैं सोना' ('गूँज उठी शहनाई') जरा ध्यान से सुनकर देखिए!

'झनक झनक पायल बाजे' के बाद 'दो आँखें बारह हाथ' व्ही शांताराम की एक और क्लास्कि और मास्टरपीस फिल्म थी। इस फिल्म को राष्ट्रपति के स्वर्ण पदक के साथ-साथ बर्लिन फिल्म समारोह में 'सिल्वर बीयर' प्राप्त करने का गौरव प्राप्त हुआ था। इसमें भी वसन्त देसाई ने उत्कृष्ट और अमर संगीत दिया था। भैरवी राग पर आधारित प्रार्थना 'ऐ मालिक तेरे बन्दे हम' (लता) तो आज तक देश भर में गूँज रही है और कई स्कूलों, कॉलेजों, संस्थानों और सांस्कृतिक कार्यक्रमों में आज भी गाई जाती है। इस प्रार्थना-गीत की धुन जितनी लाजवाब है उतनी ही लता की अदायगी भी। फिल्म का एक दूसरा गीत—'सैयाँ झूठों का बड़ा सरताज निकला' (लता) भी खूब लोकप्रिय हुआ था। चिकारा के इंटरल्यूडों वाला यह गीत नायिका संध्या पर इतने आकर्षक ढंग से फिल्माया गया था कि दर्शक इस गीत के दौरान उनकी मस्ती भरी चाल पर झूम-झूम उठते थे। और फिर 'उमड़-घुमड़ कर आई रे घटा' (लता-मन्ना डे), 'तक-ताक धूम-धूम' (लता) और 'मैं गाऊँ तू चुप हो जा' (लता) भी कितने लुभावने और अद्‌भुत गीत थे। फिल्म के इन सभी सुरीले और सार्थक गीतों को पं. भरत व्यास ने लिखा था।

यह वह वक्त था जब व्ही शांताराम और वसन्त देसाई दोनों ही अपनी सफलता और प्रसिद्धि के शिखर पर थे। 'दो आँखें बारह हाथ' के निर्माण के दौरान न जाने क्या हुआ कि दोनों में कुछ मतभेद पैदा हो गए। ये मतभेद अगली फिल्म

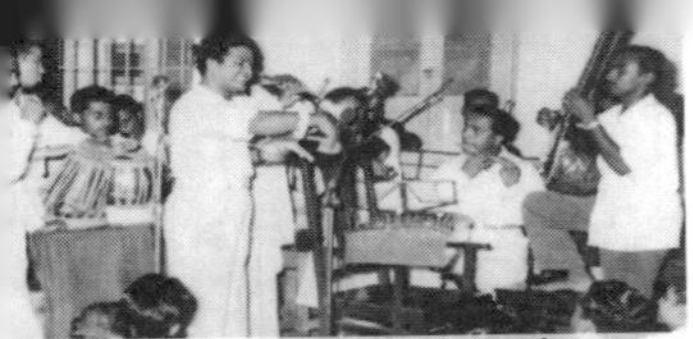

वसन्त देसाई अपनी ऑर्केस्ट्रा टीम के साथ

'मौसी' (1958) के निर्माण के दौरान भी जारी रहे। परिणामस्वरूप इस फिल्म के बाद दोनों अलग हो गए। अगले आठ-दस वर्षों तक दोनों ने साथ-साथ काम नहीं किया। प्रभात कुमार द्वारा निर्देशित 'मौसी' में भी वसन्त देसाई ने कुछ लुभावने गीत दिए थे। इनमें लता और तलत के डुएट 'टिम-टिम-टिम तारों के दीप जले' के साथ-साथ आशा भोंसले का अनूठा कोरस गीत 'जा री जा बाई मैं दियूँ विदाई' और लता का 'मेरी गोदी में गोपाला मन में मगन' शमिल थे।

'गूँज उठी शहनाई'

ए.आर कारदार निर्देशित 'दो फूल' (1958) भी वसन्त देसाई के कई सुरीले गीतों से सजी हुई फिल्म थी। इस बार अपनी जानी-पहचानी शास्त्रीय शैली में उन्होंने कई मोहक धुनें बनाईं और हसरत जयपुरी ने उतने ही मोहक गीत लिखे। फिल्म के लोकप्रिय गीतों में राग कलावती पर आधारित 'आई परी रंग भरी' (आशा भोंसले), 'रूठी जाए न गुजरिया' (लता-आशा), 'तड़प-तड़प के कटी उम्र आशियाने में' (लता), 'आजा-आजा रे हाय' (लता), 'कान्हा न छेड़ो' (आशा भोंसले), 'दूर अँधेरा है' (लता) और 'मटक-मटक' (आरती मुखर्जी) शामिल थे। लेकिन इन लोकप्रिय गीतों के बावजूद बॉक्स ऑफिस पर फिल्म कोई खास धूम नहीं मचा सकी।

मार्स एंड मूवीज बैनर की 'अर्धांगिनी' (1958) वसन्त देसाई की एक और उल्लेखनीय फिल्म थी। यह फिल्म प्रतिष्ठित निर्देशक अमिय चक्रवर्ती ने अपने खुद के बैनर तले बनाई थी और इसमें मीना कुमारी और राजकुमार जैसे बड़े सितारे थे। बॉक्स ऑफिस पर औसत सफल इस फिल्म में कई सुरीले गीत थे। इनमें लता के दो गीत 'तेरा खत लेके सनम' और 'अपने सैयाँ से नेहा लगइबे' काफी लोकप्रिय हुए थे। फिल्म के अन्य गीतों में 'बड़े भोले हो कृष्ण मुरारी' (लता), 'प्यार में मिलना सनम' (लता-सुबीर सेन), 'तूने जो इधर देखा' (रफी-गीता दत्त), 'कल सजना मिलना यहाँ' (रफी-गीता दत्त) और 'दिल तो हम हारे' (रफी-गीता दत्त) शामिल थे। फिल्म के गीत मजरूह सुल्तानपुरी ने लिखे थे। इसी वर्ष रिलीज हुई वसन्त देसाई की एक और फिल्म 'दो बहनें' (1959) में राजेन्द्र कुमार, श्यामा और चाँद उस्मानी मुख्य भूमिकाओं में थे। केदार कपूर द्वारा निर्देशित इस फिल्म में लता का एक बड़ा मोहक गीत था—'सैयाँ प्यारा है अपना मिलन'। इसके अलावा 'मैं नटखट एक कली' (लता), 'झुक-झुक झोला खाए बदरिया' (लता-महेन्द्र कपूर) और 'मुखड़ा देख ले प्राणी' (प्रदीप) फिल्म के अन्य लुभावने गीतों में शामिल थे। पं. प्रदीप के गीतों वाली इस फिल्म को बॉक्स ऑफिस पर दर्शकों ने नकार दिया।

1950 के दशक की वसन्त देसाई की आखिरी बड़ी सफलता थी प्रकाश पिक्चर्स की 'गूँज उठी शहनाई' (1959), जिसमें उत्कृष्ट संगीत की शहनाई एक बार फिर पूरे जोर से गूँजी। विजय भट्ट द्वारा निर्देशित इस फिल्म में राजेन्द्र कुमार और अमिता मुख्य भूमिकाओं में थे। इस फिल्म को वसन्त देसाई के कैरियर की सबसे बड़ी उपलब्धियों में रखा जा सकता है। फिल्म के आठों गीत एक से बढ़कर एक थे और खूब लोकप्रिय हुए थे। फिल्म भी खूब चली थी। एक संगीत गुरु और उसके शिष्य की कथा पर आधारित इस फिल्म की पृष्ठभूमि ही संगीत थी, इसलिए वसन्त देसाई को अपनी प्रतिभा के प्रदर्शन का भरपूर अवसर मिल गया था। उन्होंने इतना मधुर और उत्कृष्ट संगीत दिया कि इस फिल्म को हिन्दी फिल्म संगीत के मील के पत्थरों में गिना जाता है। गीतों के अलावा फिल्म में कई जगह अद्‌भुत शहनाई-वादन और उस्ताद बिस्मिलाह खाँ और उस्ताद अब्दुल हलीम जाफर खाँ जैसे संगीत के महारथियों की अनूठी जुगलबन्दियाँ भी थीं। वाद्य-संगीत के ये टुकड़े इतने गजब के थे कि गानों के अलावा इनकी भी रिकॉर्ड डिस्कें बनाई गईं जो खूब बिकीं। फिल्म के आठ सुपरहिट गानों के लिए वसन्त देसाई ने बहुत से रागों का इस्तेमाल किया था। राग बिहाग पर आधारित 'तेरे सुर और मेरे गीत' (लता) हो या गारा आधारित लुभावना युगल-गीत 'जीवन में पिया तेरा साथ रहे' (लता-रफी); भैरवी पर आधारित दर्द भरा 'दिल का खिलौना हाय टूट गया' हो या दिल को चीर-चीर करता हुआ 'कह दो कोई न करे यहाँ प्यार' (रफी)—सभी एक से एक बढ़कर थे। राग झिंझोटी पर आधारित युगल-गीत 'तेरी शहनाई बोले सुनके दिल मेरा डोले' (लता-रफी), गरबा शैली का 'हौले-हौले घूँघट पट खोले' और लता और गीता दत्त का 'अखियाँ भूल गई हैं सोना' भी कम नहीं थे। लता-गीता के इसी युगल-गीत की तारीफ हम पीछे कर चुके हैं जिसमें कोरस का अद्‌भुत प्रयोग किया गया था। पहाड़ी, जयजयवन्ती, भैरवी और कजरी में उस्ताद बिस्मिल्लाह खान का शहनाई-वादन और केदार राग में सितार-वादक उस्ताद अब्दुल हलीम जाफर खाँ के साथ उनकी जुगलबन्दी किसी भी संगीत प्रेमी को दीवाना बनाने के लिए काफी थी। 'गूँज उठी शहनाई' ने भारतीय फिल्म संगीत को नई ऊँचाइयों पर पहुँचा दिया था, जिसके पीछे वसन्त देसाई की कर्मठ और अटूट साधना का हाथ था। गीत-संगीत की इस शानदार जयमाला में गीतों के बोल लिखने की जिम्मेदारी पं. भरत व्यास ने निभाई थी।

इसी वर्ष रिलीज हुई 'स्कूल मास्टर' (1959) एक छोटे बजट की फिल्म थी। मद्रास (अब चेन्नई) के एक बैनर द्वारा निर्मित यह फिल्म वसन्त देसाई की पहली 'साउथ' फिल्म थी। बी.आर. पन्थालु निर्देशित इस फिल्म को लता के दो युगल-गीतों 'ओ दिलदार बोलो इक बार' (तलत के साथ) और 'तार-तार बज रहा दिल के सुरबहार का' (मन्ना डे के साथ) के लिए याद किया जाता है। इसी तरह जयराज की मुख्य भूमिका वाली 'सम्राट पृथ्वीराज चौहान' (1959)

को मुहम्मद रफी के गजब के आल्हा 'धन्यवाद कविचन्द पुकारे जुग-जुग जीयो कनोजी राम' के लिए याद किया जाता है, जिसे उन्होंने अपनी बुलन्द आवाज में बड़े शानदार अन्दाज में गाया था। लेकिन ये दोनों ही फिल्में कुछ खास नहीं चलीं और 'गूँज उठी शहनाई' के मुकाबले बहुत फीकी-फीकी साबित हुईं।

एक वर्ष के विराम के बाद वसन्त देसाई अपने प्रशंसकों के लिए महेश कौल की 'प्यार की प्यास' (1961) लेकर आए। इस फिल्म में एक बार फिर उन्होंने दिखा दिया कि असाधारण और उत्कृष्ट संगीत देने की उनकी क्षमता जरा भी कम नहीं हुई थी। एक खोए हुए बच्चे की मर्मस्पर्शी कथा पर आधारित इस फिल्म में विषय के अनुरूप एक से एक मीठे, गुदगुदाते और रुलाते हुए गाने थे। राग कलावती पर आधारित सुरीली लोरी—'चन्दा ढले पंखा झले' (लता) हो या लता और गीता दत्त का दोगाना—'मेरी गोदी में गोपाल', लता और तलत का युगल-गीत 'सावन के झूले पड़े' हो या रफी और लता का मन और आत्मा को झिंझोड़ता हुआ 'सबको प्यार की प्यास'—सभी एक से एक बढ़कर थे। बल्कि एक तरह से इस फिल्म का संगीत पूरी फिल्म पर छाया हुआ था। फिल्म में एक दस भाषाओं में रचा गया अनूठा गीत भी था—'किसका देश'—जिसे बहुत से गायकों लता, मन्ना डे, गीता दत्त, रानू मुखर्जी, एम.एल. वसन्त कुमारी इत्यादि ने मिलकर आया था। पं. भरत व्यास के गीतों वाली यह फिल्म दर्शकों ने भी काफी सराही थी।

गेवाकलर में निर्मित 'सम्पूर्ण रामायण' (1961) में वसन्त देसाई और होमी वाडिया की पुरानी जोड़ी एक बार फिर साथ आई। बाबू भाई मिस्त्री द्वारा निर्देशित इस पौराणिक फिल्म में अनिता गुहा और महिपाल मुख्य भूमिकाओं में थे। फिल्म की धार्मिक पृष्ठभूमि का ध्यान रखते हुए वसन्त देसाई ने मधुर और मर्यादापूर्ण संगीत देने में कोई कसर न छोड़ी। फिल्म के लोकप्रिय गीतों में लता के 'सन-सनन-सनन जा री ओ पवन' (राग चन्द्रकौंस) और 'रुक जाओ बनवासी राम' (राग पूरिया धनाश्री), आशा भोंसले का 'बार-बार बगिया में' और लता का दर्द भरा लुभावना गीत 'बादलो बरसों नयन की ओट से'। इन भावना-प्रधान गीतों को पं. भरत व्यास ने लिखा था।

वसन्त देसाई ने कभी भी दो या तीन से ज्यादा फिल्में हाथ में नहीं ली थीं और अपनी सफलता को जल्दी से जल्दी भुनाने की बजाय स्तरीयता का हमेशा ध्यान रखा था। इससे व्यावसायिक तौर पर भले ही उन्हें नुकसान होता रहा हो, लेकिन उन्हें सन्तोष था कि वे सही अर्थों में और तन-मन और आत्मा से संगीत की सेवा कर रहे थे। कुछ वर्ष के विराम के बाद 1965 में आई 'अमर ज्योति' और 'भरत मिलाप' में फिर उनका संगीत सुनने को मिला। इन फिल्मों में लता और महेन्द्र कपूर के दो युगल-गीतों 'कल्पना के घन बरसते गीत गीले हो रहे' ('अमर ज्योति') और 'चन्द्रमा जा उनसे कह दे न बनो इतने कठोर' ('भरत मिलाप') उनकी उत्कृष्टता की छाप लिए थे। राग सारंग पर आधारित 'चन्द्रमुख चंचल नयन' ('भरत मिलाप') भी खूब बन पड़ा था, जिसमें लता और महेन्द्र कपूर के साथ-साथ कोरस का भी उपयोग किया गया था। शुद्ध हिन्दी में ढले इन सभी गीतों को पं. भरत व्यास ने लिखा था।

इस बीच वसन्त देसाई ने चिल्ड्रन फिल्म सोसायटी की फिल्म ('राहुल' ,1964) और सुनील दत्त की इकलौते कलाकार वाली प्रयोगात्मक फिल्म 'यादें' (1965) में भी संगीत दिया था। 'यादें' को हिन्दी सिनेमा के इतिहास की सबसे बड़ी 'फ्लॉप' माना जाता है, लेकिन फिल्म का एक गीत 'देखो आ गए कृष्ण मुरारी' काफी लुभावना बन पड़ा था।

निर्माता-निर्देशक विजय भट्ट ने 1943 की अपनी सुपरहिट फिल्म को उसी नाम से—'राम राज्य' (1965)—फिर से बनाने का फैसला किया तो संगीत की जिम्मेदारी वसन्त देसाई को सौंपी। यह महान अभिनेत्री बीना राय की आखिरी फिल्म थी, जो सीता की भूमिका में थीं। उनके साथ राम की भूमिका में कुमार सेन थे। फिल्म भले ही 1943 की सफलता को दोहराने में विफल रही, लेकिन वसन्त देसाई ने अपने प्रशंसकों को निराश नहीं किया। फिल्म के कई लुभावने और उत्कृष्ट गीतों में 'डर लागे गरजे बदरिया' (राग सूरदासी मल्हार), 'रैन आई सोजा रे पंछी' (राग भीमपलासी) और 'धरती की पावन पुत्री की हम कथा सुनाते हैं' शामिल थे। फिल्म के सभी गीत उच्चस्तरीय कलात्मकता और शास्त्रीय संगीत का स्पर्श लिए हुए थे। लता-रफी का युगल-गीत 'आजा तुम बिन साधना अधूरी' (भूपाली), मन्ना डे का 'कोटि-कोटि किरणों वाले आदित्य' (कल्याण), 'गाओ री शुभ दिन आयो' और 'हौले-हौले झुलनिए में झुला'—सभी एक से एक बढ़कर थे। इस बार भी फिल्म के गीत वसन्त देसाई के प्रिय गीतकार पं. भरत व्यास ने लिखे थे।

वसन्त देसाई और व्ही शांताराम के रास्ते भले ही अलग हो गए हों, लेकिन एक-दूसरे के लिए उनका सम्मान कम नहीं हुआ था। व्ही शांताराम के एक फोन करने की देर थी कि सभी गिले-शिकवे दूर हो गए और वसन्त देसाई उनकी फिल्म 'लड़की सहयाद्री की' (1966) में संगीत देने के लिए खुशी-खुशी तैयार हो गए। अपनी छवि के अनुरूप इस फिल्म में भी उन्होंने मधुर और कलात्मक संगीत दिया। जाने-माने शास्त्रीय गायक पंडित जसराज द्वारा गाया भजन 'वन्दन करो अर्चना करो' फिल्म की हाइलाइट था। सभी गाने शास्त्रीय रागों पर आधारित थे। सुमन कल्याणपुर का 'तोहार उंगली से' (पहाड़ी मांड), आशा भोंसले के 'क्यों लागे लाज' (पीलू), 'कहाँ चले छलिया लूट के जिया' (भीमपलासी), 'मेरी झाँसी नहीं दूँगी' (मालकौंस), 'करो सब निछावर' (मियाँ का मल्हार) और महेन्द्र कपूर का 'शुभ्र कमल जब आएगा'

'यादें' की रिकॉर्डिंग

पं. जवाहरलाल नेहरू के साथ लता और वसन्त देसाई

'गुड्डी' फिल्म की रिकॉर्डिंग

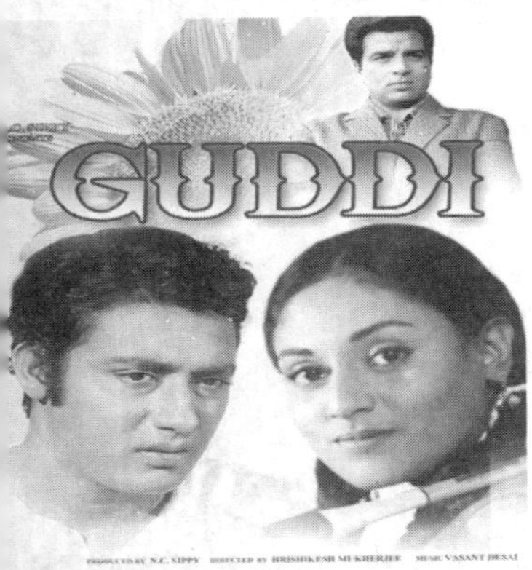

वसन्त देसाई

(जोगकौंस)—सभी एक से एक बढ़कर थे। फिल्म के गीतकार इस बार भी पं. भरत व्यास थे।

एक वर्ष के विराम के बाद वसन्त देसाई की एक और यादगार फिल्म आई—'आशीर्वाद' (1968)। यह दादामुनि अशोक कुमार की ही नहीं, बल्कि शायद ऋषिकेश मुखर्जी की भी सबसे खूबसूरत फिल्म थी। एक बच्ची और उसके पिता के मर्मस्पर्शी सम्बन्धों पर आधारित इस फिल्म में बच्चों के और बड़ों के एक से एक बढ़कर प्यारे गीत थे। अशोक कुमार ने बरसों बाद एक बार फिर अपने गाने खुद गाए थे। 'रेलगाड़ी छुक-छुक-छुक' और 'नानी की नाव चली' तो इतने सुन्दर बन पड़े थे कि इन्हें आज भी बच्चों के सबसे लोकप्रिय गीतों में गिना जाता है। 'कानों की एक नगरी' और 'झिंगापुर ताकुर ताकुर' भी बड़े अद्भुत और यादगार गीत थे। इन गीतों को वयोवृद्ध कवि-अभिनेता हरीन्द्रनाथ चट्टोपाध्याय ने लिखा था, जिन्होंने फिल्म में एक महत्त्वपूर्ण भूमिका भी निभाई थी। गुलजार द्वारा रचित फिल्म के अन्य गीत भी एक से एक बढ़कर थे—'झिर-झिर बरसें सावनी अखियाँ' (लता-गौड़ मल्हार), 'इक था बचपन' (लता) और 'जीवन से लम्बे हैं बन्धु इस जीवन के रस्ते' (मन्ना डे-शिवरंजनी)। कुल मिलाकर फिल्म का समूचा संगीत मन और आत्मा को तृप्त कर देने वाला था और फिल्म के कथानक का एक अभिन्न और अविस्मरणीय अंग था। पर अफसोस, कहते हैं कि इस फिल्म के एक गाने 'इक था बचपन' की एक मुरकी की अदायगी को लेकर लता और वसन्त देसाई में मतभेद पैदा हो गए और लता ने इसे अपने तरीके से ही गाया। स्वाभिमानी वसन्त देसाई को इससे इतनी ठेस पहुँची कि उन्होंने मरते दम तक लता से और कोई गीत नहीं गवाया।

ऋषिकेश मुखर्जी की 'गुड्डी' (1971) में एक बार फिर वसन्त देसाई को संगीत देने का अवसर मिला तो उन्होंने लता मंगेशकर की बजाय एक नई गायिका वाणी जयराम ढूँढ़ निकाली। उनके द्वारा गाया गया फिल्म का प्रमुख गीत 'बोल रे पपीहरा' खूब चला भी। यह गीत राग मियाँ का मल्हार पर आधारित था जबकि एक और गीत 'हरि बिन कैसे जीयूँ री' राग हमीर पर आधारित था। उन दिनों फिल्म 'दस्तक' के लिए मदन मोहन द्वारा राग चारुकेशी पर संजोया गया 'बंइयाँ न धरो बलमा' भी खूब चला था, जिसे लता मंगेशकर ने गाया था, लेकिन सुर सिंगार संसद सम्मान में वसन्त देसाई मदन मोहन से बाजी मार ले गए। पं. रविशंकर के संगीत वाली 'मीरा' (1976) की विफलता के बाद वाणी जयराम भले ही लुप्त होती चली गईं, लेकिन 'गुड्डी' में उनके द्वारा गाया गया प्रार्थना-गीत 'हमको मन की शक्ति देना' आज भी देश के कई स्कूलों में गाया जाता है। इसमें सन्देह नहीं कि भजनों और प्रार्थनाओं के सृजन के मामले में वसन्त देसाई का कोई जवाब नहीं था। उन्होंने महाराष्ट्र प्रान्त के स्थापना दिवस के अवसर पर भी विशेष रूप से एक गीत तैयार किया था, जिसे प्रधानमंत्री पं. जवाहरलाल नेहरू की उपस्थिति में लता मंगेशकर ने सार्वजनिक मंच से गाया था।

1970 का दशक हिन्दी फिल्म संगीत के सुनहरी दौर के कुछ आखिरी अध्यायों का दशक था। परिणामस्वरूप अन्य सभी महान संगीतकारों की तरह वसन्त देसाई को भी उत्कृष्ट संगीत रचने के ज्यादा अवसर नहीं मिल पा रहे थे। फिर भी अपने कैरियर के आखिरी वर्षों में उन्होंने 'ग्रहण' (1973), 'अचानक' (1973), 'जय राधे कृष्ण' (1974), 'रानी और लालपरी' (1975) और 'शक' (1976) के रूप में अपनी छवि के अनुरूप संगीत देने की कोशिश की। 'जय राधे कृष्ण' का राग मांडवा आधारित भजन 'एक तो मैं मुरली बैरन' (वाणी जयराम) और 'शक' के तीन गीत—राग जयन्ती मल्हार पर आधारित 'मेघा बरसन लागे' (आशा भोंसले), 'दो नैनों के पंख लगाकर' (कुमारी पंकज) और 'अभी न पर्दा गिराओ' (जे.के. बनर्जी)—उनके कुछ आखिरी यादगार गीत थे। उनकी आखिरी फिल्म 'राजा शिव छत्रपति' रिलीज न हो सकी। इसमें शोभा गुर्टू का एक बेहद लुभावना मुजरा 'वो हुस्नवाले वो नाजवाले' था, जो दुर्भाग्यवश अब उपलब्ध नहीं है। वसन्त देसाई ने बहुचर्चित डाक्यूमेंट्री फिल्म 'मानसून' में भी संगीत दिया था। पद्मश्री से सम्मानित वसन्त देसाई कुछ वर्ष महाराष्ट्र विधान परिषद के सदस्य भी रहे। उन्होंने 'वसन्त सुर प्रतिष्ठान' नामक एक संगीत संस्थान की भी स्थापना की। उन्होंने स्कूल के छात्रों के लिए भी एक विशिष्ट समूह गीत तैयार किया था—'जिन्कु किना वा मारु' जिसे मुम्बई के ब्रेबॉर्न स्टेडियम में हजारों छात्रों ने मिलकर गाया था।

वसन्त देसाई का निधन बड़े अजीब और दुर्भाग्यपूर्ण तरीके से हुआ। 22 दिसंबर, 1975 को उन्होंने प्रधानमंत्री इन्दिरा गाँधी के बीस सूत्रीय कार्यक्रम के लिए एक गीत रिकॉर्ड किया था। रिकॉर्डिंग के बाद वे पेडर रोड स्थित अपने घर कैम्ब्रिज कोर्ट में लौटे तो लिफ्ट में घुसते समय और लिफ्ट का दरवाजा बन्द होने से पहले ही लिफ्ट चल पड़ी। इस दुर्घटना में वे बुरी तरह घायल हो गए और दो कदम दूर स्थित जसलोक अस्पताल में पहुँचाए जाने से पहले ही हमेशा के लिए इस दुनिया से चले गए। उनका अन्तिम संस्कार उनके संरक्षक और गुरु व्ही. शांताराम की देखरेख में हुआ।

वसन्त देसाई ने बहुत-सी मराठी फिल्मों में भी संगीत दिया था। इनमें 'अमर भूपाली', 'श्यामची आई', 'मोलकरीण', 'बाप माझा ब्रह्मचारी', 'लोक शायर राम जोशी', 'साखड़फड़ा', 'ही माझी लक्ष्मी', 'माझी जमीन', 'इए मराठाचीए नगरी' और 'कंचन गंगा' जैसी प्रतिष्ठित फिल्में शामिल थीं। 'अमर भूपाली' में लता और अरुण दाते द्वारा गाया गया राग भूपाली पर आधारित प्रार्थना-गीत 'घनश्याम सुन्दरा श्रीधरा अरुणोदय झाला' तो लगभग हर मराठी घर में सुबह का

प्रार्थना-गीत बन चुका है। लता और मन्ना डे की आवाज में इस गीत का बंगाली संस्करण भी रिकॉर्ड किया गया था और वह भी खूब लोकप्रिय हुआ था। 'कंचन गंगा' में लता का 'बोल वीणे बोल' एक अद्भुत गीत था, जो मराठी के अमर गीतों में हमेशा शामिल रहेगा।

हमने वसन्त देसाई के भरपूर खजाने में से बारह अनमोल मोती चुनने की कोशिश की है, तो लीजिए प्रस्तुत है हमारी पसन्द :

वसन्त देसाई, लता और कोरस

वसन्त देसाई के 12 अनमोल रत्न

क्रम	गीत	फिल्म	गायक/गायिका
1.	हुस्नवालों की गलियों से	शीशमहल	शमशाद बेगम
2.	नैन से नैन नाही मिलाओ	झनक-झनक पायल बाजे	लता-हेमन्त कुमार
3.	सैयाँ झूठों का बड़ा सरताज निकला	दो आँखें बारह हाथ	लता
4.	पिया ते कहाँ गयो नेहरा लगा	तूफान और दीया	लता
5.	जीवन में पिया तेरा साथ रहे	गूँज उठी शहनाई	लता-रफी
6.	टिम-टिम-टिम तारों के दीप जले	मौसी	लता-तलत
7.	सैयाँ प्यारा है अपना मिलन	दो बहनें	लता
8.	ओ दिलदार बोलो इक बार	स्कूल मास्टर	लता-तलत
9.	अपने सैयाँ से नेहा लगइवे	अर्धांगिनी	लता
10.	सावन के झूले पड़े	प्यार की प्यास	लता-तलत
11.	आई परी रंग भरी	दो फूल	आशा भोंसले
12.	बोल रे पपीहरा	गुड्डी	वाणी जयराम

मधुर, सुरीले और विशुद्ध शास्त्रीय संगीत के पुजारी वसन्त देसाई के प्रशंसक उनके साथ बहुत अन्तरंगता से जुड़े हुए थे, क्योंकि उनके मन के तारों को सिर्फ वही झंकृत कर सकते थे। उनके प्रशंसकों के होंठों पर हमेशा यही पंक्तियाँ मचलती रहेंगी—तेरे सुर और मेरे गीत, दोनों मिलकर बनेगी प्रीत...।

मास्टर गुलाम हैदर (1908-1953)

हिन्दी फिल्म संगीत की पाठशाला के हेडमास्टर

हिन्दी सिनेमा के महान पथ-प्रदर्शक केन्द्रों न्यू थिएटर्स (कलकत्ता), बॉम्बे टॉकीज (बम्बई) और प्रभात फिल्म्स (पूना) ने फिल्मों में मधुर और लोकप्रिय पार्श्व संगीत का सूत्रपात कर दिया था। लेकिन अपने अस्तित्व के पहले दस वर्षों में फिल्म संगीत परम्परागत रवीन्द्र संगीत, हिन्दुस्तानी शास्त्रीय संगीत और नाट्य संगीत पर बहुत ज्यादा निर्भर था। संगीत-निर्देशक शुद्धता और राग-रागनियों की बन्दिशों का बहुत ज्यादा ध्यान रखते थे और हल्के-फुल्के ही प्रयोग कर पाते थे। इसमें कोई सन्देह नहीं कि यह संगीत भी बहुत मधुर, उच्चस्तरीय और अविस्मरणीय था। फिर भी अच्छी से अच्छी चीज के भी बार-बार दोहराव से एक तरह की एकरसता पैदा होने लगती है और श्रोताओं को हर अभिव्यक्ति जानी-पहचानी-सी लगने लगती है।

फिल्म संगीत की परम्परागत शुद्धता और एकरसता के इस दौर में गुलाम हैदर एकाएक हवा के एक ताजे झोंके की तरह आए—बल्कि कहना चाहिए कि एक तूफान की तरह—और देखते ही देखते फिल्माकाश पर छा गए। नई, आकर्षक और मस्ती भरी धुनों के रचयिता गुलाम हैदर हिन्दी फिल्म संगीत में एक नया 'रिद्म', एक नई लय-ताल लेकर आए। उन्हें निस्सन्देह हिन्दी फिल्म संगीत का पहला 'ट्रेंड सेटिंग' संगीतकार कहा जा सकता है। उनके धमाकेदार संगीत का असर यह था कि महान संगीत-निर्देशक अनिल बिस्वास ने खुलेआम उनकी तारीफ करते हुए कहा था कि गुलाम हैदर के आने से पहले उन्हें पता तक नहीं था कि फिल्म संगीत के इतने विविध और नए क्षितिज भी हो सकते हैं।

सन् 1908 में हैदराबाद सिन्ध (अब पाकिस्तान) में जनमे मास्टर गुलाम हैदर (फिल्म इंडस्ट्री में उन्हें 'मास्टरजी' के नाम से ही जाना जाता था) पेशे से दाँतों के डॉक्टर थे। लेकिन संगीत के उनके शौक ने उन्हें डेंटल क्लीनिक से रिकॉर्डिंग थिएटरों में पहुँचा दिया और वे उसी बारीकी से संगीत की तानें संजोने में जुट गए जिस बारीकी से दाँतों की फिलिंग या पुनर्रचना की जाती है। लड़कपन के दिनों से ही वे संगीत थिएटरों और म्यूजिक ट्रुपों में हारमोनियम बजाने लगे थे। वे सिन्ध से लाहौर में जा बसे। कुछ समय उन्होंने बाबू गणेशलाल से संगीत सीखने और कलकत्ता (अब कोलकाता) के मशहूर 'एल्फ्रेड' और 'एलेक्जेंड्रा' थिएटरों में हारमोनियम बजाने में भी गुजारा। लाहौर लौटने के बाद वे 'जीनोफोन रिकॉर्डिंग कम्पनी' (जिसके मालिक सेठ जानकीदास थे) में काम करने लगे और इसके चीफ कम्पोजर के पद तक पहुँच गए। वे एक दूसरी संगीत कम्पनी 'प्ले आर्ट फोटाफाइन' के लिए भी काम करते रहे।

कहते हैं कि गर्मियों के मौसम में एक रात वे हाथ का पंखा झलते हुए (जो उन दिनों खूब प्रचलित था) सड़क पर जा रहे थे कि उन्होंने एक भिखारी को एक गाना गाकर भीख माँगते सुना—'बाबा, इक पैसा दे दे बाबा'। उसी रात बिस्तर में लेटे-लेटे अचानक ही उनकी नींद खुल गई। वे हारमोनियम लेकर बैठ गए और भिखारी की पंक्ति पर एक धुन बनाने लगे। बाद में यही धुन उनके सुपरहिट गीत 'रावी के उस पार सजनवा रावी के उस पार' का आधार बनी। राग पहाड़ी पर आधारित इस गीत को उमराव जिया बेगम ने गाया था। कुछ समय बाद उन्हीं से मास्टरजी का विवाह हो गया। यह धुन रेडियो लाहौर पर प्रसारित होते ही एक तहलका-सा मच गया था। प्रभात कम्पनी से

जुड़े 'शुद्धतावादी' केशवराव भोले भी इस धुन से प्रभावित हुए बिना नहीं रहे। उन्होंने एक मराटी फिल्म 'माझा मुल्गा' (1938) के एक लोकप्रिय गीत 'किती रे पाहू वाट' में इसी धुन को अपना आधार बनाया। इतना ही नहीं, बरसों बाद महान संगीतकार नौशाद ने भी 'मेला' (1948) फिल्म के एक मशहूर युगल गीत 'धरती को आकाश पुकारे' (शमशद बेगम-मुकेश) में इसी धुन को अपना प्रेरणा-स्रोत बनाया। मास्टरजी द्वारा रचित एक गैर-फिल्मी नात 'अरब को जाने वाले मेरा सलाम ले जा' का भी ऐसा ही देशव्यापी प्रभाव रहा। और तो और, शुद्धतावादी आर.सी. बोराल ने भी के.एल. सहगल के महान गीत 'इक बंगला बने न्यारा' ('प्रेजिडेंट') को बनाते समय इसी नात से प्रेरणा ली थी। जैसाकि जाने-माने संगीत-निर्देशक एस.एन. त्रिपाठी ने हमें बताया था, उस जमाने में शायद ही कोई ऐसा संगीतकार था जिसने अपने किसी न किसी गाने में गुलाम हैदर से प्रेरणा न ली हो। शायद सज्जाद हुसैन ही एकमात्र अपवाद थे।

मास्टरजी के साथ नूरजहाँ

गुलाम हैदर के फिल्म कैरियर की शुरुआत लाहौर में एक पंजाबी फिल्म से हुई थी। उनकी पहली हिन्दी फिल्म 'थीफ ऑफ ईराक' (1934) थी। उनका फिल्मी कैरियर ज्यादा लम्बा नहीं था। लगभग पन्द्रह वर्षों में उन्होंने सिर्फ 26 फिल्मों में संगीत दिया। पाकिस्तान बनने के बाद वे 1948 में लाहौर चले गए, जहाँ कुछ ही वर्ष बाद 1953 में कैंसर से उनकी असामयिक मृत्यु हो गई। लेकिन पंजाब के मस्ती भरे और जोशीले संगीत पर आधारित उनकी धुनें हमेशा अमर रहेंगी।

मास्टरजी ने हिन्दी फिल्म संगीत को एक नई लय-ताल तो दी ही, साथ ही दो चोटी की गायिकाओं को दुनिया के सामने लाने का श्रेय भी उन्हीं को जाता है—मलिका-ए-तरन्नुम नूरजहाँ और रिद्म-क्वीन शमशाद बेगम। इतना ही नहीं, मेलोडी-क्वीन लता मंगेशकर में छिपी असीम सम्भावनाओं को भी सबसे पहले उन्होंने ही पहचाना था और उन्हें भरपूर और सक्रिय प्रोत्साहन दिया था। इसलिए भारतीय संगीत में गुलाम हैदर का योगदान सचमुच ही उल्लेखनीय और अविस्मरणीय है।

नूरजहाँ

लेकिन उन्होंने अपनी संगीत-यात्रा की शुरुआत उमराव जिया बेगम की आवाज के साथ की थी, जो बाद में उनकी जीवन-यात्रा का भी हिस्सा, यानी उनकी जीवन-संगिनी बन गईं।

यहाँ गुलाम हैदर की कुछ पंजाबी फिल्मों का उल्लेख करना भी उपयुक्त होगा। इनमें 'सस्सी पुन्नू' (1939), 'यमला जट' (1940) और 'चौधरी' (1940) प्रमुख थीं। इन सभी में नूरजहाँ ने एक से एक हिट गाने गाए थे। यूँ नूरजहाँ की आवाज में सबसे पहले गाने मास्टरजी ने पंचोली आर्ट्स की 'गुल बकावली' (1935) के लिए रिकॉर्ड किए थे—'शाला जवनिया माने', 'बस-बस वे ढोलना' और 'पिंजरे के बिना कैद जवानी'।

'गुल बकावली' का पोस्टर

गुलाम हैदर शमशाद बेगम को बचपन से ही जानते थे और उनके घर आते-जाते रहते थे। उन्होंने उनकी प्रतिभा को पहचानने में जरा भी देर नहीं की और सिर्फ तेरह वर्ष की उम्र में उनसे उनका पहला गाना 'हथ जोड़ा पखियाँ दा' गवाया। यह गाना इतना हिट हुआ कि सिर्फ एक वर्ष के भीतर ही उन्होंने जीनोफोन कम्पनी के लिए शमशाद बेगम के 200 गाने रिकॉर्ड किए। बाद में बहुत-सी फिल्मों में भी शमशाद बेगम ने गुलाम हैदर के साथ एक से एक हिट गाने गाए।

उन्हीं दिनों एक नौजवान और प्रतिभाशाली वायलिन-वादक श्याम सुन्दर उनकी जिंदगी में आया। गुलाम हैदर ने न सिर्फ उसे अपना सहायक बनाया, बल्कि एक स्वतंत्र संगीत-निर्देशक के रूप में भी आगे बढ़ने में उसकी भरपूर मदद की। गुलाम हैदर उन दिनों बहुत ज्यादा व्यस्त थे और हमारे पारिवारिक मित्र और जाने-माने संगीत-निर्देशक खय्याम के अनुसार 25,000 रुपए महीने की भारी-भरकम तनख्वाह पर काम कर रहे थे, जो किसी भी संगीत-निर्देशक के लिए एक रिकॉर्ड था। गुलाम हैदर ने श्याम सुन्दर को जीनोफोन कम्पनी में अपनी जगह रखवा दिया और कई प्रोड्यूसरों से भी उनके नाम की सिफारिश की। उनके इन प्रयासों के फलस्वरूप ही श्याम सुन्दर को एक स्वतंत्र संगीत-निर्देशक के रूप में उनकी पहली फिल्म मिली। बाद में उन्होंने बहुत-सी फिल्मों में संगीत दिया। संगीतकार प्रकाश भी लम्बे तक गुलाम हैदर के सहायक रहे। गुलाम हैदर बहुत बड़े दिल के इनसान थे और अपने साथ-साथ दूसरों को भी आगे बढ़ते देखना चाहते थे।

शमशाद बेगम

गुलाम हैदर के शुरू के (1934-39) हिट गीतों में 'एक बार फिर कहो जरा' (उमराव जिया-शमशाद बेगम), 'अटालियाँ दे थल्ले पै गई', 'माहिया साडे', 'मेरा सलाम ले जा', 'पिया जाए परदेस', 'रावी के उस पार सजनवा', 'कूक पपीहे कूक' और 'ओम जय जगदीश' इत्यादि शामिल थे।

उन दिनों दलसुख लाल एम. पंचोली फिल्मी दुनिया में बहुत बड़ा नाम था, जिनका लाहौर में 'पंचोली स्टूडियो' के नाम से एक आलीशान और साधन-सम्पन्न स्टूडियो था। गुलाम हैदर उनके सबसे चहेते संगीतकार बन गए। उन्होंने एक के बाद एक पंचोली आर्ट्स की सात फिल्मों में संगीत दिया—'गुल बकावली' (पंजाबी, 1935), 'चौधरी' (हिन्दी/पंजाबी, 1940), 'खजांची' (1941), 'खानदान' (1942), 'जमींदार' (1942), 'पूँजो' (1943) और 'पतझड़' (1948)। पंजाबी और हिन्दी दोनों भाषाओं में बनी 'चौधरी' महान गायिका नूरजहाँ की पहली बड़ी और महत्त्वपूर्ण फिल्म थी, जिसमें उनके कई लुभावने गाने थे। इनमें से 'सोहनी पीले खेत में', 'सजना तेरे बिना जी' और 'बस-बस वे

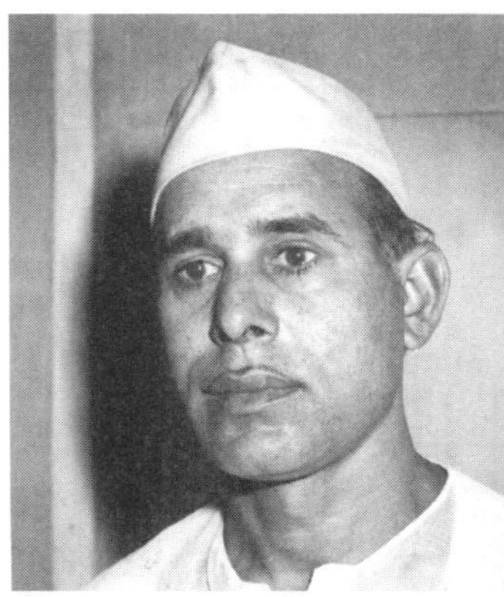
सहायक प्रकाश

ढोलना' खूब लोकप्रिय हुए थे। यह फिल्म गुलाम हैदर और नूरजहाँ की सुपरहिट जोड़ी की एक शुरुआत मात्र थी।

इसी तरह 'यमला जट' (1938) में शमशाद बेगम के एक गाने 'कणकाँ दियाँ फसलाँ पकियाँ नीं' ने पूरे पंजाब में धूम मचा दी थी। (यह पंजाबी फिल्म महान खलनायक और चरित्र अभिनेता प्राण की भी पहली फिल्म थी।) लेकिन शमशाद बेगम की आवाज ने देश भर में धूम मचाई पंचोली आर्ट्स की हिन्दी फिल्म 'खजांची' (1941) में। इस फिल्म के नई शैली और नई लय-ताल (रिदम) के संगीत ने मानो एक तूफान पैदा कर दिया और देश भर के दर्शकों-श्रोताओं को दीवाना बना दिया। गुलाम हैदर ने इस फिल्म के संगीत के लिए पटियाला घराने के विशेषज्ञों सितार-वादक फतेह अली खाँ, तुरही-वादक सोनी खान और वायलिन-वादक श्याम सुन्दर इत्यादि के सहयोग से बिलकुल नई तरह का और अनूठा ऑर्केस्ट्रेशन तैयार किया था। इस फिल्म ने शमशाद बेगम को भी लोकप्रियता की चोटी पर पहुँचा दिया, जिन्होंने फिल्म के सभी नौ गाने गाए थे। इन सुपरहिट गीतों में 'सावन के नजारे हैं' ('आहा-आहा' की बेहद मोहक आवाज के साथ), 'दीवाली फिर आ गई सजनी', 'लौट गई पापन अंधियारी', 'पीने के दिन आए पीए जा' और 'एक कली नाजों से पली' खासतौर से यादगार थे। गुलाम हैदर के शोख, चंचल संगीत से सजी इस फिल्म ने बॉक्स ऑफिस पर ऐसा तहलका मचाया कि यह पूरे दशक की सबसे सफल फिल्मों में शामिल हो गई।

जिस तरह 'खजांची' ने शमशाद बेगम को रातोरात स्टार बना दिया, उसी तरह पंचोली आर्ट्स और गुलाम हैदर की अगली फिल्म 'खानदान' (1942) ने नूरजहाँ की लोकप्रियता को सातवें आसमान पर पहुँचा दिया। इस फिल्म से पहले वे एक उभरती हुई और संघर्षरत गायिका-अभिनेत्री थीं। शौकत हसन रिजवी (जिनसे नूरजहाँ ने बाद में विवाह कर लिया) द्वारा निर्देशित इस फिल्म में गुलाम हैदर ने सचमुच ही एक 'मास्टर' की तरह संगीत दिया था—लोकप्रिय, कलात्मक और उत्कृष्ट संगीत। फिल्म का सबसे यादगार और अमर गीत था राग प्रदीप पर आधारित नूरजहाँ का दर्द और तड़प भरा गीत—'तू कौन-सी बदली में मेरे चाँद है आजा'। मास्टरजी के संगीत की अभूतपूर्व और कलात्मक ऊँचाइयों को समझने के लिए इस गीत को एक बार सुन लेना काफी है। इसी तरह नूरजहाँ का एक दूसरा गीत 'मेरे लिए जहाँ में चैन है न करार है' भी सुननेवाले को किसी दूसरी दुनिया में ले जाता है। फिल्म के अन्य यादगार गीतों में 'आ गया मेरे बाग का माली' (नूरजहाँ), 'मार गई रे हमें तेरी नजरिया' (नूरजहाँ), 'पी ले-पी ले मोरे राजा' (शमशाद बेगम), 'चलो पनियाँ भरन को चलें' (शमशाद बेगम-नूरजहाँ), 'हम आँख-मिचौली खेलेंगे' (नूरजहाँ) और 'उड़ जा पंछी उड़ जा' (नूरजहाँ) शामिल थे। 'खजांची' की तरह 'खानदान' ने भी बॉक्स ऑफिस पर खूब धमाका मचाया और दशक की सबसे सफल फिल्मों में से रही।

रिबेल स्टार शांता आप्टे की केन्द्रीय भूमिका वाली 'जमींदार' (1942) में गुलाम हैदर ने इस गायिका-अभिनेत्री की आवाज को ध्यान में रखते हुए अलग तरह का अन्दाज अपनाया। पुराने संगीत प्रेमियों को शांता आप्टे की आवाज में 'अरमान तड़पते हैं', 'मेरे देवरा की हो गई सगाई', 'चुभ गई मोरे मन में' और 'जाओ री सखी मेरे पिया को सुना दे' (राग देस) जैसे लुभावने गीत आज भी याद होंगे। उन्होंने फिल्म में एक आरती 'मोहे अपने रंग में रंग दे' भी गाई थी। फिल्म में शमशाद बेगम की दो ग़ज़लें भी थीं—'मेरे हाल पे बेबसी रो रही है' और 'लोग मुझको खुश समझते हैं'। लेकिन सबसे लोकप्रिय हुआ था उनका सामाजिक पुकार भरा गीत—'दुनिया में गरीबों को आराम नहीं मिलता'। मोती गिडवानी द्वारा निर्देशित पंचोली आर्ट्स की यह फिल्म मशहूर गीतकार कमर जलालाबादी की पहली फिल्म थी।

पंचोली आर्ट्स की 'पूँजी' (1943) गुलाम हैदर की डी.एम. पंचोली के साथ लाहौर में आखिरी फिल्म थी। इसमें एम. इस्माइल और रागिनी मुख्य भूमिकाओं में थे। इस बार भी शमशाद बेगम फिल्म के संगीत पर छाई हुई थीं। फिल्म के हिट गीतों में 'गाड़ीवाले दुपट्टा उड़ा जाए रे', 'क्या मस्त हवाएँ हैं', 'अब जाग उठे हैं हम', 'कान में बालियाँ झूमरवाली' और 'बलमवा रे सजनवा रे जब से नैना' शामिल थे। यह फिल्म भी पंचोली और गुलाम हैदर की जोड़ी की एक सुपरहिट फिल्म थी। लेकिन कुछ ही वर्ष बाद डी.एम. पंचोली का शानदार स्टूडियो बँटवारे की भेंट चढ़ गया और उन्हें 1948 में बम्बई (अब मुम्बई) आकर सब कुछ नए सिरे से शुरू करना पड़ा। कुछ वर्ष बाद उन्होंने 'नगीना' (1950) के रूप में एक हिट फिल्म भी बनाई। रवीन्द्र दवे द्वारा निर्देशित इस फिल्म में नासिर खान और नूतन (उनकी पहली फिल्म) मुख्य भूमिकाओं में थे। तब तक गुलाम हैदर पाकिस्तान जा चुके थे, इसलिए इस फिल्म में शंकर-जयकिशन की नई ट्रेंडसेटर जोड़ी ने संगीत दिया था।

गुलाम हैदर की खूबी लय-ताल के नए ताने-बाने तक सीमित नहीं थी। वे इंटरल्यूडों में स्वरों का अनूठा ऑर्केस्ट्रेशन पिरोकर गीत में जान डाल देते थे। इसमें कोई शक नहीं कि उनके गीतों में छलकती मस्ती उनकी धरती पंजाब की संस्कृति की देन थी, लेकिन संगीत का मूल आधार शास्त्रीय संगीत से ही प्रेरित था। इस अनूठे संगम का ऐसा प्रभाव पड़ता था कि उनके गीत एक नई और बेहद रसीली शैली के प्रतीक बन गए थे।

तब तक बम्बई फिल्म-निर्माण का सबसे प्रमुख और बड़ा केन्द्र बन चुका था। कलकत्ता हो या लाहौर, सभी तरफ से फिल्मकर्मी बम्बई की तरफ खिंचे चले आ रहे थे। 'पूँजी' की जबर्दस्त सफलता के बाद गुलाम हैदर ने भी बम्बई का रुख किया। कैरावान पिक्चर्स की 'भाई' (1943) बम्बई में उनकी पहली फिल्म थी। इस फिल्म में उन्होंने खुद भी जीनत बेगम के साथ एक युगल-गीत गाया था—'साजन आ जा साजन आ जा'। इस फिल्म में राष्ट्रीय एकता की भावना जगाने वाला एक गीत भी था—'हिन्दू-मुस्लिम-सिख-ईसाई आपस में हैं भाई-भाई'।

इस बीच एस. मुखर्जी भी बॉम्बे टॉकीज को छोड़कर अशोक कुमार के साथ नए फिल्मिस्तान स्टूडियो की स्थापना कर चुके थे। उन्होंने फिल्मिस्तान की एक महत्त्वाकांक्षी फिल्म 'चल चल रे नौजवान' (1944) के संगीत की जिम्मेदारी मास्टरजी को सौंपी। ज्ञान मुखर्जी द्वारा निर्देशित इस फिल्म में अशोक कुमार और 'ब्यूटी क्वीन' नसीम बानू (सायरा बानू की माँ) मुख्य भूमिकाओं में थे। इस फिल्म के लोकप्रिय गीतों में 'हो गोरी प्यार भरा दिल' (शमशाद बेगम), 'इक नया गीत सुनो सजनिया' (अशोक कुमार-नसीम बानू) और धमाकेदार 'लाए-लाए-लाए-लाए बलमवा मेरे लिए' (शमशाद बेगम) शामिल थे। इस फिल्म में जाने-माने संगीतकार रफीक गजनवी ने भी एक भूमिका निभाई थी और अपने गीत खुद ही

गाए थे। बॉक्स ऑफिस पर यह फिल्म एक औसत फिल्म ही रही।

महान निर्माता-निर्देशक महबूब खान ने अपनी एक शाहकार फिल्म 'हुमायूँ' (1945) बनाने की ठानी तो उन्होंने भी मास्टर गुलाम हैदर को ही याद किया। उन्हें इस फिल्म के लिए 50,000 रुपए मिले, जो उन दिनों एक भारी-भरकम और किसी भी संगीतकार के लिए एक रिकॉर्ड रकम थी। (कभी 'खजांची' के संगीत के बदले में मास्टरजी ने सिर्फ एक रैले साइकिल की मांग की थी!) उन्होंने 'सिने म्यूजिक डायरेक्टर्स एसोसिएशन' के रूप में संगीतकारों के एक ठोस मंच की भी स्थापना की ताकि संगीतकारों को फिल्म के सितारों की तरह ही नाम और सम्मान मिल सके। 'हुमायूँ' में अशोक कुमार और नर्गिस मुख्य भूमिकाओं में थे। महबूब खान की अथक मेहनत और कोशिशों के बावजूद यह फिल्म तो नहीं चल सकी, लेकिन इसके संगीत ने देश भर में धूम मचाई। फिल्म के यादगार गानों में 'रस्म-ए-उल्फत किसी सूरत में निभाए न बने', 'मेरे भैया ने पहना है ताज', 'हुस्न कहता जा रहा है', 'चाँद चमक अँधेरे में' और 'दोनों ही को किस्मत ने' शामिल थे। ये सभी खूबसूरत गाने शमशाद बेगम ने गाए थे।

सदाबहार क्लासिक फिल्म 'मुगल-ए-आजम' के जाने-माने निर्देशक के. आसिफ उन दिनों अपनी पहली फिल्म 'फूल' बनाने की तैयारी में थे। इसकी कहानी उर्दू के प्रसिद्ध साहित्यकार सआदत हसन मन्टो ने लिखी थी। पृथ्वीराज कपूर, वस्ती, मजहर खान, वीना, सुरैया और सितारा जैसे उन दिनों के बड़े सितारों से सजी इस फिल्म के संगीत के लिए भी के. आसिफ ने गुलाम हैदर को ही याद किया। मास्टरजी ने इस फिल्म में भी कई मधुर गीत दिए—खासकर सुरैया की आवाज में 'नैना बावरे पी बिन उदास', 'अब द्वार पे आई है' और 'कहीं दिल लेने वाला'। लेकिन यह फिल्म कोई बड़ा धमाका नहीं कर सकी। अगले वर्ष रिलीज हुई 'बैरम खाँ' (1946) गुलाम हैदर की कहीं ज्यादा उल्लेखनीय फिल्म रही। स्टैंडर्ड फिल्म्स द्वारा निर्मित इस फिल्म के निर्देशक गजानन जागीरदार थे, जिन्होंने महताब और गुलाम मुहम्मद के साथ फिल्म में एक मुख्य भूमिका भी निभाई थी। फिल्म में शमशाद बेगम की आवाज में एक से एक सुरीले और लुभावने गाने थे। 'अश्कों पे हुआ खत्म मेरे गम का फसाना' को तो शमशाद बेगम के सबसे यादगार गानों में गिना जाता है। उनके अन्य लोकप्रिय गानों में 'तुम किसलिए आते नहीं', 'ये चाँदनी रातों में छुप-छिपके' और 'जब चाँद जवाँ होगा' इत्यादि शामिल थे। इस फिल्म को आज तक की सबसे बढ़िया ऐतिहासिक फिल्म माना जाता है, लेकिन दुर्भाग्यवश बँटवारे के दौरान इसके प्रिन्ट खो गए और आज यह फिल्म उपलब्ध नहीं है।

मास्टरजी के जोरदार संगीत के चर्चे महान अभिनेता-निर्माता-निर्देशक सोहराब मोदी तक भी पहुँच चुके थे। उन्होंने उन्हें मिनर्वा मूवीटोन की दो फिल्मों 'शमा' (1946) और 'मझधार' (1947) के लिए साइन कर लिया। महताब और वस्ती की मुख्य भूमिकाओं से सजी 'शमा' एक सुपरहिट फिल्म साबित हुई। शमशाद बगम और जी.एम. दुर्रानी के युगल-गीत 'इक याद किसी की आती रही' ने तो देश भर में तहलका मचा दिया। इस गीत में पियानो के इंटरल्यूडों के बड़े सुन्दर प्रयोग किए गए थे। फिल्म के कई अन्य गीत—दो हिस्सों वाला 'एक तेरा सहारा' (शमशाद बेगम), 'गोरी चली पिया के देस' (शमशाद-जोहरा) और 'दिल ठंडी हवा में' (शमशाद-हमीदा)—भी गली-गली में गूँजने लगे। मिनर्वा मूवीटोन की दूसरी फिल्म 'मझधार' में गुलाम हैदर ने अनिल बिस्वास की चहेती गायिका खुर्शीद को मुख्य गायिका के तौर पर इस्तेमाल किया। वे गायक-अभिनेता सुरेन्द्र के साथ फिल्म में मुख्य भूमिका में भी थीं। फिल्म के हिट गीतों में 'नाचे है मन मौज मगन में' और 'आज मोहे साजन घर' इत्यादि के साथ-साथ सुरेन्द्र का बेहद प्यारा सोलो 'क्यों तू मुझसे रूठ गई' भी शामिल था। इस फिल्म के निर्माण के दौरान गुलाम हैदर पाकिस्तान जाने का मन बना चुके थे, इसलिए फिल्म के कुछ गाने अनिल बिस्वास और ज्ञानदत्त ने रिकॉर्ड किए। अनिल बिस्वास द्वारा संगीतबद्ध फिल्म का एक युगल-गीत 'मेरा चाँद आ गया मेरे द्वारे' (खुर्शीद-सुरेन्द्र) सचमुच ही एक मोहित कर देने वाला गीत था और खूब लोकप्रिय हुआ था।

सन् 1946 में रिलीज हुई एक और फिल्म 'जग बीती' में भी मास्टरजी ने बड़ा मोहक संगीत दिया था। एम. सादिक द्वारा निर्देशित इस फिल्म में सुरैया और सादिक अली मुख्य भूमिकाओं में थे। सुरैया के कई लुभावने गानों में 'गुलशन पे बहार आई', 'टूटे दिल के तार' और 'बिगड़ी हुई तकदीर' इत्यादि शामिल थे। यह फिल्म बॉक्स ऑफिस पर भी काफी अच्छी चली थी। महान गायक मुकेश ने गुलाम हैदर के संगीत-निर्देशन में अपना पहला गीत सन् 1947 में रिलीज हुई फिल्म 'बुत तराश' में गाया था। यह एक युगल-गीत था जो उन्होंने हमीदा के साथ गाया था—'दूर कहीं इस जग से'। फिल्म के लोकप्रिय गीतों में शमशाद बेगम के चार लुभावने गीत शामिल थे—'ऐ फलक कब तक सताता जाएगा', 'बागों में बहार आई', 'मैं कैसे सुनाऊँ' और 'क्या तुझसे कहूँ'। लेकिन अच्छे संगीत के बावजूद यह एक कमजोर फिल्म थी।

गुलाम हैदर पंचोली आर्ट्स की फिल्म 'पूँजी' (1943) में संगीत देने के बाद लाहौर से बम्बई चले आए थे। 1947 में बँटवारे के बाद पंचोली स्टूडियो के मालिक डी.एम. पंचोली को भी अपना सब कुछ गँवाकर बम्बई आना पड़ा। बम्बई में उनकी पहली फिल्म 'पतझड़' (1948) थी, जिसके संगीत के लिए उन्होंने अपने पुराने संगीत-निर्देशक गुलाम हैदर

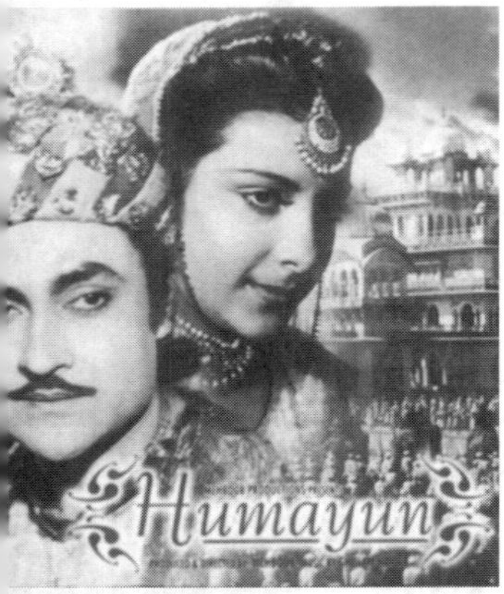

को एक बार फिर याद किया। फिल्म तो कुछ खास नहीं चली, लेकिन रवीन्द्र दवे द्वारा निर्देशित इस फिल्म में मास्टरजी ने 'अरे ओ कोई माखन ले लो', 'काली-पीली बदरिया घिर-घिर आई' और 'चोरी-चोरी छुप-छुपके आना' के रूप में कुछ यादगार गीत दिए थे।

इस बीच गुलाम हैदर ने 'मेहंदी' (1947) नामक एक फिल्म में भी संगीत दिया था। नर्गिस, बेगम पारा और करन दीवान की मुख्य भूमिकाओं वाली इस फिल्म में शमशाद बेगम के कुछ अच्छे गाने थे। इनमें 'ओ दूर जाने वाले आती है याद आ' और 'हे दिल ही दिल में दिल की तमन्ना' जैसे बड़े लुभावने गाने शामिल थे। लेकिन फिल्म के अच्छे चलने के बावजूद इसका संगीत कोई खास लोकप्रिय नहीं हुआ। अगले वर्ष 'पतझड़' के साथ-साथ 'बरसात की एक रात' (1948) भी आई, जिसमें मास्टरजी का संगीत एक बार फिर कोई खास धूम नहीं मचा सका। इस फिल्म में महान खलनायक प्राण ने बेगम परवीन के साथ नायक की भूमिका निभाई थी। फिल्म के भुला दिए गए गीतों में दो बहुत खूबसूरत गीत 'रिमझिम बूँदनिया बरसन आई' और 'फिर बरसन लागे नैना मतवाले' शामिल थे। जी. सिंह द्वारा निर्देशित इस फिल्म ने भी बॉक्स ऑफिस पर कोई खास धमाका नहीं किया।

जैसाकि हम कह चुके हैं, बँटवारे के बाद गुलाम हैदर पाकिस्तान जाने का मन बना चुके थे। भारत में उनकी आखिरी तीन उल्लेखनीय फिल्मों में बॉम्बे टॉकीज की 'मजबूर' (1948) शामिल थी। नजीर अजमेरी द्वारा निर्देशित इस फिल्म में श्याम और मुनव्वर सुल्ताना मुख्य भूमिकाओं में थे। मास्टरजी अपनी ख्याति के चरम सोपान पर पहुँच चुके थे और संगीत में नए आयाम जोड़ने के लिए नई और ताजा आवाजों की खोज में थे। उन्हीं दिनों एक उभरती हुई गायिका उनसे मिलने पहुँची और नूरजहाँ का फिल्म 'जीनत' का मशहूर गीत 'बुलबुलो मत रो यहाँ' सुनाकर उसने मास्टरजी को पूरी तरह चमत्कृत कर दिया। इस बीच फिल्मिस्तान के मालिक एस. मुखर्जी भी एक महत्त्वाकांक्षी फिल्म के लिए गुलाम हैदर को साइन कर चुके थे। कहते हैं कि मास्टरजी ने उसी समय इस नई गायिका को एस. मुखर्जी से मिलवाने का फैसला कर लिया। एस. मुखर्जी को उसकी आवाज पसन्द नहीं आई। मास्टरजी ने फिर भी हार नहीं मानी। उन्होंने संगीतकार श्याम सुन्दर के सहायक मदन मोहन (जो बाद में ग़ज़ल सम्राट मदन मोहन के रूप में एक महान संगीत-निर्देशक के रूप में उभरे) के साथ इस नई गायिका का एक डुएट रिकॉर्ड करके एस. मुखर्जी को सुनाया। लेकिन एस. मुखर्जी टस से मस नहीं हुए। उन्होंने साफ इनकार करते हुए कहा, ''यह आवाज बहुत पतली है, कभी नहीं चलेगी!'' कहते हैं कि इसके जवाब में मास्टरजी ने वह वाक्य कहा जो फिल्म संगीत की दुनिया में एक ऐतिहासिक वाक्य बन चुका है। उन्होंने कहा, ''मुखर्जी साहब! यह आवाज चलेगी ही नहीं बल्कि दौड़ेगी! और ऐसी दौड़ेगी कि आप सब इसके पीछे दौड़ते नजर आएँगे!'' आप समझ ही गए होंगे, इस नई उभरती हुई गायिका का नाम लता मंगेशकर था।

इस मशहूर किस्से के साथ एक और किस्सा भी जुड़ा हुआ है। कहते हैं जब लता मंगेशकर को एस. मुखर्जी से मिलवाने के बाद गुलाम हैदर उनके साथ लोकल ट्रेन से लौट रहे थे तो रास्ते में ही वे नजीम पानीपती के लिखे मुखड़े 'दिल मेरा तोड़ा, मुझे कहीं का न छोड़ा' की धुन बनाने लगे। अपने 555 के सिगरेट के पैकट को कनस्तर की तरह बजाते हुए उन्होंने लता से गाने के लिए कहा। लता ने गाया और ऐसा गाया कि अगले दिन ही मास्टरजी ने इस गीत को बॉम्बे टॉकीज की 'मजबूर' के लिए रिकॉर्ड कर लिया। उन्हें लता की आवाज पर इतना ज्यादा भरोसा था कि उन्होंने फिल्म के आठ गानों में से सात गाने उन्हीं से गवाए। यह सचमुच बड़े आश्चर्य की बात थी। न जाने क्यों मास्टरजी अपनी सभी चहेती और हमेशा की गायिकाओं (शमशाद बेगम, जीनत बेगम, जोहराबाई, राजकुमारी वगैरह) को अचानक ही भूल गए थे। यह लता की आवाज का जादू था या विधि का विधान या फिर मास्टरजी ने आने वाले भविष्य को पहले ही देख लिया था—कुछ कहा नहीं जा सकता। शायद ये तीनों ही बातें सच थीं। जो भी हो, मास्टरजी ने पाकिस्तान जाने का मन बना लिया था और वे जाते-जाते आजाद हिन्दुस्तान को सदी की सबसे लोकप्रिय आवाज देते गए। नई-नई आजादी के दिनों में फिल्म का एक युगल-गीत 'अब डरने की बात नहीं अंगरेजी छोरा चला गया, वो गोरा-गोरा चला गया' (लता और मुकेश का पहला युगल-गीत) खूब लोकप्रिय हुआ। इसी फिल्म में लता और गीता दत्त ने भी अपने सबसे पहले युगल-गीत गाए थे—'गोरी सखियों से अखियाँ चुराए रही रे' और 'हर शै पे जवानी है'। लता ने अकेले चार गाने गाए थे—'पिया मिलने को आ', 'देखो जी मेरी बहियाँ पकड़े के', 'अब जी के कोई क्या करे' और उनका सबसे अद्‌भुत और लोकप्रिय सोलो 'दिल मेरा तोड़ा मुझे कहीं का न छोड़ा'। इस गाने में छोटे-छोटे मेलोडी टुकड़ों और नई शैली के रिद्‌म का प्रयोग सुनते ही बनता है।

एस. मुखर्जी लता मंगेशकर की आवाज को ठुकरा चुके थे, इसलिए गुलाम हैदर ने फिल्मिस्तान की 'शहीद' (1948) के गीतों के लिए उनकी आवाज का प्रयोग नहीं किया। लेकिन उन्होंने दूसरी जानी-मानी गायिकाओं का भी उपयोग नहीं किया। रमेश सहगल द्वारा निर्देशित तथा दिलीप कुमार और कामिनी कौशल की मुख्य भूमिकाओं वाली इस सुपरहिट फिल्म के संगीत के लिए उन्होंने कई अलग-अलग आवाजों—सुरिन्दर कौर, ललिता देवलकर (जिन्होंने बाद में संगीत-निर्देशक सुधीर फड़के से विवाह कर लिया) और गीता (राय) दत्त का उपयोग किया। सुरिन्दर कौर के

दो गीत 'बदनाम न हो जाए मुहब्बत का फसाना' और 'आना है तो आ जाओ' खूब चले। ललिता देवलकर का 'बचपन की याद धीरे-धीरे' और गीता दत्त का 'आ जा बेदर्दी बालमा' भी खूब लोकप्रिय हुए। लेकिन फिल्म का सबसे शाहकार और अमर गीत था मुहम्मद रफी और खान मस्ताना की आवाज में 'वतन की राह में वतन के नौजवान शहीद हो'। इस गीत ने देश भर में धमाका मचा दिया। आज भी देशभक्ति के गीतों की परेड में यह गीत हमेशा चोटी के गीतों में शामिल रहता है। कहते हैं कि 'शहीद' के संगीत के लिए गुलाम हैदर ने उन दिनों किसी भी संगीतकार के लिए अनसुनी-सी रकम, एक लाख रुपए, की मांग की थी और आखिर में 75,000 रुपए पर राजी हो गए थे।

अशोक कुमार और मुमताज शांति की मुख्य भूमिकाओं वाली 'पद्‌मिनी' (1948) गुलाम हैदर की एक और यादगार फिल्म थी। इसमें अशोक कुमार और गीता दत्त की आवाज में राजस्थानी लोक-शैली का एक सुपरहिट गीत था—'सपेरा बीन बजा गयो रे'। फिल्म में लता के एक बेहद खूबसूरत सोलो 'बेदर्द तेरे दर्द को सीने से लगाके' ने भी खूब धूम मचाई थी। कहते हैं कि यह गाना लता ने तेज बुखार में रिकॉर्ड कराया था। मास्टरजी ने उन्हें रिकॉर्डिंग स्टूडियो में बुलाया था, जहाँ वे फाजली भाइयों की 'मेहंदी' का बैकग्राउंड संगीत तैयार कर रहे थे। लता तबीयत खराब होने के बावजूद उनसे मिलने के इन्तजार में बैठी रहीं और गुलाम हैदर बिलकुल भूल गए कि उन्होंने उन्हें बुलाया था। पूरा दिन बीत गया तो उन्हें अचानक अपनी भूल का अहसास हुआ। उन्होंने लता को तसल्ली दिलाते हुए उसी वक्त यह गाना लिखवाया और मिनटों में ही इसकी धुन तैयार करके इसे रिकॉर्ड भी कर लिया। काम खत्म होते-होते अगला दिन चढ़ चुका था। कहते हैं कि जल्दबाजी में किया गया काम अकसर अच्छा होता है। लता ने बुखार और थकान के बावजूद इसे इतनी खूबसूरती से गाया था कि इसे आज भी उनके और गुलाम हैदर के सबसे यादगार गानों में गिना जाता है।

यह गाना भारत में गुलाम हैदर के कैरियर का आखिरी गाना बन गया। वे नए-नए बने पाकिस्तान में चले गए और उनकी कुछ फिल्में अधूरी ही रह गईं। इनके संगीत का काम दूसरे संगीत-निर्देशकों ने पूरा किया। 'कनीज' (1949) में हंसराज बहल, 'पुतली' (1950) में अजीज हिन्दी और 'आबशार' (1953) में भोला श्रेष्ठ ने यह भूमिका निभाई। एक दिलचस्प तथ्य यह है कि 'कनीज' का बैकग्राउंड संगीत आने वाले दिनों के मशहूर संगीतकार ओ.पी. नैयर ने तैयार किया था, जिनका संगीत मास्टरजी की तरह ही पंजाबी मस्ती और लोक-शैली पर आधारित था।

गुलाम हैदर ने पाकिस्तान में भी 'शाहिदा' (1949), 'बेकरार' (1950), 'अकेला' (1951), 'भीगी पलकें' (1952), 'गुलजार' (1952) और 'गुलाम' (1953) इत्यादि कई फिल्मों में संगीत दिया। लेकिन जल्दी ही वे कैंसर जैसी भयंकर बीमारी की चपेट में आ गए और सिर्फ 45 वर्ष की उम्र में 1953 में चल बसे। यह भी एक संयोग ही था कि उनकी खोज नूरजहाँ ने उनके साथ जो आखिरी गीत रिकॉर्ड किया था, उसके बोले थे—'लो चल दिए वो हमको तसल्ली दिए बगैर'।

मास्टरजी के अनगिनत लुभावने गीतों में से बारह मोती चुनना सचमुच बहुत मुश्किल काम है। फिर भी हमारी नजर में ये हैं उनके कुछ सबसे यादगार गीत :

गुलाम हैदर के 12 अनमोल रत्न

क्रम	गीत	फिल्म	गायक/गायिका
1.	रावी के उस पार सजनवा	गैर-फिल्मी	उमराव जिया
2.	सावन के नजारे हैं	खजांची	शमशाद बेगम
3.	तू कौन सी बदली में मेरे चाँद है आ जा	खानदान	नूरजहाँ
4.	अश्कों पे हुआ खत्म मेरे गम का फसाना	बैरम खाँ	शमशाद बेगम
5.	नैन बावरे पी बिन भए उदास	फूल	सुरैया
6.	जिसके मिलने की तमन्ना थी	मझधार	खुर्शीद
7.	मेरे भैया ने पहना है ताज	हुमायूँ	शमशाद बेगम
8.	दूर कहीं इस जग से	बुत तराश	हमीदा-मुकेश
9.	इक याद किसी की आती रही	शमा	शमशाद-जी.एस. दुर्रानी
10.	बेदर्द तेरे दर्द को सीने से लगा के	पद्‌मिनी	लता मंगेशकर
11.	आँसू थी मेरी जिंदगी	बिखरे मोती	अमीरबाई-रफी
12.	वतन की राह में वतन के नौजवान शहीद हो	शहीद	रफी-खान मस्ताना

मास्टर गुलाम हैदर को हिन्दी फिल्म संगीत को कई तरह के बन्धनों से मुक्त करने और एक ताजगी भरी मस्ती और उड़ान देने के लिए हमेशा याद किया जाता रहेगा। उन्होंने बहुत कम समय में इतना मधुर और यादगार संगीत दिया कि उनके गीतों के साथ-साथ उनका नाम भी उनके चाहने वालों के दिलों में हमेशा जिंदा रहेगा। वे अब भी उन्हें खोजते हुए शायद यही कहेंगे—तू कौन सी बदली में मेरे चाँद है आ जा...।

नौशाद (1919-2006)
शास्त्रीय धुनों के निर्विवाद सम्राट

पचास और साठ के दशक में (और कई क्षेत्रों में तो आज भी ऐसा ही है) लखनऊ की सड़कों पर और गलियों में साइकिल-रिक्शा ही यातायात का प्रमुख साधन हुआ करता था। यह अपनी ऊँची संस्कृति और तहजीब के लिए मशहूर लखनऊ की शान भी था और उसकी जीवन-शैली का प्रतीक भी। रिक्शावाला आपको आपकी मंजिल तक तो पहुँचाता ही था, साथ ही एक गाइड की भूमिका निभाते हुए आपको शहर के बारे में बहुत-सी दिलचस्प जानकारियाँ भी देता रहा था। मैं तब बहुत छोटा था और अपनी माँ की गोद में बैठे-बैठे शहर और शहरवासियों के बारे में ये दिलचस्प जानकारियाँ और किस्से-कहानियाँ सुनता रहता था।

मुझे आज भी याद है, जब हमारा रिक्शा कान्धारी बाजार (मशहूर अमीनाबाद बाजार और नजरबाग के बीचोबीच स्थित) से गुजरता था तो रिक्शावाला एक घर की तरफ हाथ उठाकर फख्र से कहता था—''मैजिक नौशाद इसी मकान में पैदा हुए थे!'' इसी तरह लाटूश रोड पर एक दुकान हुआ करती थी—एस. भोंदू एंड सन्स। रिक्शावाला इसकी तरफ इशारा करके बड़े श्रद्धा-भाव से कहता था—''मैजिक नौशाद ने अपना पहला साज इसी दुकान से लिया था।'' लखनऊ में रॉयल सिनेमा नाम का एक फिल्म थिएटर भी हुआ करता था, जो शहर का सबसे पहला सिनेमाघर था (यह सिनेमाघर 'मेहरा' के नाम से आज भी मौजूद है)। रिक्शावाले इसकी तरफ भी उँगली उठाकर यह बताना नहीं भूलते थे कि 'मैजिक नौशाद' इस थिएटर के ऑर्केस्ट्रा में (मूक फिल्मों के जमाने में) बाजा बजाया करते थे। मेरी माँ मेरी बाल-सुलभ उलझन को दूर करते हुए कहती थीं कि लखनऊ के ज्यादातर रिक्शावाले, कुली और भिश्ती (सड़कों पर पानी छिड़कने वाले) नौशाद साहब को 'मैजिक नौशाद' कहना ही पसन्द करते थे, उसी तरह जैसे लखनऊ के सब्जी बेचने वाले भिंडी को 'लैला की उँगलियाँ' और ककड़ी को 'मजनूँ की पसलियाँ' कहना पसन्द करते थे। माँ ने मुझे यह भी बताया कि जब मैं सिर्फ दो-तीन वर्ष का था तो नौशाद साहब के एक मशहूर गाने 'जवाँ है मुहब्बत हसीं है जमाना' ('अनमोल घड़ी', 1946) का रिकॉर्ड ग्रामोफोन पर सुनकर खूब मस्ती से नाचने-झूमने लगता था।

नौशाद साहब से मेरी पहली मुलाकात दिल्ली एयरपोर्ट पर संयोग से ही हो गई थी। मैं शेख माजेन खलीफा अल्लाहिक के साथ एक बिजनेस ट्रिप पर भारत आया हुआ था, जो खुद भी नौशाद साहब से मिलते ही उनके कायल हो गए थे। मैंने पूरे दो घंटे नौशाद साहब के साथ गुजारे और इस पूरी अवधि में मैं खुद को सातवें आसमान पर महसूस करता रहा। हमने फिल्म संगीत में छह दशक के उनके लम्बे कैरियर, उनके संगीत, उनके अनुभवों और उनकी यादों को लेकर ढेर सारी बातें कीं। ऐसा लग रहा था मानो समय सचमुच पंख लगाकर जेट की रफ्तार से उड़ रहा था। मैंने उनसे उनके सहयोगियों, उनके गायक-गायिकाओं और उनकी फिल्मों के बारे में भी बहुत कुछ पूछा और उनके चहेते अभिनेता (और हमारे भी) अभिनय-सम्राट दिलीप कुमार के बारे में भी। आखिर में उन्होंने कहा, ''आप तो मेरे हमवतन हैं, मिलते रहिए।'' उनके ये शब्द आज भी मेरे कानों में गूँज रहे हैं। इस अध्याय की ज्यादातर बातें उनके साथ उस लम्बी और अविस्मरणीय बातचीत का ही निचोड़ हैं।

इस 'हवाई मुलाकात' के अलावा हमें नौशाद साहब से उनके बड़े प्यारे और खूबसूरत बंगले

‘आशियाना’ में मिलने का भी सौभाग्य प्राप्त हुआ, और वह भी सिर्फ एक बार नहीं। मुम्बई के कार्टर रोड, बान्द्रा में स्थित यह बंगला समुद्र के ठीक सामने है, जिसे उन्होंने 1953 में (उनकी एक शाहकार फिल्म ‘बैजू बावरा’ की रिलीज का वर्ष) बड़े प्यार से बनवाया था। वे मिलने वालों से हमेशा अपनी बैठक में मिला करते थे, जहाँ दीवार के साथ-साथ एक बड़ा खूबसूरत गोलाईदार सोफा था और एक भूसा भरा भरपूर जवान शेर भी (जिसका शिकार गुजरे जमाने में खुद उन्होंने किया था)। कमरे में एक हारमोनियम और संगीत के नोट्स की उनकी खास डायरी भी मौजूद होती थी। हमने उन्हें अपनी जादुई उँगलियों को हारमोनियम पर चलाते और ‘अन्दाज’ (1949) की बेहद प्यारी धुन ‘तू कहे अगर जीवन भर मैं गीत सुनाता जाऊँ’ छेड़ते भी सुना। बातचीत के दौरान उन्होंने मुझे अपनी पसन्द के उनके बारह गीत बताने के लिए कहा। मैंने खुशी-खुशी उन्हें ये गीत बता दिए :

क्रम	गीत	फिल्म	गायक/गायिका
1.	आवाज दे कहाँ है	अनमोल घड़ी	नूरजहाँ-सुरेन्द्र
2.	गम दिए मुस्तकिल कितना नाजुक है दिल	शाहजहाँ	के.एल. सहगल
3.	अफसाना लिख रही हूँ	दर्द	उमा देवी
4.	फिर आह दिल से निकली	मेला	जोहराबाई अम्बालेवाली
5.	क्यों उन्हें दिल दिया	अनोखी अदा	शमशाद-सुरेन्द्र
6.	उठाए जा उनके सितम	अन्दाज	लता मंगेशकर
7.	सुहानी रात ढल चुकी	दुलारी	मुहम्मद रफी
8.	ये सावन रुत तुम और हम	दास्तान	रफी-सुरैया
9.	तू गंगा की मौज मैं जमुना का धारा	बैजू बावरा	रफी-कोरस
10.	मोरे सैयाँ उतरेंगे पार	उड़न खटोला	लता-कोरस
11.	मधुबन में राधिका नाचे रे	कोहिनूर	मुहम्मद रफी
12.	तेरी महफिल में किस्मत आजमाकर	मुगल-ए-आजम	लता-शमशाद

नौशाद : अपनी संगीत प्रतिभा के शिखर

वे मेरी सूची को देखकर ख्यालों में खोए-खोए से मुस्कराते रहे। कुछ देर बाद मैंने कहा कि मैं ऐसी बहुत-सी सूचियाँ बना सकता हूँ, क्योंकि उनके बहुत से गाने छूट गए थे (‘दिल्लगी’, ‘बाबुल’, ‘दीदार’, ‘आन’, ‘अमर’, ‘शबाब’, ‘गंगा-जमुना’ और ‘मेरे महबूब’ इत्यादि फिल्मों के गाने)। वे हँसने लगे और मुझे खुशी और गर्व का एक अविस्मरणीय अहसास करवाते हुए बोले, ‘‘आप मेरे हमवतन ही नहीं, हमप्याला भी हैं।’’ मैंने उनसे उनकी पसन्द जाननी चाही तो वे उम्मीद के अनुसार मुस्कराते हुए बोले—‘‘मैं अपनी खुद की रचनाओं के साथ कोई भेदभाव नहीं कर सकता।’’ लेकिन उन्होंने मुझे इतना जरूर बताया कि अभिनय-सम्राट दिलीप कुमार को उनके गीतों में ‘जाने वाले से मुलाकात न होने पाई’ (‘अमर’, लता मंगेशकर) सबसे ज्यादा पसन्द था। मेरे मन में एकाएक यह ख्याल आया कि लता ने यह गाना मधुबाला के लिए गाया था।

नौशाद साहब को उर्दू में मेरी दिलचस्पी और मेरी लखनवी पृष्ठभूमि का पता चला तो उन्होंने खालिस उर्दू में कहा—‘‘मैं आप ही के शहर में इस आलम-ए-फानी में बरामद हुआ था।’’ हाँ, नौशाद अली लखनऊ के कान्धारी बाजार में ही क्रिसमिस के दिन (25 दिसम्बर) सन् 1919 में पैदा हुए थे। उनके पिता का नाम वाहिद अली था, जो एक रूढ़िवादी मुस्लिम परिवार से सम्बन्ध रखते थे। नौशाद सिर्फ तीन वर्ष के थे तो बुरी तरह बीमार पड़ गए। डॉक्टरों ने जवाब दे दिया और एक दिन तो ऐसी हालत हो गई कि जाँच करने आए डॉक्टर ने उनकी मौत का ऐलान कर दिया। घर में मातम छा गया। लेकिन होनी को कुछ और ही मंजूर था। कुछ ही देर बाद उनकी साँस फिर से चलने लगी। एक तरह से उन्हें दूसरी जिंदगी मिली थी। कहते हैं कि जो लोग मौत के मुँह से इस तरह लौटकर आते हैं वे जिंदगी में कोई बड़ा मुकाम हासिल करते हैं। नौशाद के साथ भी ऐसा ही हुआ।

कुछ वर्ष बाद उनका परिवार कान्धारी बाजार से घसियारी मंडी में आ बसा। उनका घर लिबर्टी सिनेमा के सामनेवाली गली में था। यह सिनेमा हॉल अब खत्म हो चुका है। घर से कुछ दूर एस. भोंडु एंड सन्स के नाम से वही संगीत के साजों की दुकान थी। नौशाद बचपन से ही संगीत के प्रति एक अजीब-सा खिंचाव महसूस करते रहे थे। लड़कपन में यह खिंचाव एक तरह से जुनून का रूप लेने लगा। वे साजों की उस दुकान के सामने से गुजरते तो एकाएक उनके कदम ठिठक जाते। वे घंटों उस दुकान के सामने खड़े होकर तरह-तरह के साजों को बड़ी हसरत से निहारते रहते। एक दिन दुकान के मालिक गुरबत अली से रहा नहीं गया। उन्होंने इस सिरफिरे से लड़के को लताड़ते हुए कहा, ‘‘क्यों मियाँ, रोज-रोज दीदे फाड़-फाड़कर साजों को क्या देखते रहते हो? आखिर क्या मन्शा है?’’ नौशाद ने किसी तरह हिम्मत करके डरते-डरते कहा, ‘‘क्या आप मुझे घंटे-दो

घंटे रोज दुकान में बैठने दे सकते हैं? आप जो भी खिदमत करने को कहेंगे, मैं करूँगा।'' गुरबत अली मान गए। नौशाद दुकान में बैठने लगे और साजों को झाड़ने-पोंछने के साथ-साथ मालिक का हुक्का तैयार करने का काम भी करने लगे। गुरबत अली और उनके भाई यूसुफ अली दोनों ही नौशाद से बहुत खुश थे। यूसुफ अली एक अच्छे सितार-वादक भी थे। धीरे-धीरे बालक नौशाद पर उन दोनों का भरोसा इतना बढ़ गया कि उन्होंने सुबह दुकान खोलने की जिम्मेदारी उन्हीं को सौंप दी।

वह मूक फिल्मों का जमाना था। लखनऊ के सबसे पहले फिल्म थिएटर 'रॉयल सिनेमा' में फिल्म के दृश्यों की माँग के अनुरूप मंच पर बैठे साजिंदे ऑर्केस्ट्रा बजाते रहते थे। बालक नौशाद आए दिन फिल्म थिएटर में खिंचा चला जाता था, फिल्म देखने के लिए नहीं, संगीत मंडली का 'लाइव' संगीत सुनने के लिए। वे अब दुकान को जल्दी खोलकर थिएटर में सुनी धुनों को खुद बजाने की कोशिश करने लगे। रॉयल थिएटर के हारमोनियम-वादक लड्डन साहब ने बालक नौशाद के संगीत-प्रेम से प्रभावित होकर उन्हें अपने पीछे मंच पर बैठने की इजाजत दे दी थी। नौशाद बड़े ध्यान से उन्हें हारमोनियम बजाते देखते रहते थे और सुबह-सुबह दुकान में आकर खुद भी इसका अभ्यास करने की कोशिश करते थे।

एक सुबह वे अपने अभ्यास में इतने खो गए कि उन्हें समय का ध्यान ही नहीं रहा और दुकान के मालिक गुरबत अली चले गए। नौशाद बहुत घबरा गए, क्योंकि वे जानते थे कि गुरबत अली बड़े गुस्सेवाले थे। गुरबत अली ने पहले तो उन्हें जमकर फटकार लगाई और फिर मुस्कराते हुए बोले, ''तुम्हारी गुस्ताखी की सजा के तौर पर आज से यह बाजा तुम्हारा हुआ! जाओ, इसे बजाओ! मुझे यकीन है कि एक दिन तुम बहुत ऊँचे दर्जे के फनकार बनोगे!'' गुरबत के भाई यूसुफ अली को इस घटना का पता चला तो वे भी बहुत खुश हुए और फुर्सत के लम्हों में बालक नौशाद को संगीत के बारे में समझाने लगे। इस बीच गुरबत अली ने एक सुबह लड्डन साहब को चुपके से बुलाकर बालक नौशाद का संगीत सुनाया तो वे भी बहुत प्रभावित हुए। उन्होंने नौशाद को बिना टिकट थिएटर में आने की इजाजत दिलवा दी। यूसुफ अली खुद एक अच्छे सितार-वादक होने के साथ-साथ हर जुमे (शुक्रवार) के दिन संगीत महफिलों का आयोजन किया करते थे, जिनमें उस्ताद इनायत अली खान और उस्ताद अलाउद्दीन खान जैसे संगीत के बड़े-बड़े महारथी शामिल होते थे। वे इन महफिलों में नौशाद को भी ले जाने लगे। जल्दी ही नौशाद बाकायदा उनके शिष्य बन गए और उनसे सितार सीखने लगे।

नौशाद के घर पर बाजपेयी परिवार

इस बीच घर में इसी संगीत को लेकर मुसीबत खड़ी हो गई थी। पुराने विचारों के वाहिद अली भला यह कैसे बर्दाश्त करते कि उनका बेटा एक 'मिरासी' बन जाए? उन्होंने रात को नौ बजे के बाद घर के दरवाजे बन्द करने का हुक्म दे दिया। नौशाद हमेशा देर से घर लौटते थे। उनकी नरमदिल माँ चुपके से दरवाजा तो खोल देतीं, लेकिन वाहिद साहब की नींद खुलने के डर से नौशाद को अकसर भूखे ही सो जाना पड़ता। उन्होंने अपना उपहार में मिला प्यारा बाजा भी बड़ी मुश्किल से पिता की नजर से छिपाकर रखा था। उनके पिता घर में न होते, तभी वे इसे बजा पाते। लेकिन एक दिन उनके पिता की इस पर नजर पड़ गई। उन्होंने गुस्से के मारे न सिर्फ बाजे के टुकड़े-टुकड़े कर दिए, बल्कि बेटे को हुक्म सुनाते हुए कहा, ''अगर भांड-मिरासी ही बनना है, यही सब करना है तो दफा हो जाओ घर से!''

इस तरह, 15-16 वर्ष के नौशाद को घर छोड़ देना पड़ा। बरकत अली ने उनके पिता को समझाने की बहुत कोशिश की, लेकिन वे टस से मस नहीं हुए। गुरबत और यूसुफ ने नौशाद को अपनी नाटक मंडली में शामिल कर लिया। वे साथ-साथ संगीत भी सीखते रहे। लेकिन वे सिर्फ एक साज से सन्तुष्ट नहीं थे। उन्होंने उस्ताद बब्बन खाँ से शास्त्रीय संगीत सीखा। जल्दी ही नाटक मंडली के लिए संगीत की धुनें बनाने के साथ-साथ वे गीत भी लिखने लगे। उन्होंने सुलतान साहब नाम के एक सज्जन के साथ भी काम किया जो मॉडेल हाउस में एक ड्रामा क्लब चलाते थे। धीरे-धीरे नौशाद की समझ में आ गया कि वे दरअसल एक संगीत-निर्देशक बनना चाहते थे।

उन्हीं दिनों लखनऊ के बाबू मुरारीलाल ने 'हीरोज एसोसिएशन' की स्थापना की, जिसके पीछे इलाके के कुछ कायस्थ वकीलों का हाथ था। इस संस्था नें 'खूबसूरत बाला' नाम का एक नाटक खेला। इस नाटक के निर्देशक थे दाउद बेग (बाल कलाकार और अभिनेत्री नाज के पिता), जबकि संगीत-निर्देशन की जिम्मेदारी युवा नौशाद ने निभाई। एक तरह से संगीत-निर्देशन की दुनिया में यह उनका पहला और महत्त्वपूर्ण कदम था।

'न्यू स्टार थिएटर कम्पनी' नामक एक नाटक कम्पनी लखनऊ के दौरे पर आई तो नौशाद उसके साथ जुड़ गए। वे इस कम्पनी के साथ दूसरे शहरों के दौरे पर भी गए—काठियावाड़, मारवाड़, वीरपगाँव इत्यादि। लेकिन दुर्भाग्यवश नाटक कम्पनी को भारी घाटा उठाना पड़ा और नौशाद को महीनों की मेहनत के बदले में सिर्फ लखनऊ लौटने का किराया ही मिल पाया।

वे घर लौट आए। पिता वाहिद अली अब भी अड़े हुए थे। उन्होंने नौशाद से साफ-साफ कह दिया—''तुम्हें मौसिकी से तौबा करनी होगी, इसे छोड़ना पड़ेगा!''

नौशाद ने संगीत छोड़ने की बजाय घर छोड़ने का फैसला कर लिया। यह उनकी जिंदगी का एक अहम और बड़ा फैसला था। उन्होंने घर ही नहीं छोड़ा बल्कि लखनऊ छोड़कर बम्बई जाने का फैसला कर लिया। इस फैसले में उनके एक शुभचिन्तक डॉ. अब्दुल मजीद 'आदिल' का भी हाथ था, जिन्होंने बम्बई के अपने एक मित्र डॉ. ए. अलीम नामी के नाम एक पत्र देते हुए उनकी हिम्मत बढ़ाई थी।

नौशाद और गुलाम मोहम्मद

वे 1937 के शुरू के दिन थे। नौशाद अभी अठारह वर्ष के भी नहीं हुए थे कि वे बम्बई की गाड़ी पकड़कर एक अनजान सफर पर चल दिए। सिर्फ उनका संगीत और उनका मजबूत इरादा उनके साथ था। रास्ते में शाहजहाँपुर के मुहम्मद खान से उनकी दोस्ती हो गई, जो बम्बई के मुख्य रेलवे टर्मिनस वी.टी. (विक्टोरिया टर्मिनस, अब छत्रपति शिवाजी टर्मिनस) के पास ही रहते थे। वही उन्हें भिंडी बाजार में डॉ. नामी के पते पर ले गए। लेकिन अफसोस डॉ. नामी अब वहाँ नहीं रहते थे। किसी ने बताया कि वे कोलाबा में शिफ्ट हो गए थे। उनका कोई अता-पता न होने के कारण नौशाद एक अनजान शहर में बिलकुल लावारिस सा महसूस कर रहे थे। ऐसे में ट्रेन में मिले उस दोस्त ने ही उनकी मदद की। मुहम्मद खान ने उन्हें अपने घर में ठहराया और हर तरह से उनकी मदद की। कई दिनों तक सड़कों की खाक छानने के बाद आखिर वे दोनों डॉ. नामी का सुराग पाने में सफल हो गए। डॉ. नामी ग्रैंड बाजार की एक बिल्डिंग में एक यूरोपीय महिला के पेइंग गेस्ट के रूप में रहते थे। वे रात में देर से घर लौटते थे। नौशाद उनका इन्तजार करने लगे और मुहम्मद खान अपने घर से उनका सामान लेने निकल पड़े। आखिर रात के एक बजे डॉ. नामी अपने घर लौटे तो नौशाद की जान में आन आई। डॉ. नामी ने उनके लिए एक छत की व्यवस्था कर दी और मायानगरी बम्बई में नौशाद की लम्बी जद्दोजहद का सिलसिला शुरू हो गया।

वे सचमुच गर्दिश के दिन थे। फाकेमस्ती के दिन। खाली जेब और भूखे पेट बम्बई की लम्बी-लम्बी सड़कें नापने के दिन। वे डॉ. नामी पर किसी तरह का बोझ बनना नहीं चाहते थे, इसलिए उनसे मदद माँगते हुए शरमाते थे। एक दिन डॉ. नामी ने उनके पाँवों में छाले पड़े हुए देखे तो उन्हें लताड़ते हुए बोले, ''मुझे क्यों नहीं बताया? पैसे नहीं थे तो मुझसे माँग लेते! क्या हाल बना लिया है अपना! लेकिन मेरी एक बात हमेशा याद रखना—एक दिन तुम जरूर अपनी धुन में कामयाब होओगे!''

नामी साहब ने एक अखबार में एक इश्तिहार छपा देखा। न्यू इंडिया पिक्चर्स को अपने संगीत विभाग में कुछ साजिंदों की जरूरत थी। नामी साहब के कहने पर नौशाद ने झट से इस कम्पनी में अपनी अर्जी भेज दी। कुछ ही दिन बाद उन्हें इंटरव्यू के लिए बुला लिया गया। इंटरव्यू लेने वाला कोई और नहीं बल्कि उस्ताद झंडे खाँ थे, जो कम्पनी की एक फिल्म 'सुनहरी मकड़ी' के संगीत-निर्देशक थे। नौशाद बमुश्किल सत्रह-अठारह वर्ष के थे और बहुत ज्यादा नर्वस महसूस कर रहे थे। इंटरव्यू के लिए बहुत से उम्मीदवार आए हुए थे और नौशाद उन सबके बीच खुद को खोया-खोया सा महसूस कर रह थे। एक बार तो उनका मन हुआ कि इंटरव्यू दिए बिना ही भाग जाएं! लेकिन तभी उनका नाम पुकारा गया और उनका दिल और भी जोर-जोर से धड़कने लगा। उनकी घबराहट को देखकर उस्ताद झंडे खाँ ने उन्हें अपने पास बुलाकर उनकी पीठ थपथपाई, उनकी हिम्मत बढ़ाई और उन्हें पियानो पर कुछ सुनाने के लिए कहा। उन्होंने उस समय क्या सुनाया, उन्हें कुछ होश नहीं था, लेकिन कुछ ही दिन बाद कम्पनी का एक पत्र पाकर उनके आश्चर्य का कोई ठिकाना नहीं रहा। उन्हें चुन लिया गया था और 40 रुपए महीने की शानदार तनख्वाह (उस जमाने के हिसाब से) पर कम्पनी में रख लिया गया था। संयोगवश, इस इंटरव्यू के दौरान महान संगीतकार गुलाम मुहमद भी उम्मीदवारों में शामिल थे। उन्हें तबला-वादक के रूप में चुन लिया गया था और वह भी लगभग दुगनी यानी 70 रुपए महीने की तनख्वाह पर। न्यू इंडियन पिक्चर्स के मालिक हेनरी डोरवोच थे। नौशाद को कम्पनी के स्टूडियो में आने-जाने के लिए लोकल ट्रेन का तीसरे दर्जे का मासिक पास भी दे दिया गया।

नौशाद अब कमाने लगे थे, इसलिए उन्होंने डॉ. नामी पर बोझ बने रहना ठीक नहीं समझा। वे लखनऊ के ही अख्तर साहब के साथ दादर में रहने लगे। अख्तर साहब एक दुकान में सेल्समेन थे और दुकान में ही सोते थे। नौशाद ने भी उन्हीं के साथ दुकान में सोना शुरू कर दिया। शटर गिराने के बाद दुकान के अन्दर बहुत घुटन हो जाती थी, इसलिए वे दोनों ज्यादातर दुकान के बाहर फुटपाथ पर ही सो जाते थे। वह दादर पूर्व का इलाका था। सड़क के उस पार मशहूर ब्रॉडवे सिनेमा हॉल था। कई वर्ष बाद इसी थिएटर में नौशाद की सुपरहिट फिल्म 'बैजू बावरा' (1953) रिलीज हुई और उसने डायमंड जुबली मनाई तो पुराने दिनों को याद करके उनकी आँखों में खुशी के आँसू छलक आए थे।

एक दिन 'सुनहरी मकड़ी' के एक गीत की धुन बनाते समय उस्ताद झंडे खाँ बड़ी परेशानी मे पड़ गए। लाख कोशिशों के बावजूद वे निर्माता हेनरी और निर्देशक रिजवी की मनमाफिक धुन नहीं बना पा रहे थे। नौशाद ने उस्ताद से इजाजत लेकर इस गीत की एक नई धुन तैयार की, जिसे हेनरी और रिजवी ने झट से स्वीकार कर लिया। उस्ताद झंडे खाँ इतने खुश हो गए कि उन्होंने न सिर्फ हर किसी को यह बताया कि यह धुन नौशाद की थी, बल्कि उन्हें अपना सहायक भी नियुक्त कर लिया। 'सुनहरी मकड़ी' उर्फ 'करेक्टर' में मनोहर कपूर और पेशेंश कूपर मुख्य भूमिकाओं में थे और उन्होंने ही अपने सभी गाने गाए थे।

फिल्म के पूरी हो जाने के बाद नौशाद एक बार फिर बेरोजगार हो गए। बारिश के दिन थे। वे और अख्तर साहब अब फुटपाथ की बजाय बगल की बिल्डिंग की सीढ़ियों के पास सोया करते थे। उस जमाने की मशहूर अभिनेत्री (जो बाद में बहुत अच्छी चरित्र अभिनेत्री भी रहीं) लीला चिटणिस इसी बिल्डिंग में रहती थीं। कई बार वे जल्दी से सीढ़ियाँ उतरकर कहीं बाहर जातीं तो उनकी सैंडिल नींद में बेखबर नौशाद के हाथ या पाँव पर पड़ जाती और वे बिलबिलाकर उठ बैठते। तब उन्होंने कल्पना भी नहीं की थी एक दिन वे इसी लीला चिटणिस की फिल्म में संगोत देंगे और वे उनके संगीत-निर्देशन में गाएँगी।

काम की तलाश में भटकते नौशाद रेनबो रिकॉर्डिंग कम्पनी में जा पहुँचे। वहाँ उन्हें अभिनेता प्रेम अदीब और कुछ अन्य लोगों के लिए निजी गाने रिकॉर्ड करने का काम मिल गया। उन्हीं दिनों निर्देशक प्यारेलाल (पी.एल.) सन्तोषी से

भी उनकी दोस्ती हो गई। गर्दिश के इन दिनों में नौशाद ने फिल्म सिटी कम्पनी का भी दरवाजा खटखटाया। अब्दुल रशीद (ए.आर.) कारदार इस कम्पनी के लिए 'बागवां' नामक एक फिल्म का निर्देशन कर रहे थे, जिसमें मुश्ताक हुसैन और हरीश चन्द्र (एच.सी.) बाली का संगीत था। प्रेम अदीब ने नौशाद को एच.सी. बाली से मिलवाया तो उन्होंने उन्हें अपना सहायक नियुक्त कर लिया। नौशाद ने मुश्ताक हुसैन और एच.सी. बाली के साथ 'निराला हिन्दुस्तान' ('इंडस्ट्रियल इंडिया'), 'पति पत्नी' और 'मोहर' नामक फिल्मों में काम किया। लेकिन जल्दी ही कम्पनी के बुरे दिन आ गए। 'पति पत्नी' बुरी तरह फ्लॉप हो गई और 'मोहर' बीच में ही बन्द हो गई। नौशाद एक बार फिर बेरोजगार हो गए।

पी.एल. सन्तोषी और नौशाद में इतनी गहरी दोस्ती हो गई कि नौशाद उन्हीं के साथ उनके घर में रहने लगे। उन दिनों एक गीतकार के रूप में पी.एल. सन्तोषी की काफी माँग थी। कभी-कभी नौशाद भी गीत लिखने में उनकी मदद करते। पी.एल. सन्तोषी की शादी हो गई तो नौशाद ने कबाब में हड्डी बनने की बजाय परेल की एक चाल में एक कमरा किराए पर ले लिया। वह बम्बई में उनका पहला खुद का घर था।

उन दिनों रणजीत स्टूडियो के सरदार चन्दुलाल शाह 'मिर्जा साहिबां' के नाम से एक पंजाबी फिल्म बना रहे थे। जाने-माने गीतकार दीना नाथ (डी.एन.) मधोक फिल्म के गीत लिखने के साथ-साथ फिल्म का निर्देशन भी कर रहे थे। इसी तरह फिल्म के हीरो मनोहर कपूर फिल्म में मुख्य भूमिका निभाने के साथ-साथ इसका संगीत भी दे रहे थे। उन्होंने 60 रुपए महीने की तनख्वाह पर नौशाद को अपने सहायक के रूप में रख लिया। डी.एन. मधोक एक पारखी व्यक्ति थे। उन्होंने नौशाद में छिपी असीम प्रतिभा को पहचान लिया और स्टूडियो के मालिक चन्दुलाल सेठ से सिफारिश करके उन्हें स्टूडियो की अगली फिल्म 'कंचन' के संगीत-निर्देशन की जिम्मेदारी सौंप दी। एक स्वतंत्र संगीत-निर्देशक के तौर पर नौशाद की यह पहली फिल्म थी। संयोग से इसकी हीरोइन वही लीला चिटणिस थीं जो सीढ़ियाँ उतरते समय अपनी सैंडिल से उनका हाथ या पाँव कुचल जाया करती थीं। नौशाद को 800 रुपए की शानदार रकम में साइन किया गया था। लेकिन एक स्वतंत्र संगीत-निर्देशक के रूप में उनके शुरू के अनुभव अच्छे नहीं रहे। वे बहुत कम उम्र के थे और उनसे कहीं बड़ी उम्र के और ज्यादा अनुभवी साजिंदे ईर्ष्या के कारण उन्हें सहयोग देने से कतरा रहे थे। अपना पहला गाना, जो एक भजन था, 'बता दे मोहे कौन गली गए श्याम' रिकॉर्ड करने में उन्हें बहुत-सी मुश्किलों का सामना करना पड़ा। वे इतने दुखी हो गए कि उन्होंने यह फिल्म छोड़ दी और इस स्टूडियो के लिए दोबारा कोई फिल्म न करने का निश्चय कर लिया। मधोक ने बड़ी मुश्किल से उन्हें उनकी निराशा से उबारा और उन्हें कई और फिल्में दिलवाने का वायदा किया।

मधोक के प्रयासों से ही उन्हें मोहन भवनानी की 'प्रेम नगर' (1940) में संगीत देने का अवसर मिला, जो सही मायनों में उनकी पहली फिल्म थी। इस फिल्म ने उनके कैरियर को सही पटरी पर डाल दिया, जिसके बाद उन्होंने पीछे मुड़कर नहीं देखा। उन्होंने कई दशकों लम्बे अपने कैरियर में कुल जमा 66 फिल्मों में संगीत दिया, क्योंकि वे हमेशा गिनी-चुनी और चुनिन्दा फिल्में ही हाथ में लेते थे। यही कारण था कि इन 66 फिल्मों में से 20 ने सिल्वर जुबली, 8 ने गोल्डन जुबली और 2 ने डायमंड जुबली मनाई। रेडियो पर उनकी फिल्मों के विज्ञापनों में बड़े गर्व से कहा जाता था—''तीस करोड़ हिन्दुस्तानी और एक अकेला नौशाद!'' ये नौशाद ही थे जिन्होंने फिल्म के संगीतकार को भी वही लोकप्रियता और मान-प्रतिष्ठा दिलवाई जो उनसे पहले सिर्फ फिल्म के सितारों और निर्देशक तक सीमित थी। उनकी 66 फिल्मों में से हर फिल्म उनकी ऊँची साख और प्रतिष्ठा का एक छलकता हुआ पैमाना है। उन्होंने अनमोल संगीत ही नहीं दिया बल्कि अपनी फिल्में भी अनमोल मोतियों की तरह चुनीं।

डी.एन. मधोक के प्रयासों से ही निर्देशक विजय भट्ट और नौशाद की सुपरहिट जोड़ी का जन्म हुआ, जिन्हें साथ-साथ प्रकाश पिक्चर्स की 'माला' (1941), 'दर्शन' और 'स्टेशन मास्टर' (नौशाद की पहली सिल्वर जुबली फिल्म) फिल्में मिलीं। नौशाद का पहला सुपरहिट गाना 'माला' फिल्म का 'क्यों नैन भर आए बावरी' था, जिसे पारुल घोष ने गाया था। नौशाद ने 'दर्शन' (1941) में एक नए गायक जी.एम. दुर्रानी को भी अवसर दिया था, जो अपने दौर के एक सफल गायक रहे। 'स्टेशन मास्टर' के 'साजन घर आए आली', 'चलो-चलो री सखी मधुबन में' और 'काया की रेल निराली' जैसे गीत तो देश भर में गली-गली में गूँजने लगे थे।

जानी-मानी गायिका-अभिनेत्री सुरैया को एक गायिका के रूप में पहला ब्रेक देने का श्रेय भी नौशाद को ही जाता है। कहा जाता है कि ए.आर. कारदार निर्देशित यह फिल्म 'नई दुनिया' (1942) खुद नौशाद ने ही बनाई थी। सुरैया का पहला गाना था—'बूट करूं मैं पालिश बाबू'। और फिर इस आवाज ने क्या धूम मचाई! सुरैया ने अपना पहला सुपरहिट गाना 'पंछी जा पीछे रहा है बचपन मेरा' ('शारदा', 1942) भी नौशाद के संगीत-निर्देशन में ही गाया था। तब वे सिर्फ 13 वर्ष की थीं। 'शारदा' भी ए.आर. कारदार की फिल्म थी, जिनके साथ नौशाद का काफी लम्बा जुड़ाव रहा—व्यक्तिगत और रचनात्मक दोनों स्तरों पर।

कभी यही ए.आर. कारदार 'फिल्म सिटी कम्पनी' में नौशाद का कॉन्ट्रैक्ट बढ़ाने के पक्ष में नहीं थे, लेकिन अब वे उनके जबर्दस्त प्रशंसक बन चुके थे। वे जाने-माने निर्देशक एस.यू. सनी ('नमस्ते', 'गीत', 'नाटक', 'मेला', 'बाबुल', 'उड़न खटोला', 'कोहिनूर', 'पालकी') के माध्यम से नौशाद के नजदीक आए और जल्दी ही उन्हें अपने प्रतिष्ठित 'कारदार स्टूडियो' में ले आए। नौशाद और ए.आर. कारदार की जोड़ी (1942-1966) फिल्मी दुनिया की सबसे लम्बी चलने वाली जोड़ियों में शामिल है। इन दोनों ने साथ-साथ कुल जमा 18 फिल्मों में काम किया—'शारदा' (1942), 'नमस्ते' (1943), 'संजोग' (1943), 'कानून' (1943), 'जीवन' (1944), 'गीत' (1944), 'पहले आप' (1944), 'संन्यासी' (1945), 'शाहजहाँ'

(1946), 'कीमत' (1946), 'नाटक' (1947), 'दर्द' (1947), 'दुलारी' (1949), 'दिल्लगी' (1949), 'दास्तान' (1950), 'जादू' (1951), 'दीवाना' (1952) और 'दिल दिया दर्द लिया' (1966)। इन 18 फिल्मों में से 14 जुबली हिट फिल्में थीं, जो अपने-आपमें एक रिकॉर्ड है। इन सभी में एक से एक सुपरहिट गाने थे।

'शारदा' (1942) जितनी सुन्दर फिल्म थी, उतने ही मधुर इसके गीत भी थे। नौशाद ने फिल्म के कुछ मर्मस्पर्शी गीत अपने जमाने की मशहूर ठुमरी गायिका निर्मला देवी (आज के लोकप्रिय अभिनेता गोविन्दा की माँ) से गवाए थे— 'तुम नहीं आते हो तो नहीं आओ' और 'घिर आई बदरिया घर आओ'। अगले वर्ष 1943 में उन्होंने कारदार की चार फिल्मों में संगीत दिया। वर्ष की पहली फिल्म 'नमस्ते' में पारुल घोष (अपने जमाने की मशहूर गायिका और बाँसुरी-वादक पन्नालाल घोष की बहन) के गाए गीत 'आए भी वो गए भी वो खत्म फसाना हो गया' ने देश भर में धूम मचा दी। आसावरी पर आधारित इस गीत का लहराता और झूमता हुआ-सा रिद्म अपने-आपमें एक नई चीज था और एक ट्रेंड-सेटर साबित हुआ। इस गीत की लोकप्रियता का अन्दाजा इसी से लगाया जा सकता है कि स्वामी दयानन्द सरस्वती के आर्य-समाज का स्तुति-गीत इसी की तर्ज पर आधारित है। अगली फिल्म 'संजोग' के संगीत में सुरैया पूरी तरह से छाई रहीं। फिल्म के हिट गीतों में 'आ मोरे साँवरे सैयाँ', 'कोई चुटकी से मेरे' और 'मोरी गली मोरे राजा' इत्यादि शामिल थे, जिनमें ऑर्केस्ट्रेशन का हल्का-हल्का मस्ती भरा प्रयोग किया गया था। इसी फिल्म में नौशाद ने बाद के दिनों के नायक और चरित्र अभिनेता श्याम कुमार को भी एक गायक के रूप में ब्रेक दिया। श्याम कुमार तब स्टूडियो के दफ्तर में काम करने वाले एक मामूली छोकरे थे। नौशाद ने उसे गुनगुनाते सुना और बस इसी छोकरे से फिल्म का एक गीत 'जान बची तो लाखों पाए' गवाने का फैसला कर लिया। बाद में इसी श्याम ने सुरैया के साथ उनका सुपरहिट युगल-गीत 'तू मेरा चाँद मैं तेरी चाँदनी' ('दिल्लगी', 1949) गाया। श्याम कुमार ने और भी बहुत से गाने गाए और 'दिल्लगी' समेत कई फिल्मों के हीरो रहे। वर्ष की आखिरी फिल्म 'कानून' में भी सुरैया और निर्मला देवी के कई गीत थे। सुरैया का 'एक मैं हूँ और एक तुम हो' और श्याम के साथ उनका युगल-गीत 'सैयाँ खड़े मोरे द्वार' खासतौर से यादगार थे। यह युगल-गीत तो इतना मोहक था कि वर्षों बाद 'बाबुल' (1950) में मुहम्मद रफी के एक गाने 'आओ सजन खड़े हैं द्वार, लेने को आए कहार, डोली में हो जा सवार' में नौशाद ने इसी गाने के इंटरल्यूडों को फिर से इस्तेमाल किया। 1943 का वर्ष उभरते हुए नौशाद के कैरियर के लिए शानदार उपलब्धियों भरा वर्ष रहा। उनकी चारों फिल्मों ने सिल्वर जुबली मनाई।

अब नौशाद सभी वाद्यों पर बहुत अच्छी पकड़ बिठा चुके थे और स्वरों और वाद्यों की कई तरह की मिक्सिंग में पारंगत हो चले थे। सही प्रभाव पैदा करने के लिए वे अलग-अलग माइक्रोफोनों का इस्तेमाल करते थे। शास्त्रीय और लोक धुनों को बड़े मोहक ढंग से एक-दूसरे में मिलाते हुए वे ऐसी सुरीली और लोकप्रिय धुनें तैयार करने लगे जिन्हें आसानी से गुनगुनाया जा सके। 1944 का वर्ष 'रतन' के रूप में एक बड़े संगीत धमाके का वर्ष था, जिसके बाद उनका नाम घर-घर का नाम बन गया। डी.एन. मधोक के ग्यारह गीतों से सजी इस फिल्म के संगीत ने सचमुच धूम मचा दी। जोहराबाई, श्याम कुमार, अमीरबाई कर्नाटकी, मंजू और फिल्म के नायक करन दीवान की आवाज में फिल्म के एक से एक सुरीले गीतों ने श्रोताओं को मुग्ध कर दिया। 'रिमझिम बरसे बदरवा', 'आई दिवाली', 'अखियाँ मिलाके', 'परदेस तुम जाओगे' (सभी जोहराबाई), 'ओ जाने वाले बलमवा' (अमीरबाई-श्याम कुमार), 'मिलके बिछड़ गई अखियाँ' (अमीरबाई) और 'जब तुम ही चले परदेस, लगाकर ठेस, प्रीतम प्यारे' (करण दीवान) इत्यादि सभी गीत खूब लोकप्रिय हुए। इस सुपरहिट फिल्म के संगीत की धूम का अन्दाजा इसी बात से लगाया जा सकता है कि 75,000 रुपए की लागत से बनी इस फिल्म ने सिर्फ संगीत के रिकॉर्डों की बिक्री से 3,75,000 रुपए कमाए। करन दीवान और स्वर्णलता की मुख्य भूमिकाओं वाली इस फिल्म के निर्देशक एम. सादिक और निर्माता जैमिनी दीवान थे।

इस फिल्म के संगीत में नौशाद ने बहुत से नए प्रयोग किए थे—जैसेकि सितार और बाँसुरी का बारी-बारी से उपयोग, ढोलक का उपयोग (जिसे उनके सहायक गुलाम मुहम्मद ने बजाया था), माइक्रोफोन को खास-खास जगहों पर रखकर प्रतिध्वनि का प्रभाव इत्यादि। यह फिल्म सही मायने में नौशाद की उत्कृष्ट संगीत कला का नमूना थी। इस फिल्म के बाद वे लोकप्रियता के शिखर पर पहुँच गए और डी.एन. मधोक के साथ उनकी जोड़ी एक सुपरहिट गीतकार-संगीतकार जोड़ी मानी जाने लगी।

इसी वर्ष रिलीज हुई कारदार बैनर की दो और फिल्मों—'जीवन' और 'गीत' के संगीत ने भी खूब धूम मचाई। 'जीवन' में निर्मला देवी के 'अखियाँ मिलाके भाग जाना न' और 'आए हो अभी' तथा जोहराबाई की ठुमरी 'नैनों में नैना मत डालो' खूब लोकप्रिय हुए। इस फिल्म के संगीत में नौशाद ने काफी तेज रिद्म का प्रयोग किया था। एस.यू. सनी निर्देशित 'गीत' में अरबी शैली में ढला जोहराबाई का 'साथी दिल बुझ ही गया' फिल्म का सबसे शाहकार गीत साबित हुआ। फिल्म के अन्य हिट गीतों में निर्मला देवी के 'चाँद खिला तारे मुस्काए' और 'जाओ जी जाओ' तथा शाहू मोडक के साथ उनका युगल-गीत 'बेदर्द जमाना' शामिल थे।

नौशाद और गुलाम मोहम्मद

पहली फिल्म

डी.एन. मधोक और नौशाद

ए.आर. कारदार और सुरैया के साथ नौशाद

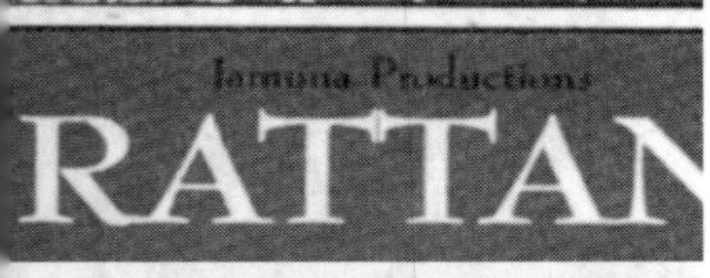

1944 में ही कारदार और नौशाद की एक और फिल्म 'पहले आप' में जोहराबाई के 'चले गए चले गए' ने देश भर में तहलका मचा दिया। इस फिल्म को एक दूसरे कारण से भी याद किया जाता है। मुहम्मद हबीब नाम का एक शख्स नौशाद के पास उनके पिता वहीद अली का पत्र लेकर आया, जिसमें उनके पिता ने एक नौजवान पंजाबी गायक की सिफारिश की थी। भला नौशाद अपने पिता के अनुरोध को कैसे ठुकरा पाते? उन्होंने झट से उस शर्मीले नौजवान को अपनी कोरस टीम में रख लिया। 'पहले आप' के एक गाने 'हिन्दुस्तान के हैं हम' के कोरस में यह नौजवान भी शामिल था। तब नौशाद ने कल्पना भी नहीं की थी कि यह नौजवान आगे चलकर न सिर्फ उनके संगीत की प्रमुख आवाज बन जाएगा बल्कि सदी के सबसे लोकप्रिय पुरुष गायक के रूप में पूरे देश पर छा जाएगा—एक ऐसा गायक जिसे पार्श्व-गायकों की सभी पीढ़ियाँ अपने आदर्श के रूप में देखेंगी। जी हाँ, इस फिल्म के कोरस में गाने वाला यह सीधा-सादा शर्मीला-सा नौजवान कोई और नहीं बल्कि मुहम्मद रफी थे। कुछ ही वर्षों में मुहम्मद रफी नौशाद के संगीत की जान बन गए, बल्कि समूचे हिन्दी फिल्म संगीत की। नौशाद किस हद तक रफी को चाहते थे, उनकी आवाज के किस हद तक दीवाने थे, इसका अन्दाजा उन पंक्तियों से लगाया जा सकता है जो उन्होंने रफी के असामयिक निधन पर अपने दिल और अपनी रूह की कलम से लिखी थीं। ये पंक्तियाँ थीं :

गायकी था हुस्न-ए-फ़न तेरा रफ़ी
तेरे फ़न पर हम सभी को नाज़ है
मेरी सरगम में भी तेरा ज़िक्र है
मेरे गीतों में तेरी आवाज़ है
अपनी मौसिक़ी पे सबको फ़ख्र होता है
मगर आज मौसिक़ी को तुझ पे नाज़ है।

अगर हम नौशाद के संगीत में ढले मुहम्मद रफी के बारह सर्वश्रेष्ठ गाने चुनने की कोशिश करें, तो यह सूची शायद कुछ इस तरह होगी :

क्रम	गीत	फिल्म
1.	सुहानी रात ढल चुकी	दुलारी
2.	हुए हम जिनके लिए बर्बाद	दीदार
3.	मान मेरा अहसान अरे नादान	आन
4.	ओ दुनिया के रखवाले, सुन दर्द भरे मेरे नाले	बैजू बावरा
5.	तसवीर बनाता हूँ तेरी	दीवाना
6.	मुहब्बत की राहों में चलना सँभल के	उड़न खटोला
7.	आए न बालम वादा करके	शबाब
8.	मधुबन में राधिका नाचे रे	कोहिनूर
9.	नैन लड़ जइएँ तो मनवा माँ	गंगा-जमुना
10.	मेरे महबूब तुझे मेरी मुहब्बत की कसम	मेरे महबूब
11.	मुझे दुनियावालों शराबी न समझो	लीडर
12.	कोई सागर दिल को बहलाता नहीं	दिल दिया दर्द लिया

'रतन' के बाद पूरे दो दशकों तक नौशाद हिन्दी फिल्म संगीत पर एक सम्राट की तरह छाए रहे। उनका संगीत सुनने वालों की धड़कनों का हिस्सा बन जाता था, उनकी नसों में रच-बस जाता था। इसका कारण इन गीतों का ठोस शास्त्रीय आधार था। साथ ही उनकी धुनों की सहज मधुरता और फिल्म के कथानक के साथ गीत के बोलों के सुन्दर सामंजस्य के कारण भी इन गीतों का प्रभाव देर तक रहता था। शुरू के दिनों में भी वे प्रयोग करने से नहीं झिझकते थे। उदाहरण के लिए 'शारदा' में पहली बार 'मटका रिद्म' का उपयोग किया गया था, जबकि 'नाटक' में (यकीन करना मुश्किल है!) पश्चिमी ऑर्केस्ट्रेशन का सफल प्रयोग करके नौशाद ने हर तरह के संगीत पर अपनी मजबूत पकड़ का प्रमाण दे दिया था। यह गीत था—'दिलवाले तुम प्रीत न कर पछताना'। लेकिन नौशाद की सबसे बड़ी विशिष्टता थी—शास्त्रीय

रागों की सुगम और लोकप्रिय प्रस्तुति, जो उनके संगीत का सबसे ठोस आधार थी। समय के साथ नौशाद का संगीत इतना भव्य रूप लेता चला गया कि समूची फिल्म पर छाया हुआ प्रतीत होने लगा। 'आन', 'उड़न खटोला', 'मदर इंडिया' और 'मुगल-ए-आजम' उनके इसी भव्य संगीत का उदाहरण हैं। उनकी सभी फिल्मों में बैकग्राउंड संगीत न सिर्फ कथानक का हिस्सा बन जाता था बल्कि भावनाओं की गहराई और प्रचंडता को दर्शाने में अहम भूमिका निभाता था। 'मदर इंडिया' और 'मुगल-ए-आजम' जैसी फिल्मों की नौशाद के भव्य संगीत के बिना कल्पना ही नहीं की जा सकती—वे चाहे फिल्म के गाने हों या बैकग्राउंड संगीत।

1945 में नौशाद की एक ही फिल्म रिलीज हुई—ए.आर. कारदार की 'संन्यासी'। एक बार फिर डी.एन. मधोक के गीतों से सजी इस सुपरहिट फिल्म के संगीत ने भी खूब धमाका मचाया। फिल्म के लोकप्रिय गीतों में 'पीपल की छाँव तले' (जोहराबाई-अमर), 'टूटी हुई कश्ती' (अमर) और 'सुनो जी प्यारी कोयलिया' (जोहराबाई-अमर) शामिल थे। लेकिन फिल्म का सबसे अनूठा गीत था भैरवी और भैरव के संगमवाला 'साँझ भई घर आया' (अमर)। एक बार फिर नौशाद का जादू सिर चढ़कर बोला था। वैसे यह वर्ष अगले वर्ष की कई बड़ी उपलब्धियों की तैयारी का वर्ष था। नौशाद अब डी.एन. मधोक के अलावा कुछ दूसरे गीतकारों को भी आजमाना चाहते थे, खासकर उर्दू-प्रधान विषयों वाली फिल्मों में।

'संन्यासी' की रिलीज वाले इस वर्ष में खुद नौशाद संन्यासी नहीं रहे। वे संन्यास छोड़कर गृहस्थ हो गए। उन्होंने विवाह कर लिया, वह भी अपने पिता की पसन्द की लड़की से। वाहिद अली अब अच्छी तरह समझ चुके थे कि उनके होनहार बेटे ने संगीत का रास्ता चुनकर न सिर्फ सही फैसला किया था बल्कि उनका नाम रौशन कर दिया था। वे अब नौशाद से खफा नहीं थे। नौशाद भी अपने पिता का मान करते थे। उन्होंने अपने पिता द्वारा सुझाई गई लड़की को खुशी-खुशी स्वीकार कर लिया। दिलचस्प बात यह थी कि जब वे बारात के साथ दुल्हन के घर पहुँचे तो बैंडवाले 'अखियाँ मिलाके जिया भरमाके चले नहीं जाना' की धुन बजा रहे थे, जो उन्हीं की फिल्म 'रतन' का गीत था। उनकी पत्नी बहुत घरेलू किस्म की और धार्मिक विचारों वाली स्त्री थी। बाद के वर्षों में नौशाद खुद भी उनसे प्रभावित होकर धर्म-कर्म में पहले से ज्यादा विश्वास करने लगे।

जैसाकि हम कह चुके हैं, 1945 का वर्ष (नौशाद साहब की शादी के अलावा) 1946 के बड़े धमाकों की तैयारियों का वर्ष था। इन धमाकों की शुरुआत के.एल. सहगल की मशहूर फिल्म 'शाहजहाँ' से हुई। के.आर. कारदार की इस ऐतिहासिक फिल्म में नौशाद को पहली बार महान गायक के.एल. सहगल के साथ काम करने का अवसर मिला। उन दिनों हर छोटे-बड़े संगीत-निर्देशक का यही सपना होता था कि काश उसे सहगल के साथ कोई गीत रिकॉर्ड करने का सौभाग्य प्राप्त हो जाए! नौशाद भी वर्षों से यही सपना संजोए हुए थे। उन्होंने इस सुपरहिट फिल्म में सहगल के लिए कुछ ऐसे गीत रचे, जिन्हें सहगल के सदाबहार और अमर गीतों में हमेशा ऊँचे स्थान पर रखा जाता है। ये गीत थे—राग झिंझोटी पर आधारित 'गम दिए मुस्तकिल कितना नाजुक था दिल यह न जाना', राग बिहाग पर आधारित 'ऐ दिल-ए-बेकरार झूम', बागेश्री आधारित 'चाह बर्बाद करेगी' और सबसे बढ़कर (राग भैरवी पर आधारित) 'जब दिल ही टूट गया, हम जी के क्या करेंगे'। यह आखिरी गीत तो सहगल को इतना ज्यादा पसन्द था कि उन्होंने इच्छा जाहिर की कि उनके मरने के बाद उनकी शवयात्रा के दौरान यही गीत बजाया जाए। दुर्भाग्यवश, वे ज्यादा जी नहीं पाए और पीने के शौक के कारण साल भर में ही इस दुनिया से चले गए। इसलिए उनके द्वारा जाहिर की गई इच्छा जल्दी ही पूरी करनी पड़ गई।

नौशाद अपनी पत्नी के साथ

के.एल. सहगल का मानना था कि अपनी पसन्दीदा स्कॉच व्हिस्की 'ब्लैक डॉग' (जिसे वे प्यार से हारमोनियम के पाँचवें सुर के नाम पर 'काली पाँच' कहते थे) के कुछ पेग हलक में उतारने के बाद ही वे अच्छा गा पाते थे। लेकिन नौशाद उनसे सहमत नहीं थे। उन्होंने कहा कि वे गाने के दो 'वर्जन' रिकॉर्ड करेंगे—एक पीने से पहले और एक पीने के बाद। उन्होंने ऐसा ही किया और सहगल भी गाने का पहला वर्जन बगैर पिए रिकॉर्ड करने के लिए राजी हो गए। बाद में नौशाद ने ये दोनों 'वर्जन' सहगल को सुनाए और उनसे पूछा कि कौन-सा 'वर्जन' बेहतर था। सहगल ने निस्संकोच वही 'वर्जन' पसन्द किया जो उन्होंने बिना पिए गाया था और बड़े अफसोस के साथ नौशाद से कहा, ''आप मुझे बहुत देर से मिले!'' ये आखिरी शब्द थे जो सुर-सम्राट के.एल. सहगल ने संगीत-सम्राट नौशाद से कहे थे।

'शाहजहाँ' में सहगल के एक गाने 'मेरे सपनों की रानी' में एक पंक्ति थी—'रूही...रूही...'। यह पंक्ति तेजी से उभर रहे मुहम्मद रफी ने गाई थी। इस फिल्म में शमशाद बेगम के भी दो शानदार गीत थे—'जब उसने गेसू बिखराए' और 'जवानी के दामन को'। नौशाद उनके भी जबर्दस्त फैन थे और नौशाद के संगीत में शमशाद बेगम का योगदान किसी भी दूसरे गायक से कम नहीं है। 'शाहजहाँ' के साथ एक उल्लेखनीय बात यह भी थी कि यह महान शायर और गीतकार मजरूह सुल्तानपुरी की पहली फिल्म थी। नौशाद के अनुसार तब मजरूह साहब की मूँछें भी नहीं आई थीं। उन्होंने अपनी नई तरह की शायरी से उर्दू साहित्य में एक तूफान-सा मचा दिया था और नौशाद को बड़ी मुश्किल से उन्हें फिल्मी गीत लिखने के लिए राजी करना पड़ा था। (बरसों बाद नौशाद साहब की एक बेटी का विवाह मजरूह साहब के बेटे से होने के कारण दोनों आपस में सम्बन्धी भी बन गए।)

1946 में ही रिलीज हुई कारदार फिल्म्स की 'कीमत' में नसीम अख्तर की आवाज में कुछ लुभावने गीत थे। 'आग लगी दिल में' के अलावा ऊँचे स्वर वाला 'ऐ भूलनेवाले' और वायलिन आधारित 'मन पगले स्वप्न दिखाए' मन को छू लेने वाले गीत थे। 'चाँद को गले से लगाए' भी बड़ा प्यारा गीत था। लेकिन इन सुरीले गीतों के बावजूद नौशाद की यह फिल्म कोई खास नहीं चली।

शकील, नौशाद और मजरूह

महबूब प्रॉडक्शन की 'ऐलान'

नौशाद महबूब के साथ

दादर में अपने संघर्ष के दौर में नौशाद की एक दर्जी से दोस्ती हो गई थी, जिसकी उसी इलाके में एक छोटी-सी दुकान थी। कपड़ों की कटाई-सिलाई करते हुए भी वह टेलर मास्टर हमेशा फिल्मों के सपने देखता रहता था और नौशाद से कहता था कि एक दिन वह एक बहुत बड़ी फिल्म बनाएगा। कुछ वर्ष बाद वह सचमुच ही एक फिल्म प्रोड्यूसर बन गया और उसने एस.के. ओझा को निर्देशक के रूप में लेकर 'फूल' नाम से एक मल्टी-स्टारकास्ट फिल्म की घोषणा कर दी। उस समय नौशाद के हाथ में बहुत सारी फिल्में थीं, इसलिए वे अपने इस दोस्त के जोरदार अनुरोध के बावजूद इस फिल्म में संगीत नहीं दे सके। लेकिन कुछ वर्ष बाद नौशाद ने अपने इस पुराने दोस्त की एक फिल्म में संगीत दिया, जिसे हिन्दी फिल्मों के इतिहास की सबसे बड़ी फिल्म माना जाता है। इस फिल्म का नाम 'मुगल-ए-आजम' (1960) था और उनके इस दर्जी दोस्त का नाम के. आसिफ था।

यूँ 'मदर इंडिया' (1957) को भी हिन्दी फिल्मों के इतिहास की सबसे बड़ी फिल्म कहा जाता है, जो सही भी है, क्योंकि 'मदर इंडिया' और 'मुगल-ए-आजम' दोनों की ही भव्यता, सुन्दरता, कलात्मकता और कालजयी सार्थकता का जवाब नहीं है, 'शोले' (1975) भी नहीं। उल्लेखनीय तथ्य यह है कि इन दोनों ही फिल्मों में नौशाद का संगीत था। 1946 का वर्ष नौशाद और 'मदर इंडिया' के निर्माता-निर्देशक महबूब खान की जोड़ी की साथ-साथ पहली फिल्म 'अनमोल घड़ी' का वर्ष था। इसके बाद इस जोड़ी ने 'ऐलान' (1947), 'अनोखी अदा' (1948), 'अन्दाज' (1949), 'आन' (1952), 'अमर' (1954), 'मदर इंडिया' (1957) और 'सन ऑफ इंडिया' (1962) के रूप में एक से एक यादगार फिल्में दीं।

'मलिका-ए-तरन्नुम' नूरजहाँ, सुरेन्द्र और सुरैया की मुख्य भूमिकाओं से सजी 'अनमोल घड़ी' ने सचमुच तहलका ही मचा दिया और इसके संगीत ने भी। फिल्म के सभी गाने नौशाद की मोहक धुनों और अनूठे ऑर्केस्ट्रेशन-संयोजन की छाप लिए हुए थे। नूरजहाँ की आवाज में 'जवाँ है मुहब्बत', 'आजा मेरी बर्बाद मुहब्बत के सहारे', 'मेरे बचपन के साथी' और 'क्या मिल गया भगवान' सीधे दिल और आत्मा की गहराइयों में उतर जाने वाले गाने थे और गली-गली में गूँजने लगे थे। सुरेन्द्र के साथ उनका युगल-गीत 'आवाज दे कहाँ है, दुनिया मेरी जवाँ है' भी एक सदाबहार गीत था और आज भी सुनने वालों को किसी दूसरी दुनिया में ले जाता है। सुरेन्द्र का सोलो 'क्यों याद आ रहे हैं गुजरे हुए जमाने' भी उनके सबसे शानदार गानों में गिना जाता है। कुल मिलाकर पूरी फिल्म का संगीत अमर और कालजयी संगीत था—ऐसा संगीत जो हमेशा जिंदा रहता है।

इस फिल्म के संगीत संयोजन के साथ एक दिलचस्प किस्सा भी जुड़ा हुआ है, जो दो महारथियों नौशाद और महबूब के आपसी सम्बन्धों की ठोस नींव को परिभाषित करता है। कहते हैं कि एक दिन नौशाद 'आजा मेरी बर्बाद मुहब्बत के सहारे' की रिहर्सल कर रहे थे कि अचानक निर्माता-निर्देशक महबूब आ पहुँचे और गाने की अदायगी को लेकर अपने कुछ सुझाव देने लगे। नौशाद चुप रहे। अगले दिन जब महबूब फिल्म के एक दृश्य की शूटिंग कर रहे थे तो नौशाद अचानक ही वहाँ पहुँच गए और कैमरे में झाँकते हुए दृश्य के फिल्मांकन को लेकर तरह-तरह के सुझाव देने लगे—''इस बेबी-लाइट को थोड़ा पीछे हटाओ... कटर को थोड़ा आगे ले आओ... हीरोइन इधर की बजाय उधर से सीन में एन्ट्री करेगी!'' महबूब खान भड़क उठे और नौशाद को कैमरे से पीछे हटाते हुए बोले, ''आप मुझे डायरेक्शन सिखाने आए हैं क्या? यह मेरा काम है! जाइए और अपना तबला-पेटी बजाइए!'' नौशाद हँसते हुए बोले, ''यही बात तो मैं आपको समझाना चाहता था—कि यह आपका काम है और वह मेरा!'' बात का मतलब समझकर महबूब भी मुस्कराए बिना न रह सके, ''वाह मियाँ! क्या जूता मारा है! अच्छा बाबा! आप जीत गए, मैं हार गया!'' इसके बाद महबूब ने कभी भी नौशाद के संगीत-संयोजन में कोई दखल नहीं दिया। कोई दूसरा निर्माता-निर्देशक भी कभी भी यह हिम्मत नहीं कर सका।

'आवाज दे कहाँ है' की धुन की रचना के पीछे भी एक दिलचस्प कहानी है। नौशाद कई दिनों से इस गाने पर काम कर रहे थे, लेकिन कोई भी धुन उनके मन को रास नहीं आ रही थी। एक शाम वे इसी गाने के बारे में सोचते हुए टहलने निकल पड़े और अपनी सोचों में डूबे करीब बीस मील दूर निकल गए। वे घर लौटे तो बुरी तरह थक चुके थे। वे निराश भी थे क्योंकि उन्हें मनचाही धुन नहीं मिल पाई थी। वे इसी गाने के बारे में सोचते हुए बिस्तर पर लेट गए। उनकी आँख लग गई लेकिन वे सपने में भी इसी गाने के बारे में सोचते रहे और आखिर सपने में ही उन्हें अपनी मनचाही धुन भी मिल गई। उनकी आँख खुल गई और वे झट से हारमोनियम लेकर बैठ गए। हफ्तों से पकड़ में न आने वाली धुन आखिर सपने में उनके हाथ आ गई थी। सुरेन्द्र और नूरजहाँ का यह युगल-गीत इतना लोकप्रिय हुआ था कि आने वाली कई पीढ़ियाँ भी इसके जादुई प्रभाव से मंत्रमुग्ध होकर झूम-झूम उठती थीं। बँटवारे के बाद नूरजहाँ पाकिस्तान चली गई थीं। 1983 में वे पहली और आखिरी बार भारत के दौरे पर आईं तो खचाखच भरे सभागृह में उन्होंने अपने चाहने वालों को यही गीत सुनाकर गुजरे जमाने की भावभीनी याद दिला दी। उस दिन नौशाद भी उनके साथ मंच पर मौजूद थे और

खुशी और गर्व से झूमते हुए ऑर्केस्ट्रा का संचालन कर रहे थे।

'अनमोल घड़ी' के इन एक से एक सुन्दर और यादगार गीतों को लिखा किसने था? दो कम जाने-पहचाने शायरों—तनवीर नकवी और अन्जुम पीलीभीती ने।

1946 में 'शाहजहाँ' और 'अनमोल घड़ी' से शोहरत की बुलंदियाँ छू लेने के बाद 1947 में नौशाद उमा देवी उर्फ टुनटुन को लेकर आए—'अफसाना लिख रही हूँ दिल-ए-बेकरार का, आँखों में रंग भरके तेरे इन्तजार का' (दर्द, 1947)। लेकिन 'दर्द' से पहले नौशाद उनसे इसी वर्ष रिलीज हुई 'नाटक' में भी गवा चुके थे। हुआ यूँ था कि एक दिन एक दुबली-पतली सी और मुसीबत की मारी लड़की कारदार स्टूडियो में उनसे काम माँगने आई। नौशाद को उसकी आवाज अच्छी लगी और उन्होंने 400 रुपए महीने की अच्छी-खासी तनख्वाह पर उसे स्टूडियो में रखवा दिया। 'नाटक' में उमा देवी का गाया 'दिलवाले तू प्रीत न कर पछताना' खूब लोकप्रिय भी हुआ। लेकिन समय के साथ वह दुबली-पतली सी लड़की इतनी मोटी हो गई कि गायकी को छोड़कर 'टुनटुन' के नाम से फिल्मों में कॉमेडियन के रोल करने लगी और खूब लोकप्रिय भी हुई।

जैसाकि हम पीछे जिक्र कर चुके हैं, नौशाद ने 'नाटक' में पहली बार पश्चिमी ऑर्केस्ट्रेशन का इस्तेमाल किया था। इसी तरह इस फिल्म में उन्होंने पहली बार एक कव्वाली भी कम्पोज की थी—'क्या बताएँ कितनी हसरत' (जोहराबाई)। फिल्म में बाँसुरी के बड़े मोहक प्रयोग वाला एक युगल-गीत भी था—'न हो कोई वहाँ' (सुरैया-अमर)। फिल्म के अन्य यादगार गीतों में 'काले-काले ऐ बदरवा' (सुरैया) और अभिनेता अमर द्वारा गाई गई सोलो ग़ज़ल 'भूल जा ऐ दिल' शामिल थी। नौशाद अपनी अनूठी धुनों के लिए बोल भी नए अन्दाज के चाहते थे, इसलिए वे नए और प्रतिभाशाली गीतकारों की ताक में थे। एक दिन एक मुशायरे में उन्होंने एक नौजवान शायर को अपनी काँपती हुई आवाज में बड़ी शानदार शायरी सुनाते सुना—'वही कारवाँ, वही रास्ते, वही जिंदगी, वही मरहले, मगर अपने-अपने मकाम पर, कभी तुम नहीं कभी हम नहीं'। ये पंक्तियाँ सीधे नौशाद के दिल में उतर गईं और उन्होंने इस नौजवान शायर से अपनी फिल्मों के गीत लिखवाने का फैसला कर लिया। इस तरह नौशाद और शकील बदायूँनी की जबर्दस्त और लाजवाब जोड़ी का जन्म हुआ, जो लगभग दो दशक बाद शकील के असामयिक निधन तक कायम रही। शकील को पा लेने के बाद मानो नौशाद को किसी दूसरे शायर की जरूरत ही महसूस नहीं हुई।

नौशाद और नूरजहाँ

नौशाद अब भी कारदार फिल्म्स के साथ कॉन्ट्रैक्ट पर थे। महबूब की फिल्म उन्होंने एक खास समझौते के तहत की थी। या यूँ कहें कि महबूब ने उन्हें ए.आर. कारदार से 'लोन' पर यानी उधार ले लिया था। महबूब और कारदार रिश्ते में भाई थे। 'नाटक' के बाद वर्ष की दूसरी फिल्म 'दर्द' (1947) भी कारदार की एक सुपरहिट फिल्म थी। इसके गाने 'अफसाना लिख रही हूँ' ने तो मानो फिल्म-प्रेमियों पर जादू कर दिया था। नौशाद के अनुसार, अगर संगीतकार खुद अपने गाने से प्रभावित न हो सके तो वह गाना श्रोताओं के दिलों को भी नहीं छू सकता। इस फिल्म में सुरैया के दो दर्द भरे गानों 'चले दिल की दुनिया जो बर्बाद करके' और 'जब से चले गए हैं वो जिंदगी जिंदगी नहीं' को कम्पोज करते हुए नौशाद इतने भाव-विह्वल हो उठे कि वे बिलख-बिलख कर रो पड़े। बाद में यही हाल फिल्म दर्शकों का भी हुआ। 'दर्द' में और भी बहुत से खूबसूरत और लुभावने गाने थे। सुरैया के 'हम थे तुम्हारे, तुम थे हमारे' 'बीच भँवर में आन पड़ा है' और 'दिल धड़के आँख मेरी फड़के', शमशाद बेगम के 'ये अफसाना नहीं जालिम' और 'हम दर्द का फसाना' और उमा देवी के 'आज मची है धूम' और 'ये कौन चला'—ये सभी लोकप्रिय हुए थे। एक गीत 'बेताब है दिल' सुरैया और उमा देवी ने मिलकर भी गाया था। सुपरहिट फिल्म से सजी यह फिल्म नौशाद की लाजवाब धुनों के साथ-साथ शकील बदायूँनी की कलम के कमाल का भी एक शानदार उदाहरण थी।

शकील और नौशाद

'अनमोल घड़ी' के जबर्दस्त संगीत के बाद भला महबूब किसी दूसरे संगीत-निर्देशक का ख्याल भी कैसे कर सकते थे? उनकी अगली फिल्म 'अनोखी अदा' (1948) में भी नौशाद का संगीत था। इस फिल्म के लिए उन्होंने शास्त्रीय रागों पर आधारित बहुत-सी यादगार धुनें बनाई थीं—'क्यों उन्हें दिल दिया' (शमशाद-सुरेन्द्र), 'काहे जिया डोले' (उमा देवी), 'जले न क्यों परवना' (सुरेन्द्र) और 'आज कहाँ जाके' (शमशाद बेगम)। इस फिल्म को महान गायक मुकेश के साथ नौशाद की पहली फिल्म के रूप में भी जाना जाता है। मुकेश ने इस फिल्म में बहुत से गीत गाए थे—'कभी दिल, दिल से टकराता', 'ये प्यार की बातें ये सफर', 'मंजिल की धुन में' और शमशाद के साथ एक युगल-गीत 'भूल गए क्यों'—लेकिन सबसे ज्यादा लोकप्रिय हुआ था उनका दर्द भरा सोलो गीत—'भूलनेवाले याद न आना'। जैसाकि स्वाभाविक था इस फिल्म के गीत भी 'दर्द' के बाद नौशाद के दिल में बस चुके शकील बदायूँनी ने लिखे थे।

★

देश की आजादी के बाद जमाना बड़ी तेजी से बदल रहा था। सभी कलाकार और तकनीशियन स्टूडियो के बन्धनों से निकलकर आजाद हो रहे थे। नौशाद भी दूसरे सभी संगीतकारों की तरह फ्री-लान्सिंग करने लगे, हालाँकि कारदार

स्टूडियो के साथ उनका जुड़ाव लम्बे समय तक जारी रहा।

1948 का वर्ष अभिनय-सम्राट और शायद पूरी दुनिया के सबसे शानदार अभिनेता दिलीप कुमार के साथ नौशाद की पहली फिल्म 'मेला' का वर्ष भी था। यह जुड़ाव कुछ ऐसा था मानो दो मिलते-जुलते सुरों को हमेशा का साथ मिल गया हो—एक अभिनय का सुर और दूसरा संगीत का सुर। इसके बाद इन दोनों ने साथ-साथ पन्द्रह फिल्मों में काम किया—'मेला', 'अन्दाज', 'बाबुल', 'दीदार', 'आन', 'अमर', 'उड़न खटोला', 'कोहिनूर', 'मुगल-ए-आजम', 'गंगा-जमुना', 'लीडर', 'दिल दिया दर्द लिया', 'राम और श्याम', 'आदमी' और 'संघर्ष'—सभी एक से एक शानदार और यादगार फिल्में। नौशाद का संगीत दिलीप कुमार की फिल्मों के कथानक में इस तरह रच-बस जाता था कि दोनों को अलग करना मुश्किल हो जाता था। यह ऐसा जादू था जो सिर चढ़कर बोलता था। दिलीप कुमार के लिए पहले मुकेश, फिर तलत महमूद और आखिर में मुहम्मद रफी की आवाज आजमाई गई, जो सबसे ज्यादा अनुकूल साबित हुई। बाद में नौशाद, शकील बदायूँनी और मुहम्मद रफी एक ऐसी तिगड़ी बन गई कि उनका हर गाना अपने-आपमें एक लाजवाब गाना होता था। लेकिन मुकेश और तलत ने भी दिलीप कुमार के लिए बहुत से लोकप्रिय और यादगार गाने गाए। नौशाद का बनाया हुआ हर गाना फिल्म में दिलीप कुमार के अभिनय और चरित्र-चित्रण को एक गहराई देता हुआ प्रतीत होता था—'झूम-झूम के नाचो आज' (मुकेश, 'अन्दाज') हो या 'मेरा जीवन साथी बिछड़ गया' (तलत, 'बाबुल'), 'मेरी कहानी भूलनेवाले' (रफी, 'दीदार') हो या 'हम आज अपनी मौत का सामान ले चले' (रफी, 'आन'), 'न तूफाँ से खेलो' (रफी, 'उड़न खटोला') हो या 'ढल चुकी शाम-ए-गम' (रफी, 'कोहिनूर')।

मुकेश और नौशाद

दिलीप कुमार के साथ नौशाद

एस.यू. सनी और नौशाद

'मेला' का एक दृश्य

शकील बदायूँनी के गीतों से सजी 'मेला' में शमशाद बेगम और मुकेश की आवाज में बहुत से सुरीले और लोकप्रिय गीत थे। 'परदेस बलम तुम जाओगे' (शमशाद बेगम), 'मोहन की मुरलिया बाजे' (शमशाद बेगम), 'मैं भँवरा तू है फूल' (मुकेश-शमशाद), 'मेरा दिल तोड़ने वाले' (मुकेश-शमशाद) और सबसे बढ़कर 'गाए जा गीत मिलन के' (मुकेश) खासतौर से यादगार थे। इस फिल्म में रफी का भी एक लाजवाब और बड़ा मशहूर गाना था—'ये जिंदगी के मेले दुनिया में कम न होंगे, अफसोस हम न होंगे'। इसी तरह जोहराबाई की ठुमरी 'फिर आह दिल से निकली' भी भुलाए नहीं भूलती। लेकिन फिल्म का सबसे सुपरहिट गाना मुकेश का 'गाए जा गीत मिलन के' ही रहा। इस गोल्डन जुबली हिट फिल्म के संगीत की लोकप्रियता का अन्दाजा इसी से लगाया जा सकता है कि फिल्म के धमाकेदार टाइटल-ट्रैक युगल-गीत 'धरती को आकाश पुकारे' (मुकेश-शमशाद) की अलग से एक डिस्क बनाकर (फिल्म के एक नृत्य-संगीत के ट्रैक के साथ) रिलीज करनी पड़ी। दिलीप कुमार के साथ यह निर्देशक एस.यू. सनी की भी पहली फिल्म थी, जिन्होंने इसके बाद उनकी तीन और फिल्मों का भी निर्देशन किया। यह भी अपने-आपमें एक रिकॉर्ड है। 'मेला' एक फ्री-लान्सर संगीत-निर्देशक के रूप में सही मायनों में नौशाद की भी पहली फिल्म थी। इसके निर्माता न कारदार थे और न उनके रिश्ते के भाई महबूब, बल्कि होमी वाडिया थे।

चलिए, अब उस दुबली-पतली साँवली-सी लड़की की बात करते हैं जो उन्हीं दिनों नौशाद की जिंदगी में आई। यह लड़की मास्टर गुलाम हैदर की खोज थी जो अब पाकिस्तान चले गए थे। मुकेश ने कारदार स्टूडियो में नौशाद को इस लड़की से मिलवाया तो वे उसकी नरम और मीठी आवाज से प्रभावित हुए बिना नहीं रहे। इस पहली मुलाकात को नौशाद कभी भी नहीं भुला पाए। सफेद साड़ी में लिपटी एक सीधी-सादी, नाजुक-सी लड़की... हाथ में छाता और आँखों में एक अजीब-सी चमक। वह कोई और नहीं, भारतीय फिल्म संगीत की आत्मा सुर-सम्राज्ञी लता मंगेशकर थी। नौशाद ने 'चाँदनी रात' (1949) में उनसे पहला गाना गवाया, जो जी.एम. दुर्रानी के साथ एक युगल-गीत था—'हाय छोरे की जात बड़ी बेवफा'। इसके बाद जल्दी ही मुहम्मद रफी की तरह लता मंगेशकर भी नौशाद के संगीत की धड़कन और जान बन गईं। हिन्दी फिल्मों के कुछ सबसे सुरीले गीत लता की आवाज और नौशाद के साज की ही देन हैं। साज और आवाज के इस अद्भुत मिलन से उपजे बारह सर्वश्रेष्ठ गीत कौन से हैं ? हमारी अपनी पसन्द पूछें तो बारह अनमोल गीतों की यह सूची कुछ इस प्रकार होगी :

क्रम	गीत	फिल्म
1.	उठाए जा उनके सितम	अन्दाज
2.	ऐ दिल तुझे कसम है	दुलारी
3.	लो प्यार की हो गई जीत	जादू
4.	आज मेरे मन में सखी	आन
5.	ले जा मेरी दुआएँ ले जा	दीदार
6.	मोहे भूल गए साँवरिया	बैजू बावरा

7.	जो मैं जानती बिसरत है सैयाँ	शबाब
8.	न रो ऐ दिल कहीं रोने से	उड़न खटोला
9.	न मिलता गम तो बर्बादी के अफसाने कहाँ जाते	अमर
10.	ये दिल की लगी कम क्या होगी	मुगल-ए-आजम
11.	ढूँढो-ढूँढो रे साजना	गंगा जमुना
12.	तेरे प्यार में दिलदार	मेरे महबूब

लता मंगेशकर और नौशाद

लता मंगेशकर और नौशाद

मेरे साथ अपने हवाई सफर के दौरान नौशाद ने लता मंगेशकर के कुछ अनछुए पहलुओं का जिक्र किया था। उन्हीं के शब्दों में कहें तो :

★ मैं यह बिलकुल नहीं मानता कि लता मंगेशकर ने किसी दूसरी गायिका को उभरने नहीं दिया। मैं उन्हें तब से जानता हूँ जब उनका नाम कोई भी नहीं जानता था।

★ आज भी, इतना कुछ हासिल करने के बाद भी, वे हर रोज दो घंटे रिहर्सल करती हैं। उनके लिए संगीत ईश्वर की आराधना से कम नहीं है। भगवान ने उन्हें जो सबसे बड़ा वरदान दिया है वह है उनकी गजब की याददाश्त और किसी भी तरह की धुन को झट से और बिलकुल सही पकड़ लेने की उनकी खूबी।

★ मुझे याद है जब हम महबूब स्टूडियो में 'अमर' फिल्म के गाने 'तेरे सदके बलम' की रिकॉर्डिंग कर रहे थे तो एक खास अन्तरे में वे बार-बार लड़खड़ा रही थीं। करीब एक दर्जन री-टेक के बाद वे बुरी तरह थक गईं और बेहोश हो गईं। तबीयत थोड़ी सँभलने के बाद उन्होंने पहला सवाल यही पूछा कि क्या री-टेक ठीक हुआ था? मेरा ख्याल था कि उन्होंने मेरी ट्यून के साथ पूरा इन्साफ किया था, इसलिए मैंने 'हाँ' में सिर हिला दिया। लेकिन वे खुद खुश नहीं थीं। उन्होंने कहा—''नौशाद साहब! मैं वो मुरकी ठीक से नहीं ले पाई।'' वे एक और री-टेक की जिद करने लगीं। मैं बड़ी मुश्किल से और काफी हिचकिचाहट के बाद राजी हुआ। इस बार उन्होंने इतने दिल से और इतनी लगन से गाया कि वे जरा भी नहीं लड़खड़ाईं। पूरे स्टूडियो में एक भी शख्स ऐसा नहीं था जिसकी आँखें न भर आई हों। उन्होंने अपनी लगन और समर्पण भावना से हर किसी को रुला दिया था।

★ लता की सबसे बड़ी कमजोरी निचले सुर रहे हैं। वे उन्हें रफी जैसी मुस्तैदी से सँभाल नहीं पातीं। उन्हें सबसे ज्यादा मजा शास्त्रीय पद्धति के गानों में आता है।

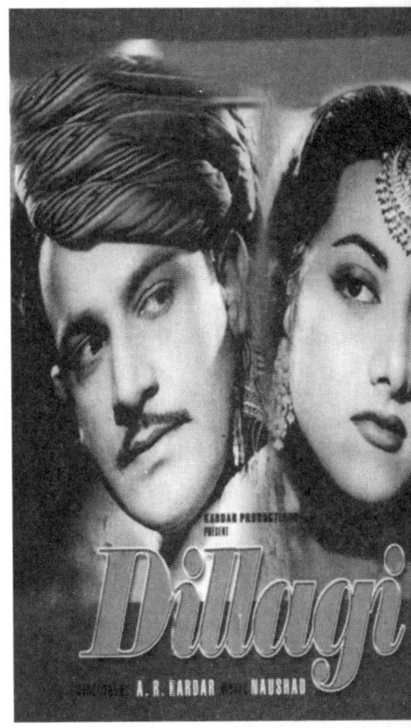

नौशाद के संगीत की दुनिया में मुहम्मद रफी की सही मायनों में जोरदार एंट्री कारदार की 'दिल्लगी' (1949) से हुई। उनके 'तेरे कूचे में अरमानों की दुनिया' और 'इस दुनिया में ऐ दिलवालो दिल का लगाना खेल नहीं' ने संगीत की दुनिया में एक तूफान-सा मचा दिया। 'चाँदनी रात' (1949) में भी उनकी गजब की रेंज का पता चला। 'छीन के दिल क्यों', 'कैसे बजे दिल का सितार' और 'खबर क्या थी कि गम' जैसे युगल-गीतों में उन्होंने शमशाद बेगम की दमदार आवाज से सुर से सुर मिलाते हुए अपनी ऊँची रेंज का परिचय दिया। उनका सोलो 'दिल हो उन्हें मुबारक' भी उतना ही जोरदार था। लेकिन उनकी आवाज का जादू इसी वर्ष रिलीज हुई 'दुलारी' में सामने आया—'सुहानी रात ढल चुकी, न जाने तुम कब आओगे'। इस गीत को आज भी मुहम्मद रफी और नौशाद के श्रेष्ठतम गीतों में गिना जाता है। 'दुलारी' में ही पहली बार नौशाद ने लता और रफी के कुछ मोहक युगल-गीत भी कम्पोज किए—'मिल-मिलके गाएँगे हम' और 'रात रंगीली मस्त नजारे'। यूँ इस फिल्म में शमशाद बेगम के भी कुछ लुभावने गीत थे—'चाँदनी आई बनके प्यार' और 'न बोल पी-पी मेरे अँगना पंछी जा'। इसी फिल्म में लता ने भी उन ऊँचाइयों का संकेत दे दिया था जिन्हें वे जल्दी ही छू लेने वाली थीं। 'ऐ दिल तुझे कसम है' और 'तकदीर जगाकर आई हूँ' ऐसे ही गीत थे। फिर भी 'सुहानी रात ढल चुकी' निस्सन्देह फिल्म का सरताज गीत था। यह गीत दुनिया भर में इतना लोकप्रिय हुआ कि पपुआ न्यू गयाना ने इसी की तर्ज पर अपना राष्ट्र-गीत बनाया।

'दिल्लगी' के बारे में हम एक बात बताना भूल गए कि इस फिल्म का सुपरहिट डुएट 'तू मेरा चाँद मैं तेरी चाँदनी' (सुरैया-श्याम कुमार) गीता (राय) दत्त की आवाज में सोलो भी रिकॉर्ड किया गया था, जो नौशाद के साथ उनका पहला गीत था, लेकिन यह गीत रिकॉर्ड डिस्क पर जारी नहीं किया गया। यूँ 'दिल्लगी' नौशाद के साथ सुरैया की सबसे शानदार फिल्म थी, जिसमें उनके एक से एक लुभावने और यादगार गाने थे—'चार दिन की चाँदनी है', 'लेके दिल चुपके से', 'तेरा ख्याल दिल से', 'निराला मुहब्बत का' और 'दुनिया क्या जाने'। अब शकील बदायूँनी एक तरह से नौशाद के स्थाई गीतकार बन चुके थे। 'दिल्लगी' और 'दुलारी' दोनों में ही उन्हीं के गीत थे।

'अन्दाज' : पोस्टर और दृश्य

महबूब की 'अन्दाज' (1949) इस वर्ष नौशाद की सबसे धमाकेदार फिल्म थी। इस महत्त्वाकांक्षी और मल्टी स्टार फिल्म में हिन्दी सिनेमा के दो महान स्तम्भों दिलीप कुमार और राज कपूर ने पहली और आखिरी बार साथ-साथ काम किया। नायिका थीं दोनों की मनपसन्द और चहेती अभिनेत्री नर्गिस। इस फिल्म और इसके संगीत ने बॉक्स ऑफिस पर तो धूम मचाई ही, इसे भारतीय सिनेमा के इतिहास में एक मील के पत्थर के रूप में भी देखा जाता है। यह फिल्म अपने नाम के अनुरूप एक नए अन्दाज की फिल्म थी। इसलिए नौशाद ने भी इसके संगीत के लिए अपने पुराने चहेते गायक-गायिकाओं—जोहराबाई, अमीरबाई, जी.एम. दुर्रानी, निर्मला देवी इत्यादि—की बजाय लता, मुकेश और रफी की नई और ताजा आवाजों को इस्तेमाल करन का फैसला किया। उनकी चहेती गायिका शमशाद बेगम ने इस फिल्म में सिर्फ एक गाना गाया, वह भी लता के साथ एक डुएट ('डर न मुहब्बत कर ले') के रूप में। यह एक साहसिक कदम था, लेकिन महबूब और नौशाद दोनों ही वक्त की नब्ज को पहचानते थे। आने वाले कई दशकों तक यही नई आवाजें हिन्दी फिल्म संगीत पर छाई रहीं।

1949 में ही प्रदर्शित 'महल' ('आएगा आनेवाला') और 'बड़ी बहन' ('चुप-चुप खड़े हो' और 'चले जाना नहीं') के साथ-साथ 'अन्दाज' ('उठाए जा उनके सितम') की जबर्दस्त सफलता के बाद लता मंगेशकर का विजय अभियान मानो पूरा हो गया और वे हर किसी को पीछे छोड़कर फिल्म संगीत के आकाश पर छा गईं। लेकिन 'अन्दाज' में कई और मंत्रमुग्ध कर देने वाले गीत भी थे, खासकर मुकेश की आवाज में दिलीप कुमार पर फिल्माया गया पियानो-गीत 'तू कहे अगर जीवन भर'। राग भैरवी पर आधारित इस गीत को पर्दे पर भी बड़े नाटकीय ढंग से फिल्माया गया था। दिलीप कुमार गा रहे हैं और नायिका नर्गिस को उनके गाने पर फिदा होते देखकर राजकपूर मन-ही-मन कुढ़ रहे हैं। फिल्म में राजकपूर का सिर्फ एक गीत था, वह भी रफी की आवाज में एक युगल-गीत। पियानो पर ही दिलीप कुमार पर फिल्माए गए मुकेश के अन्य सुपरहिट गीत थे—'हम आज कहीं दिल खो बैठे' (झिंझोटी), 'टूटे न दिल टूटे न' (भैरवी) और 'झूम-झूमके नाचो आज'। 'झूम-झूमके' का मुखड़ा प्रेम धवन के एक गीत से प्रेरित था, जो उन्होंने स्वतंत्रता दिवस पर ताजमहल होटल में हुए समारोह में सुनाया था। पियानो पर बैठे दिलीप कुमार मानो असफल प्रेम की दर्द भरी अभिव्यक्ति के प्रतीक बन गए थे और देश के सभी रूमानी नौजवान उनमें अपनी छवि देखने लगे थे। 'अन्दाज' में मुकेश का एक और बड़ा खूबसूरत गीत था—'सुनाऊँ क्या मैं गम अपना', लेकिन फिल्म में इस्तेमाल न किए जाने के कारण यह गुमनामी में खो गया। इसी तरह, इस फिल्म के लिए नौशाद ने लता-रफी का एक और युगल-गीत 'सुनो दिल का अफसाना' भी रिकॉर्ड किया था। यह गीत भी इस्तेमाल न हो सका और वक्त के अँधेरों में खो गया। 'शाहजहाँ' के बाद मजरूह सुल्तानपुरी के साथ नौशाद की यह दूसरी फिल्म थी। इसके बाद 'कम्युनिस्ट' समझे जाने वाले मजरूह और धार्मिक प्रवृत्ति के नौशाद की राहें इस कदर अलग हो गईं कि उन्होंने वर्षों बाद ही किसी फिल्म 'साथी' (1969) में साथ-साथ काम किया। (हालाँकि कई और वर्ष बाद वे समधी भी बन गए।)

नौशाद और 'मेला' के निर्देशक एस.यू. सनी में इतना अच्छा तालमेल बैठ गया था कि दोनों ने मिलकर अपना खुद का बैनर 'सनी आर्ट प्रोडक्शन' स्थापित कर लिया। इस बैनर की पहली फिल्म 'बाबुल' (1950) थी। नर्गिस, दिलीप कुमार और मुन्नवर सुल्ताना की मुख्य भूमिकाओं से सजी यह फिल्म बॉक्स ऑफिस पर सुपरहिट रही। इस फिल्म में दिलीप कुमार के लिए तलत महमूद की कोमल आवाज का इस्तेमाल किया गया। लता ने नर्गिस के लिए और शमशाद बेगम ने मुन्नवर सुलतान के लिए गाया। इस फिल्म में नौशाद का जादू फिर सिर चढ़कर बोला और सभी गीत खूब लोकप्रिय हुए। फिल्म का विदाई-गीत 'छोड़ बाबुल का घर' (शमशाद बेगम) तो वर्षों तक हर दुल्हन की विदाई के अवसर पर सुनाई देता रहा, बल्कि आज भी अकसर सुनाई दे जाता है। इसी तरह, शमशाद और तलत के युगल-गीत 'मिलते ही आँखें दिल हुआ दीवाना किसी का', 'दुनिया बदल गई मेरी दुनिया बदल गई' और 'नदी किनारे साथ हमारे' (रफी की शुरू की पंक्तियों के साथ) भी सदाबहार गीत थे। लता के दो सोलो 'पंछी बन में पिया-पिया' और 'लगन मोरे मन की' भी खूब चले थे। यूँ शमशाद के सोलो 'धड़के मेरा दिल (नर्गिस के लिए)', 'जादू भरे नैनों में' और 'न सोचा था हमने' भी कम नहीं थे। शमशाद और लता ने मिलकर एक दर्द भरा डुएट भी गाया था, जो सचमुच बहुत अद्भुत बन पड़ा था—'किसी के दिल में रहना था'। तलत के भी सभी सोलो 'हुस्नवालों को न दिल दो', 'मेरा जीवनसाथी बिछड़ गया' और 'छोड़ बाबुल का घर' बहुत खूबसूरत थे और खूब लोकप्रिय हुए थे। यूँ तलत के साथ नौशाद की पटरी ज्यादा नहीं जम पाई और जल्दी ही वे उनके दिल से (और संगीत से) दूर होते चले गए। कहते हैं कि तलत ने एक दिन नौशाद की मौजूदगी की परवाह न करके उनके सामने ही सिगरेट सुलगा ली थी, जो नौशाद को बहुत ज्यादा अखरा था।

नौशाद ने राजकपूर की बहुत कम फिल्मों में संगीत दिया। ए.आर. कारदार की 'दास्तान' (1950) ऐसी ही एक फिल्म थी। इस फिल्म में राजकपूर के साथ सुरैया थीं, जो फिल्म के संगीत पर भी छाई हुई थीं। उनके लोकप्रिय गीतों में 'ये मौसम और ये तन्हाई', 'नैनों में प्रीत है' और 'नाम तेरा है जुबाँ पर' शामिल थे। लेकिन इस जुबली हिट फिल्म

का सबसे धमाकेदार गीत था रफी के साथ उनका युगल-गीत 'तारा री तारा री'। यह गीत राजकपूर और सुरैया के बीच फिल्माया भी बड़े दिलचस्प ढंग से गया था। इस फिल्म के संगीत में पश्चिमी और अरबी शैली के संगीत की छाप थी। फिल्म के बैनर का नाम भी 'म्यूजिकल पिक्चर्स' था, जो कारदार फिल्म्स की एक उप शाखा थी। इस फिल्म के गीत भी 'बाबुल' की तरह नौशाद के चहेते बनते जा रहे शकील बदायूँनी ने लिखे थे।

म्यूजिकल पिक्चर्स की ही 'जादू' (1951) नौशाद की अगली फिल्म थी। 'लव्स ऑफ कारमां' पर आधारित इस फिल्म में नलिनी जयवन्त के साथ ए.आर. कारदार की खोज ('दुलारी' वाले) सुरेश थे। स्पेन की जिप्सी शैली की कथा की पृष्ठभूमि को देखते हुए नौशाद ने इस फिल्म में अलग तरह का संगीत दिया था। उनकी चहेती गायिका बन चुकी लता मंगेशकर ने इस फिल्म में कई जोशीले और लुभावने गाने गाए थे, जो खूब खूब लोकप्रिय हुए थे—'लो प्यार की हो गई जीत', 'उलझ गया मोरा जिया', 'गिन-गिन तारे मैं हार गई' और 'नादान मुहब्बत वालों के अरमाँ'। फिल्म का संगीत स्पेनिश और उत्तर भारतीय संगीत-शैलियों का अनूठा संगम था। शमशाद बेगम ने भी इस नए रिद्म का लुत्फ उठाते हुए कुछ फड़कते हुए गाने—'जब नैन मिले नैनों से' और 'लारा लू लारा लू लारा लू'—गाए थे। इस स्लिवर जुबली फिल्म के गीत भी शकील बदायूँनी ने लिखे थे।

'बाबुल' के बाद नौशाद का अगला बड़ा संगीत धमाका गोल्डन जुबली हिट 'दीदार' (1951) थी। माखनलाल जैन के 'फिल्मकार' बैनर द्वारा निर्मित इस फिल्म के निर्देशक जाने-माने दिग्गज निर्देशक नितिन बोस थे (जिन्हें दिलीप कुमार की अभिनय-कला को तराशने का श्रेय दिया जाता है)। अपने समय के कई बड़े सितारों से सजी इस फिल्म में अशोक कुमार, नर्गिस, दिलीप कुमार, निम्मी और याकूब मुख्य भूमिकाओं में थे। यह फिल्म नौशाद के लिए भी बहुत महत्त्वपूर्ण फिल्म थी, क्योंकि उन्होंने न सिर्फ फिल्म की कहानी लिखी थी, बल्कि इसके निर्माण से भी शुरू से आखिर तक जुड़े रहे थे। इस फिल्म ने बॉक्स ऑफिस पर तलहका मचा दिया। इसका संगीत भी उतना ही धमाकेदार साबित हुआ। इस फिल्म को सभी कलाकारों के यादगार अभिनय और नितिन बोस के लाजवाब निर्देशन के लिए तो याद किया ही जाता है, साथ ही नौशाद के दो नए चहेते गायकों—मुहम्मद रफी और लता मंगेशकर ने मानो अपने हर गाने में अपना दिल उड़ेलकर रख दिया था। नौशाद के संगीत की जान बन चुके रफी ने 'हुए हम जिनके लिए बर्बाद' (भैरवी), 'मेरी कहानी भूलनेवाले' (तिलंग) और 'नसीब दर पे तेरे' जैसे गाने इतनी गहराई और इतनी भावुकता के साथ गाए कि सुनने वाले दिल थामकर रह गए। यही बात लता के बारे में भी कही जा सकती है—'ले जा मेरी दुआएँ ले जा' हो या फिर रफी के साथ उनका दर्द भरा युगल-गीत 'देख लिया मैंने, किस्मत का तमाशा देख लिया'। शमशद बेगम ने भी नर्गिस पर फिल्माए गए 'चमन में रहकर वीराना' तथा नर्गिस और अशोक कुमार पर फिल्माए गए युगल-गीत 'नजर फेरो न हमसे' (जी.एम. दुर्रानी के साथ) के रूप में दो यादगार गाने गाए। नौशाद ने लता की ताजगी भरी आवाज अपेक्षाकृत नई-नई निम्मी के लिए और शमशाद बेगम की आवाज अनुभवी नर्गिस के लिए इस्तेमाल करने का बिलकुल सही फैसला किया था। लता और शमशाद बेगम ने मिलकर फिल्म का सबसे लोकप्रिय गाना—'बचपन के दिन भुला न देना'—भी गाया था। इस बार भी फिल्म के गीत शकील बदायूँनी ने लिखे थे।

लंदन में 'आन' की संगीत रिकॉर्डिंग

रियाल्टो (लंदन) में 'आन' का प्रदर्शन

विदेशों में प्रदर्शन के लिए कॉन्ट्रेक्ट पर हस्ताक्षर करते हुए

टेक्नीकलर में बनी महबूब की महत्त्वाकांक्षी फिल्म 'आन' (1952) भी नौशाद की एक यादगार फिल्म थी, जिसमें उन्होंने एक बार फिर सदाबहार और अमर संगीत दिया। लता के 'आज मेरे मन में सखी' और 'तुझे खो दिया हमने पाने के बाद', रफी के 'दिल में छुपाके प्यार का तूफान ले चले', 'मान मेरा अहसान अरे नादान' और 'टकरा गया तुझसे दिल ही तो है' तथा शमशाद बेगम के 'आग लगी तन-मन में' और 'मैं रानी हूँ राजा की'—सभी एक से बढ़कर एक थे। शमशाद बेगम का होली गीत 'खेलो रंग हमारे संग' और रफी के साथ उनका डुएट 'गाओ तराने मन के' भी बड़े सुन्दर बन पड़े थे। इस फिल्म के लिए रफी का एक और गीत 'तेरा हुस्न माँगे' भी रिकॉर्ड किया गया था, जो इस्तेमाल न किए जाने के कारण समय के साथ खो गया। दिलीप कुमार, निम्मी, प्रेमनाथ और नई खोज नादिरा की मुख्य भूमिकाओं से सजी इस फिल्म की 16 मि.मी. (की फिल्म) में शूटिंग की गई थी, जिसे बाद में लन्दन ले जाकर 35 मि.मी. की बनवाया गया था। यह एक जोखिम

लंदन में 'आन' की संगीत रिकॉर्डिंग

लंदन में 'आन' की संगीत रिकॉर्डिंग

नौशाद और अमीर खाँ

नौशाद और हरिप्रसाद चौरसिया

'बैजू बावरा' के लिए फिल्मफेयर का सर्वश्रेष्ठ संगीत निर्देशक का पुरस्कार स्वीकार करते हुए नौशाद

भरा काम था, जो सफल रहा। इस तरह यह भारत की पहली रंगीन फिल्म थी। 'आन' भारत में तो जबर्दस्त हिट हुई ही, विदेशों में भी दिखाई गई। फिल्म के गीतों की तरह इसका बैक ग्राउंड संगीत भी अनूठा था। एक दिलचस्प बात यह थी कि इसके संगीत को लन्दन में री-रिकॉर्ड किया गया था, जहाँ के प्रतिष्ठित रियाल्टो थिएटर में इसका यूरोपीय प्रीमियर हुआ। यह पहली फिल्म थी जिसके संगीत के लिए नौशाद ने सौ साजिंदों का इस्तेमाल किया था।

सिर्फ लन्दन में ही नहीं, 'आन' यूरोप के 18 देशों में रिलीज हुई थी। इसके अलावा दक्षिण पूर्व / सुदूर पूर्व के 4, अरब के 9 और उत्तर और दक्षिण अमेरिका के 6 देशों में भी इसका प्रदर्शन हुआ था। सिर्फ विदेशों से ही इस फिल्म ने 25 लाख रुपए कमाए थे, जो उस जमाने में किसी भी भारतीय फिल्म के लिए एक रिकॉर्ड था।

नौशाद ने अपने कैरियर के शुरू के दौर में विजय भट्ट के बैनर 'प्रकाश पिक्चर्स' के लिए कुछ फिल्में की थीं। बैनर के बुरे दिन आ गए तो एक दिन मायूस-से विजय भट्ट नौशाद से मिलने आए और उनसे कहने लगे—''आज मैं आपको एक नेक काम के लिए बुलाने आया हूँ। अपनी कम्पनी का ताला बन्द करना है, जरा आप भी हाथ लगा दीजिए।'' नौशाद मुस्करा दिए और उनकी हिम्मत बढ़ाते हुए बोले—''यह क्या बात हुई, भट्ट साहब? ताला बन्द करने से पहले हम और आप मिलकर एक पिक्चर बनाएँगे।'' इस तरह एक अमर फिल्म 'बैजू बावरा' (1952) का जन्म हुआ, जिसे हिन्दी सिनेमा के इतिहास के अनमोल रत्नों में गिना जाता है। नौशाद ने इस फिल्म के संगीत में अपने-आपको इस कदर झोंक दिया कि न सिर्फ संगीत को फिल्म से अलग करना मुश्किल हो गया, बल्कि संगीत ही फिल्म का सबसे उल्लेखनीय पहलू बन गया। यूँ भी यह फिल्म एक प्रतिभाशाली लेकिन गुमनाम संगीतकार बैजू बावरा और महान और प्रतिष्ठित संगीतकार तानसेन के साथ उसके मुकाबले के बारे में थी, इसलिए संगीत ही फिल्म की जान, धड़कन और आत्मा था। जब कहानी इतिहास के महान संगीतकारों—स्वामी हरिदास, मियाँ तानसेन और बैजू बावरा के बारे में हो तो हिन्दुस्तानी शास्त्रीय संगीत को उसके सर्वोत्तम और भव्यतम रूप में प्रस्तुत करने के अवसर को नौशाद भला कैसे चूक जाते? लिहाजा, अपने हमेशा के और चहेते गायकों—मुहम्मद रफी, लता मंगेशकर और शमशाद बेगम के अलावा नौशाद ने उस्ताद अमीर खाँ और पंडित डी.वी. पलुस्कर जैसे शास्त्रीय संगीत के चोटी के गायकों को भी अपने संगीत-निर्देशन में गवाया और क्या खूब गवाया।

फिल्म में संगीत की प्रधानता को देखते हुए फिल्म की स्क्रिप्ट और हर सीन को नौशाद की देखरेख में विकसित किया गया था। नौशाद ने दृश्य की माँग के अनुरूप हर गीत को एक अलग राग पर आधारित रखा था। ये राग इस प्रकार थे :

'बैजू बावरा' में प्रयोग किए गए राग

क्रम	गीत	राग	गायक/गायिका
1.	तोरी जय-जय हे करतार	तोड़ी	उस्ताद अमीर खाँ
2.	तू गंगा की मौज मैं	भैरवी	रफी-लता और कोरस
3.	दूर कोई गाए धुन ये सुनाए	देस	रफी-लता-शमशाद और कोरस
4.	झूले में पवन के आई बहार	पीलू	रफी-लता
5.	मन तड़पत हरि दर्शन को आज	मालकौंस	रफी
6.	बचपन की मुहब्बत को	मांड	लता
7.	ओ दुनिया के रखवाले	दरबारी	रफी
8.	मोह भूल गए साँवरिया	भैरवी	लता
9.	इनसान बनो	गुर्जरी तोड़ी	रफी
10.	आज गावत मन मेरो	देसी तोड़ी	उस्ताद अमीर खाँ-पं. डी.वी. पलुस्कर

(इस फिल्म के लिए रफी की आवाज में एक और गीत 'रुलाने को आँसू, जलाने को छाले, ये क्या दे दिया जिंदगी देने वाले' भी रिकॉर्ड किया गया था, जिसका फिल्म में इस्तेमाल न हो सका। लगभग एक दशक बाद नौशाद ने इन्हीं बोलों को एक दूसरी फिल्म 'आवाज दे कहाँ है' में इस्तेमाल कर लिया।)

इसमें कोई सन्देह नहीं कि 'बैजू बावरा' का संगीत अद्‌भुत था जो हमेशा अमर रहेगा। खेमचन्द प्रकाश की 'तानसेन' (1943), नौशाद की 'बैजू बावरा' (1952), वसन्त देसाई की 'झनक झनक पायल बाजे' (1952), शंकर-जयकिशन की 'बसन्त बहार' (1956) और एस.एन. त्रिपाठी की 'संगीत सम्राट तानसेन' (1961) हिन्दी फिल्मों के इतिहास की

कुछ ऐसी अमर फिल्में हैं जिनका संगीत विशुद्ध शास्त्रीय रागों पर आधारित संगीत का सर्वोत्तम और भव्यतम उदाहरण है। अमीर खाँ और पं. पलुस्कर जैसे उस्तादों की उपस्थिति के बावजूद रफी और लता 'बैजू बावरा' के संगीत पर पूरी तरह छाए हुए थे। रफी के लिए तो 'बैजू बावरा' एक मील का पत्थर थी, एक ऐसा कीर्ति-स्तम्भ जिसके बाद वे सर्वश्रेष्ठ और सबसे लोकप्रिय पुरुष पार्श्व गायक के रूप में चोटी पर मजबूती से स्थापित हो गए।

'बैजू बावरा' से पहले विजय भट्ट 'प्रकाश पिक्चर्स' पर ताला लगाने की सोच रहे थे, लेकिन इस फिल्म की धमाकेदार सफलता ने उनके बैनर को एक बार फिर सबसे प्रतिष्ठित और सफल बैनरों की सूची में ला खड़ा किया। फिल्म की जबर्दस्त सफलता के बाद जब नौशाद इसके डायमंड जुबली (60 हफ्ते) समारोह में दादर के ब्रॉडवे सिनेमा में पहुँचे (जहाँ यह फिल्म पिछले एक साल से भी ज्यादा समय से लगातार चल रही थी), तो सड़क के उस पार देखते हुए उनकी आँखों में खुशी के आँसू आ गए। पास ही खड़े विजय भट्ट ने इसका कारण जानना चाहा तो नौशाद ने बड़े भरे दिल से कहा—''सड़क के उस पार उस फुटपाथ को देख रहे हैं न, भट्ट साहब! कभी वही मेरा बसेरा हुआ करता था! उस पार से इस पार पहुँचने में मुझे पूरे पन्द्रह वर्ष लग गए!''

'बैजू बावरा' संगीत के विषय पर ही आधारित थी इसलिए इसका बैकग्राउंड संगीत भी उतना ही महत्त्वपूर्ण था। फिल्म के बैकग्राउंड संगीत के लिए भी शास्त्रीय धुनों का इस्तेमाल किया गया था। फिल्म के एक दृश्य में बैजू बावरा (भारत भूषण) को रियाज करते समय अपने गुरु की शिक्षा का ध्यान आता रहता है। नौशाद ने इस दृश्य शृँखला के लिए रफी की आवाज में कई रागों के छोटे-छोटे टुकड़ों का इस्तेमाल किया—'पियू-पयू रे करत है पपीहा' (ललित—सुबह का राग), 'रुमझुम बदरिया बरसे' (गौड़ मल्हार—दोपहर का राग), 'आज तोरी प्रभु आन-बान देखी' (पूरिया—रात का राग) और 'ए री मैं कैसे घर आऊँ' (बागेश्री—आधी रात का राग)। इनके फिल्मांकन के बाद इस दृश्य-शृंखला में और फिल्म के पूरे कथानक और चरित्र-चित्रण में गजब का प्रभाव पैदा हो गया।

फिल्म का सबसे शाहकार गाना—'मन तड़पत हरि दर्शन को आज'—हमेशा के लिए एक अमर भजन बन गया। भारत की गंगा-जमुनी संस्कृति का इससे अच्छा उदाहरण भला और क्या हो सकता है कि इस अनमोल भजन को तीन मुसलमानों ने मिलकर रचा था—गीतकार शकील बदायूँनी, संगीतकार नौशाद और गायक मुहम्मद रफी! दरबारी राग पर आधारित 'ओ दुनिया के रखवाले' भी एक लाजवाब गीत था, जिसमें रफी ने ऊँचे और नीचे स्वर को साथ-साथ सँभालने का कमाल कर दिखाया था। यह किसी भी दूसरे गायक के बस की बात नहीं थी। लता ने भी अपने कैरियर के कुछ उत्कृष्ट गीत गाए थे। 'मोहे भूल गए साँवरिया' और 'बचपन की मुहब्बत को' के अलावा रफी के साथ उनके दोनों युगल गीत 'तू गंगा की मौज' और 'झूले में पवन के आई बहार' भी हिन्दी सिनेमा के अनमोल रत्नों में शामिल हैं। इस फिल्म के संगीत के लिए नौशाद को सर्वश्रेष्ठ संगीतकार के रूप में 'फिल्मफेयर' का पुरस्कार मिला था, जो खुद इन पुरस्कारों का भी पहला वर्ष था। फिल्म में भारत भूषण के साथ मीना कुमारी नायिका की भूमिका में थीं। उन्हें भी वर्ष की सर्वश्रेष्ठ अभिनेत्री के रूप में फिल्मफेयर पुरस्कार मिला था।

ए.आर. कारदार की 'दीवाना' 1952 में रिलीज होने वाली नौशाद की तीसरी फिल्म थी। सुरैया और सुरेश की मुख्य भूमिकाओं से सजी इस फिल्म में 'तीर खाते जाएँगे' (लता), 'मोरा नाजुक बदन' (सुरैया) और पहाड़ी शैली में रफी के सदाबहार 'तसवीर बनाता हूँ तेरी' जैसे कई लुभावने गीत थे। इस फिल्म के लिए लता के छोटे भाई हृदयनाथ मंगेशकर (जो बाद में खुद भी एक संगीतकार रहे) ने भी एक बाल-गीत 'ये दुनिया कैसी है भगवान' गाया था। लेकिन बॉक्स ऑफिस पर यह एक कमजोर फिल्म साबित हुई।

महबूब अब किसी मूर्तिशिल्पी की तरह बड़ी खूबसूरती से तराशी हुई, धारदार, सजी-सँवरी और भव्य फिल्में बनाने में पारंगत हो चुके थे। दिलीप कुमार, मधुबाला और निम्मी की शानदार भूमिकाओं से सजी 'अमर' (1954) भी ऐसी ही एक यागदार फिल्म थी। दिलीप कुमार की सबसे उत्कृष्ट फिल्मों में गिनी जाने वाली यह फिल्म अपने जमाने से बहुत आगे की फिल्म थी। नौशाद का संगीत भी फिल्म के विषय के अनुरूप एक नया अन्दाज लिए हुए था। फिल्म की शुरुआत ही रफी के झकझोर देने वाले गीत 'इनसाफ का मन्दिर है ये, भगवान का घर है' से होती थी। भैरवी राग पर आधारित यह गीत इस कचोटती हुई फिल्म का थीम-गीत था। फिल्म के अन्य गीतों पर पूरी तरह से लता छाई हुई थीं—'न मिलता गम तो बर्बादी के अफसाने कहाँ जाते', 'न शिकवा है कोई न शिकायत' (तिलक कामोद), 'जाने वाले से मुलाकात न होने पाई' (यमन), 'तेरे सदके बलम' (भीमपलासी), 'खामोश है खेवनहार मेरा' (भैरवी), 'उमंगों को सखी पी की' और 'उड़ी-उड़ी छाई घटा'। इस फिल्म में एक और नई आवाज भी नौशाद के काफिले में शामिल हो गई—'इक बात कहूँ' और 'राधा के प्यारे' (दरबारी) जैसे दो लुभावने गीतों के रूप में। यह नई गायिका कोई और नहीं, लता की छोटी बहन और हिन्दी सिनेमा की दूसरी सबसे लोकप्रिय गायिका आशा भोंसले थी। 'अमर' के इन अमर गीतों को शकील बदायूँनी ने लिखा था। (हमने अपने सुपरहिट टेली-सीरियल 'बिखरी आस निखरी प्रीत' के एक एपिसोड

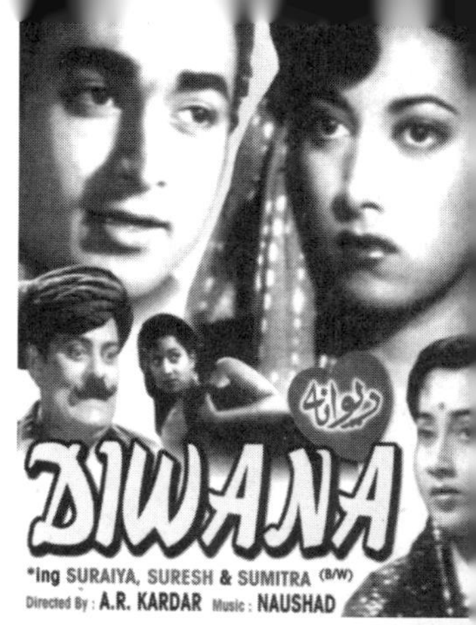

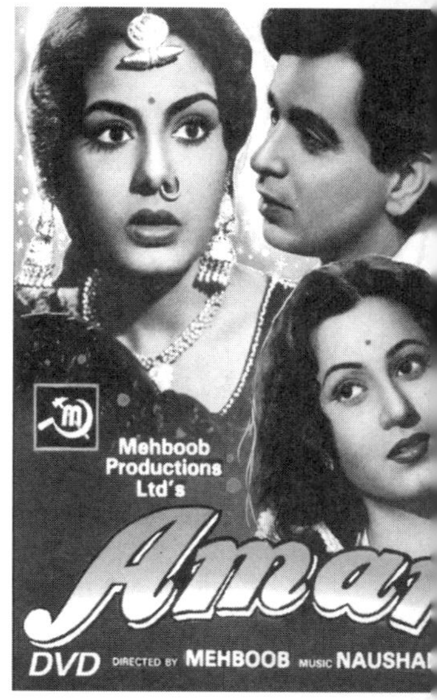

नौशाद के शौक : शिकार और फोटोग्राफी

नौशाद के शौक : शिकार और फोटोग्राफी

में 'इनसाफ का मन्दिर है' गीत को फिर से फिल्माया था, जिसके बाद वे दृश्य सचमुच बहुत प्रभावशाली बन गए।)

अब नौशाद शास्त्रीय रागों पर आधारित धुनों को प्रमुखता देने लगे थे, भले ही वे बड़ी होशियारी से उन्हें सुगम बना देते थे। उनकी धुनें न सिर्फ सुननेवालों के दिलों को छू लेती थीं, बल्कि उनकी यादों में हमेशा के लिए बस जाती थीं। 'रतन' के बहुचर्चित निर्देशक एम. सादिक की 'शबाब' (1955) का संगीत भी ऐसा ही था। भारत भूषण और नूतन की मुख्य भूमिकाओं से सजी इस फिल्म के सभी ग्यारह गीत शास्त्रीय रागों पर आधारित थे। इन्हें लता और रफी ने गाया भी बड़ी खूबसूरती से था, जो पूरी फिल्म के संगीत पर छाए हुए थे। ऐसा लगता था जैसे लता और रफी ने मिलकर शास्त्रीय रागों की बसन्त-बहार बिखेर दी हो। इसी बसन्त-बहार राग पर आधारित उनका युगल-गीत 'मन की बीन मतवारी बाजे' हो या उन दोनों के सोलो गीत—सभी एक से एक बढ़कर थे। रफी के यादगार गीतों में 'आए न बालम वादा करके' (जोगिया), 'महलों में रहने वाले' (शहाना) और 'यही अरमान लेकर' शामिल थे। इसी तरह लता ने भी 'मरना तेरी गली में' (पहाड़ी), 'जोगन बन जाऊँगी' (वृन्दावनी सारंग), 'जो मैं जानती बिसरत हैं सैयाँ' (मांड) और 'मर गए हम जीते जी' के रूप में कई अमर गीत गाए थे। शमशाद बेगम का कोरस के साथ 'लागी मोरे मन की ओ साजना' और मन्ना डे का 'भगत के बस में है भगवान' भी फिल्म के यादगार गीतों में शामिल थे। इस फिल्म में नौशाद एक बार फिर उस्ताद अमीर खाँ से एक गीत 'दया कर गिरधर गोपाल' (राग मुल्तानी) गवाने में सफल रहे थे। लेकिन विशुद्ध पीलू पर आधारित लता और हेमन्त कुमार की लोरी 'चन्दन का पलना, रेशम की डोरी' इससे भी बढ़कर साबित हुई। कहते हैं कि नौशाद ने यह लोरी रफी से भी गवाई थी, जिसमें थोड़ी ज्यादा मुश्किल मुरकियाँ थीं। लेकिन लोरी के लिए हेमन्त कुमार की नरम आवाज बेहतर प्रतीत होती थी, इसलिए फिल्म में उसी को रखा गया। नौशाद के संगीत का स्थाई सुर बनते जा रहे शकील बदायूँनी ने एक बार फिर दिल और आत्मा की गहराइयों में उतर जाने वाले ऐसे गीत लिखे थे जो हमेशा अमर रहेंगे।

'आन', 'बैजू बावरा' और 'अमर' जैसी भव्य फिल्मों के संगीत में नौशाद ने अपने-आपको इस तरह खपा दिया था कि इसका असर उनकी सेहत और दिमागी हालत पर भी दिखाई देने लगा। वे असुरक्षा की भावना के शिकार हो गए और बिजली के कड़कने या बादलों के गरजने से डरने लगे और अपने संगीत की जरा-सी भी आलोचना पर चिड़चिड़ाहट का प्रदर्शन करने लगे। वे समझ गए कि वे किसी खास बीमारी के शिकार हो गए थे और अपनी मानसिक शांति खो बैठे थे। ऐसे में किसी डॉक्टर की बजाय एक डिप्टी पुलिस कमिश्नर ने उनकी मदद की, जो उनके अच्छे दोस्त थे। वे उन्हें अपने साथ जंगलों में शिकार पर ले जाने लगे और धीरे-धीरे नौशाद के दिल में घर जमा चुका एक अनजाना-सा डर दूर होता चला गया। वे खुद भी एक अच्छे शिकारी बन गए और बड़ी निडरता से एक छह फुट लम्बे शेर को अपनी बन्दूक का निशाना बनाने में सफल रहे। उस शेर की खाल आज भी उनके ड्राइंग-रूम में सुरक्षित है। वे फोटोग्राफी भी करने लगे और बड़ी अच्छी तसवीरें खींचने लगे। उन्हीं दिनों हरनाम सिंह (एच.एस.) रवेल नाम के एक शख्स उनकी जिंदगी में आए, जिनके बारे में कहा जाता था कि उनकी लात 'करामाती लात' थी। वे लात मारकर किसी के भी बिजली-तूफान के डर को दूर कर देते थे। के. आसिफ के जोर देने पर नौशाद ने उनकी 'करामती लात' को भी आजमाया और वे सचमुच ठीक हो गए। आगे चलकर यही एच.एस. रवेल नौशाद की दो शानदार फिल्मों 'मेरे महबूब' और 'संघर्ष' के निर्माता भी रहे।

'शबाब' के बाद 'उड़न खटोला' (1955) नौशाद की एक यादगार फिल्म थी। इस फिल्म का निर्माण निर्देशक एस.यू. सनी के साथ उनकी साझी कम्पनी 'सनी आर्ट्स' ने किया था और यह संगीत-प्रधान भव्य फन्तासी फिल्म भी एक सिल्वर जुबली हिट फिल्म साबित हुई। इस फिल्म में दिलीप कुमार के साथ निम्मी मुख्य भूमिका में थीं। फिल्म में कुल बारह गाने थे, जिनमें से कई आज भी लता मंगेशकर और मुहम्मद रफी के अनमोल गानों में शामिल हैं। 'उड़न

खटोला' में नौशाद के संगीत का जादू मानो एक बार फिर सिर चढ़कर बोला था। ऑपेरा शैली में रचा गया फिल्म का टाइटल-संगीत भी अपने-आपमें अनूठा था, जिसे लोग आज भी याद करते हैं। इसी तरह रफी ने अपनी दमदार आवाज में 'ओ दूर के मुसाफिर' (पहाड़ी), 'मुहब्बत की राहों में चलना सँभलके' (जयजयवन्ती) और 'न तूफाँ से खेलो न साहिल से खेलो' (भैरवी) जैसे यादगार और अमर गाने दिए थे। लता भी पीछे नहीं थीं। उनका 'मोरे सैयाँजी उतरेंगे पार' सचमुच लाजवाब था। पीलू राग पर आधारित इस अनूठे गीत में कोई इंटरल्यूड संगीत नहीं था, सिर्फ नाविकों के सुरीले कोरस से अन्तरालों को भरा गया था। 'सितारों की महफिल सजी' (भैरव), 'न रो ऐ दिल, कहीं रोने से', 'हमारे दिल से न जाना' (बिहाग) और 'मेरा सलाम ले जा' लता के कुछ और सुहाने और यादगार गीत थे। रफी की आवाज में एक और गीत 'अकेला हमें छोड़के हमारा दिल तोड़के कहाँ चले' भी रिकॉर्ड किया गया था, जो फिल्म में इस्तेमाल न किए जाने के कारण खो गया। शकील बदायूँनी के इन गीतों में से एक गीत 'न रो ऐ दिल' हमने अपने टेली-सीरियल 'बिखरी आस निखरी प्रीत' के एक ऐपिसोड में भी इस्तेमाल किया था, जिससे उस नाटकीय दृश्य का प्रभाव और भी बढ़ गया।

अपने मन के डर और असुरक्षा की भावना से मुक्त होने के बाद नौशाद एक बार फिर से पूरे जी-जान से संगीत में जुट गए थे। टेक्नीकलर में बनी महबूब की भव्य फिल्म 'मदर इंडिया' (1957) का धमाकेदार संगीत उनकी इसी मेहनत और लगन का परिणाम था। हिन्दी फिल्मों के इतिहास की सबसे गौरवशाली और महान उपलब्धि मानी जाने वाली इस फिल्म के संगीत को लेकर उनके कुछ आलोचकों ने नाक-भौं सिकोड़ते हुए इसे 'री-हैश' ठहराया था। लेकिन फिल्म के संगीत ने ऐसी धूम मचाई कि आलोचक मुँह छिपाए फिरने लगे। 'नगरी-नगरी द्वारे-द्वारे' (लता), 'दुनिया में हम आए हैं तो जीना ही पड़ेगा' (लता-उषा-मीना), 'दुख भरे दिन बीते रे भैया' (रफी-शमशाद-मन्ना डे), 'पी के घर आज प्यारी दुल्हनिया चली' (शमशाद बेगम), 'घूँघट नहीं खोलूँगी सैयाँ तेरे आगे' (लता) और 'मतवारा जिया झूमे पिया' (रफी-लता)—सभी एक से एक बढ़कर थे। फिल्म का टाइटल-ट्रैक 'धरती माता जीवन भर हम' (लता) भी बहुत प्रभावशाली था। शकील बदायूँनी ने अपनी कलम का कमाल एक बार फिर दिखा दिया था।

'मदर इंडिया' ने जहाँ बॉक्स ऑफिस पर तूफान-सा मचा दिया, वहीं आर.एस. चौधरी की 'सोहनी महिवाल' (1958) नौशाद के संगीत के बावजूद कोई खास धमाका न कर सकी। राजा नवाथे द्वारा निर्देशित इस फिल्म में भारत भूषण और निम्मी थे। सोहनी और महिवाल की प्रसिद्ध प्रेमकथा पर आधारित इस फिल्म में नौशाद ने कई मन को छू लेने वाले गीत दिए थे। इनमें 'तेरी महफिल तेरा जलवा' (रफी), 'आज गलियों में तेरी' (रफी), 'आने वाले को आना होगा' (लता-रफी), 'तुम्हारे संग मैं भी चलूँगी' (लता), 'ईद का दिन है' (रफी-लता) और 'मिलती है भीख मौला' (लता) काफी लोकप्रिय भी हुए थे। 'मिलती है भीख' की धुन को नौशाद ने वर्षों बाद अपनी फिल्म 'धर्मकाँटा' (1982) के एक गीत 'ये गोटेदार लहँगा' (रफी-आशा) के लिए भी इस्तेमाल किया। 'सोहनी-महिवाल' एक पार्श्व-गायक के रूप में प्रसिद्ध गायक महेन्द्र कपूर की भी पहली फिल्म थी। उनका गाया फिल्म का बैकग्राउंड गीत 'चाँद छुपा और तारे डूबे रात गजब की आई' खूब लोकप्रिय भी हुआ था। यह ऐतिहासिक प्रेमकथा भी शकील बदायूँनी के गीतों से सजी हुई थी।

'मुगल-ए-आजम'

☆

नौशाद अब अपने सफल कैरियर के तीसरे दशक में पहुँच चुके थे। नए दशक की दहलीज पर रिलीज हुई 'कोहिनूर' (1960) उनके संगीत-कैरियर में किसी कोहिनूर हीरे से कम नहीं थी। बी.एन. सिन्हा के बैनर 'रिपब्लिक फिल्म कॉर्पोरेशन' द्वारा निर्मित इस फिल्म का सबसे दिलचस्प पहलू यह था कि इसमें 'ट्रेजिडी किंग' माने जाने वाले दिलीप कुमार 'ट्रेजिडी क्वीन' के रूप में मशहूर मीना कुमारी के साथ थे, वह भी एक कॉमेडी फिल्म में। यह फिल्म न सिर्फ जुबली हिट हुई, बल्कि अपने समय की एक ट्रेंड-सेटर बन गई। जैसाकि हम कह चुके हैं, इस फिल्म का हर गीत एक अनमोल हीरे से कम नहीं था। उत्कृष्ट और कलात्मक संगीत में नौशाद के सबसे बड़े प्रतिद्वंद्वी माने जाने वाले सचिन

के. आसिफ, नौशाद और 'मुगल-ए-आजम'

'मुगल-ए-आजम'

देव बर्मन ने भी विविध भारती पर फौजी भाइयों के नाम अपने कार्यक्रम में नौशाद और उनकी इस फिल्म का जिक्र किया था। उन्होंने कहा था कि हमीर राग इतना मुश्किल राग था कि इसे सुगम और हल्के-फुल्के अन्दाज में प्रस्तुत करने की कल्पना भी नहीं की जा सकती थी। लेकिन नौशाद ने 'मधुबन में राधिका नाचे रे' (रफी) में ऐसा कर दिखाया था। इस अद्‌भुत और अमर क्लासिक गीत में जाने-माने सितार-वादक उस्ताद अब्दुल हलीम जाफर खाँ ने सितार-वादक की भूमिका निभाई थी। यूँ तो फिल्म के सभी गाने खूब लोकप्रिय हुए थे, लेकिन रफी का लाजवाब 'मधुबन में राधिका' और लता के साथ उनका उतना ही शानदार डुएट 'दो सितारों का जमीं पर है मिलन आज की रात' फिल्म के सरताज गीत थे। ये दोनों गीत आज भी उतने ही नए और ताजा प्रतीत होते हैं और हमेशा अमर रहेंगे। फिल्म के अन्य हिट गीतों में 'कोई प्यार की देखे जादूगरी' (रफी-लता), 'दिल में बजी प्यार की शहनाइयाँ' (लता), 'जरा मन की किवड़िया खोल' (रफी), 'ढल चुकी शाम-ए-गम' (रफी) और 'जादूगर कातिल हाजिर है' (आशा भोंसले) शामिल थे। इस फिल्म का संगीत नौशाद के सबसे लोकप्रिय संगीत का हिस्सा है। फिल्म में अपने गजब के अभिनय के लिए अभिनय-सम्राट दिलीप कुमार ने भी अपना पाँचवाँ फिल्मफेयर पुरस्कार जीता था। रफी द्वारा गाए गए शास्त्रीय गीतों को पर्दे पर भी उतना ही प्रभावशाली बनाने के लिए उन्होंने बड़ी मेहनत से सितार बजाना सीखा था।

नौशाद और बड़े गुलाम अली

अब नौशाद अपने कैरियर की सबसे शानदार, सबसे भव्य फिल्म देने की तैयारी में थे—स्टर्लिंग इन्वेस्टमेंट कॉर्पोरेशन और दादर के अपने 'टेलर मास्टर' दोस्त के. आसिफ की महान और कालजयी महागाथा 'मुगल-ए-आजम' (1960) के रूप में। यह फिल्म एक विराट, एक 'जायंट' मोशन पिक्चर थी, जिसका मुकाबला महबूब की 'मदर इंडिया' को छोड़कर हिन्दी फिल्मों के इतिहास की शायद ही कोई फिल्म कर सके। बल्कि भव्यता के मामले में इसने 'मदर इंडिया' को भी पीछे छोड़ दिया था—दादर में कपड़ों पर पेंसिल और कैंची चलाने वाले स्वप्नदर्शी के. आसिफ का एक ऐसा भव्य सपना जो चौदह वर्ष के लम्बे संघर्ष, मेहनत और लगन के बाद पूरा हुआ था। पृथ्वीराज कपूर, दिलीप कुमार और मधुबाला (जिन्होंने पर्दे पर 'अनारकली' को सचमुच जिंदा कर दिया था) की मुख्य भूमिकाओं से सजी इस फिल्म का निर्माण भी अपने-आपमें किसी दिलचस्प कहानी से कम नहीं है। इस फिल्म का सपना के. आसिफ ने 1946 में देखा था और तभी से वे इसे पर्दे पर साकार करने में जुट गए थे। इन चौदह वर्षों में फिल्म की स्क्रिप्ट, कलाकारों और दूसरे सभी सहयोगियों में न जाने कितने बदलाव आए। कितने ही संगीतकार बदले गए—पहले अनिल बिस्वास, फिर पं. गोविन्दराम, फिर गुलाम हैदर और आखिर में नौशाद। फिल्म बनते-बनते कई बार खटाई में भी पड़ी, बन्द हुई और दोबारा शुरू हुई। जिन दिनों नौशाद 'उड़न खटोला' के संगीत पर काम कर रहे थे, उनके पुराने 'टेलर मास्टर' दोस्त के. आसिफ उनके घर 'आशियाना' में आए। उन्होंने कहा कि वे अपनी बन्द फिल्म 'मुगल-ए-आजम' को फिर से शुरू करने जा रहे हैं और इस बार वे चाहते हैं कि इसका संगीत नौशाद दें। नौशाद उस समय बहुत सारी फिल्मों में व्यस्त थे, इसलिए उन्होंने मना कर दिया। के. आसिफ ताव में आ गए। उन्होंने उनके हारमोनियम पर नोटों का ढेर लगाते हुए कहा, ''तुम कैसे मना कर सकते हो? तुम्हें यह फिल्म करनी ही पड़ेगी।'' नौशाद ने मुस्कुराते हुए जवाब दिया, ''हर चीज पैसे से नहीं खरीदी जा सकती, आसिफ साहब!'' लेकिन तभी अचानक खिड़कियों से बहुत तेज हवा अन्दर आने लगी और हारमोनियम पर रखे नोट इधर-उधर उड़ने लगे। नौशाद की पत्नी चाय लेकर आईं तो नोटों को इधर-उधर बिखरता देखकर एक नौकरानी की मदद से उन्हें इकट्‌ठा करने लगीं। उन्होंने नौशाद से सिर्फ इतना कहा, ''घर आई दौलत को ठुकराना वाजिब नहीं!'' के. आसिफ समझ गए कि तीर काम कर गया। उन्होंने जाते समय सिर्फ इतना कहा, ''इन पैसों को एडवान्स समझिए, नौशाद साहब! हम दोनों को मिलकर एक अजीम, एक शाहकार फिल्म बनानी है! ऐसी फिल्म जो इससे पहले हिन्दुस्तान में कभी नहीं बनी!'' और यही हुआ भी।

शमशाद और नौशाद

'मोहे पनघट पे'

कव्वाली

'मुगल-ए-आजम' के भव्य निर्माण पर पानी की तरह पैसा बहाने का काम शापुरजी-पल्लोनजी ने किया था, जो बहुत बड़े बिल्डर थे। के. आसिफ के जोर देने पर नौशाद उन्हें एक दूसरे फाइनेंसर के पास भी ले गए। बातचीत के दौरान जाम छलकाने का दौर आया तो के.आसिफ ने देखा कि फाइनेंसर साहब बड़े नाप-तोलकर पेग बना रहे थे। के. आसिफ बातचीत के बीच में ही उठ खड़े हुए और नौशाद को अपने साथ खींचते हुए उनके कान में धीरे से बोले, ''जो शख्स शराब नाप के पिलाता हो वो मुझे क्या रकम फाइनेंस करेगा!'' तो ऐसे मूडी और सनक पसन्द थे महान के.आसिफ।

'प्यार किया तो डरना क्या'

फिल्म में तानसेन की भूमिका निभा रहे सुरेन्द्र (जो खुद भी अच्छे-खासे गायक थे) के लिए कोई सही प्लेबैक गायक ढूँढने का सवाल उठा तो नौशाद ने कहा, ''आज के तानसेन की ही आवाज ली जाए!'' उनका मतलब था उस्ताद बड़े गुलाम अली खाँ। हमेशा ऊँची सोच रखनेवाले के. आसिफ यह सुनते ही झूम उठे और बड़े गुलाम अली खाँ के पीछे पड़ गए। लेकिन इतने बड़े उस्ताद और किसी फिल्म के लिए गाएँ? भला यह कैसे हो सकता था? बड़े गुलाम अली खाँ इनकार करते रहे, लेकिन के. आसिफ भी उनका पीछा छोड़ने को तैयार नहीं थे। उन्होंने कहा, ''खान साहब, गाना तो आप ही गाएँगे!'' यह सुनकर बड़े गुलाम अली खाँ बिगड़ गए और नौशाद को एक तरफ ले जाते हुए बोले, ''तुम्हीं बताओ, इस सनकी आदमी से कैसे पीछा छुड़ाऊँ? अजीब मुसीबत है!'' नौशाद ने कहा कि कोई इतनी बड़ी

रकम माँग लीजिए कि मुसीबत खुद-ब-खुद भाग खड़ी हो! उस्ताद ने यही किया। उन्होंने कहा कि वे 25,000 रुपए से कम नहीं लेंगे। (उन दिनों रफी और लता जैसे चोटी के गायक 5,000 रुपए लिया करते थे।) लेकिन 'मुसीबत' भागने की बजाय उल्टे उनके गले पड़ गई। के. आसिफ ने उनके मुँह से रकम सुनते ही झट से कहा, ''दिए!'' और उस्ताद अपने ही फन्दे में फँस गए।

नौशाद ने जल्दी से महबूब स्टूडियो में रिकॉर्डिंग की व्यवस्था कर दी। उस्ताद ने अपने जाने-पहचाने शास्त्रीय अन्दाज में राग सोहनी ('प्रेम जोगन बन जाऊँ') छेड़ दिया। नौशाद को डरते-डरते उन्हें समझाना पड़ा कि दृश्य के मूड को देखते हुए वे थोड़े नरम सुर में गाएँ। यह सुनते ही बड़े गुलाम अली बिगड़ गए और गरजते हुए बोले, ''बन्द कर दो रिकॉर्डिंग! मुझे नहीं गाना तुम्हारी फिल्म में।'' के. आसिफ ने जल्दी से बीच-बचाव करते हुए उस्ताद के सामने ही दिलीप कुमार और मधुबाला के प्रेम-दृश्यों को शूट करने का फैसला कर लिया, ताकि वे अपने बैकग्राउंड गाने के महत्त्व को समझ सकें और दृश्यों की माँग के अनुसार नरम सुर में गाएँ। कहते हैं कि बड़े गुलाम अली खुद भी मधुबाला के जबर्दस्त फैन थे। दिलीप कुमार और मधुबाला की उपस्थिति में उन्होंने सचमुच इतने मीठे और नरम सुर में गाया कि समाँ बाँध दिया। पटकथा के अनुसार ये प्रेम-दृश्य आधी रात से भोर फूटने तक चलते रहने वाले थे, इसलिए नौशाद ने सोहनी राग (जो कि रात का राग है) में कुछ अन्य सुर भी जोड़ दिए ताकि भोर का प्रभाव पैदा किया जा सके। उस्ताद इस पर भी बिगड़ गए और अशुद्ध (मिलावटी) राग गाने से इनकार करने लगे। इस बार भी उन्हें बड़ी मुश्किल से समझाया गया। बाद में उन्होंने फिल्म के लिए एक दूसरा गाना 'शुभ दिन आयो' (राग रागेश्री) भी गाया, जिसे शहजादे सलीम के शाही स्वागत वाले दृश्य में इस्तेमाल किया गया।

'मुगल-ए-आजम' नौशाद के साथ उनकी चहेती गायिका शमशाद बेगम की आखिरी फिल्म थी। इस जोड़ी ने न जाने कितने मधुर और यादगार गीत सुनने वालों को दिए थे। इनका साथ-साथ आखिरी गीत 'तेरी महफिल में किस्मत आजमाकर हम भी देखेंगे' था। फिल्म की यह मशहूर कव्वाली शमशाद बेगम ने लता मंगेशकर और कोरस के साथ मिलकर गाई थी। इसमें कोई शक नहीं कि लता ने यह कव्वाली बड़े खूबसूरत अन्दाज में गाई थी, लेकिन शमशाद बेगम ने भी उन्हें बराबर की टक्कर दी थी। कुल मिलाकर यह एक गजब की और यादगार कव्वाली थी, जिसे हिन्दी सिनेमा की सबसे शानदार कव्वालियों में गिना जाता है। फिल्म के अन्य सभी गानों पर लता छाई हुई थीं। 'मोहे पनघट पे नन्दलाल छेड़ गयो रे' (गारा) हो या 'मुहब्बत की झूठी कहानी पे रोए' (दरबारी), 'बेकस पे करम कीजिए सरकार-ए-मदीना' (केदार में एक अविस्मरणीय नात) हो या 'ये दिल की लगी कम क्या होगी' (जयजयवन्ती)—सभी एक से एक बढ़कर थे। 'हमें काश तुमसे मुहब्बत न होती' (बिलावल), 'खुदा निगहबान हो तुम्हारा' (यमन), 'इश्क ये सब दुनियावाले' (बिलावल) भी अपने-आपमें अनूठे गीत थे। लेकिन फिल्म का सबसे शानदार और सुपरहिट गीत था 'जब प्यार किया तो डरना क्या'! दरबारी कान्हड़ा के साथ कई अन्य रागों के प्रयोग वाले इस अद्‌भुत गाने की रचना और पर्दे पर इसके फिल्मांकन को लेकर भी बड़ी दिलचस्प कहानी है।

इस गाने की रचना को लेकर नौशाद और शकील बदायूँनी रात भर मगजपच्ची करते रहे, लेकिन बात न बनी। बहुत से मुखड़े लिखे गए, लेकिन दिल को कोई भी रास नहीं आ रहा था। आखिर उत्तर प्रदेश के मशहूर लोक-गीत 'प्यार किया क्या चोरी करी' को आधार बनाने का फैसला किया गया। शकील ने बोल लिखे—'जब प्यार किया तो डरना क्या, प्यार किया कोई चोरी नहीं की, छुप-छुप आहें भरना क्या!' बस, फिर क्या था, दोनों उछल पड़े यही गीत तो चाहिए था! नौशाद ने इसे शुद्ध दरबारी कान्हड़ा राग में रखने का फैसला किया, लेकिन फिर इस दरबारी नृत्य-गीत के विविध आयामों को देखते हुए इसमें 'काफी', 'शहाना', 'मेघ', 'सारंग', 'पीलू' और 'बहार' राग भी बीच-बीच में जोड़ दिए। इस तरह यह विविध रागों की एक बेहद खूबसूरत और प्रभावशाली लड़ी बन गई। यह गाना शास्त्रीय आलापों के साथ शुरू होता था, इसलिए इसकी रिकॉर्डिंग के लिए उस समय के जाने-माने शास्त्रीय गायकों—उस्ताद नियाज अहमद खाँ, हफीज खाँ, फैयाज अहमद खाँ के साथ-साथ उस्ताद अब्दुल हलीम जाफर खाँ (सितार), पं. रामदास (पुखराज) और पं. रामनारायण (सारंगी) को खासतौर से आमंत्रित किया गया। लेकिन मामला यहीं खत्म नहीं हो गया। यह गाना टेक्नीकलर में शूट किया गया था, इसलिए जब शीशमहल के दृश्य वाला रंगीन प्रिंट विदेश से तैयार होकर आया तो के. आसिफ को लगा कि गाने में कुछ कमी थी और शीशमहल की भव्यता पूरी तरह नहीं उभर पा रही थी। क्या किया जाए? नौशाद ने इस चुनौती को स्वीकारा और लता को बुलाकर गाने का वह हिस्सा फिर से रिकॉर्ड किया, जिसमें 'चारों तरफ है उनका नजारा' वाली पंक्ति के दौरान मधुबाला का अक्स शीशमहल के हर शीशे में दिखाई देता है। नौशाद ने लता की आवाज को चार अलग-अलग ट्रैकों में रिकॉर्ड किया और इन्हें मूल ट्रैक में इस तरह जोड़ दिया कि आवाज हर तरफ से गूँजती हुई प्रतीत होती थी। इसके बाद इस दृश्य में सचमुच जान आ गई। दर्शक यह रंगीन गाना और खासतौर से 'चारों तरफ है उनका नजारा' वाली पंक्ति का अद्‌भुत प्रभाव देखने के लिए ही बार-बार सिनेमा थिएटरों में जाते रहे। बहुत

दिलीप कुमार और सायरा बानू की जोड़ी के साथ नौशाद

'गंगा-जमुना' : पोस्टर और दृश्य

से दर्शक और श्रोता यही समझते रहे कि यह गाना लता ने कोरस के साथ मिलकर गाया था, जबकि सचाई यह थी कि नौशाद ने अकेले लता से गवाकर ही कोरस का प्रभाव पैदा कर दिया था।

इस फिल्म में नौशाद के चहेते मुहम्मद रफी का सिर्फ एक गाना था—'जिंदाबाद, जिंदाबाद, ऐ मुहब्बत जिंदाबाद'। यह गाना भी शहजादे सलीम यानी दिलीप कुमार की बजाय विद्रोही सेनापति (अजीत) ने गाया था। जब शहजादे ने फिल्म में एक भी गाना नहीं गाया तो नौशाद आखिर क्या करते? सारे गाने अनारकली (मधुबाला) ने गाए थे और क्या खूब गाए थे। पूरी फिल्म लता के एक से एक शाहकार गानों की हिट-परेड से कम नहीं थी। जैसाकि स्वाभाविक था, शानदार निर्माण, शानदार निर्देशन, शानदार अभिनय और शानदार संगीत से सजी इस फिल्म ने बॉक्स ऑफिस पर पिछले सभी रिकॉर्ड तोड़ दिए। शापुरजी-पल्लोनजी ने जिस दरियादिली से खर्च किया था, उसी अनुपात में कमाया भी।

जैसाकि सभी बड़ी फिल्मों के साथ होता है, इस फिल्म में भी रिकॉर्ड किए हुए कुछ गीत और म्यूजिक-ट्रैक इस्तेमाल नहीं किए जा सके। इनमें मुबारक बेगम के दो गीत 'हुस्न की बारात चली' और 'मुझ पर ही चले क्यों तीर-ए-नजर' भी शामिल थे, जो समय के साथ जाने कहाँ खो गए।

1960 में 'मुगल-ए-आजम' की रिलीज के लगभग 40 वर्ष बाद शापुरजी-पल्लोनजी और के. आसिफ के बेटे अकबर आसिफ ने मिलकर इस महान फिल्म को डिजिटली री-मास्टर करने और इसे पूरी तरह रंगीन बनाने का बीड़ा उठाया। नौशाद ने बड़ी मेहनत और लगन से फिल्म के सभी गानों और बैकग्राउंड संगीत को डिजिटल फारमेट में बदला, वह भी एक भी सुर में जरा भी फर्क होने दिए बगैर। इसके बाद इस फिल्म को भव्य पैमाने पर और पूरे देश में फिर से रिलीज किया गया। और कमाल देखिए, लगभग आधी सदी बाद भी इस फिल्म ने बॉक्स ऑफिस पर फिर से तूफान मचा दिया। यह के. आसिफ, दिलीप कुमार और मधुबाला का चमत्कार था! और नौशाद का भी!

जैसाकि हम कह चुके हैं, नौशाद का संगीत फिल्म के कथानक का एक अभिन्न अंग बन जाता था। उनका संगीत कहानी को आगे बढ़ाने, उसके नाटकीय प्रभाव को उभारने और चरित्रों को गहराई देने का काम करता था। कई बार फिल्म का प्रभाव बढ़ाने के लिए नौशाद अपनी तरफ से भी कुछ सुझाव देते रहते थे। परिणामस्वरूप कई फिल्मों में उनके सुझाव के अनुसार कुछ संवाद, नृत्य या दृश्य जोड़ दिए जाते थे। इसी तरह के कुछ उदाहरण हैं :

(1) 'मेला' में 'धरती को आकाश पुकारे' वाला टाइटल गीत।
(2) इसी फिल्म में नटराज नृत्य का दृश्य।
(3) 'अन्दाज' में घुड़सवारी के दृश्यों में बैकग्राउंड संगीत।
(4) इसी फिल्म में 'मन की बीन छीन ली काहे' वाली पंक्तियाँ।
(5) 'अनोखी अदा' का नृत्य-दृश्य।
(6) 'दुलारी' में आदिम नृत्य की झलकियाँ।
(7) 'बाबुल' में 'आओ सजन खड़े हैं द्वार' वाली पंक्तियाँ।
(8) 'दास्तान' का 'डुम्बक-डुम्बा' नृत्य-ट्रैक (जिसे रेडियो सिलोन ने अपने लोकप्रिय 'अनोखे बोल' कार्यक्रम की संकेत-धुन बना लिया)।
(9) 'आन' में 'सितमगर दिल में तेरे आग उलफत की' वाली पंक्तियाँ।
(10) इसी फिल्म का स्वप्न दृश्यवाला गीत।
(11) इसी फिल्म की 'चुपचाप सो रहे हैं' वाली पंक्तियाँ।
(12) 'मदर इंडिया' के टाइटल-ट्रैक के बोल।
(13) 'सोहनी महिवाल' में प्रेमियों की पुकार वाला गीत और दृश्य।
(14) 'सन ऑफ इंडिया' में 'तेरी-मेरी प्रीत पुरानी' वाली पंक्तियाँ।
(15) 'लव एंड गॉड' में प्रेमी-युगल की पुकार—'या हबीबी'।
(16) 'लीडर' में जश्नवाला नृत्य-दृश्य।
(17) 'दिल दिया दर्द लिया' के बैकग्राउंड संगीत में कुछ जगह कोरस का प्रयोग।
(18) 'साथी' में (महेन्द्र कपूर की आवाज में) बैकग्राउंड में गूँजती पंक्तियाँ।

इस सूची से जाहिर है कि नौशाद अपनी हर फिल्म के समय कितना जुड़ाव महसूस करते थे और उसका संगीतात्मक प्रभाव बढ़ाने के लिए हमेशा कितने उत्सुक रहते थे। यही कारण है कि उनकी हर फिल्म में और उनके हर गीत में उनका

व्यक्तित्व झलकता हुआ दिखाई देता है—ठोस, गहरा और शाश्वत।

अभिनय-सम्राट दिलीप कुमार ने अपना खुद का बैनर 'सिटिजन फिल्म्स' स्थापित करके 'गंगा जमना' (1961) बनाने का फैसला किया तो भला अपने चहेते नौशाद के अलावा वे किस संगीतकार को लेते? ये दोनों मिलकर अब तक नौ यादगार फिल्मों में साथ-साथ काम कर चुके थे। 'गंगा जमना' उनकी दसवीं फिल्म थी, इसलिए इसका संगीत सचमुच ही बहुत जोरदार और धमाकेदार होना चाहिए था। इस टेक्नीकलर और महत्त्वाकांक्षी फिल्म में दिलीप कुमार के साथ वैजयन्तीमाला मुख्य भूमिका में थीं (जिन्होंने बाद में उनके साथ 'लीडर' और 'संघर्ष' में भी काम किया)। इस फिल्म की कहानी खुद दिलीप कुमार ने लिखी थी। फिल्म की पृष्ठभूमि उत्तर प्रदेश का गंगा-घाट का क्षेत्र थी, इसलिए नौशाद ने उन्हें सुझाव दिया कि फिल्म के संवाद पूरबी बोली में हों तो कहानी में जान आ जाएगी। दिलीप कुमार को यह सुझाव पसन्द आया और उन्होंने इसी बोली में फिल्म के संवाद लिखने का काम जाने-माने संवाद-लेखक वजाहत मिर्जा को सौंप दिया। वजाहत मिर्जा ने बड़े जोरदार संवाद लिखे और दिलीप कुमार ने पर्दे पर इन्हें इतने फर्राटे से और धुआँधार तरीके से बोला कि दर्शक वाह-वाह कर उठे। अब सवाल यह था कि जिस फिल्म के संवाद पूरबी बोली में हों, उसका संगीत कैसा हो? नौशाद ने इसका ऐसा जवाब दिया कि फिल्म के संवादों की तरह उनके गीतों को भी फिल्म से अलग करना मुश्किल हो गया। रफी का सदाबहार 'नैन लड़ जहिएँ तो मनवा मा कसक होइबे' तो गजब का था ही, लता के चारों सोलो 'ढूँढो-ढूँढो रे साजना, ढूँढो रे बालमा, मोरे कान का बाला' (नट भैरव), 'दो हंसों का जोड़ा बिछड़ गयो रे' (भैरवी), 'न मानूँ, न मानूँ, दगाबाज तोरी बतियाँ न मानूँ रे' (पीलू) और 'झनन घुंघर बाजे' भी एक से एक बढ़कर थे। रफी-आशा का डुएट 'ओ छलिया रे छलिया' और आशा का मुजरा-गीत 'तोरा मन बड़ा पापी साँवरिया रे' (पहाड़ी) भी अद्‌भुत बन पड़े थे। हेमन्त कुमार की आवाज में 'इनसाफ की डगर पे बच्चो दिखाओ चलके' फिल्म के अन्य गानों से अलग तरह का और बहुत सुन्दर राष्ट्रीय गीत था, जो आज भी बच्चों और राष्ट्रभक्ति के गीतों में हमेशा आगे की पंक्ति में रहता है। इस गोल्डन जुबली हिट फिल्म ने बॉक्स ऑफिस पर तो तहलका मचाया ही, इसे हिन्दी सिनेमा के कीर्ति-स्तम्भों में भी गिना जाता है। इसके संगीत ने भी उतनी ही धूम मचाई थी। बाद में भी जब कभी यह फिल्म दोबारा रिलीज की जाती थी तो सिनेमाघरों से उतरने का नाम नहीं लेती थी।

कभी-कभी बड़े-बड़े सिकन्दरों और धुरंधरों को भी धूल चाटनी पड़ जाती है। 'मदर इंडिया' के बाद महबूब के साथ भी ऐसा ही हुआ। 'मदर इंडिया' जितनी हिट रही थी, 'सन ऑफ इंडिया' (1962) उतनी ही फ्लॉप साबित हुई—हालाँकि यह भी बहुत भव्य स्तर पर और सिनेमास्कोप में बनाई गई थी। इसका प्रचार भी इस तरह से किया गया था मानो यह 'मदर इंडिया' को भी पीछे छोड़ देगी। नौशाद शुरू से ही इसके विषय से खुश नहीं थे। उन्होंने महबूब को इस प्रोजेक्ट के खिलाफ नसीहत भी दी थी, लेकिन महबूब अपनी जिद पर अड़े रहे। फिल्म को स्टार-कास्ट भी बड़ी नहीं थी। कुमकुम के साथ दो नए अभिनेता कमलजीत और सिम्मी थे, जबकि फिल्म की कहानी एक बच्चे (मास्टर साजिद) के आसपास घूमती थी। फिल्म की कहानी बिखरी-बिखरी सी थी और स्क्रीन-प्ले भी उतना ही कमजोर था। मास्टर साजिद का गजब का अभिनय भी दर्शकों को लुभा नहीं सका। इस फिल्म में अगर कुछ यादगार था तो सिर्फ नौशाद का संगीत। फिल्म के बेहद लोकप्रिय और लुभावने गीतों में लता का 'चल दिए देके गम' (नायकी कान्हड़ा), लता-रफी का बेहद सुरीला डुएट 'दिल तोड़नेवाले तुझे दिल ढूँढ रहा है' (पहाड़ी), रफी का अद्‌भुत 'जिंदगी आज मेरे नाम से शरमाती है' और लता का आँसुओं की पुकार भरा 'दिया न बुझे' शामिल थे। लेकिन फिल्म का सबसे शानदार गीत था लता का 'आज छेड़ो मुहब्बत की शहनाइयाँ, दिल के टुकड़े हुए और जिगर लुट गया'। नई गायिका शांति माथुर द्वारा गाया गया बाल-गीत 'नन्हा-मुन्ना राही हूँ, देश का सिपाही हूँ' भी इतना लोकप्रिय हुआ था कि वर्षों तक बच्चों का सबसे पसन्दीदा गीत बना रहा था। शांति माथुर की आवाज में एक और गीत भी था—'आज की ताजा खबर'। इस फिल्म में गीता दत्त ने भी नौशाद के साथ अपना पहला और आखिरी गाना गाया था—'मुझे हजूर तुमसे प्यार है'। लता की आवाज में एक और गीत 'डग-डग डम-डम नाचो' भी रिकॉर्ड किया गया था, जिसका इस्तेमाल नहीं हो सका। इस फिल्म के झटके से महबूब उबर नहीं पाए और कोई और फिल्म नहीं बना पाए। कुछ ही वर्षों में वे इस दुनिया को हमेशा के लिए अलविदा कह गए।

अपनी 'करामाती लात' से नौशाद के बिजली-तूफान के डर को दूर कर देने वाले एच.एस. रवैल की भव्य और महत्त्वाकांक्षी फिल्म 'मेरे महबूब' (1963) लखनवी तहजीब और परम्परागत मुस्लिम खानदानों की आन, बान और शान पर आधारित थी। एक बेहद मीठी और लुभावनी प्रेम-कहानी। इस फिल्म में दो प्रेमी जोड़े थे—पुराने जमाने के अशोक कुमार और निम्मी तथा नए जमाने के राजेंद्र कुमार और साधना। फिल्म के बेहद रोमांटिक, नजाकत और भावुकता भरे विषय को देखते हुए नौशाद ने संगीत भी वैसा ही दिया—दिल को गुदगुदाता हुआ, कसमसाता हुआ अमर प्रेम-संगीत। रफी और लता के अलग-अलग वर्जनों वाला 'मेरे महबूब मुझे मेरी मुहब्बत की कसम' (झिंझोटी राग) तो मानो देश

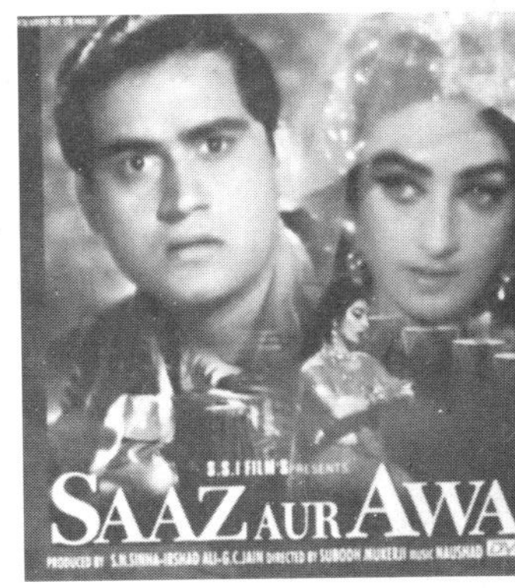

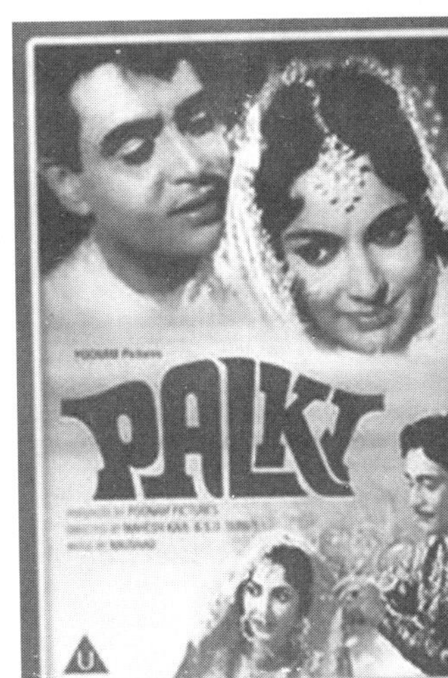

भर के प्रेमियों का जीवन-मंत्र बन गया। यूँ फिल्म का हर गीत ही सुपरहिट था—'तेरे प्यार में दिलदार' (लता, मारू बिहाग), 'ऐ हुस्न जरा जाग' (रफी, यमन कल्याण), 'तुमसे इजहार-ए-हाल कर बैठे' (रफी), 'याद में तेरी जाग-जाग के हम' (रफी-लता, दरबारी), 'मेरे महबूब में क्या नहीं' (लता-आशा) और निम्मी पर फिल्माया गया बेहद मोहक और जोशीला 'अल्लाह बचाए नौजवानों से' (लता और कोरस)। इस सुपरहिट फिल्म ने नौशाद के संगीत को एक बार फिर घर-घर का संगीत बना दिया।

अब रंगीन फिल्मों का जमाना आ चुका था और 'मेरे महबूब' की तरह हर बड़ी फिल्म कलर में ही बनने लगी थी—टेक्नीकलर या ईस्टमेनकलर। दिग्गज निर्माता एस. मुखर्जी की 'लीडर' (1964) टेक्नीकलर में थी, जिसमें दिलीप कुमार एक बार फिर 'गंगा-जमना' की धन्नो यानी वैजयन्तीमाला के साथ थे। यह फिल्म भले ही दिलीप कुमार की जुबली हिट फिल्मों में शामिल न हो, लेकिन इसके संगीत ने सचमुच धूम मचा दी थी। 'मुझे दुनियावालो शराबी न समझो' (रफी) की लोकप्रियता तो देखते ही बनती थी। विषय की माँग को देखते हुए नौशाद इस बार पश्चिमी ऑर्केस्ट्रेशन का प्रयोग करने से भी नहीं झिझके थे। 'तेरे हुस्न की क्या तारीफ करूँ' (रफी-लता), 'हमीं से मुहब्बत हमीं से लड़ाई' (रफी), 'आजकल शौक-ए-दीदार है' (रफी-आशा), 'इक शहंशाह ने बनवाके हँसी ताजमहल' (रफी-लता) और 'दैया रे दैया लाज मोहे लागे' (आशा) फिल्म के एक से एक लोकप्रिय गीतों में शामिल थे। इस फिल्म में नौशाद ने 'वन्दे मातरम' को भी अपने अन्दाज में प्रस्तुत किया था, जिसे उन्होंने कोरस से बड़ी खूबसूरती से गवाया था। इस फिल्म में अपने अभिनय के लिए दिलीप कुमार ने अपना छठा फिल्मफेयर अवार्ड भी जीता था।

यह वह दौर था जब नौशाद एक खास फिल्म के लिए अपने ख्वाबों का संगीत रचने में जुटे हुए थे (जिसे हम उनके महानतम सृजन में गिनते हैं)। 1963-64 के दिन थे और के. आसिफ 'मुगल-ए-आजम' के बाद उससे भी बड़ी फिल्म का सपना देख रहे थे। भला मुगल सम्राट अकबर और शहजादे सलीम के टकराव से बड़ा विषय क्या हो सकता है? 'मुहब्बत' और 'खुदा'! जी हाँ, के. आसिफ इसी नाम से 'मुहब्बत और खुदा' यानी 'लव एंड गॉड' के रूप में एक भव्य और महत्त्वाकांक्षी फिल्म बना रहे थे, और नौशाद इसी फिल्म के लिए अपने ख्वाबों का संगीत संजोने में जुटे हुए थे। लेकिन 'लैला मजनूँ' की अमर प्रेमकथा पर आधारित इस फिल्म को न जाने किसकी नजर लग गई। पहले फिल्म के हीरो गुरुदत्त चल बसे, फिर खुद निर्माता-निर्देशक के. आसिफ और आखिर में फिल्म के दूसरे हीरो संजीव कुमार भी। आखिर 1986 में श्रीमती अख्तर आसिफ (दिलीप कुमार की बहन) ने इस अधूरी फिल्म को ही रिलीज कर दिया और दर्शकों को एक महान सिनेकर्मी के. आसिफ, निम्मी और संजीव कुमार जैसे बेहतरीन कलाकारों का लाजवाब काम देखने का अवसर मिला, और नौशाद का उतना ही लाजवाब संगीत सुनने का भी। 'मुहब्बत खुदा है' (रफी, लता, आशा और मन्ना डे की आवाज में कई वर्जनों में और फिल्म में कई जगह इस्तेमाल किया जाने वाला फिल्म का सिग्नेचर-गीत), 'ये नादानों की दुनिया है' (रफी), 'प्यार कहते हैं जिसे' (लता), 'फूलों में तू' (रफी-लता), 'रहेगा जहाँ में तेरा नाम' (रफी-तलत-मन्ना डे) और 'अल्लाह तेरे साथ है' (रफी) सचमुच ऐसे गीत थे जिन्हें ख्वाबों का संगीत कहा जा सकता है। नौशाद ने फिल्म के जन्नत (स्वर्ग) के दृश्यों के लिए कई अद्‌भुत और आलौकिक संगीत-ट्रैक भी तैयार किए थे, जिनका प्रयोग नहीं हो सका। इसी तरह लता, आशा और मुबारक बेगम की आवाज में रिकॉर्ड किया गया 'ये तेरा हुस्न मुकम्मल, ये जवानी' भी फिल्म की रिकॉर्ड-डिस्क/कैसट का हिस्सा नहीं बन सका। बहुत समय बाद नौशाद के चहेते शकील बदायूँनी उनके संगीत का हिस्सा नहीं बन पाए थे। फिल्म के गीत खुमार बाराबंकवी और असद भोपाली ने लिखे थे।

ए. आर. कारदार और नौशाद ने वर्षों बाद फिर साथ-साथ काम किया तो नौशाद की एक और यादगार फिल्म 'दिल दिया दर्द लिया' (1966) सामने आई।

दिलीप कुमार और वहीदा रहमान की मुख्य भूमिकाओं से सजी यह फिल्म बॉक्स ऑफिस पर भले ही कोई खास धमाका न कर पाई हो, लेकिन इसका संगीत खूब पसन्द किया गया। रफी का 'कोई सागर दिल को बहलाता नहीं' (कलावती) फिल्म का सबसे शाहकार गीत था और रफी के श्रेष्ठतम गीतों में गिना जाता है। 'गुजरे हैं आज इश्क में' (दरबारी) और 'दिलरुबा मैंने तेरे प्यार में क्या-क्या न किया' (यमन) भी रफी के लाजवाब गीत थे। लता का 'फिर तेरी कहानी याद आई' (झिंझोटी) और कोरस वाला 'क्या रंग-ए-महफिल है' भी उतने ही खूबसूरत थे। आशा भोंसले का मुजरा 'दिल हारने वाले और भी हैं' भी कम नहीं था। लेकिन फिल्म का सबसे लुभावना गीत था रफी और आशा का सदाबहार युगल-गीत 'सावन आए या न आए' (सारंग)। वर्षों से नौशाद के स्थाई गीतकार रहे शकील बदायूँनी 'सन ऑफ इंडिया', 'मेरे महबूब' और 'लीडर' की तरह एक बार फिर उनके साथ थे।

एस. मुखर्जी द्वारा निर्मित और सुबोध मुखर्जी द्वारा निर्देशित 'साज और आवाज' (1966) अपने नाम के अनुरूप एक संगीत-प्रधान फिल्म थी। लेकिन एस. मुखर्जी के बेटे जॉय मुखर्जी और सायरा बानू की मुख्य भूमिकाओं वाली यह

फिल्म कमजोर कहानी और ढीली पटकथा के कारण बॉक्स ऑफिस पर धराशाई हो गई। नौशाद के कई खूबसूरत गीतों में 'साज हो तुम आवाज हूँ मैं' (रफी, राग पटदीप), 'दिल की महफिल सजी है' (रफी), 'प्यार की राह बहार की मंजिल' (रफी-आशा), 'दुल्हन बनके आई' (लता), 'किसने मुझे सदा दी' (रफी-सुमन), 'पायलिया बावरी' (लता) और 'तुम इश्क की महफिल हो' (रफी-सुमन) शामिल थे। इस फिल्म के गीत भी शकील बदायूँनी की बजाय खुमार बाराबंकवी ने लिखे थे। (मैं उन्हें अच्छी तरह से जानता था और बाराबंकी में उनके विवाह में भी गया था। एक अच्छे शायर होने के साथ-साथ वे बहुत अच्छे इनसान भी थे।)

'मेरे महबूब' की धमाकेदार सफलता के बाद नौशाद खुद भी लखनवी तहजीब और नवाबी संस्कृति पर एक फिल्म बनाने की सोच रहे थे। उन्होंने बड़ी खूबसूरत कहानी लिखी और पुराने दोस्त और भागीदार एस.यू. सनी ने इसे बनाने का फैसला कर डाला। नौशाद दिलीप कुमार को लेना चाहते थे, लेकिन बात नहीं बनी तो राजेन्द्र कुमार और वहीदा रहमान के साथ 'पालकी' (1966) बनाने की घोषणा कर दी। फिल्म लगभग 80 प्रतिशत पूरी हो चुकी थी कि एस.यू. सनी का अचानक निधन हो गया। नौशाद ने एक नए फाइनेंसर पूनमभाई शाह का जुगाड़ किया और फिल्म को पूरी करने की जिम्मेदारी निर्देशक महेश कौल को सौंप दी। फिल्म पूरी हो गई, बड़े धूम-धड़ाके के साथ रिलीज भी हुई, लेकिन बॉक्स ऑफिस पर कोई धमाका नहीं कर सकी। एक बार फिर नौशाद का संगीत फिल्म का एकमात्र उज्ज्वल पक्ष साबित हुआ। शास्त्रीय रागों की बन्दिशों से ओत-प्रोत उनका संगीत उनके प्रशंसकों को खूब भाया। 'दिल-ए-बेताब को सीने से लगाना होगा' (रफी-सुमन राग यमन कल्याण), 'कल रात जिंदगी से मुलाकात हो गई' (रफी, राग केदार), 'चेहरे से अपने आज तो' (रफी, राग पीलू), 'दिल की कश्ती भँवर में आई है' (लता, राग नारायणी), 'मेरे घर से प्यार की पालकी चली गई' (मन्ना डे-रफी-लता, राग भैरवी), 'जाने वाले तेरा खुदा हाफिज' (लता, राग मिश्र काफी) और मशहूर कव्वाली 'मैं इधर जाऊँ या उधर जाऊँ' (मिश्र तिलंग) सभी एक से एक बढ़कर थे। फिल्म में एक टाइटल-ट्रैक गीत भी था जो नौशाद ने अपनी जन्म-स्थली लखनऊ को अपना सलाम पेश करते हुए शकील बदायूँनी से खासतौर से लिखवाया था—'ऐ शहर-ए-लखनऊ तुझे मेरा सलाम है' (रफी, राग देसी शहाना)। एक उल्लेखनीय तथ्य यह भी है कि 'कल रात जिंदगी से मुलाकात हो गई' पहले तलत महमूद की आवाज में रिकॉर्ड किया गया था। बाद में रफी का वर्जन भी रिकॉर्ड किया और राजेन्द्र कुमार ने इसी वर्जन को पसन्द किया। नौशाद ने तलत को ठेस पहुँचाने के लिए अफसोस भी प्रकट किया था, खासतौर से जब वे गर्दिश के दौर का सामना कर रहे थे। फिल्म के लिए दो अन्य गीत 'बीते दिनों की याद सताती है आज भी' (रफी) और 'बीमार-ए-मुहब्बत और भी हैं' (मुबारक बेगम) भी रिकॉर्ड किए गए थे, जिनका इस्तेमाल नहीं किया जा सका।

बॉक्स ऑफिस असफलताओं ('दिल दिया दर्द लिया', 'साज और आवाज', 'पालकी') के इस दौर में दिलीप कुमार की दोहरी भूमिका वाली 'राम और श्याम' (1967) ने एक बार फिर अभिनय-सम्राट और उनके स्थाई संगीतकार नौशाद की धूम मचा दी। मद्रास की इस फिल्म के निर्माता बी. नागी रेड्डी थे और इसमें दिलीप कुमार के साथ वहीदा रहमान और मुमताज मुख्य भूमिकाओं में थीं। इस गोल्डन जुबली फिल्म में दिलीप कुमार के डबल रोल को इतना ज्यादा पसन्द किया गया कि बाद में इसी कहानी पर 'सीता और गीता' (हेमा मालिनी) और 'चालबाज' (श्रीदेवी) फिल्में बनीं और दोनों ही हिट रहीं। 'राम और श्याम' का संगीत फिल्म के विषय के अनुरूप धमाकेदार संगीत था। 'आई हैं बहारें मिटे जुल्मो-सितम' (रफी), 'मैं हूँ साकी तू है शराबी-शराबी' (लता-रफी), 'आज की रात मेरे दिल की सलामी ले ले' (रफी) और 'बालम तेरे प्यार की ठंडी आग में जलते-जलते' (आशा-रफी) जैसे सभी गीत खूब लोकप्रिय हुए थे। (मैं आज भी इस फिल्म की डीवीडी को देश-विदेश में धड़ल्ले से बिकते देखता हूँ, जैसाकि मैंने अपनी ईरान यात्रा के दौरान तेहरान और इस्फहन में देखा था।) इस फिल्म में अपने कमाल के दोहरे रोल के लिए दिलीप कुमार ने अपना सातवाँ फिल्मफेयर पुरस्कार जीता था।

'राम और श्याम' के धूम-धड़ाके के बाद दिलीप कुमार की 'आदमी' (1968) बहुत ज्यादा गंभीर फिल्म थी, जिसमें उनका चरित्र बारीक मनोवैज्ञानिक गहराइयाँ लिए हुए था। अभिनय की दृष्टि से यह दिलीप कुमार की एक उत्कृष्ट फिल्म थी। फिल्म के संगीत में भी वैसा ही ठहराव, वैसी ही गहराई और शांति थी—एक मधुर शाश्वतता। 'आज पुरानी राहों से कोई मुझे आवाज न दे' (रफी), 'कल के सपने आज भी आना' (लता), 'न आदमी का कोई भरोसा' (रफी), 'कारी बदरिया मारे लहरिया' (लता) और 'मैं टूटी हुई इक नैया हूँ' (रफी)—सभी एक अनूठी गहराई, मधुरता, शाश्वतता लिए हुए थे। इस फिल्म के संगीत को 'संघर्ष' और 'साथी' के साथ नौशाद के आखिरी और बहुत ऊँचे दर्जे के संगीत-सृजन के रूप में देखा जा सकता है, जिसमें वे नए दौर के संगीतकारों को कड़ी टक्कर देते हुए प्रतीत होते थे। फिल्म में रफी का एक युगल-गीत 'कैसी हसीन आज बहारों की रात है' भी था, जिसमें पर्दे पर फिल्म के साउंड-ट्रैक में उनका साथ महेन्द्र कपूर ने जबकि रिकॉर्ड-डिस्क में तलत महमूद ने दिया था। जाहिर था कि फिल्म के दूसरे अभिनेता मनोज कुमार के

जोर देने पर तलत की आवाज को महेन्द्र कपूर से डब करवा लिया गया था। मद्रास के पी.एस. वीरप्पा द्वारा निर्मित इस फिल्म की नायिका वहीदा रहमान थीं।

'मेरे महबूब' वाले एच.एस. रवेल की 'संघर्ष' (1968) कथा, अभिनय और संगीत की दृष्टि से एक अनोखी और उत्कृष्ट फिल्म थी। दिलीप कुमार, वैजयन्तीमाला, बलराज साहनी, संजीव कुमार और जयन्त जैसे एक से एक महारथी अभिनेताओं की मुख्य भूमिकाओं से सजी इस फिल्म का संगीत भी इतना ही गजब का था। नौशाद और शकील बदायूँनी का वर्षों पुराना साथ मानो अपने चरम पायदान पर पहुँच गया था। (इस फिल्म के निर्माण के दौरान ही शकील बदायूँनी सख्त बीमार पड़ गए और जल्दी ही उनका निधन हो गया।) फिल्म के उत्कृष्ट और यादगार गीतों में 'छेड़ो न दिल की बात सनम तुम नशे में हो' (लता), 'जब दिल से दिल टकराता है' (रफी), 'मेरे पास आओ नजर तो मिलाओ' (लता), 'इश्क दीवाना हुस्न भी घायल' (रफी), 'अगर ये हुस्न मेरा' (लता) और 'तसवीर-ए-मुहब्बत थी जिसमें हमने वो शीशा तोड़ दिया' (आशा भोंसले) शामिल थे। रफी का धूम-धड़ाके भरा 'मेरे पैरों में घुँघरू बँधा दे' जितना सुनने में दमदार था, उतना ही पर्दे पर भी दिलीप कुमार के गजब के नृत्य के लिए यादगार बन गया था।

वीनस पिक्चर्स की 'साथी' (1968) ऐसी आखिरी फिल्म थी जिसमें नौशाद ने अपनी छवि के अनुरूप उच्च कोटि का कलात्मक और उत्कृष्ट संगीत दिया था—और उतना ही लोकप्रिय भी। या यूँ कहें कि यह उनके मन की आखिरी फिल्म थी। इसके बाद उन्हें मन की फिल्में नहीं मिलीं, इसलिए वे मनचाहा संगीत भी नहीं दे सके। इसके बाद उन्होंने जो कुछ भी दिया, बेमन से दिया। श्रीधर ('दिल एक मन्दिर' वाले) द्वारा निर्देशित 'साथी' में राजेन्द्र कुमार और वैजयन्तीमाला मुख्य भूमिकाओं में थे। शकील बदायूँनी बीमार चल रहे थे, इसलिए 'शाहजहाँ' और 'अन्दाज' के लगभग बीस वर्ष बाद नौशाद और मजरूह सुल्तानपुरी फिर एक साथ आए और दोनों ने मिलकर एक बार फिर ऊँचे दर्जे का और लोकप्रिय संगीत दिया। इस फिल्म के संगीत में नौशाद ने पश्चिमी ऑर्केस्ट्रेशन का बड़ा सुन्दर और मधुर प्रयोग किया था। फिल्म के सभी गीतों में मुकेश और लता छाए हुए थे। 'मेरा प्यार भी तू है, ये बहार भी तू है' (मुकेश-लता), 'मेरे जीवनसाथी चली थी मैं तो प्यासी' (लता), 'हुस्न-ए-जाना इधर आ, आईना हूँ मैं तेरा' (मुकेश), 'ये कौन आया रौशन हो गई महफिल जिसके नाम से' (लता) और 'जो चला गया उसे भूल जा' (मुकेश) इत्यादि सभी गीत बड़े खूबसूरत थे और खूब लोकप्रिय हुए थे। एक गीत 'तुम न चाहो तो प्रभु दिन हो न रात' मनहर की आवाज में भी रिकॉर्ड किया गया था, जिसका इस्तेमाल नहीं हो सका।

नौशाद के कैरियर का चौथा दशक, 1970 का दशक, उनके कैरियर और संगीत-सृजन की संध्या और ढलान का दशक था। मनचाही फिल्में न मिलने के कारण वे अपना जादुई स्पर्श खोने लगे थे। आने वाले वर्षों में उन्होंने दर्जन भर फिल्मों में संगीत तो दिया, लेकिन इनका संगीत उनकी छवि और ऊँचे स्तर के अनुकूल नहीं था। फिर भी बीच-बीच में उन्होंने कुछ लुभावने गीत दिए। 'हमसे तो अच्छी तेरी पायल गोरी' ('गँवार'), 'जाने क्या हो जाए' ('आईना'), 'मुझको इक महबूब तुमसे' ('माय फ्रेंड'), 'तुमको अगर प्यार दिया' ('सुनहरा संसार'), 'ये बेकसी के अँधेरे' ('चम्बल की रानी'), 'घुँघरू टूट गए' ('धर्मकाँटा') और 'क्या कहें आज क्या हो गया' ('तेरी पायल मेरे गीत') जैसे गीत काफी लोकप्रिय हुए। भोजपुरी फिल्म 'पान खाए सैयाँ हमार' में उन्होंने सबसे ज्यादा निराश किया। बाद में उन्होंने 'टीपू सुल्तान' और 'अकबर द ग्रेट' जैसे टेली-सीरियलों में भी संगीत दिया। एक दिलचस्प तथ्य यह है कि 'सुनहरा संसार' (राजेन्द्र कुमार, माला सिन्हा, हेमा मालिनी) में किशोर कुमार ने उनके साथ अपना पहला और आखिरी गाना 'हेलो-हलो क्या हाल है' रिकॉर्ड कराया, जो आशा भोंसले के साथ एक डुएट था। नौशाद की आखिरी फिल्म अकबर खान की 'ताजमहल-एन एटरनल लव स्टोरी' (2005) थी, जिसमें उन्होंने जाने-माने शायर नक्श लायलपुरी के साथ मिलकर कुछ मधुर गीत रचने की कोशिश की थी, जैसेकि 'मुमताज तुझे देखा जब ताजमहल देखा'।

1960 और 1970 के दशकों में नौशाद के संगीत के साथ कुछ ऐसी भव्य और महत्त्वाकांक्षी फिल्में भी शुरू हुई थीं जो पूरी नहीं हो सकीं। सोहराब मोदी की 'पुकार', किशोर शर्मा की 'चाणक्य और चन्द्रगुप्त' और संजय खान की 'हब्बा खातून' ऐसी ही कुछ फिल्में थीं। इन फिल्मों में नौशाद के कुछ लुभावने गीत थे जो फिल्म बन्द होने के बाद अनसुने ही रह गए। 'पुकार' में 'तोरी नजरों से धोबनिया लागे मन' (मुकेश) और 'तोरे कुरते से तोरा बदन झलके', 'चाणक्य और चन्द्रगुप्त' में 'दिल किसका प्यार निभाए और कैसे निभाए' (लता), 'हब्बा खातून' में 'जिस रात के ख्वाब आए' (रफी) तथा एक और बन्द फिल्म 'फिर बाजे शहनाई' में 'न मैं तेरा नाम लूँ' (लता-महेन्द्र कपूर) ऐसे ही गीत थे। इन अनसुने रह गए गीतों को जाँ निसार अख्तर ('पुकार'), 'इन्दीवर' ('चाणक्य और चन्द्रगुप्त'), अली सरदार जाफरी ('हब्बा खातून') और आनन्द बख्शी ('फिर बाजे शहनाई') ने लिखा था।

नौशाद की संगीत टीम अपने-आपमें बड़ी विशिष्ट टीम थी। उनके कई सहयोगी—गुलाम मुहम्मद, मुहम्मद शफी, मुहम्मद इब्राहिम और उत्तम सिंह—बाद में खुद भी स्वतंत्र संगीत-निर्देशकों के रूप में उभरे। गुलाम मुहम्मद के ढोलक

और इब्राहिम की शहनाई का कोई जवाब नहीं था। गुलाम मुहम्मद के असामयिक निधन के बाद जब कमाल अमरोही की महत्त्वाकांक्षी फिल्म 'पाकीजा' (1971) अधूरी रह गई तो अपने चहेते सहयोगी के अधूरे संगीत को पूरा करने का दायित्व नौशाद ने ही निभाया। उन्होंने न सिर्फ फिल्म का बैकग्राउंड संगीत दिया, बल्कि टाइटल-संगीत तराना (लता) समेत कुछ विशिष्ट गीतों के छोटे-छोटे टुकड़े भी तैयार किए—'कौन गली गयो श्याम' (परवीन सुल्ताना), 'मोरा सजन सौतन घर जाए' (वाणी जयराम) और 1940 के दशक की मशहूर और उनकी चहेती गायिका राजकुमारी की आवाज में 'नजरिया की मारी', 'मोरी बाली उमरिया में दाग लग गयो' और 'अबकी न जाओ विदेश'।

मई 2006 में नौशाद इस दुनिया से विदा हो गए। जैसाकि उन्होंने अपने एक कलाम में कहा था—''मौसिकी की सबसे शानदार महफिल तो मैं अपने खुदा के दरबार में सजाऊँगा। इस जमीं पर इनसान का दिल बहुत बहलाया, खुश किया, कभी-कभी बेइन्तिहा रुलाया भी। अब मेरे खुदा की बारी है।''

पद्मभूषण नौशाद ने अपनी जिंदगी में बहुत से पुरस्कार और सम्मान जीते, लेकिन उनका सबसे बड़ा ईनाम उनके प्रशंसकों का प्यार था—जो आज भी उन्हें याद करते हैं और हमेशा करते रहेंगे :

हैं दिन बदमज़ा.की के नौशाद लेकिन
अभी तेरे .फ़न के दीवाने बहुत हैं
नए गीत उभरेंगे फिर से उन्हीं से
जो पुरसोज़ नग़मे पुराने बहुत हैं।

सी. रामचन्द्र (1910-1982)

रसीली धुनों का जादूगर

सन् 1955 की बात है। हिन्दी फिल्म संगीत का सुनहरी दौर अपने चरम पर था। दक्षिण भारत के एक फिल्म निर्माता, जिनका कोयम्बटूर में खुद का फिल्म स्टूडियो था, को एक बड़े बजट की हिन्दी फिल्म बनाने की सूझी, वह भी दिलीप कुमार और मीना कुमारी जैसे चोटी के नायक-नायिका के साथ और सिर्फ डेढ़ महीने के अन्दर। यह एक असम्भव-सा काम था। वे फिल्म का संगीत भी चोटी के स्तर का चाहते थे और वह भी सिर्फ एक हफ्ते के अन्दर। वे उस दौर के सबसे बड़े संगीतकार नौशाद के पास गए, जो तब एक लाख रुपए लेते थे। नौशाद को उनकी फिल्म करने में कोई एतराज नहीं था, लेकिन उन्हें फिल्म के सभी गाने एक हफ्ते में तैयार और रिकॉर्ड करने की शर्त मंजूर नहीं थी। उन्होंने कहा कि वे कोई किराना की दुकान नहीं चलाते, जहाँ से पैसे देकर झट से संगीत खरीदा जा सकता हो। उन्हें कम से कम एक महीना चाहिए था। निर्माता जल्दी में थे, इसलिए वे एक दूसरे संगीतकार के पास गए जो काफी कम पैसे लेते थे। ये दूसरे संगीतकार उन्हें एक हफ्ते में सारे गाने देने के लिए तैयार तो हो गए लेकिन इस शर्त पर कि उन्हें नौशाद साहब की फीस यानी एक लाख रुपए से एक रुपया ज्यादा दिया जाए। निर्माता मान गए और संगीतकार ने अपने वायदे के अनुसार उन्हें चार-पाँच दिनों में ही सभी नौ गाने रिकॉर्ड करके दे दिए। इस फिल्म का नाम 'आजाद' (1955) था और निर्माता थे एस.एम.एस. नायडू (जिनका कोयम्बटूर में पक्षीराज स्टूडियो था)। सिर्फ डेढ़ महीने में बनी यह फिल्म तो गोल्डन जुबली हिट हुई ही, इसके संगीत ने भी धूम मचा दी। सिर्फ चार-पाँच दिनों में नौ सुपरहिट गाने तैयार और रिकॉर्ड करने वाले इस संगीतकार का नाम था सी. रामचन्द्र। अगर कोई संगीत-निर्देशक चुटकियों में धुनें बनाने की कला जानता था तो वे यही सी. रामचन्द्र थे।

रामचन्द्र नरहर चितलकर 12 जून, 1910 को महाराष्ट्र के अहमदनगर जिले के पन्ताम्बे गाँव में पैदा हुए थे, जो बाद में 'सी. रामचन्द्र' के नाम से एक संगीत-निर्देशक और 'चितलकर' के नाम से एक गायक के रूप में मशहूर हुए। उनके पिता नरहर चितलकर एक स्टेशन मास्टर थे। नागपुर स्टेशन पर उनकी पोस्टिंग के दौरान सी. रामचन्द्र को पंडित विनायक पटवर्द्धन के गंधर्व महाविद्यालय में संगीत सीखने का अवसर मिला। युवावस्था में कदम रखते ही उन्हें सिनेमा के जादू ने अपनी तरफ खींच लिया और वे मराठी फिल्मों के गढ़ माने जाने वाले कोल्हापुर में जा पहुँचे। वे लम्बे-ऊँचे और सजीले व्यक्तित्व के मालिक थे, इसलिए ललित पिक्चर्स में उन्हें 50 रुपए महीने की तनख्वाह पर काम भी मिल गया। कुछ फिल्मों में छोटे-मोटे रोल करने के बाद उन्होंने 'नागानन्द' (1935) नामक फिल्म में मुख्य भूमिका निभाई, लेकिन फिल्म बुरी तरह फ्लॉप हो गई। उन्होंने सोहराब मोदी के मिनर्वा मूवीटोन की दो फिल्मों 'सईद-ए-हवस' और 'आत्म-तरंग' में भी काम किया। एक अभिनेता के रूप में उनमें कोई खास संभावना न देखकर सोहराब मोदी ने उन्हें बर्खास्त करने का फैसला कर लिया तो उन्होंने बड़े आत्मविश्वास से सोहराब मोदी से कहा कि उन्हें बर्खास्त करने की बजाय स्टूडियो के संगीत विभाग में हारमोनियम वादक के रूप में रख लिया जाए। सोहराब मोदी मान गए और वे बुन्दू खान नामक संगीतकार के सहायक के रूप में रख लिए गए। व्यावहारिक तौर पर उन्हें सबसे पहले हबीब खान के साथ काम करने का अवसर मिला। वे मिनर्वा मूवीटोन के स्थाई संगीतकार मीर साहब के सहायक के रूप में भी काम करने लगे। उनके साथ उन्होंने 'मीठा जहर',

‘जेलर’ और ‘पुकार’ जैसी कई फिल्में कीं। कहते हैं कि गायिका शीला द्वारा गाया गया ‘पुकार’ फिल्म का मशहूर गाना ‘तुम बिन मोरी कौन खबर ले’ सी. रामचन्द्र ने ही कम्पोज किया था। इसी तरह फिल्म ‘लाल हवेली’ में नूरजहाँ के मशहूर गाने ‘आओ मेरे प्यारे साँवरिया’ की धुन बनाने का श्रेय भी उन्हीं को दिया जाता है, हालाँकि अधिकृत तौर पर इन दोनों फिल्मों के संगीत-निर्देशक मीर साहब थे।

‘आजाद’ की टीम

अपने जमाने के मशहूर कॉमेडियन और निर्माता-निर्देशक भगवान दादा ने अपनी फिल्म ‘बहादुर किसान’ शुरू की तो उन्होंने इसके संगीत की जिम्मेदारी मीर साहब को सौंपी, तभी से भगवान दादा और सी. रामचन्द्र एक-दूसरे के बहुत करीब आ गए और आगे चलकर उन्होंने सुपरहिट ‘अलबेला’ (1950) समेत बहुत-सी फिल्मों में साथ-साथ काम किया। उन्हीं दिनों भगवान ने एक तमिल फिल्म ‘जयकोडी’ (1939) का निर्देशन किया तो सी. रामचन्द्र को एक स्वतंत्र संगीतकार के रूप में पहला ब्रेक देते हुए उन्हें इसके संगीत की कमान थमा दी। लेकिन जवान और सुन्दर-सजीले सी. रामचन्द्र अपने मनचले स्वभाव से मार खा बैठे और फिल्म की हीरोइन से ही दिल लगा बैठे। फिल्म के निर्माता भला कैसे बर्दाश्त करते जो खुद भी उस हीरोइन को शीशे में उतारने की कोशिश में थे। उन्होंने सी. रामचन्द्र को फिल्म से ही बाहर निकाल फेंका। बाद में सी. रामचन्द्र ने ‘वन मोहिनी’ और ‘नारद नारदी’ (1941) जैसी कुछ तमिल फिल्मों में जरूर संगीत दिया। एक स्वतंत्र संगीत-निर्देशक के रूप में उनकी पहली हिन्दी फिल्म ‘सुखी जीवन’ थी और उनका संगीतबद्ध किया हुआ पहला गीत था—‘हिन्दुस्तान हमारा है, हमको जान से प्यारा है’। इसके बाद उन्होंने पीछे मुड़कर नहीं देखा और लगभग 110 हिन्दी फिल्मों में संगीत दिया।

सी. रामचन्द्र

अपने समय में सी. रामचन्द्र चोटी के संगीत-निर्देशकों में गिने जाते थे। लेकिन दोस्तों के जोर देने पर वे कभी-कभी बी-ग्रेड फिल्मों में संगीत देने के लिए भी राजी हो जाते थे। ऐसी फिल्मों में वे ‘सी. रामचन्द्र’ की बजाय ‘अन्ना साहेब’, ‘राम चितलकर’, ‘पी. रमाकान्त’ (जो दरअसल उनके एक सहायक का नाम था) और ‘श्यामू’ इत्यादि नामों से संगीत देते थे। एक दिलचस्प तथ्य यह भी है कि उन्होंने ‘आर.एन. चितलकर’ के नाम से बहुत-सी मराठी फिल्मों में अभिनय भी किया और गाने भी गाए। इसी तरह ‘चितलकर’ के नाम से उन्होंने हिन्दी फिल्मों के लिए भी कई गाने गाए। हिन्दी के अलावा उन्होंने बहुत-सी मराठी फिल्मों में भी संगीत दिया और एक भोजपुरी (‘मितवा’) और एक तेलुगू (एन.टी. रामाराव की ‘अकबर सलीम अनारकली’) फिल्म में भी।

व्यक्तिगत तौर पर सी. रामचन्द्र बड़े रूमानी और फैशनपरस्त व्यक्ति थे। अपनी पहली हिन्दी फिल्म ‘सुखी जीवन’ की सफलता के बाद ही वे अपनी मकान मालकिन की बेटी (रतन ठाकुर) से प्रेम कर बैठे और जल्दी ही उन्होंने उससे विवाह भी कर लिया। उनकी पत्नी की उनके जीवन में बहुत महत्त्वपूर्ण भूमिका रही, जो ‘बेन’ (‘बहन’ के लिए गुजराती शब्द) के नाम से जानी जाती थीं। लम्बे-ऊँचे और आकर्षक नयन-नक्शवाले सी. रामचन्द्र का व्यक्तित्व सचमुच बहुत प्रभावशाली था। बाद के वर्षों में वे बड़ी अदा से काले बालों में हल्की-सी सफेद परत रखते थे और सफेद रंग के बड़े चुस्त और शानदार सूट पहनते थे। कभी-कभी गानों की रिकॉर्डिंग के दौरान वे सफेद टी-शर्ट में दिखाई देते थे और उनके गले में बड़ा खूबसूरत रूमाल झूलता रहता था। वे सिगरेट भी खूब पीते थे और विदेशी सिगरेट 555 का पैकेट हमेशा उनके हाथ में रहता था। कुल मिलाकर वे बड़े शाही अन्दाज से और ठाठ-बाट से जीना पसन्द करते थे।

‘सुखी जीवन’ भले ही खास न चली हो लेकिन इसका गाना ‘भारत प्यारा देश हमारा’ खूब लोकप्रिय हुआ था। मोतीलाल और वनमाला की मुख्य भूमिकाओं से सजी उनकी दूसरी फिल्म ‘मुस्कराहट’ (1943) में भी देशभक्ति का एक गाना ‘सोया देश जगा दो’ था जो खूब हिट हुआ था। उस जमाने के एक बड़े निर्माता-निर्देशक जयन्त देसाई उनके काम से बहुत प्रभावित हुए। सी. रामचन्द्र ने उनकी चार फिल्मों ‘जबान’ (1943), ‘भक्तराज’ (1943), ‘ललकार’ (1944) और ‘सम्राट चन्द्रगुप्त’ (1945) में संगीत दिया। जयन्त देसाई इससे पहले महान गायक-अभिनेता के.एल. सहगल के साथ ‘तानसेन’ बना चुके थे। जब उन्होंने सहगल के साथ एक और फिल्म बनाने की घोषणा की और इसका संगीत एक दूसरे संगीतकार लाल मुहम्मद को सौंप दिया तो सी. रामचन्द्र उखड़ गए और अपनी तनख्वाह लगभग दोगुनी (1,000 रुपए) किए जाने की माँग करने लगे। देसाई ने उनकी तनख्वाह 600 रुपए करते हुए उन्हें यह प्रलोभन दिया कि सहगल की अगली फिल्म में उन्हीं का संगीत होगा। सी. रामचन्द्र ने इस प्रस्ताव को ठुकराते हुए कहा, ‘‘सहगल अगर सहगल हैं तो मैं भी सी. रामचन्द्र हूँ!’’ उन्होंने देसाई की कम्पनी ही छोड़ दी और किसी दूसरे बैनर की तलाश करने लगे। यह खुद्दारी उनमें जीवन भर बनी रही।

जल्दी ही फिल्मिस्तान जैसे बड़े बैनर ने उन्हें साइन कर लिया, जिसके साथ लगभग दो दशकों तक उनका जुड़ाव बना रहा। उन्होंने फिल्मिस्तान की ग्यारह फिल्मों में संगीत दिया—‘सफर’, ‘लीला’, ‘सजन’, ‘शहनाई’, ‘साँवरिया’, ‘सरगम’, ‘शबिस्तान’, ‘अनारकली’, ‘नास्तिक’ और ‘पायल की झँकार’। इनमें से कई फिल्मों ने बॉक्स ऑफिस पर खूब धूम मचाई और उनके संगीत ने भी। फिल्मिस्तान के लिए उनकी पहली ही फिल्म ‘सफर’ (1946) सुपरहिट रही। विभूति मित्र द्वारा निर्देशित इस फिल्म में रफी के शुरू-शुरू के हिट गीत थे। इनमें बाँसुरी और तबले के सुन्दर

प्रयोग वाला 'कहके भी न आए तुम अब छुपने लगे तारे' और नए अन्दाज का 'अब तो हमारे हो गए इकरार करें या न करें' शामिल थे। लेकिन फिल्म का सबसे हिट गीत रहा खुद सी. रामचन्द्र ('चितलकर' के नाम से) और बीनापानी मुखर्जी का युगल-गीत 'कभी याद करके गली पार करके चले आना हमारी गलियाँ'। फिल्मिस्तान की अगली फिल्म 'लीला' (1947) में भी अमीरबाई कर्नाटकी के 'मैं जानती हूँ' और 'ओ प्रीतम प्यारे' तथा बीनापानी मुखर्जी की बड़ी मोहक ठुमरी 'मैंने लाखों बोल सहे साँवरिया तेरे लिए' जैसे कई लोकप्रिय गीत थे। इसी फिल्म में चितलकर और बीनापानी का बड़ा लुभावना युगल-गीत भी था—'तुम साथ रहो जीवन भर तो मैं प्रेम करूँ सुख पाऊँ'। यह गीत नौशाद के अमर क्लासिक गीत 'तू कहे अगर जीवन भर मैं गीत सुनाता जाऊँ' (मुकेश, 'अन्दाज', 1949) से बहुत ज्यादा मिलता-जुलता था। 'सफर' के गीत कवि गोपाल सिंह नेपाली ने और 'लीला' के गीत उन्होंने और कमर जलालाबादी ने लिखे थे। शुरू के उस दौर में सी. रामचन्द्र ने देशभक्ति के बहुत से गीत बनाए—'माता की जय हो जननी की जय हो' ('सम्राट चन्द्रगुप्त', 1945), 'जागो भारत की रमणी जागो' ('सावन', 1945), 'बँटे न बँटेगा देश हमारा' ('बच्चों का खेल', 1946), 'सदियों से है गुलाम जन्मभूमि हमारी' ('अहिंसा', 1947) और आजाद हिन्द फौज का मार्च-गीत 'कदम-कदम बढ़ाए जा' ('समाधि', 1950) इत्यादि। देशभक्ति के गीतों की यह लहर यहीं नहीं थमी। कई वर्ष बाद उन्होंने कवि प्रदीप का लिखा वह गीत कम्पोज किया जिसे प्रधानमंत्री नेहरू की उपस्थिति में लता मंगेशकर ने एक विशाल जनसभा में गाया और जिसे आज भी हर वर्ष 15 अगस्त और 26 जनवरी पर बार-बार बजाया जाता है—'ऐ मेरे वतन के लोगो' (गैर फिल्मी, 1962)। इस गीत की चर्चा हम आगे भी करेंगे।

'आजाद' की टीम

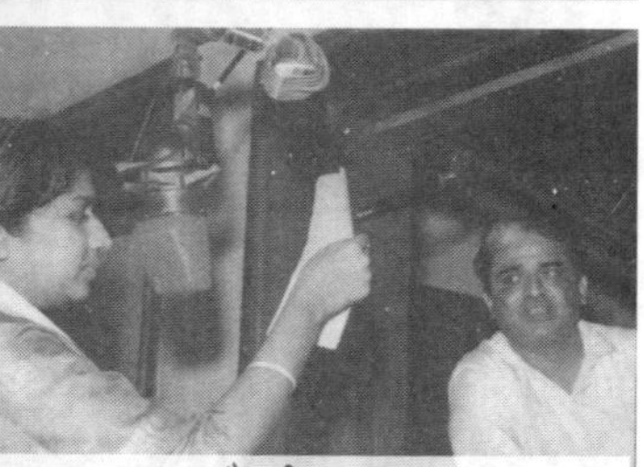

लता और सी. रामचन्द्र

किशोर साहू द्वारा निर्देशित फिल्मिस्तान की 'साजन' (1947) एक ऐसी फिल्म थी जिसके संगीत ने सचमुच धूम मचा दी। अशोक कुमार और रेहाना की मुख्य भूमिकाओं वाली यह फिल्म जेम्स हिल्टन की प्रसिद्ध कृति 'रैंडम हार्वेस्ट' पर आधारित थी। इस फिल्म के गीतों में लोक-संगीत की झलक थी। फिल्म के सबसे लोकप्रिय गीतों में पंजाबी लोक-संगीत की मस्ती भरा 'ठंडी-ठंडी रात में खजूर के तले' (जोहराबाई अम्बालेवाली) और पूरबी शैली का 'चोर आ गए नगरिया हमार, ननदिया जरा जागना' (ललिता देउलकर, जिन्होंने बाद में संगीतकार सुधीर फड़के से विवाह कर लिया) शामिल थे। फिल्म के अन्य हिट गीतों में रफी के दो युगल-गीतों 'मैं हूँ जयपुर की बंजारन' (ललिता के साथ) और 'हम बंजारे संग हमारे' (गीता दत्त के साथ) के अलावा राजस्थानी शैली का उनका सोलो 'ओ बाबू, अजी बाबू, गली में तेरी चाँद चमका देखो' शामिल थे। लेकिन फिल्म का सबसे शाहकार ओर यादगार गीत था रफी और ललिता देउलकर का 'दो पहलू दो रंग' शैली का 'हमको तुम्हारा ही आसरा तुम हमारे हो न हो'। फिल्म के गीत कमर जलालाबादी, मोती बी.ए. और पं. राममूर्ति चतुर्वेदी ने लिखे थे।

सी. रामचन्द्र अपने आसपास की गतिविधियों में बहुत ज्यादा दिलचस्पी लेते थे और किसी भी हलचल को बड़े गौर से देखते थे। एक दिने वे अपने एक सहायक चिक वाज के साथ गोवा-शैली के एक होटल में खाना खा रहे थे। उन्होंने खानसामे को किचन में एक गीत गाते सुना—'माझया एक्तयाची माझया एक्तयाची'। उन्हें इसकी धुन बड़ी मजेदार लगी और उन्होंने इसे अपने दिमाग में नोट कर लिया। बाद में फिल्मिस्तान की 'शहनाई' (1947) का एक गीत बनाते समय उन्हें यह धुन झट से याद आ गई और इस सुपरहिट फिल्म के सबसे हिट गाने का जन्म हो गया—'आना मेरी जान संडे के संडे' (चितलकर-शमशाद बेगम-मीना कपूर)। पी.एल. सन्तोषी द्वारा निर्देशित इस फिल्म में रेहाना और नासिर खान मुख्य भूमिकाओं में थे। उल्लेखनीय बात यह है कि इस गोल्डन जुबली फिल्म के सबसे धमाकेदार गाने का जन्म चुटकियों में ही हो गया था। फिल्म में कई और यादगार गीत भी थे। अमीरबाई कर्नाटकी के मुजरे 'मारी कटारी मर जाना' ने तो देश भर में धूम मचा दी थी। इसमें हारमोनियम, सितार और तबले के इंटरल्यूडों का बड़ा मोहक प्रयोग किया गया था। अमीरबाई का ही 'अजी आओ मुहब्बत की कसम खा लें' भी कम नहीं था। फिल्म के अन्य लोकप्रिय गीतों में चितलकर, गीता दत्त और नई-नई लता मंगेशकर की आवाजों में धमाकेदार 'जवानी की रेल चली जाए' शामिल था। इस गीत की रिकॉर्डिंग के दौरान सी. रामचन्द्र यह भाँपने से नहीं चूके कि आलाप के साथ गीतकी कुछ पंक्तियाँ गाने वाली इस दुबली-पतली कमसिन-सी लड़की की आवाज में कुछ खास बात है। जल्दी ही उन्होंने इस नई लड़की (लता मंगेशकर) के साथ ऐसे-ऐसे सुपरहिट गीत रचे कि उसके बिना उनका संगीत अधूरा प्रतीत होने लगा। जैसाकि निर्देशक पी.एल. सन्तोषी की फिल्मों के साथ हमेशा होता था, फिल्म के गीत उन्होंने खुद लिखे थे।

अब सी. रामचन्द्र अपने कैरियर के सफलतम दौर में प्रवेश कर रहे थे। किशोर साहू निर्देशित 'नदिया के पार' (1948) इन्हीं बुलन्दियों का संकेत थी। दिलीप कुमार और कामिनी कौशल की लोकप्रिय जोड़ी वाली इस फिल्म ने बॉक्स ऑफिस पर तहलका मचा दिया। फिल्म का संगीत भी उतना ही लोकप्रिय हुआ और गली-गली में गूँजने लगा। सी. रामचन्द्र ने एक बार फिर साबित कर दिया कि वे लोक-संगीत पर आधारित सुरीली धुनें बनाने में सबसे आगे थे। लता मंगेशकर ने सही अर्थों में इसी फिल्म में सी. रामचन्द्र के साथ अपना पहला गाना गाया। यह एक युगल-गीत था जो उन्होंने खुद सी. रामचन्द्र (चितलकर) के साथ गाया था—'ओ गोरी ओ गोरी कहाँ चली'। यह खूब लोकप्रिय भी हुआ था। फिल्म के अन्य हिट गीतों में 'दिल लेके भागा दगा देके भागा' (ललिता देउलकर), 'अखियाँ मिलाके' (सुरिन्दर कौर), 'नजरिया में आई हो' (चितलकर-ललिता), 'दो-चार दिन प्यार से' (शमशाद-रफी), 'मार गयो रे' (शमशाद-

चितलकर) और 'मोरे राजा होले चल नदिया के पार' (रफी-ललिता) शामिल थे। यह फिल्म अभिनय-सम्राट दिलीप कुमार के लिए भी बहुत महत्त्वपूर्ण थी, क्योंकि उस वर्ष 'शहीद' और 'शबनम' के बाद यह उनकी लगातार तीसरी सुपरहिट फिल्म थी। फिल्म के गीतकार मोती बी.ए. थे।

सी. रामचन्द्र

'शहनाई' के बाद पी.एल. सन्तोषी और सी. रामचन्द्र की जोड़ी 'खिड़की' (1948) के रूप में एक और धमाका लेकर आई। 'किस्मत हमारे साथ है जलने वाले जला करें' (शमशाद-रफी-लता-चितलकर-मोहनतारा तलपड़े-जी.एस. साजन) ने तो धूम मचा दी। पी.एल. सन्तोषी की दूसरी फिल्मों की तरह इस फिल्म में भी यौन-रस का चटखारों भरा प्रयोग किया गया था। फिल्म के अन्य लोकप्रिय गीतों में 'खुशियाँ मनाएँ क्यों न हम' (शमशाद-मोहनतारा-लता), 'खोई-खोई आँखें हैं' (अमीरबाई), 'अजी मुँह क्यों छिपाना' (चितलकर-ललिता-रफी), 'फिफ्टी-फिफ्टी' (रफी-शमशाद-चितलकर), 'हमें भी कोई याद करता' (शमशाद), 'तेरे बिना सूना-सूना' (लता-गीत-चितलकर) और 'बड़ी-बड़ी बातें लिखवा मन' (शमशाद) शामिल थे।

इस समय तक सी. रामचन्द्र की प्रमुख गायिकाओं में शमशाद बेगम, जोहराबाई अम्बालेवाली, अमीरबाई कर्नाटकी, ललिता देउलकर, बीनापानी मुखर्जी, मोहनतारा तलपदे और गीता राय (दत्त) शामिल थीं। लेकिन देखते-ही-देखते लता मंगेशकर किसी तूफान की तरह उठीं और हर किसी पर छा गईं। वे सी. रामचन्द्र की प्रमुख गायिका बन गईं, जैसाकि उस दौर के दूसरे सभी संगीत-निर्देशकों के साथ भी हुआ। सी. रामचन्द्र के संगीत-निर्देशन में लता ने 63 फिल्मों में कुल 298 गाने गाए (200 अकेले, 76 पुरुष-गायकों के साथ युगल-गीत, 18 महिला-गायिकाओं के साथ युगल-गीत और 4 बहुत से गायकों के साथ)। यह सँख्या सिर्फ लक्ष्मीकान्त-प्यारेलाल (666 गाने), शंकर-जयकिशन (453 गाने) और आर.डी. बर्मन (327 गाने) से कम है। कल्याणजी-आनन्दजी के साथ लता ने 297 गाने गाए। लता और सी. रामचन्द्र की आपस में इतनी ज्यादा बनती थी कि जब लता ने एक मराठी फिल्म 'राम राम पाहुणे' में संगीत दिया तो गीतों की रिकॉर्डिंग हमेशा सी. रामचन्द्र की देखरेख में ही की जाती थी।

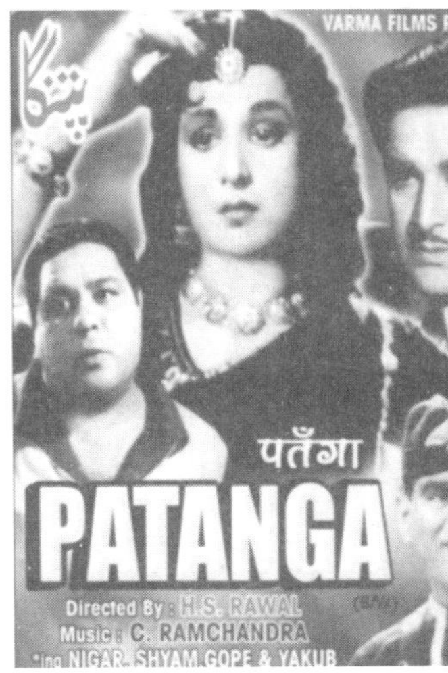

चालीस के दशक के इन आखिरी वर्षों में सी. रामचन्द्र ने 'मतवाले' (1947), 'बहादुर प्रताप' (1947), 'जलन' (1948), 'तुम्हारी कसम' (1948), 'मेरा मुन्ना' (1948), 'बचके रहना' (1949), 'भेदी बँगला' (1949) और 'साँवरिया' (1949) नामक फिल्मों में भी कई लोकप्रिय गीत दिए। 'पहली मुलाकात हुई गर्मागर्म बात हुई' ('मतवाले'), 'नजरियों से लड़ गया नजरिया' ('बहादुर प्रताप'), 'जवानी गारत होती है' (चिनलकर) और 'नजर मिली तुम भी मिले' (ललिता देउलकर-चितलकर, दोनों 'जलन' फिल्म से), 'ऐ भाइयो ख्याल से कभी दिल न लगाना' और 'बाप रे बाप फँस गए हैं हम' ('तुम्हारी कसम'), 'सर पर है सवार शनीचर' ('बचके रहना'). 'न-न-न तुम हमपे हँसो न पिया' (ललिता देउलकर, 'मेरा मुन्ना'), 'अपना डर से पतला हाल' ('भेदी बँगला'), 'तेरी नगरिया न भाई' (शमशाद बेगम) और 'तुम्हें मालूम हो तुम्हें हम याद करते हैं' (शमशाद-चितलकर, दोनों फिल्मिस्तान की 'साँवरिया' फिल्म से) इस दौर में उनके कुछ चुटीले-रसीले गीत थे।

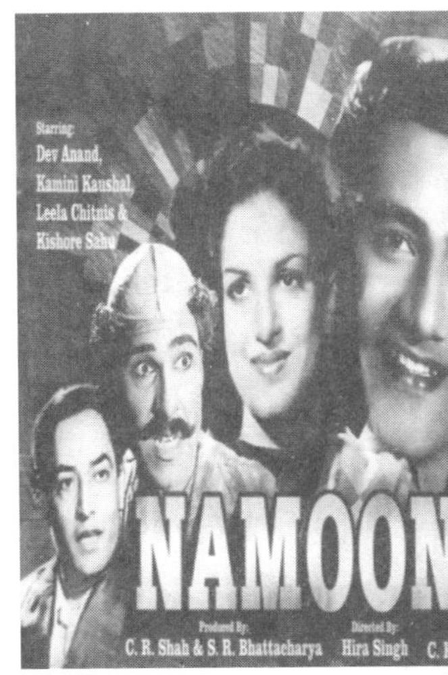

इसमें कोई शक नहीं कि सी. रामचन्द्र सही मायने में एक ट्रेंड-सेटर थे। वे हमेशा कुछ नया, कुछ अलग हटकर देने की ताक में रहते थे। वे मराठी संगीतकारों के परम्परागत हिन्दुस्तानी शास्त्रीय संगीत के बन्धनों को तोड़कर कोई नया फारमेट, कोई नया ऑर्केस्ट्रेशन आजमाने की कोशिश करते थे। यही कारण था कि उनके संगीत में उनकी अपनी अलग छाप दिखाई देती थी। वे अलग-अलग तरह के वाद्य यंत्रों—सितार, गिटार, बाँसुरी, शहनाई, नफीरी (ओबो), तबला, बैंगो, तुरही, सारंगी, सेक्सोफोन, हारमोनिका, बिगुल, कोंगो इत्यादि—का साथ-साथ इस्तेमाल करके एक नया और अनूठा प्रभाव पैदा करना चाहते थे। 'अलबेला' (1951) का सदाबहार धड़कता हुआ गीत 'शोला जो भड़के, दिल मेरा धड़के' विविध वाद्य-यंत्रों के इसी अनूठे संयोजन की उपज था। उनके संगीत पर हॉलीवुड की 'डो-लोप' और 'स्ट्रीट कार्नर हारमनी' संगीत-शैलियों का भी प्रभाव दिखाई देता था, जिन्हें वे भारतीय संगीत संस्कृति के अनुरूप ढालकर एक नया रूप दे देते थे। 'शिन शिनाकी बूबलाबू' (1952) के टाइटल युगल-गीत (लता-चितलकर) में रॉक के रिदम का धीमा प्रयोग इसी का एक उदाहरण था।

एच.एस. रवेल द्वारा निर्देशित 'पतंगा' (1949) सी. रामचन्द्र और लता मंगेशकर की अनूठी जुगलबन्दी की पहली यादगार फिल्म थी। श्याम, निगार सुल्ताना, गोप और याकूब की मुख्य भूमिकाओं से सजी इस सुपरहिट फिल्म में इस जोड़ी ने कुछ बड़े सुरीले और मधुर गीत दिए थे—'दिल से भुला दो तुम हमें, हम न तुम्हें भुलाएँगे', 'जाने वाले तूने अरमानों की दुनिया लूट ली' और 'कभी खामोश हो जाना' ऐसे ही अमर गीत थे। सी. रामचन्द्र की तत्कालीन छवि के अनुरूप फिल्म में कई फड़कते हुए गीत भी थे—'प्यार के जहाँ की निराली सरकार' (शमशाद-लता), 'ओ दिलवालो दिल का लगाना अच्छा है पर कभी-कभी' (शमशाद-चितलकर), 'गोरे-गोरे मुखड़े पे गेसू जो आ गए' (शमशाद), 'बोलो जी दिल लोगे तो क्या दोगे' (शमशाद-रफी), 'बालम तुझे मेरा सलाम' (शमशाद) और 'पहले तो हो गई

सुरैया दुनिया फिल्म में

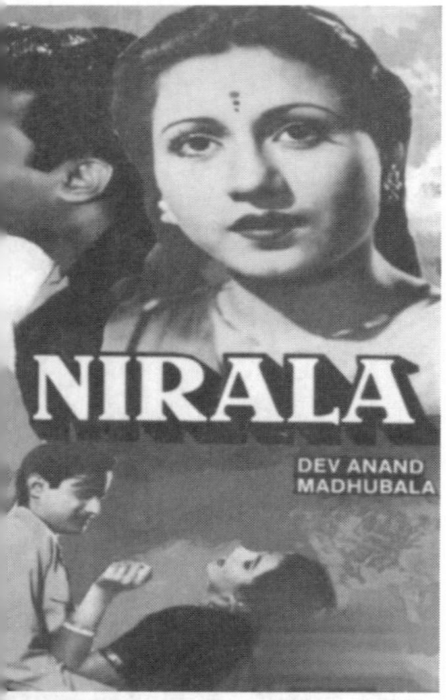

नमस्ते-नमस्ते' (शमशाद-रफी-चितलकर-मोहनतारा)। लेकिन फिल्म का सबसे धमाकेदार गीत था शमशाद बेगम और चितलकर का युगल-गीत 'मेरे पिया गए रंगून वहाँ से किया है टेलीफून'—जो आज भी अमर है। यह गीत नायिका निगार सुल्तान और कॉमेडियन गोप पर फिल्माया भी बड़े आकर्षक अंदाज से गया था। इसी तरह 'ठुकराके हमें जाने वाले इक ठोकर और लगाता जा... जाने वाले तूने अरमानों की दुनिया लूट ली' भी खूब लोकप्रिय हुआ था। कहते हैं कि कोल्हापुर की तवायफों ने तो इसके मुखड़े को अपनी रोजाना की दिल्लगी का हिस्सा बना लिया था। यह फिल्म महान गीतकार राजेन्द्र कृष्ण के साथ सी. रामचन्द्र की पहली फिल्म थी। आने वाले वर्षों में इस जोड़ी ने बहुत से मधुर और अमर गीत दिए।

देव आनन्द, कामिनी कौशल और किशोर साहू की मुख्य भूमिकाओं वाली 'नमूना' (1949) सी. रामचन्द्र और लता मंगेशकर की नई-नई जोड़ी की सफलता का एक और नमूना थी। 'अजी सँभलके आना', 'म्हारी गली मा आवजो', 'जुल्म तुम्हारे सह न सके' और 'मुझे सजाएँ दे के' के रूप में लता ने चार शानदार गाने गाए थे। यूँ शमशाद बेगम भी अभी सी. रामचन्द्र के दिल से पूरी तरह नहीं उतरी थीं और उन्होंने भी चार गाने गाए थे—'जिया मोरा डोले', 'जिया धधक-धधक', 'हिम्मत से कोई काम ले' और देश भर में खूब लोकप्रिय होने वाला 'टमटम से झाँकों न रानीजी, गाड़ी से गाड़ी लड़ जाएगी'। फिल्म में लता-रफी का एक मोहक युगल-गीत भी था—'तड़पाके मुझे अब छोड़ दिया'। इस बार गीतकारों की पूरी टीम ही गीतों के बोल लिखने में शामिल थी—गुलशन जलालाबादी, राजा मेहंदी अली खान, नक्शब जराचवी और ए. शाह शिकारपुरी। न जाने क्यों देश भर में औसत रहने वाली यह फिल्म कलकत्ता (अब कोलकाता) में खूब चली थी। शमशाद बेगम के चार गीतों के बावजूद यह फिल्म उनके और सी. रामचन्द्र के बीच कभी न मिटने वाली दूरियाँ पैदा कर गई थी। कहते हैं कि सी. रामचन्द्र लता पर इतने मोहित थे कि एक दिन शमशाद बेगम की एक रिकॉर्डिंग के दौरान वे उन पर चिल्ला पड़े थे—"आप वो क्यों नहीं करतीं जो कहा जाता है!" यह सुनते ही शमशाद बेगम ने हाथ में पकड़ी गाने की डायरी बन्द कर दी और रिकॉर्डिंग छोड़कर एक झटके से स्टूडियो से बाहर निकल गईं। आमतौर से ऐसे अवसरों पर सी. रामचन्द्र माफी माँगकर शमशाद बेगम को मना लिया करते थे, लेकिन उस दिन ऐसा कुछ भी नहीं हुआ। बहुत बाद में सी. रामचन्द्र ने माना था कि उन्होंने शमशाद बेगम के साथ अच्छा नहीं किया था।

एस.एफ. हसनैन निर्देशित 'दुनिया' (1949) में भी सी. रामचन्द्र के साथ गीतकारों की पूरी टीम जुड़ी हुई थी—आरजू लखनवी, एस.एस. बिहारी, असद भोपाली, सरस्वती कुमार 'दीपक' और तालिब इलाहाबादी। इस फिल्म में करन दीवान के साथ जानी-मानी गायिका-अभिनेत्री सुरैया थीं। सी. रामचन्द्र तब तक इतने 'लतामय' हो चुके थे कि सुरैया को यह डर सता रहा था कि कहीं सी. रामचन्द्र उनके गीत भी लता से न गवा बैठें। लेकिन ऐसा कुछ भी नहीं हुआ। फिल्म के संगीत में पूरी तरह सुरैया ही छाई रहीं। बीच में कुछ रफी के गीत जरूर थे। सुरैया के सोलो गीतों में 'सच हुई सच हुई मेरे-तेरे प्यार की बात' (पश्चिमी ऑर्केस्ट्रेशन के मोहक प्रयोगों के साथ), 'मेरे दिल में आओ और बस जाओ', 'वो आए और दिल में समाकर चले गए', 'अरमाँ लुटे दिल टूट गया', 'बड़ी बेदर्द है दुनिया' और 'जिस तरह हम बर्बाद हुए' जैसे लुभावने और दर्द भरे गीत शामिल थे। रफी के दोनों गीत 'रोना है तो रो छुपके' और 'इस वादे का मतलब क्या समझूँ' भी खूब लोकप्रिय हुए और सुरैया के साथ उनका डुएट 'किस्मत के लिखे को मिटा न सके' भी।

'रोशनी' (1949), 'गर्ल्स स्कूल' (1949) और 'साँवरिया' (1949) ऐसी फिल्में थीं जो आईं और चली गईं, लेकिन सी. रामचन्द्र के कुछ गीत लोगों को याद रह गए। 'रोशनी' में 'हम याद करेंगे' (चितलकर-ललिता देउलकर), 'दिल मेरे उड़ जा' (चितलकर) और लोक-शैली का 'पहन चुनरिया काली', 'गर्ल्स स्कूल' में 'राम भरोसे मेरी गाड़ी चली जाए' (चितलकर-शमशाद), 'गोरी इक बात सुन' (शमशाद-चितलकर), 'एक तरफ है जगत का बन्धन' (ललिता देउलकर), 'ओ शहर के बाँके' (शमशाद-चितलकर), 'साँवरिया' में 'चले गए अंगरेज' (चितलकर) और 'जरा बचके मारो पिचकारी' (चितलकर-ललिता देउलकर) ऐसे ही गीत थे। 'गर्ल्स स्कूल' का संगीत सी. रामचन्द्र और वरिष्ठ संगीतकार अनिल बिस्वास ने संयुक्त रूप से दिया था। फिल्म के चार गाने अनिल बिस्वास ने कम्पोज किए थे। अब सी. रामचन्द्र सफलता की उन ऊँचाइयों पर पहुँच चुके थे कि फिल्म के चलने न चलने से उन्हें कोई फर्क नहीं पड़ता था। लता के आने के बाद उनके संगीत में मानो एक नया आयाम जुड़ गया था और उनके संगीत में कलात्मक निखार आने लगा था। अगले कुछ वर्षों में उन्होंने संगीत की ऐसी ऊँचाइयाँ छुईं जो शायद लता के बिना सम्भव नहीं था। लता को भी मानो उनके रूप में एक नया प्रेरणा-स्रोत मिल गया था।

एस.पी. ईरानी निर्देशित 'सिपहिया' (1949) में मधुबाला के साथ याकूब थे। इस फिल्म में सी. रामचन्द्र और लता ने मिलकर सुरों का ऐसा जादू बिखेरा कि भारतीय सिनेमा की 'वीनस' कही जाने वाली मधुबाला की मोहकता में चार चाँद लग गए। फिल्म में लता के यादगार गीतों में 'दर्द जगाके ठेस लगाके चले गए', 'हँसी-हँसी न रही और खुशी-खुशी न रही' और 'आराम के थे क्या-क्या साथी' शामिल थे। लता का गीता दत्त के साथ एक डुएट भी था—'चलो घूँघट में

गुइयाँ छुपाके' और एक लुभावना युगल-गीत चितलकर के साथ भी—'ऐ आँख अब न रोना, रोना तो उम्र भर है'—जो लता के यादगार गीतों में शामिल है। फिल्म में शमशाद बेगम के भी चितलकर के साथ तीन युगल-गीत थे। इस बार भी सी. रानचन्द्र के साथ गीतकारों की पूरी मंडली जुड़ी थी—राजेन्द्र कृष्ण, पं. राममूर्ति चतुर्वेदी, आरजू लखनवी, राजकँवर और बनवासी।

देव आनन्द और मधुबाला की मुख्य भूमिकाओं से सजी 'निराला' (1950) में तो सी. रामचन्द्र और लता मंगेशकर की जोड़ी ने धूम ही मचा दी। 'महफिल में जल उठी शमा परवाने के लिए' तो इतना हिट हो गया कि फिल्म के निर्माता माखनलाल जैन (एम एंड टी फिल्म्स / फिल्मकार) ने घोषणा कर दी कि दर्शक अगर चाहें तो इंटरवल में टिकट के पूरे पैसे वापस ले सकते थे—क्योंकि यह गाना इंटरवल के बाद आता था। लता के अन्य लोकप्रिय गानों में 'ऐसी मुहब्बत से हम बाज आए' (राग दरबारी पर आधारित), 'मजबूर मेरी आँखें बर्बाद मेरा दिल' और 'देखो जी देखो तारे को तारा कहता है' शामिल थे। लेकिन देवेन्द्र मुखर्जी (जो बाद में शंकर मुखर्जी के नाम से देव आनन्द की बहुत-सी फिल्मों के निर्माता-निर्देशक रहे) द्वारा निर्देशित यह फिल्म हिट संगीत के बावजूद कोई खास नहीं चली।

इस वर्ष बॉक्स ऑफिस पर धमाका करने वाली फिल्म रही फिल्मिस्तान की 'समाधि' (1950)। इसमें उस समय की सबसे लोकप्रिय जोड़ी अशोक कुमार और नलिनी जयवन्त थे। सी. रामचन्द्र ने इस फिल्म में भी यादगार संगीत दिया। 'वो पास आ रहे हैं हम दूर जा रहे हैं' (भैरवी), 'अभी शाम आएगी निकलेंगे तारे' और 'वो पास नहीं मजबूर है दिल' जैसे लता के सभी गाने खूब लोकप्रिय रहे। लेकिन फिल्म का सबसे धमाकेदार गाना था लता और अमीरबाई कर्नाटकी का नृत्य-गीत 'गोरे-गोरे ओ बाँके छोरे, कभी मेरी गली आया करो'। 'चिको-चिको पीटो रिको' की धुन से प्रेरित यह ठुमकता हुआ गीत गली-गली में गूँजने लगा। दूसरे विश्वयुद्ध के दौरान मशहूर हुई 'नलाया की जासूस बहनें' की सच्ची कहानी पर आधारित इस फिल्म के टाइटल-ट्रैक में सी. रामचन्द्र ने नेताजी सुभाष चन्द्र बोस की आजाद हिन्द फौज के मार्च-गीत को बड़े खूबसूरत ढंग से पेश किया था। इस फिल्म में अशोक कुमार और नलिनी जयवन्त के बीच प्रेम-दृश्य भी बड़े जीवन्त प्रतीत होते थे, क्योंकि उन दिनों दोनों एक-दूसरे के काफी करीब माने जाते थे। इस सुपरहिट फिल्म के गीत राजेन्द्र कृष्ण ने लिखे थे।

इस वर्ष अशोक कुमार और नलिनी जयवन्त की एक और फिल्म 'संग्राम' (1950) ने भी खूब धूम मचाई। ज्ञान मुखर्जी द्वारा निर्देशित बॉम्बे टॉकीज की इस फिल्म में भी सी. रामचन्द्र का संगीत था। फिल्म के लोकप्रिय गीतों में 'दिल दिया है आपने तो मेहरबानी' (लता), 'दिन आए प्यारे-प्यारे' (लता), 'वो उनका मुस्कराना-शरमाना' (अरुण कुमार), 'देखो-देखो गड़बड़ घोटाला' (शमशाद-चितलकर) तथा बेहद मोहक युगल-गीत 'उल्फत के जादू का दिल में असर है' (लता-चितलकर) शामिल थे। इस बार भी फिल्म के गीत राजेन्द्र कृष्ण ने लिखे थे। 'किस्मत' की जबर्दस्त सफलता के बाद अशोक कुमार अच्छे दिल के तेज-तर्रार नायक की भूमिकाएँ काफी करने लगे थे। इस फिल्म में भी उनका ऐसा ही रोल था। कहते हैं कि तत्कालीन अविभाजित बम्बई राज्य के मुख्यमंत्री मोरारजी देसाई ने उनसे जनहित में ऐसी भूमिकाएँ न करने का अनुरोध किया था।

ऐसा लगता था कि 1950 का वर्ष सी. रामचन्द्र की हिट-परेड का वर्ष बन गया था। इसी वर्ष उन्होंने राजकपूर की एक फिल्म 'सरगम' (1950) में भी संगीत दिया और वह भी सिल्वर जुबली हिट रही। फिल्मिस्तान की इस फिल्म में राजकपूर के साथ रेहाना थीं और निर्देशक थे पी.एल. सन्तोषी। सी. रामचन्द्र ने फिल्म की संगीत-प्रधान पृष्ठभूमि के अनुरूप वैसा ही कलात्मक संगीत संजोया। राग देवगन्धर्व पर आधारित 'जब दिल को सताए गम तो छेड़ सखी सरगम' (लता-सरस्वती राणे) तो सचमुच अद्भुत था। लता और सरस्वती राणे का ही 'तिनक तिन तानी दो दिन की जिंदगानी' भी बड़ा मोहक और सुरीला गीत था। यूँ फिल्म में कुछ फड़कते हुए गीत भी थे—'सबसे बड़ा रुपय्या' (रफी-लता-चितलकर), 'बूढ़ा घोड़ा लाल लगाम' (लता-चितलकर) और 'प्यार वई-वई यार वई-वई' (लता-चितलकर)। लेकिन फिल्म का सबसे शाहकार गीत था लता का न भुलाया जा सकनेवाला 'कोई किसी का दीवाना न बने'। इसी से मिलती-जुलती तर्ज का गीत लता ने 'बाजार' (1949) फिल्म के लिए श्याम सुन्दर के संगीत में भी गाया था—'ऐ मुहब्बत उनसे मिलने का'। 'सरगम' में एक बड़ा सुहाना युगल-गीत भी था, जिसने उन दिनों खूब धूम मचाई थी—'वो हमसे चुप हैं, हम उनसे चुप हैं' (लता-चितलकर)। बरसों बाद अनु मलिक (महान संगीतकार सरदार मलिक के बेटे) ने इस गाने की धड़ल्ले से नकल करके उसे सुपर फ्लॉप 'उमराव जान' (नई) में इस्तेमाल कर लिया।

इसी वर्ष रिलीज हुई श्याम और निगार सुल्ताना की 'संगीता' (1950) कोई खास नहीं चली, लेकिन इसका संगीत जरूर पसन्द किया गया। लता के दो गाने 'नाउम्मीद होके भी दुनिया में जिए जाते हैं' और 'जो मुझे भुलाकर चले गए आती है उनकी याद' खुद सी. रामचन्द्र के भी सबसे पसन्दीदा गाने माने जाते थे। फिल्म में लता के कई और मोहक गीत भी थे—'जब से मिली है नजर', 'तेरी गली में कोई दीवाना गाता फिरे ये गाना', 'दिल लूट लिया अनजाने में' और 'नजरों का इशारा काफी है'। लता और चितलकर का युगल-गीत 'गिरगिट की तरह रंग बदलते' भी खूब चला था और चितलकर का सोलो 'सब कुछ छप्पड़ फाड़के' भी। रमनलाल देसाई निर्देशित इस फिल्म के गीत पी.एल. सन्तोषी ने लिखे थे।

एम. सादिक निर्देशित 'खजाना' (1951) अपने लुभावने गीतों के लिए याद की जाती है, खासकर लता के उन गानों के लिए जो नायिका मधुबाला पर फिल्माए गए थे। 'धीरे-धीरे गम का जमाना गया', 'मुहब्बत में इतनी जवानी न होती', 'सोई-सोई चाँदनी है', 'कर दे इशारा तेरे नाम

का सहारा' और सदाबहार 'ऐ चाँद प्यार मेरा तुझसे ये कह रहा है' ऐसे ही गीत थे। लता-रफी का तेज रफ्तार 'मुझे तुमसे बहुत है प्यार, नहीं जरा-जरा' खूब लोकप्रिय हुआ था तथा लता और चितलकर का लेटिन अमेरीकन-केरेबियन ताल वाला 'बाबड़ी बूबड़ी बम' भी। सी. रामचन्द्र की इन धुनों के बोल इस बार भी राजेन्द्र कृष्ण ने लिखे थे।

लता और सी. रामचन्द्र

राजेन्द्र कृष्ण के साथ सी. रामचन्द्र की बड़ी गहरी दोस्ती हो गई थी। राजेन्द्र कृष्ण शाहखर्च तबीयत के थे और बड़े-बड़े फाइव स्टार होटलों में चाय पीने के शौकीन थे। एक दिन वे संगीतकार श्याम सुन्दर के साथ बम्बई (अब मुम्बई) के ताजमहल होटल में चाय पीने गए। उनकी जेब में सिर्फ बीस रुपए थे, जो होटल के शामियाना रेस्तराँ में चाय पीने के लिए काफी थे। लेकिन बेख्याली में वे होटल के सैलून में घुस गए और दस रुपए शेव करवाने में ही खर्च हो गए। अब चाय पीने के लिए पैसे ही नहीं बचे और दोनों दोस्त मुँह लटकाए बाहर निकल आए। घर लौटकर राजेन्द्र कृष्ण ने अपनी कोफ्त बयाँ करते हुए अपने पैड पर लिखा—'चले आ रहे हैं हजामत बनाके'। कुछ ही दिनों में सी. रामचन्द्र ने इन पंक्तियों पर एक सुपरहिट गीत बना दिया—'हसीनों की गाड़ी ये आशिक का घोड़ा' (रफी-चितलकर)। यह गीत एच.एस. रवेल द्वारा निर्देशित फिल्म 'सगाई' (1951) का सबसे लोकप्रिय गीत बन गया। भगवान दास वर्मा द्वारा निर्मित इस फिल्म में प्रेमनाथ और रेहाना मुख्य भूमिकाओं में थे। फिल्म में कई हल्के-फुल्के, हंसाते-गुदगुदाते हुए गाने थे—'झुकती है दुनिया झुकानेवाला चाहिए' (लता-रफी-चितलकर), 'ओ बाबू कैसे दिल करूं कबूल' (लता-अमीरबाई), 'तबीयत साफ हो गई' (शमशाद-रफी-चितलकर), 'डैडी मेरी मम्मी को' (लता) और 'मुहब्बत जताके, आँखें लड़ाके' (रफी-चितलकर)। लेकिन फिल्म में कई गंभीर और गहराई वाले गाने भी थे। लता के 'दिल की कहानी कहना जो चाहे', 'किस्मत का लिखा होके रहेगा' और रफी के साथ उनका युगल-गीत 'मुहब्बत हो गई बस इक नजर से' ऐसे ही यादगार गाने थे। लेकिन फिल्म का सरताज गीत था लता और तलत का अमर डुएट—'मुहब्बत में ऐसे जमाने भी आए'। जाने-माने संगीत-निर्देशक खय्याम ने इस सुपरहिट फिल्म का जिक्र करते हुए हमें बताया था कि गुलाम हैदर लता के 'दिल की कहानी कहना जो चाहे' पर किस कदर फिदा थे।

फिल्मिस्तान की सभी फिल्मों में सी. रामचन्द्र ने खूब लोकप्रिय संगीत दिया था, इसलिए स्वाभाविक तौर पर स्टूडियो की अगली फिल्म 'शबिस्तान' (1951) में भी उन्हीं का संगीत था। विभूमि मित्र द्वारा निर्देशित इस फिल्म को कई कारणों से याद किया जाता है। चाँदीवली में इस फिल्म की शूटिंग के दौरान फिल्म के हीरो श्याम घोड़े से गिर गए थे और उनकी मृत्यु हो गई थी। इसी फिल्म में महान नर्तकी-अभिनेत्री हेलन भी एक नृत्य-दृश्य में बहुत-सी नर्तकियों के बीच पहली बार पर्दे पर दिखी थीं। यह फिल्म सी. रामचन्द्र और फिल्मिस्तान के बीच झगड़े के लिए भी याद की जाती है। सिर्फ दो डुएट रिकॉर्ड करने के बाद ही उन्होंने फिल्म छोड़ दी और बाकी का संगीत मदन मोहन ने दिया। कमर जलालाबादी द्वारा रचित और सी. रामचन्द्र द्वारा संगीतबद्ध फिल्म के दो युगल-गीत थे—'हम हैं तेरे दीवाने' (तलत-गीता दत्त) और 'हाय ये मौसम-ए-बहार' (तलत-गीता दत्त)।

जिस तरह 'शबिस्तान' में मदन मोहन ने सी. रामचन्द्र की जगह संगीत दिया, उसी तरह खुद सी. रामचन्द्र ने भी 'सौदागर' (1951) नामक फिल्म में संगीतकार हनुमान प्रसाद द्वारा चार गाने रिकॉर्ड किए जाने के बाद इस फिल्म का बाकी संगीत कम्पोज किया। नासिर खान और रेहाना की मुख्य भूमिकाओं वाली इस फिल्म के निर्देशक एम.आई. धर्मसे इससे पहले दिलीप कुमार, नर्गिस और नलिनी जयवन्त के साथ 'अनोखा प्यार' बनाकर तहलका मचा चुके थे। सी. रामचन्द्र ने फिल्म के लगभग सभी गीत लता मंगेशकर से गवाए—'जब आँखों में लाली छाने लगे', 'कहाँ जाओगे हजूर', 'सुनो मेरी गुइयाँ', 'बिगड़ गई क्यों तकदीर' और 'मैं हूँ कली तेरी'। इन गीतों को पी.एल. सन्तोषी ने लिखा था। इसी वर्ष की एक और गुमनाम- सी फिल्म 'उस्ताद पेड्रो' (1951) में भी सी. रामचन्द्र ने कुछ लोकप्रिय गीत दिए थे, खासकर लता के साथ अपने (चितलकर) दो युगल-गीत—'तेरे दिल पे जादू कर गया रे मेरा पान मुहब्बतवाला' और 'दिल का इंजन सीटी मारे'।

लेकिन 1951 का वर्ष सी. रामचन्द्र के कैरियर की सबसे धमाकेदार सफलता 'अलबेला' (1951) का वर्ष था। इस फिल्म और इसके संगीत ने देश भर में एक तूफान-सा मचा दिया। सी. रामचन्द्र और अभिनेता-निर्माता-निर्देशक भगवान जिगरी दोस्त थे और सी. रामचन्द्र भगवान की स्टंट फिल्मों में 'अन्ना साहेब' के नाम से संगीत देते रहे थे। एक दिन चर्चगेट के एक होटल में भगवान के साथ गपशप के बीच सी. रामचन्द्र ने अचानक ही कहा, "तू कोई ऐसी फिल्म क्यों नहीं बनाता जिसमें मैं अपने नाम से संगीत दे सकूँ?" बस, फिर क्या था, भगवान दादा को जोश आ गया। उन्होंने उस जमाने की मशहूर और बेहतरीन अभिनेत्री गीताबाली (जिन्हें हम हिन्दी सिनेमा की महानतम अभिनेत्रियों में गिनते हैं) के साथ झटपट एक सोशल फिल्म की छह रीलें शूट कर डालीं। उन्होंने ये रीलें सी. रामचन्द्र को दिखाईं। पाँचवीं रील खत्म होने के बाद सी. रामचन्द्र हँसते हुए बोले, "भगवान, तेरी फिल्म की पाँच रीलें चल चुकीं और अब तक एक भी फाइट सीन नहीं आया!" उन्होंने बड़े जोश से अपने इस प्यारे दोस्त की फिल्म का संगीत बनाया—ऐसा

संगीत जिसे दुनिया आज भी याद करती है। फिल्म के संगीत पर पूरी तरह लता और खुद चितलकर छाए हुए थे। रफी का लता के साथ सिर्फ एक डुएट था—'महफिल में मेरी कौन ये दीवाना आ गया'। लता के तीन लुभावने सोलो गीतों में 'बलमा बड़ा नादान रे', 'दिल धड़के नजर शरमाए' और बेहद सुरीली लोरी 'धीरे से आ जा री अँखियन में निंदिया आजा री आ जा' शामिल थे। लेकिन फिल्म के सबसे धमाकेदार गीत थे लता और चितलकर के एक से एक रसीले और फड़कते हुए युगल-गीत, जिनमें से कुछ आज भी पार्टियों में जान डाल देते हैं। सबसे जानदार था—'शोला जो भड़के, दिल मेरा धड़के, दर्द जवानी का सताए रह-रहके'। इसी तरह 'भोली सूरत दिल के खोटे, नाम बड़े और दर्शन छोटे', 'शाम ढले खिड़की तले तुम सीटी बजाना छोड़ दो', 'मेरे दिल की घड़ी करे टिक-टिक-टिक लो बजे रात के बारह' और 'दीवाना परवाना शमा पे आया लेके' को भी भला कैसे भुलाया जा सकता है? लता और चितलकर ने तो इन गीतों में जान फूँक ही दी थी, इनका ऑर्केस्ट्रेशन भी उतना ही अद्भुत था। इन सभी गीतों ने ऐसा तूफान मचाया कि फिल्म ने गोल्डन जुबली से पहले सिनेमाघरों से उतरने का नाम नहीं लिया। चितलकर के दोनों सोलो—'ओ बेटाजी किस्मत की हवा कभी नरम कभी गरम' और 'हसीनों से मुहब्बत का यही अनजाम होता है' भी खूब लोकप्रिय हुए थे।

'शिन शिनाकी बुबला बू'

'अलबेला' की संगीत-रचना को लेकर बहुत-सी दिलचस्प कहानियाँ सुनने में आती हैं। कहते हैं कि लोरी वाले दृश्य की शूटिंग के लिए सेट तैयार हो चुका था और भगवान दादा गाने की रिकॉर्डिंग को लेकर बेचैन हो रहे थे। सी. रामचन्द्र का नियम था कि वे हमेशा लिखे हुए गीत पर धुन बनाते थे, न कि धुन बनाने के बाद बोल लिखवाते थे। राजेन्द्र कृष्ण उन दिनों इतने व्यस्त चल रहे थे कि उन्हें सी. रामचन्द्र के साथ संगीत बैठक करने का समय नहीं मिल रहा था। आखिर सी. रामचन्द्र ने एक तरकीब भिड़ाई। उन्होंने अपनी पत्नी को अपनी योजना समझाई और राजेन्द्र कृष्ण को अपने घर चाय पर बुला लिया। उनकी पत्नी ने चाय परोसी और फिर योजना के अनुसार घर के दरवाजे को बाहर से ताला लगाकर अपनी किसी सहेली के घर चली गई। राजेन्द्र कृष्ण सी. रामचन्द्र के घर में बन्द हो गए और उनके पास आराम से बैठने और इस गाने के बारे में सोचने के अलावा कोई चारा न रहा। इसी 'हिरासत' के दौरान उन्होंने वह अमर लोरी 'धीरे से आ जा री अँखियन में' लिखी। लोरी पूरी होते-होते शाम ढल गई, रात हो गई तो सी. रामचन्द्र इसकी धुन के बारे में सोचते हुए खिड़की के पास जा खड़े हुए। वहीं आसमान में एक इकलौते तारे को देखते-देखते उन्हें इस लोरी के उदास वर्जन की धुन सूझ गई, जिसे उन्होंने झट से तैयार कर लिया। उस समय रात के ग्यारह बज रहे थे। उन्होंने फोन करके भगवान को बुलाया जो उस समय फेमस स्टूडियो में फिल्म की एडिटिंग कर रहे थे। वे भागते हुए आए और गीत सुनते ही उन्होंने झट से 'हाँ' कर दी। यह लोरी दो हिस्सों में थी—लता की आवाज में खुशीवाला वर्जन और लता और चितलकर की आवाज में उदास वर्जन। इसकी रिकॉर्डिंग का समय आया तो एक और उलझन खड़ी हो गई। सी. रामचन्द्र और लता एक-दूसरे से रूठे हुए थे। लता बड़ी मुश्किल से इसकी रिहर्सल के लिए आईं और सी. रामचन्द्र की तरफ पीठ करके बैठ गईं। "धुन सुनाओ, अन्ना!" उन्होंने धीरे से कहा। सी. रामचन्द्र ने हारमोनियम पर गीत का मुखड़ा सुनाया तो वे मुँह लटकाए बैठी रहीं। "अब अगला हिस्सा सुनाओ!" उन्होंने कहा। सी. रामचन्द्र ने इसी तरह एक-एक करके लोरी के सभी अन्तरे सुनाए और देखते ही देखते लता का गुस्सा न जाने कहाँ लुप्त हो गया। वे गीत की मधुरता में खो गईं और सब कुछ भूलकर इसकी तारीफ करने लगीं। उन्होंने बड़े मन से, बड़ी मेहनत और लगन से इसकी रिकॉर्डिंग की। यह अमर लोरी पीलू राग में थी, जिसमें कहरवा खेमटा आठ मात्रा ताल का प्रयोग किया गया था। सरोद के जाने-माने उस्ताद अली अकबर खाँ ने एक कार्यक्रम के दौरान इस गीत की जमकर तारीफ की। लता का एक दूसरा गीत 'बलमा बड़ा नादान रे' एक रूमानी गीत होने के बावजूद ठुमरी-मुजरा शैली में कम्पोज किया गया था। गीताबाली इसकी ताल को लेकर उलझन में थीं, पर भगवान दादा के मनाने पर इसके फिल्मांकन के लिए राजी हो गईं। यह गीत इतना लोकप्रिय हुआ कि इसके आते ही सिनेमाघरों में अगली कतारों में बैठे दर्शक पर्दे पर पैसे बरसाने लगते थे। फिल्म का सबसे लोकप्रिय युगल-गीत 'शोला जो भड़के दिल मेरा धड़के' फिल्म में बिलकुल आखिर में आता था। कई लोगों ने भगवान दादा को इस गीत को हटा देने का सुझाव दिया था, लेकिन भगवान दादा और सी. रामचन्द्र ने इन प्रतिक्रियाओं की परवाह न करके इस गीत को ज्यों का त्यों रहने दिया और यह फिल्म का सबसे बड़ा आकर्षण साबित हुआ। कई दर्शक सिर्फ इस गीत के लिए फिल्म को बार-बार देखते रहे। एक दूसरे सुपरहिट युगल-गीत 'भोली सूरत दिल के खोटे' की शूटिंग के दौरान सेट पर नृत्य-निर्देशक कृष्णकुमार का चित्र भी मौजूद रहता था जो उन्हीं दिनों यूनियन के एक झगड़े में मारे गए थे। भगवान दादा का नृत्य अपने-आपमें बड़ा अनूठा होता था। उनकी लय-ताल और उनके हाव-भाव देखते ही बनते थे। बाद में अमिताभ बच्चन जैसे महानायकों ने भी कई फिल्मों में उनकी इस शैली को अपनाया। 'अलबेला' जब-जब भी दोबारा रिलीज की गई तो हमेशा 'हाउस फुल' रही।

⋆

'अलबेला' और इसके संगीत की जबर्दस्त सफलता के बाद सी. रामचन्द्र प्रसिद्धि और लोकप्रियता के शिखर पर पहुँच गए थे। यह उनके कैरियर का एक महत्त्वपूर्ण मोड़ था। अब पाने के लिए क्या बाकी रह गया था? उनकी अगली कुछ फिल्में इसी सवाल का जवाब ढूँढ़ती हुई प्रतीत होती थीं। 'छत्रपति शिवाजी', 'हंगामा' और 'घुँघरू' ऐसी ही फिल्में थीं। 'छत्रपति शिवाजी' (1952) में लता का एक यादगार गीत था—'मदभरी पवन में जैसे दीए की लौ बल खाए रे'। नूतन और नासिर खान की मुख्य भूमिकाओं से सजी 'हंगामा' (1952) में तो लता के कई लुभावने गीत थे। राम कमलानी द्वारा निर्देशित गोप प्रोडक्शन की इस फिल्म के गीत भी राजेन्द्र कृष्ण ने लिखे थे। लता के गीतों में 'अरे ये क्या किया तूने', 'ऐ दर्द-ए-मुहब्बत आ तुझे सीने से लगाकर' और 'दर्द के मारे हुए और प्यार के लुटे हुए' शामिल थे। 'ऐ दर्द-ए-मुहब्बत' में अनिल बिस्वास के 'अनोखा प्यार' के 'इक दिल का लगाना मुश्किल' की झलक थी। फिल्म के दो युगल-गीत 'झूम-झूम-झूम रही प्यार की दुनिया' (रफी-लता) भी काफी लोकप्रिय हुए थे। लेकिन ये दोनों ही फिल्में कोई खास नहीं चलीं।

जैसाकि हम कह चुके हैं, सी. रामचन्द्र कोई नया प्रयोग करने की धुन में रहते थे। फिल्मकार की हिरेन बोस निर्देशित 'घुँघरू' (1952) भी ऐसी ही फिल्म थी। सी. रामचन्द्र ने लता के 'बदनाम हो रहा है अब इश्क का फसाना' में कोरस की गुनगुनाहट को इस तरह से मिलाया कि यह एक अनूठा गीत बन गया। इसी तरह लता के शास्त्रीय 'दिल-ए-बेकरार सो जा' में उन्होंने इतने तेज रिदम का प्रयोग किया कि यह एक अद्‌भुत गीत बन गया। फिल्म के अन्य गीत 'काली-काली रतियाँ याद सताए' (लता), 'मैं अपने दिल का अफसाना सुना लूँ' (लता), 'दिल किसी को दीजिए दिल किसी का लीजिए' (रफी-जोहराबाई) और लता और गीता दत्त का अनूठा डुएट 'मुझे अपना बना मेरे दिल में समा' भी एक नई ताजगी लिए हुए थे। इस फिल्म के गीत भी राजेन्द्र कृष्ण ने लिखे थे।

पी.एल. सन्तोषी के घरेलू बैनर की फिल्म 'शिन शिनाकी बुबला बू' (1952) में उनकी यौन चटखारों भरी और फूहड़ कॉमेडी भले ही न चली, लेकिन इस फिल्म के गीत खूब चले। रेहाना और रंजन की मुख्य भूमिकाओं वाली इस फिल्म का सुरीला संगीत आज भी याद किया जाता है। फिल्म का सबसे खूबसूरत गीत था—'तुम क्या जानो तुम्हारी याद में हम कितना रोए'। सारंगी, तबले, गिटार और हारमोनियम के अनूठे ऑर्केस्ट्रेशन वाले राग खमाज पर आधारित इस गीत में लता मंगेशकर ने अपना दिल उँडेलकर रख दिया था। सी. रामचन्द्र ने गीत का प्रभाव बढ़ाने के लिए धीमे और मधुर ऑर्केस्ट्रेशन के साथ-साथ 'वर्जित कोमल गा' का भी प्रयोग किया था। यह गीत लता के सबसे अच्छे गीतों में हमेशा शामिल रहेगा। उन दिनों सभी इश्क के मारों के होंठों पर यही गीत होता था। हमारे टीवी सीरियल 'बिखरी आस निखरी प्रीत' की शूटिंग के दौरान इसके निर्देशक और हमारे प्यारे पारिवारिक मित्र लेख टंडन ने एक दिन बातों-बातों में बताया था कि उनकी प्रेयसी उनसे बिछड़ते समय यादगार के तौर पर उन्हें इस गाने का रिकॉर्ड देती गई थी। इस दर्द भरे गीत के अलावा फिल्म में लता के कई शोख और चुलबुले गीत भी थे—'कैसे हैं मिजाज कहिए', 'शिन शिनाकी बुबला बू' (चितलकर के साथ), 'छम से तेरा आना हो' (किशोर कुमार के साथ), 'ये खिलती कली कोई ले', 'अरे बाबा अरे बाबा ये हँसी' और 'घर में इक चोर'। हमेशा की तरह अपनी फिल्म के गीत पी.एल. सन्तोषी ने खुद लिखे थे।

बीना राय और प्रदीप कुमार 'अनारकली' में

मधुबाला और प्रेमनाथ की मुख्य भूमिकाओं से सजी आर.सी. तलवार की 'साकी' (1952) भी सी. रामचन्द्र के संगीत के लिए ही याद की जाती है। एच.एस. रवेल द्वारा निर्देशित इस फिल्म में 'आ गई है इश्क पर बहार' (रफी-लता), 'इश्क में जो कुछ भी होना था' (लता), 'मेरा मिजाज लड़कपन से आशिकाना है' (रफी), 'पास नहीं आइए' (लता) और लता-तलत के बेहद दर्द भरे 'किसे मालूम था इक दिन मुहब्बत बेजुबाँ होगी' जैसे कई लुभावने गीत थे। लेकिन खुद हमारी नजर में फिल्म का सबसे प्यारा गीत था लता का मदहोश कर देने वाला 'दिल पहला और प्यार दूसरा तीसरी जवानी'। इस गीत का असर बहुत देर तक रहता था। फिल्म के गीत राजेन्द्र कृष्ण ने लिखे थे।

सी. रामचन्द्र, रोशन और लता

महान निर्माता-निर्देशक और अभिनेता व्ही शांताराम की 'परछाईं' (1952) फिल्म में सी. रामचन्द्र ने जो संगीत दिया वह हमारी नजर में उनके सबसे ऊँचे दर्जे के कलात्मक सृजन का हिस्सा है—मधुर, आलौकिक और शाश्वत। जाने-माने संगीत समीक्षक राजू भारतन के अनुसार, सी.रामचन्द्र के संगीत निर्देशन में लता इतना मीठा और सुरीला गाती थीं कि उन्हें 'मराठी नूरजहाँ' कहा जाने लगा था। उस जमाने के मशहूर फिल्म समीक्षक बाबूराव पटेल ने 'परछाईं' का संगीत सुनने के बाद चुटकी लेते हुए कहा था—''लता सी. रामचन्द्र की उपस्थिति में उबासी भी लेती हैं तो राग दरबारी में।'' इसमें कोई सन्देह नहीं कि इस फिल्म के गीतों को गाते हुए लता किसी अलौकिक प्रेरणा से छलक रही थीं। यही कारण है कि ये गीत किसी अदृश्य खुशबू से महकते हुए प्रतीत होते हैं। सितार और सारंगी के मीठे इंटरल्यूडों वाला 'कटते हैं दुख में ये दिन पहलू बदल-बदल के' हो या राग पहाड़ी पर आधारित 'चन्दा की छाँव में ठंडी-ठंडी हवाओं में', कसक भरा 'ऐ मेरे दर्द-ए-जिगर रात क्योंकर कटी' हो या दर्द भरा 'डूब जाए जो किस्मत का तारा' या फिर नए अन्दाज का 'नैना लगाके सुख ले गयो'—सभी मंत्रमुग्ध कर देने वाले गीत हैं। व्ही शांताराम ये गाने फिल्म की नायिका और अपनी पत्नी जयश्री से गवाना चाहते थे, लेकिन सी. रामचन्द्र ने बहुत जोर देकर उन्हें इस बात के लिए राजी कर

लिया था कि ये गाने लता ही गाएँगी। यूँ वे व्ही शांताराम का इतना सम्मान करते थे कि इस फिल्म के लिए पारिश्रमिक के रूप में उन्होंने सिर्फ एक रुपया शगुन के तौर पर लिया था। फिल्म में तलत महमूद का भी एक अमर गीत था—'मुहब्बत ही न जो समझे वो जालिम प्यार क्या जाने'। सी. रामचन्द्र ने इस गीत के लिए पहले कोई और धुन तैयार की थी, लेकिन जब इस गाने की शूटिंग के लिए उन्होंने लम्बा-चौड़ा सेट तैयार होते देखा तो उन्होंने दूसरी धुन तैयार की। वे पर्दे पर गीतों की प्रस्तुति को लेकर बहुत संवेदनशील थे और उसी के अनुसार संगीत संजोने की कोशिश करते थे। फिल्म में लता और तलत के कुछ मोहक युगल-गीत भी थे—'अपनी कहो कुछ मेरी सुनो क्या दिल का लगाना भूल गए' (राग पीलू), 'किसी ने मुझको मेरे घर में आके लूट लिया' और 'दिल दिल से कह रहा है'। फिल्म के एक से एक खूबसूरत गीतों को नूर लखनवी ने लिखा था।

'अलबेला' की जबर्दस्त सफलता से प्रेरित होकर भगवान दादा ने गीताबाली के साथ उसी तर्ज पर एक फिल्म और बना दी—'झमेला' (1955)। लेकिन 'अलबेला' को कई बार देख चुके दर्शकों ने इसे सिरे से नकार दिया। सी. रामचन्द्र के संगीत में जरूर कुछ ताजगी थी। लता-चितलकर के युगल-गीत खासतौर से लुभावने थे—'देखो जी देखो मेरा दिल लेके दगा नहीं देना', 'बलखाती इठलाती आई है शाम', 'हमें याद नहीं ये बात' और 'तेरे दिल से मेरा दिल क्यों कुछ कहना चाहे'। फिल्म में मीना कपूर का एक बड़ा प्यारा गीत भी था—'काहे नैना लड़े इस दिन के लिए'। चितलकर का सोलो 'ये दुनिया है एक झमेला' भी खूब लोकप्रिय हुआ था। 'अलबेला' की तरह 'झमेला' के गीत भी राजेन्द्र कृष्ण ने लिखे थे।

जिस तरह 1951 का वर्ष सी. रामचन्द्र की 'अलबेला' के धूम-धड़ाके का वर्ष था, उसी तरह 1953 का वर्ष उनकी सबसे शानदार और यादगार फिल्म 'अनारकली' का वर्ष था। इस फिल्म में सी. रामचन्द्र संगीत की सर्वोच्च ऊँचाइयों पर पहुँच गए। फिल्म का हर गीत न सिर्फ सुपरहिट था बल्कि क्लासिक भी—ऐसे गीत जो आज भी उतने ही ताजा हैं और हमेशा रहेंगे। फिल्मिस्तान की इस फिल्म के निर्देशक नन्दलाल जसवन्त लाल थे। प्रदीप कुमार और स्वप्निल आँखों वाली बीना राय मुख्य भूमिकाओं में थे। कहानी वही 'मुगल-ए-आजम' वाली थी—सलीम और अनारकली की प्रेम कहानी। ('मुगल-ए-आजम' उस समय निर्माणाधीन थी और सात वर्ष बाद 1960 में रिलीज हुई।) फिल्म में लता और हेमन्त कुमार के गीत थे और दोनों ने मानो अपने हर गीत में जान फूँक दी थी।

इस गोल्डन जुबली हिट फिल्म के अमर संगीत के पीछे भी बड़ी दिलचस्प कहानी है। के. आसिफ की 'मुगल-ए-आजम' इतनी धीरे-धीरे बन रही थी कि फिल्मिस्तान के एस. मुखर्जी ने इसी विषय पर झटपट एक फिल्म बनाने का फैसला कर डाला। उनका इरादा के. आसिफ को पीछे छोड़कर जल्दी से इस फिल्म को रिलीज कर देने का था। फिल्म के संगीत के लिए उन्होंने शुरू में खेमचन्द प्रकाश के भतीजे बसन्त प्रकाश को साइन किया था, जिन्होंने गीता दत्त की आवाज में एक बड़ा खूबसूरत गीत भी रिकॉर्ड किया था—'आ जान-ए-वफा आ' (यह गीत फिल्म में इस्तेमाल भी किया गया था)। लेकिन बसन्त प्रकाश चाहते थे कि सभी गाने गीता दत्त गाएँ। एस. मुखर्जी, जो कभी लता की आवाज को 'पतली' कहकर ठुकरा चुके थे, इस जिद पर अड़े हुए थे कि बीना राय की खोई-खोई सी रूमानी नायिका की छवि को सिर्फ लता मंगेशकर की आवाज 'सूट' करेगी। उन्हें अब यह भी लगने लगा था कि लता के साथ अपनी नजदीकियों के कारण सी. रामचन्द्र 'अनारकली' के लिए एक बेहतर चुनाव हो सकते थे। लेकिन मुश्किल यह थी कि फिल्मिस्तान की 'शबिस्तान' के दौरान स्टूडियो के साथ झगड़े के कारण सी. रामचन्द्र ने वह फिल्म छोड़ दी थी और वे एस. मुखर्जी से रूठे हुए थे। कहते हैं कि लता मंगेशकर ने बीच में पड़कर सी. रामचन्द्र को मनाया और वे 'अनारकली' के रूप में फिल्मिस्तान के साथ एक बार फिर काम करने के लिए राजी हो गए। इसके बाद जो कुछ हुआ वह अपने-आपमें एक इतिहास है। आइए, इस अमर फिल्म की गीतमाला के अनमोल मोतियों को एक-एक करके देखते हैं—

साईं बाबा के भक्त सी. रामचन्द्र

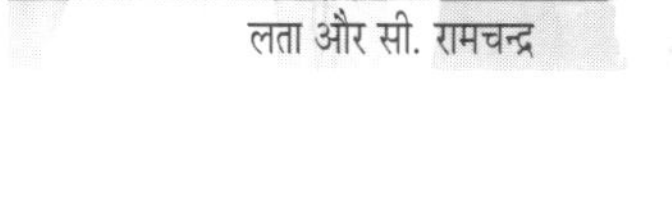
लता और सी. रामचन्द्र

'ये जिंदगी उसी की है जो किसी का हो गया' (लता)—यह गीत लता के महानतम क्लासिक गीतों में शामिल है और 'खुश' और 'उदास' दो वर्जनों में है। इसकी शुरुआत सी. रामचन्द्र के कोमल धैवत से होती है जो इसे राग काफी बना देता है। इसके बाद लता की आवाज में यह राग किरवानी के रूप में आगे बढ़ता है और राग भीमपलासी पर खत्म होता है। रागों का कितना अद्‌भुत, कितना मंत्रमुग्ध कर देने वाला संगम है! उस्ताद हलीम जाफर ख़ाँ का मोहक सितार-वादन गीत को और भी ऊँचा उठा देता है। लंदन के वेस्टएंड थिएटर में यह फिल्म देखने के बाद एक ब्रिटिश फिल्म समीक्षक ने अपने अखबार में लिखा था—'फिल्म की नायिका किसी परी की तरह खूबसूरत है और किसी फरिश्ते की तरह गाती है।' शायद उन्हें भारतीय फिल्मों के प्लेबैक सिस्टम (पार्श्व-गायन) का पता नहीं था—यह कि दरअसल यह 'फरिश्ते-सी' आवाज खुद अभिनेत्री की नहीं बल्कि महानतम पार्श्व-गायिका लता मंगेशकर की थी! इस अमर गीत की धुन की प्रेरणा सी. रामचन्द्र को अपने पिता से मिली थी, जो एक मशहूर मराठी नाटक का एक गीत अपने अन्दाज में गाया करते थे। 'अनारकली' का यह सबसे लोकप्रिय गीत राजेन्द्र कृष्ण ने लिखा था।

'जाग दर्द-ए-इश्क जाग' (हेमन्त कुमार-लता)—राग बागेश्री पर आधारित फिल्म का यह गीत भी राजेन्द्र कृष्ण ने लिखा था। यह गीत फिल्म के शुरू में अकबर के दरबार के पहले दृश्य में आता है और तानसेन जैसे महान कलाकारों से भरे दरबार की कलात्मक भव्यता को स्थापित करता है। लता और हेमन्त कुमार दोनों ने ही इसे बड़ी खूबसूरती से गाया था। लता की आवाज बीना राय पर सचमुच ही खूब फबती थी।

'मुहब्बत ऐसी धड़कन है जो समझाई नहीं जाती' (लता)—यह गीत भी राग बागेश्री पर आधारित था और गीत में

व्यक्त प्रेम-भावनाओं को लता ने अपनी अदायगी से सचमुच ही जीवन्त कर दिया था, मानो वे खुद भी गहरे प्रेम में डूबी हुई हों। यह बेहद मीठा गीत हसरत जयपुरी ने लिखा था।

सी. रामचन्द्र, लता और तलत के साथ रिकॉर्डिंग करते हुए

'दुआ कर गम-ए-दिल खुदा से दुआ कर' (लता)—शैलेन्द्र द्वारा रचित इस दर्द भरे गीत को लता ने इतनी मर्मस्पर्शी आवाज में गाया था कि दिल के तार झनझना उठते थे। राजू भारतन ने लता की जीवनी में इस गीत का जिक्र करते हुए सलिल चौधरी के साथ अपनी बातचीत का हवाला दिया है। सलिल चौधरी ने उन्हें बताया था कि शैलेन्द्र ने जैसे ही यह गीत लिखकर सी. रामचन्द्र के हाथ में पकड़ाया, उन्होंने सिर्फ तीस सेकेंड तक इसे देखा और झट से इसे राग जोगिया में कम्पोज करने का निर्देश दे दिया। सलिल चौधरी हैरान रह गए। उन्होंने राजू भारतन को बताया था कि वे खुद इस तरह झटपट कोई धुन तैयार करने की बात सोच भी नहीं सकते थे, भले ही लता कितना ही साथ क्यों न दें।

'जिंदगी प्यार की दो-चार घड़ी होती है' (हेमन्त कुमार)—राजेन्द्र कृष्ण द्वारा कलमबद्ध यह गीत हेमन्त कुमार ने इतने मोहक अन्दाज में गाया था कि आज भी यह गीत माहौल में एक मिठास पैदा कर देता है। इतने मीठे गीत बहुत कम बने हैं और हेमन्त कुमार ऐसे मीठे गीतों के उस्ताद माने जाते थे।

'मुझसे मत पूछ मेरे इश्क में क्या रखा है' (लता)—इस खूबसूरत ग़ज़ल की अदायगी में लता का अन्दाज देखते (और सुनते) ही बनता है। 'इक शोला है जो सीने में दबा रखा है' वाली पंक्ति में तो सुनने वाला बिलकुल चित्त हो जाता है। राजेन्द्र कृष्ण की यह शानदार ग़ज़ल सुनने के बाद मशहूर शायर मजरूह सुल्तानपुरी ने उनकी और सी. रामचन्द्र की तारीफों के पुल बाँधते हुए कहा था, ''आज सी. रामचन्द्र ने नौशाद मियाँ को ग़ज़ल बनाना सिखा दिया!''

'ओ आसमानवाले शिकवा है जिंदगी का' (लता)—हसरत जयपुरी का यह गीत दर्द भरा गीत भी लता ने खूब डूबकर गाया था और सुनने वालों के दिल के तार झिंझोड़ देता है।

'आजा अब तो आजा मेरी किस्मत के खरीदार' (लता)—शैलेन्द्र का यह तीर की तरह चुभता हुआ गीत एक ऐसी प्रेयसी की दर्द भरी पुकार थी जो अपने प्रेम के कारण जंजीरों में जकड़ दी गई थी और एक गुलाम के रूप में सरेआम नीलामी पर चढ़ा दी गई थी। यह फिल्म का सबसे रोंगटे खड़े कर देने वाला दृश्य था और सुर-सम्राज्ञी लता ने इस गीत में मानो जान फूँक दी थी। यह गीत सी. रामचन्द्र और लता के सबसे शाहकार और यादगार गीतों में गिना जाता है।

'ऐ बाद-ए-सबा आहिस्ता चल' (हेमन्त कुमार)—फिल्म का यह टाइटल-ट्रैक गीत सी. रामचन्द्र ने 'हीर शैली' में कम्पोज किया था, जिसने इस दर्द भरी प्रेम कहानी की भूमिका बाँधने का काम किया था। हेमन्त कुमार ने अपनी धीमी और मीठी आवाज में इसे गाया भी खूब था।

'जमाना ये समझा के हम पी के आए' (लता)—लता का यह मशहूर 'हिचकी-गीत' खूब लोकप्रिय हुआ था, जो फिल्म में 'मुगल-ए-आजम' के 'जब प्यार किया तो डरना क्या' वाला ही स्थान और महत्त्व रखता था। यह गीत जब रिकॉर्ड किया गया था तो फिल्म में किसी को भी पसन्द नहीं आया था, निर्माता एस. मुखर्जी को भी नहीं। लेकिन सी. रामचन्द्र गीत बदलने के लिए तैयार नहीं हुए और इसी गीत पर अड़े रहे। आखिर में वे सही साबित हुए और यह गीत और फिल्म में इस गीत वाला दृश्य दोनों ही खूब लोकप्रिय हुए।

'अनारकली' के ऐतिहासिक और अमर संगीत को लेकर सी. रामचन्द्र और फिल्मिस्तान में कुछ खटपट भी पैदा हो गई थी। 'अनारकली' के निर्माण के दौरान ही सी. रामचन्द्र ने अभिनेता-निर्माता-निर्देशक ओमप्रकाश के साथ मिलकर अपना खुद का बैनर 'न्यू साईं प्रोडक्शन' स्थापित कर लिया था और बैनर की पहली फिल्म 'झाँझर' भी शुरू कर दी थी। फिल्मिस्तान को लगा कि वे 'अनारकली' के संगीत की रिकॉर्डिंग में देर करके अपनी फिल्म पर ज्यादा ध्यान दे रहे थे, इसलिए स्टूडियो ने उन्हें कानूनी नोटिस भेज दिया। सी. रामचन्द्र यह नोटिस देखकर तैश में आ गए और नहले का जवाब दहले से देते हुए उन्होंने 'अनारकली' का लगभग पूरा संगीत चुटकियों में तैयार करके दे दिया—एक दिन तो उन्होंने पूरे चार गाने रिकॉर्ड किए! इस जल्दबाजी के बावजूद उनका यह संगीत उनका महानतम संगीत बन गया। इसका श्रेय लता मंगेशकर को भी जाता है, जिन्होंने पीछे पड़कर उन्हें 'अनारकली' का संगीत देने के लिए राजी किया था। फिल्म तो सुपरहिट हुई ही, इसके संगीत ने भी वर्षों धूम मचाए रखी।

सात वर्ष बाद 1960 में 'मुगल-ए-आजम' के रिलीज के बाद 'अनारकली' और 'मुगल-ए-आजम' की तुलना का जो सिलसिला शुरू हुआ वह आज तक नहीं थमा है। इसमें कोई सन्देह नहीं कि निर्माण-गुणवत्ता, भव्यता, निर्देशन और अभिनय के हिसाब से 'अनारकली' के. आसिफ की 'मुगल-ए-आजम' के सामने कहीं नहीं ठहरती थी। 'मुगल-ए-आजम' जैसी महान फिल्में इतिहास में बार-बार नहीं बनतीं। लेकिन जहाँ तक इन दोनों फिल्मों के सुपरहिट संगीत (सी. रामचन्द्र और नौशाद) का प्रश्न है तो दोनों में से किसी एक का चुनाव करना बड़ा मुश्किल और शायद कभी न खत्म होने वाला काम है। इन दोनों फिल्मों का संगीत अलग तरह का और अपनी-अपनी जगह पर महान और अद्वितीय है। हम सिर्फ इतना कह सकते हैं कि इन दोनों फिल्मों का संगीत हिन्दी फिल्म संगीत की सबसे अनमोल और अमर धरोहर का हिस्सा है।

सी. रामचन्द्र जिंदगी भर शिरडी के साईं बाबा के परम भक्त रहे (हम भी हैं), इसलिए जब उन्होंने प्रसिद्ध कॉमेडियन और चरित्र अभिनेता ओमप्रकाश के साथ मिलकर अपनी खुद की फिल्म कम्पनी शुरू की तो इसका नाम उन्होंने 'न्यू साईं प्रोडक्शन' रखा। जैसाकि हम ऊपर कह चुके हैं, इस बैनर की पहली फिल्म 'झाँझर' (1953) थी और स्वाभाविक तौर पर इसमें सी. रामचन्द्र का संगीत था। उस जमाने के दिग्गज निर्देशक केदार शर्मा द्वारा निर्देशित इस फिल्म में मोतीलाल, कामिनी कौशल, उषा किरण और सज्जन मुख्य भूमिकाओं में थे। बड़ी स्टार कास्ट वाली इस फिल्म का संगीत भी उतना ही शानदार था। फिल्म के नौ गानों में से आठ लता के थे। इनमें 'ऐ प्यार तेरी दुनिया से हम बस इतनी निशानी लेके चले', 'जी चाहता है अब तो दुनिया से रूठ जाएँ', 'छेड़ गयो मोहे सपनों में श्याम', 'रात बरसात की पहली मुलाकात की', 'मोहे लागा सारा जग फीका' और 'मौसम है ठंडा-ठंडा' जैसे सुरीले गीत शामिल थे। लता और मधुबाला झावेरी की आवाज में एक लोरी भी थी—'जा री जा निंदिया जा, न आ आँखों में'। यह लोरी 'अलबेला' की मशहूर लोरी 'धीरे से आ जा री अँखियन में' को टक्कर देने वाली लोरी थी। फिल्म के बुरी तरह फ्लॉप हो जाने के बावजूद इसका संगीत खूब चला। इस फिल्म में भी सी. रामचन्द्र के प्यारे दोस्त राजेन्द्र कृष्ण के गीत थे। इस फिल्म के संगीत से एक दिलचस्प किस्सा भी जुड़ा हुआ है। एक दिन सी. रामचन्द्र लता के घर गए तो लता ने उनसे कहा, ''राम, तुम मेरे घर आते हो तो ठंडा पानी माँगते हो। मेरे घर एक फ्रिज भिजवा दो।'' लता उन दिनों एक गाना गाने के 300-400 रुपए तक लेती थीं जबकि सी. रामचन्द्र एक फिल्म के 40,000 से 60,000 रुपए तक लेते थे। उन दिनों फ्रिज किसी-किसी घर में ही होता था और बड़ा महँगा आता था, 500 से 1000 रुपए तक। मुश्किल यह थी कि सी. रामचन्द्र अपनी सारी कमाई अपनी पत्नी के हाथ में पकड़ा देते थे। अब वे एकाएक 500-1000 रुपए कहाँ से लाएँ? उन्होंने अपनी फिल्म कम्पनी के पार्टनर ओमप्रकाश से बात की। ओमप्रकाश ने हाथ खड़े करते हुए कहा, ''हमारी नई-नई कम्पनी है, फ्रिज के लिए पैसे कहाँ से लाऊँ?'' सी. रामचन्द्र ने कहा, ''वो मैं नहीं जानता! लता के घर फ्रिज पहुँचना ही चाहिए! नहीं तो कल रिकॉर्डिंग नहीं होगी!'' ओमप्रकाश मुश्किल में पड़ गए। अब क्या करें? उन्होंने एक तरकीब भिड़ाई और लता के घर उसी दिन फ्रिज पहुँच गया। लता और सी. रामचन्द्र दोनों ही खुश हो गए। बरसों बाद सी. रामचन्द्र और ओमप्रकाश रामानन्द सागर की बेटी की शादी में एक-दूसरे से टकराए तो दहेज के सामान में एक फ्रिज भी देखकर ओमप्रकाश ने सी. रामचन्द्र को याद दिलाते हुए कहा, ''तुम्हें याद है, एक बार हमने लता के घर एक फ्रिज भिजवाया था?'' ''हाँ यार'', सी. रामचन्द्र ने झट से कहा, ''लेकिन मेरी समझ में आज तक नहीं आया कि तुमने इतनी जल्दी पैसों का इन्तजाम कैसे कर लिया था! तुम तो हमेशा पैसे का रोना रोते रहते थे!'' ओमप्रकाश ने हँसते हुए कहा, ''तुम्हें अब तक नहीं पता चला? चलो, आज तुम्हें एक राज की बात बताता हूँ। वे पैसे मैंने तुम्हारी पत्नी रतन बेन से लिए थे! मैंने उनसे यह वायदा भी ले लिया था कि यह बात तुम्हें पता न चले!'' बरसों बाद ओमप्रकाश के मुँह से यह भेद की बात जानकर सी. रामचन्द्र भी मुस्कराए बिना न रहे। तो वे लता के घर में अपने ही फ्रिज का पानी पीते रहे थे!

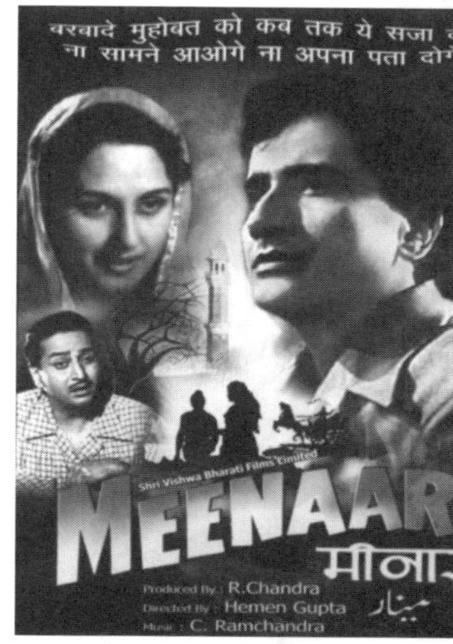

एच.एस. रवेल द्वारा निर्देशित 'शगूफा' (1953) में भी सी. रामचन्द्र ने बहुत मधुर संगीत दिया था। यह फिल्म प्रसिद्ध नायक-चरित्र अभिनेता-खलनायक प्रेमनाथ के अपने बैनर की फिल्म थी, जिसमें वे बीना राय के साथ मुख्य भूमिका में थे। फिल्म के एक से एक सुरीले गीतों में 'छोटा-सा देखो मेरा', 'ये हवा ये समाँ', 'ये कैसी खुशी है', 'घिर-घिर आई कारी बदरिया' और 'छीन सके तो छीन ले' जैसे लता के कई लुभावने सोलो शामिल थे। चितलकर के साथ उनका युगल-गीत 'तुम मेरी जिंदगी में तूफान बनके आए' भी खूब लोकप्रिय हुआ था। गीता दत्त और चितलकर का युगल-गीत 'कैसा खेल मुहब्बत में खेले' भी कम नहीं था। लेकिन फिल्म का सबसे मोहक और दिल की गहराइयों में उतर जाने वाला गीत था लता का दो भागोंवाला 'अपना पता बता दे या मेरे पास आजा, दिल है उदास आजा'। इस गीत के कम्पोजिशन कमाल का था। राजेन्द्र कृष्ण के गीतों वाली यह फिल्म इतने सुहाने संगीत के बावजूद बॉक्स ऑफिस पर फ्लॉप हो गई।

दिलीप कुमार और मीना 'आजाद' फिल्म में

सी. रामचन्द्र ने अपने घरेलू प्रोडक्शन 'न्यू साईं पिक्सर्च' की दूसरी फिल्म 'लुटेरे' (1953) का निर्देशन भी एच.एस. रवेल को सौंपा था, जिनके साथ वे बहुत-सी फिल्में कर चुके थे। लेकिन लोकप्रिय संगीत के बावजूद यह फिल्म भी बॉक्स ऑफिस पर कोई खास धमाका नहीं कर सकी। किशोर कुमार और श्यामा की मुख्य भूमिकाओं से सजी इस फिल्म के सबसे लोकप्रिय युगल-गीत 'मेरे राजा के नैनों में रानी समाई' के लिए सी. रामचन्द्र ने शमशाद बेगम और हेमन्त कुमार की आवाजों का इस्तेमाल किया था। यह गीत 'अलबेला' के 'भोली सूरत दिल के खोटे' से काफी मिलता-जुलता था। फिल्म के अन्य हिट गीतों में लता के दो सोलो 'भोली-भाली राधिका नटखट कन्हैया' और 'आजा रसिया ओ मन बसिया' शामिल थे। फिल्म के दो अन्य युगल-गीत 'आधा तीतर आधा बटेर, वाह रे मेरे शेर' (किशोर-शमशाद) और 'लो खिली खेत में सरसों' भी काफी लोकप्रिय हुए थे। सी. रामचन्द्र के घरेलू बैनर की इस फिल्म के गीत स्वाभाविक तौर पर राजेन्द्र कृष्ण ने लिखे थे।

उन दिनों पुरुष-गायकों में तलत महमूद सी. रामचन्द्र को सबसे ज्यादा पसन्द थे। वे मुकेश, मन्ना डे, हेमन्त कुमार, और तो और रफी जैसे बड़े गायकों को उतना महत्त्व नहीं देते थे। तलत महमूद के साथ जी भरकर काम करने का मौका

उन्हें देवकी बोस निर्देशित 'कवि' (1954) में मिला। इसमें भारत भूषण के साथ दो बड़ी नायिकाएँ नलिनी जयवन्त और गीताबाली मुख्य भूमिकाओं में थीं। राजेन्द्र कृष्ण की सुनहरी कलम इस बार मानो शैम्पेन में भीगी हुई थी। सी. रामचन्द्र ने इन गीतों की ऐसी मदहोश कर देने वाली धुनें रचीं और तलत महमूद ने इन्हें इतने सुरूर में गाया कि इन गीतों का नशा उतरते नहीं उतरता था। राग खमाज पर आधारित 'मैं पी के नहीं आया, मस्ती भरी आँखों से दो जाम चुरा लाया' तो सोने में तौलने लायक था। गाने की एक पंक्ति 'बेहोश नहीं फिर भी मैं होश गँवा आया' पर तो सिनेमाघरों में इतनी सीटियाँ बजती थीं कि देखने लायक था। जरा इस अन्तरे की खूबसूरती पर गौर करें :

'जीना किसे कहते हैं जीकर भी नहीं समझा
पीने का मजा क्या है पीकर भी नहीं समझा
प्याला मेरे हाथों तक आकर भी नहीं आया
मैं पी के नहीं आया...'

तलत के अन्य यादगार गीतों में 'मान करे क्या रंग-रूप का, तू कागज का फूल है', 'हम करके मुहब्बत ये समझे', 'भूल को दुनिया भूल न समझे, ये उसकी भूल है' और 'छोटी-सी जिंदगी में क्या प्यार मुस्कराए' शामिल थे। लता-तलत का डुएट भी बहुत खूबसूरत था—'तेरे रास्ते पे हमने इक घर बना लिया है, तेरी मुस्कराहटों से उसको सजा लिया है'। फिल्म में रफी और तलत का भी एक दुर्लभ युगल-गीत था—'कविता नाम है ज्ञान है'। जैसाकि बहुत से साहसिक प्रयोगों के साथ होता रहा है, यह बहुत अच्छी बनाई गई फिल्म भी फ्लॉप हो गई।

सी. रामचन्द्र ने साउथ की फिल्मों में पहला कदम 'पहली झलक' (1954) के रूप में रखा। एम.वी. रामन द्वारा निर्देशित इस फिल्म में किशोर कुमार और वैजयन्तीमाला मुख्य भूमिकाओं में थे। इस सिल्वर जुबली फिल्म के सुपरहिट संगीत पर एक बार फिर पूरी तरह लता छाई हुई थीं। 'न मारो नजरिया के बान', 'जमाने से निराला है', 'कैसे भाए सखी रुत', 'छोड़ो जी छोड़ो कलइयाँ हमार' और 'देख के मोरा गोरा मुखड़ा' सभी खूब लोकप्रिय हुए थे। किशोर कुमार के एक गीत 'चरणदास को पीने की जो आदत न होती' ने भी खूब धूम मचाई थी। हेमन्त कुमार का दो भागों वाला 'जमीं चल रही है' भी बहुत पसन्द किया गया था।

व्ही. शांताराम की 'सुबह का तारा' (1954) भी एक हिट फिल्म थी। पहाड़ी राग पर आधारित इसका बेहद प्यारा युगल-गीत 'गया अँधेरा हुआ उजाला, चमका-चमका सुबह का तारा' (लता-तलत) लोग आज तक नहीं भूले हैं। तलत का 'अपनी नाकामी पे मुझको नाज है' भी उनके अनमोल रत्नों में शामिल है। फिल्म में लता के तीन लोकप्रिय सोलो भी थे—'चली बनके दुल्हन', 'कहूँ मैं कैसे' और 'खुशी अच्छी है'। सी. रामचन्द्र एक बार फिर चोटी पर जा पहुँचे थे। इसके बाद फिल्मिस्तान की 'नास्तिक' (1954) ने भी उनके परचम को बनाए रखा। इस सिल्वर जुबली फिल्म में नलिनी जयवन्त के साथ अजीत थे और इसका निर्देशन मशहूर कॉमेडियन आई.एस. जौहर ने किया था। इस फिल्म का गरबा गीत 'कान्हा बजाए बाँसुरी और ग्वाले बजाएँ मंजीरे' (लता) खूब लोकप्रिय हुआ था। लता और मन्ना डे का ऊँचे सुरों वाला 'गगन झनझना रहा, पवन सनसना रहा' भी अद्भुत था। लता का भजन 'जय-जय राम रघुराय' और दो अन्य सोलो 'झुकी-झुकी जाए नजर' और 'तेरे फूलों से भी प्यार' भी खूब हिट हुए थे। लेकिन फिल्म का सरताज गीत रहा खुद कवि प्रदीप की आवाज में 'देख तेरे संसार की हालत क्या हो गई भगवान, कितना बदल गया इनसान'। जैसाकि आप समझ ही गए होंगे, इस फिल्म के गीत प्रदीप ने लिखे थे। 'सुबह का तारा' के गीतकार नूर लखनवी थे।

भारत भूषण और बीना राय की 'मीनार' (1954) इस वर्ष सी. रामचन्द्र की एक और फिल्म थी। भारत भूषण के अपने बैनर की यह फिल्म एक सच्ची घटना पर आधारित थी। निर्देशक थे हेमेन गुप्ता। यह फिल्म तो खास नहीं चल पाई, लेकिन सी. रामचन्द्र ने इसमें भी यादगार संगीत दिया था, बल्कि इस फिल्म के संगीत को वे अपने सबसे मनपसन्द संगीत में गिनते थे। 'मेहंदी लगी थी मेरे हाथ' (लता), 'जरा मुड़के तो देखो सजना' (लता-तलत), 'कभी तन्हाइयों में भी' (तलत) और 'बर्बाद-ए-मुहब्बत को कब तक' (लता)—सभी बहुत खूबसूरत रचनाएँ थीं। फिल्म के गीतकार सी. रामचन्द्र के सबसे मनपसन्द राजेन्द्र कृष्ण थे।

सी. रामचन्द्र के अपने बैनर की अगली फिल्म 'दुनिया गोल है' (1955) का निर्देशन इस बार खुद उनके पार्टनर और महान कॉमेडियन-चरित्र अभिनेता ओमप्रकाश ने किया था। करन दीवान और अनिता गुहा की मुख्य भूमिकाओं से सजी इस फिल्म में सी. रामचन्द्र ने फिल्म के विषय के अनुरूप रसीला और फड़कता हुआ संगीत दिया था। 'बाबूजी हमें तुम्हारा बस प्यार चाहिए' (लता), 'ये तिरछी नजर और तीखी अदा' (लता-शमशाद), 'ऐ दर्द-ए-मुहब्बत नाचे जा' (लता) और 'जाने वाले-जाने वाले न जा देके दर्द-ए-जिगर' (लता) इत्यादि सभी खूब अच्छे चले थे। लेकिन

बेबी अंशुला

फिल्म इतनी बुरी तरह पिट गई कि कम्पनी ही बन्द हो गई और दोनों पार्टनरों सी. रामचन्द्र और ओमप्रकाश को भारी घाटा उठाना पड़ा। यह फिल्म अनिता गुहा की पहली फिल्म थी, जिनके साथ बाद में ओमप्रकाश ने नायक के रूप में बहुत-सी फिल्में कीं। जैसाकि स्वाभाविक था, इस फिल्म के गीत भी राजेन्द्र कृष्ण ने ही लिखे थे।

सुपरहिट 'नगीना' के निर्देशक रवीन्द्र दवे द्वारा निर्देशित डी.एम. पंचोली की 'लुटेरा' (1955) भी बॉक्स ऑफिस पर कोई कमाल नहीं कर सकी, लेकिन इसमें भी सी. रामचन्द्र के संगीत को काफी पसन्द किया गया। नसिर खान और नई तारिका जबीन की मुख्य भूमिकाओं से सजी यह फिल्म एक कास्टयूम ड्रामा थी। फिल्म के विषय के अनुरूप सी. रामचन्द्र ने अरब-शैली का संगीत दिया था। 'लो इश्क मुस्कराया बहके कदम' (लता), 'मुझे भी मौत का पैगाम आ जाए तो अच्छा' (लता) और 'साज बजाती मयखाने में छमछम करती आई शाम' (लता) सभी बड़े लुभावने गीत थे। रफी-लता का दर्द भरा युगल-गीत 'वीरान मेरा दिल है दिल की बहार आ जा' सबसे ज्यादा लोकप्रिय हुआ था। इन गीतों को भी राजेन्द्र कृष्ण ने कलमबद्ध किया था।

उस जमाने में तीन सुपरस्टारों—दिलीप कुमार, देव आनन्द, राज कपूर—की तिकड़ी की किसी फिल्म में संगीत देना शान की बात समझी जाती थी। सी. रामचन्द्र इन तीनों की फिल्मों—'नदिया के पार' (दिलीप कुमार), 'निराला' और 'नमूना' (देव आनन्द) और 'सरगम' (राजकपूर)—में संगीत देकर पहले ही विशिष्ट संगीतकारों की श्रेणी 'ट्रिनिटी क्लब' में शामिल हो चुके थे। दिलीप कुमार के साथ उनकी दूसरी फिल्म साउथ के निर्माता एस.एम.एस. नायडू की 'आजाद' (1955) थी, जिसका जिक्र हम अध्याय के शुरू में कर चुके हैं। दिलीप कुमार और मीना कुमारी की शानदार जोड़ी की यह फिल्म एक गोल्डन जुबली सुपरहिट फिल्म थी। जो फिल्म नौशाद ने छोड़ी थी वह सी. रामचन्द्र के गले का हार बन गई। जैसाकि हम शुरू में कह चुके हैं, निर्माता की शर्त के अनुसार उन्होंने इस फिल्म का पूरा संगीत हफ्ते भर में ही तैयार करके दे दिया था। लेकिन इस जल्दबाजी के बावजूद फिल्म का संगीत न सिर्फ सुपरहिट हुआ बल्कि हिन्दी फिल्मों के अमर संगीत का हिस्सा बन गया। लता अपनी पूरी लय में थीं—राग बागेश्री पर आधारित 'राधा न बोले, न बोले, न बोले रे' हो या 'जा री जा री ओ कारी बदरिया', 'पी के दरस को तरस रही अखियाँ' हो या 'कितनी जवाँ है रात कोई याद आ गया' या फिर राग भैरवी पर आधारित 'देखो जी बहार आई बागों में खिली कलियाँ'—सभी एक से एक बढ़कर थे। बहन उषा मंगेशकर के साथ उनका नृत्य युगल-गीत 'अपलम-चपलम' भी एक अद्‌भुत और सुपरहिट गीत था। फिर राग दरबारी पर आधारित तलत-शैली के 'कितना हसीं है मौसम कितना हसीं सफर है' का तो कहना ही क्या, जो आज भी हमारे समेत न जाने कितने संगीत-प्रेमियों का सबसे पसन्दीदा रोमांटिक गीत बना हुआ है। इस सदाबहार युगल-गीत के पीछे बड़ी दिलचस्प कहानी है। राजेन्द्र कृष्ण ने यही सोचकर यह गीत लिखा था कि इसे लता और तलत गाएँगे। सी. रामचन्द्र ने भी इसी बात को ध्यान में रखकर इसकी धुन बनाई थी। दिलीप कुमार भी यही चाहते थे कि तलत महमूद ही उनके प्लेबैक गायक हों। लेकिन जब गीत की रिकॉर्डिंग का समय आया तो तलत नहीं पहुँच पाए (वे उन दिनों विदेशी दौरे पर थे)। अब क्या किया जाए? निर्माता जल्दी में थे। बैंगलोर में फिल्म की शूटिंग की लोकेशन बुक हो चुकी थी, जिसे टाला नहीं जा सकता था। आखिर सी. रामचन्द्र ने यह तरकीब निकाली कि वे तलत के अन्दाज में यह गाना खुद ही लता के साथ गाकर रिकॉर्ड कर देंगे, ताकि शूटिंग में कोई अड़चन न आए और बाद में इसे तलत से डब करवा लिया जाएगा। यही किया भी गया। दिलीप कुमार को यह गाना इतना पसन्द आया कि उन्होंने कहा कि इसे डब करवाने की बजाय इसी तरह रहने दिया जाए। आज भी बहुत से लोग इस तलतनुमा युगल-गीत को लता और तलत का युगल-गीत समझते हैं, न कि लता और चितलकर का! इस गीत को घोड़े पर बैठी मीना कुमारी और घोड़े की लगामें पकड़कर साथ-साथ चलते दिलीप कुमार पर फिल्माया भी बड़े खूबसूरत अन्दाज में गया था। इस फिल्म में एक शानदार कव्वाली भी थी—'मरना भी मुहब्बत में किसी काम न आया' (रघुनाथ जाधव एंड पार्टी)। यह फिल्म सी. रामचन्द्र के कैरियर की सबसे उल्लेखनीय फिल्मों में गिनी जाती है।

जिस तरह भगवान दादा के साथ सी. रामचन्द्र की खूब जमती थी, उसी तरह एच.एस. रवेल (जिन्होंने बाद में 'मेरे महबूब', 'संघर्ष' और 'लैला मजनूँ' जैसी यादगार फिल्में बनाईं) के साथ भी उनकी खूब पटती थी। उन्होंने रवेल द्वारा निर्देशित छह फिल्मों में संगीत दिया—'पतंगा', 'सगाई', 'साकी', 'लहरें', 'शगूफा' और 'तीरन्दाज' इनमें से 'लहरें' सी. रामचन्द्र के अपने बैनर की फिल्म थी। इसी तरह 'तीरन्दाज' एच.एस. रवेल के खुद के बैनर 'रोशनी फिल्म्स' की पहली फिल्म थी। रोशनी उनकी बेटी का नाम था। 'तीरन्दाज' (1955) में मधुबाला और अजीत मुख्य भूमिकाओं में थे। फिल्म में लता के कई बड़े सुहाने गाने थे—'ऐ पर्दानशीं ये इश्क नहीं', 'ये हसीं शाम गर्दिश में जाम', 'बड़ी बेवफा है उड़ती हवा है', 'अश्कों में डूब-डूब के', 'रहती नहीं हमेशा ये' और 'मैंने रख दी निशाने पे जान'। लता सचमुच अपने पूरे खुमार पर थीं। राजेन्द्र कृष्ण के गीतों वाली यह फिल्म बॉक्स ऑफिस पर भी ठीक-ठाक चली।

'आजाद' की जबर्दस्त सफलता के बाद दक्षिण भारत की फिल्म इंडस्ट्री में भी सी. रामचन्द्र के नाम की धूम मच

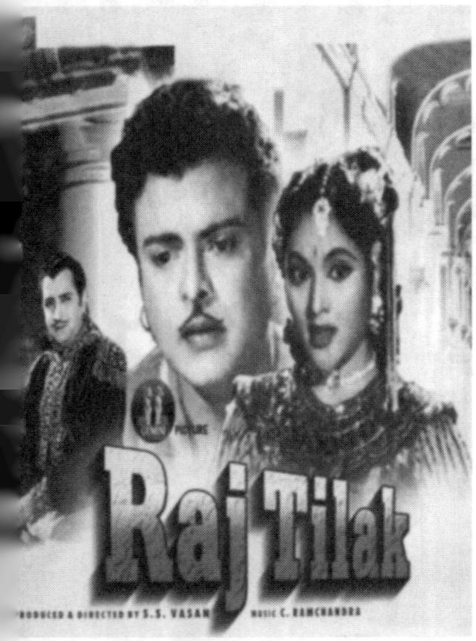

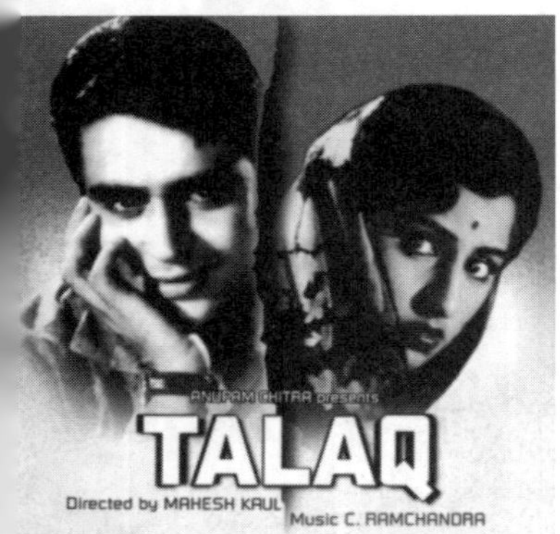

गई थी। वहाँ के प्रतिष्ठित जैमिनी स्टूडियो के मालिक एस.एस. वासन ने उन्हें अपनी महत्त्वाकांक्षी मल्टी स्टार कास्ट फिल्म 'इनसानियत' (1955) के संगीत के लिए साइन किया, जिसमें पूरे सत्रह गाने थे। जिस तरह 'अन्दाज' दिलीप कुमार और राज कपूर की साथ-साथ पहली और आखिरी फिल्म थी, उसी तरह 'इनसानियत' दिलीप कुमार और देव आनन्द की साथ-साथ पहली और आखिरी फिल्म थी। फिल्म की नायिका बीना राय थीं। अपने जाने-पहचाने जोड़ीदार राजेन्द्र कृष्ण के साथ मिलकर सी. रामचन्द्र ने इस फिल्म में भी बहुत मधुर संगीत दिया। फिल्म के कई खूबसूरत गीतों में 'चुप-चुप-चुप, होने लगा कुछ' (लता), 'आई झूमती बहार लाई दिल का करार' (लता-तलत), 'गोरी कर ले तू आज सिंगार' (रफी), 'तेरे संग-संग पिया' (लता) और 'बाँसुरिया बोले मधुर रस घोले' (लता) शामिल थे। लेकिन फिल्म का सबसे प्रभावशाली गीत था दिलीप कुमार पर फिल्माया गया रफी का यादगार क्लासिक 'अपनी छाया में भगवान बिठा ले मुझे'। 'आजाद' की तरह 'इनसानियत' भी दक्षिण की एक गोल्डन जुबली हिट फिल्म थी।

हम 'अनारकली', 'आजाद' और 'इनसानियत' के संगीत को सी. रामचन्द्र का सबसे उल्लेखनीय और श्रेष्ठतम संगीत मानते हैं, लेकिन ए.आर. कारदार की 'यास्मीन' (1955) का संगीत भी लगभग इसी कोटि का संगीत था। वैजयन्तीमाला और सुरेश की मुख्य भूमिकाओं वाली इस फिल्म को द्वारका दिबेचा की खूबसूरत फोटोग्राफी के लिए भी याद किया जाता है। इस फिल्म का संगीत तैयार करने के लिए सी. रामचन्द्र को कारदार स्टूडियो के म्यूजिक-रूम के एक से एक आधुनिक वाद्य-यंत्रों को इस्तेमाल करने का अवसर मिला, जिसका उन्होंने भरपूर लाभ उठाया। (यह भंडार खुद नौशाद द्वारा चुना गया था।) भैरवी राग पर आधारित फिल्म के दो गीत 'बेचैन नजर बेताब जिगर ये दिल है किसी का दीवाना' (तलत) और 'तुम अपनी याद भी दिल से भुला जाते' सी. रामचन्द्र की ऊँचे दर्जे की संगीत-प्रतिभा के उदाहरण थे। यूँ फिल्म के सभी गीत एक से बढ़कर एक थे और सदाबहार फिल्म-संगीत का हिस्सा हैं। सी. रामचन्द्र और लता की 'केमिस्ट्री' इस फिल्म में अपनी पराकाष्ठा पर पहुँच गई थी। जरा मुलाहिजा फरमाइए—'मुझपे इल्जाम-ए-बेवफाई है, ऐ मुहब्बत तेरी दुहाई है', 'अब वो बातें कहाँ', 'बेचैन करने वाले तू भी न चैन पाए', 'दिल उनको ढूँढता है', 'हँस-हँस के हसीनों से नजर' (भैरवी आधारित) और 'मुहब्बत में पहला कदम रखने वाले'। फिर वह चुपके से मोह लेने वाला बेहद सुरीला गीत भी था, जिसे सी. रामचन्द्र लता के सबसे यादगार गीतों में गिनते थे—'आँखों में समा जाओ, इस दिल में रहा करना'। जैसाकि हमारे प्रिय संगीत-समीक्षक राजू भारतन ने लता की जीवनी में इस गीत के बारे में लिखा है—''इस गीत में अर्थ था जो जाँ निसार अख्तर की कलम का कमाल था; भावना थी जो सी. रामचन्द्र के संगीत का कमाल थी; अर्थ और भावना दोनों थे जो लता की आवाज और अदायगी का कमाल था।'' हम उनसे पूरी तरह सहमत हैं।

साउथ की ही एक और फिल्म 'देवता' (1956) में वैजयन्तीमाला के साथ साउथ के सुपरस्टार जैमिनी गणेशन (अभिनेत्री रेखा के पिता) थे। इस फिल्म में भी सी. रामचन्द्र ने गजब का संगीत दिया था। लता के एक से एक सुरीले गीतों में राग भैरवी आधारित—'कैसे आऊँ जमुना के तीर', 'ऐ चाँद कल जो आना, उनको भी साथ लाना', 'फूलों के मेले, हम हैं अकेले', 'जालिम तेरी आँखों ने', 'सूना है मेरे दिल का जहाँ' और 'दो नैनों का बने झूलना' शामिल थे। फिल्म में लता और तलत का एक बड़ा सुहाना युगल-गीत भी था—'किसी से प्यार है हमको'। फिल्म के गीत राजेन्द्र कृष्ण ने लिखे थे। फिल्म की सफलता में इसके नृत्य-दृश्यों और संगीत का बहुत बड़ा हाथ था।

दिग्गज निर्माता-निर्देशक रमेश सहगल ('शहीद', 'समाधि', 'शिकस्त', 'फिर सुबह होगी', 'शोला और शबनम' जैसी फिल्मों के निर्देशक) द्वारा निर्देशित '26 जनवरी' (1956) बॉक्स ऑफिस पर भले ही वैसी धूम न मचा सकी हो, लेकिन इसमें भी लता के कुछ लुभावने गीत थे। नलिनी जयवन्त और अजीत की मुख्य भूमिकाओं वाली इस फिल्म में उनके दो सोलो खासतौर से खूबसूरत थे—'रो-रोके दिल पुकारे' और 'आँख रोई मगर मुस्कराना पड़ा'। इसी तरह ज्ञान मुखर्जी द्वारा निर्देशित और अशोक कुमार और मीना कुमारी की मुख्य भूमिकाओं वाली 'शतरंज' (1956) में भी सी. रामचन्द्र ने कुछ लोकप्रिय गीत दिए। इनमें 'हवा है सर्द-सर्द' (लता),'कहीं से शाम होते ही सितारे' (आशा), 'जवानी की टोली सपनों में खोई' (लता) और बड़ा मोहक युगल-गीत 'बदली में छुपे चाँद ने' (लता-हेमन्त कुमार) इत्यादि शामिल थे। कहते हैं कि आशा भोंसले का गाना 'वहीं से शाम होते ही' रिकॉर्ड करने के बाद सी. रामचन्द्र ने उनसे ईरोस थिएटर में चल रही एक हॉलीवुड फिल्म देखने के लिए कहा। आशा ने चुटकी लेते हुए पूछा, ''क्यों अन्ना, कुछ चोरी करना है क्या?'' सी. रामचन्द्र ने मुस्कराते हुए जवाब दिया, ''इसे चोरी करना नहीं 'इंसपायर' होना कहते हैं!'' अब हिन्दी फिल्मों के संगीतकार हॉलीवुड से अकसर प्रेरणा लेने लगे थे। खुद सी. रामचन्द्र ने कहाँ से प्रेरणा ली थी, पता नहीं, लेकिन अब वे अपने कई सुपरहिट गीतों में भारी-भरकम पश्चिमी ऑर्केस्ट्रेशन का उपयोग करने लगे थे—'ईना-मीना-डीका' ('आशा'), 'मिस्टर जॉन ओ बाबा खान' ('बारिश') और 'नाचो-गाओ झूम के' ('सरहद') वगैरह।

दक्षिण भारत की फिल्म इंडस्ट्री के साथ सी. रामचन्द्र की सफल फिल्मों का सिलसिला 'आशा' (1957) के साथ

भी जारी रहा। एम.वी. रामन द्वारा निर्मित और वैजयन्तीमाला और किशोर कुमार की मुख्य भूमिकाओं वाली यह फिल्म भी सुपरहिट रही। इसके एक गाने 'ईना मीना डीका' (किशोर) ने तो धूम ही मचा दी। जरा गीत का मुखड़ा देखिए—'ईना मीना डीका, डाय डम नीका, माका नाका नाका चीका पीका रीका'। किशोर कुमार ने इसे गाया भी बड़े मस्त अन्दाज में था। यह गाना दो भागों में था और दूसरा भाग आशा भोंसले ने गाया था, लेकिन किशोर कुमार वाले वर्जन ने ही असली धूम मचाई। फिल्म में कई और लोकप्रिय गीत भी थे—'तू न आया और होने लगी शाम रे' (लता), 'हाल तुझे अपनी दुनिया का' (किशोर), 'चल-चल रे कहाई' (लता), 'एक पड़ोसी रात को सोए' (किशोर), 'सोजा रे चन्दा' (आशा) और 'जरा रुक-रुक-रुक' (लता)। राजेन्द्र कृष्ण के गीतों से सजी इस फिल्म में सी. रामचन्द्र ने एक बार फिर साबित कर दिया था कि वे जनता की पसन्द का संगीत देने में सबसे आगे थे।

निर्माता-निर्देशक शंकर मुखर्जी सी. रामचन्द्र के साथ 'निराला' में काम कर चुके थे। उन्होंने खुद का बैनर 'अलंकार चित्रा' स्थापित किया तो निर्माता के रूप में अपनी पहली फिल्म 'बारिश' (1957) के संगीत के लिए सी. रामचन्द्र को ही साइन किया। देव आनन्द और नूतन की मुख्य भूमिकाओं वाली इस फिल्म में भी सी. रामचन्द्र ने बहुत रसीले संगीत की भरपूर बौछार की। 'फिर वही शाम वही दर्द वही तन्हाई है' (लता-चितलकर), 'ये आरजू थी कि हम बहार देखेंगे' (लता) और दो भागों वाले बेहद लुभावने 'कहते हैं प्यार किसको पंछी जरा बता दे' (लता-चितलकर) जैसे मीठे गीत तो फिल्म में थे ही, साथ ही 'दाने-दाने पे लिखा है खानेवाले का नाम' (चितलकर), 'ये मुँह और मसूर की दाल' (लता), 'हम तो जानी प्यार करेगा' (चितलकर-आशा) और ऊपर उद्धरित 'मिस्टर जॉन बाबा खान' (आशा) जैसे फड़कते हुए गीतों की भी कमी नहीं थी। 'आजाद' के मशहूर युगल-गीत 'कितना हसीं है मौसम' की झलक होने के बावजूद 'कहते हैं प्यार किसको पंछी जरा बता दे' खूब लोकप्रिय हुआ था। फिल्म के गीत राजेन्द्र कृष्ण ने लिखे थे।

★

सी. रामचन्द्र अब अपने कैरियर के सर्वोच्च शिखर पर पहुँच चुके थे, उस मंजिल पर जिसे पा लेने के बाद मानो कोई इच्छा बाकी नहीं रह जाती। अब बॉक्स ऑफिस सफलता की बजाय कला की नई ऊँचाइयाँ छूने का समय था। सोहराब मोदी की 'नौशेरवान-ए-आदिल' (1957) मानो उनके संगीत के इसी नए सुर का संकेत थी। नसीम बानू, राजकुमार और माला सिन्हा की मुख्य भूमिकाओं से सजी यह फिल्म एक कास्ट्यूम ड्रामा थी, जिसके गीत लोग आज भी भूले नहीं हैं। मुहम्मद रफी ने अपना एक दर्द भरा शाहकार गीत इसी फिल्म में गाया था—'ये हसरत थी कि दुनिया में बस दो काम कर जाते, तुम्हारी याद में जीते तुम्हारे गम में मर जाते'। फिल्म के दो युगल-गीत भी मानो आज भी हवाओं में गूंज रहे हैं—'तारों की जुबाँ पर है मुहब्बत की कहानी' और 'भूल जाएँ सारे गम डूब जाएँ प्यार में' (दोनों रफी-लता)। इनके अलावा लता के तीन सोलो 'भीनी-भीनी है, मीठी-मीठी है' (कुछ-कुछ चइकोस्टी की 'ब्लू दानुबे वाल्ज' सिम्फोनी से प्रेरित), 'आजा-आजा रात ढली' और 'हम आह भी करते हैं' भी बहुत खूबसूरत गीत थे और आशा भोंसले के 'ये नजाकत ये आलम शबाब का' का तो कहना ही क्या! भले ही 'रिद्म किंग' का खिताब लोग ओ.पी. नैयर को देना पसन्द करें, लेकिन सी. रामचन्द्र भी कम नहीं थे। इस किताब में मेरी सह-लेखिका और मेरी बेटी अंशुला आशा के इस गाने पर क्या थिरकती थी! तब वह सिर्फ दो-तीन वर्ष की थी। 'या अल्ला मता अल्ला या अल्ला मता अल्ला' के रिकॉर्ड को तो बार-बार बजवाने के लिए वह मचलती ही रहती थी। इस फिल्म के भुलाए न भूलने वाले गीत परवेज शम्सी ने लिखे थे।

अशोक कुमार और बीना राय की मुख्य भूमिकाओं वाली 'तलाश' (1957) में सी. रामचन्द्र कुछ फीके रहे। राजेन्द्र कृष्ण के गीतों वाली इस फिल्म में लता के सिर्फ दो गाने याद करने लायक थे—'दिल है लुटा हुआ जहाँ' और 'रात है सितारों वाली'। लेकिन 'तलाश' के इस झटके को साउथ की एक और फिल्म 'शारदा' (1957) ने कुछ हद तक सँभाल लिया। यह फिल्म दक्षिण के चोटी के निर्माता एल.वी. प्रसाद के प्रतिष्ठित बैनर 'प्रसाद प्रोडक्शन' की पहली फिल्म थी। राज कपूर और मीना कुमारी की मुख्य भूमिकाओं वाली यह फिल्म आज भी एक 'क्लासिक' के रूप में देखी जाती है। फिल्म के लोकप्रिय गीतों में लता-आशा का बहुत प्यारा युगल-गीत 'ओ चाँद जहाँ वो जाएँ', आशा का सोलो 'लहराए जिया लहराए', लता का भजन 'जनगण मंगलदायक राम' और मुकेश का अनूठे अन्दाज का 'जय-जय-जय-जय रे' शामिल थे। फिर भी कुल मिलाकर यह फिल्म भी सी. रामचन्द्र के स्तर के अनुरूप नहीं थी। इस फिल्म के गीत भी राजेन्द्र कृष्ण ने लिखे थे। शायद दोनों ही अपनी पूरी तरंग में नहीं थे या फिर कहानी में बहुत ज्यादा सिचुएशन-प्रधान गीतों के कारण भी बहुत अच्छा संगीत नहीं बन पाया था।

साउथ की ही एक और फिल्म 'अमरदीप' (1958) भी सी. रामचन्द्र के संगीत से सजी हुई थी। इस फिल्म का

साहिर और सी. रामचन्द्र

'ऐ मेरे वतन के लोगों' की रिकॉर्डिंग

प्रदीप, लता और सी. रामचन्द्र

प्रदीप, आशा और सी. रामचन्द्र

निर्माण दक्षिण के महान अभिनेता शिवाजी गणेशन ने किया था और इसमें देव आनन्द, वैजयन्तीमाला और पद्मिनी मुख्य भूमिकाओं में थे। काफी अन्तराल के बाद सी. रामचन्द्र के संगीत ने एक बार फिर धूम मचाई। अगर सी. रामचन्द्र को 'रुस्तम-ए-रिदम' या सीधे शब्दों में कहें तो 'रिदम का बादशाह' कहने के लिए कोई उदाहरण देने की जरूरत हो तो इस फिल्म के कई गीतों का उदाहरण दिया जा सकता है। 'लागी अपनी नजरिया कटार बनके' (आशा), 'जली लो धीन ताना' (आशा) और 'इस जहाँ का प्यार झूठा' (रफी-मन्ना डे-आशा) ऐसे ही गीत थे। ज्यादा वजनदार गीतों में लता के दो बेहद सुरीले गीत 'मेरे मन का बावरा पंछी क्यों बार-बार डोले' (भीम पलासी) और 'दिल की दुनिया बसाके साँवरिया तुम न जाने कहाँ खो गए' शामिल थे। लता के इन दो गीतों के बावजूद फिल्म के संगीत पर आशा भोंसले छाई हुई थीं, जिनके पूरे छह गीत थे। रफी के साथ उनका युगल-गीत 'देख हमें आवाज न देना ओ बेदर्द जमाने' तो हिन्दी सिनेमा के अमर युगल-गीतों में शामिल है। 'ये जी चाहता है' और 'किसी दिन जरा देख मेरे भी होके' आशा के दो और खूबसूरत सोलो थे। रफी का 'लेने से इनकार नहीं देने को तैयार नहीं' भी खूब लोकप्रिय हुआ था। इस फिल्म का धूम मचाने वाला संगीत शायद सी. रामचन्द्र और लता के रिश्तों में आई दरार का भी संकेत था, जो दिनोदिन और बढ़ती चली गई। फिल्म के गीत इस बार भी राजेन्द्र कृष्ण ने लिखे थे।

बसन्त जोगलेकर की 'कारीगर' (1958) में सी. रामचन्द्र ने कुछ बहुत अच्छी धुनें संजोई थीं। अशोक कुमार और निरूपा राय की मुख्य भूमिकाओं वाली इस फिल्म में लता के तीन अद्भुत गीत थे—मिश्र भैरवी पर आधारित 'भई बैरन काली रतियाँ', 'गिरधारी, तेरे दरशन प्यासे नैन' और 'मोसे रूठ गए मोरे राम रे'। सी. रामचन्द्र ने एक लाजवाब ग़ज़ल भी कम्पोज की थी, जिसे उन्होंने खासतौर से चाँद अग्रवाल से गवाया था—'शबाब आने से पहले उनका आलम और ही कुछ था'। इस फिल्म के दौरान दो पुराने और घनिष्ठ मित्रों सी. रामचन्द्र और राजेन्द्र कृष्ण में अनबन भी हो गई। दूरियाँ इस हद तक बढ़ गईं कि फिल्म के आठ गाने रिकॉर्ड हो जाने के बाद सी. रामचन्द्र ने नौवाँ और आखिरी गाना 'बामन हो जात भिखारी हो' भरत व्यास से लिखवाया।

जैमिनी की एस.एस. वासन निर्देशित 'राज तिलक' (1958) सी. रामचन्द्र की एक बड़ी और महत्त्वाकांक्षी फिल्म थी। वैजयन्तीमाला, जैमिनी गणेशन और पद्मिनी की मुख्य भूमिकाओं से सजी यह फिल्म एक कास्ट्यूम ड्रामा थी। लता का 'आज न जाने रह-रहकर क्यों दिल मेरा डोले' बड़ा सुरीला गीत था और 'दिल जो दे दूँगी' भी। फिल्म में एक शानदार नृत्य-दृश्य भी था, जिसमें वैजयन्तीमाला और पद्मिनी के बीच नृत्य का मुकाबला होता है। सी. रामचन्द्र ने इस नृत्य-दृश्य में सचमुच गजब का संगीत दिया था। माना जाता है कि इसी फिल्म के दौरान सी. रामचन्द्र और लता के रिश्तों ने एक कटु मोड़ ले लिया था। इस बारे में कई तरह की बातें सुनने में आती हैं। कुछ लोगों के अनुसार, एक दिन सी. रामचन्द्र नशे में एक रिकॉर्डिस्ट के साथ मिलकर लता का मजाक उड़ाने लगे थे, जो लता को बहुत नागवार गुजरा था। इस सम्बन्ध में खुद सी. रामचन्द्र का क्या कहना था? राजू भारतन ने लता की जीवनी में सी. रामचन्द्र को उद्धरित करते हुए (पृष्ठ 137 पर) उन्हीं के शब्दों में लिखा है :

''वे मुझसे विवाह करना चाहती थीं। लेकिन मेरी ऐसी कोई दिलचस्पी नहीं थी क्योंकि मैं पहले से ही विवाहित था। मैं सिर्फ मौज-मस्ती करना चाहता था और यह बात मैंने उनसे कह भी दी थी। तब तक वे मेरे संगीत के लिए अत्यन्त महत्त्वपूर्ण बन चुकी थीं, बल्कि मामला यहाँ तक पहुँच गया था कि मैं एक गायिका के रूप में उनके बिना काम ही नहीं चला सकता था। लेकिन मैं विवाह जैसा कोई बन्धन नहीं चाहता था। उस समय मैं बॉक्स ऑफिस के शिखर पर था और जानता था कि मेरा कैरियर क्या मोड़ लेने जा रहा था।'' —सी. रामचन्द्र

लता की इस जीवनी में राजू भारतन ने यह भी लिखा है कि सी. रामचन्द्र एक पॉकेट-डायरी रखा करते थे, जो उनके लिए बहुत ज्यादा महत्त्वपूर्ण थी। इसमें उन्होंने ढेर सारी धुनों के नोट्स बना रखे थे। कई लोगों की सलाह के बावजूद उन्होंने इसकी कोई प्रतिलिपि नहीं बनाई थी। एक दिन एक पाकेटमार ने उनकी जेब मार ली और पर्स के साथ-साथ उनकी यह डायरी भी चली गई। यह एक ऐसा नुकसान था जिसकी भरपाई नहीं हो सकती थी। लता के साथ रिश्तों के टूटने और साथ ही इस डायरी के खोने के बाद मानो उनकी नसों में बहती संगीत की धारा ही सूख गई। जैसाकि मेरे प्रिय मित्र और 'कीप अलाइव' के लिए मशहूर मनोहर अय्यर का कहना है—जब कला की देवी रुष्ठ हो गई तो संगीत को तो लुप्त होना ही था!

महेश कौल की 'तलाक' (1958) इस दौर में सी. रामचन्द्र की पहली ऐसी फिल्म थी जिसमें लता का एक भी गीत नहीं था। फिर भी सी. रामचन्द्र कुछ लोकप्रिय गीत देने में सफल रहे। राजेन्द्र कुमार और कामिनी कौशल की मुख्य भूमिकाओं वाली यह फिल्म बॉक्स ऑफिस पर भी ठीक चली। फिल्म का सबसे हिट गीत था राष्ट्रीय भावनाओं को झकझोरने वाला—'कहनी है इक बात हमें इस देश के पहरेदारों से, सँभलके रहना अपने घर में छिपे हुए गद्दारों से' (मन्ना डे)। आप समझ ही गए होंगे कि इस फिल्म के गीत कवि प्रदीप ने लिखे थे। फिल्म का एक युगल-गीत भी

खूब लोकप्रिय हुआ था—'मेरे जीवन में किरण बनके उभरने वाले' (मन्ना डे-आशा)। अन्य गीतों मे 'दुनिया पर कुछ रहम करो' (आशा-आरती मुखर्जी), 'झुक गई देखो गर्दन' (आशा), 'नई उमर की कलियाँ' (आश) और 'ओ बाबू ओ मेमसाब' (मन्ना डे-आशा) शामिल थे।

लता के साथ अनबन के दिनों में सी. रामचन्द्र एस.एस. वासन की महत्त्वाकांक्षी फिल्म 'पैगाम' का संगीत तैयार कर रहे थे। दिलीप कुमार, वैजयन्तीमाला, राजकुमार और बी. सरोजा देवी जैसे बड़े सितारों से सजी इस फिल्म का एक सुपरहिट गाना वे लता की आवाज में रिकॉर्ड भी कर चुके थे—'मैं क्यों न नाचूँ आज सखी री मेरा जिया लहराया'। कहते हैं कि सी. रामचन्द्र के साथ झगड़े के बाद लता ने निर्माता एस.एस. वासन से कोई दूसरा संगीतकार ले लेने के लिए कहा था, लेकिन एस.एस. वासन सी. रामचन्द्र को हटाने के लिए राजी नहीं हुए। दक्षिण की अधिकांश हिन्दी फिल्मों की तरह 'पैगाम' भी एक सुपरहिट फिल्म साबित हुई। लेकिन लता के इकलौते गाने, रफी-आशा के डुएट 'जवानी में अकेलेपन की घड़ियाँ हमको न भाएँ' और मन्ना डे के टाइटल-गीत 'इनसान का इनसान से हो भाईचारा, यही पैगाम हमारा' के अलावा इस फिल्म का संगीत कोई खास नहीं चला। इस फिल्म के गीत भी प्रदीप ने लिखे थे।

लता के साथ झगड़े के बावजूद सी. रामचन्द्र कुछ समय तक शिखर पर टिके रहे। व्ही शांताराम की नृत्य और काव्य प्रधान रंगीन फिल्म 'नवरंग' (1959) उनकी एक धमाकेदार सफलता साबित हुई। फिल्म में बारह गीत थे और सभी एक से एक बढ़कर। राग मालकौंस पर आधारित दो युगल-गीतों—'तू छुपी है कहाँ' (मन्ना डे-आशा) और 'आधा है चँद्रमा रात आधी' (महेन्द्र कपूर-आशा) ने तो गजब ही ढा दिया। राग पहाड़ी पर आधारित होली-गीत 'अरे जा रे हट नटखट' (आशा) भी खूब लोकप्रिय हुआ और हिन्दी सिनेमा के अमर गीतों में शामिल है। आशा भोंसले के अन्य सोलो 'आ दिल से दिल मिला लें' (राग खमाज पर आधारित), 'तुम सैयाँ गुलाब के फूल' और 'तुम मेरे मैं तेरी' भी बड़े सुन्दर गीत थे और खूब चले थे। खुद गीतकार भरत व्यास की आवाज में 'कविराजा कविता के मत अब कान मरोड़ो, धन्धे की कुछ बात करो कुछ पैसे जोड़ो', महेन्द्र कपूर की आवाज में 'श्यामल-श्यामल बरन', खुद सी. रामचन्द्र (चितलकर) की आवाज में 'तुम पच्छिम हो हम पूरब हैं' और आशा भोंसले के साथ उनका युगल-गीत 'कारी-कारी अंधियारी रात' सभी बड़े मोहक गीत थे। सी. रामचन्द्र ने साबित कर दिया था कि वे लता के विना ही नहीं, बल्कि उस समय के चोटी के गायकों रफी और तलत और अपने पुराने साथी गीतकार राजेन्द्र कृष्ण के बिना भी उच्च कोटि का और सुपरहिट संगीत दे सकते थे।

जो भी हो, वसन्त जोगलेकर की 'आँचल' (1960) के संगीत की धुनें बनाते हुए शायद उन्हें लता की कमी सचमुच ही खटकने लगी थी, इसलिए उन्होंने उनसे मिलती-जुलती आवाज वाली नई गायिका सुमन कल्याणपुर का इस्तेमाल किया। सुमन ने दो हिस्सों वाला 'साँवरिया रे अपनी राधा को भूल न जाना' तो गाया ही, साथ ही आशा भोंसले के साथ एक मोहक युगल-गीत 'ओह-ओह नाचे रे राधा नाचे' भी गाया। लेकिन यह भी एक रहस्य है कि सी. रामचन्द्र ने इसके बाद सुमन कल्याणपुर से एकाध बार ही गवाया। क्या इसके पीछे भावनात्मक कारण थे? खैर, 'आँचल' में महेन्द्र कपूर और आशा भोंसले का एक लुभावना युगल-गीत भी था—'गा रही है जिंदगी हर तरफ बहार है' और आशा का एक उतना ही प्यारा सोलो भी—'घूँघट कली का न खोल भँवरे'। इस फिल्म के गीतकार भी प्रदीप थे।

देव आनन्द और बांग्ला की चोटी की अभिनेत्री सुचित्रा सेन की मुख्य भूमिकाओं वाली 'सरहद' (1960) में भी सी. रामचन्द्र ने लता के बिना ही संगीत दिया। शंकर मुखर्जी द्वारा निर्देशित इस फिल्म में 'आजा रे लागे न मोरा जिया' (आशा), 'गोरी चली करके सिंगार' (आशा), 'छा गया नशा प्यार का' (चितलकर-आशा) और 'दुनिया क्या है दफा करो' जैसे कुछ लुभावने गाने थे। आशा के 'आजा रे...' में डीन मार्टिन के 'वोलेर वोलेर' का प्रभाव दिखाई देता था। प्रभु दयाल द्वारा निर्देशित 'अमर रहे ये प्यार' (1961) में तो इक्का-दुक्का गीतों—'मेरे अँधेरे घर में चाँद कोई छाया' (आशा) और 'आज के इनसान को क्या हो गया' (प्रदीप)—के अलावा सी. रामचन्द्र कुछ भी कमाल नहीं दिखा पाए। फिल्म भी बुरी तरह फ्लॉप हो गई। (इस फिल्म के निर्देशक प्रभु दयाल ने बाद में नलिनी जयवन्त से विवाह कर लिया।)

'नवरंग' की धूम के बाद व्ही शांताराम ने वर्षों पहले की अपनी सुपरहिट फिल्म 'शकुन्तला' (1939) को 'स्त्री' (1961) के नाम से फिर से बनाने का फैसला किया। भला सी. रामचन्द्र के अलावा वे इसका संगीत किसे सौंपते? कहते हैं कि जब लता ने यह सुना कि व्ही शांताराम 'शकुन्तला' जैसी महान फिल्म को टेक्नीकलर में बनाने जा रहे थे तो उन्होंने उनसे कहा कि वे उनकी फिल्म में जरूर गाएँगी। व्ही शांताराम ने यह बात सी. रामचन्द्र तक पहुँचा दी और उन्होंने लता के लिए इतनी आकर्षक और मधुर धुनें बनाईं कि फिल्म का संगीत इसका सबसे यादगार पहलू बन गया। 'ओ निर्दयी प्रीतम' (भीमपलासी) हो या 'झिलमिल-झिलमिल तारों का' (नेपाली लोक-संगीत पर आधारित), मधुरस में भीगा 'आंगन में सूरज मुस्काया' हो या गुदगुदाता-लुभाता हुआ 'कब आओगे प्राण पिया'—

सब एक से एक बढ़कर थे। महेन्द्र कपूर के साथ लता का युगल-गीत 'आज मधुवास डोले' भी बहुत खूबसूरत बन पड़ा था। महेन्द्र कपूर और आशा भोंसले के सोलो 'कौन हो तुम कौन हो' और 'बसन्त है आया' भी सी. रामचन्द्र के उत्कृष्ट मधुर संगीत की छाप लिए हुए थे। लेकिन इतने दिनों बाद फिर से साथ-साथ काम करने के बावजूद सी. रामचन्द्र और लता मंगेशकर के रिश्तों में जमी बर्फ नहीं पिघल पाई। 'ओ निर्दयी प्रीतम' की रिकॉर्डिंग के दौरान लता एक सुर में क्षण भर के लिए लड़खड़ा गईं, जिसे संगीत की भाषा में 'अपस्वर' कहते हैं। सी. रामचन्द्र ने उन्हें टोकने के लिए मुँह खोला जरूर, लेकिन फिर हिचकिचाहट के कारण चुप ही रह गए। कोई दूसरा अवसर होता तो वे बड़े प्यार से लता की गलती सुधारते और उन्हें 'रीटेक' के लिए कहते। लेकिन अब पहले जैसी बात कहाँ रह गई थी? फिल्म के गीत व्ही शांताराम के मनपसन्द गीतकार भरत व्यास ने लिखे थे। बड़ी लगन और मेहनत से बनाई गई इस भव्य फिल्म को दर्शकों ने सिरे से नकार दिया। वे नायिका संध्या को शकुन्तला के रूप में स्वीकार नहीं कर पाए, जिनकी बाँह पर टीकों के दाग साफ दिखाई देते थे।

अब सी. रामचन्द्र का कैरियर अपनी ढलान पर था। जैसाकि हमारे मित्र ने कहा था, कला की देवी के रूठ जाने का असर अब दिखाई देने लगा था। साउथ की एक और फिल्म 'बहूरानी' (1963) उनकी आखिरी यादगार फिल्म साबित हुई। टी. प्रकाशराव द्वारा निर्देशित इस फिल्म में गुरुदत्त और माला सिन्हा मुख्य भूमिकाओं में थे। यह फिल्म जाने-माने शायर और गीतकार साहिर लुधियानवी के साथ सी. रामचन्द्र की पहली और आखिरी फिल्म थी। रिश्तों में खिंचाव के बावजूद लता ने इस फिल्म में भी गाया। राग हेमन्त पर आधारित 'बलमा अनाड़ी मन भाए' सचमुच मन मोह लेने वाला गीत था। उनका दूसरा सोलो 'मैं जागूँ सारी रैन सजन तुम सो जाओ' और हेमन्त कुमार के साथ उनका युगल-गीत 'उम्र हुई तुमसे मिले फिर भी न जाने क्यों' भी उतने ही सुरीले थे। फिल्म में आशा भोंसले की शानदार कव्वाली भी थी—'ये हुस्न मेरा ये इश्क तेरा रंगीन तो है बदनाम सही'। 'बहूरानी' के संगीत की रिकॉर्डिंग से एक दिलचस्प प्रसंग भी जुड़ा हुआ है, जिससे सी. रामचन्द्र की अद्‌भुत संगीत-प्रतिभा का पता चलता है। वे सिर्फ मुखड़ा सुनकर कभी भी कोई धुन नहीं बनाते थे। पूरा गाना लिखे जाने के बाद ही वे इसकी धुन तैयार करते थे। यह उनका नियम था, जिसे वे कभी नहीं तोड़ते थे। 'बहुरानी' के पहले गाने की रिकॉर्डिंग के दिन रिकॉर्डिंग स्टूडियो में सब कुछ तैयार था—सी. रामचन्द्र, सभी साजिंदे और लता सभी मौजूद थे। सिर्फ गाना मौजूद नहीं था। अगले दिन इसी गाने की शूटिंग थी, इसलिए उस दिन इसकी रिकॉर्डिंग करना भी जरूरी था। फिल्म के गीतकार साहिर लुधियानवी गाना लेकर नहीं पहुँचे थे और सभी बड़ी बेसब्री से उनका इन्तजार कर रहे थे। जब देर होती गई और लोग रिकॉर्डिंग को लेकर चिन्तित होने लगे तो सी. रामचन्द्र ने सबको तसल्ली देते हुए कहा कि गाने के बोल मिलते ही वे पाँच मिनट में इसकी धुन तैयार कर देंगे और सचमुच यही हुआ। साहिर गाने के बोल लेकर पहुँचे और सी. रामचन्द्र ने न सिर्फ पाँच मिनट में इसकी धुन तैयार कर दी, बल्कि घंटे भर में गाना रिकॉर्ड भी हो गया। तो इतनी तेजी से और सिर्फ अपने सहज-बोध से धुनें बना लेते थे सी. रामचन्द्र।

1962 में चीन के साथ लड़ाई के बाद जाने-माने कवि और फिल्म गीतकार प्रदीप ने एक बेहद प्यारा और मर्मस्पर्शी राष्ट्रीय गीत लिखा था—'ऐ मेरे वतन के लोगो, जरा आँख में भर लो पानी, जो शहीद हुए हैं उनकी जरा याद करो कुरबानी'। यह गीत दिल्ली के रामलीला मैदान में एक विशाल जनसभा में प्रधानमंत्री पंडित जवाहरलाल नेहरू की उपस्थिति में गाया जाना था। कवि प्रदीप के कहने पर सी. रामचन्द्र ने इसकी धुन तैयार की और लता मंगेशकर के साथ अपनी खटपट के कारण आशा भोंसले के साथ इसकी रिहर्सल शुरू कर दी। लता को इस बात का पता चला तो उन्होंने प्रदीप से कहा कि यह राष्ट्रीय गीत आशा के साथ वे भी गाना चाहेंगी। भला सी. रामचन्द्र लता की इच्छा का पालन करने से कैसे इनकार करते? उन्होंने इस गीत को एक युगल-गीत में बदल दिया और लता और आशा दोनों ही उनके साथ इसकी रिहर्सल करने लगीं। लता, आशा, सी. रामचन्द्र और प्रदीप के दिल्ली जाने के विमान-टिकट भी बुक हो गए। लेकिन न जाने क्यों, आखिरी क्षणों में आशा भोंसले ने अपना टिकट रद्द करने के लिए कहा। आज तक कोई भी उनसे यह पूछने की हिम्मत नहीं कर पाया है कि उन्होंने ऐसा क्यों किया। जो भी हो, दिल्ली की विशाल जनसभा में और पंडित जवाहरलाल नेहरू की उपस्थिति में लता मंगेशकर ने यह गीत अकेले ही गाया और इतने भावभीने और हृदयस्पर्शी अन्दाज में गाया कि नेहरू जी की आँखों में भी आँसू आ गए। उनका यह गीत एक अमर राष्ट्रीय गीत बन गया, जो आज भी 26 जनवरी, 15 अगस्त और अन्य राष्ट्रीय अवसरों पर बड़ी श्रद्धा और भावुकता के साथ सुना जाता है।

उस ऐतिहासिक जनसभा में अभिनय-सम्राट दिलीप कुमार को इस राष्ट्रीय गीत की भूमिका बाँधने और इसके बारे में दो शब्द कहने की जिम्मेदारी सौंपी गई थी, जिसे उन्होंने बखूबी निभाया। उन्होंने इस गीत, कवि प्रदीप और लता मंगेशकर की तारीफ तो कर दी, लेकिन सी. रामचन्द्र का नाम लेना भूल गए। वे अपनी सीट पर लौटकर आए तो सी. रामचन्द्र ने उन्हें आड़े हाथों लिया—''क्या तुम्हें नहीं मालूम कि यह गाना मैंने कम्पोज किया है? या तुम लता को खुश

करने के चक्कर में मेरा नाम लेना भूल गए?'' दिलीप कुमार ने जवाब दिया कि वे किसी की खुशो-नखुशी की परवाह नहीं करते थे। ''कल तक मुझसे कोई भी कुछ कहने की हिम्मत नहीं करता था'', सी. रामचन्द्र ने कहा, ''लेकिन लगता है अब दिलीप कुमार भी जमाने की हवा के हिसाब से चलने लगे हैं!''

इस महान राष्ट्रीय गीत की ऐतिहासिक प्रस्तुति के बाद सी. रामचन्द्र और लता के सम्बन्ध सुधरने की बजाय और भी बिगड़ते चले गए। फिर भी वे एक मर्यादा का पालन करते रहे। कहते हैं कि सी. रामचन्द्र के पास लता के कुछ पत्र थे। इस्साक नुजावर और जी.वी. बेहरे की पत्रकार-जोड़ी के अनुसार, सी. रामचन्द्र ने अपने निधन से कुछ पहले ये पत्र रणजीत देसाई के माध्यम से लता को लौटा दिए थे। वे किसी तरह का स्कैंडल खड़ा करना नहीं चाहते थे। लता ने अपने कैरियर की सिल्वर जुबली पर एचएमवी के माध्यम से अपने दस सर्वश्रेष्ठ गीतों का एक विशेष रिकॉर्ड जारी किया था। इनमें सी. रामचन्द्र का एक भी गीत नहीं था। फिर भी, 1970 के दशक के मध्य में एचएमवी ने 'ग्रेट मायस्ट्रो ग्रेट मेलोडीज' शृंखला में सी. रामचन्द्र और लता मंगेशकर की जोड़ी के श्रेष्ठतम गीतों का एक रिकॉर्ड जारी किया था, जो खूब लोकप्रिय हुआ था।

चीन के साथ लड़ाई के दिनों में सी. रामचन्द्र ने प्रदीप का एक व्यंग्य-गीत 'वाह रे चाउ-एन-लाई' भी रिकॉर्ड किया था, जिसे उन्होंने आशा भोंसले के साथ खुद गाया था।

सी. रामचन्द्र अपने उसूलों के बड़े पक्के थे और इन्हें लेकर दोस्तों से भी झगड़ा कर लेते थे। भगवान दादा, राजेन्द्र कृष्ण सभी के साथ उनका झगड़ा हुआ और बाद में सुलह भी हो गई। 'झमेला' के निर्माण के दौरान भगवान दादा से उनकी खटपट हो गई, लेकिन कुछ समय बाद ओमप्रकाश ने बीच में पड़कर दोनों का मेल करवा दिया। इसी तरह भगवान दादा बीच में पड़कर एक-दूसरे से रूठे हुए सी. रामचन्द्र और राजेन्द्र कृष्ण को एक बार फिर करीब ले आए। भगवान दादा लता के साथ भी उनकी सुलह करवाने पर जोर देते रहे, लेकिन सी. रामचन्द्र इनकार करते हुए कहते थे, ''हम महाराष्ट्रियन जब लड़ते हैं तो जिंदगी भर के लिए लड़ते हैं।'' फिर भी सी. रामचन्द्र दोस्तों के दोस्त और यारों के यार थे। पुराने दोस्तों दिलीप कुमार, ओमप्रकाश, राजेन्द्र कृष्ण और निर्देशक रमेश सहगल के साथ उनकी बड़ी गहरी छनती थी। ये सभी दोस्त चैम्बूर में ओमप्रकाश के घर में अकसर मिलते रहते थे, जहाँ छत पर पीने-पिलाने और गपशप के दौर के बाद सब एक साथ डिनर करते थे। इन महफिलों में दिलीप कुमार खलील जिब्रान की पंक्तियाँ सुनाकर सबको मंत्रमुग्ध कर देते थे।

यह एक बहुत बड़ा रहस्य है कि 'बहूरानी' (1963) के बाद 1963-63 के आसपास सी. रामचन्द्र को अचानक ही क्या हो गया। वे अपना जादुई स्पर्श खो बैठे और बड़े बैनरों और बड़ी फिल्मों की बजाय दूसरे दर्जे की फिल्मों के होकर रह गए। इन फिल्मों में भी वे पहले वाला ऊँचा स्तर नहीं छू पाए। 'दाल में काला' (1964), 'वीर भीमसेन' (1964), 'हम दीवाने' (1965), 'शेरदिल' (1965), 'जिंदगी और मौत' (1965), 'लाबेला' (1966), 'तसवीर' (1966), 'वहाँ के लोग' (1967), 'बलराम श्रीकृष्ण' (1968), 'पायल की झँकार' (1968) और 'रूटा न करो' (1968) ऐसी ही फिल्में थीं। फिर भी इन फिल्मों के कुछ गीत उनके पुराने स्पर्श की याद दिला देते थे। 'चाँद चुपचाप है सितारे गुमसुम' ('दाल में काला', किशोर), 'दिल लगाकर हम ये समझे जिंदगी क्या चीज है' ('जिंदगी और मौत', आशा भोंसले और महेन्द्र कपूर के दो अलग-अलग वर्जनों में), 'गोरी तूने मेरा दिल चुराया है' ('हम दीवाने', चितलकर), 'चले कहाँ हो मेरी धड़कनें बढ़ाके' ('तसवीर', सुमन कल्याणपुर-महेन्द्र कपूर), 'हम तुमसे मुहब्बत' ('वहाँ के लोग', मुकेश), 'ऐ मेरे सोए हुए प्यार जरा होश में आ' ('पायल की झंकार', किशोर) और 'आपका चेहरा, माशा अल्ला' ('रूठा न करो', रफी-आशा) ऐसे ही गीत थे। एक दिलचस्प तथ्य यह है कि इस दौर में लता ने जो दो-तीन गीत उनके लिए गाए, उनमें वही पुरानी बात थी। 'वीर भीमसेन' का पूरबी लोक-शैली का 'झुक गई रे पलक', 'पायल की झंकार' का 'तू आए न आए मगर जाने वाले' और भोजपुरी फिल्म 'मितवा' का 'सपना देख जुदा गइले जियरा' उनके उसी पुराने सुरीले संगीत का हिस्सा थे। भोजपुरी गीत 'सपना देख...' तो 'साकी' के 'दिल की कहानी' की याद दिलाता था और उसी का नया रूप था।

सी. रामचन्द्र ने दो मराठी फिल्मों का भी निर्माण किया, जिनमें उन्हीं का संगीत था—'धनंजय' और 'गुरुकुल'—लेकिन सफलता हाथ नहीं आई। उन्होंने एक भोजपुरी फिल्म 'मितवा' (जिसका जिक्र हम पीछे कर चुके हैं) के साथ-साथ एन.टी. रामाराव की तेलुगू फिल्म 'अकबर सलीम अनारकली' में भी संगीत दिया। इसके उत्कृष्ट संगीत ने 'अनारकली' (1953) की याद को फिर से ताजा कर दिया। श्री साईं बाबा का भक्त होने के नाते उन्होंने कुछ साईं भजन भी संगीतबद्ध किए। उन्होंने एक संगीत संस्था 'भारतीय संगीत अकादमी' की भी स्थापना की, जिसने प्रमिला दातार और कविता कृष्णामूर्ति जैसी गायिकाएँ दीं। पुराने मराठी कवियों पर उनका टीवी कार्यक्रम 'रसयात्रा' भी खूब लोकप्रिय हुआ। जीवन के अन्तिम वर्षों में वे पेट के अल्सर के शिकार हो गए और उनकी सेहत गिरती चली गई। सौभाग्यवश इससे पहले ही वे अपनी आत्मकथा 'मेरे जीवन की सरगम' (1977) पूरी कर चुके थे। 5 जनवरी, 1982 को, 72 वर्ष की उम्र में, बम्बई के ब्रीच कैन्डी अस्पताल में इस महान सुर-साधक का निधन हो गया।

उनके बारह सर्वश्रेष्ठ गीतों को लेकर हमारे परिवार में अच्छी-खासी बहस छिड़ी रही। आखिर जो सूची तैयार हुई, वह इस प्रकार है :

सी. रामचन्द्र के 12 अनमोल रत्न

क्रम	गीत	फिल्म	गायक/गायिका
1.	महफिल में जल उठी शमा	निराला	लता
2.	गोरे-गोरे ओ बाँके छोरे	समाधि	लता-अमीरबाई
3.	धीरे से आ जा री अँखियन में	अलबेला	लता
4.	जाग दर्द-ए-इश्क जाग	अनारकली	लता-हेमन्त कुमार
5.	कटते हैं दुख में ये दिन	परछाईं	लता
6.	मैं पी के नहीं आया	कवि	तलत
7.	कितना हसीं है मौसम	आजाद	लता-चितलकर
8.	तुम क्या जानो तुम्हारी याद में	शिनशिनाकी बुबलाबू	लता
9.	मुहब्बत में ऐसे जमाने भी आए	सगाई	तलत-लता
10.	आँखों में समा जाओ	यास्मीन	लता
11.	ये हसरत थी कि दुनिया में	नौशेखान-ए-आदिल	रफी
12.	देख हमें आवाज न देना	अमरदीप	रफी-आशा

रसीली धुनों का यह जादूगर भले ही तीन दशक पहले हमें अलविदा कह गया हो, लेकिन उनका संगीत और उनकी आवाज आज भी हवाओं में गूँज रही है। उनके प्रशंसक आज भी उनकी जादुई धुनों से मोहित हैं और उन्हें याद करते हुए गुनगुना रहे हैं—तेरे रास्ते पे हमने इक घर बना लिया है, तेरी मुस्कराहटों से उसको सजा लिया है...।

एस.एन. त्रिपाठी (1913-1988)

शास्त्रीय और भक्तिमय सुरों का महारथी

जैसाकि इस पुस्तक में हम बार-बार कहते रहे हैं, पिछली सदी के तीन दशक—1940, 1950 और 1960 के दशक—हिन्दी फिल्म संगीत के सुनहरी वर्ष रहे हैं, जिन्हें सच ही हिन्दी सिनेमा का सुनहरी दौर कहा जाता है। इस फिल्म संगीत ने न सिर्फ करोड़ों फिल्म और संगीत प्रेमियों को मंत्रमुग्ध किए रखा, बल्कि हमारे विविधतापूर्ण राष्ट्र को भी एक सूत्र में पिरोए रखा। यह वह समय था जब फिल्म संगीत मधुरता और सुरीलेपन का पर्याय था—जब 'मेलोडी वॉज द क्वीन'—और जब गीतों के बोल सीधे दिल में उतर जाते थे और गायक या गायिका की आवाज आत्मा की गहराइयों में। साठ वर्ष बीत जाने के बाद भी ये गीत आज भी ताजा हैं, जिंदा हैं, और हमेशा रहेंगे।

इस अमर संगीत में योगदान करने वाले एक और महारथी का नाम था एस.एन. त्रिपाठी। उन्होंने 111 फिल्मों में लगभग 1000 सुरीले और यादगार गीत दिए। अफसोस, फिल्म इंडस्ट्री और इसके गंभीर समीक्षकों ने उन्हें वह श्रेय और सम्मान नहीं दिया है जिसके वे सही अर्थों में अधिकारी हैं।

जरा याद कीजिए—'जरा सामने तो आओ छलिए, छुप-छुप छलने में क्या राज है, यूँ छुप न सकेगा परमात्मा, मेरी आत्मा की ये आवाज है' (रफी-लता)। फिल्म 'जनम-जनम के फेरे' का यह गीत 1958 में बिनाका गीतमाला की हिट परेड में वर्ष के सरताज गीतों में चोटी पर रहा था। उन्होंने अपने दौर के हर गायक की आवाज में एक से एक सुरीले गीत दिए—मुहम्मद रफी ('परवर दिगार-ए-आलम'), लता मंगेशकर ('शाम भई घनश्याम न आए'), मुकेश ('आ लौट के आजा मेरे मीत'), आशा भोंसले ('देखो जी चाँद निकला पीछे खजूर के'), मन्ना डे ('उड़ जा भँवर माया कमल का'), गीता दत्त ('आई बिरहा की रात'), सुरैया ('जरा ठहरो मैं हाल-ए-दिल'), शमशाद बेगम ('नहीं तुझको खबर तेरी पहली नजर') और सुमन कल्याणपुर ('दिनवा गिनत मोरी')।

एस.एन. त्रिपाठी की सबसे बड़ी खासियत यह थी कि वे सिर्फ संगीतकार ही नहीं थे। वे अभिनेता भी थे (37 फिल्में, जिनमें से कई में उन्होंने रामभक्त हनुमान की भूमिका निभाई), निर्देशक भी थे (20 फिल्में), पटकथा और संवाद लेखक भी थे (40 फिल्में) और गायक भी थे (25 गीत)। इसी तरह की बहुमुखी प्रतिभा वाली अगर कोई दूसरी शख्सियत दिखाई देती है तो वे सिर्फ और सिर्फ किशोर कुमार थे। (जो चोटी के पार्श्व-गायक होने के साथ-साथ अभिनेता, निर्माता-निर्देशक और संगीतकार भी थे।) 'कवि कलिदास', 'रानी रूपमती', 'अमृत मन्थन', 'पिया मिलन की आस', 'संगीत सम्राट तानसेन', 'नादिरशाह' और 'बिदेसिन' जैसी यादगार फिल्में उन बीस फिल्मों में शामिल हैं जिनमें संगीत देने के साथ-साथ एस एन. त्रिपाठी ने निर्देशक की भूमिका भी निभाई थी। निर्देशक के रूप में उनकी पहली फिल्म 'राम-हनुमान युद्ध' (1957) थी, लेकिन फिल्म संगीत से जुड़ी इस पुस्तक में हम सिर्फ संगीत की ही चर्चा करेंगे।

श्री नाथ (एस.एन.) त्रिपाठी का जन्म 14 दिसम्बर, 1912 को वाराणसी में हुआ था—उसी वर्ष जिस वर्ष भारत की पहली फिल्म 'राजा हरीशचन्द्र' रिलीज हुई थी। उनके जन्म-वर्ष को लेकर कुछ विवाद रहा है, क्योंकि कुछ लोगों के अनुसार वे 1913 में पैदा हुए थे। इस विवाद को एस.एन. त्रिपाठी ने अपने जीवन में ही दूर कर दिया था और अपनी आत्मकथा (जिसे वे पूरा न कर सके) में साफ-साफ लिखा था कि वे 1912 में पैदा हुए थे। हम उनके लेटर-हैड पर उन्हीं के हाथ से लिखी

गई पंक्तियों की फोटोकॉपी प्रस्तुत कर रहे हैं। उनके दादा पं. गणेशदत्त त्रिपाठी संस्कृत विद्यापीठ के प्रधानाचार्य थे। उनके पिता पं. दामोदर दत्त त्रिपाठी भी अपने पिता की तरह एक शिक्षक थे और बनारस के गवर्नमेंट हाई स्कूल में पढ़ाते थे। 1929 में शहर के सेंट्रल हिन्दू कॉलेज से मैट्रिक करने के बाद एस.एन. त्रिपाठी ने इलाहाबाद यूनिवर्सिटी से बी.एससी. की डिग्री प्राप्त की। इलाहाबाद में होस्टल में रहने के दौरान उनके संगीत के शौक ने जोर पकड़ा और वे 'प्रयाग संगीत समिति' में संगीत सीखने लगे। वे जितना सीखते गए, संगीत का शौक उतना ही बढ़ता चला गया। वे लखनऊ के मैरिस कॉलेज ऑफ म्यूजिक (अब वी.एन. भातखंडे संगीत महाविद्यालय) में भर्ती हो गए, जहाँ से उन्होंने पहले 'संगीत प्रवीण' और फिर 'संगीत विशारद' की डिग्रियाँ प्राप्त कीं। इसके साथ-साथ वे मैना देवी नामक एक जानी-मानी शास्त्रीय गायिका से शास्त्रीय और लोक संगीत भी सीखते रहे। मैरिस कॉलेज में ही वे सरस्वती देवी के सम्पर्क में आए, जो तब अपने असली नाम खुर्शीद होमजी के नाम से जानी जाती थीं और मैरिस कॉलेज में पढ़ाती थीं। वे एस.एन. त्रिपाठी की प्रतिभा से बहुत प्रभावित थीं। जल्दी ही वे लखनऊ से बम्बई (अब मुम्बई) चली गईं, जहाँ बॉम्बे टॉकीज के मालिक हिमांशु राय ने बहुत जोर देकर उन्हें स्टूडियो के संगीत विभाग की कमान थमा दी। हिमांशु राय ने ही उन्हें 'सरस्वती देवी' का नाम भी दिया। सरस्वती देवी ने झट से एस.एन. त्रिपाठी को भी बम्बई बुला लिया और वे 100 रुपए महीने की अच्छी-खासी तनख्वाह (उन दिनों के हिसाब से) पर सरस्वती देवी के सहायक के रूप में काम करने लगे। एस.एन. त्रिपाठी बॉम्बे टॉकीज के उन दिनों को बड़ी भावुकता से याद किया करते थे, जहाँ वे एक वायलिन-वादक के रूप में नियुक्त थे। उन्होंने सरस्वती देवी के सहायक के रूप में दस फिल्मों में काम किया—'जवानी की हवा', 'मियाँ-बीवी', 'ममता', 'जीवन नैया', 'अछूत कन्या', 'वचन', 'सावित्री', 'इज्जत', 'प्रेम कहानी', 'जीवन प्रभात' और 'भाभी'। ये सभी फिल्में 1935-1938 में बनी थीं। उन्होंने 'दादामुनि' अशोक कुमार की पहली फिल्म 'जीवन नैया' में एक गाना भी गाया—'ए री दैया लचक लचक चलत'—जो राजकुमारी के साथ एक युगल-गीत था। इस फिल्म में उन्होंने पहली बार अभिनय भी किया। इस तरह, सदाबहार 'दादामुनि' अशोक कुमार की पहली फिल्म उनकी भी पहली फिल्म बन गई।

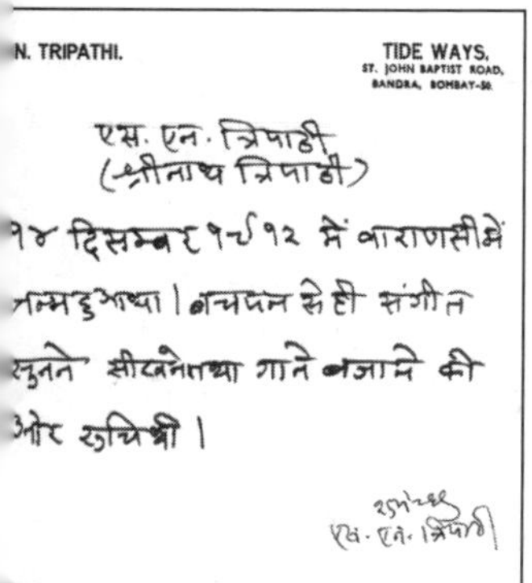
N. TRIPATHI.
TIDE WAYS,
ST. JOHN BAPTIST ROAD,
BANDRA, BOMBAY-50

एस. एन. त्रिपाठी
(श्रीनाथ त्रिपाठी)

१४ दिसम्बर १९१२ में वाराणसी में जन्म हुआ था। बचपन से ही संगीत सुनने सीखने तथा गाने बजाने की ओर रुचि थी।

एस. एन. त्रिपाठी

एक स्वतंत्र संगीत-निर्देशक के रूप में उन्हें पहला ब्रेक लेखक एन.आर. आचार्य की कोशिशों से विष्णु सिनेटोन की फिल्म 'चन्दन' में मिला। यह फिल्म 1939 में बनी थी, लेकिन 1941 में रिलीज हुई। एक संगीत-निर्देशक के तौर पर उनका पहला गीत था—'तन्हा-सा दिल देती हूँ परदेसी प्रीत निभाना'। यह एक युगल-गीत था, जिसे उन्होंने राजकुमारी के साथ खुद गाया था। प्रकाश पिक्चर्स की 'पनघट' (1943) उनकी पहली हिट फिल्म थी। विजय भट्ट द्वारा निर्देशित इस फिल्म के संगीत ने ऐसी धूम मचाई कि उन्होंने पीछे मुड़कर नहीं देखा और चार दशकों में पूरी 111 फिल्मों में संगीत दिया।

एस.एन. त्रिपाठी और विजय भट्ट

यूँ प्रकाश पिक्चर्स की ही 'चूड़ियाँ' (1942) एस.एन. त्रिपाठी की दूसरी फिल्म थी और इसमें भी कई अच्छे गीत थे। बनारसी नौटंकी शैली का 'चूड़ी हूँ मैं इक कहानी हूँ मैं' (राजकुमारी), 'चूड़ी लाया नहीं मनिहार' (अमीरबाई कर्नाटकी-एस.एन. त्रिपाठी) और 'अमवा तले फिर से आओ सजनिया' (प्रेम अदीब-राजकुमारी) खूब लोकप्रिय हुए थे। 'चूड़ियाँ' के संगीत से प्रभावित होकर ही प्रकाश पिक्चर्स ने उन्हें अपनी अगली फिल्म 'पनघट' सौंपी थी। इस हिट फिल्म के धमाकेदार संगीत ने एस.एन. त्रिपाठी को मजबूती से स्थापित कर दिया। फिल्म के लोकप्रिय गीतों में 'पनघट को चली पनिहारी' (राजकुमारी), 'पनघट पर पानी भरने' (एस.एन. त्रिपाठी-राजकुमारी), 'मोरी गगरी का नीर' (राजकुमारी),

'दूर चला चल तू कहीं' (एस.एन. त्रिपाठी-राजकुमारी) और 'मैं हूँ कली मतवाली' शामिल थे। रमेश गुप्ता, पं. इन्द्र, नीलकंठ तिवारी और शर्मा ने 'चूड़ियाँ' और पं. इन्द्र और रमेश गुप्ता ने 'पनघट' के गीत लिखे थे।

बहुत कम लोग जानते हैं कि महान अभिनेत्री मीना कुमारी ने 'बचपन' (1945) फिल्म में एस.एन. त्रिपाठी के संगीत-निर्देशन में पूरे चार गाने गाए थे। तब वे 13 वर्ष की थीं। बाद में एस.एन. त्रिपाठी ने ही एक नायिका के रूप में उन्हें उनका पहला ब्रेक भी दिया, जिसका जिक्र हम आगे करेंगे। 'बचपन' के निर्देशक नन्दलाल जसवन्तलाल थे (जिन्होंने बाद में 'अनारकली' और 'नागिन' जैसी यादगार फिल्में दीं)। इस फिल्म के गीत आई.सी. कपूर ने लिखे थे (जिनके सुपुत्र भरत कपूर एक जाने-पहचाने अभिनेता होने के साथ-साथ हमारे पारिवारिक मित्र भी हैं)। गौतम चित्र की 'जी हाँ' (1945) में भी एस.एन. त्रिपाठी ने कई लोकप्रिय गीत दिए। इनमें 'हाय मेरा सैयाँ तो सट्टेबाज है', 'मोरा पिया ट्राम चलावे' और 'मस्त जवानी आई, आई अंगड़ाई' जैसे चुलबुले गीत शामिल थे। मीरा और शांता पटेल द्वारा गाए गए इन गीतों को पं. इन्द्र ने लिखा था। नर्गिस और पहाड़ी सान्याल की मुख्य भूमिकाओं से सजी 'रामायणी' (1945) में भी कई मोहक गीत थे। 'उन्हें प्रेम सिखा दूँगी', 'ये जीवन स्वर्ग बनाएँगे', 'ऐसे न हमें छेड़ो' और 'दीवानी श्याम मैं तेरी' जैसे इन गीतों को बेकल ने लिखा था। इसी दौर में एस.एन. त्रिपाठी की एक और फिल्म 'मानसरोवर' (1946) के कई गीत भी काफी लोकप्रिय हुए। इनमें शमशाद बेगम के दो गीत 'कोई आया चन्दा की बदली हटाता हुआ' और 'जयहिन्द ये हिन्दी कहानियाँ' भी शामिल थे। इस फिल्म के गीतकार आई.सी. कपूर और सरस्वती कुमार 'दीपक' थे।

बॉम्बे टॉकीज से जुड़े रहे सर्वोत्तम बदामी द्वारा निर्देशित 'उत्तरा-अभिमन्यु' (1946) एस.एन. त्रिपाठी के कैरियर

की एक महत्त्वपूर्ण फिल्म साबित हुई। इसके बाद उनकी पौराणिक (माइथोलॉजिकल) फिल्मों की बाढ़ ही आ गई और वे इस तरह की फिल्मों के विशेषज्ञ माने जाने लगे। एक दिलचस्प तथ्य यह भी है कि यह एकमात्र ऐसी फिल्म थी जिसमें दादामुनि अशोक कुमार ने किसी दूसरे अभिनेता के लिए प्लेबैक गायक की भूमिका निभाई थी। एस.एन. त्रिपाठी ने उनके लिए रवीन्द्र संगीत पर आधारित बहुत मधुर धुनें बनाई थीं—'लाज भरे इन नैनों में सखी' दूर देश का सन्देश प्रीत का' और 'सत्य है कि सपना'। फिल्म में शांता आप्टे के भी कुछ सुरीले गीत थे—'मेरे मन जाग उठा अनुराग', 'हे प्रीतम मैं किस विध स्वागत आज करूंगी तेरा' और 'मेरे मन-मन्दिर में मेरे देवता आओ'। रूपक और दीपक द्वारा लिखे गए गीतों वाली यह फिल्म बॉक्स ऑफिस पर भी अच्छी चली थी।

जे.बी.एच. वाडिया और होमी वाडिया पौराणिक फिल्मों के विशेषज्ञ माने जाते थे। एस.एन. त्रिपाठी ने उनके बसन्त स्टूडियो और वाडिया मूवीटोन के लिए लगभग एक दर्जन फिल्मों में संगीत दिया। इस लम्बे जुड़ाव की शुरुआत होमी वाडिया द्वारा निर्देशित 'रामभक्त हनुमान' (1948) से हुई, जिसमें एस.एन. त्रिपाठी ने हनुमान की मुख्य भूमिका भी निभाई थी। इस भूमिका में वे इतने लोकप्रिय हुए कि बाद में कितनी ही फिल्मों में उन्होंने यही भूमिका निभाई। इस फिल्म में उन्होंने पहली बार मुकेश की आवाज का भी इस्तेमाल किया था, जिन्होंने फिल्म के दो गाने 'हे खग मृग हे मधुकर श्रेणी' और 'बीत चली बरखा ऋतु सीते' गाए थे। दूसरा गीत खूब लोकप्रिय भी हुआ था। इसी फिल्म में मुहम्मद रफी ने भी पहली बार एस.एन. त्रिपाठी के संगीत निर्देशन में गाया। उनके तीन गीत थे—'राम-राम जय श्री राम', 'भज ले राम-राम सियाराम' और 'मधुर राम का नाम'। एस.एन. त्रिपाठी ने भजनों के लिए अवधी और राजदरबारी शैली अपनाई थी, जबकि 'काहे बरसत बदरवा' जैसे अन्य गीत राग मल्हार और अन्य रागों पर आधारित थे। बॉक्स ऑफिस पर खूब धूम मचाने वाली इस फिल्म के गीत भगवत दत्त (बी.डी.) मिश्रा ने लिखे थे,जो इसके बाद लम्बे साथ तक एस.एन. त्रिपाठी के साथ जुड़े रहे।

हमने ऊपर मीना कुमारी की नायिका के रूप में पहली फिल्म का जिक्र किया था। इस फिल्म का नाम 'वीर घटोत्कच' (1949) था, जिसे 'सुरेखा हरण' के नाम से भी जाना जाता है। बसन्त पिक्चर्स द्वारा निर्मित इस फिल्म में एस.एन. त्रिपाठी का ही संगीत था। निर्देशक थे नानुभाई भट्ट (आज के प्रसिद्ध निर्माता-निर्देशक महेश भट्ट के पिता)। इस पौराणिक फिल्म में मीना कुमारी के नायक शाहू मोडक थे। फिल्म के एक से एक सुरीले गीतों में 'करमन की गति न्यारी', 'मेरे दरस दीवाने नैन रे', 'गोरी अँखियों से अँखियाँ मिलाओ', 'आओ सखी मंगल गाओ' (शांति शर्मा-सरोज), 'कहाँ चली ओ बृज की बाला' (मोहनतारा तलपदे-रोहिणी राय), 'पहली ही पहचान में नैना' (मोहनतारा) और 'सन्देश मेरा पाके मुझे दरस दिखाना' (रफी-मोहनतारा) शामिल थे। फिल्म के गीत रमेश जोशी, मोती बी.ए., अन्जुम जयपुरी और सरस्वती कुमार 'दीपक' ने लिखे थे। पौराणिक फिल्मों का दौर आ पहुँचा था। बसन्त पिक्चर्स की अगली फिल्म 'श्री गणेश महिमा' (यानी 'श्री कृष्ण विवाह') की नायिका भी मीना कुमारी थीं। नायक थे महिपाल। इस फिल्म में एस.एन. त्रिपाठी ने गीता दत्त से पहली बार गवाते हुए 'ओ मोहन मुरलीवाले', 'सखी री मेरा मन नाचे' और 'तारों के पालने में' जैसे सुरीले गीतों की रचना की। फिल्म के दो भजन 'शम्भो महादेव शंकर त्रिलोचन' और 'गाइए गणपति वन्दना' भी बड़े खूबसूरत थे। फिल्म के गीत रमेशचन्द्र पांडे और अन्जुम जयपुरी ने लिखे थे।

न्यू थिएटर्स से जुड़े रहे प्रभाष चन्द्र जोशी द्वारा निर्देशित 'सौदामिनी' (1950) शरतचन्द्र की प्रसिद्ध कृति 'स्वामी' पर आधारित एक संवेदनशील सामाजिक फिल्म थी। पौराणिक फिल्मों की भीड़ के बीचोबीच एस.एन. त्रिपाठी ने न सिर्फ इस फिल्म में संगीत दिया बल्कि नायिका सोना चटर्जी के साथ नायक की भूमिका भी निभाई। इस फिल्म के कई मोहक गीतों में 'मुझको उनसे प्यार हुआ' (गीता दत्त), 'जवानी चाँद सलोना' (रफी-जोहराबाई), 'दुख-दर्द भरे दिल का' (उमा देवी) और 'काली घटा हट गई' (चित्रगुप्त) शामिल थे। फिल्म के गीत खुद निर्देशक प्रभाष चन्द्र जोशी, बी.डी. मिश्र, अर्जुन और अन्जुम जयपुरी ने लिखे थे।

पौराणिक फिल्मों की नायिका के रूप में प्रसिद्ध हो चलीं मीना कुमारी की 'हनुमान पाताल विजय' (1951), 'लक्ष्मी-नारायण' (1951) और 'अलादीन और जादुई चिराग' (1952) में भी एस.एन. त्रिपाठी का संगीत था। इन फिल्मों में मीना कुमारी के साथ महिपाल नायक की भूमिका में थे। बसन्त पिक्चर्स द्वारा निर्मित इन तीनों फिल्मों में 'हे शंकर प्रलयंकर' ('हनुमान पाताल विजय') और गीता दत्त की आवाज में 'गई बिरहा की रात' और 'कुछ प्यार किए जाओ' ('लक्ष्मी-नारायण') जैसे लोकप्रिय गीत थे। 'अलादीन और जादुई चिराग' के गीतों ने तो धूम ही मचा दी थी। इनमें 'आँखों में जादू भर-भर' (शमशाद बेगम), 'बता दे कि कफस में' (रफी-शमशाद), 'शरमा के जरा' (आशा-शमशाद), 'मुहब्बत को न भुलाएँगे' (लता), 'हो सके तो दिल के बदले' (शमशाद-रफी-आशा-चित्रगुप्त) और 'इन्साफ कर ओ आसमाँ' (शमशाद) जैसे एक से एक लोकप्रिय गीत शामिल थे। इस फिल्म में लता और आशा दोनों ने ही पहली बार एस.एन. त्रिपाठी के संगीत-निर्देशन में गाया था। पाठक गायकों की सूची में चित्रगुप्त का नाम देखकर चौंक गए होंगे। जी हाँ, तब महान संगीतकार चित्रगुप्त एस.एन.

त्रिपाठी के सहायक थे और कभी-कभी उनके कहने पर गा भी लेते थे। फिल्म के गीत अन्जुम जयपुरी और रमेश चन्द्र पांडे के साथ-साथ श्याम हिन्दी और पं. चाँद ने लिखे थे।

बसन्त पिक्सर्च की ही बाबूभाई मिस्त्री द्वारा निर्देशित 'नवदुर्गा' (1953) में महिपाल के साथ उषा किरण थीं। इस फिल्म में भी एस.एन. त्रिपाठी ने कई मधुर गीत दिए थे। 'आई बिरहा की रात मोरा तड़पे जिया' (गीता दत्त), 'जय-जयकार करो माता की' (चित्रगुप्त), 'काली-काली अँखियाँ' (शमशाद), 'हम और तुम जो मिल गए' (रफी-गीता दत्त), 'इक आग लगाके' (गीता दत्त) और 'आई बहार किए सोलह सिंगार' (गीता दत्त-लक्ष्मी राय) इत्यादि सभी बड़े खूबसूरत गीत थे। लक्ष्मी राय गीता (राय) दत्त की बहन थीं, जिन्होंने बाद में निर्माता-निर्देशक प्रमोद चक्रवर्ती से विवाह कर लिया। फिल्म के गीत अन्जुम जयपुरी और रमेश चन्द्र पांडे ने लिखे थे।

इन सभी फिल्मों ने एस.एन. त्रिपाठी को पौराणिक फिल्मों के शीर्ष संगीत-निर्देशक के रूप में मजबूती से स्थापित कर दिया। उन दिनों पौराणिक और फन्तासी फिल्मों का दौर अपने चरम पर था। 'बैजू बावरा' (1953) के बाद मीना कुमारी सामाजिक फिल्मों की ओर मुड़ गईं तो इन फिल्मों को शकीला के रूप में एक नई खूबसूरत और सम्मोहक नायिका मिल गई। बसन्त पिक्चर्स की होमी वाडिया निर्देशित 'अली बाबा और 40 चोर' (1954) में महिपाल के साथ शकीला नायिका की भूमिका में थीं। इस हिट फिल्म में एस.एन. त्रिपाठी ने अपने सहायक चित्रगुप्त के साथ मिलकर संगीत दिया था। आशा भोंसले ने अपना पहला हिट गाना भी इसी फिल्म में गाया था—'देखोजी चाँद निकला पीछे खजूर के'। त्रिपाठी ने फिल्म के विषय के अनुरूप अरब-शैली का संगीत दिया। फिल्म के अन्य हिट गीतों में 'चलो-चलो चलें हम बबूल के तले' (रफी-शमशाद), 'शरमाके लजाके मैं' (आशा), 'ऐ सबा उनसे कह जरा' (रफी-आशा), 'आँख मिली है प्यार होगा' (आशा) और 'जरा नजरें मिला लो' (शमशाद) शामिल थे। इस फिल्म में ग़ज़लों के बादशाह माने जाने वाले मशहूर गीतकार राजा मेहंदी अली खान ने पहली बार एस.एन. त्रिपाठी के साथ काम किया था। इसी वर्ष रिलीज होने वाली 'दुर्गा पूजा' (1954) और 'तिलोत्तमा' (1954) में भी एस.एन. त्रिपाठी के कुछ अच्छे गीत थे। धीरूभाई देसाई द्वारा निर्देशित 'दुर्गा पूजा' में त्रिलोक कपूर और निरूपा राय की जोड़ी थी। इसमें 'मेरा मन है मगन लागी तुझसे लगन' (रफी-लता), 'जय हे दुर्गा माता' और 'दिल की हर पुकार कहे' (दोनों आशा) जैसे कई हिट गीत थे। बसन्त पिक्चर्स की 'तिलोत्तमा' में भी आशा के दो मोहक गीत 'फूलों से मारना मुखड़ा सिंगारना' और 'नई रानीजी का राज हो गया' थे।

सुरैया 'ईनाम' में

बसन्त स्टूडियो के अलावा चित्र भारती बैनर के साथ भी एस.एन. त्रिपाठी का लम्बा जुड़ाव रहा। उन्होंने आठ वर्षों में इस बैनर की नौ फिल्मों में संगीत दिया। इस जुड़ाव की शुरुआत 'रत्नमंजरी' (1955) से हुई, जिसमें महिपाल और शकीला की नई हिट जोड़ी थी। निर्देशक थे जी.पी. पवार। इस फिल्म के लुभावने गीतों में 'मोरी बावरी चुनरिया हवा में उड़ी जाए' (आशा), 'मैं कासे कहूँ जी मोरे राजा' (आशा-रफी) और 'हमें क्यों भुलाया राजा' (आशा) शामिल थे। चित्र भारती की ही 'बजरंगबली' (1956) में महिपाल और निरूपा राय थे। मणिभाई व्यास द्वारा निर्देशित इस फिल्म में 'कि आज मोरी चुनर उड़-उड़ जाए' (आशा) और 'नैनों में सावन की धारा' (गीता दत्त) जैसे कई लोकप्रिय गीत थे। मणिभाई द्वारा ही निर्देशित और महिपाल और शकीला की मुख्य भूमिकाओं वाली 'रूपकुमारी' (1956) इस वर्ष चित्र भारती की एक और उल्लेखनीय फिल्म थी। इसके हिट गीतों में 'वो देखो उधर चाँद निकला गगन में' (मन्ना डे-गीता दत्त) और आशा के तीन मोहक सोलो—'रात चाँदनी जिया जलाए', 'आओ परदेसी, मेरे द्वार' और 'छुनन छुम छुमछुम पायल बाजे मोरी आली' शामिल थे। 'बजरंगबली' और 'रूपकुमारी' के गीतों को बी.डी. मिश्र ने लिखा था।

इसी वर्ष (1956 में) 'बजरंगबली' और 'रूपकुमारी' के अलावा चित्र भारती की दो और फिल्में भी रिलीज हुईं जिनमें एस.एन. त्रिपाठी का संगीत था—'पन्ना' और 'राजरानी मीरा'। 'पन्ना' में जहाँ आशा भोंसले के दो मोहक गीत 'राजा मोरे मन के पायल मोरी छनके' और 'छोटी-सी झलक दिखाके' थे, वहीं 'राजरानी मीरा' एक से एक सुरीले गीतों की सरगम से कम न थी। जी.पी. पवार द्वारा निर्देशित इस फिल्म में उस जमाने की प्रसिद्ध नायिका सुलोचना मीराबाई की भूमिका में थीं। उनके साथ प्रेम अदीब और सप्रू थे। यह फिल्म एस.एन. त्रिपाठी के कैरियर में किसी कीर्ति-स्तम्भ से कम न थी। मीरा पर बनी शायद ही किसी दूसरी फिल्म में इतना अच्छा संगीत सुनने को मिला हो। लता द्वारा गाए गए सभी भजन / गीत एक से एक बढ़कर थे—'मेरे तो गिरधर गोपाल', 'मोहे लागी लगन हरि चरनन की', 'तेरे संग प्रीत किया बड़ा दुख होय' आरै 'दूखन लागे नैन पिया बिन' इत्यादि। गीता दत्त का 'पायो जी मैंने राम रतन धन पायो' और मन्ना डे का 'भजो रे मन गोवर्द्धन गिरधारी' भी मन को छू लेने वाले भजन थे। इस फिल्म को भले ही भुला दिया गया हो, लेकिन इसके संगीत को सहेजकर रखने की जरूरत है। क्या कोई संगीत कम्पनी इसके संगीत को फिर से जिंदा करने और जन-जन तक पहुँचाने की कृपा करेगी?

इस बीच एस.एन. त्रिपाठी को चोटी की गायिका-अभिनेत्री सुरैया की फिल्म में संगीत देने का भी अवसर मिला।

एम.आई. धर्मसे (बॉम्बे टॉकीज की 'अनोखा प्यार' के प्रतिष्ठित निर्देशक) द्वारा निर्देशित इस फिल्म में सुरैया के साथ नासिर खान मुख्य भूमिका में थे। फिल्म का नाम 'ईनाम' (1955) था, जो सचमुच ही एस.एन. त्रिपाठी के लिए किसी ईनाम से कम नहीं थी। उन्होंने सुरैया की आवाज में कई लुभावने गीत रचे। 'जरा ठहरो मैं हाल-ए-दिल सुना लूँ तो चले जाना' तो मंत्रमुग्ध कर देने वाला गीत था। सुरैया के ही 'तदबीर कहाँ तीर और तकदीर' और 'ये है किस्मत का नजारा' और रफी का 'तू है कि नहीं है भगवान' भी मन मोह लेने वाले गीत थे। लेकिन यह फिल्म बॉक्स ऑफिस पर पिट गई और राजा मेहंदी अली खान के मर्मस्पर्शी बोल, सुरैया की दर्द भरी आवाज और एस.एन. त्रिपाठी का मधुर संगीत भी इसे उबार नहीं पाया।

'अलीबाबा और चालीस चोर' की रिकॉर्डिंग

चन्द्रकान्त द्वारा निर्देशित 'दिल्ली दरबार' (1956) और बाबूभाई मिस्त्री द्वारा निर्देशित 'सती नागकन्या' (1956) में भी एस.एन. त्रिपाठी के कई मधुर गीत थे। शैलेन्द्र पहली बार एस.एन. त्रिपाठी के साथ जुड़े थे। इन दोनों की जोड़ी ने लता के सुपरहिट 'महफिल में ये कैसी छमछम किसका है ये तराना' के साथ-साथ 'जाम-ए-मुहब्बत लाई हूँ' (आशा), 'प्यारे सैयाँ सैयाँ' (शमशाद) और 'लखनऊ से बाँका आए' (शमशाद) जैसे कई लोकप्रिय गीत दिए थे। निरूपा राय और मनहर देसाई की मुख्य भूमिकाओं से सजी 'सती नागकन्या' में भी गीता दत्त के दो चुलबुले गीतों—'ठंडी हवाएँ मारें झटके' और 'चोली मेरी पीली चुनरिया मोरी नीली' और आशा भोंसले के 'ये झिलमिल-झिलमिल तारे' जैसे कई हिट गीत थे। इस फिल्म के गीत गोपाल सिंह नेपाली ने लिखे थे, जिनके साथ एस.एन. त्रिपाठी की खूब जमती थी। गोपाल सिंह नेपाली खुद तो एक अच्छे कवि थे ही, उन्होंने कई दूसरी भाषाओं की कविताओं का हिन्दी में अनुवाद भी किया।

होमी वाडिया की गोवाकलर में निर्मित 'हातिमताई' (1956) एस.एन. त्रिपाठी की एक बड़ी सफलता थी। जयराज और शकीला की मुख्य भूमिकाओं वाली इस फिल्म ने बॉक्स ऑफिस पर खूब धूम मचाई। इसका संगीत भी उतना ही लोकप्रिय हुआ। सिर्फ गीत ही नहीं, फिल्म का बैकग्राउंड संगीत और टाइटल ट्रैक भी गजब का था। एस.एन. त्रिपाठी ने अरबी शैली में पश्चिमी ऑर्केस्ट्रेशन पिरोकर ऐसा अद्‌भुत प्रभाव पैदा किया कि लोग दंग रह गए। फिल्म में एक सदाबहार युगल-गीत 'झूमती है नजर झूमता है प्यार' (रफी-आशा) के साथ-साथ 'नहीं तुझको खबर तेरी पहली नजर' (शमशाद), 'दिल किस पे आ गया है तुम्हारा' (आशा-मुबारक बेगम), 'हम आजाद हों जहाँ' (शमशाद) और 'आ गई बहार हाय' (शमशाद) जैसे कई लुभावने गीत थे। लेकिन सबसे मोहक था रफी और सुमन कल्याणपुर का युगल-गीत 'जाने वाले खुदा की रहमतों का तुम पे साया', जो खूब लोकप्रिय हुआ था। और इससे भी बढ़कर था मुहम्मद रफी की आवाज में एक अमर भक्ति-गीत 'परवरदिगार-ए-आलम तेरा ही है सहारा', जो राग दरबारी पर आधारित था। अख्तर रोमानी द्वारा लिखे गए इस गीत को आज भी मुस्लिम त्योहारों पर इबादत के रूप में गाया जाता है। फिल्म के अन्य गीतकारों में राजा मेहंदी अली खान, चाँद पंडित और बी.डी. मिश्र शामिल थे।

जैसाकि हम कह चुके हैं, एस.एन. त्रिपाठी ने अपना फिल्मी कैरियर हिमांशु राय के प्रतिष्ठित बॉम्बे टॉकीज में शुरू किया था। सरस्वती देवी का सहायक होने के साथ-साथ उन्हें वहाँ फिल्म निर्माण से जुड़े सभी विभागों की जानकारी पाने का अवसर मिला था, जैसीकि उन दिनों सभी बड़े-बड़े स्टूडियो में प्रथा थी। यह जानकारी 'राम-हनुमान युद्ध' (1957) के निर्माण के दौरान बहुत काम आई, जो एक लेखक, निर्देशक और सम्पादक के रूप में उनकी पहली फिल्म थी। इस फिल्म में संगीत तो उनका था ही, साथ ही हनुमान की भूमिका भी खुद उन्होंने ही निभाई थी। एक साथ इतनी सारी जिम्मेदारियाँ निभाना कोई आसान काम न था, न ही यह हरेक के बस की बात थी। आर.एन. मंडलोई द्वारा निर्मित इस फिल्म में उनके साथ निरूपा राय, मनहर देसाई और प्रेम अदीब भी थे। इस फिल्म के कई सुरीले गीतों में सबसे यादगार था लता का 'बलमा ओ बलमा चन्दा हमारे, तरस गई अखियाँ दरस को तिहारे', जिसे लता खुद भी अपने सबसे मनपसन्द गीतों में गिनती थीं। यह बात खुद एस.एन. त्रिपाठी ने हमें बताई थी। इस फिल्म में उन्होंने अपने पुराने सहायक दिलीप ढोलकिया को भी एक गायक के रूप में ब्रेक दिया था। (बाद में चित्रगुप्त और लक्ष्मीकान्त-प्यारेलाल के सहायक रहने के साथ-साथ दिलीप ढोलकिया ने बहुत-सी गुजराती फिल्मों में स्वतंत्र संगीत-निर्देशक के रूप में संगीत दिया।) एस.एन. त्रिपाठी ने उनसे एक भजन 'राम-राम भज राम-राम' तो गवाया ही, साथ ही लता और गीता दत्त के साथ उन्हें दो डुएट 'आज अगर मेरी लाज' (लता के साथ) और 'दूर गगन पे चमके' (गीता दत्त के साथ) गाने का भी अवसर दिया। फिल्म का एक विशेष आकर्षण लता का अर्द्ध-शास्त्रीय नृत्य-गीत भी था—'बिनती करत मोरी पायल छुन-छुन'। लता का एक और गीत 'रख लाज मेरे प्रभु की' भी बहुत सुन्दर बन पड़ा था। एक निर्देशक के रूप में एस.एन. त्रिपाठी की यह पहली फिल्म बॉक्स ऑफिस पर भी अच्छी चली थी। फिल्म के गीत शैलेन्द्र और रमेश पांडे ने लिखे थे।

मुक्ति फिल्म्स की 'जनम-जनम के फेरे' (1957) एस.एन. त्रिपाठी की सबसे सफल फिल्म थी। इस फिल्म और इसके संगीत ने ऐसा तहलका मचाया कि इसके गीत देश भर में गली-गली में गूँजने लगे। 'जरा सामने तो आओ छलिए' (रफी-लता) तो बिनाका गीतमाला की हिट-परेट में वर्ष का नंबर-एक 'सरताज' गीत रहा। यह सदाबहार सुपरहिट गीत

हम सबकी सामूहिक यादों में बस चुका है और मानो एस.एन. त्रिपाठी की 'सिग्नेचर ट्यून' बन चुका है। मनु देसाई द्वारा निर्देशित और निरूपा राय और मनहर देसाई की मुख्य भूमिकाओं वाली इस इस फिल्म के गीत भरत व्यास ने लिखे थे। फिल्म के धूम मचाने वाले गीतों में 'जनम-जनम के फेरे सांझ-सवेरे' (रफी), 'देखो बज रही शहनाई' (लता), 'आई मोहन मिलन की बेला' (गरबा शैली में रफी-शमशाद का युगल-गीत), 'तू है या नहीं भगवान' (रफी-लता-मन्ना डे), 'आज नाथ तोहे मन में' (लता) और 'राह से धर्म को हटाने वाले' (लता) शामिल थे। बाद के वर्षों में खूब नाम कमाने वाले मनमोहन देसाई का कैरियर इसी फिल्म से शुरू हुआ था। कहते हैं कि 'जरा सामने तो आओ छलिए' पर संगीत-निर्देशक शंकर (जयकिशन के साथी) की पत्नी कुन्दा इतनी मोहित थीं कि उन्होंने अपने पति को 'चैलेन्ज' करते हुए कहा था कि कोई ऐसा गीत बनाकर दिखाएँ!

चतुर्भुज दोषी द्वारा निर्देशित 'खुदा का बन्दा' (1957) राजा हरीशचन्द्र की कथा पर आधारित थी, लेकिन बिलकुल अलग तरह की पृष्ठभूमि में। इस फ्लॉप फिल्म में एस.एन. त्रिपाठी ने रफी के कुछ लोकप्रिय गीत दिए थे—'कुछ नेक काम कर जा', 'बेशर्मों के जमाने में' और 'दुनिया में सब कुछ पैसा'। धीरूभाई देसाई निर्देशित 'गुलबकावली' (जिसका दूसरा नाम 'परिस्तान' था) का भी यही हाल हुआ। इसके लोकप्रिय गीतों में 'मेरे दिल से आती है यही सदा' (आशा), 'तेरी हिफाजत खुदा करेगा' (रफी) और 'तेरा ही सहारा है जमाने में नजर को' (आशा) शामिल थे। 'खुदा का बन्दा' के गीत शेवन रिजवी ने और 'गुलबकावली' के राजा मेहंदी अली खान ने लिखे थे।

महान पार्श्व गायिका आशा भोंसले के अनुसार, एस.एन. त्रिपाठी को हिन्दुस्तानी शास्त्रीय संगीत की जितनी गहरी जानकारी थी, उतनी उनके समकालीन या बाद के किसी भी दूसरे संगीतकार को नहीं थी। शास्त्रीय संगीत में उनकी यह सिद्धहस्तता उनके बहुत से गीतों में देखी जा सकती है। 'रानी रूपमती' के 'बाट चलत नई चुनरी रंग डारी', 'झन-झन-झन बाजे पायलिया' और 'आया भंवर सूनी डगर'; 'राम-हनुमान युद्ध' का 'बिनती करत मेरी पायल'; 'संगीत सम्राट तानसेन' के 'टूट गई मन की बीणा', 'सखी कैसे धरूँ मैं धीर', 'मितवा लौट आए री', 'क्रान्ता धा क्रान्ता धा', 'दीपक जलो' और 'मेघा छाओ रे'; 'कवि कालीदास' का 'मैं तो जनम-जनम की प्यासी'; 'कुँवारी' का 'झन-झन-झन बाजे पायलिया'; 'नादिरशाह' का 'ओ मोरे सजना; 'देवकन्या' का 'बोले झन-झन-झन पायल'; 'चन्द्रमुखी' के 'मन भावन संगीत सुहावन' और 'आज ऋतुओं का राजा आया' तथा 'विष्णु पुराण' का 'बोले मोरी पायलिया' इत्यादि सभी गीत उत्कृष्ट शास्त्रीय संगीत के उदाहरण हैं। शायद ही कोई ऐसा लोकप्रिय राग होगा जिसका उन्होंने अपने गीतों में इस्तेमाल न किया हो—खमाज, भैरवी, दरबारी, झिंझोटी, पीलू, आसावरी, काफी, दुर्गा, ललित, यमन, बागेश्री, मल्हार, दीपक, देस, भैरव इत्यादि। उन्होंने कई कम प्रचलित रागों पर भी मधुर धुनें बनाईं। शुद्धतावादियों के लिए भी यह तय करना बहुत मुश्किल है कि रफी-मन्ना डे का 'संगीत सम्राट तानसेन' का युगल-गीत 'सुध बिसर गई आज अपने गुमान की' किस राग पर आधारित है। त्रिपाठीजी ने एक बार हमसे कहा था कि वे खुद राग शिवरंजनी पर बहुत ज्यादा मोहित थे।

'राम-हनुमान युद्ध' की सफलता से प्रभावित होकर निर्माता आर.एन. मंडलोई ने लेखन और निर्देशन की जिम्मेदारी एक बार फिर एस.एन. त्रिपाठी को ही सौंपते हुए अपनी भव्य ऐतिहासिक फिल्म 'रानी रूपमती' (1959) की घोषणा कर दी। भारत भूषण और निरूपा राय की मुख्य भूमिकाओं से सजी इस फिल्म के उत्कृष्ट निर्देशन में भी एस.एन. त्रिपाठी ने कोई कसर नहीं छोड़ी और अपने-आपको पूरी तरह झोंककर रख दिया। फिल्म की पटकथा भी जोरदार थी। उन्होंने हमें बताया था कि पटकथा लिखते समय भी वे इतने भावुक हो जाते थे कि अपने आँसुओं को रोक नहीं पाते थे। फिल्म का क्लाइमेक्स लिखते समय तो वे फूट-फूटकर रोए थे। फिल्म के निर्देशन में भी उन्होंने यही लगन और समर्पण-भावना दिखाई और फिल्म की शूटिंग मांडवगढ़ (मांडू) की वास्तविक लोकेशन में जाकर की। फिल्म के संगीत का तो कहना ही क्या था! उन्होंने ऐसा संगीत रचा कि यह फिल्म शास्त्रीय और लोकशैली के संगीत पर उनकी अद्वितीय पकड़ का श्रेष्ठतम उदाहरण बन गई। वे खुद भी इस फिल्म के संगीत को अपना श्रेष्ठतम संगीत मानते थे। मुकेश के 'आ लौट के आजा मेरे मीत, तुझे मेरे गीत बुलाते हैं' को सुनकर भला किसका दिल झंकृत हुए बिना रह सकता है? यह सदाबहार गीत मुकेश के सर्वश्रेष्ठ गीतों में शामिल है। राग मधमाध सारंग पर आधारित यह गीत मुकेश और लता दोनों के वर्जनों में था, भले ही मुकेश का वर्जन ज्यादा लोकप्रिय हुआ हो। राग सारंग पर ही आधारित 'रात सुहानी झूमे जवानी' (लता) और 'आजा भंवर सूनी डगर' (लता), राग दरबारी पर आधारित 'उड़जा भंवर माया कमल का आज बन्धन तोड़े के' (मन्ना डे), राग भूपाली पर आधारित 'जीवन की बीणा का तार बोले' (लता), राग बिलावल पर आधारित 'फुल बगिया में बुलबुल बोले' (रफी-लता) और राग सारंग में ही 'झनाझन झन बाजे पायलिया' (रफी-लता)—सभी एक से एक बढ़कर शास्त्रीय गीत थे। विवाह का गीत 'आँखों में सुरमा डाल के' (उषा मंगेशकर) और युद्ध-गीत 'इतिहास अगर लिखना चाहो' (लता) भी बहुत सुन्दर गीत थे। एस.एन. त्रिपाठी के मधुर संगीत ने रानी रूपमती और बाज बहादुर की लोकप्रिय ऐतिहासिक प्रेमकथा को पर्दे पर ऐसी जीवन्तता प्रदान कर दी थी कि दर्शक वाह-वाह कर उठते थे। भरत

व्यास के गीतों वाली इस संगीत-प्रधान फिल्म ने एस.एन. त्रिपाठी की अद्भुत संगीत प्रतिभा पर मानो अन्तिम मोहर लगा दी थी।

'रानी रूपमती' अगर सोना थी तो 'कवि कालिदास' (1958) को सोने पे सुहागा कहा जा सकता है। हमारी अपनी नजर में तो इस फिल्म का संगीत 'रानी रूपमती' के संगीत से भी बढ़कर था। सिन्धु फिल्म्स द्वारा निर्मित 'कवि कालिदास' में भारत भूषण, अनीता गुहा और सबीता चटर्जी मुख्य भूमिकाओं में थे। एस.एन. त्रिपाठी का संगीत मानो महाकवि कालिदास को उनकी सच्ची श्रद्धांजलि का प्रतीक था और एक अनूठी प्रेरणा और श्रद्धा भावना से छलक रहा था। देवी सरस्वती से साहित्य रचना का वरदान पाने के बाद महाकवि उनकी स्तुति में जो भजन गाते हैं, वह दर्शकों को अभिभूत कर देता है। पर्दे पर भारत भूषण ने इसे जितनी भावनात्मक गहराई से प्रस्तुत किया था और मन्ना डे ने इसे जितनी श्रद्धा के साथ गाया था, वह देखते और सुनते ही बनता था। इस अविस्मरणीय भजन के बोल थे—'जय सरस्वती जय-जय सरस्वती'। 'ओ आषाढ़ के पहले बादल' में कालिदास की महाकृति 'मेघदूत' का प्रतिबिम्ब था तो 'नए-नए रंगों से' (मन्ना डे-गीता दत्त) उनकी विविधतापूर्ण काव्य प्रतिभा को रेखांकित करता था। एस.एन. त्रिपाठी ने कालिदास के बहुत से श्लोकों को मधुर संगीत में पिरोकर फिल्म में एक अनूठा प्रभाव पैदा कर दिया था। 'अभिज्ञान शाकुन्तलम्' की संगीतात्मक प्रस्तुति तो आज भी दर्शकों की स्मृति में बसी हुई है। त्रिपाठी जी ने खुद हमें बताया था कि भरत व्यास की रचना 'शाम भई घनश्याम न आए' को कोई भी संगीतकार छूने से डरता था, क्योंकि इसकी धुन बनाना बहुत मुश्किल था। लेकिन त्रिपाठी जी ने इस चुनौती को स्वीकार किया और उन्होंने और लता ने मिलकर इसे एक अद्भुत और अमर गीत बना दिया। रफी-लता का युगल-गीत 'उन पर कौन करेगा विश्वास' फिल्म का सबसे लोकप्रिय गीत साबित हुआ। फिल्म के अन्य भुलाए न जा सकने वाले गीतों में लता का 'मैं तो जनम-जनम की प्यासी', गीता दत्त और सुधा मल्होत्रा का 'आज की रात आज की रात' और मन्ना डे और लता का 'दूर देख अलकापुरी' शामिल थे। यह फिल्म तो हिट हुई ही, देश भर में इसके संगीत की प्रशंसा में भी लेखों और पत्रों की बाढ़ आ गई। हमने अपने लोकप्रिय टीवी सीरियल 'बिखरी आस निखरी प्रीत' में लता के अमर गीत 'श्याम भई घनश्याम न आए' को फिर से फिल्मांकित किया था। यह गीत मेरी पत्नी और सीरियल की नायिका कनिका बाजपेयी की नस-नस में इस कदर बसा हुआ था कि निर्देशक लेख टंडन और सिनेमैटोग्राफर इन्द्रजीत बंसल इसे एक ही 'टेक' में शूट करने में सफल रहे। इस दृश्य के शुरू में एस.एन. त्रिपाठी को श्रद्धांजलि दी गई थी।

'रानी रूपमती' और 'कवि कालिदास' जैसी दो संगीत-प्रधान फिल्मों के धमाकों के बाद एस.एन. त्रिपाठी को शायद थोड़े आराम की जरूरत थी। लेकिन उन्हें चैन कहाँ? विजय फिल्म्स की 'पक्षीराज' (1959) में वे एक बार फिर लेखन और निर्देशन के क्षेत्र में कूद पड़े। जहाँ तक संगीत की बात थी तो इस फिल्म में भी उनके कुछ अच्छे गीत थे। लता का 'तारों भरी रात है किरणों की बरसात है' तो मोहक था ही, मन्ना डे के साथ उनका युगल-गीत 'भोला-भाला मुखड़ा तेरा' और राग यमन पर आधारित उनका सोलो 'पिया तोरे नैनवा से नैन मोरे लागे' भी बड़े सुन्दर बन पड़े थे। इसी वर्ष चन्द्रकान्त द्वारा निर्देशित 'जग्गा डाकू' (1959) के युगल-गीत 'तू रूप की नगरी का राजा, मैं प्यार की गलियों की रानी' (गीता दत्त-मन्ना डे) ने खूब धूम मचाई। एस.एन. त्रिपाठी ने इस फिल्म में गीता दत्त से दो लुभावने सोलो भी गवाए थे—'लागा-लागा नजर का तीर' और 'तेरी कसम तुझको'। द्वारका खोसला निर्देशित 'दो आदमी' (1960) में जयराज और शकीला मुख्य भूमिकाओं में थे। इस फिल्म में प्रेम धवन पहली बार एस.एन. त्रिपाठी के साथ जुड़े और दोनों ने मिलकर कई लोकप्रिय गीत दिए। इस फिल्म की एक खासियत यह भी थी कि इसमें एस.एन. त्रिपाठी ने कई गायिकाओं की आवाजों का इस्तेमाल किया था। फिल्म के हिट गीतों में बड़े मोहक डुएट 'मिलते-मिलते मिल ही गए' (लता-मुकेश) के साथ-साथ 'शाम सुहानी थी' (सुमन कल्याणपुर), 'भीगी-भीगी महकी-महकी' (गीता दत्त), 'झूमती बहार आई' (सुधा मल्होत्रा) और 'जागी सारी-सारी रैना' (आशा भोंसले) शामिल थे। इसी तरह शांतिलाल सोनी निर्देशित 'सिंहल द्वीप की सुन्दरी' (1960) में भी एस.एन. त्रिपाठी ने भरत व्यास के गीतों को बड़ी सुन्दर धुनों में ढाला था। इस फिल्म में लता के दो लुभावने गीतों 'गोरी-गोरी चाँदनी चमेली जैसी रात में' और 'खामोश हुई मेरी रागिनी' के साथ-साथ मुकेश के साथ एक युगल-गीत 'ओ बीनवाले तीन सुर तेरे' भी था।

पर 'रानी रूपमती' और 'कालिदास' के बाद एस.एन. त्रिपाठी की एक बड़ी उपलब्धि रही नानूभाई भट्ट निर्देशित 'लाल किला' (1960)। जयराज, निरूपा राय और कुमार की मुख्य भूमिकाओं वाली यह फिल्म सन् 1957 की क्रान्ति और मुगल सम्राट बहादुर शाह जफर के आखिरी दिनों की पृष्ठभूमि पर आधारित थी। इस फिल्म के लिए एस.एन. त्रिपाठी ने बहादुर शाह जफर की दो मशहूर ग़ज़लों को इतने अद्भुत ढंग से संगीतबद्ध किया और गायकों के गायक मुहम्मद रफी ने इन्हें इतने खूबसूरत अन्दाज में गाया कि इस आखिरी मुगल बादशाह की शायरी मानो फिर से जिंदा हो गई। आज भी जब कभी 'लगता नहीं है दिल मेरा उजड़े दयार में' या 'न किसी की आँख का नूर हूँ न किसी के दिल का करार हूँ' कहीं सुनाई पड़ जाता है तो वक्त जैसे ठहर जाता है और रूह जैसे डेढ़ सदी पीछे लौट जाती है। पहली ग़ज़ल राग यमन-कल्याण और दूसरी राग शिवरंजनी पर आधारित थी। सबसे अनूठी बात यह थी कि इनके संगीत में एस.एन.

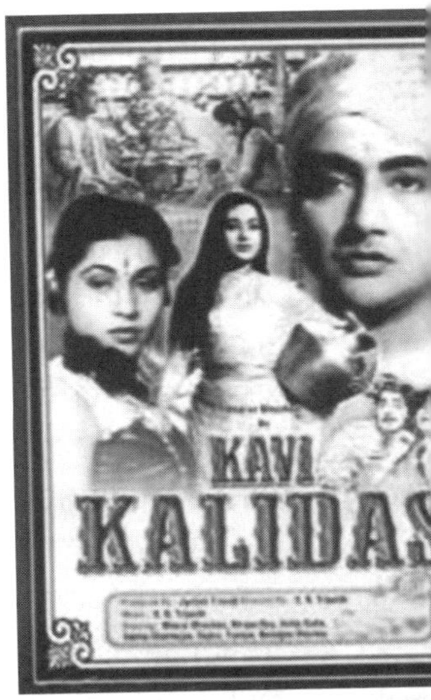

त्रिपाठी ने न के बराबर ही ऑर्केस्ट्रा का प्रयोग किया था। सिर्फ तानपुरे और वाइब्रोफोन से उन्होंने ऐसा प्रभाव पैदा कर दिया था कि सुननेवाला दम साधे रह जाता था। आज दुनिया भर में इन दोनों ग़ज़लों को इस फन के सबसे ऊँचे मुकाम, इस कला के चरम-बिन्दु और चरमोत्कर्ष के रूप में देखा जाता है। एस.एन. त्रिपाठी के लिए इससे बड़ा ईनाम और सम्मान भला और क्या हो सकता है? हमारे अजीज और महान संगीतकार खय्याम ने एक बार हमसे कहा था कि आज भी जब कभी वे ये नज़्में सुनते हैं तो उनके रोंगटे खड़े हो जाते हैं। फिल्म के अन्य गीत भरत व्यास ने लिखे थे, जिनमें 'प्यारा-प्यारा ये समाँ है' (लता), 'जा रे गोकुल के नटखट चोर' (रफी), 'ओ जाने वाले' (लता) और 'चमके बनके सितारे' (रफी) काफी सुन्दर बन पड़े थे।

शास्त्रीय रागों पर आधारित धुनों की दृष्टि से 'चन्द्रमुखी' (1960) भी एस.एन. त्रिपाठी की एक उल्लेखनीय फिल्म थी। रामचन्द्र ठाकुर द्वारा निर्देशित इस फिल्म में लता और मुकेश के मोहक युगल-गीत 'तेरा मन मेरा मन मिले, प्रीत यूँ खिले' समेत राग देस पर आधारित 'नैनों से नैनों की बात हुई' (लता), राग पहाड़ी पर आधारित सुपरहिट 'नैन का चैन चुराकर ले गई' (मुकेश), राग गौड़ सारंग पर आधारित 'चाँदनी झिलमिल करे तारों भरी ये रात है' (लता-सुधा मल्होत्रा) और राग बसन्त बहार पर आधारित मंत्रमुग्ध कर देने वाले 'मनभावन संगीत सुहावन' (मन्ना डे-एस.एन. त्रिपाठी) जैसे कई उत्कृष्ट गीत थे। फिल्म के दो अन्य युगल-गीत भी उतने ही लुभावने थे—मधुरस भरा 'नदी किनारे कोई पुकारे पास हमारे आ' (रफी-गीता दत्त) और थिरकता हुआ 'बस गई है आँखों में तू' (मन्ना डे-सुमन कल्याणपुर)। इस फिल्म का संगीत मीठी और मदहोश कर देने वाली शास्त्रीय धुनों पर एस.एन. त्रिपाठी की अद्वितीय पकड़ का बड़ा सुन्दर उदाहरण है। यह फिल्म गीतकार भरत व्यास के साथ उनकी लाजवाब जोड़ी का भी बड़ा अच्छा उदाहरण है। भरत व्यास के गीत और एस.एन. त्रिपाठी की धुनें मानो एक-दूसरे के लिए ही बने थे।

☆

भले ही पौराणिक और फन्तासी फिल्मों की भरमार के कारण एस.एन. त्रिपाठी पर पौराणिक, छोटे बजट की और ऐतिहासिक फिल्मों के सफल संगीतकार की छाप लग गई थी, लेकिन उन्होंने अपने संगीत की किसी तरह की सीमाओं में बाँधने से इनकार कर दिया। वे इन फिल्मों में भी विविधरंगी संगीत देते रहे। 'वीर दुर्गादास' (1960) में राजस्थानी लोक-संगीत का प्रयोग उनकी इसी विविधता का उदाहरण है। जयराज, निरूपा राय और मनहर देसाई की मुख्य भूमिकाओं वाली 'वीर दुर्गादास' एक ऐतिहासिक फिल्म थी और इसके निर्देशक थे रमेशचन्द्र ठाकुर। इस फिल्म को राजस्थान के लोग आज भी नहीं भूले हैं—खासकर पंडित भरत व्यास द्वारा रचित इसके गीतों को, जो खुद भी राजस्थानी थे। लता और मुकेश के युगल-गीत 'थाने काजलिया बना लूँ' ने तो पूरे प्रदेश में धूम मचा दी थी। लता का ही 'सुन मेरी सहेली पूछूँ एक पहेली', रफी का 'माई ऐसा पूत जन' और सबिता बनर्जी का 'मत रो मत रो जननी' फिल्म के अन्य लोकप्रिय गीत थे। फिल्म में एक बड़ी रसीली कव्वाली भी थी—'पिए जा जाम-ए-उल्फत' (सुधा मल्होत्रा-मुबारक बेगम)। एस.एन. त्रिपाठी ने साबित कर दिया था कि वे किसी भी प्रदेश के लोक-संगीत को कितनी सहजता और गहराई से रच सकते थे।

'जय चित्तौड़' (1960) के 'ओ पवन वेग से उड़ने वाले घोड़े' (लता) को भी लोग आज तक नहीं भूले हैं। पूरा मुखड़ा था—'तुझ पर सवार है जो, मेरा सुहाग है वो, रखियो तू आज उनकी लाज रे'। मेवाड़ के शूरवीर और यशस्वी राजा महाराणा प्रताप के जीवन पर आधारित इस फिल्म का यह गीत सचमुच 'पवन वेग' से देश भर में लोकप्रिय हो गया था। इस बेहद सुरीले गीत की धुन एस.एन. त्रिपाठी ने राग मालकौंस पर आधारित रखी थी और घोड़े की चाप की ध्वनि का बड़ा सुन्दर प्रयोग किया था। 'भंवर मेरे जयपुर जइयो रे' (आशा), 'साँझ हो गई प्रभु तुम्हीं प्रकाश दो' (लता) और राजस्थानी युद्ध-गीत 'केसरिया पगड़ी बनी रहे' (मन्ना डे) फिल्म के अन्य लोकप्रिय गीत थे। जसवन्त झावेरी द्वारा निर्देशित इस ऐतिहासिक फिल्म में जयराज और निरूपा राय ने मुख्य भूमिकाएँ निभाई थीं।

एस.एन. त्रिपाठी एक लेखक-निर्देशक के रूप में भी जरा भी सुस्त नहीं पड़े थे। एक लेखक और निर्देशक के रूप में उनकी एक और बड़ी उपलब्धि थी 'अमृत मन्थन' (1961)। उषा किरण और मनहर देसाई की मुख्य भूमिकाओं वाली यह फिल्म तो हिट हुई ही, इसके गीत भी काफी पसन्द किए गए। खासकर लता का 'चाँद ढलने लगा दिल मचलने लगा' तो बड़ा प्यारा गीत था। 'नैन बिना मेरी दुनिया अंधेरी' (मुकेश), 'अंधकार छाया गगन झनझनाया' (आशा) और 'छूम छनन छूम पायलिया बाजे' (आशा) फिल्म के अन्य लोकप्रिय गीत थे। इस फिल्म के गीत बी.डी. मिश्र ने लिखे थे। इसी वर्ष एस.एन. त्रिपाठी ने शंकर-जयकिशन की जोड़ी के दूसरे स्थाई गीतकार हसरत जयपुरी के साथ भी काम किया। (शैलेन्द्र के

टी.वी. सीरियल 'बिखरी आस निखरी प्रीत' में शाम भई घनश्याम न आए का कनिका बाजपेयी पर पुन:फिल्मांकन एवं एस.एन. त्रिपाठी को श्रद्धांजलि

साथ वे पहले ही काम कर चुके थे।) इस फिल्म का नाम था 'जादू नगरी' (1961)। राधाकान्त द्वारा निर्देशित और रंजन और विजय चौधरी की मुख्य भूमिकाओं वाली इस फिल्म के संगीत ने खूब धूम मचाई। 'देखो आई बसन्त बहार' (लता), 'जादू भरे तेरे नैना कटीले' (लता-महेन्द्र कपूर), 'निगाहों में तुम हो ख्यालों में तुम हो' (लता), 'लूट लिया रे जिया लूट लिया रे' (आशा), 'कैसे बेदर्दी से नैना लड़े' (लता) और टाइटल-ट्रैक 'आँखें मेरी जादू नगरी' (लता) समेत सभी गीत खूब चले थे। चित्र भारती बैनर की चन्द्रकान्त द्वारा निर्देशित 'राम लीला' (1961) में प्रेम धवन के गीत थे। इस फिल्म में भी 'देखा किस चाँद को आज तेरे मन को चैन न आए' (लता), 'होनी होके रहे' (मन्ना डे) और 'आज आएँगे भगवान वही जिनका नाम है राम' (रफी-लता) जैसी एस.एन. त्रिपाठी की कई आकर्षक धुनें थीं।

यह भी एक उल्लेखनीय तथ्य है कि फिरोज खान ('नादिरशाह'), प्रेम चोपड़ा ('कुँवर') और सलीम-जावेद की जोड़ी के मशहूर सलीम खान ('ल्हू पुकारेगा') को अभिनेता के रूप में उनका पहला ब्रेक एस.एन. त्रिपाठी ने ही दिया। वे बड़े सज्जन व्यक्ति थे और इतनी सफलता के बावजूद बहुत सादगी भरा जीवन जीते थे। फिल्म इंडस्ट्री में बहुत से लोग मुसीबत के समय में उनकी सलाह लेते रहते थे। मीना कुमारी उन पर इतना भरोसा करती थीं कि उनसे अपने दिल की हर बात कर लेती थीं। बाद के दिनों के बहुत बड़े अभिनेता और निर्माता-निर्देशक मनोज कुमार जिस समय संघर्ष के दौर में थे तो एस.एन. त्रिपाठी ही उनके काम आए। मनोज कुमार लेखराज भाकड़ी के कैम्प के बाहर की कोई फिल्म करने के लिए छटपटा रहे थे। एस.एन. त्रिपाठी ने उस दौर की एक सफल नायिका अमीता ('तुमसा नहीं देखा' और 'गूँज उठी शहनाई' जैसी सुपरहिट फिल्मों की नायिका) के साथ मनोज कुमार को नायक के रूप में लेकर उनके कैरियर को एक नया मोड़ दे दिया। इस फिल्म का नाम 'पिया मिलन की आस' (1961) था, जिनके लेखक-निर्देशक खुद एस.एन. त्रिपाठी ही थे। विजय फिल्म्स द्वारा निर्मित इस फिल्म में एक बार फिर एस.एन. त्रिपाठी और भरत व्यास की जोड़ी थी, जिसने संगीत-प्रेमियों की अपेक्षाओं के अनुरूप बहुत मधुर और सुपरहिट संगीत दिया। शिवरंजनी राग पर आधारित लता का 'पिया मिलन की आस रे मोहे पिया मिलन की आस' तो आज भी दिलों को मोह लेता है। लता-रफी का युगल-गीत 'मन की डगरिया पर जो चमका, कमल खिला मेरी आस का' भी उतना ही मोहक था, जिसमें एस.एन. त्रिपाठी ने सुरों के उतार-चढ़ाव का बड़ा सुन्दर प्रयोग किया था। कीर्तन शैली का 'मन मोहन मुरली तेरी' (लता), गरबा और पूरबी शैलो के अद्भुत मिश्रण वाला 'चाँदी का गोल-गोल चन्दा' (रफी-लता), मुजरा शैली का 'गम छोड़ा ये सारे जमाने का' (मुबारक बेगम), पश्चिमी ऑर्केस्ट्रेशन वाला 'पिकनिक में टिक-टिक करती' (गीता दत्त-मन्ना डे) और मिठास भरा 'डोले-डोले मेरे जीवन की नैया' (लता) सभी बड़े खूबसूरत गीत थे। इसमें कोई सन्देह नहीं कि इस फिल्म का संगीत बनाते समय एस.एन. त्रिपाठी अपने सृजन की असीम ऊँचाइयों पर थे। हमने अपने सुपरहिट टेली-सीरियल 'बिखरी आस निखरी प्रीत' के एक दृश्य में 'मन की डगरिया पे जो चमका' के री-मिक्स वर्जन का उपयोग किया था। इसे कणिका बाजपेयी ने धीमी रफ्तार में इस तरह गाया कि दृश्य का प्रभाव कई गुना बढ़ गया।

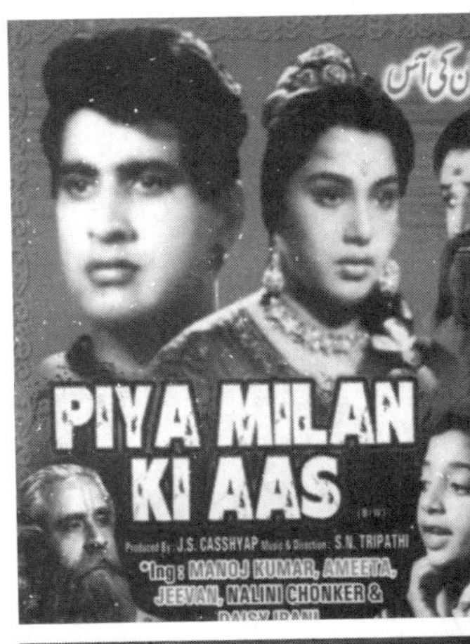

कणिका बाजपेयी/दिव्या द्विवेदी
'मन की डगरिया पे'

एस.एन. त्रिपाठी टीम-वर्क में विश्वास करते थे और प्रतिभाशाली सहायकों, एरेंजरों और गीतकारों के साथ काम करना पसन्द करते थे। जाने-माने संगीतकार चित्रगुप्त पाँच वर्ष (1946-51) तक उनके सहायक रहे। बाद के वर्षों में दत्ता दावजेकर भी एक सहायक के रूप में उनसे जुड़े रहे, जिन्होंने लता मंगेशकर से उनका सबसे पहला हिन्दी गीत 'आपकी सेवा में' गवाया था। चित्रगुप्त हमेशा उन्हें आदर की दृष्टि से देखते रहे और उन्हें अपना गुरु मानते रहे। एस.एन. त्रिपाठी के कई अन्य सहायकों—दिलीप ढोलकिया, सुरेश तलवार और अनिल मोहिले—ने भी

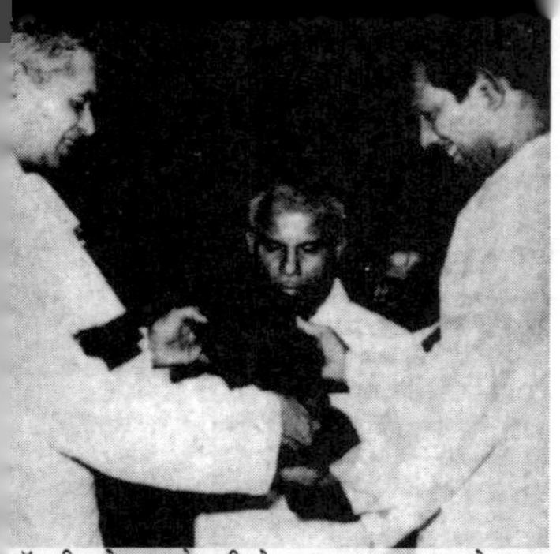

डॉ. बी. गोपाला रेड्डी से पुरस्कार प्राप्त करते हुए

भारत भूषण और अनिता गुहा फिल्म 'संगीत सम्राट तानसेन' में

'शिव पार्वती' के सेट पर

स्वतंत्र संगीत-निर्देशकों के रूप में संगीत दिया। अमिताभ बच्चन की 'जंजीर', 'मुकद्दर का सिकन्दर' और 'लावारिस' के जाने-माने निर्माता-निर्देशक प्रकाश मेहरा भी कभी एस.एन. त्रिपाठी के पाँचवें सहायक निर्देशक हुआ करते थे। वे कभी-कभी गीत भी लिख लेते थे और उन्होंने अपना पहला गीत 'झंकार पायल की तोसे बिनती करे' ('नाग देवता') एस.एन. त्रिपाठी के लिए ही लिखा था। यूँ तो एस.एन. त्रिपाठी ने बहुत से गीतकारों के साथ काम किया, लेकिन भरत व्यास और शैलेन्द्र उनके चहेते गीतकार थे। एस.एन. त्रिपाठी, भरत व्यास और शैलेन्द्र की तिगड़ी अकसर विले पार्ले के 'रसराज रेस्तराँ' में बैठी दिखाई देती थी, जिसके मालिक खुद भरत व्यास थे। इन तीनों का दूसरा अड्डा 'जुहू होटल' था। गीतकार भगवत दत्त (बी.डी.) मिश्र भी लम्बे समय तक एस.एन. त्रिपाठी के साथ जुड़े रहे। उन्नाव (उत्तर प्रदेश) के बी.डी. मिश्र के बारे में चुटकी लेते हुए एस.एन. त्रिपाठी अकसर कहा करते थे कि वे उनके साथ तबसे काम कर रहे थे जब उनकी मूँछें भी नहीं आई थीं। बी.डी. मिश्र जीवन भर अविवाहित रहे और 2006 में उनका निधन हो गया। वे सान्ताक्रूज में राम मन्दिर रोड पर रहा करते थे।

'रानी रूपमती' और 'कवि कालिदास' की उच्च कोटि की संगीत परम्परा की सही मायनों में अगली कड़ी थी 'संगीत सम्राट तानसेन' (1961)। इस फिल्म के लेखक-निर्देशक भी खुद एस.एन. त्रिपाठी ही थे। लाड ब्रदर्स द्वारा निर्मित इस फिल्म में एक बार फिर भारत भूषण और अनीता गुहा की जोड़ी थी। एक दिलचस्प तथ्य यह था कि बादशाह अकबर की भूमिका में खुद एस.एन. त्रिपाठी थे। भारत भूषण ने तानसेन की भूमिका निभाई थी। इस फिल्म के संगीत की तुलना 'तानेसन' (खेमचन्द प्रकाश), 'बैजू बावरा' (नौशाद), 'बसन्त बहार' (शंकर-जयकिशन) और 'झनक झनक पायल बाजे' (बसन्त देसाई) जैसी महान संगीत-प्रधान फिल्मों से की जा सकती है। राग सोहनी पर आधारित मुकेश का 'झूमती चली हवा याद आ गया कोई' आज भी दिल को उसी तरह झकझोर देता है। यह गीत हमेशा के लिए मुकेश के सदाबहार गीतों में शामिल हो गया। मेघ मल्हार पर आधारित लता और आशा का युगल-गीत 'मेघा छाए री' भी अद्‌भुत था और दोनों बहनों के श्रेष्ठतम युगल-गीतों में शामिल है। इस फिल्म में बाद के दिनों की अभिनेत्री पद्‌मिनी कोल्हापुरे के पिता पंढारीनाथ ने भी पूरणा सेठ के साथ एक अति सुन्दर शास्त्रीय युगल-गीत गाया था—'टूट गई मेरे मन की वीणा'। मुहम्मद रफी की अरब-शैली की कव्वाली—'तू है कि नहीं है भगवान' भी गजब की थी। दीपक राग में रफी का 'दीपक जलाओ ज्योति जगाओ' भी बहुत खूब था। लता और महेन्द्र कपूर का युगल-गीत 'बदली-बदली दुनिया है मेरी' भी बड़ा मोहक था और फिल्म के सबसे लोकप्रिय गीतों में शामिल था। झिंझोटी राग पर आधारित इस गीत को महेन्द्र कपूर के श्रेष्ठतम गीतों में गिना जाता है। जब मुकेश, रफी, महेन्द्र कपूर—सब अपना कमाल दिखा रहे थे तो भला मन्ना डे क्यों पीछे रहते? उन्होंने भी इस फिल्म में राग दरबारी कान्हड़ा पर आधारित एक सोलो 'मितवा लौट आए री' और रफी के साथ राग हेमन्त पर आधारित एक युगल-गीत 'सुध बिसर गई आज अपने दिनन की' गाया और क्या खूब गाया! राग देस पर आधारित लता का सोलो 'सखी कैसे धरूँ मैं धीर' और राग जोगिया पर आधारित महेन्द्र कपूर का शिव-स्तुति गीत 'हे नटराज गंगाधर शम्भो' भी बड़े लुभावने बन पड़े थे। कुल मिलाकर यह फिल्म एस.एन. त्रिपाठी के संगीत-मुकुट में किसी अनमोल रत्न से कम नहीं थी। लेकिन बॉक्स ऑफिस के गणित का रहस्य भला आज तक कौन जान पाया है? त्रिपाठीजी ने खुद हमें बताया था कि इस फिल्म से उन्हें कितनी उम्मीदें थीं। उन्होंने इस महत्त्वाकांक्षी फिल्म के निर्माण में अपने-आपको पूरी तरह झोंककर रख दिया था। लेकिन फिल्म बॉक्स ऑफिस पर इस तरह लुढ़की कि उन्हें बहुत बड़ा झटका लगा। एस.एन. त्रिपाठी की इस सबसे खूबसूरत संगीत-प्रधान फिल्म के गीत शैलेन्द्र ने लिखे थे।

'संगीत सम्राट तानसेन' बॉक्स ऑफिस पर भले ही न चली हो, लेकिन इस फिल्म को उत्कृष्ट संगीत के लिए एस.एन. त्रिपाठी की प्रतिष्ठित 'सुर सिंगार संसद' के सम्मान से सुशोभित किया गया। फिल्म के लगभग सभी गीतों में उन्होंने शास्त्रीय रागों की शुद्धता बनाए रखी थी और तानसेन शैली का प्रामाणिक संगीत दिया था। उदाहरण के लिए उन्होंने 'दीपक जलाओ ज्योति जलाओ' की रचना दीपक राग के ध्रुपद अंग में की थी। इससे पहले सुपरहिट 'तानसेन' (1943) में भी खेमचन्द प्रकाश ने सुर-सम्राट और फिल्म के नायक के.एल. सहगल और खुर्शीद की आवाजों में उत्कृष्ट संगीत की रचना की थी। एस.एन. त्रिपाठी उन्हें अपने प्रेरणा-स्रोत के रूप में देखते थे और उन्हें हिन्दी सिनेमा का महानतम संगीतकार मानते थे। संगीत की दुनिया के लोग त्रिपाठीजी को 'गुरुजी' कहकर बुलाते थे तो वे विनयपूर्वक कहते थे, ''खेमचन्द जी को उनके संगीत के ज्ञान के कारण 'गुरुजी' कहा जाता था, जबकि मुझे सिर्फ बड़ी उम्र के कारण 'गुरुजी' कहा जाता है।''

किसी अच्छी फिल्म के फ्लॉप होने पर उससे जुड़े सभी लोगों को झटका लगता है। फिल्म के निर्देशक को तो सबसे ज्यादा पीड़ा पहुँचती है। 'संगीत सम्राट तानसेन' की असफलता के बाद यह झटका एस.एन. त्रिपाठी को भी लगा था, जिसका प्रभाव धीरे-धीरे दिखाई भी दिया। उनके मन के किसी कोने में जलते सपनों के दीपक की लौ मानो मन्द पड़ गई। मानो मन कुछ उखड़-सा गया। फिर भी आने वाले वर्षों में वे कई लोकप्रिय गीत देते रहे।

'जादूगर डाकू' (1962) में लता का 'बंसी बजा रे, जिया न तड़पा रे' और मुकेश का जादुई कोरसवाला 'न चाँद हो न सूरज हो' ऐसे ही गीत थे। 'मायाजाल' (1962) में लता और मुकेश का बड़ा लुभावना युगल-गीत 'अजी देखो जरा तो क्या मौसम बड़ा प्यारा है' था तो 'नाग देवता' (1962) में 'तारों की ठंडी छइयाँ' (मुकेश-सुमन कल्याणपुर), 'जब कान्हा की मीठी मुरलिया' (सुमन) और 'झंकार पायल की तोसे बिनती करे' (आशा भोंसले) जैसे कई लोकप्रिय गीत थे। 'शिव-पार्वती' (1962) के 'क्षमा करो मेरी भूल' (आशा), 'पितु मातु सहायक स्वामी सखा' (रफी), 'क्यों बागों में कूके कोयलिया' (आशा भोंसले-उषा मंगेशकर) और 'पलकों की छाँव में ममता का पालना' (आशा) खूब चले थे तो 'शेर खान' (1962) के 'ऐ मेरे मुश्किल कुशाँ' (रफी) और 'चाहे रोके ये जमाना' (लता) भी बड़े लुभावने गीत थे।

नानूभाई भट्ट की 'कोबरा गर्ल' (1963) में सुमन कल्याणपुर और मुबारक बेगम का बड़ा प्यारा डुएट था— 'निगाहों से दिल का सलाम आ रहा है'। इसी फिल्म में आशा भोंसले का एक मोहक सोलो 'बोले झन-झन-झन पायल बोले' भी था, जिसे बाद में बप्पी लाहिड़ी ने 'दे दे प्यार दे' ('शराबी') के रूप में कॉपी किया। 'देवकन्या' (1963) में भी एस.एन. त्रिपाठी ने 'सैयाँ छोड़ दे मेरा हाथ' (रफी-आशा) और 'पग घुँघरू बोले' (आशा-महेन्द्र कपूर) जैसे कुछ अच्छे गीत दिए। 'परीक्षा' (1963) के 'मस्ती भरे हैं शोख नजारे' (सुमन) और 'अदा से मुस्करा देना' (सुमन-महेन्द्र कपूर) और 'बीन का जादू' (1963) में सुमन कल्याणपुर के दो सोलो 'हर हर हर महादेव' और 'तेरा प्यार मुझको बुला रहा' भी बड़े सुन्दर गीत थे। 'रानी चन्द्रावती' (अप्रदर्शित) में सुमन कल्याणपुर के मोहक सोलो 'गोकुल से चली साँवरिया' के साथ-साथ सुबीर सेन के साथ उनका उतना ही मोहक युगल-गीत 'ये पुकार किसी के लिए गीत बनके आई' भी था। काफी सफल रही 'महासती अनसूया' (1965) में भी 'बहुत दिनों से बिछड़ा मन का मीत मिला' (मुकेश-सुमन) और राग मेघ मल्हार पर आधारित 'मन मेरा झूलने' (आशा) जैसे कुछ मधुर गीत थे। इस बीच 'शंकर खान' और 'राजा' में भी कुछ अच्छे गीत सुनाई दिए थे। 'शंकर खान' में सुमन कल्याणपुर का 'दिल की बात जुबाँ पर लाना' और 'राजा' में 'तड़पे इस करवट से उस करवट' (आशा), 'अपनी-अपनी पसन्द है' (रफी), 'इधर बिजली उधर शोला' (आशा) और 'पहले आई मुर्गी कि पहले आया मुर्गा' जैसे लोकप्रिय गीत थे। 'महाराजा विक्रम' (1965) के 'बाजे रे मधुर बीन सुहावन' (आशा-उषा) और 'माने न मोरा बिच्छुआ' (सुमन) और 'जिंगारो' के 'मस्ती भरे हैं शोख नजारे' (सुमन) और 'अदा से मुस्करा देना हया से सर झुका लेना' (सुमन-महेन्द्र कपूर) भी अच्छे चले थे। छोटी या बड़ी, हिट या फ्लॉप, एस.एन. त्रिपाठी की कोई भी फिल्म ऐसी नहीं थी जिसमें उन्होंने कुछ मधुर गीत न दिए हों।

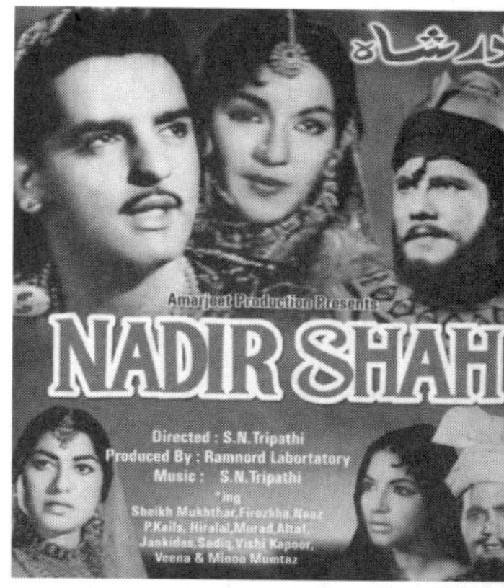

एक दिलचस्प तथ्य यह भी है कि हेमन्त कुमार और किशोर कुमार ने एस.एन. त्रिपाठी के संगीत-निर्देशन में एक भी गीत नहीं गाया। तलत महमूद ने उनके साथ सिर्फ एक गीत गाया। 'कुँवारी' (1966) फिल्म का यह गीत दो वर्जनों में था और इसका दूसरा वर्जन लता मंगेशकर ने गाया था। राग शिवरंजनी पर आधारित यह गीत था— प्यार के पलछिन, बीते हुए दिन, हम तो न भूले तुम भूल गए'। यह गीत शैलेन्द्र ने लिखा था और एस.एन. त्रिपाठी और शैलेन्द्र की जोड़ी की भी यह आखिरी फिल्म थी। कहते हैं कि इस फिल्म का पूरा संगीत उनके प्रिय अड्डे 'जुहू होटल' में रचा गया था। भला मुकेश के सदाबहार 'ए मेरे दिल तुम मेरी जान' को कौन भुला सकता है? आर.एन. मंडलोई द्वारा निर्मित इस फिल्म के लेखक-निर्देशक भी खुद एस.एन. त्रिपाठी थे। फिल्म में इन्द्राणी मुखर्जी, रवीन्द्र कपूर और प्रेम चोपड़ा जैसे अपेक्षाकृत नए सितारों के साथ-साथ तबस्सुम भी थी। शुरू में इस फिल्म को मीना कुमारी और मनोज कुमार के साथ बनाने की योजना थी, लेकिन उन्हीं दिनों फिल्म निर्माताओं की संस्था ('इम्पा') ने स्टार-सिस्टम के खिलाफ अभियान छेड़ते हुए नए कलाकारों को प्रोत्साहन देने की घोषणा की। 'कुँवारी' के निर्माता मंडलोई ने भी इम्पा की एक सभा में इस विचार की जमकर वकालत की। तो फिर वे अपनी ही फिल्म में मीना कुमारी और मनोज कुमार जैसे स्थापित सितारों को कैसे ले सकते थे? जो भी हो, अनाम कलाकारों के कारण या किसी दूसरी कमी से 'कुँवारी' इतनी बुरी तरह फ्लॉप हो गई कि शायद लोगों को इसका नाम तक याद नहीं है। फिल्म में अगर कुछ याद रखने लायक था तो सिर्फ एस.एन. त्रिपाठी का संगीत। उपरोक्त गीतों के अलावा फिल्म में 'जल भरी गगरी से छलके जियरवा' (लता), 'धानी चुनरी मोरी' (मीनू पुरुषोत्तम-महेन्द्र कपूर), 'पाँव में पैंजनिया' (महेन्द्र कपूर) और 'ये तन-मन वतन पर' (कृष्णा कल्ले) जैसे कई लुभावने गीत थे। आशा भोंसले का 'झन झन झन बाजे कैसी मधुर-मधुर पाँव में पैंजनिया' तो उनके सर्वश्रेष्ठ शास्त्रीय गीतों में शामिल है। मुकेश के साथ उनका युगल-गीत 'कहता है मेरा दिल' भी इतना ही खूबसूरत था। पर जब फिल्म नहीं चलती तो संगीतकार भी खुशी महसूस नहीं कर पाता, भले ही उसके संगीत को लोग पसन्द करें। इस फिल्म की असफलता से एस.एन. त्रिपाठी के कैरियर को एक और बड़ा झटका लगा।

अमरजीत प्रोडक्शन्स की 'नादिर शाह' (1968) एस.एन. त्रिपाठी के कुछ और सुहाने गीत लेकर आई। शेख मुख्तार, फिरोज खान और नाज की मुख्य भूमिकाओं वाली इस फिल्म के निर्देशक भी वे खुद ही थे। इस फिल्म को बनने में इतना ज्यादा समय लग गया कि इसमें दर्शकों की दिलचस्पी काफी कम हो गई। फिर भी फिल्म का संगीत

'बिदेसिया' की शूटिंग के दौरान नर्तकी हेलन को निर्देशन देते हुए एस.एन. त्रिपाठी

इतना लाजवाब था कि जाने-माने समीक्षक शिरिष काणेकर ने लिखा था कि अगर एस.एन. त्रिपाठी ने 'नादिरशाह' के एक गाने के अलावा और कुछ भी न रचा होता तो भी उनका नाम अमर हो जाता। यह गाना राग मियाँ की मल्हार पर आधारित लता-रफी का अद्‌भुत युगल-गीत था—'मुहम्मद शाह रंगीले सजना तुम बिन नहीं अब दिन रतिया'। यह गाना आज भी सुननेवालों को अभिभूत कर देता है। 'आ मिलें मिलें फूलों तले हम-तुम मिलें' (लता), 'ये मेरी मुहब्बत जो' (सुमन), 'साहिब-ए-जश्न तलब ताज मुबारक' (आशा), 'ये बला जान पर' (मुबारक बेगम) और 'साकिया बहार आई झूम-झूम' (आशा-मुबारक बेगम)—सभी एक से एक बढ़कर थे। 'जंग इनसानियत की दुश्मन है' (मन्ना डे) और अमीर खुसरो के 'काहे को ब्याही विदेस' (श्यामा हेमाडी-सुमन कल्याणपुर) की राग देस पर आधारित अद्‌भुत प्रस्तुति इस फिल्म के संगीत के अन्य अनूठे आकर्षण थे।

पाठकों ने महसूस किया होगा कि 1965 के बाद एस.एन. त्रिपाठी के गीतों की सूची में सुमन कल्याणपुर, आशा भोंसले और कई अन्य गायिकाओं के नाम ही ज्यादा दिखाई देने लगे। इसका कारण यह है कि 'महाराजा विक्रम' (1965) के गीतों की रिकॉर्डिंग के दौरान एस.एन. त्रिपाठी और लता मंगेशकर में कुछ गलतफ़हमियाँ पैदा हो गईं। इस फिल्म के बाद लता ने दोबारा कभी भी एस.एन. त्रिपाठी के साथ नहीं गाया। कहते हैं कि इसके पीछे बड़े मामूली कारण थे। त्रिपाठीजी कई अन्य संगीत-निर्देशकों की तरह लता के स्टूडियो में पहुँचने पर उन्हें हार पहनाने, उनके आगे-पीछे घूमने या उनकी जी-हजूरी करने में विश्वास नहीं रखते थे। इस अनबन के पीछे छोटे-बड़े जो भी कारण रहे हों लेकिन इससे सुमन कल्याणपुर और आशा भोंसले को ही लाभ पहुँचा और उन्होंने एस.एन. त्रिपाठी के साथ खूब गाने गाए।

इस बीच, बच्चूभाई शाह की 'बिदेसिया' (1963) के रूप में एस.एन. त्रिपाठी भोजपुरी फिल्मों की दुनिया में भी कदम रख चुके थे—जैसाकि उनके भूतपूर्व सहायक और जाने-माने संगीत-निर्देशक चित्रगुप्त 'हो गंगा मइया तोहे पियरी चढ़इबो' के साथ कर चुके थे। एस.एन. त्रिपाठी द्वारा लिखित, निर्देशित और संगीतबद्ध यह पहली भोजपुरी फिल्म सुपरहिट साबित हुई। 'बिदेसिया' में सुजीत कुमार और नाज मुख्य भूमिकाओं में थे। इस फिल्म के संगीत के लिए एस.एन. त्रिपाठी ने अपनी बनारसी पृष्ठभूमि का भरपूर लाभ उठाया था। उन्हें चैती, बिरहन और कजरी की गहरी समझ थी और इन सभी विधाओं पर उनकी मजबूत पकड़ इस फिल्म के संगीत में भी दिखाई दी। जरा एक झलक देखिए—(कजरी) 'नीक सैयाँ बिन भवनवा नाहीं लागे सखिया' (गीता दत्त-कौमुदी मजुमदार); (चैती) 'बन जइहों बनि के जोगनिया हो रामा' (सुमन कल्याणपुर); (बिरहा) 'इश्क करे वो जिसकी जेब में माल' (मन्ना डे-महेन्द्र कपूर)। इनके अलावा बिदेसिया लोक शैली का 'लेई बदरवा से कजरवा' (मन्ना डे), चौपाल शैली का 'हँसी-हँसी पनवा खिउइले बेइमनवा' (मन्ना डे-महेन्द्र कपूर), बिरहनी गीत 'दिनवा गिनत मोरी' (सुमन कल्याणपुर), नौटंकी नृत्य 'हमें दुनिया करेला बदनाम' (सुमन कल्याणपुर) और घोड़े की पदचाप की आकर्षक ताल वाला 'जान ले के हथेली पे चलिबे जमाने से डरिबे राम' (गीता दत्त-मन्ना डे-कौमुदी मजुमदार) भी एक से बढ़कर एक थे। इस भोजपुरी फिल्म के गीतों ने देश भर में धूम मचा दी थी। आज भी ये गीत अकसर सुनाई पड़ जाते हैं। यह फिल्म एस.एन. त्रिपाठी ने सिर्फ 75 दिनों में बना डाली थी, जिससे उनकी असाधारण क्षमता का पता चलता है। उन्होंने कुल मिलाकर लगभग दस भोजपुरी फिल्मों में संगीत दिया—'बिदेसिया', 'जेकदा चरनवा में लागले परनवा', 'लोहा सिंह', 'गोस्वामी तुलसीदास', 'जोगिन', 'सीता मैया', 'अमर सुहागिन', 'जय महाकाली', 'जागल भाग हमार' और 'जहाँ बहे गंगा की धार'। इनमें से कुछ फिल्मों का उन्होंने निर्देशन भी किया। उन्होंने एक नमाड़ी फिल्म में भी संगीत दिया था। आर.एन. मंडलोई द्वारा निर्मित इस फिल्म का नाम 'सन्त सिंगाजी' (1987) था। यह फिल्म उनकी आखिरी फिल्म भी थी।

सत्तर के दशक में पौराणिक फिल्मों का दौर ढलने लगा था। फिर भी इस तरह की और छोटे बजट की ऐतिहासिक / फन्तासी फिल्में बनती रहीं और एस.एन. त्रिपाठी इनमें संगीत देते रहे। रचनात्मकता के इस अन्तिम चरण में भी उन्होंने

एस.एन. त्रिपाठी 'विष्णु पुराण' में

कई मोहक गीत दिए। यूँ साठ के दशक के अन्तिम वर्षों में भी कुछ छोटी-बड़ी फिल्मों में उनके कई लुभावने गीत थे, जिनका जिक्र किया जाना चाहिए। 'लव-कुश' (1967) में 'सोई रात चाँदनी सोई' (सुमन कल्याणपुर), 'हर हर गंगे' (1968) में 'भारत के लिए भगवान का इक वरदान है गंगा' (प्रदीप) और 'ओ राजा जी देखो तो' (आशा-उषा तिमोथी), 'लहू पुकारेगा' (1968) में 'कोई मतवाला आया' (सुमन) और 'तुम बड़ी शोख बड़ी चंचल हो' (रफी) इत्यादि ऐसे ही गीत थे। 'श्री कृष्ण लीला' (1970) में 'गोरी-गोरी गोरियों के मुख पे चमचमाती' (आशा भोंसले), 'माया बाजार' (1971) में 'धीरे आ रुनझुन करती' और 'सम्पूर्ण देवी दर्शन' (1971) में 'जय देवी माँ जय दुर्गा माँ' (मन्ना डे-चन्द्राणी मुखर्जी) बड़े सुरीले गीत थे। हरसुख भट्ट की ऐतिहासिक फिल्म 'वीर छत्रसाल' (1971) में सुमन कल्याणपुर के कई रसीले गीत थे—'बेदर्दी पिया सारी रात', 'तड़प-तड़प तुझ जिया' और मादकता भरा 'निम्बुवा पे आओ मेरे अम्बुवा पे आओ'। 'महाशिवरात्रि' (1973) में उभरती हुई गायिका वाणी जयराम भी एस.एन. त्रिपाठी के संगीत के कारवाँ में शामिल हो गईं। उनका 'गाएँ हम नाचें हम नटवर कृष्ण नाचते तुम' बड़ा सुन्दर गीत था। 'बाल महाभारत' (1973) में 'आजा रे तड़पती हूँ मैं' (आशा भोंसले) और 'विष्णु पुराण' (1973) में 'बोले मोरी पायलिया ओ पिया' (वाणी जयराम) और 'तुम्हारी हूँ मेरे हो तुम' (रफी-आशा) भी बड़े मधुर गीत थे। 'हरे कृष्णा' (1974) में 'ओ कान्हा सुन विनती मोरी' (वाणी जयराम) के साथ-साथ राग भैरवी पर आधारित बड़ा मोहक युगल-गीत 'बंसी की धुन सुन बलम' (रफी-सुमन) भी था। 'नाग चम्पा' (1976) में 'ओ मतवाले प्याले पर क्यों बना दीवाना है' (आशा) और 'कहाँ जाए शरमाए अरी ओ प्रिया भोली सजनी' (मन्ना डे-वाणी जयराम), 'तू ही काली तू ही दुर्गा' (1976) में 'मेरी सखी का कुमकुम ला री' (वाणी जयराम), 'जय गणेश' (1977) में 'जय गणेश जय गणेश जय गणेश देवा' (सुषमा श्रेष्ठ), 'दिलेर' में 'कल रात वो बिजली बारिश ठंडी में', 'जय महाकाली' (1979) में 'पहली-पहली रात रसियाअब तू मेरे संग है' (उषा मंगेशकर-भूपेन्द्र), 'सती सावित्री' (1981) में 'स्वप्न जो स्वप्न वो मैंने जो देखा' (प्रीती सागर) और 'एजेन्ट वन टू थ्री' (1983) में 'आओ-आओ ये देखो' (सुरेश वाडकर-अलका याग्निक) एस.एन. त्रिपाठी के अन्तिम चरण के उल्लेखनीय गीतों में शमिल थे।

जैसाकि हम कह चुके हैं, सत्तर का दशक आते-आते पौराणिक-धार्मिक फिल्मों का युग पीछे छूटने लगा था। देखते ही देखते एक्शन फिल्मों और हिंसा का ऐसा दौर शुरू हुआ कि फिल्मों से प्रेम और पारिवारिक-धार्मिक भावनाओं के साथ-साथ इनसे जुड़ा मधुर संगीत भी लुप्त होता चला गया। एस.एन. त्रिपाठी एक सिद्धान्तवादी व्यक्ति थे और उतने ही स्वाभिमानी भी। भला वे इस नए चलन से कैसे समझौता करते? जीवन के अन्तिम वर्षों में और आर्थिक परेशानियों के बीच उन्होंने एक भोजपुरी फिल्म 'महेन्द्र मिसिर' की पटकथा तैयार की थी। वे चाहते थे कि कोई निर्माता इस पर फिल्म बनाए। जाने-माने निर्माता-निर्देशक कमाल अमरोही को यह बात पता चली तो उन्होंने उन्हें सन्देश भिजवाया कि किसी दिन आकर अपना 'सब्जेक्ट' सुनाएँ। लेकिन स्वाभिमानी त्रिपाठी ने यह कहकर उसने मिलने जाने से इनकार कर दिया कि "कुआँ प्यासे के पास नहीं जाता! कमाल साहब मेरे घर आएँगे तो मैं उन्हें सिर-आंखों पर बिठाऊँगा और कहानी भी सुनाऊँगा"।

इन अन्तिम वर्षों में भी त्रिपाठीजी को जानने वाले अकसर उनसे मिलने आते रहते थे और उनसे हर तरह की सलाह लेते रहते थे। और तो और, अन्तर्राष्ट्रीय ख्यातिप्राप्त सत्यजित रे भी अपनी महत्त्वाकांक्षी फिल्म 'शतरंज के खिलाड़ी' के संगीत को लेकर उनकी सलाह लेने आए थे।

बाद के वर्षों में उनसे नाराज हो जाने वाली लता मंगेशकर हों, मुहम्मद रफी हों या फिर मुकेश, सभी ने एस.एन. त्रिपाठी के संगीत-निर्देशन में अपने कुछ श्रेष्ठतम गीत आए। जैसाकि हमने पीछे जिक्र किया है कि लता 'बलमा ओ बलमा चन्दा हमारे' ('राम-हनुमान युद्ध') को अपने सर्वश्रेष्ठ गीतों में गिनती रही हैं। 'तारों भरी रात है' ('पक्षीराज'), 'चाँद ढलने लगा' ('अमृत मन्थन'), 'शाम भई घनश्याम न आए' ('कवि कालिदास'), 'रात सुहानी झूमे जवानी' ('रानी रूपमती'), 'महफिल में कैसी छमछम' ('दिल्ली दरबार'), 'मेरे तो गिरधर गोपाल' ('राजरानी मीरा'), 'देखो बाज रही शहनाई' ('जनम-जनम के फेरे'), 'सखी कैसे धरूँ मैं धीर' ('संगीत सम्राट तानसेन'), 'प्यार के पल-छिन' ('कुँवारी') और 'पिया मिलन की आस रे' ('पिया मिलन की आस') जैसे बेहद सुरीले, मीठे और यादगार गीत लता ने एस.एन. त्रिपाठी के साथ ही गाए थे।

मुहम्मद रफी ने भले ही उनके साथ इतने सारे लोकप्रिय गीत न गाए हों, लेकिन जो गाए वे हमेशा के लिए अमर हो गए—'पितु मातु सहायक स्वामी सखा' ('शिव-पार्वती') हो या 'परवर दिगार-ए-आलम तेरा ही है सहारा' ('हातिमताई'), 'लगता नहीं है दिल मेरा उजड़े दयार में' हो या 'न किसी की आँख का नूर हूँ' (दोनों 'लाल किला')। रफी और एस.एन. त्रिपाठी की जोड़ी के अन्य यादगार गीतों में 'तू है कि नहीं है मुझे भगवान बता दे' ('ईनाम'), 'ऐ मेरे मुश्किल कुशाँ' ('शेर खान') और 'जाने वाले खुदा की रहमत का तुझ पे साया' ('हातिमताई') शामिल हैं।

एस.एन. त्रिपाठी और सत्यजित रे

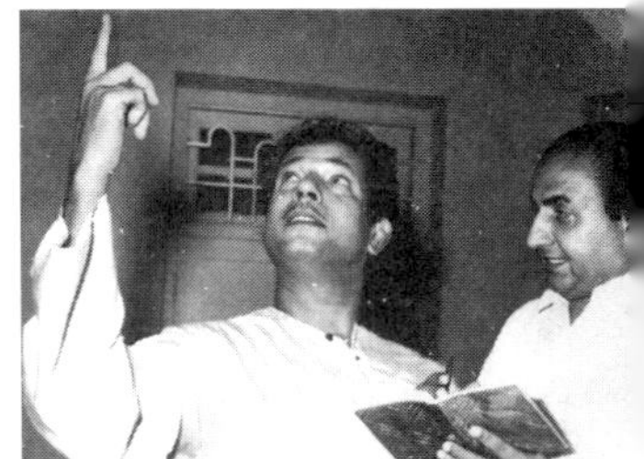
एस.एन. त्रिपाठी और मो. रफी

एस.एन. त्रिपाठी और आशा

उनका आखिरी चित्र (1988)

बिट्टी मौसी

बिट्टी मौसी

एस.एन. त्रिपाठी अपने पुत्रों के साथ

एस.एन. त्रिपाठी अपने पुत्र के साथ

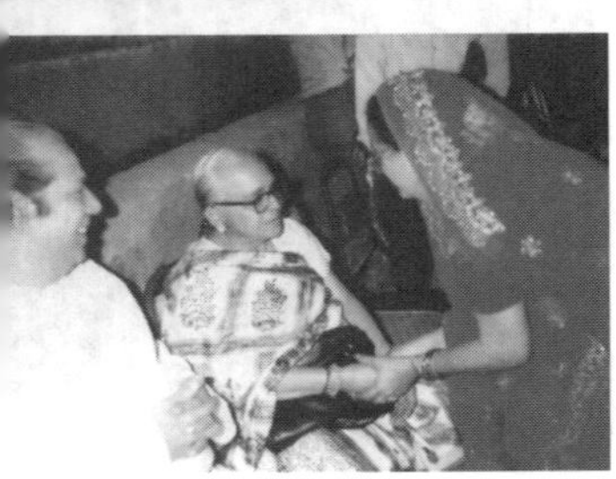

मुकेश तो एस.एन. त्रिपाठी के सबसे चहेते गायक थे, जिनके साथ उन्होंने दर्जनों लोकप्रिय गीत दिए। 'आ लौट के आजा मेरे मीत' ('रानी रूपमती') या 'झूमती चली हवा याद आ गया कोई' ('संगीत सम्राट तानसेन') को भला कौन भुला सकता है? इस जोड़ी के अन्य यादगार गीतों में 'न चाँद हो न सूरज हो' ('जादूगर डाकू'), 'नैन बिना मेरी दुनिया अधूरी' ('अमृत मन्थन') और 'ऐ मेरे दिल तुम मेरी जान' ('कुँवारी') इत्यादि शामिल हैं। आशा भोंसले को उनका पहला हिट गीत भी एस.एन. त्रिपाठी ने ही दिया था—'देखो जी चाँद निकला पीछे खजूर के' ('अलीबाबा और 40 चोर') और उनका एक शाहकार शास्त्रीय गीत भी—'झन-झन-झन बाजे कैसी मधुर-मधुर पाँव में पैंजनिया' ('कुँआरी')। मन्ना डे ने तो उनके संगीत-निर्देशन में कई लोकप्रिय गीत गाए और बहुत से उत्कृष्ट शास्त्रीय गीत भी—'उड़ जा भँवर मायाकमल का' ('रानी रूपमती') हो या 'मितवा लौट आए' ('संगीत सम्राट तानसेन') या फिर 'मनभावन संगीत सुहावन' ('चन्द्रमुखी')। देखा जाए तो शमशाद बेगम, गीता दत्त, सुमन कल्याणपुर, महेन्द्र कपूर और वाणी जयराम ने एस.एन. त्रिपाठी के साथ अपने कुछ श्रेष्ठतम गीत गाए। हमें मुकेश के गीतों के आँकड़े तो उपलब्ध नहीं हो पाए, लेकिन कुछ अन्य प्रमुख गायक-गायिकाओं के साथ एस.एन. त्रिपाठी के संगीत-सृजन का रिकॉर्ड इस प्रकार रहा :

क्रम	गायक/गायिका	सोलो	युगल-गीत	अन्य	कुल गीत	फिल्में
1.	लता मंगेशकर	47	23	01	71	24
2.	आशा भोंसले	83	41	05	129	43
3.	मुहम्मद रफी	36	40	02	78	44
4.	शमशाद बेगम	13	18	01	32	16

एस.एन. त्रिपाठी जीवन भर संगीत के प्रति समर्पित रहे। वे संगीत की गतिविधियों से जुड़ी प्रतिष्ठित संस्था 'सुर सिंगार संसद' के प्रेरणा-स्रोतों में से थे। वे 'सिने म्यूजिक डायरेक्टर्स एसोसिएशन' और 'फिल्म राइटर्स एसोसिएशन' के साथ भी नजदीकी से जुड़े रहे। वे मुम्बई के उपनगरों की रानी कहे जाने वाले बान्द्रा (पश्चिम) में सैंट जॉन बेपटिस्ट रोड पर 'टाइडवे' नामक बिल्डिंग में रहा करते थे। वे धर्म-कर्म के बड़े पक्के थे। बहुत-सी फिल्मों में रामभक्त हनुमान की भूमिका निभाने के कारण वे बजरंगबली के आदर्शों के अनुरूप चलने की कोशिश करते थे। प्रतिदिन 'हनुमान चालीसा' पढ़ते थे, दूध और फलों का आहार लेते थे और ब्रह्मचर्य का पालन करते थे। शायद इतनी भक्ति-भावना के कारण ही उन्हें इतनी सफलता मिली थी, जिसे वे भगवान के वरदान के रूप में देखते थे। जीवन के आखिरी वर्षों में उन्हें डायबिटीज की शिकायत हो गई थी। उन्होंने तीन महीने अपने पारिवारिक गुरु के पास वाराणसी में रहकर उनके मार्गदर्शन में इसका उपचार किया और सिर्फ मकरध्वज, दूध और आँवला का सेवन किया।

त्रिपाठीजी ने सन् 1959 में एक मंच कलाकार शशिकला जोशी से विवाह किया था, जो 'ट्रिक मास्टर' नानासाहेब शिरगोपिकर की 'आनन्द संगीत मंडली' से जुड़ी हुई थीं। उनके पाँच बेटे हुए—गुरुदत्त (मर्चेन्ट नेवी में कैप्टन), योगेश (होटल मैनेजमेंट में), आनन्द (मर्चेन्ट नेवी से ही जुड़े आनन्द इंडोनेशिया में एक दुखद दुर्घटना में चल बसे), वीरेन्द्र (सिस्टम एनालिस्ट, यूएसए में प्रवास) और महेन्द्र (भारतीय वायुसेना में रहे, अब स्वैच्छिक सेवानिवृत्ति ले चुके हैं और ज्योतिष-विद्या से जुड़े हैं)। शशिकला अब अपने सबसे छोटे बेटे महेन्द्र के साथ पुणे में रहती हैं। त्रिपाठीजी की अपने पहले विवाह से एक बेटी भी है जो इंजीनियरिंग के एक प्राध्यापक से विवाहित है।

हमारे परिवार का त्रिपाठी के परिवार के साथ बहुत पुराना और घनिष्ठ सम्बन्ध है। मेरी माँ स्वर्गीय शांति कुमारी बाजपेयी त्रिपाठीजी की बड़ी भाभी श्रीमती भुवनेश्वरी त्रिपाठी (जिन्हें हम सब बिट्टी मौसी कहते थे) की बचपन की सहेली थीं। हम पति-पत्नी (मैं और कनिका) अपनी माँ और बेटी अंशुला (इस पुस्तक की सह-लेखिका) के साथ अकसर त्रिपाठीजी के बान्द्रा के घर पर जाते रहते थे। कनिका दिनेश ठाकुर के अंक थिएटर ग्रुप से जुड़ी हुई थीं और त्रिपाठीजी उनके नाटकों के मंचन के दौरान अकसर हमारे साथ होते थे। वे हमारे घर पर और पारिवारिक कार्यक्रमों में भी आते रहते थे। हम उनके साथ बैठकर वीडियो पर देखी गई उनकी क्लासिक फिल्मों ('रानी रूपमती', 'संगीत सम्राट तानसेन' और 'कवि कालिदास') के क्षणों को बड़े गर्व के साथ याद करते हैं। त्रिपाठीजी हमें इन महान फिल्मों के निर्माण से जुड़े बहुत से दिलचस्प किस्से सुनाते रहते थे। वे अपनी पुरानी फिल्मों की स्क्रीनिंग के दौरान भी हमें निमंत्रित करना नहीं भूलते थे। उनके साथ प्रकाश पिक्चर्स की 'पनघट' देखने का अनुभव तो भुलाए नहीं भूलता। कनिका के गायन के शौक को देखते हुए त्रिपाठीजी उन्हें गायकी की बहुत-सी बारीकियों के बारे में समझाते रहते थे। हमें गर्व है कि हम कनिका की आवाज में उनका प्रसिद्ध गीत—'चाँद ढलने लगा दिल मचलने लगा' रिकॉर्ड कर सके, जिसमें खुद

उन्होंने हारमोनियम बजाया था।

जैसाकि हमने पीछे जिक्र किया है, वे डायबिटीज के शिकार हो गए थे। आखिरी दिनों में घर पर एक दुर्घटना के बाद उनके पाँव में गैंगरीन हो गया। उन्हें बान्द्रा के डायमंड नर्सिंग होम में भर्ती किया गया, जहाँ 28 मार्च, 1988 को 75 वर्ष की उम्र में वे हमेशा के लिए उस लोक में चले गए जिसके बारे में उन्होंने न जाने कितनी फिल्में बनाई थीं। इस लोक के पास रह गईं तो सिर्फ उनकी फिल्में और उनका कभी न खत्म होने वाला सुरीले गीतों का भंडार।

उन्होंने इतने सारे गीत बनाए, इतना विविधतापूर्ण संगीत दिया कि उनके बारह सर्वश्रेष्ठ गीत चुनना एक बार फिर हमारे लिए परीक्षा की घड़ी साबित हुई। हम कितने खरे उतरे हैं, यह आपको तय करना है।

एस.एन. त्रिपाठी के 12 अनमोल रत्न

क्रम	गीत	फिल्म	गायक/गायिका
1.	मेरे तो गिरधर गोपाल दूसरा न कोय	राजरानी मीरा	लता मंगेकशर
2.	परवर दिगार-ए-आलम तेरा ही है सहारा	हातिमताई	मुहम्मद रफी
3.	बलमा ओ बलमा चन्दा हमारे	राम-हनुमान युद्ध	लता मंगेशकर
4.	शाम भई घनश्याम न आए	कवि कालिदास	लता मंगेशकर
5.	आ लौट के आजा मेरे मीत	रानी रूपमती	मुकेश
6.	न किसी की आँख का नूर हूँ	लाल किला	मुहम्मद रफी
7.	झूमती चली हवा याद आ गया कोई	संगीत सम्राट तानसेन	मुकेश
8.	मनभावन संगीत सुहावन	चन्द्रमुखी	मन्ना डे
9.	पिया मिलन की आस रे	पिया मिलन की आस	लता मंगेशकर
10.	नीक सैयाँ बिन मवनवा नाहीं	बिदेसिया	गीता दत्त-कौमुदी
11.	मक्मदशाह रंगीले मोरे साजना	नादिरशाह	रफी-लता
12.	प्यार के पल-छिन बीते हुए दिन	कुँवारी	लता मंगेशकर

जैसाकि अकसर कहा जाता है, ऐसे लोग अब पैदा नहीं होते। एस.एन. त्रिपाठी एक अनूठे व्यक्ति और गजब के संगीतकार थे। उन्हें हमारी सच्ची श्रद्धांजलि यही हो सकती है कि हम उन्हें और उनके कृतित्व को वह स्थान और सम्मान दें जिसके वे सही अर्थों में अधिकारी हैं। काश हिन्दी फिल्म संगीत का वह सुनहरी दौर फिर लौट आए और एस.एन. त्रिपाठी जैसे संगीतकार भी! उन्हीं की एक संगीत रचना को याद करते हुए कहें तो—आ लौट के आजा मेरे मीत, तुझे मेरे गीत बुलाते हैं... मेरा सूना पड़ा रे संगीत, तुझे मेरे गीत बुलाते हैं...।

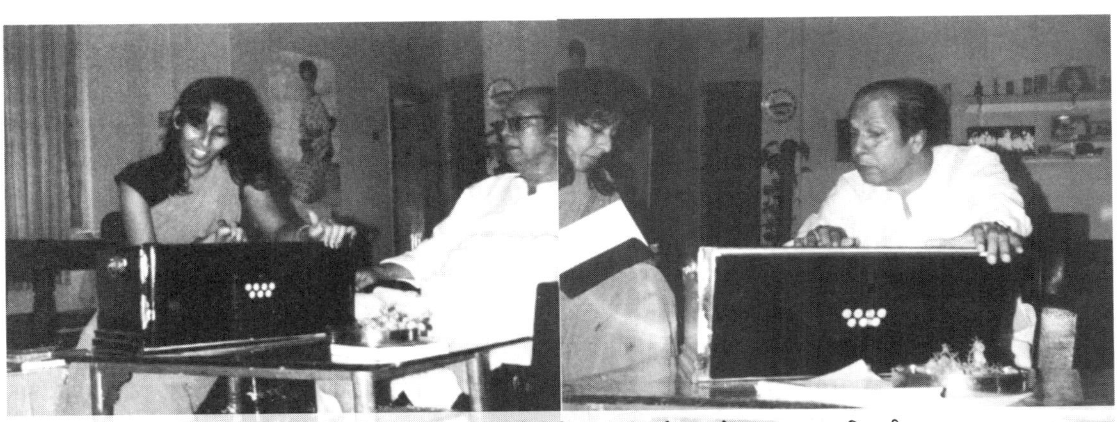

हमारी माताजी और कनिका बाजपेयी के साथ रिहर्सल करते हुए एस.एन. त्रिपाठी

श्याम सुन्दर (1916-1953)

नशीले रिदम का जादू

सिर्फ 37 वर्ष की उम्र में इस दुनिया से रूठ गए श्याम सुन्दर के बारे में कहा जाता था—''श्याम सुन्दर की तर्जों ने लोगों को मारा और श्याम सुन्दर को शराब ने मारा!'' लेकिन इतनी कम उम्र में भी वे संगीत की दुनिया में ऐसा प्रभाव छोड़ गए कि उनका नाम हिन्दी सिनेमा के महानतम संगीतकारों में शामिल है। हिन्दी फिल्म संगीत के पंजाबी स्कूल से निकले श्याम सुन्दर ने संगीत की परम्पराओं और मान्यताओं को तोड़ते हुए ऐसा विद्रोही सुर अपनाया कि वे हमेशा के लिए अपनी एक अलग और अमिट छाप छोड़ गए। उनके रिदम, उनकी लय-ताल में ऐसी ताजगी थी, एक ऐसा नशा था और उनका ऑर्केस्ट्रशन इतना अनोखा था कि सुननेवाला दिल थामकर रह जाता था। अपने छोटे से कैरियर में उन्होंने सिर्फ 17 फिल्मों में संगीत दिया, लेकिन सुननेवालों के दिलों में ऐसा नशा छोड़ गए जिसका सरूर आज भी बरकरार है। जैसाकि हमने कहा है, उन्हें शराब और लिवर की बीमारी ले डूबी और 1953 में भरी जवानी में वे इस दुनिया से चले गए।

फिल्म संगीत को उसका महानतम गायक देने का श्रेय भी श्याम सुन्दर को ही जाता है। जी हाँ, सुरों के शहंशाह मुहम्मद रफी से उनका सबसे पहला गाना श्याम सुन्दर ने ही गवाया था। कहा जाता है कि लाहौर में महान गायक के.एल. सहगल का एक संगीत-कार्यक्रम चल रहा था। अचानक माइक खराब हो गया और लोग शोर मचाने लगे। उसी समय एक नौजवान उठकर मंच पर आ पहुँचा और उसने बिना माइक के ही अपनी बुलन्द आवाज में गाना शुरू कर दिया। उसकी जादुई आवाज सुनते ही शोर थम गया और लोग मंत्रमुग्ध-से उसका गाना सुनने लगे। बाद में न सिर्फ महान के.एल. सहगल ने उसे गले से लगाते हुए आशीर्वाद दिया बल्कि कार्यक्रम में मौजूद श्याम सुन्दर ने भी उससे अपनी अगली फिल्म में गवाने का वायदा किया। उन्होंने यह वायदा निभाया भी और जल्दी ही अपनी पंजाबी फिल्म 'गुल बलोच' में उस नौजवान अर्थात् मुहम्मद रफी से उसका पहला गाना गवाया। रफी के इस पहले गाने के बोल थे—'सोणिए नी, हीरीए नी, तेरी याद बहोत सताए'।

श्याम सुन्दर की शुरुआती जिंदगी के बारे में कोई खास जानकारी नहीं मिलती, सिवा इसके कि वे मुल्तान (अब पाकिस्तान में) में पैदा हुए थे और उनका पूरा नाम श्याम सुन्दर गाबा था। उनके प्रेरणा-स्रोत थे जाने-माने संगीत-निर्देशक मास्टर गुलाम हैदर। उन्हीं के संगीत से प्रभावित होकर वे वायलिन सीखने लगे थे और जल्दी ही बड़ा अच्छा वायलिन बजाने लगे थे।

वे हिन्दी फिल्म संगीत के शैशव-काल के दिन थे। गुलाम हैदर ने शास्त्रीय रागों और रवींद्र संगीत पर आधारित फिल्म संगीत की परम्पराओं को तोड़ते हुए अपनी पंजाबी तानों और लय-ताल से धूम-सी मचा दी थी। फिल्म संगीत की इस पंजाबी शैली का जनक होने के नाते ही उन्हें 'मास्टरजी' कहा जाता था। बाद में उनके इस 'पंजाबी स्कूल' के बहुत से अनुयायी हुए, जिनमें पं. अमरनाथ, पं. गोविन्दराम, खुर्शीद अनवर, फिरोज निजामी, हंसराज बहल, रफीक गजनवी और श्याम सुन्दर इत्यादि शामिल थे। सबसे बाद में आने वाले ओ.पी. नैयर भी इसी पंजाबी स्कूल की उपज थे। लेकिन पंजाबी संगीत-शैली में ढले होने के बावजूद श्याम सुन्दर के संगीत में एक ऐसी मौलिकता थी, एक ऐसी ताजगी और नवीनता थी, जिसे खुद 'मास्टरजी' भी स्वीकार करते थे।

श्याम सुन्दर ने अपनी संगीत-यात्रा की शुरुआत उस्ताद झंडे खाँ ('आँसुओं की दुनिया', 'चित्रलेखा', 'विश्वमोहिनी', 'शहंशाह अकबर' इत्यादि) के ऑर्केस्ट्रा के वायलिन-वादक के रूप में की। जल्दी ही वायलिन पर उनकी उंगलियों के कमाल की ऐसी चर्चा फैली कि गुलाम हैदर ने उन्हें अपना सहायक नियुक्त कर लिया। उन दिनों 'मास्टरजी' हिन्दी और पंजाबी फिल्मों के व्यस्तम संगीतकारों में से थे। कलकत्ता (अब कोलकाता) की एक फिल्म कम्पनी ने उन्हें अपनी एक पंजाबी फिल्म (जो अपने-आपमें हैरानी की बात थी) में संगीत देने के लिए कहा तो गुलाम हैदर ने अपनी जगह अपने शिष्य श्याम सुन्दर का नाम सुझाया। फिल्म कम्पनी इस शर्त पर उन्हें लेने के लिए तैयार हो गई कि सारी जिम्मेदारी मास्टरजी की रहेगी। इस तरह श्याम सुन्दर को पंजाबी फिल्म 'हीर स्याली' में एक स्वतंत्र संगीत-निर्देशक के रूप में अपना पहला ब्रेक मिला। यह फिल्म बॉक्स ऑफिस पर एक हिट फिल्म साबित हुई और श्याम सुन्दर बहुत कम उम्र में एक स्वतंत्र संगीत-निर्देशक के रूप में स्थापित हो गए। मास्टरजी को यह देखकर खुशी भी हुई और गर्व भी महसूस हुआ कि उनके शिष्य ने उनकी लोकप्रिय शैली की नकल करने की बजाय अपना अलग रास्ता चुना था और उनसे अलग अन्दाज का संगीत दिया था।

इसके बाद श्याम सुन्दर ने बहुत-सी पंजाबी फिल्मों में संगीत दिया, जिनमें मुहम्मद रफी के पहले गाने वाली 'गुल बलोच' भी शामिल थी। उनकी आखिरी पंजाबी फिल्म शायद 'जंगी जवान' (1943) थी। इसी वर्ष उनकी पहली हिन्दी फिल्म 'नई कहानी' (1943) भी रिलीज हुई। प्रभात स्टूडियो की इस फिल्म के निर्देशक डी.डी. कश्यप थे और जयराज के साथ 'रोज़' नाम की तारिका मुख्य भूमिका में थी। श्याम सुन्दर ने अपनी इस पहली हिन्दी फिल्म में भी नए अन्दाज का संगीत दिया। भला 'नई' कहानी में 'पुराना' संगीत हो भी कैसे सकता था? इस फिल्म के ज्यादातर गाने राजकुमारी और जी.एम. दुर्रानी ने गाए थे। जी.एम. दुर्रानी का 'नींद हमारी ख्वाब तुम्हारे, कितने मीठे कितने प्यारे' और राजकुमारी का 'आई-आई उड़न खटोले पर' खूब लोकप्रिय हुए। पी. बनर्जी ने भी राजकुमारी के साथ दो युगल-गीत गाए थे। कहते हैं कि प्रभात स्टूडियो के स्थाई संगीत-निर्देशक केशवराव भोले ने रागों की ऐसी-तैसी करने के लिए इस फिल्म के संगीत की जमकर आलोचना की थी। लेकिन गानों की लोकप्रियता ने सभी आलोचकों की जुबान बन्द कर दी। इस फिल्म के गीत वली साहब ने लिखे थे।

युनाइटेड फिल्म्स की 'भाईजान' (1945) में श्याम सुन्दर को 'मलिका-ए-तरन्नुम' नूरजहाँ के साथ काम करने का अवसर मिला। एस. खालिद द्वारा निर्देशित इस फिल्म में वे करन दीवान के साथ नायिका की भूमिका में थीं। इस फिल्म में नूरजहाँ के चार गाने थे और सभी एक से बढ़कर एक—'आजा बेदर्दी आजा', 'ऐ बाद-ए-सबा कुछ तूने सुना', 'चुपके से दिल में आ बसे', और 'अपने न हो सके जो'। लेकिन बड़े ताज्जुब की बात थी कि ये सभी गाने ग्रामोफोन रिकॉर्ड पर जीनत बेगम की आवाज में थे। फिल्म के गीत परताव लखनवी ने लिखे थे। इसी वर्ष रिलीज हुई 'गाँव की गोरी' / 'विलेज गर्ल' (1945) श्याम सुन्दर की एक सुपरहिट फिल्म साबित हुई, जिसके गीतों ने देश भर में तहलका मचा दिया। के. अमरनाथ द्वारा निर्देशित इस फिल्म में भी नूरजहाँ थीं, इस बार एस. नजीर के साथ। इस फिल्म में श्याम सुन्दर ने सचमुच ही गजब का संगीत दिया था। नूरजहाँ ने अपने कुछ अमर गीत इसी फिल्म में गाए थे—'बैठी हूँ तेरी याद का लेकर के सहारा', 'किस तरह भूलेगा दिल', 'सजन परदेसी बलम परदेसी' और 'ये कौन हँसा ये किसने सितारों को हँसाया'। फिल्म में अमीरबाई के कुछ लोकप्रिय गीतों—'बंसी की मधुर धुन से' और 'सैयाँ सलोने से नैन मिलाके'—के साथ-साथ मुहम्मद रफी का पहला हिन्दी गीत भी था—'अरे दिल हो काबू तो दिलदार की ऐसी-तैसी'। जी हाँ, अपना सबसे पहला (पंजाबी) गीत ही नहीं, बल्कि किसी हिन्दी फिल्म के लिए अपना पहला गीत भी रफी ने श्याम सुन्दर के साथ ही गाया था।

विष्णु सिनेटोन की धीरूभाई देसाई निर्देशित 'देव कन्या' (1946) में श्याम सुन्दर ने शमशाद बेगम, अमीरबाई कर्नाटकी, खान मस्ताना और सरस्वती राणे की आवाजों का इस्तेमाल किया। लीला चिटणिस और उल्हास की मुख्य भूमिकाओं वाली इस फिल्म में शमशाद बेगम के पूरबी अंग वाले 'पिया मिलन को जाने वाली सँभल-सँभल के चल' में रागों की एक पूरी शृँखला—यमन कल्याण, शिवरंजनी, बहार, आसावरी इत्यादि का इस्तेमाल किया गया था। शमशाद के ही 'एक नजर में मेरे मन को चुराया' और 'किस्मत में लिखा हो जो' भी खूब लोकप्रिय हुए थे। इस फिल्म के गीत पं. राममूर्ति चतुर्वेदी, सरस्वती कुमार 'दीपक' और आर.सी. पांडे ने लिखे थे।

शायद बहुत युवा होने के कारण श्याम सुन्दर जितने संवेदनशील थे, उतने ही अपने उसूलों के पक्के भी। निर्माताओं के इशारों पर न नाचने के कारण उन्होंने 'उर्वशी' (1946) और 'आरसी' (1946) जैसी कुछ फिल्में बीच में ही छोड़ी थीं। 'उर्वशी' के कुछ ही गाने रिकॉर्ड करने के बाद उन्होंने फिल्म छोड़ दी, जिसे रामचन्द्र पाल और पडगाँवकर ने पूरा किया। इसी तरह उनके द्वारा बीच में ही छोड़ी गई 'आरसी' को लच्छीराम तामर ने पूरा किया। खैर, गुप्ता आर्ट्स की दाऊद चाँद द्वारा निर्देशित 'एक रोज' (1947) उनकी एक और अच्छी फिल्म थी, जो दुर्भाग्यवश बॉक्स ऑफिस पर

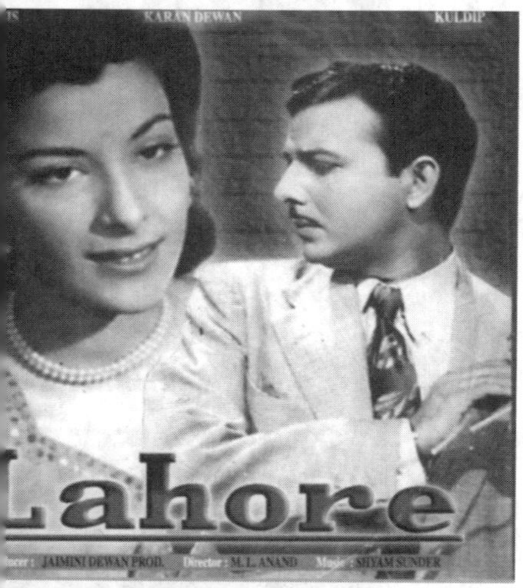

नहीं चल पाई। इस फिल्म में नसरीन और अल नासिर (अभिनेत्री वीना के पति) मुख्य भूमिकाओं में थे। एक दिलचस्प तथ्य यह था कि फिल्म का एक गाना 'मस्ती का समाँ, दो फूल खिले हैं' उस जमाने की चोटी की हीरोइन मुनव्वर सुल्ताना की आवाज में रिकॉर्ड किया गया था। फिल्म के अन्य लोकप्रिय गीतों में 'नाचो-नाचो मेरे दिल' (दिलशाद बेगम), 'टूटा हुआ दिल लेके चले' (जी.एस. दुर्रानी), 'भूले से कभी याद करके' (नसीम अख्तर) और 'इक बेवफा ने शीशा-ए-दिल चूर कर दिया' (जी.एस. दुर्रानी) शामिल थे। फिल्म के इन मोहक गीतों को सरशार सैलानी ने लिखा था।

जाने-माने शायर, गीतकार और हमारे पारिवारिक मित्र नक्श लायलपुरी के अनुसार, राग मुलतानी श्याम सुन्दर का सबसे पसन्दीदा राग था और उनके कई गाने इसी राग पर आधारित थे। लेकिन वे रागों की व्याख्या और प्रस्तुति हमेशा अपने ढंग से करते थे, जिसके पीछे उनकी असीम प्रतिभा का ही हाथ था। वे ढोलक और तबले से अनूठा पंजाबी रिदम पैदा करके गीतों में एक खास तरह की मस्ती, एक खास तरह की उमंग और तरंग भर देते थे।'गाँव की गोरी' के बाद श्याम सुन्दर की दूसरी तहलका मचाने वाली फिल्म थी फिल्मिस्तान की 'एक्ट्रेस' (1948)। नजम नकवी द्वारा निर्देशित इस फिल्म में प्रेम अदीब और रेहाना मुख्य भूमिकाओं में थे। इस फिल्म में श्याम सुन्दर ने मुहम्मद रफी से तो कुछ सदाबहार गाने—'हम अपने दिल का फसाना उन्हें सुना न सके' और 'ऐ दिल मेरी आहों में इतना तो असर आए'—गवाए ही, साथ ही आने वाले दिनों की अपनी चहेती गायिका लता मंगेशकर के साथ भी अपना पहला गाना 'हलो-हलो जैंटलमैन, मिलाते क्यों नहीं हमसे नैन' रिकॉर्ड किया। यह एक युगल-गीत था जिसे लता ने शमशाद बेगम के साथ गाया था। लेकिन इस बार फिर न जाने क्या हुआ, ग्रामोफोन रिकॉर्ड पर यह गाना ललिता देउलकर और शमशाद बेगम की आवाजों में था। फिल्म के अन्य लोकप्रिय गानों में 'मुहब्बत में हमें ये आखरी' (शमशाद) और शमशाद और गीता (राय) दत्त के दो युगल-गीत 'ओ गोरी तेरा बाँका छैला' और 'आँखों-आँखों में वो दिल से दिल' शामिल थे। फिल्म के गीत जे. नक्शब, पी.एल. सन्तोषी और राजा मेहंदी अली खान ने लिखे थे।

सुरैया और श्याम की मुख्य भूमिकाओं वाली 'चार दिन' (1949) में श्याम सुन्दर को नौशाद के चहेते गीतकार शकील बदायूँनी के साथ काम करने का अवसर मिला। एम. सादिक द्वारा निर्देशित इस फिल्म में उन्होंने सुरैया से 'इक बेवफा की याद ने', 'कोई जाने वाले से कह दे' और 'किस्मत की बात है ये' जैसे सदाबहार गीत तो गवाए ही, साथ ही शमशाद के साथ भी दो मधुर गीत 'पनघट पे आए अकेले' और 'यहाँ नैनों में प्यार' (प्रेमलता के साथ) रचे। फिल्म में एक दो पहलुओं वाला गीत भी था—'हसीनों की अदाएँ'। इसका पहला हिस्सा राजकुमारी, मुहम्मद रफी, एस.डी. बातिश और कोरस ने और दूसरा जोहराबाई अम्बालेवाली, लता मंगेशकर, इकबाल और कोरस ने गाया था।

1949 का वर्ष श्याम सुन्दर के लिए धमाकेदार सफलता का वर्ष था तो खतरे की घंटी का भी। इस वर्ष उनकी दो फिल्मों ने सिल्वर जुबली मनाई, लेकिन साथ ही शराब की बढ़ती लत ने उनकी सेहत पर असर दिखाना भी शुरू कर दिया। जैमिनी दीवान प्रोडक्शन्स (नौशाद की सुपरहिट 'रतन' के निर्माता) की 'लाहौर' (1949) ने बॉक्स ऑफिस पर ऐसा तहलका मचाया कि श्याम सुन्दर सफलता और लोकप्रियता की चोटी पर जा पहुँचे। एम.एल. आनन्द द्वारा निर्देशित और नर्गिस और करन दीवान की मुख्य भूमिकाओं वाली इस फिल्म के गीत गली-गली में गूँजने लगे। लता मंगेशकर के 'बहारें फिर भी आएँगी मगर हम-तुम जुदा होंगे' ने तो लोगों को पागल ही कर दिया। इस सुपरहिट सदाबहार गीत से खुद लता भी रातोरात शिखर पर पहुँच गईं। 1967 में अपने कैरियर के सिल्वर जुबली वर्ष में उन्होंने अपने दस सर्वश्रेष्ठ गीतों की जो सूची जारी की थी उसमें यह गीत भी शामिल था। बरसों बाद, ग़ज़लों के सम्राट कहे जाने वाले मदन मोहन (जो कभी श्याम सुन्दर के सहायक हुआ करते थे) ने इसी गीत की तर्ज पर लता का एक और अमर गीत 'हमारे बाद अब महफिल में' बनाया। जाने-माने शायर नक्श लायलपुरी के अनुसार, श्याम सुन्दर उन दिनों शिवाजी पार्क के इलाके में रहा करते थे। मदन मोहन का किसी बात पर अपने पिता (रायबहादुर चुन्नीलाल) से झगड़ा हो गया तो वे कुछ समय तक श्याम सुन्दर के साथ उन्हीं के घर में रहे थे। 'लाहौर' के एक से एक हिट गीत श्याम सुन्दर की अपनी विशिष्ट शैली की छाप लिए हुए थे। लता और करन दीवान का युगल-गीत 'दुनिया हमारे प्यार की यूँ ही जवाँ रहे' भुलाए नहीं भूलता। जरा इस गीत को एक बार सुनकर देखिए, आप भी नहीं भूल पाएँगे। इतना ही मंत्रमुग्ध कर देने वाला था दादरा ताल में राग कलावती पर आधारित लता का 'सुन लो सजन मेरी बात'। लता के अन्य सोलो—'टूटे हुए अरमानों की', 'इक आस बँधाए जाती है' और 'उस दिल

की किस्मत क्या कहिए' भी बड़े वजनदार गीत थे। इनके अलावा 'दुनिया तो ये कहती है' (मन्ना डे), 'हमने सर्कस में नौकरी कर ली' (जी.एम. दुर्रानी) और करन दीवान के दो सोलो—'हम जहाँ में आए हैं' और 'कहीं रोता हुआ इक दिल' भी बड़े खूबसूरत गीत थे। अजीज कश्मीरी द्वारा कलमबद्ध 'सुन लो सजन' के अलावा फिल्म के बाकी सभी गीत राजेन्द्र कृष्ण ने लिखे थे।

अभी 'लाहौर' का तूफान थमा भी न था कि 'बाजार' (1949) की धूम मच गई। श्याम और निगार सुल्ताना की मुख्य भूमिकाओं वाली यह फिल्म भी सिल्वर जुबली हिट रही। मधुकर पिक्चर्स द्वारा निर्मित इस फिल्म के निर्देशक के. अमरनाथ थे। श्याम सुन्दर ने इस फिल्म के लिए भी एक से एक लाजवाब धुनें बनाई और राजकुमारी, शमशाद बेगम, जी.एम. दुर्रानी, सतीश बत्रा, लता मंगेशकर और मुहम्मद रफी सभी से गवाया। लेकिन फिल्म के सबसे अच्छे गीत लता और रफी के ही थे। लता ने एक बार फिर एक अनमोल गीत गाया—'साजन की गलियाँ छोड़ चले, दिल रोया आँसू बह न सके'। इस गीत का सुरूर आज भी पुराने संगीत-प्रेमियों के दिलों पर छाया हुआ है। एस.एन. त्रिपाठी तो पहाड़ी राग पर आधारित इस गीत को श्याम सुन्दर की श्रेष्ठतम रचना मानते थे। लता का एक और गीत 'ऐ दिल उनको याद न करना' भी इतने अनूठे रिदम के साथ और इतने अद्भुत ढंग से कम्पोज किया गया था कि सी. रामचन्द्र जैसे उच्च कोटि के संगीतकार ने भी लता के साथ अपने एक हिट गीत 'कोई किसी का दीवाना न बने' ('सरगम', 1950) में इसी धुन का प्रयोग किया। फिल्म में लता के एक और मोहक सोलो 'बसा लो अपनी निगाहों में प्यार थोड़ा-सा' के साथ-साथ रफी के साथ उनके दो उतने ही मोहक युगल-गीत भी थे—'ऐ मुहब्बत उनसे मिलने का बहाना' और 'अपनी नजर से दूर वो, उनकी नजर से दूर हम'। रफी के अकेले गीतों में 'ओ जाने वाले चाँद' और 'मेरे भगवान तू मुझको' शामिल थे। शमशाद बेगम का सोलो 'पी आए आकर' भी बड़ा सुहावना था। फिल्म में शमशाद, रफी और सतीश बत्रा की आवाजों में एक धमाकेदार गीत भी था—'छल्ला दे जा निशानी' और एक शानदार कव्वाली भी—'जरा सुन लो हम अपने प्यार का अफसाना कहते हैं', जिसे लता ने राजकुमारी के साथ बड़े खूबसूरत अन्दाज में गाया था। जैसाकि हम कह चुके हैं, श्याम सुन्दर की शराब की लत खतरनाक हदों तक पहुँच चुकी थी और उनकी गिरती सेहत आने वाले खतरे का संकेत देने लगी थी। इस कव्वाली की रिकॉर्डिंग के दिन उनकी तबीयत इतनी ज्यादा खराब थी कि उन्हें अस्पताल में भर्ती कराना पड़ा और कव्वाली की रिकॉर्डिंग की जिम्मेदारी हुस्नलाल-भगतराम को सँभालनी पड़ी (हालाँकि इसकी धुन श्याम सुन्दर ने पहले ही तैयार कर दी थी)। कहते हैं कि श्याम सुन्दर पीने के बाद साजिंदों पर चिल्लाने लगते थे। लता ने उन्हें टोका तो वे उनके साथ भी झगड़ पड़े। बीच में एक ऐसा समय आया जब लता ने उनके साथ एक भी गीत नहीं गाया। इसके बाद उनकी आखिरी फिल्मों 'ढोलक' (1951) और 'अलिफ लैला' (1953) में ही लता की आवाज सुनाई दी थी।

पीने की लत के बावजूद श्याम सुन्दर अपने काम के साथ कोई समझौता नहीं करते थे। न ही वे दूसरों को कोई ढील बरतने देते थे। उन्हें हमेशा सोलह आने खरा काम चाहिए होता था। इस सम्बन्ध में नक्श साहब ने हमें एक किस्सा भी सुनाया था। सुरैया और अमरनाथ की मुख्य भूमिकाओं वाली 'कमल के फूल' (1950) फ्लोर पर थी। फिल्म का सेट टूटने का दिन नजदीक आ गया था और निर्देशक डी.डी. कश्यप चाहते थे कि सेट टूटने से पहले इस पर सुरैया का एक गाना फिल्मा लिया जाए, इसलिए झट से सुरैया का एक गाना रिकॉर्ड करने की जरूरत थी। लेकिन हुआ यह कि रिकॉर्डिंग वाले दिन सोलह में से आठ वायलिन-वादक ही पहुँच पाए। गाना रिकॉर्ड करना जरूर था, इसलिए डी.डी. कश्यप ने श्याम सुन्दर से कहा कि आठ से ही काम चला लीजिए। श्याम सुन्दर ने भड़कते हुए जवाब दिया, ''आठ तो क्या मैं पन्द्रह वायलिनिस्टों के साथ भी गाना रिकॉर्ड नहीं करूँगा! मुझे पूरे सोलह चाहिए!'' किसी तरह भाग-दौड़ करके आठ और वायलिन-वादकों का इन्तजाम किया गया और यह गाना रिकॉर्ड हो पाया। सुरैया का यह मशहूर गाना था—'कोई दिल में समाया चुपके-चुपके'। राजेन्द्र कृष्ण के गीतों वाली इस फिल्म में तलत महमूद ने पहली बार श्याम सुन्दर के साथ काम किया और फिल्म का एक मशहूर गीत 'जलती है दुनिया जलती रहेगी' गाया। 'ओ देने वाले ये क्या दिया' (सुरैया) और 'थोड़ा-थोड़ा प्यार' (शमशाद बेगम) फिल्म के अन्य लोकप्रिय गीत थे।

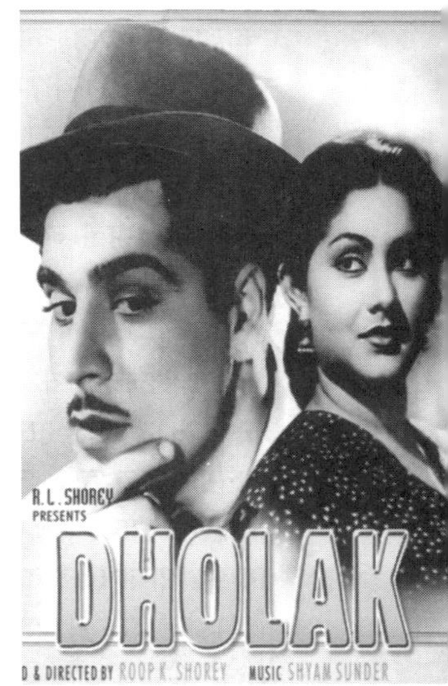

राम दरयानी द्वारा निर्देशित कृष्ण मूवीटोन की 'भाई-बहन' (1950) में गीता बाली मुख्य भूमिका में थीं। मुकेश-प्रेमलता का मोहक युगल-गीत 'किसी को क्या खबर' और शमशाद बेगम का राग यमन-कल्याण पर आधारित 'ठंडी हवा के झोंके' इस फिल्म के लोकप्रिय गीतों में शामिल थे। श्याम सुन्दर की अन्य यादगार रचनाओं में तलत के 'बन-ठन के चली' के साथ-साथ लता का 'सुनो सुनाऊँ एक कहानी' भी था, जो खूब लोकप्रिय हुआ था। इस फिल्म के गीत राजेन्द्र कृष्ण, एस.एच. बिहारी, राजा मेहंदी अली खान और ईश्वर चन्द्र (आई.सी.) कपूर ने लिखे थे। (आई.सी. कपूर आज के जाने-पहचाने अभिनेता और हमारे पारिवारिक मित्र भरत कपूर के पिता थे।)

फिल्मिस्तान की 'निर्दोष' (1950) के संगीत में शमशाद बेगम छाई रहीं। नजम नकवी द्वारा निर्देशित और श्याम और रेहाना की मुख्य भूमिकाओं वाली इस फिल्म में लता ने श्याम सुन्दर की एक अनूठी पंजाबी धुन 'ये मेरी चलती-फिरती लाश' को बड़े खूबसूरत अन्दाज में गाया था। एक गीत मीना कपूर ने भी गाया था। फिल्म के गीत एस.एच. बिहारी, राजा मेहंदी अली खान और असद भोपाली ने लिखे थे।

कुछ वर्ष बाद राज कपूर और नर्गिस की 'चोरी-चोरी' का निर्देशन करने वाले अनन्त ठाकुर की 'काले बादल' (1951) श्याम सुन्दर की कुछ आखिरी फिल्मों में से थी। इसमें उन्होंने मराठी लावणी गायिका सुलोचना कदम से बहुत सारे गाने गवाए थे। इन गीतों—'तेरी नजर ने मेरी नजर', 'किसी मजबूर का जलता हुआ', 'दिल ही दिल में रोएँगे' और 'उलफत जिसे कहते हैं'—के अलावा फिल्म में शमशाद बेगम, जी.एम. दुर्रानी, पुष्पा हंस और कृष्ण गोयल के कुछ गीत भी थे। जी.एम. दुर्रानी का 'तड़पना और चुप रहना मुहब्बत और क्या होगी' और शमशाद बेगम का 'पहले उनके सामने जाते ही खंजर' फिल्म के लोकप्रिय गीतों में शामिल थे।

श्याम सुन्दर अपने गीतों में परम्परागत पंजाबी रस को इतनी खूबसूरती से पिरोते थे कि वह सहज ही लोगों को आकर्षित कर लेता था। उन्होंने सुर, ताल और लय की अपनी एक अलग शैली विकसित कर ली थी। ढोलक उनके ऑर्केस्ट्रेशन की जान था और तबले की ताल के साथ बड़ा अनूठा प्रभाव पैदा करता था। उनके संगीत में तबला-वादक उस्ताद अब्दुल करीम की भी बहुत महत्त्वपूर्ण भूमिका होती थी। ढोलक पर उनके भरोसे और तबले और अन्य साजों के साथ इसके अनूठे मेला का एक बेहतरीन उदाहरण था—'ढोलक' (1951) नाम की उनकी फिल्म का संगीत, जो उनकी तेजी से खत्म होती जिंदगी की आखिरी उल्लेखनीय फिल्मों में से थी। निर्माता-निर्देशक रूप के. शोरी की इस फिल्म में अजीत और मीना कुमारी मुख्य भूमिकाओं में थे। श्याम सुन्दर ने इस फिल्म में सचमुच ही कमाल का संगीत दिया था। देश भर में धूम मचानेवाले 'चोरी-चोरी आग-सी दिल में लगाकर चले गए' (सुलोचना कदम) में उन्होंने ढोलक और मैंडोलिन का अनूठा प्रयोग करके संगीत की दुनिया में खलबली मचा दी थी। यह सदाबहार क्लासिक गीत अपनी तरह का इकलौता गीत है। इस तरह का दूसरा गीत बन ही नहीं पाया। फिल्म के एक दूसरे गीत 'मौसम आया है रंगीन, बजी है कहीं सुरीली बीन, ऐसे में होले-हौले हौले आ' को लीजिए। श्याम सुन्दर के जादुई संगीत की एक झलक के लिए इस गीत को एक बार सुन लेना काफी है। उन्होंने ढोलक, तबले और एकॉर्डियन के प्रयोग से ऐसी मस्ती और नशीलापन पैदा कर दिया था जिसका खुमार उतारे नहीं उतरता था। यूँ फिल्म के सभी गीत—'मगर ऐ हसीना-ए-बेखबर' (रफी-सुलोचना कदम), 'कि एक पल रुक जाना सरकार' (रफी-लता), 'चाँद सी सुन्दर नगरी' (रफी-उमा देवी), 'मेरे दिल में आइए' (शमशाद), 'ऐसे रसिया का क्या ऐतबार' (रफी-लता) और 'हल्ला-गुल्ला लैला' (रफी-सतीश बत्रा-शमशाद)—एक से एक बढ़कर थे और खूब लोकप्रिय हुए थे। 'ढोलक' के संगीत से गदगद रूप के. शोरी ने झट से श्याम सुन्दर को अपनी अगली फिल्म 'मुखड़ा' (1951) के लिए भी साइन कर लिया था। श्याम सुन्दर ने इसका एक धूम मचाने वाला गीत 'अखियाँ मिलाके अखियों की नींद चुराके' (सुलोचना कदम) रिकॉर्ड भी किया था। लेकिन इसके बाद उनकी तबीयत बिगड़ गई और 'मुखड़ा' के बाकी गीत विनोद नाम के संगीतकार ने संगीतबद्ध किए।

अब जिंदगी के बहारों के दिनों में प्रतिभाशाली लेकिन मनचले श्याम सुन्दर की बीमारी इलाज से बाहर होती जा रही थी। उन्हें आए दिन अस्पताल में भर्ती होना पड़ता था। निम्मी और आशा माथुर की मुख्य भूमिकाओं वाली फन्तासी-कथा 'अलिफ लैला' (1953) उनकी आखिरी फिल्म साबित हुई। निर्माता-निर्देशक के. अमरनाथ की इस फिल्म में साहिर लुधियानवी के गीत थे। अपने प्रशंसकों के लिए अपनी इस आखिरी सौगात में श्याम सुन्दर ने बहुत मधुर और यादगार संगीत दिया। बीमारी के बावजूद वे रिकॉर्डिंग में खुद मौजूद रहने की जिद करते थे। शिवरंजनी राग पर आधारित लता का 'बहार आई खिलीं कलियाँ' फिल्म का सबसे खूबसूरत और मंत्रमुग्ध कर देने वाला गीत था, जिसे संगीत के दीवाने आज भी बड़ी हसरत से याद करते हैं। महालक्ष्मी के फेमस स्टूडियो में इस गीत की रिकॉर्डिंग के समय श्याम सुन्दर स्टूडियो के अहाते में खड़ी एम्बुलेंस में लेटे हुए थे और वहीं से हैडफोन द्वारा रिकॉर्डिंग को नियन्त्रित कर रहे थे। कुछ ही दिन बाद वे इस लायक भी न रहे और हमेशा के लिए इस दुनिया से चले गए। कहते हैं कि रिकॉर्डिंग वाले दिन सचिन देव बर्मन किसी काम से फेमस स्टूडियो में गए थे तो इस गीत की कुछ पंक्तियां सुनकर मंत्रमुग्ध-से रह गए थे। उन्होंने श्याम सुन्दर से मिलकर उन्हें बधाई दी और उनके निधन के बाद एक पैसा भी लिए बिना इस फिल्म के संगीत को पूरा करने की जिम्मेदारी ले ली। इस फिल्म के गीत श्याम सुन्दर के अमर गीतों में शामिल हैं—वह चाहे 'तुझको भुलाना मेरे बस में नहीं' (लता) हो या 'खामोश क्यों हो तारो' (लता-रफी) हो या 'क्या रात सुहानी है' (रफी-लता) हो या 'रातें प्यार की बीत जाएँगी' (आशा) हो या 'ये बेबसी ये मेरा हाल-ए-जार' (तलत) हो या फिर 'दिलों के शिकार को' (आशा)।

हमने बड़े प्यार और जतन से श्याम सुन्दर के बारह सर्वश्रेष्ठ गीतों की सूची बनाई है, जो शायद आपको भी पसन्द आएगी।

श्याम सुन्दर के 12 अनमोल रत्न

क्रम	गीत	फिल्म	गायक/गायिका
1.	नींद हमारी ख्वाब तुम्हारे	नई कहानी	जी.एम. दुर्रानी
2.	बैठी हूँ तेरी याद का लेकर के सहारा	गाँव की गोरी	नूरजहाँ
3.	गए वो मेरे दिल को	निर्दोष	शमशाद बेगम
4.	किस तरह भूलेगा दिल	गाँव की गोरी	नूरजहाँ

5.	दुनिया हमारे प्यार की यूँ ही जवाँ रहे	लाहौर	लता-करन दीवान
6.	साजन की गलियाँ छोड़ चले	बाजार	लता मंगेशकर
7.	हम अपने दिल का अफसाना उन्हें सुना न सके	एक्ट्रेस	मुहम्मद रफी
8.	बहारें फिर भी आएँगी मगर हम-तुम जुदा होंगे	लाहौर	लता मंगेशकर
9.	मौसम आया है रंगीन बजी है कहीं सुरीली बीन	ढोलक	सुलोचना कदम, एस. बत्रा
10.	कोई दिल में समाया चुपके-चुपके	कमल के फूल	सुरैया
11.	चोरी-चोरी आग सी दिल में लगाकर चले गए	ढोलक	सुलोचना कदम
12.	मेरे गानों में उन मस्तानी आंखों की कहानी है	अलिफ लैला	तलत महमूद

भाग्य की कठोरता ने भले ही सृजनशीलता के चरम पर श्याम सुन्दर को हमसे छीन लिया हो, लेकिन हिन्दी फिल्मों के अमर संगीत में वे हमेशा धड़कते रहेंगे। दुनिया हमारे प्यार की यूँ ही जवाँ रहे, मैं भी वहीं रहूँ मेरा साजन जहाँ रहे...।

हुस्नलाल (1920-1968) भगतराम (1914-1973)

पंजाबी लोक-संगीत की धमक

जब 'विनाइल युग' की शुरुआत हुई और पुराने 78 आरपीएम रिकॉर्डों की जगह लम्बे चलने वाले एल.पी. (लांग प्लेइंग) और ई.पी.(एक्टेंडिड प्ले) रिकॉर्डों का चलन चल पड़ा तो मैं आठवीं क्लास में था। क्लास में फर्स्ट आने पर मेरी प्यारी माँ ने मनचाहा उपहार माँगने के लिए कहा तो मैंने घर के पुराने ग्रामोफोन की जगह एचएमवी के फिएस्टा रिकॉर्ड-प्लेयर और साथ ही अपनी पसन्द के दो ई.पी. रिकॉर्डों की माँग कर डाली। माँ ने झट से मेरी इन दोनों इच्छाओं को पूरा कर डाला। पर अपनी पसन्द के दो ई.पी. रिकॉर्ड (जो 45 आरपीएम के होते थे जबकि एल.पी. 331/3 आरपीएम के होते थे) चुनने में मुझे भारी उधेड़बुन का सामना करना पड़ा—किसे चुनूं और किसे छोड़ूँ? आखिर वाराणसी में हमारी मनपसन्द संगीत की दुकान 'मदन मशीनरी मार्ट' से मैंने महबूब प्रोडक्शन्स की 'अन्दाज' और प्रकाश पिक्चर्स की 'बड़ी बहन' के संगीत के ई.पी. रिकॉर्ड खरीदे। 'अन्दाज' में नौशाद का संगीत था और 'बड़ी बहन' में हुस्नलाल-भगतराम का। नौशाद का मैं पहले से फैन था, 'बड़ी बहन' के चार सुरीले गानों ने मुझे इतना मोहित कर दिया कि मैं हुस्नलाल-भगतराम का भी फैन हो गया और किसी रिकॉर्ड पर उनका नाम देखते ही झट से उसे खरीदने की धुन में रहने लगा।

हुस्नलाल-भगतराम हिन्दी फिल्म संगीत की पहली संगीतकार जोड़ी थी। (बाद में ऐसी बहुत-सी जोड़ियाँ बनीं और शंकर-जयकिशन, कल्याणजी-आनंदजी और लक्ष्मीकान्त-प्यारेलाल की जोड़ियाँ तो कई दशकों तक फिल्म संगीत पर छाई रहीं।) हुस्नलाल और भगतराम दोनों सगे भाई थे। हुस्नलाल छोटे थे और 8 अप्रैल 1920 को पैदा हुए थे जबकि उनसे छह वर्ष बड़े भगतराम 1914 में। दोनों जलन्धर (पंजाब) के खामा नामक गाँव में पैदा हुए थे। हुस्नलाल अपने बड़े भाई को 'प्रोफेसरजी' कहा करते थे तो भगतराम उन्हें 'पंडितजी' कहकर बुलाते थे। उनकी संगीत शिक्षा की शुरुआत उस जमाने के जाने-माने संगीतकार दिलीप चन्द्र बेदी की शार्गिदगी में हुई थी। बाद में हुस्नलाल ने उस्ताद बशीर खाँ पटियालेवाले से वायलिन-वादन सीखा तो भगतराम हारमोनियम में पारंगत होते चले गए। इन दोनों के चचेरे बड़े भाई पं. अमरनाथ एक नामी संगीतकार थे और लाहौर की फिल्मी दुनिया से जुड़े हुए थे। हुस्नलाल और भगतराम दोनों ही उनके सहायक बन गए। उन दिनों पं. अमरनाथ डी.एम. पंचोली की सुपरहिट फिल्म 'दासी' (1944) का संगीत तैयार कर रहे थे। एक दिन दोनों भाइयों ने फिल्म के एक मशहूर गाने 'सुबह हुई और पंछी जागे' की एक अलग धुन बनाकर पं. अमरनाथ को सुनाई जो खुद उनके द्वारा बनाई गई धुन से भी ज्यादा अच्छी थी। पं. अमरनाथ ने इसी नई धुन पर जीनत बेगम से यह गाना गवाया जो फिल्म का सुपरहिट गाना साबित हुआ। उन दिनों लाहौर, बम्बई (अब मुम्बई) और पूना (अब पुणे) सभी जगह फिल्म इंडस्ट्रियाँ थीं। पं. अमरनाथ लाहौर फिल्म इंडस्ट्री से जुड़े हुए थे। उन्हीं दिनों पूना के प्रतिष्ठित प्रभात स्टूडियो के आधार स्तम्भ माने जाने वाले व्ही शांताराम ने अपने हिस्सेदारों दामले और फतेहलाल से अलग होकर बम्बई में अपना खुद का राजकमल स्टूडियो स्थापित करने का फैसला कर लिया। प्रभात स्टूडियो के लिए संकट खड़ा हो गया और उसकी फिल्में एक के बाद एक बॉक्स ऑफिस पर पिटने लगीं। दामले और फतेहलाल का ख्याल था कि उनकी फिल्में कमजोर संगीत के कारण ही फ्लॉप हो रही थीं। स्टूडियो के स्थाई संगीतकार शास्त्रीय रागों या नाट्य-शैली पर आधारित संगीत दे रहे थे

जो आम जनता को उतना नहीं लुभाता था। दामने और फतेहलाल लाहौर के पंचाली स्टूडियो की फिल्मों के संगीत से बहुत ज्यादा प्रभावित थे। वे अपनी फिल्मों में वैसा ही धमाकेदार पंजाबी शैली का संगीत चाहते थे। वे लाहौर आकर पं. अमरनाथ से मिले और उन्हें मुँहमाँगे दामों पर अपने साथ पूना चलने के लिए कहने लगे। पं. अमरनाथ बहुत ज्यादा व्यस्त थे और लाहौर के साथ-साथ वम्बई की कुछ फिल्में भी कर रहे थे। उन्होंने अपने सहायकों हुस्नलाल और भगतराम का नाम सुझाया। परिणामस्वरूप हुस्नलाल और भगतराम दोनों को पाँच-पाँच सौ रुपए की (उन दिनों के हिसाब से भारी-भरकम) माहवार तनख्वाह पर प्रभात स्टूडियो में नौकरी मिल गई। दामले और फतेहलाल इन दोनों के साथ-साथ लाहौर की फिल्मों के गीतकार कमर जलालाबादी को भी अपने साथ पूना लेते आए। प्रभात फिल्म्स की 'चाँद' (1944) हुस्नलाल-भगतराम की जोड़ी की पहली फिल्म थी। फिल्म के गीत उन्हीं के साथ लाहौर से आए कमर जलालाबादी ने लिखे थे। डी.डी. कश्यप द्वारा निर्देशित इस फिल्म में बेगम पारा और प्रेम अदीब मुख्य भूमिकाओं में थे। दरअसल यह फिल्म ब्रिटिश सरकार के कहने पर दूसरे विश्वयुद्ध में ब्रिटिश और मित्र सेनाओं की मदद करने के इरादे से बनाई गई थी।

यहाँ इस बात का उल्लेख करना जरूरी है कि अकेले भगतराम इससे पहले भी कुछ छोटी फिल्मों में 'भगतराम' या 'भगतराम बातिश' के नाम से संगीत दे चुके थे। 'चश्मेवाली' (1939), 'मिडनाइट मेल' (1939), 'दीपक महल' (1940), 'हातिमताई की बेटी' (1940), 'हमारा देश' (1940) और 'तातार का चोर' (1940) ऐसी ही कुछ फिल्में थीं। लेकिन भगतराम को अपने छोटे भाई हुस्नलाल के साथ 'हुस्नलाल-भगतराम' की जोड़ी बनाने के बाद ही सफलता और प्रसिद्धि मिली।

अपनी पहली ही फिल्म 'चाँद' में हिट संगीत देकर हुस्नलाल-भगतराम ने अपने नाम की धाक जमा दी। इस फिल्म की अनपेक्षित सफलता में इसके संगीत का बहुत बड़ा हाथ माना जा रहा था। दोनों भाइयों ने अपने गुरु पं. अमरनाथ की चहेती गायिका जीनत बेगम की आवाज का इस्तेमाल करते हुए 'क्या यही जवानी है', 'पंछी मेरी खुशी का जमाना' और 'ऐ चाँद बता मुझको' (दुर्रानी के साथ युगल-गीत) जैसे कई सुरीले गीत रचे। जी.एम. दुर्रानी का 'ऐ दिल मुझे रोने दे' और सितारा के 'चुपके-चुपके मेरे दिल में' और 'मेरे दिलरुबा आजा' भी बड़े लुभावने गीत थे लेकिन फिल्म का सबसे सुपरहिट गीत था मन्जू नाम की गायिका की आवाज में 'दो दिलों को ये दुनिया मिलने हो नहीं देती'। दो हिस्सों वाले इस गीत का दूसरा हिस्सा उमा देवी ने गाया था। मन्जू उस जमाने के लोकप्रिय हीरो करन दीवान की पत्नी थीं। उन्होंने एक और गीत भी गाया था—'आई-आई मुसीबत आई'। फिल्म के सभी गीत वायलिन आधारित होने के कारण एक नयापन और ताजगी लिए हुए थे। यह एक नई संगीत-शैली थी जो संगीत-प्रेमियों को खूब पसन्द आई। फिल्म के गीत कमर जलालाबादी ने लिखे थे।

हमने पीछे श्याम सुन्दर वाले अध्याय में यह जिक्र किया है कि प्रभात स्टूडियो की 'नई कहानी' में अपने ताजगी भरे संगीत को लेकर उन्हें स्टूडियो के शुद्धतावादी संगीतकारों (केशवराम भोले, गोविन्दराम तेम्बे, मास्टर कृष्णराव और गीतकार शांताराम आठवले) के कड़े प्रहारों का सामना करना पड़ा था। हुस्नलाल-भगतराम के साथ भी ऐसा ही हुआ। लेकिन स्टूडियो के मालिकों दामले और फतेहलाल को इस नई जोड़ी पर पूरा भरोसा था। हुस्नलाल-भगतराम इस भरोसे पर खरे उतरे। आने वाले वर्षों में उनकी जोड़ी ने लगभग पचास हिन्दी फिल्मों के साथ-साथ बहुत-सी पंजाबी फिल्मों में भी संगीत दिया। इनमें 'शाहजी', 'मैं जट्टी पंजाब दी' और 'सपणी' जैसी मशहूर फिल्में शामिल थीं।

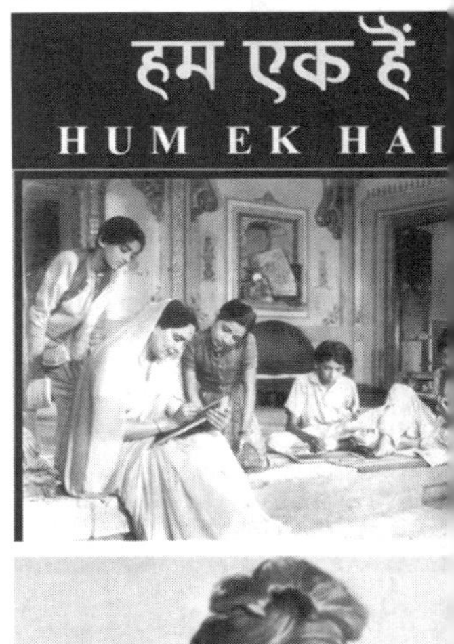

नायकों के नायक सदाबहार देव आनन्द की पहली फिल्म 'हम एक हैं' के संगीतकार भी हुस्नलाल-भगतराम थे। पी.एल. सन्तोषी के निर्देशन वाली इस फिल्म में रेहाना और कमला कोटनिस नायिकाओं की भूमिकाओं में थीं। फिल्म के लोकप्रिय गीतों में 'सपनों में आने वाले' (जोहराबाई), 'नदी किनारे मोरा' (माणिक वर्मा), 'मेरी आई हैं तीन भाभियाँ' (जोहराबाई-अमीरबाई) और 'चर्खीवाले ओ चर्खीवाले' इत्यादि शामिल थे। प्रभात स्टूडियो की यह फिल्म जाने-माने चरित्र अभिनेता रहमान की भी पहली फिल्म थी। फिल्म के गीत निर्देशक पी.एल. सन्तोषी ने खुद लिखे थे।

बाबूराव पई ने बम्बई में अपना खुद का फेमस स्टूडियो स्थापित किया तो प्रभात के अपने घनिष्ठ सहयोगियों—हुस्नलाल-भगतराम और डी.डी. कश्यप को भी अपने साथ बम्बई ले आए। उनके बैनर की पहली फिल्म 'नर्गिस' (1946) में नर्गिस और रहमान मुख्य भूमिकाओं में थे। हुस्नलाल-भगतराम की जोड़ी ने इस फिल्म में भी कई हिट गीत दिए। इनमें अमीरबाई कर्नाटकी के चार लुभावने सोलो भी शामिल थे—'मैं कैसे कहूँ', 'मिले सहारा कोई रे', 'आ आँखों में आ' और 'रोती आँखों में तेरी'। फिल्म के गीत कमर जलालाबादी ने लिखे थे। जब उनके सभी साथी बम्बई कूच कर रहे थे तो वे क्यों पीछे रहते? निर्देशक डी.डी. कश्यप और हुस्नलाल-भगतराम में खूब जमने लगी थी। उन्होंने साथ-साथ छह फिल्में कीं—'हम एक हैं' (1946), 'नर्गिस' (1946), 'आज की रात' (1948), 'बड़ी बहन' (1949), 'शमा-परवाना' (1954) और 'आन-बान' (1956)। इनमें से कई खूब चलीं भी।

उन्हीं दिनों एक ऐसी घटना घटी जिसने हुस्नलाल-भगतराम की जिंदगी को एक नया मोड़ दे दिया। एक ऐसा मोड़ जिसने उन्हें संगीत की नई ऊँचाइयाँ छूने के लिए प्रेरित किया। अपने चचेरे बड़े भाई और गुरु पं. अमरनाथ के साथ हुस्नलाल और भगतराम के बड़े गहरे सम्बन्ध थे। 1946 में उनकी बेटी के विवाह के अवसर पर हुस्नलाल ने अपनी

दिलकश आवाज में इतना अच्छा गाना सुनाया था कि पं. अमरनाथ ने खुश होकर अपने हाथ में पहनी सोने की अंगूठी उतारकर उन्हें भेंट कर दी थी। अपने छोटे भाई की प्रतिभा की दाद देते हुए उन्होंने बड़े भावुक स्वर में कहा था, ''अब मेरा काम हो गया!'' हुस्नलाल को लगा था कि शायद पं. अमरनाथ ने नशे में यह हरकत कर दी थी। अगली सुबह उन्होंने अंगूठी लौटाने की कोशिश की तो पं. अमरनाथ बिगड़ते हुए बोले, ''क्या तुम इतने बड़े आदमी बन गए हो कि मेरा एक छोटा-सा तोहफा भी स्वीकार नहीं कर सकते? तुम क्या समझते हो यह सब मैंने नशे में किया था?'' हुस्नलाल ने झट से उनसे क्षमा माँगी और खुशी-खुशी वह अंगूठी रख ली, जो उनके लिए किसी प्रेरणा-स्रोत से कम नहीं थी। अगले वर्ष 17 फरवरी 1947 को पं. अमरनाथ का अचानक ही निधन हो गया। वे उस समय मधुकर पिक्चर्स की 'मिर्जा साहिबां' (1947) का संगीत तैयार कर रहे थे। नूरजहाँ और त्रिलोक कपूर की मुख्य भूमिकाओं वाली इस फिल्म के पाँच गाने रिकॉर्ड भी हो चुके थे। उनके असामयिक निधन के बाद फिल्म के बाकी पाँच गाने संगीतबद्ध करने की जिम्मेदारी हुस्नलाल और भगतराम के नौजवान कंधों पर आ पड़ी। यह एक बड़ी चुनौती थी। उन्हें अपने गुरु का अधूरा काम पूरा करना था और उनकी संगीत परम्परा के ऊँचे स्तरों का मान भी रखना था। दोनों भाइयों ने यह काम इतनी लगन और मेहनत से किया कि कोई कह ही सकता था कि ये धुनें खुद पं. अमरनाथ ने नहीं बनाई थीं। 'मलिका-ए-तरन्नुम' नूरजहाँ के साथ काम करने का भी यह उनका पहला और आखिरी अवसर था (इसके बाद वे पाकिस्तानी चली जाने वाली थीं)। हुस्नलाल-भगतराम द्वारा बनाए गए इन पाँच गीतों में नूरजहाँ के दो अनमोल रत्नों 'आजा तुझे अफसाना जुदाई का सुनाऊँ' और 'क्या यही तेरा प्यार था' के साथ-साथ जी.एम. दुर्रानी का यादगार 'खाएगी ठोकरें जवानी' भी शामिल था। ये सभी गीत अपने बड़े भाई और गुरु को हुस्नलाल-भगतराम की सच्ची श्रद्धांजलि के प्रतीक थे। इस हिट फिल्म के गीत कमर जलालाबादी और अजीज कश्मीरी ने लिखे थे।

अभिनेता ईश्वरलाल द्वारा निर्देशित 'हीरा' (1947)—जिसमें नायिका पारो देवी ने खुद ही अपने गाने गाए थे—नर्गिस के भाई अख्तर हुसैन द्वारा निर्देशित 'रोमियो-जूलियट' (1947) और देव आनन्द की एक गुमनाम सी फिल्म 'मोहन' (1947) इस दौर की हुस्नलाल-भगतराम की कुछ अन्य फिल्में थीं। 'रोमियो-जूलियट' नर्गिस के अपने घरेलू बैनर की फिल्म थी, जिसमें वे सप्रू के साथ मुख्य भूमिका में थीं। उन दिनों महान संगीतकार खय्याम हुस्नलाल-भगतराम के सहायक हुआ करते थे। उन्होंने इस फिल्म में जोहराबाई अम्बालेवाली के साथ फ़ैज़ अहमद फ़ैज़ की एक खूबसूरत नज्म भी गाई थी—'दोनों जहाँ तेरी मुहब्बत में हार के, वो जा रहा है शब-ए-गम गुजार के'। देव आनन्द और हेमवती (अभिनेता सप्रू की पत्नी) की मुख्य भूमिकाओं वाली 'मोहन' में भी जोहराबाई का एक यादगार गीत था—'कहता है प्यार मुझे भूल न जाना'।

'मोहन'

आजादी के पहले ही वर्ष में 30 जनवरी, 1948 को देश को गाँधी-हत्या जैसी भयंकर राष्ट्रीय त्रासदी का सामना करना पड़ा। इस अवसर पर गीतकार राजेन्द्र कृष्ण ने बहुत भाव-विभोर होकर एक गीत लिखा, जिसे उतनी ही भावुकता से हुस्नलाल-भगतराम ने संगीत में पिरोया और गायकों के गायक मुहम्मद रफी ने गाया—'सुनो-सुनो ऐ दुनियावालो बापू की ये अमर कहानी'। यह गीत इतना लोकप्रिय हुआ कि हमेशा के लिए बापू की याद के साथ जुड़कर अमर हो गया।

निर्देशक डी.डी. कश्यप और हुस्नलाल-भगतराम की तिगड़ी की अगली फिल्म 'आज की रात' (1948) अच्छे गीतों के बावजूद बॉक्स ऑफिस पर ठंडी रही। मोतीलाल और सुरैया की मुख्य भूमिकाओं वाली इस फिल्म में दोनों भाइयों को पहली बार सुरैया के साथ काम करने का अवसर मिला था, जो जल्दी ही उनकी चहेती गायिका बन गईं। फिल्म के हिट गीतों में सुरैया के 'आज की रात मुहब्बत है जवाँ', 'क्यों ले चला है ऐ दिल मुझे प्यार की गली में' और धूम मचा देने वाले 'रो-रो के कटी सारी रात इन्तजार में' के साथ-साथ जी.एम. दुर्रानी के साथ उनका युगल-गीत 'मेरे आँसुओं मेरी हसरतों' भी शामिल था। लेकिन जब फिल्म नहीं चलती तो मजा नहीं आता। मीना कपूर के गीतों वाली उनकी अगली फिल्म 'लखपति' (1948) का भी यही हश्र रहा।

लेकिन असफल फिल्मों का यह सिलसिला जल्दी ही थम गया और 'प्यार की जीत' (1948) ने मानो सब कुछ भुला दिया। यह फिल्म हुस्नलाल-भगतराम की संगीत प्रतिभा की न सिर्फ एक बड़ी और शानदार जीत साबित हुई बल्कि उनके कैरियर की एक कीर्तिमान फिल्म बन गई। इस फिल्म में उनकी चहेती गायिका और फिल्म की नायिका मानो अपने चरम पर थीं। पूरी फिल्म में और इसके संगीत पर पूरी तरह सुरैया ही छाई हुई थीं। फेमस स्टूडियो द्वारा ही निर्मित इस फिल्म में सुरैया के साथ रहमान नायक की भूमिका में थे और इसके निर्देशक थे ओ.पी. दत्ता (आज के जाने-माने निर्माता-निर्देशक जे.पी. दत्ता के पिता)। इस फिल्म और इसके गीतों ने ऐसा तहलका मचाया कि सुरैया, रहमान और हुस्नलाल-भगतराम की प्रसिद्धि आसमान पर पहुँच गई। फिल्म के गीत गली-गली में गूँजने लगे, खासकर सुरैया के गीत—'तेरे नैनों ने चोरी किया, मेरा छोटा सा जिया, परदेसिया', 'ओ दूर जाने वाले वादा न भूल जाना' (पीलू राग पर आधारित) और 'कोई दुनिया में हमारी तरह बर्बाद न हो'। मुहम्मद रफी के 'इक दिल के टुकड़े हजार हुए, कोई यहाँ गिरा कोई वहाँ गिरा' ने भी तूफान सा मचा दिया। कहते हैं कि यह गीत कमर जलालाबादी ने एस. मुखर्जी की 'सिन्दूर' फिल्म के लिए लिखा था, लेकिन एस. मुखर्जी द्वारा नापसन्द कर दिए जाने के बाद उन्होंने इसे हुस्नलाल-भगतराम को दे दिया। सुरैया के 'तेरे नैनों ने चोरी किया' की लोकप्रियता का तो यह हाल था कि कभी हुस्नलाल-भगतराम के सहायक और तबलची रहे शंकर जब जयकिशन के साथ जोड़ी बनाकर शंकर-जयकिशन के नाम से संगीत देने लगे तो अपनी

पहली फिल्म 'बरसात' (1949) के एक मशहूर गाने 'जिया बेकरार है छाई बहार है' (लता) के इंटरल्यूडों में उन्होंने 'तेरे नैनों ने चोरी किया' की धुन का इस्तेमाल किया। यह अपने गुरुओं के प्रति उनकी श्रद्धा और सम्मान की अभिव्यक्ति का प्रतीक था। 'प्यार की जीत' के अन्य लोकप्रिय गीतों में 'इतनी दूर हैं हजूर' (सुरैया-मीना कपूर-सुरिन्दर कौर), 'मैं अपने दिल के हाथों' (सुरिन्दर कौर-राम कमलानी) और 'रुत रंगीली है सुहानी रात है' (सुरैया-मीना कपूर-सुरिन्दर कौर) शामिल थे। इस फिल्म में हुस्नलाल-भगतराम ने नई गायिका सुरिन्दर कौर को उनका पहला ब्रेक देते हुए उनसे कई गाने गवाए थे। फिल्म के गीतों में उनका एक लोकप्रिय सोलो 'कभी पनघट पे आजा' भी शामिल था।

हुस्नलाल-भगतराम ने अपनी खुद की एक ताजगी भरी और लुभावनी संगीत-शैली ईजाद कर ली थी। यही कारण था कि वे इतने कम समय में लोकप्रियता के शिखर पर पहुँचने में सफल रहे थे। वे भारी-भरकम ऑर्केस्ट्रा के प्रयोग से बचते थे और वायलिन, बाँसुरी, गिटार, सारंगी, हारमोनियम और तबले के मेल-जोल से ही अपने इंटरल्यूडों और काउंटर मेलोडियों की रचना करते थे। 'प्यार की जीत' और 'बड़ी बहन' का संगीत उनके इसी सफल नुस्खे का उदाहरण था। 'प्यार की जीत' ने जो धूम मचाई, उसमें 'बड़ी बहन' (1949) की सफलता ने चार चाँद लगा दिए। सुरैया का एक गीत तो नए प्रेमियों का जीवन-मंत्र बन गया—'वो पास रहें या दूर रहें, नजरों में समाए रहते हैं, इतना तो बता दे कोई हमें, क्या प्यार इसी को कहते हैं'। फेमस स्टूडियो की ही यह फिल्म डी.डी. कश्यप द्वारा निर्देशित थी और इसमें एक बार फिर सुरैया और रहमान की जोड़ी थी। साथ में एक महत्त्वपूर्ण भूमिका में गीता बाली भी थीं। फिल्म के कई गीतों में जहाँ एक बार फिर सुरैया छाई हुई थीं, वहीं हुस्नलाल-भगतराम की भविष्य की चहेती लता मंगेशकर के भी कई हिट गीत थे। बल्कि देखा जाए तो दोनों महान गायिकाओं की बराबरी की टक्कर थी। फिल्म के सभी गीत सुपर हिट साबित हुए और हुस्नलाल-भगतराम संगीत के बादशाहों के रूप में देखे जाने लगे। फिल्म में सुरैया के कई सदाबहार गीत थे—मुल्तानी काफी पर आधारित 'बिगड़ी बनाने वाले बिगड़ी बना दे', 'तुम मुझको भूल जाओ अब हम न मिल सकेंगे' और 'लिखनेवाले ने लिख दी मेरी तकदीर में बर्बादी'। उनके सबसे लोकप्रिय गीत 'वो पास रहें या दूर रहें' का जिक्र हम पहले ही कर चुके हैं। फिल्म में सुरैया का एक और दर्द भरा गीत भी था—'वो मेरे दिल का हाल क्या जानें'—जो न जाने क्यों फिल्म से निकाल दिया गया और अब उपलब्ध नहीं है। फिल्म में लता के भी एक से एक यादगार गीत थे। सुन्दर-सजीले और संवेदनशील वायलिन-वादक हुस्नलाल ने उनकी ईश्वरदत्त अप्रितम आवाज को तराश और सँवारकर नई शास्त्रीय ऊँचाइयों पर पहुँचा दिया था। आसावरी आधारित 'चले जाना नहीं नैन मिलाके' हो या भैरवी आधारित 'जो दिल में खुशी बनकर आए', या फिर प्रेमलता के साथ उनका मंत्रमुग्ध कर देने वाला युगल-गीत 'चुप-चुप खड़े हो जरूर कोई बात है'—सभी एक से एक बढ़कर थे। लता मंगेशकर खुलेआम कह चुकी हैं कि 'चले जाना नहीं' जैसा गीत गाने का अवसर देने के लिए वे हुस्नलाल-भगतराम की हमेशा कृतज्ञ रहेंगी। 'बड़ी बहन' के उनके गीतों में वह संगीतात्मक और भावनात्मक जुड़ाव भी साफ झलकता है जो उनके और हुस्नलाल के बीच विकसित हो चला था। सुरैया और लता के गीतों से भरी इस फिल्म में एक सुपरहिट गीत मुहम्मद रफी का भी था—'मुहब्बत के धोखे में कोई न आए'। इस फिल्म के संगीत में एक खास बात यह थी कि हुस्नलाल-भगतराम ने सुरैया, लता और रफी जैसे महान गायकों की आवाज पर ऑर्केस्ट्रा को जरा भी हावी नहीं होने दिया था। इन तीनों की आवाज सीधे दिल में उतर जाती थी। इस सुपरहिट फिल्म के गीत राजेन्द्र कृष्ण और कमर जलालाबादी ने लिखे थे।

'प्यार की जीत' और 'बड़ी बहन' की धमाकेदार सफलता के बाद हुस्नलाल-भगतराम के पास फिल्मों की बाढ़ आ गई। उन्होंने दोनों हाथों से धड़ाधड़ ये फिल्में स्वीकार भी कर लीं। यह असावधानी ही आगे चलकर उनके पतन का एक प्रमुख कारण बनी। सिर्फ दो वर्षों के भीतर ही, 1949 और 1950 में उनकी पूरी अठारह फिल्में रिलीज हुईं, जो अपने-आपमें एक रिकॉर्ड था। अभिनेता बैज शर्मा द्वारा निर्देशित 'अमर कहानी' (1949) इन ढेर सारी फिल्मों की शृंखला की पहली कड़ी थी। जयराज और सुरैया की मुख्य भूमिकाओं वाली इस फिल्म में भी सुरैया के कई थिरकते हुए गीत थे—'याद आ रहा है दिल को भूला हुआ फसाना' और 'दिवाली की रात पिया घर आने वाले हैं' इत्यादि। फिल्म के सभी दस गीत महिलाओं की आवाज में थे (7 सुरैया के और 3 गीता दत्त के)। इससे यह संकेत भी मिलता था कि हुस्नलाल-भगतराम महिला गायकों के साथ ज्यादा सहज महसूस करते थे। एक दिलचस्प तथ्य यह है कि कुछ वर्ष बाद, 1955 में, यही फिल्म 'कंचन' के नाम से फिर से रिलीज की गई। फिल्म के गीत राजेन्द्र कृष्ण ने लिखे थे। सुरैया के साथ हुस्नलाल-भगतराम की एक और फिल्म थी 'बालम' (1949)। होमी वाडिया द्वारा निर्मित इस फिल्म में सुरैया के साथ वास्ती और निगार सुल्ताना थे। फिल्म के लोकप्रिय गीतों में 'देख ली ओ दुनियावाले तेरी दुनिया देख ली' (सुरैया), 'ओ परदेसी मुसाफिर' (सुरैया) और 'ठुकरा के हमें चल दिए' (रफी) शामिल थे। इस फिल्म के गीत कमर जलालाबादी ने लिखे थे।

सुरैया की इन दो फिल्मों की तरह गीताबाली और रणधीर की मुख्य भूमिकाओं वाली 'बाँसुरिया' (1949) भी बॉक्स ऑफिस पर ठंडी रही। राम नारायण दवे द्वारा निर्देशित इस फिल्म में भी हुस्नलाल-भगतराम के कुछ हिट गीत जरूर थे। इनमें 'जो करके गए बदनाम हमें आती है उनकी याद' (लता), 'दिल तोड़ के जाने वाले' (लता), 'तेरी याद सताए घड़ी-घड़ी' (रफी), 'आजा-आजा कि जिया मेरा तरस गया' (गीता दत्त) और 'चाहे चोरी-चोरी आओ चाहे चुपके-चुपके आओ' (लता) इत्यादि शामिल थे। फिल्म के गीतकार मुल्कराज भाखड़ी थे। प्रेम अदीब और निरूपा राय की मुख्य भूमिकाओं वाली 'हमारी मंजिल' (1949) इस संगीतकार जोड़ी की एक और फिल्म थी। यह फेमस स्टूडियो की फिल्म थी और इसके निर्देशक भी 'प्यार की जीत' के निर्देशक ओ.पी. दत्ता ही थे। इस फिल्म में हुस्नलाल-भगतराम ने गीता दत्त और मुहम्मद रफी की आवाज

में कई लोकप्रिय गीत दिए थे—'नैनों से नैना मिलाके', 'तेरे आने पर दिल धड़के', 'बैठी हूँ मैं नैन बिछाए' (सभी गीता दत्त), 'टूटे हुए दिल को उल्फत का' (रफी) और दो युगल-गीत 'वो और जमाना था' और 'काँटे बनेंगे कलियाँ काँटों से खेलता जा' (दोनों रफी-गीता दत्त)।

राजेन्द्र शर्मा द्वारा निर्देशित 'जल तरंग' (1949) में हुस्नलाल-भगतराम ने कई नए प्रयोग करते हुए उत्कृष्ट स्तर का संगीत दिया। गीताबाली और रहमान की मुख्य भूमिकाओं वाली इस फिल्म के संगीत को आज लोग भले ही भूल गए हों, लेकिन यह सचमुच अभिभूत कर देने वाला संगीत था। वायलिन और हवई गिटार के अद्‌भुत प्रयोग वाला लता का दर्द भरा गीत 'लुट गई उम्मीदों की दुनिया', लता-रफी का बेहद मोहक डुएट 'जरा तुमने देखा और प्यार आ गया, निगाहें मिलीं और करार आ गया' और शमशाद बेगम का मस्ती भरा 'नैनों के मस्त नजारे' न भुलाए जा सकने वाले गीत थे। कैफी इरफानी, सरशार सैलानी और मुल्कराज भाखड़ी के गीतों वाली इस फिल्म ने बॉक्स ऑफिस पर जमी बर्फ को भी कुछ कम किया और ठीक-ठाक चली।

सुरैया और श्याम की मुख्य भूमिकाओं वाली 'नाच' (1949) में भी हुस्नलाल-भगतराम ने बड़ा शानदार संगीत दिया, मानो वे 'प्यार की जीत' और 'बड़ी बहन' के ऊँचे शिखरों को फिर से छूने को मचल रहे हों। रवीन्द्र दवे द्वारा निर्देशित इस फिल्म में सुरैया एक बार फिर अपने चरम पर थीं। दर्द भरे गीतों के इतिहास में शायद ही कोई गीत रफी के साथ उनके डुएट 'ऐ इश्क हमें बर्बाद न कर' का मुकाबला कर सके। लता, रफी और गीता दत्त की आवाजों में 'लब पे फरियाद है, दिल बर्बाद है' भी अद्‌भुत बन पड़ा था, जिसमें कोरस का बड़ा मोहक प्रयोग किया गया था। सुरैया के तीन सोलो 'बाट तकूँ मैं तेरी कोठे चढ़के', 'जो तुम बदले जहाँ बदला' और 'ऐ दिल किसे सुनाऊँ ये दुख भरा फसाना' के साथ-साथ रफी के साथ उनका दूसरा युगल-गीत 'छाया समाँ सुहाना हो छाया समाँ' फिल्म के अन्य लुभावने गीतों में शामिल थे। फिल्म के गीत गीतकारों की एक पूरी टीम कैफी इरफानी, सरशार सैलानी, मुल्कराज भाखड़ी और नजीम पानीपती ने लिखे थे।

1949 में रिलीज हुई हुस्नलाल-भगतराम की फिल्मों की भरमार में आखिरी दो फिल्में थीं 'राखी' और 'सावन-भादों'। प्रकाश पिक्चर्स की शांति कुमार द्वारा निर्देशित 'राखी' में लता के दो बड़े सुरीले गीत थे—'ओ रूठके जाने वाले मेरा कसूर क्या है' और बाँसुरी और डफली के मोहक ऑर्केस्ट्रेशन वाला 'दिल किसी ने छीन लिया' (जो कुछ-कुछ 'बड़ी बहन' के 'चुप-चुप खड़े हो' की याद दिलाता था)। प्रकाश पिक्चर्स की ही 'सावन-भादों' में भी कुछ अच्छे गीत थे। रवीन्द्र दवे द्वारा निर्देशित इस फिल्म में मुनव्वर सुल्ताना के साथ रंगमंच के कलाकार रामसिंह मुख्य भूमिका में थे। फिल्म के लोकप्रिय गीतों में बदलती ताल के मोहक प्रयोग वाला 'इस दोरंगी दुनिया में कोई खुशकिस्मत कोई बदकिस्मत' (लता) और तेज रिदम वाला 'तेरी अखियाँ सजन चोर' (लता) शामिल थे।

जैसाकि हम पीछे जिक्र कर चुके हैं, हुस्नलाल-भगतराम ने 'रोमियो-जूलियट' का एक युगल-गीत अपने सहायक खय्याम से गवाया था, जो बाद में बहुत बड़े संगीतकार बने। इसी तरह नए वर्ष की अपनी पहली फिल्म 'अपनी छाया' (1950) में उन्होंने एक दूसरे और जाने-माने संगीतकार सी. रामचन्द्र से भी गवाया, जो 'चितलकर' के नाम से गाते थे। फिल्म के दो गीत मीना कपूर ने भी गाए थे—'तू बोले न बोले निगाह तेरी बोले' और 'जवानी ने इशारा किया'।

अशोक कुमार और नर्गिस की मुख्य भूमिकाओं वाली 'आधी रात' (1950) हुस्नलाल-भगतराम की एक उल्लेखनीय फिल्म थी। 'फूल', 'हलचल' और 'नाज' जैसी मशहूर फिल्मों के निर्देशक एस.के. ओझा द्वारा निर्देशित इस फिल्म में इस संगीतकार जोड़ी ने लता से कई सुरीले गाने गवाए थे। 'दिल ही तो है तड़प गया, दर्द से भर न आए क्यों, रोएँगे हम हजार बार, कोई हमें सताए क्यों' तो कमाल ही था! लता इस गीत को हुस्नलाल-भगतराम के साथ अपना सर्वश्रेष्ठ गीत मानती रही हैं। इसमें कोई सन्देह नहीं कि लता की आवाज को सँवारने और निखारने में नौजवान हुस्नलाल का बहुत बड़ा हाथ था। कई लोग तो उनके योगदान को अनिल बिस्वास और नौशाद से भी ज्यादा मानते हैं। हुस्नलाल और लता के व्यक्तिगत सम्बन्ध भी बहुत अच्छे थे। उन दिनों ऐसी अफवाहें भी उड़ी थीं कि दोनों ने शिरडी जाकर गुप्त विवाह कर लिया था। हम इन अफवाहों को सही नहीं मानते, लेकिन यह सच है कि लता के छोटे भाई हृदयनाथ ने बचपन में हुस्नलाल से ही वायलिन-वादन सीखा था। 'आधी रात' में लता के कई और मधुर गीत भी थे—'बनके सुहागन रही अभागन', 'होना ही लिखा था किस्मत में' और रफी के साथ एक दर्द भरा युगल-गीत 'हमें दुनिया को दिल का जख्म दिखाना नहीं आता'। ये सभी गीत खूब लोकप्रिय हुए थे। इस फिल्म के गीत राजेन्द्र कृष्ण, कुमार बाराबंकवी, सरशार सैलानी और असद भोपाली ने लिखे थे।

महान अभिनेत्री नर्गिस ने दिलीप कुमार और राज कपूर के साथ बहुत-सी फिल्में कीं, लेकिन गजानन जागीरदार निर्देशित 'बिरहा की रात' (1950) में वे देव आनन्द के साथ थीं। फिल्म में लता और रफी के कई सुरीले गीत थे। लता-रफी का युगल-गीत 'छोटा सा फसाना है तेरे-मेरे प्यार का' तो खूब लोकप्रिय हुआ था और गली-गली गूँजने लगा था। रफी का 'बहुत पुरदर्द है सुननेवालो' और लता का 'ठहर ओ जाने वाले' भी खूब चले थे। फिल्म के सभी गीत सरशार सैलानी ने लिखे थे।

हुस्नलाल-भगतराम की अगली फिल्म 'मीना बाजार' (1950) में भी नर्गिस थीं। इस संगीतकार जोड़ी के साथ यह उनकी पाँचवीं फिल्म थी—('नर्गिस', 'रोमियो-जूलियट', 'आधी रात', 'बिरहा की रात' और 'मीना बाजार')। रवीन्द्र दवे द्वारा निर्देशित इस फिल्म में नर्गिस के साथ श्याम मुख्य भूमिका में थे। इस फिल्म में भी कई लोकप्रिय गीत थे। खासकर रफी और लता के डुएट खूब पसन्द किए गए थे—'अपना बनाके छोड़ न

जाना', 'पास आके हुए हम दूर', 'माही ओ माही दुपट्टा मेरा दे दे' और 'दुनिया है बर्बाद दिल की... मीना बाजार है ये'। लता का एक सोलो 'दिल भी दिया तो किसको दिया' भी बड़ा मोहक था। फिल्म के गीत कमर जलालाबादी ने लिखे थे।

नर्गिस और करन दीवान की मुख्य भूमिकाओं वाली 'छोटी भाभी' (1950) नर्गिस के साथ हुस्नलाल-भगतराम की छटी और आखिरी फिल्म थी। शांति कुमार द्वारा निर्देशित इस फिल्म में इस जोड़ी ने सुखी और दुखी दोनों तरह के पतियों को बड़ा मजेदार गीत दे दिया था, जो खूब लोकप्रिय हुआ था—'लुट गए लुट गए लुट गए हो' (रफी)। फिल्म के अन्य लोकप्रिय गीतों में लता के नए अन्दाज वाले 'दुनिया वालो बड़ा है मुश्किल' और 'दर्द-ए-जुदाई है गम की घटा छाई है' शामिल थे। रफी के साथ उनके दो युगल-गीत 'खुशी का जमाना गया' और 'मैंने कहा बाबूजी' भी बड़े मोहक बन पड़े थे और खूब चले थे। इस फिल्म के गीत भी कमर जलालाबादी ने लिखे थे। इसी वर्ष रिलीज हुई अमिय चक्रवर्ती निर्देशित 'गौना' (1950) के कुछ मधुर गीतों में बाँसुरी और डफली के सुन्दर प्रयोग वाला लता का 'दिल किसी ने छीन लिया पहली मुलाकात में' शामिल था। उषा किरण और वास्ती की मुख्य भूमिकाओं वाली इस फिल्म के गीत सरशार सैलानी ने लिखे थे। गीत कितने भी अच्छे क्यों न हों, जब फिल्में नहीं चलतीं तो गीतकार हो या संगीतकार दोनों का भविष्य खतरे में पड़ने लगता है। बॉक्स ऑफिस ही सबसे बड़ा सत्य है। जल्दी ही हुस्नलाल-भगतराम को भी इसका अहसास होने वाला था।

के.के. मिस्त्री द्वारा निर्देशित और मुनव्वर सुल्ताना और रहमान की मुख्य भूमिकाओं वाली 'प्यार की मंजिल' (1950) में भी हुस्नलाल-भगतराम ने अपनी विशिष्ट छाप वाला मधुर संगीत दिया था। लता मंगेशकर अपने चरम पर थीं और उनके सभी गीत—'बिछड़े हुए साजन की क्यों आती है याद', 'भीगा हुआ दामन है तो आँखों में है पानी', 'आँखों में आँसू होंठों पे' और 'जिंदगी के सहारे लौट आ'—जितने दर्द भरे थे उतने ही मीठे भी। गीना दत्त का 'आँखों में आँखें डाल' और शमशाद बेगम और लता का युगल-गीत 'हमसे दिल की लगी न छुपाना' भी बड़े मोहक गीत थे। लेकिन फिल्म का सबसे बड़ा आश्चर्य था खुद हुस्नलाल का लता के साथ बेहद लुभावना युगल-गीत 'ऐ चाँद जरा सुन ले इतना सा फसाना है'। इन मधुर गीतों को राजेन्द्र कृष्ण और शेवन रिजवी ने लिखा था।

मोतीलाल और मुनव्वर सुल्ताना की मुख्य भूमिकाओं वाली 'सरताज' (1950) हुस्नलाल-भगतराम की एक और मधुर गीतों से सजी फ्लॉप फिल्म साबित हुई। बहुत सारी असफल फिल्मों से दुखी हो चले भाइयों ने इस बार मुकेश को आजमाया था। एस. खलील द्वारा निर्देशित इस फिल्म के गीत खूब चले थे, खासकर मुकेश के दो युगल-गीत—'जो दिल ही तोड़ना था क्यों दिया फिर आसरा तुमने' (लता के साथ) और 'मनवा में प्यार डोले सारा संसार डोले' (जोहराबाई के साथ)। लता के दर्द भरे सोलो 'सुना तो लेना था तुमको दिल-ए-बर्बाद का अफसाना' ने तो धूम ही मचा दी थी। फिल्म के गीत मजरूह सुल्तानपुरी, शेवन रिजवी और परताव लखनवी ने लिखे थे। पिछले वर्ष की तरह 1950 में भी हुस्नलाल-भगतराम की नौ फिल्में रिलीज हुई थीं। इस वर्ष की उनकी नौवीं और आखिरी फिल्म थी श्याम और रेहाना की मुख्य भूमिकाओं वाली 'सूरजमुखी'। ओ.पी. दत्ता द्वारा निर्देशित इस फिल्म में 'दूर से इक परदेसी आया' (गीता दत्त) और 'हुस्न का गरूर बुरी बात है' (लता-एस.डी. बातिश) जैसे दोहराव भरे लेकिन मीठे गीत थे। फिल्म के गीतकार राजेन्द्र कृष्ण और आबिद गुलरेज थे।

कुलदीप कौर, अशोक कुमार और वीना 'अफसाना' में

'सनम' का एक दृश्य

★

जैसाकि पाठकों ने महसूस किया होगा, दर्द भरे और मीठे गीत हुस्नलाल-भगतराम की खासियत रही थी, खासकर सुरैया और लता मंगेशकर जैसी महिला गायिकाओं की आवाज में। लेकिन ज्यादा मीठा भी अच्छा नहीं होता, खासकर अगर उसके स्वाद में कोई फर्क न आए तो! हुस्नलाल-भगतराम की धुनों में एक दोहराव-सा दिखाई देने लगा था। और फिर जैसाकि स्वाभाविक था, फिल्मों के नायक उनके संगीत से बहुत ज्यादा खुश नहीं रहे होंगे। उन्होंने नायकों के लिए उतने लोकप्रिय गीत नहीं बनाए थे जितने कि नायिकाओं के लिए। नूरजहाँ और सुरैया जैसी दमदार नायिकाओं का जमाना धीरे-धीरे खत्म हो रहा था। दिलीप कुमार, देव आनन्द और राज कपूर की तिगड़ी के रूप में नायकों के वर्चस्व का जमाना आ गया था। ऐसे में सिर्फ महिला गायिकाओं पर निर्भर रहने वाले हुस्नलाल-भगतराम भला कितने दिन टिक पाते? 'प्यार की जीत' और 'बड़ी बहन' की जबर्दस्त सफलता के बाद उन्होंने तेजी से बहुत सारी फिल्में साइन कर ली थीं, जो उतनी ही तेजी से फ्लॉप भी हो गई थीं। इससे उनकी साख पर बहुत गहरा असर पड़ा था। जब कोई शुभचिन्तक उनके संगीत में दोहराव की बात करता था तो हुस्नलाल बड़ी लापरवाही से कहते थे—''साडा ही है!'' (मतलब यह कि हमने अपनी ही धुनों के टुकड़ों का दोबारा इस्तेमाल किया है, किसी दूसरे की नहीं चुराई है!) उनके कई गीतों के इंटरल्यूड 'चुप-चुप खड़े हो' की याद दिलाते थे। जब तक ये दोनों भाई सँभलते बहुत देर हो चुकी थी और नौशाद, शंकर-जयकिशन, सी. रामचन्द्र और एस.डी. बर्मन जैसे संगीत-निर्देशक फिल्म-संगीत के आकाश पर छा चुके थे।

कई असफल फिल्मों के दौर के बाद बी.आर. चोपड़ा की 'अफसाना' (1951) हुस्नलाल-भगतराम की एक और धूम मचानेवाली फिल्म साबित हुई। महान निर्माता-निर्देशक बी.आर. चोपड़ा की निर्देशक के रूप में इस पहली सफल फिल्म में उस समय के सुपरस्टार अशोक कुमार

डबल रोल में थे। उनकी दो नायिकाएँ थीं—वीना और कुलदीप कौर। फिल्म में कई सुरीले और लोकप्रिय गीत थे। लता के चार सोलो 'कहाँ है तू मेरे सपनों के राजा', 'वो आए बहारें लाए बजी शहनाई', 'आज कुछ ऐसी चोट लगी है टूट गया पैमाना दिल का' और 'वो पास भी रहकर दूर नहीं' तो हिट हुए ही, मुकेश का 'किस्मत बिगड़ी दुनिया बदली' और रफी का 'दुनिया एक कहानी रे भैया' भी खूब चले। रफी और शमशाद बेगम का चुलबुला डुएट 'चौपाटी पे आज जो मेरा आँख-मटक्का हो गया' भी खूब था। लेकिन इस फिल्म का सबसे यादगार गीत साबित हुआ लता का 'अभी तो मैं जवान हूँ'। हफीज जलंधरी की इस नज्म को हुस्नलाल-भगतराम ने जिस खूबसूरती से राग जयजयवन्ती में ढाला था और लता ने जिस लाजवाब अन्दाज में गाया था, वह सुनते ही बनता था। उन्होंने मलिका पुखराज द्वारा इसी नज्म की गैर-फिल्मी पाकिस्तानी प्रस्तुति को मीलों पीछे छोड़ दिया था। 'अफसाना' ने बॉक्स ऑफिस पर ऐसी धूम मचाई कि बरसों बाद बी.आर. चोपड़ा ने इसी फिल्म को 'दास्तान' (1973) के नाम से बनाया, जिसमें दिलीप कुमार शर्मीला टैगोर और बिन्दू के साथ डबल रोल में थे। लेकिन न तो फिल्म वैसी बन पाई और न साहिर के गीत और लक्ष्मीकान्त-प्यारेलाल का संगीत ही 'अफसाना' जैसा कमाल कर सका और फिल्म फ्लॉप हो गई। 'अफसाना' के गीत असद भोपाली ने लिखे थे।

'अफसाना' की सफलता के बावजूद हुस्नलाल-भगतराम के डूबते कैरियर ने उबरने का नाम नहीं लिया। जिस तरह दो वर्ष पहले फिल्मों की बाढ़ आई थी, उसी तरह अब सूखा-सा पड़ गया था। 1949 और 1950 में नौ-नौ फिल्मों की तुलना में 1951 में उनकी चार फिल्में ही रिलीज हुईं और 'अफसाना' को छोड़कर बाकी सभी कोई खास कमाल नहीं कर सकीं। इससे उनके डगमगाते कैरियर को और भी झटका लगा और वे हाशियों में सिमटते चले गए।

सुरैया और देव आनन्द की लोकप्रिय जोड़ी वाली 'सनम' (1951) बॉक्स ऑफिस पर ठीक-ठाक रही, लेकिन इसका संगीत कुछ खास नहीं चला। एक दिलचस्प तथ्य यह है कि इस फिल्म में मीना कुमारी भी थीं। वे तब बड़ी हीरोइन नहीं बनी थीं। इस फिल्म में हुस्नलाल-भगतराम का संगीत भले ही बहुत लोकप्रिय न हुआ हो, लेकिन उन्होंने कुछ वजनदार गीत जरूर दिए थे। इनमें 'मेरा दिल तोड़कर जाने वाले' (सुरैया), 'मैं तुझे पुकारूँ सनम-सनम' (सुरैया-रफी), 'बेदर्द शिकारी ओ बेदर्द' (सुरैया-लता) और 'दिल ले गया जी कोई दिल ले गया' (सुरैया-शमशाद बेगम) इत्यादि शामिल थे। इस फिल्म के गीत कमर जलालाबादी ने लिखे थे।

इस वर्ष की दूसरी दो फिल्मों में हुस्नलाल-भगतराम ने पूरा संगीत नहीं दिया था। जहाँ 'शगन' (1951) एक दूसरे संगीतकार शार्दुल क्वात्रा द्वारा छोड़ी गई फिल्म थी, वहीं 'स्टेज' (1951) के कुछ गाने सरदार मलिक ने कम्पोज किए थे। 'शगन' में सिर्फ दो गाने याद करने लायक थे--लता का 'क्यों दे गए जुदाई' और रफी का 'दम तोड़ते हैं अरमाँ', जो काफी लोकप्रिय हुआ था। विजय महात्रे द्वारा निर्देशित 'स्टेज' में देव आनन्द और रमोला मुख्य भूमिकाओं में थे। (देव आनन्द ने एक बार कहा था कि रमोला से बेहतर कुदरती अभिनेत्री शायद ही कोई हुई हो।) यह फिल्म देव आनन्द के साथ हुस्नलाल-भगतराम की पाँचवीं फिल्म थी, जिनके साथ उन्होंने (नर्गिस की तरह) छह फिल्मों में काम किया—'हम एक हैं', 'मोहन', 'बिरहा की रात', 'सनम', 'स्टेज' और 'दुश्मन'। 'स्टेज' के गीतों में लता-रफी का एक बेहद मोहक युगल-गीत 'दिल लेके दिल दिया है, अहसान क्या किया है' भी शामिल था, जिसमें हुस्नलाल-भगतराम ने वायलिन और अनूठे रिदम का बहुत सुन्दर प्रयोग किया है। जैसाकि हम कह चुके हैं, सरशार सैलानी के गीतों वाली इस फिल्म के कुछ गीत सरदार मलिक ने संगीतबद्ध किए थे।

देखा जाए तो हुस्नलाल-भगतराम के लिए यह एक झटके से आसमान में पहुँचकर मुँह के बल गिरने जैसी बात थी। कारण जो भी रहे हों, लेकिन उनका यूँ एकाएक पतन सचमुच बहुत आश्चर्यजनक था। इसमें कोई सन्देह नहीं कि यह एक प्रतिभाशाली जोड़ी थी, जिसमें नायिकाओं के दर्द भरे गीत रचने की गजब की क्षमता थी। लेकिन उन्होंने नायकों के लिए भी कुछ बहुत अच्छे गीत रचे थे। मुहम्मद रफी उनके सबसे मनपसन्द गायक थे। कभी-कभी वे मुकेश और तलत महमूद का भी प्रयोग कर लेते थे। किशोर कुमार से उन्होंने सिर्फ एक फिल्म में गवाया—अशोक कुमार और नलिनी जयवन्त की मुख्य भूमिकाओं वाली 'काफिला' (1952) में। अरविन्द सेन द्वारा निर्देशित यह फिल्म 1952 में रिलीज होने वाली हुस्नलाल-भगतराम की कुल जमा दो फिल्मों में से एक थी। इस फिल्म के कुछ गीत पटकथा-संवाद लेखक ब्रजेन्द्र गौड़ ने लिखे थे, जिनमें किशोर कुमार का एक खूबसूरत सोलो 'वो मेरी तरफ यूँ चले आ रहे हैं, कि अरमाँ धड़कन से टकरा रहे हैं' और इससे भी बढ़कर लता के साथ उनका बेहद मोहक युगल-गीत 'लहरों से पूछ लो या किनारों से पूछ लो, फिर भी यकीं न हो तो सितारों से पूछ लो' शामिल था। फिल्म के दूसरे गीतकार मोती बी.ए. थे। अब हुस्नलाल-भगतराम 'बड़ी बहन' के हैंग-ओवर से उबरने के लिए पूरा जोर लगा रहे थे और इंटरल्यूडों पर खूब मेहनत कर रहे थे। वर्ष की उनकी दूसरी फिल्म 'राजा हरीशचन्द्र' (1952) में भी कुछ अच्छे गीत थे। रमन बी. देसाई द्वारा निर्देशित इस फिल्म के लुभावने गीतों में 'गोरी-गोरी चाँदनी और पूनम की रात हो' (लता) और 'तू चाँद मैं चाँदनी, तेरी-मेरी प्रीत है' (लता-रफी) शामिल थे। इस फिल्म के गीत भरत व्यास, कमर जलालाबादी, रमेश गुप्ता और गुलशन जलालाबादी ने लिखे थे।

नई फिल्म भूले-भटके ही मिल रही थी, लिहाजा हुस्नलाल-भगतराम ने सोचा कि खुद ही एक फिल्म बना डाली जाए। उन्होंने गीतकार कमर जलालाबादी और बाबूराव पई से हाथ मिलाते हुए एक फिल्म बना भी डाली। लेकिन

फेमस फिक्चर्स द्वारा निर्मित और शांति कुमार द्वारा निर्देशित यह फिल्म अपने नाम—'आँसू' (1953) के अनुरूप एक आँसुओं भरा अनुभव साबित हुई। फिर भी कामिनी कौशल और शेखर की मुख्य भूमिकाओं वाली इस फ्लॉप फिल्म का संगीत गजब का था। राग पहाड़ी पर आधारित लता-रफी का 'सुन मेरे साजना रे देखो जी मुझको भूल न जाना' तो संगीत-प्रेमियों की सुबह की चाय की चुस्कियों के साथ एक जरूरी सुर बन गया था। (बाद में कई गीतों में इस धुन की नकल की गई, जिसका नवीनतम उदाहरण 'साहिबा' में शिव-हरि का टाइटल-ट्रैक था) लता-रफी का ही 'दिन प्यार के आए रे' भी बड़ा लुभावना गीत था। इस वर्ष हुस्नलाल-भगतरात की इकलौती दूसरी रिलीज फिल्म थी बी.के. सागर निर्देशित 'फरमाइश' (1953)। भारत भूषण और एल. विजयलक्ष्मी की मुख्य भूमिकाओं वाली इस फिल्म में उन्होंने अपनी जानी-पहचानी छवि से अलग तरह का संगीत देने की कोशिश की। इसी फिल्म में उन्होंने पहली बार तलत महमूद के साथ भी काम किया और उनसे 'मुहब्बत की हम चोट खाए हुए हैं, किसी बेवफा के सताए हुए हैं' जैसा खूबसूरत गीत गवाया। फिल्म में रफी और लता का एक झूमता हुआ युगल-गीत भी था—'आपने छीन लिया दिल, इसे क्या कहते हैं'। तबले के जोरदार ठेकों और ठसकों वाला यह गीत खूब लोकप्रिय भी हुआ। लता का 'दिल में हमारे आग लगाकर' और सुरैया का 'तुम दिल को तोड़ दोगे हँस-हँसके' फिल्म के अन्य लुभावने गीतों में शामिल थे। फिल्म के गीत कमर जलालाबादी और खावर जमाँ ने लिखे थे।

उषा किरण

अब हुस्नलाल-भगतराम पूरी तरह हाशिए में चले गए थे और फिल्म संगीत की प्रतिस्पर्द्धा भरी दुनिया में वापसी के लिए पूरा जोर लगा रहे थे। 1954 में उनकी इकलौती रिलीज 'शमा-परवाना' उनकी इन्हीं कोशिशों का उदाहरण थी। डी. डी. कश्यप द्वारा निर्देशित और सुरैया और शम्मी कपूर की मुख्य भूमिकाओं वाली इस फिल्म का ताजगी भरा संगीत न सिर्फ हुस्नलाल-भगतराम के जाने-पहचाने ढर्रे से अलग हटकर था बल्कि मंत्रमुग्ध कर देने वाला भी। मुहम्मद रफी और सुरैया मानो अपने चरम पर थे और उन्होंने कुछ-कुछ अरबी शैली की अद्‌भुत धुनों को उतने ही अभिभूत कर देने वाले अन्दाज में गाया। इन दोनों का युगल-गीत 'बेकरार है कोई ऐ मेरे दिलदार आ' हिन्दी फिल्मों के सबसे मोहक युगल-गीतों में शामिल है। इसमें गायकों की आवाज और ऑर्केस्ट्रा का इतना सुन्दर तालमेल था कि सज्जाद हुसैन जैसे विद्वान संगीतकार को भी यह गीत बनाकर गर्व महसूस होता। रफी के साथ-साथ गूँजते आलाप के साथ सुरैया और आशा भोंसले का डुएट 'हो जाके लागे नैना' भी बड़ा अनूठा और लुभावना प्रयोग था और सोने में तोलने लायक था। सुरैया-रफी का एक दूसरा डुएट 'सरे महफिल जो जला परवाना' भी एक मोहक ताजगी लिए हुए था। दो हिस्सों वाला एक अलग तरह का प्रयोग 'तूने मेरा यार न मिलाया' (रफी) और 'मेरा दिलदार न मिलाया' (सुरैया) तो फिल्म की जान था और हमेशा के लिए संगीत-सृजन के उच्चतम शिखरों का उदाहरण बन गया। कहते हैं कि इन गीतों की मुरकियाँ इतनी मुश्किल थीं कि रफी और सुरैया जैसे धुरन्धर गायकों को भी इनकी अदायगी में परेशानी आ रही थी। लिहाजा हुस्नलाल को इन्हें थोड़ा आसान बनाना पड़ा था। फिल्म के अन्य गीत भी कम नहीं थे। निर्मला देवी के 'उलफत के जाम पिला मेरे साथी' में गजब का रिदम था तो रफी का 'वो मरने से नहीं डरते' सीधा दिल में उतर जाता था। सुरैया के तीन और सोलो—'जान-ए-चमन अलविदा-अलविदा', 'जो परवाने शमा को अपनी' और 'तू ही भरोसा तू ही सहारा'—भी इतने मर्मस्पर्शी थे कि सुनने के बाद घंटों इन गीतों का असर रहता था। रफी और सुरैया के कोरस गीत 'शाम-ए-बहार आई' में नौशाद के 'उड़न खटोला' के 'मेरा सलाम ले जा दिल का प्यार ले जा' (लता) की झलक जरूर थी, लेकिन इसके पीछे एक साजिंदे की शरारत बताई जाती है जो इन दोनों गीतों के ऑर्केस्ट्रा से जुड़ा हुआ था। इस फिल्म के संगीत पर हुस्नलाल-भगतराम ने पूरा जोर लगाया था और वे सफल भी रहे थे। लेकिन फिल्म बॉक्स ऑफिस पर पिट गई और उनकी धमाकेदार वापसी के सपने बिखरकर रह गए।

पं. हुस्नलाल

जी.पी. सिप्पी की 'आदल-ए-जहाँगीर' (1955) में हुस्नलाल-भगतराम ने एक बार फिर पूरा जोर लगाया, जो 1955 में उनकी इकलौती फिल्म थी। मीना कुमारी और प्रदीप कुमार की मुख्य भूमिकाओं वाली इस फिल्म में उन्होंने एक बार फिर ऊँचे दर्जे का और यादगार संगीत दिया। राग सिन्धु भैरवी पर आधारित 'ऐ मेरी जिंदगी तुझे ढूँढू कहाँ, न तो मिलके गए न ही छोड़ा निशाँ' दो हिस्सों में था (लता और तलत के अलग-अलग वर्जनों में) और हर लिहाज से बहुत ऊँचे दर्जे का दर्द भरा गीत था। यह गीत न सिर्फ खूब लोकप्रिय हुआ बल्कि हमेशा के लिए हिन्दी फिल्मों के अमर संगीत में शामिल हो गया। तलत का 'चाँद-सितारे करके इशारे' भी बहुत खूबसूरत गीत था, जिसमें काउंटर मेलोडी के रूप में महिला स्वर में

हुस्नलाल-भगतराम और शंकर

बड़ी मोहक गुनगुनाहट का प्रयोग किया गया था। लता के कोरस के साथ दो सोलो 'आज लैला को मजनूँ का प्यार मिला' और 'नजर लागी प्यारी साँवरिया' भी बड़े लुभावने थे। इनके अलावा रफी के दो गीत 'अपना ही घर लुटाने' और 'तेरी अल्लाह करे रखवाली' और आशा भोंसले का 'आ जा दिलरुबा मेरा दिलरुबा' भी अच्छे चले थे। लेकिन अफसोस, यह फिल्म भी नहीं चल पाई और हुस्नलाल-भगतराम का वापसी करने का सपना एक बार फिर पूरा नहीं हो सका।

कलाकारों का दिल बड़ा नाजुक होता है और फिर हुस्नलाल-भगतराम तो नायिकाओं के दर्द भरे गीत बनाने वाले और भी नाजुक दिल के संगीतकार थे। 'शमा-परवाना' और 'आदिल-ए-जहाँगीर' की असफलता से मानो उनका दिल टूट गया और हिम्मत जवाब दे गई। इसके बाद वे फिर उठने की कोशिश नहीं कर सके। अगले दस-बारह वर्षों में उन्होंने दर्जन भर फिल्मों में संगीत तो दिया, लेकिन पहले जैसे उत्साह और उमंग के साथ नहीं। फिर भी कुछ गीतों में उनके पुराने जादुई स्पर्श की झलक दिखाई दे जाती थी।

निर्देशक डी.डी. कश्यप के साथ उनकी आखिरी फिल्म 'आन-बान' (1956) में रफी का एक बड़ा प्यारा गीत था—'भगवान तुम्हारी दुनिया में क्यों दिल ठुकराए जाते हैं'। लता का 'तूने कैसी आग लगाई' और आशा भोंसले का 'सुन ले अरज मेरी' भी फिल्म के लोकप्रिय गीतों में शामिल थे। 'मि. चक्रम' (1956) में लता का नौशाद मार्का 'सैयाँ तोरी बइयाँ में' भी खूब चला था। देव आनन्द के साथ हुस्नलाल-भगतराम की आखिरी फिल्म 'दुश्मन' (1957) में आशा भोंसले के 'बहार आई घटा छाई' को छोड़कर कोई खास लोकप्रिय गीत नहीं था। इस फिल्म में उषा किरण देव आनन्द की नायिका थीं। 'जन्नत' (1957) और 'कृष्ण-सुदामा' (1957) का संगीत भी फीका-फीका सा रहा, लेकिन अपनी चहेती गायिका सुरैया के साथ अपनी आखिरी फिल्म 'ट्राली ड्राइवर' में इस जोड़ी ने सुरैया के 'जख्मी दिल फरियाद करे' के साथ-साथ रफी के साथ उनके मोहक युगल-गीत 'ये रात ये नजारे आ जाओ आ भी जाओ' जैसे कुछ अच्छे गीत जरूर दिए थे। 'अप्सरा' (1961) के कुछ युगल-गीत—'है जिंदगी कितनी हसीं, आता नहीं मुझको यकीं', 'तू मेरे साथ मैं तेरे साथ' और 'हरदम तुम्हीं को याद किए जा रहा हूँ मैं'—भी काफी लोकप्रिय हुए थे। ये तीनों युगल-गीत तलत महमूद और आशा भोंसले ने गाए थे।

अब दो भाइयों की इस जोड़ी का कैरियर लगभग खत्म हो चला था। अपने कैरियर के अन्तिम चरण में उन्हें शम्मी कपूर की 'शहीद भगत सिंह' (1963) में संगीत देने का अवसर मिला। लेकिन रंगीन फिल्मों के 'रिबेल स्टार' की रूमानी छवि वाले शम्मी कपूर की यह राष्ट्रभक्ति वाली ब्लैक एंड व्हाइट फिल्म दर्शकों ने ठुकरा दी और 'ऐ माँ मेरी यादों को' (रफी) जैसे कुछ अच्छे गीत अनसुने ही रह गए। हुस्नलाल-भगतराम की आखिरी फिल्म 'शेर अफगान' (1966) थी। अपने प्रशंसकों के लिए अपने आखिरी तोहफे के रूप में उन्होंने सुमन कल्याणपुर के कुछ सुरीले गीत दिए थे—'फूल इतने कभी चमन में', 'ऐ दो जहाँ के मालिक' और 'इश्क से आँखें मिलीं'। फिल्म में सुमन और मुकेश का एक लुभावना युगल-गीत भी था—'ऐ बहार-ए-जिंदगी तुम मिल गए'। यह आखिरी फिल्म भी बॉक्स ऑफिस पर कोई धमाका नहीं कर सकी।

बॉक्स ऑफिस एक ऐसी बेरहम सचाई है जिसने अच्छे-अच्छों को मारा है, किसी को थोड़ा पहले तो किसी को थोड़ा बाद में। हुस्नलाल इतने निराश हो गए कि अपना बोरिया-बिस्तर समेटकर दिल्ली चले आए। उन्होंने पहाड़गंज के चूना मंडी इलाके में एक संगीत स्कूल खोल लिया। वे हिन्दुस्तानी शास्त्रीय संगीत में कुछ नए प्रयोग करने के भी इच्छुक थे। लेकिन भाग्य में कुछ और ही लिखा हुआ था। 28 दिसम्बर 1968 की सुबह गोल डाकखाना के पास सैर करते हुए वे अचानक ही लड़खड़ाकर गिर पड़े और कुछ ही क्षणों में उनका दम निकल गया। उनका शव बहुत देर तक नजदीक के एक अस्पताल में पड़ा रहा। किसी को पता नहीं था कि यह वही महान संगीतकार था जिसने 'सुनो-सुनो ऐ दुनियावालो बापू की ये अमर कहानी' की धुन बनाई थी। या जिसने 'तेरे नैनों ने चोरी किया' और 'वो पास रहें या दूर रहें' जैसे दिल को छू लेने वाले गीत दिए थे। एक महान कलाकार का यह बड़ा दुखद अन्त था।

मुहम्मद रफी के साथ

सादगी भरा मधुर संगीत : हुस्नलाल और भगतराम

भगतराम बम्बई में ही रहकर एक मामूली साजिंदे के रूप में गुजर-बसर करते रहे। कभी शंकर (जयकिशन), खय्याम और लक्ष्मीकान्त-प्यारेलाल जैसे बड़े-बड़े संगीतकार उनके सहायक रहे थे। अब वे इन्हीं में से कुछ के ऑर्केस्ट्रा के मामूली साजिंदे बनकर रह गए थे। लेकिन उन्हें भी ईश्वर ने ज्यादा देर तक संघर्ष के दिन नहीं दिखाए। 29 नवम्बर 1973 को 59 वर्ष की उम्र में वे भी इस दुनिया से चले गए। उनका बेटा अशोक शर्मा अपने पिता और चाचा की संगीत परम्परा को कायम रखे हुए है और बड़ा अच्छा सितार-वादक है। वह फिल्म-संगीत से भी जुड़ा हुआ है।

हुस्नलाल-भगतराम के ढेर सारे गीतों में से 12 अमूल्य मोती चुनना एक बार फिर बड़ी उलझन और बहसबाजी का काम साबित हुआ। लेकिन आखिर में हम एक ऐसी सूची बनाने में सफल रहे जिससे शायद आप भी काफी हद तक सहमत होंगे।

हुस्नलाल-भगतराम के 12 अनमोल रत्न

क्रम	गीत	फिल्म	गायक/गायिका
1.	सुनो-सुनो ऐ दुनिया वालो	गैर-फिल्मी	मुहम्मद रफी
2.	ऐ इश्क हमें बर्बाद न कर	नाच	सुरैया-रफी
3.	तेरे नैनों ने चोरी किया	प्यार की जीत	सुरैया
4.	लहरों से पूछ लो या किनारों से पूछ लो	काफिला	लता-किशोर
5.	चुप-चुप खड़े हो जरूर कोई बात है	बड़ी बहन	लता-प्रेमलता
6.	सुन मेरे साजना, देखो जी मुझको भूल न जाना	आँसू	लता-रफी
7.	ऐ मेरी जिंदगी तुझे ढूँढू कहाँ	आदल-ए-जहाँगीर	तलत महमूद
8.	बेकरार है कोई ओ मेरे दिलदार आ	शमा-परवाना	सुरैया-रफी
9.	दिल ही तो है तड़प गया	आधी रात	लता मंगेशकर
10.	छोटा सा फासला है तेरे-मेरे प्यार का	बिरहा की रात	लता-रफी
11.	ऐ चाँद जरा सुन ले इतना सा फसाना है	प्यार की मंजिल	हुस्नलाल-लता
12.	अभी तो मैं जवान हूँ	अफसाना	लता मंगेशकर

हुस्नलाल-भगतराम की जोड़ी ने कुल 51 फिल्मों में लगभग 440 मीठे, सुरीले और मन को मोह लेने वाले गीत रचे। ऐसे गीत जो हमेशा जवान रहेंगे और उनके चाहनेवालों को उनकी याद दिलाते रहेंगे—खुशियों के दिन मनाए जा, दिल के तराने गाए जा, तुझको जवानी की कसम, दिल की लगी बुझाए जा, दुनिया मेरी बसाए जा—आजा पिया आजा पिया—अभी तो मैं जवान हूँ... अभो तो मैं जवान हूँ... अभी तो मैं जवान हूँ!

सज्जाद हुसैन (1917-1995)

बगावत भरे सुरों का जादू

इस किताब की सह-लेखिका होने के नाते एक पहेली सुलझाने की जिम्मेदारी मुझ (इस नाचीज अंशुला बाजपेयी) पर आ पड़ी। जी हाँ, सज्जाद हुसैन और उनका संगीत किसी पहेली से कम थोड़े ही है! अब देखिए न, हवाओं में 'ख्यालों में तुम हो, नजरों में तुम हो, मेरी धड़कनों के इशारों में तुम हो' गूँज रहा है और हमेशा की तरह मेरा रोआँ-रोआँ सिहर रहा है, थिरक रहा है, मचल रहा है। और यह सिहरन, यह सनसनी सिर्फ रोओं तक सीमित न रहकर मेरे दिल, दिमाग और आत्मा की गहराइयों में पहुँच रही है। इस अहसास, इस अनुभूति को समझ पाना बहुत मुश्किल है, इसे समझा पाना तो और भी मुश्किल है। कहाँ से ऐसे शब्द लाऊँ जो सज्जाद हुसैन के संगीत और सुननेवालों पर पड़ने वाले इसके प्रभाव को अभिव्यक्त कर सकें? इसलिए चुप रहना और 'सैयाँ' (1951) फिल्म के इस जादुई गीत को सुनते रहना ही बेहतर है। लेकिन मुझे लिखना तो पड़ेगा... और इस अबूझ पहेली को सुलझाना भी पड़ेगा!

मैं जब लोगों को बताती हूँ कि मैं सज्जाद हुसैन की जबर्दस्त फैन हूँ तो उन्हें ताज्जुब होता है। कुछ तो उनके संगीत से धड़कते मेरे दिल को तकलीफ पहुँचाते हुए यहाँ तक कह जाते हैं कि उन्होंने तो उनका नाम ही नहीं सुना। ऐसे लोग भी जो उन्हीं की पीढ़ी के थे। कभी-कभी मैं सोचती हूँ कि वे लोग कितने दुर्भाग्यशाली थे जो उन्हीं के जमाने में जिए और उनके संगीत के जादुई प्रभाव से अछूते ही रह गए। शायद इसीलिए सज्जाद हुसैन एक पहेली थे। वे किसी-किसी की समझ में ही आते थे और जिसकी समझ में आ जाते थे वह हमेशा के लिए उनका दीवाना हो जाता था। हालाँकि पूरी तरह वे इन दीवानों की समझ में भी नहीं आते थे। उन्होंने लोकप्रिय संगीत देने की परवाह नहीं की, सफलता और असफलता की परवाह नहीं की, किसी तरह की परम्पराओं की परवाह नहीं की। उन्होंने वही दिया जो उनका मन चाहा, वही किया जो उनकी अपनी शर्तों पर खरा उतरता था। उनके संगीत में—उनके रवैये की तरह—अगर बगावत की महक आती थी तो आती रहे! उन्हें यही महक पसन्द थी! जैसाकि स्वाभाविक था, उन्होंने कुछ गिनी-चुनी फिल्में ही कीं। लेकिन इन मुट्ठी भर फिल्मों में वे ऐसा अद्भुत संगीत दे गए जो उनके प्रशंसकों को मुग्ध रखने के लिए काफी है और उलझाए रखने के लिए भी—क्योंकि उनका हर गीत एक मीठी पहेली है, एक गुदगुदाता हुआ अबूझ रहस्य है!

मैं यह लेख मुम्बई की सड़कों पर तेजी से दौड़ती कार में बैठे-बैठे लिख रही हूँ। मेरी हैंड-राइटिंग यूँ भी माशा-अल्लाह है और फिर कार के झटकों ने शब्दों को और भी बिगाड़ दिया है। क्या मैं घर पहुँचकर अपनी ही लिखावट को समझ पाऊँगी? मुझे हँसी आ रही है। जो भी हो, इस लिखावट को समझना सज्जाद हुसैन के राग, ताल और साज को समझने से ज्यादा मुश्किल न होगा! मैं ड्राइवर को सज्जाद साहब के क्लासिक गीत बजाने के लिए कहती हूँ और कैडल रोड, माहीम से गुजरते हुए नैटलवाला बिल्डिंग को नमन करती हूँ। सज्जाद हुसैन इसी बिल्डिंग में तो रहा करते थे! तो कहाँ से शुरू करूँ? क्या उन यादों से जो मेरे बचपन से जुड़ी हुई हैं? मैं जब बहुत छोटी थी तो पापा को सज्जाद साहब से मिलने का सौभाग्य प्राप्त हुआ था। (कितना अफसोस हो रहा है मुझे—मैं जो उनके साथ नहीं थी!) खैर, पापा ने उनके बारे में मुझे जो कुछ बताया या जो कुछ उन्होंने इस मुलाकात के बारे में लिखा, उससे मुझे कुछ तसल्ली जरूर मिलती है। इनमें से बहुत-सी बातें मैंने

इस लेख में भी शामिल कर ली हैं। यहां मैं एक बार फिर अपने पिता और इस किताब के संयुक्त लेखक त्रिनेत्र बाजपेयी को धन्यवाद देना चाहूँगी। उन्होंने न सिर्फ पुराने फिल्म-संगीत के प्रति बचपन से ही मेरे मन में ऐसा अनुराग और मोह विकस्ति किया जो आज मेरी सबसे बड़ी प्रेरणा और शक्ति है, बल्कि मुझे सज्जाद हुसैन जैसी अबूझ पहेली को समझने की क्षमता भी प्रदान की।

सज्जाद हुसैन का जन्म जून 1917 में मध्यप्रदेश के मंदसौर जिले की सीतामऊ रियासत में हुआ था। उनके पिता मुहम्मद अमीर खान सितार बजाने के शौकीन थे। उन्हीं से सज्जाद को भी संगीत सीखने की प्रेरणा मिली। लेकिन उन्होंने किसी उस्ताद या गुरु के पास जाने की बजाय जो कुछ भी सीखा खुद ही सीखा। 12 वर्ष की उम्र में ही सज्जाद सितार के साथ-साथ अठारह दूसरे साज भी बजाने लगे थे। वे बीनकार बन्दे अली साहब से बहुत ज्यादा प्रभावित थे, जो किराना घराने के जाने-माने रुद्रवीणा / सरस्वती वीणा वादक थे। कहते थे कि उनका कोई सानी नहीं था। सज्जाद भी उन्हीं की तरह एक लाजवाब संगीतकार बनना चाहते थे। उन्होंने मैंडोलिन को अपने साज के रूप में चुना और सचमुच ऐसे मैंडोलिन-वादक बन गए कि उनकी टक्कर का दूसरा ढूँढ़ना मुश्किल था। वे कलकत्ता (अब कोलकाता) के न्यू थिएटर्स की फिल्मों के संगीत को बड़े चाव से सुना करते थे। तिमिर बरन, कमल दासगुप्ता, पंकज मलिक और आर.सी. बोराल उनके पसन्दीदा संगीतकार थे। उन्हें मीर साहब और उस्ताद झंडे खाँ भी बहुत पसन्द थे। लेकिन वे सबसे ज्यादा दीवाने तिमिर बरन के थे। उनके 'दुख के दिन अब बीतत नाहीं' और 'तड़पत-तड़पत बीते दिन-रैन' (दोनों 'देवदास', 1935) जैसे गीत हमेशा उनके होंठों पर रहते थे। 1937 में सज्जाद हुसैन बम्बई (अब मुम्बई) चले आए और एक फ्री-लान्स साजिंदे के रूप में स्पैनिश / हवई गिटार, मैंडोलिन, बाँसुरी और सितार बजाने लगे। बीच में एक महीना उन्होंने दिल्ली में ऑल इंडिया रेडियो में भी काम किया, लेकिन जल्दी ही वहाँ के माहौल से तंग आकर बम्बई लौट आए। संगीत-निर्देशक रफीक गजनवी ने उन्हें अपना सहायक नियुक्त कर लिया। सज्जाद ने उनके साथ ए.आर. कारदार की 'स्वामी' में काम किया। वे एक दूसरे संगीतकार हरीश चन्द्र बाली के भी सहायक रहे। इंडस्ट्री में उनकी अनूठी संगीत प्रतिभा के चर्चे होने लगे और जल्दी ही एक स्वतंत्र संगीत-निर्देशक के रूप में उन्हें उनकी पहली फिल्म मिल गई—'दोस्त' (1944)।

उन्हें यह फिल्म मिलने के पीछे भी बड़ी दिलचस्प कहानी है। इस फिल्म का संगीत पहले अली बख्श (महान अभिनेत्री मीना कुमारी के पिता) दे रहे थे और सज्जाद हुसैन उनके सहायक मात्र थे। नूरजहाँ और मोतीलाल की मुख्य भूमिकाओं वाली इस फिल्म के निर्देशक शौकत हुसैन (नूरजहाँ के पति) थे। वे अली बख्श के संगीत से खुश नहीं थे और उन्हें हटाकर कोई दूसरा संगीतकार लेना चाहते थे। सज्जाद हुसैन ने बीच-बचाव करके उन्हें ऐसा करने से रोका और वायदा किया कि जल्दी ही वे खुद उन्हें बेहतर धुनें बनाकर देंगे। उन्होंने शौकत हुसैन से पूछा कि उन्हें किस तरह की धुनें पसन्द थीं तो उन्होंने जवाब दिया—"ऐ चाँद छुप न जाना" जैसी। सज्जाद हुसैन ने कहा कि भला यह भी कोई धुन थी! वे उन्हें ऐसी धुनें बनाकर देंगे कि वे कहा करेंगे कि उन्हें सज्जाद हुसैन जैसी धुन चाहिए! उन्होंने 'कोई प्रेम का देके सन्देश हाय लूट गया' की धुन बनाकर सुनाई। इसे सुनते ही पर्दे के पीछे बैठी नूरजहाँ लपककर सामने आ गईं और खुशी से झूमते हुए बोलीं, "सुभान अल्लाह! क्या प्यारी तर्ज है! क्या आप पंजाबी हैं?" जब सज्जाद हुसैन ने कहा कि वे मध्य प्रदेश के थे तो नूरजहाँ हैरानी से बोलीं, "कमाल है! यकीन नहीं होता कि एक गैर-पंजाबी भी इतनी लचकदार ट्यून बना सकता है!" नूरजहाँ को और ज्यादा हैरान करते हुए सज्जाद हुसैन ने एक घंटे में ही पूरा गाना तैयार करके सुना दिया। उन्होंने अली बख्श के साथ फिल्म के दो गाने 'कलेजे में टीसें लबों पे हँसी है, किसे क्या खबर किसके दिल पे बनी है' और 'मोरे सजना मोरे सजना' रिकॉर्ड कर लिए तो फिल्म के गुजराती निर्माता ने कहा, "जब सारा काम सज्जाद ही कर रहा है तो अली बख्श का क्या मतलब?" उन्होंने अली बख्श को हटाकर संगीत की पूरी जिम्मेदारी सज्जाद हुसैन को सौंप दी। इस फिल्म में कुल आठ गाने थे, जिनमें गजब के 'बदनाम मुहब्बत कौन करे' के साथ-साथ नूरजहाँ के दो और लुभावने गाने 'अलम पर अलम सितम पर सितम' और 'अब कौन है मेरा अब कौन' शामिल थे। फिल्म के नायक मोतीलाल ने भी एक गाना गाया था। शम्स लखनवी और अन्जुम पीलीभीती के गीतों वाली यह फिल्म बॉक्स ऑफिस पर जबर्दस्त हिट रही। फिल्म की सफलता का सारा श्रेय नूरजहाँ ले गईं। उनके पति और फिल्म के निर्देशक शौकत हुसैन तो यहाँ तक कहते फिरते थे कि नूरजहाँ के गानों के कारण ही यह फिल्म इतनी चली थी। सज्जाद हुसैन जितने कमाल के संगीतकार थे उतने ही अहंवादी भी थे, बल्कि इस अहं ने जगह-जगह उनकी राह में रोड़े अटकाए। उन्होंने नूरजहाँ के साथ दोबारा काम न करने की कसम खा ली और परिणामस्वरूप दिलीप कुमार और नूरजहाँ की सुपरहिट फिल्म 'जुगनू' उनके हाथ में आते-आते रह गई।

1944 में ही सज्जाद ने विवाह भी कर लिया। यूँ कुल मिलाकर उन्होंने तीन विवाह किए। सज्जाद का पूरा संगीत उनकी व्यक्तिगत शैली में ढला हुआ था, उसी तरह जैसे जाती जिंदगी में उन्हें अपनी एक अलग छाप छोड़ना पसन्द था। यहाँ तक कि टाई भी वे अपने स्टाइल की पहनते थे। यह बात उनके हस्ताक्षरों में भी देखी जा सकती है। 'संगदिल' की एल.पी. डिस्क पर उन्होंने हमें अपने हस्ताक्षर करके दिए थे, जिसे हमने बहुत सहेजकर रखा हुआ है। हम इन हस्ताक्षरों की प्रतिलिपि प्रस्तुत कर रहे हैं।

जैसाकि हम कह चुके हैं, सज्जाद हुसैन की विलक्षण प्रतिभा की चर्चा पूरी फिल्म इंडस्ट्री में फैल चुकी थी।

सज्जाद और लता : अद्भुत सामंजस्य

एम.आर. देसाई की 'गाली' (1944) के संगीत-निर्देशक पं. हनुमान प्रसाद तो उनके इतने कायल हो गए कि उन्होंने फिल्म के तीन गाने उन्हें बनाने के लिए कहा। इन तीन गानों में निर्मला की आवाज में दो सोलो 'अब लागी पे लागी राम' और 'तरस-तरस गए बरस गीत' तथा करन दीवान और निर्मला का एक युगल-गीत 'अब आजा-आजा दिल न लगे' शामिल थे। इन तीनों गानों में एक ऐसी ताजगी थी, एक ऐसा नयापन था कि सुननेवाला सहज ही पूछ बैठता था—इसकी धुन किसने बनाई है? जल्दी ही संगीत की दुनिया में सज्जाद हुसैन को एक 'जीनियस' के रूप में देखा जाने लगा। निर्माता, निर्देशक, गायक, संगीतकार सभी बड़े सम्मान से उनका नाम लेने लगे और थोड़े डर के साथ भी, क्योंकि उनके साथ काम करना आसान नहीं था।

'धर्म' (1945), 'तिलिस्मी दुनिया' (1946), 'मेरे भगवान' (1947), 'कसम' (1947) और 'मगरूर' (1950) कुछ ऐसी भूली-बिसरी फिल्में हैं जिनमें सज्जाद हुसैन का संगीत अपनी एक अलग शख्सियत रखता है। 'धर्म' में 'दुनिया में रहें' (रतनबाई), 'कैसे मन समझाऊँ' (नसीम) और 'तेरा-मेरा प्यार हो' (अलकनन्दा) जैसे कई मोहक गीत थे। इसी तरह 'तिलिस्मी दुनिया' और 'मेरे भगवान' भले ही न चली हों, लेकिन गीता दत्त का 'मुझे बावरी-बावरी लोग कहें मैं पिया के गीत गाती हूँ' मंत्रमुग्ध कर देने वाला गीत था। 'कसम' में भी हमीद और अन्जुम जैसे गायकों के कई उत्कृष्ट गीत थे। इनमें 'सुना जा कोई गीत ऐ दिल' (हमीद), 'दामन को हाथ से वो छुड़ाकर' (अन्जुम) और 'दिन-रात बदले हुए हैं' (हमीद-शमशाद) खासतौर से सुनने लायक थे। 'मगरूर' में 'तुम्हें बागों में सावन के नजारे' (शमशाद) और 'टूट गया है टूट गया, वो साज-ए-मुहब्बत टूट गया' (शमशाद-राजकुमारी-रफी) जैसे यादगार गीत थे।

मोहन सिन्हा द्वारा निर्देशित तथा सुरेन्द्र और सुरैया की मुख्य भूमिकाओं वाली '1857' (1946) में सज्जाद हुसैन ने लाजवाब संगीत दिया था। सुरेन्द्र और सुरैया ने इन गीतों को गाया भी उतने ही लाजवाब अन्दाज में था। सुरैया का 'गम-ए-आशियाँ सताएगा कब तक' और सुरेन्द्र के साथ उनका युगल-गीत 'तेरी नजर में मैं रहूँ मेरी नजर में तू' सज्जाद हुसैन के अद्भुत संगीत-सृजन के उदाहरण हैं। संगीत के रिदम और एक-दूसरे के साथ सुरेन्द्र और सुरैया का तालमेल इतना खूबसूरत है कि बयान करना मुश्किल है। और तो और, इस गाने का आलाप भी अपने-आपमें एक अनूठी चीज है। इसकी अलग-सी रफ्तार इस रोमांटिक गाने को एक नया और दिलचस्प पेंच दे देती है। फिल्म के अन्य गीत—'मेरी हो गई उनसे बात' (सुरैया), 'वो पहली मुलाकात ही' (सुरेन्द्र), 'उम्मीदों का तारा किस्मत से' (सुरेन्द्र) और 'झमक-झमक लिए तेग नमक' (शमशाद)—भी एक नई ताजगी और अपनी एक अलग छाप लिए हुए थे। इसी तरह 'रूपलेखा' (1949) में मुहम्मद रफी के दो गीत 'तीर पे तीर खाए जा' और 'कभी चाँदनी रातों में' (सुरेन्द्र कौर के साथ युगल-गीत) भी बिलकुल अलग अन्दाज के और बड़े मोहक गीत थे।

देव आनन्द और निगार सुल्ताना की मुख्य भूमिकाओं वाली 'खेल' (1950) में लता मंगेशकर और सज्जाद हुसैन का जलवा साथ-साथ देखने को मिला। इन दोनों विलक्षण प्रतिभाओं की इस पहली फिल्म में सज्जाद ने लता की आवाज को एक नए साँचे में ढालते हुए उनसे 'जाते हो तो जाओ हम भी यहाँ' और 'भूल जा ऐ दिल मुहब्बत का फसाना' जैसे खूबसूरत गीत गवाए। 'खेल' सज्जाद हुसैन की एक बड़ी उपलब्धि थी, जिसमें गीता दत्त ('साजना दिन बहुरे हमार'), शमशाद बेगम ('वो आएँगे गगन की नीली-नीली ओढ़नी को') और मीना कपूर ('तोड़ गए अरमान भरा दिल') के भी बड़े लुभावने गीत थे। लता के साथ सज्जाद की पटरी बिलकुल शुरू में ही जम गई। वे बेझिझक कहने लगे थे कि लता से बड़ी गायिका पैदा नहीं हुई। इस फिल्म के गीत गीतकारों की एक पूरी टोली—सागर निजामी, आरजू लखनवी, जिया सरहदी, बहजाद लखनवी, खुमार जमां, शम्स अजीमाबादी और जाँ निसार अख्तर ने लिखे थे।

के. आसिफ की महत्त्वाकांक्षी फिल्म 'हलचल' (1951) में भी सज्जाद हुसैन का संगीत था। दिलीप कुमार और नर्गिस की मुख्य भूमिकाओं से सजी इस फिल्म में सज्जाद अपने सृजन की परम ऊँचाइयों पर जा पहुँचे। भले ही तीन गाने रिकॉर्ड करने के बाद उन्होंने यह फिल्म छोड़ दी हो (कहते हैं कि फिल्म के निर्देशक एस.के. ओझा से उनका झगड़ा हो गया था), लेकिन ये तीनों गाने बहुमूल्य रत्नों से कम न थे। लता के 'आज मेरे नसीब में' और 'लुटा दिल मेरा' तो लाजवाब थे ही, राजकुमारी की ठुमरी 'कोई किस तरह राज-ए-उलफत छिपाए' भी गजब की बन पड़ी थी। आज भी शास्त्रीय संगीत का अभ्यास करने वाले गायक इस ठुमरी को अपने रियाज में शामिल करके असीम आनन्द और गर्व का अहसास कर सकते हैं। राजकुमारी ने जिस तरह इस ठुमरी की एक से एक मुश्किल मुरकियों को साधा है, वह शास्त्रीय संगीत में किसी अनमोल पाठ से कम नहीं है। जहाँ तक खुद सज्जाद हुसैन का सम्बन्ध है, वे इस फिल्म में लता के 'आज मेरे नसीब में' और 'सैयाँ' में लता के ही 'तुम्हें दिल दिया ये क्या किया' को अपनी सर्वश्रेष्ठ रचनाएँ मानते थे।

'हलचल' के बाद जल्दी ही 'सैयाँ' (1951) आ गई। एम. सादिक द्वारा निर्देशित और मधुबाला और सज्जन की मुख्य भूमिकाओं वाली इस फिल्म के आठ गीतों ने लता और सज्जाद हुसैन की अद्भुत प्रतिभा को पूरी तरह प्रमाणित कर दिया। ये सभी आठ गीत लता ने गाए थे। सज्जाद ने 'वोकल' और 'ऑर्केस्ट्रशन' का इतना सहज और सुन्दर तालमेल

स्थापित किया था कि देखते और सुनते ही बनता था। फिल्म के यादगार गीतों में 'हवा में दिल डोले', 'काली-काली रात' और 'वो रात-दिन वो शाम की' तो शामिल थे ही, साथ ही वह गुलाब-सा महकता और मधुर चाँदनी-सा छिटकाता गीत भी था जो मैं आपको कार में बैठे-बैठे सुना चुकी हूँ—'ख्यालों में तुम हो, नजारों में तुम हो'। इनके अलावा वह गीत भी था जिसे, जैसाकि मैं ऊपर कह चुकी हूँ, सज्जाद अपने श्रेष्ठतम गीतों में गिनते थे—'तुम्हें दिल दिया, ये क्या किया मैंने, सारी दुनिया का दर्द ले लिया मैंने'। सचमुच यह बड़े गजब का गाना रहा होगा! अफसोस यह गाना बाद में फिल्म से निकाल दिया गया और अब उपलब्ध नहीं है। इस फिल्म के गीत दिग्गज डी.एन. मधोक के साथ-साथ राजेन्द्र कृष्ण और हसरत जयपुरी ने लिखे थे।

मेरे ख्याल से सज्जाद हुसैन की सर्वश्रेष्ठ फिल्म 'संगदिल' (1952) थी। या यूँ कहें कि दिलीप कुमार और मधुबाला की मुख्य भूमिकाओं वाली इस फिल्म में सज्जाद साहब ने अपना सबसे यादगार संगीत दिया था। इस फिल्म के निर्देशक आर.सी. तलवार थे। सज्जाद हुसैन ने लता, तलत महमूद, गीता दत्त, आशा भोंसले और शमशाद बेगम सभी से इस फिल्म में गवाया था और ऐसे यादगार और अमर गीत रचे थे जो भुलाए नहीं भूलते। मैं गोथिक साहित्य की शुरू से दीवानी रही हूँ और शार्लोत ब्राँते का 'जेन आयर' तो मेरे बेहद मनपसन्द उपन्यासों में से है। इसमें 'रॉचेस्टर्स मैन्शन' नामक एक रहस्यमय भवन की पृष्ठभूमि में बड़ी मर्मस्पर्शी प्रेम-कथा रची गई है, जो पाठकों को झकझोरकर रख देती है। मैंने इस महान कृति पर बनी कई हॉलीवुड फिल्में भी देखी हैं, पर इनमें से किसी का भी संगीत 'संगदिल' का मुकाबला नहीं कर सकता। सज्जाद हुसैन के संगीत (गानों और बैकग्राउंड दोनों) ने मानो 'जेन आयर' की रूह को फिर से जिंदा कर दिया था। 'वो तो चले गए ऐ दिल याद से उनकी प्यार कर' (लता), 'दर्शन प्यासी आई दासी' (गीता दत्त) और 'ले चल वहाँ पिया' (शमशाद बेगम) ऐसे अनमोल रत्न हैं जिन्हें सुनकर कभी जी नहीं भरता। हमेशा एक प्यास बाकी रह जाती है कि भई, एक बार और! लता और तलत का डुएट 'दिल में समा गए सजन' एक बार फिर सज्जाद के साज और आवाज के अद्‌भुत संयोजन का उदाहरण था। सुनने के घंटों बाद भी इस गीत का खुमार उतारे नहीं उतरता। दिलीप कुमार और मधुबाला के दिल में एक-दूसरे के लिए जो 'कुछ-कुछ' था, उसे शायद इस गीत ने भी हवा दी होगी। इसे पर्दे पर बिलकुल साफ देखा जा सकता है। और फिर 'ये हवा ये रात ये चाँदनी' का तो कहना ही क्या! तलत का यह मदहोश कर देने वाला गीत फिल्म की रहस्यमय पृष्ठभूमि में एक विचित्र सम्मोहन-सा घोल देता है। गीता दत्त और आशा भोंसले का फड़कता हुआ डुएट 'धरती से दूर गोरे बादलों के पार' भी कम नहीं था। ऐसे लाजवाब संगीत से सजी इस फिल्म के खूबसूरत गीत राजेन्द्र कृष्ण ने लिखे थे।

आर.सी. तलवार द्वारा ही निर्देशित 'रुखसाना' (1955) में सज्जाद हुसैन ने दर्द में डूबा हुआ, टीसता और सालता हुआ ऐसा संगीत दिया था जिसे सुनकर दिल उदासी की गहराइयों में खो जाता है—ऐसी गहराइयाँ जिनसे उबरना मुश्किल हो जाता है। लेकिन यह बहुत तृप्त करने वाला, मन के तार-तार को भिगो देने वाला संगीत भी होता है। लता के 'तेरा दर्द दिल में बसा लिया... तुझे अपना हम न बना सके' को लता के सबसे दर्द भरे गीतों में गिना जा सकता है। सबसे महत्त्वपूर्ण बात यह है कि उन्होंने इसे न सिर्फ दिल की गहराइयों से बल्कि बिलकुल अलग अन्दाज में गाया था। सज्जाद हुसैन लता और नूरजहाँ के अलावा और किसी गायक-गायिका को कुछ मानते भी नहीं थे। बल्कि वे कहा करते थे—''मेरी गीता और कुरान लता और सिर्फ लता हैं।'' लेकिन 'रुखसाना' का यह अमर गीत रिकॉर्ड करने के बाद लता बीमार पड़ गईं और सज्जाद हुसैन को आशा भोंसले से काम चलाना पड़ा। लेकिन आशा भी आखिर लता की छोटी बहन थीं और सज्जाद के कड़े पैमाने पर बिलकुल खरी उतरीं। फिल्म के नायक किशोर कुमार के साथ उनका युगल-गीत 'ये चार दिन बहार के, हँसी-हँसी गुजार दे' एक सदाबहार युगल-गीत साबित हुआ। इस बेहद सुहाने गीत का कम्पोजिशन सचमुच कमाल का था। पता ही नहीं चलता कि आशा का सुर कहाँ खत्म होता है और किशोर का शुरू हो जाता है, या किशोर का सुर कहाँ खत्म होता है और आशा का शुरू हो जाता है। यह गीत सज्जाद हुसैन की अपनी विशिष्ट शैली का बहुत सुन्दर उदाहरण है, जिसमें गायक-गायिका और साजों का बड़ा अनूठा मेल दिखाई देता है। गायकों के स्वर संगीत की धुन में ऐसे खो जाते हैं कि साज और आवाज को एक-दूसरे से अलग करना मुश्किल हो जाता है। फिल्म में आशा भोंसले और मुबारक बेगम का भी एक लुभावना युगल-गीत था—'दिल को

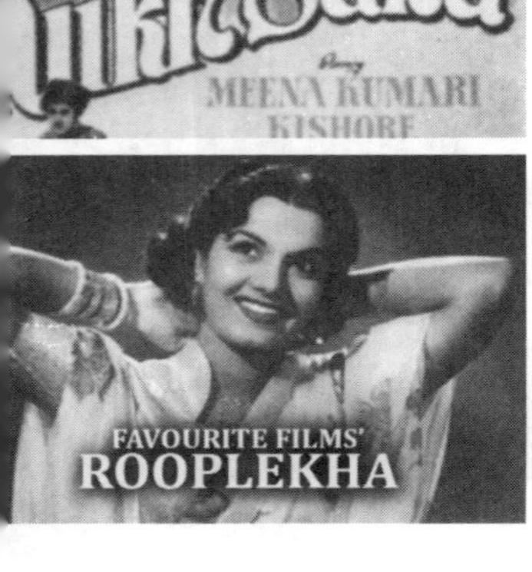

लगाके हजूर हम तो हुए मजबूर'। सज्जाद का मानना था कि नौशाद ने 'मुगले-आजम' की एक मशहूर कव्वाली के लिए इसी गाने को अपना आधार बनाया था।

सज्जाद हुसैन दूसरे संगीतकारों से बहुत ज्यादा खफा रहते थे। (लोग तो यहाँ तक कहते हैं कि वे अपने मेहतर को 'हुस्नलाल' और कुत्ते को 'नौशाद' कहकर बुलाते थे।) वे नौशाद को खुलेआम 'नकलची' कहते थे, जो उनके अनुसार अपने गानों के लिए लोक-गीतों की ही नहीं बल्कि मर्सियों तक की चोरी करते रहते थे। यह भी सुना जाता है कि अपनी ही फिल्म 'रुखसाना' के गीतों के बारे में वे कहा करते थे कि इन्हें 'निराशा भोंसले' और 'शोर कुमार' ने गाया था। हो सकता है कि इस तरह की बातें वे सिर्फ मजाक में करते रहे हों। वे मन्ना डे को 'गुंडा डे' (''इसे तो पहलवानी करनी चाहिए—सुरों से कसरत करवाता है!''), हेमन्त कुमार को 'अन्त कुमार' (''इसके आने से तो मौसिकी का अन्त हो गया!'') और तलत महमूद को 'गलत महमूद' कहा करते थे।

कई बड़े-बड़े संगीतकारों ने सज्जाद हुसैन से प्रेरणा लेने या उनकी किसी धुन की नकल करने में कोई शर्म महसूस नहीं की। हुस्नलाल-भगतराम ने 'शमा-परवाना' में और मदन मोहन ने 'आखिरी दांव' में ऐसा ही किया था। 'आखिरी दांव' में मुहम्मद रफी का हिट गीत 'तुझे क्या सुनाऊँ मैं दिलरुबा' सज्जाद हुसैन के 'ये हवा ये रात ये चाँदनी' ('संगदिल', तलत महमूद) की सीधी-सीधी नकल था। सज्जाद मदन मोहन पर बहुत बिगड़े भी थे और यह मामला संगीतकारों की संस्था में ले जाने की धमकी देने लगे थे। लेकिन मदन मोहन ने यह कहकर बात सँभाल ली थी कि उन्होंने 'किसी ऐसे-वैसे की नकल' नहीं की थी।

सज्जाद हुसैन को अपने संगीत पर बहुत गर्व था और वे बड़े से बड़े प्रोडयूसर-डायरेक्टर से भी नहीं दबते थे। 'चमचागिरी' और 'जी हजूरी' तो उन्हें छू तक नहीं गई थी, जबकि फिल्मी दुनिया में इस तरह के समझौते कभी-कभी बहुत जरूरी हो जाते हैं। एस. मुखर्जी से बोला गया उनका एक डॉयलाग बहुत मशहूर है -

एस मुखर्जी ने उनके सामने एक फिल्म का प्रस्ताव रखते हुए दो टूक शब्दों में पूछा था—''क्या गारंटी है कि आपका म्यूजिक चलेगा?''

सज्जाद हुसैन का जवाब भी इतना ही दो टूक था— ''क्या गारंटी है कि आपकी फिल्म चलेगी?''

स्वाभाविक है कि उन्हें यह फिल्म नहीं मिल पाई। इसी तरह न जाने कितनी फिल्में उनके हाथ से निकल गईं। 'रुखसाना' (1955) के बाद तो प्रोडयूसर मानो उनके घर का रास्ता ही भूल गए। लेकिन गर्वीले सज्जाद हुसैन किसी के पास काम माँगने नहीं गए।

बरसों बाद उन्हें रामसे ब्रदर्स की 'रुस्तम सोहराब' (1963) मिली, जो उनकी आखिरी महत्त्वपूर्ण फिल्म भी साबित हुई। इस फिल्म में उन्होंने ऐसा शाहकार संगीत दिया कि यह फिल्म उनकी मुट्ठी भर फिल्मों की श्रृंखला की एक यादगार आखिरी कड़ी बन गई। जरा मुलाहिजा फरमाइए—सबसे पहले लता का 'ऐ दिलरुबा, नजरें मिला'। क्या अपने पूरे कैरियर में लता ने इससे ज्यादा मुश्किल और अनूठा गीत गाया होगा? एक ऐसा गीत जिसे सुनो तो लगता है सुनते ही जाओ! प्यास बुझती ही नहीं—'प्यासा था दिल प्यासा ही रहा'! और फिर सुरैया का वह दिल, दिमाग और आत्मा को झकझोर देने वाला गीत—'ये कैसी अजब दास्ताँ हो गई है, छिपाते-छिपाते बयाँ हो गई है'। इस बेहद खूबसूरत और मीठे गीत में ऑर्केस्ट्रशन का इतना मोहक और जटिल ताना-बाना है कि सुननेवाला इसके मोहपाश में फंस-सा जाता है। इस मायाजाल को सुलझाने की कोशिश करना बेकार है,बस सुनते जाइए! और इस गीत की वह पंक्ति—'कि लुट जाऊँ मैं नाम लेकर वफा का'—तो बस मार ही डालती है। इसी तरह तलत महमूद का 'माजदरां माजदरां मेरे वतन मेरे जहां' भी अरबी संगीत-शैली में ढला एक और बेहद खूबसूरत गीत है और फिर फौजियों द्वारा गाई जाने वाली कव्वाली का तो कहना ही क्या—'फिर तुम्हारी याद आई ऐ सनम, हम न भूलेंगे तुम्हें अल्लाह कसम'! रफी, मन्ना डे, सआदत खान और साथियों की आवाज में इस अद्भुत गीत को सुनना हमेशा एक रोमांचित कर देने वाला अनुभव होता है। इस फिल्म के संगीत से सज्जाद हुसैन ने एक बार फिर साबित कर दिया था कि आवाज और साज को एक-दसरे में इस तरह मिला देना कि दोनों एक हो जाएँ उनके बाएँ हाथ का काम था—दूसरों के लिए भले ही यह असम्भव हो। सज्जाद के संगीत-सृजन की बारीकियों को समझना, उनके रागों और लय-तालों के तानों-बानों को सुलझाना सचमुच बड़ा मुश्किल काम है। वे गीत का हर अन्तरा अलग तरह से कम्पोज करते थे, बल्कि कभी-कभी हर पंक्ति भी, इसलिए उनके गीत गाना हर गायक के लिए एक बड़ी चुनौती होती थी। कभी-कभी सज्जाद साहब के अबूझ से संगीत को सुलझाने की कोशिश में मुझे गुस्सा भी आने लगता है—इन कानों को काटकर फेंक क्यों न दूँ जो उनकी मौसिकी को नहीं सुलझा पाते! और फिर यह सोचकर मैं हँसने लगती हूँ कि इसके जवाब में सज्जाद साहब यही कहते—''बिलकुल ठीक कह रही हो! तुम्हें यही करना चाहिए!'' वे मुझसे कहीं ज्यादा सनकी थे!

कुछ ऐसी फिल्में थीं जो सज्जाद हुसैन के हाथ में आकर भी खटाई में पड़ गईं, डिब्बों में बन्द हो गईं या पूरी न हो

सकीं। मधुबाला और रहमान की मुख्य भूमिकाओं वाली 'फर्ज और इश्क' (1955) ऐसी ही एक फिल्म थी। इसी तरह 'लाजवन्ती' नामक एक फिल्म के लिए भी सज्जाद हुसैन ने आठ गाने रिकॉर्ड किए थे, जो बीच में ही बन्द हो गई। 'पाकीजा' (1972) की जबर्दस्त सफलता के बाद जाने-माने निर्माता-निर्देशक कमाल अमरोही ने भी 'आखिरी मुगल' के नाम से एक महत्त्वाकांक्षी फिल्म बनाने की घोषणा की थी और सज्जाद हुसैन को इसके संगीत-निर्देशक के रूप में साइन किया था। उन्होंने लता की आवाज में एक बेहद प्यारा गीत 'आईनों का शहर हूँ' भी रिकॉर्ड किया था। लेकिन आखिरी मुगल बादशाह बहादुर शाह जफर की जिंदगी पर आधारित यह फिल्म फ्लोर पर जाने से पहले ही ठप्प पड़ गई और यह गाना भी न जाने कहाँ खो गया। यूँ सज्जाद हुसैन की आखिरी दो फिल्में थीं 'मेरा शिकार' (1973) और 'आखिरी सजदा' (1977)। 'मेरा शिकार' में आशा भोंसले का 'तेरी चाहत में जिएं तेरी चाहत में मरें' सज्जाद साहब के पुराने जादुई स्पर्श की याद दिलाता था।

उनके सभी गीत ही एक तरह से अनमोल रत्न हैं, फिर भी हम बाप-बेटी की इस लेखक जोड़ी द्वारा यह सूची प्रस्तुत है :

सज्जाद हुसैन के 12 अनमोल रत्न

क्रम	गीत	फिल्म	गायक/गायिका
1.	बदनाम मुहब्बत कौन करे	दोस्त	नूरजहाँ
2.	तेरी नजर में मैं रहूँ मेरी नजर में तू	1857	सुरेन्द्र
3.	भूल जा ऐ दिल मुहब्बत का फसाना	खेल	लता मंगेशकर
4.	ये हवा ये रात ये चाँदनी	संगदिल	तलत महमूद
5.	वो तो चले गए ऐ दिल	संगदिल	लता
6.	दिल में समा गए सजन	संगदिल	लता-तलत
7.	आज मेरे नसीब ने	हलचल	लता मंगेशकर
8.	कोई किस तरह राज-ए-उलफत छुपाए	हलचल	राजकुमारी
9.	ख्यालों में तुम हो नजारों में तुम हो	सैयाँ	लता मंगेशकर
10.	तुम्हें दिल दिया ये क्या किया	सैयाँ	लता मंगेशकर
11.	ये चार दिन बहार के	रुखसाना	आशा-किशोर
12.	ये कैसी अजब दास्ताँ हो गई है	रुस्तम सोहराब	सुरैया

यह लिस्ट बनाने के बाद भी मेरा दिल नहीं भरा है। या यूँ कहें कि दिल है कि मानता नहीं। 'रुस्तम सोहराब' का वह लाजवाब गीत तो रह ही गया जिसे मैं सज्जाद हुसैन की महानतम रचना मानती हूँ—'ऐ दिलरुबा नजरें मिला'। शायद उनका यह गीत अनमोल रत्नों से भी ऊपर है। हिन्दी फिल्म संगीत के पितामह माने जाने वाले अनिल बिस्वास ने कहा था कि ''अगर सचमुच ही कोई ओरिजनल कम्पोजर हुआ है तो वह सिर्फ और सिर्फ सज्जाद हुसैन है।'' इससे बड़ा कॉम्पलीमेंट भला और क्या हो सकता है? इसी तरह नूरजहाँ ने एक बार कहा था कि ''ऐसा जीनियस संगीतकार सौ बरस में एक बार पैदा होता है''। जैसाकि मैं पहले जिक्र कर चुकी हूँ, वे कमाल का मैंडोलिन वजाते थे। 1956 में आयोजित अखिल भारतीय संगीत सम्मेलन में उन्होंने मैंडोलिन पर हरिकौंस और शिवरंजनी जैसे राग छेड़कर और ठुमरी सुनाकर ऐसा समाँ बाँधा कि विशिष्ट अतिथियों में

सज्जाद और लता

मौजूद बड़े गुलाम अली खाँ, उस्ताद अलाउद्दीन खान, निखिल बनर्जी, विनायक राव पटवर्द्धन और अली अकबर खान दंग रह गए और अपनी-अपनी सीटों से उठकर तालियों की बौछार करने लगे। बड़े गुलाम अली खाँ ने सज्जाद हुसैन की परीक्षा लेने के लिए एक बहुत मुश्किल लड़ीदार तान छेड़ दी। सज्जाद हुसैन ने इसे भी बड़ी सुगमता से मैंडोलिन पर बजाकर दिखा दिया। वे मैंडोलिन पर मींड का प्रभाव पैदा करने की कला भी जानते थे जो अच्छे-अच्छों के बस से बाहर की बात की।

जैसाकि मैं कह चुकी हूँ, सज्जाद हुसैन सिरे से एक विद्रोही व्यक्ति थे और सनक की हद तक अपनी शर्तों पर जीने वाले भी। कभी-कभी उनका यह स्वभाव उनका अपना ही दुश्मन बन जाता था। बहुत बार उन्हें फिल्में मिलते-मिलते रह गईं। बहुत बार कई बड़े-बड़े बैनरों के दरवाजे उनके लिए खुले और बन्द हो गए—सिर्फ उनके तुनकमिजाज और जिद्दी स्वभाव के कारण। बहुत से लोगों का कहना है कि उनका तीखा स्वभाव और अकड़ उनकी सबसे बड़ी कमजोरी बन गई थी। इसीलिए चालीस वर्षों के लम्बे कैरियर में उन्होंने कुछ गिनी-चुनी फिल्मों में ही संगीत दिया। मुझे ऐसा लगता है कि उनके गुसैल स्वभाव, अकड़ और अहंकार के किस्से बढ़ा-चढ़ाकर पेश किए जाते रहे होंगे। वरना वे इतना मधुर, इतना रसीला और मन मोह लेने वाला संगीत कैसे देते? मुझे लगता है कि कहीं न कहीं उनके मन में यह कुंठा रही होगी कि उनकी विलक्षण प्रतिभा का सही मूल्यांकन नहीं किया जा रहा। वे ढर्रों को, परम्पराओं को तोड़ने में विश्वास करते थे। लकीर के फकीर फिल्म निर्माता उनकी प्रतिभा पर प्रश्नचिन्ह लगाते हुए कहते रहे होंगे—सज्जाद हुसैन के संगीत की 'कमर्शियल वैल्यू' क्या है? वे लोगों से, पत्रकारों से ज्यादा मिलते-जुलते भी नहीं थे। फिल्मी लोगों से भी नहीं। एक बार उन्होंने अनिल बिस्वास और ओ.पी. नैयर को अपने घर चाय पर बुलाया तो कहते हैं कि रास्ते में ओ.पी. नैयर ने चुटकी लेते हुए कहा था, ''आज यह अनहोनी कैसे हो गई? पहाड़ मुहम्मद के पास जा रहे हैं!''

कैडल रोड, माहिम की उसी नटलवाल बिल्डिंग में 21 जून 1995 को सज्जाद हुसैन का निधन हो गया। फिल्म इंडस्ट्री ने उनसे इस तरह मुँह फेर लिया था कि उनके जनाजे में फिल्मी दुनिया की सिर्फ दो हस्तियाँ—खय्याम और पंकज उधास—शामिल हुईं। फिल्म संगीत को उसकी कुछ महानतम रचनाएँ देने वाला जीनियस संगीतकार कितनी खामोशी से चला गया!

हम बड़े गर्व के साथ एक बार फिर कहते हैं कि हम सज्जाद हुसैन की उस छोटी-सी फैन-मंडली का हिस्सा हैं जिनकी जिंदगियाँ उनके दुर्लभ और अनमोल गीतों से बेइन्तहा महक रही हैं... और हमेशा मकहती रहेंगी। आखिर वे खुर ही तो कह गए हैं—वो तो चले गए ऐ दिल, याद से उनकी प्यार कर...।

हंसराज बहल (1916-1984)

पंजाबी ताल और शास्त्रीय धुनों का कमाल

फिल्मी दुनिया में सिर्फ दो संगीतकारों को 'मास्टरजी' कहा जाता था। मास्टर गुलाम हैदर के बारे में हम पहले ही पढ़ चुके हैं। हिन्दी फिल्म संगीत के दूसरे 'मास्टरजी' थे हंसराज बहल। वे शास्त्रीय रागों को ठेठ पंजाबी रिदम में इस तरह पिरो देते थे कि सुनने वाले मंत्रमुग्ध हो जाते थे। आज भले ही उनके नाम को भुला दिया गया हो, लेकिन हिन्दी फ़िल्म संगीत के सुनहरी दौर में उनका योगदान किसी से कम नहीं था।

वे 19 नवम्बर 1916 को पंजाब के शेखपुरा (अब पाकिस्तान) में पैदा हुए थे, जो रावलपिंडी के पास पड़ता है। उनके पिता निहाल चन्द बहल एक जमींदार थे और परिवार में किसी का भी संगीत से कुछ लेना-देना नहीं था। लेकिन हंसराज तो मानो पेट में ही संगीत लेकर पैदा हुए थे। संगीत उनकी रग-रग में बसा हुआ था। लड़कपन में ही वे रामलीलाओं में पूरा बैकग्राउंड संगीत देने लगे थे। बाद में अम्बाला के आचार्य चिरन्जीलाल से उन्होंने संगीत की बाकायदा ट्रेनिंग ली और लाहौर के मशहूर अनारकली बाजार में अपना खुद का संगीत स्कूल खोल लिया। उन्होंने एचएमवी के लिए कुछ गैर-फिल्मी गीत भी रिकॉर्ड किए। उन्होंने कुछ स्टेज-शो में भी हिस्सा लिया और जल्दी ही खुद भी इस तरह के कार्यक्रम आयोजित करने लगे। उनके संगीत स्कूल और स्टेज कार्यक्रमों की इतनी चर्चा होने लगी कि हंसराज और भी ऊँचे सपने देखने लगे और अपना भाग्य आजमाने बम्बई (अब मुम्बई) चल पड़े। उनके साथ उनके छोटे भाई गुलशन बहल और घनिष्ठ मित्र और गीतकार वर्मा मलिक भी थे। वह 1944 का वर्ष था। हंसराज के चाचा चुन्नीलाल बहल बम्बई में ही रहते थे और कपूर खानदान के साथ उनके काफी अच्छे सम्बन्ध थे। हंसराज उनके पीछे पड़ गए कि उन्हें पृथ्वीराज कपूर से मिलवाएँ, जो उस समय किसी सुपरस्टार से कम नहीं थे।

हंसराज बहल ने अपनी शुरुआत बॉम्बे टॉकीज से की। उन्होंने प्रकाश पिक्चर्स की एक फिल्म के लिए पं. गोविन्दराम के सहायक के रूप में भी काम किया। जल्दी ही एक स्वतंत्र संगीत-निर्देशक के रूप में उन्हें उनका पहला ब्रेक मिल गया। इसके पीछे पृथ्वीराज कपूर का ही हाथ था, जो उनकी प्रतिभा और लगन से काफी प्रभावित थे। यह फिल्म भारत की पहली टॉकी फिल्म 'आलम आरा' बनाने वाले मशहूर आर्देशीर ईरानी की फिल्म थी। पुजारी' (1946) नामक इस फिल्म की एक खास बात यह थी कि इसमें हंसराज बहल ने बाल कलाकार बेबी मुमताज से भी एक गाना गवाया था—'भगवान मेरे ज्ञान के दीपक को जला'। आगे चलकर यही बेबी मुमताज भारतीय सिनेमा की वीनस कही जाने वाली महान अभिनेत्री मधुबाला बनी। पं. इन्द्र और वली साहब के गीतों वाली इस फिल्म का संगीत उतना लोकप्रिय तो नहीं हुआ, लेकिन हंसराज बहल एक कुशल संगीतकार के रूप में स्थापित हो गए। अगले चार दशकों में उन्होंने लगभग 67 फिल्मों में संगीत दिया।

अपनी दूसरी फिल्म 'ग्वालिन' (1946) में हंसराज बहल ने नए-नए उभरते मुकेश को अपने मुख्य गायक के रूप में इस्तेमाल किया। फिल्म का एक युगल-गीत 'नजर लगत तोरी छलिया मोरे गोरे बदन को' तो खूब लोकप्रिय हुआ। यह युगल-गीत मुकेश ने जयपुर घराने की जानी-मानी शास्त्रीय गायिका सुशीला रानी के साथ गाया था। (कुछ वर्ष बाद सुशीला रानी ने उस जमाने के धुरंधर पत्रकार और 'फिल्म इंडिया' और 'मदरलैंड' जैसी मशहूर पत्रिकाओं के सम्पादक बाबूराव पटेल से

हंसराज बहल

पं. इन्द्र

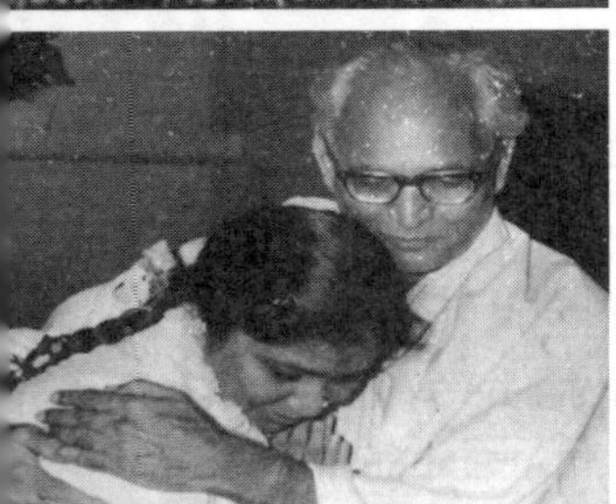
आशा और हंसराज बहल : आशा ने पहला गाना उनके निर्देशन में गाया

पारो देवी

विवाह कर लिया।) इस फिल्म के गीत भी पं. इन्द्र ने लिखे थे।

रणजीत स्टूडियो के सरदार चन्दुलाल शाह, जो अपने जमाने की बहुत बड़ी हस्ती थे, हंसराज बहल की प्रतिभा से प्रभावित होकर उन्हें रणजीत स्टूडियो में ले आए। हंसराज बहल ने रणजीत स्टूडियो की चार फिल्मों में संगीत दिया—'छीन ले आजादी', 'फुलवारी', 'लाखों में एक' और 'दुनिया एक सराय'। 'छीन ले आजादी' में 'मोती चुगने गई रे हंसिनी मानसरोवर तीर' (शमशाद-मुकेश) और 'चम्पाकली है उदास' (हमीदा), 'दुनिया एक सराय' में 'देख हमें मुस्काए क्यों बलमवा सजनवा' (मुकेश-हमीदा), 'लाखों में एक' में 'आगरे से ओढ़नी मँगा दे बालमा' (शमशाद-मुकेश) और 'तुम्हें चन्दा कहूँ या चकोरी' (अमृतलाल-एस.आर. ओझा) जैसे कई हिट गीत थे। 'लाखों में एक' में बुलो सी. रानी संयुक्त संगीतकार थे और उन्होंने भी कुछ गाने बनाए थे। एक दिलचस्प तथ्य यह भी है कि 'दुनिया एक सराय' में महान अभिनेत्री मीना कुमारी ने सह-गायिका के रूप में काम किया था और हंसराज बहल ने उनसे भी कुछ गाने गवाए थे। इस फिल्म के गीत जाने-माने निर्देशक केदार शर्मा ने लिखे थे, जबकि अन्य फिल्मों के अधिकांश गीत पं. इन्द्र द्वारा लिखे गए थे।

कहते हैं कि हंसराज बहल ने जब पहली बार लता मंगेशकर की आवाज सुनी थी तो उन्होंने कहा था—''क्या पत्थर जैसी आवाज है! जैसे सीसा मढ़ दिया गया हो!'' लेकिन पंजाबी की सुपरहिट फिल्म 'लच्छी' के लिए लता का धूम मचा देने वाला गाना 'नाले लम्मी वे नाले काली, वे चन्ना रात जुदाइयाँ वाली' रिकॉर्ड करने के बाद उन्हें अपनी राय बदल लेनी पड़ी और वे लता को 'सरस्वती का अवतार' कहने लगे। 'लच्छी' का यह गीत इतना लोकप्रिय हुआ था कि प्रतिष्ठित साहित्यकार यशपाल ने अपने उपन्यास 'झूठा सच' (भाग दो, पृ. 443) में भी इसका जिक्र किया है। लेकिन हंसराज बहल के संगीत-निर्देशन में लता का पहला यादगार और अमर गीत था—'दिल-ए-नाशाद को जीने की हसरत हो गई तुमसे'। 'चुनरिया' (1948) फिल्म का यह गीत सचमुच एक गजब की कम्पोजीशन था। बरसों बाद लक्ष्मीकान्त-प्यारेलाल ने इसी धुन पर 'जीवन-मृत्यु' (1970) की एक मशहूर ग़ज़ल बनाई—'जमाने में अजी ऐसे कई नादान होते हैं'। इसे भी लता मंगेशकर ने ही गाया था। 'चुनरिया' में हंसराज बहल ने आशा भोंसले को भी एक पार्श्व-गायिका के रूप में ब्रेक देते हुए उनसे उनका पहला हिन्दी गाना 'सावन आया रे, जागे मोरे भाग सखी री' गवाया था। यह एक युगल-गीत था, जिसे आशा ने जोहराबाई अम्बालेवाली के साथ गाया था। 'चुनरिया' में ही हंसराज बहल ने भविष्य के अपने चहेते गायक मुहम्मद रफी के साथ भी पहली बार काम किया। रफी के इस लोकप्रिय गीत 'सब कुछ लुटाया हमने आकर तेरी गली में' के अलावा फिल्म में कई और हिट गीत भी थे—'आँख मेरी लड़ गई' (लता-इन्द्र गोयल), 'हँसी लेके आए थे' (एस.डी. बातिश) और 'फूल को भूल के ले बैठा खार' (रफी-गीता दत्त)। इस फिल्म के गीत मुल्कराज भाखड़ी ने लिखे थे।

लेकिन लोकप्रिय गीत-संगीत के बावजदू 'चुनरिया' बॉक्स ऑफिस पर फ्लॉप हो गई और हंसराज बहल के कैरियर को एक झटका-सा लगा। इसके बाद उन्हें कुछ फिल्मों में दूसरे संगीतकारों के साथ संयुक्त रूप से संगीत देना पड़ा। 'पहली पहचान', 'गण सुन्दरी' और 'मिट्टी के खिलौने' ऐसे ही फिल्में थीं। 'गण सुन्दरी' में उन्होंने 'होटल का किनारा हो, नजारा प्यारा-प्यारा हो' (लीला मेहता-ए.आर. मेहता) और 'आना न था जो दिल में' (अमीरबाई कर्नाटकी-एस.आर. ओझा) जैसे कुछ लोकप्रिय गीत दिए थे। इस बीच 'परदेसी मेहमान' और 'सत्य नारायण' (1948) में उन्होंने अकेले ही संगीत दिया। लेकिन ये फिल्में भी नहीं चलीं। हाँ, 'परदेसी मेहमान' के कुछ गीत 'परवाने ओ परवाने तू क्या जलना जाने' (मुकेश-हुस्नबानो) और 'होशियार नौजवाँ जाग ऐ नौजवाँ' (मुकेश) जरूर लोकप्रिय हुए थे।

जाने-माने निर्माता-निर्देशक बी.आर. चोपड़ा की निर्देशक के रूप में पहली फिल्म 'करवट' (1949) में भी हंसराज बहल का संगीत था। न जाने क्यों गीता निजामी और सतीश नामक कलाकारों की मुख्य भूमिकाओं वाली यह फिल्म चोपड़ा साहब ने 'प्रकाश' के छद्म नाम से निर्देशित की थी। इस फिल्म में हंसराज बहल ने कई हिट गीत दिए थे। 'दीवाना गया दामन से लिपट, कभी इस करवट कभी उस करवट' (पारो देवी), 'गा ऐ दिल मतवाले' (गीता दत्त), 'गया अँधेरा हुआ सवेरा' (रफी-गीता दत्त), 'बादल घिर आए रिमझिम पानी बरसे' (आशा भोंसले-गीता दत्त) और 'चल दिए मुँह फेरकर' (गीता दत्त)—सभी बड़े लुभावने गीत थे। लेकिन बॉक्स ऑफिस पर यह फिल्म भी मार खा गई। एक और फिल्म 'भिखारी' (1949) का भी यही हाल हुआ।

बँटवारे के बाद पहले 'मास्टरजी' गुलाम हैदर पाकिस्तान चले गए तो उनकी एक अधूरी फिल्म 'कनीज' (1949) दूसरे 'मास्टरजी' हंसराज बहल के हाथ में आ गई। उन्होंने इस फिल्म के बैकग्राउंड संगीत के साथ-साथ दो बचे हुए गीत भी कम्पोज किए। इसके बाद आई 'रूमाल' (1949) में मुहम्मद रफी का एक सुपरहिट गीत था—'दिल टूटा और अरमान लुटे'। फिल्म में कई और हिट गीत भी थे—'आगे-आगे चले जवानी' (शमशाद बेगम), 'वो अखियाँ मिलाकर चले गए' (मीना कपूर), 'मेरा छोटा-सा दिल' (शमशाद बेगम), 'ऐ रोते हुए सावन' (जीनत बेगम) और 'मेरी किस्मत सोई' (रफी-बीनापानी मुखर्जी)। इन गीतों को नजीम पानीपती, मुल्कराज भाखड़ी और रूपबनी ने लिखा था। फिल्मों के एक के बाद एक फ्लॉप होने के बावजूद हंसराज बहल हिट संगीत देते जा रहे थे। शायद इसी कारण उन्हें फिल्में भी मिलती जा रही थीं।

नलिनी जयवन्त और भारत भूषण की मुख्य भूमिकाओं वाली 'चकोरी' (1949) में भी उन्होंने ऐसा ही लोकप्रिय संगीत दिया। फिल्म के एक सदाबहार दर्द भरे गीत 'हाय चन्दा गए परदेस' की रिकॉर्डिंग के दौरान लता मंगेशकर इतनी भाव-विभोर हो गई थीं कि उन्होंने रोते-रोते ही यह गीत गाया था। फिल्म के अन्य हिट गीतों में 'तू हमसे जुदा है' (लता), 'चिट्ठियाँ दर्द भरी' (गीता दत्त) और 'क्यों गर्म-सर्द होते हो' (रफी) शामिल थे। कई असफल फिल्मों की शृंखला के बाद यह फिल्म बॉक्स ऑफिस पर अच्छी चली और हंसराज बहल ने चैन की सांस ली। इसके गीत मुल्कराज भाखड़ी ने लिखे थे।

दिग्गज अभिनेता जगदीश सेठी की निर्माता-निर्देशक के रूप में पहली फिल्म 'रात की रानी' (1949) में हंसराज बहल ने धूम मचाने वाला संगीत दिया। श्याम और मुनव्वर सुल्ताना की मुख्य भूमिकाओं वाली इस फिल्म का संगीत न सिर्फ खूब चला, बल्कि ऊँचे टेस्ट के संगीत-प्रेमियों ने भी इसे खूब पसन्द किया। इस फिल्म में मुहम्मद रफी की एक ग़ज़ल तो उनकी अमर ग़ज़लों में शामिल है—'जिन रातों में नींद उड़ जाती है, क्या कहर की रातें होती हैं'। मुशायरे वाले अन्दाज में गाई गई यह ग़ज़ल उन दिनों उर्दू शायरी के हर दीवाने के होंठों पर होती थी। काफी, बहार और भीमपलासी जैसे विविध रागों पर आधारित यह ग़ज़ल दादरा ताल में कम्पोज की गई थी और सचमुच एक अद्भुत रचना थी। लता और रफी के दो डुएट 'उस चाँद से प्यारे चाँद हो तुम' और 'दिल तोड़नेवाले आ, मुख मोड़नेवाले आ' तथा गीता दत्त के 'जबसे तेरी याद को दिल में' और 'दुनिया की सभा' भी बड़े मोहक गीत थे और खूब लोकप्रिय हुए थे। आशा भोंसले ने भी अपना पहला सोलो इसी फिल्म में गाया था—'हैं मौज में अपने-बेगाने, दो-चार इधर दो-चार उधर'—जो 'रात की रानी' को एक 'स्पेशल फिल्म' बना देता है। कहते हैं कि फिल्म की शाहकार ग़ज़ल 'जिन रातों में नींद उड़ जाती है' पहले मुकेश की आवाज में रिकॉर्ड की गई थी। लेकिन हंसराज बहल संतुष्ट नहीं थे और उन्होंने आधी रात को मुहम्मद रफी को बुलाकर इसे फिर से रिकॉर्ड करवाया। रिकॉर्डिंग पूरी होते-होते सुबह के सात बज गए। सुपरहिट गीतों वाली यह फिल्म बॉक्स ऑफिस पर भी अच्छी चली। फिल्म के गीतकारों की मंडली में राजेन्द्र कृष्ण, आरजू लखनवी, बी.आर. शर्मा, दरबारी लाल शमीम और ए. शाह शिकारपुरी शामिल थे।

हंसराज बहल का नाम अब बड़े संगीतकारों में गिना जाने लगा था। 1949 में उनकी सात फिल्में रिलीज हुईं। वर्ष की आखिरी फिल्म 'जेवरात' में भी उन्होंने खूब लोकप्रिय संगीत दिया। मीना और मसूद नामक कलाकारों की मुख्य भूमिकाओं वाली इस फिल्म के निर्देशक हबीब सरहदी थे। फिल्म का एक थिरकता हुआ युगल-गीत 'साजन की ओट लेके हाथों में हाथ लेके कोई इधर न देखे' (लता-रफी) खूब चला। इसके 'ल ल लल्ला ला ला लल्लला' के मोहक सुरों ने तो धूम ही मचा दी। फिल्म के अन्य गीत 'चले आओ मुझे तुमसे मुहब्बत है' (लता), 'आया मेरा साजन आया' (गीता दत्त), 'जा तेरे मुकद्दर में' (लता), 'ये कौन मेरे घर आया' (गीता दत्त), 'आकाश के रखवाले' (रफी), 'शिकवा न करेंगे' (लता) और 'आना सजनवा आना' (गीता दत्त) भी खूब लोकप्रिय हुए। फिल्म के गीत निर्देशक हबीब सरहदी ने खुद लिखे थे।

हंसराज बहल ने दिग्गज संगीतकार अनिल बिस्वास के संगीतवाली 'बेकसूर' (1950) के भी दो लोकप्रिय युगल-गीत संगीतबद्ध किए। ये दोनों युगल-गीत—'अखियाँ गुलाबी जैसे मद की हैं प्यालियाँ' और 'हँसके न तीर चलाना'—लता और रफी ने गाए थे। 'गुलनार' (1950) में उन्होंने जीनत बेगम से कई लोकप्रिय गीत गवाए तो 'खामोश सिपाही' (1950) में रफी के 'मेरी दुनिया लुट रही थी' के साथ-साथ सुरिन्द्र कौर के साथ उनका एक युगल-गीत 'हम दिल की धड़कन की लय पर फुरकत के गाने गाते हैं' भी खूब लोकप्रिय हुआ। इसी तरह 'किसी की याद' (1950) नामक फिल्म में उन्होंने 'कभी ये साथ न छूटे' (रफी-गीता दत्त-पारो), 'कोई मुझको न बुलाए' (गीता दत्त), 'ओ जाने वाले ये क्या किया' (रफी) और 'तड़पता छोड़कर मुझको कहाँ तुम रह गए' (गीता दत्त) जैसे कई लोकप्रिय गीत दिए थे।

अशोक कुमार और सुरैया की मुख्य भूमिकाओं वाली 'खिलाड़ी' (1950) में हंसराज बहल को अपने समय की चोटी की 'सिंगिंग स्टार' सुरैया के साथ काम करने का अवसर मिला। उन्होंने इसका भरपूर लाभ उठाते हुए उनसे 'दिल-ए-नाशाद न रो', 'ये प्यार की मंजिल से मुझे' और 'मस्त हवाओं में' जैसे सुरीले गीत गवाए। फिल्म में लता का एक बड़ा प्यारा गीत भी था—'दर्द-ए-दिल थम जा जरा'। मुल्कराज भाखड़ी के गीतों वाली यह फिल्म बॉक्स ऑफिस पर भी ठीक-ठाक चली थी। दिग्गज सतीश निगम ('सुनहरे दिन' वाले) द्वारा निर्देशित 'राजरानी' (1950) में भी हंसराज बहल ने 'भँवरा बेईमान' और 'न दिल लागे फूलों में' जैसे लता के कुछ लुभावने गीत दिए थे। इसी वर्ष रिलीज हुई सुरैया की एक और फिल्म 'शान' में भी हंसराज बहल का संगीत था। जयन्त देसाई द्वारा निर्देशित इस फिल्म में सुरैया और रहमान की लोकप्रिय जोड़ी थी। फिल्म के हिट गीतों में सुरैया के 'ओ परदेसी बालमा अब न तरसा ओ जालिमा' (इसमें ट्रम्पेट का बड़ा मोहक प्रयोग किया गया था), 'मजबूर हूँ मैं' और 'तड़प ऐ दिल' शामिल थे। सुरैया और रफी का युगल-गीत 'हम तुमसे वफा करते हैं' भी खूब चला था। फिल्म में शमशाद का एक धमाकेदार गीत भी था—'जमाना दस-दस के दस नोट का'। यह फिल्म भी बॉक्स ऑफिस पर ठीक-ठाक चली थी। गीतकार थे कैफ इरफानी और राजेन्द्र कृष्ण।

1951 की शुरुआत गीताबाली के नखरों से हुई, हमारा मतलब है नासिर खान के साथ उनकी फिल्म 'नखरे' से। हंसराज बहल के संगीत से सजी

इस फिल्म में 'याद तुम्हारी क्यों आए बालमा' (लता), 'हमने भी प्यार किया' (रफी-लता-गीता) और 'फसल-ए-बहार लूट ली' (लता) जैसे कई हिट गीत थे। इन्हें भरत व्यास, आरजू लखनवी और वर्मा मलिक ने लिखा था। वर्ष की दूसरी फिल्म 'कश्मीर' (1951) में जहाँ 'सामझ लो नजर से' (जोहराबाई) और 'राह-ए-वफा में निकले हैं सीना तान के' (रफी-सोनिक) जैसे लोकप्रिय गीत थे, वहीं 'फूलों के हार' में हंसराज बहल ने मुबारक बेगम के साथ पहली बार काम किया। उन्होंने उनसे एक-दो नहीं, पूरे आठ गाने गवाए। इनमें 'बच-बचके जवानी पग धरे', 'जिनके प्रीत संग है', 'लपक-लपक आए मीठी निंदिया' और 'ओ जालिम बेदर्दी' इत्यादि शामिल थे। 'कश्मीर' के गीत सरशार सैलानी और बाबाजी ने और 'फूलों के हार' के भरत व्यास, कैफ इरफानी, इन्दीवर और वर्मा मलिक ने लिखे थे।

गायिका-अभिनेत्री सुरैया के साथ हंसराज बहल की तीसरी फिल्म थी 'राजपूत' (1951), जिसमें वे जयराज के साथ मुख्य भूमिका में थीं। इस फिल्म में सुरैया के कई यादगार गीत थे। 'रस्ते पे हम खड़े हैं दिल-ए-बेकरार लेकर' तो उन्होंने इतने मोहक और मंत्रमुग्ध कर देने वाले अन्दाज में गाया था कि इस गीत ने देश भर में तहलका मचा दिया। उनका एक और गीत 'ये किसकी याद आ गई बहार बनके' भी सुपरहिट रहा। इस फिल्म में हंसराज बहल ने गायिका मधुबाला जावेरी से भी उनका पहला हिन्दी गीत गवाया। तलत महमूद के साथ उनके इस लुभावने युगल-गीत के बोल थे—'तुम कौन हो राजकुमारी'। फिल्म के गीत कैफ इरफानी और अन्जुम जयपुरी ने लिखे थे।

आज के जाने-माने निर्माता-निर्देशक महेश भट्ट के पिता नानूभाई भट्ट द्वारा निर्देशित 'अपनी इज्जत' (1952) में भी हंसराज बहल के कुछ लुभावने युगल-गीत थे। मोतीलाल और मुनव्वर सुल्ताना की मुख्य भूमिकाओं वाली इस फिल्म के ये युगल-गीत—'प्यार की रुत दोरंगी साजन' और 'दिल मेरा तेरा दीवाना'—तलत महमूद और मधुबाला जावेरी ने गाए थे और शास्त्रीय रागों पर आधारित थे। इस फिल्म के गीतकारों में भरत व्यास, असद भोपाली, शेवन रिजवी, पं. फणी और वर्मा मलिक शामिल थे।

हंसराज बहल नई प्रतिभाओं को अवसर देने में जरा-भी संकोच नहीं करते थे—चाहे गायक-गायिका हों या गीतकार। वर्मा मलिक तो उनके स्कूल के जमाने के दोस्त थे और उनके साथ ही लाहौर से बम्बई आए थे। वे रहते भी उन्हीं के घर में थे। 'रात की रानी' के बाद जगदीश सेठी की अगली फिल्म 'जग्गू' (1952) के गीत उन्होंने उन्हीं से लिखवाए। इसी फिल्म में उन्होंने एक दूसरे गीतकार नक्श लायलपुरी को भी उनका पहला ब्रेक दिया। (नक्श साहब हमारे पारिवारिक मित्र रहे हैं और हमारे टेली-सीरियल 'बिखरी आए निखरी प्रीत' के भी गीत लिख चुके हैं।) नक्श लायलपुरी का यह पहला गीत था—'मैं तेरी हूँ तू मेरा, दिल तेरा है ये लेता जा'—जिसे मधुबाला जावेरी ने गाया था। लेकिन दुर्भाग्यवश श्यामा और कमल कपूर की मुख्य भूमिकाओं वाली 'जग्गू' बॉक्स ऑफिस पर बुरी तरह फ्लॉप हो गई। यह चरित्र अभिनेता राम मोहन की भी पहली फिल्म थी।

सुरैया के साथ हंसराज बहल की एक और फिल्म 'रेशम' (1952) में सुरैया के कई रेशमी गीत थे। प्रेम धवन द्वारा लिखे गए इन गीतों में 'कोई मेरे सपनों में आ गया', 'हम दोनों जहाँ अपनी उलफत में गँवा बैठे' और 'इक तू है इक आस तेरी रे मुरलीवाले' खासतौर से लुभावने थे। सुरैया के साथ ही अपनी पाँचवीं फिल्म 'मोती महल' (1952) में हंसराज बहल ने धूम मचाने वाला संगीत दिया। इस फिल्म में सुरैया के साथ अजीत थे और यह फिल्म अच्छी चली भी थी। फिल्म के एक से एक हिट गीतों में 'कोई लाख कहे ऐसा-वैसा' (सुरैया), 'देख मेरी अदा हुए लाखों फिदा' (शमशाद बेगम), 'कभी न बिगड़े किसी की मोटर' (सुरैया), 'कौन देस से आया रे बाबू' (शमशाद-देवेन्द्र) और 'जाएगा जब यहाँ से' (रफी-मधुबाला जावेरी) जैसे चुलबुले गीत शामिल थे। फिल्म का सबसे सुपरहिट गीत था सुरैया का ही बड़े मोहक रिदमवाला 'जब तेरी-मेरी, मेरी-तेरी इक मर्जी'। रवीन्द्र दवे ('नगीना' वाले) द्वारा निर्देशित इस फिल्म के फड़कते हुए गीतों को प्रेम धवन और असद भोपाली ने लिखा था। इन्हीं दिनों हंसराज बहल ने एक पौराणिक फिल्म 'लंका दहन' (1952) में भी संगीत दिया, जो उनकी पहली और आखिरी माइथोलॉजिकल फिल्म थी। राजा नेने द्वारा निर्देशित इस फिल्म के कई गीत—'मन दुख से क्यों घबराता है' (मुकेश-मधुबाला जावेरी), 'बसा ले मन-मन्दिर में राम' (तलत महमूद), 'भूल हुई क्या मुझसे भगवन' (गीता दत्त) और 'शंकर भोले द्वार तुम्हारे' (मधुबाला जावेरी)—भी खूब लोकप्रिय हुए थे। इसी वर्ष रिलीज हुई एक और फिल्म 'ममता' (1952) में यूँ तो सोनिक का संगीत था, लेकिन फिल्म का सिर्फ एक गीत 'ओ रूप की रानी आ जा' हंसराज बहल ने संगीतबद्ध किया था। शेवन रिजवी द्वारा लिखे गए इस गीत को श्याम कुमार ने गाया था।

संयोग कहें या कुछ और, 1953 में हंसराज बहल की एक भी फिल्म रिलीज नहीं हुई। लेकिन अगले वर्ष 1954 में उनकी कई फिल्में आईं। इनमें निगार सुल्ताना और कमल कपूर की मुख्य भूमिकाओं वाली 'खैबर' (1954) सबसे पहली फिल्म थी। केदार कपूर द्वारा निर्देशित इस फिल्म के हिट गीतों में 'मैं तमन्ना करता हूँ तकदीर से लेकिन डरता हूँ' (मुकेश-मधुबाला जावेरी), 'ओय जंग भी है प्यार भी है' (शमशाद बेगम), 'भरी महफिल में चोरी हो गया है' (आशा

भोंसले), 'आँखें मायके में दिल ससुराल में' (शमशाद बेगम) और 'सब शिकवे मिटे दिल के' (मुकेश-मधुबाला जावेरी) शामिल थे। इसी तरह उषा किरण और सुरेश की मुख्य भूमिकाओं वाली 'दोस्त' (1954) में तलत महमूद का एक यादगार गीत था—'आए भी अकेला जाए भी अकेला'। बड़े अनूठे अन्दाज वाला यह गीत मुल्तानी राग पर आधारित था और दिल को झकझोरकर रख देता था। इसी फिल्म में मधुबाला जावेरी का एक गीत 'दिल देके बहुत पछताए' भी खूब लोकप्रिय हुआ था। 'खैबर' के गीत असद भोपाली ने लिखे थे तो 'दोस्त' के वर्मा मलिक ने।

दिग्गज अभिनेता जगदीश सेठी ने अपनी अगली फिल्म 'पेंशनर' के संगीत के लिए भी हंसराज बहल को ही लिया। इस फिल्म में वे खुद श्यामा के साथ मुख्य भूमिका में थे। फिल्म के गीतकारों में नक्श लायलपुरी भी शामिल थे और उनका लिखा गीत 'मनवा काहे धीर गँवाए' खूब लोकप्रिय भी हुआ। लता के 'दिल की दुनिया लूटकर ओ जाने वाले' को इस फिल्म में एक बार फिर से इस्तेमाल किया गया। आशा भोंसले का अरबी शैली का 'अगर तेरी आँखों में आँखें' भी खूब लोकप्रिय हुआ। फिल्म के अन्य गीतकारों में इन्दीवर, उद्धव कुमार और ए. शाह शिकारपुरी शामिल थे।

'राजधानी' : सुनील दत्त और निम्मी

इस बीच बहल परिवार ने, खासकर हंसराज और उनके छोटे भाई गुलशन बहल ने मिलकर अपना खुद का बैनर 'एन.सी. फिल्म्स' स्थापित कर लिया था। उनके इस घरेलू बैनर की पहली फिल्म 'लाल परी' (1954) थी और जैसाकि स्वाभाविक था, इसमें हंसराज बहल का संगीत था। केदार कपूर द्वारा निर्देशित इस फिल्म में शकीला और महिपाल मुख्य भूमिकाओं में थे। इस फिल्म में तलत महमूद और गीता दत्त का एक यादगार युगल-गीत था, जो खूब लोकप्रिय हुआ था—'कह रही हैं धड़कनें पुकार कर चुपके-चुपके धीरे-धीरे प्यार कर'। फिल्म में कई और हिट गीत भी थे, खासकर आधुनिक पश्चिमी ऑर्केस्ट्रेशन से सजे, गुदगुदाते-लुभाते हुए मस्ती भरे गीत—'आँखों के पैमाने पी' (गीता दत्त), 'सामने बैठके जब दिल चुराए कोई' (शमशाद बेगम) और 'मैं जन्नत की हूर हूँ' (गीता दत्त)। इन लोकप्रिय गीतों को असद भोपाली ने लिखा था। हंसराज बहल के अपने बैनर की यह फिल्म बॉक्स ऑफिस पर भी अच्छी चली थी। इसके बाद इसी तरह की फिल्मों से वे ज्यादा जुड़े रहे। उदाहरण के लिए महिपाल और चित्रा की मुख्य भूमिकाओं वाली 'दरबार' (1955) भी एक स्टंट फिल्म थी। इस फिल्म में भी तलत के 'तेरी अदा पर निसार करने मैं दिल को लाया तेरी गली में' और गीता दत्त के साथ उनके युगल-गीत 'क्या पाया दुनिया ने दो प्यार भरे दिल तोड़के' जैसे कुछ लुभावने गीत थे। इन गीतों को प्रेम धवन ने लिखा था। इसी तरह 'मानो न मानो' (1955) में मुकेश का एक बड़ा सुरीला गीत था—'आवाज है ये प्यार की'। इस फिल्म को 'भारत के पहले साइकोलॉजिकल फोटोप्ले' के रूप में विज्ञापित किया गया था। हंसराज बहल के अपने प्रॉडक्शन की अगली फिल्म 'मस्त कलन्दर' (1955) में एक बार फिर शकीला और महिपाल की जोड़ी थी और इसके निर्देशक भी केदार कपूर थे। इस फिल्म में तलत महमूद और आशा भोंसले का एक सदाबहार युगल-गीत था—'दिल-ए-नादाँ जमाने में मुहब्बत एक धोखा है'। यह बेहद सुरीला गीत शिवरंजनी राग पर आधारित था और इसे असद भोपाली ने लिखा था। फिल्म के अन्य लोकप्रिय गीतों में 'रात के सर से आँचल ढलका' (आशा भोंसले), 'दिल की महफिल सजाने' (तलत-आशा), 'तुम अपने दिल की हालत' (रफी-सोनिक) और 'दामाद मस्त कलन्दर' (रफी-शमशाद-सोनिक) शामिल थे। इस फिल्म के कुछ गीत नक्श लायलपुरी ने भी लिखे थे।

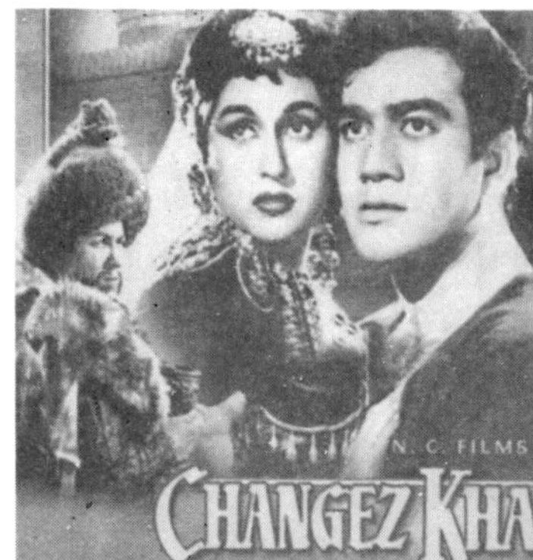

फिल्में छोटी हों या बड़ी, फन्तासी हों या स्टंट, ऐतिहासिक हों या सामाजिक—हंसराज बहल ने अपने संगीत की गरिमा के साथ कोई समझौता नहीं किया और ऊँचे दर्जे का लोकप्रिय संगीत देते रहे। 'शाह बहराम' (1955), 'खुल जा सिमसिम' (1956), 'मल्लिका' (1956) और 'इंकलाब' (1956) ऐसी ही कुछ फिल्में थीं। 'शाह बहराम' में तलत और आशा भोंसले का 'पत्थर दिल हो गया दुनिया का' हो या 'खुल जा सिमसिम' में तलत और गीता दत्त का 'दोनों जहाँ के मालिक', या फिर इसी फिल्म में रफी-गीता-शशिराजा का 'आज तेरा गुनहगार बन्दा'—हंसराज बहल हर फिल्म में कुछ हिट गीत जरूर देते रहे।

हंसराज बहल

बहल परिवार के घरेलू बैनर एन.सी. फिल्म्स की अगली फिल्म 'राजधानी' (1956) में चोटी की नायिका निम्मी के साथ उस समय के उभरते हुए सितारे सुनील दत्त थे। नरेश सहगल द्वारा निर्देशित यह फिल्म भी 'लाल परी' और 'मस्त कलन्दर' की तरह एक कस्टयूम-ड्रामा थी। इसमें लता और तलत का एक मंत्रमुग्ध कर देने वाला युगल-गीत 'भूल जा सपने सुहाने' (जिसमें वायलिन का अत्यन्त मधुर प्रयोग किया गया था) तो था ही, साथ ही लता के एक से एक सुहाने सात सोलो गीत भी थे। 'दे दो मोरा कंगना', 'मैं नाचूँ छमक छइया', 'ओ आजा आजा पुकारे दिल', 'दिन खुशियों के लूट', 'मैं तो चन्दा से' और 'पहली मुलाकात में'—सभी बहुत खूबसूरत गीत थे। इन गीतों को कमर जलालाबादी और असद भोपाली ने लिखा था। लेकिन बहल परिवार के घरेलू बैनर की यह महत्त्वाकांक्षी फिल्म बॉक्स ऑफिस पर कोई खास धमाका नहीं कर सकी।

'मिस बॉम्बे'

अब हंसराज बहल अपने बैनर की फिल्मों में बहुत ज्यादा दिलचस्पी लेने लगे थे। वे बाहर की फिल्में बहुत कम कर रहे थे, बल्कि अगले दो वर्षों में तो उन्होंने सिर्फ अपने बैनर की चार फिल्मों में ही संगीत दिया। इनमें सबसे पहली फिल्म प्रेमनाथ और बीना राय की पति-पत्नी की हिट जोड़ी वाली—'चंगेज खाँ' (1957) थी। केदार कपूर द्वारा निर्देशित इस ऐतिहासिक और हंसराज बहल के कैरियर की दृष्टि से बहुत महत्त्वपूर्ण फिल्म में राग सोहनी पर आधारित रफी का

एक शाहकार गीत था—'मुहब्बत जिंदा रहती है मुहब्बत मर नहीं सकती'। इस सदाबहार अमर गीत में संगीत की रफ्तार धीरे-धीरे तेज होती जाती है और अपने चरमोत्कर्ष पर पहुँचकर 'चली आ चली आ' की पुकार के साथ खत्म होती है। इस शास्त्रीय रचना में हंसराज बहल का यह अनूठा प्रयोग न सिर्फ राग की सीमाओं के भीतर था बल्कि अभिभूत कर देने वाला भी। इस गीत को लेकर नक्श लायलपुरी ने एक दिलचस्प किस्सा सुनाया था। यह गीत कमर जलालाबादी लिख रहे थे, लेकिन कुछ कारणों से हंसराज बहल इसके अन्तरों से सन्तुष्ट नहीं थे। उन्होंने नक्श लायलपुरी से कहा कि मुखड़े को ज्यों का त्यों रखकर वे इसके दूसरे अन्तरे लिख दें। उनका तर्क था कि यह मुखड़ा कमर जलालाबादी का अपना नहीं था, क्योंकि उन्होंने इसे एक महान शायर की शायरी से उठाया था। इसलिए किसी दूसरे गीतकार द्वारा इसके अन्तरे लिखे जाने में कोई हर्ज नहीं था। लेकिन नक्श लायलपुरी को यह बात आपत्तिजनक लगी। उन्होंने कहा कि वे कमर जलालाबादी के मुखड़े और अन्तरों के साथ कोई छेड़छाड़ नहीं करेंगे। हाँ, वे एक नया मुखड़ा लिखकर देने को तैयार थे। उन्होंने एक नया मुखड़ा लिख भी दिया—'मुहब्बत मिट नहीं सकती जमाने के मिटाने से, ये ऐसी आग है जो और भड़केगी बुझाने से'। यह मुखड़ा गीत की सिचुएशन पर भी फिट बैठता था। लेकिन हंसराज बहल को पहलेवाला मुखड़ा ही पसन्द था। नक्श लायलपुरी की ना-नुकर पर वे उनसे बिगड़ गए और इसके बाद काफी समय तक उन्होंने उनसे कोई भी गीत नहीं लिखवाया। 'मुहब्बत जिंदा रहती है' के अन्तरे आखिर में कमर जलालाबादी ने ही लिखे थे। इस फिल्म में लता का भी एक बड़ा प्यारा गीत था। जितने खूबसूरत बोल थे, उतनी ही खूबसूरत धुन और साथ ही लता की लाजवाब अदायगी—'जब रात नहीं कटती, इक रात नहीं कटती, जिंदगी कैसे कटेगी'। कभी यह गीत सुनकर देखिए—आप सचमुच खुद का किसी दूसरी दुनिया में महसूस करेंगे! सुधा मल्होत्रा का 'ओ रुक जा रुक जा रुक जा, लौट के आना होगा' भी कम नहीं था और रफी और शमशाद बेगम का डुएट—'हुस्न जवाँ इश्क जवाँ' भी। कुल मिलाकर यह फिल्म हंसराज बहल के उत्कृष्ट, मधुर और अमर संगीत का एक शानदार तोहफा थी।

इसी बैनर की अगली फिल्म 'मिस बॉम्बे' (1958) में नलिनी जयवन्त और अजीत मुख्य भूमिकाओं में थे। इसके निर्देशक भी केदार कपूर ही थे। इसके धमाकेदार संगीत में भंगड़ा शैली का एक बेहद लोकप्रिय युगल-गीत शामिल था—'दिन हो या रात, हम रहें तेरे साथ, ये हमारी मर्जी'। रफी और सुमन कल्याणपुर के इस थिरकते-झूमते गीत ने सचमुच धूम ही मचा दी थी। राग मालकौंस पर आधारित रफी का दर्द भरा 'जिंदगी भर गम जुदाई का मुझे तड़पाएगा' भी खूब लोकप्रिय हुआ था। रफी का ही 'ले चलो जिधर जमाना चल पड़े' भी बड़ा खूबसूरत गीत था और खूब चला था। इन गीतों को प्रेम धवन और असद भोपाली ने लिखा था। बहल परिवार के घरेलू बैनर एन.सी. फिल्म्स की अगली फिल्म 'मिलन' (1958) में एक बार फिर नलिनी जयवन्त और अजीत की जोड़ी को दोहराया गया। निर्देशक भी वही केदार कपूर थे। इस फिल्म के संगीत को शायद हंसराज बहल का सर्वोत्तम और सबसे उच्च कोटि का संगीत कहा जा सकता है। लता का दर्द भरा अमर गीत 'हाय जिया रोए, हाय जिया रोए, पिया नाहीं आए' तो आज भी दिल को बींध-सा जाता है और कचोटता-सालता हुआ आत्मा की गहराइयों में उतर जाता है। लता का दूसरा गीत 'सारी दुनिया से पूछा मिला न निशाँ, तुमको ढूँढूँ तो ढूँढूँ कहाँ' भी उतना ही खूबसूरत और मन के तार-तार झकझोर देने वाला था। यह राग झिंझोटी पर आधारित था। फिल्म में राग बैरागी पर आधारित लता और मन्ना डे का एक युगल-गीत भी था—'पियाजी मैं तो नित-नित आस लगाऊँ'। अन्य लोकप्रिय गीतों में 'आइए जनाब, बैठिए जनाब' (गीता दत्त), 'तू है यार मेरा' (शमशाद बेगम) और 'लम्बा-चौड़ा जाट' (शमशाद-रफी) जैसे कुछ चुलबुले गीत शामिल थे। फिल्म के गीत प्रेम धवन और पी.एल. सन्तोषी ने लिखे थे।

एन.सी. फिल्म्स की अगली फिल्म 'सावन' (1959) में भारत भूषण और अमीता मुख्य भूमिकाओं में थे। निर्देशक थे आर. तिवारी। अपने घरेलू बैनर की इस फिल्म में भी हंसराज बहल ने कई लोकप्रिय सुरीले गीत दिए। धूम-धड़ाके भरा 'भीगा-भीगा प्यार का समाँ, बता दे तुझे जाना है कहाँ, बलिए' (रफी-शमशाद) तो लोकप्रिय हुआ ही, लता के 'कान्हा छेड़ो बाँसुरी कन्हैया छेड़ो बाँसुरी' और रफी के 'देखो बिना बादल बरस रही बदली' ने भी खूब धूम मचाई। 'तुम्हें याद किया मेरे दिल ने' (लता) और 'मेरी गगरी नूँ लवा दे' (शमशाद-रफी) भी अच्छे चले थे। फिल्म का सबसे अनूठा गीत था मुकेश और लता के चढ़ते-उतरते स्वरों वाला बेहद मोहक 'नैन द्वार से मन में वो आके'। मुकेश के धीमे-शांत सुर पर लता का लहराता हुआ जोशीला सुर अपने अद्भुत प्रभाव से सुननेवालों को अभिभूत कर देता है। इन लोकप्रिय गीतों को प्रेम धवन और असद भोपाली ने लिखा था।

पिछले कई वर्षों से हंसराज बहल ने अपनी एक विशिष्ट संगीत-शैली विकसित कर ली थी, जो शास्त्रीय संगीत की धुरी के आसपास घूमती रहती थी। वे इसमें पंजाबी रिदम का अपना खास रंग भी घोलते रहते थे। लेकिन 60 के दशक के आसपास वे अपनी विशिष्ट शैली से इधर-उधर भटकने लगे और चलताऊ किस्म की धुनें बनाने लगे। शायद इसके पीछे नए जमाने का तेज रफ्तार संगीत देने और भड़कीली धुनें बनाने का दबाव भी था, जो उनकी स्वाभाविक प्रवृत्ति से मेल नहीं खाता था।

उनकी कुछ आखिरी अच्छी फिल्मों में जयराज और निशी की मुख्य भूमिकाओं वाली 'मिस गुडनाइट' (1960) शामिल थी। जुगल किशोर द्वारा निर्मित यह फिल्म बॉक्स ऑफिस पर भले ही पिट गई हो, लेकिन इसके कुछ गीत काफी लोकप्रिय हुए थे। इनमें 'चलो चलें दिल ले चले जहाँ' (मुकेश-लता), 'हम तो किसी के हो बैठे' (आशा भोंसले), 'नो नो

डोंट से गुडनाइट' (गीता दत्त) और 'मौसम सुहाना सुहाना-सा है' (आशा भोंसले) शामिल थे। फिल्म के गीत प्रेम धवन ने लिखे थे। भारत भूषण और अनीता गुहा की मुख्य भूमिकाओं वाली 'मुड़-मुड़ के न देख' (1960) में भी हंसराज बहल के कुछ अच्छे गीत सुनने को मिले थे। आर. तिवारी द्वारा निर्देशित यह फिल्म उनके अपने बैनर एन.सी. फिल्म्स की फिल्म थी और ठीक-ठाक चली भी थी। फिल्म के लोकप्रिय गीतों में 'हसीं हो खुदा तो नहीं हो' (मुकेश), 'जहाँ तू तू तू वहाँ मैं मैं मैं' (मुकेश), 'मैं मर गई गर्मी से चल शिमले' (आशा भोंसले), 'दूल्हा बिकता बीच बजार' (आशा भोंसले-गीता दत्त), 'रात अकेली जुगनू चमके' (शमशाद बेगम-रफी) और 'तेरे पीछे फिरते-फिरते' (रफी-सुमन कल्याणपुर) जैसे चुलबुले गीत शामिल थे। इसी सिलसिले की अन्तिम कड़ी के रूप में हम जुगल किशोर की 'गुले बकावली' (1963) को भी देख सकते हैं, जिसमें नक्श लायलपुरी का एक हिट गीत था—'ये कह दो तुम्हें हमसे क्या चाहिए'। यह एक युगल-गीत था, जिसे आशा भोंसले के साथ एक नए गायक सुरिन्दर कोहली ने गाया था। फिल्म के अन्य लोकप्रिय गीतों में 'निगाहें भी जवाँ हैं' (आशा भोंसले), 'ये हसीं चाँद और ये रात' (शमशाद बेगम-मीनू पुरुषोत्तम) तथा 'जवानी जिसपे आई' (आशा भोंसले-उषा मंगेशकर) शामिल थे।

अब हंसराज बहल का कैरियर अपने अन्तिम चरण में था। साल भर में उनकी एकाध फिल्म ही रिलीज होती थी, जिसमें कोई न कोई गीत उनके पुराने कलात्मक स्पर्श की याद दिला जाता था। 'दारा सिंह' (1964) में राग बागेश्री पर आधारित 'छोड़ो-छोड़ो मोरी बहियाँ' (आशा भोंसले), 'एक दिन का बादशाह' (1964) में 'रात भर हमको न उठने दिया मयखाने में' (आशा भोंसले-महेन्द्र कपूर), 'तीन सरदार' (1965) में 'तुम जो मिल जाओ फिर हमें क्या चाहिए' (महेन्द्र कपूर-उषा मंगेशकर), 'सुनहरा जाल' (1966) में 'कितना हसीन मेरा पिया हाय अल्लाह' (महेन्द्र कपूर-कमल बारोट), 'मुझे सीने से लगा लो' (1969) में 'मखमूर निगाहों में तेरी डूब गए हम' (आशा भोंसले) ऐसे ही गीत थे। उनके आखिरी हिट गीत 'कमल के फूल जैसा बदन तेरा चिकना-चिकना' (रफी) वाली 'दो आँखें' (1974), 'अली बाबा' (1975), 'बदमाशों के बदमाश' (1979) और 'इंसाफ का खून' (1988) उनकी आखिरी कुछ फिल्में थीं। 'इंसाफ का खून' तो 20 मई 1984 को कैंसर से उनके असामयिक निधन के कई वर्ष बाद रिलीज हुई थी।

पृथ्वीराज कपूर, दारा सिंह और मुमताज की मुख्य भूमिकाओं वाली 'सिकन्दर-ए-आजम' (1965) में हंसराज बहल ने शायद अपना आखिरी यादगार गीत कम्पोज किया था—'जहाँ डाल-डाल पर सोने की चिड़िया करती हैं बसेरा, वह भारत देश है मेरा'। मुहम्मद रफी द्वारा बड़े भाव-भीने अन्दाज में गाया गया यह गीत राष्ट्रप्रेम के अमर गीतों में शामिल है और राष्ट्रीय अवसरों पर अकसर सुनाई पड़ता रहता है।

तो आइए, चुनते हैं हंसराज बहल के संगीत के खजाने में से बारह अनमोल गीत :

हंसराज बहल के 12 अनमोल रत्न

क्रम	गीत	फिल्म	गायक/गायिका
1.	दिल-ए-नाशाद को जीने की हसरत हो गई	चुनरिया	लता मंगेशकर
2.	जिन रातों में नींद उड़ जाती है	रात की रानी	मुहम्मद रफी
3.	दीवाना गया दामन से लिपट	करवट	पारो देवी
4.	हाय चन्दा गए परदेस	चकोरी	लता मंगेशकर
5.	दिल-ए-नादाँ जमाने में मुहब्बत	मस्त कलन्दर	तलत-आशा भोंसले
6.	कह रही हैं धड़कनें पुकार कर	लाल परी	तलत-गीता दत्त
7.	रस्ते पे हम खड़े हैं	राजपूत	सुरैया
8.	भूल जा सपने सुहाने	राजधानी	तलत-रफी
9.	दिन हो या रात हम रहें तेरे साथ	मिस बॉम्बे	शमशाद बेगम-रफी
10.	हाय जिया रोए	मिलन	लता मंगेशकर
11.	मुहब्बत जिंदा रहती है	चंगेज खाँ	मुहम्मद रफी
12.	भीगा-भीगा प्यार का समाँ	सावन	शमशाद बेगम-रफी

'मास्टरजी' हंसराज बहल ने शास्त्रीय रागों में पंजाबी रिदम का रंग घोलकर संगीत प्रेमियों को मंत्रमुग्ध कर दिया। (उन्होंने 'लच्छी' और 'पिंड दी कुड़ी' जैसी कुछ सुपरहिट पंजाबी फिल्मों में भी संगीत दिया।) उनके कुछ महान गीत भले ही हर किसी के गले न उतरें, लेकिन हिन्दी फिल्म संगीत में उनके अनूठे योगदान पर कोई सन्देह नहीं है। न ही उनके गीतों के कालयजी प्रभाव पर—मुहब्बत जिंदा रहती है, मुहब्बत मर नहीं सकती...।

सचिन देव बर्मन (1906-1975)

लोक-धुनों की मस्ती में झूमता अलौकिक संगीत

आमतौर से शाही घरानों से जुड़े लोग संगीत और ललित कलाओं को संरक्षण देने वाले माने जाते हैं, वे खुद गाने-बजाने के चक्कर में नहीं पड़ते। वैसे राजा बहादुर, रानी रूपमती और नवाब वाजिद अली जैसी कुछ महान हस्तियाँ इस परम्परा की अपवाद भी रही हैं, लेकिन बीसवीं या अब इक्कसवीं सदी में शायद ही कोई ऐसा नाम दिखाई दे—सिवा सचिन देव (एस.डी.) बर्मन के। शाही घराने से जुड़े होने के बावजूद उन्होंने न सिर्फ फिल्म संगीत को अपने मुख्य कार्यक्षेत्र के रूप में चुना, बल्कि इतना उच्च कोटि का और अपनी विशिष्ट छाप वाला अलौकिक संगीत दिया कि उनके बिना हिन्दी फिल्म संगीत के सुनहरी दौर की छोटी से छोटी सूची भी पूरी नहीं हो सकती। वे निस्सन्देह हिन्दी सिनेमा के महानतम संगीतकारों—इसके आधार स्तम्भों—में से थे।

वे 10 अक्तूबर 1906 को बंगाल के चिटगाँव जिले (अब बांग्लादेश में) में पैदा हुए थे। उनके दादा ईशानचन्द्र देव बर्मन त्रिपुरा के राजा थे और उनकी रियासत में आज के बंगाल और असम का काफी हिस्सा पड़ता था। कुमार सचिन देव बर्मन (उन दिनों सभी राजकुमारों के नाम से पहले 'कुमार' या 'कुँवर' शब्द लगाया जाता था) के पिता नवद्वीप चन्द्र देव बर्मन राजा के दूसरे नम्बर के बेटे थे और ध्रुपद शैली के एक विलक्षण शास्त्रीय गायक होने के साथ-साथ बहुत अच्छा सितार भी बजाते थे। उनकी माँ राजकुमारी निर्मला देवी (जो मणिपुर की राजकुमारी थीं) को भी संगीत से बहुत गहरा लगाव था। सचिन देव ने संगीत की शुरुआती शिक्षा (सरगम, आलाप, मुरकियाँ इत्यादि) अपने पिता से ही पाई। जैसाकि स्वाभाविक था, खुद उनकी रगों में भी संगीत रसा-बसा हुआ था, इसलिए वे जाने-अनजाने इसकी तरफ खिंचते चले गए। वे कुल नौ भाई-बहन थे और वे पाँच भाइयों में सबसे छोटे थे। उनके पिता ने संगीत के प्रति उनके गहरे लगाव को देखते हुए उन्हें कुछ स्थानीय उस्तादों से शास्त्रीय संगीत सीखने के लिए कहा। इसके साथ-साथ सचिन आँचलिक संगीत में भी दिलचस्पी लेने लगे और धमैल और भटियाल जैसी लोक-संगीत विधाओं में पारंगत होते चले गए। कलकत्ता (अब कोलकाता) यूनिवर्सिटी से बी.ए. की डिग्री प्राप्त करने के बाद उन्होंने 1925 और 1930 के बीच महान गायक के.सी. डे से संगीत की औपचारिक शिक्षा ली। इसके बाद 1932 में उन्होंने पं. भीष्मदेव चट्टोपाध्याय की भी शार्गिदगी की, जो उनसे कुछ ही वर्ष बड़े थे। उन्होंने सारंगी-वादक उस्ताद बादल खाँ और मैहर घराने के संस्थापक उस्ताद अलाउद्दीन खाँ से भी संगीत का प्रशिक्षण लिया और बड़ी अच्छी बाँसुरी बजाने लगे। उन्होंने कुछ समय के लिए के.सी. डे, उस्ताद बादल खाँ और उस्ताद अलाउद्दीन खाँ को अगरतला में शाही मेहमान भी बनाए रखा। बंगाल के मशहूर कवि काजी नसरुल हसन भी कुछ समय तक अगरतला के कोमिला हाउस में बर्मन परिवार के शाही मेहमान रहे। सचिन देव संगीत में इतने खोए रहते थे कि एक बार बिना टिकट के ही वे ट्रेन में चढ़ गए और पकड़े गए। उन्हें हवालात में बन्द कर दिया गया तो वहाँ भी उन्होंने भजन गाने शुरू कर दिए। उनकी आवाज से स्टेशन मास्टर और उनकी बहन इतने मंत्रमुग्ध हो गए कि उन्होंने न सिर्फ उन्हें रिहा कर दिया बल्कि अपने घर बुलाकर उनकी खूब आवभगत भी की।

अपने पिता की असामयिक मृत्यु और पारिवारिक झगड़ों के बाद सचिन देव ने घर छोड़ दिया और त्रिपुरा के जंगलों में आंचलिक संगीत की खोज में इधर-उधर भटकते रहे। यह संगीत मरते दम

तक उनके साथ रहा और उनकी संगीत-रचनाओं का मूल प्रेरणा-स्रोत बना रहा। इसके बाद वे कलकत्ता चले गए, जहाँ कुछ समय उन्होंने महान दृष्टिहीन गायक के.सी. डे और सुविख्यात बंगाली कवि काजी नसरुल हसन के साथ गुजारा। वे कभी-कभी रेडियो पर गाने भी लगे और जल्दी ही उनका नाम एक जाना-पहचाना नाम बन गया।

वह 1932 का वर्ष था। इसी वर्ष एक गायक के रूप में उनका पहला रिकॉर्ड भी निकला, जिसके एक तरफ राग खमाज पर आधारित एक अर्द्ध-शास्त्रीय गीत 'ई पाथेरी आज ऐसो प्रियो' था और दूसरी ओर एक लोक-गीत 'डाकले कोकिल रोज बहाने'। यह रिकॉर्ड हिन्दुस्तान म्यूजिकल प्रोडक्ट नामक कम्पनी ने निकाला था। रेडियो स्टेशन के लिए एक गायक के रूप में उनका काम भी मूल रूप से लोक-संगीत से जुड़ा हुआ था। जल्दी ही एक बंगाली गायक के रूप में उनका खूब नाम हो गया। उन्होंने कुल 131 गाने गाए, जिनमें से कुछ हिमांशु दत्त, आर.सी. बोराल और शैलेश दासगुप्ता जैसे प्रतिष्ठित संगीतकारों के साथ भी थे।

लोक-गीतों के साथ-साथ एक शास्त्रीय गायक के रूप में उनकी ख्याति भी दिनोदिन बढ़ती जा रही थी। अगले ही वर्ष, 1933 में, उन्हें अपना पहला हिन्दी गाना गाने का भी अवसर मिला। यह गाना उन्होंने महान गायक और संगीतकार पंकज मलिक के संगीत-निर्देशन में 'यहूदी की लड़की' (1933) फिल्म के लिए गाया था। लेकिन यह गाना फिल्म के रिकॉर्ड में जारी नहीं किया गया क्योंकि फिल्म में उनकी जगह पहाड़ी सन्याल को ले लिया गया था। सचिन देव ने एक उर्दू फिल्म 'सेलिमा' (1934) में भी एक गायक-अभिनेता के रूप में काम किया था। धीरेन गांगुली की बंगाली फिल्म 'विद्रोही' (1935) में भी उन्होंने एक भूमिका निभाई थी। इस बीच 1934 में उन्होंने इलाहाबाद यूनिवर्सिटी के निमंत्रण पर अखिल भारतीय संगीत सम्मेलन में भाग लिया। इस अवसर पर उन्होंने बंगाली ठुमरी सुनाकर विजयलक्ष्मी पंडित और किराना घराने के अब्दुल करीम खान जैसे विशिष्ट मेहमानों समेत सबको चमत्कृत कर दिया। इसी वर्ष उन्होंने बंगाल संगीत सम्मेलन में भी भाग लिया, जिसका उद्घाटन रवीन्द्रनाथ टैगोर ने किया था। यहाँ भी उन्होंने अपनी ठुमरी सुनाकर गोल्ड मेडल जीता।

सचिन देव वर्मन

'विद्रोही' और 'सांझेर पिदिन' जैसी कुछ बंगाली फिल्मों में गाने और अभिनय करने के साथ-साथ सचिन देव ने 'सती तीर्थ' और 'जननि' इत्यादि कुछ बंगाली नाटकों का संगीत-निर्देशन भी किया। एक संगीत-निर्देशक के रूप में उनकी पहली बंगाली फिल्म 'राजगी' (1937) थी। उनकी दूसरी फिल्म 'राजकुमारे निर्वसन' (1940) सुपरहिट रही और उनके पास बंगाली फिल्मों की लाइन लग गई। उन्होंने कुल 17 बंगाली फिल्मों में संगीत दिया, जिनमें 'जीवन संगिनी' (1941), 'प्रतिशोध' (1941), 'अभयोएर बिए' (1942), 'छद्दो वेषी' (1944), 'जाखेर धान', 'अमर गीति', 'प्रतिवार', 'कलंकिनी' इत्यादि शामिल थीं। उन्होंने हिन्दी और बंगाली में कुछ गैर-फिल्मी गीत भी गाए। एक गायक के रूप में उनकी पहली हिन्दी फिल्म 'सीता' थी। महान फिल्मकार देवकी बोस द्वारा निर्देशित इस फिल्म में के. सी. डे का संगीत था। शायद सचिन का यह पहला हिन्दी गीत था—'सुनाऊँ बहुत दिनों की बात'

मीरा बर्मन नवजात राहुल देव के साथ

सचिन देव ने कलकत्ता में अपना पहला घर बेलीगंज साउथएंड पार्क में बनवाया। 1937 में इलाहाबाद में आयोजित अखिल भारतीय संगीत सम्मेलन के दौरान उनकी मुलाकात रवीन्द्रनाथ टैगोर के शांतिनिकेतन की एक छात्रा मीरा दासगुप्ता (1923-2007) से हुई। वे ढाका के जस्टिस राय बहादुर कमलनाथ दासगुप्ता की पोती थीं। दोनों पहली ही मुलाकात में एक-दूसरे की तरफ खिंचते चले गए। मीरा दासगुप्ता सचिन देव की शिष्या बन गईं और जल्दी ही 10 फरवरी 1938 को सचिन देव ने कलकत्ता में उनसे विवाह कर लिया। यह घटना त्रिपुरा के राजघराने के लिए किसी भूचाल से कम नहीं थी। भला कोई राजकुमार कैसे किसी गैर-राजसी घराने में शादी कर सकता था? उनके परिवार ने इस विवाह को मानने से इनकार कर दिया तो सचिन देव ने राजघराने से अपने सभी सम्बन्ध खत्म कर दिए। इसके साथ ही वे अपनी विरासत से भी वंचित हो गए। लेकिन उन्हें कोई अफसोस नहीं था। वे अपनी पत्नी-प्रेयसी मीरा के साथ अपनी संगीत की दुनिया में खुश थे। अगले वर्ष 1939 में उनकी इकलौती सन्तान के रूप में राहुल का जन्म हुआ (जो आगे चलकर अपने पिता की तरह ही एक महान संगीत-निर्देशक बनने वाले थे—राहुल देव बर्मन)।

अच्छे संगीत के बावजूद सचिन देव को बंगाली फिल्मों में मनचाही सफलता नहीं मिल रही थी। इसलिए 1944 में वे बम्बई (अब मुम्बई) चले आए। वे अपने गुरु के.सी. डे के भतीजे मन्ना डे से मिले जो माटुंगा में रहते थे। मन्ना डे ने उन्हें सुर-सम्राट के.एल. सहगल और मशहूर खलनायक के.एन. सिंह से मिलवाया, जो माटुंगा में ही कॉलेज रोड (जिसे उन दिनों बॉलीवुड की बेबर्ली हिल्ज कहा जाता था) पर रहते थे। सहगल और के.एन. सिंह के कहने पर ही उन्होंने बम्बई में अपना पहला गाना कम्पोज किया और इसे सहगल की आवाज में रिकॉर्ड किया—'धीरे से जाना बगियन में रे भंवरे'। इस गैर-फिल्मी गाने ने देश भर में धूम मचा दी। एस.डी. बर्मन खार के एक होटल में रहते थे। बाद में वे भायखला में जे.जे. अस्पताल के पास एक दूसरे होटल में रहने लगे। कुछ वर्ष बाद उन्होंने खार में अपना खुद का बंगला 'द जेट' बनवा लिया और वहीं रहने लगे। जल्दी ही उन्हें उनकी पहली हिन्दी फिल्म भी मिल गई। फिल्मिस्तान के एस. मुखर्जी ने उनकी प्रतिभा से प्रभावित होकर उन्हें स्टूडियो की नई फिल्म 'शिकारी' (1946)के संगीत की जिम्मेदारी सौंप दी। सावक वाचा द्वारा निर्देशित इस फिल्म में उस समय के सुपरस्टार अशोक कुमार अभिनेत्री वीना और पारो के साथ मुख्य भूमिका में थे। इसके बाद एस.डी. बर्मन को पीछे मुड़कर देखने की जरूरत नहीं पड़ी। तीन दशकों तक फैले अपने शानदार और गौरवशाली कैरियर में उन्होंने 86 फिल्मों में संगीत दिया और लगभग ये सभी फिल्में उच्च कोटि की शाहकार फिल्में थीं।

अपनी पहली हिन्दी फिल्म 'शिकारी' में ही सचिन दा ने अपने कलात्मक स्पर्श की झलक दे दी थी। 'हर दिन है नया हर रात निराली' (अशोक कुमार-अमीरबाई कर्नाटकी), 'डोल रही है नैया' (अशोक कुमार), 'दुनिया ने हमें दो दिन रहने न दिया' (अमीरबाई), 'कुछ रंग बदल' (शमशाद बेगम) और 'रंगीला रे' (पारो) जैसे सभी गीत बड़े अच्छे कम्पोज किए गए थे। फिर भी ये गीत खास लोकप्रिय नहीं हुए। कहते हैं कि फिल्म का बैकग्राउंड संगीत देने में सचिन देव को काफी परेशानी हुई थी और सी. रामचन्द्र को उनकी मदद करनी पड़ी थी। जाने-माने पत्रकार राजू भारतन के साथ एक साक्षात्कार के दौरान सी. रामचन्द्र ने साफ-साफ कहा था कि सचिन देव बर्मन ने 'शिकारी' के गीतों की धुनें तो बना दी थीं, लेकिन उन्हें ऑर्केस्ट्रेशन की समझ नहीं थी। जो भी हो, सचिन दा ने जल्दी ही साबित कर दिया कि ऑर्केस्ट्रेशन हो या बैकग्राउंड संगीत, वे किसी से पीछे नहीं थे।

उनकी योग्यता पर भरोसा करते हुए फिल्मिस्तान ने 'एट डेज' ('आठ दिन', 1946) में उन्हें फिर से दोहराया। अशोक कुमार और वीना की मुख्य भूमिकाओं वाली इस फिल्म की पटकथा उर्दू के जाने-माने कहानीकार सआदत हसन मंटो ने लिखी थी (उन्होंने हिन्दी के सुप्रसिद्ध साहित्यकार उपेन्द्रनाथ अश्क के साथ फिल्म में एक कॉमेडी भूमिका भी निभाई थी)। फिल्म के निर्देशक थे दत्ताराम एन. पई। इस फिल्म में सचिन देव ने एक गाना खुद भी गाया—'उम्मीद भरा पंछी कहता है यही'। उनकी जानी-पहचानी लोक-शैली के मधुर ऑर्केस्ट्रेशन से सजा यह गीत खूब लोकप्रिय भी हुआ। 'किसी से मेरी प्रीत लगी अब क्या' (मीना कपूर) और 'एक नई कली ससुराल चली' (चितलकर-मीना कपूर) फिल्म के अन्य लोकप्रिय गीत थे। 'शिकारी' की तरह इस फिल्म के गीत भी गोपाल सिंह नेपाली ने लिखे थे। कहते हैं कि यह फिल्म अनौपचारिक तौर पर अशोक कुमार ने खुद ही डायरेक्ट की थी, जो फिल्मिस्तान के हिस्सेदारों में शामिल थे। मीना कपूर ने अपना पहला हिन्दी गाना भी इसी फिल्म में गाया था। दादामुनि अशोक कुमार की व्यक्तिगत देखरेख में बनी यह फिल्म बॉक्स ऑफिस पर भी ठीक रही थी।

मोहन सिन्हा निर्देशित 'चित्तौड़ विजय' (1947) सचिन दा की एक महत्त्वहीन-सी फिल्म रही, हालाँकि इसमें मधुबाला और राज कपूर की शानदार जोड़ी थी। इस फ्लॉप फिल्म के मधुर गीतों में 'आए रे आए बादल', 'नैनों से नैनों की प्यास बुझाओ' और 'मैं छमछम करती बिजली हूँ' इत्यादि शामिल थे। मोहन सिन्हा द्वारा ही निर्देशित 'दिल की रानी' (1947) भी कोई खास कमाल नहीं दिखा सकी। संयोग से इसमें भी मधुबाला और राज कपूर की जोड़ी थी। फिल्म में कई अच्छे गीत थे—'लूट लिया दिल चितचोर ने' (श्याम सुन्दर), 'बिगड़ी हुई तकदीर मेरी' (गीता दत्त), 'आएँगे रे मेरे मनबसिया' (श्याम सुन्दर) और 'मेरे मोहन ने मुझको बुलाया' (गीता दत्त) इत्यादि। लेकिन लोकप्रियता इन गीतों को भी नहीं मिली। एक दिलचस्प तथ्य यह है कि इस फिल्म का एक गीत खुद राज कपूर ने गाया था—'ओ दुनिया के रखवाले बता कहाँ गए चितचोर'। मोहन सिन्हा की इन दोनों फिल्मों के गीत हरिकृष्ण 'प्रेमी' और यशोदानन्दन जोशी ने लिखे थे।

एस.डी. बर्मन अपनी राजसी पृष्ठभूमि के अनुरूप ऊँचे स्तर का कलात्मक संगीत दे रहे थे। लेकिन मधुर और सुरीला होने के बावजूद इसे कोई खास लोकप्रियता नहीं मिल रही थी। उनकी समझ में भी नहीं आ रहा था कि ऐसा क्यों था। आखिर एक दिन उनके एक नौकर ने अनजाने में ही उन्हें लोकप्रिय संगीत बनाने का गुर सिखा दिया। उनका बावर्ची रसोई में खाना बना रहा था और साथ-साथ एक गीत भी गुनगुना रहा था। लेकिन यह गीत सचिन दा का नहीं बल्कि नौशाद की सुपरहिट फिल्म 'रतन' का मशहूर गीत था—'जब तुम ही चले परदेस लगाकर ठेस' (करन दीवान)। सचिन दा के दिल को ठेस तो लगी—कि उनका नौकर उन्हीं के घर में किसी दूसरे संगीतकार का गीत गा रहा था—लेकिन इसके साथ ही उन्हें लाख टके की यह बात भी समझ में आ गई कि उन्हें ऐसी धुनें बनानी होंगी जो आम लोगों की जुबान पर आसानी से चढ़ सकें और जिन्हें खाना बनाते-बनाते भी गुनगुनाया जा सके। बस, फिर क्या था! वे कमर कसकर ऐसा ही संगीत देने के अभियान में जुट गए और जल्दी ही फिल्मिस्तान की सुपरहिट 'दो भाई' (1947) के रूप में नतीजा भी सामने आ गया। कामिनी कौशल और उल्हास की मुख्य भूमिकाओं वाली इस फिल्म के गीत देश के कोने-कोने में गूँजने लगे, खासकर गीता दत्त का सदाबहार अमर गीत—'मेरा सुन्दर सपना बीत गया, मैं प्रेम में सब कुछ हार गई, बेदर्द जमाना जीत गया'। इस गीत से खुद गीता दत्त भी रातोरात पार्श्व गायिकाओं की चोटी पर पहुँच गईं। फिल्म के कई अन्य गीत—'याद करोगे इक दिन हमको याद करोगे' (गीता दत्त), 'दुनिया में आज मेरी' (रफी) और 'मेरा पिया तो बसे परदेस' (गीता दत्त)—भी खूब लोकप्रिय हुए। इन लोकप्रिय गीतों को जाने-माने शायर राजा मेहंदी अली खान ने लिखा था। एक गीतकार के रूप में यही उनकी पहली फिल्म थी।

इसके बाद सचिन देव बर्मन को नायकों के नायक 'एवरग्रीन' देव आनन्द के साथ काम करने का अवसर मिला, जिनके साथ वे बहुत लम्बा फिल्मी सफर तय करने वाले थे। देव आनन्द की यह फिल्म 'विद्या' (1947) सुरैया के साथ उनकी सुपरहिट जोड़ी की पहली कड़ी थी। फिल्म में कई लोकप्रिय गीत थे, खासकर सुरैया के। एक दिलचस्प तथ्य यह है कि इस फिल्म में सचिन दा ने देव आनन्द के लिए मुकेश की आवाज का इस्तेमाल किया था। कहते हैं कि इस

फिल्म में सुरैया के एक सुपरहिट गीत 'किनारे-किनारे चले जाएँगे' की शूटिंग के दौरान कश्ती अचानक ही पलट गई थी और सुरैया नदी में जा गिरी थीं। तब कश्ती में उनके साथ बैठे देव आनन्द ने ही उन्हें डूबने से बचाया था। इसी फिल्म की शूटिंग के दौरान दोनों के मशहूर रोमांस के अंकुर भी फूट थे। कहते हैं कि सचिन दा कभी-कभी दोनों के प्रेम-पत्र एक-दूसरे तक पहुँचाने की भूमिका भी निभाते रहते थे। फिल्म के अन्य लोकप्रिय गीतों में 'झून रही खुशियों की नाव' (सुरैया), 'बहें न कभी नैन से नीर' (मुकेश), 'किसे मालूम था दो दिन' (सुरैया), 'लाई खुशी को दुनिया हँसती हुई जवानी' (सुरैया-मुकेश) और 'आज मेरा दिल किसी पे आ गया' (सुरैया) शामिल थे।

सुरेन्द्र और नयनतारा की मुख्य भूमिकाओं वाली 'कमल' (1949) बॉक्स ऑफिस पर भले ही पिट गई हो, लेकिन सचिन देव बर्मन ने इस फिल्म में भी बहुत अच्छा संगीत दिया था। 'अब रात गई है बीत' (सुरेन्द्र), 'मेरी कश्ती को मुहब्बत का किनारा मिल गया' (गीता दत्त), 'मैं उदास हूँ मगर' (सुरेन्द्र), 'प्यारे प्यारा है समाँ' (मीना कपूर-मोतीलाल) और 'आज कठिन है प्रीत डगरिया' (ललिता राव) इत्यादि सभी गीतों में एक खास तरह की ताजगी और आधुनिकता की झलक थी। इस फिल्म के गीत गोपाल सिंह नेपाली, प्रेम धवन और राजा मेहंदी अली खान ने लिखे थे।

फिल्मिस्तान की 'शबनम' (1949) बर्मन दादा की एक सुपरहिट फिल्म साबित हुई। विभूति मित्र द्वारा निर्देशित इस फिल्म में अभिनय सम्राट दिलीप कुमार और कामिनी कौशल की लोकप्रिय जोड़ी थी। सचिन देव ने देव आनन्द की तरह दिलीप कुमार के लिए भी मुकेश की आवाज़ का इस्तेमाल किया। फिल्म के संगीत ने ऐसी धूम मचाई कि सचिन देव बर्मन का नाम चोटी के संगीत-निर्देशकों में गिना जाने लगा। इस गोल्डन जुबली फिल्म के सबसे लोकप्रिय गीतों में 'तुम्हारे लिए हुए बदनाम' (मुकेश-शमशाद बेगम), 'तू महलों में रहने वाली' (मुकेश-शमशाद), 'मेरा दिल तड़पाकर कहाँ चला' (गीता दत्त), 'ये दुनिया रूप की चोर' (शमशाद बेगम), 'किस्मत में बिछड़ना था' (गीता दत्त-मुकेश), 'प्यार में तुमने धोखा सीखा' (शमशाद बेगम-मुकेश) और 'हम तुमको सुनाएँ हाल' (ललिता देउलकर) शामिल थे।

एस.डी. बर्मन के संगीत की धूम और फिल्मों की बॉक्स ऑफिस सफलता के बावजूद निर्माता न जाने क्यों उन्हें काम देने से हिचकिचा रहे थे। एक बार तो वे इतने उखड़ गए कि कलकत्ता वापस लौटने की सोचने लगे। वे तब बॉम्बे टॉकीज की 'मशाल' (1950) में संगीत दे रहे थे। निर्माता एस. मुखर्जी ने उनकी हिम्मत बढ़ाई और उन्हें जल्दबाजी में कोई कदम उठाने से रोका। इस फिल्म में मन्ना डे का गीत 'ऊपर गगन विशाल नीचे गहरा पाताल' इतना लोकप्रिय हुआ कि सचिन दा का खोया हुआ उत्साह और आत्मविश्वास लौट आया और उन्होंने हर चुनौती का डटकर मुकाबला करने का फैसला कर लिया। इस फिल्म के अन्य लोकप्रिय गीतों में 'आज नहीं तो कल' (लता), 'जब तुम थे हमारे' (अरुण कुमार), 'आँखों से दूर' (लता), 'कितनी सच है ये बात' (गीता दत्त) और 'मोहे लागा सोलवाँ साल' (शमशाद बेगम-अरुण कुमार) शामिल थे। 'मशाल' में अशोक कुमार के साथ सुमित्रा देवी मुख्य भूमिका में थीं। कवि प्रदीप के गीतों वाली इस फिल्म में सुरों की मलिका लता मंगेशकर ने पहली बार सचिन दा के संगीत-निर्देशन में गाया था। जल्दी ही यह जोड़ी भारतीय सिनेमा के एक से एक यादगार और अमर गीत देने वाली थी।

वी.एम. व्यास निर्देशित 'प्यार' (1950) में नर्गिस और राज कपूर की मशहूर जोड़ी थी। (इस जोड़ी ने साथ-साथ 19 फिल्मों में काम किया।) यूँ राज कपूर के साथ सचिन देव बर्मन की यह ('चित्तौड़ विजय' और 'दिल की रानी' के बाद) तीसरी फिल्म थी। यह बात भी ध्यान देने योग्य है कि सचिन दा ने अपने कैरियर के शुरू में ही राज कपूर, देव आनन्द और दिलीप कुमार—तीनों के साथ काम कर लिया था, जो बड़े गर्व की बात मानी जाती थी। एक दिलचस्प तथ्य यह भी है कि जहाँ बर्मन दा ने 'विद्या' में देव आनन्द के लिए और 'शबनम' में दिलीप कुमार के लिए मुकेश की आवाज का इस्तेमाल किया (जो आखिर में जाकर राज कपूर की स्थाई आवाज बन गए), वहीं 'प्यार' में राज कपूर के लिए उन्होंने किशोर कुमार की आवाज का इस्तेमाल किया। किशोर कुमार ने राज कपूर के लिए 'कच्ची-पक्की सड़कों पे मेरी टमटम' जैसा चुलबुला गीत तो गाया ही, साथ ही 'मुहब्बत का छोटा-सा इक आशियाना', 'एक हम और दूसरे तुम, तीसरा कोई नहीं' (गीता दत्त के साथ) और 'ओ बेवफा ये तो बता' (गीता दत्त के साथ) जैसे रूमानी गीत भी गाए। किशोर का शमशाद बेगम के साथ भी एक युगल-गीत था—'जलती है दुनिया तेरे-मेरे प्यार से'। राज कपूर के पार्श्व-गायक के रूप में किशोर कुमार की भले ही यह पहली और

दादा बर्मन देव आनन्द के साथ

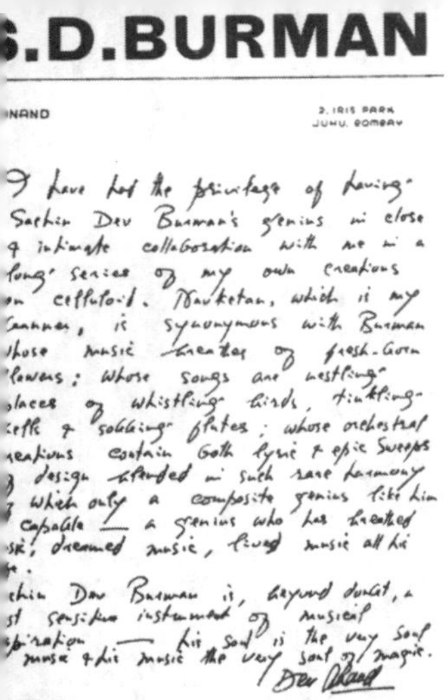

S.D.BURMAN

NAND

2, IRIS PARK
JUHU, BOMBAY

I have had the privilege of having Sachin Dev Burman's genius in close & intimate collaboration with me in a long series of my own creations on celluloid. Navketan, which is my banner, is synonymous with Burman whose music breathes of fresh-born flowers; whose songs are nestling places of whistling birds, tinkling bells & sobbing flutes; whose orchestral creations contain both lyric & epic sweeps of design blended in such rare harmony of which only a composite genius like him is capable — a genius who has breathed music, dreamed music, lived music all his life.

Sachin Dev Burman is, beyond doubt, a most sensitive instrument of musical inspiration — his soul is the very soul of music & his music the very soul of magic.

Dev Anand

वैजयंतीमाला

आखिरी फिल्म थी, लेकिन सचिन दा के साथ मिलकर वे सैकड़ों सुपरहिट और अमर गीत देने वाले थे। राज कपूर और नर्गिस की इस पहली फ्लॉप फिल्म के गीत राजेन्द्र कृष्ण ने लिखे थे।

देव आनन्द और सुरैया की मुख्य भूमिकाओं वाली 'अफसर' (1950) हिन्दी सिनेमा के इतिहास में एक नए, जोशीले और शायद सबसे लम्बे चलने वाले बैनर के उदय की प्रतीक थी। यह बैनर था चिरयुवा और सदाबहार नायक देव आनन्द का अपना बैनर 'नवकेतन'—जिसने आधी सदी से भी ज्यादा समय तक न जाने कितनी यादगार, कितनी जोशीली और कितनी ट्रेंड-सेटिंग फिल्में भारतीय सिनेमा को दीं। इस फिल्म के लेखक-निर्देशक थे देव आनन्द के बड़े भाई चेतन आनन्द, जो बाद में खुद भी बहुत बड़े निर्माता-निर्देशक बने। बैनर की आने वाली बहुत-सी फिल्मों की तरह इस फिल्म में भी सचिन देव बर्मन का संगीत था। उन्होंने फिल्म की नायिका 'सिंगिंग स्टार' सुरैया से कई लुभावने गीत गवाए, जिनमें राग मल्हार पर आधारित 'मनमोर हुआ मतवाला, ये किसने जादू डाला' और रवीन्द्र संगीत पर आधारित 'नैन दीवाने देखो नहीं माने' जैसे अमर गीत भी शामिल थे। सुरैया के दो और गीत 'गुन-गुन-गुन करता भंवरा' और 'परदेसी जाते-जाते जिया मोरा' भी खूब लोकप्रिय हुए थे। पं. नरेन्द्र शर्मा के गीतों वाली इस फिल्म ने बॉक्स ऑफिस पर ज्यादा धूम तो नहीं मचाई, लेकिन नवकेतन बैनर को जरूर स्थापित कर दिया, और नवकेतन और एस.डी. बर्मन के बीच लम्बे जुड़ाव को भी। बर्मन दादा ने लगभग पच्चीस वर्षों में इस बैनर की 14 फिल्मों में बहुत शानदार और यादगार संगीत दिया। देव आनन्द सचिन दा के कितने जबर्दस्त प्रशंसक थे, उनका कितना मान करते थे, इसका अन्दाजा उनके अपने हाथ से लिखी हुई कुछ पंक्तियों से लगाया जा सकता है। (हम सचिन दा के बारे में देव आनन्द की इन हस्तिलिखित पंक्तियों की प्रतिलिपि प्रस्तुत कर रहे हैं।)

देव आनन्द जब संघर्ष के दौर में थे तो अपनी ही तरह संघर्षरत और स्वप्नदर्शी तथा आने वाले दिनों के जाने-माने अभिनेता और निर्माता-निर्देशक गुरुदत्त के साथ उनकी बड़ी गहरी दोस्ती हो गई थी। तब देव आनन्द ने उनसे वायदा किया कि वे खुद जब भी कोई फिल्म बनाएँगे तो इसका निर्देशन उन्हीं को सौंपेंगे। देव आनन्द ने यह वायदा निभाते हुए नवकेतन की दूसरी फिल्म 'बाजी' (1950) का निर्देशन गुरुदत्त को सौंप दिया। इस फिल्म की पटकथा चेतन आनन्द के गहरे मित्र और संघर्षरत अभिनेता बलराज साहनी ने लिखी थी। फिल्म में देव आनन्द के साथ गीता बाली और एक नई अभिनेत्री कल्पना कार्तिक मुख्य भूमिकाओं में थीं। (बाद में देव आनन्द ने कल्पना कार्तिक से विवाह कर लिया, जिनका असली नाम मोना था।) जैसाकि स्वाभाविक था, गुरुदत्त निर्देशित 'बाजी' में भी सचिन देव बर्मन का संगीत था, और क्या संगीत था! इस फिल्म के एक से एक लोकप्रिय गीतों को लोग आज भी नहीं भूले हैं। या यूँ कहें कि इस फिल्म के संगीत ने धूम ही मचा दी और एस.डी. बर्मन उस जमाने के चोटी के संगीत-निर्देशकों—अनिल बिस्वास, नौशाद, सी. रामचन्द्र इत्यादि में शामिल हो गए। फिल्म के निर्देशक गुरुदत्त थे, इसलिए फिल्म के संगीत पर पूरी तरह से गीता दत्त छाई हुई थीं (जो तब गीता राय के नाम से जानी जाती थीं)। गीता दत्त सचमुच अपने चरम पर थीं। उन्होंने सभी गीत इतने उत्साह से और इतने खूबसूरत अन्दाज में गाए कि रंग जमा दिया। जरा याद कीजिए—'तदबीर से बिगड़ी हुई तकदीर बना ले, अपने पे भरोसा है तो इक दाँव लगा ले'। इस गीत में स्पेनिश गिटार का मधुर प्रयोग देखते ही बनता था। या फिर 'सुनो गजर क्या गाए, समय गुजरता जाए'—इसमें भी स्पेनिश गिटार का प्रयोग किया गया था। 'आज की रात पिया दिल न तोड़ो' और 'ये कौन आया कि मेरे दिल की दुनिया में बहार आई' जैसे गीतों की मधुरता सचमुच मंत्रमुग्ध कर देने वाली थी। फिल्म के अन्य सुहाने गीतों में 'देख के अकेली मोहे बरखा सताए' और 'तुम भी न भूलो बलम' शामिल थे।

प्रेमनाथ और निम्मी 'बुजदिल' में

जैसाकि हमने कहा, गीता दत्त के ये सभी गीत एक से एक बढ़कर थे। लेकिन इसी फिल्म में सचिन दा ने देव आनन्द के लिए किशोर कुमार की आवाज का भी सबसे पहली बार इस्तेमाल किया था, जो जल्दी ही देव आनन्द के चहेते पार्श्व गायक बन गए। यह इकलौता गीत था—'मेरे लबों पर देखो आज भी तराने हैं'। फिल्म में शमशाद बेगम का भी एक धूम मचानेवाला गीत था—'शरमाए काहे घबराए काहे'। जाने-माने शायर साहिर लुधियानवी और एस.डी. बर्मन की अद्‌भुत जोड़ी की भी यह पहली फिल्म थी, जिन्होंने आगे चलकर 'प्यासा' (1958) जैसी एक लाजवाब फिल्म दी। 'बाजी' की जबर्दस्त सफलता ने नवकेतन बैनर को मजबूती से स्थापित कर दिया।

सचिन देव बर्मन अब अपने कैरियर के सबसे रचनात्मक और सफलतम चरण में प्रवेश कर चुके थे। आने वाले वर्षों में वे एक से एक यादगार और अमर गीतों की रचना करने वाले थे। मद्रास के ए.वी.एम. स्टूडियो की 'बहार' (1951) उनके कई धूम मचाने वाले गीतों भरी फिल्म थी। 'सैयाँ दिल में आना रे' की धूम तो अब तक नहीं थमी है। शमशाद बेगम के इस सदाबहार गीत के अलावा फिल्म में कई और लोकप्रिय गीत थी थे—'दुनिया का मजा ले लो, दुनिया तुम्हारी है' (शमशाद), 'कसूर आपका हजूर आपका' (किशोर कुमार), 'प्यार की बहार लेके, दिल का करार लेके' (शमशाद), 'ऐ जिंदगी के राही हिम्मत न हार' (तलत) और राग भैरवी पर आधारित 'भगवान दो घड़ी जरा'। इस सिल्वर जुबली फिल्म में सचिन दा ने प्रमाणित कर दिया कि वे हल्का-फुल्का लोकप्रिय संगीत देने की भी क्षमता रखते थे। फिल्म के गीत साउथ की फिल्मों के चहेते गीतकार राजेन्द्र कृष्ण ने लिखे थे। यह भी एक दिलचस्प तथ्य है कि इसके बाद एस.डी. बर्मन ने शायद ही मद्रास (अब चेन्नई) की किसी फिल्म में काम किया, एक 'सितारों से आगे' (1957) को छोड़कर।

जी.पी. सिप्पी की देव आनन्द और निम्मी की मुख्य भूमिकाओं से सजी 'सजा' (1951) में एक बार फिर सचिन दा का बेहद मधुर और अमर संगीत सुनने को मिला। फली मिस्त्री द्वारा निर्देशित इस फिल्म में लता का वह अनमोल गीत भी था, जो आज भी भुलाए नहीं भूलता—'तुम न जाने किस जहाँ में खो गए, हम भरी दुनिया में तन्हा हो गए'। इसमें कोई सन्देह नहीं कि लता मंगेशकर की मधुर आवाज को तराशने-सँवारने और अलौकिक ऊँचाइयों तक पहुँचाने में एस.डी. बर्मन का भी बहुत बड़ा हाथ था। देश-विदेश में अपने संगीत कार्यक्रमों में लता 'सजा' के इस गीत को हमेशा बहुत ऊपर रखती थीं और इसे गाना नहीं भूलती थीं। इस फिल्म के अन्य यादगार गीतों में बंगाल की गायिका संध्या मुखर्जी के साथ हेमन्त कुमार का एक युगल-गीत शामिल था—'आ गुपचुप-गुपचुप प्यार करें'। इतने धीमे, मधुर और मदहोश कर देने वाले युगल-गीत आपने बहुत कम सुने होंगे। संध्या मुखर्जी ने एक सोलो गीत भी गाया था—'ये बात कोई समझाए रे'। फिल्म के अन्य लोकप्रिय गीतों में लता के 'धक-धक-धक जिया करे धक' और 'आजा-आजा तेरा इन्तजार है' (तलत के साथ) और 'ओ रूपनगर के जादूगर' (प्रमोदिनी देसाई के साथ) भी शामिल थे। फिल्म के सबसे यादगार गीत 'तुम न जाने किस जहाँ में खो गए' (जो साहिर लुधियानवी की रचना थी) को छोड़कर अन्य सभी गीत राजेन्द्र कृष्ण ने लिखे थे।

जैसाकि आप महसूस कर रहे होंगे, सचिन देव बर्मन बेहद मीठा और मन को अपार ऊँचाइयों पर ले जाने वाला संगीत दे रहे थे। यही उनकी खासियत थी और उनकी लगभग हर फिल्म में कम से कम एक-दो ऐसे गीत रहते ही थे। शाहिद लतीफ द्वारा निर्देशित और प्रेमनाथ, निम्मी और किशोर साहू की मुख्य भूमिकाओं वाली 'बुजदिल' (1951) में भी ऐसा ही एक गीत था—'रोते-रोते गुजर गई रात रे' (लता)। शैलेन्द्र और कैफी आजमी के गीतों से सजी इस फिल्म के अन्य लोकप्रिय गीत थे—'जाने न हाय ये दुनिया', 'मैं अलबेली रुनझुन-रुनझुन' और राग छायानट पर आधारित 'झनझन-झनझन पायल बाजे'—जो सब के सब लता की आवाज में थे। तलत के साथ उनका युगल-गीत 'डर लागे दुनिया से बलमा' भी बड़ा मोहक था। इसी तरह ओ.पी. दत्ता निर्देशित 'एक नजर' (1951) में राग भैरवी पर आधारित 'दर्द लगे प्यारा-प्यारा' और 'जाने वाले देखो हमें भूल न जाना' लता के दो बड़े प्यारे और मीठे गीत थे। नलिनी जयवन्त और रहमान की मुख्य भूमिकाओं वाली इस फिल्म में कई और लोकप्रिय गीत भी थे—'ये आँसू खुशी के आँसू हैं' (तलत), 'बस चुपके ही चुपके से प्यार हो गया' (गीता दत्त), 'मुझे प्रीत नगरिया जाना है' (रफी-लता) और 'नए जमाने की मुहब्बत मिली' (किशोर कुमार)। फिल्म के गीत राजेन्द्र कृष्ण ने लिखे थे। लेकिन 'बुजदिल' और 'एक नजर' दोनों ही बॉक्स ऑफिस पर फीकी-फीकी रहीं।

लता मंगेशकर की आवाज ने एस.डी. बर्मन के संगीत को एक नया आयाम दे दिया था। ए.आर. कारदार की 'नौजवान' (1951) का 'ठंडी हवाएँ लहराके आएँ' इसी का एक बहुत सुन्दर उदाहरण था। महेश कौल द्वारा निर्देशित और प्रेमनाथ और नलिनी जयवन्त की मुख्य भूमिकाओं वाली इस फिल्म के इस सदाबहार गीत की रिकॉर्डिंग के दौरान सचिन दा के नन्हे-मुन्ने सपुत्र राहुल भी मौजूद थे। या यूँ कहें कि अपने महान पिता के किसी गीत की रिकॉर्डिंग की यह उनकी पहली याद थी। बरसों बाद उन्होंने बचपन के इन क्षणों को नमन करते हुए अपनी फिल्म ('सागर', 1986) का एक गीत 'सागर किनारे दिल ये पुकारे' (लता-किशोर) इसी धुन पर कम्पोज किया। 'नौजवान' के अन्य गीतों में 'दिल का दर्द न जाने दुनिया जाने दिल तड़पाना' (लता), 'जरा झूम ले जवानी का जमाना है' (रफी-गीता दत्त), 'देखो-देखो जी कुछ कर लो' (लता-किशोर), 'पनघट पे देखो आई' (रफी-गीता दत्त) और

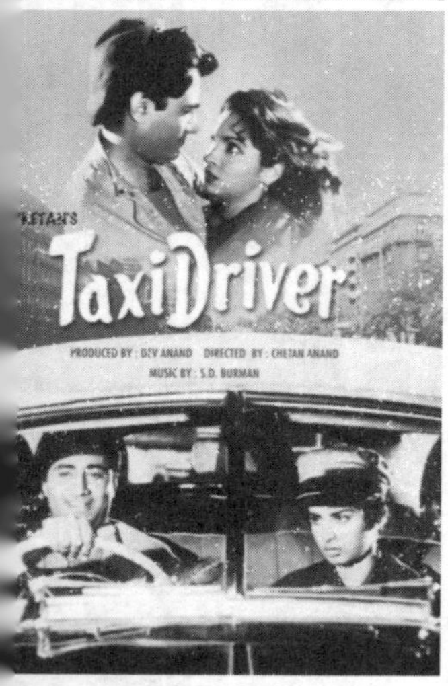

किशोर कुमार की मोहक यूडलिंग वाला 'पी-पी पिया हम और तुम, तुम और हम' (शमशाद बेगम-किशोर) शामिल थे। फिल्म के गीत साहिर लुधियानवी ने लिखे थे।

जयराज, सुरैया और नासिर खान की मुख्य भूमिकाओं वाली 'लाल कुँवर' (1952) में सचिन देव बर्मन को एक बार फिर सुरैया से कुछ लुभावने गीत गवाने का अवसर मिला। इसमें 'तुम जो मिले आरजू को दिल की राह मिल गई', 'निगाहें क्यों मिलाई थीं अगर यूँ छोड़कर जाना था', 'प्रीत सताए तेरी याद न जाए तेरी' और 'देखो आई मिलन की रातें' जैसे एक से एक मोहक गीत शामिल थे। इस फिल्म में भी साहिर और एस.डी. बर्मन की जोड़ी थी। लेकिन रवीन्द्र दवे ('नगीना' और 'दूल्हा-दुल्हन' वाले) द्वारा निर्देशित यह फिल्म बॉक्स ऑफिस पर बुरी तरह पिट गई और लोग इसके गीतों को भी भूल गए।

'बाजी' की जबर्दस्त सफलता के बाद गुरुदत्त ने निर्देशक के रूप में अपनी दूसरी फिल्म 'जाल' (1959) में भी देव आनन्द और गीता बाली की जोड़ी के साथ कलाकारों की लगभग उसी टीम को दोहराते हुए एक और हिट फिल्म दी। सचिन देव बर्मन ने भी साहिर लुधियानवी के साथ मिलकर वैसा ही मधुर और अमर संगीत दिया। इस बार उन्होंने देव आनन्द के लिए हेमन्त कुमार की आवाज का इस्तेमाल किया, जो उन पर खूब फबी। उनकी जादुई आवाज में राग सिन्धु भैरवी पर आधारित 'ये रात ये चाँदनी फिर कहाँ, सुन जा दिल की दास्ताँ' फिल्म का सबसे शाहकार गीत साबित हुआ और आज भी उनके अमर गीतों में शामिल है। लता का 'चाँदनी रातें प्यार की बातें खो गईं जाने कहाँ' भी उतना ही सुहाना और मंत्रमुग्ध कर देने वाला था। उस जमाने में इस गीत ने ऐसी धूम मचाई थी कि देखते ही बनता था। कहते हैं कि यह गीत पहले जगजीत कौर की आवाज में रिकॉर्ड किया गया था। लेकिन लता ने जोर देकर यह शास्त्रीय गीत खुद गाने की इच्छा जाहिर की और परिणाम सचमुच चमत्कृत कर देने वाला था। फिल्म के अन्य यादगार गीतों में लता का 'पिघला है सोना नील गगन पर' भी शामिल था, जिसमें लता की आवाज सचमुच क्षितिज पर डूबते सूर्य की लालिमा के पार आशाओं की एक नई दुनिया में ले जाती हुई प्रतीत होती थी। 'दे भी चुके हम नजराना दिल का' (गीता दत्त-किशोर कुमार), गोवई शैली का 'चोरी-चोरी मेरी गली आना है बुरा' (गीता दत्त) और समन्दर और मछुआरों के बीच अन्तहीन संघर्ष को चित्रित करने वाला 'जोर लगाके हइया' (गीता दत्त) फिल्म के लोकप्रिय गीतों में शामिल थे। गीता दत्त का एक और गीत 'सोच-समझकर दिल को लगाना' भी बड़ा खूबसूरत था। कुल मिलाकर इस फिल्म में सचिन दा ने उत्कृष्ट, मधुर और अमर संगीत दिया था और उतना ही लोकप्रिय भी।

भारतीय सिनेमा के सर्वश्रेष्ठ सिनेमैटोग्राफर माने जाने वाले फली मिस्त्री द्वारा निर्मित और निर्देशित 'अरमान' (1953) ने बॉक्स ऑफिस पर भले ही धूम न मचाई हो, लेकिन सचिन देव बर्मन का संगीत इस फिल्म में भी कमजोर नहीं था। फिल्म के कई लोकप्रिय गीतों में 'चाहे कितना मुझे तुम बुलाओ जी नहीं बोलूँगी' (आशा भोंसले), 'ये हँसी ये खुशी लाखों बरस यूँ ही आए' (गीता दत्त), 'भरम तेरी वफाओं के' (तलत), 'बोल न बोल जाने वाले' (तलत-आशा भोंसले), 'मैं पंख लगाके उड़ जाऊँ' (आशा भोंसले) और पियानो के मोहक सुरों वाला 'जब दुनिया बदली है फिर क्यों न बदलें हम' (आशा भोंसले) शामिल थे। इसी फिल्म से सचिन दा के संगीत की दुनिया में आशा भोंसले का प्रवेश हुआ और जैसाकि आप देख रहे हैं, उन्होंने कई गीत गाए। (बरसों बाद आशा भोंसले ने उनके सुपुत्र राहुल देव बर्मन से विवाह कर लिया।) किशोर कुमार की तरह आशा भोंसले की प्रतिभा को उभारने में भी सचिन देव बर्मन का बहुत महत्त्वपूर्ण योगदान रहा है, जो शायद ओ.पी. नैयर और रवि के योगदान से कम नहीं है। इस फिल्म के गीत भी साहिर लुधियानवी ने लिखे थे। एक दिलचस्प तथ्य यह भी है कि आशा भोंसले के 'मैं पंख लगाके' के एक अन्तरे 'लहरों में झूमूँ तारों को छू लूँ' को साहिर और एस.डी. बर्मन ने कुछ वर्ष बाद एक दूसरी फिल्म 'सोसायटी' (1955) के एक गीत के मुखड़े के रूप में इस्तेमाल किया।

1953 में ही रिलीज हुईं 'जीवन ज्योति', 'बाबला' और 'शहंशाह' में भी साहिर और एस.डी. बर्मन की जोड़ी ने कई खूबसूरत गीत दिए, हालाँकि ये फिल्में ज्यादा नहीं चलीं। 'जीवन ज्योति' में 'लड़ गई अखियाँ तुझसे मोरी' (लता-रफी), 'छाई कारी बदरिया बैरनिया हो राम' (लता, राग पीलू पर आधारित) और 'देखो-देखो लग जाए न नजर' (गीता दत्त); 'बाबला' में लता और मन्ना डे के अलग-अलग वर्जन वाला 'रात के राही थक मत जाना', 'हमारे मुंडेर बोले कागा' (राजकुमारी), 'जग में आए कोई' (तलत) और 'शहंशाह' में 'चाहत का खजाना है' (लता), 'आई बहार लेके रातें प्यार की' (आशा भोंसले) 'जाम थाम ले सोचते ही सोचते न बीते सारी रात' (शमशाद बेगम) और 'नाजों के पाले काँटों पे चले' (तलत) जैसे कई लोकप्रिय गीत थे।

साहिर और एस.डी. बर्मन की जोड़ी की ही 'अंगारे' (1954) एक यादगार फिल्म थी। नर्गिस और नासिर खान की मुख्य भूमिकाओं वाली इस फिल्म के निर्देशक के.बी. लाल ('लाल हवेली' वाले) थे। इनमें सचिन दा द्वारा संगीतबद्ध एक ऐसा युगल-गीत था जो उनकी महानतम संगीत-रचनाओं में गिना जाता है—'तेरे साथ चल रहे हैं ये जमीं ये चाँद-तारे' (लता-तलत)। फिल्म में कई और खूबसूरत गीत भी थे—'उस बस्ती को जाने वाले' (लता), 'रूप की रानी आई' (शमशाद), मेंडोलिन के मधुर प्रयोग वाला राग भूपाली पर आधारित 'प्यार भरी धड़कनों के हार लेके' (लता), दिल को झिंझोड़कर रख देने वाला दर्द भरा 'डूब गए आकाश के तारे' (तलत), 'उन्हें खोकर दुखे दिल की दुआ' (लता) और 'प्यार बुलाए तुझे' (आशा भोंसले)। इन एक से एक सुरीले गीतों वाली यह फिल्म बॉक्स ऑफिस पर भी अच्छी चली थी।

इस वर्ष एस.डी. बर्मन ने एक पौराणिक और एक कॉमेडी फिल्म में भी संगीत दिया, लेकिन ये दोनों फिल्में प्रतिष्ठित बैनरों की फिल्में थीं। जी.पी. सिप्पी की 'राधा-कृष्ण' (1954) एक माइथोलॉजिकल फिल्म थी और एस.डी. बर्मन के लिए एक नया अनुभव थी। पं. नरेन्द्र शर्मा, साहिर और सत्येन्द्र अत्थैया के गीतों को उन्होंने बहुत मधुर और भक्ति-रस भरी धुनों में पिरोया। 'तुम बंसी हो मैं हूँ तान' (गीता दत्त-लता), 'ऐसी बंसी बजाई मैं तो खो गई' (लता), 'नील गगन में बादल बाजे' (आशा भोंसले), 'किन्ने मारा अबीर गुलाल' (लता) और 'झूम उठे नैन मेरे तुझे देख साँवरे' (लता) जैसे सभी गीत मधु-रस की बौछार की तरह थे। लता और आशा का दो वर्जनों वाला 'घिर आए रस मेघ रसिक जी... रास रचाओ जी' भी बड़ा अनूठा और मोहक गीत था। लेकिन राजा नेने द्वारा निर्देशित यह फिल्म कुछ खास नहीं चली, हालाँकि सचिन दा ने विषय के साथ पूरा न्याय किया था और अपने संगीत में कोई कसर नहीं छोड़ी थी।

'चालीस बाबा एक चोर' (1954) चोटी की नायिका कामिनी कौशल के घरेलू बैनर द्वारा निर्मित एक कॉमेडी फिल्म थी। इसके निर्देशक पी.एल. सन्तोषी (आज के जाने-माने निर्माता-निर्देशक राजकुमार सन्तोषी के पिता) थे। यह फिल्म भी बॉक्स ऑफिस पर ठंडी ही रही, हालाँकि सचिन देव बर्मन ने निर्देशक पी.एल. (प्यारे लाल) सन्तोषी के गीतों को बड़ी लुभावनी धुनों में ढाला था। 'सजनवा जो हो साथ' (लता), 'दिल में है ऐसी बात कानों में कही जाए' (लता-किशोर), 'यारों ने जो बाँहें डालीं' (लता), 'आज नहीं कल बाबा' (शमशाद) और 'किस्मत ने बाग लगाया है' (लता) इत्यादि सभी गीत फिल्म के विषय के अनुरूप चटपटे और चुलबुले थे। इन गीतों में सचिन दा ने बाँसुरी और मैंडोलिन पर आधारित ऑर्केस्ट्रेशन का प्रयोग किया था, जो इस फिल्म के संगीत का एक अनूठा पहलू था।

इस बीच देव आनन्द कहाँ थे और उनका नवकेतन बैनर? सचिन दा के सबसे बड़े प्रशंसक होने के बावजूद देव आनन्द और उनके नवकेतन बैनर की दो फिल्मों 'आंधियाँ' (1952) और 'हमसफर' (1953) से एस.डी. बर्मन गायब थे। दरअसल नवकेतन की ये दोनों फिल्में नव-यथार्थवादी फिल्में थीं और इनमें उस्ताद अली अकबर खाँ का संगीत था। लेकिन चेतन आनन्द द्वारा निर्देशित 'आंधियाँ' और अनादि नाथ बनर्जी द्वारा निर्देशित 'हमसफर' दोनों ही बुरी तरह फ्लॉप हो गईं और नवकेतन बैनर की चूलें हिल गईं। बैनर को बन्द होने से बचाने के लिए एक हिट फिल्म की बहुत सख्त जरूरत थी। ऐसे में झट से कम बजट की 'टैक्सी ड्राइवर' (1954) बनाने की योजना बनाई गई और बर्मन दा को एक बार फिर याद किया गया। उन्होंने निराश भी नहीं किया। चेतन आनन्द द्वारा निर्देशित और देव आनन्द, कल्पना कार्तिक और शीला रमानी की मुख्य भूमिकाओं वाली इस फिल्म में उन्होंने ऐसा हिट और यादगार संगीत दिया कि नवकेतन बैनर में फिर से जान आ गई। साहिर लुधियानवी द्वारा लिखे गए इस सुपरहिट फिल्म के गीतों में सबसे यादगार था—'जाएँ तो जाएँ कहाँ, समझेगा कौन यहाँ, दर्द भरे दिल की जुबाँ'। राग जौनपुरी पर आधारित इस गीत को तलत और लता दोनों ने ही इतने मर्मस्पर्शी अन्दाज में गाया था कि इसने देश भर में तूफान-सा मचा दिया। इस फिल्म में सचिन देव बर्मन ने गीता दत्त या आशा भोंसले की बजाय लता पर ही भरोसा किया और सभी प्रमुख गीत उन्हीं से गवाए। इनमें 'दिल से मिलाके दिल प्यार कीजिए', 'दिल जले तो जले किसी की न सुन' और 'मेरी जिंदगी आज रात झूम ले' जैसे लोकप्रिय गीत शामिल थे। फिल्म में आशा भोंसले का एक डुएट भी था, जिसमें उनका साथ बाद के जमाने की संगीतकार जोड़ी सपन-जगमोहन के जगमोहन बख्शी ने निभाया था—'देखो माने नहीं रूठी हसीना'। किशोर कुमार का धूम-धड़ाके भरा 'चाहे कोई खुश हो चाहे गालियाँ हजार दे' भी खूब लोकप्रिय हुआ था, जिसमें जॉनी वाकर ने भी उनका साथ निभाया था। आशा भोंसले का सोलो 'जीने दो और जीयो' भी बड़ा मोहक गीत था। इस फिल्म के संगीत ने इतनी धूम मचाई कि वर्ष के सर्वश्रेष्ठ संगीत का फिल्मफेयर अवॉर्ड 'टैक्सी ड्राइवर' और एस.डी. बर्मन को ही मिला।

शाहिद लतीफ निर्देशित 'सोसायटी' (1955) का जिक्र हम पीछे कर चुके हैं। इसमें निम्मी और नासिर खान मुख्य भूमिकाओं में थे। इसमें लता का एक सेमी-क्लासिकल और अनूठे अन्दाज वाला गाना था—'मेरी उमर से लम्बी हो गई'। आशा भोंसले के 'लहरों में झूलूँ तारों को छू लूँ' का जिक्र हम पीछे कर चुके हैं, जो सचमुच बहुत सुन्दर बन पड़ा था। इसकी मुरकियाँ जितनी प्यारी थीं उतना ही मोहक सितार का प्रयोग भी हुआ था। 'दिल का तराना गा ले' (गीता

दत्त), 'दिल नहीं तो न सही' (आशा भोंसले) और 'आ भी जा कि तेरा इन्तजार कब से' (रफी-बलवीर) फिल्म के कुछ अन्य लोकप्रिय गीत थे। साहिर लुधियानवी के गीतों वाली यह फिल्म अभिनेत्री मीनू मुमताज की पहली फिल्म थी।

किशोर कुमार और बीना राय की मुख्य भूमिकाओं वाली 'मद भरे नैन' (1955) के पीछे एक दिलचस्प कहानी है। कहते हैं कि दिल्ली के एक व्यापारी की एक जैकपॉट लॉटरी लग गई। वे फिल्मों के इतने दीवाने थे कि उन्होंने उन पैसों से झटपट यह फिल्म बना डाली। हेम चन्दर द्वारा निर्देशित इस फिल्म के नायक भले ही किशोर कुमार थे, लेकिन फिल्म के संगीत पर पूरी तरह से लता मंगेशकर छाई हुई थीं। 'आ पलकों में आ सपने जगा' को तो लता और सचिन देव बर्मन की जोड़ी के सर्वश्रेष्ठ गीतों में गिना जाता है। लता के अन्य लुभावने गीतों में 'ओ लेके जिया पिया', 'आज का दिन है प्यार का' और 'देख मोसे साँची' इत्यादि शामिल थे। पाठक जानना चाह रहे होंगे कि दिल्ली के उस व्यापारी का दिवाला तो नहीं निकला। जी नहीं, फिल्म ने बॉक्स ऑफिस पर झंडे भले ही न गाड़े हों, लेकिन ऐसी बुरी भी नहीं रही।

'टैक्सी ड्राइवर' के बाद नवकेतन की 'हाउस नं. 44' (1955) एस.डी. बर्मन की एक और यादगार फिल्म थी। एक बार फिर देव आनन्द और कल्पना कार्तिक की मुख्य भूमिकाओं वाली यह फिल्म बॉक्स ऑफिस पर भले ही बहुत हिट न रही हो, लेकिन इसका संगीत न सिर्फ खूब लोकप्रिय हुआ बल्कि इसके कई गीत हिन्दी सिनेमा के अमर गीतों में शामिल हैं। राग बिहाग पर आधारित लता के बेहद सुरीले 'फैली हुई हैं सपनों की बाँहें, आजा चल दें कहीं दूर' को भला कौन भुला सकता है? या हेमन्त कुमार के उतने ही सम्मोहक 'तेरी दुनिया में जीने से तो बेहतर है कि मर जाएँ' को? हेमन्त कुमार का ही 'चुप है धरती चुप हैं चाँद-सितारे' भी एक शाहकार गीत था। 'पीछे-पीछे आके छू लो' (लता-हेमन्त कुमार), 'दम है बाकी तो गम नहीं' (आशा भोंसले), 'देख इधर ओ जादूगर' (आशा भोंसले) और 'ऊँचे सुर में गाए जा' (किशोर कुमार) भी बड़े प्यारे गीत थे। कुल मिलाकर 'हाउस नं. 44' एस.डी. बर्मन की एक शानदार फिल्म थी। इस फिल्म के निर्देशक मन्दी (एम.के.) बर्मन नवकेतन की टीम के एक स्थाई सदस्य थे। बाद में उन्होंने 'मंजिल' के नाम से खुद भी एक फिल्म का निर्माण (और निर्देशन) किया, जिसमें देव आनन्द की मुख्य भूमिका के साथ-साथ सचिन देव बर्मन का ही संगीत था। 'हाउस नं. 44' के यादगार गीत साहिर लुधियानवी ने लिखे थे।

इसके बाद सचिन दा की एक कीर्ति-स्तम्भ फिल्म आई—महान निर्माता-निर्देशक बिमल राय की 'देवदास' (1955) के रूप में। बरसों पहले जब पी.सी. बरुआ ने के.एल. सहगल और जमुना को लेकर 'देवदास' (1935) बनाई थी तो बिमल राय उस फिल्म के सिनेमैटोग्राफर थे। अब वे खुद यह फिल्म बनाना चाहते थे और देवदास की भूमिका में अभिनय सम्राट और तत्कालीन सुपरस्टार दिलीप कुमार को लेना चाहते थे। के.एल. सहगल की 'देवदास' में तिमिर बरन का संगीत था और उसमें 'बालम आए बसो मोरे मन में' और 'दुख के दिन अब बीतत नाहीं' जैसे अमर गीत थे। अब नई 'देवदास' में उनकी टक्कर का संगीत देने के लिए किस संगीतकार को चुना जाए? बिमल राय बड़ी उलझन में थे। आखिर काफी उधेड़बुन के बाद उन्होंने सचिन दा पर भरोसा करने का फैसला किया और अपने नियमित संगीत-निर्देशक सलिल चौधरी की बजाय उन्हीं के हाथ में संगीत की बागडोर थमा दी। सचिन दा ने उन्हें निराश भी नहीं किया। दिलीप कुमार, सुचित्रा सेन और वैजयन्तीमाला की मुख्य भूमिकाओं वाली इस 'देवदास' को दिलीप कुमार के उत्कृष्ट और अविस्मरणीय अभिनय के लिए याद किया जाता है (जो भारतीय सिनेमा में एक मील के पत्थर की तरह है)। उन्होंने देवदास के पात्र में सचमुच ही जान डाल दी थी। लेकिन फिल्म का माहौल तैयार करने और इस दुख भरी प्रेम-कथा में पात्रों की मनोस्थिति व्यक्त करने में फिल्म के संगीत का भी बहुत बड़ा हाथ था। बच्चों के हँसी-खेल का गीत हो या प्रेम और तड़प की दर्द भरी अभिव्यक्ति , विदाई-गीत हो या कोठे का मुजरा—सचिन देव बर्मन ने हर रचना में अपने अनूठे कलात्मक स्पर्श की छाप छोड़ी थी।

हमें यह याद रखना चाहिए कि बिमल राय की 'देवदास' कोई आम व्यावसायिक फिल्म नहीं थी। 'दो बीघा जमीन' जैसी अन्तर्राष्ट्रीय ख्याति की फिल्म बना चुके बिमल राय कलात्मक सिनेमा में विश्वास रखते थे और उनकी अपेक्षाओं के अनुरूप सचिन देव बर्मन ने 'देवदास' में वैसा ही कलात्मक संगीत दिया था। तलत के 'किसको खबर थी किसको यकीं था' और 'मितवा लगी ये कैसी अनबुझ आग' नायक की तड़प और निराशा को बखूबी उभारते थे। इसी तरह वैजयन्तीमाला पर फिल्माए गए 'जिसे तू कबूल कर ले वो अदा कहाँ से लाऊँ', 'अब आगे तेरी मर्जी, ओ रसिया' और 'ओ आने वाले रुक जा कोई दम' जैसे लता के सदाबहार गीत चन्द्रमुखी के मन की पीड़ा और उलझन को बड़ी खूबसूरती से अभिव्यक्त करते थे। रफी का 'मंजिल के रास्ते पाने के वास्ते' फिल्म की दोनों नायिकाओं पारो (सुचित्रा सेन) और चन्द्रमुखी की एक-दूसरे को लेकर भावनात्मक उत्सुकता और उलझन को बड़े सुन्दर ढंग से चित्रित करता था। पारो यानी सुचित्रा सेन के भावनात्मक द्वन्द्व को उभारने वाला 'साजन की हो गई गोरी' (गीता दत्त-मन्ना डे) भी बहुत खूबसूरत बन पड़ा था। 'वो न आएँगे पलट उन्हें लाख हम बुलाएँ' (मुबारक बेगम), 'ओ अलबेले पंछी तेरा दूर ठिकाना है' (आशा भोंसले-उषा मंगेशकर) और 'आन मिलो आन मिलो श्याम साँवरे' (मन्ना डे-गीता दत्त) जैसे सिचुएशन-प्रधान गीत भी एक से एक बढ़कर थे। कुल मिलाकर यह फिल्म एस.डी. बर्मन के संगीत के खजाने में किसी अनमोल रत्न से कम नहीं थी। साहिर लुधियानवी के गीतों के बारे में भी यही बात कही

जा सकती है, हालाँकि बहुत जल्दी 'प्यासा' (1958) में वे अपना सर्वश्रेष्ठ काव्य रचने वाले थे।

फिल्मिस्तान की 'मुनीमजी' (1955) देव आनन्द और नलिनी जयवन्त की मुख्य भूमिकाओं वाली एक मस्ती भरी, चटपटी और रुमानी फिल्म थी—'देवदास' से बिलकुल उलट और सचिन देव बर्मन ने इसमें वैसा ही मस्ती भरा और चुलबुला संगीत भी दिया था। यह फिल्म कई पहलुओं से बड़ी महत्त्वपूर्ण फिल्म थी। यह फिल्म एस. मुखर्जी के छोटे भाई सुबोध मुखर्जी की निर्देशक के रूप में पहली फिल्म थी। (इसके बाद उन्होंने 'लव मैरिज', 'जंगली', 'एप्रिल फूल', 'शार्गिद', 'अभिनेत्री' और 'शर्मीली' जैसी कई मशहूर फिल्में बनाईं।) इसी तरह इस फिल्म के कहानी-पटकथा-संवाद लेखक नासिर हुसैन थे, जो बाद में खुद भी बहुत बड़े निर्माता-निर्देशक बने (और उन्होंने 'दिल देके देखो' और 'जब प्यार किसी से होता है' से लेकर 'हम किसी से कम नहीं' तक लगभग दर्जन भर सुपरहिट फिल्में बनाईं)। यह फिल्म देव आनन्द के उत्कृष्ट अभिनय के लिए भी याद की जाती है। इस फिल्म में एक तरह से उनका डबल रोल था जिसे उन्होंने बड़े प्रभावशाली ढंग से निभाया था। जहाँ तक इस फिल्म में एस.डी. बर्मन के संगीत की बात है तो किशोर कुमार के इस सदाबहार गीत से शुरुआत कर सकते हैं—'जीवन के सफर में राही मिलते हैं बिछुड़ जाने को, और दे जाते हैं यादें तन्हाई में तड़पाने को'। राग यमन-कल्याण पर आधारित यह गीत दो वर्जनों में था—खुश और उदास—जिन्हें क्रमशः किशोर कुमार और लता मंगेशकर ने गाया था। कहते हैं कि सचिन दा एक दिन सुबह की सैर पर निकले तो पंछियों की चहचाहट से उन्हें इस फिल्म के एक दूसरे गीत—'घायल हिरणिया मैं बन-बन डोलूँ' की प्रेरणा मिली, जिसे राग शहाना पर लता मंगेशकर ने वैसी ही चंचलता के साथ गाया था। फिल्म की नायिका नलिनी जयवन्त ने भी लता के स्वर के उतार-चढ़ाव और भावों को बड़ी खूबसूरती से अपने अभिनय से अभिव्यक्त किया। 'जीवन के सफर में' के उदास वर्जन में भी उन्होंने अपने भाव-भीने अभिनय से दर्शकों का मन मोह लिया। नलिनी, देव आनन्द और प्राण पर बड़े दिलचस्प ढंग से फिल्माया गया 'दिल की उमंगें हैं जवाँ, रंग में डूबा है समाँ' भी बड़ा मोहक गीत था और उतना ही मजेदार भी। प्राण और देव आनन्द को बारी-बारी से लुभाते हुए नलिनी जयवन्त की मोहक और हास्यात्मक अदाएँ सचमुच देखने लायक थीं। राग केदार पर आधारित 'सजन बिन नींद न आए', 'नैन खोए-खोए मेरे दिल में भी कुछ होए', 'एक नजर बस एक नजर' और 'आँख खुलते ही तुम छुप गए हो कहाँ' फिल्म में लता के कुछ और मोहक गीत थे। इनके अलावा फिल्म में शिव-विवाह का एक लोकप्रिय गीत भी था—'शिव बिहाने चले पालकी सजाएके' (हेमन्त कुमार)। महाशिवरात्रि के अवसर पर यह गीत आज भी सुनाई पड़ जाता है। बरसों बाद, 2008 में जब हमने अपना लोकप्रिय टेली-सीरियल 'बिखरी आस निखरी प्रीत' बनाया तो इसके एक एपिसोड में 'जीवन के सफर में राही' के उदास वर्जन का फिर से इस्तेमाल किया। इस गीत पर दर्शकों की प्रतिक्रिया देखने लायक थी।

देव आनन्द और शीला रमानी की मुख्य भूमिकाओं वाली 'फंटूश' (1956) नवकेतन बैनर और निर्देशक चेतन आनन्द की एक हल्की-फुल्की कॉमेडी प्रेम-कथा थी। लेकिन इस फिल्म का सबसे लोकप्रिय और यादगार गीत था किशोर कुमार का दर्द भरा 'दुखी मन मेरे सुन मेरा कहना, जहाँ नहीं चैना वहाँ नहीं रैना'। इस गीत को आज भी बहुत से लोग किशोर कुमार का सर्वश्रेष्ठ गीत मानते हैं। इस फिल्म में भी साहिर और एस.डी. बर्मन की जोड़ी थी और दोनों ने मिलकर खूब धूम मचाई। 'ऐ मेरी टोपी पलट के आ' (किशोर), 'वो देखें तो उनकी इनायत' (किशोर-आशा), 'जानी जीने में क्या है' (आशा भोंसले), 'हमने किसी पे डोरे डालने हैं' (किशोर-आशा), 'देने वाला जब भी देता पूरा छप्पड़ फाड़के देता' (किशोर) और 'फूलगेंदवा न मारो' (मन्ना डे) इत्यादि सभी गीत फिल्म के विषय के अनुरूप बड़े मजेदार गीत थे। इस फिल्म में देव आनन्द के अलावा के.एन. सिंह की कॉमेडी भी देखने लायक थी। निर्देशक चेतन आनन्द ने भी साबित कर दिया था कि वे 'आंधियाँ' जैसी गंभीर और उदास फिल्म ही नहीं, बल्कि 'फंटूश' जैसी हल्की-फुल्की कॉमेडी बनाने की क्षमता भी रखते थे।

आई.एस. जौहर निर्देशित 'मिस इंडिया' (1957) में भी सचिन दा के कई मधुर गीत सुनने को मिले। नर्गिस और प्रदीप कुमार की मुख्य भूमिकाओं वाली इस फिल्म को समीक्षकों ने बेसिर-पैर की ठहराते हुए निर्देशक के भ्रमित मस्तिष्क की उपज बताया था। नर्गिस के बहुत अच्छे अभिनय के बावजूद कथानक की यही कमजोरी फिल्म को ले डूबी। फिल्म के लोकप्रिय गीतों में 'ओ मेरे साजना आ रे आरे' (लता, राग भैरवी पर आधारित), 'बाद-ए-सबा कुछ तो बता' (लता), 'ठोकर नसीब की जो खाकर मुस्कराए' (मन्ना डे) और 'जाऊँ मैं कहाँ, ये जमीं ये आसमाँ' (लता-मन्ना डे) शामिल थे।

★

एस.डी. बर्मन अपनी विशिष्ट शैली को बरकरार रखते हुए भी समय के साथ-साथ उसमें बदलाव करते रहते थे। इसलिए उनके गीत हमेशा ताजगी भरे प्रतीत होते थे। ऐसा कभी नहीं लगता था कि उन्होंने अपने-आपको दोहरा दिया हो। वे हमेशा धुनों और ऑर्केस्ट्रेशन में विविधता लाने के प्रयास में रहते थे। यही कारण है कि बरसों बाद अपने बेटे राहुल देव बर्मन की धूम के जमाने में भी वे नए से नया और ताजगी भरा संगीत देते रहे। उनके

संगीत में नजर आती निरन्तर नवीनता ही उनकी सबसे बड़ी खूबी थी—एक ऐसी नवीनता जिसमें परम्परा के खूबसूरत बन्धन के साथ-साथ नए जमाने की उड़ान भी रहती थी। 'मुनीमजी' की जबर्दस्त सफलता के बाद फिल्मिस्तान और सुबोध मुखर्जी की अगली फिल्म 'पेइंग गेस्ट' (1957) सचिन दा के इसी ताजगी भरे स्पर्श का एक खूबसूरत उदाहरण थी। सिर्फ दो वर्ष के अन्तराल के बावजूद इस फिल्म का संगीत 'मुनीमजी' के संगीत से कितना अलग था! जरा किशोर कुमार और आशा भोंसले के दो युगल-गीत याद कीजिए—'ओ निगाह-ए-मस्ताना, देख समाँ है सुहाना' और 'छोड़ दो आँचल जमाना क्या कहेगा'। इन सदाबहार थिरकते-मचलते हुए युगल-गीतों के साथ-साथ राग भैरवी पर आधारित मस्ती भरा 'माना जनाब ने पुकारा नहीं' (किशोर कुमार) भी कुछ कम नहीं था। मस्ती की बात करें तो किशोर कुमार का ही 'हाय हाय हाय ये निगाहें, कर दें शराबी जिसे चाहें' सचमुच धमाल था। कहते हैं कि जिस दिन इस नशीले गीत की शूटिंग हुई थी उसी दिन फिल्म के नायक देव आनन्द की पत्नी कल्पना कार्तिक ने उनकी पहली सन्तान को जन्म दिया था। इसलिए देव आनन्द सचमुच खुशी से झूम रहे थे। लता का 'चुपके-चुपके रुकते-रुकते मैंने देखा' भी बड़ा प्यारा गीत था और नायिका नूतन पर उतने ही मस्ती भरे अन्दाज में फिल्माया गया था। लेकिन इन तमाम गीतों की मस्ती में हम और आप फिल्म का सबसे शानदार, सबसे शाहकार और सबसे यादगार गीत तो भूल ही गए—'चाँद फिर निकला, मगर तुम न आए, जला फिर मेरा दिल, करूँ क्या मैं हाय'! राग भूपाली पर आधारित और कुछ-कुछ यमन कल्याण की झलक वाला यह गीत लता मंगेशकर और हिन्दी सिनेमा के सबसे खूबसूरत गीतों में शामिल है। इस फिल्म के गीत मजरूह सुल्तानपुरी ने लिखे थे, जिनके साथ एस.डी. बर्मन की जोड़ी आने वाले वर्षों में बहुत से मधुर, झूमते हुए और सदाबहार गीत रचने वाली थी। कुल मिलाकर 'पेइंग गेस्ट' मधुर और थिरकते-मचलते हुए संगीत का एक ताजा झोंका थी—बर्मन दादा की एक लाजवाब फिल्म।

लता और एस.डी. बर्मन

नवकेतन बैनर की अगली फिल्म 'नौ दो ग्यारह' (1957) में आनन्द भाइयों में सबसे छोटे विजय आनन्द (जो 'गोल्डी' के नाम से भी मशहूर थे) ने निर्देशन की दुनिया में कदम रखा। बड़े भाई देव आनन्द और भाभी कल्पना कार्तिक की मुख्य भूमिकाओं वाली इस फिल्म में उन्होंने साबित कर दिया कि वे किसी छुपे रुस्तम से कम नहीं थे। अपने दोनों बड़े भाइयों चेतन और देव की तरह विजय आनन्द भी बनी-बनाई लकीर पर चलने में विश्वास नहीं रखते थे। उनकी इस पहली फिल्म में भी उनकी अपनी विशिष्ट शैली की झलक दिखाई दी। (आने वाले वर्षों में वे नवकेतन बैनर को उसकी सबसे शाहकार फिल्म 'गाइड' देने वाले थे।) 'नौ दो ग्यारह' में भी किशोर और आशा का एक चुलबुला युगल-गीत था—'आँखों में क्या जी रुपहला बादल'। लेकिन बाकी दोनों युगल-गीत रफी और आशा के थे—'आजा पंछी अकेला है, सोजा निंदिया की बेला है' और 'कली के रूप में चली हो धूप में कहाँ'। ये तीनों युगल-गीत इस मस्ती भरी फिल्म की जान थे और खूब लोकप्रिय हुए थे। किशोर का 'हम हैं राही प्यार के हमसे कुछ न बोलिए, जो भी प्यार से मिला हम उसी के हो लिए' फिल्म का सबसे सुपरहिट गीत साबित हुआ। बल्कि इन चारों सदाबहार गीतों ने एक धूम-सी मचा दी थी। राग पीलू पर आधारित 'ढलकी जाए चुंदरिया हमारी हो राम' (आशा), 'सी ले जुबाँ ऐसा न हो' (गीता दत्त), 'जाने-जिगर हाय-हाय' (आशा) और 'क्या हो फिर जो दिन रंगीला हो' (गीता दत्त-आशा) फिल्म के अन्य लोकप्रिय गीत थे। ये मस्ती भरे गीत मजरूह सुल्तानपुरी ने लिखे थे। कहना न होगा कि सचिन दा का संगीत दिनोदिन और जवान होता जा रहा था।

गुरुदत्त की 'प्यासा' (1958) गुरुदत्त की ही नहीं, बल्कि साहिर लुधियानवी और एस.डी. बर्मन की भी एक महान और कीर्ति-स्तम्भ फिल्म थी। गुरुदत्त, माला सिन्हा और वहीदा रहमान की मुख्य भूमिकाओं वाली इस अमर फिल्म का कथानक और संगीत एक-दूसरे में इस तरह रच-बस गया था कि दोनों को एक-दूसरे से अलग करना असम्भव है। गुरुदत्त और पटकथा-लेखक अबरार अल्वी ने एक नव-वामपंथी कवि के माध्यम से शोषणात्मक पूँजीवादी व्यवस्था का पर्दाफाश तो किया ही था, साथ ही कहानी में कवि, उसकी भूतपूर्व प्रेमिका (जो अब उसके धनवान प्रकाशक की पत्नी थी) और एक नेकदिल वेश्या का अत्यन्त मर्मस्पर्शी प्रेम-त्रिकोण भी था। साहिर और सचिन देव बर्मन ने फिल्म के विषय के अनुरूप वैसे ही खूबसूरत और मर्मस्पर्शी गीत भी दिए—ऐसे सदाबहार गीत जो आज भी सुननेवालों को झिंझोड़कर रख देते हैं। फिल्म के सभी गीत इतने अच्छे और एक से एक बढ़कर थे कि समझ में नहीं आता कि कहाँ से शुरू करें। फिर भी मेरा सबसे पसन्दीदा गीत है हेमन्त कुमार का अमर गीत—'जाने वो कैसे लोग थे जिनके प्यार को प्यार मिला, हमने तो जब कलियाँ माँगी काँटों का हार मिला'। राग बिलावल पर आधारित इस गीत की आखिरी कुछ पंक्तियाँ मानो हर इनसान की दुखती रग पर हाथ रख देती हैं :

'इसको ही जीना कहते हैं तो यूँ ही जी लेंगे
उफ न करेंगे लब सी लेंगे आँसू पी लेंगे
ग़म से अब घबराना कैसा ग़म सौ बार मिला
हमने तो जब कलियाँ माँगी काँटों का हार मिला।'

गीता दत्त का गुदगुदाता-लुभाता हुआ 'जाने क्या तूने कही, जाने क्या मैंने सुनी, बात कुछ बन ही गई' भी अद्‌भुत गीत था, जिसे नेकदिल वेश्या

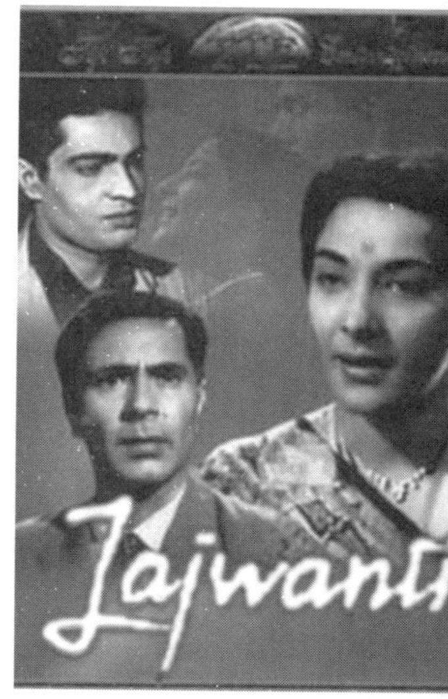

की भूमिका निभाने वाली वहीदा रहमान पर बड़े खूबसूरत अन्दाज में फिल्माया गया था। इस गीत में सितार के सुर इतने नियंत्रित थे कि वे पियानो का भ्रम पैदा करते थे। साथ ही गीता दत्त की लाजवाब गायकी मींड का प्रभाव पैदा करती थी। यह बर्मन दा की सचमुच ही एक गजब की रचना थी। इसी तरह वाल्ज शैली में रफी और गीना दत्त का मोहक युगल-गीत 'हम आपकी आँखों में इस दिल को बसा दें तो' भी मंत्रमुग्ध कर देने वाला था। गीत और संगीत एक-दूसरे में यूँ घुल-मिल गए थे कि बड़ा मीठा प्रभाव पैदा होता था। गीता दत्त का 'आज सजन मोहे अंग लगा लो जनम सफल हो जाए' शायद गीता दत्त का और इस फिल्म का सबसे अनमोल गीत है। प्रेम-पीड़ा का यह गीत भजन-कीर्तन की शैली में कम्पोज किया गया है, जो अपने-आपमें बड़ी अनूठी बात है। खुद गुरुदत्त भी इस गीत से कितने प्रभावित थे, यह इसी से पता चलता है कि फिल्म के आखिरी दृश्य में जब बीमारी से बेहाल वहीदा रहमान खुशी के आँसुओं के साथ छत पर खड़े गुरुदत्त की तरफ बढ़ती है तो बैकग्राउंड में यही गीत बजता है। यह दृश्य इस फिल्म का ही नहीं, बल्कि भारतीय सिनेमा का एक शीर्ष-बिन्दु था। आइए, अब उन गीतों की बात करते हैं जिनमें साहिर की शायरी सिर चढ़कर बोलती है—'ये महलों, ये तख्तों, ये ताजों की दुनिया... ये इंसाँ के दुश्मन समाजों की दुनिया... ये दौलत के झूठे रिवाजों की दुनिया... ये दुनिया अगर मिल भी जाए तो क्या है!' यह गीत और पर्दे पर इस गीत से जुड़ा पूरा दृश्य किसी तूफान की तरह दर्शकों को हिलाकर रख देता है और उनकी कल्पनाओं में किसी तूफान की तरह ही इस पूरी व्यवस्था को उखाड़ फेंकता है। इसी तरह 'जिन्हें नाज है हिन्द पर वो कहाँ हैं' भी बड़ा हृदय-विदारक गीत था और वेश्यावृति की चक्की में पिसती हजारों मासूम कलियों की यंत्रणा भरी पुकार का प्रतीक था। कुल मिलाकर ये दोनों गीत व्यवस्था की सभी बुराइयों के खिलाफ गुरुदत्त और साहिर की आवाज थे और मुहम्मद रफी के सबसे शाहकार गीतों में शामिल हैं। फिल्म में गुरुदत्त का पात्र एक कवि का पात्र था, इसलिए साहिर ने बहुत-सी नज्में भी लिखी थीं, जिन्हें फिल्म में जगह-जगह इस्तेमाल किया गया था। बर्मन दादा ने इन खूबसूरत नज्मों को मुहम्मद रफी की आवाज में उतनी ही खूबसूरती से संजोकर पेश किया था—'तंग आ चुके हैं कशमकश-ए-जिंदगी से हम', 'ये हँसते हुए फूल ये महका हुआ गुलशन', 'गम इस कदर बढ़े कि मैं घबराके पी गया', 'जब हम चलें तो साया भी न अपना साथ दे', 'काम आखिरी ज्ज्बा-ए-बेइख्तियार आ ही गया' और 'रूदाद-ए-गम-ए-उलफत'।

एक प्रतिभाशाली कवि के असफल प्रेम और यंत्रणा भरे संघर्ष की इस करुण कथा में दर्शकों को थोड़ी राहत पहुँचाने और उन्हें हँसाने की जिम्मेदारी जॉनी वाकर ने सँभाली थी। साहिर ने उनके लिए भी एक गीत लिखा था, जिसे सचिन दा ने मुहम्मद रफी से बड़े मजेदार अन्दाज में गवाया था, बीच-बीच में खुद जॉनी वाकर की 'तेल मालिश' की आवाज के साथ—'सर जो तेरा चकराए, या दिल डूबा जाए, आजा प्यारे पास हमारे, काहे घबराए'।

कुल मिलाकर 'प्यासा' गुरुदत्त की परिकल्पना, साहिर की शायरी और सचिन देव बर्मन के संगीत की बहुत बड़ी विजय थी। यह फिल्म इन तीनों के कैरियर के साथ-साथ भारतीय सिनेमा के भी एक मील के पत्थर, एक कीर्ति-स्तम्भ के रूप में देखी जाती है। लेकिन दुर्भाग्यवश इस फिल्म के रिलीज होने के बाद साहिर इस तरह की टिप्पणियाँ देने लगे कि सारा कमाल उनकी कलम का था और एस.डी. बर्मन ने तो सिर्फ उनके गीतों को सजाने भर का काम किया था। जाहिर है कि उनकी इस तरह की टिप्पणियों से बर्मन दादा को बहुत गहरी ठेस पहुँची और बोलों और धुनों की यह लाजवाब जोड़ी हमेशा के लिए टूट गई। कहते हैं कि यह सब सुनकर ओ.पी. नैयर और कुछ दूसरे संगीतकारों ने भी साहिर लुधियानवी के साथ काम न करने की कसम खा ली।

साउथ के नरसु स्टूडियो की 'सितारों से आगे' (1958) एस.डी. बर्मन की मद्रास की दूसरी और आखिरी फिल्म थी। सत्येन बोस द्वारा निर्देशित इस फिल्म में अशोक कुमार और वैजयन्तीमाला मुख्य भूमिकाओं में थे। यह एक दिलचस्प और मनोरंजक फिल्म थी और सचिन दा ने वैसा ही फड़कता हुआ संगीत भी दिया था, जो सेमी-क्लासिकल और जाज का बड़ा सुरीला मिश्रण था। लता के कई लुभावने गीतों में 'आ खिलते हैं गुल ओ मेरे बुलबुल', 'महफिल में आए वो आज धीरे से' और राग झिंझोटी पर आधारित 'सैयाँ कैसे धरूँ धीर... पग ठुमक चलत बलखाए' (जो बाद में 'गाइड' के मशहूर गीत 'मोसे छल किए जाए' का प्रेरणा-स्रोत बना) शामिल थे। फिल्म में आशा भोंसले के भी तीन गीत थे—'चन्दा की चाँदनी का जादू ये रात ये समाँ', 'आज कल परसों में फूले जब सरसों' और 'रोए जिया आन मिलो मोरे पिया'। रफी का 'ओ जरा

रुक जा' तो कई हफ्तों तक बिनाका गीतमाला की हिट परेड में शामिल रहा। उनका दूसरा गीत 'सँभल कि ये दुनिया' और गीता दत्त का 'दिल ले गया गम दे गया' भी खूब लोकप्रिय हुए।

इस फिल्म ने बॉक्स ऑफिस पर तो ज्यादा धूम नहीं मचाई, लेकिन सचिन दा और लता के मनमुटाव को लेकर जरूर याद रह गई। 'पग ठुमत चलत' की रिकॉर्डिंग के दौरान दादा को लगा कि लता को अपनी आवाज और ज्यादा नरम रखनी चाहिए। उनके कहने पर लता ने ऐसा किया भी। लेकिन बाद में दादा को लगा कि लता की सामान्य आवाज ही ठीक रहती। इसलिए कुछ दिन बाद उन्होंने लता को इसकी फिर से रिकॉर्डिंग करने के लिए कहा। उस समय लता बहुत व्यस्त थीं और वे विदेश यात्रा पर भी जा रही थीं, इसलिए उन्होंने कहा कि वे फौरन 'डेट' नहीं दे पाएँगी। दादा ने अपने प्रमुख सहायक जयदेव को लता से फोन पर बात करने और उनसे यह वायदा लेने के लिए कहा कि विदेश यात्रा से लौटते ही वे सबसे पहले इस गाने की री-रिकॉर्डिंग करेंगी। लता ने जवाब दिया कि वे इस तरह का कोई वायदा नहीं कर पाएँगी। यह सुनकर फोन के पास ही खड़े सचिन दा भड़क उठे, जो अपने बंगाली लहजे में लता को हमेशा 'लोता' कहा करते थे। उन्होंने जयदेव से कहा, ''तो फिर लोता से कह दो कि हमें उनकी कोई जरूरत नहीं है!'' यह बात भी ध्यान देने योग्य है कि दादा ने लता से खुद बात क्यों नहीं की थी, जयदेव को क्यों बीच में डाला था? एक समय था जब दादा कहा करते थे, ''अगर लोता गा रही है तो आय एम सेफ!'' लेकिन इस घटना के बाद दोनों के बीच ऐसी दूरियाँ पैदा हो गईं कि सचिन देव बर्मन ने लगभग पाँच वर्ष तक लता के साथ काम नहीं किया।

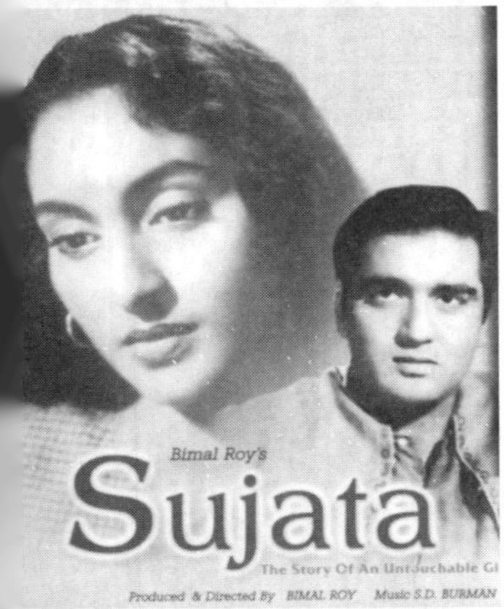

जाने-माने पत्रकार राजू भारतन ने लता की जीवनी 'लता मंगेशकर—ए बायोग्राफी' में भी इस घटना का जिक्र किया है। बाद में सचिन दा ने 'पग ठुमक चलत' गाना आशा भोंसले की आवाज में फिर से रिकॉर्ड करवाया। लेकिन वे इससे भी सन्तुष्ट नहीं हुए, इसलिए लता वाला वर्जन ही इस्तेमाल करने का फैसला किया गया। इसके बाद एस.डी. बर्मन ने बहुत सारी फिल्मों—'काला पानी', 'चलती का नाम गाड़ी', 'लाजवन्ती', 'इनसान जाग उठा', 'सोलवाँ साल', 'सुजाता', 'कागज के फूल', 'बम्बई का बाबू', 'काला बाजार', 'मंजिल', 'मियाँ-बीवी राजी' और 'बात एक रात की'—में लता के बिना ही संगीत दिया। इन फिल्मों का संगीत खूब लोकप्रिय भी हुआ। उस समय लता मंगेशकर अपनी सफलता और लोकप्रियता की चोटी पर थीं, इसलिए यह कोई मामूली बात नहीं थी। उनके अलावा सिर्फ ओ.पी. नैयर ने यह कमाल कर दिखाया था। इस दौर में आशा भोंसले को सचिन दा के साथ बहुत सारे गाने गाने को मिले, उन्होंने अपने पूरे कैरियर में दादा के साथ कुल 140 गाने—78 सोलो और 62 डुएट गाए।

शायद किशोर कुमार द्वारा निर्मित और सत्येन बोस द्वारा निर्देशित 'चलती का नाम गाड़ी' (1958) को भारतीय सिनेमा के इतिहास की सबसे शानदार कॉमेडी कहा जा सकता है। इस फिल्म में तीनों गांगुली भाई—अशोक कुमार, किशोर और अनूप कुमार—एक साथ थे। नायिका थीं भारतीय सिनेमा की सबसे खूबसूरत नायिका मधुबाला। यह फिल्म जितनी धमाल थी, इसका संगीत भी उतना ही कमाल का था। या यूँ कहें कि बर्मन दादा का संगीत इस गाड़ी के इंजन से कम नहीं था। इस फिल्म के कुछ सदाबहार गीत तो आज भी लगभग रोज ही सुनाई पड़ जाते हैं—'इक लड़की भीगी-भागी सी', 'हाल कैसा है जनाब का' और 'पाँच रुपैया बारह आना'। यूँ तो किशोर कुमार उस जमाने से ही सचिन देव बर्मन के संगीत निर्देशन में गा रहे थे जब दादा ने 'प्यार' (1950) फिल्म में राज कपूर के लिए उनकी आवाज का इस्तेमाल किया था, लेकिन 'चलती का नाम गाड़ी' में उनकी आवाज ने सचमुच धूम मचा दी। कुछ-कुछ टेनेसी अर्नी फोर्ड के 'सिक्सटीन टन'से प्रेरित 'इक लड़की भीगी-भागी सी' (किशोर) के ऑर्केस्ट्रेशन में दादा ने ट्रम्पेट, ट्रोम्बोन और गिटार के साथ बीच-बीच में जलतरंग और सेलो का बड़ा मोहक और गुदगुदाता हुआ प्रयोग किया था, जो किशोर कुमार और मुधबाला के बीच शरारत भरे शॉट्स को और भी आकर्षक बना देता था। किशोर और अनूप के 'हम थे वो थे और समाँ रंगीन' (जो टेनेसी अर्नी फोर्ड के ही 'वॉटरमेलन' से प्रेरित था) में तो दादा ने खुद फोर्ड को भी मीलों पीछे छोड़ दिया था। इसी तरह किशोर का धमाकेदार 'मैं सितारों का तराना... लेकिन पहले दे दो मेरा पाँच रुपैया बारह आना' भी बहुत खूब था, जिसमें उन्होंने खुद बर्मन दादा के गाए 'धीरे से जाना बगियन में' और के.सी. डे के 'तेरी गठरी में लागा चोर' की पैरोडी करके दर्शकों को हँसा-हँसाकर लोट-पोट कर दिया था। इस गीत में आशा भोंसले ने भी उनका जमकर साथ दिया था। किशोर और आशा के बेहद लोकप्रिय डुएट 'हाल कैसा है जनाब का... क्या ख्याल है आपका' में बर्मन दादा ने सेक्सोफोन का बड़ा सुन्दर प्रयोग किया था। पर्दे पर इस गीत का फिल्मांकन भी लाजवाब था और किशोर और मधुबाला (जो बाद में पति-पत्नी भी बने) का तालमेल देखने लायक था। किशोर और मन्ना डे का धूम मचाने वाला

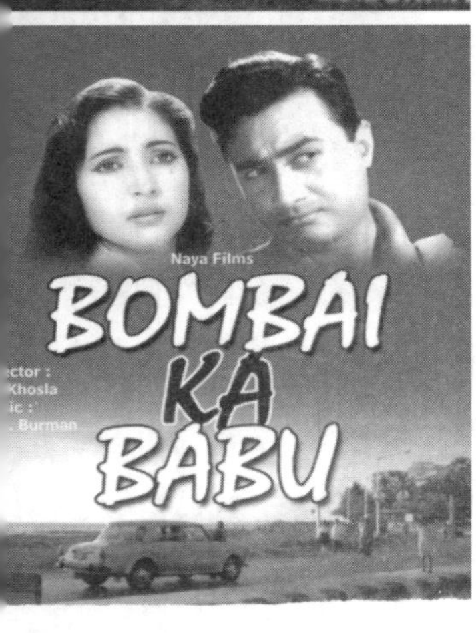

‘बाबू समझो इशारे, हॉरन पुकारे’ (जिसे पर्दे पर मोटर गाड़ी में सवार तीनों भाइयों ने बड़े मजेदार अन्दाज में गाया था) और आशा भोंसले का ‘रुक जाओ न जी ऐसी क्या जल्दी’ भी बड़े शानदार और न भुलाए जा सकनेवाले गीत थे। फिल्म में किशोर कुमार का एक और मजेदार गीत ‘इन हाथों से सबकी गाड़ी चल रही है’ भी था, जिसे न जाने क्यों निकाल दिया गया। इस सुपरहिट फिल्म के सुपरहिट गीत मजरूह सुल्तानपुरी ने लिखे थे, जो साहिर के जाने के बाद बर्मन दादा के नियमित और स्थाई गीतकार बनते जा रहे थे।

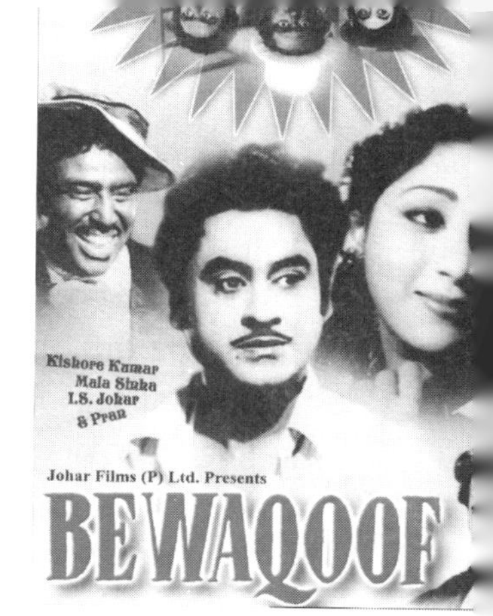

नवकेतन की ‘काला पानी’ (1958) भी सचिन देव बर्मन की एक यादगार फिल्म थी। काले पानी की सजा भुगत रहे अपने निर्दोष पिता को छुड़ाने की कोशिशों में लगे नायक के संघर्ष से जुड़ी यह एक गंभीर फिल्म थी। नायक थे देव आनन्द और नायिका मधुबाला एक अखबार की रिपोर्टर की भूमिका में थीं। निर्देशक थे राज खोसला। फिल्म का सबसे यादगार गीत था—‘हम बेखुदी में तुमको पुकारे चले गए’। बहुत कम इस्तेमाल किए जाने वाले राग छायानट पर आधारित रफी का यह गीत उनके महानतम गीतों में शामिल है। खुद बर्मन दादा की भी यह एक अद्भुत रचना मानी जाती है। आशा भोंसले का ‘नजर लागी राजा तोरे बंगले पर’ भी एक लाजवाब गीत था। इस सुपरहिट गीत में सबसे अनूठी बात यह थी कि इसमें लोक-संगीत और मुजरा शैली का दुर्लभ संगम था। संगीत के विद्वान यह देखकर भी हैरान थे कि इसके इंटरल्यूडों में सिर्फ तबले का इस्तेमाल किया गया था। फिल्म में एक और बेहद लोकप्रिय मुजरा भी था—‘दिल लगाके कदर गई प्यारे’ (आशा भोंसले)। मुशायरा शैली का ‘जब नाम-ए-मुहब्बत लेके किसी’ भी कम नहीं था। इन सब लाजवाब गीतों के साथ-साथ फिल्म में दो लुभावने युगल-गीत भी थे—‘दिलवाले अब तेरी गली तक आ पहुँचे’ और ‘अच्छा जी मैं हारी चलो मान जाओ न’। ये दोनों युगल-गीत रफी और आशा के थे। खासतौर से ‘अच्छा जी मैं हारी’ तो आशा और रफी ने इतने आकर्षक अन्दाज में गाया था और पर्दे पर इस गीत के दौरान मधुबाला और देव आनन्द ने इतना सहज और लुभावना अभिनय किया था कि देखते ही बनता था। कुल मिलाकर यह फिल्म एस.डी. बर्मन के सुपरहिट संगीत से सजी एक अविस्मरणीय फिल्म थी। कोठे की तवायफ की भूमिका में नलिनी जयवन्त ने भी गजब का अभिनय किया था। खासकर ‘नजर लागी राजा’ वाले मुजरे के दौरान तो उनका अभिन्य और हाव-भाव सचमुच देखने लायक थे। इस फिल्म के लिए उन्हें वर्ष की सर्वश्रेष्ठ सहायक अभिनेत्री के रूप में फिल्मफेयर पुरस्कार भी मिला था। इसी फिल्म के लिए देव आनन्द ने भी अपना पहला फिल्मफेयर पुरस्कार जीता था। इस फिल्म के गीत भी मजरूह सुल्तानपुरी ने लिखे थे।

मोहन सहगल की ‘लाजवन्ती’ (1958) के संगीत में भी आशा भोंसले छाई रहीं। नरिन्दर सूरी द्वारा निर्देशित इस फिल्म में नर्गिस और बलराज साहनी मुख्य भूमिकाओं में थे। इस फिल्म में आशा ने अपना एक बेहद लुभावना और सदाबहार गीत गाया था—‘कोई आया धड़कन कहती है, धीरे से पलकों की ये गिरती-उठती चिलमन कहती है’। इसमें पियानो और मेंडोलिन का बड़ा सुन्दर प्रयोग किया गया था। यह मेंडोलिन लक्ष्मीकान्त ने बजाया था, जिन्होंने बाद में प्यारेलाल के साथ मिलकर संगीत-निर्देशकों की सफलतम जोड़ी बनाई। कहते हैं कि वे इतने घबराए हुए थे कि आशा भोंसले ने उन्हें अपने बिलकुल पास खड़े होकर बजाने के लिए कहा। आशा का ‘कुछ दिन पहले एक ताल में कमलकुंज के अन्दर’ भी बड़ा मोहक गीत था, जिसे बर्मन दादा के धीमे-मीठे सुर ने और भी आकर्षक बना दिया था। इसी तरह बोंगो और गिटार वाला ‘गा मेरे मन गा’ भी एक मंत्रमुग्ध कर देने वाला गीत था, जिसे आशा के आलाप और गुनगुनाहट ने और भी मधुर बना दिया था। आशा का ‘चन्दा रे चन्दा रे छुपे रहना’ और मन्ना डे के साथ उनका युगल-गीत ‘चन्दा मामा मेरे द्वार आना’ भी बड़े सुहाने गीत थे। गीता दत्त का ‘आजा छाए कारे बदरा’ भी बहुत सुन्दर बन पड़ा था। कुल मिलाकर इस फिल्म के गीतों में दादा और मजरूह की जोड़ी ने मानो मधुरस की बौछार कर दी थी।

देव आनन्द और वहीदा रहमान की मुख्य भूमिकाओं वाली ‘सोलवाँ साल’ (1958) के इस सदाबहार गीत को भला कौन भुला सकता है—‘है अपना दिल तो आवारा, न जाने किसे पे आएगा’? राज खोसला द्वारा निर्देशित यह फिल्म एक रोमांटिक थ्रिलर थी और कुछ-कुछ फ्रैंक कोपरा की ‘इट हैपंड वन नाइट’ से प्रेरित थी। राग बिलावल पर आधारित ‘है अपना दिल...’ हेमन्त कुमार के सबसे लोकप्रिय अमर गीतों में शामिल है, जिसने उस समय भी खूब धूम मचाई थी। इस गाने में माउथ ऑर्गेन की भी बड़ी महत्त्वपूर्ण भूमिका है, जिसे बालक ‘पंचम’ (राहुल देव बर्मन) ने बजाया था। इस गाने का एक उदास वर्जन भी था, जो उतना ही खूबसूरत और मोहक था। इसमें पियानो के सुर आँसुओं की तरह झरते हुए और वायलिन और सोलो में मिलकर सेक्सोफोन के चरमोत्कर्ष की तरफ बढ़ते हुए प्रतीत होते हैं। सिनेमैटोग्राफर द्वारका दिवेचा ने इस दृश्य में वरली के समुद्र तट पर अकेले और उदास चल रहे देव आनन्द की आकृति को बड़े प्रभावशाली ढंग से छायांकित किया था। इस गाने में हेमन्त कुमार की ट्रेडमार्क ‘बेरिटोन’ का भी उतना ही कमाल था। फिल्म के बाकी गीत बहुत यादगार तो नहीं थे लेकिन ‘यही तो हैं वो’ (रफी), ‘ये भी कोई रूठने का मौसम है दीवाने’ (आशा) और ‘देखो मोहे लागा सोलवाँ साल’ (रफी-आशा-सुधा मल्होत्रा) लोकप्रिय हुए थे। इस फिल्म के कुछ दृश्य फिल्म

स्टूडियो और शूटिंग से जुड़े हुए थे, इसलिए छायाकार द्वारका द्विवेचा और निर्देशक राज खोसला ने भी छोटी-छोटी भूमिकाएं निभाई थीं। इस फिल्म में भी एस.डी. बर्मन और मजरूह सुल्तानपुरी की जोड़ी थी।

जाने-माने निर्माता-निर्देशक शक्ति सामन्त की 'इनसान जाग उठा' (1958) नए और प्रगतिशील भारत की प्रतीक थी। (यही शक्ति सामन्त दस वर्ष बाद बर्मन दादा के साथ 'आराधना' के रूप में एक तूफान-सा मचा देने वाले थे।) मधुबाला और सुनील दत्त की मुख्य भूमिकाओं वाली 'इनसान जाग उठा' में भी सचिन देव बर्मन ने 'लाजवन्ती' की तरह बड़ा मीठा संगीत दिया। फिल्म का सबसे यादगार गीत था रफी और आशा का डुएट 'चाँद-सा मुखड़ा क्यों शरमाया'। आशा और गीता दत्त का युगल-गीत 'जानू जानू रे काहे खनके है तोरा कंगना' भी खूब लोकप्रिय हुआ था। कहते हैं कि दादा जब इस नृत्य-गीत पर काम कर रहे थे तो शक्ति सामन्त अचानक उनके घर जा पहुँचे। वे दादा को अपने म्यूजिक-रूम में थिरकते-नाचते देखकर दंग रहे गए। उन्हें यूँ हैरान देखकर दादा ने मुस्कराते हुए पूछा कि दोनों नर्तकियों (मधुबाला और मीनू मुमताज) के बीच में एक खास शॉट के 'कट' में कितना समय लगेगा। वे दरअसल संगीत कम्पोज करते हुए बीच-बीच में खुद नाचकर इसी बात का अन्दाजा लगाने की कोशिश कर रहे थे। शक्ति सामन्त ने उन्हें अनुमान से शॉट का समय बता दिया। बाद में गाने की शूटिंग के दौरान वे यह देखकर हैरान रह गए कि नर्तकियों द्वारा तय की जाने वाली दूरी गाने की लय-ताल के साथ बिलकुल फिट बैठ रही थी। तो दादा इतना ख्याल रखते थे अपने गीतों की पिक्चराइजेशन का! रफी का बेहद लोकप्रिय 'ये चन्दा रूस का न ये जापान का', 'बात बढ़ती गई खेल ही खेल में (आशा), 'बहारों के नजारों के' (आशा), 'आँखें चार होते-होते' (आशा) और 'मेहनतकश इनसान जाग उठा' फिल्म के अन्य मधुर गीत थे।

'प्यासा' के बाद 'कागज के फूल' (1959) गुरुदत्त की तरह सचिन देव बर्मन की भी एक यादगार क्लासिक फिल्म थी। गुरुदत्त और वहीदा रहमान की मुख्य भूमिकाओं वाली यह फिल्म एक प्रतिभाशाली और सफल फिल्म-निर्देशक और मुट्ठी के रेत की तरह फिसलते बेवफा वक्त और रंग बदलती दुनिया की कहानी थी। इसकी पटकथा पर भी ('प्यासा' की तरह) गुरुदत्त और अबरार अल्वी ने खूब मेहनत की थी और इसके निर्माण और निर्देशन पर तो गुरुदत्त ने रात-दिन एक कर दिया था। लेकिन अफसोस, कागज के फूलों की तरह यह फिल्म एक रसहीन और फीकी-फीकी सी उपलब्धि साबित हुई और उनकी जिंदगी को नहीं महका सकी। शायद फिल्म का दृष्टिकोण कुछ ज्यादा ही निराशावादी हो गया था या वे वक्त से बहुत आगे चले गए थे। आज इस फिल्म को एक क्लासिक के रूप में देखा जाता है और लोग इसे खूब पसन्द भी करते हैं। इस फिल्म का संगीत 'प्यासा' की टक्कर का तो नहीं था, लेकिन दो गीत सचमुच लाजवाब थे—गीता दत्त का 'वक्त ने किया क्या हसीं सितम' और रफी का 'देखी जमाने की यारी, बिछड़े सभी बारी-बारी'। गीता दत्त के 'वक्त ने किया क्या हसीं सितम, तुम रहे न तुम हम रहे न हम' को तो बर्मन दादा की महानतम रचनाओं में गिना जाता है। इस गीत में दादा ने पियानो के सुरों का बहुत धीमा प्रयोग किया था और सेलो को भी इतना नियन्त्रित रखा था कि उसे संगीत पर हावी नहीं होने दिया था। इस तरह 'मेलोडी' की बजाय उसका 'इफेक्ट' महत्त्वपूर्ण हो गया था। ऐसा लगता था जैसे यह संगीत वाद्य-यंत्रों की बजाय प्रेमी-युगल के दिलों से निकल रहा हो, जो अपने टूटते हुए रिश्तों को सिर झुकाकर स्वीकार कर लेते हैं। इस गीत के फिल्मांकन के दौरान गुरुदत्त द्वारा प्रकाश और छाया का अद्भुत प्रयोग भारतीय सिनेमा का एक हॉलमार्क था। सिनेमैटोग्राफर बी.के. मूर्ति ने इस पूरी फिल्म में कमाल का छायांकन किया था। साहिर की कमी पूरी करने के लिए गुरुदत्त कैफी आजमी और शैलेन्द्र को ले आए थे। कैफी का 'वक्त ने किया...' सचमुच ही एक अनमोल रचना थी। 'बिछड़े सभी बारी-बारी' भी दिल को चीरकर रख देने वाला गीता था। लेकिन बाकी सभी गीतों—'एक दो तीन चार और पाँच' (आशा), 'हार कभी जीत अजी काहे का रोना' (रफी-आशा), 'सन सन सन के चली हवा' (रफी-आशा-सुधा) और 'हम-तुम जिसे कहते हैं शादी' (रफी)—'प्यासा' द्वारा स्थापित मापदंडों के अनुरूप नहीं थे।

'मधुमति' (1958) में सलिल चौधरी के सुपरहिट संगीत के बावजूद निर्माता-निर्देशक बिमल राय ने अपनी संवेदनशील फिल्म 'सुजाता' (1959) के संगीत के लिए एस.डी. बर्मन को चुना। दादा ने इस फिल्म में वैसा ही संवेदनशील और मधुर संगीत दिया भी। नूतन और सुनील दत्त की मुख्य भूमिकाओं वाली इस फिल्म में उन्होंने बड़े धीमे, मीठे और यादगार गीत दिए थे। इनमें सबसे बढ़कर था—'जलते हैं जिसके लिए, तेरी आँखों के दिए, ढूँढ लाया हूँ वही गीत मैं तेरे लिए'। राग सिन्दूरा पर आधारित इस गीत को तलत महमूद का सर्वश्रेष्ठ गीत माना जाता है। कहते हैं कि इस गीत की रिकॉर्डिंग के समय बर्मन दादा तलत से कुछ उखड़े हुए थे और उन्होंने रिकॉर्डिंग से पहले उन्हें चेतावनी देते हुए कहा था, ''मेरा गाना खराब न करना!'' वे तलत की अदायगी और रिकॉर्डिंग से खुश भी नहीं थे। लेकिन यह गीत इतना चला, इतना पसन्द किया गया कि दादा को अपनी राय बदलने पर मजबूर होना पड़ा। गीता दत्त और आशा भोंसले का युगल-गीत 'बचपन के दिन भी क्या दिन थे, उड़ते-फिरते तितली बनके' भी बड़ा मीठा गीत था। यही बात इन दोनों के दो सोलो

लता और दादा : सुलह के बाद

‘तुम जियो हजारों साल, साल के दिन हों पचास हजार’ (आशा) और ‘हवा धीरे आना’ (गीता दत्त) के बारे में कही जा सकती है। फिल्म के ये चारों गीत हिन्दी सिनेमा के सबसे मीठे और अमर गीतों में शामिल हैं और आज भी अकसर सुनाई पड़ते रहते हैं। मजरूह सुल्तानपुरी के गीतों वाली इस फिल्म में रफी का भी एक लोकप्रिय गीत था—‘अंधे ने भी सपना देखा’। यह फिल्म और खासकर इस फिल्म में तलत का अमर गीत ‘जलते हैं जिसके लिए’ इन पंक्तियों के लेखक (त्रिनेत्र बाजपेयी) के दिल के बहुत करीब रहा है। जैसाकि मैंने इस पुस्तक की भूमिका में बताया है, अपनी पत्नी कणिका के साथ शादी से पहले अपनी पहली मुलाकात में मैंने यही गीत गाकर सुनाया था। बाद में बम्बई में बान्द्रा में स्थित तलत महमूद के निवास स्थान ‘सनबीम’ में मुझे न सिर्फ उनसे रूबरू मुलाकात करने बल्कि उनके मुँह से अपना यह बेहद मनपसन्द गीत सुनने का भी सौभाग्य प्राप्त हुआ।

इसके बाद बर्मन दादा की दो हल्की-फुल्की और कम महत्त्वपूर्ण फिल्में देखने को मिलीं। पहली थी राजऋषि की ‘एक के बाद एक’ (1960), जिसमें देव आनन्द के साथ दो नई तारिकाएँ शारदा और तरला मेहता थीं। इसके लोकप्रिय गीतों में ‘चली ये फौज हमारी रे’ (रफी), ‘बताओ क्या करूंगी मैं जो गम की रात आएगी’ (गीना दत्त-रफी) और ‘ठुमक-ठुमक-ठुमक हाय चली है तू कहाँ’ (रफी) शामिल थे। दूसरी फिल्म मोहन सहगल की ‘अपना हाथ जगन्नाथ’ (1960) थी, जिसमें किशोर कुमार और सईदा खान मुख्य भूमिकाओं में थे। इसमें आशा भोंसले के एक यादगार गीत ‘तुझे मिली रोशनी मुझको अँधेरा’ के साथ-साथ किशोर कुमार के साथ उनके दो लुभावने युगल-गीत भी थे—‘छाई घटा बिजली कड़की’ और राग भैरवी पर आधारित ‘तुम जहाँ-जहाँ हम वहाँ-वहाँ’। इन दोनों फ्लॉप फिल्मों के गीत कैफी आजमी ने लिखे थे।

राज खोसला द्वारा निर्देशित और देव आनन्द और सुचित्रा सेन की मुख्य भूमिकाओं वाली ‘बम्बई का बाबू’ (1960) सचिन देव बर्मन की एक और यादगार और मील का पत्थर फिल्म साबित हुई। इसमें एक से एक खूबसूरत, मीठे और सदाबहार गीत थे, जिनकी ताजगी आज भी कम नहीं हुई है। रफी का राग देस पर आधारित ‘साथी न कोई मंजिल, दिया है न कोई महफिल’ एक लाजवाब गीत है और उनके सर्वश्रेष्ठ गीतों में शामिल है। इसी तरह राग कलावती पर आधारित मुकेश का ‘चल री सजनी अब क्या सोचे’ भी एक अमर गीत है और उनके सर्वश्रेष्ठ गीतों में शामिल है। रफी और आशा के डुएट ‘दीवाना मस्ताना हुआ दिल, जाने कहाँ होके बहार आई’ का तो कहना ही क्या! शायद ही कोई दूसरा युगल-गीत इतनी मिठास भरी मस्ती और हवा के ताजा झोंके की-सी ताजगी का मुकाबला कर सके। इस गीत में रफी और आशा की अदायगी का कमाल शब्दों से परे है, इसे सिर्फ सुनकर ही समझा जा सकता है। ‘देखने में भोला है दिल का सिलोना’ (आशा, राग चारुकेशी), ‘ऐसे में कुछ कहा न जाए’ (आशा) और ‘पवन चले तो उठे दिल में लहर-सी’ (रफी-आशा) भी बड़े मीठे और मोहक गीत थे। इस फिल्म ने तो नहीं, लेकिन इसके गीतों ने खूब धूम मचाई। इन्हें मस्ती भरे गीतों के धुरन्धर मजरूह सुल्तानपुरी ने लिखा था। कहते हैं कि सचिन दा मुकेश की आवाज के कोई खास कायल नहीं थे। उन्हें उनके गीतों की लोकप्रियता पर हैरानी होती थी। उन्हें अपने ही बनाए गीत ‘चल री सजनी’ की लोकप्रियता पर भी हैरानी हुई थी।

अगली दो फिल्में ‘बेवकूफ’ (1960) और ‘मियाँ-बीवी राजी’ (1960) एस.डी. बर्मन के कैरियर में दो बड़े कीर्तिमान न होकर हल्की-फुल्की कॉमेडी फिल्में थीं। एक में किशोर कुमार हीरो थे तो दूसरी में महमूद। आई.एस. जौहर द्वारा निर्देशित ‘बेवकूफ’ में किशोर कुमार के साथ माला सिन्हा मुख्य भूमिका में थीं। इस धमाल फिल्म में संगीत भी वैसा ही चटपटा और धमाकेदार था। ‘माइकल है तो साइकल है’ (किशोर-आशा), ‘तुम्हीं पिया ओ ओ ओ गार्सिया’ (किशोर-आशा), ‘हम तो हैं तुमपे दिल से फिदा’ (रफी), ‘देख इधर देख तेरा ध्यान किधर है’ (आशा-मन्ना डे), ‘सच सच सच ओ डियर सच’ (किशोर), ‘दिलदार कमंडावालों के (शमशाद-किशोर) और ‘आँखों से तू आँखों का जाम पिए जा’ (किशोर-मन्ना डे) इत्यादी सभी बड़े मजेदार थे और खूब लोकप्रिय हुए थे। बर्मन दा के साथ गीतों की यह धमाचौकड़ी मजरूह सुल्तानपुरी ने जमाई थी। महेश कौल के अनुपम चित्रा की ‘मियां-बीवी राजी’ ऐसा जलवा तो नहीं जमा पाई लेकिन इसमें सचिन दा के कुछ यादगार गीत जरूर थे। ज्योति स्वरूप द्वारा निर्देशित इस फिल्म में उन्होंने लता जैसी ही आवाज वाली सुमन कल्याणपुर का इस्तेमाल किया था। सुमन के दो गीत ‘छोड़ो-छोड़ो मोरी बइयाँ साँवरे’ और ‘खुली है आँख मगर ख्वाब है वही का वही’ बड़े खूबसूरत गीत थे और खूब लोकप्रिय हुए थे। इन गीतों को शैलेन्द्र ने लिखा था।

ऐसा लगता है कि बर्मन दा अपने सबसे अनमोल गीतों का खजाना अपने चहेते नायक देव आनन्द के लिए बचाकर रखते थे। नवकेतन की ‘काला बाजार’ में उन्होंने एक बार फिर बहुत मीठा, मस्ती भरा और अमर संगीत दिया। विजय आनन्द द्वारा निर्देशित इस फिल्म में देव आनन्द और वहीदा रहमान मुख्य भूमिकाओं में थे। साथ ही खुद निर्देशक विजय आनन्द भी नन्दा के साथ एक महत्त्वपूर्ण भूमिका में थे। इस फिल्म के सभी गीत सुपरहिट थे। रफी का मस्ती भरा

‘तेरे घर के सामने’ की संगीत रचना करते हुए दादा

'खोया-खोया चाँद खुला आसमान' तो हिन्दी फिल्म संगीत के सुनहरी दौर का प्रतीक ही बन चुका है। रात कितनी ही अंधेरी, उदास और अकेली क्यों न हो, यह गीत सुनते ही मन झूम उठता है और थकी हुई नसों में एक तरंग-सी दौड़ जाती है। रफी का ही एक दूसरा गीत 'अपनी तो हर आह इक तूफान है' भी कमाल का था। बर्मन दादा ने इस गीत में ऑर्केस्ट्रेशन को जान-बूझकर बहुत धीमा रखा था, जिसके कारण 'मेलोडी' बादलों की तरह तैरती हुई प्रतीत होती है और पृष्ठभूमि में गाड़ी की सीटी की गूँज के साथ रफी की मीठी आवाज अद्भुत प्रभाव पैदा करती है। निर्देशक विजय आनन्द ने रेलगाड़ी के अन्दर इस गाने का पिक्चराइजेशन भी कमाल का किया था। आशा भोंसले का 'सच हुए सपने तेरे' और रफी और गीता दत्त का युगल-गीत 'रिमझिम के तराने लेके आई बरसात' भी गजब के गीत थे। 'रिमझिम के तराने...' तो हिन्दी सिनेमा के सबसे सुहाने युगल-गीतों में शामिल है और 'खोया-खोया चाँद...' की तरह यह गीत सुनकर भी मन झूम उठता है तथा किन्हीं मीठी यादों में खो जाता है। गीता दत्त और सुधा मल्होत्रा का भजन 'न मैं धन चाहूँ न रतन चाहूँ' शायद हिन्दी सिनेमा के सबसे मोहक और अभिभूत कर देने वाले भजनों में शामिल है। फिल्म के अन्य गीत 'शाम ढली दिल की लगी' (मन्ना डे-गीता दत्त), 'सँभालो अपना दिल दिलवालो' (आशा) और 'तेरी धूम हर कहीं' (रफी) भी खूब लुभावने गीत थे। कुल मिलाकर यह फिल्म सदाबहार गीतों भरा एक शानदार म्यूजिकल तोहफा थी—एस.डी. बर्मन और शैलेन्द्र की जोड़ी की एक शानदार उपलब्धि—जो जल्दी ही नवकेतन की महानतम फिल्म 'गाइड' में इससे भी ऊँची बुलन्दियाँ छूने वाली थी।

हमारी नजर में मन्दी बर्मन की 'मंजिल' (1960) में देव आनन्द का अभिनय उनका सर्वश्रेष्ठ अभिनय था (शायद 'गाइड' और 'हम दोनों' से भी बढ़कर)। यह एक बेहद रोमांटिक फिल्म थी और देव आनन्द और नायिका नूतन का तालमेल देखते ही बनता था। इसमें बर्मन दादा के संगीत की भी बड़ी जबर्दस्त भूमिका थी। रफी और गीता दत्त का 'चुपके से मिले प्यासे-प्यासे कुछ तुम कुछ हम' बेहद नशीला गीत था और रोमांस को आसमानी ऊँचाइयों पर ले जाता था। आशा भोंसले और मन्ना डे का 'ऐ काश चलते मिलके ये तीन राही दिल के' भी प्यार में डूबे दिलों को मधुर चाँदनी की नशीली दुनिया में ले जाने वाला गीत था। फिल्म का तीसरा युगल-गीत 'दिल तो है दीवाना ना मानेगा बहाना...ना' (रफी-आशा) जवाँ दिलों की चंचल भावनाओं की मोहक अभिव्यक्ति थी, खासकर 'न' पर दिए जाने वाले जोर ने इस गीत को बड़ा लुभावना बना दिया था। इन तीन युगल-गीतों के अलावा हेमन्त कुमार का तीन हिस्सों वाला 'याद आ गईं वो नशीली निगाहें' भी गजब की रचना थी, जिसमें हर हिस्सा अलग तरह की भावनाओं को अभिव्यक्त करता था। पहले हिस्से में पियानो के बड़े मीठे और नशीले सुर थे, क्योंकि यह हिस्सा प्रेमी-युगल के खुशियों भरे दिनों का प्रतीक था। दूसरा हिस्सा उदास वर्जन था और जाज शैली में कम्पोज किया गया था, जिसमें नशे में धुत्त देव आनन्द अपनी लुटी हुई दुनिया को एक टीस के साथ याद करते हैं, क्योंकि उनकी प्रेमिका किसी और की पत्नी बन चुकी है। तीसरा हिस्सा सबसे गजब का था। देव आनन्द खुद एक सफल संगीतकार बन चुके हैं और अपने खोए हुए प्यार की याद में एक शानदार संगीत कार्यक्रम प्रस्तुत करते हैं। वायलिन और सेलो के सुरों के साथ देव आनन्द जैसे ही क्षण भर के लिए ठिठककर अपनी प्रेयसी नूतन को याद करते हैं, ट्रेम्पेट और ट्रोम्बोन एक झटके-से गूँज उठते हैं और फिर बाँसुरी का हृदय-विदारक स्वर गिटार और पियानो की मोहक सरगम में बदल जाता है। गीत की पंक्तियाँ 'है उन्हीं आँखों की निशानी... ये मेरी जख्मी जवानी' मानो सब कुछ कहती हुई प्रतीत होती हैं—एक ऐसे युवा ओर प्रतिभाशाली संगीतकार की व्यथा जो वक्त, भाग्य और सामाजिक बाध्यताओं के कारण अपनी प्रेयसी को खो बैठा। इस फिल्म में मन्ना डे की तो मानो बन आई थी। उन्हें दो झूमते हुए जाज गीत गाने को मिले—'हम दम से गए हमदम के लिए, हमदम की कसम हमदम न मिला' और 'अब किस को पता कल हो क्या'। कॉमेडियन महमूद पर फिल्माया गया ठुमरी शैली का 'हटो काहे को झूठी बनाओ बतियाँ' भी खूब था। राग भैरवी पर आधारित मन्ना डे का यह गीत भी खूब लोकप्रिय हुआ था। फिल्म के गीत मजरूह सुल्तानपुरी ने लिखे थे, जिन्हें बर्मन दादा अपने खास अन्दाज में 'मुजरू' कहा करते थे।

शक्ति सामन्त की 'नॉटी ब्वॉय' (1962) में किशोर कुमार और कल्पना मुख्य भूमिकाओं में थे और किशोर कुमार की अन्य फिल्मों की तरह यह भी एक रोमांटिक कॉमेडी थी। इसमें सचिन देव बर्मन और शैलेन्द्र की जोड़ी ने पश्चिमी ऑर्केस्ट्रेशन वाला चटपटा और चुलबुला संगीत दिया था। 'जहाँ भी गए हम ओ मेरे हमदम' (किशोर-आशा), 'हो गई शाम दिल बदनाम' (आशा-किशोर), 'अब तो बतला अरे जालिम' (किशोर) और 'हाय-हाय वो मतवाली अदा' (किशोर) ऐसे ही कुछ फड़कते हुए गीत थे। लेकिन किशोर कुमार की लाजवाब कॉमेडी के बावजूद न तो यह फिल्म चली और न इसका संगीत ही ज्यादा दिनों तक लोगों को याद रह पाया।

शंकर मुखर्जी की 'बात एक रात की' (1962) का जिक्र करते ही होंठों पर एक बेहद सुहाना गीत उभर आता है—'न तुम हमें जानो न हम तुम्हें जानें, मगर लगता है कुछ ऐसा, मेरा हमदम मिल गया'। यह गीत दो वर्जनों में था—हेमन्त कुमार और सुमन कल्याणपुर की अलग-अलग आवाजों में—और दोनों ही वर्जन खूब चले थे, सुमन कल्याणपुर वाला वर्जन कुछ ज्यादा ही। यह गीत सुमन कल्याणपुर का सबसे यादगार और अमर गीत तो है ही, साथ ही बर्मन दादा की भी सबसे मोहक और लुभावनी रचनाओं में गिना जाता है। देव आनन्द और वहीदा रहमान की मुख्य

भूमिकाओं वाली यह फिल्म एक सस्पेंस-थ्रिलर थी और देव आनन्द की भूमिका पैरी मैसन शैली के एक जासूस जैसी थी। नायिका वहीदा रहमान से एक खून हो गया है और देव आनन्द इसी रहस्य की तह तक पहुँचने की कोशिश में हैं, क्योंकि उन्हें यकीन है कि यह खून नायिका ने नहीं किया है। हेमन्त कुमार और सुमन कल्याणपुर के बेहद लोकप्रिय 'न तुम हमें जानो...' के साथ-साथ रफी का 'अकेला हूँ मैं, इस दुनिया में' और कॉमेडियन जॉनी वाकर पर फिल्माया गया मन्ना डे का 'किसने चिलमन से मारा नजारा मुझे' फिल्म के सबसे यादगार गीत थे। अन्य गीतों में 'शीशे का हो या पत्थर का दिल' (सुमन), 'जो इजाजत हो तो इक बात कहूँ' (रफी-आशा), 'आज का दिन है फीका-फीका' (रफी) और 'जो हैं दीवाने प्यारे के' (रफी-आशा) शामिल थे। फिल्म के गीत मजरूह सुल्तानपुरी ने लिखे थे। बर्मन दादा लगातार साबित करते जा रहे थे कि वे लता के बिना भी सुपरहिट संगीत दे सकते थे।

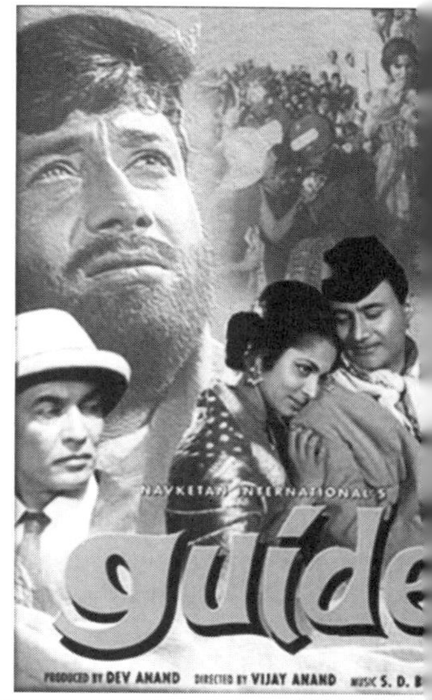

★

इस बीच लता ने उनके बेटे पंचम अर्थात् राहुल देव (आर.डी.) बर्मन के लिए 'छोटे नवाब' (1960) में गाकर बर्मन दादा की सोई हुई भावनाओं को गुदगुदा दिया था। कॉमेडियन महमूद द्वारा निर्मित 'छोटे नवाब' राहुल देव बर्मन की पहली फिल्म थी और इसमें लता द्वारा गाया गया बेहद प्यारा गीत था—'घर आजा घिर आए बदरा साँवरिया'। राग मालगुंजी पर आधारित यह गीत खूब लोकप्रिय भी हुआ था। कहते हैं कि लता पंचम के साथ इस गीत की रिहर्सल बर्मन दादा के घर की सीढ़ियों पर बैठकर किया करती थीं, वे अन्दर नहीं घुसती थीं। लता की जीवनी 'लता मंगेशकर—ए बायोग्राफी' में राजू भारतन ने लता और बर्मन दादा की सुलह का बड़ा दिलचस्प वर्णन किया है। बिमल राय ने अपनी क्लासिक फिल्म 'बन्दिनी' (1963) के संगीत के लिए एक बार फिर बर्मन दादा को साइन किया था और दादा को लगता था कि लता के बिना इस फिल्म का संगीत अधूरा-अधूरा सा रहेगा। 1962 के मध्य के आसपास लता के पास यह सन्देश पहुँचा कि दादा को उनकी जरूरत थी। लता ने कोई जवाब नहीं दिया। उन्हें यह बात बहुत ज्यादा चुभ रही थी कि दादा ने लगभग पाँच वर्षों से उनसे कोई गाना नहीं गवाया था। आखिर दादा ने खुद उन्हें फोन किया, ''लोता किसी दिन घर आओ न! मुझे तुमसे बहुत जरूरी काम है।'' लता उनसे मिलने गईं और उनसे झगड़ा करते हुए बोलीं, ''पहले यह बताओ दादा कि आप मुझसे क्यों नाराज हुए?'' बर्मन दादा ने मुस्कराते हुए कहा, ''वो सब भूल जाओ और मेरे लिए एक गाना गाओ! बताओ, कौन सी डेट दे रही हो?'' इसके बाद लता क्या कहतीं? कुछ ही दिन बाद उन्होंने दादा के साथ 'बन्दिनी' का एक बेहद प्यारा गाना रिकॉर्ड किया—'जोगी जब से तू आया मेरे द्वारे, मेरे सज गए साँझ-सखारे'। शैलेन्द्र द्वारा लिखा गया यह गीत लता के सबसे खूबसूरत और मधुर गीतों में शामिल है। लता ने अपने पार्श्व-गायन की सिल्वर जुबली के अवसर पर एच.एम.वी. द्वारा रिलीज की गई दस गानों की डिस्क में भले ही बर्मन दादा के किसी भी गाने को शामिल न किया हो, लेकिन दादा इस अवसर पर आयोजित समारोह की अध्यक्षता करने के लिए खुशी-खुशी राजी हो गए। बर्मन दादा के संगीत-निर्देशन में लता ने कुल 55 फिल्मों में 182 गाने गाए।

लेकिन 'बन्दिनी' से पहले एस.डी. बर्मन और लता के गीतों वाली 'डॉ. विद्या' (1962) रिलीज हुई। मोहन सहगल की इस फिल्म के निर्देशक राजेन्द्र भाटिया थे और इसमें वैजयन्तीमाला और मनोज कुमार मुख्य भूमिकाओं में थे। लता का राग बहार पर आधारित 'पवन दीवानी न माने' फिल्म का सबसे खूबसूरत गीत था और लता के अमर शास्त्रीय गीतों में शामिल है। लता के ही 'जानी तुम तो डोले दगा देइके' और 'खनके कंगना बिन्दिया हँसे' भी बड़े प्यारे गीत थे। लता और रफी का डुएट 'मैं कल फिर मिलूँगी इसी गुलिस्ताँ में' और रफी और आशा भोंसले की कव्वाली 'यूँ हँस-हँसकर' फिल्म के अन्य लुभावने और लोकप्रिय गीत थे। लेकिन मधुर संगीत के बावजूद यह फिल्म बॉक्स ऑफिस पर फीकी-फीकी ही रही।

अब 'बन्दिनी' (1963) की तरफ लौटते हैं। अशोक कुमार, नूतन और धर्मेन्द्र की मुख्य भूमिकाओं वाली यह फिल्म बिमल राय की तरह सचिन देव बर्मन के कैरियर में भी एक कीर्ति-स्तम्भ थी। इस फिल्म में लता का एक और गीत भी था, जिसे जाने-माने निर्माता-निर्देशक और गीतकार गुलजार ने लिखा था—'मोरा गोरा अंग लेइले, मोहे श्याम रंग देइदे, छुप जाऊँगी रात में ही, मोहे पी का संग देइदे'। गुलजार का यह पहला फिल्मी गीत लता और बर्मन दादा के साथ-साथ खुद गुलजार के भी सबसे खूबसूरत और यादगार फिल्मी गीतों में शामिल है। कहते हैं कि इस गीत के स्वरूप को लेकर फिल्म के बाकी सभी गीत लिखने वाले शैलेन्द्र और बर्मन दादा के बीच कुछ खटपट हो गई थी। इसलिए उन्होंने यह गीत गुलजार से लिखवाया था। खुद बर्मन दादा की आवाज में भटियाली शैली का 'मेरे साजन हैं उस पार, ले चल पार, ओ मेरे माँझी अबकी बार, ले चल पार' भी एक लाजवाब गीत था और शायद बर्मन दादा द्वारा गाया गया सबसे खूबसूरत और लोकप्रिय गीत है। यही बात राग जोग पर आधारित मुकेश के 'ओ जाने वाले हो सके तो लौट के आना' के बारे में भी कही जा सकती है, जिसे उनके द्वारा गाए गए दस सर्वश्रेष्ठ गीतों में हमेशा शामिल करना

होगा। आशा भोंसले का राग मेघ पर आधारित 'ओ पंछी प्यारे साँझ-सखारे' और मन्ना डे का 'मत रो माता लाल तेरे बहुतेरे' भी बेहद प्यारे और लोकप्रिय गीत थे। भला इस फिल्म का कौन-सा ऐसा गीत था जिसे अनमोल न कहा जाए? आशा भोंसले के 'अब के बरस भेज भैया को बाबुल' की खूबसूरती को बयान करना मुश्किल है और निस्सन्देह वह उनके सबसे अनमोल गीतों में शामिल है। कुल मिलाकर इस फिल्म का संगीत एस.डी. बर्मन के कलात्मक स्पर्श का एक उत्कृष्ट उदाहरण था। कितना मधुर, कितना मोहक संगीत! सचमुच ही अलौकिक संगीत!

एस.डी. बर्मन अब अपनी कलात्मकता और लोकप्रियता की सर्वोच्च ऊँचाइयों पर थे। अशोक कुमार, प्रदीप कुमार और आशा पारिख की मुख्य भूमिकाओं वाली 'मेरी सूरत तेरी आँखें' (1963) में उन्होंने एक बार फिर बहुत कलात्मक और ऊँचे दर्जे का संगीत दिया, और उतना ही लोकप्रिय भी। अशोक कुमार के एक शिष्य राखन द्वारा निर्देशित इस फिल्म के सभी गीत भी अनमोल रत्नों की तरह थे। बर्मन दा और शैलेन्द्र की जोड़ी ने क्या जादू बिखेरा था! राग अहीर भैरव पर आधारित मन्ना डे के 'पूछो न कैसे मैंने रैन बिताई' को अगर उनका सर्वश्रेष्ठ गीत माना जाता है तो राग भैरवी पर आधारित रफी का 'नाचे मन मोरा मगन धिगदा धिगी-धिगी' उनके सबसे अनमोल गीतों में शामिल है। रफी का राग यमन कल्याण पर आधारित 'तेरे बिन सूने नैन हमारे' उनके सबसे यादगार शास्त्रीय गीतों में शामिल है। 'दो पहलू दो रंग' वाला यह गीत लता की आवाज में भी था। लता का ही 'तेरे ख्यालों में, तेरे ही ख्वाबों में' भी बड़ा मोहक गीत था, और मुकेश और सुमन कल्याणपुर का डुएट 'ये किसने गीत छेड़ा, दिल मेरा नाचे थिरक-थिरक' भी। कुल मिलाकर इस फिल्म के संगीत में जितनी मधुरता थी उतनी ही कलात्मक ऊँचाइयाँ भी। लेकिन दुर्भाग्यवश फिल्म का विषय दर्शकों के गले नहीं उतरा, जो एक बदसूरत गायक और एक सुन्दर युवती के मन में उसकी आवाज के प्रति आकर्षण से जुड़ा हुआ था। शायद यथार्थवाद के चक्कर में निर्देशक नायक अशोक कुमार को कुछ ज्यादा ही कुरूप दिखा बैठे थे, जो उनके प्रशंसकों को रास नहीं आया। फिर भी यह फिल्म बर्मन दादा के उत्कृष्ट और अमर गीतों के लिए हमेशा याद की जाएगी।

नवकेतन की 'तेरे घर के सामने' (1963) एक मस्ती भरी रोमांटिक कॉमेडी थी और इसमें एस.डी. बर्मन का संगीत भी वैसा ही झूमता हुआ नशीला संगीत था। इतना मस्ती भरा, नशीला संगीत शायद ही किसी दूसरी फिल्म में सुनने को मिला हो। एस.डी. बर्मन और मुहम्मद रफी दोनों ही अपने चरम पर थे और दोनों ने मिलकर सुरों का ऐसा नशीला जादू बिखेरा था कि क्या कहने! विजय आनन्द द्वारा निर्देशित और देव आनन्द और नूतन की मुख्य भूमिकाओं वाली इस फिल्म के संगीत में पूरी तरह मुहम्मद रफी छाए हुए थे। जरा याद कीजिए—'तू कहाँ ये बता इस नशीली रात में, माने न मेरा दिल दीवाना'। यह गीत सुनकर किसके कदम बहकने न लगेंगे और दिल झूमने न लगेगा? जो मस्ती बर्मन दादा के संगीत में और रफी की आवाज में थी, वही मस्ती विजय आनन्द के निर्देशन और देव आनन्द की अदाओं में भी थी। तो फिर जलवा क्योंकर न होता? शिमला की कोहरे भरी सुहानी रात में फिल्माए गए इस गीत में देव आनन्द सड़कों पर मस्ती में झूमते हुए अपनी प्रेयसी नूतन को तलाश कर रहे हैं, उसे पुकार रहे हैं और ऐसा लगता है जैसे कोहरे की चादर में लिपटा शिमला और वहाँ की सुहानी रात भी दो प्रेमियों को मिलवाने के लिए बेचैन हों। गीत की अगली कुछ पंक्तियाँ हैं—'बड़ा नटखट है समाँ, हर नजारा है जवाँ, छा गया चारों तरफ, मेरी आहों का धुआँ'। इसके बाद जब बर्मन दादा की वायलिनों के सुर अपने चरमोत्कर्ष पर पहुँचते हैं तो बड़ी मोहक दिखाई देतीं नूतन अपने लम्बे, खुले बालों के साथ एक घर की बॉलकनी में प्रकट होती हैं और नीचे सड़क पर देव आनन्द को देखकर खुशी से झूम उठती हैं। यह दृश्य हिन्दी सिनेमा का शायद सबसे रोमांटिक दृश्य है। हम घर पर जब भी इस फिल्म को चलाते हैं तो इस गीत और इस दृश्य पर मुग्ध हुए बिना नहीं रह पाते।

फिल्म में रफी का एक दूसरा गीत भी इतना ही अद्‌भुत, इतना ही यादगार था—'दिल का भंवर करे पुकार, प्यार का राग सुनो, प्यार का राग सुनो रे'। यह गीत निर्देशक विजय आनन्द ने दिल्ली के कुतुबमीनार की अन्दरूनी सीढ़ियों पर फिल्माया था, और क्या फिल्माया था! देव आनन्द नूतन के साथ धीरे-धीरे सीढ़ियाँ उतरते-उतरते उनके कानों में यह गीत सुना रहे हैं और बीच-बीच में कुछ दूसरे लोग उनके आसपास से सीढ़ियों से ऊपर या नीचे जा रहे हैं। (इन सीढ़ियाँ चढ़ने वालों में खुद निर्देशक विजय आनन्द और उनके सहायक भी शामिल थे।) इस गीत में बर्मन दादा ने बाँसुरी, वायलिन और जलतरंग का बड़ा खूबसूरत प्रयोग किया था। एक दिलचस्प तथ्य यह है कि देव आनन्द और नूतन जैसे-जैसे सीढ़ियों से नीचे आते जाते हैं, वैसे-वैसे दादा का संगीत और ज्यादा नशीला होता चला जाता है। मीनार की एक मंजिल पर तो नूतन झूमते हुए अपनी बाँहें इस तरह फैला देती हैं कि उनका दुपट्टा बड़ी मस्ती से हवा में लहराने लगता है। जैसाकि हमने पीछे जिक्र किया है, दादा गीत तैयार करते समय यह जानने की कोशिश करते थे कि इसका फिल्मांकन किस तरह किया जाएगा। इसलिए गीत के दृश्यों और उनके संगीत में बड़ा सुन्दर तालमेल दिखाई देता था।

फिल्म में रफी-लता के दोनों युगल-गीतों 'देखो रूठा न करो, बात नजरों की सुनो' और धूम मचानेवाला 'तेरे घर के सामने इक घर बनाऊँगा' बड़े मधुर और मोहक गीत थे और रफी-लता के सबसे लोकप्रिय गीतों में शामिल हैं। रफी का 'सुन ले तू दिल की सदा', लता का 'ये तन्हाई हाय रे हाय' और आशा भोंसले का चा-चा-चा कैबरे गीत 'दिल की

किशोर के साथ दादा

मंजिल कुछ ऐसी है मंजिल' भी बड़े लुभावने गीत थे। कुल मिलाकर नवकेतन की यह धूम मचाने वाली फिल्म बर्मन दादा के मीठे, नशीले और बेहद लोकप्रिय संगीत का नमूना थी। फिल्म के इन मस्ती भरे गीतों को मजरूह या शैलेन्द्र ने नहीं बल्कि शंकर-जयकिशन की जोड़ी के दूसरे नियमित गीतकार (और शैलेन्द्र के जोड़ीदार) हसरत जयपुरी ने लिखा था। उन्होंने दिखा दिया था कि मस्ती भरे और नशीले गीत लिखने के मामले में वे न मजरूह से कम थे और न शैलेन्द्र से।

नन्दा और विश्वजीत की मुख्य भूमिकाओं वाली 'कैसे कहूँ' (1964) में एक बार फिर एस.डी. बर्मन की मधुर शास्त्रीय धुनें सुनने को मिलीं। गुरुदत्त के छोटे भाई आत्माराम द्वारा निर्देशित यह फिल्म बॉक्स ऑफिस पर भले ही धूम न मचा पाई हो, लेकिन इसमें बर्मन दादा की कई मधुर रचनाएँ थीं। राग अदाना पर आधारित 'मनमोहन मन में हो तुम्हीं' (रफी-सुमन-एस.डी. बातिश), राग अल्हैया बिलावल पर आधारित 'हौले-हौले जिया डोले' (लता), एकॉर्डियन के मोहक सुरों वाला 'जिंदगी तू झूम ले जरा' (रफी), 'कैसे कहूँ कैसे जिया की मैं बतियाँ' (लता), 'दिल का दर्द निराला' (रफी) और राग पीलू पर आधारित 'तुम हमें प्यार करो या न करो' जैसे सभी गीत बड़े मीठे और लुभावने गीत थे। इस फिल्म में नौशाद के नियमित गीतकार शकील बदायूँनी ने बर्मन दादा की धुनों में बोल पिरोने की जिम्मेदारी सँभाली थी।

गुरुदत्त के एक दूसरे सहयोगी प्रमोद चक्रवर्ती ने अपना खुद का बैनर 'प्रमोद फिल्म्स' स्थापित करते हुए 'जिद्दी' (1964) के रूप में एक धमाकेदार फिल्म बनाई। आशा पारिख और जॉय मुखर्जी की मुख्य भूमिकाओं वाली इस फिल्म में बर्मन दादा ने मस्ती भरा और जवाँ संगीत दिया, जो खूब लोकप्रिय हुआ। राग पहाड़ी पर आधारित 'रात का समाँ, झूमे चन्द्रमा' और 'ये मेरी जिंदगी इक पागल हवा' लता के धूम मचाने वाले गीत थे और उनके सदाबहार गीतों में शामिल हैं। रफी के 'तेरी सूरत से नहीं मिलती किसी की सूरत', 'जानू क्या मेरा दिल अब कहाँ खो गया' और 'प्यार की मंजिल मस्त सफर' भी खूब लोकप्रिय हुए थे। रफी-आशा का डुएट 'चम्पाकली देखो झुक गई' भी बड़ा मोहक गीत था। इस फिल्म में महमूद और शोभा खोटे की लोकप्रिय कॉमेडियन जोड़ी भी थी और महमूद के लिए मन्ना डे द्वारा गाए गए दो गीतों 'मैं तेरे प्यार में क्या-क्या न बना दिलवर' (गीता दत्त के साथ) और 'प्यार की आग में तन-बदन जल गया' ने भी खूब धूम मचाई थी। इन मस्ती भरे गीतों को भी हसरत जयपुरी ने लिखा था।

बर्मन दादा के बारे में फिल्म इंडस्ट्री में यह बात फैल चुकी थी कि वे ग़ज़लें और कव्वालियाँ नहीं बना सकते! इसे झूठा साबित करने के लिए ही मानो उन्होंने बिमल राय की 'बेनजीर' (1964) का संगीत कम्पोज किया। अशोक कुमार, मीना कुमारी, शशि कपूर और तनूजा की मुख्य भूमिकाओं वाली इस फिल्म का निर्देशन एस. खलील ने किया। यह एक 'मुस्लिम सोशल' फिल्म थी और एस.डी. बर्मन ने फिल्म की माँग के अनुरूप वैसा ही संगीत भी दिया। रफी की ग़ज़ल 'दिल में इक जान-ए-तमन्ना ने जगह पाई है' सचमुच बड़ी मोहक ग़ज़ल थी, जिसमें दादा के अपने अनूठे अन्दाज की छाप थी। 'मिल जा जानेजाँ मिल जा' (राग केदार पर आधारित), 'बहारों की महफिल सुहानी रहेगी', 'हुस्न की बहारें लिए आए थे सनम' और 'अलविदा जान-ए-वफा मेरी मंजिल आ गई' और 'गम नहीं कर' जैसे लता के सभी सोलो बड़े खूबसूरत थे और शायराना मिजाज के बावजूद बर्मन दादा के अलग अन्दाज में ढले थे। तीनों बहनों लता, आशा और उषा द्वारा गाया गया 'मुबारक है वो दिल' और फिल्म से हटा दिया गया रफी का 'दिल ले गई' भी बड़े खूबसूरत गीत थे। फिल्म में एक कव्वाली भी थी—'हम उनको देखते हैं'। इस मुस्लिम सोशल के गीत भी शकील बदायूँनी ने लिखे थे, जो 'कैसे कहूँ' के बाद बर्मन दादा के साथ उनकी दूसरी और आखिरी फिल्म थी। दुर्भायवश यह फिल्म बॉक्स ऑफिस पर बुरी तरह फ्लॉप हो गई और इसका मधुर संगीत भी नजरअन्दाज होकर रह गया।

नवकेतन की 'तीन देवियाँ' (1965) भी बॉक्स ऑफिस पर लुढ़क गई थी, लेकिन इसके संगीत ने ऐसी धूम मचाई कि यह आज तक भी थमी नहीं है। मजरूह सुल्तानपुरी काफी दिनों बाद बर्मन दादा के जोड़ीदर के रूप में लौटे थे और दोनों ने मिलकर थिरकते-मचलते गीतों की ऐसी मस्ती बिखेरी कि बूढ़ी नसों में भी जवानी का जोश छलक उठे। देव आनन्द के परम शिष्य अमरजीत द्वारा निर्देशित और देव आनन्द, नन्दा, कल्पना और सिम्मी की मुख्य भूमिकाओं से सजी इस फिल्म का संगीत आज भी उतना ही ताजा प्रतीत होता है। यही एस.डी. बर्मन की सबसे बड़ी खूबी थी। फिल्म का सबसे धूम मचाने वाला गीत था किशोर कुमार और आशा भोंसले का अद्भुत युगल-गीत—'अरे यार मेरी तुम भी हो गजब, घूँघट तो जरा ओढ़ो, अरे मानो कहा अब तुम हो जवाँ, मेरी जान लड़कपन छोड़ो'। इस फिल्म में रफी और किशोर, लता और आशा चारों के ही शानदार गीत थे। जहाँ किशोर का पियानो और माउथ आर्गेन वाला 'ख्वाब हो तुम या कोई हकीकत कौन हो तुम बतलाओ' (दो भागों में) चमत्कृत कर देने वाला गीत था, वहीं रफी का राग गारा पर आधारित 'ऐसे तो न देखो कि हमको नशा हो जाए' और बेहद रोमांटिक 'कहीं बेख्याल होकर यूँ ही छू लिया किसी ने' भी मंत्रमुग्ध कर देने वाले गीत थे। फिल्म के दो अन्य युगल-गीत 'लिखा है तेरी आँखों में किसका अफसाना' और 'उफ कितनी ठंडी है ये रुत' (दोनों लता-किशोर) भी बड़े खूबसूरत और मोहक गीत थे और खूब चले थे। इस फ्लॉप फिल्म का संगीत इतना ज्यादा लोकप्रिय हुआ था कि शायद ही किसी दूसरी असफल फिल्म का संगीत इसका मुकाबला

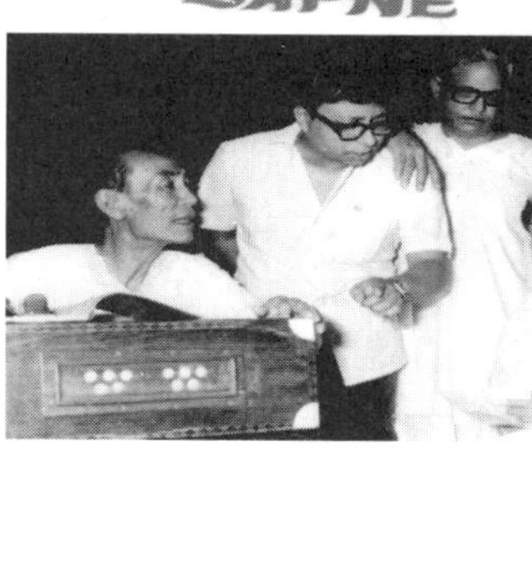

कर सके। यह मजरूह सुल्तानपुरी और सचिन देव बर्मन दोनों के लिए एक बड़ी उपलब्धि थी।

देव आनन्द के बैनर नवकेतन की सबसे गौरवशाली फिल्म 'गाइड' (1966) भारतीय सिनेमा की भी महानतम फिल्मों में शामिल है। यह फिल्म देव आनन्द के अभिनय-कौशल और उनके छोटे और प्रतिभाशाली भाई विजय आनन्द की निर्देशन-कला का चरम शिखर थी। यह फिल्म सचिन देव बर्मन के कैरियर की भी महानतम फिल्म थी। इस फिल्म के संगीत को परिभाषित करने के लिए सिर्फ एक शब्द काफी है—दिव्य! जी हाँ, अगर किसी संगीत को ईश्वरीय या अलौकिक संगीत कहा जा सकता है तो वह यही संगीत था। लेकिन बर्मन दादा इस फिल्म से और इस फिल्म का संगीत बर्मन दादा से वंचित होते-होते बाल-बाल बचा। अभी फिल्म का पहला ही गीत रिकॉर्ड हुआ था कि बर्मन दादा को दिल का पहला दौरा पड़ा और वे अस्पताल में पहुँच गए। उन्हें कम से कम चार महीने के लिए काम न करने की सलाह दी गई। बहुत से प्रोड्यूसर घबरा गए और उन्होंने उनकी जगह किसी दूसरे संगीत-निर्देशक को साइन कर लिया। देव आनन्द उन दिनों अमरीका में थे। वे भारत लौटे तो सीधे दादा से मिलने अस्पताल पहुँचे। दादा ने उनसे कहा कि वे अब काफी समय तक कोई काम नहीं कर पाएँगे, इसलिए देव आनन्द को भी अन्य निर्माताओं की तरह किसी दूसरे संगीतकार को ले लेना चाहिए। देव आनन्द ने साफ मना कर दिया तो बर्मन दादा ने कहा, ''तो फिर पंचम (आर.डी. बर्मन) को ही ले लो!'' देव आनन्द ने इस बार भी इनकार करते हुए कहा, ''पंचम बहुत टेलेंटिड है, लेकिन इस फिल्म का संगीत तो आपको ही देना पड़ेगा!'' बर्मन दादा मुस्कराते हुए बोले, ''अगर मुझे कुछ हो गया तो?'' देव आनन्द ने जवाब दिया, ''तो फिर हम इस फिल्म को इस इकलौते गीत के साथ ही रिलीज कर देंगे जो आप रिकॉर्ड कर चुके हैं। हम किसी दूसरे संगीतकार को नहीं लेंगे। आपको अच्छा होना ही होगा और 'गाइड' का संगीत देना ही होगा।'' इस घटना के बारे में नवकेतन की सिल्वर जुबली के अवसर पर खुद आर.डी.बर्मन ने मशहूर फिल्म साप्ताहिक 'स्क्रीन' को बताया था।

'सगीना' की रिकॉर्डिंग पर

'गाइड' आर.के. नारायण के इसी नाम के मशहूर उपन्यास पर आधारित थी और दो भाषाओं में बनाई गई थी। इसके अंग्रेजी वर्जन का निर्माण देव आनन्द ने महान लेखिका पर्ल एस. बक के साथ मिलकर किया था और इसके निर्देशक टाड डेनियलवोस्की थी। हिन्दी वर्जन पूरी तरह से नवकेतन बैनर का निर्माण था और जैसाकि हम कह चुके हैं, इसके निर्देशक विजय आनन्द थे। फिल्म में देव आनन्द के साथ वहीदा रहमान मुख्य भूमिका में थीं, जो उनके कैरियर की भी एक महत्त्वपूर्ण और चुनौतीपूर्ण भूमिका थी। किशोर साहू ने भी फिल्म में एक महत्त्वपूर्ण भूमिका निभाई थी।

जैसाकि हम कह चुके हैं, इस फिल्म का संगीत दिव्य संगीत था। फिल्म का थीम गीत 'वहाँ कौन है तेरा, मुसाफिर; जाएगा कहाँ' खुद बर्मन दादा ने गाया था। इस गीत की कुछ पंक्तियाँ थीं—'कहते हैं ज्ञानी, दुनिया है फानी, पानी पे लिखी लिखाई... है सबकी देखी, है सबकी जानी, हाथ किसी के न आई'—जो फिल्म की थीम को अभिव्यक्त करती थीं। यह अद्‌भुत गीत दादा के सर्वश्रेष्ठ गीतों में शामिल है। लेकिन फिल्म का सबसे लोकप्रिय गीत था लता का हवाओं की तरह झूमता-लहराता हुआ 'आज फिर जीने की तमन्ना है... आज फिर मरने का इरादा है'। इस गीत में जीने की उमंग और जिंदगी के आनन्द की जो अभिव्यक्ति है वह अपने-आपमें लाजवाब है। सबसे कमाल की बात यह है कि दादा ने इस गीत की शुरुआत मुखड़े की बजाय अन्तरे से की थी—'काँटों से खींचके ये आँचल, तोड़ के बन्धन बाँधी पायल, कोई न रोको दिल की उड़ान को, दिल वो चला आ...आ...आ... आज फिर जीने की तमन्ना है... आज फिर मरने की इरादा है'। आज भी यह गीत कानों में पड़ जाए तो दिल किसी मासूम बच्चे की तरह मचल उठता है। रफी का बेहद सुरीला 'तेरे-मेरे सपने अब एक रंग हैं, जहाँ भी ले जाएँ राहें हम संग हैं' भी आसमान की बुलन्दियों पर ले जाने वाला गीत है। राग गारा पर आधारित इस गीत के आखिरी अन्तरे में सेक्सोफोन का अद्‌भुत प्रयोग आनन्द की परम ऊँचाइयों को बड़ी खूबसूरती से अभिव्यक्त करता है। जिंदगी और मनचाहे हमसफर के नशीले आनन्द की यही परम ऊँचाइयाँ किशोर और लता के बेहद लोकप्रिय युगल-गीत 'गाता रहे मेरा दिल, तू ही मेरी मंजिल' में भी देखने को मिलती है। राग पहाड़ी पर आधारित यह युगल-गीत हिन्दी सिनेमा के सरताज युगल-गीतों में शामिल है। इसी तरह रफी का 'दिन ढल जाए हाय, रात न जाए... तू तो न आए तेरी याद सताए' भी मदहोश कर देने वाला गीत है। इस गीत में एक बेचैन प्रेमी की तड़प और पीड़ा बड़ी खूबसूरती से अभिव्यक्त की गई है, जो अपने और अपनी प्रेयसी के बीच बढ़ती दूरियों को मिटा पाने में असमर्थ है। यही भावनाएँ आगे चलकर 'क्या से क्या हो गया, बेवफा... तेरे प्यार में' का रूप ले लेती हैं, जो इस फिल्म में रफी का तीसरा शानदार गीत था। ये तीनों गीत रफी के सबसे यादगार और शाहकार गीतों में शामिल हैं। लता के दो शास्त्रीय गीत राग झिंझोटी पर आधारित 'मोसे छल किए जाए, देखो सैयाँ बेईमान' और राग तिलंग पर आधारित 'पिया तोसे नैन लागे रे' भी बड़े मधुर और मोहक गीत हैं और आज भी उतने ही लोकप्रिय हैं। कुल मिलाकर इस फिल्म का संगीत मन, मस्तिष्क और आत्मा को अलौकिक ऊँचाइयों पर ले जाने वाला संगीत था। अफसोस, उस वर्ष सर्वश्रेष्ठ संगीत का फिल्मफेयर अवार्ड बर्मन दादा की बजाय शंकर-जयकिशन ('सूरज') को दे दिया गया, जो हमारी नजर में न्यायपूर्ण नहीं था। हाँ, वर्ष के सर्वश्रेष्ठ अभिनेता का अवार्ड देव आनन्द जरूर ले गए। 'गाइड' के गीत बर्मन दादा के लिए सबसे मधुर और कलात्मक गीत लिखने वाले शैलेन्द्र ने लिखे थे। उनकी सबसे बड़ी खूबी यह थी कि उनके बोलों के अन्दर भी संगीत धड़कता रहता था। इसके बाद वे दादा के लिए सिर्फ

एक और गीत लिख पाए, और फिर जल्दी ही इस दुनिया से हमेशा के लिए रुखसत हो गए। कहते हैं कि 'दिल ढल जाए' उन्होंने दादा के घर की छत पर बैठकर और स्कॉच व्हिस्की की एक बोतल पास में रखकर लिखा था। शायद इसीलिए यह गीत इतना नशीला था!

'तीन देवियाँ' के बाद मजरूह सुल्तानपुरी और सचिन देव बर्मन की जोड़ी ने नवकेतन की 'ज्वेलथीफ' (1967) में एक बार फिर मस्ती भरे, सदाबहार गीतों की धूम मचाई, जो आज भी उतने ही जवान और लोकप्रिय हैं। देव आनन्द, वैजयन्तीमाला और अशोक कुमार की मुख्य भूमिकाओं से सजी यह फिल्म नवकेतन बैनर की सबसे तेज रफ्तार और अल्ट्रा-मॉडर्न फिल्म थी। निर्देशक विजय आनन्द यह साबित कर देना चाहते थे कि वे झूठ को सच और सच को झूठ बनाकर पेश करने की कला जानते थे। वे काफी हद तक सफल भी रहे, लेकिन दर्शकों को चौंकाने के चक्कर में उन्हें कुछ ज्यादा ही उलझा बैठे। फिर भी इस फिल्म को रोमांटिक सस्पेंस-थ्रिलर फिल्मों में एक 'मास्टरपीस' के रूप में देखा जाता है। बर्मन दादा तब तक देव आनन्द के लिए मुहम्मद रफी और किशोर दोनों की आवाज का इस्तेमाल करते रहे थे (हालाँकि बहुत पहले वे उनके लिए तलत महमूद, हेमन्त कुमार और मुकेश की आवाज का भी इस्तेमाल कर चुके थे), लेकिन 'ज्वेलथीफ' से वे किशोर कुमार की तरफ ज्यादा झुकने लगे। किशोर कुमार का मस्ती भरा 'ये दिल न होता बेचारा', (कुछ-कुछ रिवर कवई मार्च से प्रेरित) उनके सबसे जवान और थिरकते-मचलते हुए गीतों में शामिल है। इसी तरह लता के साथ उनका डुएट 'आसमाँ के नीचे, हम आज अपने पीछे' भी उतना ही नशीला और मस्ती में झूमता हुआ गीत था। रफी और लता का डुएट 'दिल पुकारे, आ रे आरे आरे' भी बहुत मधुर, सुरीला और कानों में रस घोलने वाला गीत था। ये सभी गीत खूब लोकप्रिय हुए थे। लेकिन सबसे बढ़कर था लता का अद्भुत नृत्य-गीत 'होंठों में ऐसी बात मैं दबाके चली आई'। यह गीत निर्देशक विजय आनन्द और बर्मन दादा के बीच अनूठे तालमेल को भी प्रदर्शित करता था और पर्दे पर इसकी प्रस्तुति देखने लायक थी। यह गीत नायिका वैजयन्तीमाला (जो एक गजब की नर्तकी भी थीं) पर सिक्किम के दरबार हॉल में आठ कैमरों के साथ एक ही शॉट में फिल्माया गया था। उस जमाने के दर्शक वैजयन्तीमाला के इस नृत्य को आज तक नहीं भुला पाए हैं।

ये सभी गीत बहुत खूब थे, लेकिन जहाँ तक हमारे बाजपेयी परिवार का सम्बन्ध है तो आशा भोंसले के 'रात अकेली है... बुझ गए दिये' की बात ही निराली है। इस गीत के साथ हमारी न जाने कितनी महफिलों की यादें जुड़ी हुई हैं! खासकर नए साल की रात की वे मस्ती में डूबी पार्टियाँ जब इस गीत पर घर की स्त्रियाँ जमकर झूमा करती थीं। यह गीत फिल्म में तनूजा पर फिल्माया गया था और उनकी अदायगी सचमुच देखने लायक थी। लेकिन इस गीत पर हमारी पार्टियों में मस्ती के आलम को देखकर वे भी हैरान रह जातीं। क्या धमा-चौकड़ी मचती थी! इस गीत में तनूजा की बच्चों जैसी मासूमियत और साथ ही शरारत भरी मस्ती इसे एक अनूठा और बेहद मोहक कैबरे बना देती थी। खासकर 'तुम आज मेरे लिए रुक जाओ, रुत भी है फुर्सत भी है, तुम्हें न हो न सही, मुझे तुमसे मुहब्बत है, मुहब्बत की इजाजत है तो चुप क्यों रहिए... जो जी चाहे कहिए' वाली पंक्तियों में बर्मन दादा के संगीत और गोल्डी (विजय आनन्द) के निर्देशन का अनूठा तालमेल देखते ही बनता था। फिल्म में सचमुच का एक कैबरे भी था—'बैठे हैं क्या उनके पास' (आशा भोंसले), जिसे हेलन पर बड़े आकर्षक अन्दाज में फिल्माया गया था। जैसाकि हमने पीछे जिक्र किया है, बर्मन दादा के साथ शैलेन्द्र का आखिरी गीत इसी फिल्म में था—'रुलाके गया सपना मेरा, बैठी हूँ कब हो सवेरा'। लता का यह बेहद प्यारा गीत इस एक से एक सुपरहिट गीतों से सजी फिल्म का एक और मधुर उपहार था।

★

बीमारी से उठने के बाद अब बर्मन दादा गिनी-चुनी फिल्में ही कर रहे थे। यूँ भी अंधाधुन्ध फिल्में साइन करने का उन्हें कभी शौक नहीं रहा था। वे बड़ी तसल्ली से काम करना पसन्द करते थे। ओ.पी. रल्हन की 'एक करोड़ की लागत से बनी' (जैसाकि इस फिल्म के प्रचार में जोर-शोर से कहा गया था) 'तलाश' (1969) बर्मन दादा की एक और खूबसूरत और यादगार फिल्म थी। इसमें लता के कई सुरीले गीत थे। राजेन्द्र कुमार और शर्मिला टैगोर की मुख्य भूमिकाओं वाली इस फिल्म का सबसे खूबसूरत गीत था—'खाई है रे हमने कसम संग रहने की, आएगा रे उड़के मेरा हंस परदेसी'। यह गीत दादा के अपने ही एक बंगाली गीत 'शुनो आ दखिनो हवा' से प्रेरित था। लता का दूसरा गीत 'कितनी अकेली कितनी तन्हा-सी लगी उनसे मिलके मैं आज' भी उतना ही मधुर और मोहक था। लता के साथ रफी का युगल-गीत 'पलकों के पीछे से क्या तुमने कह डाला' एक नए अन्दाज का मोहक युगल-गीत था। लता और रफी का कोरस के साथ दूसरा युगल-गीत 'आज को जुनली रात माँ' बेहद लोकप्रिय हुआ था और बड़ा मीठा और आकर्षक ऑर्केस्ट्रेशन वाला समूह-गीत था। मन्ना डे का राग छायानट पर आधारित 'तेरे नैना तलाश करें जिसे' और खुद बर्मन दादा का 'मेरी दुनिया है माँ तेरे आंचल में' भी अद्भुत गीत थे और खूब लोकप्रिय हुए थे। मीठे और लोकप्रिय गीतों से सजी इस फिल्म के गीत मजरूह सुल्तानपुरी ने लिखे थे।

इसके बाद बर्मन दादा की वह फिल्म आई जिसने रातोरात (नायक राजेश खन्ना के साथ-साथ) किशोर कुमार को उठाकर पार्श्व-गायन की चोटी पर बिठा दिया। कोई सोच भी नहीं सकता था कि वे बरसों से जमे मुहम्मद रफी को इस कदर मात दे देंगे और इतना पीछे छोड़ देंगे! लेकिन 'आराधना' (1969) ने यह कर दिखाया। यूँ इस फिल्म में भी रफी के दो सुपरहिट युगल-गीत थे—'गुनगुना रहे हैं भंवरे' (आशा भोंसले के साथ) और 'बागों में बहार है' (लता के साथ)—लेकिन किशोर के 'मेरे सपनों की रानी कब आएगी तू', 'रूप तेरा मस्ताना, प्यार मेरा दीवाना' और सबसे बढ़कर लता के साथ उनका डुएट 'कोरा कागज था ये मन मेरा' इन गीतों पर छा गए। लता का राग भूपाली पर आधारित 'चन्दा है तू मेरा सूरज है तू' और खुद बर्मन दादा का 'सफल होगी तेरी आराधना काहे को रोए' फिल्म के अन्य लोकप्रिय गीत थे। कहते हैं कि दादा बेहद लोकप्रिय हुए 'रूप तेरा मस्ताना' की धुन अलग तरह से बनाना चाहते थे, लेकिन बेटे पंचम और किशोर कुमार ने जोर देकर उन्हें यही तेज धुन इस्तेमाल करने

के लिए कहा। दादा भारी-भरकम पश्चिमी ऑर्केस्ट्रेशन के प्रयोग से हिचकिचाते दिखे तो पंचम और किशोर ने उन्हें उन्हीं के एक बंगाली गीत की याद दिलाई, जो इसी तरह का था। इसके बाद ही दादा राजी हुए। राजेश खन्ना और शर्मिला टैगोर की मुख्य भूमिकाओं से सजी निर्माता-निर्देशक शक्ति सामन्त की 'आराधना' हिन्दी सिनेमा के इतिहास में एक बड़े धमाके से कम न थी। इसी फिल्म ने हिन्दी सिनेमा में एक नए, छोटे से, लेकिन अत्यन्त गौरवशाली युग का सूत्रपात किया, जिसे 'राजेश खन्ना युग' (1969-1972) के नाम से जाना जाता है। इसके बाद किशोर कुमार लगभग सभी नायकों के प्रमुख पार्श्व-गायक बन गए। जहाँ तक सिर्फ बर्मन दादा का सम्बन्ध है, रफी ने उनके साथ 23 फिल्मों में कुल 96 गीत (47 सोलो और 49 डुएट) गाए, जबकि किशोर ने 47 फिल्मों में कुल 125 गीत (55 सोलो और 70 डुएट)। इस फिल्म के गीत तेजी से चोटी की तरफ बढ़ रहे आनन्द बख्शी ने लिखे थे, जो इसके बाद लगभग दो दशकों तक अकेले ही वहाँ टिके रहे।

दिग्गज निर्माता-निर्देशक रमेश सहगल की 'इश्क पर जोर नहीं' (1970) अपने नाम के अनुरूप प्रेम-रस में भीगी हुई एक मीठी-मीठी सी फिल्म थी। इसमें बर्मन दादा ने भी मीठा, आकर्षक और एक नए और अनूठे रंग का संगीत दिया था। इसके सभी गीत प्रेम-रस में भीगे हुए थे—'तुम मुझसे दूर चले जाना न, मैं तुमसे दूर चली जाऊँगी', 'ओ मेरे बैरागी भंवरा मुझे तड़पाओ न' (राग मालकौंस), 'सच कहती है दुनिया इश्क पर जोर नहीं' (राग पीलू)। लता के इन बेहद मीठे और लुभावने गीतों के अलावा रफी के साथ उनका युगल-गीत 'ये दिल दीवाना है' भी बड़ा मोहक और नई तरह का युगल-गीत था और खूब लोकप्रिय हुआ था। आशा भोंसले का कोरस वाला 'प्यार भरी इक बात चली' भी एक अद्भुत गीत था। लेकिन धर्मेन्द्र, साधना और विश्वजीत की मुख्य भूमिकाओं वाली यह फिल्म (जो रमेश सहगल की ही अपनी एक और फ्लॉप फिल्म 'शोला और शबनम' का रीमेक थी—जिसमें खय्याम का बेहद लोकप्रिय गीत 'जाने क्या ढूँढती रहती हैं ये आँखें मुझमें' था) बॉक्स ऑफिस पर बुरी तरह फ्लॉप हो गई और दादा का उत्कृष्ट और कलात्मक प्रेम-संगीत उतनी धूम नहीं मचा पाया। इस फिल्म के गीत भी आनन्द बख्शी ने लिखे थे।

एस.डी. बर्मन और उनके प्रिय हीरो देव आनन्द दोनों ही शैलेन्द्र की कमी को बड़ी गहराई से महसूस कर रहे थे। देव आनन्द ने हिन्दी के जाने-माने कवि गोपाल दास 'नीरज' को अवसर देते हुए इस कमी को कुछ हद तक भरने का प्रयास किया। नीरज ने बर्मन दादा के साथ देव आनन्द की तीन फिल्मों 'प्रेम पुजारी' (1970), 'गैम्बलर' (1971) और 'तेरे-मेरे सपने' (1971) में काम किया। 'प्रेम पुजारी' और 'तेरे-मेरे सपने' नवकेतन बैनर की फिल्में थीं, जबकि 'गैम्बलर' देव आनन्द के पुराने अंतरंग साथी और सहयोगी अमरजीत ('तीन देवियाँ' वाले) द्वारा निर्मित और निर्देशित थी।

'प्रेम पुजारी' (1970) से देव आनन्द ने निर्देशन की दुनिया में पहला कदम रखा और बुरी तरह फ्लॉप रहे। लेकिन देव आनन्द, वहीदा रहमान और जाहिदा की मुख्य भूमिकाओं से सजी इस फिल्म में बर्मन दादा का संगीत सुपरहिट रहा। जैसाकि हम कह चुके हैं, इस फिल्म के

गीत नीरज ने लिखे थे। फिल्म का एक सुपरहिट गीत 'फूलों के रंग से दिल की कमल से' (किशोर कुमार) आज भी दिल में बड़ी मीठी यादें जगा देता है। इस गीत की कुछ बड़ी खूबसूरत काव्यातमक पंक्तियाँ थीं :

साँसों की सरगम धड़कन की वीणा सपनों की गीतांजलि तू
मन की गली में महके जो हरदम ऐसी जुही की कली तू
छोटा सफर हो लम्बा सफर हो सूनी डगर हो या मेला
याद तू आए मन हो जाए भीड़ के बीच अकेला

इस फिल्म में एक नशीले जाम-सा छलकता युगल-गीत थी था, जो खूब लोकप्रिय हुआ था—'शोखियों में घोला जाए फूलों का शबाब' (किशोर कुमार-लता) और लता का गजब का सोलो 'रंगीला रे, तेरे रंग में यूँ रंगा है मेरा मन... छलिया रे, न बुझे है किसी जल से ये अगन' भी। फिल्म के अन्य लोकप्रिय गीतों में भंगड़ा शैली का 'दूँगी तैनू रेशमी रूमाल' (लता) और 'यारो नीलाम करो सुस्ती' (किशोर-भूपेन्द्र) शामिल थे। फिल्म का थीम-साँग 'प्रेम के पुजारी हम हैं रस के भिखारी' खुद दादा बर्मन की अपनी आवाज में था।

अमरजीत की 'गैम्बलर' (1971) भी बॉक्स ऑफिस पर कोई धूम न मचा सकी, लेकिन देव आनन्द और जाहिदा की मुख्य भूमिकाओं से सजी इस फिल्म का संगीत आज भी लोकप्रिय है। 'चूड़ी नहीं मेरा दिल है' (किशोर-लता), 'दिल आज शायर है, गम आज नगमा है' (किशोर) और 'मेरा मन तेरा... प्यासा मेरा मन तेरा' (रफी) जैसे गीतों को भला कौन भुला सकता है?

विजय आनन्द द्वारा निर्देशित 'तेरे-मेरे सपने' (1971) नवकेतन बैनर की एक उद्देश्यपूर्ण और यथार्थवादी फिल्म थी। देव आनन्द, मुमताज और अतिथि भूमिका में हेमा मालिनी की मुख्य भूमिकाओं से सजी इस फिल्म में बर्मन दादा ने बड़ा मीठा, सुरीला और मोहक संगीत दिया था—'जैसे

राधा ने माला जपी शाम की' (लता), 'मैंने कसम ली' (लता-किशोर), 'मेरा अन्तर इक मन्दिर है तेरा' (लता) और 'जीवन की बगिया महकेगी' (लता-किशोर) जैसे गीत काफी लोकप्रिय भी हुए थे। लेकिन इस फिल्म की असफलता से देव और विजय आनन्द के साथ-साथ दादा बर्मन को भी बहुत ज्यादा निराशा हुई।

इसके आसपास ही रिलीज हुई सुबोध मुखर्जी की 'शर्मीली' (1971) एस.डी. बर्मन के सुपरहिट संगीत से सजी एक सुपरहिट फिल्म साबित हुई। शशि कपूर के साथ राखी की दोहरी भूमिका वाली इस फिल्म के सभी गीत खूब लोकप्रिय हुए—'ओ मेरी, ओ मेरी, ओ मेरी शर्मीली' (किशोर), 'आज मदहोश हुआ जाए रे' (लता-किशोर), 'खिलते हैं गुल यहाँ' (लता और किशोर दोनों के वर्जनों में),'मेघा छाए आधी रात' (लता), 'कैसे कहें हम प्यार ने हमको क्या-क्या खेल दिखाए' (किशोर) और 'रेशमी उजाला है मखमली अँधेरा' (आशा भोंसले)। इन लोकप्रिय गीतों को भी नीरज ने ही लिखा था।

पिछले कई वर्षों से लगातार ताजगी भरा और लोकप्रिय संगीत देते रहने के बावजूद दिल के दूसरे दौरे और आंशिक पक्षाघात ने बर्मन दादा को कुछ बाँध-सा दिया। फिर भी वे मरते दम तक सक्रिय रहे और हर फिल्म में नई तरह का, मधुर और यादगार संगीत देते रहे। उन्होंने कभी भी न तो अपने-आपको दोहराया और न चलताऊ संगीत दिया। उनके आखिरी वर्षों की प्रसिद्ध फिल्मों में प्रमोद चक्रवर्ती की 'नया जमाना' (1971) और 'जुगनू' (1973), शक्ति सामन्त की 'अनुराग', डी. रामा नायडू की 'प्रेम नगर' (1973), हृषिकेश मुखर्जी की 'अभिमान' (1973), 'मिली' (1975) और 'चुपके-चुपके' (1975) और तपन सिन्हा की 'सगीना' (1974) शामिल थीं। 'अर्जुन पंडित', 'त्याग' और प्रमोद चक्रवर्ती की 'बारूद' उनकी आखिरी फिल्में थीं,जो 1975 में उनके निधन के बाद 1976 में रिलीज हुई थीं।

दादा के आखिरी पाँच वर्षों के यादगार गीतों में 'कितने दिन आँखें तरसेंगी' और 'रामा-रामा गजब हुई गवा रे' (लता, 'नया जमाना'); 'सुन री पवन पुरवइया' (लता, 'अनुराग'); 'पिया संग खेलूँ होली' (लता, 'फागुन'); 'गिर गया झुमका' (लता-किशोर, 'जुगनू'); 'जाने क्या पिलाया तूने' (लता, 'जुगनू'),'ये लाल रंग कब मुझे छोड़ेगा' और 'ये कैसा सुर-मन्दिर है जिसमें संगीत नहीं' (क्रमश: किशोर और लता, 'प्रेम नगर'); 'संध्या जो आए मन उड़ जाए' (लता, 'फागुन'); 'गोरी-गोरी गाँव की गोरी रे' (किशोर-लता, 'ये गुलसिताँ हमारा'); 'ये जबसे हुई जिया की चोरी' (लता, 'उस पार'); 'मेरा सब कुछ मेरे गीत रे' (मन्ना डे, 'जिंदगी-जिंदगी'); 'इक दुश्मन पे प्यार आया रे' (लता, 'बारूद'); 'बादलों में वादियों में ढूँढो' (लता, 'अर्जुन पंडित') और 'मन पुकारे रे दिन तेरे बिन बीते न' (किशोर-लता, 'त्याग') शामिल हैं।

जैसाकि हम पीछे जिक्र कर चुके हैं, सचिन देव बर्मन उन थोड़े से संगीत-निर्देशकों में से थे जिन्होंने दिलीप कुमार (3 फिल्में), राज कपूर (3 फिल्में) और देव आनन्द (26 फिल्में) तीनों की फिल्मों में संगीत दिया। दिलीप कुमार के साथ उनकी तीसरी और आखिरी फिल्म 'सगीना' (1974) थी। तपन सिन्हा की गोल्डन जुबली हिट बंगाली फिल्म 'सगीना महतो' के इस हिन्दी संस्करण में भी बंगाली संस्करण की तरह दिलीप कुमार और उनकी पत्नी सायरा बानो मुख्य भूमिकाओं में थे। इस फिल्म के संगीत का सबसे दिलचस्प पहलू यह था कि इसमें बर्मन दादा ने दिलीप कुमार के लिए किशोर कुमार की आवाज का इस्तेमाल किया था—पहली बार (बरसों पहले वे 'दिल की रानी' फिल्म में राज कपूर के लिए भी किशोर कुमार की आवाज का इस्तेमाल कर चुके थे।) किशोर कुमार ने हूबहू दिलीप कुमार के अन्दाज में गाकर यह साबित कर दिया कि पार्श्व-गायन के मामले में वे मुहम्मद रफी से कम ऊँचे दर्जे के गायक नहीं थे। फिल्म में उनके लोकप्रिय गीतों में 'साला मैं तो साहब बन गया', 'आग लगी हमरी झोंपड़िया में हम गाएँ मल्हार', 'ऊपरवाला दुखियों की नहीं सुनता रे' और दो युगल-गीत 'तुमरे संग तो रैन बिताई' (लता के साथ) और 'गजब चमके बिन्दिया तोरी आधी रात में' (आशा के साथ) शामिल थे। फिल्म भले ही खास न चली हो, लेकिन ये सभी गीत काफी लोकप्रिय हुए थे। बर्मन दादा के संगीत में अब भी वही जान थी, वही जोश था। इन गीतों को मजरूह सुल्तानपुरी ने लिखा था।

देव आनन्द के साथ बर्मन दादा ने जिन 26 फिल्मों में काम किया, उनमें से 14 नवकेतन बैनर की अपनी फिल्में थीं। इनमें सबसे आखिरी फिल्म थी 'छुपा रुस्तम' (1973), जो खुद अपने प्रिय हीरो देव आनन्द के साथ भी दादा की आखिरी फिल्म थी। विजय आनन्द द्वारा निर्देशित और देव आनन्द, हेमा मालिनी, विजय आनन्द और बिन्दू की मुख्य भूमिकाओं वाली इस फिल्म का इतना प्रचार किया गया कि दर्शक इस पर टूट पड़े। लेकिन जैसीकि कहावत है—खोदा पहाड़ निकली चुहिया! दर्शकों को बड़ी निराशा हुई और फिल्म जिस धमाके से रिलीज हुई थी उतनी ही तेजी से थिएटरों से उतर भी गई। इस फिल्म में दादा का संगीत भी किसी काम न आया, सिवाय किशोर के एक पैरोडी गीत 'धीरे से जाना खटियन में' और मन्ना डे की कव्वाली 'हम छुपे रुस्तम हैं' के। देव आनन्द, विजय आनन्द और बर्मन दादा की शानदार तिगड़ी की इस आखिरी और सुपर फ्लॉप फिल्म के गीत नीरज ने लिखे थे।

सचिन दा ने महान फिल्मकार हृषिकेश मुखर्जी के साथ तीन खूबसूरत फिल्मों में काम किया—'अभिमान' (1973), 'मिली' (1975) और 'चुपके-चुपके' (1975)। इन तीनों फिल्मों में अमिताभ (बच्चन) और जया (भादुड़ी) थे ('चुपके-चुपके' में धर्मेन्द्र-शर्मीला की जोड़ी के साथ)। 'अभिमान' एक गायक

की कहानी थी, इसलिए इसमें संगीत पर कुछ ज्यादा ही जोर था। दादा ने अमिताभ के लिए किशोर, रफी और मनहर तीनों की आवाज का इस्तेमाल किया, ताकि कहानी को किसी एक गायक के साथ न जोड़ा जा सके और बहुत मधुर संगीत दिया। किशोर का 'मीत न मिला रे मन का' हो या रफी-लता का 'तेरी बिन्दिया रे', किशोर-लता का 'तेरे-मेरे मिलन की ये रैना' (मिश्र खमाज) हो या मनहर-लता का 'लूटे कोई मन का नगर' (राग भैरवी)—सभी एक से एक बढ़कर थे। लता के तीनों सोलो 'पिया बिना पिया बिना', 'नदिया किनारे हेराए आई कंगना' (राग पीलू) और 'अब तो है तुमसे हर खुशी अपनी' (राग मांड) भी बहुत मधुर और खूबसूरत गीत थे। इस फिल्म के संगीत के लिए बर्मन दादा को फिल्मफेयर पुरस्कार भी मिला था—पूरे उन्नीस वर्ष बाद! (क्या यह सचमुच न्यायपूर्ण था?)

हृषि दा की 'मिली' और 'चुपके-चुपके' में भी कई मीठे, सुरीले और यादगार गीत थे। 'मिली' में 'मैंने कहा फूलों से' (लता), राग अहीर भैरवी पर आधारित 'आए तुम याद मुझे' (किशोर) और 'बड़ी सूनी-सूनी है' (किशोर)। 'चुपके-चुपके' में 'अबके सजन सावन में' (लता) और 'चुपके-चुपके चल री पुरवाइया' (लता)। ये सभी गीत बर्मन दादा की अमर रचनाओं का हिस्सा हैं।

दादा बर्मन

एस.डी. बर्मन

अपने अंतिम वर्षों में दादा

दादा ने अपना आखिरी गीत सुबोध मुखर्जी की 'दीवानगी' के लिए रिकॉर्ड किया था। समीर गांगुली द्वारा निर्देशित और शशि कपूर और जीनत अमान की मुख्य भूमिकाओं वाली इस फिल्म में दादा का यह इकलौता गीत था—'चल सपनों के शहर में तुझे ले जाता हूँ'। यह गीत उनके चहेते गायक किशोर कुमार ने गाया था। इसके बाद बर्मन दादा बीमार पड़ गए, अस्पताल में जिंदगी और मौत के बीच लम्बे संघर्ष के बाद कोमा में चले गए, और 31 अक्तूबर 1975 को इस दुनिया से हमेशा के लिए विदा लेकर 'सपनों के एक ऐसे शहर' में चले गए जहाँ से कोई वापस नहीं लौटता। उनके जाने के बाद 'दीवानगी' का संगीत रवीन्द्र जैन ने पूरा किया।

सचिन देव बर्मन खेलों के दीवाने थे। खासकर फुटबाल और टेनिस का तो उन्हें जुनून-सा था। कहते हैं कि जब वे अस्पताल में कोमा में पड़े हुए थे तो उनके बेटे पंचम ने उनके कान में फुसफुसाकर उन्हें बताया था कि उनकी चहेती टीम ईस्ट बंगाल ने मोहन बागान को हरा दिया था। यह सुनते ही उनके चेहरे की मांसपेशियों में हल्की-सी हरकत हुई थी। उनके गीतों में भी उनका यह शौक झलकता रहता था। 'मंजिल' फिल्म के लोकप्रिय युगल-गीत 'दिल तो है दीवाना न मानेगा बहाना न' की धुन में सुरों का उतार-चढ़ाव उन्हें फुटबाल का एक मैच देखते हुए ही सूझा था। इसी तरह 'गाइड' के नृत्य-गीत 'पिया तोसे नैना लागे रे' के पहले इंटरल्यूड में टेनिस के 'सर्व' जैसा प्रभाव दिखाई देता है। बर्मन दादा अपनी धुनें बनाने के लिए अन्य संगीत-निर्देशकों की तरह हारमोनियम लेकर नहीं बैठते थे। उन्हें ये धुनें सुबह की सैर करते हुए, ड्राइव करते हुए, बीच पर टहलते हुए या मछली पकड़ते हुए सूझती थीं। 'सजा' में लता के बेहद लोकप्रिय गीत 'तुम न जाने किस जहाँ में खो गए' की धुन उन्हें मछली पकड़ते हुए ही सूझी थी। इसी तरह 'प्यासा' के 'जाने क्या तूने कही' की धुन उन्होंने सुबह की सैर करते-करते बनाई थी। एक दिन बर्मन दादा टहलते-टहलते अपना रास्ता भूल गए और तलत और लता के लोकप्रिय युगल-गीत 'जाएँ तो जाएँ कहाँ' की धुन बन गई। इसी तरह अपने कमरे की खिड़की से चाँदनी रात को निहारते-निहारते उन्होंने 'ये रात ये चाँदनी फिर कहाँ' की धुन बना ली।

गीत की रिकॉर्डिंग की तैयारी में भी उन्हें कई हफ्ते लग जाते थे। वे अपने गायक-गायिकाओं से फोन पर बात करते और यह जानने की कोशिश करते कि इस समय उनका गला कैसा था। उदाहरण के लिए अगर लता के किसी गीत की रिकॉर्डिंग होती तो दादा उन्हें फोन करके पूछते— ''लोता! तुम कैसा है?'' लता के जवाब से उन्हें पता चल जाता कि उनका गला ठीक था या नहीं। उधर लता भी झट से समझ जातीं कि दादा जल्दी ही उनका कोई गीत रिकॉर्ड करने वाले हैं। रिकॉर्डिंग के बाद अगर दादा खुश होते तो लता की पीठ थपथपाकर उन्हें एक पान भेंट करते। दादा की पान की लत भी बड़ी मशहूर थी।

बर्मन दादा साफ दिल के मुँहफट इनसान थे। वे अपने स्वाभिमान के साथ भी कभी समझौता नहीं करते थे। उनके दिल में जो भी बात होती थी, खुलकर कह देते थे! उनके कई दोस्त उन्हें एक नेकदिल लामा के रूप में देखते थे। यूँ उनकी कंजूसी के किस्से भी मशहूर थे। कहते हैं कि एक दिन वे मजरूह सुल्तानपुरी के साथ अपनी कार में रिकॉर्डिंग के लिए जा रहे थे तो मजरूह ने उन्हें बताया कि उन्होंने खाना नहीं खाया था। दादा ने एक केलेवाले के ठेले के पास कार खड़ी करके कहा— ''मुजरू! केला खाओगे?'' मजरूह ने 'हाँ' कहा तो दादा ने कहा—''जाओ, केला ले आओ!'' इसी तरह जब बेटे आर.डी. बर्मन ने घर में एक पार्टी रखी तो दादा ने 'हाँ' तो कर दी, लेकिन साथ ही यह शर्त भी रख दी कि 'ड्रिंक्स' का खर्च उन्हें खुद उठाना पड़ेगा। अपनी पत्नी के साथ भी दादा की अकसर खटपट होती रहती थी, लेकिन उन्होंने इसे अपने काम पर हावी नहीं होने दिया।

इसमें कोई सन्देह नहीं कि देश-विदेश में दादा के लाखों-करोड़ों चाहनेवाले थे। आज के महान क्रिकेटर सचिन तेन्दुलकर के दादा भी एस.डी. बर्मन के परम भक्त थे, इसलिए उन्होंने अपने पोते का नाम उनके नाम पर 'सचिन' रखा था। दादा अपनी टीम में हमेशा बढ़िया से बढ़िया साजिंदों को रखते थे। उनकी पत्नी मीरा और बेटा पंचम भी उनकी मदद करते रहते थे। उनके कई सहायक बाद में स्वतंत्र संगीत-निर्देशक भी बने। इनमें 'हम दोनों' के जाने-माने संगीत-निर्देशक जयदेव भी शामिल थे, जो लगभग शुरू से ही बर्मन दादा के सहायक रहे

थे। दादा उन्हें लखनऊ के भातखंडे संगीत विद्यालय (तब मैरिस कॉलेज ऑफ म्यूजिक) से लाए थे, और दत्ता नर्वेकर को भी जो एन. दत्ता के नाम से मशहूर हुए।

बर्मन दादा को दो बार फिल्मफेयर पुरस्कार से सम्मानित किया गया—'टैक्सी ड्राइवर' (1954) और 'अभिमान' (1973) के संगीत के लिए। इस बीच पाँच बार उन्हें मनोनीत तो किया गया, लेकिन 'सुजाता' (1959) की बजाय 'अनाड़ी' (शंकर-जयकिशन), 'गाइड' (1966) की बजाय 'सूरज' (शंकर-जयकिशन), 'आराधना' (1970) की बजाय 'जीने की राह' (लक्ष्मीकान्त-प्यारेलाल), 'तलाश' (1970) की बजाय 'पहचान' (शंकर-जयकिशन) और 'प्रेम नगर' (1974) की बजाय 'कोरा कागज' (कल्याणजी-आनन्दजी) को यह पुरस्कार दे दिया गया।

बर्मन दादा को बहुत से दूसरे सम्मान भी प्राप्त हुए। इनमें सबसे प्रमुख थे—

1. अखिल भारतीय संगीत सम्मेलन, कलकत्ता में स्वर्ण पदक (1934)
2. 'प्यासा' के संगीत के लिए संगीत नाटक अकादमी सम्मान (1958)
3. 'तीन देवियाँ' (1965), 'गाइड' (1966), 'आराधना' (1969) और 'अभिमान' (1973) के संगीत के लिए चार बार बंगाल फिल्म पत्रकार संघ का सम्मान
4. भारत सरकार द्वारा पद्मश्री सम्मान (1969)
5. 'सफल होगी तेरी आराधना' गीत के लिए सर्वश्रेष्ठ पार्श्व-गायक का राष्ट्रीय पुरस्कार (1970)
6. 'जिंदगी-जिंदगी' के संगीत के लिए सर्वश्रेष्ठ संगीत-निर्देशन का राष्ट्रीय पुरस्कार (1974)

इसके अलावा 1961 में वे सोवियत रूस जाने वाले भारतीय फिल्म शिष्टमंडल के सदस्य रहे और 1962 में हेलसिंकी इंटरनेशनल फोक म्यूजिक कंटेस्ट की जूरी में भी शामिल रहे। भारत सरकार ने बर्मन दादा के सम्मान में एक डाक टिकट भी जारी किया है।

दादा के इतने सारे अनमोल गीतों में से बारह सबसे अनमोल गीत कैसे चुनें? फिर भी यह काम तो करना ही पड़ेगा! तो हमारी इस सूची पर गौर कीजिए और बताइए कि आप इससे कहाँ तक सहमत हैं :

सचिन देव बर्मन के 12 अनमोल रत्न

क्रम	गीत	फिल्म	गायक/गायिका
1.	नैन दीवाने देखो नहीं मानें	अफसर	सुरैया
2.	तदबीर से बिगड़ी हुई तकदीर बना ले	बाजी	गीता दत्त
3.	तुम न जाने किस जहाँ में खो गए	सजा	लता मंगेशकर
4.	ये रात ये चाँदनी फिर कहाँ	जाल	हेमन्त कुमार
5.	आज सजन मोहे अंग लगा लो	प्यासा	गीता दत्त
6.	कोई आया धड़कन कहती है	लाजवन्ती	आशा भोंसले
7.	हम बेखुदी में तुमको पुकारे चले गए	काला पानी	मुहम्मद रफी
8.	जलते हैं जिसके लिए	सुजाता	तलत महमूद
9.	जीवन के सफर में राही	मुनीमजी	किशोर कुमार
10.	वक्त ने किया क्या हसीं सितम	कागज के फूल	गीता दत्त
11.	पूछो न कैसे मैंने रैन बिताई	मेरी सूरत तेरी आँखें	मन्ना डे
12.	आज फिर जीने की तमन्ना है	गाइड	लता मंगेशकर

दादा के 12 अनमोल गीतों की बहुत-सी सूचियाँ बनाई जा सकती हैं, लेकिन मन भरनेवाला नहीं है, उनके इन अनमोल गीतों को सुनने की तरह! वे सचमुच हिन्दी फिल्म संगीत के दादा थे—ऐसी दादागिरी जो मीठे-नशीले प्रेम और अलौकिक आनन्द की प्रतीक थी। इसीलिए तो आज भी हम सब उन्हें इतना याद करते हैं और हमारे मुँह से बरबस ही निकल जाता है—तुम न जाने किस जहाँ में खो गए...।

गुलाम मुहम्मद (1905-1968)

शुद्ध सुरों के सुल्तान

जैसाकि हम सब जानते हैं, महान संगीतकार नौशाद फिल्म संगीत के क्षेत्र में बहुत ऊँची हस्ती थे और लगभग दो-ढाई दशकों तक हिन्दी सिनेमा पर छाए रहे। ऐसी महान हस्ती की छत्रछाया से निकलकर अपने लिए जगह बनाना और अपना एक अलग मुकाम हासिल करना कोई आसान काम न था। नौशाद के तीन प्रमुख सहायकों—गुलाम मुहम्मद, मुहम्मद शफी और मुहम्मद इब्राहिम (गुलाम मुहम्मद के भाई)—में से एक गुलाम मुहम्मद ही थे जिन्होंने यह काम कर दिखाया। लगभग दो दशकों में छत्तीस फिल्मों में संगीत देकर—जिनमें 'गृहस्थी', 'पगड़ी', 'शायर', 'अम्बर', 'दिल-ए-नादाँ', 'लैला मजनूँ', 'कुन्दन', 'मिर्जा गालिब' और 'पाकीजा' जैसी कई शाहकार और यादगार फिल्में शामिल थीं—उन्होंने साबित कर दिया कि असाधारण प्रतिभा और लगन के मामले में वे किसी से भी उन्नीस नहीं थे। राग बिलावल और वह भी अपने सभी शुद्ध स्वरों के साथ उनका प्रिय राग था। हम उन्हें राग बिलावल के दो और रसियों रोशन और जयदेव से ऊपर रखते हुए उन्हें 'शुद्ध सुरों का सुल्तान' कहेंगे।

गुलाम मुहम्मद 1905 में राजस्थान के बीकानेर क्षेत्र के नाल गाँव में पैदा हुए थे। उनके पिता नबी बख्श बड़े अच्छे तबलची थे। लिहाजा गुलाम मुहम्मद बचपन से ही तबला, ढोलक और पुखराज बजाने लगे थे। बाद में उन्होंने संगीत, नृत्य और अभिनय की बाकायदा ट्रेनिंग भी ली और जोधपुर-बीकानेर थिएटर कम्पनी में भर्ती हो गए। इस थिएटर कम्पनी के साथ उन्होंने कई शहरों के दौरे किए। वे लाहौर की न्यू अल्बर्ट थिएटर कम्पनी से भी जुड़े रहे। उन्होंने हैदराबाद के उस्ताद गुलाम रसूल खाँ की भी शार्गिदगी की और ढोलक, मटका, डफली, खंजरी और चिमटा बजाने में माहिर हो गए।

जल्दी ही देश की व्यावसायिक राजधानी बम्बई (अब मुम्बई) का आकर्षण उन्हें वहाँ खींच ले गया। वर्षों तक गर्दिशों का सामना करने के बाद 1932 में उन्हें सरोज मूवीटोन में नौकरी मिल गई और इस तरह फिल्मी दुनिया से उनका पहला सम्पर्क हुआ। 'राजा भृतहरि' नाम एक फिल्म में उन्होंने तबला बजाया। उनके हुनर की चर्चा महान संगीतकार अनिल बिस्वास के कानों में भी पहुँची और वे कभी-कभी गुलाम मुहम्मद को एक तबलची के रूप में अपने गीतों की शूटिंग और रिकॉर्डिंग में बुलाने लगे। गुलाम मुहम्मद ने इनायती बेगम डेरेवाली की एक प्राइवेट ग़ज़ल की रिकार्डिंग में भी ढोलक बजाया था। जैसाकि हम नौशाद वाले अध्याय में विस्तार से चर्चा कर चुके हैं, उस्ताद झंडे खाँ ने साजिंदों की नियुक्ति के लिए एक ऑडीशन-टेस्ट रखा था, जिसमें गुलाम मुहम्मद और नौशाद दोनों पहुँचे थे। वहीं इन दोनों में बड़ी गहरी दोस्ती हो गई। नौशाद एक नामी संगीतकार बन गए तो गुलाम मुहम्मद उनके सहायक के रूप में उनके साथ काम करने लगे। उन्होंने 'संजोग' (1943) से लेकर 'आन' (1952) तक नौशाद के औपचारिक सहायक के रूप में काम किया और उनके संगीत में बहुत महत्त्वपूर्ण योगदान दिया। एक स्वतंत्र संगीत-निर्देशक बनने के बाद भी गुलाम मुहम्मद नौशाद के साथ निरन्तर जुड़े रहे।

एक दिलचस्प तथ्य यह भी है कि गुलाम मुहम्मद को नौशाद से पहले ही आर.एन. वैद्य की फिल्म 'बाँके सिपहिया' (1937) में एक स्वतंत्र निर्देशक के रूप में संगीत देने का अवसर मिल गया था, लेकिन भाग्य ने उनका साथ नहीं दिया और उन्हें तेजी से आगे बढ़ रहे नौशाद का सहायक बनना

पड़ा। कई वर्ष बाद उन्होंने जयशक्ति पिक्चर्स की 'मेरा गीत' (1946) के भी कुछ गीत कम्पोज किए, जिसमें कई दूसरे संगीतकारों के भी गीत थे। गुलाम मुहम्मद के दोनों गीत—'हमसे रूठे ही भले सारा जमाना' और 'तेरे बिना ओ बालमा' शास्त्रीय धुनों पर आधारित धीमे लेकिन मधुर गीत थे। इसके बाद उन्होंने 'टाइगर क्वीन' (1947) में भी स्वतंत्र संगीत-निर्देशक के रूप में संगीत दिया, जो 'बाँके सिपहिया' की तरह एक स्टंट फिल्म थी। लेकिन इन तीनों फिल्मों से कोई बात नहीं बनी।

ऑल इंडिया पिक्चर्स की 'डोली' (1947) गुलाम मुहम्मद की चौथी फिल्म थी और इसी फिल्म से एक स्वतंत्र संगीत-निर्देशक के रूप में उनकी पहचान स्थापित हुई—हालाँकि पूरी तरह नौशाद की छत्रछाया से निकलने के लिए उन्हें कुछ और संघर्ष करना पड़ा। 'डोली' में जोहराबाई अम्बालेवाली और जी.एम. दुर्रानी के युगल-गीत 'दिल्ली की गलियों में जिया नहीं लागे' ने धूम मचा दी। शमशाद बेगम का 'अंगना बोले कागा रे' भी खूब लोकप्रिय हुआ। ऑल इंडिया पिक्चर्स के मालिक पी.एन. अरोड़ा गुलाम मुहम्मद से इतने ज्यादा प्रभावित थे कि 'डोली' के बाद उनकी नौ और फिल्मों में गुलाम मुहम्मद ने ही संगीत दिया। इनमें 'पगड़ी', 'पारस', 'परदेस', 'नाजनीन', 'गौहर', 'रेल का डिब्बा', 'हूर-ए-अरब' और 'सितारा' शामिल थीं। इन सभी फिल्मों में कई हिट गीत थे। 'डोली' के गीत मजरूह सुल्तानपुरी और नजीम पानीपती ने लिखे थे। मजरूह सुल्तानपुरी को नौशाद से भी गुलाम मुहम्मद ने ही मिलवाया था (जिन्होंने उनके साथ 'शाहजहाँ' और 'अन्दाज' जैसी फिल्में दीं)।

स्वतंत्र संगीत-निर्देशक बन जाने के बावजूद गुलाम मुहम्मद दूसरे संगीतकारों के लिए तबला-ढोलक इत्यादि बजाने से हिचकिचाते नहीं थे। 'परवाना' और 'सिंगार' जैसी फिल्मों के संगीत-निर्देशक खुर्शीद अनवर अपने गीतों में रिदम का सही प्रभाव पैदा करने के लिए गुलाम मुहम्मद पर बहुत ज्यादा निर्भर रहते थे। इसी तरह शंकर-जयकिशन ने 'बरसात' (1949) के मशहूर गीत 'बरसात में हमसे मिले तुम सजन' के लिए (जाने-माने रिकार्डिस्ट मंगेश देसाई से जोर डलवाकर) गुलाम मियाँ की सेवाएँ ली थीं। इस सुपरहिट गीत में गुलाम मुहम्मद ने ही तबला बजाया था।

एम. सादिक द्वारा निर्देशित 'काजल' (1948) में गुलाम मुहम्मद ने सचमुच ही अपने संगीत की धाक जमा दी। सुरैया और वास्ती की मुख्य भूमिकाओं वाली इस फिल्म में सुरैया के कई हिट गीत थे—'दिन पे दिन बीते जाएँ', 'दिन गुजरा रात गई', 'मोहे मोरा बचपन ला दे' और 'मेरे दिल में कोई न आए'। रफी के साथ उनके युगल-गीत 'तारों भरी रात' ने तो धूम ही मचा दी थी। शमशाद बेगम का 'हार गई नेहा लगाके' भी खूब लोकप्रिय हुआ था। इसके बाद जल्दी ही रिलीज हुई 'पराई आग' (1948) में बिलकुल अलग तरह का संगीत देकर गुलाम मुहम्मद ने अपनी विविधता को प्रमाणित कर दिया था। मधुबाला और मुनव्वर अनवर की मुख्य भूमिकाओं वाली इस फिल्म के निर्देशक नजम नकवी थे। इस फिल्म में हमीदा का दिल को झकझोर देने वाला गीत 'भूल जा वो प्यार के सपने सुहाने' बड़ा अनूठा गीत था। हमीदा का ही 'कुछ भी न कहा और कह भी गए' भी एक नए अन्दाज का लाजवाब गीत था। जोहराबाई का 'मन गीत सुहाने गाए' भी बड़ा लुभावना गीत था। डी.एन. मधोक और शकील बदायूँनी दोनों ही नौशाद की तरह गुलाम मुहम्मद के भी अंतरंग मित्र थे और सुरैया की 'काजल' के गीत इन्हीं दोनों ने लिखे थे।

इस वर्ष बॉक्स ऑफिस पर धूम मचाने वाली गुलाम मुहम्मद की दो बड़ी फिल्में थीं 'गृहस्थी' और 'पगड़ी'। एस.एम. यूसुफ की 'गृहस्थी' (1948) के संगीत ने तो देश भर में तहलका ही मचा दिया। ढोलक के लाजवाब ठेके वाला युगल-गीत 'तेरे नाज उठाने को जी चाहता है' (मुकेश-शमशाद बेगम) गली-गली में गूँजने लगा और महीनों तक गीतों की हिट परेड में चोटी पर रहा। शमशाद बेगम के सोलो—'वाह री दुनिया, वाह रे जमाने' ने भी खूब धूम मचाई। चितलकर, शमशाद और हमीदा का धमाल गीत 'ओ मोटरवाली छोरी' भी खूब लोकप्रिय हुआ। पी.एन. अरोड़ा की 'पगड़ी' (1948) एक कॉमेडी फिल्म थी। अनन्त ठाकुर द्वारा निर्देशित इस फिल्म के संगीत पर 'रिदम क्वीन' शमशाद बेगम छाई हुई थीं। उनके हिट गीतों में 'मस्ती भरी बहार में', 'नजर फेरकर दिल पे', 'सावन की घटा छाई' और 'जमाना बीता जाए' शामिल थे। सितारा के साथ उनका युगल-गीत 'आई दिवाली दीप जला जा' भी खूब लोकप्रिय हुआ और मुकेश व सितारा का तेज रफ्तार युगल-गीत 'एक तीर चलानेवाले ने' भी। इन दोनों फिल्मों की जोरदार सफलता ने गुलाम मुहम्मद को चोटी के संगीतकारों में शामिल कर दिया। 'गृहस्थी' के गीत शकील बदायूँनी और वहीद कुरैशी ने और 'पगड़ी' के शकील बदायूँनी और राजेन्द्र कृष्ण ने लिखे थे। लगभग पच्चीस वर्ष बाद 'पगड़ी' को 'दिल, दौलत और दुनिया' (1972) के नाम से फिर से बनाया गया तो राजेश खन्ना और साधना जैसे बड़े सितारों के बावजूद फिल्म बुरी तरह फ्लॉप हो गई।

पी.एन. अरोड़ा की अगली फिल्म 'पारस' (1949) के निर्देशक भी अनन्त ठाकुर थे। मधुबाला, कामिनी कौशल और रहमान की मुख्य भूमिकाओं से सजी इस फिल्म में भी गुलाम मुहम्मद ने हिट संगीत दिया। नौशाद के सहायक होने के नाते गुलाम मुहम्मद निरन्तर उनके सम्पर्क में रहते थे और नई-नई उभरती लता मंगेशकर के साथ रिकॉर्ड किए गए 'अन्दाज' के गानों से बहुत ज्यादा प्रभावित थे। इसलिए उन्होंने भी अपना ट्रेडमार्क 'मटका रिदम' इस्तेमाल करते हुए लता से 'पारस' के तीन गाने गवाए—'इस दर्द की मारी दुनिया', 'बर्बाद ये दिल' और 'दिल का सहारा छूटे न'। फिल्म में मुहम्मद रफी के भी दो बड़े सुरीले गीत थे—'दिल की लगी ने हमको' और 'दिल लेके छुपनेवाले'। इस फिल्म में एक गीत गीता (राय) दत्त ने भी गाया था—'कोई पुकारे पिया-पिया'—जो 'दुलारी' में लता के गीत 'तकदीर जगाकर आई हूँ' से काफी मिलता-जुलता था। यूँ 'पारस' के पूरे संगीत में ही नौशाद की झलक दिखाई देती थी। गुलाम मुहम्मद के गीतकार भी ज्यादातर शकील बदायूँनी ही होते थे, जो नौशाद

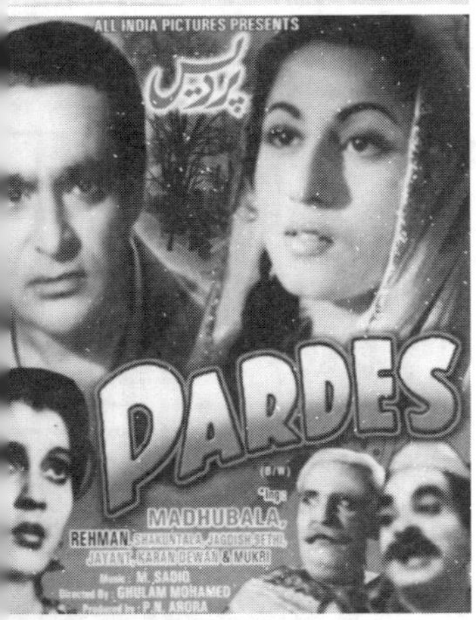

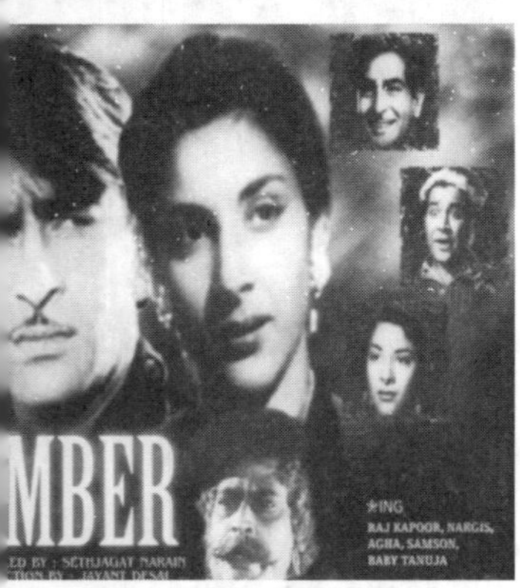

एस.डी. बर्मन

के साथ भी जुड़े हुए थे। इस फिल्म में भी उन्हीं के गीत थे। इस वर्ष की एक और फिल्म देव आनन्द और सुरैया की मुख्य भूमिकाओं वाली 'शायर' (1949) गुलाम मुहम्मद के कई यादगार गीतों वाली फिल्म थी। उन दिनों देव आनन्द और सुरैया के रोमांस की चर्चा जोरों पर थी और इस फिल्म में उनके साथ कामिनी कौशल भी थीं। जगत पिक्चर्स द्वारा निर्मित इस फिल्म में सुरैया के चार मोहक सोलो गीतों—'आज कोई है आनेवाला', 'क्या चीज है मुहब्बत', 'दिल की दुनिया उजड़ गई' और 'हमें तुम भूल बैठे हो, तुम्हें हम याद करते हैं'—के साथ-साथ दो खूब लोकप्रिय युगल-गीत 'ये दुनिया है यहाँ दिल का लगाना' (मुकेश के साथ) और 'दो बिछड़े हुए दिल, आपस में गए मिल' (जी.एम. दुर्रानी के साथ) भी थे। लता के दो गीत 'तू दूर है आँखों से' और सुपरहिट 'मुहब्बत पर बहार आती' भी बड़े मधुर गीत थे। इस फिल्म के गीत भी शकील बदायूँनी ने लिखे थे।

मोतीलाल और मधुबाला की मुख्य भूमिकाओं वाली 'हँसते आँसू' (1949) के.बी. लाल ('लाल हवेली' वाले) द्वारा निर्देशित थी। इस फिल्म में लता के बेहद लुभावने 'दिल टूट के बोला' के साथ-साथ मुकेश और राजकुमारी का बहुत सुहाना डुएट भी था—'मैंने सपना जो देखा है आज'। लेकिन इस फिल्म के बाद गुलाम मुहम्मद ने शायद ही कभी मुकेश से गवाया। वे पूरी तरह मुहम्मद रफी और तलत महमूद पर ही निर्भर रहे। इस फिल्म के गीत उमर अन्सारी ने लिखे थे। वर्ष की एक और फिल्म 'दिल की बस्ती' (1949) में भी गुलाम मुहम्मद के कई अच्छे गीत थे। इनमें लता के दो मोहक गीतों 'उनसे हम कुछ कहते-कहते' और 'आग लगे जग सारा देखे' के साथ-साथ गीता दत्त का दर्द भरा 'हाय मुहब्बत का दस्तूर' शामिल था। इस फिल्म के गीतकार वहीद कुरैशी थे। इन्हीं दिनों बन रही गुलाम मुहम्मद की एक फिल्म 'रशीद दुल्हन' अधूरी ही रह गई। उमर अन्सारी के गीतों वाली इस फिल्म के लिए उन्होंने सितारा की आवाज में एक बड़ा प्यारा गीत रिकॉर्ड किया था—'दिल की मायूसी बता'।

नए वर्ष की शुरुआत पी.एन. अरोड़ा की 'परदेस' (1950) के धूम मचानेवाले गीतों से हुई। एम. सादिक द्वारा निर्देशित और मधुबाला, करन दीवान और रहमान की मुख्य भूमिकाओं से सजी इस फिल्म के संगीत में गुलाम मियाँ ने भव्य ऑर्केस्ट्रेशन का प्रयोग किया था। फिल्म में कई शोख, चुलबुले गीत थे। साथ ही गुलाम मुहम्मद के 'ट्रेडमार्क' गंभीर गीत तो थे ही। रफी और लता का डुएट 'अखियाँ मिलाके जरा बात करो जी' फिल्म का सबसे मशहूर गीत था। शमशाद बेगम के 'मेरे घुंघरवाले बाल हो राजा' और 'इक रुत आए' भी अपने-आपमें बड़े अनूठे गीत थे। लता (जो इस बीच नूरजहाँ के प्रभाव से मुक्त हो चुकी थीं) के एक से एक मधुर गीतों में 'ओ जी धीरे-धीरे ओ जी हौले-हौले', 'जिया लागे नहीं मोरा', 'चले रंज देकर, रात है तारों भरी' और सबसे मशहूर 'किस्मत बनाने वाले जरा सामने तो आ'। इस फिल्म में काफी पहले रिकॉर्ड किया गया मुकेश का एक गीत भी था—'प्रीत लगाके मैंने'। इस फिल्म के गीत भी गुलाम मियाँ के पसन्दीदा गीतकार शकील बदायूँनी ने लिखे थे।

रमोला और वस्ती की मुख्य भूमिकाओं वाली 'माँग' (1950) में गुलाम मुहम्मद ने तलत महमूद के साथ अपना पहला गीत रिकॉर्ड किया। यह हिट गीत था—'मुहब्बत रंग दे जाती'। इस फिल्म में लता और जी.एम. दुर्रानी का एक संवाद शैली का गीत भी था—'आओ बैठो बात सुनो'। कहते हैं कि इस गीत की रिकॉर्डिंग के दौरान जी.एम. दुर्रानी लता से कहने लगे कि वे रंगीन साड़ियाँ क्यों नहीं पहनतीं। उन्होंने यह बात कुछ इस तरह से कही कि लता को बुरा लग गया और आने वाले वर्षों में उन्होंने जी.एम. दुर्रानी के साथ शायद ही कोई गीत गाया। इस फिल्म में लता का एक लोकप्रिय सोलो भी था—'ऐ दिल-ए-बेकरार'। फिल्म के दस गीत छह गीतकारों—राजा मेहंदी अली खाँ, सगिर उस्मानी, हुसैनी, प्रकाश, निजाम और सागर बदायूँनी ने लिखे थे।

'परदेस' की सफलता के बाद पी.एन. अरोड़ा 'नाजनीन' (1951) लेकर आए। मधुबाला और नासिर खान की मुख्य भूमिकाओं से सजी इस फिल्म में गुलाम मुहम्मद ने एक बार फिर लता की आवाज का इस्तेमाल किया। तलत के एक मोहक गीत 'चाँदनी रातों में हरदम' के अलावा फिल्म में लता का एक बड़ा अनूठा गीत था—'आ गए दिल में तुम, मेरी महफिल में तुम'। सिम्फोनी शैली के इस गीत में मेंडोलिन और वायलिन की बड़ी सुन्दर जुगलबन्दी थी। यह गीत शमशाद बेगम की आवाज में भी था, जिनका भंगड़ा शैली का 'नखरे दिखलाके दिल ले गया' भी खूब लोकप्रिय हुआ था। इसमें ढोलक की थाप का बड़ा सुन्दर प्रयोग किया गया था। लता का 'परवाने ओ परवाने' भी फिल्म के लोकप्रिय गीतों में शामिल था। फिल्म के गीत शकील बदायूँनी ने लिखे थे।

एस.एम. यूसुफ की 'बिखरे मोती' (1951) देर से प्रदर्शित हुई एक ऐसी फिल्म थी जिसका संगीत गुलाम मुहम्मद ने 1949 में ही तैयार कर दिया था। इसमें लता और रफी के साथ-साथ हमीदा बानो, शमशाद बेगम और अमीरबाई कर्नाटकी के भी गीत थे। रफी और अमीरबाई का 'आँसू थी मेरी जिंदगी' एक लाजवाब युगल-गीत था जो आज तक अमर है। लता के तीनों गीत 'हम उनको समझते हैं उम्मीद का सहारा', 'होंठों पे हँसी दिल में है खुशी' और 'क्यों ऐ दिल-ए-दीवाना' भी बड़े खूबसूरत गीत थे। यही बात हमीदा के दोनों गीतों 'दोनों हैं मजबूर प्यारे' और 'तुम कौन हो जी

अनजाने' तथा अमीरबाई के 'ये जीना भी कोई जीना है' के बारे में भी कही जा सकती है। इस फिल्म के गीत गुलाम मियाँ ने खुमार बाराबंकवी और पटकथा-लेखक अख्तर-उल-इमान से लिखवाए थे।

नसीम और रहमान की मुख्य भूमिकाओं वाली 'अजीब लड़की' (1952) में लता और तलत के दो बड़े सुरीले युगल-गीत थे—'इक बेवफा को दिल का सहारा' और 'छोड़ो जी पिया'। मुहम्मद रफी के 'सुनो न लोगो राग पुराना' और 'मेरा हाल-ए-दिल कौन पहचानता' तथा शमशाद बेगम के फड़कते हुए 'चुपचाप चला जा दूर', 'मैं बनूँगी फिल्लम स्टार' और 'दिखाके झलक बस एक नजर' फिल्म के लोकप्रिय गीतों में शामिल थे। गीतकार एक बार फिर शकील बदायूँनी थे।

दिग्गज निर्देशक जयन्त देसाई की 'अम्बर' (1952) में गुलाम मुहम्मद ने राज कपूर के लिए मुहम्मद रफी की आवाज का इस्तेमाल किया था। नर्गिस और राज कपूर की मुख्य भूमिकाओं से सजी यह फिल्म एक कास्ट्यूम ड्रामा थी और इसका संगीत खूब लोकप्रिय हुआ था। रफी और लता के दो युगल-गीत तो भुलाए न भूलने वाले गीत थे—'हम-तुम ये बहार, देखो रंग लाए प्यार' और भैरवी राग पर आधारित 'दुनिया में नहीं कोई यार वफादार' (जिसमें जाने-माने सारंगी-वादक पं. यमनारायण ने सारंगी बजाई थी)। नर्गिस और राज कपूर ने पर्दे पर भी इन गीतों पर बड़ा मोहक अभिनय किया था। लता के माउथ आर्गेन और वायलिन के अद्‌भुत प्रयोग वाले 'टूटेगी न प्यार की डोर' के साथ-साथ 'हम प्यार तुम्हीं से करते हैं' और 'दिल देके तुम्हें पछताए सनम' भी मंत्रमुग्ध कर देने वाले गीत थे। रफी और लता का एक दूसरा युगल-गीत भी था—'शमा जली परवाना आया'—जिसका मोहक रिदम सुनते ही बनता था। फिल्म के गीत शकील बदायूँनी ने लिखे थे।

एशियन पिक्चर्स की 'शीशा' (1952) में नर्गिस के नायक सज्जन थे, जो बाद में खलनायक की भूमिकाओं में दिखाई देने लगे। शाहिद लतीफ द्वारा निर्देशित इस फिल्म में लता ने नर्गिस के लिए कुछ यादगार गीत गाए थे। इनमें वायलिन और सारंगी के अद्‌भुत मेल वाला 'खुशी दिल से हँसी होंठों से रुखसत हुई जाती है' और 'जवानी के रास्ते में आज मेरा दिल है' शामिल थे। दूसरा गीत बाँसुरी की मधुर तान के साथ शुरू होता था और इंटरल्यूडों में सितार और वायलिन का प्रयोग भी बड़ा मोहक था। गीतकार वही बदायूँ के शकील साहब थे।

पी.एन. अरोड़ा की 'गौहर' (1953) बॉक्स ऑफिस पर तो कोई खास नहीं चली, लेकिन इसके संगीत ने खूब धूम मचाई। बीना राय और रहमान की मुख्य भूमिकाओं वाली इस फिल्म की दो ग़ज़लें बड़ी मशहूर हुई थीं। गुलाम मुहम्मद ने जितनी खूबसूरत धुनें तैयार की थीं, सुधा मल्होत्रा ने उतनी ही खूबसूरती से इन्हें गाया भी था—'आवाज दे रहा है कोई आसमान से' और 'चले गए तुम सूनी बहार करके'। इस फिल्म में आशा भोंसले ने भी गुलाम मुहम्मद के साथ अपना पहला गीत रिकॉर्ड किया, जो रफी के साथ एक डुएट था—'धीरे-धीरे मेरा दिल लेके चले'। इसके आसपास ही रिलीज हुई जयन्त देसाई की 'हजार रातें' (1953) को भले ही लोग भूल गए हों, लेकिन इसमें भी गुलाम मुहम्मद का यादगार संगीत था। एक बार फिर शमशाद बेगम पर भरोसा करते हुए उन्होंने उनसे कई लुभावने गीत गवाए। इनमें 'ठंडी हवा में जिया डोले', 'मतवाली नजर हो डार लो न', 'रंग-रंगीली दुनिया' तथा 'आई है रात खिली चाँदनी' के साथ-साथ रफी के साथ दो युगल-गीत 'मेरे दिल के मुसाफिरखाने में' और 'तुम मेरी कहानी क्या जानो' भी शामिल थे। आशा भोंसले ने भी एक सोलो 'मेरी जिंदगी पे न मुस्करा' तथा रफी के साथ एक डुएट 'तेरी याद आ रही है' गाया था। दुर्भाग्यवश, इस फिल्म की तरह इसका संगीत भी गुमनामी के अँधेरों में खो गया है। इन दोनों फिल्मों के गीत शकील बदायूँनी ने लिखे थे।

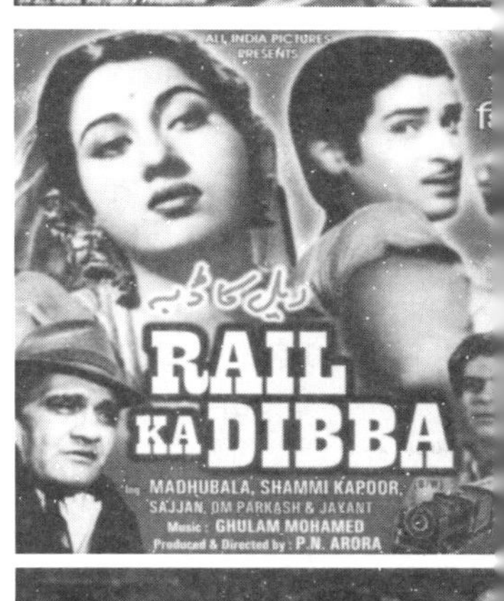

1953 में गुलाम मुहम्मद की सबसे ज्यादा (पाँच) फिल्में रिलीज हुईं। इनमें 'रिबेल स्टार' शम्मी कपूर की दो शुरू की फिल्में 'रेल का डिब्बा' और 'लैला मजनूँ' भी शामिल थीं। अपनी पहली फिल्म 'रेल का डिब्बा' (1953) में शम्मी कपूर मधुबाला के साथ थे। इसमें रफी और शमशाद बेगम के हिट डुएट 'ला दे मोहे बलमा आसमानी चूड़ियाँ' के साथ-साथ आशा भोंसले का दमदार सोलो 'भगवान तेरी दुनिया में इन्साफ नहीं है' भी था। रफी और शमशाद ने अपने डुएट में अपनी साँसों पर गजब का नियंत्रण रखा था। लेकिन यह मनोरंजक कॉमेडी बॉक्स ऑफिस पर लुढ़क गई। पी.एन. अरोड़ा की 'लैला मजनूँ' (1953) में शम्मी कपूर नूतन के साथ थे, जो उनकी दूसरी फिल्म थी। इस फिल्म के चौदह गीतों में से तीन सरदार मलिक ने संगीतबद्ध किए थे। बाकी ग्यारह गीतों में रफी, लता, शमशाद बेगम, तलत और आशा भोंसले के कई यादगार गीत थे। इनमें लता और तलत का बेहद लोकप्रिय और अमर युगल-गीत 'आसमानवाले तेरी दुनिया से जी घबरा गया' भी शामिल था। 'चल दिया कारवाँ लुट गए हम यहाँ' (तलत), 'ऐ सनम ये जिंदगी' (शमशाद) और 'याद तेरी जिंदगी के साज' (आशा) फिल्म के अन्य लोकप्रिय गीत थे। फिल्म के गीतकार शकील बदायूँनी थे।

ए.आर. कारदार की 'दिले नादान' (1953) को गुलाम मुहम्मद की सबसे शाहकार फिल्मों में गिना जाता है। इसमें न तो रफी का कोई गीत था और न लता का, फिर भी नौ के नौ गीत सुपरहिट हुए थे। दरअसल इस फिल्म के हीरो खुद तलत महमूद थे, इसलिए अपने सभी गीत उन्होंने ही गाए थे। फिल्म की नायिका श्यामा के लिए गुलाम मुहम्मद

ने जगजीत कौर (जो बाद में जाने-माने संगीत-निर्देशक खय्याम की जीवन-संगिनी बनीं) और सुधा मल्होत्रा की आवाजों का इस्तेमाल किया था। जगजीत कौर के 'खामोश जिंदगी को इक अफसाना मिल गया' ने तो तहलका ही मचा दिया था। उनका दूसरा सोलो 'चन्दा गाए रागिनी' भी खूब लोकप्रिय हुआ था। सुधा मल्होत्रा का 'न वो हमारे न दिल हमारा' भी बड़ा प्यारा और मोहक गीत था। लेकिन इस फिल्म के सबसे यादगार गीत खुद तलत के थे, खासकर 'जिंदगी देने वाले सुन, तेरी दुनिया से जी भर गया', जो उनके सबसे अनमोल गीतों में शामिल है। 'ये रात सुहानी रात नहीं' और 'जो खुशी से चोट खाए' भी मंत्रमुग्ध कर देने वाले गीत थे। यही बात खूब धूम मचाने वाले 'मुहब्बत की धुन बेकरारों से पूछो' (तलत-जगजीत कौर-सुधा मल्होत्रा) के बारे में भी कही जा सकती है। शमशाद बेगम का 'ऐ दिल न सता मुझको' भी बड़ा मोहक गीत था। फिल्म के पूरे संगीत पर वायलिन, स्पैनिश गिटार और ढोलक का जादू छाया हुआ था। इन खूबसूरत गीतों को भी शकील बदायूँनी ने लिखा था। सऊदी अरब में अपने लंबे प्रवास के दौरान हमें तलत महमूद को करीब से देखने और सुनने का अवसर मिला था। वे वहाँ हज यात्रा पर आए थे। जेद्दा में एक अनौपचारिक और निजी संगीत संध्या के दौरान उन्होंने हमें बहुत से गीत सुनाए। बस, एक ही गीत की कमी खल रही थी—'जिंदगी देने वाले सुन'। हमारे बार-बार अनुरोध करने पर उन्होंने मुस्कराते हुए कहा, ''आप मुझसे बार-बार फरमाइश कर रहे हैं कि मैं खुदा के दरबार के बगल में (जेद्दा और मक्का पास-पास ही हैं) बैठकर गाऊँ कि तेरी दुनिया से दिल भर गया! ऐसा कैसे हो सकता है?'' फिर भी, उन्होंने हमारा दिल रखते हुए यह गीत सुनाया। बाद में उन्होंने बातचीत के दौरान यह भी स्वीकार किया कि वे गुलाम मुहम्मद के शुक्रगुजार थे जिन्होंने उन्हें इतने सारे यादगार गीत गाने का अवसर दिया, खासकर यह देखते हुए कि नौशाद जरा-सी बात से नाराज होकर उनसे पूरी तरह किनारा कर चुके थे।

नई अभिनेत्री जबीन को लेकर बनाई गई 'गुजारा' (1954) एस.एम. यूसुफ की एक फ्लॉप फिल्म थी। इसमें गुलाम मुहम्मद के गायकों में रफी, लता, आशा और शमशाद बेगम शामिल थे। गीतकार थे राजा मेहेंदी अली खाँ, फौक जामी और मुनीर लखनवी। लता का 'रंग-रंगीले प्यारे-प्यारे लाए हम खिलौने' काफी लोकप्रिय हुआ था, जिसका दूसरा हिस्सा उन्होंने अपने छोटे भाई हृदयनाथ मंगेशकर (जो बाद में खुद भी एक संगीत-निर्देशक बने) के साथ गाया था। फिल्म के अन्य लोकप्रिय गीतों में शमशाद बेगम का 'झूम-झूमकर बहार नाचे' शामिल था। फिल्म का एक गीत—'जमाने हाय रे जालिम'—श्याम कुमार (बाद के दिनों के चरित्र अभिनेता) ने भी गाया था, जो नौशाद के लिए भी 'दिल्लगी' में गा चुके थे।

दिग्गज अभिनेता और निर्माता-निर्देशक सोहराब मोदी ने अपनी टेक्नीकलर महत्त्वाकांक्षी फिल्म 'झाँसी की रानी' (1952) पर पानी की तरह पैसा बहाया था। इस फिल्म की असफलता उनके लिए बहुत बड़ा झटका थी। लेकिन उन्होंने हिम्मत नहीं हारी, और 'मिर्जा गालिब' (1954) के रूप में एक संगीत-प्रधान फिल्म बनाई, भले ही इस बार वे 'कलर' के चक्कर में नहीं पड़े। 'दिले नादान' में गुलाम मुहम्मद के खूबसूरत संगीत से वे पहले से ही प्रभावित थे, लिहाजा महान शायर गालिब की लाजवाब ग़ज़लों को उतनी ही लाजवाब धुनों में पिरोने के लिए वे गुलाम मियाँ के अलावा किसे चुनते? उन्होंने ऐसा संगीत दिया कि इस फिल्म को उनकी आखिरी फिल्म 'पाकीजा' (1972) के साथ उनके श्रेष्ठतम सृजन के रूप में देखा जाता है। 'मिर्जा गालिब' में भारत भूषण के साथ सुरैया मुख्य भूमिका में थीं, इसलिए फिल्म के संगीत पर भी तलत महमूद के साथ वही छाई हुई थीं। फिल्म का हर गीत अपने-आपमें एक अनमोल रत्न था, जिनमें से ज्यादातर खुद गालिब मियाँ की ग़ज़लें थीं—'दिले नादाँ तुझे हुआ क्या है' (तलत-सुरैया), 'नुक्ताचीं है गमे दिल' (सुरैया), 'फिर मुझे दीदा-ए-तर याद आया' (तलत), 'आह को चाहिए इक उम्र असर होने तक' (सुरैया), 'रहिए अब ऐसी जगह चलकर' (सुरैया), 'इश्क मुझको नहीं वहशत ही सही' (तलत) और बड़ी अद्‌भुत तेज रफ्तार धुन वाला 'ये न थी हमारी किस्मत' (सुरैया)। इन सभी ग़ज़लों ने तहलका-सा मचा दिया था और पूरे मुल्क को सुरैया, तलत और गुलाम मुहम्मद का दीवाना बना दिया था। इस फिल्म को वर्ष की सर्वश्रेष्ठ फिल्म के रूप में राष्ट्रपति का गोल्ड मेडल भी प्राप्त हुआ। राष्ट्रीय पुरस्कारों के वितरण से जुड़े समारोह में प्रधानमंत्री जवाहरलाल नेहरू ने फिल्म के संगीत की इतनी तारीफ की कि गुलाम मुहम्मद की आँखों में खुशी के आँसू आ गए।

इस फिल्म में शकील बदायूँनी के कुछ गीत भी थे—'चली पी के नगर' (शमशाद बेगम) और 'गंगा की रेती पे बंगला' (सुधा मल्होत्रा) और शायर-ए-आजम गालिब की याद में हाफिज द्वारा लिखा गया बड़ा शानदार कलाम भी—'है बस कि हर इक उनके इशारे में निशाँ और'—जिसे मुहम्मद रफी ने उतने ही शानदार अन्दाज में पेश किया था। रफी का मुशायरना अन्दाज वाला 'नहीं इश्क में इसका तो रंज हमें' भी बहुत खूब था। कुल मिलाकर, जैसाकि बहुत से लोगों का कहना था, 'मिर्जा गालिब' के संगीत ने उनकी रूह को मानो फिर से जिंदा कर दिया था।

गुलाम मुहम्मद और जगजीत कौर

बड़ी हैरानी की बात थी कि 'मिर्जा गालिब' की धूम के बाद गुलाम मुहम्मद के कैरियर में उछाल की बजाय अचानक ही एक उतार-सा दिखाई देने लगा। शायद 'मिर्जा गालिब' के संगीत में अपना सब कुछ निचोड़कर रख देने के बाद वे इसके बाद की कुछ फिल्मों में उतना धूम मचाने वाला संगीत नहीं दे पाए, या लोगों की उनसे अपेक्षाएँ बढ़ गईं, या फिर एक के बाद एक कुछ फिल्मों की असफलता ही उनके कैरियर को ले डूबी। न जाने क्या बात थी, लेकिन उन्हें मिलने वाली फिल्मों की संख्या अचानक ही कम हो गई और साल में एक-आध फिल्म में ही उनका संगीत सुनाई पड़ने लगा।

पी.एन. अरोड़ा की 'हूर-ए-अरब' (1955) में लता के एक-दो गीत 'तारा-तारा रम मेरे दिल में सनम' और 'चाँद ने पहना ताज' ही याद रहने लायक थे। हाँ, सोहराब मोदी की 'कुन्दन' (1955) में गुलाम मियाँ ने हिट संगीत जरूर दिया। लता के तीन सोलो 'शिकायत क्या करें दोनों तरफ', 'जहाँवाले हमें दुनिया में क्यों' और 'मेरी आँखों के तारे' के साथ-साथ रफी के साथ उनका लुभावना युगल-गीत 'ये बहारों के दिन ये सुहाना समाँ' भी खूब लोकप्रिय हुआ था। फिल्म में शमशाद बेगम, गीता दत्त, सुधा मल्होत्रा, मुबारक बेगम, मन्ना डे और एस.डी. बातिश सभी के गीत थे। इन्हें शकील बदायूँनी ने लिखा था। सोहराब मोदी, निम्मी, सुनील दत्त और उल्लास की मुख्य भूमिकाओं वाली 'कुन्दन' विक्टर ह्यूगो की महान कृति 'लेस मिजरेबल' पर आधारित थी।

पी.एन. अरोड़ा की 'हूर-ए-अरब' के बाद उनके बैनर की अगली फिल्म 'सितारा' (1955) भी बॉक्स ऑफिस पर डूब गई। वैजयन्तीमाला और प्रदीप कुमार की मुख्य भूमिकाओं वाली इस फिल्म के निर्देशक एस.के. ओझा ('फूल', 'नाज' और 'हलचल' वाले) थे। गुलाम मुहम्मद की इस लगभग भुला दी गई फिल्म में लता के कई मधुर गीत थे— 'जमना के पार कोई बंसी बजाए', 'मस्ती में झूम-झूम जिया', 'ओ सैयाँ जिया धड़के', 'चन्दा धीरे से आ' और खूब लोकप्रिय हुआ 'तकदीर की गर्दिश क्या कम थी'। इस फिल्म की असफलता पी.एन. अरोड़ा के साथ-साथ गुलाम मुहम्मद के लिए भी एक बड़ा झटका थी। उनकी अगली फिल्म 'पाक दामन' (1957) दो वर्ष बाद ही देखने को मिली और वाडिया ब्रदर्स की यह फिल्म भी बॉक्स ऑफिस पर बुरी तरह पिट गई। इस फिल्म के कुछ गीत जरूर चले, जिनमें रफी का सुपरहिट 'मुबारक हो दूल्हा-दुल्हन को ये शादी' भी शामिल था। इस फिल्म में मुशायरा शैली का एक अनूठा गीत भी था जिसमें रफी, मुबारक बेगम और चन्दनबाला के साथ-साथ खुद गीतकार शकील बदायूँनी की आवाज भी थी। इस वर्ष की तरह अगले वर्ष भी सुरैया और तलत महमूद की मुख्य भूमिकाओं वाली 'मालिक' (1958) गुलाम मुहम्मद की इकलौती फिल्म रही। उनके घनिष्ठ मित्र एस.यू. सनी द्वारा निर्देशित यह फिल्म ठीकठाक चली भी, लेकिन गुलाम मियाँ के डूबते कैरियर को उबारने में असफल रही। इस फिल्म में तलत के 'जिंदगी की कसम हो चुके उनके हम', 'पढ़ोगे लिखोगे बनोगे नबाब' और सुरैया के साथ उनके युगल-गीत 'मन धीरे-धीरे गाए रे' जैसे कई यादगार गीत थे। गीतकार एक बार फिर शकील बदायूँनी थे।

सोहराब मोदी की 'दो गुंडे' (1959) उनके मिनर्वा मूवीटोन के ऊँचे स्तर के अनुरूप नहीं थी। वी.एम. व्यास द्वारा निर्देशित इस फिल्म में राजकुमार, कुमकुम, अजीत और जयश्री गडकर मुख्य भूमिकाओं में थे। लेकिन इस लचर फिल्म में भी गुलाम मुहम्मद के कुछ यादगार गीत थे, खासकर 'भीगी पलकें उठा मेरी जान' (रफी-लता) और मस्ती भरा 'लहरों में झूलके' (रफी-आशा)। बहुत दिनों बाद मजरूह सुल्तानपुरी ने एक बार फिर गुलाम मुहम्मद के लिए गीत लिखे थे।

लेखराज भाखड़ी की 'शमा' (1961) गुलाम मुहम्मद के जीते-जी रिलीज होने वाली उनकी आखिरी फिल्म साबित हुई। कमाल अमरोही की 'पाकीजा'—जो 'मिर्जा गालिब' के बाद गुलाम मुहम्मद की सबसे शानदार और कीर्ति-स्तम्भ फिल्म थी—उनके निधन के लगभग चार वर्ष बाद 1972 में रिलीज हुई। जैसाकि हमने देखा है, 'मिर्जा गालिब' के बाद गुलाम मुहम्मद को बहुत कम फिल्में मिल रही थीं। शायद इसमें उनकी गिरती सेहत का भी कुछ हाथ था। लेकिन एक नए अभिनेता विजय दत्त के साथ सुरैया और निम्मी की मुख्य भूमिकाओं वाली 'शमा' शमा की आखिरी लौ की तरह गुलाम मुहम्मद की एक शाहकार और यादगार फिल्म साबित हुई—और खुद सुरैया की भी। फिल्म तो फ्लॉप हो गई, लेकिन इसके गीत अमर हो गए। कैफी आजमी के दिल को छू लेने वाले गीतों से सजी इस फिल्म में सुरैया के चार बेहद लोकप्रिय और अमर गीत थे। 'धड़कते दिल की तमन्ना हो मेरा प्यार हो तुम' तो गजब ही था, लेकिन 'आपसे प्यार हुआ जाता है', 'मस्त आँखों की शरारत कभी ऐसी न थी' और 'मेरे महबूब तुझे प्यार करूँ या न करूँ' भी एक से एक लाजवाब गीत थे। इन गीतों में गुलाम मियाँ ने पं. रामनारायण की सारंगी और अब्दुल करीम के तबले का इतना अद्भुत प्रयोग किया था कि सुननेवाले मंत्रमुग्ध हो जाते थे। सुमन कल्याणपुर का 'दिल गम से जल रहा है जले पर धुआँ न हो' भी उनके सबसे मोहक और यादगार गीतों में शामिल है। उनका दूसरा गीत 'इन्साफ तेरा देखा' और रफी का 'वो सादगी कहें इसे दीवानगी कहें' भी बड़ी सुन्दर रचनाएँ थीं। कुल मिलाकर यह एक ऐसी शमाँ थी जो आज तक बुझी नहीं है और कैफी आजमी, सुरैया और गुलाम मुहम्मद के बहुत खूबसूरत गीतों से जुड़ी हुई है।

'मालिक'

'मिर्जा गालिब' के संगीत से अन्य बहुत से कला-प्रेमी निर्माता-निर्देशकों की तरह कमाल अमरोही भी बहुत ज्यादा प्रभावित थे। 1959 में उन्होंने अपनी पत्नी मीना कुमारी के साथ अपनी भव्य और टेक्नीकलर फिल्म 'पाकीजा' शुरू की तो इसके संगीत की जिम्मेदारी गुलाम मुहम्मद को ही सौंपी। इस फिल्म में मीनाकुमारी के साथ अशोक कुमार और राज कुमार मुख्य भूमिकाओं में थे। गुलाम मुहम्मद ने इस फिल्म के लिए पन्द्रह एक से एक खूबसूरत ट्रैक तैयार किए। लेकिन दिल का दौरा पड़ने के बाद उनकी तबीयत इतनी ज्यादा खराब रहने लगी कि उन्हें आखिरी दो गीतों की रिकॉर्डिंग के लिए नौशाद की मदद लेनी पड़ी। कला-प्रेमी कमाल

गुलाम मुहम्मद और कमाल अमरोही

अमरोही धीरे-धीरे और तसल्ली से फिल्में बनाने के आदी थे, इसलिए फिल्म के निर्माण में देर होती चली गई। कुछ वर्ष बाद पत्नी मीना कुमारी से उनकी अनबन हो गई और वे घर छोड़कर चली गईं। लिहाजा यह फिल्म डिब्बों में बन्द होकर रह गई। इस बीच 17 मार्च, 1968 को गुलाम मुहम्मद की मृत्यु हो गई।

इसी बीच गुलाम मुहम्मद ने एक भोजपुरी फिल्म 'सैयाँ से नेहा लगइबे' (1965) में भी संगीत दिया था। देखा जाए तो यही सुपरहिट फिल्म उनके जीते-जी रिलीज होने वाली उनकी आखिरी फिल्म थी। लेकिन डिब्बों में बन्द 'पाकीजा' की नियति में इतिहास रचना लिखा था। गुलाम मुहम्मद की मृत्यु के एक वर्ष बाद 1969 में नर्गिस के प्रयासों से यह फिल्म फिर से शुरू हुई। कहते हैं कि फिल्म को पूरा करने के लिए पैसों के जुगाड़ के लिए कमाल अमरोही फाइनेंसर शंकर बी.सी. के पास गए तो उन्होंने कहा कि वे मदद करने के लिए तैयार थे, बशर्ते कि गुलाम मुहम्मद द्वारा रिकॉर्ड किए गए सभी पन्द्रह गानों को रद्द करके नए सिरे से इस फिल्म का संगीत तैयार किया जाए। कमाल अमरोही को यह शर्त कतई मंजूर नहीं थी। लिहाजा उन्होंने शंकर बी.सी. की मदद के बिना ही यह फिल्म पूरी की। 1972 में मीना कुमारी की असामयिक मृत्यु से कुछ ही हफ्ते पहले यह फिल्म रिलीज हुई और इसने बॉक्स ऑफिस पर सफलता के सभी रिकॉर्ड तोड़ दिए। इसके संगीत ने तो ऐसी धूम मचाई कि क्या कहना! बिलकुल नए जमाने के दर्शकों पर (जिन्होंने उनका नाम तक नहीं सुना था) गुलाम मुहम्मद के संगीत का ऐसा नशा चढ़ा कि बरसों तक नहीं उतरा। काश, गुलाम मुहम्मद यह समाँ देख पाते! आज भी इस फिल्म की डीवीडी और इसके गानों की सीडी धड़ाधड़ बिकती हैं।

गुलाम मुहम्मद द्वारा तैयार किए गए 'पाकीजा' के पन्द्रह ट्रैक थे :

क्रम	गीत	गीतकार	गायक/गायिका
1.	इन्हीं लोगों ने ले लीन्हा दुपट्टा मेरा	मजरूह सुल्तानपुरी	लता मंगेशकर
2.	ठाड़े रहियो ओ बाँके यार रे	मजरूह सुल्तानपुरी	लता मंगेशकर
3.	चलते-चलते यूँ ही कोई मिल गया था	कैफी आजमी	लता मंगेशकर
4.	आज हम अपनी दुआओं का असर देखेंगे	कैफ भोपाली	लता मंगेशकर
5.	चलो दिलदार चलो चाँद के पार चलो	कैफ भोपाली	रफी-लता
6.	मौसम है आशिकाना	कमाल अमरोही	लता मंगेशकर
7.	पी के चले ये चले	मजरूह सुल्तानपुरी	लता मंगेशकर
8.	ये किसकी आँखों का नूर है	मजरूह सुल्तानपुरी	मुहम्मद रफी
9.	तन्हाई सुनाया करती है	कमाल अमरोही	लता मंगेशकर
10.	गिर गई रे मेरे माथे की	कैफ भोपाली	सुमन कल्याणपुर
11.	कोठे से लागे लम्बा	कैफ भोपाली	शमशाद बेगम
12.	प्यारे बाबुल तुम्हारी दुहाई	कैफी भोपाली	लता मंगेशकर
13.	जाएँ तो अब कहाँ (कव्वाली)	कैफ भोपाली	शमशाद बेगम-रफी
14.	चलो दिलदार चलो (दूसरा वर्जन)	कैफ भोपाली	लता मंगेशकर
15.	बन्धन बाँधो न (राग भूपाली)	परम्परागत	शोभा गुर्टू

इन पन्द्रह गानों में से रिलीज की गई फिल्म में सिर्फ सबसे ऊपर के छह गाने थे, इसलिए एचएमवी द्वारा जारी की गई ऑडियो डिस्क में भी यही छह गाने मौजूद थे। लेकिन अन्य सभी गाने भी इतने कमाल के थे कि जल्दी ही एक दूसरी डिस्क जारी की गई और इसे 'पाकीजा रंग-ब-रंग' का नाम दिया गया। इसमें वे सभी गाने भी मौजूद थे जो फिल्म में नहीं थे। इस फिल्म और इसके संगीत ने इतना तहलका मचा दिया था कि ये रिकॉर्ड / कैसेट / सीडी भी खूब बिकीं।

गुलाम मुहम्मद हमेशा से ही नौशाद के बैकग्राउंड संगीत के कायल रहे थे। उन्हें क्या पता था कि 'पाकीजा' का बैकग्राउंड संगीत तैयार करने से पहले ही वे इस दुनिया से चले जाएँगे और उनके गुरु और घनिष्ट मित्र नौशाद को ही इस फिल्म का बैकग्राउंड संगीत देना पड़ेगा। नौशाद ने बड़ी खुशी से यह जिम्मेदारी निभाई, जिससे गुलाम मियाँ की रूह को सचमुच ही खुशी हुई होगी। नौशाद ने फिल्म के गानों से मेल खाता हुआ और बिलकुल उतने ही ऊँचे दर्जे का बैकग्राउंड संगीत दिया था। इसके अलावा टाइटल-संगीत के रूप में लता का 'तराना' कम्पोज करने के साथ-साथ नौशाद साहब ने राजकुमारी, परवीन सुल्ताना और वाणी जयराम की आवाज में कई ठुमरियाँ भी रिकॉर्ड की थीं, जिनसे फिल्म का परिवेश तैयार करने में मदद मिली।

'पाकीजा' के संगीत से ज्यादा मीठा, सुरीला और लोकप्रिय संगीत भला किस फिल्म का हो सकता था? इसलिए निस्सन्देह उस वर्ष के सर्वश्रेष्ठ संगीत के लिए गुलाम मुहम्मद को ही फिल्मफेयर पुरस्कार मिलना चाहिए था। लेकिन अफसोस, यह पुरस्कार 'बेईमान' (1972) फिल्म के लिए शंकर-जयकिशन को दे दिया गया, जिसका संगीत कलात्मकता या लोकप्रियता की कसौटी पर 'पाकीजा' के सामने कहीं नहीं ठहरता था। भले ही इस गले न उतरने वाले चयन के लिए मरणोपरान्त पुरस्कार न देने की नीति का तर्क दिया गया, लेकिन महान अभिनेता और हिन्दी फिल्मों के सबसे लोकप्रिय खलनायक प्राण को पुरस्कार समिति का यह फैसला इतना ज्यादा अखरा कि उन्होंने 'बेईमान' फिल्म के लिए सर्वश्रेष्ठ सहायक अभिनेता का पुरस्कार लेने से इनकार कर दिया।

'पाकीजा' के गीतों की बात करें तो इसका हर गीत मधुरता, सुरीलेपन और लाजवाब रिदम का उदाहरण था। 'पाकीजा रंग-ब-रंग' एलबम को तो संगीत का इन्द्रलोक या गार्डन ऑफ ईडन कहा जा सकता था। हर गीत इतना मोहक, इतना नशीला, इतना जादुई कि क्या कहें! यह फिल्म हिन्दी सिनेमा की 'ट्रेजडी क्वीन' मीना कुमारी के ताजमहल से कम नहीं थी, जिसमें उनका मुग्ध कर देने वाला सौन्दर्य, उनका दिल की गहराइयों को छू लेने वाला अभिनय और हर शॉट पर छा जाने वाला उनका मोहक व्यक्तित्व अपने चरमोत्कर्ष पर पहुँच गया था। ऐसे शानदार क्लाइमेक्स के बाद फिल्म तो खत्म होनी ही थी, शायद इसीलिए इस फिल्म के रिलीज होने के कुछ ही हफ्ते बाद वे इस दुनिया से चली गईं। यह फिल्म गुलाम मुहम्मद और नौशाद के लिए भी किसी ताजमहल से कम नहीं थी—जिसका हर गीत और बैकग्राउंड संगीत का हर टुकड़ा उनकी यादों को हमेशा जिंदा रखेगा। किस गीत की बात करें? लता के 'चलते-चलते यूँ ही कोई मिल गया था' की, जिसमें ऐसा लगता था जैसे कहीं दूर घने जंगलों में हजारों पायलें एक साथ छनक उठी हों? या फिर आसमान के पार किसी दूसरी दुनिया में ले जाने वाले 'मौसम है आशिकाना' की? राजकुमारी के आत्मा की गहराइयों में उतर जाने वाले 'नजरिया की मारी' की या फिर लता के वक्त को थाम लेने वाले 'ठाड़े रहियो' की? 'इन्हीं लोगों ने' की गजब की मोहकता की या 'आज हम अपनी दुआओं का असर देखेंगे' की दर्दभरी नशीली, मधुरता की? या फिर किसी शांत झील की तरह सुकून देते 'चलो दिलदार चलो' की?

गुलाम मुहम्मद ने बारह से ज्यादा अनमोल मोती तो अकेली 'पाकीजा' में ही दे दिए थे। इसलिए उनके बारह सबसे यादगार गीत कैसे चुनें?

गुलाम मुहम्मद के 12 अनमोल रत्न

क्रम	गीत	फिल्म	गायक/गायिका
1.	तेरे नाज उठाने को जी चाहता है	गृहस्थी	शमशाद बेगम-मुकेश
2.	दिल की लगी ने हमको दीवाना करके छोड़ा	पारस	मुहम्मद रफी
3.	ये दुनिया है यहाँ दिल का लगाना	शायर	लता-मुकेश
4.	दिल रोते-रोते सो गया	हँसते आँसू	राजकुमारी
5.	अखियाँ मिलाके जरा बात करो जी	परदेस	रफी-लता-जगजीत कौर
6.	जिंदगी देने वाले सुन, तेरी दुनिया से जी भर गया	दिले नादाँ	तलत महमूद
7.	टूटेगी न प्यार की डोर	अम्बर	लता मंगेशकर
8.	आसमान वाले तेरी दुनिया से	लैला मजनूँ	लता-तलत
9.	दिल-ए-नादाँ तुझे हुआ क्या है	मिर्जा गालिब	सुरैय-तलत
10.	मन धीरे-धीरे गाए रे	मालिक	सुरैया-तलत
11.	धड़कते दिल की तमन्ना हो मेरा प्यार हो तुम	शमा	सुरैया
12.	चलते-चलते यूँ ही कोई मिल गया था	पाकीजा	लता मंगेशकर

'पाकीजा' की रिकॉर्डिंग

गुलाम मुहम्मद को जीते-जी वह श्रेय और मान-सम्मान नहीं मिला जिसके वे सही मायने में अधिकारी थे। 'मिर्जा गालिब' के संगीत की सराहना जरूर हुई, लेकिन इसके बाद उन्हें इतनी फिल्में नहीं मिलीं कि उनकी असीम प्रतिभा के साथ न्याय हो पाता। उनकी सबसे बड़ी उपलब्धि, सबसे बड़ा पुरस्कार शायद यही था कि 1970 के दशक के उस जमाने में जब किसी को उनका नाम तक याद नहीं रहा था और लोग लक्ष्मीकान्त-प्यारेलाल, कल्याणजी-आनन्दजी और राहुल देव बर्मन के तेज संगीत के दीवाने थे, 'पाकीजा' के धीमे और मधुर गीतों ने ऐसी धूम मचाई कि इस फिल्म और इसके संगीत का जादू सत्तर के पूरे दशक पर हावी रहा—चलते-चलते... यूँ ही कोई मिल गया था... सरे राह चलते-चलते...।

चित्रगुप्त (1917-1991)

पूरवी धुनों की नशीली मधुरता

जैसाकि मैं बता चूका हूँ, मेरी पूज्य माँ स्वर्गीय शांति कुमारी बाजपेयी एक साहित्यकार होने के साथ-साथ बनारस हिन्दू विश्वविद्यालय में पढ़ाती भी थीं। कुछ समय वे वहाँ के लड़कियों के होस्टल की वार्डन भी रहीं। वे कभी-कभी अपनी छात्राओं को बनारस के आसपास टांडा फॉल्ज, विंडहम फॉल्ज, देवदारी फॉल्ज जैसे मनोरम स्थलों पर पिकनिक पर भी ले जाती थीं। उनकी इकलौती सन्तान होने के नाते मैं भी उनके साथ रहता था। (मैं सिर्फ ग्यारह वर्ष की उम्र में अपने पिता पं. गोकरन नाथ बाजपेयी को खो बैठा था, जो एक जाने-माने उद्योगपति थे।) इन पिकनिकों में बस के ड्राइवर, क्लीनर और एक गार्ड के अलावा मैं ही अकेला 'मर्द' होता था, बाकी सब लड़कियाँ होती थीं। जैसे ही हमारी बस शहर के मशहूर पुल मालवीय ब्रिज से गंगा नदी को पार करती, ये लड़कियाँ जोर-जोर से और बड़ी मधुर लय-ताल के साथ गाना शुरू कर देतीं—'ओ गंगा मइया तोहे पियरी चढ़इबो...सैयाँ से कर दे मिलनवा हो राम'। मैं बचपन से ही फिल्म संगीत का दीवाना तो था ही, लड़कियों को इस गीत पर यूँ झूमते देखकर मैं ड्राइवर से इस गीत के बारे में पूछता तो वह कहता—''ई गनवा स्वयँ यमराज के लेखाकार चित्रगुप्त महाराज बनाए हैं।'' जल्दी ही मेरी समझ में आ गया कि यह गीत संगीतबद्ध करने वाले संगीतकार का नाम चित्रगुप्त था। बस, फिर क्या था, मैं उनकी फिल्मों की 78 आरपीएम डिस्क खरीदने की ताक में रहने लगा।

चित्रगुप्त श्रीवास्तव का जन्म 16 नवम्बर 1917 को बिहार के छपरा के पास गोपालगंज जिले के करमैनी गाँव में हुआ था। उन्होंने बहुत ऊँची शिक्षा प्राप्त की (अर्थशास्त्र और पत्रकारिता दोनों में एम.ए. की डिग्री) और उन्हें पटना विश्वविद्यालय में प्राध्यापक की नौकरी भी मिल गई। लेकिन मन में कहीं न कहीं संगीत का कीड़ा कुलबुला रहा था। उनके बड़े भाई ब्रजनन्दन (बी.एन.) आजाद एक पत्रकार थे और संगीत के शौकीन भी। वे बड़ा अच्छा तबला बजाते थे। उनकी देखादेखी चित्रगुप्त को भी संगीत का चस्का लग गया। वे गाने भी लगे और घर में या रिश्तेदारों के यहाँ पूजा-पाठ के अवसरों पर बड़े अच्छे भजन सुनाकर श्रोताओं को मंत्रमुग्ध करने लगे। वे भातखंडे संगीत विद्यालय (तब मैरिस कॉलेज) से संगीत के नोट्स लेकर संगीत की बारीकियों को समझने लगे। उनके दिलोदिमाग पर संगीत इतना हावी रहने लगा था कि उन्हें लेक्चरार की नौकरी नीरस प्रतीत होने लगी। वे फिल्म नगरी बम्बई (अब मुम्बई) जाने और अपनी संगीत-प्रतिभा को आजमाने के लिए छटपटा रहे थे। आखिर 1944 में उन्होंने अच्छी-खासी नौकरी से इस्तीफा देकर बम्बई का रुख किया। इस तरह वे भारतीय सिनेमा के सबसे ज्यादा शिक्षित संगीत-निर्देशक बने।

बम्बई में उनका सबसे पहला सहारा बने बिहार के उनके एक मित्र मदन सिन्हा (जो बाद में खुद भी एक सिनेमैटोग्राफर और निर्देशक बने)। मदन सिन्हा ने उन्हें संगीत-निर्देशक एच.पी. दास से मिलवाया और चित्रगुप्त को कोरस के रूप में अपना पहला गाना गाने का अवसर मिला। जल्दी ही बॉम्बे टॉकीज से जुड़े एक निर्देशक सर्वोत्तम बादामी ने उन्हें एस.एन. त्रिपाठी से मिलवा दिया (जो खुद भी भातखंडे संगीत विद्यालय से थे)। एस.एन. त्रिपाठी चित्रगुप्त के संगीत के ज्ञान से इतने प्रभावित हुए कि उन्होंने तुरन्त ही उन्हें अपना सहायक नियुक्त कर लिया। चित्रगुप्त ने एस.एन.

त्रिपाठी के सहायक के रूप में 1946-1951 के बीच 'आधार', 'बचपन', 'जी हाँ', 'रामायणी', 'मानसरोवर', 'पणिहारी' और 'उत्तरा-अभिमन्यु' इत्यादि कई फिल्मों में काम किया।

एक दिलचस्प तथ्य यह है कि 1946 में ही एक स्वतंत्र संगीत-निर्देशक के रूप में चित्रगुप्त की पहली फिल्म 'लेडी राबिनहुड' भी रिलीज हुई। एस.एन. त्रिपाठी को उन पर इतना ज्यादा भरोसा था कि बसन्त स्टूडियो ने उन्हें इस फिल्म के संगीत देने के लिए कहा तो उन्होंने अपनी बजाय चित्रगुप्त का नाम सुझाया। इस तरह बसन्त स्टूडियो के होमी वाडिया ने उन्हें उनका पहला ब्रेक दिया। जैसाकि नाम से ही जाहिर है नाडिया और जॉन कावरा की मुख्य भूमिकाओं वाली 'लेडी राबिनहुड' एक स्टंट फिल्म थी। इस फिल्म में संगीत देने के साथ-साथ चित्रगुप्त ने राजकुमारी के साथ दो युगल-गीत भी गाए। वे एस.एन. त्रिपाठी के लिए भी गाते रहते थे। उन्होंने अपने कैरियर में लगभग 30 गाने गाए। अपनी फिल्मों के कुछ गीत उन्होंने खुद ही लिखे भी। जहाँ तक संगीत का सम्बन्ध है, उन्होंने लगभग पाँच दशक लम्बे अपने कैरियर में 126 हिन्दी फिल्मों, 20 भोजपुरी फिल्मों और दो पंजाबी फिल्मों में संगीत दिया।

'लेडी रॉबिनहुड' (1946) से 'सर्कसवाले' (1950) तक वे ज्यादातर वाडिया भाइयों की स्टंट फिल्मों में ही संगीत देते रहे। इन फिल्मों में मधुर संगीत की ज्यादा गुंजाइश नहीं थी। न ही आज किसी को ये फिल्में याद हैं। 'भक्त पुंडलिक' (1949) में पहली बार उन्हें (अपने गुरु एस.एन. त्रिपाठी की तरह) एक पौराणिक फिल्म में संगीत देने का अवसर मिला। इस फिल्म के यादगार गीतों में उमा देवी ('अफसाना लिख रही हूँ' जैसे धूम मचाने वाले गीत की गायिका और बाद के दिनों की मशहूर कॉमेडियन टुनटुन) की आवाज में 'आँखों ने कहा दिल ने सुना' शामिल था। इसके बाद चित्रगुप्त ने 'वीर बब्रुवाहन' (1950) में गीता दत्त के 'धीरे-धीरे बहती नदिया', 'शौकीन' में 'ओ ताँगेवाले प्रेम नगर जाना है' (शांति शर्मा-चित्रगुप्त) और 'हमारा घर' (1950) में 'चोरी-चोरी मत देख बलम' (शमशाद बेगम-रफी) और 'कहाँ चले सरकार' (शमशाद बेगम-किशोर कुमार) जैसे लोकप्रिय गीतों की रचना की।

लता और चित्रगुप्त

चित्रगुप्त को पहला बड़ा अवसर साउथ के प्रतिष्ठित स्टूडियो ए.वी.एम. की 'शिव भक्त' (1952) के रूप में मिला। उन्हें यह फिल्म मिलने के पीछे सचिन देव बर्मन का हाथ था, जो खुद एक पौराणिक फिल्म में संगीत देने से हिचकिचा रहे थे। इस फिल्म में चित्रगुप्त ने 'मेलोडी क्वीन' लता मंगेशकर के साथ पहली बार काम किया। लता का उनके साथ पहला ही गीत तिल्लाना नृत्य-शैली का एक अद्भुत 'तराना' था— 'धिमता धिमता धिमता धिमता तेरे न'। इसके अलावा इस फिल्म में लता के दो ओर लुभावने गीत भी थे—'देखो जी मेरी ओर' और 'कहाँ जाके नैना लड़े'। इस फिल्म के गीत गोपाल सिंह नेपाली ने लिखे थे। यह फिल्म साउथ की फिल्मों के साथ चित्रगुप्त के लम्बे जुड़ाव की भी शुरुआत थी, जिनमें 'भाभी' (1957), 'बरखा' (1959), 'सुहाग सिन्दूर' (1961), 'मैं चुप रहूँगी' (1962) और 'मैं भी लड़की हूँ' (1964) जैसी कई मशहूर फिल्में शामिल थीं। जहाँ तक लता मंगेशकर का सम्बन्ध है, तो उनके साथ चित्रगुप्त की जोड़ी एक गजब की और लाजवाब जोड़ी साबित हुई। इन दोनों ने मिलकर कितने ही मधुर, सुरीले और अमर गीतों की रचना की। लता के सबसे मीठे गीतों के साथ जिस तरह नौशाद, सचिन देव बर्मन, सी. रामचन्द्र और मदन मोहन के नाम जुड़े हुए हैं, उसी तरह चित्रगुप्त के बिना भी यह सूची पूरी नहीं हो सकती। आइए, इन दोनों के गीतों के गुलदस्ते के कुछ महकते हुए फूलों पर नजर डालते हैं :

लता मंगेशकर और चित्रगुप्त के अमर गीत

क्रम	गीत	फिल्म
1.	अभी मुहब्बत नई-नई है	इनसाफ
2.	जिया लहिराए	जयश्री
3.	नाचें गोकुल की छोरियाँ	नीलमणि
4.	जा रे जादूगर देखी तेरी जादूगरी	भाभी
5.	टाई लगाके माना बन गए जनाब हीरो	भाभी
6.	ओ मुरलीवाले कैसे मैं आऊँ	साक्षी गोपाल
7.	तड़पाओगे तड़पा लो, हम तड़प-तड़प के भी...	बरखा
8.	पूछूँगी इक दिन	बरखा
9.	दगा दगा वई वई	काली टोपी लाल रूमाल
10.	सजना काहे भूल गए दिन	चाँद मेरे आजा
11.	आजा रे तेरा एक सहारा	बरात

12.	दीवाने तुम दीवाने हम	बेजुबान
13.	जाने कैसा छाने लगा	जबक
14.	तुम्हीं हो माता पिता तुम्हीं हो	मैं चुप रहूँगी
15.	ये हवा ये फिजा	टैक्सी स्टैंड
16.	सोना न सितारों का है कहना	आपेरा हाउस
17.	दिल की लाख सँभाल जी	गेस्ट हाउस
18.	रंग दिल की धड़कन भी लाती तो होगी	पतंग
19.	मुस्कराओ कि जी नहीं लगता	कंगन
20.	आज की रात नया चाँद लेके आई है	शादी
21.	हे गंगा मइया तोहे पियरी चढ़इबो, सैयाँ से...	गंगा मइया तोहे पियरी चढ़इवो
22.	आ चन्दा मामा आ रे	भौजी
23.	उठेगी तुम्हारी नजर धीरे-धीरे	एक राज
24.	दिल का दिया जलाके गया	आकाशदीप
25.	मैं सदके जाऊँ मेरे सैयाँ तुम आए तो हो	वासना

इसी तरह मुहम्मद रफी के साथ भी चित्रगुप्त ने एक से एक मधुर गीत दिए। यूँ रफी उनके साथ बिलकुल शुरू से ही गाने लगे थे, लेकिन 'तुलसीदास' (1954) के लोकप्रिय भजनों के बाद तो दोनों की जोड़ी एक अद्‌भुत जोड़ी बन गई। 'तुलसीदास' में रफी के ये भजन थे—'मुझे अपनी शरण में ले लो राम', 'कहाँ छुपे हो राजाराम' और 'हे महादेव मेरी लाज रहे'। इसके बाद 'ये दुनिया पतंग, नित बदले ये रंग, कोई जाने न उड़ानेवाला कौन है' ('पतंग') से लेकर 'चली-चली रे पतंग मेरी चली रे' ('भाभी') तक और 'मैं कौन हूँ मैं कहाँ हूँ' ('मैं चुप रहूँगी') से लेकर 'जाग दिल-ए-दीवाना रुत जागी वस्ले यार की' ('ऊँचे लोग') तक रफी और चित्रगुप्त की जोड़ी ने एक से एक मीठे, रसीले और लोकप्रिय गीत दिए। 'दीवाना आदमी को बनाती हैं रोटियाँ' ('काली टोपी लाल रूमाल'), 'सुर बदले कैसे-कैसे' ('बरखा'), 'लेके सहारा तेरे नाम का' ('नाचे नागिन बाजे बीन'), 'अगर दिल किसी से लगाया न होता' ('बड़ा आदमी'), 'ले लो ले जो दुआएँ माँ-बाप की' ('माँ-बाप'), 'इतनी बड़ी दुनिया जहाँ इतना बड़ा मेला' ('तूफान में प्यार कहाँ'), 'मुझे दर्द-ए-दिल का पता न था' ('आकाशदीप') और 'सोनवा के पिंजरा में' ('गंगा मइया तोहे पियरी चढ़इबो') जैसे गीतों को भला कौन भुला सकता है? लेकिन रफी और चित्रगुप्त की जोड़ी का सबसे धूम मचानेवाला गीत था—'चल उड़ जा रे पंछी कि अब ये देस हुआ बेगाना' ('भाभी')।

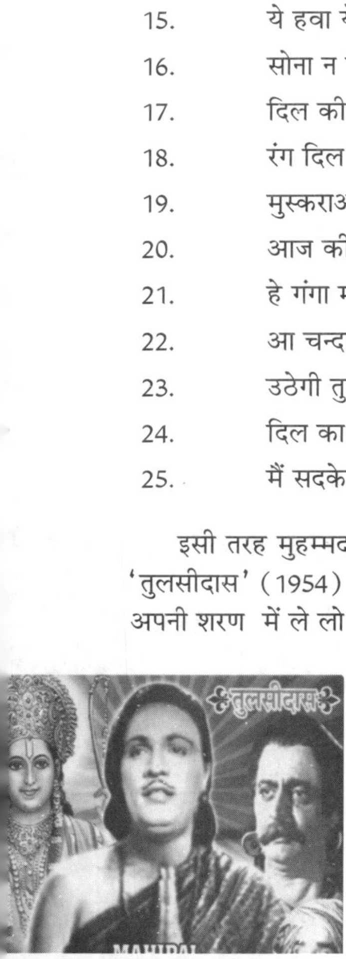

चित्रगुप्त

1956-57 से साठ के दशक के अन्त तक चित्रगुप्त हिन्दी सिनेमा के व्यस्ततम संगीतकारों में से रहे। वे शुरू में विले पार्ले (पूर्व) में रहा करते थे, जहाँ से वे सान्ताक्रूज (पूर्व) में चले गए और 1959 तक वहीं रहे। उन दिनों नए-नए उभर रहे 'जुबली स्टार' राजेन्द्र कुमार उनके पड़ोसी हुआ करते थे। पता पूछे जाने पर वे हमेशा यही कहा करते थे कि वे चित्रगुप्त जी के बगल वाले घर में रहते हैं। 1959 में चित्रगुप्त खार (पश्चिम) में कोई बंगला खरीदने की सोचने लगे, जहाँ हेमन्त कुमार और शैलेन्द्र के भी बंगले थे। वहीं चौदहवें रास्ते पर मदन मोहन भी रहते थे, लेकिन किराए के बंगले में। मदन मोहन को चित्रगुप्त के इरादे का पता चला तो उन्होंने उन्हें सुझाव दिया— ''आप मेरे बंगले में शिफ्ट क्यों नहीं हो जाते? मैं पैडर रोड शिफ्ट होने की सोच रहा हूँ।'' इस तरह चित्रगुप्त सान्ताक्रूज (पूर्व) से खार (पश्चिम) के चौदहवें रास्ते पर स्थित 'प्रभात' नामक बंगले में शिफ्ट हो गए और मदन मोहन का म्यूजिक रूम (1952-1959) चित्रगुप्त का म्यूजिक रूम (1959-1986) बन गया। बाद में यही म्यूजिक रूम उनके दो सफल संगीतकार बेटों आनन्द और मिलिन्द की जोड़ी का भी म्यूजिक रूम (1982-1993) रहा। 1993 में आनन्द-मिलिन्द ने अपना म्यूजिक रूम वर्सोवा में शिफ्ट कर लिया। यह बंगला 'आनन्द' के नाम से आज भी मौजूद है और चित्रगुप्त का म्यूजिक रूम अब फिल्म निर्देशक आशुतोष गोवलीकर का ऑफिस है, जो अपने-आपको भाग्यशाली समझते हैं। कहते हैं कि किसी जमाने में चित्रगुप्त की व्यस्तता का यह हाल था कि एक दिन इस बंगले में चार-चार गीतकार एक साथ मौजूद थे। राजेन्द्र कृष्ण ड्राइंग रूम में बैठे अपना गाना लिख रहे थे तो मजरूह सुल्तानपुरी स्टडी-रूम में; प्रेम धवन बंगले के बगीचे में एक पेड़ की छाया में बैठे अपने गाने के अन्तरे पूरे कर रहे थे तो आनन्द बख्शी ने म्यूजिक-रूम का ही एक कोना सँभाल रखा था। चित्रगुप्त किसी स्कूल के हैडमास्टर की तरह बारी-बारी से सबके पास जाकर उनकी 'प्रोग्रेस रिपोर्ट' देख रहे थे।

चित्रगुप्त के संगीत में एक ऐसी रूमानियत, एक ऐसा मधुर शृंगार-रस दिखाई देता था जो उनके गीतों को बेहद मोहक, रसीला और उन्माद

भरा बना देता था, खासकर उनके युगल-गीतों को। जिस तरह लता मंगेशकर के सबसे मीठे गीतों में उनका महत्त्वपूर्ण योगदान है, उसी तरह हिन्दी सिनेमा के सबसे मधुर युगल-गीतों में चित्रगुप्त के योगदान को नजरअन्दाज नहीं किया जा सकता। जरा एक नजर इन एक से एक लुभावने और अमर युगल-गीतों पर डालिए :

'चाँद मेरे आजा'

चित्रगुप्त के कुछ सदाबहार युगल-गीत

क्रम	गीत	फिल्म	गायक/गायिका
1.	अदा से झूमते हुए	सिन्दबाद द सेलर	शमशाद-रफी
2.	दो दिल धड़क रहे हैं और आवाज एक है	इनसाफ	आशा-तलत
3.	छुपाकर मेरी आँखों को वो पूछें	भाभी	लता-रफी
4.	इक रात में दो-दो चाँद खिले	बरखा	लता-मुकेश
5.	तुमसे कुछ कहना है, गर तुम कुछ कहने दो	गेस्ट हाउस	मुकेश-लता
6.	चाँद को देखो जी	चाँद मेरे आजा	लता-रफी
7.	न जाने चाँद कैसा होगा	राकेट गर्ल	मुकेश-कमल बारोट
8.	चढ़े चन्दा तो तुम भी चले आना	अपलम-चपलम	लता-मुकेश
9.	बीते नहीं रात सनम	हम मतवाले नौजवाँ	गीता दत्त-मुकेश
10.	लागी छूटे न अब तो सनम	काली टोपी लाल रूमाल	रफी-लता
11.	तेरी शोख नजर का इशारा	पतंगा	मुकेश-लता
12.	देखो मौसम क्या बहार है	आपेरा हाउस	मुकेश-लता
13.	तेरी दुनिया से दूर चले होके मजबूर	जबक	रफी-लता
14.	महलों ने छीन लिया बचपन का प्यार मेरा	जबक	लता-रफी
15.	बागों में खिलते हैं फूल कसम तेरी आँखों की खाके	सुहाग सिन्दूर	तलत-लता
16.	जबसे हम तुम बहारों में	मैं शादी करने चला	मुकेश-लता
17.	लाल-लाल होंठवा से	लागी नाहीं छूटे रामा	तलत-लता
18.	चाँद जाने कहाँ खो गया	मैं चुप रहूँगी	रफी-लता
19.	कोई बता दे दिल है जहाँ	मैं चुप रहूँगी	लता-रफी
20.	तुमने हँसी ही हँसी में क्यों दिल चुराया	घर बसाके देखो	लता-महेन्द्र कपूर
21.	अजनबी से बनके करो न किनारा	एक राज	किशोर-लता
22.	छेड़ो न मेरी जुल्फें सब लोग क्या कहेंगे	गंगा की लहरें	लता-किशोर
23.	आजा रे मेरे प्यार के राही	ऊँचे लोग	महेन्द्र कपूर-लता
24.	बहुत हसीं है तुम्हारी आँखें	आधी रात के बाद	रफी-सुमन
25.	ये पर्वतों के दायरे ये शाम का धुआँ	वासना	रफी-लता

जैसाकि अपने ध्यान दिया होगा, चित्रगुप्त के इन मधुर युगल-गीतों में भी ज्यादातर युगल-गीत लता मंगेशकर के ही हैं।

एस.एन. त्रिपाठी जैसे शास्त्रीय संगीत के पंडित के सहायक रहने के कारण चित्रगुप्त भी शुद्ध शास्त्रीय रागों के कायल हो गए थे। राग मालकौंस पर आधारित रफी का 'अखियन संग अखियाँ लागी' ('बड़ा आदमी'), राग मारू बिहाग पर आधारित किशोर का 'पायलवाली देखना, यहीं पे कहीं दिल है' ('एक राज') और राग भैरवी पर आधारित मन्ना डे का 'अलबेली नार प्रीतम द्वारे' ('मैं शादी करने चला') शास्त्रीय संगीत पर उनकी मजबूत पकड़ के उदाहरण हैं। इसी तरह लता के एक से एक लुभावने शास्त्रीय गीतों 'बलमा माने न' ('आपेरा हाउस'), 'देखो पनिया भरन के बहाने' ('कंगन'), 'बैरी बिछुआ बड़ा दुख दे' ('गंगा की लहरें') या लता और उषा मंगेशकर के डुएट 'डगर चलत छनके बिछुआ' ('एक राज') को भला कौन भुला सकता है? इन सभी गीतों में चित्रगुप्त की अपनी विशिष्ट मोहक और

शृंगार-रस भरी शैली की छाप भी थी। वे शास्त्रीय रागों पर आधारित धुनों में पश्चिमी ऑर्केस्ट्रेशन का भी बखूबी प्रयोग कर लेते थे।

अब हम उनकी कुछ ऐसी फिल्मों की बात करेंगे जिनके संगीत ने खूब धूम मचाई—जिसे फिल्मी भाषा में 'ऑल हिट स्कोर' कहा जाता है। इन फिल्मों को चित्रगुप्त की सबसे यादगार फिल्में भी कहा जा सकता है। इनमें सबसे पहले 'नाग पंचमी' (1953) का जिक्र करना होगा। होमी वाडिया द्वारा निर्मित और निरूपा राय और मनहर देसाई की भूमिकाओं से सजी इस फिल्म में आशा भोंसले का शुरू-शुरू का एक सुपरहिट गीत था। राग भैरवी पर आधारित यह भजन 'आरती करो शंकर की, करो नटवर की, भोले शंकर की' आज भी शिवरात्रि के अवसर पर सुनाई पड़ता रहता है। इसी फिल्म में आशा भोंसले के एक और सुपरहिट गीत में कल्याण जी वीरजी शाह ने बीन बजाई थी (जिन्होंने बाद में अपने छोटे भाई आनन्दजी के साथ मिलकर 'कल्याणजी-आनन्दजी' के नाम से मशहूर संगीतकार जोड़ी बनाई)—'ओ नाग कहीं जा बसियो रे, मेरे पिया को न डसियो रे'। आशा भोंसले के ही 'मेरी चुनरी उड़ाए लिए जाए', 'मेरे पिया गए तो कहाँ गए' और रफी के साथ उनका युगल-गीत 'न जाने कैसी बुरी घड़ी' इस फिल्म के अन्य लोकप्रिय गीत थे। गीतकार थे गोपाल सिंह नेपाली।

मद्रास (अब चेन्नई) के ए.वी.एम. स्टूडियो की 'भाभी' (1957) ने तो ऐसी धूम मचाई कि चित्रगुप्त के नाम की धाक जम गई। लता का राग मेघ मल्हार पर आधारित 'कारे-कारे बदरा जा रे' और भैरवी राग पर आधारित रफी का सुपरहिट 'चल उड़ जा रे पंछी कि अब ये देस हुआ बेगाना' इस फिल्म के सबसे यादगार गीत थे। यूँ फिल्म के सभी गीत खूब लोकप्रिय हुए थे—लता का 'टाई लगाके माना बन गए जनाब हीरो...पढ़ाई-लिखाई में तो जीरो-जीरो' हो या रफी के साथ उनका बड़ा सुहाना युगल-गीत 'छुपाकर मेरी आँखों को'। रफी और लता का दूसरा युगल-गीत 'चली-चली रे पतंग मेरी चली रे' तो बिनाका गीतमाला की हिट परेड में कई महीनों तक चोटी पर जमा रहा था। रफी का 'जवाँ हो या बुढ़िया' भी बड़ा मजेदार था। इस सुपरहिट फिल्म के गीत राजेन्द्र कृष्ण ने लिखे थे।

रवीन्द्र दवे द्वारा निर्देशित और अजीत और शकीला की मुख्य भूमिकाओं वाली 'गेस्ट हाउस' (1959) चित्रगुप्त की अपनी अनूठी और विशिष्ट शैली का उदाहरण थी। फिल्म के सभी गीत इतने मीठे, लुभावने और मोहक थे कि क्या कहने! देश की नौजवान पीढ़ी को मंत्रमुग्ध कर देने वाले इन गीतों में लता के 'दिल को लाख सँभाला जी, फिर भी दिल मतवाला जी' और 'तेरा जादू न चलेगा ओ सपेरे' के साथ-साथ मुकेश के साथ उनका बड़ा प्यारा युगल-गीत 'तुमसे कुछ कहना है, गर तुम कुछ कहने दो' शामिल थे। सुमन कल्याणपुर और उषा मंगेशकर का डुएट 'निकला है गोरा-गोरा चाँद रे' और लता का 'ठंडी-ठंडी चले रे हवा' भी बड़े मधुर और मोहक गीत थे। इन गीतों को प्रेम धवन ने लिखा था। 'भाभी' और 'गेस्ट हाउस' के गीतों की धूम के बाद चित्रगुप्त पौराणिक फिल्मों से निकलकर पारिवारिक-सामाजिक फिल्मों की दुनिया में आ गए।

ए.वी.एम. की एक और सिल्वर जुबली फिल्म 'बरखा' (1959) भी चित्रगुप्त के एक से एक मीठे और मोहक गीतों से सजी हुई थी। एक बार फिर लता और मुकेश के युगल-गीत 'इक रात में दो-दो चाँद लिखे' ने खूब धूम मचाई। लता के 'बरखा बहार आई बूँदों के हार लाई' और 'तड़पाओगे तड़पा लो, हम तड़प-तड़पके भी तुम्हारे गीत गाएँगे' भी इस फिल्म के यादगार गीतों में शामिल थे। 'तड़पाआगे...' तो उन दिनों हर प्रेमी-प्रेमिका के होंठों पर थिरकने लगा था। लता के दो अन्य सोलो 'ऊँचे पर्वत गहरा सागर' और 'पूछूँगी एक दिन' तथा रफी के साथ उनका भाई-बहन वाला डुएट 'वो दूर जो नदिया बहती है' भी खूब लोकप्रिय हुए थे। रफी के 'सुर बदले कैसे-कैसे देखो किस्मत की शहनाई' और 'प्यार किया नहीं जाता' भी दिल को छू लेने वाले गीत थे। 'भाभी' की तरह ए.वी.एम. की इस फिल्म के गीत भी राजेन्द्र कृष्ण ने लिखे थे।

चित्रगुप्त बड़े मीठे स्वभाव के और सीधे-सादे इनसान थे और छोटे-बड़े निर्माताओं में कोई फर्क नहीं करते थे। तारा हरीश की 'काली टोपी लाल रूमाल' (1959) में भी उन्होंने यादगार हिट संगीत दिया। शकीला और चन्द्रशेखर की मुख्य भूमिकाओं वाली इस फिल्म में 'दगा-दगा वई-वई' (लता, राग भैरवी), 'लागी छूटे न अब तो सनम' (रफी-लता), 'न तो दर्द गया' (लता) और 'दीवाना आदमी को बनाती हैं रोटियाँ' जैसे कई सुपरहिट गीत थे। रफी और आशा भोंसले के तीन युगल-गीतों 'ओ काली टोपीवाले जरा नाम तो बता', 'गोरी ओढ़के मलमल निकली' और

'यारों का प्यार लिए नखरे हजार लिए' भी खूब लोकप्रिय हुए थे। इस फिल्म के गीत मजरूह सुल्तानपुरी ने लिखे थे।

नानूभाई भट्ट द्वारा निर्देशित और अशोक कुमार और निरूपा राय की मुख्य भूमिकाओं वाली 'कंगन' (1959) भी चित्रगुप्त की यादगार फिल्मों में शामिल है। इसमें लता का एक बड़ा मीठा रोमान्टिक गीत था—'मुस्कराओ कि जी नहीं लगता'—जो उनके सबसे मधुर यादगार गीतों में शामिल है। लता का ही शास्त्रीय आधार वाला 'देखो पनिया भरन के बहाने' और गीता दत्त के 'आग लगाना क्या मुश्किल है' और 'बीस बरस तक लाख सँभाला' भी बड़े मोहक गीत थे। गीता दत्त और उषा मंगेशकर का चटपटा डुएट 'लिख-पढ़ पढ़-लिख', रफी का 'जिंदगी जिसने तुझे दी' और बड़ी मीठी लोरी 'मेरे बाले की पलकों में आ' फिल्म के अन्य लोकप्रिय गीतों में शामिल थे। फिल्म के गीतकार राजेन्द्र कृष्ण थे।

राजेन्द्र कुमार और माला सिन्हा की मुख्य भूमिकाओं वाली 'पतंग' (1960) अगर बॉक्स ऑफिस पर चली तो मुख्यतः अपने मीठे-सुरीले संगीत के कारण। एक अंधी लड़की की भूमिका निभाने वाली माला सिन्हा पर फिल्माया गया 'रंग दिल की धड़कन भी लाती तो होगी' फिल्म का सबसे लोकप्रिय गीत था। लता के इस बड़े मीठे सोलो गीत के साथ-साथ मुकेश के साथ उनका डुएट 'तेरी शोख नजर का इशारा' भी उनके अमर गीतों में शामिल है। रफी का 'ये दुनिया पतंग नित बदले ये रंग' भी बहुत खूब था और खूब लोकप्रिय हुआ था। इनके अलावा 'देने वाले किसी को गरीबी न दे' (लता), 'तू आप ही अपना चोर है' (रफी) और 'दिल्ली है दिल हिन्दुस्तान का' (लता) भी एक से एक खूबसूरत और हिट गीत थे। इन गीतों को राजेन्द्र कृष्ण ने लिखा था।

चित्रगुप्त के चाशनी में डूबे गीतों की नशीली मधुरता को समझने के लिए इन गीतों को सुनने की जरूरत है। ऐसी नशीली मधुरता किसी भी दूसरे संगीतकार के गीतों में दिखाई नहीं देती, खासकर लता मंगेशकर के गीतों में। उदाहरण के लिए 'आपेरा हाउस' (1961) में लता का बेहद लुभावना अर्द्ध शास्त्रीय गीत—'बलमा... माने न... वैरी चुप न रहे, लागी मन की कहे, हाय पाके अकेली मोरी बइयाँ गहे...बलमा...माने न...'। अजीत और बी. सरोजा देवी की मुख्य भूमिकाओं से सजी और पी.एल. सन्तोषी द्वारा निर्देशित इस फिल्म में लता का दूसरा सोलो 'सोना न... सितारों का है कहना' भी बड़ा मीठा और मोहक गीत था और मुकेश के साथ उनका डुएट भी—'देखो मौसम... क्या बहार है... सारा आलम... बेकरार है'। फिल्म में दो और खूबसूरत युगल-गीत भी थे—'न मिलते हम तो कहो तुम किधर गए होते' (मुकेश-लता) और 'रास्ते में तेरे कब से' (रफी-लता)। फिल्म के इन एक से एक मोहक गीतों को मजरूह सुल्तानपुरी ने लिखा था।

ए.वी.एम. की 'मैं चुप रहूँगी' (1962) एक और सुपरहिट पारिवारिक फिल्म थी। मीना कुमारी, सुनील दत्त और बाल कलाकार मास्टर बबलू (डेजी ईरानी) की मुख्य भूमिकाओं से सजी यह फिल्म चित्रगुप्त के मीठे और लुभावने गीतों की 'हिट परेड' से कम नहीं थी। रफी-लता के दोनों डुएट 'चाँद जाने कहाँ खो गया' (राग बिलावल) और 'कोई बता दे दिल है जहाँ' (राग यमन कल्याण) तो गजब के थे ही, उनके सोलो 'मेरे दिल कभी तो कोई आएगा' (लता), 'खुश रहो अहले वतन हम तो चमन छोड़ चले' (रफी) और 'मैं कौन हूँ मैं कहां हूँ मुझे ये होश नहीं' (रफी) भी हिन्दी सिनेमा के अमर गीतों में शामिल हैं। मास्टर बबलू पर फिल्माया गया लता का दूसरा सोलो 'तुम्हीं हो माता, पिता तुम्हीं हो, तुम्हीं हो बन्धु, सखा तुम्हीं हो' तो देश भर के स्कूलों में प्रार्थना के रूप में गाया जाने लगा था। इन लोकप्रिय गीतों को साउथ की फिल्मों के चहेते गीतकार राजेन्द्र कृष्ण ने लिखा था।

ब्लैक एंड व्हाइट फिल्मों के जमाने में होमी वाडिया की गोवाकलर में निर्मित 'जबक' (1961) को भी चित्रगुप्त की यादगार फिल्मों में शामिल करना होगा। महिपाल और श्यामा की मुख्य भूमिकाओं वाली इस फन्तासी फिल्म के सुपरहिट गीतों में 'तेरी दुनिया से दूर, चले होके मजबूर, हमें याद रखना' (रफी-लता) और 'महलों ने छीन लिया बचपन का प्यार मेरा' (मुकेश-लता) जैसे अमर युगल-गीतों के साथ-साथ लता के 'जाने कैसा छाने लगा' और 'शमा जली अरमानों की' तथा रफी का 'हमको भी दे दे सहारा' शामिल थे। इन गीतों को प्रेम धवन ने लिखा था। वाडिया भाइयों और खासकर होमी वाडिया के साथ चित्रगुप्त का काफी लम्बा जुड़ाव रहा।

पचास के दशक के खूब लोकप्रिय कॉमेडियन हीरो किशोर कुमार की दो यादगार फिल्में भी चित्रगुप्त के संगीत से सजी हुई थीं—'एक राज' और 'गंगा की लहरें'। इन दोनों फिल्मों के गीतों में लता की तरह किशोर कुमार की आवाज में भी एक अलग तरह का मधु-रस छलकता हुआ दिखाई देता है। नाडियाडवाला की 'एक राज' (1963) में किशोर कुमार के साथ साउथ की जमुना मुख्य भूमिका में थीं। शक्ति सामन्त द्वारा निर्देशित इस फिल्म में लता के बेहद मोहक 'उठेगी तुम्हारी नजर धीरे-धीरे' के साथ-साथ किशोर कुमार के कई सुपरहिट और अमर गीत थे—'अगर सुन ले तो इक नगमा हजूर-ए-यार लाया हूँ', 'पायलवाली देखना, यहीं पे कहीं दिल है, पग तले आए न', 'अजनबी से बनके करो न किनारा' (लता के साथ युगल-गीत) और 'नगमा-ए-दिल को छेड़के होंठों से क्यों दबा लिया' (लता के साथ युगल-गीत)। लता और उषा मंगेशकर का 'डगर चलत छनके बिछुआ' भी बड़ा मोहक गीत था। देवी शर्मा की 'गंगा की लहरें' (1964) में किशोर कुमार और कुमकुम के साथ-साथ नए उभरते धर्मेन्द्र और सावित्री भी थे। फिल्म के हिट गीतों में

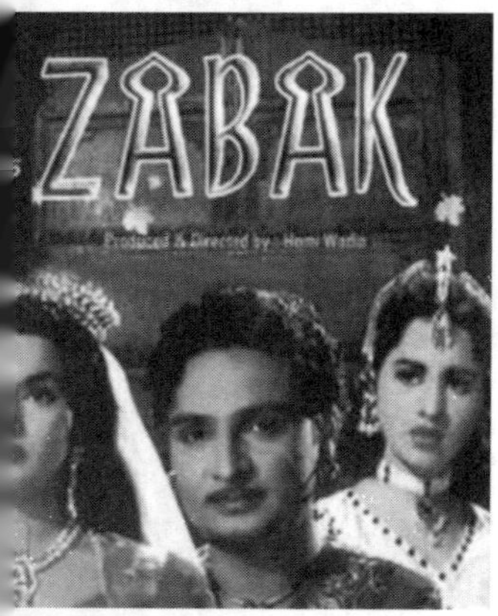

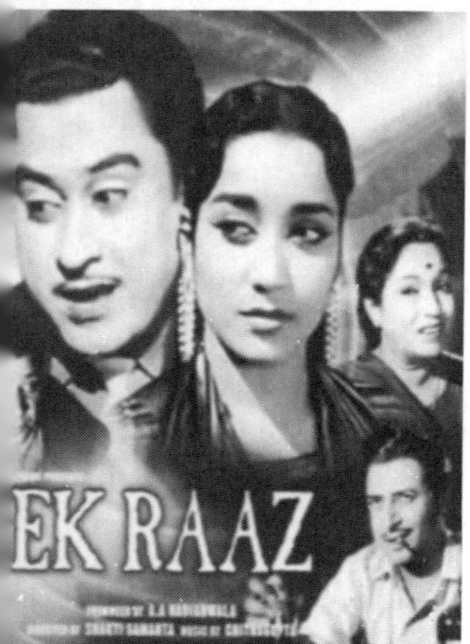

लता और किशोर का लाजवाब डुएट 'छेड़ो न मेरी जुल्फें सब लोग क्या कहेंगे... हमको दीवाना तुमको काली घटा कहेंगे' और इससे भी ज्यादा धूम मचाने वाला इन दोनों का दूसरा कोरस डुएट 'मचलती हुई हवा में छमछम, हमारे संग-संग चलें गंगा की लहरें' शामिल थे। 'बैरी बिच्छुआ बड़ा दुख देहो राम' (लता), 'शमाँ बुझने को चली' (रफी), 'जानेमन हँस लो जरा' (किशोर) और राग यमन पर आधारित भजन 'जय-जय हे जगदम्बे माता' फिल्म के अन्य लोकप्रिय गीत थे। इन दोनों फिल्मों के गीतकार मजरूह सुल्तानपुरी थे।

दिग्गज और प्रतिष्ठित निर्देशक फणी मजुमदार ने अपने शानदार कैरियर के अन्तिम चरण की दो महत्त्वपूर्ण फिल्मों के संगीत के लिए चित्रगुप्त को ही चुना। खुद चित्रगुप्त के संगीत की दृष्टि से भी ये दो यादगार फिल्में थीं—'आकाशदीप' और 'ऊँचे लोग'। अशोक कुमार, निम्मी, नन्दा और धर्मेन्द्र की मुख्य भूमिकाओं से सजी 'आकाशदीप' (1965) में लता का एक शहद-सा मीठा और बेहद मोहक गीत था—'दिल का दिया जलाके गया, ये कौन मेरी तन्हाई में' (राग कलावती पर आधारित)। रफी का 'मुझे दर्दे दिल का पता न था, मुझे आप किसलिए मिल गए' भी उतना ही मोहक था। ये दोनों ही गीत इन दोनों महान गायकों के सबसे मधुर गीतों में शामिल हैं। राग खमाज पर आधारित 'मिले तो फिर झुके नहीं' (लता), 'गया उजाला सूरज डूबा' (मन्ना डे) और 'सुनिए जानाँ क्या प्यार में शरमाना' (लता-महेन्द्र कपूर) फिल्म के कुछ अन्य खूबसूरत गीत थे। 'ऊँचे लोग' (1965) का नशीला और प्रणय-रस में भीगा हुआ मधुर संगीत तो इससे भी बढ़कर था। अशोक कुमार, राज कुमार और फिरोज खान की मुख्य भूमिकाओं से सजी यह फिल्म (जिसमें न के बराबर ही कोई नायिका थी) अपने-आपमें एक अनूठा प्रयोग थी। इस लाजवाब फिल्म के लाजवाब गीतों में 'हाय रे तेरे चंचल नैनवा' (लता), 'जाग दिल-ए-दीवाना रुत जागी वस्ल-ए-यार की' (रफी) और 'आजा रे मेरे प्यार के राही... राह निहारूं बड़ी देर से' (महेन्द्र कपूर-लता) जैसे नशीले और एक अनूठी और शाश्वत चाहत की तपड़ और मस्ती में डूबे गीत शामिल थे। इन दोनों फिल्मों के गीत भी मजरूह सुल्तानपुरी ने लिखे थे।

जैसाकि चित्रगुप्त की फिल्मों के नामों से पता चलता है, उन्होंने बहुत-सी 'बी' या 'सी' ग्रेड फिल्मों में भी संगीत दिया। लेकिन इन छोटे बजट की मामूली फिल्मों में भी उन्होंने गैर-मामूली संगीत दिया। उनके कई यादगार गीत—'मैं तो गिरधर के घर जाऊँ' (लता, 'जिंदगी के मेले', 1956), 'नन्दगाँव की कदम्ब छाँव री' (लता, 'नीलमणि', 1957), 'वो चाँद चमका वो नूर छलका' (मुकेश, 'सन ऑफ सिन्दबाद', 1958), 'अब न छिपो रसिया' (लता-हेमन्त कुमार, 'डाका', 1959), 'जादूभरी ये चाँदनी' (लता, 'मैडम एक्स वाई जेड', 1959), 'मुफ्त हुए बदनाम किसी से हाय दिल को लगाके' (मुकेश, 'बसन्त', 1960), 'नजरों से आज दिल में समाने की रात है' (मुकेश-लता, 'पुलिस डिटेक्टिव', 1960), 'हम तुम्हारा नाम सुनके' (लता, 'बैंड मास्टर', 1963), 'खिंचे-खिंचे से नजर से' (लता, 'काबुली खान', 1963), 'खुदा करे ओ जानेमन' (लता, 'सैमसन', 1964) और 'ऐ जानेजाँ ये हमने न जाना' (लता, 'बैंक रॉबरी', 1964) इत्यादि—इसी तरह की फिल्मों से जुड़े हुए थे।

चित्रगुप्त की कुछ अन्य प्रसिद्ध फिल्मों में 'चाँद मेरे आजा' (1960), 'नाचे नागिन बाजे बीन' (1960), 'अपलम-चपलम' (1961), 'शादी' (1962), 'मैं शादी करने चला' (1962), 'बेजुबान' (1962), 'बर्मा रोड' (1962), 'घर बसाके देखो' (1963), 'मेरा कसूर क्या है' (1964), 'मैं भी लड़की हूँ' (1964) और 'महाभारत' (1965) शामिल हैं। 'सजना काहे भूल गए दिन' (लता, 'चाँद मेरे आजा'), 'बीत गई है आधी रात' (लता-रफी, 'नाचे नागिन बाजे बीन'), 'चढ़े चन्दा तो तुम भी चले आना' (लता-मुकेश, 'अपलम-चपलम'), 'आज की रात नया चाँद लेके आई है' (लता, 'शादी'), 'जबसे हम तुम बहारों में' (रफी-सुमन कल्याणपुर, 'मैं शादी करने चला'), 'दीवाने तुम दीवाने हम' (लता, 'बेजुबान'), 'दगाबाज हो बाँके पिया' (लता-उषा मंगेशकर, 'बर्मा रोड'), 'तुमने हँसी ही हँसी में' (लता-महेन्द्र कपूर, 'घर बसाके देखो'), 'कोई आनेवाला है' (लता-महेन्द्र कपूर, 'मेरा कसूर क्या है') 'चन्दा से होगा वो प्यारा' (लता-पी.वी. श्रीनिवास, 'मैं भी लड़की हूँ') और 'ओ चन्दा आज की रात न ढलना' (लता-महेन्द्र कपूर, 'महाभारत') जैसे मीठे और सुहाने गीतों को भला कौन भुला सकता है?

1960 के दशक के मध्य के आसपास चित्रगुप्त ने अपने शानदार कैरियर के आखिरी चरण में प्रवेश किया। इस दौर की उनकी महत्त्वपूर्ण फिल्मों में 'आधी रात के बाद' (1965), 'अफसाना' (1966), 'औलाद' (1968), 'वासना' (1968), 'प्यार का सपना' (1969) और 'परदेसी' (1970) शामिल हैं। नए अभिनेता शैलेश कुमार और रागिनी की मुख्य भूमिकाओं वाली 'आधी रात के बाद' में लता मंगेशकर का एक बड़ा मीठा और लुभावना गीत था—'बड़ी रंगीन है रंगून की ये शाम'—और रफी और सुमन कल्याणपुर का एक सदाबहार डुएट भी—'बहुत हसीं हैं तुम्हारी आँखें, कहो तो मैं इनसे प्यार कर लूँ'। इसी तरह प्रदीप कुमार और पद्मिनी की मुख्य भूमिकाओं वाली 'अफसाना' में भी लता का एक बेहद नशीला और मंत्रमुग्ध कर देने वाला गीत था—'प्यासे हुए नैन सुलग गई शाम, जब-जब होंठों से लगा है

तेरा नाम'। 'प्यार का सपना' में रफी और लता का बड़ा मोहक डुएट 'ऐ मेरी जिंदगी, तू नहीं अजनबी. तुझको देखा है पहले कभी' था तो 'परदेसी' में लता का गजब की नशीली मधुरता और अद्‌भुत ऑर्केस्ट्रेशन वाला 'लगी न छूटेगी प्यार में जालिमाँ, जो बन पड़े करले बैरी जहाँ'। 'प्यार का सपना' में माला सिन्हा और विश्वजीत की लोकप्रिय जोड़ी थी तो 'परदेसी' में विश्वजीत के साथ मुमताज थीं।

इसी तरह जीतेन्द्र और बबीता की नए दौर की हिट जोड़ी से सजी 'औलाद' में भी चित्रगुप्त ने वैसा ही जवाँ और सुपरहिट संगीत दिया था, लेकिन अपनी विशिष्ट शैली और मधुरता के साथ कोई समझौता किए बगैर। इस फिल्म के एक से एक मोहक गीतों में 'कब तक हजूर रूठे रहोगे' (लता), 'अबके बहार आई है तुम्हारे नाम से (रफी), 'अरमाँ था हमें जिनका वो प्यार के दिन आए' (रफी-लता), 'नाजुक-नाजुक बदन मेरा, हाय चुभ-चुभ जाए तोरे नैन साँवरिया' (लता-रफी और कोरस) और कॉमेडियन महमूद और अरुणा ईरानी पर फिल्माया गया धमाकेदार 'जोड़ी हमारी जमेगा कैसे जानी' (मन्ना डे-आशा भोंसले) शामिल थे। इन लोकप्रिय गीतों को मजरूह सुल्तानपुरी ने लिखा था।

साहिर लुधियानवी के साथ चित्रगुप्त की इकलौती फिल्म 'वासना' (1968) को उनकी आखिरी बड़ी और यादगार उपलब्धि कहा जा सकता है। राजकुमार, पद्‌मिनी, विश्वजीत और कुमुद छुगानी की मुख्य भूमिकाओं से सजी इस फिल्म के संगीत ने खूब धूम मचाई और आज भी इसके कई गीत काफी लोकप्रिय हैं। यह नए जमाने का संगीत था, लेकिन चित्रगुप्त की अपनी विशिष्ट नशीली मधुरता का स्पर्श लिए हुए। रफी का 'इतनी नाजुक न बनो, हाय इतनी नाजुक न बनो' हो या लता का 'जीनेवाले झूम के मस्ताना होके जी'—सभी बड़े मोहक और यादगार गीत थे। लता का मुजरा-गीत 'मैं सदके जाऊँ मेरे सैयाँ तुम आए तो हो' उनके सबसे खूबसूरत मुजरा-गीतों में शामिल है तो रफी और लता का डुएट 'ये पर्वतों के दायरे ये शाम का धुआँ' उनके सबसे सुहाने युगल-गीतों में गिना जाता है।

जैसाकि हमने पीछे कहा है, चित्रगुप्त बड़े मीठे स्वभाव के नरम दिल और सीधे-सादे व्यक्ति थे। जिस जमाने में शंकर-जयकिशन पाँच लाख ले रहे थे, वे छोटे निर्माताओं के लिए बीस हजार में भी संगीत देने के लिए तैयार हो जाते थे। सभी कला-प्रेमी व्यक्तियों की तरह उनमें भी कुछ दिलचस्व कमजोरियाँ थीं। कहते हैं कि वे अपनी चप्पलों की एक जोड़ी को बड़ी भाग्यशाली मानते थे और रिकॉर्डिंग में हमेशा वही पहनकर आते थे। यह जोड़ी पुरानी हो गई, टूट गई, फिर भी उन्होंने इसे पहनना नहीं छोड़ा तो एक दिन लता मंगेशकर ने हँसते हुए उनसे कहा था, ''चित्रगुप्त जी को मेरी आवाज से ज्यादा अपनी टूटी हुई चप्पलों पर भरोसा है!''

1968 में चित्रगुप्त को दिल का दौरा पड़ा और इसके बाद वे धीरे-धीरे अपनी व्यस्तता कम करते और नए दौर के संगीतकारों लक्ष्मीकान्त-प्यारेलाल, कल्याणजी-आनन्दजी और राहुल देव बर्मन के लिए मैदान खाली करते चले गए। यूँ 'प्यार का सपना' (1969), 'परदेसी' (1970) और 'इन्तजार' (1971) के हिट संगीत में भी उनकी जानी-पहचानी नशीली मधुरता की झलक थी। 'दोस्ती' (1964) से धूम मचा देने वाले लक्ष्मीकान्त-प्यारेलाल के लिए गीत लिखने के लिए उन्होंने ही अपने प्रिय गीतकार मजरूह सुल्तानपुरी को राजी किया था फिर भी चित्रगुप्त लगभग मरते दम तक फिल्मों में संगीत देते रहे। 1974 में पक्षाघात का शिकार होने के बाद भी उनकी इक्का-दुक्का फिल्में—'बालक और जानवर' (1975), 'तूफान और बिजली' (1976), 'जागृति महिमा' (1977), 'दो शिकारी' (1978), 'शिव शक्ति' (1980) इत्यादि आती रहीं। 1988 में उनकी आखिरी फिल्म 'शिव गंगा' रिलीज हुई, जो उनके होनहार बेटों आनन्द और मिलिन्द की पहली फिल्म 'कयामत से कयामत तक' की रिलीज का वर्ष भी था। इससे शानदार उपलब्धि भला और क्या हो सकती थी! कुछ वर्ष बाद 14 जनवरी, 1991 को मुम्बई के बॉम्बे अस्पताल में उन्होंने इस दुनिया से हमेशा के लिए विदा ले ली—शायद यह कहते हुए कि 'चल उड़ जा रे पंछी कि अब ये देस हुआ बेगाना'!

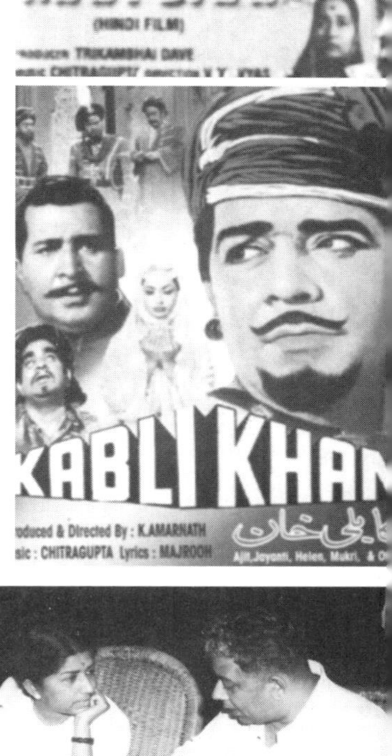

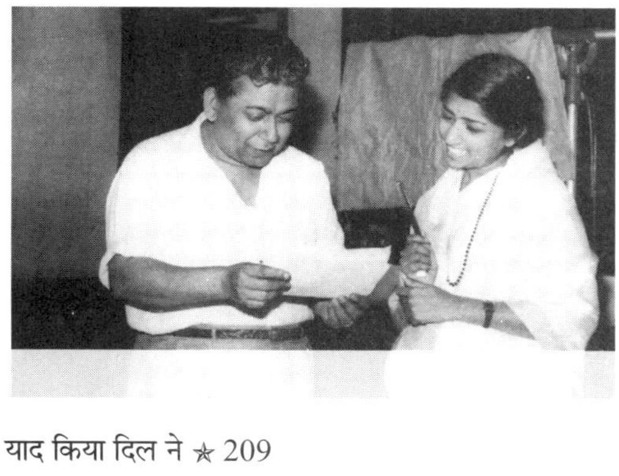

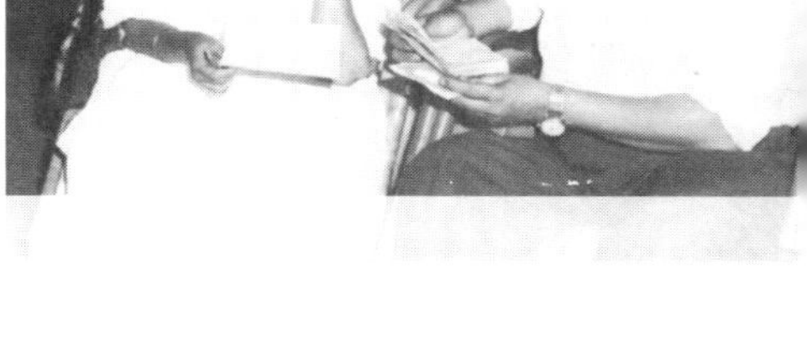

'चाँद मेरे आजा'

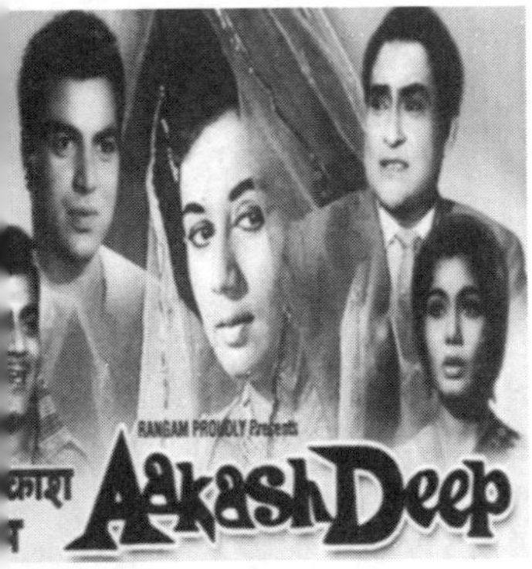

उनके सबसे यादगार बारह गीत कौन से हैं? एक सूची यह भी हो सकती है :

चित्रगुप्त के 12 अनमोल रत्न

क्रम	गीत	फिल्म	गायक/गायिका
1.	मुझे अपनी शरण में ले लो राम	तुलसीदास	मुहम्मद रफी
2.	आरती करो शंकर की	नाग पंचमी	आशा भोंसले
3.	दो दिल धड़क रहे हैं और आवाज एक है	इनसाफ	आशा-तलत
4.	चल उड़ जा रे पंछी कि अब ये देस हुआ बेगाना	भाभी	मुहम्मद रफी
5.	इक रात में दो-दो चाँद खिले	बरखा	लता-मुकेश
6.	मुस्कराओ कि जी नहीं लगता	कंगन	लता मंगेशकर
7.	इतनी बड़ी दुनिया जहाँ इतना बड़ा मेला	तूफान में प्यार कहाँ	मुहम्मद रफी
8.	रंग दिल की धड़कन भी लाती तो होगी	पतंग	लता मंगेशकर
9.	देखो मौसम क्या बहार है	आपेरा हाउस	मुकेश-लता
10.	उठेगी तुम्हारी नजर धीरे-धीरे	एक राज	लता मंगेशकर
11.	दिल का दिया जलाके गया	आकाशदीप	लता मंगेशकर

शंकर (1922-1987) जयकिशन (1932-1971)
रसीले और मस्ती भरे संगीत की मूसलाधार बरसात

पिछली सदी में 1930 के दशक में टॉकी फिल्मों की शुरुआत के बाद हिन्दी फिल्म संगीत ने जो धूम मचानी शुरू की थी, वह 1940 के दशक के अन्त तक अपने यौवन की दहलीज पर पहुँच गई थी। हालाँकि 1947 में देश के बँटवारे के बाद मास्टर गुलाम हैदर, खुर्शीद अनवर, रफीक गजनवी, फिरोज निजामी और जी.ए. चिश्ती जैसे कई नामी संगीतकार पाकिस्तान चले गए थे, फिर भी अनिल बिस्वास, खेमचन्द प्रकाश, नौशाद, बसन्त देसाई, सी. रामचन्द्र, एस.एन. त्रिपाठी, सज्जाद हुसैन, श्याम सुन्दर और हुस्नलाल-भगतराम के रूप में कई धुरंधर संगीतकार मैदान में थे। 1948-49 के आसपास तो प्रतिभाशाली संगीतकारों की एक और पीढ़ी ही उभर आई—सचिन देव बर्मन, गुलाम मुहम्मद, चित्रगुप्त इत्यादि—और श्रोताओं के दिलों पर छा जाने की प्रतिस्पर्द्धा और भी तेज हो गई। ऐसे में अचानक ही एक नई जोड़ी शंकर-जयकिशन ने फिल्म-संगीत के मैदान में प्रवेश किया और देखते ही देखते नए-पुराने सभी संगीतकारों पर छा गई। अगले बीस वर्षों तक यह जोड़ी हिन्दी फिल्म-संगीत की चोटी पर डटी रही और बरस-दर-बरस हिन्दी सिनेमा के सबसे लोकप्रिय और धूम मचाने वाले गीतों की बौछार करती रही। हिन्दी सिनेमा के लोकप्रिय संगीत पर जितनी गहरी छाप शंकर-जयकिशन ने छोड़ी और 'बरसात' (1949) से लेकर 'अन्दाज' (1971) तक बरस-दर-बरस जितने हिट गीत इस जोड़ी ने दिए—उसे देखते हुए इस जोड़ी को हिन्दी फिल्म संगीत की चोटी पर रखने में हमें कोई संकोच नहीं है। उनके काम की गुणवत्ता और मात्रा दोनों ही बेजोड़ हैं, इसलिए हम सिर्फ लोकप्रियता को आधार बनाने की भूल भी नहीं कर रहे हैं।

शंकर 15 अक्तूबर, 1922 को आन्ध्र प्रदेश में पश्चिम गोदावरी जिले के तनुकु गाँव में बसे एक पंजाबी परिवार में पैदा हुए थे। उनके पिता रामसिंह रघुवंशी हैदराबाद में काम करते थे, इसलिए शंकर का पालन-पोषण भी वहीं हुआ। उनकी माँ ताराबाई मध्य प्रदेश की थीं। हैदराबाद में पलने-बढ़ने के कारण शंकर बड़ी अच्छी तेलुगू बोलने लगे। उन्हें बचपन से ही करसत का शौक था और वे एक पहलवान बनने के सपने देखा करते थे। लेकिन घर के बगल के एक मन्दिर में भजनों की आवाज भी उन्हें मोहित करती थी। इसलिए वे तबला बजाना सीखने लगे। उन्होंने जयपुर घराने के कृष्णन कुट्टी से कत्थक नृत्य भी सीखा। धीरे-धीरे वे एक पेशेवर तबलची के रूप में विकसित होने लगे। उनकी प्रतिभा से प्रभावित होकर उस्ताद बाबा नसीर खाँ ने उन्हें अपना शिष्य बना लिया और शंकर का तबला-वादन और भी निखरने-संवरने लगा। वे सितार, पखवाज, अकॉर्डियन और मैंडोलिन भी बजाने लगे। लेकिन तबला उन्हें सबसे प्रिय था। कहते हैं कि एक दिन वे हैदराबाद की गलियों में घूम रहे थे तो उन्होंने एक तवायफ के कोठे से गलत ढंग से तबला बजाए जाने की आवाज सुनी। उनसे रहा नहीं गया और वे झट से ऊपर पहुँचकर तबलची से तकरार करने लगे। उन्होंने खुद तबला बजाकर दिखाया तो कोठे पर जमा महफिल के साथ-साथ खुद तवायफ भी मंत्रमुग्ध हो गई। जल्दी ही वे मास्टर सत्य नारायण (जो बाद में नृत्य-निर्देशक के रूप में प्रसिद्ध हुए) और हेमवती ('मोहन' फिल्म में देव आनन्द की नायिका और सप्रू की पत्नी) के थिएटर ग्रुप से जुड़ गए। ये दोनों पृथ्वीराज कपूर के प्रतिष्ठित पृथ्वी थिएटर में काम करने के लिए बम्बई (अब मुम्बई) आए तो पीछे-पीछे शंकर भी चले आए। उन्हें 750 रुपए महीने की अच्छी-खासी तनख्वाह पर पृथ्वी थिएटर में तबलची

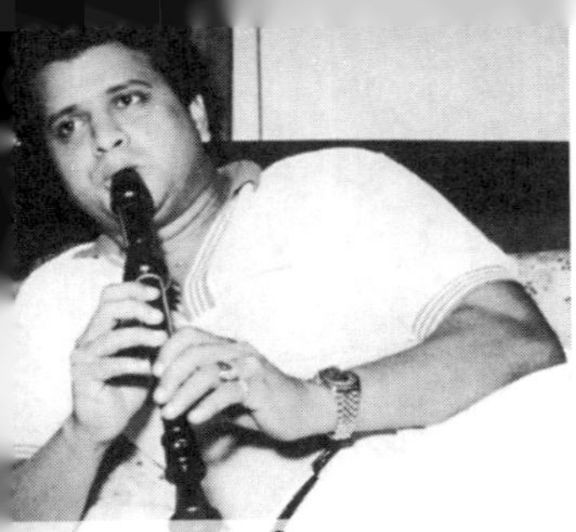

जयकिशन

शंकर-जयकिशन

शंकर और जयकिशन

राज कपूर की संगीत मंडली

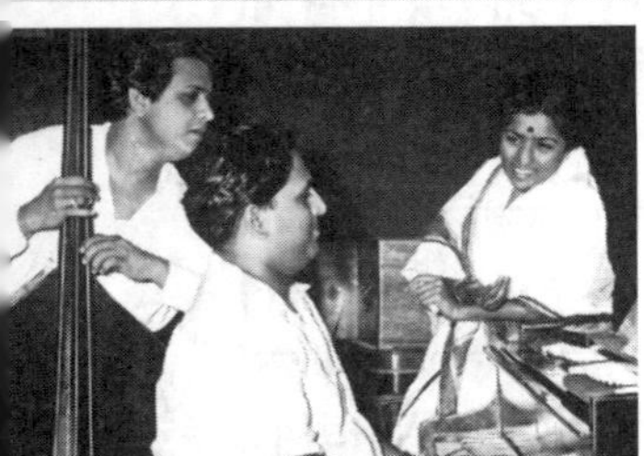

शंकर-जयकिशन और लता

की नौकरी मिल गई। इसके साथ-साथ वे हुस्नलाल-भगतराम के सहायक के रूप में भी काम करते रहे। पृथ्वी थिएटर के कुछ नाटकों में उन्होंने छोटी-छोटी भूमिकाएँ भी निभाईं। वे जाने-माने संगीतकार ख्वाजा खुर्शीद अनवर के भी शागिर्द रहे और उनके ऑर्केस्ट्रा में काम करते रहे। इस बीच पृथ्वी थिएटर में 'पापाजी' पृथ्वीराज कपूर के बेटे राज कपूर से उनकी मुलाकात हुई और अपने भविष्य के जोड़ीदार जयकिशन से भी। ये दोनों उनकी जिंदगी में बहुत महत्त्वपूर्ण भूमिका निभाने वाले थे।

शंकर से दस वर्ष छोटे जयकिशन 4 नवंबर 1932 को गुजरात के बलसाड़ जिले के बासन्दा गाँव में पैदा हुए थे। उनके पिता दहयाभाई पंचाल बढ़ई का काम करते थे। जयकिशन को संगीत की प्रेरणा अपने बड़े भाई बलवन्त पंचाल से मिली, जो गाने-बजाने के शौकीन थे और एक भजन मंडली से जुड़े हुए थे। बाद में जयकिशन संगीत विशारद वड़ीलालजी और प्रेमशंकर नायक के भी शिष्य रहे, जो बासन्दा में प्रताप सिल्वर जुबली म्यूजिक सेंटर चलाते थे। (इसे आज जयकिशन संगीत केन्द्र के नाम से जाना जाता है।) जयकिशन बड़ा अच्छा हारमोनियम बजाने लगे और धीरे-धीरे अकॉर्डियन में भी पारंगत होते चले गए। वे मन्दिरों में आयोजित उत्सवों और आदिवासी नृत्य कार्यक्रमों में अपने संगीत का कमाल दिखाने लगे। (बाद में उनका यह अनुभव उनके कई गीतों में भी दिखाई दिया।) बड़े भाई बलवन्त पंचाल अपनी पीने की लत के कारण असमय ही मृत्यु के शिकार हो गए तो जयकिशन को एक झटका-सा लगा। वे अपनी बहन रुक्मिणी के साथ बलसाड़ चले गए और अपने बहनोई दलपत की फैक्टरी में काम करने लगे। कुछ समय बाद वे दलपत के भाई के पास बम्बई चले आए और एक कपड़ा मिल में काम करने लगे। लेकिन संगीत के शौक ने उनका पीछा नहीं छोड़ा था। वे अब भी समय निकालकर हारमोनियम पर रियाज करते रहते थे। दलपत के भाई बम्बई में ग्रान्ट रोड में रहते थे। ऑपेरा हाउस के पास स्थित विनायक राव ताम्बे का मशहूर संगीत केन्द्र वहाँ से ज्यादा दूर नहीं था। वहाँ अकसर पृथ्वी थिएटर के नाटक होते रहते थे। जयकिशन इस संगीत केन्द्र में संगीत सीखने लगे और साथ-साथ एक हारमोनियम-वादक के रूप में नौकरी भी ढूँढने लगे। वे तब मुश्किल से अठारह वर्ष के थे। बड़े भाई की असामयिक मृत्यु ने समय से पहले ही उन्हें संघर्ष की राह पर धकेल दिया था।

नियति शंकर, जयकिशन, शैलेन्द्र, हसरत जयपुरी और साथ ही दो प्रतिभाशाली सहायकों एन. दत्ता (जिन्होंने बाद में स्वतंत्र रूप से भी संगीत दिया) और सेबिस्तियन की महान संगीत-टीम को मिलाने की फिराक में थी। कहते हैं कि कसरत के शौकीन शंकर आपेरा हाउस के नजदीक स्थित जिम में जाया करते थे और वहीं उनकी मुलाकात एन. दत्ता से हुई। एन. दत्ता शंकर से तबला और ढोलक बजाना सीखने लगे और एक दिन उन्हें एक गुजराती फिल्म निर्माता चन्द्रवदन देसाई से मिलवाने ले गए। संयोग से उसी दिन जयकिशन भी काम की तलाश में देसाई से मिलने आए हुए थे। बातों-बातों में शंकर और जयकिशन आपस में इतने घुलमिल गए कि शंकर ने कहा—''नौकरी की फिक्र मत करो! बल्कि कल से ही अपनी नौकरी पक्की समझो!'' पृथ्वी थिएटर में एक हारमोनियम-वादक की जगह खाली थी और शंकर को ही इसे भरने की जिम्मेदारी सौंपी गई थी। उन्होंने जयकिशन को पृथ्वी थिएटर में लगवा दिया और इसके बाद दोनों एक-दूसरे के और भी करीब आते चले गए। हालाँकि शंकर-जयकिशन से दस वर्ष बड़े थे, लेकिन ऐसा लगता था जैसे दोनों एक-दूसरे के लिए ही बने थे। दोनों ने साथ-साथ पृथ्वी थिएटर के कुछ नाटकों ('पठान' इत्यादि) में भी काम किया।

उन दिनों हिन्दी सिनेमा के सबसे बड़े 'शोमैन' राज कपूर अपनी पहली फिल्म 'आग' (1948) के निर्माण की तैयारियों में जुटे हुए थे, जिसमें उनके साथ नर्गिस, कामिनी कौशल और प्रेमनाथ थे। इस फिल्म के संगीत के लिए उन्होंने पृथ्वी थिएटर के नियमित संगीत-निर्देशक राम गाँगुली को चुना था। लेकिन इस बीच वे शंकर और जयकिशन की प्रतिभा से इतने प्रभावित हो चुके थे कि उन्होंने इन दोनों को राम गाँगुली के सहायक के रूप में नियुक्त कर दिया। अपने निराशाजनक और बीभत्स कथानक के कारण 'आग' बॉक्स ऑफिस पर तो नहीं चली, लेकिन 'जिंदा हूँ इस तरह कि गम-ए-जिंदगी नहीं' (मुकेश) और 'काहे कोयल शोर मचाए रे' (शमशाद बेगम) जैसे इसके कुछ गीत खूब लोकप्रिय हुए। इन गीतों में शंकर और जयकिशन का भी काफी योगदान था और फिल्म की कुछ 78 आरपीएम डिस्कों पर संगीत : राम गाँगुली, धुन : शंकर (या जयकिशन) के रूप में उन्हें भी श्रेय दिया गया था। इसके बाद शंकर और जयकिशन ने हुस्नलाल-भगतराम की तर्ज पर 'शंकर-जयकिशन' के रूप में अपनी भी जोड़ी बना ली और हिन्दी फिल्म संगीत की दुनिया में अपना पहला धमाका करने के लिए कमर कस ली।

शंकर-जयकिशन या 'एस.जे.' (जैसाकि फिल्म इंडस्ट्री में उन्हें पुकारा जाता था) ने धुनों का अच्छा-खासा पिटारा इकट्ठा कर लिया था और अब वे इस ताक में थे कि किसी दिन राज कपूर को पकड़कर ये धुनें सुनाई जाएँ। लेकिन राज कपूर अपनी अगली फिल्म 'बरसात' की तैयारियों में उलझे हुए थे और इस नौसिखिया जोड़ी की धुनें सुनने के लिए समय नहीं निकाल पा रहे थे। आखिर पृथ्वी थिएटर के पूना (अब पुणे) के एक दौरे के दौरान एस.जे. ने राज कपूर को धर दबोचा। एक साथ पीने-पिलाने के दौर के दौरान उन्होंने राज कपूर से कहा—''राज साहब! आज तो आपको

हमारी धुनें सुननी ही पड़ेंगी।'' इससे पहले कि राज कपूर इस जोड़ी से पीछा छुड़ाने की कोई तरकीब सोच पाते, शंकर ने तबला और जयकिशन ने हारमोनियम सँभाल लिया और शुरू हो गए—'अम्बुआ का पेड़ है, वही मुंडेर है, आजा मोरे बालमा अब काहे की देर है'। (बाद में इसी तर्ज पर 'बरसात' का मशहूर गीत 'जिया बेकरार है, छाई बहार है, आजा मोरे बालमा तेरा इन्तजार है' बना।) राज कपूर तो जैसे चित्त ही हो गए और खुशी से जाम छलकाते हुए बोले—''ठीक है, मैं 'बरसात' का संगीत तुम दोनों चंगू-मंगू की जोड़ी को सौंपता हूँ!'' इस मशहूर वाक्य ने हिन्दी फिल्म संगीत की दुनिया में एक ऐसे तूफान को जन्म दे दिया जो पूरे बीस वर्ष तक नहीं थमा—शंकर-जयकिशन के संगीत का तूफान। शंकर-जयकिशन ने राज कपूर की 19 फिल्मों में संगीत दिया, जिनमें से 9 खुद आर.के. बैनर की फिल्में थीं।

राज कपूर 'बरसात' के लिए नए अन्दाज का ताजगी भरा संगीत चाहते थे। वे उन दिनों महबूब खान की 'अन्दाज' में (दिलीप कुमार और नर्गिस के साथ) काम कर रहे थे और फिल्म के संगीत-निर्देशक नौशाद को एक उभरती हुई गायिका लता मंगेशकर की गजब की मीठी आवाज में फिल्म का एक गाना रिकॉर्ड करते सुन चुके थे। वे 'बरसात' के लिए भी यही आवाज चाहते थे। कहते हैं कि उन्होंने जयकिशन के हाथ लता के पास यह सन्देश भिजवाया कि वे अपनी नई फिल्म के लिए उनसे गवाना चाहते थे। जयकिशन तब मुश्किल से अठारह-उन्नीस वर्ष के थे। लता मंगेशकर को लगा कि शायद वे राज कपूर के दफ्तर में काम करने वाले कोई छोकरे है। जयकिशन के जाने के बाद उन्होंने अपनी नौकरानी से कहा— ''राज कपूर के ऑफिस ब्वॉय भी कितने हैंडसम होते हैं!'' इस बीच राज कपूर ने शैलेन्द्र को भी खोज निकाला था। उनकी मशहूर कविता 'जलता है पंजाब' सुनने के बाद उन्होंने उन्हें 'बरसात' के गीत लिखने के लिए कहा था तो आदर्शवादी शैलेन्द्र ने फिल्मों में काम करने से साफ मना कर दिया था। लेकिन कुछ दिन बाद शैलेन्द्र की पहली सन्तान का जन्म हुआ तो उन्हें अचानक पैसों की जरूरत पड़ गई। वे राज कपूर के पास गए और राज कपूर ने झट से उनकी मुँहमाँगी रकम उनके हाथ पर रख दी। इसके बाद शैलेन्द्र ने न सिर्फ 'बरसात' का फड़कता हुआ गीत 'बरसात में हमसे मिले तुम सजन तुमसे मिले हम' लिखा, बल्कि आर.के. कैम्प के स्थाई सदस्य बन गए। हसरत जयपुरी की खोज 'पापाजी' पृथ्वीराज कपूर ने की। उन्होंने उनकी मशहूर कविता 'मजदूर की लाश' सुनी और राज कपूर से उनकी सिफारिश की। इस तरह आर.के. की म्यूजिक टीम पूरी हो गई—शंकर, जयकिशन, शैलेन्द्र, हसरत जयपुरी और सहायक संगीत-निर्देशकों के रूप में दत्ताराम और सेबिस्तियन।

'बरसात' (1949) ने बॉक्स ऑफिस पर जो हंगामा किया उसकी उम्मीद शायद इनमें से किसी ने भी नहीं की होगी। इसके संगीत ने तो ऐसा तहलका मचाया कि लोकप्रियता की दौड़ में इसी वर्ष रिलीज हुई महबूब खान और नौशाद की 'अन्दाज' और कमाल अमरोही और खेमचन्द प्रकाश की 'महल' को पीछे छोड़ दिया। पत्र-पत्रिकाओं का कहना था कि 'बरसात' ने सबको धो डाला था! ऐसी जबर्दस्त शुरुआत के बाद भला शंकर-जयकिशन पीछे मुड़कर कैसे देखते? उनकी जोड़ी भी खूब थी—शंकर उनतीस वर्ष के थे जबकि जयकिशन सिर्फ उन्नीस के। इस जोड़ी ने अगले 20-22 वर्षों में लगभग 125 फिल्मों में सुपरहिट संगीत दिया। 1971 में जयकिशन के असामयिक निधन के बाद शंकर ने अकेले ही 'शंकर-जयकिशन' के नाम से लगभग 35 और फिल्मों में संगीत दिया। कुल मिलाकर लगभग 165 फिल्में 'एस.जे.' के संगीत से सजी हुई थीं, जिसे किसी जमाने में बॉक्स ऑफिस सफलता की गारंटी माना जाता था।

'बरसात' की बात करें तो राज कपूर, नर्गिस, निम्मी और प्रेमनाथ की मुख्य भूमिकाओं से सजी इस फिल्म का सबसे बड़ा आकर्षण इसका संगीत ही था। लेकिन इस संगीत को लेकर शुरू में थोड़ी मुसीबत खड़ी हो गई। राम गाँगुली फिल्म के दो गीत पहले ही रिकॉर्ड कर चुके थे। अब उनसे कैसे कहा जाए कि राज कपूर शंकर और जयकिशन की नई जोड़ी को इस फिल्म के संगीत की जिम्मेदारी सौंपना चाहते थे? राज कपूर ने बड़ी होशियारी से काम लिया। उन्हें पता चला कि राम गांगुली ने 'बरसात' के लिए जो तर्जें बनाई थीं, उनमें से कुछ को उन्होंने किसी दूसरी फिल्म में इस्तेमाल कर लिया था। बस, फिर क्या था, राज कपूर ने उन्हें आड़े हाथों लिया और राम गांगुली गुस्से में खुद ही फिल्म छोड़कर चले गए। शंकर-जयकिशन की नई जोड़ी का रास्ता साफ हो गया और वे जी-जान से अपनी पहली फिल्म के लिए खूब धमाकेदार संगीत तैयार करने में जुट गए। फिल्म के गीतों में पीछे वर्णित 'जिया बेकरार है, छाई बहार है' (लता, राग काफी) तो था ही, राग भैरवी पर आधारित लता का 'बरसात में हमसे मिले तुम सजन तुमसे मिले हम' और इसी राग पर आधारित लता-मुकेश का मोहक युगल-गीत 'छोड़ गए बालम मुझे हाय अकेला छोड़ गए' भी था। ये तीनों शानदार गीत तो फिल्म की जान थे ही, अन्य सभी गीत भी एक से बढ़कर एक थे। फिल्म के संगीत पर पूरी तरह से लता छाई हुई थीं। 'मुझे किसी से प्यार हो गया', 'बिछड़े हुए परदेसी', 'मेरी आँखों में बस गया कोई रे', 'प्रेम नगर में बसनेवालो' और 'पतली कमर है, तिरछी नजर है' (मुकेश के साथ कोरस युगल-गीत)—भला कौन-सा ऐसा गीत था जो एक यादगार गीत न हो? अगर किसी फिल्म के संगीत को धूम मचाने वाला संगीत कहा जा सकता है तो वह इसी फिल्म का संगीत था! रफी का 'मैं जिंदगी में हरदम रोता ही रहा हूँ' भी बहुत खूब था! मैं (अंशुला बाजपेयी) इस फिल्म के गानों को तभी से सुनती आ रही हूँ जब मैं एक छोटी-सी बच्ची थी और आज भी इन गानों से मेरा मन नहीं भरा है। गाने क्या हैं—सुरों की एक पूरी सरगम है, एक से एक सुन्दर और दमदार गीतों की मूसलाधार बरसात! इस फिल्म के सभी गीतों का फिल्मांकन भी देखने लायक था।

शंकर-जयकिशन और सी.एच. आत्मा

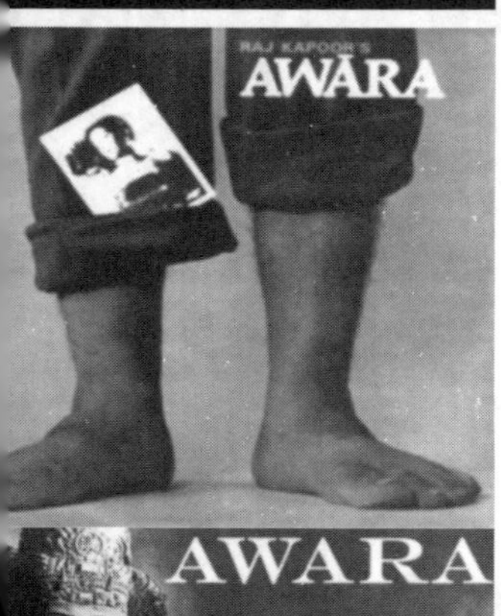

सभी पग-संचालन, सभी मुद्राएँ, सभी भाव-भंगिमाएँ अपने-आपमें एक काव्य थीं। इसी फिल्म के एक शॉट को तो बाद में आर.के. बैनर का प्रतीक-चिन्ह ही बना दिया गया (जिसमें राज कपूर एक हाथ में वायलिन और दूसरे में नर्गिस को सँभाले हुए हैं)। फिल्म की नामावली शुरू होने से पहले आर.के. बैनर की थीम-ट्यून भी सबसे पहले इसी फिल्म में सुनने को मिली थी, जो बाद में बैनर की सभी फिल्मों का हिस्सा बनने के साथ-साथ बीच-बीच में कुछ दृश्यों या गीतों में भी सुनाई पड़ती रहती थी। इस धुन का मूल आधार 'द एनिवर्सिरी साँग' नामक एक वॉल्ज से प्रेरित था। इसकी रचना 1880 में रोमानिया के एक संगीतकार ओसिफ इवोनोविसी ने की थी। लेकिन शंकर-जयकिशन ने इतने नए अन्दाज में और इतने फेरबदल के साथ इसका प्रयोग कि ग कि खुद इवोनोविसी भी दंग रह जाते और अपनी रचना को पहचान न पाते। आज इस धुन को आर.के. बैनर के साथ ही जोड़ा जाता है, न कि रोमानिया के संगीतकार के साथ।

दलसुखलाल एम. पंचोली की 'नगीना' (1951) एस.जे. की जोड़ी की दूसरी फिल्म थी, जिसमें उन्होंने साबित कर दिया कि 'बरसात' का संगीत कोई अँधेरे में तीर मात्र नहीं था। रवीन्द्र दवे द्वारा निर्देशित और नासिर खान और नूतन (पहली फिल्म) की मुख्य भूमिकाओं वाली इस फिल्म में शंकर-जयकिशन ने मानो स्वर्गीय कुन्दनलाल सहगल के साथ काम करने का अपना सपना पूरा कर लिया, जो 1946 में ही गुजर चुके थे। जी हाँ, सी.एच. आत्मा की आवाज सहगल के चाहनेवालों को उन्हीं की याद दिलाती थी! इस फिल्म में सी.एच. आत्मा द्वारा गाए गए तीन खूबसूरत गीतों में 'रोऊँ मैं सागर के किनारे', मैंडोलियन के मोहक प्रयोग वाला 'दिल बेकरार है मेरा' और 'एक सितारा है आकाश में' शामिल थे। फिल्म में लता के भी तीन बड़े मीठे और जादू-सा असर करने वाले गीत थे—'तूने हाय मेरे जख्म-ए-जिगर को छू लिया', 'याद आई है बेकसी छाई है' और 'कैसी खुशी की रात है'। यह फिल्म भी बॉक्स ऑफिस पर अच्छी चली। मजे की बात यह थी कि फिल्म की नायिका नूतन तब अठारह वर्ष की नहीं हुई थीं, जबकि सेंसर बोर्ड ने फिल्म को 'ए' यानी 'सिर्फ वयस्कों के लिए' का सर्टिफिकेट दिया था। वे चर्चगेट के ईरोज सिनेमा में अपनी फिल्म देखने गईं तो उन्हें वयस्क न होने के कारण अन्दर नहीं जाने दिया गया!

किशोर साहू द्वारा निर्मित और निर्देशित 'काली घटा' में वे खुद ही नायक थे और उनकी नायिका थीं अपनी पहली फिल्म कर रहीं बीना राय और आशा माथुर (जो बाद में निर्माता-निर्देशक मोहन सहगल की जीवन-संगिनी बन गईं)। इस फिल्म में शंकर-जयकिशन की सुरीली धुनों पर एक बार फिर पूरी तरह लता मंगेशकर छाई हुई थीं। राग भैरवी में 'हमसे न पूछो कोई प्यार क्या है' हो या 'दिल में तू मेरे दिल में तू', 'सितम ये मैंने क्या किया' हो या 'उनके सितम ने लूट लिया'—सभी एक से एक बढ़कर थे। शोख-चुलबुला 'इले बेले आर रे दिन हैं प्यारे-प्यारे' और रफी के साथ उनका इकलौता युगल-गीत 'काली घटा घिर आई रे' भी फिल्म के लोकप्रिय गीतों में शामिल थे। एक के बाद एक इस तीसरे धमाके के बाद शंकर-जयकिशन की जोड़ी को चोटी के संगीतकारों में गिना जाने लगा।

'बरसात' की जबर्दस्त सफलता के बाद राज कपूर ने चैम्बूर में अपना खुद का आर.के. स्टूडियो स्थापित कर लिया और अपनी सबसे यादगार फिल्म 'आवारा' (1951) की तैयारियों में जुट गए। राज कपूर, नर्गिस और पृथ्वीराज कपूर की मुख्य भूमिकाओं से सजी इस कीर्ति-स्तम्भ फिल्म ने राज कपूर के साथ-साथ भारतीय सिनेमा को भी अन्तर्राष्ट्रीय मंच पर स्थापित कर दिया। फिल्म के संगीत ने भी देश और विदेश में खूब धूम मचाई, खासकर फिल्म के थीम-गीत 'आवारा हूँ... या गर्दिश में हूँ आसमान का तारा हूँ' (मुकेश) ने। रूस, चीन, तुर्कमेनिस्तान, कजाकिस्तान, अजर्बेजान, तुर्की, मिस्र, अल्जीरिया, यू.ए.ई., लेबनान, सीरिया, जॉर्डन इत्यादि देशों में इस फिल्म की लोकप्रियता देखने लायक थी। फिल्म के संगीत की तो बात ही क्या थी—मुकेश और लता के लगभग सभी गीत अमर गीत थे। राग भैरवी पर आधारित 'आवारा हूँ' और राग दरबारी कान्हड़ा पर आधारित 'हम तुमसे मुहब्बत करके सनम' जैसे मुकेश के गीत हों या लता के 'जबसे बलम घर आए', 'आ जाओ तड़पते हैं अरमाँ' और 'इक बेवफा से प्यार किया'—सभी बड़े खूबसूरत गीत थे। राग बागेश्वरी पर आधारित इन दोनों के युगल-गीत 'दम भर जो उधर मुँह फेरे ओ चन्दा आ आ आ... मैं उनसे प्यार कर लूँगी, बातें हजार कर लूँगी' का तो कहना ही क्या! 'एक दो तीन आजा मौसम है रंगीन' (शमशाद बेगम), 'नैया तेरी मझदार होशियार' (रफी), 'तेरे बिना आग ये चाँदनी' (मन्ना डे-लता और कोरस) तथा 'घर आया मेरा परदेसी' (लता और कोरस) फिल्म के अन्य भुलाए न जा सकने वाले गीत थे। 'आवारा' राज कपूर के साथ-साथ उनकी म्यूजिक टीम—शंकर-जयकिशन, शैलेन्द्र और हसरत—के लिए भी एक भव्य और अन्तर्राष्ट्रीय सफलता थी।

'आवारा' का यह जादुई प्रभाव लगभग पचास वर्ष बाद भी कम नहीं हुआ था। 1999 में हमारा परिवार (त्रिनेत्र, कणिका और अंशुला बाजपेयी) इंस्तानबुल में छुट्टियाँ मना रहा था। हम हिल्टन होटल के बार में बैठे हुए थे कि एक जाने-माने तुर्की पियानिस्ट ने हमें हमारी टेबल पर आ घेरा। यह पता लगा लेने के बाद कि हम भारतीय ही थे, उसने पूछा कि क्या हम 'अवारे हूँ' गाना गा सकते थे। 'तुर्की में 'आवारा को 'अवारे' ही उच्चारित किया जाता है और इंस्तानबुल में 'अवारे' नाम का एक हिन्दुस्तानी रेस्तराँ भी है।) हमने 'हाँ' में सिर हिलाया तो अंशुला ने गर्व से यह भी जोड़ दिया

कि यह गाना तो पूरा इंडिया गा रहा है। पियानिस्ट बहुत जोर देकर हमें ऑर्केस्ट्रा वाली जगह पर ले गया और हमने उस मशहूर पियानो-वादक इल्हम जेंसर के पियानो की धुन पर 'आवारा हूँ' गीत गाकर सुनाया। बार में बैठे सभी लोग मस्ती से इस कदर झूमने लगे, नाचने लगे, सीटियाँ और तालियाँ बजाने लगे कि हमें छह-सात बार यह गाना सुनाना पड़ा। उस दिन हमारा सारा खाना-पीना तो होटल की तरफ से हुआ ही, हम जाने लगे तो बार में बैठे सभी लोगों ने अपनी सीटों से उठकर हमें भावभीनी विदाई दी। तो यह था राज कपूर की छवि और शंकर-जयकिशन की धुनों का जादू! हमारा आश्चर्य यहीं खत्म नहीं हुआ। हम होटल में अपने सुइट में पहुँचे तो टीवी पर 'आवारा' का तुर्की में डब वर्जन दिखाया जा रहा था। हमने पहली बार के.एन. सिंह और राज कपूर को तुर्की में अपने संवाद बोलते सुना और हमें बड़ा मजा आया। कहते हैं कि चीन के प्रधानमंत्री चाउ एन-लाई ने 1956-1960 के बीच जब पाँच बार भारत का दौरा किया था तो वे हर बार अपने स्वगात-समारोहों में 'आवारा हूँ' सुनना पसन्द करते थे। अपनी पिछली चीन यात्रा में खुद मैंने भी वहाँ की युवा पीढ़ी को इस फिल्म का जिक्र करते सुना, हालाँकि इसकी रिलीज को लगभग साठ वर्ष बीत चुके थे।

अरे हाँ, इस फिल्म के स्वप्न-दृश्य का जिक्र करना तो भूल ही गए! 'तेरे बिना आग ये चाँदनी' और राग भैरवी पर आधारित 'घर आया मेरा परदेसी' फिल्म के इसी अद्‌भुत स्वप्न-दृश्य का हिस्सा थे। कहते हैं कि रज कपूर, शंकर-जयकिशन, शैलेन्द्र, मन्ना डे और लता 24 घंटों तक लगातार इन गीतों की रिकॉर्डिंग में जुटे रहे थे। अगले दिन सुबह होने पर रिकॉर्डिंग पूरी हुई तो सब लोगों ने बगल के एक ईरानी रेस्तराँ में जाकर साथ-साथ नाश्ता किया। तो ऐसी थी इस ड्रीम-टीम की लगन!

शंकर-जयकिशन अपने जादुई संगीत के कारण बहुत से बैनरों के स्थाई संगीतकार बनते जा रहे थे। भगवान दास वर्मा का बैनर भी ऐसा ही बैनर था। वर्मा फिल्म्स की 'बादल' (1952)के निर्देशक अमिय चक्रवर्ती थे (जिन्होंने 'ज्वार भाटा', 'दाग', 'पतिता', 'सीमा' और 'कठपुतली' जैसी मशहूर फिल्में बनाईं)। मधुबाला और प्रेमनाथ की मुख्य भूमिकाओं से सजी इस फिल्म में शंकर-जयकिशन ने कई मधुर और हिट गीत दिए। लता और मुकेश के युगल-गीत 'ए दिल न मुझसे छुपा सच बता क्या हुआ' और मुकेश के 'मैं राही भटकने वाला हूँ' ने सबसे ज्यादा धूम मचाई। लता के 'दुनिया बदल रही है', 'दो दिन के लिए मेहमान यहाँ', 'उनसे प्यार हो गया', 'आज माने न मोरा जिया' और 'अनमोल प्यार बिन मोल बिके' भी खूब लोकप्रिय हुए। नेकदिल लुटेरे 'राबिनहुड' की कथा से प्रेरित 'बादल' प्रेमनाथ की एक बॉक्स ऑफिस हिट फिल्म थी।

राज कपूर की एक के बाद एक दो सुपरहिट फिल्मों 'बरसात' और 'आवारा' में संगीत देने के बाद अब एस.जे. की युवा जोड़ी की अभिनय-सम्राट दिलीप कुमार के साथ काम करने की बारी थी। अमिय चक्रवर्ती द्वारा निर्देशित 'दाग' में उन्हें यह अवसर मिला और उन्होंने इस फिल्म के संगीत को भी यादगार संगीत बना दिया। मार्स एंड मूवीज द्वारा निर्मित और दिलीप कुमार और निम्मी की मुख्य भूमिकाओं वाली 'दाग' (1952) के लिए दिलीप कुमार को सर्वश्रेष्ठ अभिनेता का फिल्मफेयर पुरस्कार मिला था। लेकिन इस फिल्म का संगीत भी कम नहीं था। शैलेन्द्र के 'ऐ मेरे दिल कहीं और चल' ने तो धूम ही मचा दी थी, जो तीन वर्जनों में था—तलत का खुश और उदास वर्जन तथा लता का उदास वर्जन। इस गीत में गुडी सीरवई ने कमाल का अकॉर्डियन बजाया था, जिसे लोग आज तक नहीं भूले हैं। फिल्म के पूरे संगीत पर तलत और लता ही छाए हुए थे। 'हम दर्द के मारों का इतना ही फसाना है' (तलत), 'प्रीत ये कैसी बोल री दुनिया' (लता), 'कोई नहीं मेरा इस दुनिया में' (तलत) और 'काहे को देर लगाई रे' (लता)—सभी एक से एक बढ़कर थे। इसके बाद शंकर-जयकिशन ने निर्देशक अमिय चक्रवर्ती के साथ कई और फिल्मों में काम किया—'पतिता', 'बादशाह', 'कठपुतली' और 'अपने हुए पराए'। ये सभी फिल्में अमिय चक्रवर्ती के अपने बैनर मार्स एंड मूवीज की फिल्में थीं।

वर्मा फिल्म्स की अगली फिल्म 'पर्वत' में भी शंकर-जयकिशन का संगीत था। लेखक-निर्देशक ओ.पी. दत्ता (जे. पी. दत्ता के पिता) द्वारा निर्देशित इस फिल्म में प्रेमनाथ और नूतन मुख्य भूमिकाओं में थे। इस फिल्म के यादगार गीतों में दो सुरीले डुएट शामिल थे—'क्या बताएँ मुहब्बत है क्या' (रफी-लता) और 'होंठों पे तराने आ गए' (तलत-लता)। लता के दो मीठे सोलो 'हाय मेरा दिल ले गया कोई आके इशारों में' और 'मीठी-मीठी बातों से भोली-भाली घातों से' भी खूब लोकप्रिय हुए थे।

शंकर-जयकिशन ने अपनी पहली ही फिल्म 'बरसात' में लता मंगेशकर के एक से एक सुरीले गीतों की झड़ी लगा दी थी। 'पूनम' (1952) और 'औरत' (1953) में उन्होंने फिर यही किया। इन दोनों फिल्मों में नौ-नौ गाने थे और सब के सब लता ने गाए थे। ए.आर. कारदार द्वारा निर्मित 'पूनम' में अशोक कुमार, कामिनी कौशल और आशा माथुर थे और निर्देशक थे एम. सादिक। इसके लोकप्रिय गीतों में 'झूमे झूमे दिल मेरा', 'ओ भोले बालमा ओ मेरे साजना', 'दिन सुहाने ये मौसम बहार का', 'अब तो आ जाओ बलम', 'दो दिन की जिंदगी में' और 'आई-आई रात सुहानी' शामिल थे। 'बादल' और 'पर्वत' के बाद भगवान दास वर्मा की 'औरत' में भी प्रेमनाथ मुख्य भूमिका में थे, इस बार बीना राय

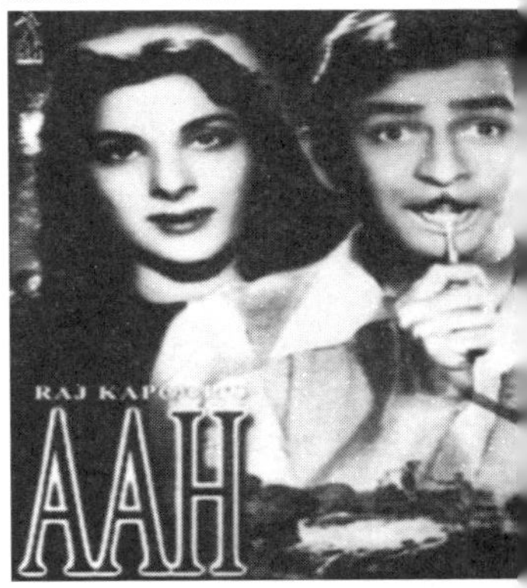

शंकर-जयकिशन लता और तलत के साथ

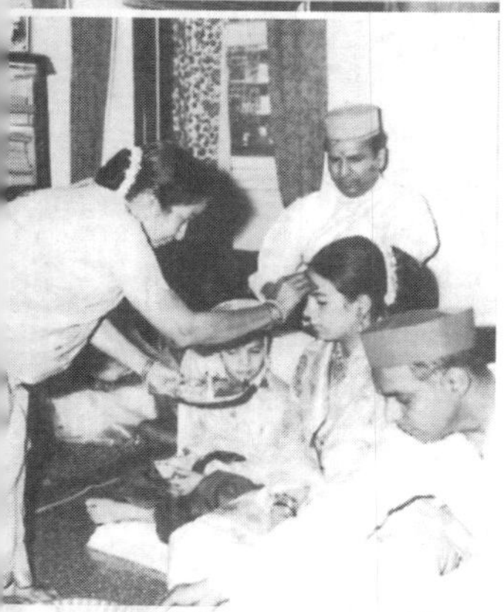

११

के साथ। 'सैमसन एंड डेलीला' पर आधारित इस फिल्म के एक से एक सुहाने गीतों में 'नैनों से नैन हुए चार', 'दर्द-ए-जिगर ठहर जरा', 'उल्फत का साज छेड़ो समाँ सुहाना है', 'आँखों-आँखों में उनको छुपाके', 'दर्द-ए-उल्फत छुपाऊँ कहाँ', 'ये दुनिया बनाई है किस बेरहम ने', 'वो आएँगे खुशी बनकर' और 'बेवफा ने ले लिया दिल' शामिल थे। काफी भव्य पैमाने पर बनाई गई यह फिल्म बॉक्स ऑफिस पर भी सफल रही थी और इसके गीतों ने खूब धूम मचाई थी।

'बरसात' और 'आवारा' के बाद राज कपूर की 'आह' (1953) दर्शकों की उम्मीदों पर खरी नहीं उतर पाई और फ्लॉप हो गई। शायद टीबी की बीमारी से जुड़ी कहानी पुरानी पड़ चुकी थी, क्योंकि तब तक इसका इलाज निकल आया था। फिर भी इस फिल्म में भी शंकर-जयकिशन और उनके दोनों स्थाई गीतकारों शैलेन्द्र और हसरत जयपुरी ने यादगार और अमर संगीत दिया था। फिल्म के एक से एक खूबसूरत गीतों में लता और मुकेश के दो सदाबहार युगल-गीत शामिल थे—राग भैरवी पर आधारित 'जाने न नजर पहचाने जिगर—ये कौन जो मन में समाया' और राग मालकौंस पर आधारित 'आजा रे अब मेरा दिल पुकारा'। लेकिन सबसे ज्यादा धूम मचाई लता के 'राजा की आएगी बरात, रंगीली होगी रात, मगन मैं नाचूँगी' ने। राग भैरवी पर आधारित यह गीत कई दशकों तक शादियों में बजाया जाता रहा। जरा शैलेन्द्र के इस खूबसूरत गीत के इस अन्तरे पर गौर कीजिए :

रानी के संग राजा डोली सजाके चले जाएँगे परदेस
जब-जब उनकी याद आएगी दिल को लगेगी ठेस
नैनों में होगी बरसात, अंधेरी होगी रात, अकेली मैं नाचूँगी।

लता का एक दूसरा गीत 'ये शाम की तन्हाइयाँ ऐसे में तेरा गम' भी कमाल का गीत था और उनके सबसे मीठे, सुरीले और यादगार गीतों में शामिल हैं। यह गीत राग यमन कल्याण पर आधारित था। लता का ही अकॉर्डियन की मस्ती भरी संगत वाला 'सुनते थे नाम हम जिनका बहार से, देखा तो डोला जिया झूम-झूमके', 'झनन-झनन घुंघरवा बाजे' (कोरस) और 'छोटी-सी ये जिंदगी रे' (मुकेश) फिल्म के अन्य मधुर गीत थे। राग काफी पर आधारित 'छोटी-सी ये जिंदगी रे' खुद मुकेश पर फिल्माया गया था, जिन्होंने तांगवाले के रूप में छोटी-सी अतिथि भूमिका निभाई थी। हमने अपने खूब लोकप्रिय टेली-सीरियल 'बिखरी आस निखरी प्रीत' के एक दृश्य में 'ये शाम की तन्हाइयाँ' का फिर से प्रयोग किया। हमारे निर्देशक लेख टंडन थे, जो न सिर्फ राज कपूर के सहायक रह चुके थे बल्कि 'आह' के सहायक निर्देशकों में भी शामिल थे।

जाने-माने निर्माता-निर्देशक देवेन्द्र गोयल की 'आस' (1953) उनके बैनर की इकलौती ऐसी फिल्म थी जिसमें शंकर-जयकिशन का संगीत था। (बाद में रवि उनके स्थाई संगीत-निर्देशक बन गए।) कामिनी कौशल और शेखर की मुख्य भूमिकाओं वाली इस कमजोर फिल्म के लोकप्रिय गीतों में 'चाहे नैन चुराओ चाहे दामन बचाओ' (तलत-लता), 'जुल्म की नगरी में किसी का कौन सहारा है' (लता) और 'देखा-देखो इक बार इस तरफ देखो' (मुकेश-लता) शामिल थे। डी.डी. कश्यप निर्देशित 'नया घर' (1953) शंकर-जयकिशन की एक और कमजोर फिल्म साबित हुई। गीताबाली और शेखर की मुख्य भूमिकाओं वाली इस फिल्म के कई गीत जरूर हिट हुए। इनमें 'उन्हें तो भूल जा रे दिल' (तलत), 'लगाकर दिल परेशाँ हैं मुहब्बत देख ली हमने' (लता), 'हम उनके पास आते हैं' (तलत) और 'जा जा जा रे जा रे जा, रंजोगम के अँधेरे तू जा' (लता) शामिल थे।

उन दिनों शंकर-जयकिशन अपनी धुनें अकॉर्डियन या हारमोनियम पर बनाया करते थे। लेकिन रमेश सहगल की संवेदनशील क्लासिक फिल्म 'शिकस्त' (1953) की धुनें उन्होंने सितार पर बनाईं। दिलीप कुमार और नलिनी जयवन्त की मुख्य भूमिकाओं से सजी इस फिल्म का संगीत शायद इसीलिए इतना मर्मस्पर्शी था। लता का सदाबहार 'कारे बदरा तू न जा न जा' (राग चारुकेशी) फिल्म का सबसे यादगार गीत था। बल्कि इस फिल्म के पूरे संगीत को ही शंकर-जयकिशन के सबसे उत्कृष्ट संगीत की श्रेणी में रखना होगा। 'सपनों की सुहानी दुनिया को आँखों में बसाना मुश्किल है' (तलत), 'जब-जब फूल खिले तुझे याद किया हमने' (लता-तलत), 'तूफान में घिरी है मेरी तकदीर की राहें' (तलत), 'हम तो हैं खेल-खिलौने' (हेमन्त कुमार) और 'नई जिंदगी से प्यार करके देख' (रफी-लता और कोरस)—सभी एक से एक बढ़कर थे। लेकिन इतने अच्छे संगीत और दिलीप कुमार और नलिनी जयवन्त के अविस्मरणीय अभिनय के बावजूद यह फिल्म बॉक्स ऑफिस पर पिट गई। शायद इंटरवल के बाद फिल्म का कथानक ज्यादा ही शोकपूर्ण हो गया था। रमेश सहगल के निर्देशन में भी कलात्मकता की झलक थी।

उन्हीं दिनों लगभग इकतीस वर्ष के हो चले शंकर विवाह-बन्धन में भी बँध गए। उनके विवाह और पारिवारिक जीवन के बारे में ज्यादा जानकारी उपलब्ध नहीं है, सिवाय इसके कि उनका विवाह एक विधवा स्त्री के साथ हुआ था, जिसका पिछले विवाह से एक बेटा भी था। शंकर और उनकी पत्नी कुन्दा की कोई और सन्तान नहीं हुई। उनका

परिवार अब हैदराबाद में बसा हुआ है और होटल व्यवसाय से जुड़ा हुआ है। जाने-माने निर्देशक और कभी राज कपूर के सहायक रह चुके लेख टंडन के अनुसार, 1955 में 'श्री 420' के प्रमोशन दौरों के दौरान उन्होंने देखा था कि शंकर हर सुबह उठने के बाद सबसे पहले अपनी पत्नी का चित्र देखते थे। वे अपनी पत्नी को बहुत ज्यादा चाहते थे। बाद के वर्षों में क्या हुआ, किसी को कुछ मालूम नहीं है। खासकर 1965 के आसपास शंकर की जिंदगी में गायिका शारदा के आने के बाद इन सम्बन्धों में निश्चित ही कुछ खटास आई होगी।

शंकर-जयकिशन न सिर्फ राज कपूर की खोज थे बल्कि उनके स्थाई संगीतकार भी। लेकिन वे 'दाग' और 'शिकस्त' के रूप में दिलीप कुमार की भी दो फिल्मों में संगीत दे चुके थे। अब भारतीय सिनेमा की इस सदाबहार तिगड़ी के तीसरे स्तम्भ देव आनन्द के साथ काम करने की बारी थी। यह अवसर भी उन्हें 'दाग' के निर्माता-निर्देशक अमिय चक्रवर्ती ने प्रदान किया, अपनी बोल्ड एंड ब्यूटीफूल फिल्म 'पतिता' (1953) के रूप में। देव आनन्द और उषा किरण की मुख्य भूमिकाओं से सजी इस फिल्म में शंकर-जयकिशन ने ऐसा संगीत दिया कि यह फिल्म देव आनन्द की अमर फिल्मों में शामिल हो गई। राग खमाज पर आधारित 'याद किया दिल ने कहाँ हो तुम' (हेमन्त कुमार-लता) हो या राग भैरवी पर आधारित 'किसी ने अपना बनाके मुझको मुस्कराना सिखा दिया' (लता)—सभी गीत आज भी इतने ताजा हैं मानो अभी कल ही सुने हों। तलत के तीनों गीत—'हैं सबसे मधुर वो गीत जिन्हें हम दर्द के सुर में गाते हैं', 'अंधे जहान के अंधे रास्ते' और 'तुझे अपने पास बुलाती है तेरी दुनिया'—भी एक से एक बढ़कर एक थे। कहते हैं कि 'किसी ने अपना बनाके मुझको' की रिकॉर्डिंग के दौरान शंकर लता की अदायगी से इतने खुश हो गए कि उन्होंने झट से सौ रुपए का एक नोट निकालकर उनके हाथ में रख दिया। लता ने भी इस 'ईनाम' को बड़ी खुशी और गर्व के साथ स्वीकार कर लिया। इस सदाबहार गीत को हमने भी अपने टेली-सीरियल 'बिखरी आस निखरी प्रीत' में इस्तेमाल किया था और क्या गजब का प्रभाव था!

भगवान दास वर्मा की 'पूजा' (1954) बॉक्स ऑफिस पर भले ही पिट गई, लेकिन इसका एक बड़ा सुरीला और दिल को छू लेने वाला गीत उन दिनों हर प्रेमी-प्रेमिका के होंठों पर थिरकने लगा था—'जो एक बार कह दो कि तुम हो हमारे, तो बदले यह दुनिया बदलें नजारे'। मुहम्मद रफी का यह सुपरहिट गीत दो भागों में था। भारत भूषण और पूर्णिमा (जिन्होंने बाद में निर्माता-निर्देशक भगवान दास वर्मा से विवाह कर लिया) की मुख्य भूमिकाओं से सजी इस फिल्म के अन्य लोकप्रिय गीतों में रफी के ही 'चल-चल रे मुसाफिर चल' और 'सोच न मनवा' के साथ-साथ लता का 'मैं मुरलीधर की मुरली लाई' शामिल था। इस फिल्म का एक विशुद्ध शास्त्रीय गीत 'रुमझुम के बजाओ बाँसुरी' शंकर-जयकिशन ने मुहम्मद रफी और शास्त्रीय गायक कृष्णराव चोनकर से गवाया था, जो शास्त्रीय गीतों की दुनिया में उनके सुहाने सफर 'बसन्त बहार', 'पटरानी', 'आम्रपाली' इत्यादि की एक झलक मात्र थी।

शंकर-जयकिशन का संगीत अकसर उनकी फिल्मों के कथानक से ऊपर उठा हुआ होता था। या यूँ कहें कि उनका संगीत फिल्म के कथानक पर हावी हो जाता था। वे अपने संगीत से फिल्म के कथानक को निखारने-संवारने और उसमें जान फूँकने की कोशिश करते थे। इसलिए बहुत-सी मामूली और कमजोर फिल्में भी उनके यादगार और सुपरहिट संगीत से सजी हुई थीं। 'हेचमैन ऑफ नोत्रेदेम' पर आधारित अमिय चक्रवर्ती की 'बादशाह' (1954) भी बॉक्स ऑफिस पर कमजोर साबित हुई। लेकिन प्रदीप कुमार, उषा किरण और अपनी पहली फिल्म कर रहीं माला सिन्हा की मुख्य भूमिकाओं से सजी इस फिल्म में भी कई मधुर और यादगार गीत थे। राग भैरवी शंकर-जयकिशन का सबसे प्रिय राग था। राग सदा सुहागन की उनकी व्याख्या और अभिव्यक्ति भी बड़ी अनूठी होती थी। इसी तरह अन्य रागों को भी वे अपनी विशिष्ट शैली में ढाल लिया करते थे। राग भीमपलासी पर आधारित 'बादशाह' का मोहक डुएट 'आ नीले गगन तले प्यार हम करें' (हेमन्त कुमार-लता) ऐसा ही एक उदाहरण था। इस गीत ने फिल्मी पर्दे के रोमांस को एक नई ऊँचाई प्रदान कर दी थी। आज भी इस गीत को सुनकर प्रेमी जोड़े मचल उठते हैं। इसमें अकॉर्डियन और वायलिन के तालमेल का बड़ा सुन्दर प्रयोग किया गया था। हेमन्त कुमार का दूसरा गीत 'रुलाकर चल दिए इक दिन हँसी बनकर जो आए थे' भी उनके सबसे यादगार और अमर गीतों में शामिल है। लता का 'गुल मुस्करा उठा बुलबुल ये गा उठा' तो कई हफ्तों तक बिनाका गीतमाला की हिट-परेड में शामिल रहा। तेज रिदम और बाँसुरी, ढोलक और आकोर्डियन के मोहक प्रयोग वाला उनका दूसरा सोलो 'ले गया दिल कोई सपनों में आके' भी बहुत खूबसूरत था और दिल में गुदगुदी पैदा कर देने वाला 'तुम आँखें चुराओ तो क्या, इन आँखों को तुमसे प्यार है' भी। इस फिल्म में शंकर-जयकिशन ने बंगाली गायक अपरेश लाहिड़ी (बप्पी लाहिड़ी के पिता) से भी एक गीत गवाया था—'जागे मेरा दिल सोए जमाना'।

किशोर साहू की 'मयूर पंख' (1954) भारत में पर्यटन को बढ़ावा देने के इरादे से बनाई गई थी। पर्यटकों का तो पता नहीं, लेकिन गोवाकलर में निर्मित यह फिल्म दर्शकों को नहीं लुभा पाई और बॉक्स ऑफिस पर पिट गई। पर शंकर-जयकिशन इस फिल्म में भी हिट संगीत देने से नहीं चूके। मैंडोलिन और वायलिन के अद्भुत इंटरल्यूडों वाला 'खुशियों के चाँद मुस्कराए रे' (लता) खूब लोकप्रिय हुआ।

राग भैरवी पर आधारित लता और आशा भोंसले के मोहक डुएट 'ये बरखा बहार सौतनियां के द्वार' ने भी खूब धूम बचाई। लता के अन्य सोलो—'तू क्यों मुझको पुकारे', 'मैं तो चलूँ पश्चिम पूरब चले दुनिया', 'तन्दाना-तन्दाना-तन्दाना, मुश्किल है प्यार छुपाना'—भी उन दिनों खूब बजा करते थे। लता का एक अन्य सोलो 'मुहब्बत की दास्ताँ आओ सुनाएँ' मशहूर नर्तकी हेलन पर फिल्माया गया था, जिन्होंने इसी फिल्म और इसी गीत से अपनी लम्बी और शानदार पारी की शुरुआत की थी। फिल्म के अधिकांश गीत राग भैरवी में ढले हुए थे।

राज कपूर अपने सहायकों को निर्देशन की बागडोर सौंपने का प्रयोग कर रहे थे। 'आह' के निर्देशन का श्रेय भी उन्होंने अपने एक सहायक राजा नवाथे को दिया था। अब 'बूट पालिश' (1954) में उन्होंने एक दूसरे सहायक प्रकाश अरोड़ा को निर्देशन की जिम्मेदारी सौंपी। जैसाकि हमने पीछे कहा है, 'आह' बॉक्स ऑफिस पर फ्लॉप हो गई थी और इस फिल्म का घाटा पूरा करने के लिए ही राज कपूर ने कम बजट और बिना स्टारकास्ट की 'बूट पालिश' बनाई थी। शंकर-जयकिशन, शैलेन्द्र और हसरत जयपुरी की टीम ने इस फिल्म के सभी गाने एक हफ्ते में ही रिकॉर्ड कर लिए थे। और क्या गाने थे! 'नन्हे-मुन्ने बच्चे तेरी मुट्ठी में क्या है' (रफी-आशा), 'ठहर जरा ओ जाने वाले बाबू' (आशा-रफी), 'मैं बहारों की नटखट रानी' (आशा) और 'तुम्हारे हैं तुमसे दया माँगते हैं' (रफी-आशा)—सबके सब खूब लोकप्रिय हुए थे। लेकिन फिल्म का सबसे शाहकार गीत था राग बिलावल पर आधारित 'चली कौन से देस गुजरिया तू सज-धज के' (तलत-आशा), जिसे खुद गीतकार शैलेन्द्र पर फिल्माया गया था। कहते हैं कि मूक फिल्मों के जाने-माने हीरो मास्टर निसार उन दिनों तंगी और बदहाली के शिकार थे और उनकी मदद करने के लिए ही राज कपूर ने 'तुम्हारे हैं तुमसे दया माँगते हैं' गीत उन पर फिल्माने का फैसला किया था। उन्होंने तो यह उपकार किया ही, ईश्वर ने भी उन पर अपनी कृपा दिखाते हुए 'बूट पालिश' को बॉक्स ऑफिस पर हिट कर दिया। यह फिल्म 'आह' का घाटा पूरा करने में काफी हद तक सफल रही।

अमिय चक्रवर्ती की नव-यथार्थवादी 'सीमा' (1955) में शंकर-जयकिशन ने साबित कर दिया कि वे न सिर्फ खूब लोकप्रिय बल्कि ऊँचे दर्जे का कलात्मक और उत्कृष्ट संगीत देने की योग्यता रखते थे। इस फिल्म के संगीत की उनके आलोचकों और प्रतिस्पर्द्धियों ने भी खुलकर सराहना की। लता का बेहद मीठा और मर्मस्पर्शी 'सुनो छोटी-सी गुड़िया की लम्बी कहानी' तो कमाल ही था। राग भैरवी पर आधारित इस अमर गीत में उस्ताद अली अकबर खान ने सरोद बजाया था। गीत को सरोद के सुरों से शुरू करने का विचार शंकर को ऐन आखिरी वक्त में सूझा था और यही इसकी सबसे बड़ी खूबी बन गई। राग दरबारी पर आधारित मन्ना डे का 'तू प्यार का सागर है तेरी इक बूँद के प्यासे हम' हो या रफी का 'कहाँ जा रहा है तू ऐ जाने वाले'—सभी दिल को झिंझोड़कर रख देने वाले और वक्त की रफ्तार को थाम लेने वाले गीत थे। राग जयजयवन्ती पर आधारित लता का 'मनमोहना बड़े झूटे' जितना मंत्रमुग्ध कर देने वाला था, राग भैरवी पर आधारित 'बात-बात में रूठो न' उतना ही मोहक और लुभावना। रफी का कव्वालीनुमा 'हमें भी दे दो सहारा' भी दिल को छू लेने वाला गीत था। ये सभी गीत लता, मन्ना डे और मुहम्मद रफी के सबसे यादगार और अमर गीतों में शामिल हैं।

हिन्दी सिनेमा के जाने-माने निर्देशक लेख टंडन (जो उन दिनों राज कपूर के सहायक हुआ करते थे) के अनुसार, 'आह' की असफलता से राज कपूर को एक झटका-सा लगा और वे जल्दी से एक हिट फिल्म बनाने के लिए बेचैन हो उठे। वे सीधे ख्वाजा अहमद (के.ए.) अब्बास के पास पहुँचे जो किसी विदेशी दौर से लौटे ही थे। उनके पास एक शानदार स्क्रिप्ट तो थी लेकिन उन्हें किसी का कर्ज चुकता करने के लिए मोटी रकम की जरूरत थी। इसलिए उन्होंने इस स्क्रिप्ट के बदले में भारी-भरकम रकम की माँग कर दी। राज कपूर ने जरा भी हिचकिचाए बिना भारी दामों पर उनसे यह स्क्रिप्ट खरीद ली और अपनी महत्त्वाकांक्षी फिल्म 'श्री 420' (1955) की तैयारियों में जुट गए। लेख टंडन जी के अनुसार, जिस दिन राज कपूर ने यह स्क्रिप्ट खरीदी, उसी शाम आर.के. स्टूडियो की मशहूर कॉटेज में अपनी म्यूजिक टीम के साथ उनकी बैठक हुई और फिल्म के सभी नौ गाने तय कर लिए गए। जैसाकि सभी जानते हैं, इस फिल्म और इसके संगीत ने 'आवारा' की तरह देश-विदेश में खूब धूम मचाई और राज कपूर की चैपलिननुमा नेकदिल आवारा नायक की छवि और भी मजबूती से स्थापित हो गई।

इस छवि के निर्माण में इस फिल्म के सबसे मशहूर गीत 'मेरा जूता है जापानी, ये पतलून इंग्लिस्तानी, सर पे लाल टोपी रूसी, फिर भी दिल है हिन्दुस्तानी' (मुकेश) ने बहुत महत्त्वपूर्ण भूमिका निभाई। भैरवी राग पर आधारित इस गीत को भी—'आवारा हूँ' की तरह—दुनिया के कई मुल्कों के लोग आज तक नहीं भूले हैं। इस गीत की अन्तर्राष्ट्रीय लोकप्रियता के बावजूद भारत में सबसे ज्यादा धूम मचाने वाला गीत रहा मन्ना डे और लता का सबसे शानदार और

यादगार युगल-गीत—'प्यार हुआ इकरार हुआ है, प्यार से फिर क्यों डरता है दिल'। राग आसावरी पर आधारित इस गीत की पर्दे पर प्रस्तुति तो भारतीय सिनेमा का एक यादगार क्षण बन गई। तेज बारिश में छतरी के नीचे साथ-साथ चलते राज कपूर और नर्गिस रोमांस की पराकाष्ठा के प्रतीक बन गए।

राज कपूर तो इस गीत की रिकॉर्डिंग के दौरान ही इतने झूम उठे थे कि एक छतरी मँगवाकर रिकॉर्डिंग स्टूडियो में ही इस गीत के फिल्मांकन का रिहर्सल करने लगे थे। राज कपूर और नर्गिस पर फिल्माया गया बालसुलभ 'ईचक दाना बीचक दाना दाने ऊपर दाना' (लता-मुकेश) भी बड़ा मोहक गीत था। यह गीत बरसों तक बच्चों के साथ बुझारतों के खेल के रूप में इस्तेमाल होता रहा। फिल्म के एक दूसरे गीत के साथ बड़ा मजेदार प्रसंग जुड़ा हुआ है। कहते हैं कि शंकर, जयकिशन, शैलेन्द्र और हसरत जयपुरी की चौकड़ी रिकॉर्डिंग स्टूडियो में जाने के लिए टैक्सी या बस की राह देख रही थी कि मनचले जयकिशन सड़क पर आती-जाती खूबसूरत लड़कियों को बार-बार पलटकर देखने लगे। इस पर शैलेन्द्र ने चुटकी लेते हुए कहा—''मुड़-मुड़के न देख, मुड़-मुड़के!'' बस, उनकी यही फब्ती फिल्म के एक मशहूर गीत का मुखड़ा बन गई। आशा भोंसले के साथ मन्ना डे के इस समूह-गीत के अलावा उनका एक सोलो 'दिल का हाल सुने दिलवाला' भी खूब लोकप्रिय हुआ था। लता के गीतों में 'शाम गई रात आई कि बलम आ जा' और 'ओ जाने वाले मुड़के जरा देखते जाना' शामिल थे। लेकिन फिल्म का सबसे धमाकेदार गीत था—'रमय्या वस्ता वइया, रमय्या वस्ता वइया' (रफी-लता-मुकेश)। उन दिनों मुकेश फिल्मों में नायक की भूमिकाएँ करने के साथ-साथ अपने घरेलू प्रॉडक्शन के झंझटों में भी उलझे हुए थे, इसलिए पार्श्व-गायन पर ज्यादा ध्यान नहीं दे पा रहे थे। इस दौर में राज कपूर के कुछ गीतों ('श्री 420' और 'चोरी-चोरी' के युगल-गीत) में मन्ना डे ने उनके पार्श्व-गायक की भूमिका निभाई। लेकिन जब 'रमय्या वस्ता वइया' में रफी और लता के अन्तरे पूरे हो जाने के बाद सबसे आखिर में मुकेश माइक सँभालते हुए कहते हैं 'मैंने दिल तुझको दिया' तो मानो राज कपूर की आवाज के रूप में उन्होंने मन्ना डे को हमेशा के लिए पीछे छोड़ दिया।

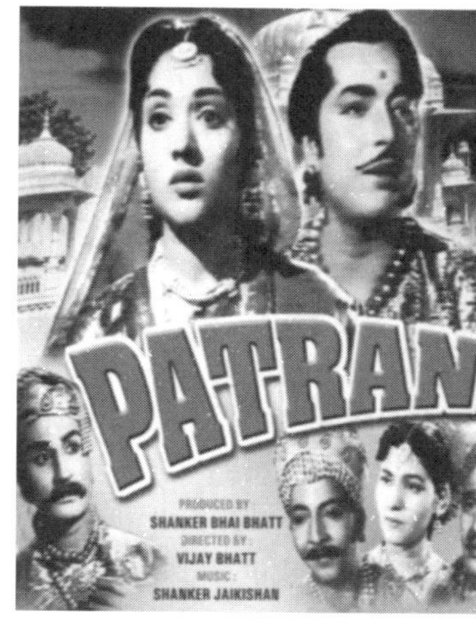

शंकर-जयकिशन अब अपनी सफलता और लोकप्रियता के शिखर पर पहुँच चुके थे। उन्होंने अपने लगभग सभी प्रतिद्वंद्वियों को पीछे छोड़ दिया था। आने वाले वर्षों में उन्होंने लता और मुकेश के अलावा मुहम्मद रफी के साथ भी ऐसे सुपरहिट और अमर गीत दिए कि उनको किसी तरह की चुनौती देना और भी मुश्किल हो गया।

⋆

किशोर साहू की 'किस्मत का खेल' (1956) चार्ल्स डिकेन्स के मशहूर उपन्यास 'ओलिवर ट्विस्ट' पर आधारित थी। (इसी उपन्यास पर बाद में गुरुदत्त के भाई आत्माराम ने 'चन्दा और बिजली' बनाई और संयोग से इसमें भी शंकर-जयकिशन का संगीत था।) वैजयन्तीमाला और सुनील दत्त की मुख्य भूमिकाओं से सजी 'किस्मत का खेल' बॉक्स ऑफिस पर तो दर्शकों को नहीं लुभा पाई, लेकिन इसमें कई बड़े अच्छे गीत थे। मन्ना डे और लता का डुएट 'कह दो जी कह दो, छुपाओ न प्यार, कभी-कभी आती है झूमती बहार' बहुत मधुर और मंत्रमुग्ध कर देने वाला गीत था। अफसोस, इस फिल्म के अन्य गीतों की तरह शंकर-जयकिशन की इस अद्भुत रचना को भी भुला दिया गया है। 'तू माने या न माने बलम अनजाने' (लता), 'चलो ले चलूँ मैं तारों में' (आशा भोंसले) और 'किस्मत का खेल है जनाब-ए-आली' (लता) भी बड़े लुभावने गीत थे।

सोहराब मोदी की 'राजहठ' (1956) शंकर-जयकिशन की एक शाहकार फिल्म थी। ऐतिहासिक पृष्ठभूमि पर आधारित इस भव्य फिल्म में मधुबाला, प्रदीप कुमार और खुद सोहराब मोदी मुख्य भूमिकाओं में थे। लता का 'मेरे सपनों में आना रे सजना' हो या रफी का राग बागेश्वरी पर आधारित 'आए बहार बनके लुभाकर चले गए'—सभी बड़े मधुर और अमर गीत थे। राग यमन कल्याण पर आधारित मुकेश और लता का 'ये वादा करो चाँद के सामने' भी भुलाया न जा सकने वाला गीत था। फिल्म के अन्य मधुर गीतों में लता के कई सोलो—'आजा आजा आआ नदिया किनारे', 'आ गई लो आ गई मैं', 'कहाँ से मिलते मोती', 'नाचे अंग अंग अंग तेरे आगे', 'नदिया किनारे फिरूँ प्यासी' और 'प्यारे बाबुल से बिछड़के'—शामिल थे। बॉक्स ऑफिस पर औसत सफलता पाने वाली यह फिल्म शंकर-जयकिशन के उत्कृष्ट संगीत के कारण एक यादगार फिल्म बन गई।

दरअसल, 1956 का पूरा वर्ष ही शंकर-जयकिशन की एक से एक मधुर और विविधतापूर्ण धुनों से झूमता रहा। उनकी सभी सात फिल्मों का संगीत न सिर्फ उस समय खूब लोकप्रिय हुआ, बल्कि हिन्दी सिनेमा के अमर संगीत का हिस्सा बन गया। इन सात में से सबसे ज्यादा धूम मचाने वाली फिल्म रही मद्रास (अब चेन्नई) के प्रतिष्ठित ए.वी.एम. स्टूडियो द्वारा निर्मित 'चोरी-चोरी' (1956), जिसमें राज कपूर और नर्गिस की हिट जोड़ी थी। (यही फिल्म इस जोड़ी की आखिरी फिल्म थी थी।) 'इट हैपंड वन नाइट' से प्रेरित इस फिल्म की पृष्ठभूमि इतनी रूमानी थी कि शंकर-जयकिशन और शैलेन्द्र-हसरत की टीम को हिन्दी सिनेमा के कुछ सबसे यादगार युगल-गीत रचने का अवसर मिल गया। फिल्म का हर गीत सुपरहिट था—चाँदनी की मधुर छटा में फिल्माए गए और गिटार और वायलिन के लुभावने इंटरल्यूडों वाले 'ये रात भीगी-भीगी, ये मस्त

फिजाएँ, उठा धीरे-धीरे वो चाँद प्यारा-प्यारा' (मन्ना डे-लता) का तो जवाब ही नहीं था! राग आसावरी पर आधारित यह युगल-गीत हमारे ख्याल से हिन्दी सिनेमा के सबसे महान युगल-गीतों में शामिल है। इसी तरह अकॉर्डियन के दिल लुभा लेने वाले स्पर्श वाला 'आजा सनम मधुर चाँदनी में हम-तुम, मिलें तो वीराने में भी आ जाएगी बहार' (मन्ना डे-लता) भी प्रेमी-युगलों को किसी दूसरी दुनिया में ले जाने वाला गीत था। मन्ना डे और लता का तीसरा युगल-गीत 'जहाँ मैं जाती हूँ वहीं चले आते हो' भी बड़ा मोहक था और कठपुतलियों के तमाशे के माध्यम से बहुत खूबसूरत और कल्पनाशील अन्दाज में फिल्माया गया था। इन तीन सुपरहिट युगल-गीतों के अलावा फिल्म में लता का खूब धूम मचाने वाला सोलो भी था—'पंछी बनूँ उड़ती फिरूँ मस्त गगन में'। राग भूपाली पर आधारित इस गीत में 'बिल्लौरी... बिलो-बिलो बिल्लौरी' की आवाज वाले कोरस का बड़ा मोहक प्रयोग किया गया था। बरसों बाद, 1969 में जब आस्ट्रेलिया की क्रिकेट टीम भारत के साथ टेस्ट शृंखला खेलने के लिए भारत आई तो कानुपर टेस्ट में दर्शक जोर-जोर से 'बिल्लौरी... बिल्लौरी' गाकर आस्ट्रेलियाई कप्तान बिल लॉरी को चिढ़ाते रहे। अरे हाँ, इस फिल्म में लता का वह शानदार गीत भी तो था, जो उनके सबसे यादगार 12 दर्द भरे गीतों में हमेशा जगह पाने योग्य है—'रसिक बलमा... दिल क्यों लगाया तोसे दिल क्यों लगाया'। शुद्ध कल्याण राग पर आधारित इस गीत की जादुई पकड़ का यह आलम था कि जब बहुत सख्त बीमार महबूब खान अमरीका के एक अस्पताल में थे तो फोन पर बम्बई में लता से बात होने पर उन्होंने उन्हें फोन पर ही यह गीत सुनाने के लिए कहा था। कहते हैं कि ए.वी.एम. स्टूडियो के प्रबन्धक राज कपूर के लिए मुकेश की आवाज चाहते थे और लता के साथ मन्ना डे के पहले युगल-गीत 'ये रात भीगी-भीगी' की रिकॉर्डिंग कैन्सिल करने पर उतर आए थे। राज कपूर के बीच-बचाव करने के बाद ही वे बड़े बेमन से मन्ना डे से गवाने के लिए राजी हुए थे। लेकिन मन्ना डे के ये तीनों युगल-गीत इतने हिट हुए कि वर्ष के सर्वश्रेष्ठ संगीत का फिल्मफेयर पुरस्कार 'चोरी-चोरी' और शंकर-जयकिशन को ही मिला। यह उनका पहला फिल्मफेयर पुरस्कार था।

बाद के दिनों में शंकर-जयकिशन की छवि भले ही कुछ बदल गई हो, लेकिन वे शास्त्रीय रागों पर धुनें बनाने में सचमुच ही सिद्धहस्त थे। भैरवी राग का तो वे इतना ज्यादा इस्तेमाल करते थे—सिर्फ गीतों में ही नहीं बल्कि बैकग्राउंड संगीत में भी—कि इस राग को 'शंकर-जयकिशन राग' कहा जाने लगा था। शास्त्रीय संगीत के पंडित माने जाने वाले सी. रामचन्द्र जब भैरवी राग में 'यास्मिन' का मशहूर गाना—'बेचैन नजर बेताब जिगर ये दिल है किसी का दीवाना' (तलत महमूद)—रिकॉर्ड कर रहे थे तो उन्होंने चुटकी लेते हुए कहा था कि उन्हें इस राग का बहुत सँभलकर इस्तेमाल करना पड़ता था, क्योंकि उन्हें डर रहता था कि कहीं लोग उन पर शंकर-जयकिशन की नकल का इल्जाम न लगा दें। भला इससे बड़ी तारीफ और क्या हो सकती थी! शंकर-जयकिशन का संगीत बहुत से घुले-मिले सुरों की सिम्फोनी की तरह होता था। वे सिर्फ धुन बनाने तक सीमित नहीं रहते थे। यही कारण है कि उनका कोई गीत गाते हुए आप मुखड़े से सीधे अन्तरे पर नहीं आ सकते—आपको इंटरल्यूड भी गाना पड़ता है।

इसी वर्ष रिलीज हुई दो फिल्मों—'पटरानी' और 'बसन्त बहार' में शंकर-जयकिशन ने शास्त्रीय संगीत की अपनी गहरी समझ की धाक जमा दी। विजय भट्ट द्वारा निर्देशित प्रकाश पिक्चर्स की 'पटरानी' (1956) में प्रदीप कुमार और वैजयन्तीमाला मुख्य भूमिकाओं में थे। शास्त्रीय रागों पर आधारित इस फिल्म के एक से एक खूबसूरत गीतों पर पूरी तरह से लता मंगेशकर छाई हुई थीं। राग किरवाणी पर आधारित 'चँद्रमा मद भरा क्यों झूमे बादल में' ने तो संगीत प्रेमियों को पागल ही कर दिया था। आप भी कभी चाँदनी रात में इस गीत को सुनकर देखिए! अली अकबर खान का सरोद-वादन जितना मंत्रमुग्ध कर देने वाला था, उतनी ही लाजवाब लता की अदायगी भी थी। भैरवी राग में ढला और सितार व बाँसुरी के मोहक इंटरल्यूडों वाला 'कभी तो आ ओ सपनों में आके' भी गजब का गीत था। भैरवी राग में ही 'न जाने तुम कौन मेरी दुनिया में', 'तराना' शैली का 'पावन गंगा सर पर सोहे, 'दिल गया दर्द रहा सीने में', 'सात समन्दर पार हाय' और 'रंग-रंगीली पगिया बाँधे' लता के अन्य लुभावने सोलो थे। छोटी बहन उषा के साथ उनका युगल-गीत 'राजा प्यारे मत करो प्यार का मोल' और उषा और मीना दोनों बहनों के साथ धमाकेदार विवाह-गीत 'अरे कोई जाओ री पिया को बुलाओ री' भी बड़ी मधुर रचनाएँ थीं। कहते हैं कि 'पावन गंगा सर पर सोहे' के फिल्मांकन के दौरान नृत्य-निर्देशन भी खुद शंकर ने किया था, जो बड़े अच्छे कत्थक नर्तक थे। उनके सामने कोई नौसिखिया अभिनेत्री नहीं बल्कि जानी-मानी नृत्यांगना वैजयन्तीमाला थीं। इतने अच्छे संगीत और कलाकारों के उत्कृष्ट अभिनय के बावजूद ग्यारहवीं शताब्दी के राजघराने से जुड़ी यह प्रेमकथा बॉक्स ऑफिस पर ठंडी ही रही।

खेमचन्द प्रकाश की 'तानसेन', नौशाद की 'बैजू बावरा', बसन्त देसाई की 'झनक झनक पायल बाजे' और एस.एन. त्रिपाठी की 'संगीत सम्राट तानसेन' जन-जन को मंत्रमुग्ध कर देने वाले उच्चकोटि के शास्त्रीय संगीत के लिए विख्यात हैं। शंकर-जयकिशन की 'बसन्त बहार' (1956) भी इन्हीं की टक्कर की फिल्म थी। इस फिल्म में उन्होंने शास्त्रीय रागों की शुद्धता बनाए रखते हुए भी एक से एक लोकप्रिय और लुभावने गीत दिए थे। भारत भूषण के घरेलू बैनर की इस

फिल्म में उनके साथ निम्मी मुख्य भूमिका में थीं और निर्देशक थे राज कपूर के पुराने सहयोगी और 'आह' के अधिकृत निर्देशक राजा नवाथे। अपने नाम के अनुरूप यह फिल्म रागों की सरगम और संगीत की बसन्त-बहार से कम नहीं थी। राग देस एक गंभीर राग माना जाता है और इसमें कोई हल्का-फुल्का गीत रचना बड़ा मुश्किल काम है लेकिन शंकर-जयकिशन ने यह कर दिखाया और वह भी एक बेहद मोहक और सदाबहार युगल-गीत के रूप में—'नैन मिले चैन कहाँ दिल है वहीं तू है जहाँ' (लता-मन्ना डे)। इसी तरह, राग बसन्त बहार पर आधारित 'केतकी गुलाब जूही चम्पक बन फूले' में मन्ना डे के साथ जाने-माने शास्त्रीय गायक पंडिम भीमसेन जोशी की जुगलबन्दी करके उन्होंने नया इतिहास ही रच दिया। कहते हैं कि पं. भीमसेन जोशी के साथ गाते हुए मन्ना डे इतना घबरा रहे थे कि रिकॉर्डिंग से पहले उन्होंने उस्ताद अब्दुल रहमान खान से बाकायदा ट्रेनिंग ली। लेकिन मन्ना डे इस फिल्म के संगीत पर सचमुच ही छाए रहे। उनके दोनों सोलो—राग बसन्त बहार पर आधारित 'सुर न सजे क्या गाऊँ मैं' और राग मियाँ की मल्हार पर आधारित 'भयभंजन वन्दना सुन हमारी'—गजब के गीत थे और सिर्फ उनके ही नहीं बल्कि हिन्दी सिनेमा के सबसे यादगार शास्त्रीय गीतों में शामिल हैं। लता के दोनों गीत भी उनके सबसे शानदार शास्त्रीय गीतों में शामिल हैं—राग बागेश्री पर आधारित और सितार और वायलिन के अद्‌भुत प्रयोग वाला 'जा जा रे जा बलमवा' और राग भैरवी पर आधारित 'मैं पिया तेरी तू माने या न माने', जिसमें महान बाँसुरी-वादक पं. पन्नालाल घोष ने खुद बाँसुरी बजाई थी। जाने-माने संगीत समीक्षक राजू भारतन के अनुसार, इस गीत में ऐसा लगता है मानो दो गायक हों—लता और बाँसुरी! इसी तरह, रफी के दोनों गीत—राग गुर्जरी तोड़ी में ढला 'दुनिया न भाए मोहे अब तो बुला ले, चरणों में चरणों में' और राग पीलू पर आधारित 'बड़ी देर भई बड़ी देर भई, कब लोगे खबर मोरे राम'—उनके सबसे मोहक और सदाबहार शास्त्रीय गीतों में शामिल हैं। एक से बढ़कर एक इन शास्त्रीय गीतों की झड़ी के बाद अगर कोई कसर रह गई थी तो वह दोनों बहनों लता और आशा भोंसले के धूम मचाने वाले डुएट 'कर गया मुझपे जादू साँवरिया' ने पूरी कर दी। 'बसन्त बहार' का यह संगीत खूब लोकप्रिय हुआ, फिल्म भी अच्छी चली और शंकर-जयकिशन उच्चकोटि का विशुद्ध शास्त्रीय संगीत देने वाले कुछ गिने-चुने संगीत-निर्देशकों की श्रेणी में शामिल हो गए।

शास्त्रीय सुरों की इस सरगम के बाद शंकर-जयकिशन ने अपनी विविधता का परिचय देते हुए 'हलाकू' (1956) में मंगोल-अरबी शैली का संगीत दिया। पी.एन. अरोड़ा की इस महत्त्वाकांक्षी फिल्म में मीना कुमारी और अजीत के साथ सदाबहार खलनायक प्राण हलाकू की केन्द्रीय भूमिका में थे। निर्देशक थे डी.डी. कश्यप। इस फिल्म के संगीत ने ऐसी धूम मचाई कि आज भी इस फिल्म को इसके गीतों के लिए याद किया जाता है। रफी-लता के अमर डुएट 'आजा कि इन्तजार में जाने को है बहार भी, तेरे बगैर जिंदगी दर्द बनके रह गई' को भला कौन भुला सकता है? यह युगल-गीत राग भैरवी में था तो इन्हीं दोनों का दूसरा युगल-गीत 'दिल का न करना ऐतबार कोई' राग बिहाग में। लता के तीनों सोलो—'ये चाँद ये सितारे ये साथ मेरा-मेरा', 'उसे मिल गई नई जिंदगी' और 'ओ सुनता जा दिल का नगमा'—भी बहुत खूबसूरत थे। लता का एक और दमदार सोलो 'तेरी दुनिया से जाते हैं' न जाने क्यों फिल्म से हटा दिया गया। लता और आशा का नृत्य-गीत 'अजी चले आओ तुम्हें आँखों ने दिल में बुलाया' भी बड़ा लुभावना था और खूब हिट हुआ था। यह फिल्म बॉक्स ऑफिस पर भी अच्छी चली थी और हलाकू के रूप में प्राण का गेटअप और अभिनय देखने लायक था।

मोहन सहगल की 'नई दिल्ली' (1956) में किशोर कुमार और वैजयन्तीमाला मुख्य भूमिकाओं में थे। किशोर कुमार का वह धूम मचाने वाला गीत इसी फिल्म में था—'अरे भाई निकल के आ घर से, दुनिया की रौनक देख फिर से'। सिर्फ यही नहीं, 'नखरेवाली... देखने में देख लो है कैसी भोली-भाली' और 'मिलते ही नजर आप मेरे दिल में आ गए' भी। किशोर के इस धूम-धड़ाके के अलावा शंकर-जयकिशन ने लता से भी कई धूम मचाने वाले गीत गवाए थे—'तुम संग प्रीत लगाई रसिया', 'बारह बरसी खटन गया सी' और कोरस वाला नृत्य-गीत 'जिंदगी बहार है मुहब्बत की बहार है'। इनके अलावा 'मुरली बैरन भई हो कन्हैया' और विवाह-गीत 'गोरी तेरे सपनों के सजना' भी बड़े लुभावने गीत थे। लता का एक और बहुत खूबसूरत गीत 'कोई मेरे सपने में आया, धीरे-धीरे मन में समाया' (जो हमारी नजर में बहुत ऊँचे दर्जे का गीत था) फिल्म से हटा दिया गया, क्योंकि नृत्य में वैजयन्तीमाला का साथ देने वाली जबीन जलील उनके साथ जरा भी तालमेल नहीं बिठा पाई थीं। कहते हैं कि जयकिशन की बहन मणिबेन अकसर एक धुन गुनगुनाती रहती थीं और जयकिशन ने इसी धुन पर 'मुरली बैरन भई' की रचना कर डाली थी। किशोर कुमार की लगभग सभी फिल्मों की तरह 'नई दिल्ली' भी एक हल्की-फुल्की रूमानी कॉमडी थी और राष्ट्रीय एकता के गंभीर विषय से जुड़ी हुई थी। किशोर की उच्च स्तरीय और सार्थक कॉमेडी तथा शंकर-जयकिशन के उतने ही ऊँचे दर्जे के चटपटे और धमाकेदार संगीत ने ऐसा रंग जमाया कि यह फिल्म सिल्वर जुबली मनाकर ही थिएटरों से उतरी।

महिपतराय शाह की 'बेगुनाह' (1957) में भी किशोर कुमार मुख्य भूमिका में थे। उनकी नायिका थीं शकीला। हॉलीवुड की मशहूर फिल्म 'नॉक ऑन द वुड' से प्रेरित इस फिल्म के निर्देशक नरेन्द्र सूरी थे। इस फिल्म में शंकर-

भगवान दास वर्मा

'यहूदी'

जयकिशन ने मुकेश से उनका एक लाजवाब और अमर गीत गवाया था—'ऐ प्यासे दिल बेजुबाँ तुझको ले जाऊँ कहाँ'। राग भैरवी पर आधारित इस गीत में शुद्ध ऋषभ का बड़ा सुन्दर प्रयोग किया गया था। एक दिलचस्प तथ्य यह है कि यह गीत खुद जयकिशन पर ही फिल्माया गया था। एक और दिलचस्प तथ्य यह है कि इस फिल्म के एक युगल-गीत 'दिन अलबेले प्यार का मौसम चंचल मन में तूफाँ' में किशोर कुमार के लिए मन्ना डे की आवाज का इस्तेमाल किया गया था। इस गीत में मन्ना डे का साथ देने वाली लता का 'नजर कहे आजा' और किशोर कुमार का 'आज न जाने पागल मनवा काहे को घबराए' भी काफी लोकप्रिय हुए थे। किशोर कुमार ने अपना एक युगल-गीत खुद भी गाया था, उषा मंगेशकर के साथ—'आजा रात बीती जाए'। इस फिल्म से जुड़ा सबसे ज्यादा चौंकाने वाला तथ्य यह है कि रिलीज होने के कुछ ही दिन बाद इसे 'बैन' कर दिया गया। आज इसका वीडियो तक उपलब्ध नहीं है। हमारा ख्याल है कि इस फिल्म को फिर से सेन्सर बोर्ड का प्रमाणपत्र देकर इसके वीडियो सीडी रिलीज करने की कोशिश होनी चाहिए।

महान फिल्मकार अमिय चक्रवर्ती की 'कठपुतली' (1957) में शंकर-जयकिशन ने एक बार फिर बहुत मधुर और धूम मचाने वाला संगीत दिया। वैजयन्तीमाला, बलराज साहनी और जवाहर कौल की मुख्य भूमिकाओं से सजी इस फिल्म के निर्माण के दौरान ही अमिय चक्रवर्ती का निधन हो गया। इसके बाद एक और महान निर्देशक नितिन बोस ने इसे पूरा किया। आसावरी राग पर आधारित लता का 'बोल री कठपुतली डोरी कौन संग बाँधी' (दो भागों में) फिल्म का सबसे लोकप्रिय गीत साबित हुआ। सुबीर सेन के साथ उनका युगल-गीत 'मंजिल वही है प्यार की राही बदल गए' भी एक सदाबहार युगल-गीत साबित हुआ। राग किरवाणी पर आधारित इस गीत में पियानो के बड़े सुन्दर इंटरल्यूड थे। लता के तीनों नृत्य-गीत 'हाय तू ही गया मुझे भूल रे', 'बाकड़ बम बम बम बम बाजे घुँघरू' और 'इतने बड़े जहाँ में ऐ दिल' बड़े जोशीले और जीवन्त गीत थे, जिन्हें पर्दे पर वैजयन्तीमाला और कमला लक्ष्मण ने उतनी ही खूबसूरती से अभिनीत भी किया था। राग चन्द्रनन्दन पर आधारित लता की लोरी 'सोजा रे सोजा मेरे राजदुलारे' और मुकेश के साथ उनका युगल-गीत 'मीनी-मीनी छीः-छीः दुनिया में' फिल्म के कुछ अन्य आकर्षण थे। इस फिल्म में शंकर-जयकिशन ने बंगाली गायक सुबीर सेन को हिन्दी फिल्मों में उनका पहला ब्रेक दिया था।

निर्माता-निर्देशक भगवान दास वर्मा के साथ शंकर-जयकिशन का लम्बा जुड़ाव रहा था। उनके साथ अपनी आखिरी फिल्म 'बागी सिपाही' (1958) में भी इस जोड़ी ने कई मधुर गीत दिए थे। हॉलीवुड की मशहूर फिल्म 'स्पार्टाकस' से प्रेरित इस फिल्म में मधुबाला, रंजन और पूर्णिमा मुख्य भूमिकाओं में थे। मधुबाला का मोहक अभिनय इस फिल्म का सबसे उल्लेखनीय पहलू था, खासकर 'रुक जा मुसाफिर पल भर को' (लता) गीत की पर्दे पर उनकी प्रस्तुति देखते ही बनती थी। इस खूबसूरत गीत के अलावा फिल्म में 'समाँ ये प्यार का, बहार के ये मेले' (आशा भोंसले-मन्ना डे), 'ऐ दिलवर दिलवाले' (लता), 'ओ बेरहम तेरे सितम' (लता-मन्ना डे) और 'मुस्कराती जिंदगी को छोड़के न जा' (लता) जैसे कई लोकप्रिय गीत थे।

बॉम्बे टॉकीज की टीम से जुड़े रहे दिग्गज निर्माता सावक वाचा ने 'बॉम्बे फिल्म्स' के नाम से एक नया बैनर शुरू किया तो अपनी पहली महत्त्वाकांक्षी और भव्य फिल्म 'यहूदी' (1958) के लिए दिलीप कुमार जैसे चोटी के अभिनेता और बिमल राय जैसे प्रतिष्ठित निर्देशक को चुना। आगा हश्र कश्मीरी के धूम मचाने वाले नाटक 'यहूदी की लड़की' पर आधारित इस फिल्म में दिलीप कुमार के साथ मीना कुमारी और सोहराब मोदी थे। ऐसी भव्य फिल्म में यादगार संगीत देने से भला शंकर-जयकिशन क्यों चूकते? कहते हैं कि एक दिन बिस्तर पर लेटे-लेटे शंकर को अचानक ही एक धुन सूझी और उन्होंने झट से शैलेन्द्र से सम्पर्क करके इसके बोल लिखने के लिए कहा। यह गीत न सिर्फ इस फिल्म का सबसे यादगार गीत बन गया, बल्कि हमारी नजर में मुकेश का भी सर्वश्रेष्ठ गीत (या उनके सर्वश्रेष्ठ गीतों में से एक) बन गया—'ये मेरा दीवानापन है या मुहब्बत का सरूर... तू न पहचाने तो है ये तेरी नजरों का कसूर'। कहते हैं कि यह गाना रिकॉर्ड हो जाने के बाद भी दिलीप कुमार हिचकिचाते रहे, क्योंकि वे अपने लिए तलत महमूद की आवाज चाहते थे। शंकर-जयकिशन ने बड़ी मुश्किल से उन्हें इस गीत को मुकेश की आवाज में ही रहने देने के लिए राजी किया। इस गीत ने न सिर्फ पर्दे पर ऐसा जलवा पैदा कर दिया कि यह गीत दिलीप कुमार के सबसे यादगार गीतों में शामिल हो गया बल्कि इसने देश भर में एक तूफान-सा मचा दिया। फिल्म के अन्य गीतों में लता के एक से एक मधुर गीत शामिल थे—बिनाका गीतमाला में कई हफ्तों तक चोटी पर रहने वाले अरबी शैली के और 'वई वई वई वई' के मोहक कोरस वाले 'मेरी जाँ मेरी जाँ प्यार किसी से हो ही गया है' के साथ-साथ 'आते-जाते पहलू में आया कोई' (मंत्रमुग्ध कर देने वाले आलाप और मैंडोलिन के इंटरल्यूडों के साथ), 'दिल में प्यार का तूफान न समझे कोई नादान' और 'आँसू की आग लेके तेरी याद आई'। फिल्म में लता और गीता दत्त का एक दुर्लभ और अविस्मरणीय डुएट भी था—'बेचैन दिल खोई-सी नजर'। यह फिल्म 'दाग' (1952) और 'शिकस्त' (1953) के बाद दिलीप कुमार के साथ शंकर-जयकिशन की तीसरी और आखिरी फिल्म थी। (उनकी तरह सचिन देव बर्मन ने भी दिलीप कुमार की तीन फिल्मों में ही संगीत

दिया।) इसके बाद दिलीप कुमार लगभग पूरी तरह नौशाद के होकर रह गए।

सुबोध मुखर्जी की गुदगुदाती हुई रोमान्टिक फिल्म 'लव मैरिज' (1959) के दो सदाबहार और सुरीले गीत आज भी खूब सुनाई पड़ते रहते हैं—'कहे झूम-झूम रात ये सुहानी, पिया हौले से छेड़ो दोबारा, वही कल की रसीली कहानी' (लता) और राग भैरवी पर आधारित 'धीरे-धीरे चल चाँद गगन में' (रफी-लता)। लेकिन इस फिल्म में एक गीत शैलेन्द्र ने कुछ ऐसे संगीतकारों को निशाना बनाते हुए भी लिखा था जो अंधाधुन्ध तेज रफ्तार पश्चिमी ऑर्केस्ट्रा अपना रहे थे—'टीन कनस्तर पीट-पीटकर गला फाड़कर चिल्लाना' (रफी)। कुछ समीक्षकों के अनुसार उन्होंने शंकर-जयकिशन को टक्कर दे रहे ओ.पी. नैयर पर निशाना साधा था, हालाँकि वे तो बड़ा मीठा और सुरीला संगीत दे रहे थे! इस गीत की कुछ पंक्तियाँ थीं :

इधर से लेकर उधर जमाकर कब तक काम चलाओगे
इक दिन ऐसा आएगा तुम महफिल से उठ जाओगे

इस फिल्म में शंकर-जयकिशन के अन्य मधुर गीतों में 'करीब आओ न तड़पाओ' (गीता दत्त) और 'कहाँ जा रहे थे कहाँ आ गए हम' शामिल थे।

किशोर कुमार की एक और सुपरहिट फिल्म 'शरारत' (1959) भी शंकर-जयकिशन के संगीत से सजी हुई थी। एच.एस. रवेल द्वारा निर्मित और निर्देशित इस रोमान्टिक कॉमेडी में किशोर कुमार बाद के दिनों की 'ट्रैजिडी क्वीन' मीना कुमारी के साथ थे। अबरार अल्वी की चुस्त स्क्रिप्ट और किशोर कुमार और मीना कुमारी की अदायगी और अदाओं ने ऐसा रंग जमाया कि दर्शक मंत्रमुग्ध रह गए। फिल्म का संगीत भी उतना ही कमाल का था, जिसने खूब धूम मचाई। फिल्म के सबसे लोकप्रिय गीतों में लता का 'तेरा तीर ओ बेपीर दिल के आरम्पार है' शामिल था, जिसमें स्पेनिश गिटार का बड़ा मोहक प्रयोग किया गया था। किशोर कुमार का 'हम मतवाले नौजवाँ दुखियों के रखवाले' और लता का 'देखा बाबू छेड़ का मजा मीठा-मीठा' भी खूब लोकप्रिय हुए थे। 'देखा बाबू...' में कुमकुम ने उतना ही मोहक नृत्य करके दर्शकों का दिल जीत लिया था। 'देख आसमान में चाँद मुस्कराए' (किशोर-गीता दत्त), 'खोल दे खोल दे खिड़की' (किशोर) और 'तूने मेरा दिल ले लिया, तेरी बातों ने जादू किया' (गीता दत्त-किशोर) भी खूब हिट हुए थे। इस फिल्म में दर्शकों और खुद किशोर कुमार को भी हैरान करते हुए शंकर-जयकिशन ने दो गानों में मुहम्मद रफी को उनके पार्श्व-गायक के रूप में इस्तेमाल किया था—'अजब है दास्ताँ तेरी ऐ जिंदगी' (रफी) और 'लटका-लटका-लटका लुई-लुई शा' (रफी-लता)। यह शरारत इस मजेदार फिल्म का एक मजेदार पहलू थी!

शंकर-जयकिशन की तीसरी फिल्मफेयर ट्रॉ

राज कपूर और माला सिन्हा की मुख्य भूमिकाओं वाली 'मैं नशे में हूँ' (1959) और राज कपूर और नूतन की नई जोड़ी की 'कन्हैया' (1859) दो कमजोर फिल्में साबित हुईं। लेकिन राज कपूर की इन दोनों फ्लॉप फिल्मों में शंकर-जयकिशन के हिट संगीत को लोग आज भी नहीं भूले हैं। वर्मा फिल्म्स द्वारा निर्मित और महेश सहगल द्वारा निर्देशित 'मैं नशे में हूँ' में कई यादगार गीत थे—'मुझको यारो माफ करना मैं नशे में हूँ' (मुकेश), 'सजन संग काहे नेहा लगाए' (लता), 'किसी नर्गिसी नजर को दिल देंगे हम' (मुकेश), 'नजर-नजर से हो रही है बात प्यार को' (मुकेश-लता), 'हम हैं तो चाँद और तारे' (मुकेश) और उषा मंगेशकर द्वारा बड़े खूबसूरत अन्दाज में गाई गई गालिब की मशहूर ग़ज़ल 'ये न थी हमारी किस्मत' (जो निस्सन्देह उषा द्वारा गाया गया सर्वश्रेष्ठ गीत है)। इस फिल्म की तरह मशहूर कॉमेडियन ओमप्रकाश द्वारा निर्मित 'कन्हैया' में भी मुकेश और लता के कई सुपरहिट गीत थे—'रुक जा ओ जाने वाली रुक जा, मैं हूँ राही तेरी मंजिल का' (मुकेश), 'दिल में समाके मिलने न आए' (लता), 'याद आई आधी रात को कल रात की तौबा' (मुकेश) और 'नी बलिए रुत है बहार की' (मुकेश-लता) इत्यादि। लेकिन इतना अच्छा संगीत भी कमजोर कहानी और पटकथा वाली इन फिल्मों को बचा नहीं सका।

नरेश सहगल द्वारा निर्मित-निर्देशित 'उजाला' (1959) रिबेल-स्टार शम्मी कपूर के साथ शंकर-जयकिशन की पहली फिल्म थी। इसके बाद शम्मी कपूर ने उनका ऐसा दामन थामा कि इस जोड़ी ने एक के बाद एक उनकी लगभग बीस फिल्मों में सुपरहिट संगीत दिया—न सिर्फ सुपरहिट संगीत बल्कि शम्मी कपूर की 'रिबेल' छवि को परिभाषित करता हुआ नए अन्दाज, नई मस्ती और नए ट्रेंड को स्थापित करने वाला संगीत। 'उजाला' एक शुरुआत भर थी—एक शानदार सफर की तरफ पहला कदम। फिर भी, इस फिल्म का शायद ही कोई गीत था जो सुपरहिट न हुआ हो, जिसने धूम न मचाई हो—'झूमता मौसम मस्त महीना... याला याला दिल ले गई' (मन्ना डे-लता), 'तेरा जलवा जिसने देखा वो तेरा हो गया' (लता), 'दुनियावालों से दूर जलनेवालों से दूर' (मुकेश-लता), 'मोरा नादान बलमा न जाने जी की बात' (लता), 'अब कहाँ जाएँ हम' (मन्ना डे), 'छमछम हो सुनो छमछम' (लता-मन्ना डे), 'सूरज जरा आ पास आए' (मन्ना डे) और 'यारो सूरत हमारी पे मत जाना'। शम्मी कपूर के साथ माला सिन्हा, राजकुमार और कुमकुम की मुख्य

म भी हैं तुम भी हो' की रिकॉर्डिंग

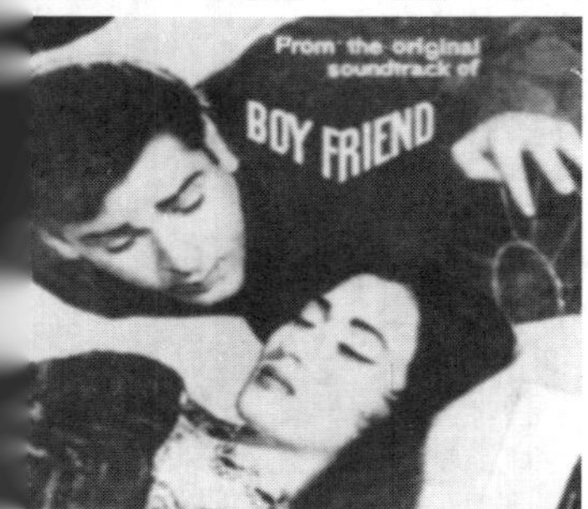

भूमिकाओं वाली यह फिल्म अपनी दुख और हताशा भरी कहानी के कारण ठीक-ठाक तो चली, लेकिन बॉक्स ऑफिस पर अपने संगीत की तरह धूम नहीं मचा सकी।

दक्षिण भारत के जाने-माने निर्माता-निर्देशक एल.वी. प्रसाद की 'छोटी बहन' (1959) ने प्रसाद प्रोडक्शन्स के साथ शंकर-जयकिशन के लम्बे जुड़ाव की शुरुआत कर दी। इस सुपरहिट फिल्म में नन्दा छोटी बहन के रूप में इतनी लोकप्रिय हो गईं कि उन्हें आम नायिकाओं की तरह रूमानी रोल मिलने मुश्किल हो गए। ऐसा होता भी क्यों न, आखिर 'भैया मेरे राखी के बन्धन को निभाना' (लता) गाने वाली लुभावनी छोटी बहन को दर्शक आसानी से किसी दूसरी भूमिका में कैसे स्वीकार कर लेते? यह गीत आज भी उतना ही लोकप्रिय है, जैसे कल की ही बात हो! लेकिन इस फिल्म में इससे भी खूबसूरत एक गीत था—'जाऊँ कहाँ बता ऐ दिल' (मुकेश)। झिंझोटी राग पर आधारित यह गीत मुकेश के सबसे खूबसूरत और अमर गीतों में शामिल है। शुरू में इस गीत को फिल्म से हटा दिया गया था, लेकिन यह इतना ज्यादा लोकप्रिय हो गया कि फिल्म के रिलीज होने के एक हफ्ते बाद इसे फिर से फिल्म में जोड़ना पड़ा। फिल्म के अन्य लोकप्रिय गीतों में 'कली अनार की न इतना सताओ' (मन्ना डे-लता) और 'बागों में बहारों में इठलाता गाता आया कोई' (लता) इत्यादि शामिल थे। मद्रास में बनी अन्य अधिकांश हिन्दी फिल्मों की तरह यह फिल्म भी सिल्वर जुबली हिट साबित हुई।

राज कपूर ने 1959 में 'मैं नशे में हूँ' और 'कन्हैया' जैसी दो कमजोर फिल्में देने के बाद 'अनाड़ी' में एक बार फिर धूम मचा दी। हृषिकेश मुखर्जी द्वारा निर्देशित इस फिल्म में वे नूतन के साथ थे। फिल्म का संगीत तो ऐसा हिट हुआ कि आशाओं और उमंगों भरे नए दौर का प्रतीक बन गया। इस फिल्म के गीतों में शंकर-जयकिशन ने अपने प्रिय राग भैरवी और अपने ट्रेड-मार्क साजों अकॉर्डियन और वायलिन का खुलकर प्रयोग किया था। फिल्म के लगभग सभी गीत सुपरहिट थे और हिन्दी सिनेमा के सदाबहार गीतों में शामिल हैं—'सब कुछ सीखा हमने न सीखी होशियारी' (मुकेश), 'बनके पंछी गाएँ प्यार का तराना' (लता), 'किसी की मुस्कराहटों पे हो निसार' (मुकेश), 'तेरा जाना दिल के अरमानों का लुट जाना' (लता), 'वो चाँद खिला वो तारे हँसे' (लता-मुकेश) और 'दिल का नजर से नजरों का दिल से' (मुकेश-लता)। इस फिल्म के लिए राज कपूर को वर्ष के सर्वश्रेष्ठ अभिनेता का पहला फिल्मफेयर पुरस्कार मिला और वर्ष के सर्वश्रेष्ठ पार्श्व-गायक के रूप में मुकेश को भी (पार्श्व-गायन के लिए पुरस्कार की शुरुआत इसी वर्ष हुई थी)। भला शंकर-जयकिशन भी क्यों पीछे रहते? उन्हें भी वर्ष के सर्वश्रेष्ठ संगीत-निर्देशकों के रूप में यह प्रतिष्ठित पुरस्कार मिला। लता के बेहद लोकप्रिय और मोहक गीत 'तेरा जाना...' की रिकॉर्डिंग के दौरान सी. रामचन्द्र भी मौजूद थे। उनके सुझाव पर गीत की काउंटर मेलोडी में थोड़ा बदलाव करने में शंकर-जयकिशन ने जरा भी संकोच नहीं किया। वे अहं और अहंकार के शिकार होने की बजाय हमेशा संगीत को निखारने-संवारने पर ही ध्यान देते थे।

रिबेल-स्टार शम्मी कपूर के साथ शंकर-जयकिशन की दूसरी फिल्म 'कॉलेज गर्ल' (1960) एक फीका-फीका-सा अनुभव रहा। टी. प्रकाश राव द्वारा निर्देशित इस फिल्म में वैजयन्तीमाला नायिका की भूमिका में थीं। अपनी पहली फिल्म 'बरसात' (1949) से लेकर 1966 में शैलेन्द्र की मृत्यु तक शंकर-जयकिशन की यह इकलौती ऐसी फिल्म थी जिसमें शैलेन्द्र और हसरत जयपुरी के गीत नहीं थे। फिल्म के गीतकार राजेन्द्र कृष्ण थे और फिल्म के कुछ मधुर गीतों में लता-रफी के तीन युगल-गीतों—'पहला-पहला प्यार का इशारा कहो जी देखा है कभी', 'हम भी करते हैं प्यार समझ में आया' और 'हम और तुम और ये समाँ लवली लवली लवली'—के साथ-साथ लता का बेहद सुहाना 'बाबुल हम तेरे अंगना की चिड़िया' शामिल था। कमजोर स्क्रिप्ट वाली यह फिल्म बॉक्स ऑफिस पर भी पिट गई।

*

शंकर-जयकिशन की जोड़ी बड़ी लाजवाब जोड़ी थी और उतनी ही अनोखी भी। दोनों पूरब-पश्चिम की तरह थे और दोनों की कोई भी बात आपस में मेल नहीं खाती थी। शंकर साधारण शक्लोसूरत के और अपने में मस्त रहने वाले कसरती किस्म के व्यक्ति थे और ज्यादा बोलते या घुलते-मिलते नहीं थे। दूसरी तरफ जयकिशन किसी फिल्मी हीरो की तरह खूबसूरत, रंगीन मिजाज और जिंदादिल व्यक्ति थे। शंकर समय के बड़े पाबन्द थे और हर काम नियम से और व्यवस्थित तरीके से करते थे। दूसरी तरफ निश्चिन्त और चंचल स्वभाव के जयकिशन दोपहर तीन बजे से पहले महालक्ष्मी के अपने म्यूजिक-रूम में नहीं पहुँचते थे और वह भी अकसर ईरोस या मैट्रो सिनेमा में नून-शो में कोई हॉलीवुड फिल्म देखने के बाद। वैसे शंकर का कहना था कि ऐसे अवसरों पर जयकिशन नई सोचों और आइडियों से छलक रहे होते थे। शंकर एकान्त पसन्द थे और शराब को छूते तक नहीं थे जबकि जयकिशन महफिलों की रौनक थे और पीने-पिलाने का खूब मजा लेते थे। शंकर को क्रिकेट क्लब ऑफ इंडिया के शांत लॉन में बैठकर चाय पीना अच्छा लगता था तो जयकिशन नजदीक ही चर्चगेट के मशहूर गेलॉर्ड रेस्तराँ में दोस्तों की महफिल जमाने और जाम छलकाने के शौकीन थे। शंकर रात

दस बजे सो जाते थे जबकि जयकिशन की शाम तब शुरू ही होती थी। अब आप ही सोचिए, क्या इससे ज्यादा बेमेल जोड़ी कोई दूसरी हो सकती है ? लेकिन शायद यह बेमेल ही इस जोड़ी की सबसे बड़ी खूबी भी थी और दोनों एक-दूसरे के लिए सुर और ताल की तरह थे। दोनों की आपस में खूब जमती भी थी। दोनों एक ही सिक्के के दो पहलुओं की तरह थे—सचमुच ही हिन्दी फिल्म संगीत की 'बसन्त' और 'बहार' की तरह!

भप्पी सोनी की निर्देशक के रूप में पहली फिल्म 'एक फूल चार काँटे' (1960) में सुनील दत्त और वहीदा रहमान मुख्य भूमिकाओं में थे। गंभीर छवि वाले इन सितारों के बावजूद यह एक कॉमेडी-प्रधान प्रेमकथा थी। इस फिल्म में शंकर-जयकिशन का एक भजन खूब लोकप्रिय हुआ था—'बनवारी रे, जीने का सहारा तेरा नाम रे, मुझे दुनियावालों से क्या काम रे' (लता)। पीलू राग पर आधारित इस सदाबहार भजन के अलावा मंत्रमुग्ध कर देने वाला 'फॉक्स ट्रॉटा' डुएट 'दिल ऐ दिल बहारों से मिल' (लता-तलत), 'सोच रही कि कहूँ न कहूँ' (लता) 'आँखों में रंग क्यों आया' (लता-मुकेश) और भामा राग पर आधारित एक अमर शास्त्रीय रचना 'मतवाली नार ठुमक-ठुमक चली जाए' (मुकेश) इस फिल्म के संगीत के अन्य मधुर आकर्षण थे। उस दौर के 'रॉक-एन-रोल' के क्रेज को देखते हुए शंकर-जयकिशन ने कुछ उसी अन्दाज के गीत भी रचे थे—'ओ ओ ओ मेरी बेबी डॉल', 'तिरछी नजर से यूँ न देख' (रफी) और एक पूरा का पूरा अंग्रेजी गीत 'बमशैल बेबी ऑफ बॉम्बे' (इकबाल सिंह)।

1959 की तरह 1960 का वर्ष भी शंकर-जयकिशन की जोड़ी के लिए एक भरपूर सफल और गौरवशाली वर्ष रहा। 'दिल अपना और प्रीत पराई' और 'जिस देश में गंगा बहती है' जैसी दो सुपरहिट फिल्मों के संगीत ने वर्ष भर धूम मचाए रखा। कमाल अमरोही द्वारा निर्मित और किशोर साहू द्वारा निर्देशित 'दिल अपना और प्रीत पराई' (1960) एक बेहद खूबसूरत और दिल की गहराइयों में उतर जाने वाली फिल्म थी। राजकुमार और मीना कुमारी की लाजवाब जोड़ी (जिसका चरमोत्कर्ष थी मीना कुमारी की आखिरी फिल्म 'पाकीजा') से सजी इस मर्मस्पर्शी प्रेमकथा में शंकर-जयकिशन ने इतना मधुर और यादगार संगीत दिया कि आज भी इसके कुछ गीतों का जवाब ढूँढ़ना मुश्किल है। वे सचमुच शिखर पर रखे जाने के योग्य हैं। फिल्म का टाइटल-गीत 'दिल अपना और प्रीत पराई, किसने है ये रीत बनाई, आँधी में इक दीप जलाया और पानी में आग लगाई' हो या राग पहाड़ी पर आधारित 'अजीब दास्ताँ है ये, कहाँ शुरू कहाँ खत्म, ये मंजिलें हैं कौन सी, न वो समझ सके न हम'—लता के ये दोनों गीत उनके सबसे मोहक, सबसे लुभावने और सबसे मर्मस्पर्शी अमर गीतों में शामिल हैं। फिल्म में लता के कई और गीत भी थे, सभी एक से एक मधुर—'मेरा दिल अब तेरा ओ साजना', 'अन्दाज मेरा मस्ताना', 'इतनी बड़ी महफिल और एक दिल' तथा 'शीशा-ए-दिल इतना न उछालो'। रफी का 'जाने कहाँ गई, दिल मेरा ले गई ले गई वो' भी बड़ा मोहक गीत था। इस फिल्म के संगीत के लिए शंकर-जयकिशन को उनका तीसरा फिल्मफेयर पुरस्कार भी मिला था। कई संगीत-विद्वान इस बात से नाराज भी हुए थे, क्योंकि उनके अनुसार यह सम्मान उसी वर्ष रिलीज हुई नौशाद की 'मुगले आजम' को दिया जाना चाहिए था। जो भी हो, मुकाबला सचमुच ही कड़ा था क्योंकि शंकर-जयकिशन ने उसी वर्ष राज कपूर की 'जिस देश में गंगा बहती है' में भी गजब का संगीत दिया था। हमने अपने खूब लोकप्रिय टेली-सीरियल 'बिखरी आस निखरी प्रीत' में 'दिल अपना और प्रीत पराई' गीत का फिर से प्रयोग किया तो दर्शकों ने दिल खोलकर इसकी सराहना की।

रिबेल-स्टार शम्मी कपूर के साथ शंकर-जयकिशन की तीसरी फिल्म 'सिंगापुर' (1961) के निर्माता एफ.सी. मेहरा थे। उनके बैनर 'ईगल फिल्म्स' के साथ शंकर-जयकिशन का काफी लम्बा जुड़ाव रहा। शक्ति सामंत द्वारा निर्देशित और शम्मी कपूर और पद्मिनी की मुख्य भूमिकाओं वाली 'सिंगापुर' अपने नाम के अनुरूप सिंगापुर मे फिल्माई गई थी। फिल्म की रूमानी और मौज-मस्ती भरी पृष्ठभूमि को ध्यान में रखते हुए शंकर-जयकिशन ने वैसा ही चुलबुला और तेज रफ्तार संगीत भी दिया था। फिल्म के मौज-मस्ती भरे गीतों में 'ये शहर बड़ा अलबेला' (मुकेश), 'हट जाओ दीवाने आए' (रफी-लता), 'आने लगा जीने का मजा' (लता), 'तुम लाख छुपाना चाहोगे' (रफी-लता), 'अरे तू कहाँ खो गया बलम मतवाला' (लता), 'हो रासा स्यांग रे है प्यार का ही नाम' (रफी-लता) और ठेठ दक्षिण-पूर्व एशियाई शैली वाला 'देखो जी देखो, सुन लो ये बात, जीवन में एक बार आना सिंगापुर' (लता) शामिल थे। दर्शकों को सिंगापुर की सैर करवाने वाली यह फिल्म बॉक्स ऑफिस पर भी अच्छी चली थी।

शंकर-जयकिशन अपना सर्वोत्तम सृजन अपने खोजकर्ता और गुरु राज कपूर के लिए बचाकर रखते थे। आर.के. बैनर की 'जिस देश में गंगा बहती है' में भी उन्होंने इतना उत्कृष्ट, लोकप्रिय और यादगार संगीत दिया कि फिल्म की कथा को उसके संगीत से अलग करना असम्भव हो गया। इस फिल्म का अद्भुत संगीत न सिर्फ हिन्दी सिनेमा के इतिहास में मील का पत्थर साबित हुआ, बल्कि फिल्म की जबर्दस्त सफलता में भी उसका बहुत महत्त्वपूर्ण योगदान रहा। राज कपूर, पद्मिनी और प्राण की मुख्य भूमिकाओं से सजी 'जिस देश में गंगा बहती है' डाकुओं की समस्या और उनके आत्म-समर्पण को लोमहर्षक कथा पर आधारित थी। शुरू में शंकर-जयकिशन इस विषय से जरा भी उत्साहित नहीं थे। कहते हैं कि राज कपूर ने लेखक अर्जुन देव रश्क को उन्हें कहानी सुनाने के लिए

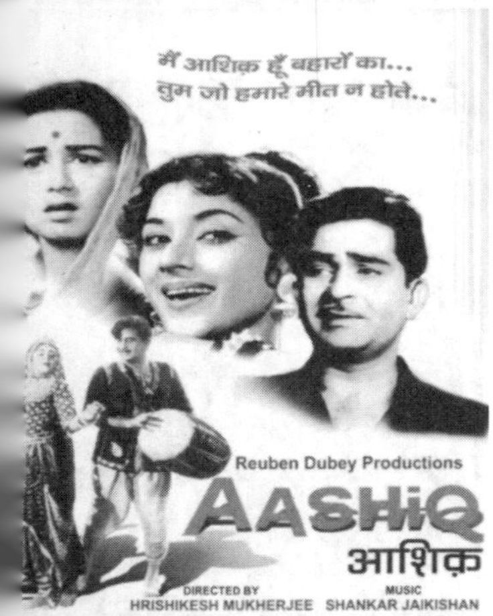

शंकर-जयकिशन, लेख टंडन हसरत, शम्मी

भेजा तो शंकर ने फोन पर राज कपूर से कहा था—''राज साहब! आप ये क्या बनाना चाहते हो? डाकू, जंगल, पुलिस! यह फिल्म भूलकर भी मत बनाइए! बिलकुल नहीं चलेगी!'' राज कपूर ने उसी शाम उन दोनों को आर.के. स्टूडियो की कॉटेज में बुलाया और उन्हें फिल्म के भोले-भाले देहाती नायक राजू का अभिनय करके दिखाया। उन्होंने इस फिल्म को लेकर अपनी परिकल्पना और धारणा के बारे में भी विस्तार से बताया। इसके बाद राज कपूर मस्ती से डफली बजाने लगे तो शंकर ने तबला और जयकिशन ने हारमोनियम सँभाल लिया। शैलेन्द्र ने अपना पेन निकालकर झटपट फिल्म का सुपरहिट गीत लिख डाला—'मेरा नाम राजू घराना अनाम, बहती है गंगा जहाँ मेरा धाम'। फिल्म के सभी गानों की सिचुएशन उसी शाम तय हो गई। शंकर-जयकिशन अपनी पिछली फिल्मों के बैकग्राउंड सगीत में से कभी-कभी किसी नए गाने की धुन ढूँढ़ लिया करते थे। इस बार भी उन्होंने यही किया। 'आवारा' के क्लाइमेक्स दृश्य के बैकग्राउंड संगीत की धुन लता के एक बेहद मोहक और अमर गीत की धुन बन गई—'ओ बसन्ती पवन पागल, न जा रे न जा, रोको कोई'। कितनी अद्‌भुत बात थी! राग बसन्त मुखड़ी पर आधारित इस गीत को लता ने इतने खूबसूरत और हृदयस्पर्शी अन्दाज में गाया था कि दर्शक और श्रोता झूम-झूम उठे। मुकेश का चार हिस्सों वाला 'हम उस देश के वासी हैं जिस देश में गंगा बहती है' फिल्म का थीम-साँग बन गया, जिसे आज भी राष्ट्रीय दिवसों पर हम बड़े प्यार से गाते-बजाते हैं। लता का 'हो मैंने प्यार किया ओय होय क्या जुर्म किया' भी बड़ा मोहक गीत था, जिसे नायिका पद्‌मिनी पर पानी में उतने ही मोहक अन्दाज में फिल्माया गया था। लता और आशा का अद्‌भुत युगल-गीत 'क्या हुआ, ये मुझे क्या हुआ, क्या पता', मुकेश और लता का 'बेगानी शादी में अब्दुल्ला दीवाना' और देश भर में खूब धूम मचाने वाला समूह-गीत 'हम भी हैं, तुम भी हो, दोनों हैं आमने-सामने' (लता-गीता दत्त-मुकेश-मन्ना डे-महेन्द्र कपूर) फिल्म के संगीत के अन्य एक से एक लोकप्रिय आकर्षण थे। इस फिल्म के संगीत ने ऐसी धूम मचाई कि क्या कहने! इसमें कोई सन्देह नहीं कि शंकर-जयकिशन के संगीत के बिना इस फिल्म की कल्पना भी नहीं की जा सकती। या यूँ कहें कि इस फिल्म का संगीत ही इसकी जान था। जरा कल्पना कीजिए, फिल्म के क्लाइमेक्स में डाकुओं के आत्म-समर्पण का दृश्य है—एक तरफ लम्बी-चौड़ी फौज की तनी हुई बन्दूकें और दूसरी तरफ अपनी बीवी-बच्चों के साथ आत्म-समर्पण के लिए चले आ रहे डाकुओं की लम्बी कतार—लेकिन इस दृश्य में जान फूँकने वाला मुकेश-लता का यह शाहकार और सदाबहार गीत नहीं है—'आ अब लौट चलें... नैन बिछाए, बाँहें पसारे, तुझको पुकारे देश तेरा' (और इसके बाद लता का हृदयस्पर्शी आलाप—'आजा रे')! तो ऐसा था शैलेन्द्र, हसरत और शंकर-जयकिशन की टीम के अद्‌भुत संगीत का प्रभाव! 'जिस देश में गंगा बहती है' राज कपूर और शंकर-जयकिशन की टीम की सबसे बड़ी और सबसे शानदार उपलब्धि थी।

रिबेल-स्टार शम्मी कपूर के साथ शंकर-जयकिशन की चौथी फिल्म ('उजाला', 'कॉलेज गर्ल' और 'सिंगापुर' के बाद) 'ब्वॉय फ्रेंड' (1961) में शम्मी कपूर, मुहम्मद रफी और शंकर-जयकिशन की तिगड़ी ने अपना असर दिखाना शुरू कर दिया—'धीरे चल, धीरे चल, ऐ भीगी हवा'। नरेश सहगल द्वारा निर्मित-निर्देशित यह फिल्म बॉम्बे टॉकीज की सबसे बड़ी हिट 'किस्मत' का री-मेक थी—हालाँकि बॉक्स ऑफिस पर इस फिल्म की किस्मत ठीक उल्टी साबित हुई। इस फिल्म में शम्मी कपूर के साथ मधुबाला थीं, जो उनकी आखिरी फिल्म साबित हुई। इसके निर्माण के दौरान ही वे इतनी बीमार हो गईं कि उन पर फिल्माया जाने वाला एक नृत्य-गीत 'देखो न जाओ ऐ जानेमन' सह-नायिका निशी पर फिल्माना पड़ा। इसी गीत का दूसरा वर्जन सुबीर सेन ने गाया था—बिलकुल शम्मी कपूर के मस्ती भरे अन्दाज में। इस फिल्म में रफी के कई और लोकप्रिय गीत भी थे—'सलाम आपकी मीठी नजर को सलाम', 'मुझे अपना यार बना लो' और 'अइगा अइगा ये क्या हो गया' (आरती मुखर्जी के साथ युगल-गीत)। जैसाकि हमने कहा है, इसी फिल्म से रफी की आवाज और शम्मी कपूर के अन्दाज ने अपना रंग जमाना शुरू किया था। बरसों बाद लक्ष्मीकान्त-प्यारेलाल ने 'धीरे चल धीरे चल' की धड़ल्ले से नकल करके 'मि. इंडिया' (1987) का सुपरहिट गीत 'काटे नहीं कटते ये दिन ये रात' बना डाला। 'ब्वॉय फ्रेंड' में नए-नए उभर रहे धर्मेन्द्र भी एक पुलिस अफसर की भूमिका में दिखाई दिए थे।

जे. ओमप्रकाश की 'आस का पंछी' (1961) 'जुबली कुमार' कहे जाने वाले राजेन्द्र कुमार के साथ शंकर-जयकिशन की पहली फिल्म थी। शम्मी कपूर के साथ 1960 के पूरे दशक पर राज करने वाले जुबली स्टार राजेन्द्र कुमार की पूरी चौदह फिल्मों में शंकर-जयकिशन का ही संगीत था। जे. ओमप्रकाश के भागीदार मोहन कुमार द्वारा निर्देशित इस पहली फिल्म में राजेन्द्र कुमार के साथ वैजयन्तीमाला थीं। फिल्म का सबसे सुपरहिट गीत रहा रफी और साथियों का 'अब चार दिनों की छुट्‌टी है, और उनसे जाकर मिलना है'। 'तुम रूठी रहो मैं मनाता रहूँ' (मुकेश-लता) और 'दिल मेरा एक आस का पंछी' (सुबीर सेन) भी खूब लोकप्रिय हुए। फिल्म के अन्य मधुर गीतों में 'अपनी भी क्या जिंदगी है' (मुकेश), 'हाय मेरी उलझी नजर परदेसी के संग' (लता), 'ऐ दिल प्यार की मंजिल' (मुकेश) और 'धीरे चलाओ जरा हाथ' (लता-सुबीर सेन) शामिल थे।

जानी-मानी अभिनेत्री और खलनायिका शशिकला अपने घरेलू बैनर की फिल्म 'करोड़पति' (1961) में किशोर

कुमार के साथ नायिका के रूप में थीं। मोहन सहगल द्वारा निर्देशित इस फिल्म से जुड़ा एक दिलचस्प तथ्य यह है कि इसके निर्माण के दौरान ही शशिकला की अपने पति और फिल्म के निर्माता ओमप्रकाश सहगल से अनबन हो गई और फिल्म पूरी होने में काफी समय लग गया। जैसे-तैसे फिल्म रिलीज हुई तो बॉक्स ऑफिस पर पिट गई। लेकिन इस फिल्म में शंकर-जयकिशन ने आशा भोंसले से उनका एक बड़ा प्यारा गीत गवाया था—'सावन बन गए नैन पिया बिन'। 'ओ सजना न पूछ प्यार क्या है' (लता), 'देखनेवालो थाम लो दिल को' (किशोर), 'सजन न छेड़ो दिल के तार' (लता) और 'ओ लड़के, बढ़ते-बढ़ते तू तो...' (लता-किशोर) फिल्म के कुछ अन्य लोकप्रिय गीत थे। रफी और किशोर का एक चुलबुला युगल-गीत भी था 'ओ मेरी मैना सुन मेरा कहना'। इतना ही नहीं, शंकर-जयकिशन ने फिल्म के दो गानों में किशोर कुमार के लिए मन्ना डे की आवाज का इस्तेमाल किया था—'पहले मुर्गी हुई थी कि अंडा' और 'आप हुए मेरे बलम' (लता के साथ डुएट)।

एच.एस. रवेल की 'रूप की रानी चोरों का राजा' (1961) महाशिवसागर की तीर्थयात्रा की पृष्टभूमि पर आधारित एक संवेदनशील फिल्म थी और शंकर-जयकिशन ने इसमें वैसा ही धीमे और मीठे सुरों वाला संगीत भी दिया था। अबरार अल्वी की दिलचस्प पटकथा पर आधारित इस फिल्म में देव आनन्द और वहीदा रहमान मुख्य भूनिकाओं में थे। इस फिल्म में शंकर-जयकिशन ने देव आनन्द के लिए तलत महमूद की आवाज का इस्तेमाल किया था—'तू रूप की रानी मैं चोरों का राजा' (तलत-लता), 'सुनो भई हमने पी ली है थोड़ी' (तलत) और दो हिस्सों वाला 'तुम तो दिल के तार छेड़कर हो गए बेखबर' (तलत और लता के अलग-अलग वर्जन)। इनके अलावा नृत्य-गीत 'ऐसो ही अगर मर्जी है तेरी' (लता), 'जाओ न सताओ रसिया' (आशा भोंसले), बंगाली मुखड़े वाला युगल-गीत 'तोमार आमार प्रेमेटी जोवार' (लता-महेन्द्र कपूर) और भजन 'आजा रे आजा नैन दुआरे' (आशा-सुबीर सेन) भी बड़े खूबसूरत गीत थे। लेकिन अच्छे संगीत और वहीदा रहमान के मोहक नृत्यों के बावजूद यह फिल्म बॉक्स ऑफिस पर फीकी-फीकी ही रही।

★

शंकर-जयकिशन की जोड़ी 'बरसात' (1949) से चलकर 'जब प्यार किसी से होता है' (1961) तक आ पहुँची थी। इन बारह वर्षों में उनके संगीत का तूफान और सफलता और लोकप्रियता के शिखर पर उनका प्रभुत्व जरा भी कमजोर नहीं पड़ा था। उल्टे वे अपने सृजन के चरम पर थे और उनकी हर फिल्म को संगीत के एक नए, ताजगी भरे और बेहद लुभावने झोंके के रूप में देखा जा रहा था। इसी वर्ष रिलीज हुई तीन फिल्मों 'जब प्यार किसी से होता है', 'ससुराल' और 'जंगली'—जो उस दौर के तीन सबसे लोकप्रिय नायकों देव आनन्द, राजेन्द्र कुमार और शम्मी कपूर की फिल्में थीं—शंकर-जयकिशन ने अपने और हिन्दी सिनेमा के संगीत के एक नए दौर का सूत्रपात किया। ये तीनों फिल्में संगीत के नए, जोशीले और नशीले दौर की प्रतीक थीं—नई उमंगों, नई मस्ती और नए सपनों भरा संगीत। इस नए दौर के संगीत का सबसे महत्त्वपूर्ण अंग थे मुहम्मद रफी, जो 1960 के पूरे दशक के दौरान इन तीन चोटी के नायकों के साथ-साथ हिन्दी सिनेमा के लगभग सभी प्रमुख नायकों (प्रदीप कुमार, सुनील दत्त, राजकुमार, विश्वजीत, जॉय मुखर्जी, धर्मेन्द्र, मनोज कुमार, शशि कपूर इत्यादि) की स्थाई आवाज बने रहे।

नासिर हुसैन की हँसी-मजाक और मौज-मस्ती से भरपूर प्रेमकथा 'जब प्यार किसी से होता है' (1961) जवाँ दिलों को बेहद लुभाने वाली फिल्म थी और अपने समय में एक 'क्रेज' बन गई थी। दार्जिलिंग की मनोरम पृष्ठभूमि और देव आनन्द और आशा पारिख की उतनी ही खूबसूरत और मोहक जोड़ी ने इस गुदगुदाती हुई प्रेमकथा में जान फूँक दी। शंकर-जयकिशन के संगीत और शैलेन्द्र-हसरत के गीतों ने इसे और भी नशीला बना दिया—जिया हो जिया कुछ बोल दो, दिल का पर्दा खोल दो... जब प्यार किसी से होता है, इक दर्द-सा दिल में होता है'। रफी की मस्ती भरी और लाजवाब अदायगी वाला यह गीत मानो सभी जवाँ दिलों की धड़कन बन गया। फिल्म के आखिर में यही गीत लता की आवाज में भी था—मस्ती की बजाय दर्द और तड़प का रंग लिए हुए। और फिर वह बेहद सुहाना युगल-गीत भी तो 'सौ साल पहले मुझे तुझसे प्यार था, आज भी है और कल भी रहेगा'। उनके दूसरे और बेहद नशीले युगल-गीत का भी जवाब नहीं था—'ये आँखें उफ यू माँ'—जिसे बर्फीली वादियों में उतने ही मोहक और नशीले अन्दाज में फिल्माया गया था। इनके अलावा 'तेरी जुल्फों से जुदाई तो नहीं माँगी थी' (रफी), 'तुम जैसे बिगड़े बाबू से मैं अखियाँ मिलाऊँ' (लता) और 'नजर मेरे दिल के पार हुई' (लता) फिल्म के अन्य लोकप्रिय गीत थे। इस सुपरहिट फिल्म के संगीत ने ऐसी धूम मचाई कि शंकर-जयकिशन की जोड़ी की धाक एक बार फिर बड़ी मजबूती से स्थापित हो गई।

एल.वी. प्रसाद की सिल्वर जुबली हिट 'ससुराल' (1961) में रफी के 'तेरी प्यारी-प्यारी सूरत को किसी की नजर न लगे, चश्म-ए-बद्दूर' ने तो तूफान ही मचा दिया। यह गीत वर्षों तक हर किसी का पसन्दीदा गीत बना रहा। इसे गाना भी बड़ा आसान था। ('चश्म-ए-बद्दूर' पर तो दो बार फिल्म भी बन चुकी!) राजेन्द्र कुमार और बी. सरोजा देवी की

'रंगोली' : वैजयन्तीमाला और किशोर कुमार

मुख्य भूमिकाओं वाली इस फिल्म के अन्य लोकप्रिय गीतों में लता और रफी के दो लुभावने युगल-गीतों 'क्या मिल गया हाय क्या खो गया' ओर 'इक सवाल मैं करूँ इक सवाल तुम करो' के साथ-साथ 'सुन ले मेरी पायलों के गीत' (लता), 'जाना तुम्हारे प्यार में शैतान बन गया' (मुकेश), 'वल्लाह यार लुट गए हम तो नजर मिलाके' (रफी) और 'अपनी उल्फत पे जमाने का' (लता-मुकेश) शामिल थे।

सुबोध मुखर्जी की 'जंगली' (1961) में रफी के 'याहू... चाहे कोई मुझे जंगली कहे, कहने दो जी कहता रहे, हम प्यार के तूफानों में घिरे हैं, हम क्या करें' से उठा तूफान तो आज तक नहीं थमा है। यही वह गीत था जिसने रिबेल-स्टार शम्मी कपूर को वह छवि दी जिसके लिए उन्हें पहचाना जाता है। 'जब प्यार किसी से होता है' और 'ससुराल' की तरह इस सुपरहिट फिल्म के गीतों ने भी तहलका-सा मचा दिया। शम्मी कपूर और एक नई नायिका के रूप में पहली बार दर्शकों के सामने आईं सायरा बानू की मुख्य भूमिकाओं से सजी इस फिल्म के 'याहू' गीत ने युवा-पीढ़ी को मानो एक नया जीवन-मंत्र दे दिया। यह तेज-रफ्तार तूफानी गीत भी शंकर-जयकिशन के प्रिय राग भैरवी पर आधारित था। युवाओं को बेहद लुभाने वाला दूसरा गीत था रफी का ही—'अइ अइ या करूँ मैं क्या सूकू सूकू'—जिसे शम्मी कपूर और हेलन पर बड़े मोहक अन्दाज में फिल्माया गया था। लता का 'जा जा जा मेरे बचपन' और रफी के साथ उनका युगल-गीत 'दिन सारा गुजारा तेरे अंगना' भी सुपरहिट गीत थे। लता का 'काशमीर की कली हूँ मैं मुझसे न रूठो बाबूजी' भी बड़ा लुभावना गीत था। लेकिन फिल्म का सबसे खूबसूरत और अमर गीत था रफी और लता के दो अलग-अलग वर्जनों वाला 'अहसान तेरा होगा मुझ पर' जो राग यमन कल्याण पर आधारित था। यह फिल्म हिन्दी सिनेमा के इतिहास में एक 'ट्रेंड सेटर' फिल्म थी, जिसके बाद 'ईस्टमेनकलर' में रंगीन फिल्में बनाने और कश्मीर की हसीन वादियों में शूटिंग करने का ऐसा सिलसिला चल पड़ा कि कुछ ही वर्षों में भारतीय सिनेमा की तसवीर 'ब्लैक एंड व्हाइट' से 'कलर' में बदल गई।

हृषिकेश मुखर्जी द्वारा निर्देशित 'आशिक' (1962) में राज कपूर, पद्मिनी और नन्दा मुख्य भूमिकाओं में थे। राज कपूर अपने साथियों को हमेशा आगे बढ़ाने की कोशिश करते थे। इस फिल्म का निर्माण उनके पब्लिसिस्ट और जाने-माने पत्रकार बनी रुबेन ने चरित्र अभिनेता सी.एस. दुबे के साथ मिलकर किया था। लेकिन हृषि दा ने इस फिल्म में कहानी को अलग अन्दाज में सुनाने की कोशिश की, जो दर्शकों के गले नहीं उतरी और फिल्म पिट गई। राज कपूर की अन्य फिल्मों की तरह इस फिल्म में भी शंकर-जयकिशन ने सुपरहिट और अमर संगीत दिया था। मुकेश के सभी गीत एक से बढ़कर एक थे—राग भैरवी पर आधारित 'मैं आशिक हूँ बहारों का नजारों का', राग तिलक कामोद पर आधारित 'तुम जो हमारे मीत न होते', 'ये तो कहो कौन हो तुम' और 'तुम आज मेरे संग गा लो'। लता के साथ उनके दोनों युगल-गीत भी हिन्दी सिनेमा के सदाबहार युगल-गीतों में शामिल हैं 'ओ शमाँ मुझे फूँक दे' और 'महताब तेरा चेहरा, किस ख्वाब में देखा था'। लता के 'लो आई मिलन की रात सुहानी रात' और 'झनन झनझना के अपनी पायल' भी खूब लोकप्रिय हुए थे। इतनी धूम मचाने वाले संगीत से सजी फ्लॉप फिल्में शायद बहुत ज्यादा नहीं हैं।

राज कपूर की तरह शंकर-जयकिशन भी दोस्तों और साथियों को आगे बढ़ाने वाले इनसान थे। जाने-माने फिल्म निर्देशक लेख टंडन कभी राज कपूर के सहायक रह चुके थे। उन्होंने 'आग' में सहायक सिनेमैटोग्राफर और 'आह' और 'श्री 420' में सहायक निर्देशक के रूप में काम किया था। इतना ही नहीं, उनके पिता पृथ्वीराज कपूर के सहपाठी रह चुके थे और उनके घनिष्ठ मित्र थे। इस नाते लेख टंडन आर.के. कैम्प की म्यूजिक टीम के बहुत नजदीक आ चुके थे और शंकर और जयकिशन दोनों ही उनके बड़े अच्छे दोस्त थे। उन्हीं दिनों उनके एक और दोस्त अबरार अल्वी ने एक शानदार स्क्रिप्ट लिखी और निर्माता एफ.सी. मेहरा को इस शर्त के साथ सुनाई कि इसका निर्देशन लेख टंडन करेंगे। एफ. सी. मेहरा ने उनकी कहानी पसन्द कर ली और उनकी शर्त भी स्वीकार कर ली। इस तरह ईगल फिल्म्स की सुपरहिट फिल्म 'प्रोफेसर' (1962) के निर्माण की जमीन तैयार हो गई, जो एक स्वतंत्र निर्देशक के रूप में लेख टंडन की पहली फिल्म थी। अब मुश्किल यह थी कि लेख टंडन इस फिल्म में अपनी चहेती जोड़ी शंकर-जयकिशन का संगीत चाहते थे, लेकिन एफ.सी. मेहरा की पिछली फिल्म 'सिंगापुर' के निर्माण के दौरान उनके और शंकर-जयकिशन के बीच कुछ खटपट हो गई थी। शंकर-जयकिशन ने उनके साथ दोबारा कभी भी काम न करने का फैसला कर लिया था। लेख टंडन एफ.सी. मेहरा के दफ्तर से निकले तो संयोग से जयकिशन से टकरा गए, जिनका म्यूजिक-रूम महालक्ष्मी की उसी फेमस बिल्डिंग में दो मंजिल ऊपर था। लेख टंडन ने वहीं लॉबी में उन्हें एफ.सी. मेहरा की नई फिल्म के प्रोजेक्ट के बारे में बताया और जोर देते हुए कहा—''यह मेरी फिल्म है, इसलिए संगीत तो तुम्हें ही देना होगा!'' जयकिशन मुस्करा दिए और उन्हें अपने साथ खींचते हुए वापस एफ.सी. मेहरा के दफ्तर में ले गए। उन्होंने एफ.सी. मेहरा से कहा—''हम सिर्फ लेख के लिए तुम्हारी फिल्म में संगीत देने को तैयार हैं!'' एफ.सी. मेहरा हैरान रह गए। बड़ी मुश्किल से अपनी खुशी को छिपाते हुए उन्होंने झटपट एक चेक बनाकर जयकिशन के हाथ में रख दिया। लेख टंडन भी हैरान थे और समझ नहीं पा रहे थे कि कैसे अपनी खुशी को प्रकट करें। जयकिशन ने उनसे विदा लेते हुए उन्हें अगले दिन सुबह नौ

बजे अपने म्यूजिक रूम में आने के लिए कहा। लेख टंडन अगली सुबह वहाँ पहुँचे तो म्यूजिक रूम में शंकर-जयकिशन के साथ-साथ शैलेन्द्र, हसरत, दत्ताराम और सेबिस्तियन भी मौजूद थे। शंकर-जयकिशन ने एक के बाद एक 18 गानों की मुखड़ों समेत धुनें सुनाईं और उन्हें इनमें से अपनी पसन्द के गाने चुनने के लिए कहा। लेख टंडन ने झट से पाँच धुनें पसन्द कर लीं, जिन्हें हफ्ते भर में ही रिकॉर्ड भी कर लिया गया। तो यह थी दोस्ती? यह था आपसी प्यार, जिसे लेख टंडन आज भी बड़े गर्व से याद करते हैं! शंकर-जयकिशन अपने दोस्त को आगे बढ़ते देखना चाहते थे। वे एफ. सी. मेहरा के साथ अपनी खटपट या अपने अहँ को उनके रास्ते का रोड़ा नहीं बनने देना चाहते थे लेख टंडन ने ये सब बातें खुद हमें बताई थीं, जो हमारे मशहूर टेली-सीरियल 'बिखरी आस निखरी प्रीत' के निर्देशक भी थे। हाँ, तो वे पाँच धुनें कौन-सी थीं? झट से तैयार कर लिए गए ये पाँच सुपरहिट गीत थे—'ऐ गुलबदन, फूलों की महक काँटों की चुभन' (रफी, राग बिलावल), 'खुली पलक में झूठा गुस्सा बन्द पलक में प्यार' (रफी), 'मैं चली मैं चली पीछे-पीछे जहाँ' (लता-रफी), 'आवाज दे के हमें तुम बुलाओ' (लता-रफी, राग शिवरंजनी) और 'कोई आएग, आएगा, आएगा, हमारे गाँव कोई आएगा' (लता-आशा)। इन पाँचों गीतों ने देश भर में धूम मचा दी थी। फिल्म भी खूब चली थी। फिल्म का छठा गीत 'ये उमर है क्या रंगीली' (मन्ना डे-आशा भोंसले) कुछ दिन बाद रिकॉर्ड किया गया था। लेख जी ने हमें बताया था कि जयकिशन के पास अंग्रेजी में एक किताब हुआ करती थी जिसे वे खूब सँभालकर और छिपाकर रखा करते थे। वे गानों के मुखड़े इसी किताब से लेते थे। 'ऐ गुलबदन' शब्द भी इसी किताब की देन थे। शम्मी कपूर के साथ नई अभिनेत्री कल्पना की मुख्य भूमिकाओं से सजी 'प्रोफेसर' ने बॉक्स ऑफिस पर ऐसा तहलका मचाया कि क्या कहने! इसके सभी गीत भी वर्ष भर गली-गली में गूँजते रहे। उस वर्ष सर्वश्रेष्ठ संगीत के लिए फिल्मफेयर पुरस्कार भी 'प्रोफेसर' और शंकर-जयकिशन को ही मिला, जो उनका चौथा फिल्मफेयर पुरस्कार था।

जाने-माने लेखक राजेन्द्र सिंह बेदी द्वारा निर्मित और अमर कुमार ('गर्म कोट' और 'अब दिल्ली दूर नहीं' वाले) द्वारा निर्देशित 'रंगोली' (1962) में शंकर-जयकिशन के कुछ मधुर और लोकप्रिय गीत थे। किशोर कुमार और वैजयन्तीमाला की मुख्य भूमिकाओं वाली इस फिल्म के यादगार गीतों में किशोर कुमार के कुछ बड़े मोठे और सुरीले गीत शामिल थे—'रंगोली सजाओ रे, तेरी पायल मेरे गीत, आज बनेंगे दोनों मीत', 'छोटी-सी ये दुनिया पहचाने रास्ते हैं' और लता के साथ वह सुहाना युगल-गीत 'इक नजर किसी ने देखा और दिल हुआ दीवाना'। 'सागर पे आज मौजों का राज' (लता), 'हम-तुम ये खोई-खोई राहें' (लता-मुकेश) और 'जाओ-जाओ नन्द के लाला तुम जाओ' (लता) भी बड़े सुरीले गीत थे। बॉक्स ऑफिस पर ठंडी रही इस फिल्म के गीतों की रिकॉर्डिंग के दौरान शैलेन्द्र और शंकर-जयकिशन में थोड़ी खटपट हो गई थी। कहते हैं कि अपनी नाराजगी व्यक्त करने के लिए ही शैलेन्द्र ने उन्हें ये लाइनें लिख भेजी थीं—'छोटी-सी ये दुनिया, पहचाने रास्ते हैं, कभी तो मिलोगे, कहीं तो मिलोगे, तो पूछेंगे हाल'। शंकर-जयकिशन ने इन्हीं लाइनों को एक सुपरहिट गीत के मुखड़े में बदलकर उन्हें झट से मना लिया! यह 'दो पहलू दो रंग' वाला गीत लता मंगेशकर की आवाज में भी था।

जयकिशन और पल्लवी

राज कपूर के साथ जयकिशन और पल्लवी

जयकिशन अपनी पत्नी पल्लवी के साथ

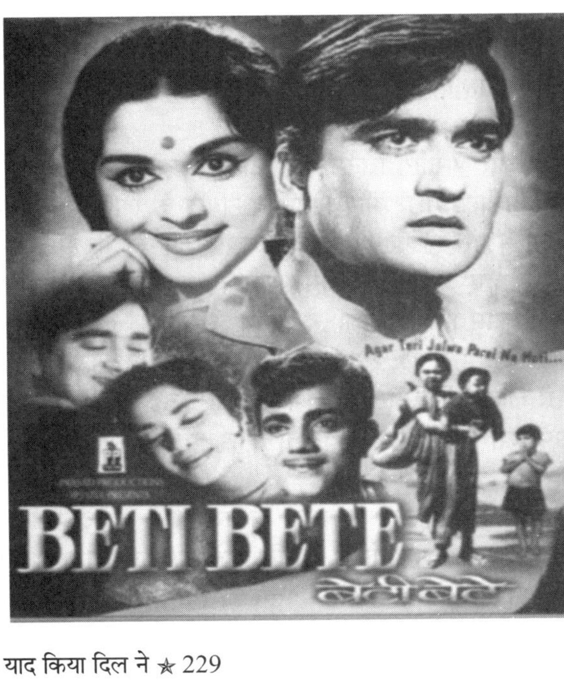

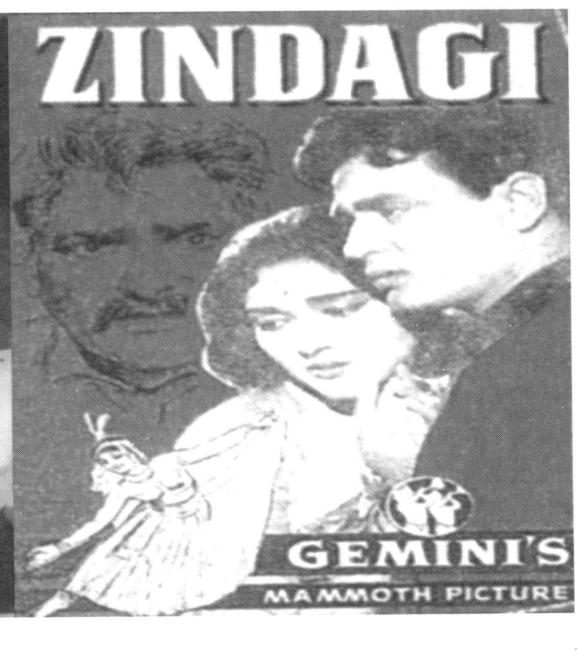

'संगम' : हर दिल जो प्यार करेगा

शम्मी कपूर और माला सिन्हा की मुख्य भूमिकाओं से सजी रूमानी प्रेमकथा 'दिल तेरा दीवाना' (1962) एक संगीत-धमाके से कम नहीं थी। फिल्म के सभी गीत सुपरहिट थे, लेकिन रफी-लता के तूफानी युगल-गीत 'दिल तेरा दीवाना है सनम' का आज भी कोई जवाब नहीं है। मूसलाधार बारिश में शम्मी कपूर और माला सिन्हा पर बड़े मोहक अन्दाज में फिल्माया गया यह गीत प्रेम और चाहत के चरमोत्कर्ष का प्रतीक बन गया। हिन्दी सिनेमा का शायद ही कोई दूसरा युगल-गीत ऐसी तूफानी चाहत का मुकाबला कर सके। 'नजर बचाकर चले गए वो वरना घायल कर देता' (रफी), 'मुझे कितना प्यार है तुमसे, अपने ही दिल से पूछो तुम' (रफी-लता), 'धड़कने लगता है मेरा दिल तेरे नाम से' (रफी) और 'मासूम चेहरा ये कातिल अदाएँ' (रफी-लता)—सभी गीत एक से एक बढ़कर थे। इस फिल्म में महमूद और शोभा खोटे की कॉमेडियन जोड़ी की भी महत्त्वपूर्ण भूमिकाएँ थीं। उन दोनों पर फिल्माया गया 'रिक्शे पे मेरे तुम' (रफी-आशा) भी खूब लोकप्रिय हुआ था। यह फिल्म शम्मी कपूर और माला सिन्हा के गजब के रोमांस और महमूद के कमाल के डबल रोल के लिए आज भी याद की जाती है।

'दिल तेरा दीवाना' की तरह 'हरियाली और रास्ता' (1962) भी शंकर-जयकिशन की एक बड़ी और शानदार उपलब्धि थी। विजय भट्ट द्वारा निर्मित-निर्देशित इस फिल्म में भी माला सिन्हा थीं, इस बार मनोज कुमार के साथ, जो इस फिल्म के बाद ही एक बड़े स्टार के रूप में उभरे। फिल्म के सभी गीत इतने खूबसूरत थे, इतने लोकप्रिय और सीधे दिल में रच-बस जाने वाले कि ऐसा लगता था मानो शंकर-जयकिशन ने मधुर और मंत्रमुग्ध कर देने वाले संगीत की मूसलाधार बरसात कर दी हो। लता और मुकेश के तीनों युगल-गीत—'बोल मेरी तकदीर में क्या है', 'इब्तिदा-ए-इश्क में हम सारी रात जागे' और दर्द भरा 'लाखों तारे आसमान में एक मगर ढूँढे न मिला'—खूब लोकप्रिय हुए थे। लता का 'ये हरियाली और ये रास्ता' और राग तिलक कामोद पर आधारित मुकेश का 'तेरी याद दिल से भुलाने चला हूँ' भी उनके सदाबहार गीतों में शामिल हैं। 'बोल मेरी तकदीर में क्या है' का उदास वर्जन अकेले लता की आवाज में भी था। शैलेन्द्र की हम काफी बात करते रहे हैं, लेकिन उनके जोड़ीदार हसरत जयपुरी भी कम नहीं थे और इश्क की आग में तपे हुए थे। 'इब्तिदा-ए-इश्क में' गीत के एक अन्तरे में उन्होंने लिखा था—'दिल में जागी प्रीत की ज्वाला, जबसे मैंने होश सँभाला'। बहुत खूब! हसरत की हसरतों का भी कोई जवाब नहीं था!

हृषिकेश मुखर्जी द्वारा निर्देशित 'असली-नकली' (1962) देव आनन्द और साधना की रूमानी जोड़ी की एक मीठी-मीठी-सी और बेहद खूबसूरत फिल्म थी—एक करोड़पति के बिगड़े हुए पोते के गरीबों की बस्ती में पहुँचने और धीरे-धीरे जिंदगी की असली मिठास और असली नशे को पहचानने से जुड़ी एक भरपूर मनोरंजक फिल्म। शंकर-जयकिशन ने इस फिल्म में उतना ही मीठा और लुभावना संगीत भी दिया था। लता का सीधा दिल में उतर जाने वाला अमर गीत 'तेरा-मेरा प्यार अमर, फिर क्यों मुझको लगता है डर' (लता) राग दरबारी पर आधारित सबसे खूबसूरत और यादगार गीतों में शामिल है। रफी का झूमता हुआ 'कल की दौलत आज की खुशियाँ, उनकी महफिल अपनी गलियाँ, असली क्या है नकली क्या है, पूछो दिल से मेरे' भी इसी राग पर आधारित था। इससे भी ज्यादा मस्ती भरा था—'छेड़ा मेरे दिल ने तराना तेरे प्यार का, जिसने सुना खो गया, पूरा नशा हो गया'। प्यार की मस्ती भरा इससे ज्यादा नशीला गीत भला और क्या हो सकता है? इस गीत की एक पंक्ति थी—'हाय तेरा नाम ही शगूफा है बहार का'। फिल्म में रफी का एक और बेहद खूबसूरत गीत भी था—'इक बुत बनाऊँगा तेरा और पूजा करूँगा'—और लता के साथ एक सदाबहार युगल-गीत भी—'तुझे जीवन की डोर से बाँध लिया है'। रफी की ही आवाज में बच्चों का एक गीत भी था—'गोरी जरा हँस दे तू, हँस दे तू, हँस दे जरा'। कुल मिलाकर यह फिल्म और इसका संगीत हवा के एक खूबसूरत और मीठे झोंके की तरह था।

सी.वी. श्रीधर द्वारा निर्देशित 'दिल एक मन्दिर' (1963) अपनी हृदयस्पर्शी प्रेमकथा और भारतीय सिनेमा की 'ट्रेजिडी क्वीन' मीना कुमारी के गजब के अभिनय के लिए याद की जाती है, और शंकर-जयकिशन के उतने ही संवेदनशील, मधुर और लोकप्रिय संगीत के लिए भी। मीना कुमारी, राजेन्द्र कुमार और राजकुमार जैसी बड़ी स्टारकास्ट की यह फिल्म सिर्फ 21 दिनों में पूरी हो गई थी। शंकर-जयकिशन को भी हफ्ते भर में सभी आठ गीत रिकॉर्ड करने की चुनौती दी गई थी। इस चुनौती पर पूरी तरह खरे उतरते हुए उन्होंने इतने मर्मस्पर्शी और शानदार गीत रचे कि पूरा देश भाव-विभोर हो उठा। राग जोगिया पर आधारित 'दिल एक मन्दिर है, प्यार की जिसमें होती है पूजा, ये प्रीतम का घर है' (रफी-सुमन कल्याणपुर), राग तिलक कामोद पर आधारित 'हम तेरे प्यार में सारा आलम खो बैठे हैं खो बैठे' (लता), राग किरवाणी पर आधारित 'याद न जाए बीते दिनों की' (रफी), 'रुक जा रात ठहर जा ओ चन्दा' (लता), 'नन्ही-सी कली मेरी लाड़ली' (सुमन कल्याणपुर) और 'यहाँ कोई नहीं तेरा मेरे सिवा' (रफी)—सभी एक से एक अनमोल गीत थे। इस हृदयस्पर्शी फिल्म ने न सिर्फ देश भर में सिल्वर जुबली मनाई बल्कि इसके संगीत ने भी तहलका-सा मचा दिया। ये सभी गीत आज भी अमर हैं।

राज कपूर अब बाहर की बहुत कम फिल्में कर रहे थे। 'एक दिल सौ अफसाने' (1963) ऐसी ही एक फिल्म थी, जिसमें वे वहीदा रहमान के साथ थे। शंकर-जयकिशन ने एक बार फिर राज कपूर की फिल्म में मुकेश और लता के सुरीले गीतों के रंग बिखेरने की कोशिश की थी। लेकिन एक गीत मुहम्मद रफी की आवाज में भी था—राग भैरवी पर आधारित फिल्म का सबसे मोहक गीत—'तुम ही तुम हो मेरे जीवन में,

फूल ही फूल हैं जैसे चमन में'। यह अमर युगल-गीत उन्होंने लता के साथ गाया था। कहते हैं कि मुकेश उन दिनों विदेश दौरे पर थे और रफी ने सिर्फ यह सोचकर लता के साथ यह युगल गीत रिकॉर्ड करवा दिया था कि बाद में इसे मुकेश से डब करवा लिया जाएगा। लेकिन उन्होंने इतना अच्छा गाया था कि राज कपूर और शंकर-जयकिशन इसे डब करवाने की हिम्मत ही नहीं कर पाए। इस तरह, लगभग ग्यारह वर्ष बाद राज कपूर पार्श्व गायक मुहम्मद रफी की आवाज में गाते दिखाई दिए। फिल्म के अन्य लोकप्रिय गीतों में मुकेश के 'कुछ शेर सुनाता हूँ मैं', 'मस्त नजर देख इधर' और 'सुनो जी सुनो हमारी भी सुनो' के साथ-साथ लता का बेहद लुभावना 'एक दिल और सौ अफसाने, हाय मुहब्बत हाय जमाने' भी शामिल था।

एल.वी. प्रसाद की 'हमराही' (1963) शंकर-जयकिशन के संगीत की एक और सुनहरी उपलब्धि थी। राजेन्द्र कुमार और जमुना की मुख्य भूमिकाओं से सजी यह फिल्म भी मद्रास में बनी एक सिल्वर जुबली हिट फिल्म थी। इसके गीतों ने भी खूब धूम मचाई। 'मन रे, तू ही बता क्या गाऊँ' (लता), 'ये आँसू मेरे दिल की जुबान हैं' (रफी, राग भूपाली), 'करके जिसका इन्तजार मेरा दिल गया हार' (रफी-लता), 'वो चले हाँ वो चले' (रफी) और 'वो दिन याद करो' (रफी-लता)—सभी एक से बढ़कर एक थे और खूब लोकप्रिय हुए थे। लेकिन फिल्म का सबसे धूम मचाने वाला गीत मुहम्मद रफी और मुबारक बेगम की आवाज में था— 'मुझको अपने गले लगा लो ऐ मेरे हमराही, तुमको क्या बतलाऊँ मैं कि तुमसे कितना प्यार है'। कहते हैं कि लता उन दिनों बम्बई में नहीं थीं, इसलिए सिर्फ यह सोचकर इस गीत को रफी के साथ मुबारक बेगम की आवाज में रिकॉर्ड कर लिया गया था कि बाद में इसे लता से डब करवा लिया जाएगा। लेकिन शंकर-जयकिशन के लाख कहने के बावजूद लता इसे डब करने के लिए राजी नहीं हुईं। शायद इसके पीछे एक पुरानी और वरिष्ठ गायिका के प्रति उनकी सम्मान भावना रही हो। जो भी हो, यह गीत खूब लोकप्रिय हुआ और हिन्दी सिनेमा के सबसे मधुर और अमर युगल-गीतों में शामिल है।

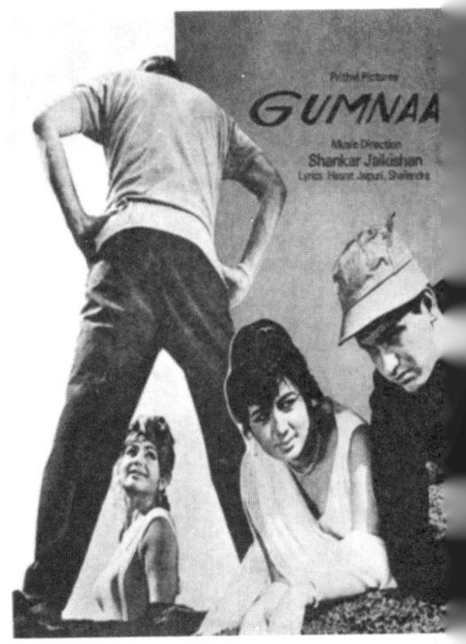

★

यह वह दौर था जब लगता था मानो शंकर-जयकिशन का संगीत सीधा स्वर्ग से उतर रहा हो। पूरा जमाना उन्हीं के संगीत पर थिरक रहा था। लगभग पन्द्रह वर्षों से वे लगातार बड़ा मीठा, सुरीला और लोकप्रिय संगीत दे रहे थे और उतना ही कलात्मक और ऊँचे स्तर का भी। लेकिन इसके बाद जल्दी ही उनके संगीत में एक ढलाव-सा दिखाई देने लगा, खासकर 1964 के बाद। इसके बाद भी उनका संगीत खूब लोकप्रिय तो हुआ लेकिन उसमें से 'अमरत्व' का तत्त्व धीरे-धीरे गायब होता चला गया। शायद 'कलात्मकता' की बजाय 'लोकप्रियता' का पहलू उनके संगीत पर ज्यादा हावी होता चला गया।

फिर भी, 1964-65 तक उनकी कमजोर फिल्में भी मधुर और उत्कृष्ट संगीत से सजी रही थीं। बॉक्स ऑफिस पर कोई खास धमाका न करने वाली 'अपने हुए पराए' (1964), 'एप्रिल फूल' (1964) और 'जानवर' (1965) ऐसी ही कुछ फिल्में थीं। माला सिन्हा और मनोज कुमार की मुख्य भूमिकाओं वाली 'अपने हुए पराए' में लता का एक बड़ा प्यारा गीत था—'बहार बनके वो मुस्कराए हमारे गुलशन में, बाद-ए-सबा तू न आए तो क्या, काली घटा तू न छाए तो क्या'। लता के ही 'मैंने बुलाया और तुम आए' और टाइटल गीत 'अपने हुए पराए' के साथ-साथ मुकेश का 'कोई बुलाए और कोई आए' इस फिल्म के संगीत के अन्य मधुर आकर्षण थे। इसी तरह विश्वजीत और सायरावानू की 'एप्रिल फूल' में भी 'मेरी मुहब्बत पाक मुहब्बत' (रफी) और 'तुझे प्यार करते हैं करते रहेंगे' (रफी-सुमन) जैसे मीठे और लोकप्रिय गीत थे। शम्मी कपूर और राजश्री की मुख्य भूमिकाओं वाली 'जानवर' में जहाँ रफी के 'लाल छड़ी मैदान खड़ी' और 'हो, तुमसे अच्छा कौन है, दिल लो जिगर लो जान लो' जैसे तेज-रफ्तार और अपने समय के सुपरहिट गीत थे, वहीं 'मेरी मुहब्बत जवां रहेगी' (रफी), 'गा मेरे संग गा' (लता) और 'आँखों आँखों में' (लता-आशा) जैसे सदाबहार गीत भी थे।

इसी बीच जयकिशन की जिंदगी में एक बड़ी घटना घटी। लेख टंडन के साथ उनकी बड़ी गहरी छनती थी। दोनों बड़े पक्के दोस्त थे। जैसाकि लेख जी बताते हैं, एक दिन दोनों वार्डन रोड के मशहूर बॉम्बेलिस रेस्तराँ (अब 'अमरसन्स') में बैठे बीयर पी रहे थे कि सामने से हँसती-चहचहाती लड़कियों का एक झुंड गुजरा। उनमें से एक लड़की ने गुलाबी साड़ी पहन रखी थी। जयकिशन ने उसे देखा तो बस देखते ही रह गए और लेख से बोले—"शादी करने के लिए यह लड़की कैसी रहेगी?" लेख ने मुस्कराते हुए जवाब दिया—"बहुत अच्छी रहेगी! इससे तो तुम चाहे आज ही शादी कर लो!" और सचमुच कुछ ही दिनों बाद, 31 अगस्त 1963 को जयकिशन उसी लड़की के साथ विवाह-बन्धन में बँध गए। उसका नाम पल्लवी मरीवाला था। मरीवाला एक जाना-माना और प्रतिष्ठित परिवार था। महालक्ष्मी रेसकोर्स से ताड़देव की तरफ आएँ तो बाएँ मोड़ के कोने पर उनका बहुत शानदार भवन दिखाई देता है। जयकिशन अपनी नई-नवेली दुल्हन के साथ मेरिन-ड्राइव पर स्थित गोविन्द महल के एक शानदार फ्लैट में चले आए। पल्लवी बड़ी समझदार जीवन-संगिनी साबित हुईं। कहते हैं कि उन्हीं दिनों लता मंगेशकर के साथ जयकिशन का थोड़ा मन-मुटाव हो गया था तो पल्लवी ने ही बीच में पड़कर इसे दूर किया था। उनकी तीन सन्तानें हुईं—दो बेटे चेतन और योगेश तथा बेटी भैरवी (जो जयकिशन

शैलेन्द्र और लेख टंडन

'आम्रपाली' : गीत रिकॉर्डिंग

का प्रिय राग था)। उनका परिवार अब भी मुम्बई में ही बसा हुआ है। पल्लवी एक मशहूर ड्रेस डिजाइनर हैं तो भैरवी इम्पोर्टेड कन्फेक्शनरी के व्यवसाय से जुड़ी हुई हैं।

जे. ओमप्रकाश द्वारा निर्मित और मोहन कुमार द्वारा निर्देशित 'आई मिलन की बेला' (1964) शंकर-जयकिशन की एक और धूम मचाने वाली फिल्म थी। राजेन्द्र कुमार, सायरा बानू और धर्मेन्द्र की मुख्य भूमिकाओं से सजी इस फिल्म ने बॉक्स ऑफिस पर ऐसा धमाका किया कि बैनर की पिछली फिल्म 'आस का पंछी' की सफलता को भी पीछे छोड़ दिया। इस बार भी फिल्म का सबसे बड़ा आकर्षण इसका संगीत ही था। लगभग सभी गीत सुपरहिट थे। राग भैरवी पर आधारित और सितार के मोहक इंटरल्यूडों वाला 'तुम्हें और क्या हूँ मैं दिल के सिवाय, तुमको हमारी उमर लग जाए' (लता) फिल्म का सबसे हृदयस्पर्शी गीत था। राग बिलावल पर आधारित 'तुम कमसिन हो नादाँ हो नाजुक हो भोली हो' (रफी) और 'मैं कमसिन हूँ नादाँ हूँ नाजुक हूँ भोली हूँ' (लता) भी बड़े मोहक गीत थे और इन दोनों का डुएट 'ओ सनम तेरे हो गए हम' भी। रफी का दूसरा सोलो 'प्यार आँखों से जताया तो बुरा मार गए' भी खूब लोकप्रिय हुआ था। लेकिन फिल्म का सबसे धूम मचाने वाला गीत था टाइटल-गीत 'आहा आई मिलन की बेला देखा आई, बनके फूल हर कली मुस्कराई' (रफी-आशा भोंसले)। इस फिल्म की जबर्दस्त सफलता ने राजेन्द्र कुमार की जुबली कुमार की छवि को और अधिक मजबूत कर दिया, जबकि धर्मेन्द्र खलनायकी के स्पर्शवाले सहायक अभिनेता की भूमिका में थे।

गुरुदत्त और मीना कुमारी की 'साँझ और सवेरा' (1984) जाने-माने निर्देशक हृषिकेश मुखर्जी के साथ शंकर-जयकिशन की चौथी फिल्म थी। फिल्म के संवेदनशील कथानक को देखते हुए शंकर-जयकिशन ने इस फिल्म में वैसा ही मीठा और संवेदनशील संगीत दिया था। फिल्म का टाइटल-गीत 'यही है वो साँझ और सवेरा' (रफी-आशा) खूब लोकप्रिय हुआ था और फिल्म का दूसरा युगल-गीत 'अजहुँ न आए बालमा सावन बीता जाए' (रफी-सुमन कल्याणपुर) भी। राग सिन्धु भैरवी पर आधारित यह युगल-गीत शायद रफी और सुमन का सबसे खूबसूरत युगल-गीत है। यह वह समय था जब रफी और लता के बीच रॉयल्टी के बारे में अलग-अलग धारणाओं के कारण दूरियाँ पैदा हो चुकी थीं, जिसके बाद दोनों ने तीन-चार वर्ष तक साथ-साथ एक भी गाना नहीं गाया। यही समय (1964-67) सुमन कल्याणपुर का सबसे सुनहरी दौर था, जिन्हें इस दौरान रफी के साथ बहुत से युगल-गीत गाने को मिले। 'अजहुँ न आए बालमा' की लोकप्रियता के बाद तो एकाएक ही उनकी माँग खूब बढ़ गई। इस फिल्म में लता के दो सोलो 'मनमोहन कृष्ण मुरारी' और 'ओ सजना, मोरे घर अंगना' भी खूब लोकप्रिय हुए थे। साथ ही महमूद पर फिल्माया गया 'जिंदगी मुझको दिखादे रास्ता' भी।

यह वर्ष साउथ की दो सुपरहिट फिल्मों में शंकर-जयकिशन का धूम मचाने वाले संगीत का वर्ष भी था। एल.वी. प्रसाद की 'बेटी-बेटे' (1964) सुनील दत्त, बी. सरोजा देवी और जमुना की मुख्य भूमिकाओं से सजी एक पारिवारिक फिल्म थी। इस फिल्म में राग अडाना पर आधारित रफी का एक अनमोल अर्द्ध-शास्त्रीय गीत था, जो उनके सदाबहार गीतों में शामिल है—'राधिके तूने बाँसुरी चुराई'। 'दो पहलू दो रंग' वाला 'आज कल में ढल गया दिन हुआ तमाम, तू भी सोजा सो गई रंग भरी शाम' (रफी और लता के वर्जन) भी बड़ा मोहक गीत था और खूब लोकप्रिय हुआ। इनके अलावा रफी का 'नैनोंवाली तोरे नैना जादू कर गए' और दोनों युगल-गीत 'गोरी चलो न हंस की चाल, जमाना दुश्मन है' (रफी-आशा) और 'अगर तेरी जलवानुमाई न होती, खुदा की कसम ये खुदाई न होती' (रफी-सुमन) भी बड़े खूबसूरत गीत थे और खूब चले थे। मद्रास के जेमिनी स्टूडियो द्वारा निर्मित और रामानन्द सागर द्वारा निर्देशित 'जिंदगी' (1964) के संगीत ने तो और भी धूम मचा दी। पृथ्वीराज कपूर, वैजयन्तीमाला और राजेन्द्र कुमार की मुख्य भूमिकाओं वाली इस फिल्म के एक से एक सुपरहिट गीतों में 'पहले मिले थे सपनों में और आज सामने पाया' (रफी), 'घुंघरवा मोरा छन-छन बाजे' (आशा भोंसले-रफी), 'हम दिल का कंवल देंगे' (लता), 'हमने जफा न सीखी उनको वफा न आई' (रफी), 'हम प्यार का सौदा करते हैं इक बार' (लता) और 'मुस्करा लाड़ले मुस्करा' (मन्ना डे) शामिल थे। लता का 'एक नए मेहमान के आने की खबर' और मन्ना डे की आवाज में एक खूबसूरत नज्म 'दिल को बाँधा जुल्फ की जंजीर से' भी बड़ी दिलचस्प रचनाएँ थीं।

1964 का वर्ष शंकर-जयकिशन के लिए अपार सफलताओं का वर्ष था। देश के कोने-कोने में उन्हीं के गीत गूँज रहे थे। हर तरफ उन्हीं की धूम थी। उनकी इस धूम में और भी बढ़ोतरी करने और इसे देश की सरहदों के पार दुनिया में दूर-दूर तक पहुँचाने का काम किया राज कपूर की महत्त्वाकांक्षी और भव्य फिल्म 'संगम' (1964) ने। आर.के. बैनर की यह पहली रंगीन (टेक्नीकलर) फिल्म एक अभिनेता और निर्माता-निर्देशक के रूप में राज कपूर की सबसे बड़ी सफलता थी। इस फिल्म ने ऐसा तूफान मचाया, देश और विदेश में इतने रिकॉर्ड तोड़े कि क्या कहने! पूरे मिडल ईस्ट में तो आज भी इस फिल्म की डीवीडी और सीडी धड़ाधड़ बिकती हैं। इस फिल्म की अद्‌भुत लोकप्रियता का खुद मुझे (त्रिनेत्र बाजपेयी) भी बड़ा सुखद और रोमांचक अनुभव हुआ। यू.ए.ई. की अपनी बिलकुल पहली यात्रा के दौरान मैं

आबू धाबी के मशहूर होटल ली मेरीडियन की छत पर स्थित नाइट क्लब रेस्तराँ में डिनर ले रहा था तो एक अरबी गायक को बड़े मस्ती भरे अन्दाज में 'बोल राधा बोल संगम होगा कि नहीं' गाते सुनकर हैरान रह गया। उसने पूरा गाना सुनाया, वह भी पूरे और मूल गीत से हूबहू मेल खाते हुए ऑर्केस्ट्रा और इंटरल्यूडों के साथ। राग भैरवी पर आधारित मुकेश का यह सुपरहिट गाना—'मेरे मन की गंगा और तेरे मन की जमुना का, बोल राधा बोल संगम होगा कि नहीं'—पूरे मिडल ईस्ट—यू.ए.ई, बेहरेन, लेबनान, सीरिया, जॉर्डन, ईरान, मोरक्को, मिस्र और तुनीशिया इत्यादि में 'संगम' का पर्याय बन चुका है। लता के 'मैं का करूँ राम मुझे बुड्ढा मिल गया' का भी यही हाल है। हाल ही मैं मैंने ईरान में तेहरान और इस्फाहन की सड़कों पर भी 'संगम' की डीवीडी बिकते देखी तो मुझे खुशी भी हुई और हैरानी भी। शंकर–जयकिशन ने 'बोल राधा बोल' में बैगपाइपर का और 'मैं का करूँ राम' में गिटार और वायलिन की जुगलबन्दी का बड़ा अनूठा और मोहक प्रयोग किया था। फिल्म के तीसरे सुपरहिट गीत 'ये मेरा प्रेमपत्र पढ़कर के तुम नाराज न होना' (रफी) का मुखड़ा पल्लवी के नाम जयकिशन के एक पत्र की देन था। फिल्म के सभी गीत वर्षों तक लोगों के दिलोदिमाग पर छाए रहे थे—राग भैरवी पर आधारित मुकेश का दर्द भरा 'दोस्त दोस्त न रहा प्यार प्यार न रहा' हो या मुकेश लता और महेन्द्र कपूर का बेहद दिलचस्प और नाटकीय 'हर दिल जो प्यार करेगा वो गाना गाएगा', जिसमें पहले अकॉर्डियन और फिर पियानो का, खासकर दूसरे अन्तरे के बाद, बड़ा सुन्दर प्रयोग किया गया था। मुकेश का जोशीली मस्ती भरा 'जो महबूबा, ओ महबूबा' और किसी दूसरी दुनिया में ले जाने वाला लता और मुकेश का गजब का डुएट 'ओ मेरे सनम, ओ मेरे सनम, दो जिस्म मगर इक जान हैं हम, इक दिल के दो अरमान हैं हम' सचमुच अभिभूत कर देने वाले गीत थे। फिल्म में एक इतालवी गीत भी था—'इच लिवदिश आय लव यू'—जो एक इतालवी लोकधुन पर आधारित था। इसमें कोई सन्देह नहीं कि 'संगम' शंकर–जयकिशन के संगीत के रत्नजड़ित मुकुट में किसी नायाब हीरे से कम नहीं थी। तत्कालीन प्रधानमंत्री पं. जवाहरलाल नेहरू राज कपूर को बहुत चाहते थे। 'जिस देश में गंगा बहती है' की तरह वे 'संगम' के प्रीमियर पर भी मौजूद थे। लेकिन जल्दी ही 27 मई, 1964 को, उनका निधन हो गया तो आर.के. कैम्प की पूरी टीम शोक में डूब गई। शैलेन्द्र ने उनकी याद में एक बड़ा प्यारा गीत लिखा—'फूल खिलेगा बागों में जब तक गुलाब का प्यारा'। शंकर–जयकिशन ने इसकी धुन बनाई और मुकेश ने उतनी ही भावुकता के साथ इसे गाया तथा रिकॉर्ड करवाया। यह गीत 'चाचा नेहरू' के रूप में मशहूर दिवंगत प्रधानमंत्री के प्रति आर.के. कैम्प की श्रद्धांजलि का प्रतीक बन गया।

वर्ष की कुछ धूम अभी बाकी थी, जो दक्षिण की एक और सुपरहिट फिल्म 'राजकुमार' (1964) के रूप में सामने आई। के. शंकर द्वारा निर्देशित यह फिल्म एक बेहद लुभावनी और नशीली फन्तासी प्रेमकथा थी, जिसका परिकथा जैसा कथानक दो दिग्गजों मनमोहन देसाई (कहानी) और रामानन्द सागर (संवाद) ने मिलकर रचा था। शम्मी कपूर और साधना की मुख्य भूमिकाओं से सजी इस फिल्म के नशीले रोमांस में सौन्दर्य और शृंगार–रस इस कदर घुला–मिला हुआ था कि दर्शक दिल थामकर और आहें भरते रह जाते थे। फिल्म के सभी गीत सुपरहिट थे, लेकिन लता के 'आजा आई बहार दिल है बेकरार' और रफी और सुमन के डुएट 'तुमने पुकारा और हम चले आए, जान हथेली पे ले आए है' ने कुछ ज्यादा ही धूम मचाई। हसरत जयपुरी अपने पूरे खुमार पर थे। जरा मुलाहिजा फरमाइए—'तुमने किसी की जान को जाते हुए देखा है... वो देखो मुझसे रूठकर मेरी जान जा रही है' (रफी)। या फिर—'इस रंग बदलती दुनिया में इनसान की नीयत ठीक नहीं, निकला न करो तुम सज–धज के ईमान की नीयत ठीक नहीं' (रफी)। इस गीत की आगे की कुछ पंक्तियाँ हैं—

मैं कैसे खुदा हाफिज कह दूँ मुझको तो किसी का यकीन नहीं
छुप जाओ हमारी आँखों में भगवान की नीयत ठीक नहीं

इनके अलावा रफी के धमाकेदार 'जाने वाले जरा होशियार यहाँ के हम हैं राजकुमार' और आशा के डुएट 'नाच रे मन बदकम्मा ठुमक–ठुमक बदकम्मा' ने भी खूब धूम मचाई। लेकिन जहाँ तक हमारी पसन्द का सवाल है, तो वह था रफी और आशा भोंसले का गजब का नशीला डुएट—'दिलरुबा, दिल पे तू, ये सितम किए जाए, किए जाए'। गिटार के गुदगुदाते सुरों और बोंगो के अनूठे रिदम ने इस गीत को बेहद उत्तेजक और मादक बना दिया था। पर्दे पर शम्मी कपूर और साधना ने इसे उतनी ही उत्तेजना और मस्ती से प्रस्तुत भी किया था। सच पूछें तो इस गीत ने पर्दे पर और सिनेमाघरों में आग ही लगा दी थी!

★

अगले वर्ष 1965 में कुछ अजीब घटनाएँ हुईं। ऐसी घटनाएँ कि पिछले पन्द्रह वर्षों से बड़ी मजबूती से कायम शंकर–जयकिशन का साम्राज्य अचानक ही डगमगाता हुआ प्रतीत होने लगा। ऐसी अफवाहें सुनाई देने लगीं कि शंकर–

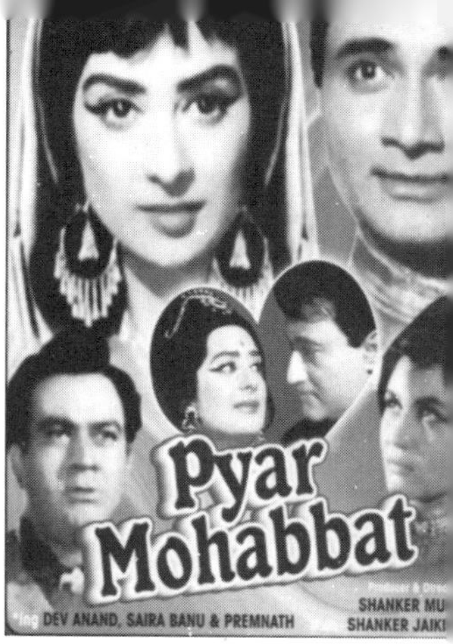

शंकर-जयकिशन अल्ट्रा मॉडर्न म्यूजिक

जयकिशन की जोड़ी टूट चुकी थी और दोनों सिर्फ नाम भर के लिए साथ थे। इन अफवाहों को कुछ तथ्यों से भी तूल मिली क्योंकि रामानन्द सागर की 'आरजू' में जयकिशन ने सचमुच अकेले ही संगीत दिया था, जिसके लिए उन्हें पाँच लाख रुपए दिए गए थे। इसके साथ ही इसी वर्ष 'लाल छड़ी मैदान खड़ी' और 'तुमसे अच्छा कौन है, दिल लो जिगर लो जान लो' (दोनों रफी, 'जानवर', 1965) जैसे कुछ गीतों में शंकर-जयकिशन द्वारा तेज-तर्रार ऑर्केस्ट्रा के प्रयोग की आलोचना ने भी जोर पकड़ लिया, भले ही यह शम्मी कपूर की विशिष्ट छवि और उनकी फिल्मों के कथानक की माँग थी। संयोग से इसी वर्ष शैलेन्द्र भी अपनी खुद की फिल्म 'तीसरी कसम' (1966) के निर्माण की तैयारियों में व्यस्त हो गए, जो निस्सन्देह शंकर-जयकिशन के सबसे दमदार और मर्मस्पर्शी गीतों की धुरी थे। संयोग से ही इसी वर्ष शारदा के रूप में शंकर की जिंदगी में एक नई गायिका का प्रवेश हुआ जो बड़ी तेजी से उनके संगीत पर छाती चली गईं। इन सभी संयोगों ने मिलकर मानो आने वाले खतरों की जमीन तैयार कर दी।

जहाँ तक शंकर-जयकिशन की जोड़ी के टूटने और 1965 के बाद हर फिल्म में अकेले-अकेले संगीत देने का प्रश्न है, तो इस सम्बन्ध में हसरत जयपुरी ने 'फिल्मफेयर' (1-15 जुलाई, 1987) में छपे एक लेख 'शंकर एंड मी' में बिलकुल साफ कहा था—''यह बंटवारा सिर्फ सहूलियत को देखते हुए कर लिया गया था। शैलेन्द्र शंकर के साथ काम करते थे और मैं जयकिशन के साथ, लेकिन यह कोई अटूट नियम नहीं था।''

रामानन्द सागर द्वारा निर्मित और निर्देशित 'आरजू' (1965) राजेन्द्र कुमार और साधना की मुख्य भूमिकाओं से सजी एक सुपरहिट फिल्म थी। जैसाकि हम कह चुके हैं, इस फिल्म में अकेले जयकिशन ने ही संगीत दिया था, जिसके लिए उन्होंने पाँच लाख रुपए लिए थे। यह उस समय किसी भी संगीत-निर्देशक को दी जाने वाली सबसे ऊँची रकम थी। इस फिल्म के गीत भी अकेले हसरत जयपुरी ने ही लिखे थे। फिल्म के सभी गीत खूब मीठे, रसीले और सुपरहिट थे। राग देस पर आधारित और अनूठी दीपचन्दी ताल वाला लता का 'अजी रूठकर अब कहाँ जाइएगा, जहाँ पाइएगा हमें पाइएगा' फिल्म का सबसे खूबसूरत गीत था। यही गीत फिल्म के आखिर में रफी की आवाज में भी था—'अजी हमसे बचकर कहाँ जाइएगा'। रफी के तीन और सोलो भी बड़े मोहक थे और खूब लोकप्रिय हुए थे—'ऐ नर्गिस-ए-मस्ताना', 'ऐ फूलों की रानी बहारों की मलिका' (राग पीलू) और गजब के नशीलेपन और मस्ती भरा 'छलके तेरी आँखों से शराब और ज्यादा'। लेकिन फिल्म का सबसे शाहकार और दिल के तार झिंझोड़ देने वाला गीत था लता का दर्द भरा 'बेदर्दी बालमा तुझको मेरा मन याद करता है'। राग चारुकेशी पर आधारित यह गीत लता के सबसे मर्मस्पर्शी दर्द भरे गीतों में शामिल है। लेकिन शंकर के स्पर्श के बिना फिल्म पूरी कैसे होती? जयकिशन को विदेश दौरे पर जाना पड़ा तो रामानन्द सागर को फिल्म के आखिरी गीत के लिए शंकर का मुँह देखना पड़ा। फिल्म की मशहूर कव्वाली 'जब इश्क कहीं हो जाता है तो ऐसी ही हालत होती है' (आशा भोंसले, मुबारक बेगम) उन्होंने ही कम्पोज की, जिसके लिए उन्होंने अलग से पच्चीस हजार रुपए लिए। फिरोज खान, नाजिमा और महमूद की बहुत दिलचस्प सहायक भूमिकाओं वाली इस मर्मस्पर्शी प्रेमकथा ने देश में सभी जगह सिल्वर जुबली मनाई और इसके संगीत ने भी खूब धूम मचाई।

एन.एन. सिप्पी की 'गुमनाम' (1965) बड़ी दिलचस्प सस्पेंस फिल्म थी। राजा नवाथे द्वारा निर्देशित इस फिल्म में मनोज कुमार और नन्दा के साथ प्राण, हेलन, महमूद और बहुत से खलनायकों / चरित्र अभिनेताओं की भीड़ थी। कहते हैं कि एक शाम जयकिशन अपने दोस्त सतीश बागले के साथ ईरोस थिएटर में एक हॉलीवुड फिल्म 'शराड' (कैरी ग्रांड—ऑड्री हेपबर्न) का दोपहर का शो देखने के बाद घर लौटे तो उन्होंने राजा नवाथे और हसरत जयपुरी को बड़ी बेसब्री से अपना इन्तजार करते पाया। पता चला कि दो दिन बाद ही फिल्म की शूटिंग थी, इसलिए अगले दिन ही फिल्म का टाइटल-संगीत रिकॉर्ड करने की जरूरत थी। जयकिशन 'शराड' के टाइटल-ट्रैक की मस्ती में झूम रहे थे। उन्होंने झट से इसी के आधार पर 'गुमनाम' के टाइटल-गीत की धुन तैयार कर दी, हसरत जयपुरी ने बोल लिख दिए और लता को फोन करके अगले दिन रिकॉर्डिंग की 'डेट' ले ली गई। इस तरह फिल्म में बार-बार सुनाई देने वाला लता का मशहूर गीत 'गुमनाम है कोई, बदनाम है कोई' झट से तैयार हो गया। यह भी सुनने में आता है कि 'संगम' में 'मैं का करूँ राम मुझे बुड्ढा मिल गया' गीत के कुछ शब्दों के पीछे छिपे अश्लील अर्थों के कारण लता मंगेशकर शंकर से नाराज हो गई थीं। शंकर ने उन्हें मनाने की बजाय एक नई गायिका शारदा को खोज लिया। (इस खोज के पीछे दिमाग की बजाय दिल की ज्यादा भूमिका दिखाई देती है।) शंकर ने उनसे सबसे पहला गाना 'गुमनाम' के लिए ही गवाया—'आएगा कौन यहाँ, किसको सदाएँ देता है दिल'—जिसे बाद में फिल्म से निकाल दिया गया। लेकिन रफी के साथ गाया गया शारदा का युगल-गीत 'जाने चमन शोला बदन पहलू में आ जाओ' फिल्म में बरकरार रहा और लोकप्रिय भी हुआ। फिल्म का सबसे सुपरहिट गीत था लता का झूमता हुआ 'इस दुनिया में जीना है तो सुन लो मेरी बात', जिसमें गिटार, बैकपाइपर और तालियों की थाप का बड़ा सुन्दर प्रयोग किया गया था। हेलन ने पर्दे पर भी इस गीत को बड़े जोशीले और मोहक अन्दाज में प्रस्तुत किया था। कॉमेडियन महमूद पर फिल्माए गए रफी के 'हम काले हैं तो क्या हुआ दिलवाले हैं' ने भी खूब धूम मचाई थी। रफी के दो और सोलो—तेज रफ्तार 'जान-पहचान हो जीना आसान हो' और गुदगुदाता-लुभाता हुआ 'इक लड़की है जिसने जीना मुश्किल कर दिया'—भी काफी लोकप्रिय हुए थे।

'बदतमीज' और 'गबन' दो ऐसी ब्लैक एंड व्हाइट फिल्में थीं, जो निर्माण में देर होने से समय से पीछे रह गईं। परिणामस्वरूप ये दोनों फिल्में बॉक्स ऑफिस पर रंगीन फिल्मों की चुनौती के आगे नहीं ठहर पाईं। इन दोनों फिल्मों को इनके संगीत के लिए आज भी याद किया जाता है।

मनमोहन देसाई द्वारा निर्देशित रोमान्टिक कॉमेडी 'बदतमीज' (1966) में शम्मी कपूर और साधना थे, जो वर्मा ब्रदर्स की आखिरी फिल्म थी। इस फिल्म में शंकर-जयकिशन ने रफी के बहुत से थिरकते, झूमते हुए और मस्ती भरे गीत दिए थे—'हसीन हो तुम खुदा नहीं हो', 'बदतमीज कहो या कहो जानवर मेरा दिल तेरे दिल पे फिदा हो गया', 'अपनी बाँहों से कोई काम तो लो, गिर न जाऊँ मैं हजूर थाम तो लो' और 'दिल को न मेरे तड़पाओ'। बम्बई के मशहूर सन एंड सैंड होटल में नायिका साधना पर स्विमिंग-सूट में फिल्माया गया 'सूरत हसीं लगता है दीवाना' (लता), 'पहला-पहला प्यार है ये पहला-पहला प्यार' (सुमन) और 'सिर्फ तुम्हीं तो हो जिस पर' (रफी-लता) फिल्म के अन्य लोकप्रिय गीत थे। प्रेमचन्द के प्रसिद्ध उपन्यास पर आधारित 'गबन' (1966) के निर्माण के दौरान ही निर्देशक कृष्ण चोपड़ा की मृत्यु हो गई और इस फिल्म को हृषिकेश मुखर्जी को पूरा करना पड़ा। इस बेहद खूबसूरत और मर्मस्पर्शी फिल्म को सुनील दत्त और साधना के गजब के अभिनय के साथ-साथ शंकर-जयकिशन के मीठे, सुरीले और मर्मस्पर्शी संगीत के लिए याद किया जाता है। लता का तड़प भरा 'तुम्हारी कसम तुम बहुत याद आए' हो या रफी के साथ उनका उतना ही तड़प भरा युगल-गीत 'तुम बिन सजन बरसे नयन जब-जब बादल बरसे'—दिल को आज भी बड़ी गहराई से छू जाते हैं। 'आए रे दिन सावन के' (लता), 'मैंने देखा था सपने में इक चन्द्रहार' (लता) और 'अहसान मेरे दिल पे तुम्हारा है दोस्तो' फिल्म के कुछ अन्य मधुर और लोकप्रिय गीत थे।

जयकिशन अकसर यह इच्छा प्रकट करते रहते थे कि काश 'बसन्त बहार' जैसी फिल्मों का युग लौट आए! कम से कम एक फिल्म के लिए यह युग सचमुच ही लौट आया और एफ.सी. मेहरा की महत्त्वाकांक्षी फिल्म 'आम्रपाली' में उन्हें ऊँचे दर्जे के मधुर और कलात्मक संगीत का सृजन करने का अवसर मिला। सुनील दत्त और वैजयन्तीमाला की मुख्य भूमिकाओं से सजी इस फिल्म के निर्देशक उनके घनिष्ठ मित्र लेख टंडन थे। आचार्य चतुर्सेन के प्रसिद्ध उपन्यास 'वैशाली की नगरवधू' पर आधारित यह फिल्म हिन्दी सिनेमा के इतिहास में एक कीर्ति-स्तम्भ से कम नहीं थी। सम्राट अशोक और उनके घोर शत्रु राज्य वैशाली की राजनर्तकी आम्रपाली के अनूठे प्रेम से जुड़ी यह फिल्म इतने भव्य स्तर पर और इतनी प्रामाणिकता के साथ बनाई गई थी कि पर्दे पर वह प्राचीन युग सचमुच ही साकार हो उठा था। निर्देशक लेख टंडन की तरह शंकर-जयकिशन ने भी इस फिल्म के संगीत पर खूब मेहनत की थी। लेख जी ने इस फिल्म के संगीत को लेकर हमें बड़ा दिलचस्प किस्सा सुनाया था। फिल्म के पहले गीत 'काटे न कटे रैना' की रिकॉर्डिंग की तैयारियाँ हो चुकी थीं। सब कुछ तैयार था। गीत लिखा जा चुका था, धुन बन चुकी थी, लता मंगेशकर खूब रिहर्सल भी कर चुकी थीं, और अगले दिन रिकॉर्डिंग के लिए रिकॉर्डिंग-स्टूडियो भी बुक किया जा चुका था। लेकिन रिकॉर्डिंग से एक रात पहले राज कपूर ने अचानक ही फोन करके शंकर-जयकिशन, लेख टंडन और एफ.सी. मेहरा को बुलाया और उनसे कहा कि यह गीत उन्हें अपनी अगली फिल्म 'मेरा नाम जोकर' के लिए चाहिए। भला उन्हें कौन मना करता? वे शंकर-जयकिशन के भी गुरु थे और लेख टंडन के भी। सब के सब मन मसोसकर रह गए। राज साहब का आदेश पत्थर की लकीर से कम नहीं था। अगली सुबह जब पूरी टीम रिकॉर्डिंग-स्टूडियो में इकट्ठी हुई तो किसी की समझ में नहीं आ रहा था कि क्या किया जाए। राज साहब के आदेश की अवहेलना करने का प्रश्न ही नहीं उठता था। तो क्या रिकॉर्डिंग कैंसिल कर दी जाए? यह सुनते ही लता मंगेशकर ने कहा कि फिल्म के पहले ही गाने की रिकॉर्डिंग कैंसिल कर देना अपशगुन होगा। उन्होंने शैलेन्द्र से पूछा—''क्या आपके पास इसी सिचुएशन का कोई दूसरा गीत नहीं है?'' शैलेन्द्र ने जवाब दिया—''गीत तो नहीं, सिर्फ मुखड़ा है—जाओ रे जोगी तुम जाओ रे।'' उनके मुँह से ये पंक्तियाँ सुनते ही शंकर-जयकिशन दोनों ही उछल पड़े। ये पंक्तियाँ गीत की सिचुएशन पर बिलकुल फिट बैठती थीं। शंकर, जयकिशन और लता झट से मुखड़े की धुन बनाने में व्यस्त हो गए और गीत के अन्तरे लिखने का जिम्मा शैलेन्द्र पर छोड़ दिया गया। लेकिन शैलेन्द्र रिकॉर्डिंग-स्टूडियो की उस घुटन और भीड़भाड़ में कुछ भी नहीं सोच पा रहे थे। लेख टंडन झट से उन्हें अपनी कार में बिठाकर एक रेस्तराँ में ले गए, जहाँ शैलेन्द्र ने जमकर बीयर छकी। इसके बाद लेख टंडन उन्हें कार में घुमाते-घुमाते महालक्ष्मी से बोरीवली तक गए और वापस लौटे। लेकिन अफसोस, शैलेन्द्र को अन्तरे सूझ ही नहीं रहे थे। दोनों खाली हाथ रिकॉर्डिंग-स्टूडियो में लौट आए तो लता ने ताना मारते हुए कहा—''क्या शैलेन्द्र जी!'' यह सुनना था कि शैलेन्द्र के मुँह से झर-झर अन्तरे फूटने लगे—'ज्ञान की कैसी सीमा ज्ञानी, गागर में सागर का पानी'! उन्होंने धड़ाधड़ छह अन्तरे उगल दिए तो लता ने उन्हें रोकते हुए कहा—''बस-बस, हमें सिर्फ तीन अन्तरे चाहिए।'' 'आम्रपाली' का यह बेहद मशहूर गीत था—'जाओ रे जोगी तुम जाओ रे, ये है प्रेमियों की नगरी, यहाँ प्रेम ही है पूजा'। इसे राग हमीर-कामोद पर आधारित रखा गया था। 'मेरा नाम जोकर' के लिए 'काटे न कटे रैना' की रिकॉर्डिंग काफी बाद में की गई, जिसे आशा भोंसले और मन्ना डे के एक युगल-गीत के रूप में कम्पोज किया गया था। आज मुड़कर देखें तो राज कपूर ने अपने शिष्य लेख टंडन से यह गीत लेकर उन्हें कहीं ज्यादा सुन्दर और लोकप्रिय गीत दे दिया था।

'आम्रपाली' के संगीत पर पूरी तरह से लता मंगेशकर छाई हुई थीं। उनके सभी गीत मधुरतम और उत्कृष्टतम संगीत

नर्गिस, लता और शंकर-जयकिशन

के उदाहरण थे। राग भूपाली पर आधारित 'नील गगन की छाँव में दिन-रैन गले से मिलते हैं, दिन पंछी बन उड़ जाता है हम खोए-खोए रहते हैं' मानव-हृदय की आसमानी उड़ानों का बड़ा सुन्दर प्रतीक था। 'तुम्हें याद करते-करते जाएगी रैन सारी, तुम ले गए हो अपने संग नींद भी हमारी' भी गजब का गीत था, जिसमें रुद्रवीणा के सुरों का बड़ा मोहक प्रयोग किया गया था। इसी तरह 'तड़प ये दिन-रात की, कसक ये बिन बात की' भी बड़ा मोहक और नशीला गीत था। लता के सभी गीत बिलकुल अलग तरह के गीत थे और उनके सबसे अनूठे कलात्मक गीतों में शामिल हैं। राग भैरवी पर आधारित समूह-गीत 'नाचो गाओ नाचो धूम मचाओ नाचो' और मंत्रमुग्ध कर देने वाली प्रार्थना 'बुद्धम् शरणम् गच्छामि' इस फिल्म के संगीत के अन्य मधुर आकर्षण थे। यह फिल्म अपनी पहली रिलीज पर भले ही बॉक्स ऑफिस पर न चली हो, लेकिन बाद के प्रदर्शनों में हमेशा दर्शकों को लुभाती रही। महात्मा बुद्ध के सन्देश पर आधारित होने के कारण बर्मा (अब म्यांमार) और थाइलैंड की सरकार ने भी इस फिल्म के कई प्रिंट खरीदे। इस फिल्म का एक विशिष्ट आकर्षण था नायिका वैजयन्तीमाला के अद्भुत नृत्य। उन्होंने वैशाली की राजनर्तकी को पर्दे पर सचमुच ही जिंदा कर दिया था। राजा अजातशत्रु की भूमिका में सुनील दत्त ने भी यादगार अभिनय किया था और वे इस फिल्म को अपनी सर्वश्रेष्ठ फिल्म कहा करते थे। 'आम्रपाली' को ऑस्कर में भारत की प्रतिनिधि फिल्म के रूप में भेजा गया था और इसकी कॉस्ट्यूम डिजाइनर भानू उत्थैया को अपने उत्कृष्ट वेशभूषा-निर्देशन के लिए ऑस्कर पुरस्कार जीतने का गौरव भी प्राप्त हुआ था। निर्देशक लेख टंडन उन दिनों को याद करते हुए बताते हैं कि फिल्म के गीतों की रिकॉर्डिंग के दौरान शंकर और जयकिशन दोनों ही मौजूद रहा करते थे। उनके झगड़े की अफवाहों में हकीकत कम और अफसाना ज्यादा था।

राजेन्द्र कुमार और वैजयन्तीमाला की मुख्य भूमिकाओं वाली 'सूरज' शंकर की खोज शारदा की धूम मचाने वाली फिल्म थी। टी. प्रकाश राव द्वारा निर्देशित इस सुपरहिट फिल्म में शारदा के दो गीत 'तितली उड़ी, उड़के चली, फूल ने कहा, आजा मेरे पास, तितली कहे मैं चली आकाश' और 'देखो मेरा दिल मचल गया, तूने देखा और बदल गया' खूब लोकप्रिय हुए थे। (हालाँकि नायिका वैजयन्तीमाला के होंठों पर वे कुछ अटपटे-से प्रतीत होते थे।) लेकिन फिल्म का सबसे धूम मचाने वाला गीत था राग शिवरंजनी पर आधारित रफी का सदाबहार 'बहारो फूल बरसाओ मेरा महबूब आया है'। आज भी शादियों में जयमाला की रस्म के दौरान यह गीत अकसर सुनाई दे जाता है। 'चेहरे पे गिरी जुल्फें कह दो तो हटा दूँ मैं' (रफी), 'इतना है तुमसे प्यार मुझे मेरे राजदार' (रफी-सुमन) और राग भैरवी पर आधारित 'कैसे समझाऊँ बड़ी नासमझ हो' (रफी-आशा) फिल्म के अन्य धूम मचाने वाले गीत थे। इस फिल्म के लिए शंकर-जयकिशन को वर्ष के सर्वश्रेष्ठ संगीत-निर्देशन का पाँचवाँ फिल्मफेयर पुरस्कार भी मिला था, हालाँकि इसी वर्ष रिलीज हुई 'गाइड' और सचिन देव बर्मन की दृष्टि से यह न्यायपूर्ण नहीं था।

सदाबहार देव आनन्द के साथ शंकर-जयकिशन की एक और फिल्म 'प्यार-मुहब्बत' (1966) के रूप में सामने आई, जो एक सुपर फ्लॉप फिल्म थी। इसके बाद देव आनन्द के साथ इस जोड़ी की दो और फिल्में 'कहीं और चल' (1968) और 'दुनिया' (1968) भी फ्लॉप फिल्में साबित हुईं। कमजोर स्क्रिप्ट या फिर रिलीज में हुई देरी इन तीनों फिल्मों को ले डूबी। शंकर मुखर्जी द्वारा निर्देशित 'प्यार-मुहब्बत' में देव आनन्द के साथ सायरा बानू थीं और इसमें 'प्यार-मुहब्बत के सिवाय ये जिंदगी क्या जिंदगी' (रफी-आशा), 'सुन-सुन-सुन, सुन रे बलम' (शारदा), 'सभी कुछ है तुझमें' (लता) और 'मिल गई मिल गई मिल गई रे' (रफी) जैसे कुछ लोकप्रिय गीत थे। विजय आनन्द द्वारा निर्देशित 'कहीं और चल' में देव आनन्द और आशा पारिख की लोकप्रिय जोड़ी थी। लेकिन इस ब्लैक एंड व्हाइट फिल्म की रिलीज में बहुत ज्यादा देर हो गई और यह ठीक से रिलीज भी नहीं हो पाई। इस फिल्म में 'जिंदगी सहरा भी है और जिंदगी गुलशन भी है' (लता) और 'ओ आने वाले आ तू देर न लगा' (लता) जैसे कुछ मधुर गीत थे। श्याम बहल की टी. प्रकाश राव निर्देशित 'दुनिया' में देव आनन्द के साथ वैजयन्तीमाला थीं'। इस फिल्म में 'फलसफा प्यार का तुम क्या जानो' (रफी), 'दूरियाँ नजदीकियाँ बन गईं' (किशोर-आशा) और 'जवान तुम हो जवान हम हैं' (रफी) जैसे कुछ सुपरहिट गीत थे।

प्रमोद चक्रवर्ती की 'लव इन टोकियो' (1966) जॉय मुखर्जी और आशा पारिख की मुख्य भूमिकाओं से सजी एक सुपरहिट फिल्म थी। इस फिल्म के संगीत ने भी खूब धूम मचाई थी। फिल्म के एक से एक मधुर और लोकप्रिय गीतों में रफी और लता के अलग-अलग वर्जन वाला 'ओ मेरे शाहेखुबाँ ओ मेरी जाने-जनाना, तुम मेरे पास होते हो कोई दूसरा नहीं होता' शामिल था। ये दोनों ही वर्जन बराबरी की टक्कर के थे और खूब लोकप्रिय हुए थे। इनके अलावा राग दरबारी कान्हड़ा पर आधारित लता का बेहद खूबसूरत क्लासिक 'कोई मतवाला आया मेरे द्वारे', लता का ही 'मुझे तुम मिल गए हमदम' और रफी का 'आजा रे आ जरा आ' फिल्म के अन्य लोकप्रिय गीत थे। जापान से जुड़ी प्रेमकथा होने के कारण फिल्म के दो गीत इसी पृष्ठभूमि से जुड़े हुए थे—रफी का 'ले गई दिल गुड़िया जापान की' और लता का खूब धूम मचाने वाला 'सायोनारा, सायोनारा, वादा निभाऊँगी सायोनारा' (राग भूपाली)। इस फिल्म के मधुर और सुपरहिट सगीत से शंकर-जयकिशन ने साबित कर दिया था कि वे अब भी सफलता और लोकप्रियता के शिखर पर थे।

★

शैलेन्द्र ने सिर्फ शंकर-जयकिशन के साथ ही नहीं, बल्कि सचिन देव बर्मन, हेमन्त कुमार, सलिल चौधरी इत्यादि संगीत-निर्देशकों के साथ भी एक से एक सुहाने और सुपरहिट गीत दिए थे। वे हिन्दी सिनेमा के सबसे मधुर और मर्मस्पर्शी गीतों की धुरी थे और अपनी सफलता और प्रसिद्धि के शिखर पर थे। उन्हीं दिनों उन्होंने हिन्दी के जाने-माने साहित्यकार फणीश्वरनाथ रेणु की प्रसिद्ध कहानी 'मारे गए गुलफाम' पर 'तीसरी कसम' (1966) के नाम से एक फिल्म बनाने का फैसला किया। इसके निर्देशक के रूप में उन्होंने बासु भट्टाचार्य को चुना। (जिन्होंने बाद में 'अनुभव', 'आविष्कार' और 'गृहप्रवेश' जैसी कई और प्रयोगवादी और प्रसिद्ध फिल्में बनाईं।) एक नर्म-नाजुक दिल का स्वप्नदर्शी कवि फिल्म-निर्माता बन गया और, जैसाकि सबसे देखा, जल्दी ही उन पर मुसीबतों का पहाड़ टूट पड़ा। हाँ, इस प्रक्रिया में एक खूबसूरत फिल्म जरूर बन गई। उनका एक सपना जरूर पूरा हो गया। शैलेन्द्र की फिल्म में उन्हें फिल्मों में लाने वाले राज कपूर के अलावा दूसरा नायक कौन होता? नौटंकीवाली की भूमिका में महान अभिनेत्री और नर्तकी वहीदा रहमान के अलावा भला कौन होतीं? शंकर-जयकिशन के अलावा भला और किसका संगीत होता? शैलेन्द्र फिल्म के गीतकार भी थे और निर्माता भी, लेकिन शंकर-जयकिशन के संगीत की परम्परा का पालन करते हुए उन्होंने कुछ गीत हसरत जयपुरी से भी लिखवाए। 'इमेज मेकर' के नए बैनर तले बनाई गई यह ब्लैक एंड व्हाइट फिल्म आज हिन्दी सिनेमा के एक कीति-स्तम्भ, एक 'क्लासिक' के रूप में देखी जाती है। इसका संगीत भी उतना ही 'क्लासिक' है और निस्सन्देह हिन्दी फिल्म संगीत के इतिहास में एक कीर्ति-स्तम्भ से कम नहीं है। बॉक्स ऑफिस पर इस ब्लैक एंड व्हाइट फिल्म का जो भी हाल हुआ हो, लेकिन इसके संगीत ने ऐसी धूम मचाई कि यह आज तक थमी नहीं है। सबसे बड़ी बात यह है कि इस फिल्म का हर गीत एक सदाबहार और अमर गीत है, जो शंकर-जयकिशन की जोड़ी की विलक्षण प्रतिभा का परिचायक है। यूपी और बिहार की पृष्ठभूमि वाले नौशाद ने 'गंगा-जमुना' में, एस.एन. त्रिपाठी ने 'बिदेसिया' में और चित्रगुप्त ने 'गंगा मइया तोहे पियरी चढ़इवे' में जमकर पूर्वी रंग पैदा किया था, लेकिन 'चलत मुसाफिर मोह लिया लिया रे पिंजरेवाली मुनिया' (मन्ना डे) में शंकर-जयकिशन ने जो बात पैदा कर दी वह अपने-आपमें बेजोड़ है। इस बिरहा का फिल्मांकन भी उतना ही गजब का था। राज कपूर ने इतनी मुस्तैदी से डफली बजाई थी मानो यह उनका रोज का काम हो। इस दृश्य में खुद शैलेन्द्र भी गाने-बजाने वालों की टोली में शामिल थे और सचमुच ही समाँ बँध गया था। इसी तरह 'लाली लाली डोलिया में लाली रे दुल्हनिया' (आशा भोंसले) भी आँचलिक रंग का बहुत खूबसूरत और अद्भुत गीत था। राग खमाज पर आधारित 'सजनवा बैरी हो गए हमार' (मुकेश) पूरबी रंग का एक और मंत्रमुग्ध कर देने वाला गीत था। आशा भोंसले का बेहद लोकप्रिय और चुलबुला 'पान खाएँ सैयाँ हमारो' भी गजब का गीत था। नौटंकी शैली के कई और गीत भी थे—'यही ख्वाइश है तुम मुझको देखा करो', 'मैं सुनाता हूँ इक माजरा अजीब' और 'किस्सा होता है शुरू पावी इश्क रंगीन' (शंकर शम्भू-मुबारक बेगम)। फिल्म के अन्य गीतों में थीम-साँग 'सजन रे झूठ मत बोलो खुदा के पास जाना है' और 'दुनिया बनाने वाले क्या तेरे मन में समाई' (दोनों मुकेश) के साथ-साथ नौटंकी शैली के तीन नृत्य-गीत 'मारे गए गुलफाम अजी हाँ मारे गए गुलफाम' (लता), 'हाय गजब कहीं तारा टूटा' (आशा भोंसले) और बेहद लुभावने 'आ, आ भी जा, रात ढलने लगी, चाँद छुपने चला' (लता) शामिल थे। ये सभी गीत खूब लोकप्रिय हुए थे। नृत्य-गीतों में वहीदा रहमान का अभिनय और अदाएँ देखते ही बनती थीं।

'तीसरी कसम' इतनी खूबसूरत फिल्म थी कि इसे हिट होना ही चाहिए था। लेकिन सर तक कर्जों में डूबे और लेनदारों का निरन्तर दबाव झेल रहे शैलेन्द्र सिनेमा के व्यावसायिक समीकरणों को समझ पाने में असमर्थ रहे। यह फिल्म कई जगह बहुत विलम्ब से रिलीज हुई तो कहीं ढंग से रिलीज ही नहीं हो पाई। सचाई तो यह है कि इस फिल्म को रिलीज होने से पहले ही 'फ्लॉप' घोषित कर दिया गया। कहते हैं कि शैलेन्द्र के कुछ नजदीकी सम्बन्धियों ने उन्हें जमकर चूना लगाया था। फिल्म की रिलीज को लेकर भी षड्यंत्रों की बात सुनने में आती है। बम्बई के अप्सरा थिएटर में दर्शकों की खूब भीड़ जुटने के बावजूद चार हफ्ते बाद ही इसे उतार दिया गया। कर्जों में डूबे और लेनदारों से परेशान नाजुकदिल शैलेन्द्र बोतल की शरण में चले गए और इतनी पीने लगे मानो जान देने पर उतारू हों। कुछ ही दिनों में इस बोतल ने सचमुच ही उनकी जान ले ली और वे सिर्फ 36 वर्ष की उम्र में इस दुनिया से हमेशा के लिए चले गए। उनकी यूँ अकस्मात और असामयिक मृत्यु हिन्दी फिल्म संगीत के लिए बहुत बड़ा झटका थी। शंकर-जयकिशन तो इस झटके से उबर ही नहीं पाए और कुछ ही वर्षों में आसमान से जमीन पर आ गए। शंकर ने बाद में कहीं कहा भी था—''शैलेन्द्र की मौत के साथ ही मानो मेरा संगीत भी खो गया!'' कितनी बड़ी विडम्बना है कि आज अगर कहीं 'तीसरी कसम' रिलीज होती है तो खूब चलती है! इसके डीवीडी भी खूब बिकते हैं!

'तीसरी कसम' से बिलकुल उलट थी शम्मी कपूर की मस्ती और रोमांस भरी 'एन ईवनिंग इन पेरिस' (1967)। दोनों फिल्में दो विपरीत ध्रुवों की तरह थीं। एक पूरब तो दूसरी पश्चिम। एक में पूरब की आँचलिकता की महक थी तो दूसरी में पेरिस की थिरकती-मचलती हुई नशीली शाम की रंगीनियाँ। इस फिल्म का हिन्दी नाम भी यही था—'पेरिस

शंकर-जयकिशन और राजेन्द्र कुमार

की एक शाम'। शंकर-जयकिशन की अद्‍भुत जोड़ी के लिए नौटंकी और बिरहा से सीधे पेरिस के नाइट क्लबों का संगीत मानो बाएँ हाथ का खेल था। यह उनकी विविधता का परिचायक भी था। इस फिल्म में उन्होंने पश्चिमी शैली का अल्ट्रा-मॉडर्न संगीत दिया। पेरिस की रंगीन शामों, फैशनेबल गलियों और मौज-मस्ती भरे समुद्र तटों से मेल खाता हुआ जवाँ और जोशीला संगीत! शक्ति सामन्त द्वारा निर्मित और निर्देशित इस फिल्म में शम्मी कपूर की नायिका शर्मीला टैगोर थीं, जो बहुत साहसिक और आधुनिक दृष्टिकोण वाली अभिनेत्री मानी जाती रही हैं। इसीलिए न उन्हें बिकिनी से परहेज हुआ और न पश्चिमी जीवनशैली के प्रदर्शन से। पूरी फिल्म में वे बला की ग्लेमरस दिखती रहीं। पेरिस को प्रेम और प्रेमियों का शहर माना जाता है। शंकर-जयकिशन ने अपने संगीत के माध्यम से प्रेम और 'प्रेमनगर' पेरिस दोनों को ही सलाम किया था। इस संगीत शैली में 'जे ने से क्यूई' की झलक थी, जिसका अर्थ होता है 'मुझे नहीं पता कि क्या'। यह संगीत जीने के आनन्द और जिंदादिली का संगीत था। जिंदगी के जश्न का संगीत! फिल्म के संगीत पर पूरी तरह मुहम्मद रफी छाए हुए थे—शम्की कपूर की रूमानी 'रिबेल' छवि को पेरिस की मस्ती का नशीला रंग देते हुए। 'अजी ऐसा मौका फिर कहाँ मिलेगा, हमारे जैसा दिल कहाँ मिलेगा' फिल्म का थीम-साँग था, जिसकी अगली पंक्तियां थीं—'आओ तुमको दिखलाता हूँ पेरिस की इक रंगीं शाम, देखो-देखो, देखो, एन ईवनिंग इन पेरिस'। इसी तरह 'अकेले-अकेले कहाँ जा रहे हो, हमें साथ ले लो जहाँ जा रहे हो' पेरिस की हसीन वादियों की प्यार भरी पुकार का प्रतीक था। इस गीत में रफी ने जो 'ठहराव' पैदा किया है और शंकर-जयकिशन ने प्रतिध्वनियों का जो अद्‍भुत प्रयोग किया है, वह इस गीत को बेहद रोमांचक और नशीला बना देता है। ऐसा लगता है मानो इस गीत का संगीत साजों की बजाय दिल की धड़कनों से निकल रहा हो! 'दीवाने का नाम तो पूछो, प्यार से देखो, काम तो पूछो' के साथ भी यही बात है, जिसकी अगली पंक्ति 'चाहे फिर न मिलना' पेरिस की वादियों और गलियों में गूँजती हुई प्रतीत होती है, 'अकेले-अकेले कहाँ जा रहे हो' की तरह। और फिर उस गीत का तो जवाब ही नहीं है, जिसे शम्मी कपूर ने आसमान से हेलीकॉप्टर से लटकते हुए और समुद्र के बीचोबीच जल-क्रीड़ा में मग्न बिकिनी-धारी शर्मीला टैगोर को मनाते-लुभाते हुए गाया था—'आसमान से आया फरिश्ता प्यार का सबक सिखलाने, दिल में है तसवीर यार की लाया हूँ वो दिखलाने, कहो प्यार है तुमसे'। इस गीत में शर्मीला टैगोर के 'डोंट बी सिली' का भी जवाब नहीं था जिसका अंत 'हाँ है, कहा न, है' से होता है। इस गीत का वीडियो आज भी खूब लोकप्रिय है। रफी के ये चारों गीत खूब धूम मचाने वाले गीत थे और बेहद लोकप्रिय हुए थे। इन तेज-रफ्तार सोलो गीतों की तुलना में आशा भोंसले के साथ उनका डुएट बिलकुल अलग अन्दाज का धीमा और नशीला डुएट था—'रात के हमसफर थकके घर को चले, झूमती आ रही है सुबह प्यार की'। यह खूबसूरत युगल-गीत एफिल टॉवर की पृष्ठभूमि में पेरिस की नशीली, रंगीन और रोमांस भरी रातों का प्रतीक था। जवाँ दिलों और जवाँ धड़कनों का गीत। इन एक से एक सदाबहार गीतों के अलावा फिल्म में 'होगा तुमसे कल भी सामना' (रफी), 'ले जा ले जा ले जा मेरा दिल' (शारदा) और 'मेरा दिल है तेरा, तेरा दिल है मेरा' (रफी) जैसे कई और लोकप्रिय गीत भी थे। शारदा के 'ले जा ले जा ले जा मेरा दिल' में आशा भोंसले के 'जुबी-जुबी' के सुरों ने गीत की मोहकता को और भी बढ़ा दिया था, जिसे मशहूर पेरिसी कैबरे के रूप में उतने ही आकर्षक अन्दाज से फिल्माया गया था। यह गीत पिगाले के जमाने के 'कैन-कैन' शैली के मयरूपंखी कैबरों की याद दिलाता था। इसमें कोई सन्देह नहीं कि 'एन ईवनिंग इन पेरिस' शक्ति सामन्त (जिन्होंने इसके बाद राजेश खन्ना और शर्मीला टैगोर के साथ 'आराधना' जैसी महान फिल्म बनाई), शम्मी कपूर और शर्मीला टैगोर की एक अनूठी और यादगार फिल्म थी। इतना नशीला रोमांस पर्दे पर शायद ही कभी दोबारा दिखा हो। ऐसा संगीत भी शायद ही कभी दोबारा सुनाई दिया हो। सलाम एस.जे.!

बॉक्स ऑफिस पर कई बड़े झटकों के बावजूद शंकर-जयकिशन ने अपनी विशिष्ट शैली और उच्चस्तरीय संगीत के साथ कोई समझौता नहीं किया। 1960 के दशक के अन्तिम वर्षों में भी वे मधुर, कलात्मक और उच्चस्तरीय संगीत देते रहे, जो खूब लोकप्रिय भी हुआ। 1966-67 में उनकी बहुत-सी फिल्में एक के बाद एक फ्लॉप होती चली गईं, लेकिन इन फिल्मों के संगीत को लोग आज भी बड़ी चाहत के साथ याद करते हैं। 'आम्रपाली' और 'तीसरी कसम' की बात हम कर ही चुके हैं, 'गुनाहों का देवता', 'हरे काँच की चूड़ियाँ' और 'लाट साहब' भी ऐसी ही कुछ फिल्में थीं। देवी शर्मा की 'गुनाहों का देवता' (1967) में जीतेन्द्र और राजश्री मुख्य भूमिकाओं में थे। इस फिल्म के कई मधुर और लोकप्रिय गीतों में 'राम करे कहीं नैना न उलझे' (लता), 'चाहा था बनूँ प्यार की राहों का देवता' (मुकेश), 'हमको तो बर्बाद किया है और किसे बर्बाद करोगे' (रफी) और रफी और मन्ना डे का अद्‍भुत युगल-गीत 'महफिल में शमाँ चमकी दीवाने चले आए' शामिल थे। इसी तरह किशोर साहू की 'हरे काँच की चूड़ियाँ' (1967) में 'धानी चुनरी पहन' और 'पंछी रे ओ पंछी' जैसे आशा भोंसले के कुछ खूब लोकप्रिय गीत थे। इस फिल्म में विश्वजीत और नीना साहू थे। शम्मी कपूर और नूतन की मुख्य भूमिकाओं वाली 'लाट साहब' (1967) तो एक से एक हिट गीतों से सजी हुई थी—'मुझे जबसे मुहब्बत हो गई, बस एक मुसीबत हो गई' (लता, राग सिन्धु भैरवी), 'तन में अगनी मन में चुभन'

(आशा-रफी), 'जाने मेरा दिल किसे ढूँढ़ रहा है' (रफी), 'ऐ चाँद जरा छुप जा' (आशा-रफी) और खूब धूम मचाने वाला 'सवेरेवाली गाड़ी से चले जाएँगे' (रफी)।

महान अभिनेत्री नर्गिस की आखिरी फिल्म 'रात और दिन' (1967) भी बॉक्स ऑफिस पर कोई खास हलचल नहीं मचा सकी, लेकिन इस फिल्म का सुपरहिट संगीत आज भी अमर है। यह फिल्म खुद नर्गिस ने अपने दो भाइयों अख्तर हुसैन और अनवर हुसैन के साथ मिलकर 'ए.ए.एन. प्रॉडक्शन' के बैनर तले बनाई थी, जिसमें वे प्रदीप कुमार के साथ एक ऐसी नायिका की भूमिका में थीं जिसे नींद में चलने की बीमारी है। इस ब्लैक एंड व्हाइट फिल्म में अपने गजब के अभिनय के लिए उन्हें वर्ष की सर्वश्रेष्ठ अभिनेत्री का राष्ट्रीय पुरस्कार भी मिला था। जाने-माने फिल्मकार सत्येन बोस द्वारा निर्देशित इस खूबसूरत फिल्म में शंकर-जयकिशन ने ऐसा संगीत दिया था जिसे हम शाश्वत संगीत कह सकते हैं—मधुरतम, उत्कृष्टम, सर्वोत्तम संगीत! फिल्म के सभी गीत एक से बढ़कर एक थे और आज भी एफ.एम. चैनलों पर खूब सुनाई देते हैं—'आवारा ऐ मेरे दिल, जाने कहाँ है तेरी मंजिल' (लता), 'रात और दिन दिया जले, मेरे मन में फिर भी अंधियारा है' (लता और मुकेश के अलग-अलग वर्जन), 'न छेड़ो कल के अफसाने करो इस रात की बातें' (लता), वॉल्ज शैली का अद्भुत डुएट 'दिल की गिरह खोल दो चुप न बैठो कोई गीत गाओ' (लता-मन्ना डे), 'जीना हमको रास न आया हम जाने क्यों जीते हैं' (लता) और 'फूल-सा चेहरा चाँद-सी रंगत' (रफी)। यह संगीत सचमुच सपनों का संगीत था।

जापान के दो शहरों हिरोशिमा और नागासाकी में एटम बमों से हुई तबाही की पृष्ठभूमि पर आधारित मोहन कुमार की महत्त्वाकांक्षी फिल्म 'अमन' (1967) बॉक्स ऑफिस पर भी उतनी ही बड़ी त्रासदी साबित हुई। राजेन्द्र कुमार और सायरा बानू की मुख्य भूमिकाओं से सजी इस फिल्म की भारी असफलता से 'जुबली कुमार' राजेन्द्र कुमार के कैरियर को भी बड़ा झटका लगा। (उनकी पिछली फिल्म 'पालकी' भी फ्लॉप हो गई थी।) जापान के मनोरम दृश्य और सर बर्तराँ रसेल, चेतन आनन्द और बलराज साहनी की भूमिकाएँ भी इस फिल्म को डूबने से नहीं बचा पाईं। शंकर-जयकिशन का संगीत भी नहीं। फिल्म के हिट गीतों में रफी का बेहद नशीला 'आज की रात ये कैसी रात कि हमको नींद नहीं आती' शामिल था, जिसमें सायरा बानू की शोख-चंचल टिप्पणियों ने और भी खुमार पैदा कर दिया था। 'अपने पिया की प्रेम पुजारन करके बैठी सिंगार' (लता), 'सुराहीदार गर्दन कोयल-सी है आवाज' (रफी) और 'ऐ हुस्नपरी चेहरा तुम कितनी दर्दमन्द हो' (रफी) फिल्म के कुछ अन्य लोकप्रिय गीत थे। हमेशा की तरह इस फिल्म में भी शैलेन्द्र और हसरत के गीत थे, लेकिन हिरोशिमा से जुड़ी एक कविता प्रेम धवन द्वारा रची गई थी।

पाच्छी की टेक्नीकलर 'एराउंड द वर्ल्ड' (1967) अपने नाम के अनुरूप दुनिया की सैर करवाने वाली फिल्म थी। लेकिन दर्शकों ने चार रुपए अस्सी पैसे (जो उन दिनों अच्छे थिएटरों में बालकनी के टिकट का मूल्य हुआ करता था) में भी यह सैर करने से इनकार कर दिया और फिल्म फ्लॉप हो गई। आप कितने ही लुभावने दृश्य दिखाइए, लेकिन आपको एक कहानी जरूर सुनानी पड़ेगी। इस फिल्म में कहानी ही नहीं थी। हाँ, राज कपूर और राजश्री की मुख्य भूमिकाओं से सजी इस फिल्म में शंकर-जयकिशन का झूमता हुआ संगीत जरूर था—'जोशे जवानी हाय रे हाय, निकले जिधर से धूम मचाए' (मुकेश)। समुद्री जहाज पर फिल्माए गए इस गीत में तबले और गिटार का बड़ा सुन्दर प्रयोग किया गया था। इसी तरह 'एराउंड द वर्ल्ड इन एट डॉलर्स' (मुकेश-शारदा), 'दिल लगाकर आपसे पछता रहे हैं जानेमन' (मुकेश), 'ये मुँह मसूर की दाल' (शारदा-मुबारक बेगम) और 'कौवा चला हंस की चाल' (रफी) भी झूमते-मचलते और दुनिया की सैर पर निकले हुए गीत थे, जो एक बेसिर-पैर की कहानी में अपना कोई मतलब ढूँढ़ने की कोशिश कर रहे थे। राज कपूर भी अब अपनी बढ़ती उम्र को नहीं छिपा पा रहे थे और युवा नायिकाओं के साथ अटपटे लगने लगे थे। फिर भी फिल्म का एक युगल-गीत खूब लोकप्रिय हुआ था और मुकेश के सदाबहार युगल-गीतों में शामिल है—'चले जाना जरा ठहरो, किसी का दम निकलता है, ये मंजर देखकर जाना, चले जाना' (मुकेश-शारदा)।

बंगाल के सुप्रसिद्ध और प्रतिष्ठित अभिनेता उत्तम कुमार ने हिन्दी फिल्मों में आने का फैसला किया और अपने खुद के बैनर द्वारा निर्मित 'छोटी-सी मुलाकात' (1967) के माध्यम से हिन्दी फिल्मों के दर्शकों को लुभाने का प्रयास किया। लेकिन यह मुलाकात सचमुच 'छोटी-सी' ही रही। फिल्म नहीं चल पाई और वे बंगाली फिल्मों के ही होकर रह गए। उत्तम कुमार और वैजयन्तीमाला की मुख्य भूमिकाओं से सजी इस फिल्म में भी शंकर-जयकिशन ने कुछ हिट गीत दिए थे। 'तुझे देखा, तुझे चाहा, तुझे पूजा मैंने' (रफी-सुमन कल्याणपुर) और 'छोटी-सी मुलाकात प्यार बन गई, प्यार बनके गले का हार बन गई, या-या हिप्पी-हिप्पी या-या-या' (रफी-आशा) खास तौर से लोकप्रिय हुए थे। राग नायकी कान्हड़ा पर आधारित तेज रफ्तार नृत्य-गीत 'कल नहीं पाए जिया मोरा पिया' (लता), 'न मुखड़ा मोड़ के जाओ' (रफी), 'जीवन के दोराहे पे खड़े सोचते हैं हम' (लता) और 'मत जा मत जा मत जा मेरे बचपन' (आशा भोंसले) फिल्म के कुछ अन्य मोहक और लोकप्रिय गीत थे। हमने अपने मशहूर टेली-सीरियल 'बिखरी आस निखरी प्रीत' में

‘तुझे देखा, तुझे चाहा, तुझे पूजा मैंने’ गीत का एक स्वप्न-दृश्य में फिर से प्रयोग किया था, जो बड़ा सुन्दर बन पड़ा था।

महेश कौल की राज कपूर और सायरा बानू की मुख्य भूमिकाओं से सजी ‘दीवाना’ (1967) राज कपूर, शंकर-जयकिशन और मुकेश की तिकड़ी की आखिरी यादगार फिल्मों में से थी। यह फिल्म शैलेन्द्र का भी अपने चाहनेवालों के नाम आखिरी पैगाम थी—‘हम तो जाते अपने गाँव, अपनी राम-राम-राम, सबको राम-राम-राम’। इस गीत का शुरू का बन्द था—‘मुबारक देने आए थे, मुबारक देके जाते हैं’। मानो उन्हें इस दुनिया से अपनी अचानक और असामयिक विदाई का पूर्वाभास हो गया था। फिल्म के संगीत पर पूरी तरह से मुकेश छाए हुए थे और उनके सभी गीत सुपरहिट थे—‘ऐ सनम जिसने तुझे चाँद-सी सूरत दी है, उसी मालिक ने मुझे भी तो मुहब्बत दी है’ (राग यमन कल्याण), ‘दीवाना मुझको लोग कहें, मैं समझूँ जग है दीवाना’, ‘तुम्हारी भी जय-जय, हमारी भी जय-जय, न तुम हारे न हम हारे’, ‘पते की बात कहेगा कहेगा जब भी दीवाना’ और बेहद मोहक धीमे सुरों वाला ‘तारों से प्यारे दिल के इशारे, प्यासे हैं अरमाँ ओ मेरे प्यारे, आना ही होगा तुझे आना ही होगा, आना ही होगा’। फिल्म में शारदा के भी तीन गीत थे, लेकिन मुकेश के इन सदाबहार गीतों के आगे वे इतने फीके लगते थे कि उन्हें फिल्म से निकाल दिया गया। इतन धूम मचाने वाले संगीत के बावजूद यह फिल्म बॉक्स ऑफिस पर ठंडी ही रही। एक नायक के रूप में राज कपूर का कैरियर अब सचमुच अपने अन्तिम चरण में आ पहुँचा था।

*

पिछले दो वर्षों (1966-67) में बहुत सारी फ्लॉप लेकिन सुपरहिट संगीत से सजी फिल्में देने के बाद 1968 में शंकर-जयकिशन ने एक बार फिर धूम मचा दी। उनका पहला धमाका थी शम्मी कपूर की ‘ब्रह्मचारी’ (1968)। ‘शोले’ के निर्माता के रूप में मशहूर जी.पी. सिप्पी की इस फिल्म के निर्देशक भप्पी सोनी थे। (जी.पी. सिप्पी के बेटे और ‘शोले’ के निर्देशक रमेश सिप्पी उनके सहायकों में शामिल थे।) इस फिल्म में शम्मी कपूर के साथ राजश्री, मुमताज और प्राण मुख्य भूमिकाओं में थे। जूनियर महमूद ने भी एक बाल कलाकार के रूप में खूब धूम मचाई थी। इस फिल्म में शंकर-जयकिशन ने ऐसा सुपरहिट संगीत दिया था जो बच्चों से लेकर बूढ़ों तक हर किसी के दिलोदिमाग पर छा गया था। फिल्म के कई गीत आज भी अमर हैं और अपने-आपमें बेजोड़ और लाजवाब हैं। तेज रफ्तार गीत भी कितने मधुर और मर्मस्पर्शी हो सकते हैं, यह फिल्म इसका बड़ा खूबसूरत उदाहरण है। बच्चों को खुशियों और सपनों भरी दुनिया में ले जाने वाले ‘चक्के में चक्का चक्के पे गाड़ी, गाड़ी में निकली अपनी सवारी’ का भला कोई जवाब हो सकता है? मुहम्मद रफी ने इसे जिस बालसुलभ अन्दाज में गाया और पर्दे पर शम्मी कपूर ने जिस बच्चों जैसी मासूमियत के साथ प्रस्तुत किया, उससे पता चलता है कि ये दोनों बच्चों के दिलों से कितने नजदीक से जुड़े हुए थे, कि दिल-ही-दिल में ये दोनों खुद भी बच्चे ही थे! अनाथ बच्चों की कथा से जुड़ी इस फिल्म में बच्चों का एक और खूबसूरत गीत भी था, धीमा और लोरीनुमा—‘मैं गाऊँ तुम सो जाओ’। रफी के इस गीत की कुछ मर्मस्पर्शी पंक्तियाँ थीं—‘माना आज की रात है लम्बी माना दिन था भारी, पर जग बदला बदलेगी इक दिन तकदीर हमारी, उस दिन के ख्वाब सजाओ’। पूरी फिल्म के संगीत पर रफी ही छाए हुए थे, उसी तरह जैसे फिल्म में शम्मी कपूर और उनके खुद के कामचलाऊ अनाथाश्रम के बच्चे छाए हुए थे। ‘कोई प्यार हमें भी करता है’ और ‘तू बेमिसाल है तेरी तारीफ क्या करूँ’ भी बड़े मोहक और खूबसूरत गीत थे। लेकिन फिल्म का सबसे धूम मचाने वाला गीत था सुमन कल्याणपुर के साथ उनका डुएट—‘आजकल तेरे-मेरे प्यार के चर्चे हर जुबान पर, सबको मालूम है और सबको खबर हो गई’। इस सुपरहिट गीत के साथ एक दिलचस्प किस्सा जुड़ा हुआ है। शम्मी कपूर मलाबार हिल्स में ‘ब्लू हेवन’ नामक अपार्टमेंट में रहा करते थे, जहाँ अकसर उनके करीबी दोस्तों की महफिल जुटा करती थी। इसमें जयकिशन भी मौजूद रहे थे। एक दिन उन्हें कुछ उदास और खोया-खोया सा देखकर शम्मी कपूर ने उन्हें कुरेदा तो जयकिशन ने बड़े गंभीर अन्दाज में कहा—‘‘यह बताओ कि मैंने आज तक कैसा संगीत दिया है? कैसा काम किया है?’’ शम्मी कपूर ने तपाक से जवाब दिया—‘‘यह भी कोई पूछने की बात है! तुमने कमाल का काम किया है! सारी दुनिया जानती है कि यू आर द बेस्ट!’’ जयकिशन ने फौरन ही जेब से एक टेप निकालकर उन्हें अपना ताजा रिकॉर्ड किया हुआ एक गीत सुनाया। इसे सुनते ही शम्मी कपूर उछल पड़े तो जयकिशन ने कहा कि एक बड़े स्टार ने इस गीत को यह कहकर अस्वीकार कर दिया था कि यह उनकी छवि के साथ मेल नहीं खाता। शम्मी कपूर ने झट से जी.पी. सिप्पी को फोन करके उन्हें इस गीत के बारे में बताया और इसे ‘ब्रह्मचारी’ में शामिल करवा लिया। इस तरह किसी दूसरी फिल्म के लिए तैयार किया गया ‘आजकल तेरे मेरे प्यार के चर्चे’ इस फिल्म का सुपरहिट गीत बन गया। शम्मी जी ने हमारे लोकप्रिय टेली-सीरियल ‘बिखरी आस निखरी प्रीत’ के सेट पर हमारे निर्देशक और पारिवारिक मित्र लेख टंडन की उपस्थिति में खुद यह किस्सा सुनाया था। हमारे बहुत पूछने पर भी उन्होंने उस स्टार का नाम नहीं बताया। लेकिन कहा जाता है कि इस मशहूर गीत को अस्वीकार करने वाले अभिनेता राजेन्द्र कुमार थे। ‘चक्के में चक्का’ और ‘आजकल तेरे मेरे प्यार के चर्चे’ ने खूब धूम मचाई थी, लेकिन इनसे

भी ज्यादा धूम मचाने वाला फिल्म का सबसे शाहकार गीत था रफी का सदाबहार—'दिल के झरोखे में तुझको बिठाकर'। दर्द का राग इतना भव्य भी हो सकता है, चाहत की तड़प इतनी विराट भी हो सकती है, यह शिवरंजनी राग पर आधारित इस गीत ने साबित कर दिया, जिसे शंकर-जयकिशन की एक कमाल की रचना, एक अद्‌भुत उपलब्धि कहा जा सकता है। दुख और तकलीफ का भी जश्न मनाना शंकर-जयकिशन के संगीत की सबसे बड़ी खूबी थी और यह गीत उनकी इस खूबी का मानो चरमोत्कर्ष था! पियानो के तेज सुर जिस तरह ऊँचे उठते-उठते नायक की व्यथा के प्रतीक बन जाते हैं और वायलिन के सुर जिस तरह इस व्यथा को और भी मार्मिक बना देते हैं, वह अपने-आपमें एक अनूठी बात थी। एक कमाल का संगीत अनुभव! और क्या बोल थे हसरत जयपुरी के—'दिल के झरोखे में तुझको बिठाकर, यादों को तेरी मैं दुल्हन बनाकर, रखूँगा मैं दिल के पास, मत हो मेरी जाँ उदास'।

लेख टंडन द्वारा निर्देशित सुपरहिट फिल्म 'झुक गया आसमान' (1968) ने 'जुबली कुमार' राजेन्द्र कुमार के लड़खड़ाते कैरियर को कुछ समय के लिए सँभाल लिया। शंकर-जयकिशन के मधुर और लोकप्रिय संगीत की भी इसमें महत्त्वपूर्ण भूमिका रही। आर.डी. बंसल (जिन्होंने बाद में सत्यजीत रे के साथ भी कुछ फिल्में बनाईं) द्वारा निर्मित इस फिल्म में राजेन्द्र कुमार के साथ सायरा बानू थीं। हॉलीवुड क्लासिक 'मीट मि. जॉर्डन' से प्रेरित यह दिलचस्प फिल्म एक ऐसे नौजवान की कहानी थी जिसे यमदूत समय से पहले ही भूल से मृत्युलोक में ले जाता है, जिसके बाद इस भूल को सुधारते हुए उसकी आत्मा को मिलती-जुलती शक्ल के एक दूसरे मनुष्य के शरीर में प्रवेश करवा दिया जाता है। फिल्म का संगीत सचमुच ही फिल्म की जान था—'उनसे मिली नजर कि मेरे होश उड़ गए' (लता), 'कहाँ चल दिए इधर तो आओ' (रफी), 'सच्चा है गर प्यार मेरा सनम' (रफी) और एल्विस प्रेसली के 'मार्गारिटा' से प्रेरित 'कौन है जो सपनों में आया' (रफी) सभी खूब लोकप्रिय हुए थे। लेकिन फिल्म का सबसे खूबसूरत गीत था लता का शहद-सा मीठा 'मेरे तुम्हारे बीच में अब तो न पर्वत न सागर', जिसके इंटरल्यूडों में शहनाई और सेक्साफोन का बारी-बारी से प्रयोग बड़ा मोहक बन पड़ा था। निर्देशक लेख टंडन ने इस गीत को फिल्माया भी बड़ी खूबसूरती से था।

साउथ के बी. अनन्तस्वामी द्वारा निर्मित 'सपनों का सौदागार' (1968) साउथ से ही आईं हेमा मालिनी की पहली फिल्म थी, वह भी हिन्दी फिल्मों के सबसे बड़े शो-मैन राज कपूर के साथ। फिल्म के पोस्टरों में उन्हें 'ड्रीम गर्ल' के रूप में प्रचारित किया गया था। फिल्म के निर्देशक थे महेश कौल। यह आखिरी फिल्म थी जिसमें शैलेन्द्र ने गीत लिखे थे। कहते हैं कि 'तीसरी कसम' से जुड़ी परेशानियों के कारण वे गीत लिखने का मन नहीं बना पा रहे थे। अनन्तस्वामी गुस्से से उबलते हुए उनके घर जा पहुँचे और उन पर चिल्लाने लगे तो शैलेन्द्र ने बड़ी शांति से कहा—''प्यार से देखो और प्यार से बोलो।'' इसके बाद झट से उन्होंने गीत का मुखड़ा लिख डाला—'तुम प्यार से देखो हम प्यार से देखें, जीवन के अँधेरों में बिखर जाए उजाला'। फिर पाँच मिनट में ही उन्होंने गीत पूरा करके अनन्तस्वामी के हाथ में पकड़ा दिया। अगले दिन ही मुकेश और शारदा की आवाज में इसे रिकॉर्ड भी कर लिया गया। फिल्म के अन्य लोकप्रिय गीत थे—'सपनों का सौदागर आया, ले लो ये सपने ले लो' (मुकेश), 'सीखा नहीं सबक तूने प्यार का' (लता) और 'नादाँ की दोस्ती जी की जलन' (लता)। इसी फिल्म में मुकेश द्वारा गाया गया बेहद दर्द भरा गीत—'ओ जिंदगी, ऐ मेरी बेकसी' शैलेन्द्र द्वारा लिखा गया आखिरी गीत था। यह गीत 'तीसरी कसम' की असफलता की मार झेलने के बाद उनकी मनोस्थिति का भी प्रतीक था—'ओ जिंदगी, ऐ मेरी बेकसी, अपना कोई न था, अपना कोई नहीं'। बढ़ती उम्र की चुनौती से जूझ रहे राज कपूर की यह फिल्म भी बॉक्स ऑफिस पर नहीं चली।

शंकर-जयकिशन द्वारा संगीतबद्ध इकलौती 'मुस्लिम सोशल' फिल्म 'मेरे हजूर' (1968) संगीत की दृष्टि से एक यादगार फिल्म बन गई। शैलेन्द्र के दुखद निधन के बाद यह पहली फिल्म थी जिसके सभी गीत हसरत जयपुरी ने लिखे थे। मलिकचन्द कोछड़ द्वारा निर्मित और विनोद कुमार द्वारा निर्देशित इस फिल्म में राजकुमार, माला सिन्हा और जीतेन्द्र मुख्य भूमिकाओं में थे। यह फिल्म बॉक्स ऑफिस पर तो अच्छी चली ही, इसके सभी गीत भी खूब लोकप्रिय हुए। लता के एक-दो गीतों के अलावा फिल्म के संगीत पर पूरी तरह मुहम्मद रफी छाए हुए थे। 'अल्लाह अल्लाह अल्लाह वो ले गया चाँदी छल्ला' (लता और कोरस), 'गम उठाने के लिए मैं तो जीए जाऊँगा' (रफी, राग रेवती) और 'क्या-क्या न सहे हमने सितम आपकी खातिर' (रफी-लता) जैसे सभी गीत सुपरहिट हुए थे। मन्ना डे का राग दरबारी कान्हड़ा पर आधारित 'झनक-झनक तोरी बाजे पायलिया' भी बड़ा अद्‌भुत गीत था और उनके सदाबहार गीतों में शामिल है। लेकिन फिल्म का सबसे शाहकार गीत था रफी का सदाबहार—'रुख से जरा नकाब हटा दो मेरे हजूर' शंकर-जयकिशन ने साबित कर दिया था कि उनके संगीत में अभी बहुत जान बाकी थी।

राजेन्द्र भाटिया की 'कन्यादान' (1968) भी शंकर-जयकिशन के एक से एक हिट गीतों से सजी हुई थी। मोहन सहगल द्वारा निर्देशित इस फिल्म में शशि कपूर और आशा पारिख मुख्य भूमिकाओं में थे। इस फिल्म में पहली बार शंकर-जयकिशन ने हसरत जयपुरी के साथ-साथ हिन्दी के जाने-माने कवि गोपाल दास 'नीरज' से भी कुछ गीत

लिखवाए थे, शायद शैलेन्द्र की कमी को पूरा करने के लिए। नीरज का 'लिखे जो खत तुझे वो तेरी याद में हजारों रंग के नजारे बन गए' (रफी) खूब लोकप्रिय भी हुआ था। फिल्म के अन्य गीतों में लता के दो धूम मचाने वाले गीतों—'पराई हूँ पराई मेरी आरजू न कर' और 'मिल गए मिल गए आज मेरे सनम'—के साथ-साथ रफी का सदाबहार 'मेरी जिंदगी में आते तो कुछ और बात होती' भी शामिल था। महेन्द्र कपूर और आशा भोंसले का 'संडे को प्यार हुआ, मंडे इकरार हुआ, वंडे ने जाने अब क्या होगा' भी खूब चला था। लेकिन हिट संगीत के बावजूद यह फिल्म बॉक्स ऑफिस पर हिट न हो सकी।

गुरुदत्त के भाई और जाने-माने निर्माता-निर्देशक आत्माराम के साथ शंकर-जयकिशन का साथ बहुत पुराना था। 1968 से 1972 के बीच भी उन्होंने एक के बाद एक उनके बैनर की चार फिल्मों में संगीत दिया। धर्मेन्द्र और आशा पारिख की मुख्य भूमिकाओं से सजी 'शिकार' (1968) में आशा भोंसले के 'पर्दे में रहने दो पर्दा न उठाओ' ने खूब धूम मचाई। लता के साथ उनका युगल-गीत 'जबसे लागी तोसे नजरिया', 'तुम्हारे प्यार में हम बेकरार होके चले' (रफी) और खुद आशा भोंसले के ही दो और सोलो 'हाय मेरे पास तो आ किधर ख्याल है' और 'मैं अलबेली प्यार जताकर ले लेती हूँ दिल' इस सिल्वर जुबली हिट फिल्म के संगीत के अन्य आकर्षण थे। महेन्द्र कपूर और कमल बारोट का नोकझोंक भरा 'मेरे सरकार मेरी आहों का असर देख लिया' भी काफी लोकप्रिय हुआ था। चार्ल्स डिकेन्स के उपन्यास 'ऑलिवर ट्विस्ट' पर आधारित 'चन्दा और बिजली' (1969) में भी 'बिजली हूँ मैं तो बिजली', 'देख जमूरे देख' और 'आज कोई आएगा' जैसे आशा भोंसले के कई हिट गीत थे। रफी के साथ उनका डुएट 'खुद तो बदनाम हुए हमको बदनाम किया' और मन्ना डे का कई भागों वाला थीम-साँग 'काल का पहिया घूमे रे भइया' भी खूब लोकप्रिय हुए थे। नए सितारों से सजी 'उमंग' (1970) में 'सच्चा प्यार तो झुक नहीं सकता' (किशोर-आशा), 'बाबुल कौन घड़ी ये आई' (रफी) और 'प्यार पर कोई बस तो नहीं है' (किशोर) जैसे कुछ लोकप्रिय गीत थे, तो जीतेन्द्र और राखी की मुख्य भूमिकाओं से सजी 'यार मेरा' (1972) में 'दिल की किताब कोरी है' (रफी-सुमन), 'हाय कुछ ऐसी अदा से वो मेरा यार चला' (रफी) और 'डर लगे तो गाना गा' जैसे फड़कते हुए गीत थे—भले ही इन आखिरी दो फिल्मों का संगीत शंकर-जयकिशन के ऊँचे मापदंडों के अनुरूप नहीं था।

लेख टंडन द्वारा निर्देशित 'जहाँ प्यार मिले' (1969) शायद साम्प्रदायिक सद्‌भावना पर बनी सबसे खूबसूरत फिल्म थी। स्टारकास्ट भी अच्छी थी—शशि कपूर और हेमा मालिनी, और संगीत भी गजब का था। लेकिन अबरार अल्वी की मर्मस्पर्शी पटकथा, लेख टंडन के संवेदनशील निर्देशन और शंकर-जयकिशन के मधुर और सुपरहिट संगीत के बावजूद यह फिल्म बॉक्स ऑफिस पर ठंडी ही रही। शायद यह अपने समय से पहले की फिल्म थी। फिर भी इस फिल्म के संगीत को बड़ी चाहत के साथ याद किया जाता है। इस फिल्म के कुछ गीतों को हसरत जयपुरी के साथ-साथ लेख टंडन के सहायक और शायर फारुक कैसर ने भी लिखा था। फिल्म का सबसे सुपरहिट गीत था—'चले जा चले जा चले जा, जहाँ प्यार मिले' (रफी, सुमन कल्याणपुर और रफी के तीन वर्जनों में)। राग आसावरी पर आधारित इस दिल को छू लेने वाले गीत के अलावा लता का राग भैरवी आधारित 'नस-नस में अगन, सुलगे है बदन' भी बड़ा गजब का और दमदार गीत था। रफी के 'दिल है कि धड़कता रहता है' और 'ऐ जाने बहारा जाने करम' भी कमाल के गीत थे और खूब लोकप्रिय हुए थे। शारदा का 'बात जरा है आपस की' एक अलग तरह का कैबरे गीत था, जिसके लिए उन्हें वर्ष की सर्वश्रेष्ठ गायिका का फिल्मफेयर पुरस्कार भी मिला था। कभी-कभी बड़ा अफसोस होता है कि इतनी खूबसूरत फिल्में क्यों नजरअन्दाज होकर रह जाती हैं!

लेख टंडन द्वारा ही निर्देशित एफ.सी. मेहरा की 'प्रिन्स' (1969) में रफी और शम्मी कपूर की जोड़ी ने एक बार फिर खूब रंग जमाया। 'बदन पे सितारे लपेटे हुए ऐ जाने तमन्ना किधर जा रही हो' ने तो तूफान ही मचा दिया, जिसमें शम्मी कपूर और वैजयन्तीमाला का 'ब्लू डाबुनी वॉल्ज' देखने लायक था। अबरार अल्वी की चुस्त पटकथा पर आधारित यह काफी दिलचस्प फिल्म थी। फिल्म के एक से एक हिट गीतों में 'नजर में बिजली अदा में शोले' (रफी), 'ठंडी-ठंडी हवा में दिल ललचाए, हाय जवानी दीवानी' (लता और कोरस), 'बचके जाने न दूँगी दिलदार, तेरी-मेरी लागी सरत' (लता-रफी) और 'मुकाबला हमसे न करो' (रफी-लता-आशा) शामिल थे। पुराने मित्रों शंकर-जयकिशन और लेख टंडन की यह साथ-साथ पाँचवीं फिल्म थी—'प्रोफेसर', 'आम्रपाली', 'झुक गया आसमान', 'जहाँ प्यार मिले' और 'प्रिन्स' के बाद। उनकी तीन-चार और फिल्में भी बनते-बनते रह गईं, जिनमें से कुछ के कुछ गीत भी रिकॉर्ड हो चुके थे—'मिस्टर रोमियो' (शम्मी कपूर-सपना), 'हँसमुख' (रणधीर कपूर-नीतू सिंह), 'असूल' (राजेन्द्र कुमार-शर्मीला टैगोर) और 'जिंदगी एक नशा' (रणधीर कपूर-सुलक्षणा पंडित)। एफ.सी. मेहरा के बैनर ईगल फिल्म्स के लिए यह शंकर-जयकिशन की सातवीं फिल्म थी।

शक्ति सामन्त के साथ भी शंकर-जयकिशन का लम्बा जुड़ाव रहा। उन्होंने साथ-साथ चार फिल्में कीं। अमिय

चक्रवर्ती के बैनर मार्स एंड मूवीज द्वारा निर्मित 'पगला कहीं का' (1970) के निर्देशक भी शक्ति सामन्त थे। शम्मी कपूर और आशा पारिख की मुख्य भूमिकाओं से सजी इस फिल्म में रफी का वह शानदार ओर अमर गोत धा—'तुम मुझे यूँ भुला न पाओगे, जब कभी भी सुनोगे गीत मेरे, संग-संग तुम भी गुनगुनाओगे'। झिंझोटी राग पर आधारित यह गीत लता की आवाज में भी था। फिल्म के अन्य लोकप्रिय गीतों में 'आशिक हूँ इक महजबीं का, लोग कहें मुझे पगला कहीं का' (रफी), 'सुनो जिंदगी गाती है' (लता) और पागलखाने में फिल्माया गया कॉमेडी गीत 'मेरी भैंस को डंडा क्यों मारा' (मन्ना डे) शामिल थे। शक्ति सामन्त के अपने बैनर द्वारा निर्मित और उन्हीं के द्वारा निर्देशित 'जाने-अनजाने' (1971) में शम्मी कपूर और लीना चन्दावरकर मुख्य भूमिकाओं में थे और इसमें भी शंकर-जयकिशन का संगीत था। फिल्म के लोकप्रिय गीतों में 'तेरी नीली-नीली आँखों के दिल पे तीर चल गए' (आशा-रफी), 'राम कसम बुरा न मानूँगी' (आशा), 'मोहे जाल में फँसाए लियो बेइमान ने' (आशा), 'जाने-अनजाने लोग मिले' (किशोर), 'जाने-अनजाने यहाँ सभी हैं दीवाने' (शारदा) और 'छम-छम बाजे रे पायलिया' (मन्ना डे) शामिल थे।

1968 के बाद शंकर-जयकिशन के संगीत में कुछ गिरावट-सी दिखाई देने लगी। तेज रफ्तार पश्चिमी ऑर्केस्ट्रेशन का शोर ज्यादा और मिठास व सुरीलापन कम। शैलेन्द्र के दिल की गहराइयों में उतर जाने वाले मर्मस्पर्शी गीत मानो उन्हीं के साथ चले गए थे। इसके बाद भी शंकर-जयकिशन के गीत तो हिट होते रहे, लेकिन पहले वाली बात नहीं रह गई थी। इस दौर की उनकी बहुत सारी फिल्मों को यादगार संगीत के लिए याद नहीं किया जा सकता। इन फिल्मों के कुछ गिने-चुने गीतों को ही हम अमर गीतों की श्रेणी में रख सकते हैं। आइए, इस दौर के उनके हिट गीतों पर एक नजर दौड़ा ली जाए—

'सच्चाई' (1969)—ऐ दोस्त मेरे मैंने दुनिया देखी है (रफी-मन्ना डे) और 'सौ बरस की ज़िंदगी से अच्छे हैं प्यार के दो-चार दिन' (रफी-आशा); 'यकीन' (1969)—'गर तुम भुला न दोगे, सपने ये सच ही होंगे' (रफी और लता के अलग-अलग वर्जन); 'भाई-भाई' (1969)—'इक तेरा सुन्दर चेहरा इक तेरा प्यार से भला दिल' (रफी) और 'मेरे महबूब तेरे दम से है दुनिया में बहार' (रफी); 'धरती' (1969)—'खुदा भी आसमाँ से जब जमीं पर देखता होगा' (रफी) और 'ये मौसम भीगा-भीगा है' (रफी-लता); 'शतरंज' (1969)—'बदकम्मा बदकम्मा इकड़ पोतोरा' (रफी-शारदा-महमूद) और 'जंगल में मोर नाचा किसने देखा' (लता); 'प्यार ही प्यार' (1969)—'मैं कहीं कवि न बन जाऊँ' (रफी) और 'देखा है तेरी आँखों में प्यार ही प्यार बेशुमार' (रफी); 'भाई-बहन' (1969)—'चोरी-चोरी आ जा तू मेरे दिल में' (आशा); 'तुमसे अच्छा कौन है' (1869)—'रंगत तेरी सूरत-सी किसी में नहीं-नहीं' (रफी-लता), 'जनम-जनम का साथ है' (रफी), 'आँखों में आँखें न डालो मुझे कुछ होता है' (आशा) और 'किस किस किसको प्यार करूँ' (रफी); 'तुम हसीं मैं जवाँ' (1970)—'चेहरा तेरा माशा अल्लाह' (रफी) और 'आपको पहले भी कहीं देखा है' (रफी-आशा); 'अलबेला' (1971)—'चले आओ दिल में बचाके नजर आहिस्ता-आहिस्ता' (लता); 'ऐलान' (1971)—'साँझ-सवेरे नैन तेरे-मेरे' (किशोर-आशा); 'एक नारी एक ब्रह्मचारी' (1971)—'आपके पीछे पड़ गई मैं' (शारदा); 'पर्दे के पीछे' (1971)—'तेरे बिना जिया न लगे' (लता) और 'नादान' (1971)—'बोल नादान दिल तुझको क्या हो गया' (आशा)।

शैलेन्द्र की कमी को पूरा करने के लिए शंकर-जयकिशन ने न जाने कितने गीतकारों को आजमाया। इनमें राजेन्द्र कृष्ण, मजरूह सुल्तानपुरी, कैफी आजमी, भरत व्यास, पं. नरेन्द्र शर्मा, प्रेम धवन, आनन्द बख्शी और शकील बदायूँनी (एक फिल्म) जैसे नामी गीतकार शामिल थे। इनके अलावा उन्होंने गोपाल दास 'नीरज', इन्दीवर, वर्मा मलिक, अनजान, गुलशन बावरा, एस.एच. बिहारी, फारुक कैसर, कमर जलालाबादी, नक्श लायलपुरी, एम.जी. हशमत, गुलजार, विश्वेश्वर शर्मा, बिट्ठलभाई पटेल, इन्द्रजीत सिंह तुलसी, देव कोहली, अजीज कश्मीरी, अन्जुम जयपुरी, किरण कल्याणी, वीरेन्द्र शर्मा, प्रभा ठाकुर, कफील अजर, महेन्द्र देहलवी, उपेन्द्र झा, सुधाकर शर्मा, शैली शैलेन्द्र और प्रमोद त्यागी इत्यादि के साथ भी काम किया। लेकिन जैसाकि सबने देखा, इनमें से कोई भी शैलेन्द्र की कमी को पूरा नहीं कर सका।

इन्हीं दिनों एक बरसों से लटकी फिल्म 'ज्वाला' भी रिलीज हुई। एम.वी. रमन द्वारा निर्मित और निर्देशित इस टेक्नीकलर और भव्य फिल्म में मधुबाला और सुनील दत्त थे। मधुबाला की बीमारी के कारण ही यह फिल्म बरसों डिब्बों में बन्द पड़ी रही थी। आखिरकार यह किसी तरह रिलीज हुई तो शंकर-जयकिशन का वह संगीत भी सुनने को मिला जो उन्होंने बरसों पहले संगीत के सुनहरे और सुरीले दौर में रिकॉर्ड किया था। 'आजा रे आजा मेरे साजन आ' (लता-मन्ना डे), 'जागी रात भर तेरी याद में सनम' (लता), 'हौले-हौले एक भी न घुंघरू बोले' (लता), 'आहा ले गई ओ जिया ले गई' (लता-आशा) और 'देखो जी आँखों में देखो' (लता) जैसे सभी गीत शंकर-जयकिशन का वही पुराना जादुई स्पर्श लिए हुए थे। यह साउथ की फिल्म थी, इसलिए फिल्म के गीतकार भी साउथ के चहेते राजेन्द्र कृष्ण ही

थे। लेकिन यह फिल्म 'पाकीजा' (जो इसी तरह बरसों डिब्बों में बन्द रहने के बाद दर्शकों तक पहुँची थी) की कहानी नहीं दोहरा पाई और बुरी तरह पिट गई।

शो मैन राज कपूर की सबसे महत्त्वाकांक्षी और भव्य फिल्म 'मेरा नाम जोकर' (1970) हिन्दी सिनेमा के इतिहास में एक बड़ी घटना थी। ऐसी फिल्म न पहले कभी बनी थी और न बाद में ही कोई बनाने की हिम्मत कर पाया। यह इकलौती ऐसी फिल्म थी जिसमें दो इंटरवल होते थे—बाद में भले ही इसकी लम्बाई कम कर दी गई। राज कपूर ने एक से एक बड़े कलाकारों की तो भीड़ जुटाई ही थी—राजेन्द्र कुमार, मनोज कुमार, धर्मेन्द्र, दारा सिंह, पद्मिनी, सिम्मी और रूसी बैले नर्तकी सेइना रैबनकिना—साथ ही एक पूरा का पूरा सर्कस भी इकट्ठा कर लिया था। पानी की तरह पैसा बहाने और छह वर्ष की मेहनत के बाद ही वे अपनी इस महत्त्वाकांक्षी फिल्म को पूरा कर पाए थे—यह अलग बात है कि बॉक्स ऑफिस पर यह फिल्म उनकी उम्मीदों पर खरी नहीं उतरी और उन्हें भारी घाटा उठाना पड़ा। सिर्फ शैलेन्द्र ही नहीं, राज कपूर भी बॉक्स ऑफिस पर मात खा सकते हैं! जो भी हो, 'तीसरी कसम' की तरह 'मेरा नाम जोकर' भी एक बेहद खूबसूरत फिल्म थी, जिसे एक 'क्लासिक' की तरह हमेशा देखा जाता रहेगा। राज कपूर की हर फिल्म की तरह इस फिल्म में भी शंकर-जयकिशन का संगीत फिल्म का एक महत्त्वपूर्ण अंग था। इस फिल्म के लिए उन्हें उनका सातवाँ फिल्मफेयर पुरस्कार भी मिला था। (आर.के. बैनर की किसी फिल्म को मिलने वाला पहला फिल्मफेयर संगीत पुरस्कार!) शैलेन्द्र फिल्म के सबसे महत्त्वपूर्ण गीत, फिल्म के थीम-साँग का मुखड़ा तो लिख गए थे—'जीना यहाँ मरना यहाँ इसके सिवा जाना कहाँ' (मुकेश)—इसके अन्तरे लिखने का काम उनके बेटे शैली शैलेन्द्र को करना पड़ा। फिल्म के अन्य सभी गीत भी एक से बढ़कर एक थे—'कहता है जोकर सारा जमाना, आधी हकीकत आधा फसाना' (मुकेश, राग भैरवी), 'ऐ भाई जरा देख के चलो' (मन्ना डे, जिन्हें इस गीत के लिए वर्ष के सर्वश्रेष्ठ गायक का फिल्मफेयर पुरस्कार मिला था), 'तीतर के दो आगे तीतर' (आशा भोंसले), 'काटे न कटे रैना' (आशा-मन्ना डे), 'कहीं दाग न लग जाए' (आशा-मुकेश), 'सद के हीर तुझपे हम फकीर' (रफी) और राग शिवरंजनी पर आधारित 'जाने कहाँ गए वो दिन' (मुकेश)। इस आखिरी गीत की धुन 'आह' के एक दृश्य के बैकग्राउंड संगीत से ली गई थी, जैसाकि आर.के. बैनर की फिल्मों में हमेशा होता रहता था। इस फिल्म में एक गीत और भी था—'अंग लग जा बालमा'। कहते हैं कि इसे लता गाने वाली थीं, लेकिन उन्होंने गीत के शब्दों पर एतराज किया तो राज कपूर ने शब्दों को बदलने की बजाय इसे आशा भोंसले से गवा लेना ही ठीक समझा। 'आग' (1948) के बाद यह आर.के. बैनर की पहली फिल्म थी जिसमें लता मंगेशकर का एक भी गीत नहीं था, और 'आग' उस जमाने की फिल्म थी जब लता एक गायिका के रूप में ठीक से उभरी भी नहीं थीं। आशा भोंसले ने इस गीत को जितने मोहक अन्दाज में गाया और पर्दे पर इसे पद्मिनी पर जितने मोहक अन्दाज में फिल्माया गया, वह यौन-रस और मादकता का चरम प्रतीक बन गया। राज कपूर ने इस फिल्म के लिए कई और गीत भी रिकॉर्ड करवाए थे। इनमें दूसरे विश्व-युद्ध से जुड़े 'विश मी लक एज यू मेक गुडबाय' और 'आय कम फ्रॉम अल्बाना विद द बैंजो ऑन माय लैप' के साथ-साथ 'दा-दा नीयेत-नीयते' (मुकेश-आशा), 'गाओ गाओ झूमके' (मुकेश-शारदा), 'या हबीबा मारजीना' (महेन्द्र कपूर) और 'मेरे अलीबाबा' शामिल थे। लेकिन इन सभी गीतों को बाद में हटा दिया गया। शायद जो बच गए उतने ही काफी थे। लगभग ये सभी गीत हिन्दी सिनेमा के अमर गीतों में शामिल हैं—खासकर 'जाने कहाँ गए वो दिन' और 'जीना यहाँ मरना यहाँ'।

1968 के बाद शंकर-जयकिशन के संगीत में कुछ गिरावट आने के बाद भी बीच-बीच में कुछ धूम मचाने वाली फिल्में आती रहीं। सोहनलाल कँवर की 'पहचान' (1970) के संगीत ने भी खूब धूम मचाई थी। मनोज कुमार और बबीता की मुख्य भूमिकाओं वाली इस फिल्म में 'बस यही अपराध मैं हर बार करता हूँ, आदमी हूँ आदमी से प्यार करता हूँ' (मुकेश), 'वो परी कहाँ से लाऊँ तेरी दुल्हन जिसे बनाऊँ' (सुमन कल्याणपुर-शारदा-मुकेश), 'लो आई है जवानी रूप के नगमे गाती' (आशा भोंसले और कोरस), 'सबसे बड़ा नादान वही है जो समझे नादान मुझे' (मुकेश), 'आया न हमको प्यार जताना प्यार कभी से तुझे करते हैं' (मुकेश-सुमन), 'कर ले दिल की बात आज मौका है' (मुकेश-लता) और 'पैसे की पहचान यहाँ है' (रफी) जैसे एक से एक हिट गीत थे। इस सिल्वर जुबली फिल्म के लिए शंकर-जयकिशन को उनका आठवाँ फिल्मफेयर पुरस्कार भी मिला था।

इस दौर में कुछ और फिल्मों में भी शंकर-जयकिशन का 'ऑल हिट' संगीत सुनने को मिला। भप्पी सोनी की 'जवाँ मुहब्बत' (1971) में 'जब मुहब्बत जवान होती है' (रफी), 'नजर में रंग और मस्ती भरा तूफान लेके, लो हम पे आ गई अब खैर हो जवानी की' (लता) और 'ना रूठो रूठो न रूठो न रूठो मेरी जाँ, इसी बहाने आज तेरी-मेरी हो गई पहचाँ' (रफी-आशा) जैसे लुभावने गीत थे। इस फिल्म में शम्मी कपूर और आशा पारिख मुख्य भूमिकाओं में थे। ए.वी.एम. की विश्वजीत और लीना चन्दवरकर की मुख्य भूमिकाओं वाली 'मैं सुन्दर हूँ' (1971) में 'आज मैं जवान हो गई हूँ' (लता), 'मुझको ठंड लग रही है मुझसे दूर तू न जा' (आशा-किशोर) और 'नाच मेरी जान, फटाफट, बात मेरी मान फटाफट' (किशोर-आशा) जैसे लोकप्रिय गीत थे। केदार कपूर की 'पतंगा' (1971) शंकर-जयकिशन के पुराने स्पर्श की याद दिलाती थी। शशि कपूर और विम्मी की मुख्य भूमिकाओं वाली इस फिल्म में 'थोड़ा रुक जाएगी तो तेरा क्या जाएगा' (रफी), 'श्याम के रंग में रंग गई शाम' (लता), 'झूम के गा यूँ आज मेरे दिल' (रफी), 'पतंगा जल-जल-जल मर जाए कि दीपक झूम-झूम लहराए' (रफी-आशा) और 'सोने देती है न ये रात' (रफी)

जैसे एक से एक मधुर और हिट गीत थे। इसी तरह सोनहलाल कँवर की 'सीमा' (1971) में भी 'जब भी ये दिल उदास होता है' (रफी), 'एक थी निंदिया दो थे नैना' (सुमन कल्याणपुर), 'किस पे है तेरा दिल' (रफी-आशा) और 'वक्त थोड़ा-सा अभी कुछ और' (किशोर-आशा) जैसे कई लोकप्रिय गीत थे। 'हमको तो जान से प्यारी हैं तुम्हारी आंखें' (रफी) और 'होने लगी है रात जवाँ जागते रहो' (आशा) जैसे मधुर गीतों वाली 'नैना' (1971) को भी इसी श्रेणी में रखा जा सकता है। लेकिन 'मैं सुन्दर हूँ' को छोड़कर ये सभी फिल्में फ्लॉप हो गईं।

'ब्रह्मचारी' के बाद जी.पी. सिप्पी की अगली फिल्म 'अन्दाज' (1971) में भी शंकर-जयकिशन ने खूब धूम मचाने वाला संगीत दिया था, जो एक निर्देशक के रूप में रमेश सिप्पी की पहली फिल्म थी। शम्मी कपूर, हेमा मालिनी और उन दिनों तूफानी लोकप्रियता के प्रतीक बन चले 'सुपरस्टार' राजेश खन्ना की अतिथि भूमिका से सजी 'अन्दाज' के सभी गीत खूब लोकप्रिय हुए थे। राजेश खन्ना और हेमा मालिनी पर मोटरसाइकिल पर फिल्माए गए 'जिंदगी इक सफर है सुहाना, यहाँ कल क्या हो किसने जाना' (किशोर) ने तो तूफान ही मचा दिया था। फिल्म के अन्य गीत 'दिल उसे दो जो जाँ दे दे' (रफी-आशा), 'है न बोलो-बोलो, पापा बोलो-बोलो' (सुषमा श्रेष्ठ-प्रतिभा-रफी-सुमन) और 'रे मामा रे मामा रे' (रफी-प्रतिभा) भी खूब चले थे। 'जिंदगी इक सफर है सुहाना' आशा भोंसले और रफी के वर्जन में भी था। इस सुपरहिट फिल्म के संगीत की धूम जयकिशन के लिए बड़े गर्व की बात रही होगी, जो तब इस दुनिया में कुछ ही दिनों के मेहमान थे। एक तरह से वे जाते-जाते अपने जोड़ीदार शंकर और अपने लाखों-करोड़ों चाहने वालों को एक शानदार तोहफा दे गए थे।

14 सितम्बर 1971 को सिर्फ 39 वर्ष की उम्र में जयकिशन की असामयिक मृत्यु से पूरा देश स्तब्ध रह गया। जिगर की बीमारी (जो ज्यादा पीने का नतीजा थी) के साथ जान्डिस ने भी मिलकर उनकी जान ले ली और हिन्दी फिल्म संगीत का एक बेहद मीठा, थिरकता-मचलता और मस्ती में झूमता हुआ सुर न जाने कहाँ खो गया। उनके प्रशंसक फूट-फूटकर रो रहे थे और गा रहे थे—'जिंदगी इक सफर है सुहाना, यहाँ कल क्या हो किसने जाना'। रोते-रोते गा रहे थे और गाते-गाते रो रहे थे। या फिर—'तुम मुझे यूँ भुला न पाओगे, जब कभी भी सुनोगे गीत मेरे, संग-संग तुम भी गुनगुनाओगे'।

उनके चहेते रेस्तराँ गेलॉर्ड में उनके टेबल पर उस शाम भी वही तख्ती पड़ी थी—'रिजर्व्ड फॉर मि. जयकिशन'—जो इसके बाद भी कई शामों तक दिखाई देती रही। शंकर के आँसू नहीं थम पा रहे थे। हसरत जयपुरी ने तो अपने दर्द को कलम बनाकर एक कविता ही लिख डाली थी—'गीतों का कन्हैया चला गया'। लेख टंडन आखिरी बार अस्पताल में उनसे मिले थे तो जयकिशन ने अपने प्यारे दोस्त को अपनी आखिरी मुस्कराहट देते हुए कहा था—"लेख महाराज, हम तो चले! भाभी का ख्याल रखना!" मानो उन्हें अपनी आसन्न मृत्यु का पूर्वाभास हो गया था।

पहले शैलेन्द्र और अब जयकिशन, शंकर-जयकिशन की म्यूजिक टीम के दो स्तम्भ ढह गए थे। शंकर ने फिर भी हिम्मत नहीं हारी और अगले कुछ वर्षों में उन्होंने अकेले ही 'शंकर-जयकिशन' के नाम से 37 और फिल्मों में संगीत दिया। लेकिन पहले जैसी बात नहीं बन पाई। कुछ कमी-सी महसूस होती रही। शायद जयकिशन के साथ ही वे अपनी संगीत-प्रेरणा भी खो बैठे थे। गायिका शारदा के साथ उनके सम्बन्धों का भी शायद उनके संगीत और दूसरों के साथ उनके सम्बन्धों पर कुछ प्रभाव दिखाई दे रहा था। जयकिशन के निधन के बाद भी उन्होंने कुछ फिल्मों में 'ऑल हिट' संगीत दिया—'लाल पत्थर' (1971) से लेकर 'संन्यासी' (1975) तक—लेकिन वे अपने पतन को रोक पाने में असमर्थ रहे और फिल्म संगीत के हाशिए में सिमटते चले गए। 'लाल पत्थर' में 'गीत गाता हूँ मैं' (किशोर) और राग गारा पर आधारित रफी के 'उनके ख्याल आए तो आते चले गए' जैसे लोकप्रिय गीत थे। राजकुमार, हेमा मालिनी, राखी और विनोद मेहरा की मुख्य भूमिकाओं से सजी यह फिल्म काफी चली भी थी। इसी तरह राखी और राकेश रोशन की मुख्य भूमिकाओं वाली 'आँखों-आँखों में' (1971) में भी 'आँखों-आँखों में बात होने दो' (किशोर-आशा) और 'गया बचपन तो आई जवानी' (लता) जैसे कई हिट गीत थे। राजेन्द्र कुमार और राखी की मुख्य भूमिकाओं वाली 'आन-बान' (1972) में 'तुम मेरी हो मेरे सिवा किसी की नहीं' (रफी-लता) और 'लो हम आए दूल्हा भैया के बराती बनके' (रफी) जैसे लोकप्रिय गीत थे, तो सोहनलाल कँवर की 'बेईमान' (1972) के संगीत के लिए शंकर-जयकिशन को उनका नौवाँ फिल्मफेयर पुरस्कार मिला था। मनोज कुमार और राखी की मुख्य भूमिकाओं वाली इस फिल्म का एक गीत 'जय बोलो बेईमान की' (मुकेश) खूब लोकप्रिय हुआ था। तीन वर्ष के अन्तराल के बाद सोहनलाल कँवर की 'संन्यासी' (1975) में शंकर-जयकिशन के संगीत ने एक बार फिर धूम मचाई थी—'चल संन्यासी मन्दिर में' (लता-मुकेश)। लेकिन इसके अलावा शंकर कोई और यादगार फिल्म नहीं दे सके। यह भी सुनने में आता है कि जयकिशन के निधन के बाद वे काफी कटु और चिड़चिड़े हो गए थे।

रणधीर कपूर द्वारा निर्देशित आर.के. बैनर की 'कल-आज और कल' (1971) अपने खोजकर्ता और गुरु राज कपूर के साथ शंकर की आखिरी फिल्म थी। यह फिल्म एक अभिनेता के रूप में भी रणधीर कपूर की पहली फिल्म थी, जिसमें वे अपनी भविष्य की पत्नी बबीता के साथ थे। फिल्म में राज कपूर और पृथ्वीराज कपूर की भी महत्त्वपूर्ण भूमिकाएँ थीं, क्योंकि फिल्म की कहानी कल (पृथ्वीराज कपूर), आज (राज कपूर) और कल

(रणधीर कपूर) के रूप में तीन पीढ़ियों पर आधारित थी। यह फिल्म तो नहीं चली लेकिन इसका संगीत जरूर चला। 'भंवरे की गुंजन है मेरा दिल' (किशोर), 'आप यहाँ आए किसलिए' (किशोर-आशा), 'टिक-टिक टिक-टिक चलती जाए घड़ी' (किशोर-आशा-मुकेश), 'हम जब होंगे साठ साल के और तुम होगी पचपन की' (किशोर-आशा) और 'देखिए तो क्या अजीब हाल है' (मन्ना डे) जैसे सभी गीत काफी लोकप्रिय हुए थे। लेकिन राज कपूर ने अपनी अगली फिल्म 'बॉबी' (1973) के संगीत के लिए लक्ष्मीकान्त-प्यारेलाल को लेने का फैसला किया। यह शंकर के लिए बहुत बड़ा झटका रहा होगा। वैसे 'बॉबी' में लक्ष्मीकान्त-प्यारेलाल ने कुछ नया भी नहीं दिया। कहते हैं कि लगभग सभी धुनें आर.के. बैनर की पिछली फिल्मों के बैकग्राउंड संगीत पर आधारित थीं। यह परम्परा बरसों बाद तक जारी रही और एक निर्देशक के रूप में राज कपूर की आखिरी फिल्म 'राम तेरी गंगा मैली' (1986) का सुपरहिट गीत 'सुन साहिबा सु1' (लता) भी शंकर-जयकिशन की ही एक पुरानी धुन पर आधारित था। जो भी हो, बॉक्स ऑफिस के चमत्कार को नमस्कार करने की परम्परा बड़ी पुरानी है। 'कल, आज और कल' फ्लॉप हो गई, जबकि 'बॉबी' और 'राम तेरी गंगा मैली' सुपरहिट रहीं। फिर भी शंकर-जयकिशन की विदाई के बाद आर.के. बैनर के संगीत में वह बात नहीं रही।

शंकर (जयकिशन) की आखिरी फिल्म विश्वजीत और विद्या सिन्हा की मुख्य भूमिकाओं वाली 'कृष्णा-कृष्णा' (1986) थी। इसके बाद जल्दी ही 26 अप्रैल, 1987 को वे हमेशा के लिए इस दुनिया से चले गए—शायद जयकिशन के साथ मिलकर कुछ अलौकिक धुनें रचने के लिए। उनके अन्तिम संस्कार में फिल्म इंडस्ट्री का शायद ही कोई व्यक्ति मौजूद था, उनके खोजकर्ता और गुरु राज कपूर भी नहीं। गायिका शारदा ने अपने संस्मरणों में शंकर के साथ अपनी आखिरी बातचीत के बारे में लिखा है। ये संस्करण शंकर-जयकिशन पर विश्वास नेरुरकर की पुस्तक में 'मेमोरी ऑफ वंडरफुल टाइम्स' शीर्षक से छपे हैं। प्रस्तुत है इन्हीं संस्करणों का एक छोटा-सा अंश—

''जयकिशन की मौत के बाद शंकरजी बहुत यंत्रणा भरे दौर से गुजरे थे, व्यक्तिगत और व्यावसायिक दोनों स्तरों पर। यह शंकरजी के मन की मजबूती ही थी कि वे इस संकट से उबरने में सफल रहे। आखिरी दिनों में उनका उत्साह और आत्मविश्वास फिर लौट आया था। उन्होंने कुछ फिल्में भी साइन कर ली थीं और एक बार फिर पूरे जोर-शोर से संगीत देने की तैयारी में थे। इनमें से कुछ फिल्मों में मुझे भी गाना था। एक दिन मैं 'सुपर ट्रैक्स साउंड रिकॉर्डिंग्स' स्टूडियो में कोई रिकॉर्डिंग कर रही थी कि शंकरजी का फोन आया। उन्होंने उसी शाम मुझे सीसीआई में डिनर पर बुलाया था। वे चाहते थे कि मैं कुछ प्रोडयूसरों से मिलूँ जो उनके साथ डिनर करने वाले थे। मैं अपने काम में उलझी हुई थी जो डिनर के समय तक पूरा नहीं हो सकता था, इसलिए मैंने बड़ी नरमी से मना कर दिया। अगली सुबह मैंने सुना कि शंकरजी नहीं रहे थे और उनका अन्तिम संस्कार भी कर दिया गया था। बस, यही था उनका अन्त। टीवी पर उनके निधन की खबर और अखबारों में कुछ लेख वगैरह। बस यही, यही अन्त था।''

बाद में राज कपूर ने शंकर को भावभीनी श्रद्धांजलि देते हुए उनकी प्रशंसा में बहुत कुछ कहा, लेकिन 'मेरा नाम जोकर' और 'कल, आज और कल' की असफलता के बाद क्या आर.के. बैनर से शंकर की छुट्टी कर देना उचित था, तब जब शंकर को प्रेरणा और प्रोत्साहन की सबसे ज्यादा जरूरत थी?

हिन्दी फिल्म संगीत में शंकर-जयकिशन के योगदान को मापना बड़ा मुश्किल काम है। उन्होंने इस संगीत में जो जोश, जो नशा, जो रोमांस पैदा किया, वह अतुलनीय है। उनकी धुनें और उनका ऑर्केस्ट्रेशन पूरब और पश्चिम के अद्भुत संगम के प्रतीक थे। एक ऐसा संगम जिसने उनके संगीत को क्षेत्रीय और राष्ट्रीय सीमाओं से ऊपर उठाकर अन्तर्राष्ट्रीय संगीत बना दिया। फिर भी, जैसाकि उनके मशहूर गीत 'मेरा जूता है जापानी' का सन्देश है, उनके गीतों में धड़कने वाला दिल हिन्दुस्तानी ही था। यही कारण है कि जब तक वे अपने पूरे रंग में रहे, पूरा देश उन्हीं के गीतों पर थिरकता-झूमता रहा। उन्हें कोई भी टक्कर नहीं दे सका। 1949 (बरसात) से लेकर 1964 (संगम) तक उनके संगीत की जो धूम रही, देश की जीवन-शैली पर इसका जो प्रभाव रहा, और युवा दिलों पर इसकी जो पकड़ रही, उसका जवाब ढूँढ़ना मुश्किल है।

साठ के दशक के अन्तिम वर्षों में शंकर-जयकिशन ने बहुत से शास्त्रीय रागों को जाज शैली में प्रस्तुत करके हंगामा मचा दिया था। 'रागा जाज स्टाइल' के नाम से जारी की गई इस एल.पी. डिस्क में 'तोड़ी', 'भैरव', 'मालकौंस', 'कलावती', 'तिलक कामोद', 'मियाँ की मल्हार', 'बैरागी', 'जयजयवन्ती', 'मिश्र पीलू', 'शिवरंजनी' और उनका सबसे प्रिय राग 'भैरवी' शामिल था। इसमें कोई सन्देह नहीं कि वे जमाने के पीछे-पीछे चलने की बजाय जमाने से आगे दौड़ने वाले संगीतकार थे। पूरबी और पश्चिमी संगीत के मिश्रण ने जो आज जोर पकड़ा है, वह उन्होंने पचास वर्ष पहले ही कर दिखाया था। हिन्दी फिल्मों के अलावा उन्होंने हॉलीवुड की एक अंग्रेजी फिल्म में भी संगीत दिया था। इस्माइल मर्चेन्ट द्वारा निर्मित 'बॉम्बे टॉकी' (1971) नामक इस फिल्म में शशि कपूर, अपर्णा सेन और जेनिफर मुख्य भूमिकाओं में थे। इस फिल्म में शंकर-जयकिशन ने हिन्दुस्तानी

शास्त्रीय और पश्चिमी जाज का मिश्रण करके गजब का प्रभाव पैदा कर दिया था। इसी तरह फिल्मों के टाइटल-संगीत में कुछ अनूठा प्रभाव पैदा करना भी उनकी खूबी रही थी। कई बार तो यह टाइटल-संगीत इतना कमाल का होता था कि बाद में वे इसी पर कोई गीत भी बना देते थे। उदाहरण के लिए 'मयूर पंख' का टाइटल-संगीत 'उजाला' के 'मोरा नादान बालमा न जाने जी की बात' (लता) का आधार बना तो 'नई दिल्ली' के टाइटल संगीत ने 'छोटी बहन' में मुकेश के मशहूर गीत 'जाऊँ कहाँ बता ऐ दिल' को जन्म दिया।

शंकर-जयकिशन गायक-गायिकाओं से बेहतर से बेहतर काम लेना और गीत की माँग के अनुसार उनकी आवाज को नए आयाम देना भी बखूबी जानते थे। यही कारण है कि उनके चहेते गायकों लता, रफी, मुकेश और मन्ना डे ने उनके साथ अपने सबसे ज्यादा लोकप्रिय गीत गाए। नीचे दी गई तालिका में कुछ प्रमुख गायक-गायिकाओं के साथ उनके गीतों की संख्या शामिल है :

प्रमुख गायक/गायिकाओं के साथ शंकर-जयकिशन के गीत

क्रम	गायक / गायिका	सोलो	डुएट	समूह गीत	कुल फिल्में	कुल गीत
1.	लता मंगेशकर	313	136	4	124	453
2.	मुहम्मद रफी	216	116	9	119	341
3.	आशा भोंसले	105	96	13	110	214
4.	मुकेश	81	133	12	48	138
5.	किशोर कुमार	51	50	5	47	106
6.	मन्ना डे	33	35	9	50	77
7.	तलत महमूद	13	6	–	9	19
8.	हेमन्त कुमार	2	2	–	3	4

जैसाकि इस पुस्तक में हम सभी संगीत-निर्देशकों के मामले में करते आए हैं, शंकर-जयकिशन के 12 अनमोल गीतों की सूची बनाना भी जरूरी था। लेकिन इस बार हम सचमुच ही हार मान गए। आखिर हमने 24 अनमोल गीत चुनने का फैसला किया—शंकर और जयकिशन दोनों के लिए बारह-बारह। आप भी देखिए, यह सूची कितनी सुरीली और नशीली बन पड़ी है :

शंकर-जयकिशन के 24 अनमोल रत्न

क्रम	गीत	फिल्म	गायक/गायिका
1.	बरसात में हमसे मिले तुम सजन	बरसात	लता मंगेशकर
2.	आवारा हूँ या गर्दिश में हूँ आसमान का तारा हूँ	आवारा	मुकेश
3.	याद आई है बेकसी छाई है	नगीना	लता मंगेशकर
4.	ऐ मेरे दिल कहीं और चल	दाग	तलत महमूद
5.	जाने न नजर पहचाने जिगर	आह	लता-मुकेश
6.	ओ मोरे बालमा ओ मोरे साजना	पूनम	लता मंगेशकर
7.	आ नीले गगन तले प्यार हम करें	बादशाह	हेमन्त कुमार-लता
8.	जो एक बार कह दो कि तुम हो हमारे	पूजा	मुहम्मद रफी
9.	ऐ दिल न मुझसे छुपा सच बता	बादल	लता-मुकेश
10.	चन्द्रमा मद भरा क्यों झूमे	पटरानी	लता मंगेशकर
11.	प्यार हुआ इकरार हुआ है	श्री 420	मन्ना डे-लता
12.	सुनो छोटी-सी गुड़िया की लम्बी कहानी	सीमा	लता मंगेशकर
13.	याद किया दिल ने कहाँ हो तुम	पतिता	हेमन्त कुमार-लता
14.	कारे बदरा तू न जा न जा	शिकस्त	लता मंगेशकर
15.	ये रात भीगी-भीगी ये मस्त फिजाएँ	चोरी-चोरी	मन्ना डे-लता

16.	आए बहार बनके लुभाके चले गए	राजहठ	मुहम्मद रफी
17.	कह दो जी कह दो छुपाओ न प्यार	किस्मत का खेल	लता-मन्ना डे
18.	ये मेरा दीवानापन है	यहूदी	मुकेश
19.	नैन मिले चैन कहाँ दिल है वहीं तुम हो जहाँ	बसन्त बहार	लता-मन्ना डे
20.	बोल री कठपुतली डोरी कौन संग बाँधी	कठपुतली	लता मंगेशकर
21.	अजीब दास्ताँ है ये, कहाँ शुरू कहाँ खत्म	दिल अपना और प्रीत पराई	लता मंगेशकर
22.	ऐ प्यासे दिल बेजुबाँ	बेगुनाह	मुकेश
23.	तुम्हें याद करते-करते जाएगी रैन सारी	आम्रपाली	लता मंगेशकर
24.	आजकल तेरे-मेरे प्यार के चर्चे हर जुबान पर	ब्रह्मचारी	रफी-सुमन कल्याणपुर

वो कहते हैं न, आजकल ऐसे इनसान पैदा नहीं होते! शंकर-जयकिशन भी ऐसे ही इनसानों में से थे। वे दोनों तो नहीं रहे, लेकिन उनके सैकड़ों सुरीले गीत आज भी हमारे पास हैं। एक ऐसा खजाना जो हमारे दिल के तारों को झंकृत करने के लिए और साथ ही हमें थिरकते-मचलते रखने तथा मस्ती और रोमांस की एक नशीली दुनिया में ले जाने के लिए काफी है। वे दोनों दूर परलोक में तबले और हारमोनियम पर बैठे यही तो गा रहे हैं—कल खेल में हम हों न हों, गर्दिश में तारे रहेंगे सदा, भूलोगे तुम भूलेंगे वो पर हम तुम्हारे रहेंगे सदा, रहेंगे यहीं अपने निशाँ इसके सिवा जाना कहाँ...।

रोशन (1917-1967)
प्यार के सुरों से कव्वालियों के सुरूर तक

शुद्धतावादी अपने संगीत के मन्दिर को किसी तरह की अशुद्धता से मलिन नहीं होने देते। किसी पावन और आराध्य वस्तु की तरह वे इसे बहुत सहेजकर और सँभालकर रखते हैं। हिन्दी सिनेमा में ऐसे बहुत थोड़े से संगीतकार हुए हैं जिन्होंने अपनी कला की शुद्धता के साथ कभी कोई समझौता नहीं किया, बाजार की माँग के आगे कभी घुटने नहीं टेके। रोशन भी ऐसे ही महान संगीतकारों में से थे—अपने संगीत और अपनी कला की शुद्धता पर गर्व करने वाले और उसे बहुत सहेजकर रखने वाले संगीतकार।

रोशन लाल नागरथ 14 जुलाई 1917 को पंजाब के सुरजेवाला जिले के भड़िया गाँव में पैदा हुए थे, जो अब पाकिस्तानी पंजाब का हिस्सा है। उनका साधन-सम्पन्न परिवार ठेकेदारी के काम से जुड़ा हुआ था और परिवार में किसी का भी संगीत से दूर-दूर तक कोई सम्बन्ध नहीं था। लेकिन रोशन को यह सनक न जाने कैसे लग गई थी, वह भी बहुत बचपन से ही। पढ़ाई की बजाय उन्हें संगीत सुनना कहीं ज्यादा अच्छा लगता। बिलावल थाट तो उन्हें दीवाना ही बना देती, वह भी सभी शुद्ध स्वरों वाली। अपनी इसी सनक से मजबूर होकर उन्होंने हारमोनियम बजाना सीखा। उन्हें उर्दू की शायरी भी खूब लुभाती थी और वे सहपाठियों के साथ पढ़ाई की बजाय शेरो-शायरी में उलझे रहते थे। उनके पिता को यह बात पता चली तो उन्होंने उन्हें पंजाब से अपने पास शाहजहाँपुर (उत्तर प्रदेश) बुला लिया, जहाँ वे ठेकेदारी का काम कर रहे थे। बेटे को डाँटने-डपटने की बजाय उन्होंने उसे मास्टर मनोहर के सुपुर्द कर दिया, जो एक जाने-माने संगीतकार थे और उत्तर प्रदेश के विभिन्न शहरों में संगीत-कार्यक्रम आयोजित करते रहते थे। रोशन ने उनसे दिलरुबा बजाना सीखा और उनके साथ दूसरे शहरों के संगीत दौरों पर जाने लगे। कुछ समय वाद वे लखनऊ के मैरिस कॉलेज (अब भातखंडे संगीत महाविद्यालय) में भर्ती हो गए, जहाँ पहले इसके प्रधानाचार्य पं. एस.एन. रतनशंकर और फिर उस्ताद अलाउद्दीन खान से उन्होंने संगीत की शिक्षा ली। उन्होंने उस्ताद बुन्दू खान से सारंगी बजाना भी सीखा, जो बाद में उनके बहुत से गीतों की खासियत रही। दिलरुबा में रोशन की महारत देखकर ऑल इंडिया रेडियो के निदेशक जेड.ए. बुखारी ने उन्हें 70 रुपए महीने की तनख्वाह पर नौकरी पर रख लिया। रोशन बारह वर्षों तक ऑल इंडिया रेडियो में ही रहे, जहाँ वे एक इंस्ट्रूमेंटलिस्ट (स्टाफ कलाकार) के रूप में नियुक्त थे। वहीं उनकी मुलाकात इरा नाम की एक बंगाली युवती से हुई जो वहाँ ऑडीशन के लिए आई थीं। वे रोशन से संगीत सीखने लगीं और धीरे-धीरे दोनों एक-दूसरे से प्रेम करने लगे। रोशन ने जल्दी ही उनसे विवाह कर लिया, जो उनका दूसरा विवाह था। रोशन के संगीत में बंगाली प्रभाव उनकी इस दूसरी पत्नी से ही आया।

इस बीच रोशन का सम्पर्क महान संगीत-निर्देशक अनिल बिस्वास से हुआ, जिन्होंने उन्हें बम्बई (अब मुम्बई) जाकर अपना भाग्य आजमाने की सलाह दी। रोशन ने इस सलाह पर अमल करने में देर भी नहीं लगाई। वे बम्बई चले आए और खुर्शीद अनवर के सहायक बन गए, जो तब 'सिंगार' (1944) का संगीत दे रहे थे। रोशन ने कुछ समय सहायक संगीत-निर्देशक के रूप में ही बिताया और बहुत कुछ सीखा। कुछ वर्ष बाद महान निर्देशक केदार शर्मा के साथ दादर रेलवे स्टेशन पर संयोग से हुई मुलाकात ने मानो उनकी लॉटरी ही खोल दी। केदार शर्मा उनसे इतने ज्यादा प्रभावित

'बावरे नैन' की टीम

'बेदर्दी'

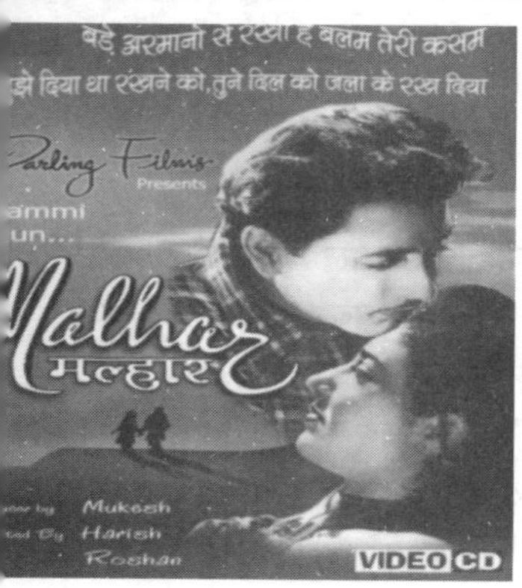

हुए कि उन्होंने अपनी फिल्म 'नेकी और बदी' (1949) का संगीत-निर्देशन उन्हें सौंप दिया। इसके बाद रोशन ने पीछे मुड़कर नहीं देखा और 18 वर्षों के अपने कैरियर में 56 यादगार फिल्मों में संगीत दिया। यह संख्या कहीं ज्यादा होती, अगर सिर्फ 50 वर्ष की अल्पायु में ही वे इस दुनिया से न चले गए होते।

'नेकी और बदी' ऐसी पहली और आखिरी फिल्म थी जिसमें निर्माता-निर्देशक केदार शर्मा ने फिल्म के नायक की भूमिका भी निभाई थी। उनकी नायिकाएँ मधुबाला और गीताबाली थीं। फिल्म इतनी बुरी तरह फ्लॉप हो गई कि केदार शर्मा ने जिंदगी भर कैमरे के पीछे ही रहने की कसम खा ली। इस फ्लॉप फिल्म के गीत आज किसी को भी याद नहीं हैं, लेकिन रोशन ने अपनी पहली फिल्म के संगीत पर सचमुच ही खूब मेहनत की थी। फिल्म में राजकुमारी और अमीरबाई कर्नाटकी के कई अच्छे गीत थे। इनमें राजकुमारी का 'दिल लुभाने लगी सपनों की दुनिया', अमीरबाई और फिरोज दस्तूर का अनोखा डुएट 'योंजी सेत लगाए', अमीरबाई के 'हमें न रोको' और 'ओ मेरे छैल-छबीले' तथा राजकुमारी और आशा भोंसले का डुएट 'राम दुहाई हाय राम दुहाई' काफी लोकप्रिय हुए थे।

रोशन जिस तरह डूबकर काम करने में विश्वास रखते थे, उसी तरह बहुत जल्दी उखड़ भी जाते थे। वे बहुत संवेदनशील व्यक्ति थे। 'नेकी और बदी' की असफलता ने उन्हें बहुत विचलित कर दिया था। एक दिन वे परेशान और खोए-खोए से समुद्र किनारे टहल रहे थे कि अचानक ही एक धुन उनके दिमाग में गूँजने लगी। इसी धुन ने उनकी अगली फिल्म 'बावरे नैन' (1949) के एक सुपरहिट गीत को जन्म दिया—'तेरी दुनिया में दिल लगता नहीं, वापस बुला ले' (मुकेश)। राग दरबारी कान्हड़ा पर आधारित यह गीत मुकेश के सबसे यादगार गीतों में गिना जाता है। राज कपूर और गीताबाली की मुख्य भूमिकाओं से सजी केदार शर्मा की इस फिल्म में कई और हिट गीत भी थे। राग काफी पर आधारित गीता दत्त और मुकेश का युगल-गीत 'ख्यालों में किसी के इस तरह आया नहीं करते' तो हिन्दी सिनेमा के अमर गीतों में शामिल है। बाँसुरी के मोहक सुरों वाला 'मुझे सच-सच बता दो' (मुकेश-राजकुमारी) और फकीरी शैली का 'मुहब्बत के मारों का हाल यही' (रफी-राजकुमारी) भी बड़े सुरीले युगल-गीत थे। बाकी सभी गीतों पर राजकुमारी छाई हुई थीं। उनका 'सुन बैरी बलम कुछ बोल रे इब क्या होगा' तो खूब हिट हुआ था। कुछ वर्ष पहले महान संगीत-निर्देशक अनिल बिस्वास ने एक टीवी प्रोग्राम में राजकुमारी से पूछा था कि 'इब क्या होगा' से उनका क्या अर्थ था। इस पर राजकुमारी ने चुटकी लेते हुए जवाब दिया था—''अनिल दा! जब पूछना था तब तो पूछा नहीं, आज पूछने से क्या हासिल?'' उनके इस जवाब का दर्शकों ने खूब मजा लिया था। फिल्म में राजकुमारी के तीन और गीत थे—'क्यों मेरे दिल में', 'मेरे रूठे हुए चन्दा' और 'घिर-घिर के आसमान पर'। 'अनोखे बोल' शैली का एक गीत शमशाद बेगम ने भी गाया था—'ईचक बीचक घुड़'। कुल मिलाकर अपनी दूसरी ही फिल्म में रोशन ने खूब धूम मचाने वाला संगीत दे दिया था। फिल्म भी खूब चली थी, जिससे रोशन का आत्मविश्वास खूब बढ़ गया था।

रणजीत मूवीटोन के चन्दूलाल शाह ने अपने बैनर की फिल्म 'बेदर्दी' (1951) का निर्देशन केदार शर्मा को सौंपा तो उन्होंने इस फिल्म के संगीत के लिए भी रोशन को ही लेना पसन्द किया। लेकिन गीतबाली, निम्मी और जसवन्त (गीताबाली के भाई) की मुख्य भूमिकाओं वाली यह फिल्म बिलकुल नहीं चली। संगीत भी फीका-फीका रहा। रोशन ने फिल्म का एक गीत 'ननदिया जाने न दर्द' खुद निम्मी से गवाया था। मुकेश का 'दिल ने तो दिया धोखा मुहब्बत ने सजा दी' काफी दमदार गीत था। केदार शर्मा अपनी फिल्मों के गीत खुद ही लिखा करते थे, इसलिए 'बावरे नैन' और 'बेदर्दी' के गीतकार भी वही थे।

रणजीत स्टूडियो ने अपनी अगली फिल्म 'हम लोग' (1951) में भी रोशन को ही दोहराया, हालाँकि इसके निर्देशक जिया सरहदी थे। बलराज साहनी, नूतन और श्यामा की मुख्य भूमिकाओं वाली यह फिल्म एक नवयथार्थवादी 'आवाँ गर्दे' फिल्म थी। इस फिल्म में लता मंगेशकर ने पहली बार रोशन के संगीत-निर्देशन में गाया, जिनके साथ आगे चलकर वे बहुत से मशहूर और सुरीले गीत गाने वाली थीं। इस फिल्म में भी उनके तीन लुभावने गीत थे—'छुन-छुन-छुन बाजे पायल मोरी', बिलावल राग पर आधारित 'बहे अखियों से धार मेरा जिया बेकरार' (रिबेल स्टार शम्मी कपूर के अनुसार यह उनका सबसे मनपसन्द गीत हुआ करता था)। और 'बहुत बुरा है हाल तेरे मजबूर का'। घोड़े की मोहक पदचाप वाला मुकेश का 'अपनी नजर से उनकी नजर तक' भी खूब लोकप्रिय हुआ था। इस गीत में बाँसुरी, अकॉर्डियन, सारंगी और वायलिन का बड़ा सुन्दर ऑर्केस्ट्रेशन था। मुकेश का ही राग काफी पर आधारित 'दिल की परेशानियाँ इश्क की वीरानियाँ' तो गजब का गीत था और उनके अमर गीतों में शामिल है। लता और जी.एम. दुर्रानी का कोरस और बदलते रिदम वाला 'गाए चला जा गाए चला जा, इक दिन तेरा भी जमाना आएगा' भी काफी लुभावना गीत था और एक तरह से फिल्म का थीम-गीत था।

रोशन और मुकेश पुराने दोस्त थे और साथ-साथ हारमोनियम बजाया करते थे। मुकेश ने 'डार्लिंग फिल्म्स' के नाम से अपना खुद का बैनर स्थापित किया तो स्वाभाविक था कि बैनर की पहली फिल्म 'मल्हार' (1951) के संगीत के लिए वे रोशन को ही लेते। शम्मी (बाद के दिनों की चरित्र अभिनेत्री) और दो गए अभिनेताओं अर्जुन और मोती

सागर (मोतीलाल के भतीजे और खुद मुकेश के भी सम्बन्धी) की मुख्य भूमिकाओं से सजी और हरीश द्वारा निर्देशित यह फिल्म बॉक्स ऑफिस पर बुरी तरह पिट गई। लेकिन इसका संगीत खूब चला—ऐसा संगीत जिसे आज भी लोग भूले नहीं हैं। लता और मुकेश के तीनों डुएट—यमन कल्याण पर आधारित 'बड़े अरमानों से रखा है बलम तेरी कसम, प्यार की दुनिया में ये पहला कदम', भैरवी राग पर आधारित 'कहाँ हो तुम जरा आवाज दो' और 'इक बार अगर तू कह दे'—बड़े मीठे और सुरीले युगल-गीत थे और आज भी लोकप्रिय हैं। इन दोनों के सोलो भी उतने ही मधुर और मोहक थे। मुकेश के 'तारा टूटे दुनिया देखे' (राग शिवरंजनी), 'दिल तुझे दिया था रखने को' (बाँसुरी के बहुत सुन्दर इंटरल्यूडों के साथ) और नए अन्दाज का 'होता रहा यूँ ही अगर अन्जाम वफा का' बड़े मर्मस्पर्शी गीत थे। इसी तरह लता के तीनों सोलो—'मुहब्बत की किस्मत बनने से पहले', 'जालिम जमाना तुमको' और 'गरजत बरसत सावन आया'—भी बड़े खूबसूरत गीत थे। ('गरजत बरसत...' को कई वर्ष बाद सुमन कल्याणपुर और सुधा मल्होत्रा की आवाज में 'बरसात की रात' के टाइटल ट्रैक के रूप में इस्तेमाल किया गया।) रोशन इस फिल्म में एक नए गीतकार इन्दीवर को भी लेकर आए थे। अन्य दो गीतकार थे कैफी इरफानी और शामलाल।

'बावरे नैन', 'हम लोग' और 'मल्हार' के संगीत ने इतनी धूम मचाई कि के.ए. अब्बास ने नर्गिस और राज कपूर की लोकप्रिय जोड़ी वाली अपनी महत्त्वाकांक्षी फिल्म 'अनहोनी' (1952) के संगीत के लिए भी रोशन को ही चुना। रोशन ने उन्हें निराश भी नहीं किया और एक बार फिर खूब लोकप्रिय और यादगार संगीत दिया। इस फिल्म में उन्होंने मैरिस कॉलेज के दिनों के अपने दोस्त तलत महमूद की आवाज का जमकर प्रयोग किया। हैरानी की बात यह थी कि राज कपूर की इस फिल्म में मुकेश का एक भी गीत नहीं था। तलत के अलावा दो गायिकाएँ थीं लता और राजकुमारी। तलत अपने बंगाली गीत तपन कुमार के नाम से गाते थे। इसी नाम से उन्होंने एक मशहूर गीत 'गोत्रा गोय आजी राते' गाया था, जिसकी धुन रोशन के दिल में घर कर गई थी। उन्होंने इसी गीत से प्रेरणा लेकर तलत का एक बेहद लोकप्रिय और सदाबहार हिन्दी गीत रच डाला—'मैं दिल हूँ इक अरमान भरा, तू आके इसे पहचान जरा'। इस गीत का फिल्मांकन भी बड़ा खूबसूरत था। पियानो पर बैठे गा रहे राज कपूर और सपनों में डूबी मोहक आँखों वाली नर्गिस का रोमांस देखते ही बनता था। तलत और लता के दोनों डुएट भी गजब के थे—'मेरे दिल की धड़कन क्या बोले' और 'समाके दिल में हमारे'। लता की दर्द भरी ग़ज़ल 'इस दिल की हालत क्या कहिए जो शाद भी है नाशाद भी है' उनकी सबसे खूबसूरत और अमर ग़ज़लों में शामिल है। फिल्म में लता और राजकुमारी का एक दुर्लभ युगल-गीत भी था, जिसे सारंगी के मोहक इंटरल्यूडों ने और भी लुभावना बना दिया था—'जिंदगी बदली मुहब्बत का मजा आने लगा'। फिल्म में दो मुजरे भी थे, एक लता का—'कहा है उन्होंने ये राज-ए-मुहब्बत'—तो दूसरा राजकुमारी का—'शरीफों की महफिल में'। ये दोनों खूबसूरत मुजरे दो महान गायिकाओं की बिलकुल अलग-अलग शैलियों के प्रतीक थे। इस फिल्म के गीत बहुत सारे गीतकारों—शैलेन्द्र, अली सरदार जाफरी, पी.एल. सन्तोषी और सत्येन्द्र ने लिखे थे।

अशोक कुमार और नलिनी जयवन्त की मुख्य भूमिकाओं वाली 'नौ-बहार' (1952) में रोशन ने ऊँचे दर्जे का शास्त्रीय संगीत दिया—'बावरे नैन' और 'मल्हार' की टक्कर का। इस फिल्म में लता के कुछ बेहद खूबसूरत अमर गीत थे। राग भीमपलासी पर आधारित उनके भजन 'ए री मैं तो प्रेम दीवानी मेरा दर्द न जाने कोय' ने तो देश भर में तहलका-सा मचा दिया। यह गीत खुद सुर-सम्राज्ञी लता मंगेशकर को भी बेहद पसन्द रहा है और 1967 में उनके पार्श्व-गायन के पच्चीस वर्ष पूरे होने के उपलक्ष्य में एच.एम.वी. द्वारा जारी उनके दस सर्वश्रेष्ठ गीतों की डिस्क में भी शामिल था। इस फिल्म में उनके अन्य लोकप्रिय गीतों में 'देखो जी मेरा जिया चुराए लिए जाए', 'कहाँ है तू कहाँ है मेरी दुनिया', 'वो पास नहीं मजबूर है दिल' और 'उनके बुलावे पे डोले मेरा मन' शामिल थे। तलत का 'किसी सूरत लगी दिल की' और राजकुमारी का 'कजरारी मतवारी मदभरी दो अखियाँ' भी बड़े खूबसूरत गीत थे। फिल्म के गीत शैलेन्द्र, सत्येन्द्र अत्थैया और जे. नक्शब ने लिखे थे।

लता मंगेशकर को रोशन की प्रतिभा पर बहुत ज्यादा भरोसा था। एक गायिका और एक संगीत-निर्देशक के रूप में उनके आपसी सम्बन्ध बहुत मधुर थे। लता उन्हें इतना मानती थीं कि जब के. अमरनाथ की 'महबूबा' में रोशन को बदलकर ओ.पी. नैयर को लेने की बात उठी तो उन्होंने इसका जमकर विरोध किया। इसी तरह जब लता मंगेशकर के खुद के प्रॉडक्शन की फिल्म 'भैरवी' की घोषणा हुई तो नलिनी जयवन्त और करन दीवान की मुख्य भूमिकाओं वाली इस फिल्म के संगीत-निर्देशक के रूप में उन्होंने रोशन को ही चुना। यह अलग बात है कि यह फिल्म बन ही नहीं पाई, हालाँकि जिस तरह से इसका प्रचार किया गया था उससे इस फिल्म में लोगों की दिलचस्पी बहुत ज्यादा बढ़ गई गई थी।

गीताबाली द्वारा निर्मित 'राग रंग' (1952) में वे खुद अशोक कुमार के साथ मुख्य भूमिका में थीं। फिल्म के विषय के अनुरूप रोशन ने उच्च कोटि का संगीत दिया था। लता के एक से एक मधुर गीतों में 'ए री आली पिया बिन' (राग यमन), 'किसी की नजर का मस्त इशारा' (अनूठी काउंटर-मैलोडी के साथ) और 'यही बहार है दुनिया को भूल जाने

लता और रोशन

'शीशम'

रोशन

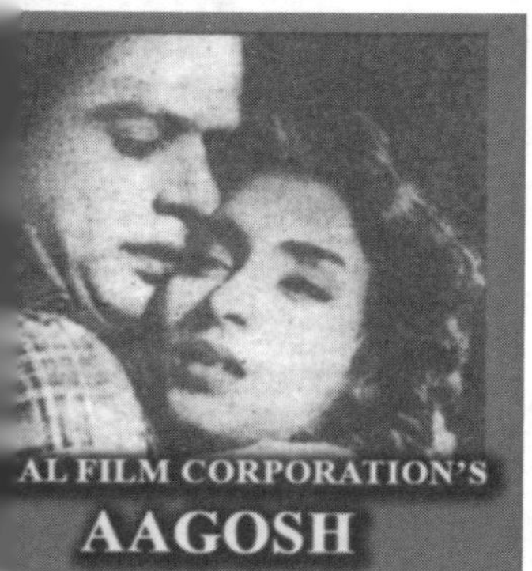

की' शामिल थे। तलत के साथ उनका युगल-गीत 'मत छेड़ जिंदगी के खामोश तार, सो जा, दिल-ए-बेकरार सो जा' भी बड़ा मोहक था और त्रिलोक कपूर के साथ इसका युगल-गीत 'करते हैं इशारे फलक में तारे' भी। तलत का सोलो 'और है दिल की लगी और दिल लगाना और है' तो उनके कैरियर का एक कीर्ति-स्तम्भ गीत बन गया। इस फिल्म के संगीत में भी रोशन ने शास्त्रीय रागों का भरपूर प्रयोग किया था।

रोशन और मदन मोहन के कैरियर काफी मिलते-जुलते रहे हैं। सभी फिल्मों में बहुत शानदार संगीत देने के बावजूद रोशन की व्यावसायिक माँग बढ़ नहीं पा रही थी, क्योंकि उनकी बहुत-सी फिल्में बॉक्स ऑफिस पर नहीं चल पाई थीं। रोशन की पहली फिल्म 'नेकी और बदी' 1949 में रिलीज हुई तो मदन मोहन की पहली फिल्म 'आँखें' 1950 में। रोशन की पहली बड़ी हिट 'बरसात की रात' 1960 में आई तो मदन मोहन को पहली बड़ी सफलता 'अनपढ़' के रूप में 1962 में मिली। (हालाँकि उनकी पहली सिल्वर जुबली हिट फिल्म 'वो कौन थी' तो और भी बाद में 1964 में आई।) इस तरह इन दोनों प्रतिभाशाली संगीतकारों को अपनी पहली फिल्म के दस-बारह वर्ष बाद ही मनचाही व्यावसायिक सफलता मिली। जहाँ तक संगीत के सृजन की बात है तो ये दोनों ही हिन्दुस्तानी शास्त्रीय और लोक-संगीत पर आधारित संगीत के माहिर थे। पश्चिमी ऑर्केस्ट्रेशन पर उनकी पकड़ उतनी मजबूत नहीं थी जितनी कि शंकर-जयकिशन या ओ. पी. नैयर जैसे संगीतकारों की।

वी.एम. व्यास द्वारा निर्देशित मुनव्वर सुल्ताना की 'संस्कार' (1952) भी रोशन की एक फ्लॉप फिल्म साबित हुई। लेकिन इस बार भी उनके संगीत में कोई कमी नहीं थी। तलत का 'मुहब्बत के झूटे सहारों ने लूटा' फिल्म का सबसे धूम मचाने वाला गीत रहा। इसके इंटरल्यूडों में सितार, सारंगी और बाँसुरी का बड़ा सुन्दर प्रयोग किया गया था। इस फिल्म के गीत गीतकारों के गीतकार शैलेन्द्र ने लिखे थे। लता के चार एक से एक खूबसूरत गीतों में 'दो नैनों ने जाल बिछाया', 'जाने वाले ओ मतवाले जिंदगी से', 'दो नैना उलझ गए' और 'अंधी किस्मत किसे ले चलेगी' शामिल थे।

किशोर शर्मा द्वारा निर्देशित 'शीशम' (1952) बॉक्स ऑफिस पर इतनी बुरी नहीं रही। रेहाना और रंजन की मुख्य भूमिकाओं वाली इस फिल्म के गीत भी खूब चले थे। मुकेश के 'इक झूठी-सी तसल्ली मुझे वो देके' और 'सताएगा किसे तू आसमाँ जब हम न होंगे' बड़े मर्मस्पर्शी गीत थे। लता के 'बाजे बाँसुरी चले साँवरी' और 'मुस्कराहट तेरे होंठों की मेरा सिंगार है' भी बड़े मोहक गीत थे। दादरा ताल पर आधारित मुकेश के साथ उनका युगल-गीत 'सपने में आना छेड़-छेड़ जाना' सचमुच बड़े गजब का गीत था। इस फिल्म में रोशन के बहुत सारे गीतकारों में इन्दीवर, उद्धव कुमार, जिया सरहदी, कैफी इरफानी, नजीम पानीपती और मधुराज शामिल थे।

उन्हीं दिनों रोशन और उनके खोजकर्ता केदार शर्मा के बीच कुछ गलतफहमी पैदा हो गई। केदार शर्मा ने गीताबाली के साथ 'गुनाह' (1953) नाम की एक फिल्म शुरू की थी, जिसके लिए उन्हीं का लिखा एक खूबसूरत गीत रोशन ने तलत महमूद की आवाज में रिकॉर्ड किया था—'मेरे ख्यालों में आके गले लगा जा मुझे, कि आज फिर मेरा जी चाहता है रोने को'। केदार शर्मा बाकी गीत भी जल्दी से रिकॉर्ड करवाना चाहते थे लेकिन रोशन को अपने पहले विवाह के परिवार के पास दिल्ली जाना पड़ गया, वह भी केदार शर्मा को बताए बगैर। इस बात से केदार शर्मा इतने ज्यादा नाराज हो गए कि उन्होंने 'गुनाह' के संगीत के लिए रोशन की जगह स्नेहल भाटकर को ले लिया। इसके बाद कुछ वर्षों तक उन्होंने रोशन के साथ काम नहीं किया।

सिने छायाकार आर.डी. माथुर ('मुगले आजम' के जाने-माने सिनेमैटोग्राफर) द्वारा निर्देशित 'आगोश' (1953) में भी रोशन का संगीत था। नासिर खान और नूतन की मुख्य भूमिकाओं वाली इस फिल्म के लोकप्रिय गीतों में 'ओ आसमाँ के वासी तुझपे पानी भारी' (लता), 'बाँसुरिया काहे बजाई' (लता-सुधा मल्होत्रा), 'मुहब्बत एक शोला है' (लता), 'आग छिड़क गई चाँदनी मोरे गोरे बदन पर' (मीना कपूर) और 'किसकी आंख के आँसू हैं सितारे' के साथ-साथ दो लुभावने युगल-गीत—'तू है चन्दा तो मैं हूँ चकोर' (लता-किशोर) और 'ओ धीरे-धीरे नदी में चढ़ गया पानी' (लता-हेमन्त कुमार) शामिल थे। फिल्म के गीत शैलेन्द्र, इन्दीवर, उद्धव कुमार और कैफी इरफानी के थे। यह फिल्म भी बॉक्स ऑफिस पर कोई तूफान नहीं मचा सकी।

मशहूर कॉमेडियन गोप द्वारा निर्मित और ओ.पी. दत्ता द्वारा निर्देशित 'मालकिन' (1953) का शायद आज किसी को नाम भी याद नहीं है। लेकिन सज्जन और नूतन की मुख्य भूमिकाओं वाली इस फिल्म में रोशन के संगीत को संगीत-प्रेमी आज भी बड़ी हसरत से याद करते हैं। लता के 'उनको अपना बनाके छोड़ दिया' (इसमें हवई गिटार का बड़ा सुन्दर प्रयोग किया गया था), 'मेरी हर खुशी तेरे साथ है' और 'मुहब्बत ने क्या-क्या तमाशा' दिल को गहराई से छू लेने वाले गीत थे। इसी तरह तलत महमूद का 'उनको आता है प्यार पे गुस्सा' भी बड़ा खूबसूरत गीत था। पश्चिम ऑर्केस्टेशन के धमाकेदार प्रयोग वाला—'कोई खुशनसीब होगा न जहाँ में' (किशोर-मुकेश-राम कमलानी) भी खूब लोकप्रिय हुआ था। इस फिल्म के गीतकार राजेन्द्र कृष्ण थे।

शांति कुमार की 'माशूका' (1954) में रोशन ने बिलकुल अलग अन्दाज का संगीत दिया था। इस अनूठी फिल्म में दो मशहूर गायक सुरैया और मुकेश नायक-नायिका थे। रोशन ने सुरैया से कई खूबसूरत गीत गवाए थे, जो उनकी अन्य फिल्मों के संगीत से बिलकुल अलग हटकर थे—'मेरे मन में उठे उमंग जिया', 'आओ श्याम सुन्दर' और 'एक आस एक आसरा है'। मुकेश का आसावरी आधारित और पियानो के मोहक सुरों वाला 'ओ दिल न लगाना जीने न देगा ये जमाना' और 'मासूम दिल की हाँ पे' भी बड़े प्यारे गीत थे। सुरैया और मुकेश का होली गीत और इससे भी बढ़कर इन दोनों की लोरी 'झिलमिल तारे क्या करें इशारे सो जा राजदुलारे' गजब की रचनाएँ थीं। कुछ संगीत-सनीक्षकों के अनुसार कोई भी दूसरी लोरी इस लोरी की धुन का मुकाबला नहीं कर सकती! इस फिल्म का सबसे बड़ा आश्चर्य यह था कि एक युगल-गीत में किशोर कुमार ने मुकेश के पार्श्व-गायक की भूमिका निभाई थी। जी हाँ, फिल्म के नायक मुकेश पर्दे पर किशोर कुमार की आवाज में गाते दिखाई दिए थे। किशोर और सुरैया का यह मशहूर युगल-गीत था—'ये समाँ, हम तुम जवाँ पहलू से दिल सरक जाए'। फिल्म के गीत शैलेन्द्र और कमर जलालाबादी ने लिखे थे।

'माशूका' के बाद 'महबूबा'! जी हाँ, प्यार के सुरों की सरगम बिखेरने वाले रोशन की अगली फिल्म का यही नाम था! लेकिन उन्हीं दिनों ओ.पी. नैयर ने 'आर-पार' (1954) में अपने नए अन्दाज के संगीत से धूम मचा दी। रोशन तब तक शम्मी कपूर और नलिनी जयवन्त की मुख्य भूमिकाओं वाली 'महबूबा' (1954) के तीन गीत रेकॉर्ड भी कर चुके थे। निर्माता के. अमरनाथ ने ओ.पी. नैयर की धूम देखकर रोशन को हटाकर ओ.पी. नैयर को ले लिया और फिल्म के बॉकी चार गीत उन्होंने ही कम्पोज किए। रोशन द्वारा संगीतबद्ध किए गए इस फिल्म के तीन गीतों में लता और तलत का डुएट 'अजी हमको है तुमसे प्यार, तो होगा मैं क्या जानूँ' भी शामिल था। रोशन के तीन गीतों के गीतकार तनवीर नक्वी और इन्दीवर थे।

नलिनी जयवन्त, रंजन और बेबी तबस्सुम की मुख्य भूमिकाओं वाली 'बाप-बेटी' (1954) में रोशन को महान फिल्मकार बिमल राय के साथ काम करने का अवसर मिला। इस फिल्म की एक लोरी 'ले चल री निंदिया ले चल हमें चन्दा मामा के घर' के साथ-साथ लता का एक और गीत 'दुनिया बनाने वाले रामजी' भी खूब लोकप्रिय हुआ था। लेकिन यह फिल्म भी बॉक्स ऑफिस पर न चलनेवाली फिल्म साबित हुई। ए.आर. कारदार की 'बराती' (1954) का भी यही हाल हुआ। जे.के. नन्दा द्वारा निर्देशित इस फिल्म में रोशन ने दो गीत जाने-माने संगीतकार सी. रामचन्द्र से भी गवाए थे, जो चितलकर के नाम से गाते थे। ये दो गीत थे—'धक-धक करे दिल' और आशा भोंसले के साथ युगल-गीत 'तेरी नजरों ने हमको छेड़ा'। फिल्म में लता के भी कई गीत थे—'हाय कोई कहदे पपीहे से जाके', 'आ फिर से प्यार की किस्मत संवार' और 'सारी रात जागे'। सुधा मल्होत्रा के साथ उनका डुएट 'कहीं दूर कोयलिया गाए रे' भी काफी लोकप्रिय हुआ था। फिल्म में एक सोलो आशा भोंसले का भी था—'किस नाम से पुकारूँ'। इस फिल्म के गीतकार जाँ निसार अख्तर और राजा मेहंदी अली खान थे।

पचास के पूरे दशक में संघर्षरत रहे रोशन बाद में ऐतिहासिक और मुस्लिम सोशल फिल्मों ('बाबर', 'बरसात की रात', 'ताजमहल', 'चित्रलेखा', 'नूरजहाँ', 'बहू बेगम' इत्यादि) के सफल संगीतकार के रूप में जाने गए। महान निर्माता-निर्देशक बी.आर. चोपड़ा द्वारा निर्देशित 'चाँदनी चौक' (1954) इसी शृंखला की पहली कड़ी थी। हीरा फिल्म्स द्वारा निर्मित और मीना कुमारी और शेखर की मुख्य भूमिकाओं वाली इस फिल्म में रोशन ने सचमुच शायराना अन्दाज का और खूब लोकप्रिय संगीत दिया था। रफी का टाइटल-ट्रैक 'जमीं भी वही है, वही आसमाँ, मगर अब वो दिल्ली की गलियाँ कहाँ' गुजरे जमाने की खुशनुमा याद दिलाने वाला गीत था। 'दिल की शिकायत नजर के शिकवे' (लता), 'हमें ऐ दिल कहीं ले चल' (मुकेश), 'आ जाए जाने वाला' (लता) और 'बहक चले मेरे नैना' (लता) सभी एक से एक खूबसूरत गीत थे। लता के 'जादू बुरा बंगाल का' और कॉमेडियन सुन्दर और शमशाद बेगम के 'कभी चार बजे कभी पाँच बजे' ने भी खूब धूम मचाई थी। फिल्म में मंगेशकर बहनों (लता-आशा-मीना) का एक शादी का गीत 'बन्नो के हाथ खिली मेहंदी' और एक जोरदार कव्वाली 'हर बात पूछिए' (शमशाद-लता-आशा) भी थी। इसी फिल्म में स्मृति विश्वास पर फिल्माया गया आशा भोंसले का एक बड़ा सुहाना गीत था—'मेरा दिल कहाँ है'—जिसकी धुन को रोशन ने बरसों बाद अपने एक सुपरहिट गीत में दोहराया—'रहें न रहें हम, महका करेंगे, बनके कली बनके सबा बागे वफा में' (लता, 'ममता', 1966)। 'चाँदनी चौक' के गीत गीतकारों की एक पूरी मंडली—मजरूह सुल्तानपुरी, शैलेन्द्र, राजा मेहंदी अली खान, सैफुद्दीन सैफ और कामिल रसीद (बी.आर. चोपड़ा की 'नया दौर' के संवाद लेखक) ने लिखे थे।

'बिलावल' रोशन का सबसे प्रिय थाट था और इसी थाट से जुड़ा 'राग यमन कल्याण' उनका सबसे प्रिय राग था। अपने कई शाहकार गीत उन्होंने इसी राग में कम्पोज किए—'मन रे तू काहे न धीर धरे' (रफी, 'चित्रलेखा'), 'जिंदगी भर नहीं भूलेगी' (रफी, 'बरसात की रात'), 'ए री आली पिया बिन' (लता, 'राग रंग'), 'निगाहें मिलाने को जी चाहता है' (आशा, 'दिल ही तो है'), 'भूले से मुहब्बत कर बैठा' (मुकेश, 'दिल ही तो है'), 'तुम अगर मुझको न चाहो' (मुकेश,

रोशन

'दिल ही तो है'), 'संसार से भागे फिरते हो' (लता, 'चित्रलेखा') और 'छुपा लो यूँ दिल में प्यार मेरा' (हेमन्त कुमार-लता, 'ममता')। वे शुद्ध स्वरों के साथ ही खेलना पसन्द करते थे। ऐसा भी नहीं कि उन्होंने दूसरे रागों का प्रयोग न किया हो। उनके गीतों में पीलू, भीमपलासी, पहाड़ी, तोड़ी, कलावती, कामोद, गौड़ मल्हार और दरबारी कान्हड़ा इत्यादि कई राग देखने को मिलते हैं। जहाँ तक उनके शास्त्रीय गीतों की गहराई की बात है, तो वे अनिल बिस्वास, नौशाद, एस.एन. त्रिपाठी और बसन्त देसाई जैसे महारथियों की श्रेणी में आते थे। लेकिन रागों की शुद्धता पर उनका जोर उनके लिए एक बाधा भी बना रहा, क्योंकि उन्हें कभी भी व्यावसायिक दृष्टि से बहुत लोकप्रिय संगीतकार नहीं माना गया।

उनके खोजकर्ता केदार शर्मा की नाराजगी कुछ कम हुई तो रोशन ने उनकी एक हल्की-फुल्की कॉमेडी फिल्म 'छोरा-छोरी' (1954) में संगीत दिया। गीताबाली और कॉमेडियन आगा की मुख्य भूमिकाओं वाली यह फिल्म भी बॉक्स ऑफिस पर नहीं चली। इसके कुछ लोकप्रिय गीतों में लता के 'देख भोले-भाले' और 'ये सुर्खी और ये शाम' के साथ-साथ रफी के साथ उनका युगल-गीत 'आ बेदर्दी बालमा प्रीत का करें हिसाब' भी शामिल था। मिनर्वा मूवीटोन की 'घर-घर में दीवाली' (1955) भी रोशन की जिंदगी में उजाला नहीं बिखेर सकी और बॉक्स ऑफिस पर ठंडी रही। सज्जन और श्यामा की मुख्य भूमिकाओं वाली इस फिल्म के निर्देशक गजानन जागीरदार थे। रोशन ने हिम्मत न हारते हुए इस फिल्म में भी हिट संगीत देने की कोशिश की थी। फिल्म के लोकप्रिय गीतों में मुकेश का 'आधे उधर हैं आधे इधर, ये हसरत-ए-दिल है न जाने किधर' शामिल था, जिसमें घोड़े की चाप का मोहक प्रयोग किया गया था। लता के 'कहाँ खो गई है' और 'तू किसी के दिल का दर्द' और रफी के साथ उनका युगल-गीत 'फलक मिलेगा तुझे' भी बड़े लुभावने गीत थे। आशा भोंसले का 'छनन-छनन पायल बाजे' एक दमदार शास्त्रीय गीत था। इस फिल्म के गीत केदार शर्मा, हिम्मत राय शर्मा और नूर देवासी ने लिखे थे।

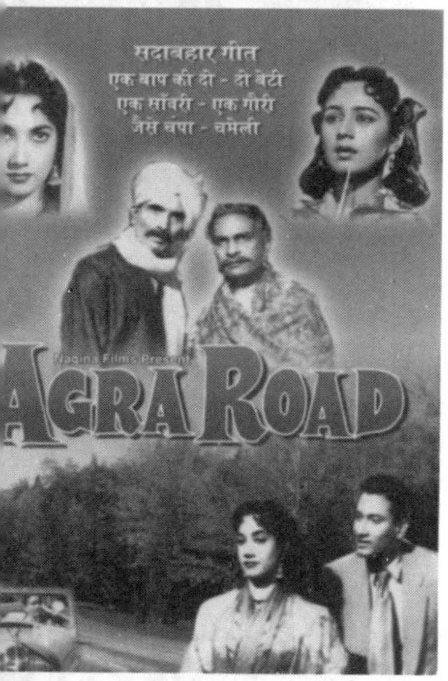

वैजयन्तीमाला और करन दीवान की मुख्य भूमिकाओं वाली 'जशन' (1956) भी रोशन को जश्न मनाने का अवसर नहीं दे पाई और बॉक्स ऑफिस पर लुढ़क गई। इसमें लता का एक बेहद खूबसूरत गीत था—'दर्द-ए-दिल तू ही बता कैसी गम की शाम है'। लेकिन भाग्य की देवी रोशन से कुछ ऐसी रूठी थी कि 1953 से 1957 के बीच उनकी एक भी फिल्म हिट नहीं हो पाई। बलराज साहनी, निरूपा राय और स्मृति विश्वास की मुख्य भूमिकाओं वाली 'टकसाल' (1956) का भी यही हाल हुआ, हालाँकि इसके गीतों ने खूब धूम मचाई। लता का 'दिल तो तेरा हम भी तेरे, हमको प्यारे हैं गम तेरे' तो हर नौजवान के होंठों पर थिरकने लगा था। फिल्म में लता के दो खूबसूरत भजन भी थे—'बृज के नन्दलाला, राधा के साँवरिया, सभी दुख दूर हुए जब तेरा नाम लिया' और 'सबसे प्यारा सबसे न्यारा प्रभुजी नाम तुम्हारा' (रफी के साथ)—जो न जाने क्यों इतने लोकप्रिय नहीं हुए। नेपाली लोकशैली का 'घूँघट हटाएके नजरें मिलाएके' (सुधा मल्होत्रा-मुबारक बेगम) और पूरबी-शैली का 'आए सजना हमारे' (लक्ष्मीशंकर-एस.डी. बातिश) फिल्म के दो अन्य लोकप्रिय गीत थे। 'जशन' के गीत राजेन्द्र कृष्ण ने लिखे थे जबकि 'टकसाल' के गीतकार प्रेम धवन थे।

केदार शर्मा को अब भी रोशन पर पूरा भरोसा था। उनकी अगली फिल्म 'रंगीन रातें' (1956) में भी उन्हीं का संगीत था। इस फिल्म में शम्मी कपूर के साथ तीन नायिकाएँ थीं—गीताबाली, माला सिन्हा और चाँद उस्मानी। माला सिन्हा की तो यह पहली ही फिल्म थी। बॉक्स ऑफिस पर तो यह फिल्म भी नहीं चली, पर इसमें भी कई अच्छे गीत थे। लता के राग भीमपलासी पर आधारित 'हम जागे हम सोए' और राग काफी पर आधारित 'सखी हमरो अटल सुहाग' (जलतरंग के सुन्दर इंटरल्यूडों के साथ) बड़े मोहक गीत थे। फिल्म के दो डुएट 'बालम ओ मोरे सजना' (गीता दत्त-लता) और 'बहुत आसां है चिलमन से लगकर मुस्करा देना' (रफी-लता) भी बड़े सुन्दर बन पड़े थे। शम्मी कपूर और गीताबाली की जोड़ी की एक और फिल्म 'कॉफी हाउस' (1957) में रोशन ने पश्चिमी ऑर्केस्ट्रेशन का खुलकर प्रयोग किया। गीता दत्त के 'झूम-झूम के जाम चूम ले', 'इस महफिल में आना बचके' और 'यूँ देखते हो जैसे हमें जानते नहीं' जैसे कुछ गीत अच्छे भी बने थे, लेकिन रोशन शंकर-जयकिशन या ओ.पी. नैयर वाली बात पैदा नहीं कर पाए, जिससे उनकी सीमाओं का पता चलता था।

रोशन की अगली फिल्म 'दो रोटी' (1957) में बलराज साहनी और निरूपा राय थे। इस्माइल मेमन द्वारा निर्देशित इस फिल्म में नौटंकी शैली का एक डुएट था—'बड़ी प्यारी कहानी है मुहब्बत की कहानी भी' (रफी-लता)। अन्य लुभावने गीतों में पूरबी अंग का और काफी राग पर आधारित 'काली बदरिया मारे नजरिया' और 'अश्कों की कहानी क्या कहिए' (दोनों लता) शामिल थे। कमजोर कथानक वाली यह फिल्म बुरी तरह पिट गई और रोशन की फ्लॉप फिल्मों की सूची में एक और फिल्म जुड़ गई।

एक और फ्लॉप फिल्म 'आगरा रोड' (1957) में देव आनन्द के छोटे भाई और जाने-माने निर्देशक विजय आनन्द नायक की भूमिका में थे। नायिका थी शकीला और निर्देशक थे रवीन्द्र दवे। भरत व्यास और प्रेम धवन के गीतों वाली इस फिल्म में रफी और गीता दत्त के दो हिट डुएट थे—'दुनिया की नजर है बुरी' और 'उनसे रिप्पी-रिप्पी हो गई'। एक और गीत 'गजब हुआ रामा, सितम हुआ रामा' भी काफी चला था।

अब रोशन को फ्लॉप फिल्मों का संगीत-निर्देशक कहा जाने लगा था। उन्हें 'ए' ग्रेड फिल्में नहीं मिल रही थीं और दो-दो परिवारों का खर्चा

चलाना उनके लिए मुश्किल होता जा रहा था। और तो और, गीतकार भी उनसे कन्नी काटने लगे थे। उन्हें एक हिट फिल्म की बहुत सख्त जरूरत थी। गर्दिश के इसी दौर में जाने-माने शायर नक्श लायलपुरी ने उन्हें दो मुखड़े सुनाए—'सारी-सारी रात तेरी याद सताए' और 'बेदर्दी नजरें मिलाके कह दे क्या है तेरी मर्जी'। रोशन को ये मुखड़े इतने अच्छे लगे कि उन्होंने इन्हें अपनी किसी फिल्म में प्रयोग के लिए सँभालकर रख लिया। वे तब एफ.सी. मेहरा की 'अजी बस शुक्रिया' (1958) में संगीत दे रहे थे। गीताबाली और शेखर की मुख्य भूमिकाओं वाली यह फिल्म उनकी फ्लॉप फिल्मों के सिलसिले को तोड़नेवाली और उनके कैरियर के डूबते जहाज को सहारा देने वाली फिल्म साबित हुई। इस फिल्म के निर्देशक मुहम्मद हुसैन थे और वे चाहते थे कि उनके नजदीकी सम्बन्धी फारुख कैसर ही इस फिल्म के गीत लिखें। फिल्म में दो ऐसी सिचुएशन्स थीं जिनमें नक्श लायलपुरी के मुखड़े बिलकुल फिट बैठते थे, इसलिए रोशन ये दो गीत उनसे लिखवाना चाहते थे। लेकिन निर्देशक इसके लिए तैयार नहीं थे और चाहते थे कि सभी गीत फारुख कैसर ही लिखें। फारुख ने भी इन सिचुएशन्स पर कुछ मुखड़े लिखे थे, लेकिन वे रोशन को जम नहीं रहे थे। मामला यहाँ तक पहुँच गया कि रोशन फिल्म छोड़ने की सोचने लगे, हालाँकि उनके हाथ में ज्यादा फिल्में नहीं थीं। बात बिगड़ती देखकर आखिर नक्श लायलपुरी ने ही समझौता करने का फैसला कर लिया और पूरे गीत न लिखकर सिर्फ मुखड़े देने के लिए राजी हो गए, जिनके अन्तरे फारुख कैसर ने लिखे। ये दोनों गीत फिल्म के सबसे सुपरहिट गीत साबित हुए। 'सारी-सारी रात तेरी याद सताए' (लता) ने तो धूम ही मचा दी। रोशन ने इस बात का ध्यान रखा था कि इन मुखड़ों के लिए नक्श लायलपुरी को उचित पारिश्रमिक मिले। 'सारी-सारी रात...' राग भैरवी पर आधारित था जिसकी बाद में कुछ दूसरे संगीतकारों ने भी नकल की। 'जब-जब फूल खिले' (1966) में कल्याणजी-आनन्दजी का मशहूर गीत 'परदेसियों से न अखियाँ मिलाना' (रफी और लता के वर्जन) भी इसी गीत से प्रेरित था। राग शिवरंजनी पर आधारित फिल्म का एक और गीत 'लागे न मोरा जिया' (लता) भी बड़ा खूबसूरत गीत था और खूब लोकप्रिय हुआ था। लता के इन तीनों गीतों के अलावा दो कॉमेडी गीतों 'सच कहता है जॉनी वाकर' और 'कड़की तेरा नाम लड़की' ने भी काफी धूम मचाई थी। रोशन ने इस दुर्लभ हिट फिल्म के लिए अपने भाग्य के सितारों से कहा होगा—'अजी बस नहीं, बहुत-बहुत शुक्रिया'!

'आँगन' (1959), 'दीप जलता रहे' (1959) और 'सी.आई.डी. गर्ल' (1959) के रूप में अभी तीन फ्लॉप फिल्में बाकी थीं। न जानें क्यों, इन तीनों फिल्मों से लता भी गायब थीं। सभी गीतों पर आशा भोंसले छाई हुई थीं—'आँगन' में 'आंगन में बसियो राजा होए', 'दीप जलता रहे' में 'इक दौर नया' और 'देखो जी रस ले गयो' और 'सी.आई.डी. गर्ल' में 'दर्द-ए-दिल जरा-जरा', 'जिंदगी से नाता तोड़' (सुधा मल्होत्रा के साथ) और 'बड़ी बुलन्द मेरी भाभी' (रफी के साथ)। 'सी.आई.डी. गर्ल' के ये तीनों गीत एक नए गीतकार आनन्द बख्शी ने लिखे थे, जो उनकी पहली फिल्म थी। फिल्म के बाकी गीत हसरत जयपुरी ने लिखे थे। 'आँगन' के गीतकार राजेन्द्र कृष्ण और पं. इन्द्र थे तो 'दीप जलता रहे' के गीत शैलेन्द्र ने लिखे थे।

मीना कुमारी और करन दीवान की मुख्य भूमिकाओं वाली 'मधु' (1959) रोशन की एक ऐसी फिल्म थी जो कई वर्षों तक डिब्बों में बन्द रहने के बाद पूरी हुई थी। इसके निर्देशक ज्ञान मुखर्जी ('किस्मत' और 'संग्राम' जैसी सुपरहिट फिल्मों के जाने-माने निर्देशक) इसके निर्माण के दौरान ही चल बसे और इसे एस. बनर्जी ('परवरिश' वाले) ने किसी तरह पूरा किया। समय से पीछे रह जाने वाली ऐसी फिल्में कम ही चल पाती हैं, लेकिन इसमें रोशन का यादगार संगीत था। फिल्म के दो गीत नक्श लायलपुरी ने भी लिखे थे—राग भैरवी पर आधारित 'धानी चुनर मोरी हाय रे' (लता) और 'तुमसे लगन लागी ओह ऐसे' (रफी-लता)। इन दोनों लुभावने गीतों के अलावा उन्होंने एक और गीत भी लिखा था—'मैं सोचता हूँ तुम्हें मुझसे प्यार है कि नहीं'। गीत इतना खूबसूरत था और रोशन ने इसकी इतनी प्यारी तर्ज बनाई थी कि उन्हें लगा कि शायद अभिनेता करन दीवान इसकी बारीकियों के साथ न्याय नहीं कर पाएँगे, इसलिए उन्होंने इसे 'मधु' में न इस्तेमाल करके भविष्य की किसी फिल्म के लिए सँभालकर रख लिया। फिल्म के अन्य गीत शैलेन्द्र और प्रेम धवन ने लिखे थे। इनमें 'किसी को न बताऊँगी हो, चोरी-चोरी जो दिल में समाया' (लता), 'बता दो कोई कौन गली गए श्याम' (लता और मन्ना डे के अलग-अलग वर्जन) और 'देके बदनामी जमाने भर की' (रफी-आशा) जैसे कई सुरीले गीत शामिल थे।

नक्श के 'मैं सोचता हूँ प्यार है कि नहीं' के जिक्र पर लौटें तो इस गीत की बड़ी लम्बी कहानी है। जैसाकि नक्शजी ने खुद हमें बताया था, एक दिन वे श्रीसाउंड स्टूडियो में रोशन से टकरा गए और शिकायत करते हुए बोले—''रोशन साहब, आप तो मुझे भूल ही गए!'' रोशन बड़े प्यार से उनके गले में अपनी बाँह डालते हुए उन्हें एक तरफ ले गए और 'मैं सोचता हूँ...' पूरा का पूरा गाकर सुनाने लगे। इसके बाद उन्होंने कहा—''मैं आपको कभी नहीं भूल सकता। आप किसी भी फिल्म का प्रपोजल ले आएँ, मैं आपके साथ आधे दामों पर काम करूँगा।'' दुर्भाग्यवश नक्श लायलपुरी कोई प्रोड्यूसर नहीं पकड़ पाए। कुछ समय बाद एक प्रोड्यूसर ने अपनी एक फिल्म के

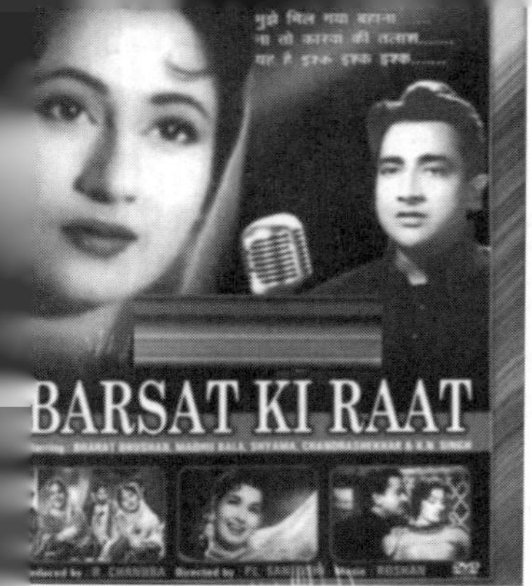

मधुबाला

संगीत के लिए रोशन और कैफी आजमी को साइन किया। 'पिकनिक' नाम की इस फिल्म में गुरुदत्त और साधना मुख्य भूमिकाओं में थे। रोशन नक्श के गीत को इस फिल्म में इस्तेमाल करने के इच्छुक थे। गुरुदत्त को भी यह गीत अच्छा लगा था। लेकिन कैफी आजमी इस बात के लिए तैयार नहीं हुए कि फिल्म में किसी दूसरे गीतकार का कोई गीत लिया जाए। बाद में गुरुदत्त की मृत्यु के कारण यह फिल्म ही खटाई में पड़ गई। लेकिन कैफी आजमी यह गीत सुन चुके थे और उनके दिमाग के किसी कोने में रोशन की धुन दर्ज हो गई थी। बरसों बाद उनकी फिल्म 'अर्थ' (1986) में हू-ब-हू इसी धुन पर आधारित 'झुकी-झुकी सी नजर बेकरार है कि नहीं' (जगजीत सिंह) सुनाई दिया तो नक्श का हैरान होना स्वाभाविक था। इसके भी कई वर्ष बाद नक्श लायलपुरी और निर्देशक लेख टंडन एक टेली-सीरियल में एक गीत की सिचुएशन पर बात कर रहे थे तो नक्श ने उन्हें यह गीत सुनाया। इस तरह यह गीत 'मैं सोचता हूँ...' आखिरकार उदित नारायण की आवाज में टेली-सीरियल 'मिलन' (1992) में सुनने को मिला। इसे संगीतबद्ध किया था रोशन की तरह ही एक महान संगीत-निर्देशक खय्याम ने!

दिग्गज सतीश निगम ('सुनहरे दिन' वाले) द्वारा निर्देशित फिल्मिस्तान की 'मैंने जीना सीख लिया' (1959) में एक बार फिर पुराने दोस्तों रोशन और मुकेश की जोड़ी ने रंग जमाया। राग मालगुंजी पर आधारित मुकेश का वह अमर गीत 'तेरे प्यार को इस तरह से भुलाना न दिल चाहता है न हम चाहते हैं' इसी फिल्म में था। बॉक्स ऑफिस पर बुरी तरह पिट गई इस कमजोर फिल्म में बस यही एक याद रखने लायक चीज थी। रफी और आशा का दो भागों वाला 'एजी मैंने पूछा' और इन्हीं दोनों का एक डुएट 'इतनी-सी बात पे बिगड़ गए क्यों' फिल्म के अन्य लोकप्रिय गीत थे। इस फिल्म के गीत आनन्द बख्शी और साहिल सुल्तानपुरी ने लिखे थे।

लेकिन अब रोशन का सुनहरा दौर ज्यादा दूर नहीं था। कृष्ण चोपड़ा द्वारा निर्देशित और बलराज साहनी और निरूपा राय की मुख्य भूमिकाओं वाली 'हीरा-मोती' (1959) भी बॉक्स ऑफिस पर ठीकठाक रही। इस फिल्म में रोशन का संगीत न सिर्फ उच्च कोटि का था बल्कि विविधतापूर्ण भी। लता और हेमन्त कुमार का 'नाच रे धरती के प्यारे' लोक-शैली का धूम-धड़ाके वाला गीत था। इसी तरह पूरबी (पूर्वी उत्तर प्रदेश) शैली का 'कावाँ रंग मोंगवा कावाँ रंग मोतिया' (सुमन कल्याणपुर-सुधा मल्होत्रा) भी बड़ा अद्‌भुत गीत था, जिसमें रोशन ने अपना अनूठा अन्दाज जोड़कर और भी रंग जमा दिया था। लता का राग अल्हैया बिलावल पर आधारित तेज रफ्तार 'ओ बेदर्दी आ फिर जल्दी' भले ही सलिल चौधरी की याद दिलाता था, लेकिन खूब लोकप्रिय हुआ था। लता का ही धीमे और नरम सुरों वाला 'इक दिन ये आँसू' भी अपने-आपमें एक अनूठा प्रयोग था, जिसमें तीन सितारों का इस्तेमाल किया गया था। शैलेन्द्र और प्रेम धवन के गीतों वाली यह फिल्म रोशन के कैरियर में एक सुरीला कीर्ति-स्तम्भ थी।

रोशन इस बात से हमेशा इनकार करते थे कि वे कव्वाली पर ज्यादा मेहनत करते थे। लेकिन वे जब भी कव्वाली पर हाथ आजमाते थे तो सचमुच गजब हो जाता था। उनकी पहली सुपरहिट कव्वाली फिल्मिस्तान की 'बाबर' (1960) में सुनाई दी थी। हेमेन गुप्ता द्वारा निर्देशित इस फिल्म की यह धूम मचाने वाली कव्वाली थी—'हसीनों के जलवे परेशान रहते अगर हम न होते' (रफी-सुधा मल्होत्रा-मन्ना डे-आशा भोंसले)। यह कव्वाली इतनी लोकप्रिय हुई कि पेशेवर कव्वाल भी इसे बरसों गाते रहे। लेकिन सिर्फ यह कव्वाली ही नहीं, 'बाबर' का पूरा संगीत ही रोशन के लिए एक भव्य कीर्तिमान था। साहिर लुधियानवी के साथ मिलकर उन्होंने ऐसा रंग जमाया कि इन दोनों की जोड़ी को एक सुपरहिट जोड़ी के रूप में देखा जाने लगा। राग शिवरंजनी पर आधारित रफी की सदाबहार ग़ज़ल 'तुम एक बार मुहब्बत का इम्तिहान तो लो' तो कमाल की थी ही, सुधा मल्होत्रा की दो बेहद खूबसूरत ग़ज़लों ने भी गजब ढा दिया—'सलाम-ए-हसरत कबूल कर लो, मेरी मुहब्बत कबूल कर लो' (राग यमन कल्याण) और 'पयाम-ए-इश्क-ओ-मुहब्बत हमें पसन्द नहीं' (राग खमाज)। सुधा मल्होत्रा की इन दोनों ग़ज़लों को उनके सबसे अनमोल और अमर गीतों में गिना जाता है। 'पयाम-ए-इश्क...' में एक अन्तरा था—'किसी निगाह की जुर्रत हमें पसन्द नहीं'। रोशन को 'जुर्रत' शब्द कुछ ज्यादा सख्त लग रहा था, इसलिए उन्होंने साहिर से इसे बदल देने का अनुरोध किया। साहिर उस समय सफलता की चोटी पर थे, उन्होंने साफ मना कर दिया। रोशन तब ऐसी स्थिति में नहीं थे कि जोर देकर अपनी बात मनवा पाते। लेकिन कुछ वर्ष बाद उन्होंने इसी धुन पर मजरूह सुल्तानपुरी से एक दूसरा गीत लिखवाकर अपने मन की इच्छा पूरी कर ली। 'आरती' फिल्म का यह सुपरहिट गीत था—'आपने याद दिलाया तो हमें याद आया' (रफी-लता)।

'बाबर' ने आने वाले सुनहरी दिनों का जो संकेत दिया था, उसे 'बरसात की रात' (1960) ने साकार कर दिखाया। पी.एल. सन्तोषी द्वारा निर्देशित और भारत भूषण और मधुबाला की मुख्य भूमिकाओं वाली इस फिल्म और इसके संगीत ने जबर्दस्त धूम मचाई। साहिर और रोशन की जोड़ी मानो अपने सृजन के चरम पर थी। फिल्म का हर गीत न सिर्फ सुपरहिट था, बल्कि ऊँचे दर्जे की कलात्मकता का उदाहरण भी। अनमोल, अमर और शीशे में जड़ाकर रखने लायक संगीत! फिल्म का सबसे लुभावना और मंत्रमुग्ध कर देने वाला गीत था रफी का लाजवाब—'जिंदगी भर नहीं भूलेगी वो

बरसात की रात, एक अनजान हसीना से मुलाकात की रात'। दिलों में एक मीठी-मीठी सी हूक पैदा कर देने वाला यह गीत राग यमन पर आधारित था और अलग से रफी-लता के एक डुएट के रूप में भी था। भारतीय सिनेमा की वीनस कही जाने वाली मधुबाला के अपूर्व सौन्दर्य को समर्पित प्रेम-काव्य की तरह! गीत की पंक्तियों 'सुर्ख अँचल को दबाकर जो निचोड़ा उसने' के दौरान भीगी साड़ी में लिपटी मधुबाला सचमुच बला की खूबसूरत दिखाई देती हैं। साहिर ने अपनी शायरी के तरकश का कोई तीर खाली नहीं छोड़ा था—'नौजवानी के किसी ख्वाब की ताबीर हो तुम'! भई, वाह! रफी का दूसरा गीत—जो पीलू राग पर आधारित एक नज्म थी—भी गजब का गीत था—'मैंने शायद तुम्हें पहले भी कहीं देखा है'। दर्द भरे 'मायूस तो हूँ वादे से तेरे' और तरन्नुम के साथ गाई गई पंक्तियों 'क्या गम है अंधेरी हैं रातें' में भी रफी अपने पूरे शबाब पर दिखाई देते थे। लता का 'मुझे मिल गया बहाना तेरी दीद का' भी बड़ा सुहाना गीत था और खूब लोकप्रिय हुआ था। फिल्म के टाइटल-ट्रैक 'गरजत-बरसत सावन आयो' (सुमन कल्याणपुर-कमल वारोट) का जिक्र हम पीछे भी कर चुके हैं, जो मल्हार राग पर आधारित था और इस फिल्म में रोशन द्वारा फिर से इस्तेमाल किया गया था। 'बरसात की रात' के ये सभी गीत बड़े खूबसूरत थे और एक से बढ़कर एक थे। लेकिन सबसे ज्यादा धूम मचाने वाली साबित हुईं इस फिल्म की गजब की कव्वालियाँ, खासकर—'न तो कारवाँ की तलाश है न तो हमसफर की तलाश है' (मन्ना डे-आशा भोंसले-सुधा मल्होत्रा-एस.डी. बातिश और साथी)। इस कव्वाली को हिन्दी सिनेमा की सबसे शानदार कव्वाली माना जाता है और इसी कव्वाली के कारण रोशन को 'किंग ऑफ कव्वाली' कहा जाता है। इस कव्वाली का अन्त 'ये इश्क-इश्क है इश्क-इश्क' (मन्ना डे-सुधा मल्होत्रा-रफी-एस.डी. बातिश और साथी) की शुरुआत के साथ होता है। इस तरह ये दोनों कव्वालियाँ 'जुड़वाँ' कव्वालियाँ हैं और आमतौर से एक ही कव्वाली के रूप में सुनी जाती हैं। कहते हैं कि इस जुड़वाँ कव्वाली की रिकॉर्डिंग में पूरे 29 घंटे लग गए थे और सभी गायक-गायिकाएँ और साजिंदे थककर चूर हो गए थे। लेकिन जो परिणाम हासिल हुआ वह अनमोल है और हिन्दी सिनेमा की एक लाजवाब उपलब्धि है। 'ये इश्क...इश्क...' मशहूर कव्वाल फतेह अली खान की एक कव्वाली से प्रेरित थी, जिसके लिए उनसे बाकायदा अनुमति ली गई थी। फिल्म की दो और कव्वालियाँ 'निगाह-ए-नाज के मारों का हाल क्या होगा' और 'जी चाहता है चूम लूँ अपनी नजर को मैं' भी खूब लोकप्रिय हुई थीं, जिनमें आशा भोंसले और सुधा मल्होत्रा के अलावा शंकर-शम्भू, बलवीर, बन्दे हसन और साथियों की आवाजें थीं। कहते हैं कि इस फिल्म के संगीत के लिए पहले खय्याम से बात की गई थी, लेकिन उन्होंने किसी दूसरे की कव्वाली पर काम करने से साफ मना कर दिया था। जो भी हो, 'बरसात की रात' इश्क और आशिकों के नाम रोशन का एक बेहद खूबसूरत तोहफा था। इस फिल्म के संगीत ने ऐसा तहलका मचाया कि बरसों से संघर्ष कर रहे रोशन का नाम हिन्दी फिल्मों के चोटी के संगीतकारों में गिना जाने लगा—हालाँकि अपना कैरियर संवारने की बजाय कला की साधना करने का रास्ता उन्होंने तब भी नहीं छोड़ा।

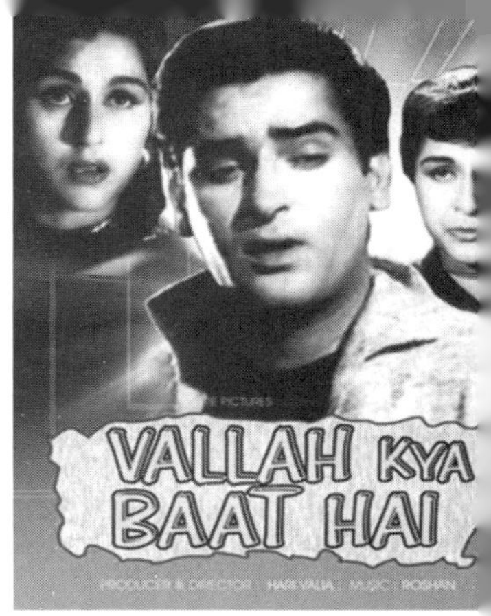

अशोक कुमार और शकीला की मुख्य भूमिकाओं वाली 'वारंट' (1961) और नलिनी जयवन्त और चाँद उस्मानी की 'जिंदगी और हम' (1962) कब आईं और गईं किसी को पता ही नहीं चला। लेकिन इन दोनों फिल्मों में रोशन का संगीत एक अमिट छाप छोड़ गया। 'वारंट' के 'होंठों पे हँसी, पलकों पे हया, आँखों में शरारत रहती है' (लता), 'नैनों में क्यों आन बसे' (मुकेश-लता) और 'निगाहों में ये मस्तियाँ क्यों' (गीता दत्त) जैसे गीतों को भला कौन भुला सकता था? इसी तरह 'जिंदगी और हम' भी सुरों की मलिका लता मंगेशकर के एक से एक सुरीले गीतों से सजी हुई थी—'तू हमको देख और जमाने की नजर को देख', 'धीरे से गगरी उतार रे', 'छीन लिया रे बेइमान', 'मतवाली मुरलिया बाजी रे' और 'जा रे जा मेरी छोड़ चुनरिया'। सुमन कल्याणपुर और सुधा मल्होत्रा का युगल-गीत 'हम तेरी नजर में अटके' भी बड़ा लुभावना था। लेकिन ये सभी मधुर गीत एक डूबी हुई फिल्म की निशानियों की तरह जल्दी ही लुप्त हो गए। 'वारंट' के गीत आनन्द बख्शी और प्रेम धवन ने तथा 'जिंदगी और हम' के गीत शिव कुमार तथा वीर मुहम्मद पुरी ने लिखे थे।

जानी-मानी अभिनेत्री नूतन के पति कैप्टन रजनीश बहल द्वारा निर्देशित 'सूरत और सीरत' (1962) एक सार्थक और लीक से अलग हटकर बनाई गई फिल्म थी। नूतन और धर्मेन्द्र की मुख्य भूमिकाओं वाली इस फिल्म में मुकेश का एक सुपरहिट और सदाबहार गीत था—'बहुत दिया देने वाले ने तुझको, आँचल ही न समाए तो क्या कीजे' (शिवरंजनी)। इस फिल्म में रोशन ने काफी दिनों बाद शैलेन्द्र के साथ काम किया था। बॉक्स ऑफिस पर कोई कमाल न कर पाने वाली इस फिल्म के अन्य लोकप्रिय गीतों में राग सोहनी पर आधारित 'प्रेम लगन मन' (आशा भोंसले) और साहिर द्वारा रचित 'गीत मेरा सुलाए-जगाए तुझे' (लता) शामिल थे।

बहुचर्चित बैनर राजश्री फिल्म्स के संस्थापक सेठ ताराचन्द बड़जात्या द्वारा निर्मित 'आरती' (1962) रोशन की एक और सुपरहिट फिल्म साबित हुई। प्रतिष्ठित फिल्मकार फणी मजूमदार द्वारा निर्देशित इस फिल्म में अशोक कुमार, मीना कुमारी और प्रदीप कुमार मुख्य भूमिकाओं में थे। 'बरसात की रात' के बाद रोशन ने एक बार फिर बहुत मधुर और धूम मचाने वाला लेकिन अलग अन्दाज का संगीत दिया। कुछ वर्ष पहले उन्होंने 'घर-घर में दीवाली' के लिए एक

गीत बनाया था—'कहाँ खो गई हैं'—जो उस फ्लॉप फिल्म के साथ ही अँधेरे में कहीं खो गया था। उसी धुन को एक नए रूप में प्रस्तुत करते हुए उन्होंने 'आरती' का सुपरहिट गीत—'कभी तो मिलेगी, कहीं तो मिलेगी, बहारों की मंजिल राही' (लता)—बना दिया। यह गीत राग पहाड़ी पर आधारित था। मिश्र खमाज पर आधारित लता और रफी के युगल-गीत 'बार-बार तोहे क्या समझाए पायल की झंकार' ने भी खूब धूम मचाई। इन दोनों का दूसरा युगल-गीत 'आपने याद दिलाया तो मुझे याद आया' भी खूब लोकप्रिय हुआ, जिसका जिक्र हम 'बाबर' के 'पयाम-ए-इश्क' के सन्दर्भ में कर चुके हैं। रफी का राग खमाज पर आधारित 'अब क्या मिसाल दूँ मैं तुम्हारे शबाब की' फिल्म का एक और सुपरहिट गीत था। रफी और लता के ये सभी गीत उनके सबसे सुरीले और अमर गीतों में शामिल हैं। अल्हैया बिलावल पर आधारित 'वो तीर दिल पे चला जो तेरी कमान में है' (रफी-आशा) और कुछ सोचने पर मजबूर करने वाला 'बने हो एक खाक से' (लता) फिल्म के अन्य लोकप्रिय गीत थे। इन खूबसूरत गीतों को मजरूह सुल्तानपुरी ने लिखा था।

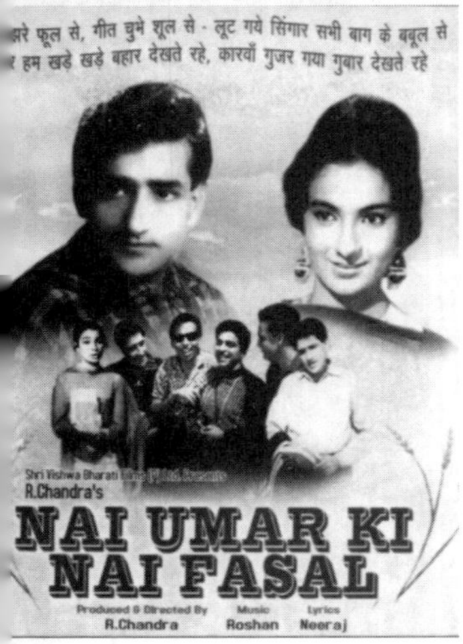

हरी वालिया की 'वल्लाह क्या बात है' (1962) में बीना राय और शम्मी कपूर मुख्य भूमिकाओं में थे। फिल्म के विषय को देखते हुए पश्चिमी ऑर्केस्ट्रेशन और धूम-धड़ाके भरे क्लब-गीतों की जरूरत थी। यह एक ऐसा क्षेत्र था जिसमें रोशन सहज महसूस नहीं करते थे। परिणामस्वरूप वे न तो अपना खुद का कमाल दिखा पाए और न शंकर-जयकिशन या ओ.पी. नैयर जैसा प्रभाव पैदा कर पाए। 'महफिल में जो आए तुम' (आशा), 'वल्लाह क्या बात है' (रफी) और 'बातें कर लो जी' (रफी) ऐसे गीत थे, जिनमें उनकी अपनी छाप दिखाई नहीं देती थी, भले ही ये अच्छे चले। ओ.पी. नैयर की शैली अपनाते हुए उन्होंने रफी-आशा का एक सुपरहिट गीत दिया—'खनके तो खनके क्यों खनके, हाय रे तेरा कंगना'। इसी तरह शंकर-जयकिशन की लीक पर चलते हुए उन्होंने रफी-आशा का एक और हिट डुएट दिया—'एक तो सूरत प्यारी'। फिर भी फिल्म के कुछ गीत—रफी की दिल को छू लेने वाली ग़ज़ल 'गम-ए-हस्ती से बस बेगाना होता' और मन्ना डे का दो भागों वाला 'काँटों के साए में'—रोशन की अपनी विशिष्ट शैली की याद दिलाते थे।

रावल भाइयों की 'दिल ही तो है' (1963) बॉक्स ऑफिस पर तो अच्छी चली ही, यह रोशन और साहिर लुधियानवी की जोड़ी की एक और बड़ी सफलता थी। राज कपूर और नूतन की मुख्य भूमिकाओं वाली इस फिल्म के संगीत ने खूब धूम मचाई। यह एक 'मुस्लिम सोशल' फिल्म थी, जिसमें राज कपूर की छवि के अनुरूप उनकी भूमिका में कुछ हास्य का पुट भी था। फिल्म के सभी गीत खूब लोकप्रिय हुए थे। मुकेश का 'तुम अगर मुझको न चाहो तो कोई बात नहीं, तुम किसी और को चाहोगी तो मुश्किल होगी' उन दिनों लगभग हर नौजवान की जुबान पर मचलने लगा था। मुकेश के दूसरे गीत के साथ भी यही बात थी—'भूले से मुहब्बत कर बैठा, नादां था बेचारा, दिल ही तो है' (यमन कल्याण)। फिल्म के दोनों युगल-गीत भी इसी अन्दाज के मीठे, गुदगुदाते हुए चुलबुले गीत थे—'चुरा ले न तुमको ये मौसम सुहाना' (मुकेश-सुमन कल्याणपुर) और 'तुम्हारी मस्त नजर गर इधर नहीं होती' (मुकेश-लता)। रोशन के संगीत से सजी 'मुस्लिम सोशल' फिल्म हो और कव्वाली न हो! इस बार यह धूम मचाने वाली कव्वाली आशा भोंसले और साथियों की आवाज में थी—'निगाहें मिलाने को जी चाहता है'। क्या गजब की अदायगी थी आशा की और क्या बोल थे साहिर के—'वो तोहमत जिसे इश्क कहती है दुनिया, वो तोहमत उठाने को जी चाहता है'! फिल्म की दूसरी कव्वाली 'पर्दा उठे सलाम हो जाए' (मन्ना डे-आशा भोंसले और साथी) भी बहुत खूबसूरत थी और खूब लोकप्रिय हुई थी। मुकेश का 'गुस्से में जो निखरा है उस हुस्न का क्या कहना' और मन्ना डे का सदाबहार शास्त्रीय गीत 'लागा चुनरी में दाग छुपाऊँ कैसे' (भैरवी) इस फिल्म के संगीत के दो अन्य सुखद आश्चर्य थे। इस फिल्म में रोशन ने अपने प्रिय राग यमन कल्याण का जी भरकर प्रयोग किया था ओर ऐसा सुपरहिट और अमर संगीत रचा था कि क्या कहने!

लोकप्रियता की दृष्टि से देखा जाए तो 'ताजमहल' (1963) रोशन और साहिर की जोड़ी की सफलता का चरमोत्कर्ष थी। इस फिल्म के एक युगल-गीत 'जो वादा किया वो निभाना पड़ेगा' ने तो इतनी धूम मचाई कि आज भी अगर रफी और लता का सिर्फ एक युगल-गीत चुनने के लिए कहा जाए तो ज्यादातर लोग इसी गीत को चुनेंगे। हमारी नजर में यही फिल्म रोशन की सृजनशीलता का चरम-बिन्दु थी। पुष्पा पिक्चर्स द्वारा निर्मित और प्रदीप कुमार और बीना राय की मुख्य भूमिकाओं से सजी इस फिल्म के निर्देशक एम. सादिक थे। फिल्म का हर गीत रोशन के मधुर, कलात्मक और अमर संगीत की छाप लिए था। शाश्वत लोकप्रियता वाला 'जो वादा किया वो निभाना पड़ेगा' पहाड़ी राग पर आधारित था। रफी-लता का दूसरा युगल-गीत 'पाँव छू लेने दो फूलों को इनायत होगी' भी बड़ा मोहक और दिल को छू लेने वाला गीत था। लता की राग अल्हैया बिलावल पर आधारित ग़ज़ल 'जुर्म-ए-उल्फत पे हमें लोग सजा देते हैं' मंत्रमुग्ध कर देने वाली ग़ज़ल थी। इसी तरह रफी की ग़ज़ल 'जो बात तुझमें है तेरी तसवीर में नहीं' भी बहुत मधुर और खूबसूरत थी। फिल्म के अन्य लोकप्रिय गीतों में धमाकेदार 'न न न रे न न हाथ न लगाना' (सुमन कल्याणपुर-मीनू पुरुषोत्तम), 'हुस्न से है दुनिया हसीं' (आशा भोंसले) और राग तोड़ी पर आधारित 'खुदा-ए-बरतार तेरी जमीं पर' (लता) शामिल थे। अरे हाँ, फिल्म में एक कव्वाली भी तो थी जिसकी अब लोग रोशन से उम्मीद करने लगे थे। यह धमाकेदार कव्वाली

थी—'चाँदी-सा बदन सोने की नजर' (रफी-आशा-मन्ना डे-महेन्द्र कपूर)। इस बेहद लोकप्रिय संगीत वाली फिल्म को वर्ष के सर्वश्रेष्ठ संगीत का फिल्मफेयर पुरस्कार भी मिला था।

एक महान शास्त्रीय गायक के जीवन पर आधारित 'झंकार' में रोशन बड़े उत्साह से संगीत देने में जुटे हुए थे। यह फिल्म एक मशहूर बंगाली फिल्म 'शाप मोचन' का 'री-मेक' थी। लेकिन यह फिल्म बीच में ही ठप्प हो गई और रोशन इस संगीत-प्रधान फिल्म में शास्त्रीय रागों की सरगम बिखेरने की अपनी इच्छा पूरी नहीं कर पाए। इस फिल्म से जुड़ा एक किस्सा बड़ा मशहूर है। संगीत में प्रामाणिकता लाने के लिए रोशन ने राजस्थान के एक जाने-माने शास्त्रीय गायक से भी एक गीत गवाया था। इस गीत की रिकॉर्डिंग हुई तो ये शास्त्रीय गायक इस बात से बेखबर कि फिल्मी गाने एक सीमित अवधि के होते हैं, गाते ही चले गए—मानो वे किसी मंच पर गा रहे हों। रोशन ने भी उन्हें टोका नहीं और उनके गायन की तब तक रिकॉर्डिंग होती रही जब तक कि रिकॉर्डिंग टेप खत्म नहीं हो गई। इसके बाद रोशन ने बड़ी शांति और विनम्रता से उन्हें समझाया कि उन्हें सिर्फ एक छोटी-सी और सीमित अवधि का गीत चाहिए। परिणामस्वरूप इस गीत की फिर से रिकॉर्डिंग हुई और इस बार शास्त्रीय गायक ने इसे सीमित अवधि में ही पूरा कर दिया। इतने सज्जन और संवेदनशील व्यक्ति थे रोशन। उन्होंने उस महान गायक को बीच में ही रोककर उनकी एकाग्रता को भंग करने की बजाय दोबारा रिकॉर्डिंग करना बेहतर समझा।

भारत भूषण के अपने बैनर द्वारा निर्मित 'दूज का चाँद' (1964) में भी रोशन और साहिर की लोकप्रिय जोड़ी थी। महान फिल्मकार नितिन बोस द्वारा निर्देशित इस फिल्म में भारत भूषण के साथ अशोक कुमार और बी. सरोजा देवी थे। यह फिल्म बॉक्स ऑफिस पर तो नहीं चली और भारत भूषण को काफी घाटा उठाना पड़ा, लेकिन इस फिल्म के कई मधुर गीतों को लोग आज भी याद करते हैं। इनमें रफी और सुमन कल्याणपुर के बड़े लुभावने युगल-गीत 'चाँद तकता है इधर आओ कहीं छुप जाएँ' के साथ-साथ लता का दर्द भरा 'पड़े बरखा फुहार करे जियरा पुकार' और मन्ना डे का ठुमरी शैली का सदाबहार शास्त्रीय गीत 'फुलगेंदवा न मारो लगत करेजवा में चोट' शामिल थे। रफी का 'सुन ऐ महजबीं मुझे तुझसे इश्क नहीं', लता और आशा का राजस्थानी लोक-शैली का 'साजन सलोना माँग लो जी कोई, निकला है दूज का चाँद' और सुमन (हिमाड़ी) कल्याणपुर और श्यामा हिमाड़ी की कव्वाली 'झाँकती है मेरी आँखों से' फिल्म के अन्य मधुर आकर्षण थे।

बॉक्स ऑफिस पर तहलका मचा देने वाली 'ताजमहल' के निर्माता ए.ए. नाडियाडवाला थे। इस फिल्म की जबर्दस्त सफलता को दोहराने के इरादे से उन्होंने रोशन और साहिर की टीम के साथ ही 'चित्रलेखा' (1964) बना डाली। यह फिल्म हिन्दी के महान साहित्यकार भगवती चरण वर्मा के इसी नाम के प्रसिद्ध उपन्यास पर आधारित थी। अशोक कुमार, मीना कुमारी और प्रदीप कुमार की मुख्य भूमिकाओं वाली इस फिल्म के निर्देशक केदार शर्मा थे, जो बरसों पहले 1939 में इसी उपन्यास पर एक सुपरहिट फिल्म बना चुके थे। लेकिन न तो वे अपनी पुरानी 'चित्रलेखा' का जादू दोहरा पाए और न नाडियाडवाला ही बॉक्स ऑफिस पर 'ताजमहल' की सफलता की कहानी दोहरा पाए। समीक्षकों ने इस फिल्म में बहुत-सी कमियाँ निकालीं, लेकिन वे फिल्म के संगीत में कोई दोष नहीं ढूँढ़ पाए। उर्दू के शायर होते हुए भी साहिर लुधियानवी ने 'ये पाप है क्या और पुण्य है क्या, रीतों पर धर्म की मोहरें हैं' जैसी पंक्तियाँ लिखकर सबको आश्चर्य में डाल दिया था। छायावादी युग के हिन्दी काव्य से टक्कर लेती हुई ऐसी ही कुछ और पंक्तियां थीं—'ये भोग भी एक तपस्या है तुम त्याग के मारो क्या जानो' ... और 'अपमान रचयिता का होगा रचना को अगर ठहराओगे'। शुद्ध हिन्दी का बहुत सुन्दर उदाहरण प्रस्तुत करती हुईं ये सभी पंक्तियाँ राग कल्याण पर आधारित फिल्म के खूब लोकप्रिय गीत—'संसार से भागे फिरते हो, भगवान को तुम क्या पाओगे' (लता) का हिस्सा थीं। (बरसों पहले खुद केदार शर्मा ने भी पुरानी 'चित्रलेखा' में इसी सिचुएशन पर बड़ा खूबसूरत गीत लिखा था—'जाओ बड़े भगवान बने'।) राग यमन कल्याण पर आधारित रफी का 'मन रे तू काहे न धीर धरे' फिल्म का सबसे अद्भुत गीत था और रोशन के सबसे अनमोल गीतों में शामिल है। फिल्म के अन्य सभी गीत भी एक से बढ़कर एक थे—'सखी री मेरा मन उलझे तन डोले' (लता), 'काहे तरसाए जियरा' (आशा भोंसले-उषा मंगेशकर, राग कलावती), 'ए री जाने न दूँगी' (लता, राग कामोद) और 'छा गए बादल नील गगन पर' (रफी-आशा)। एक दिलचस्प तथ्य यह है कि कभी केदार शर्मा के सहायक रह चुके लेख टंडन भी जल्दी ही एक काल्पनिक ऐतिहासिक कृति पर 'आम्रपाली' (1966) के नाम से एक यादगार और कथानक व प्रस्तुति की दृष्टि से कहीं बेहतर फिल्म बनाने वाले थे—इस कहावत को चरितार्थ करते हुए कि 'गुरु गुड़ ही रह गए और चेला चीनी हो गए'। इन दोनों फिल्मों का एक सिचुएशन-गीत काफी मिलता-जुलता था—'संसार से भागे फिरते हो' (चित्रलेखा) और 'जाओ रे जोगी तुम जाओ रे' (आम्रपाली)। दोनों को ही सुरों की मलिका लता मंगेशकर ने गाया था। एक साहिर और रोशन की जोड़ी की देन था तो दूसरा शैलेन्द्र और शंकर-जयकिशन की टीम का कमाल। यह फैसला करना बहुत मुश्किल है कि दोनों में से कौन-सा गीत बेहतर है। शायद दोनों ही गीत उत्कृष्टतम संगीत अभिव्यक्तियों के उदाहरण हैं।

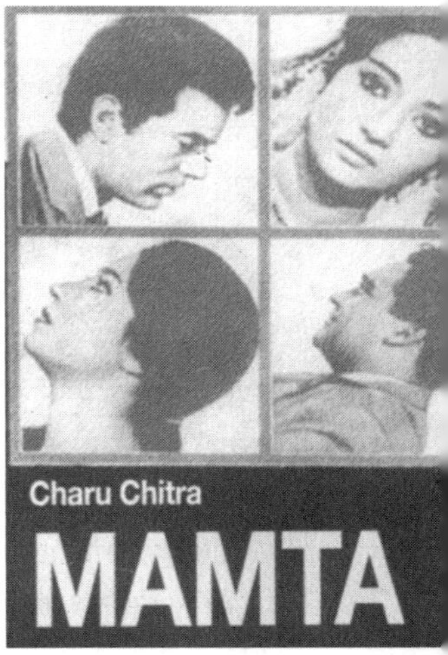

हिन्दी के प्रसिद्ध कवि गोपालदास 'नीरज' ने बड़ी धूम के साथ फिल्मों की दुनिया में प्रवेश किया और अपनी पहली ही फिल्म 'नई उमर की नई फसल' (1965) के गीतों से तहलका-सा मचा दिया। आर. चन्द्रा द्वारा निर्देशित और तनूजा और एक नए अभिनेता राजीव (भारत भूषण के भतीजे) की मुख्य भूमिकाओं से सजी यह ब्लैक एंड व्हाइट फिल्म बॉक्स ऑफिस पर तो नहीं चली, लेकिन नीरज के गीतों ने लोगों को दाँतों तले उंगली दबाने पर विवश कर दिया। रोशन ने इन मर्मस्पर्शी गीतों की धुनें भी बड़ी खूबसूरत बनाई थीं। राग अहीर भैरव पर आधारित 'कारवाँ गुजर गया गुबार देखते रहे' (रफी) दिल थामकर सुनने वाला गीत था। 'आज की रात बड़ी शोख बड़ी नटखट है' (रफी और आशा भोंसले के कई वर्जन) और 'देखती ही रहो आज दर्पण न तुम प्यार का ये महूरत निकल जाएगा' (मुकेश) भी दिल में एक हूक-सी पैदा करने वाले गजब के गीत थे। 'मोरा सैयाँ गुलबिया का फूल' (सुमन कल्याणपुर-मीनू पुरुषोत्तम) और समाजवादी दर्शन वाला 'इसको भी अपनाता चल' (रफी) भी बड़े वजनदार गीत थे। मनमोहन तिवारी द्वारा लिखा गया एक गीत 'थी शुभ सुहाग की रात मधुर' (मन्ना डे)—जिसे एक मंच-नाटिका के रूप में फिल्माया गया था—इस फिल्म का एक अन्य सुखद आश्चर्य था। यह गीत रोशन की विलक्षण संगीत प्रतिभा का भी एक खूबसूरत उदाहरण था। एक दिलचस्प तथ्य यह है कि 'आज की रात बड़ी शोख बड़ी नटखट है' की धुन रोशन ने दरअसल गुरुदत्त और साधना की अधूरी फिल्म 'पिकनिक' के एक गीत 'कितना रंगीन है ये चाँद-सितारों का समाँ' (रफी-लता) के लिए बनाई थी। लेकिन इस फिल्म के बन्द हो जाने के बाद इस धुन का प्रयोग नीरज के धूम मचा देने वाले गीत के लिए कर लिया गया।

रतन भट्टाचार्य द्वारा निर्देशित 'बेदाग' (1965) मनोज कुमार और नन्दा की एक कमजोर और फ्लॉप फिल्म साबित हुई। रोशन ने इस फिल्म में (नौशाद और रवि के गीतकार माने जाने वाले) शकील बदायूँनी के साथ पहली बार काम किया था। फिल्म के कुछ यादगार गीतों में 'मैंने ऐ जान-ए-वफा तुमसे मुहब्बत की है' (रफी-सुमन कल्याणपुर), 'जिंदगी के मोड़ पर जो कोई' (रफी) और 'आँखों-आँखों में न जाने' (रफी-आशा भोंसले) शामिल थे।

मीना कुमारी और प्रदीप कुमार की मुख्य भूमिकाओं वाली 'भीगी रात' (1965) में रोशन ने बहुत मोहक और नशीला संगीत दिया था। कालिदास द्वारा निर्देशित इस फिल्म के एक गीत ने तो खूब धूम मचाई थी—'दिल जो न कह सका वही राज-ए-दिल कहने की रात आई'। यह गीत रफी और लता दोनों के अलग-अलग वर्जनों में था और रोशन के प्रिय राग यमन कल्याण पर आधारित था। रफी के 'मुहब्बत से देखा खफा हो गए', 'जाने वो कौन है' और सुमन कल्याणपुर के साथ उनका डुएट 'ऐसे तो न देखो के बहक जाएँ कहीं हम' भी बड़े लुभावने गीत थे और खूब चले थे। मन्ना डे का 'हाय रे मैं तो प्रेम दीवाना' भी बड़ा मजेदार कॉमेडी गीत था। मजरूह सुल्तानपुरी के गीतों से सजी यह फिल्म हिट संगीत के बावजूद बॉक्स ऑफिस पर फ्लॉप हो गई।

प्रसाद प्रोडक्शन की सिल्वर जुबली हिट फिल्म 'दादी माँ' (1966) में रोशन का संगीत हमें कुछ खास नहीं जमा। फिर भी, अशोक कुमार, बीना राय, तनूजा और मराठी मंच कलाकार काशीनाथ धाणेकर की मुख्य भूमिकाओं से सजी इस पारिवारिक फिल्म की बॉक्स ऑफिस सफलता ने रोशन को कुछ सहारा दिया। इस फिल्म में माँ की पूजा करने वाला एक बहुत प्यारा गीत था—'उसको नहीं देखा हमने कभी पर इसकी जरूरत क्या होगी, ऐ माँ तेरी सूरत से अलग भगवान की सूरत क्या होगी' (महेन्द्र कपूर-मन्ना डे)। यमन कल्याण राग पर आधारित इस गीत ने खूब धूम मचाई थी। रफी का 'जाता हूँ मैं मुझे अब न बुलाना' भी खूब लोकप्रिय हुआ था और लता का 'चले आए रे हम तो' भी। इस फिल्म के गीत भी मजरूह सुल्तानपुरी ने लिखे थे।

धर्मेन्द्र और शर्मीला टैगोर की मुख्य भूमिकाओं से सजी मोहन सहगल की 'देवर' (1966) भी एक जुबली हिट फिल्म थी। लेकिन इस फिल्म में भी रोशन का संगीत उनके ऊँचे मापदंडों के अनुरूप नहीं था। फिल्म में कई हिट गीत जरूर थे—'आया है मुझे फिर याद वो जालिम, गुजरा जमाना बचपन का' (मुकेश, राग पीलू), 'दुनिया में ऐसा कहाँ सबका नसीब है' (लता), 'बहारों ने मेरा चमन लूटकर खिजाँ को ये इल्जाम क्यों दे दिया' (मुकेश, राग भैरवी) और 'रूठे सैयाँ हमारे सैयाँ क्यों रूठे' (लता)—लेकिन इनमें से कुछ रोशन की पुरानी धुनों की ही नई प्रस्तुतियाँ थीं। 'दुनिया में ऐसा कहाँ...' लता के ही 'मधु' फिल्म के 'काहे बनो अनजान' की याद दिलाता था तो 'रूठे सैयाँ...' लता के 'दो रोटी' के 'तुम्हारे कारण' का ही नया रूप था। फिर भी यह एक हिट फिल्म का हिट संगीत साबित हुआ। ताराशंकर बन्दोपाध्याय के प्रसिद्ध उपन्यास 'ना' पर आधारित इस फिल्म के गीत आनन्द बख्शी ने लिखे थे।

प्रतिभाशाली निर्देशक असित सेन द्वारा निर्देशित 'ममता' (1966) डॉ. निहार रंजन राय की चर्चित कृति 'उत्तर फाल्गुनी' पर आधारित थी। (इस पर बंगाली में भी एक सुपरहिट फिल्म बन चुकी थी।) अशोक कुमार, धर्मेन्द्र और चुनौतीपूर्ण दोहरी भूमिका में सुचित्रा सेन जैसी प्रख्यात अभिनेत्री से सजी यह फिल्म एक यादगार फिल्म थी। (इसके बंगाली संस्करण की नायिका भी सुचित्रा सेन ही थीं।) फिल्म जितनी खूबसूरत थी, उतना ही लाजवाब इसका संगीत भी था। रोशन अपनी पूरी लय में थे और उन्होंने अपना सर्वोत्तम संगीत देने में कोई कसर नहीं छोड़ी थी। उनके साथ कई फिल्में कर चुके मजरूह सुल्तानपुरी ने भी उनका बखूबी साथ निभाया था। फिल्म का सबसे शाहकार गीत था लता का लाजवाब 'रहें न रहें हम महका करेंगे, बनके कली बनके सबा बाग-ए-वफा में'। पहाड़ी राग पर आधारित यह गीत रोशन की ही 'चाँदनी चौक' के एक गीत 'मेरा दिल कहाँ है' (आशा) की झलक लिए हुए था, जो शायद किसी इतालवी धुन से प्रेरित था। लता की ग़ज़ल 'रहते थे कभी जिनके दिल में' (राग खमाज) भी उतनी ही खूबसूरत थी और हेमन्त कुमार के साथ उनका युगल गीत भी—'छुपा लो यूँ दिल में प्यार मेरा, के जैसे मन्दिर में लो दिये की'। फिल्म

में लता के कई शास्त्रीय गीतों की पूरी बौछार ही थी, सब एक से एक बढ़कर—'चाहे तो मेरा जिया ले ले' (पीलू), 'विकल मोरा अंगना तुम बिन हाय' (बसन्त मुखरी), 'सकल बनत बन गगन चलत पुरवाई' (बहार) और लोक-शैली की ठुमरी 'हम गबनवा न जइबे हो बिना झूलनी'। ये सभी गीत अनमोल मोतियों से कम नहीं थे। रफी और आशा भोंसले का सदाबहार डुएट 'इन बहारों में अकेले न फिरो' और संध्या मुखर्जी का शास्त्रीय 'मोरे नैना रसीले' इस सुपरहिट फिल्म के सुपरहिट संगीत के अन्य लुभावने आकर्षण थे। इसमें कोई सन्देह नहीं कि रोशन ने 'ममता' में अद्भुत, उत्कृष्टतम और कालजयी संगीत दिया था। कहते हैं कि उस वर्ष सर्वश्रेष्ठ संगीत के फिल्मफेयर पुरस्कार के लिए मनोनीत फिल्मों में 'गाइड' (एस. डी. बर्मन), 'ममता' (रोशन) और 'सूरज' (शंकर-जयकिशन) शामिल थीं। हम पहले कह चुके हैं कि यह पुरस्कार 'गाइड' के लिए सचिन देव बर्मन को मिलना चाहिए था। लेकिन अगर यह पुरस्कार 'ममता' के लिए रोशन को दे दिया जाता तो यह फिल्म भी इस पुरस्कार के लिए एक योग्य पात्र होती।

किसी को भी पता नहीं था, लेकिन रोशन अपनी छोटी-सी जिंदगी के अन्तिम मोड़ पर थे और एक से एक अच्छी फिल्मों में यादगार और अमर संगीत दे रहे थे। 'ताजमहल' वाले एम.सादिक द्वारा निर्देशित 'बहू बेगम' (1967) भी ऐसी ही एक फिल्म थी। अशोक कुमार, मीना कुमारी और प्रदीप कुमार की स्टारकास्ट के साथ यह रोशन की चौथी फिल्म थी। अपनी छवि के अनुरूप उन्होंने इस फिल्म में भी मुहब्बत के नशीले सुरों की सरगम बिखेरते हुए एक से एक सुपरहिट गीत दिए थे—'हम इन्तजार करेंगे तेरा कयामत तक' (रफी और रफी-आशा के दो वर्जन), 'दुनिया करे सवाल तो हम क्या जवाब दें' (लता), 'निकले थे कहाँ जाने के लिए, पहुँचे हैं कहाँ मालूम नहीं' (आशा भोंसले), 'पड़ गए झूले सावन रुत आई रे' (लता-आशा), 'लोग कहते हैं कि हम तुमसे किनारा कर लें' (रफी) और हमेशा की तरह एक धमाकेदार कव्वाली 'वाकिफ हूँ खूब इश्क के तर्जे-निहां से मैं' (रफी-मन्ना डे)। कितना खूबसूरत, कितना समृद्ध संगीत! पर अफसोस रोशन और साहिर की सुपरहिट जोड़ी की यह आखिरी फिल्म बॉक्स ऑफिस पर कोई हंगामा नहीं कर सकी।

शेख मुख्तार की 'नूरजहाँ' (1967) में भी यही कहानी दोहराई गई। इस फिल्म के निर्देशक भी एम. सादिक थे और 'बेदाग' के बाद रोशन और शकील बदायूँनी फिर साथ-साथ आए थे—दूसरी और आखिरी बार मीना कुमारी और प्रदीप कुमार की मुख्य भूमिकाओं वाली यह फिल्म अभिनेता शेख मुख्तार का 'ड्रीम प्रोजेक्ट' थी, जिसे उन्होंने काफी भव्य पैमाने पर बनाया था। जाहिर है कि उन्हें इस फिल्म से बहुत उम्मीदें थीं। लेकिन बॉक्स ऑफिस का गणित भला आज तक कौन समझ पाया है? फिर भी रोशन का संगीत इस फिल्म का एक यादगार पहलू था। फिल्म के सभी गीत हवा के धीमे-धीमे, मीठे झोंकों की तरह थे। सुमन कल्याणपुर का 'शराबी-शराबी ये सावन का मौसम, खुदा की कसम खूबसूरत न होता, अगर इसमें रंगे मुहब्बत न होता' (गौड़ मल्हार) फिल्म का सबसे धूम मचाने वाला गीत था—और लता तथा कोरस का 'रात की महफिल सूनी-सूनी' भी। रफी का 'वो मुहब्बत वो वफाएँ किस तरह हम भूल जाएँ' और लता के साथ उनका डुएट 'आप जबसे करीब आए हैं' (यमन कल्याण) बड़े मीठे-मीठे, मंत्रमुग्ध कर देने वाले गीत थे। आशा भोंसले का 'मुहब्बत हो गई है मेरे मेहरबाँ को इक नामेहरबाँ से' भी बड़ा मोहक गीत था। फिल्म के अन्य मधुर गीतों में 'आई बाद-ए-बुखारी लेके दर्द-ए-जवानी' (सुमन), 'आ गया लब पे अफसाना-ए-आशिकी' (आशा भोंसले-उषा मंगेशकर) और 'मेरा राज-ए-उल्फत किसी से न कहना' शामिल थे। जैसाकि हम शुरू में कह चुके हैं, यह फिल्म बॉक्स ऑफिस पर फ्लॉप हो गई। लेकिन कहानी यहीं खत्म नहीं हुई। इसके निर्माता शेख मुख्तार कुछ वर्ष बाद पाकिस्तान चले गए। तब वहाँ जनरल जिया-उल-हक का राज था। उन्होंने जिया-उल-हक के पीछे पड़कर उन्हें इस फिल्म को पाकिस्तान में रिलीज होने देने के लिए राजी कर लिया। यह फिल्म बड़े धूम-धड़ाके के साथ वहाँ रिलीज हुई और दर्शक इसे देखने के लिए ऐसे उमड़े कि इस फिल्म ने बॉक्स ऑफिस पर पिछले सभी रिकॉर्ड नोड़ दिए। अफसोस सिर्फ यह रहा कि शेख मुख्तार इस सफलता का सुख भोगने के लिए ज्यादा समय तक जीवित नहीं रहे।

रोशन

यही आखिरी फिल्म थी जिसके रिलीज को खुद रोशन भी जीते जी देख पाए थे। उनकी सचनुच आखिरी फिल्म 'अनोखी रात' उनके मरणोपरान्त 1968 में रिलीज हुई। 'ममता' में धूम मचा चुके असित सेन द्वारा निर्देशित और संजीव कुमार, जाहिदा और अजय साहनी (जो बाद में अपने असली नाम 'परीक्षित साहनी' का प्रयोग करने लगे) की मुख्य भूमिकाओं से सजी 'अनोखी रात' उन गिनी-चुनी ब्लैक एंड व्हाइट फिल्मों में से थी, जो रंगीन फिल्मों के जमाने में भी खूब लोकप्रिय हुई। यह फिल्म अपने चाहनेवालों के लिए रोशन का आखिरी तोहफा थी। सचमुच, यह कितना खूबसूरत, कितना मर्मस्पर्शी तोहफा था! फिल्म के सभी गीत दिल को छू लेने वाले गीत थे—'ओह रे ताल मिले नदी के जल में, नदी मिले सागर में, सागर मिले कौन से जल में, कोई जाने न' (मुकेश, गुर्जरी तोड़ी के मोहक कोरस के साथ), 'मिले न फूल तो काँटों से दोस्ती कर ली' (रफी), 'मेरी बेरी के बेर मत तोड़ो, कोई काँटा चुभ जाएगा' (आशा भोंसले) और 'दुल्हन से तुम्हारा मिलन होगा, मन थोड़ी धीर धरो' (मुकेश)। रोशन अपनी आकस्मिक मृत्यु से पहले फिल्म के सभी गीत रिकॉर्ड कर चुके थे, सिवा एक गीत के। इस गीत की उन्होंने धुन तो बना ली थी, सिर्फ रिकॉर्डिंग बाकी थी। यह बचा हुआ गीत था लता का बेहद खूबसूरत विदाई-गीत—'महलों का राजा मिला तुम्हारी बेटी राज करेगी, खुशी-खुशी

रोशन अपने बेटे राकेश रोशन के साथ

कर दो विदा कि रानी बेटी राज करेगी'। इस गीत की रिकॉर्डिंग रोशन की मृत्यु के बाद उनकी पत्नी इरा रोशन की देखरेख में हुई। यह गीत हमने अपने लोकप्रिय टेली-सीरियल 'बिखरी आस निखरी प्रीत' के एक दृश्य में फिर से फिल्माया तो दर्शक वाह-वाह कर उठे। 'अनोखी रात' के गीत रोशन के बहुत पुराने और शुरू-शुरू के साथी इन्दीवर ने लिखे थे। एक गीत 'मिले न फूल...' कैफी आजमी की कलम का कमाल था।

रोशन बिलकुल अचानक ही चले गए। पल भर पहले भी उन्हें या किसी और को इसका अन्दाजा नहीं था। 16 नवम्बर 1967 की शाम को शम्मी कपूर और नूतन की 'लाट साहब' (संगीत शंकर-जयकिशन) की सफलता की खुशी में निर्माता हरि वालिया के घर में पार्टी थी। इस पार्टी में अपनी पत्नी इरा के साथ रोशन भी मौजूद थे और हमेशा की तरह मेहमानों से खूब घुल-मिल रहे थे और चुटकुले सुनाकर उनका मन बहला रहे थे। उन्हें इसी तरह हँसी-मजाक करते छोड़कर इरा कुछ क्षणों के लि‌ए क्लॉक-रूम में गईं और लौटीं तो देखा रोशन नहीं रहे थे। एक चुटकुला सुनाने के बाद वे अचानक बेहोश होकर गिर पड़े थे और इससे पहले कि कोई कुछ समझ पाता उनके प्राण-पखेरू उड़ गए थे। बिलकुल हँसी-हँसी में ही और बहुत शांतिपूर्वक उन्होंने दम तोड़ दिया था। उनकी यूँ आकस्मिक मृत्यु से पूरी फिल्म इंडस्ट्री स्तब्ध रह गई। उनके प्रशंसकों में शोक छा गया। रोशन ने अपना आखिरी गीत निर्माता हरि वालिया की ही फिल्म 'दूर नहीं मंजिल' (1973) के लिए रिकॉर्ड किया था। सुमन कल्याणपुर की आवाज में यह मधुर गीत था—'लिए चल गड़िया ओ मेरे मितवा दूर नहीं मंजिल'। उनकी मृत्यु के बाद इस फिल्म के बाकी गीत शंकर-जयकिशन ने कम्पोज किए। रोशन की एक और फिल्म 'अरमान भरा दिल' रिलीज ही नहीं हो पाई। मृत्यु से कुछ ही दिन पहले रोशन ने फौजी भाइयों के लिए विविध भारती का मशहूर प्रोग्राम 'जयमाला' रिकॉर्ड करवाया था। 2 दिसम्बर 1967 को यह प्रोग्राम प्रसारित हुआ तो उनके लाखों चाहनेवालों ने इसे दिल थामकर सुना।

रोशन और इरा रोशन के दोनों बेटे—राकेश और राजेश—हिन्दी सिनेमा से बहुत नजदीक से जुड़े रहे हैं। राकेश रोशन एक अभिनेता और निर्माता-निर्देशक के रूप में खूब नाम कमा चुके हैं और जबर्दस्त हिट फिल्में ('खुदगर्ज', 'खून भरी माँग', 'कहो न प्यार है', 'कोई मिल गया', 'कृष' इत्यादि) बनाने के लिए जाने जाते हैं। राजेश रोशन ने अपने पिता की तरह संगीत की साधना का रास्ता अपनाया और अपनी पहली ही फिल्म 'जूली' (1973) में अपनी रगों में दौड़ती संगीत के सरगम की भरपूर झलक दे दी। वे अब तक दो फिल्मफेयर पुरस्कार जीत चुके हैं। राकेश रोशन का बेटा ऋतिक रोशन खानदान की तीसरी पीढ़ी के प्रतीक के रूप में आज के सफलतम नायकों में शामिल हैं—एक ऐसा प्रतिभासम्पन्न और सम्मोहक नायक जिसकी फिल्मों का दर्शक बेसब्री से इन्तजार करते हैं।

रोशन के 12 सर्वश्रेष्ठ गीत चुनना बड़ी कठिन चुनौती थी, फिर भी हम अपनी पसन्द की यह सूची बनाने में सफल रहे हैं :

रोशन के 12 अनमोल रत्न

क्रम	गीत	फिल्म	गायक/गायिका
1.	ख्यालों में किसी के इस तरह आया नहीं करते	बावरे नैन	मुकेश-गीता दत्त
2.	बड़े अरमानों से रखा है बलम तेरी कसम	मल्हार	लता-मुकेश
3.	मैं दिल हूँ इक अरमान भरा	अनहोनी	तलत महमूद
4.	छुन-छुन-छुन बाजे पायल मोरी	हम लोग	लता मंगेशकर
5.	ए री मैं तो प्रेम दीवानी	नौ-बहार	लता मंगेशकर
6.	सारी-सारी रात तेरी याद सताए	अजी बस शुक्रिया	लता मंगेशकर
7.	कभी तो मिलेगी कहीं तो मिलेगी बहारों की मंजिल	आरती	लता मंगेशकर
8.	जिंदगी भर नहीं भूलेगी वो बरसात की रात	बरसात की रात	मुहम्मद रफी
9.	जो वादा किया वो निभाना पड़ेगा	ताजमहल	रफी-लता
10.	तुम अगर मुझको न चाहो तो कोई बात नहीं	दिल ही तो है	मुकेश
11.	आज की रात बड़ी शोख बड़ी नटखट है	नई उमर की नई फसल	मुहम्मद रफी
12.	रहते थे कभी जिनके दिल में	ममता	लता मंगेशकर

हमें अफसोस है कि हम इस सूची में 'माशूका', 'आगोश', 'टकसाल', 'जिंदगी और हम', 'चित्रलेखा', 'बहू बेगम', 'नूरजहाँ' और 'अनोखी रात' जैसी बहुत-सी फिल्मों का कोई गीत शामिल नहीं कर सके, हालाँकि इनमें भी कई अनमोल गीत थे। पर आप ही बताएँ, हम ऊपर दी गई सूची में से आखिर कौन-सा गीत हटाएँ कि किसी दूसरे गीत के लिए जगह बन सके?

प्यार के नशीले गीत बनाने वाले रोशन को उनके चाहनेवाले हमेशा बहुत प्यार से याद करते रहेंगे—कभी उनके प्रेम और सौन्दर्य रस बरसाते गीतों के साथ तो कभी उनकी धमाकेदार कव्वालियों के साथ—रहें न रहें हम महका करेंगे... बनके कली बनके सबा बाग-ए-वफा में...।

खय्याम (1927-2019)

सुरीले संगीत का खजाना

हिन्दी फिल्म संगीत के सुनहरी दौर (1935-1970) में कुछ ऐसे संगीतकार भी हुए जिनके संगीत में राजसी भव्यता की झलक थी। संगीत को जो सिर्फ एक पेशा न मानकर इसे कला की सर्वोच्च ऊँचाइयों का प्रतीक समझते थे। ऐसे संगीतकारों को शाही या राजसी संगीतकार कहा जा सकता है। मुहम्मद जहूर खय्याम हाशमी भी ऐसे ही संगीतकार थे, जिन्हें दुनिया 'खय्याम' के नाम से जानती है। संगीत के उस सुनहरी दौर की आखिरी कड़ी के रूप में वे ये पंक्तियाँ लिखने तक भी हमारे बीच हैं—संगीत की मुगल परम्परा के आखिरी वारिस।

71 फिल्में और 14 टेली-सीरियल—447 फिल्मी और 201 गैर-फिल्मी गीत (कुल 648 गीत)। यह वह अनमोल खजाना है जो खय्याम ने बरसों की मेहनत के बाद धीरे-धीरे, बड़ी लगन और तपस्या-भावना के साथ इकट्ठा किया है—अपने लाखों चाहनेवालों के लिए। उनकी हर रचना समय की कसौटी पर खरी उतरी है और कालजयी सिद्ध हुई है, और कला के सर्वोच्च मापदंडों की प्रतीक भी। गुणवत्ता की निरंतरता उनके संगीत की सबसे बड़ी विशिष्टता रही है।

'फुटपाथ', 'लाला रुख', 'फिर सुबह होगी', 'शोला और शबनम', 'मुहब्बत इसको कहते हैं', 'शगुन', 'आखिरी खत', 'कभी-कभी', 'शंकर-हुसैन', 'नूरी', 'उमराव जान' और 'रजिया सुल्तान' को हम उनकी सर्वश्रेष्ठ बारह फिल्मों में गिनते हैं। लेकिन शेष 59 फिल्मों में भी उन्होंने बहुत ऊँचे दर्जे का संगीत दिया है।

खय्याम को दो बार वर्ष के सर्वश्रेष्ठ संगीत के लिए फिल्मफेयर पुरस्कार से सम्मानित किया गया—'कभी-कभी' (1976) और 'उमराव जान' (1981)—जिसके वे सही अर्थों में हकदार थे। इनमें से पहली फिल्म 'कभी-कभी' के गीत 'कभी-कभी मेरे दिल में ख्याल आता है' (मुकेश और लता-मुकेश के दो वर्जनों में) ने खूब धूम मचाई थी, बल्कि वह धूम आज भी कहाँ थमी है? लेकिन बहुत कम लोग जानते हैं कि यह गीत बरसों पहले गीता दत्त और सुधा मल्होत्रा की आवाज में दो अलग-अलग वर्जनों के रूप में 'काफिर' फिल्म के लिए रिकॉर्ड किया गया था। चेतन आनन्द द्वारा निर्मित-निर्देशित इस फिल्म में देव आनन्द, गीताबाली और प्रिया राजवंश मुख्य भूमिकाओं में थे। लेकिन यह फिल्म बीच में ही बन्द हो गई और यह गीत समय के गर्भ में सिमटकर रह गया। शायद इसे बरसों बाद यश चोपड़ा की धूम मचा देने वाली फिल्म 'कभी-कभी' के सबसे लोकप्रिय गीत के रूप में प्रकट होना था। खय्याम के कई और खूबसूरत गीत भी इसी तरह समय के पन्नों में दबकर रह गए, जिन्हें 'कभी-कभी मेरे दिल में...' की तरह पुनर्जीवन भी नहीं मिल पाया।

खय्याम का जन्म 18 फरवरी 1927 को पंजाब के जलंधर जिले के राहों नामक कस्बे में हुआ था। उनके पिता जनाब अल-हाज मियाँ मुहम्मद अब्दुल्ला हाशमी और माँ मोहतरमा हुरमत जहाँ राहों के एक प्रतिष्ठित परिवार से थे। खय्याम के कुल सात भाई-बहन थे। उनके पिता एक खाते-पीते किसान थे और दादा स्थानीय मस्जिद के इमाम थे। उनके पिता भी खेतों से लौटते हुए मस्जिद में अजान दे दिया करते थे। खय्याम को बचपन से ही संगीत बहुत ज्यादा लुभाने लगा था—इतना कि पढ़ाई में उनका मन नहीं लगता था। वे के.एल. सहगल के गाने सुनते तो उन्हीं की तरह एक गायक और अभिनेता बनने के सपने देखने लगते। उन्हें अपने पिता की स्पष्ट और सुरीली अजान भी बहुत

युवा खय्याम

याम, चिश्ती बाबा (खय्याम के गुरु) और 'मलिका-ए-तरन्नुम' नूरजहाँ

अच्छी लगती। राहों एक अच्छा-खासा शहर था। पास ही बहती नदी और मनोरम पहाड़ियाँ इसे और भी लुभावना बना देती थीं। राहों में रेलवे स्टेशन, लॉरी-अड्डा, ताँगा-अड्डा, पुलिस चौकी, अस्पताल, सरकारी हाई स्कूल सब कुछ था। और तो और, एक बड़ा शानदार वीआईपी गेस्ट हाउस भी था, जहाँ ब्रिटिश अफसर अकसर आकर ठहरते रहते थे। शहर में कई झीलें भी थीं, जो खय्याम के कलाकार मन को सपनों की उड़ानों से भर देतीं। खय्याम को मस्जिद की अजान ही नहीं, बल्कि गुरुद्वारे से शबद-कीर्तन की आवाज, मन्दिर से 'ओम जय जददीश हरे' की आरती के साथ घंटियों का मोहक संगीत और अपने ही घर में मास्टर बूटाराम की पत्नी (जिन्हें खय्याम 'बीजी' कहता करते थे) द्वारा की जाने वाली आरती भी खूब लुभाती थी।

स्कूल की किताबों की बजाय संगीत और साहित्य खय्याम को कहीं ज्यादा आकर्षित करता था। उनके भाई के पास एक से एक साहित्यिक कृतियों की बड़ी अच्छी लाइब्रेरी थी, जिसका खय्याम जमकर लाभ उठाते थे। अल्लामा इकबाल की 'बांग-ए-दारा' और 'बाल-ए-जिबरिल' तो उन्होंने पूरी चाट डाली थीं। घर में सभी को संगीत और साहित्य का शौक था, लेकिन पढ़ाई की बजाय सिर्फ इन्हीं में रमे रहने वाले अकेले खय्याम ही थे। उनके एक बड़े भाई जलंधर में रहते थे, जहाँ उनका ट्रांसपोर्ट का बड़ा अच्छा काम था। छोटे भाई-बहन उनके पास अकसर जाते रहते थे। उन्हें वहाँ के सिनेमाघरों में न सिर्फ नई फिल्में देखने को मिल जाती थीं, बल्कि भाई के पास कुन्दनलाल सहगल के नए रिकॉर्ड सुनने को भी मिल जाते थे। खय्याम को तो फिल्मों और संगीत का ऐसा चस्का लग गया कि सिर्फ ग्यारह वर्ष की उम्र में वे घर से भागकर दिल्ली चले गए। उनका ख्याल था कि फिल्म इंडस्ट्री दिल्ली में थी। वहाँ उनके एक रिश्तेदार रहते थे। उन्होंने इस 'सिरफिरे' लड़के के लिए फिल्मों के फाटक खुलवाने की बजाय कुछ पंजाबी झापड़ रसीद कर दिए और उसे जबर्दस्ती स्कूल में दाखिल करवा दिया। लेकिन पढ़ाई में खय्याम का बिलकुल भी मन लगता न देखकर उनके अंकल ने हार मान ली। वे उन्हें अपनी पहचान के महान संगीतकारों पं. अमरनाथ, पं. हुस्नलाल और पं. भगतराम के पास ले गए, जो तब दिल्ली में ही रहते थे। हुस्नलाल ऑल इंडिया रेडियो में वायलिनिस्ट और शास्त्रीय गायक थे। हुस्नलाल इस सुन्दर-सलोने लड़के को देखकर ही समझ गए कि इसमें कोई बात है। वे उसे संगीत सिखाने और भविष्य के एक गायक-अभिनेता के रूप में तैयार करने के लिए राजी हो गए। हुस्नलाल ने बड़े प्यार से उन्हें शास्त्रीय संगीत सिखाया। खय्याम पूरे पाँच वर्ष तक उनके शागिर्द रहे और संगीत की बहुत-सी विधाओं में माहिर हो गए। उनकी प्रतिभा से प्रभावित होकर पंडितजी ने उन्हें बम्बई (अब मुम्बई) जाकर फिल्मों में अपना भाग्य आजमाने के लिए कहा। खय्याम ने ऐसा ही किया लेकिन काफी दौड़-धूप के बाद भी उन्हें कोई काम नहीं मिला। शायद उनकी कम उम्र उनके रास्ते में बाधा बन रही थी। वे निराश होकर लाहौर चले गए, जहाँ फिल्मों के जाने-माने संगीत-निर्देशक जी.ए. चिश्ती ने उन्हें अपना सहायक रख लिया। खय्याम उनसे मिलने गए थे तो चिश्ती बाबा (खय्याम उन्हें इसी नाम से बुलाते थे) पियानो पर कोई धुन बना रहे थे। खय्याम बड़े ध्यान से उन्हें देखते रहे। कुछ समय बाद चिश्ती ने उन्हें कुछ सुनाने के लिए कहा तो खय्याम ने इसी धुन का एक टुकड़ा सुना दिया। चिश्ती हैरान रह गए और उन्होंने झट से उन्हें अपने पास रख लिया, इस शर्त पर कि वे उनके रहने-खाने का खर्च उठाएँगे, लेकिन कोई तनख्वाह नहीं देंगे। खय्याम कुछ समय तक उनके साथ रहे। लेकिन बिना तनख्वाह के गुजारा न हो पाने के कारण वे निराश होकर अपने बड़े भाई के पास लौट गए, जो अब जलंधर की बजाय लुधियाना में ट्रांसपोर्ट का काम करते थे। भाई ने उन्हें अपनी पढ़ाई छोड़कर फिल्मों में धक्के खाने के लिए जमकर लताड़ा।

वे दूसरे विश्व-युद्ध के दिन थे और ब्रिटिश सरकार फौज में नई भर्तियों के अभियान में जुटी हुई थी। खय्याम भी फौज में भर्ती हो गए। उनके व्यक्तिगत जीवन और संगीत में जो अनुशासन दिखाई देता रहा है, वह फौज में उनके इसी अनुभव की देन है। लेकिन संगीत का उनका चस्का तब भी कम नहीं हुआ था। उल्टे वे नौजवानों को फौज में आकर्षित करने के लिए गीत बनाने लगे, जो काफी पसन्द किए गए। लड़ाई खत्म होने के बाद दूसरे बहुत से नौजवानों की तरह उन्होंने भी स्वैच्छिक रिटायरमेंट ले लिया और चिश्ती बाबा के पास लाहौर लौट गए। चिश्ती ने इस बार भी उन्हें बिना तनख्वाह के अपने सहायक के रूप में रख लिया। चिश्ती तब बी.आर. चोपड़ा, एस.डी. नारंग, महेश्वरी ब्रदर्स और आर.सी. तलवार जैसी जानी-मानी हस्तियों की फिल्मों में संगीत दे रहे थे। खय्याम का काम गायक-गायिकाओं को रिहर्सल करवाना और उन्हें सुरों की बारीकियाँ समझाना था। बी.आर. चोपड़ा तब एक पत्रकार थे और 'चाँदनी चौक' के नाम से एक फिल्म बना रहे थे। उन्होंने खय्याम की मेहनत, लगन और अनुशासन से प्रभावित होकर चिश्ती बाबा से उन्हें 125 रुपए महीने की तनख्वाह देने के लिए कहा। खय्याम आज भी बी.आर. चोपड़ा के इस परोपकार को बड़ी कृतज्ञता से याद करते हैं। इससे उनका आत्मविश्वास बढ़ा और उन्हें भरोसा हो गया कि संगीत उनकी गुजर-बसर का साधन भी बन सकता है।

जी.ए. चिश्ती के चार सहायकों में रहमान वर्मा सबसे वरिष्ठ थे। उनके साथ खय्याम की बड़ी अच्छी दोस्ती हो गई। चिश्ती को एच.एस. रवेल और एस.डी. नारंग की फिल्मों में संगीत देने के लिए कुछ समय के लिए कलकत्ता (अब कोलकाता) जाना पड़ा। एच.एस. रवेल की 'झूठी कसमें' उनके द्वारा निर्देशित पहली फिल्म 'शुक्रिया' की जबर्दस्त सफलता के बाद बड़ी धूमधाम से शुरू की गई थी—('शुक्रिया' के निर्माता आर. सी. तलवार थे)। एस.डी. नारंग की फिल्म का नाम 'ये है जिंदगी' था, जिसमें खय्याम को एक छोटी-सी भूमिका निभाने का भी अवसर मिला था। इन दोनों फिल्मों के संगीत की रिकॉर्डिंग पूरी होने के बाद चिश्ती तो लाहौर लौट गए, लेकिन खय्याम और रहमान ने बम्बई जाकर अपना भाग्य

आजमाने का फैसला किया। खय्याम वहाँ अपने गुरु हुस्नलाल से मिले, जो अपने बड़े भाई भगतराम के साथ मिलकर 'हुस्नलाल-भगतराम' के नाम से फिल्मों में संगीत देने लगे थे। हुस्नलाल ने खय्याम और रहमान को भी अपनी जोड़ी बनाकर 'शर्माजी-वर्माजी' के नाम से फिल्मों में संगीत देने का सुझाव दिया। वे बँटवारे के बाद हिन्दू-मुस्लिम दंगों के दिन थे, इसलिए इस नई जोड़ी के लिए यह नाम सोचा गया था। इस बीच हुस्नलाल-भगतराम ने खय्याम को एक गायक के रूप में ब्रेक देते हुए उनसे 'रोमियो जूलियट' (1948) नामक फिल्म में एक गीत भी गवाया। यह फ़ैज़ अहमद फ़ैज़ की एक मशहूर ग़ज़ल थी, जिसे खय्याम ने जोहराबाई अम्बालेवाली के साथ गाया था—'दोनों जहाँ तेरी मुहब्बत में हार के'। इसके बाद खय्याम ने गीता राय (दत्त), मीना कपूर और मोहनतारा तलपदे के साथ भी कुछ युगल-गीत गाए।

खय्याम के दो शायर दोस्तों मजरूह सुल्तानपुरी और प्रेम धवन ने भी उनकी काफी मदद की और गर्दिश के दिनों में उन्हें अपने घर में ठहराया। 'रोमियो जूलियट' की नायिका नर्गिस थीं। खय्याम को उनके परिवार, खासकर उनकी माँ जद्दनबाई से भी बहुत प्यार मिला। खय्याम और दूसरे सभी लोग उन्हें प्यार से 'बिब्बी' कहा करते थे। लाहौर में चिश्ती बाबा के साथ काम करते हुए खय्याम मशहूर अभिनेत्री मुमताज शांति और उनके पति वली साहब के भी सम्पर्क में आ चुके थे। बम्बई में उनसे फिर से मुलाकात होने पर खय्याम की खुशी का कोई ठिकाना नहीं रहा। वली साहब 'हीर-रांझा' (1948) के नाम से एक फिल्म बना रहे थे। उन्होंने खय्याम को रहमान वर्मा के साथ मिलकर 'शर्माजी-वर्माजी' के नाम से इस फिल्म के छह गाने रिकॉर्ड करने के लिए कहा। फिल्म के सात गाने पहले ही रिकॉर्ड किए जा चुके थे, जिन्हें अजीज हिन्दी ने कम्पोज किया था। इन गीतों में पंजाबी लोक-शैली का अभाव था, इसलिए वली साहब बाकी छह गीत खय्याम और रहमान से कम्पोज करवाना चाहते थे। इन दोनों ने बड़ी खुशी से इस चुनौती को स्वीकार कर लिया और बड़े जोश से इन छह गीतों की धुनें बनाने में जुट गए। खय्याम द्वारा रिकॉर्ड किए गए सबसे पहले गीत थे—'तेरी-मेरी, मेरी-तेरी दोस्ती कहानी बन गई' और 'उड़-पुड़ जानियाँ घयों-खंड मानियाँ'—जिन्हें गीता राय (दत्त) ने गाया था। खुद खय्याम ने भी गीता दत्त के साथ दो डुएट गाए थे—'दिल यूँ-यूँ करता है' और 'तेरी जात है अकबरी सरवरी'। इस फिल्म में पहली बार महिलाओं का भंगड़ा फिल्माया गया था। यह भंगड़ा-गीत 'शहरों में इक शहर सुना' खूब लोकप्रिय हुआ था। फिल्म के गीत खुद वली साहब ने लिखे थे। जैसाकि हम कह चुके हैं, वे बँटवारे के दिन थे। रहमान वर्मा जल्दी ही पाकिस्तान चले गए और खय्याम अकेले रह गए—अपने दम पर एक लम्बा संघर्ष करने के लिए और अगले पचास वर्षों में बहुत से यादगार और अमर गीत रचने के लिए।

वली साहब की अगली फिल्म 'बीवी' (1950) में भी यही फार्मूला दोहराया गया। अजीज हिन्दी ने फिल्म के सात गीत कम्पोज किए और खय्याम ने छह। किशोर शर्मा द्वारा निर्देशित और मुमताज शांति, अल-नासिर और वीना की मुख्य भूमिकाओं वाली इस फिल्म में खय्याम ने अपना पहला सुपरहिट गीत दिया—'अकेले में वो घबराते तो होंगे' (रफी)। इस फिल्म के गीत वली साहब के साथ-साथ उनके छोटे भाई नजीम पानीपती ने भी लिखे थे। खय्याम मुमताज शांति को 'आपा' कहा करते थे, जो किसी बड़ी बहन की तरह ही उनका बहुत ख्याल रखती थीं। होटलों के खाने से खय्याम की गिरती सेहत देखकर उन्होंने जिद करके उन्हें अपने घर के पास ही मकान दिलवा दिया और उनके लिए अपने घर से खाना भिजवाने लगीं। इस बीच गीतकार स्वामी रामानन्द ने खय्याम को निर्माता रतिलाल वोरा से मिलवाया, जिन्होंने उन्हें अपनी फिल्म 'पर्दा' (1949) के चार गाने कम्पोज करने के लिए कहा। फिल्म के बाकी गाने अनवर हुसैन और नन्दराम ओंकारजी ने कम्पोज किए थे। इसी फिल्म के लिए खय्याम ने पहली बार मुहम्मद रफी से एक गीत गवाया—'इक दिल ने कहा, इक दिल ने सुना'। इसी फिल्म में आशा भोंसले ने भी खय्याम के साथ अपना पहला गाना गाया—'मेरे प्यारे सनम की है'। इस फिल्म में मशहूर अभिनेत्री रेहाना मुख्य भूमिका में थीं।

खुद खय्याम के अनुसार, उस दौर की कुछ हस्तियों ने उनके कैरियर में बहुत महत्त्वपूर्ण योगदान दिया। इनमें वली साहब, उनकी पत्नी और मशहूर अभिनेत्री मुमताज शांति और उनके छोटे भाई नजीम पानीपती शामिल थे। ये सभी लोग अपने परिवार के सदस्य की तरह ही खय्याम का खूब ध्यान रखते थे। वली साहब उनके काम से इतने खुश थे कि उन्होंने अपनी अगली फिल्म 'पुतली' (1950) में उन्हें अकेले ही संगीत देने के लिए कहा। लेकिन दुर्भाग्यवश, इसी फिल्म के एक गीत की धुन को लेकर वली साहब के साथ उनकी कहासुनी हो गई और इस परिवार के साथ उनके आत्मीय सम्बन्ध हमेशा के लिए खत्म हो गए। इस फिल्म के एक गीत के लिए खय्याम ने बिलकुल नए अन्दाज की धुन बनाई थी, जो उनकी अपनी विशिष्ट शैली की छाप लिए हुए थी। हालाँकि वली साहब (और उनकी पत्नी मुमताज शांति) खय्याम को बहुत चाहते थे, लेकिन वली साहब को यह धुन बिलकुल भी पसन्द नहीं आई। उन्होंने खय्याम से कहा—''अभी तुम कच्ची उम्र के हो! इस तरह के नए प्रयोग करने की बजाय मास्टर गुलाम हैदर और नौशाद जैसे महान संगीतकारों से कुछ सीखो और उन्हीं की तरह की धुनें बनाओ!'' खय्याम को यह बात चुभ गई। उन्होंने तुनककर कहा—''ठीक है, जब गुलाम हैदर या नौशाद बन जाऊँगा तभी आपके पास आऊँगा!'' वे सलाम करके वली साहब के दफ्तर से ऐसे

मुमताज शांति

निकले कि अपने बकाया पैसे लेने भी नहीं गए। तब तक उन्होंने इस फिल्म का सिर्फ एक गीत रिकॉर्ड किया था—'तेरे बिना जिया मोरा लागे न' (मीना कपूर)। वली साहब ने फिल्म के बाकी गीत गुलाम हैदर और अजीज हिन्दी से कम्पोज करवाए।

कहते हैं कि जब एक दरवाजा बन्द होता है तो दूसरा खुल जाता है। खय्याम के साथ भी यही हुआ। कलकत्ता में तलत महमूद के साथ उनकी अच्छी जान-पहचान हो गई थी। उन्होंने तलत महमूद की मखमली आवाज का पहली बार इस्तेमाल करते हुए प्रेमलता के साथ उनका एक बहुत खूबसूरत डुएट रिकॉर्ड किया। यह फिल्म तो ठप्प हो गई, लेकिन तलत (जो उस समय चोटी के गायक थे) को यह गीत इतना पसन्द आया था कि उन्होंने एच.एम.वी. संगीत कम्पनी से खय्याम की सिफारिश कर दी। परिणामस्वरूप खय्याम को एच.एम.वी. के लिए तलत के कई गैर-फिल्मी रिकॉर्ड तैयार करने का ऑफर मिल गया। इनमें 'आ गई फिर से बहारें' (इस गीत में ठप्प हो चुकी फिल्म के डुएट की धुन को ही इस्तेमाल किया गया था) और 'रो-रो बीता जीवन सारा' जैसे कई बेहद लोकप्रिय गीत शामिल थे। गैर-फिल्मी गीतों के मामले में जितनी सफलता खय्याम को मिली है उतनी किसी दूसरे फिल्म संगीतकार को नहीं मिली। न तो किसी ने इतनी बड़ी संख्या में गैर-फिल्मी गीत संगीतबद्ध किए हैं और न इतने सारे सुपरहिट गैर-फिल्मी गीत दिए हैं। इस बारे में हम आगे चलकर और बात करेंगे। तलत महमूद और खय्याम की जोड़ी ने संगीत प्रेमियों को बहुत से अनमोल गैर-फिल्मी गीत दिए हैं।

खय्याम को नर्गिस के घरेलू बैनर की फिल्म 'प्यार की बातें' (1950) के पाँच गीत कम्पोज करने का भी अवसर मिला, जिसमें नर्गिस और त्रिलोक कपूर मुख्य भूमिका में थे। फिल्म के मूल संगीतकार बुलो सी. रानी बीमार पड़ गए तो खय्याम को बहुत चाहने वाली जद्दनबाई ने फिल्म के बाकी गीत कम्पोज करने की जिम्मेदारी खय्याम को सौंप दी। बुलो सी. रानी फिल्म के छह गीत रिकॉर्ड कर चुके थे। खय्याम द्वारा संगीतबद्ध किए गए पाँच गीतों में सुरों की मलिका लता मंगेशकर के भी दो गीत शामिल थे, जिन्होंने पहली बार इसी फिल्म में खय्याम के संगीत-निर्देशन में गाया था। ये दो यादगार गीत थे—'अब कहाँ जाएँ कि अपना मेहरबाँ कोई नहीं' और 'हुए हैं मजबूर होके अपनों से दूर'। फिल्म के गीत खवार जमाँ ने लिखे थे।

इसी तरह अस्पी ईरानी की 'गुल-सनोबर' के लिए भी खय्याम ने तीन गीत कम्पोज किए थे। शम्मी कपूर और श्यामा की मुख्य भूमिकाओं वाली इस फिल्म के मूल संगीतकार भी बुलो सी. रानी थे, जिन्होंने चार गीत रिकॉर्ड किए थे। खय्याम द्वारा संगीतबद्ध गीतों में लता के बेहद सुरीले 'कई ऐसे भी आँसू होते हैं जो आँखों में नहीं आते' के साथ-साथ 'कभी तुम ख्वाब में चुपके से' (मीना कपूर) और 'सुनो जी ये दुनिया दीवानी है' (आशा भोंसले) शामिल थे। इन खूबसूरत गीतों को कैफी इरफानी ने लिखा था। बरसों बाद, जब हमने अपने सुपरहिट टेली-सीरियल 'बिखरी आस निखरी प्रीत' (2008-09) के एक एपिसोड में 'कई ऐसे भी आँसू होते हैं...' को नायिका कणिका वाजपेयी की आवाज में उन्हीं पर फिर से फिल्माया तो दर्शकों की प्रतिक्रिया देखने लायक थी।

बिब्बी जद्दनबाई 'प्यार की बातें' में खय्याम के काम से इतनी खुश थीं कि एक दिन वे उन्हें रणजीत स्टूडियो के मालिक सेठ चन्दूलाल शाह से मिलवाने ले गईं, जो एक दिग्गज फिल्म निर्माता थे। बाद में नर्गिस के भाई अनवर हुसैन (जाने-माने चरित्र अभिनेता) ने भी चन्दूलाल शाह से खय्याम की जमकर तारीफ की। चन्दूलाल शाह उन दिनों अपनी नई और महत्त्वाकांक्षी फिल्म 'फुटपाथ' (1953) के लिए उपयुक्त संगीतकार की खोज में थे। जिया सरहदी द्वारा निर्देशित इस फिल्म में दिलीप कुमार और मीना कुमारी जैसे नामी सितारे थे और चन्दूलाल शाह चाहते थे कि इसका संगीत भी गजब का हो। उनके दिमाग में चार-पाँच संगीतकारों के नाम थे और वे फैसला नहीं कर पा रहे थे कि किसे लें। आखिर उन्होंने इन सभी की परीक्षा लेने का फैसला किया और उन्हें 'शाम-ए-गम की कसम आज गमगीं हैं हम' नामक गाने की धुन बनाने काम सौंप दिया। खय्याम को भी यह मौका दिया गया। बहुत सोच-विचार के बाद खय्याम ने इस गीत के लिए उसी धुन का इस्तेमाल करने का फैसला किया जिसे वली साहब ठुकरा

'बिखरी आस निखरी प्रीत' सीरियल में खय्याम का 'कई ऐसे भी आँसू होते हैं' का फिल्मांकन

चुके थे। बाकी सभी संगीतकारों की तरह उन्होंने भी इस धुन का टेप रणजीत स्टूडियो को सौंप दिया। फैसला मजरूह सुल्तानपुरी, अली सरदार जाफरी, जिया सरहदी, दिलीप कुमार, अयूब खान (दिलीप कुमार के बड़े भाई), अनवर हुसैन और खुद सेठजी के हाथ में था। इन सबने सभी की धुनें सुनीं और फिर एकमत से खय्याम के पक्ष में फैसला सुना दिया। खय्याम की तो जैसे लॉटरी खुल गई। यह अकेले संगीतकार के रूप में उनकी पहली फिल्म थी—वह भी इतने बड़े बैनर की इतनी बड़ी फिल्म! भला उन्हें और क्या चाहिए था? वे जी-जान से इस फिल्म के संगीत के सृजन में जुट गए। यह फिल्म बम्बई के प्रतिष्ठित सिनेमाघर लिबर्टी में रिलीज हुई और 13-14 हफ्तों तक चली। फिल्म के सबसे शाहकार गीत 'शाम-ए-गम की कसम आज गमगीं हैं हम' (तलत महमूद) ने तो धूम ही मचा दी। इस अनूठे गीत में न तो तबला था और न ढोलक। सिर्फ डबल बास और स्पेनिश गिटार से थाप पैदा की गई थी। खय्याम ने सोलोवॉक्स नामक एक नए इलेक्ट्रॉनिक वाद्य-यंत्र का भी इस्तेमाल किया था, जो किसी टेप-रिकॉर्डर जितना छोटा था। गीत में क्लेवायलिन बजाने का काम कल्याणजी भाई (कल्याणजी-आनन्दजी की मशहूर जोड़ी वाले) ने किया था। सबसे बड़ी बात थी कि तलत ने इस गीत को दिल की गहराइयों में डूबकर गया था। यह गीत खय्याम के साथ-साथ उनका भी एक कालजयी और अमर गीत बन गया। खय्याम ने इस फिल्म में महिला स्वर के रूप में आशा भोंसले का प्रयोग किया था। उनके मोहक गीतों में 'सो जा मेरे प्यारे सो जा', 'कैसा जादू डाला रे बालमा' और 'पिया आजा रे दिल मेरा पुकारे' के साथ-साथ उनका पहला कैबरे-गीत 'आ रा रा रम सुहाना है ये मौसम' भी शामिल था। फिल्म के अन्य गीतों में 'तारे हँसें रोऊँ बलमा नहीं आए रे' (संध्या मुखर्जी) और 'ठंडी पवन चले साँझ ढले' (तलत-प्रेमलता-अशिमा बनर्जी) शामिल थे। लेकिन 'शाम-ए-गम...' की धूम के आगे दूसरे सब गीत फीके पड़ गए। इसी फिल्म में जिया सरहदी के कहने पर खय्याम ने शर्माजी की जगह अपने असली नाम खय्याम का पहली बार प्रयोग किया था।

संगीत ही खय्याम की जिंदगी थी। इसलिए इस जिंदगी का हमसफर बनने के लिए किसी ऐसे साथी की जरूरत थी जिसकी अपनी जिंदगी भी संगीत की सरगम की तरह हो। उन्होंने जल्दी ही ऐसा जीवन-साथी ढूँढ भी लिया या यूँ कहें कि दादर रेलवे स्टेशन के पुल पर एक दिन अचानक ही उससे टकरा गए। खय्याम ने उसे देखा तो देखते ही रह गए! उस लड़की ने भी पीछे मुड़कर देखा और फिर जल्दी से पुल की सीढ़ियाँ उतरकर अपनी मंजिल की तरफ बढ़ गई। कुछ दिन बाद रणजीत स्टूडियो के रिकॉर्डिंग रूम में किसी ने उसी लड़की को एक नई उभरतो हुई गायिका जगजीत कौर के रूप में मिलवाया तो खय्याम की खुशी का कोई ठिकाना नहीं रहा। जगजीत कौर भी दादर पुल वाली घटना को याद करके शरमाए बिना नहीं रहीं। खय्याम के शब्दों में कहें तो 'खामोश जिंदगी को एक अफसाना मिल गया'। दोनों जल्दी ही अन्तरंग साथी बन गए और कुछ वर्ष बाद जीवन-साथी भी। इन दोनों का एक बेटा है—प्रदीप। वह फिल्मों में अभिनय करने के साथ फिल्म-निर्माण से भी जुड़ा रहा है।

'फुटपाथ' के संगीत में मौलिक शैली की गहरी छाप छोड़ने के बाद खय्याम की अगली उल्लेखनीय फिल्म 'लाला रुख' (1958) रही। इन पाँच वर्षों में उनकी कुछ अन्य फिल्में ('धोबी डाक्टर', 'तातार का चोर' इत्यादि) आईं, लेकिन वे उतनी महत्त्वपूर्ण साबित नहीं हुईं। उर्दू की मशहूर लेखिका इस्मत चुगताई और शाहिद लतीफ द्वारा निर्मित 'लाला रुख' में गायक-अभिनेता तलत महमूद और श्यामा मुख्य भूमिकाओं में थे। इस फिल्म में खय्याम ने बड़े ऊँचे दर्जे का और लोकप्रिय संगीत दिया था। राग देस पर आधारित 'प्यास कुछ और भी भड़का दी झलक दिखलाके' (अकेले आशा और रफी-आशा के युगल-गीत के रूप में दो भागों में), अरबी संगीत शैली के मोहक स्पर्श वाला 'है कली-कली के लब पर तेरे हुस्न का फसाना' (रफी), 'आना ही पड़ेगा, सर इश्क के कदमों में झुकाना ही पड़ेगा' (तलत महमूद), 'अलविदा जाने वफा तेरा निगेबान खुदा' (आशा भोंसले), 'थी इक शहजादी बड़ी खूबसूरत' (तलत) और 'ले जा मेरी दुआएँ' (आशा)—सभी एक से एक बढ़कर थे। हम इस फिल्म के संगीत को खय्याम की श्रेष्ठतम उपलब्धियों में रखते हैं। मशहूर शायर कैफी आजमी के गीतों वाली इस फिल्म के संगीत ने साबित कर दिया धा कि खय्याम कलात्मक ऊँचाइयाँ छूने के साथ-साथ आम जनता की पसन्द का संगीत भी दे सकते थे।

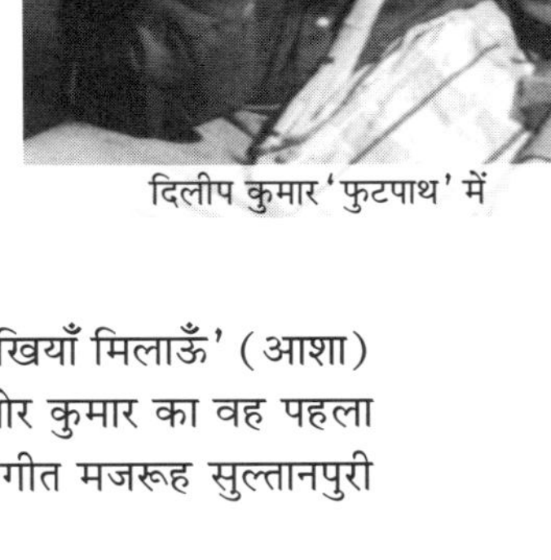
दिलीप कुमार 'फुटपाथ' में

रणजीत मूवीटोन की 'धोबी डॉक्टर' (1954) में किशोर कुमार और उषा किरण मुख्य भूमिकाओं में थे और इसका निर्देशन जाने-माने फिल्मकार फणी मजूमदार ने किया था। इसी फिल्म में पहली बार फिल्म के नायक किशोर कुमार ने खय्याम के संगीत निर्देशन में गाया था। फिल्म के लोकप्रिय गीतों में 'पिहू-पिहू बोले पपिहरा' (आशा भोंसले), 'चाँदनी रातों में चाँद कहाँ' (किशोर), 'झिलमिल झिलमिल तारे नील गगन में' (आशा), 'आ उतर हमारे द्वारे चन्दा प्यारे' (प्रेमलता-अशिमा-चाँदबाला), 'आजा बदली के संग' (आशा), 'आँसू पीए तेरी दुल्हन' (आशा) और 'तारों से अखियाँ मिलाऊँ' (आशा) शामिल थे। जैसाकि आपने देखा, इस फिल्म के संगीत पर आशा भोंसले छाई हुई थीं। खय्याम के संगीत निर्देशन में किशोर कुमार का वह पहला गीत—'चाँदनी रातों में...'—आज उपलब्ध नहीं है, क्योंकि इसकी रिकॉर्ड-डिस्क ही नहीं बनाई गई थी। इस फिल्म के गीत मजरूह सुल्तानपुरी और अली सरदार जाफरी ने लिखे थे।

ख्य्याम और जगजीत कौर

दर्शन सभरवाल द्वारा निर्मित 'गुल बहार' (1954) में भी खय्याम के कुछ अच्छे गीत थे। इनमें राग भैरवी पर आधारित तलत महमूद का 'गर तेरी नवाजिश हो जाए' और मीना कपूर का 'लगी ऐसी नहीं दिल की' खासतौर से लुभावने थे। यही बात इसी बैनर की 'तातार का चोर' (1956) के बारे में भी कही जा सकती है। 'निगाहों में बसे ख्यालों पे यूँ छाए' (आशा भोंसले), 'मस्त नजर के पैमाने छलके' (गीता दत्त) और 'देखो जरा उलफत का असर' (रफी-आशा) इस फिल्म के कुछ बड़े मोहक और लुभावने गीत थे। 'गुल बहार' के गीत शेवन रिजवी ने और 'तातार का चोर' के गीत प्रेम धवन ने लिखे थे।

पचास के दशक में बम्बई की खेतवाड़ी में स्थित 'रेड फ्लैग हाउस' में खय्याम का काफी आना-जाना रहता था, जहाँ कम्युनिस्ट पार्टी के कार्यकर्ताओं का 'कम्यून' हुआ करता था। वहाँ पार्टी के कार्यकर्ता मिल-जुलकर रहते थे और मिल-जुलकर ही खाना पकाते और खाते थे। यह 'कम्यून' प्रगतिशील लेखकों का अड्डा भी था, जहाँ इस्मत चुगताई, अली सरदार जाफरी, ख्वाजा अहमद अब्बास, राजेन्द्र सिंह बेदी, कृष्ण चन्दर, महेन्द्रनाथ, मजरूह सुल्तानुपरी और साहिर लुधियानवी जैसे एक से एक नामी लेखक और शायर अकसर दिखाई देते रहते थे। कैफी आजमी तो बरसों इस कमयून में रहे भी—पहले अकेले और फिर अपनी पत्नी शौकत के साथ (बाद में नन्ही शबाना के साथ भी)। खय्याम इन सभी प्रगतिशील साहित्यकारों से मिलने के लिए इस कम्यून में अकसर जाते रहते थे। कई बार इस कम्यून में कुछ खास मेहमान—पंजाब की अमृता प्रीतम या फिर मख्दूम मोहिउद्दीन—भी ठहरे होते थे—और खय्याम को इन सभी हस्तियों से मिलने का भी अवसर मिल जाता था। इसी कम्यून में खय्याम की साहिर लुधियानवी से बड़ी अच्छी दोस्ती हो गई। साहिर धीरे-धीरे उनकी संगीत-प्रतिभा के कायल होते चले गए। उन्हीं दिनों साहित्यिक रुचि के निर्माता-निर्देशक रमेश सहगल ने अपनी नई फिल्म 'फिर सुबह होगी' (1958) के संगीत के लिए साहिर लुधियानवी को साइन किया। रूस के महान लेखक दोस्तोवस्की के विश्वविख्यात उपन्यास 'क्राइम एंड पनिशमेंट' पर आधारित इस महत्त्वाकांक्षी फिल्म में राज कपूर और माला सिन्हा थे। साहिर लुधियानवी ने फिल्म के संगीतकार के रूप में खय्याम को लेने का सुझाव दिया, क्योंकि कोई सुलझे दिमाग का प्रगतिशील व्यक्ति ही इस फिल्म के कथानक और काव्य की बारीकियों को समझ सकता था और फिल्म के संगीत के साथ न्याय कर सकता था। लेकिन खय्याम को फिल्म के संगीतकार के रूप में साइन करना रमेश सहगल के लिए कोई आसान काम नहीं था। फिल्म के हीरो राज कपूर थे और उनकी हर फिल्म में उनकी प्रिय संगीतकार जोड़ी शंकर-जयकिशन का संगीत होता था। उन्हें जब एक अपेक्षाकृत नए और कम अनुभवी खय्याम को संगीत-निर्देशक के रूप में लेने की बात कही गई तो वे राजी तो हो गए, लेकिन उन्होंने कहा कि अन्तिम फैसला लेने से पहले वे उनकी कुछ धुनें सुनना चाहेंगे। साहिर ने एक कविता लिखी—'वो सुबह कभी तो आएगी'। खय्याम को इसकी धुन बनाकर राज कपूर को सुनाने के लिए कहा गया। अपने भाग्य के फैसले के दिन खय्याम दो साजिंदों के साथ आर.के. स्टूडियो के म्यूजिक रूम में पहुँच गए। राज कपूर ने उन्हें एक तानपुरा दिखाया (जो उन्हें लता मंगेशकर ने भेंट किया था) और कहा कि अब तक किसी ने भी इसके तार नहीं छेड़े थे और वक्त भी शाम का था। खय्याम उनका इशारा समझ गए और तानपुरा लेकर बैठ गए। उसे बड़े प्यार से साफ करने के बाद वे उसके तारों से खेलने लगे। लगभग पैंतालीस मिनट तक उन्होंने पूरिया धनाश्री राग सुनाया, जो एक संध्या-राग है। इसके बाद राज कपूर ने उन्हें 'वो सुबह कभी तो आएगी' गीत की वह धुन सुनाने के लिए कहा जो वे बनाकर लाए थे। खय्याम ने एक नहीं बल्कि पूरी पाँच धुनें सुना दीं। राज कपूर उलझन में पड़ गए और रमेश सहगल के साथ दूसरे कमरे में चले गए। उस समय खय्याम का दिल निश्चित ही धक-धक करता रहा होगा। उनके भाग्य का न जाने क्या फैसला होने वाला था! लगभग एक घंटे बाद पहले रमेश सहगल वापस लौटे और खय्याम का माथा चूमते हुए बोले कि राज कपूर धुनों से बहुत खुश थे। खय्याम की जान में जान आई। कुछ देर बाद राज कपूर भी लौट आए और बोले कि उन्हें इतनी देर इसलिए लग गई थी क्योंकि वे दोनों फैसला नहीं कर पा रहे थे कि कौन-सी धुन सबसे अच्छी थी। उन्होंने खय्याम को फिर से पाँचों धुनें सुनाने के लिए कहा। खय्याम ने ऐसा ही किया, लेकिन राज कपूर फिर भी फैसला नहीं कर पाए कि कौन-सी धुन सबसे अच्छी थी। आखिर उन्होंने यह फैसला भी खय्याम पर ही छोड़ते हुए अपनी पसन्द की धुन सुनाने के लिए कहा। खय्याम ने जो धुन सुनाई, बाद में मुकेश ने उसी धुन में यह गीत गाया और यह महान गीत रिकॉर्ड हुआ। कहने की जरूरत नहीं कि राज कपूर को यह धुन सुनाने के बाद खय्याम को यह फिल्म मिल गई, जो पाँच वर्ष पहले दिलीप कुमार की 'फुटपाथ' के बाद उनके कैरियर में एक और बड़ा ब्रेक थी।

'फिर सुबह होगी' का संगीत बहुत मधुर और मर्मस्पर्शी संगीत था, जो आज भी दिलों को छू लेता है। दिल को झकझोर देने वाला 'वो सुबह कभी तो आएगी, वो सुबह कभी तो आएगी' (मुकेश और आशा भोंसले की आवाजों में दो भागों में) इस फिल्म के थीम-गीत की तरह था और इनसानियत के दुश्मनों के खिलाफ एक मासूम और सपनों में खोए दिल की पुकार था। 'चीन-ओ-अरब हमारा, हिन्दुस्ताँ हमारा, रहने को घर नहीं है सारा जहाँ हमारा' (मुकेश) भी

ऐसा ही विचारोत्तेजक और अपने तीखे व्यंग्य की धार से दिल को छू लेने वाला गीत थी। लेकिन इस फिल्म में सिर्फ इनसानियत और दुनिया को बदलने की ही बातें नहीं थीं, राज कपूर और माला सिन्हा के रूप में रोमांस भी था—'फिर न कीजे मेरी गुस्ताख निगाहों का गिला, देखिए आपने फिर प्यार से देखा मुझको (मुकेश-आशा)—और उन दोनों के रोमांस से बोर होने वाले रहमान का भी एक मजेदार गीत था—'जिस प्यार में ये हाल हो, उस प्यार से तौबा...' (और जवाब में राज कपूर कहते हैं) 'जो बोर करे यार को उस यार से तौबा' (रफी और मुकेश का युगल-गीत)। आशा भोंसले का 'दो बूँदें सावन की' भी बड़ा मीठा और मार्मिक गीत था और दिल को लुभाने के साथ-साथ कुछ सोचने पर मजबूर करता था। नायिका माला सिन्हा के अनुरोध पर खय्याम ने 'वो सुबह कभी तो...' गीत खुद उनकी आवाज में भी रिकॉर्ड किया, जिसका कुछ हिस्सा फिल्म के कलाइमेक्स में भी प्रयोग किया गया। अभिनय सम्राट दिलीप कुमार की तीन फिल्मों ('शहीद', 'शिकस्त', 'शिकवा') का निर्देशन कर चुके रमेश सहगल कभी उनके अभिन्न मित्र हुआ करते थे। लेकिन पिछले कुछ वर्षों से दोनों में दूरियाँ पैदा हो गई थीं। 'फिर सुबह होगी' के मुहूर्त पर दिलीप कुमार उन्हें बधाई देने आए और उन्होंने 'वो सुबह कभी तो...' गीत सुना तो उनकी आँखें छलक आईं। उस दिन से पुरानी दोस्ती फिर जिंदा हो गई। दरअसल 'फिर सुबह होगी' का मुहूर्त इस गीत की रिकॉर्डिंग के साथ ही हुआ था। रिकॉर्डिंग के बाद आशा भोंसले ने खय्याम से कहा था—''खय्याम साहब! आपकी तो सुबह हो गई!'' (मतलब आपके संघर्ष का दौर तो इस फिल्म के बाद खत्म ही समझो!) फिल्म के प्रीमियर पर महान फिल्म निर्देशिक हृषिकेश मुखर्जी ने खय्याम को बधाई देते हुए कहा था—''यह एक नॉन-म्यूजिकल सब्जेक्ट था लेकिन आपने अपने संगीत से इसे म्यूजिकल बना दिया!''

'फिर सुबह होगी' (1958) के बाद खय्याम को बहुत-सी फिल्मों के प्रस्ताव मिले लेकिन वे खूब सोच-समझकर ही कोई फिल्म हाथ में लेते थे, क्योंकि उन्हें लगता था कि उन्हें अपनी शर्तों पर काम करने का पूरा अधिकार था। उन्होंने गुरुदत्त की प्रतिष्ठित फिल्म 'चौदहवीं का चाँद' इसलिए ठुकरा दी क्योंकि उन्हें बहुत कम पैसे दिए जा रहे थे। इसी तरह उन्होंने अपने दोस्त आर. चन्द्रा (भारत भूषण के बड़े भाई) द्वारा निर्मित 'बरसात की रात' इसलिए ठुकरा दी क्योंकि निर्माता उन्हें पाकिस्तान के मशहूर कव्वालों फतेह अली और मुबारक अली की दो कव्वालियों की नकल करने के लिए कह रहे थे। उन्हें अपने सिद्धान्त सबसे ज्यादा प्यारे थे। आर. चन्द्रा से तो उन्होंने साइनिंग रकम लेकर वापस कर दी।

इस बीच दो जाने-माने उस्तादों नियाज अहमद खाँ और फैयाज अहमद खाँ के सम्पर्क में आने के बाद उन्होंने अपने शास्त्रीय संगीत का आधार और मजबूत कर लिया था। साथ ही एच.एम.वी. के लिए गैर-फिल्मी गीत रिकॉर्ड करने का काम भी चलता रहा। खय्याम के संगीत कैरियर का एक उल्लेखनीय तथ्य यह भी है कि उन्होंने 195 गैर-फिल्मी गाने कम्पोज किए हैं। इनमें ग़ज़लें, नज्में, भजन, गीत, शबद और नात इत्यादि सभी कुछ शामिल है। 'गजल क्वीन' के रूप में जानी जाने वाली महान शास्त्रीय गायिका बेगम अख्तर की आवाज में रिकॉर्ड की गई खय्याम की ग़ज़लों ने तो तहलका ही मचा दिया था। हम यहाँ खय्याम के गैर-फिल्मी गीतों के खजाने में से बारह अनमोल रत्नों की झलक प्रस्तुत कर रहे हैं—

क्रम	गजलें/नज्में/गीत/भजन	शायर/गीतकार	गायक/गायिका
1.	उल्टी हो गईं सब तदबीरें	मीर	बेगम अख्तर
2.	गजब किया तेरे वादे पे ऐतबार किया	दाग	मुहम्मद रफी
3.	किसी ने फिर न सुना दर्द के फसाने को	दाग	जगजीत कौर
4.	आ गईं फिर से बहारें	खाबर जमाँ	तलत महमूद
5.	पूछ न मुझसे दिल के फसाने	जाँ निसार अख्तर	मुहम्मद रफी
6.	वो जो हममें-तुममें करार था	मोमिन	बेगम अख्तर
7.	ये न थी हमारी किस्मत	गालिब	मुहम्मद रफी
8.	श्याम से नेहा लगाए	मधुकर राजस्थानी	मुहम्मद रफी
9.	जरा-सी बात पर हर रस्म	जाँ निसार अख्तर	मुकेश
10.	चलो न गोरी मचल-मचल के	मधुकर राजस्थानी	सी.एच. आत्मा
11.	मुद्दत हुई है यार को सजदा किए हुए	गालिब	सुधा मल्होत्रा
12.	लाई हयात आए, कजा ले चली चले	जौक	बेगम अख्तर

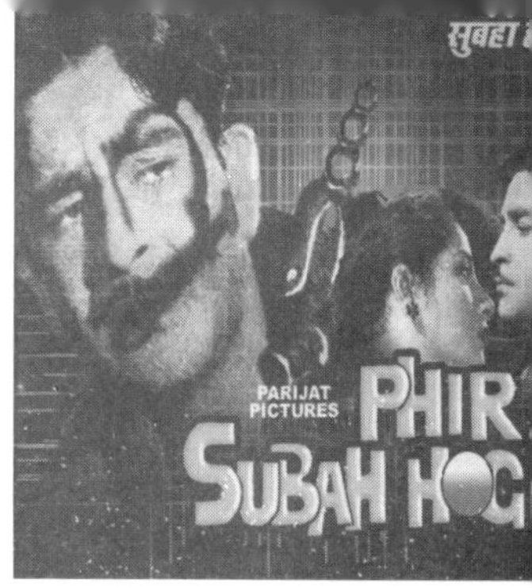

खय्याम राज कपूर के साथ

रिकॉर्डिस्ट बी.एन शर्मा, खय्याम और मुकेश

'फिर सुबह होगी' फिल्म का दृश्य

खय्याम और रमेश सहगल

खय्याम जैसी असाधारण प्रतिभा वाला संगीतकार ही मिर्जा गालिब की मशहूर ग़ज़ल 'ये न थी हमारी किस्मत कि विसाल-ए-यार होता' को दो बिलकुल अलग धुनों में पिरोकर दो महान गायकों 'मलिका-ए-गजल' बेगम अख्तर और 'सुर-सम्राट' मुहम्मद रफी से गवाने की कल्पना कर सकता था। उन्होंने यह कमाल कर दिखाया और सुननेवालों के लिए यह फैसला करना बहुत मुश्किल हो गया कि किस अन्दाज को बेहतर कहा जाए। बेगम अख्तर जैसी महान गायिका से गवाना कोई खेल न था, लेकिन खय्याम ने उनकी आवाज में एक-दो नहीं बल्कि कितनी ही अनमोल प्रस्तुतियों की रचना की—'ऐ मुहब्बत तेरे अन्जाम पे रोना आया', 'मेरे हमनफस मेरे हमनवाँ', 'इब्न-ए-मरियम हुआ करे कोई', 'वो जो हममें तुममें करार था' और 'दूर है मंजिल राहें मुश्किल' वगैरह।

खय्याम में शायराना कलामों को बड़ी खूबसूरत धुनों में ढालने की अद्भुत प्रतिभा थी, जिसे वे ईश्वर का वरदान मानते थे। शायरी की गहरी समझ उन्हें लफ्लों के मायनों में छिपी बारीकियों को उभारने में मदद देती थी। उन्होंने कई जाने-माने उस्तादों—मीर, गालिब, जौक, मोमिन, जिगर वगैरह के कलामों को बड़ी खूबसूरत धुनों में ढाला है। आम जिंदगी में भी शायरों के साथ उनकी बहुत अच्छी जमती रही है—मजरूह सुल्तानपुरी, अली सरदार जाफरी, साहिर लुधियानवी, फैज अहमद फैज, जाँ निसार अख्तर, मख्दूम मोहिउद्दीन, कैफी आजमी, हसरत जयपुरी, नक्श लायलपुरी, शहरयार, बशर नवाज, गुलजार, निदा फाजली और हसन कमाल वगैरह सभी एक से एक महान शायरों के साथ उनके शायराना तालमेल का प्रभाव उनके संगीत में भी झलकता रहा है और इसे एक अनूठी गहराई प्रदान करता रहा है। पिछले कुछ वर्षों से माया गोविन्द और अहमद वसी के साथ भी उन्होंने काफी काम किया है। लेकिन साहिर के साथ उनकी 'ट्यूनिंग' अलग ही थी, जो इन दोनों की साझी रचनाओं में बखूबी झलकती है।

खय्याम अपनी संगीत रचनाओं के लिए हमेशा सर्वोत्तम गायक-गायिकाओं का इस्तेमाल करते थे। जिन महान गायकों के साथ उन्होंने खूब काम किया उनमें बहुरंगी और बहुआयामी मुहम्मद रफी, मखमली आवाज वाले तलत महमूद, सुनहरी आवाज वाले मुकेश, शास्त्रीय महारथी मन्ना डे, बहुमुखी प्रतिभा वाले किशोर कुमार और दक्षिण के दिव्य स्वर येसुदास शामिल हैं। इनके अलावा उन्होंने कई अन्य जाने-माने गायकों जीएम. दुर्रानी, भूपेन्द्र, नितिन मुकेश, अनवर, उस्ताद गुलाम मुस्तफा खान, सुरेश वाडकर, कब्बन मिर्जा, उस्ताद फैयाज अहमद, उस्ताद नियाज अहमद, उस्ताद दिलशाद खान, रूपकुमार राठौड़, शब्बीर कुमार, अनूप जलोटा, पंकज उधास, हरिहरन, जयवन्त कुलकर्णी, रवीन्द्र साठे, तलत अजीज और उदित नारायण के साथ भी काम किया। उनकी प्रमुख गायिकाओं में 'गजल क्वीन' बेगम अख्तर, 'मेलोडी क्वीन' लता मंगेशकर, नशीली और मस्ती भरी आवाज वाली आशा भोंसले, काँच-सी खनकती आवाज वाली गीता दत्त और उनकी शरीक-ए-हयात (जीवन-संगिनी) जगजीत कौर शामिल रही हैं। इनके अलावा उन्होंने बहुत-सी अन्य जानी-मानी गायिकाओं के साथ भी काम किया, जिनमें राजकुमारी, जोहराबाई अम्बालेवाली, उमा देवी, मीना कपूर, संध्या मुखर्जी, आशिमा बनर्जी, सुमन कल्याणपुर, मुबारक बेगम, सुलक्षणा पंडित, मिताली, शाहिदा, रूना लैला, बेगम परवीन सुल्ताना, जसपिन्दर नरूला, अल्का याग्निक, कविता कृष्णमूर्ति, अनुपमा देशपांडे, पार्वती खान, मधुश्री और सुनिधि चौहान इत्यादि शामिल हैं।

खय्याम का पहला सुपरहिट गीत उनके प्रिय गायक मुहम्मद रफी की आवाज में था—'अकेले में वो घबराते तो होंगे' ('बीवी', 1950)। रफी के साथ उनका बड़ा अच्छा तालमेल बैठता था। उनके साथ उन्होंने बहुत से ऐसे गैर-फिल्मी गीत भी रिकॉर्ड किए जो उनके फिल्मी गीतों से बिलकुल अलग हैं। रफी के इन एक से एक अनमोल गैर-फिल्मी गीतों में 'गजब किया तेरे वादे पे ऐतबार किया', 'तेरे भरोसे नन्दलाला', 'ऐ ताजा—वरिदान-ए-बिसात', 'मेरी मुहब्बत कबूल कर लो', 'शौक हर रंग रकीब' और 'जिक्र उस परिवश का' इत्यादि शामिल हैं।

'उमराव जान' में आशा भोंसले द्वारा मुजरों की अदायगी को उनकी सबसे बेहतरीन मुजरा अदायगी माना जाता है। आशा ने पहली बार इतने धीमे सुर में गाया और मानो गजब ही कर दिया। यह कमाल खय्याम का ही था। आशा भोंसले ने खय्याम के साथ बहुत से यादगार गैर-फिल्मी गीत भी गाए हैं। इनमें 'ओ श्याम पातियाँ लिख-लिख', 'भोर भई अब आजा रे', 'दिल का लगाना खेल न जानो' और 'जो भी मिलता है' जैसे कई बेहद खूबसूरत गीत शामिल हैं।

बिखरी आस निखरी प्रीत की रिकॉर्डिंग पर जसपिन्दर, खय्याम और अहमद वसी

जैसाकि हमने पीछे जिक्र किया है, खय्याम का पहला गैर-फिल्मी गीत तलत महमूद की मखमली आवाज में था—'आ गईं फिर से बहारें'/ 'रो-रो बीता जीवन सारा'। ख्वार जमाँ द्वारा लिखे गए इन गीतों ने इतनी धूम मचाई कि इसके बाद खय्याम और तलत महमूद की जोड़ी ने बहुत से सुरीले और सुपरहिट गीत रचे। इनमें 'फुटपाथ' का क्लासिक गीत 'शाम-ए-गम की कसम आज गमगीं हैं हम' भी शामिल था। यह गीत दिलीप कुमार (जो हमारी नजर में पूरी दुनिया में सबसे बेहतरीन एक्टर हैं) पर इतने खूबसूरत अन्दाज में फिल्माया गया था कि वे आज भी इसे गुनगुनाकर पुरानी यादों को ताजा करते रहते हैं। खय्याम के संगीत-निर्देशन में गाए तलत महमूद के गैर-फिल्मी गीतों में 'चुपके से कभी जब याद मेरी', 'कोई दिन गर जिंदगानी और है', 'रो-रो बीता जीवन सारा', 'आँखों-आँखों में हर इक रात', 'तुझमें जो बात है' और 'नक्श फरियादी है' जैसे कई अमर गीत शामिल हैं।

लता मंगेशकर के साथ खय्याम की जोड़ी जमने में कुछ वक्त लगा, लेकिन दोनों ने जब भी साथ-साथ काम किया तो सचमुच ही गजब ढा दिया। चेतन आनन्द की 'आखिरी खत' में पहाड़ी राग पर आधारित 'बहारो मेरा जीवन भी संवारो' को भला और क्या कहेंगे! एक बार सुन लो तो भुलाए नहीं भूलता—मानो बार-बार अपनी तरफ बुलाता रहता है! इसी तरह 'कभी-कभी', 'शंकर-हुसैन', 'नूरी', 'बाजार',

'दर्द' और 'रजिया सुल्तान' में भी इन दोनों की जोड़ी ने खूब कमाल दिखाया। लता की ऐसी ऊँची उड़ानों भरी अदायगी दूसरे बहुत कम गीतों में दिखाई देती है। अफसोस, लता ने खय्याम के साथ कोई गैर-फिल्मी गीत नहीं गाया।

मुकेश के साथ 'फिर सुबह होगी' के 'वो सुबह कभी तो आएगी' से जो शुरुआत हुई थी, वह 'कभी-कभी' के 'कभी-कभी मेरे दिल में ख्याल आता है' में मानो अपने चरम पर जा पहुँची। खय्याम और मुकेश की जोड़ी ने गैर-फिल्मी गीतों में भी खूब रंग जमाया। इनमें 'न हुई गर मेरे मरने से तसल्ली', 'सही है दाद तलब' और 'अशआार मेरे यूँ तो जमाने के लिए' जैसे कई खूबसूरत गीत शामिल हैं। इसी तरह खय्याम के संगीत निर्देशन में सी.एच. आत्मा के गैर-फिल्मी गीतों ने भी खूब धूम मचाई। इनमें 'चलो न गोरी मचल-मचलके', 'जो राधा के गुण गाए', 'हजारों ख्वाहिशें ऐसी' और 'नैनों में दो नैन समाए' जैसे यादगार गीत शामिल हैं। महेन्द्र कपूर ने भी खय्याम के संगीत-निर्देशन में कई गैर-फिल्मी गीत गाए। इनमें 'हैराँ हो दिल को रोऊँ', 'मैं हूँ मुश्ताक-ए-जफा' और 'दायम पड़ा हुआ तेरे दर पर' जैसे लोकप्रिय गीत शामिल हैं।

इसी तरह किशोर कुमार ('थोड़ी-सी बेवफाई', 'दिले नादान', 'मेहंदी'); सुमन कल्याणपुर ('शगुन'); येसुदास ('त्रिशूल', 'मजनून'); भूपेन्द्र ('आहिस्ता-आहिस्ता'); जसपिन्दर नरूला ('बिखरी आस निखरी प्रीत'); अल्का याग्निक, कविता कृष्णामूर्ति ('मुहब्बतों का सफर') और सुलक्षणा पंडित ('संकल्प', 'खानदान') ने खय्याम के संगीत निर्देशन में अपना सर्वश्रेष्ठ प्रदर्शन करते हुए कई खूबसूरत गीत दिए। अल्का याग्निक, उदित नारायण, अमजद परवेज, हेमलता, रूपकुमार राठौड़, सुलक्षणा पंडित और एस.के. स्वामी ने खय्याम के साथ गैर-फिल्मी गीत भी गाए।

खय्याम की बहुत-सी शाहकार रचनाएँ उनके 'दिल की धड़कन' जगजीत कौर के लिए थीं, जो खुद भी खय्याम के संगीत-निर्देशन में गाते हुए अपने चरम पर होती थीं। 'फिर वही सावन आए' और 'लड़ी रे लड़ी तुमसे आँख जो लड़ी' ('शोला और शबनम'), 'तुम अपना रंजोगम अपनी परेशानी मुझे दे दो' ('शगुन'), 'काहे को ब्याही विदेस' ('उमराव जान') और 'देख लो आज हमको जी भरके' ('बाजार') ऐसे ही कुछ खूबसूरत उदाहरण हैं। 'तुम अपना रंजोगम...' ने तो इतनी धूम मचाई कि जगजीत कौर का नाम लेते ही यह गीत याद आ जाता है। इसे खय्याम की भी सबसे शानदार और अमर रचनाओं में गिना जाता है। लेकिन जगजीत कौर ने खय्याम के साथ बहुत-से गैर-फिल्मी गीत भी गाए। इन एक से एक खूबसूरत रचनाओं में 'कोई दिन गर जिंदगानी और है', 'जिंदगी तू हमें कहाँ लाई', 'शिकवे के नाम से', 'आज क्या हाल है यारब', 'किसी ने फिर सुना दर्द के फसाने को' और 'दिल को क्या हो गया खुदा जाने' जैसी दिल को छू लेने वाली ग़ज़लें शामिल हैं।

खय्याम को एक से एक महान शायरों की बहुत-सी पीढ़ियों की सदाबहार ग़ज़लों को संगीत की धुनों में पिरोने का गौरव प्राप्त है।

इनमें पिछली सदियों के कई महान शायरों—मिर्जा गालिब, वली दक्खनी, मीर तकी मीर, इब्राहिम जौक, मोमिन खान मोमिन, कुतुब शाह और दाग देहलवी इत्यादि—की कालजयी रचनाएँ शामिल हैं।

- ★ खय्याम द्वारा संगीतबद्ध बीसवीं सदी के शायरों में जिगर मुरादाबादी, फ़ैज़ अहमद फैज, मजरूह सुल्तानपुरी, जाँ निसार अख्तर, साहिर लुधियानवी, शकील बदायूँनी, कैफी आजमी, अली सरदार जाफरी, मख्दूम मोहिउद्दीन, कमाल अमरोही, असद भोपाली, अहमद नदीम कासमी, तनवीर नकवी, नजीर बनारसी, फिरोज जलंधरी, अली जलीली और शेवन रिजवी इत्यादि शामिल हैं।
- ★ वली साहब, नजीम पानीपती, स्वामी रामानन्द, प्रेम धवन, कैफ इरफानी, हसरत जयपुरी और ख्बार जमाँ इत्यादि भी खय्याम के लिए फिल्मी / गैर-फिल्मी गीत लिख चुके हैं।
- ★ खय्याम के साथ काम करने वाले नए पीढ़ी के शायरों में सुदर्शन फाकिर, नक्श लायलपुरी, शहरयार, निदा फाजली, हसन कमाल, अमजद इस्लाम अमजद, यास्मिन हमीद, बशर नवाज, अहमद वसी, विजय अकेला और इन्दिरा वर्मा इत्यादि शामिल हैं।

जगजीत कौर और खय्याम

खय्याम उन गिने-चुने संगीत-निर्देशकों में से हैं जो अपने संगीत के माध्यम से हिन्दी-उर्दू का संगम प्रस्तुत करने की कोशिश करते रहे हैं। उन्होंने उपरोक्त शायरों के साथ-साथ पं. राममूर्ति चतुर्वेदी, पं. चन्द्रशेखर पांडे, पं. मधुकर राजस्थानी, पं. दयानन्द, पं. जगदीश खेबुड़कर और पंडिता माया गोविन्द के भजनों और गीतों को भी बड़ी खूबसूरत धुनों में पिरोया है। खय्याम के गुरु चिश्ती बाबा और गीतकार अहमद वसी खय्याम की प्रशंसा में कई कविताएँ भी लिख चुके हैं, जिनमें उनके मानवीय गुणों और सृजनात्मक उपब्धियों की दिल खोलकर प्रशंसा की गई है।

भारतीय राष्ट्रीय काँग्रेस ने खय्याम को देश की भूतपूर्व प्रधानमंत्री और महान नेता इन्दिरा गाँधी पर एक गीत बनाने का काम सौंपा था। इस गीत को साहिर लुधियानवी ने लिखा और मुहम्मद रफी और जगजीत कौर ने गाया। यह गीत खय्यान के कैरियर की एक बड़ी उपलब्धि था। इस गीत का मुखड़ा था—

'हम तरक्की के रास्ते पे मीलों चले इस तिरंगे तले
बाप का ख्वाब बेटी के हाथों पले इस तिरंगे तले'

इससे पहले 1962 में चीनी हमले के दौरान भी खय्याम ने दो लोकप्रिय राष्ट्रीय गीतों की रचना की थी—'वतन की आबरू खतरे में है' (साहिर लुधियानवी) और 'आवाज दो हम एक हैं' (जाँ निसार अख्तर)। इन दोनों गीतों पर महान निर्माता-निर्देशक महबूब खान ने एक डॉक्युमेंटी फिल्म भी बनाई थी, जिसमें दिलीप कुमार, राज कुमार, सुनील दत्त, राजेन्द्र कुमार इत्यादि चोटी के नायकों ने काम किया था। उन दिनों देश का बच्चा-

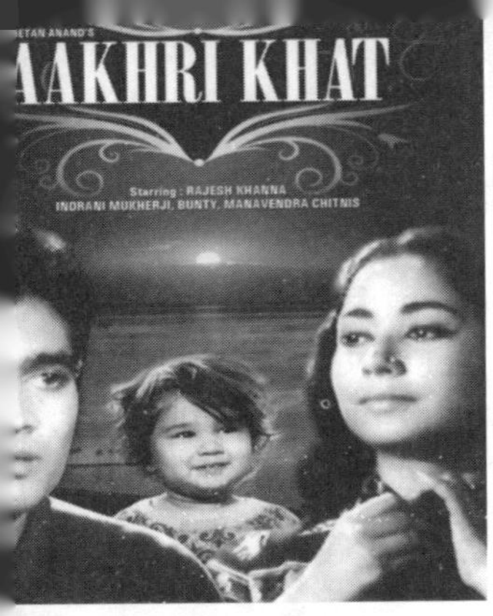

बच्चा ये गीत गाने लगा था। राष्ट्रीय जागृति और एकता पैदा करने के लिए रिकॉर्ड किए गए ये सबसे पहले गीत थे। इसी तरह देश की सेना के लिए भी खय्याम ने विशेष तौर से एक गीत बनाया था।

★

हम बातों-बातों में विषय से थोड़ा भटक गए हैं और 'फिर सुबह होगी' (1958) के बाद खय्याम की फिल्मों का जिक्र बीच में ही रह गया है। जैसाकि हम कह चुके हैं, उन्होंने 'चौदहवीं का चाँद' और 'बरसात की रात' जैसी फिल्में ठुकरा दी थीं, क्योंकि वे अपने सिद्धान्तों के साथ समझौता करने के लिए तैयार नहीं थे।

उनकी अगली फिल्मों में अस्पी ईरानी की दो फिल्में 'बारूद' और 'बम्बई की बिल्ली-वाइल्ड कैट' शामिल थीं। शेख मुख्तार, कुमकुम और सुधीर की मुख्य भूमिकाओं वाली 'बारूद' में लता मंगेशकर एक बार फिर खय्याम के संगीत-निर्देशन में गाती दिखाई दीं। इन गीतों में लोक-शैली की चंचलता भरा 'रंग-रंगीला सांवरा मोहे मिल गया जमुना पार' और मंत्रमुग्ध कर देने वाला भजन 'तेरी दुनिया में नहीं कोई हमारा अपना' शामिल थे। बच्चों के दो गीत 'अटकन-बटकन दही चटोकन' (लता-हनी ईरानी) और 'लिखो-पढ़ोगे तो आगे बढ़ोगे सितारों से ऊँचा तुम्हारा नाम होगा' (रफी-लता-हनी ईरानी) भी खूब लोकप्रिय हुए थे। अस्पी ईरानी की ही 'बम्बई की बिल्ली / वाइल्ड कैट' का नाम पहले 'बम्बई की लड़की' था, वरना शायद फिल्म का नाम देखकर ही खय्याम इसका संगीत देने से मना कर देते। इस फिल्म के लोकप्रिय गीतों में 'मैं तिहारी नजर भर देख लूँ' (लता), 'दिलदार तू है मेरा प्यार' (गीता दत्त), 'मैं बागों की मोरनी' (लता), 'मेरी अदाएँ बिजली गिराएँ' (आशा भोंसले) और 'ऐसे न मुँह छुपाओ' (रफी-लता) शामिल थे। इन दोनों फिल्मों के गीत हसरत जयपुरी ने लिखे थे।

महान निर्माता-निर्देशक चेतन आनन्द ने देव आनन्द, गीताबाली और प्रिया राजवंश के साथ अपनी महतवाकांक्षी फिल्म 'काफिर' शुरू की तो इसका संगीत तैयार करने के लिए खय्याम और साहिर लुधियानवी की टीम को चुना। खय्याम ने इस फिल्म के लिए चार बहुत खूबसूरत गीत रिकॉर्ड भी किए। लेकिन किन्हीं कारणों से यह फिल्म बन नहीं पाई। फिल्म के ये चार गीत थे—'कभी-कभी मेरे दिल में ख्याल आता है' (गीता दत्त), 'हर नई सुबह नई आस लिए आती है' (लता), 'कभी-कभी मेरे दिल में ख्याल आता है' (सुधा मल्होत्रा) और 'अपना दिल पेश करूँ अपनी वफा पेश करूँ' (आशा भोंसले)। जी हाँ, 'कभी-कभी मेरे दिल में...' के तब भी दो वर्जन थे, लेकिन दोनों ही महिलाओं की आवाज में। 'अपना दिल पेश करूँ' की रिकॉर्डिंग के दौरान देव आनन्द भी मौजूद थे। वे इतने खुश हुए कि खय्याम की प्रशंसा किए बिना न रह सके। जहाँ तक 'कभी-कभी मेरे दिल में...' की बात है तो फिल्म के ठप्प हो जाने के बाद यह गीत भले ही उस समय रिकॉर्डिंग टेप में बन्द होकर रह गया, लेकिन चौदह-पन्द्रह वर्ष बाद फिर से प्रकट हुआ—खय्याम के कैरियर को एक नया, नाटकीय और शानदार मोड़ देते हुए।

खय्याम 'मेलोडी क्वीन' लता के साथ

खय्याम की एक और फिल्म 'हम हैं राही प्यार के' भी डिब्बों में बन्द होकर रह गई। इस्माइल मेमन द्वारा निर्मित इस फिल्म में फिरोज खान और मीनू मुमताज थे। इस फिल्म के लिए भी खय्याम ने एक से एक खूबसूरत छह गीत रिकॉर्ड किए थे—'बड़ा मुश्किल बड़ा मुश्किल है तुम्हें भूल जाना' (तलत-लता), 'रात लगाके आई चाँद की बिंदिया' (लता), 'जिंदगी हसीन है जिंदगी से प्यार कर' (तलत), 'नैनों में कजरा लगाइके' (लता), 'राज सीने में मुहब्बत का छुपाए रखना' (लता-तलत) और 'सन-सन-सन चले पवन' (लता)। समय के साथ ये गीत न जाने कहाँ खो गए हैं

देव आनन्द और खय्याम

और आज उपलब्ध नहीं हैं। इन गीतों को राजा मेहंदी अली खान, जाँ निसार अख्तर और तनवीर नकवी ने लिखा था। इसी तरह काफी पहले खय्याम की एक और फिल्म 'नगमा-ए-सहरा' भी अधूरी रह गई थी। इसके लिए खय्याम ने तलत और आशा भोंसले के दो बहुत खूबसूरत डुएट रिकॉर्ड किए थे—'दो शम्में जल रही हैं' और 'तारें हैं चाँदनी है चमन है'। ए.आर. जमींदार द्वारा निर्मित इस फिल्म में करन दीवान, चित्रा और सुरेश थे।

'फिर सुबह होगी' (1958) के बाद सही मायनों में खय्याम की अगली महत्त्वपूर्ण फिल्म 'शोला और शबनम' (1961) थी। रमेश सहगल द्वारा निर्मित-निर्देशित इस फिल्म में नए-नए आए धर्मेन्द्र और तरला मुख्य भूमिकाओं में थे। इस फिल्म में खय्याम का वह अलौकिक और अद्‌भुत गीत था जो मुहम्मद रफी के कालजयी और सबसे अनमोल गीतों में शामिल है—'जाने क्या ढूँढती रहती हैं ये आँखें मुझमें, राख के ढेर में शोला है न चिंगारी है'। पहाड़ी राग पर आधारित इस गीत की तरह भैरवी राग पर आधारित रफी-लता का डुएट भी मंत्रमुग्ध कर देने वाला गीत था—'जीत ही लेंगे बाजी हम-तुम, खेल अधूरा छूटे न, प्यार का बन्धन जनम का बन्धन, जनम का बन्धन टूटे न'। फिल्म के अन्य गीतों में 'मथुरा श्याम चले' (गीता दत्त-मन्ना डे) और 'फिर नहीं आने वाली प्यारे ऐसी मिलन की रात' (मन्ना डे-आशा भोंसले) शामिल थे। इसी फिल्म में पहली बार खय्याम ने अपनी पत्नी जगजीत कौर से भी कई गीत गवाए थे। इनमें 'फिर वही सावन आया' और खूब धूम मचाने वाला 'लड़ी रे लड़ी तुझसे आँख जो लड़ी' शामिल थे। जगजीत कौर ने रफी के साथ दो युगल-गीत भी गाए थे—'पहले तो आँख मिलाना फिर थोड़ा-सा शरमाना' और 'कौन आता है इधर कोई नहीं'। आशा भोंसले का बच्चों का गीत 'मम्मी और डैडी में लड़ाई हो गई' भी बड़ा मजेदार था। 'जीत ही लेंगे बाजी...' आशा भोंसले और मीरा की आवाज में भी रिकॉर्ड किया गया था और फिल्म में इस्तेमाल भी किया गया था, लेकिन इसे रिकॉर्ड की डिस्क में जारी नहीं किया गया। बम्बई के रॉयल सिनेमा में सिल्वर जुबली मनाने वाली इस फिल्म में खय्याम के संगत की खूब तारीफ हुई थी। फिल्म के बहुत सारे गीतकारों में कैफी आजमी, प्रेम धवन, पं. राममूर्ति चतुर्वेदी, जाँ निसार अख्तर और राजा मेहंदी अली खान शामिल थे।

महबूब खान के बैनर से जुड़े रहे उनके कुछ सहायकों द्वारा निर्मित 'शगुन' (1964) खय्याम की अगली फिल्म थी। नजर अहमद द्वारा निर्देशित इस फिल्म में वहीदा रहमान और कमलजीत थे। (बरसों बाद वहीदा रहमान ने अचानक ही उनसे विवाह करके सबको आश्चर्य में डाल दिया था।) नैनीताल की पृष्ठभूमि पर आधारित इस प्रेमकथा में खय्याम ने वैसा ही मधुर और सुहाना संगीत भी दिया था और पहाड़ी और यमन कल्याण रागों का खुलकर प्रयोग किया था। फिल्म का सबसे लोकप्रिय गीत था पहाड़ी राग पर आधारित रफी और सुमन कल्याणपुर का सदाबहार डुएट—'पर्वतों के पेड़ों पर शाम का बसेरा है'। फिल्म के अन्य लुभावने गीतों में 'तुम चली जाओगी परछाइयाँ रह जाएँगी' (रफी, यमन कल्याण), 'इतने करीब आके भी न जाने किसलिए' (तलत-मुबारक बेगम), 'बुझा दिए हैं खुद अपने हाथों' (सुमन) और 'ये रात बहुत रंगीन नहीं' (रफी) शामिल थे। फिल्म में दो गीत जगजीत कौर ने भी गाए थे—विवाह-गीत 'गोरी ससुराल चली डोली सज गई' और तहलका मचा देने वाला 'तुम अपना रंजोगम अपनी परेशानी मुझे दे दो'। पियानो के मधुर सुरों वाले इस गीत को जगजीत कौर का 'सिग्नेचर गीत' कहा जा सकता है—वह गीत जिसने उन्हें अमर बना दिया। दिलचस्प बात यह है कि यह गीत उन्होंने संयोग से ही गा दिया था। इसे आशा भोंसले गाने वाली थीं लेकिन वे रिकॉर्डिंग पर नहीं पहुँचीं तो खय्याम को परेशान देखकर साहिर लुधियानवी ने कहा—''घबराने की क्या बात है! घर में एक सिंगर बैठी है न, उसे क्यों नहीं बुला लेते?'' खय्याम ने ऐसा ही किया। जगजीत कौर झट से रिकॉर्डिंग स्टूडियो में पहुँच गईं और उन्होंने यह गीत इतना डूबकर गाया कि यह गीत साहिर और खय्याम की टीम का सबसे यादगार (शायद 'कभी-कभी मेरे दिल में ख्याल आता है' को छोड़कर) गीत बन गया। इस फिल्म में साहिर की कलम का जादू सचमुच ही सर चढ़कर बोला था। भला उनके अलावा ये पंक्तियाँ और कौन लिख सकता था—'सुरमई उजाला है चम्पई अँधेरा है'!

रफी और साहिर के साथ खय्याम

अख्तर मिर्जा की 'मुहब्बत इसको कहते हैं' (1965) में भी खय्याम ने बड़ा लुभावना संगीत दिया। शशि कपूर और नन्दा की मुख्य भूमिकाओं वाली इस फिल्म में रफी और सुमन कल्याणपुर का एक सदाबहार डुएट था—'ठहरिए होश में आ लूँ तो चले जाइएगा'। मुकेश का 'इतना हुस्न पे हजूर न गरूर कीजिए' भी खूब लोकप्रिय हुआ था। 'मेरी निगाह ने क्या काम लाजवाब किया' (रफी), 'अजी तुम कितने हसीन हो' (आशा भोंसले), 'हमसे होती मुहब्बत जो तुमको' (मुकेश-आशा), 'जो हम पे गुजरती है' (सुमन कल्याणपुर) और 'महफिल में आप आए' (सुमन-मुबारक बेगम) भी बड़े खूबसूरत तथा लुभावने गीत थे। इन मस्ती भरे गीतों को मजरूह सुल्तानपुरी ने लिखा था। ध्यान देने की बात है कि 'शगुन' और 'मुहब्बत इसको कहते हैं' में लता मंगेशकर का एक भी गीत नहीं था, फिर भी इन फिल्मों का संगीत खूब लोकप्रिय हुआ था। ओ.पी. नैयर और सचिन देव बर्मन (उन दिनों) की तरह खय्याम ने भी दिखा दिया था कि वे सुरों की मलिका के बिना भी सुरीला और लोकप्रिय संगीत दे सकते थे।

लेकिन खय्याम की अगली फिल्म 'आखिरी खत' (1967) में लता मंगेशकर लौट आईं और उनकी तथा खय्याम

खय्याम, रफी और चेतन आनन्द

'कलाम-ए-अस्तजा' रिलीज

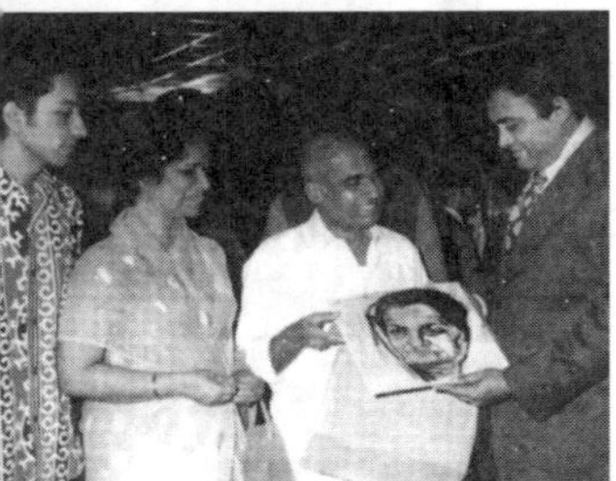

'कलाम-ए-अस्तजा' रिलीज

'पोर्ट्रेट ऑफ जीनियस' एल्बम रिलीज

रफी का एलबम

की जोड़ी ने दो बहुत शानदार और सदाबहार गीत दिए। हमेशा लीक से हटकर फिल्में बनाने वाले और साहित्यिक रुचि के चेतन आनन्द की 'काफिर' भले ही ठप्प हो गई थी, लेकिन वे इस फिल्म के लिए रिकॉर्ड किए गए खय्याम के उत्कृष्ट संगीत को भूले नहीं थे। 'हकीकत' के बाद उन्होंने 'आखिरी खत' के रूप में एक कम बजट की फिल्म बनाई (जो एक खोए हुए दो-तीन वर्ष के बच्चे की मर्मस्पर्शी कहानी पर आधारित थी) तो उन्होंने इस प्रयोगवादी फिल्म के लिए खय्याम से सिर्फ एक गीत कम्पोज करने के लिए कहा। नए-नए उभरते राजेश खन्ना, इन्द्राणी मुखर्जी और बाल कलाकार मास्टर बंटी की मुख्य भूमिकाओं वाली इस फिल्म का यह इकलौता गीत—'मेरे चन्दा मेरे नन्हे'—खय्याम ने लता मंगेशकर से गवाया। यह गीत, जो वास्तव में एक लोरी था, इतना खूबसूरत बना कि चेतन आनन्द चमत्कृत रह गए। उन्होंने फिल्म की पटकथा में तीन और गीतों की स्थितियाँ पैदा कीं और खय्याम से इन्हें भी कम्पोज करने के लिए कहा। इन तीन गीतों में पहाड़ी राग पर आधारित वह अद्‌भुत गीत भी शामिल था जिसे खय्याम और लता मंगेशकर की जोड़ी की सबसे महान और भव्य रचना कहा जा सकता है—'बहारो मेरा जीवन भी संवारो'। सुननेवालों को मंत्रमुग्ध और अभिभूत कर देने वाला यह गीत आज भी उतना ही ताजा प्रतीत होता है। फिल्म के अन्य दो गीत 'और कुछ देर ठहर, और कुछ देर न जा' (रफी) और 'रुत जवाँ-जवाँ रात मेहरबाँ' (भूपेन्द्र) भी बहुत खूबसूरत और मोहक गीत थे। इन गीतों को कैफी आजमी ने लिखा था। इस फिल्म का बैकग्राउंड संगीत भी बहुत महत्त्वपूर्ण था, क्योंकि फिल्म की कई (लगभग 10,000 फुट लम्बी) रीलों में सिर्फ नन्हे बच्चे को शहर में इधर-उधर भटकते हुए दिखाया गया था। चेतन आनन्द ने खय्याम से कहा भी था कि फिल्म का बैकग्राउंड संगीत फिल्म की जान था। खय्याम ने इस संगीत पर सचमुच बहुत मेहनत की और तीन महीने के लगातार काम के बाद ऐसा अद्‌भुत संगीत पैदा कर दिया कि एच.एम.वी. ने इस फिल्म के एल.पी. रिकॉर्डों में एक तरफ फिल्म के चारों गीत और दूसरी तरफ इसके बैकग्राउंड संगीत के हिस्से जारी किए। ऐसा पहली बार हुआ था कि किसी हिन्दी फिल्म के बैकग्राउंड संगीत को गीतों जितना ही महत्त्व दिया गया था। 'हकीकत' में शुरुआत कर चुके भूपेन्द्र ने भी 'आखिरी खत' में ही पहली बार अकेले पूरा गाना (रुत जवाँ-जवाँ) गाया था।

इसी वर्ष रिलीज हुई खय्याम की एक और फिल्म 'मेरा भाई मेरा दुश्मन' (1967) एक महत्त्वहीन-सी फिल्म थी। मुहम्मद हुसैन द्वारा निर्मित और प्रेमनाथ और श्यामा की मुख्य भूमिकाओं वाली यह काफी अरसे से लटकी हुई फिल्म न जाने कब आई और कब गई। लेकिन इसके कुछ गीत—'हम तो दिल बेचते हैं खरीदार चाहिए' (मुबारक बेगम), 'नैन मिलाके प्यार जताके' (रफी-जगजीत कौर), 'अदा जादू हँसी कातिल' (आशा भोंसले) और 'रात का आँचल ढलका-ढलका' (आशा भोंसले)—लोगों को याद रह गए।

ध्यान देने की बात है—और हैरानी की भी—कि 1960 के पूरे दशक में खय्याम ने सिर्फ छह फिल्मों में संगीत दिया। इसके बाद अगले छह वर्षों (1968-1973) तक तो उनकी एक भी फिल्म नहीं आई। लेकिन हमेशा की तरह इस दौरान भी वे गैर-फिल्मी धमाके करने में जुटे रहे—खासकर एच.एम.वी. संगीत कम्पनी के लिए।

'आखिरी खत' के निर्माण के दौरान ही उन्हें एच.एम.वी. के चीफ विजय कुमार दुबे का फोन आ गया था कि महान शास्त्रीय गायिका बेगम अख्तर उनसे मिलना चाहती थीं। जब उन्हें पता चला कि बेगम अख्तर अपनी कुछ ग़ज़लें उनसे कम्पोज करवाना चाहती थीं तो खय्याम हैरान रह गए। बेगम साहिबा अपनी ग़ज़लें हमेशा खुद ही कम्पोज करती रही थीं। लेकिन बेगम अख्तर ने बहुत जोर देकर कहा कि उन्हें उनके संगीत का स्टाइल बहुत पसन्द था और वे चाहती थीं कि एच.एम.वी. के लिए उनकी ग़ज़लें वही कम्पोज करें। खय्याम को भला और क्या चाहिए था! वे खुशी से झूम उठे। लेकिन 'मलिका-ए-गजल' बेगम अख्तर के लिए ग़ज़लें कम्पोज करना कोई बच्चों का खेल नहीं था। खय्याम ने दिन-रात एक कर दिया और उनके लिए बहुत सारी ग़ज़लों की ऐसी-ऐसी धुनें तैयार कीं कि बेगम साहिबा के पुराने प्रशंसक भी अचम्भे में पड़ गए। उनकी इसी मेहनत का नतीजा था—'कलाम-ए-अस्तजा' नामक एलबम, जो उनके संगीत कैरियर में एक कीर्ति-स्तम्भ साबित हुआ। बेगम अख्तर तो इतनी खुश थीं कि उन्होंने हँसते-हँसते उनसे पूछा था—''मैं इन ग़ज़लों में अपनी आवाज सुनकर हैरान रह जाती हूँ! ऐसा लगता है जैसे मेरी जवानी वापस आ गई हो! आपने यह कमाल कैसे कर दिखाया?'' मीर तकी मीर की ग़ज़ल 'उल्टी हो गईं सब तदबीरें' के कम्पोजीशन पर तो वे सचमुच ही चकित थीं। कहने की जरूरत नहीं है कि इस एलबम ने खूब धूम मचाई। इसके बाद एच.एम.वी. ने खय्याम को एक और एलबम 'गालिब—पोर्ट्रेट ऑफ ए जीनियस' बनाने के लिए कहा जो गालिब शताब्दी के अवसर पर कम्पनी की विशेष प्रस्तुति थी। खय्याम ने मिर्जा गालिब की एक से एक शानदार ग़ज़लें चुनकर उनकी इतनी खूबसूरत धुनें बनाईं और उन्हें बेगम अख्तर तथा मुहम्मद रफी से इतने खूबसूरत अन्दाज में गवाया कि यह एलबम भी एक यादगार एलबम बन गया। इस एलबम में जाने-माने शायर कैफी आजमी ने गालिब की आवाज बनकर इन ग़ज़लों को इतने दिलचस्प अन्दाज में परोसा था कि एलबम का आकर्षण और भी बढ़ गया था। जैसाकि हम पीछे जिक्र कर चुके हैं, खय्याम ने गालिब की मशहूर ग़ज़ल 'ये न थी हमारी किस्मत' बेगम अख्तर और मुहम्मद रफी दोनों से गवाई थी—बिलकुल अलग-अलग अन्दाज में। एलबम की अन्य ग़ज़लों में 'जिक्र उस परिवश का', 'मुद्दत हुई है यार को', 'ऐ ताजा वरिदान-ए-बिसात-ए-हवा-

ए-दिल', 'कद-ओ-गेसू', 'बस के दुश्वार है', 'नुक्ताचीं है ग़म-ए-दिल', 'बागीचा-ए-अत्फाल है' और 'सब कहाँ कुछ लाल-ओ गुल' इत्यादि शामिल थीं। खय्याम गालिब की कई और ग़ज़लों और नज्मों को भी कम्पोज कर चुके हैं।

आई राइट आई रिसाइट की रिलीज

आई राइट आई रिसाइट की रिलीज

साठ के दशक में एच.एम.वी. और खय्याम मुहम्मद रफी का भी एक अनोखा एलबम लाए थे—'दिस इज मुहम्मद रफी'। गैर-फिल्मी भजनों और ग़ज़लों से सजा यह एलबम बहुमुखी और बहुरंगी मुहम्मद रफी की विविधता को समर्पित एक पुष्पांजलि से कम नहीं था। इसमें 'तेरे भरोसे हे नन्दलाला' और 'श्याम से नेहा लगाए' जैसे एक से एक मीठे भजन थे तो 'गजब किया तेरे वादे पे ऐतबार किया' और 'पूछो न मुझसे दिल के फसाने' जैसी एक से एक लुभावनी ग़ज़लें भी थीं। इस एलबम में संगीत-प्रेमियों को रफी का एक बिलकुल नया रूप और अन्दाज देखने को मिला था। बहुत से समकालीन संगीतकार खय्याम की गैर-फिल्मी रचनाओं को बड़े शौक से सुनते थे और कभी-कभी उनसे प्रेरणा भी लेते रहते थे। खय्याम इसे अपनी 'इज्जत अफजाई' समझकर इसका कोई और अर्थ नहीं लेते थे। बाद के वर्षों में खय्याम ने कैफी आजमी की साहित्यिक नज्मों का एक एलबम भी कम्पोज किया। 'शगुफ्तगी' नामक यह एलबम कैफी आजमी के लिए एक सपने के साकार होने की तरह था। यह एलबम ही उनकी आखिरी प्रस्तुति भी था, क्योंकि इसके बाद वे ज्यादा समय तक जीवित नहीं रहे। खय्याम के अन्य प्रमुख गैर-फिल्मी एलबमों में 'आशा और खय्याम' शामिल है, जिसमें उन्होंने आशा भोंसले को एक अलग अन्दाज में प्रस्तुत किया है। खय्याम की हाल के वर्षों के गैर-फिल्मी एलबमों में 'जह-ए-नसीब' (अनीता सिंघवी) और 'मैसेज ऑफ लव' (अनूप जलोटा-अंशु शर्मा) शामिल हैं, जिनमें नई पीढ़ी के अहमद वसी ने अपनी कलम का कमाल दिखाया है। खय्याम तो 'मैसेज ऑफ लव' पर एक फिल्म भी बनाना चाहते थे, जिसका निर्माण वे खुद ही अच्छे-खासे पैमाने पर करना चाहते थे। खय्याम के बहुचर्चित एलबमों में स्वर्गीय मीना कुमारी की नज्मों का एलबम 'आई राइट आई रिसाइट' का जिक्र करना भी जरूरी है, जिसमें उनकी मशहूर नज्म 'चाँद तन्हा है आसमाँ तन्हा' भी शामिल है।

खय्याम ह्ह्य कुछ अन्य चोटी की अभिनेत्रियों की आवाज में भी फिल्मी गीत रिकॉर्ड करके उनकी वर्षों पुरानी इच्छा को पूरा किया। इनमें पीछे वर्णित माला सिन्हा ('फिर सुबह होगी') के साथ-साथ बाद के दौर की अभिनेत्रियाँ रेखा, शबाना आजमी और जयाप्रदा इत्यादि शामिल हैं। उन्होंने अमिताभ बच्चन को भी अपने संगीत निर्देशन में गवाया।

1987 के आसपास खय्याम परिवार पाकिस्तान के दौरे पर गया तो वहाँ उनका भावभीना और भव्य स्वागत किया गया। उनके सम्मान में लाहौर और कराची में कई समारोह आयोजित किए गए। सबसे यादगार थीं मल्लिका-ए-तरन्नुम नूरजहाँ, क़तील शफई, प्लेबैक सिंगर्स एसोसिएशन और जंग फोरम द्वारा दी गई दावतें। खय्याम अपने गुरु चिश्ती बाबा के साथ-साथ ऐसे बहुत से पुराने साथियों से मिले जो बँटवारे के बाद पाकिस्तान में रह गए थे या बाद में वहाँ चले गए थे। नूरजहाँ खय्याम के संगीत निर्देशन में अपनी ग़ज़लों की एक एलबम निकालने की इच्छुक थीं। खय्याम खुशी-खुशी इसके लिए तैयार भी हो गए। लेकिन जल्दी ही नूरजहाँ की तबीयत बिगड़ गई और वे एलबम के लिए वक्त नहीं निकाल पाईं। यह एलबम लन्दन में रिकॉर्ड करने की योजना थी। पाठक सिर्फ कल्पना कर सकते हैं कि खय्याम का संगीत और नूरजहाँ की आवाज मिलकर क्या कमाल कर सकते थे!

मीना कुमारी

नौशाद के साथ खय्याम

खय्याम अपने कैरियर के शुरू से ही सिने म्यूजिक डायरेक्टर्स एसोसिएशन के सक्रिय सदस्य रहे। अपने सभी समकालीनों के साथ उनके बहुत मधुर सम्बन्ध रहें। इनमें अनिल बिस्वास, नौशाद, सी. रामचन्द्र, शंकर-जयकिशन और मदन मोहन जैसे चोटी के संगीतकार शामिल थे। आपस में स्वस्थ प्रतिस्पर्द्धा के बावजूद वे एक-दूसरे से अकसर मिलते रहते थे और जरूरत पड़ने पर एक-दूसरे की सलाह भी लेते रहते थे। अनिल बिस्वास जैसे महान संगीत निर्देशक ने भी फिल्मिस्तान की 'हीर' के लिए गीता दत्त का एक गाना रिकॉर्ड करते हुए खय्याम की सलाह लेने में संकोच नहीं किया था। नौशाद भी खय्याम को बहुत चाहते थे और 'कभी-कभी' के गीतों की रिकॉर्डिंग के दौरान स्टूडियो में भी आए थे। मदन मोहन के साथ तो खय्याम की बड़ी अच्छी जमती थी। खय्याम द्वारा संगीतबद्ध तलत महमूद की एक नात की रिकॉर्डिंग के दौरान मदन मोहन भी मौजूद थे। उन्हें इसकी धुन इतनी अच्छी लगी कि उन्होंने इस नात ('मरहबा या नबी मरहबा') की धुन पर ही चेतन आनन्द की 'हकीकत' का मशहूर गीत 'कर चले हम फिदा जान-ओ-तन साथियो' कम्पोज करने की अनुमति चाही तो खय्याम ने झट से इजाजत दे दी। आज के दौर के कई संगीतकार—राजेश रोशन, आनन्द-मिलिन्द, अनु मलिक वगैरह भी खय्याम के संगीत से प्रेरणा लेते रहते हैं।

जैसाकि हमने पीछे जिक्र किया है, 1967 में प्रदर्शित 'आखिरी खत' और 'मेरा भाई-मेरा दुश्मन' के बाद खय्याम की अगली फिल्म 'प्यासे दिल' (1974) में छह वर्षों का अन्तराल रहा। चरनदास शोख द्वारा निर्देशित 'प्यासे दिल' छोटे बजट की एक साहसिक फिल्म थी, जिसमें खय्याम के चार बहुत मधुर और मोहक गीत थे—'तुम महकती जवाँ चाँदनी हो' (मुकेश), 'झुकती घटा हमसे कहे क्यों ये दिल प्यासा रहे' (जगजीत कौर-महेन्द्र कपूर), 'ये दिलनशीं नजारे करते हैं क्या इशारे' (मुकेश) और धमाकेदार पंजाबी विवाह-गीत 'सखी री शरमाए दुल्हन सज-बन के' (जगजीत कौर)। इसी वर्ष खय्याम की एक और फिल्म रिलीज हुई—'संकल्प' (1974)। दिग्गज निर्माता-निर्देशक रमेश सहगल की इस फिल्म के बेहद लोकप्रिय भजन 'तू ही सागर है

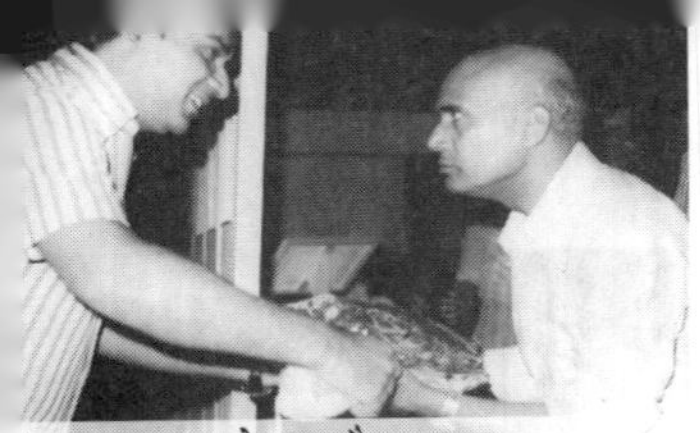

यश चोपड़ा और खय्याम

प्रीमियर

फिल्मफेयर अवार्ड : अटलजी के साथ

तू ही किनारा' (सुलक्षणा पंडित-विनोद शर्मा) के लिए खय्याम को स्वामी हरिदास पुरस्कार से सम्मानित किया गया। अगले वर्ष 1975 में भी खय्याम की दो छोटे बजट की फिल्में रिलीज हुईं—'मुट्ठी भर चावल' और 'संध्या'। सुरेन्द्र शैलजा द्वारा निर्देशित 'मुट्ठी भर चावल' (1975) में 'काहे पगली बरखा छाई' (मुकेश) और 'सारी रतियां मचाए उत्पात' (आशा भोंसले) जैसे कुछ लुभावने गीत थे। इसी तरह सुनील कुमार की 'संध्या' (1975) में भी सुलक्षणा पंडित के दो गीत 'जो पलकों तक नहीं आते' और 'अंग-अंग छलकाए नजर' बहुत सुन्दर बन पड़े थे। इन फिल्मों के गीतकार जां निसार अख्तर ('प्यासे दिल' और 'संध्या'), कैफी आजमी ('संकल्प') और जां निसार अख्तर और माया गोविंद ('मुट्ठी भर चावल') थे।

★

खय्याम के कैरियर के सुनहरी दौर की शुरुआत दरअसल अब हुई। 'पाकीजा' की धूम के बाद जब 1974 में कमाल अमरोही ने अपनी अगली महत्त्वाकांक्षी फिल्म 'रजिया सुल्तान' शुरू की तो इसके संगीत के लिए उन्होंने खय्याम को साइन किया। यह ऐतिहासिक फिल्म काफी भव्य पैमाने पर बनाई जा रही थी, इसलिए इसमें काफी समय लगने वाला था। लिहाजा कमाल अमरोही ने इसके साथ ही छोटे बजट की 'शंकर-हुसैन' भी शुरू कर दी और इसके संगीत की जिम्मेदारी भी खय्याम को सौंप दी। इसका निर्देशन कमाल अमरोही के असिस्टेंट यूसुफ नकवी कर रहे थे। खय्याम और कमाल अमरोही में जल्दी ही बड़ी अच्छी दोस्ती हो गई, जो जिंदगी भर कायम रही। उन्हीं दिनों खय्याम ने लता मंगेशकर की आवाज में 'रजिया सुल्तान' का एक गीत रिकॉर्ड किया, जो कुछ ही दिनों में फिल्म इंडस्ट्री में चर्चा का विषय बन गया। यह शाहकार गीत था—'ऐ दिल-ए-नादाँ आरजू है क्या'। यह गीत सुनने के लिए फिल्मी दुनिया के लोग इतने मचलने लगे कि अमिताभ बच्चन ने रात को दो बजे अपनी पत्नी जया को खय्याम के घर भेजकर इस गीत की कॉपी मँगवाई। लेकिन जल्दी ही 'रजिया सुल्तान' का निर्माण खटाई में पड़ गया क्योंकि कमाल अमरोही कुछ व्यावसायिक परेशानियों में उलझ गए।

उन्हीं दिनों एक शाम खय्याम घर लौटे तो उन्होंने अपने पुराने दोस्त साहिर लुधियानवी और निर्माता-निर्देशक यश चोपड़ा को अपना इन्तजार करते पाया। पता चला कि यश चोपड़ा ने एक बहुत खूबसूरत प्रेमकथा पर उतनी ही खूबसूरत पटकथा तैयार करवाई थी। अब वे चाहते थे कि इस फिल्म का संगीत भी उतना ही खूबसूरत हो। खय्याम फिल्म में संगीत देने के लिए राजी हो गए। इससे पहले साहिर यश चोपड़ा को भी यह बात समझा चुके थे कि शायरी की गहरी समझ रखने वाला संगीतकार ही इस फिल्म के साथ न्याय कर सकता था। साहिर और खय्याम की जोड़ी वर्षों बाद एक बार फिर लाजवाब संगीत की तैयारी में जुट गई। फिल्म के गीतों के बारे में चर्चा के दौरान उन्होंने चेतन आनन्द की बन्द हो चुकी फिल्म 'काफिर' के एक गीत की याद आ गई—'कभी-कभी मेरे दिल में ख्याल आता है'—जिसे गीता दत्त और सुधा मल्होत्रा की आवाज में दो अलग-अलग वर्जनों के रूप में रिकॉर्ड किया गया था। यह गीत यश चोपड़ा की फिल्म 'कभी-कभी' (1976) की थीम पर बिलकुल फिट बैठता था। वे दोनों चेतन आनन्द के पास गए और इस बहाने से कि उन्हें अपने काम का पैसा नहीं मिला था, उन्होंने यह नज्म वापस ले ली। धुन में हल्का-सा बदलाव करके इसे मुकेश और लता की आवाज में फिर से रिकॉर्ड किया गया (अकेले मुकेश और मुकेश-लता के दो वर्जनों के रूप में)। इस गीत ने जो धूम मचाई वह सभी को मालूम है, बल्कि यह आज भी कहाँ थमी है? इस अकेले गीत ने खय्याम के कैरियर के सुनहरी दौर के ऐसे द्वार खोले जो फिर कभी भी बन्द नहीं हुए।

'कभी-कभी' एक संगीत-प्रधान फिल्म थी, जिसके सभी गीत सुपरहिट थे। 'मैं पल दो पल का शायर हूँ' (मुकेश), 'मेरे घर आई एक नन्ही परी' (लता—हर साल अन्शुला के जन्मदिन पर हम यह गीत बजाना नहीं भूलते!), 'तेरा फूलों जैसा रंग' (किशोर-लता), 'तेरे चेहरे से नजर नहीं हटती' (किशोर-लता), 'मैं हर इक पल का शायर हूँ' (मुकेश), 'साडा चिड़ियाँ दा चम्बा बे' (लता-जगजीत कौर-पामेला चोपड़ा) और 'प्यार कर लिया तो क्या, प्यार है खता नहीं' (किशोर)—सभी गीतों ने खूब धूम मचाई थी। यूँ तो अमिताभ बच्चन की 'रास्ते का पत्थर' में भी टाइटल-गीत मुकेश की आवाज में था, लेकिन सही मायने में 'कभी-कभी' में ही पहली बार मुकेश को अमिताभ बच्चन के पार्श्व गायक के रूप में इस्तेमाल किया गया था। लम्बी-चौड़ी स्टारकास्ट—शशि कपूर, वहीदा रहमान, अमिताभ बच्चन, राखी, ऋषि कपूर और नीतू सिंह—से सजी यह फिल्म दो पीढ़ियों की कहानी थी। खय्याम ने इस बात का ध्यान रखा था कि प्रौढ़ पीढ़ी (अमिताभ) के लिए मुकेश की धीर-गंभीर आवाज और नई पीढ़ी (ऋषि कपूर) के लिए किशोर कुमार की जोशीली और मस्ती भरी आवाज का प्रयोग किया जाए। इस गोल्डन जुबली हिट फिल्म के बाद खय्याम की माँग एकाएक ही बढ़ गई और उन्हें ढेरों फिल्में मिलने लगीं।

'कभी-कभी' के संगीत के लिए उन्हें वर्ष के सर्वश्रेष्ठ संगीतकार का फिल्मफेयर पुरस्कार भी मिला। खय्याम यश चोपड़ा के प्रति हमेशा कृतज्ञ महसूस करते रहे हैं, जिन्होंने 'कभी-कभी' के रूप में उन्हें उनकी जिंदगी की सबसे बड़ी सफलता के दर्शन करवाए।

कमाल अमरोही बहुत तसल्ली से फिल्म बनाने के आदी थे—किसी कलाकृति की तरह। 'रजिया सुल्तान' यूँ भी एक भव्य और ऐतिहासिक फिल्म थी। इसलिए उन्होंने मधुचन्दा और कंवलजीत जैसे उभरते हुए सितारों को लेकर झटपट एक छोटी फिल्म 'शंकर हुसैन' (1977) बना डाली, जिसका निर्देशन उनके सहायक यूसुफ नकवी ने किया था। इस फिल्म की कहानी बड़ी दिलचस्प थी। कुलसुम नामक एक मुस्लिम लड़की को नींद में चलने की आदत है और अपने सपनों में वह पाती है कि वह एक हिन्दू लड़की कुसुम है। खय्याम ने इस फिल्म के लिए ऐसा संगीत कम्पोज किया कि इस मर्मस्पर्शी कहानी का प्रभाव और भी बढ़ गया। लता के दोनों गीत—'अपने-आप रातों में चिलमनें सरकती हैं' और 'आप यूँ फासलों से गुजरते रहे'—सपनों में भटकने वाली किसी लड़की के ही गीत थे। 'अपने-आप रातों में चिलमनें...' में पं. राम नारायण का अनूठा और बहुत हल्का-हल्का सारंगी-वादन और 'आप यूँ फासलों से...' में पं. अन्ना जोशी का शास्त्रीय तबला-वादन गजब का प्रभाव पैदा करता था। रफी का बेहद सुरीला 'कहीं एक मासूम नाजुक-सी लड़की' फिल्म का एक और सुखद आश्चर्य था।

खय्याम, गुलशन राय, साहिर और लता

खय्याम के बहारों के दिन आ पहुँचे थे। यश चोपड़ा द्वारा निर्देशित गुलशन राय की 'त्रिशूल' (1978) उनकी एक और गोल्डन जुबली हिट फिल्म साबित हुई। इस फिल्म की स्टारकास्ट भी काफी लम्बी-चौड़ी थी—वहीदा रहमान, अमिताभ बच्चन, शशि कपूर, हेमा मालिनी, संजीव कुमार, राखी, पूनम ढिल्लों (पहली फिल्म) और सचिन। साहिर और खय्याम की जोड़ी ने एक बार फिर रंग जमाया। फिल्म के लोकप्रिय गीतों में 'मुहब्बत बड़े काम की चीज है' (लता-किशोर-येसुदास), 'कहते डरती हो दिल में मरती हो' (किशोर-लता), 'तू मेरे साथ रहेगा मुन्ने' (लता), 'ओ कभी कस्में न तोड़ें' (लता-किशोर), 'गापुची-गापुची गम-गम' (लता-नितिन मुकेश) और 'जा री बहना जा' (किशोर-येसुदास-पामेला) शामिल थे। इन सब गीतों के अलावा फिल्म में लता और येसुदास का एक बड़ा प्यारा डुएट था—'आपकी महकी हुई जुल्फ को कहते हैं घटा'। लेकिन निर्देशक यश चोपड़ा ने इसे फिल्म के टाइटलों में लेकर इसका मजा किरकिरा कर दिया। टाइटल ट्रैक 'तू मेरे साथ रहेगा मुन्ने' को साहिर ने किस्सागोई की शैली में लिखा था, लेकिन खय्याम ने इसे भी संगीतकात्मक बना दिया। 'कभी-कभी' और 'त्रिशूल' के संगीत से खय्याम ने दिखा दिया था कि वे सिर्फ धीमा और सुरीला ही नहीं, तेज रफ्तार संगीत भी दे सकते थे।

राम महेश्वरी की 'चम्बल की कसम' (1979) खय्याम की एक और सफल फिल्म थी। राजकुमार, मौसमी चटर्जी, शत्रुघ्न सिन्हा और फरीदा जलाल की मुख्य भूमिकाओं से सजी इस फिल्म में कई हिट गीत थे। 'कुछ और बहक जाऊँ तब' (लता), 'शेर हो हुस्न हो नगमों की जवानी हो तुम' (रफी), 'बाजे शहनाई री बन्नो' (जगजीत कौर) और फिल्म के गीतकार साहिर लुधियानवी की माँ की उपस्थिति में रिकॉर्ड किया गया 'चन्दा रे मेरे भैया से कहना' (लता) सभी बड़े अच्छे गीत थे। लता ने 'चन्दा रे...' इतना भाव-विभोर होकर गाया था कि स्टूडियो में उपस्थित सभी लोगों की आँखों में आँसू आ गए थे। फिल्म का खूब लोकप्रिय डुएट 'सिमटी हुई ये घड़ियाँ' (लता-रफी) तो आज भी भुलाए नहीं भूलता। यह फिल्म महान गीतकार साहिर लुधियानवी की भी आखिरी फिल्म साबित हुई, क्योंकि इसके बाद जल्दी ही दिल के दौरे से उनका आकस्मिक निधन हो गया।

'कोरा कागज' से खूब ख्याति बटोर चुके अनिल गांगुली की 'खानदान' (1979) भी खय्याम के संगीत से सजी एक सुपरहिट फिल्म थी। जीतेन्द्र, सुलक्षणा पंडित, राकेश रोशन और बिन्दिया गोस्वामी की मुख्य भूमिकाओं वाली इस फिल्म में जाने-माने शायर (और हमारे पारिवारिक मित्र) नक्श लायलपुरी और खय्याम की जोड़ी ने खूब रंग जमाया। यह फिल्म भले ही इन दोनों की साथ-साथ पहली फिल्म थी, लेकिन काफी पहले इस्माइल मर्चेन्ट की 'ट्रेन टू पाकिस्तान' के लिए भी खय्याम गीतकार के रूप में नक्श लायलपुरी का चुनाव कर चुके थे। खुशवन्त सिंह के प्रसिद्ध उपन्यास पर आधारित यह फिल्म तो बन नहीं पाई, लेकिन इस नई जोड़ी ने 'खानदान' में छह बहुत अच्छे गीत दिए। 'ये मुलाकात इक बहाना है' (लता), 'बस्ती के लोगों में हुए बदनाम' (किशोर) और राग तिलंगा पर आधारित सदाबहार 'माना तेरी नजर में तेरा प्यार हम नहीं' (सुलक्षणा पंडित) तो खूब लोकप्रिय हुए। इसी बीच रिलीज हुई एक और बहुचर्चित फिल्म 'मीना कुमारी की अमर कहानी' में भी खय्याम के संगीतबद्ध किए हुए दो गीत थे, जिन्हें अफजल शादाब ने लिखा था। यह फिल्म दिग्गज निर्माता-निर्देशक-अभिनेता सोहराब मोदी ने महान अभिनेत्री मीना कुमारी पर बनाई थी।

उर्दू के जाने-माने लेखक सागर सरहदी ने एक कहानी लिखी थी—'नूरी'। सिर्फ पाँच पृष्ठों की यह कहानी खय्याम और उनकी पत्नी जगजीत कौर को इतनी अच्छी लगी कि वे इस पर फिल्म बनाने के लिए मचल उठे। वे खुद ही इस फिल्म का निर्माण करना चाहते थे और इसमें वहीदा रहमान और अजीज मिर्जा को लेना चाहते थे। लेकिन फिल्म के बजट से जुड़ी परेशानियों के कारण मामला बन नहीं पाया। निर्माता-निर्देशक यश चोपड़ा को भी यह कहानी बहुत पसन्द थी। उन्होंने खय्याम को दस प्रतिशत की हिस्सेदारी देकर उनसे यह प्रोजेक्ट ले लिया और फारुख शेख और पूनम ढिल्लों को मुख्य भूमिकाओं में लेकर इस पर 'नूरी' (1979) नाम से ही एक सुपरहिट फिल्म बना दी। फिल्म के निर्देशक यश

चोपड़ा के गहरे दोस्त और जाने-माने चरित्र अभिनेता मनमोहन कृष्ण थे। इस फिल्म की सफलता में खय्याम के संगीत का भी हाथ था, जिन्होंने मानो एक से एक मधुर सुरों की सरगम ही बिखेर दी थी—'आजा रे, आजा रे ओ मेरे दिलवर आजा' (नितिन मुकेश-लता), 'चोरी-चोरी कोई आए' (लता), 'अल्लाह जाने वो ही जाने' (जगजीत कौर-अनवर-पामेला चोपड़ा) और 'कदर तूने न जानी' (आशा भोंसले)। इन गीतों को जाँ निसार अख्तर, मजरूह सुल्तानपुरी और नक्श लायलपुरी ने लिखा था। कहने की जरूरत नहीं है कि छोटे बजट की यह सुपरहिट फिल्म दस प्रतिशत हिस्सेदार खय्याम के लिए भी बड़ा खुशगवार अनुभव साबित हुई।

खय्याम ने सुपर स्टार राजेश खन्ना के शुरू-शुरू के दौर में उनकी ब्लैक एंड व्हाइट फिल्म 'आखिरी खत' (1967) में यादगार संगीत दिया था। उनकी बाद की तीन फिल्मों 'थोड़ी-सी बेवफाई' (1980), 'दर्द' और 'दिले नादान' (1981) में भी उन्होंने बहुत मधुर और लोकप्रिय संगीत दिया। गुलजार के गीतों से सजी इस्माइल श्राफ की 'थोड़ी-सी बेवफाई' के एक युगल-गीत 'हजार राहें मुड़के देखीं' (किशोर-लता) ने तो खूब धूम मचाई। यही बात किशोर-लता के दूसरे युगल-गीत 'आँखों में हमने आपके सपने सजाए हैं' के बारे में भी कही जा सकती है। 'बरसे फुहार बरसे' (आशा भोंसले) और 'आज बिछड़े हैं कल का डर भी नहीं' (भूपेन्द्र) भी बड़े मधुर गीत थे। इन गीतों को सुनने के बाद गुजरे जमाने के जाने-माने संगीत-निर्देशक सी. रामचन्द्र ने खय्याम को फोन करके कहा था—''ताज्जुब है! इस बेसुरे युग में आप इतने सुरीले गीत कैसे बना लेते हैं?'' इस फिल्म में राजेश खन्ना के साथ शबाना आजमी मुख्य भूमिका में थीं। अम्बरीश सहगल द्वारा निर्देशित 'दर्द' में राजेश खन्ना के साथ हेमा मालिनी, रंजीता और पूनम ढिल्लों मुख्य भूमिका में थीं। नक्श लायलपुरी के गीतों से सजी इस फिल्म में भी कई खूबसूरत गीत थे—'प्यार का दर्द है, मीठा-मीठा प्यारा-प्यारा' (किशोर-आशा), 'न जाने क्या हुआ जो तूने छू लिया' (लता), 'कबूल कीजिए पहला सलाम आँखों का' (आशा भोंसले), 'ऐसी हसीन चाँदनी पहले कभी न थी' (किशोर) और दो हिस्सों वाला 'अहल-ए-दिल यूँ भी निभा लेते हैं' (लता और भूपेन्द्र के अलग-अलग वर्जन)। सी.वी. श्रीधर ('दिल एक मन्दिर' और 'प्यार किए जा' जैसी फिल्मों के प्रसिद्ध निर्देशक) की 'दिले नादान' में राजेश खन्ना के साथ शत्रुघ्न सिन्हा, जयाप्रदा और स्मिता पाटिल थे। नक्श लायलपुरी के गीतों वाली इस फिल्म में 'चाँदनी रात में इक बार तुझे देखा है' (किशोर-लता), 'दिल तेरा है जाँ भी तेरी पिया' (आशा भोंसले), 'अगर लेता हूँ तेरा नाम' (किशोर) और 'तेरा इश्क है मेरी जिंदगी' (लता-किशोर) जैसे कई मधुर गीत थे। राजेश खन्ना खय्याम के संगीत से इतने प्रभावित थे कि अपने बैनर की महत्त्वाकांक्षी फिल्म 'मजनू' के संगीत के लिए भी उन्होंने खय्याम को चुना, जिसका निर्देशन कमाल अमरोही करने वाले थे। खय्याम ने इस फिल्म के लिए दो शानदार गीत भी रिकॉर्ड किए—जाँ निसार अख्तर द्वारा रचित 'ये हसीं रात तो मनसूब तेरे नाम से है' (लता-येसुदास) और कैफी आजमी द्वारा रचित 'मुहब्बत की यही तो दास्ताँ है' (येसुदास)। अफसोस, यह फिल्म कभी बन नहीं पाई, हालाँकि राजेश खन्ना इन गीतों को अपने पास बहुत सँभालकर रखे रहे।

1981 का वर्ष खय्याम के कैरियर का सबसे शानदार वर्ष था—'उमराव जान' के धूम मचा देने वाले संगीत का वर्ष। 'कभी-कभी' (1976) के बाद उनकी सबसे ज्यादा धूम मचाने वाली फिल्म 'उमराव जान' (1981) ही थी। इस फिल्म के संगीत को खय्याम का श्रेष्ठतम सृजन माना जाता है और हम भी इससे पूरी तरह सहमत हैं। यह फिल्म भी गजब की थी। निर्देशक मुजफ्फर अली ने गुजरी सदियों की शायरा, गायिका और दुनिया की नजर में तवायफ उमराव जान अदा को मानो पर्दे पर फिर से जिंदा कर दिया था। भारतीय सिनेमा के इतिहास में एक मील का पत्थर मानी जाने वाली इस फिल्म ने दुनिया भर में खूब धूम मचाई, खूब नाम कमाया। इसके संगीत ने तो लोगों को दीवाना ही बना दिया। रेखा, फारुख शेख, नसीरुद्दीन शाह और राज बब्बर की मुख्य भूमिकाओं से सजी इस फिल्म में खय्याम ने आशा भोंसले की आवाज और अदायगी को एक बिलकुल अलग और नए अन्दाज में पेश किया था—ऐसा अन्दाज कि खुद आशा भोंसले भी हैरान रह गईं!

खय्याम को न सिर्फ दूसरा फिल्मफेयर पुरस्कार बल्कि पूरे भारत में वर्ष के सर्वश्रेष्ठ फिल्म संगीत का राष्ट्रीय पुरस्कार दिलवाने वाली इस फिल्म के संगीत के लिए खय्याम और मुख्य पार्श्व गायिका के रूप में आशा भोंसले के चयन के पीछे भी एक कहानी है। मुजफ्फर अली ने अपनी पिछली फिल्म 'गमन' के संगीत के लिए भी खय्याम को लेना चाहा था, लेकिन फिल्म के कथानक में गीतों की ज्यादा सँभावना न देखकर खय्याम ने मना कर दिया था। मुजफ्फर अली ने जयदेव को ले लिया। इसके बाद उन्होंने 'उमराव जान' शुरू की तो इसके संगीत के लिए भी उन्हीं को साइन कर लिया। कुछ गीत भी रिकॉर्ड किए गए। लेकिन मुख्य गायिका को लेकर दोनों में इतने मतभेद पैदा हो गए कि फिल्म के फाइनेंसर एस.के. जैन ने खय्याम से बात की।

पाकिस्तान में 'मलिका-ए-तरन्नुम' नूरजहाँ और अन्य कलाकारों के साथ खय्याम

वे इस शर्त पर इस फिल्म में संगीत देने के लिए तैयार हो गए कि जयदेव यह लिखकर दे दें कि उन्हें कोई एतराज नहीं है। मुजफ्फर अली ने जयदेव से 'नो ऑब्जेक्शन सर्टिफिकेट' ले लिया और उनके बदले खय्याम फिल्म में आ गए। फिल्म की प्रमुख पार्श्व गायिका के रूप में आशा भोंसले के चयन को लेकर खुद खय्याम साहब का कहना है कि लता मंगेशकर ने इसी तरह के विषय पर बनी 'पाकीजा' में गुलाम मुहम्मद के संगीत-निर्देशन में इतना अच्छा गाया था कि वे नहीं चाहते थे कि लोग दोनों फिल्मों की तुलना करें। इसीलिए उन्होंने आशा भोंसले को चुना था। चूँकि उमराव जान एक नामी शायरा, गायिका और नर्तकी थी, इसलिए खय्याम ने आशा भोंसले से कहा कि ऐसा लगना चाहिए कि मानो यह उसी की आवाज हो। आशा भोंसले उनका आशय समझ गईं और अपनी आवाज को एक अलग अन्दाज देने के लिए तैयार हो गईं। बहुत व्यस्त होने के बावजूद उन्होंने इस फिल्म के हर गाने पर बहुत मेहनत की और लम्बी रिहर्सलों के बाद ही इन्हें रिकॉर्ड करवाया। खय्याम ने उन्हें अपने सुर को नीचा रखने के लिए कहा था, अपनी सामान्य आवाज से डेढ़ सुर नीचे और आशा भोंसले ने ऐसा ही किया था। लेकिन वे कुछ चिन्तित भी थीं। उन्होंने अपनी चिन्ता जगजीत कौर से व्यक्त भी कि थी कि पता नहीं कैसा 'रिजल्ट' आएगा। जगजीत कौर ने उन्हें भरोसा दिलाते हुए कहा था कि अगर उन्हें अपना रिकॉर्ड किया गया गीत पसन्द नहीं आया तो इसे फिर से रिकॉर्ड किया जाएगा। आशा भोंसले ने खय्याम के सुझाव पर अमल करते हुए 'दिल चीज क्या है आप मेरी जान लीजिए' रिकॉर्ड करवाया। बाद में जब उन्होंने इस गीत की रिकॉर्डिंग सुनी तो उन्हें विश्वास नहीं हुआ कि यह उन्हीं की आवाज थी। उन्होंने हँसते हुए कहा—''क्या यह सचमुच मेरी आवाज है? लेकिन कितनी अलग और कितनी खूबसूरत है।'' इसके बाद उन्होंने सभी गीत नीचे सुर में ही गाए और सब के सब खूब लोकप्रिय हुए।

खय्याम राजकुमार के साथ

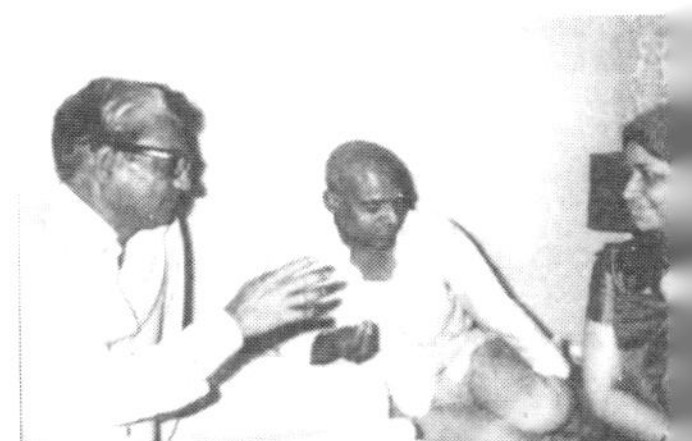

खय्याम और कमाल अमरोही

'दिल चीज क्या है आप मेरी जान लीजिए' फिल्म की जान था, लेकिन आशा भोंसले के अन्य सभी गीत भी एक से बढ़कर एक थे—'इन आँखों की मस्ती के मस्ताने हजारों हैं', 'जुस्तजू जिसकी थी उसको तो', 'जब भी मिलती है मुझे' और 'ये क्या जगह है दोस्तो'। आशा के इन गीतों के अलावा फिल्म में कुछ और खूबसूरत गीत भी थे—'जिंदगी जब भी तेरी बज्म में लाती है हमें' (तलत अजीज), 'काहे को ब्याही बिदेस' (जगजीत कौर, राग देस) और 'झूला किन्ने डाला रे' (शाहिदा)। खय्याम ने इस संगीत-प्रधान फिल्म के लिए बहुत से शास्त्रीय गीतों के टुकड़े भी कम्पोज किए थे। शाहिदा, रूना लैला और गुलाम मुस्तफा खान की आवाज में रिकॉर्ड किए गए इन अद्भुत टुकड़ों में 'प्रथम धर ध्यान गणेश, ब्रह्मा, विष्णु, महेश' (राग रामकली), 'अब मोरी नैया पार करो तुम हजरत निजामुद्दीन औलिया' (राग तोड़ी), 'कब पिया आए' (राग शुद्ध सारंग), 'बिरज में धूम मचाओ कान्हा' (राग भीमपलासी), 'दर्शन दो शंकर महादेव' (राग यमन), 'पकड़त बइयाँ मोरी बनवारी' (राग मालकौंस) और 'बाँसुरी बाज रही धुन मधुर कन्हैया' (राग भैरवी)।

'उमराव जान' प्रतिभासम्पन्न अभिनेत्री रेखा की गजब की अदाकारी से सजी मुजफ्फर अली की एक 'मास्टरपीस' फिल्म थी, जिसमें खय्याम के संगीत ने चार चाँद लगा दिए थे। लेकिन इसमें जाने-माने शायर शहरयार की कलम का भी बहुत महत्त्वपूर्ण योगदान था। उनकी लखनऊ की पृष्ठभूमि, साहित्य में डॉक्टरेट की डिग्री और उमराव जान अदा के बारे में उनकी गहरी जानकारी ने उन्हें उमराव जान की अपनी शायरी को गहराई से समझने और इसकी आत्मा को एक नए रूप में प्रस्तुत करने की ऐसी योग्यता प्रदान कर दी थी कि उन्होंने अपने गीतों से तूफान ही मचा दिया!

इस्माइल श्रॉफ की 'आहिस्ता-आहिस्ता' (1981) में एक बार फिर खय्याम का मधुर संगीत सुनने को मिला। दो भागों वाला 'कभी किसी को मुकम्मल जहाँ नहीं मिलता' (भूपेन्द्र और आशा भोंसले के वर्ज़न) तो खूब लोकप्रिय हुआ। आशा भोंसले के ही 'बिन बुलाए तुम चले आए' और 'जब कोई ख्वाब चमकता है' और अनवर के साथ उनका युगल-गीत 'नजर से फूल चुनती है नजर आहिस्ता-आहिस्ता' फिल्म के अन्य लुभावने गीत थे। नक्श लायलपुरी और

जया प्रदा

शबाना आजमी

रेखा

निदा फाजली के गीतों वाली इस फिल्म में सुलक्षणा पंडित के 'खानदान' के गीत 'माना तेरी नजर में तेरा प्यार हम नहीं' को भी फिर से दोहराया गया था। इसी वर्ष रिलीज हुई यश चोपड़ा की 'नाखुदा' (1981) उनके सहायक दिलीप नायक द्वारा निर्देशित थी। यह फिल्म निदा फाजली के साथ खय्याम की पहली फिल्म थी और दोनों की जोड़ी ने 'सुनो इक बात बोलें' (लता-नितिन मुकेश), 'अल्लाह-अल्लाह-अल्लाह बेली हो' (महेन्द्र कपूर) और 'तुम्हारी पलकों की चिलमनों में' (लता-नितिन मुकेश) जैसे कुछ अच्छे गीत रचे थे।

सागर सरहदी की 'बाजार' (1983) में खय्याम के संगीत ने एक बार फिर खूब धूम मचाई। नसीरुद्दीन शाह, स्मिता पाटिल, फारुख शेख और सुप्रिया पाठक की मुख्य भूमिकाओं से सजी यह फिल्म हैदराबाद की पृष्ठभूमि पर आधारित थी। इस फिल्म के संगीत का सबसे दिलचस्प पहलू यह था कि गीत-लेखन के गिरते स्तर को देखते हुए (साहिर और जाँ निसार अख्तर जैसे खय्याम के पसन्दीदा शायर इस दुनिया से विदा ले चुके थे) सागर सरहदी और खय्याम ने गुजरे जमाने के महान शायरों मीर तकी मीर, मखदूम मोहिउद्दीन और मिर्जा शौक की रचनाओं को इस्तेमाल करने का फैसला किया था। समकालीन शायरों में सिर्फ बशर नवाज के ही कुछ गीत लिए गए थे। इस फिल्म का संगीत जितना लोकप्रिय हुआ उससे जिंदगी की नब्ज पर गुजरे जमाने के शायरों की मजबूत पकड़ का पता चलता है। मीर तकी मीर के 'दिखाई दिए यूँ के बेखुद किया, हमें आप से भी जुदा कर चले' (लता) ने तो तहलका ही मचा दिया। इसी तरह मिर्जा शौक का 'देख लो आज हमको जी भरके' (जगजीत कौर) और मखदूम महिउद्दीन का 'फिर छिड़ी रात बात फूलों की' (लता-तलत अजीज) भी बड़े लाजवाब गीत थे और खूब लोकप्रिय हुए थे। बशर नवाज का 'करोगे याद तो हर बात याद आएगी' (तलत अजीज) भी बड़ा लुभावना गीत था और हैदराबादी लोक-संगीत की शैली में ढला धूम-धड़ाके भरा 'चले आओ सैयाँ रंगीले मैं वारी रे' (जगजीत कौर-पामेल चोपड़ा) भी। हैदराबाद के मुस्लिम समाज की समस्याओं से जुड़ी यह सार्थक फिल्म बॉक्स ऑफिस पर भी अच्छी चली थी।

इस दौर में रिलीज हुई इस्माइल श्रॉफ की 'दिल आखिर दिल है' (जो 'थोड़ी-सी बेवफाई' और 'आहिस्ता-आहिस्ता' के बाद इस्माइल श्रॉफ के साथ खय्याम की तीसरी फिल्म थी) में भी खय्याम की कई मधुर धुनें सुनाई दी थीं। इन्दीवर, नक्श लायलपुरी और निदा फाजली के गीतों वाली इस फिल्म में 'दिल आखिर दिल है, किसको सुनाएँ हाल-ए-दिल' (लता और भूपेन्द्र के दो अलग-अलग वर्जन), 'निगाह-ए-यार ने कुछ ऐसा' (सुरेश वाडकर), 'चन्दन को चूम-चूम मस्त है पवन' (आशा भोंसले) और 'जबसे देखा है तुम्हें' (लता-सुरेश वाडकर) जैसे कई सुरीले गीत थे।

खय्याम के सुनहरे दौर की शुरुआत कमाल अमरोही की 'रजिया सुल्तान' साइन करने के बाद हुई थी, लेकिन खुद यह फिल्म नौ वर्ष बाद 1983 में रिलीज हुई। धर्मेन्द्र, हेमा मालिनी और परवीन बॉबी की मुख्य भूमिकाओं से सजी यह भव्य ऐतिहासिक फिल्म खय्याम के कैरियर में एक और मील का पत्थर थी। कमाल अमरोही ने अपनी इस महत्त्वाकांक्षी फिल्म में जहाँ अपनी निर्देशन और निर्माण कला का पूरा जोर लगा दिया था, वहीं खय्याम ने भी कोई कसर नहीं छोड़ी थी। फिल्म के गीत बहुत सारे गीतकारों—जाँ निसार अख्तर, कैफी आजमी, कैफ भोपाली, माया गोविन्द और निदा फाजली ने लिखे थे। खय्याम ने इन गीतों की एक से एक सुन्दर और कलात्मक धुनें बनाई थीं। रजिया सुल्तान के पिता और भारत में गुलाम वंश के संस्थापक सुल्तान अल्तमश तुर्की से शाम (अब सीरिया), मैसोपोटामिया (अब ईराक), ईरान और अफगानिस्तान होते हुए और इन सभी जगहों की संस्कृतियों का कुछ अंश अपने साथ लेते हुए भारत आए थे। इसलिए खय्याम ने फिल्म के संगीत में पश्चिम एशिया के कई हिस्सों के संगीत को शामिल करने की कोशिश की, ताकि फिल्म को एक प्रामाणिक संगीतात्मक पृष्ठभूमि दी जा सके। फिल्म के सभी गीत भी एक से एक लाजवाब थे—'ऐ दिल-ए-नादाँ आरजू क्या है' (लता), 'आई जंजीर की झंकार खुदा खैर करे' (कब्बन मिर्जा), 'चूमकर रात सुलाएगी तो नींद आएगी' (लता), 'तेरा हिज्र मेरा नसीब है' (कब्बन मिर्जा), 'जलता है बदन प्यास भड़की है' (लता), 'हरियाला बन्ना आया रे' (आशा भोंसले-जगजीत कौर), 'ऐ खुदा शुक्र तेरा ये मेरा यार चला' (महेन्द्र कपूर-भूपेन्द्र) और 'शुभ घड़ी आई है' (परवीन सुल्ताना-सुलक्षणा पंडित-जगजीत कौर-फैयाज अहमद-निजाम अहमद-दिलशाद खान)। धर्मेन्द्र चूँकि याकूत हब्शी की भूमिका में थे, इसलिए खय्याम ने उनके पार्श्व गायक के रूप में दिल्ली के एक सख्त आवाज वाले गायक कब्बन मिर्जा को चुना था। कमाल अमरोही की एक और फिल्म 'राहत' के लिए भी खय्याम ने कैफ भोपाली के दो गीत 'इस तरह मुहब्बत में' और 'तुम हकीकत' (अनुपमा देशपांडे) रिकॉर्ड किए थे, लेकिन यह फिल्म बन नहीं पाई। खय्याम अपने कैरियर में महान लेखक, निर्देशक और निर्माता कमाल अमरोही के योगदान को बहुत महत्त्वपूर्ण मानते रहे हैं और उनके प्रति अपनी कृतज्ञता व्यक्त करते रहे हैं।

अपने गुरुभाई शंकर से फिल्मफेयर अवार्ड लेते हुए खय्याम

खय्याम और आशा

मुजफ्फर अली के साथ अपनी चौथी फिल्म 'अंजुमन' (1986) में भी खय्याम ने एक बार फिर शहरयार के साथ मिलकर पुराना जादू जगाने की कोशिश की। फारुख शेख और शबाना आजमी की मुख्य भूमिकाओं से सजी इस फिल्म के संगीत का एक दिलचस्प पहलू यह था कि खय्याम ने खुद शबाना आजमी से ही फिल्म के कई गीत गवाकर सबको

आश्चर्यचकित कर दिया था। ये गीत थे—'मैं राह कबसे नई जिंदगी की तकती हूँ', 'ऐसा नहीं कि इसको', 'तुमसे होतीं भी तो क्या होती शिकायत' और भूपेन्द्र के साथ एक युगल-गीत 'गुलाब जिस्म का यूँ ही नहीं'। मानो इतना आश्चर्य काफी नहीं था, खय्याम ने बहुत दिनों बाद खुद भी एक गीत गाया—'कब याद में तेरा साथ नहीं'। फ़ैज़ अहमद फ़ैज़ का यह खूबसूरत कलाम उन्होंने अपनी पत्नी जगजीत कौर के साथ गाया था। मुजफ्फर अली अपनी पूरी लय में थे और एक से एक खूबसूरत फिल्में बना रहे थे। उनकी अगली फिल्म 'जूनी' कश्मीर की महान कवयित्री हब्बा खातून की जिंदगी पर आधारित थी। डिम्पल कापड़िया और विनोद खन्ना की मुख्य भूमिकाओं से सजी इस भव्य और महत्त्वाकांक्षी फिल्म के लिए खय्याम ने एक से एक खूबसूरत गीतों की रचना की, जिन्हें नक्श लायलपुरी और शहरयार ने लिखा था। आशा भोंसले की आवाज में रिकॉर्ड किए गए ये अनमोल गीत थे—'जीने की कोई रात दिखाई नहीं देती', 'तेरे बिना ये जीवन क्या है', 'नजर में नूर की शम्में जलीं', 'रुख-ए-दिलदार दी दम', 'शाह-ए-मर्दान शेर-ए-याजदान, कुव्वत-ए-परवरदिगार', 'ये शामें ये सवेरे' और 'अल्लाह खैर माँगो सबकी खैर'। इनके अलावा दो और गीत भी थे—'हुस्न शान-ए-दिबराँ' (अनुराधा पौड़वाल) और 'झील के आईने में फिर मुझको' (अनवर)। लेकिन अफसोस, कश्मीर में अशांति का दौर शुरू हो जाने के कारण यह फिल्म पूरी नहीं हो पाई और डिब्बे में बन्द होकर रह गई। हब्बा खातून पर इससे पहले भी फिल्म बनाने की कोशिश हो चुकी है। महबूब खान, बिमल राय और बी.आर. चोपड़ा जैसे बड़े-बड़े निर्माता-निर्देशक इस 'सब्जेक्ट' को अपने हाथ में ले चुके हैं। लेकिन हर बार कोई न कोई रुकावट पैदा हो गई और यह फिल्म बन नहीं पाई। खय्याम ने मुजफ्फर अली की एक और फिल्म 'दामन' के लिए भी छह खूबसूरत गीत कम्पोज किए थे, जिनमें आशा भोंसले और उदित नारायण के अलग-अलग वर्जनों वाला 'दिन ढलते ही दिल डूबने लगता है' भी शामिल था। लेकिन शहरयार के गीतों वाली यह फिल्म भी रिलीज होने का दिन नहीं देख पाई।

खय्याम अपने काव्यात्मक, सुरीले और अर्थपूर्ण संगीत के लिए जाने जाते हैं—ऐसा संगीत जो सुननेवालों के दिलो-दिमाग पर छा जाता है और धीरे-धीरे उनकी आत्मा की गहराइयों में उतर जाता है। उनकी हर रचना उत्कृष्ट कलात्मकता का उदाहरण है और कालजयी साबित हुई है। व्यस्तता बढ़ने के बाद भी उन्होंने अपने संगीत की गुणवत्ता में कोई लोच नहीं आने दी। उनका जादुई संगीत श्रोताओं को हमेशा मंत्रमुग्ध और अभिभूत करता रहा।

हमने उनके बहुत सारे गीतों का जिक्र किया है, लेकिन इनके अलावा भी उनके कई ऐसे गीत हैं जिनका जिक्र किया जाना चाहिए। 'बावरी' (1982) के 'मोरे नैनों में श्याम समाए' (लता) और 'अब चरागों का कोई काम नहीं' (लता-येसुदास); रमेश तलवार द्वारा निर्देशित यश चोपड़ा की 'सवाल' (1982) में 'ये सफर भी कितना सुहाना है' (लता-अनवर); असित सेन द्वारा निर्देशित 'मेहंदी' (1983) में 'मेरे अंगना मेहंदी के बूटे' (आशा भोंसले) और 'पिछली याद भुला दो' (किशोर); सागर सरहदी की 'लोरी' (1984) में 'भर लें तुम्हें बाँहों में'; 'बेपनाह' (1985) में 'जबसे तुम हो मेरे' (आशा भोंसले); 'देवर-भाभी' (1986) में 'ये महफिल का तकाजा है इजाजत हो तो हम गाएँ' (लता); सागर सरहदी की 'तेरे शहर में' का 'ये रुत भीगी-भीगी ये प्यासा महीना' (लता) और 'आए जिस घर में बेटी बनके' (जगजीत कौर); विनोद पांडे की 'एक नया रिश्ता' (1988) में 'किरण-किरण में शोखियाँ' (लता) और 'मेरा महबूब आने वाला है' (आशा भोंसले); 'पर्वत के उस पार' (1988) में 'मैंने जमीं पर चाँद को देखा' (अनवर); 'मुहब्बतों का सफर' (1995) में 'जानेजाँ नींद आए नहीं' (कविता कृष्णामूर्ति);

'एक ही मंजिल' (2000) में 'आए सजना आधी रात' (अल्का याग्निक); 'बनारस 1918 : ए लव स्टोरी' (2006) में 'मारे नैनवा के बाण' (सुनिधि चौहान); 'यात्रा' (2006) में 'मधुर-मधुर दूर कोई' (आशा भोंसले); सागर सरहदी की अधूरी फिल्म 'अगला मौसम' में 'दिल है टूटा दीया' (जगजीत कौर); अधूरी फिल्म 'प्यासी धरती' में 'यूँ तो हुस्न हर जगह है' (रफी); अधूरी फिल्म 'सूरज पे दस्तक' में 'सूरज पे दस्तक देना शोलों से खुशबू लेना' (अल्का याग्निक) और एक और अधूरी फिल्म 'जीनत' में 'आबाद हो गया मेरे दिल में जहान-ए-इश्क' (अनूप जलोटा-सुरेश वाडकर) और 'तेरी जुल्फों की महक' (लता-सुरेश वाडकर) ऐसे ही गीत थे।

खय्याम और जगजीत कौर के सुपुत्र प्रदीप ने अपने आकर्षक व्यक्तित्व को देखते हुए अभिनेता बनने का फैसला किया और अब्दुल महफूज की 'जाने वफा' (1989) में पहली बार पर्दे पर आए। इस फिल्म में उनके साथ रति अग्निहोत्री और फारुख शेख थे। खय्याम के लिए यह एक बड़ी खुशी और गर्व की बात थी कि अपने बेटे की इस फिल्म में भी उन्हीं का संगीत था। फिल्म के एक से एक खूबसूरत गीतों में आशा भोंसले के 'राज-ए-मुहब्बत दिल में छुपाना मुश्किल है', 'लहरा के गुजर जाए है' और 'अब तो हम हैं और ये रुसवाइयाँ' के साथ-साथ 'चाँद से फूल तलक तुमसे हसीं' (अनवर), 'हम हैं ख्याल-ए-यार है' (मुहम्मद अजीज) और 'बहारों में डूबी जवाँ चाँदनी' (शब्बीर कुमार-अनुपमा देशपांडे) शामिल थे। इन गीतों को नक्श लायलपुरी, निदा फाजली, असर मल्कापुरी और बशर नवाज ने लिखा था। यह एक अच्छी फिल्म थी और परिष्कृत रुचि के दर्शकों को काफी पसन्द आई थी।

'उमराव जान' की रिकॉर्डिंग पर : जगजीत कौर, शहरयार, खय्
मुजफ्फर अली, मुश्ताक भाई, आशा और रॉबिन चटर्जी

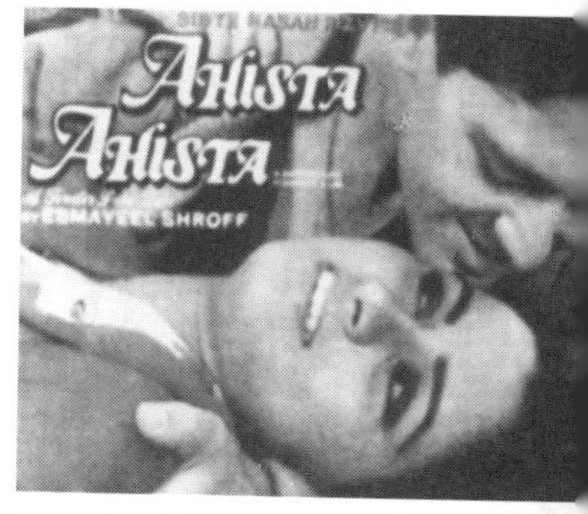

धर्मेन्द्र, खय्याम और कमाल अमरोही

खय्याम और जगजीत कौर

खय्याम ने बहुत-से टीवी सीरियलों में भी संगीत दिया है, जिनकी सूची इस प्रकार है :

क्रम	सीरियल	निर्देशक
1.	सुनहरे वर्क	किशन सेठी / रहीम
2.	दर्द	नीना गुप्ता
3.	द ग्रेट मराठा (ऐपिक मैगा सीरियल)	संजय खान
4.	जय हनुमान (बैकग्राउंड संगीत)	संजय खान
5.	महाऋषि कर्ण (बैकग्राउंड संगीत)	संजय खान
6.	महाभारत (बैकग्राउंड संगीत)	संजय खान
7.	आरजू का सफर	अम्बरीश सहगल
8.	क्रान्ति 1957	संजय खान
9.	तेरे लिए	अश्विनी लाम्बा
10.	शायरा	एस. सुखदेव / गुलजार
11.	मिलन	लेख टंडन
12.	बिखरी आस-निखरी प्रीत	लेख टंडन

'द ग्रेट मराठा' सीरियल के कुछ गीत काँग्रेस के वरिष्ठ नेता और तत्कालीन केन्द्रीय मंत्री (जो जम्मू और कश्मीर के मुख्यमंत्री भी रह चुके हैं) गुलाम नबी आजाद की पत्नी शमीन आजाद ने भी गाए थे।

खय्याम और जगजीत कौर के साथ हमारी पहली मुलाकात लखनऊ के लिए एक उड़ान के दौरान हुई थी। इसके बाद जल्दी ही दोनों परिवार एक-दूसरे के बहुत नजदीक आ गए। हमने अपना महत्त्वाकांक्षी और भरपूर लोकप्रिय टेली-सीरियल 'बिखरी आस निखरी प्रीत' (जो मेरी स्वर्गवासी माँ श्रीमती शांति कुमारी बाजपेयी के बहुचर्चित हिन्दी उपन्यास 'व्यवधान' पर आधारित था) शुरू किया तो इसके संगीत के लिए दिग्गज निर्देशक लेख टंडन को और मुझे (त्रिनेत्र बाजपेयी) जो पहला नाम सूझा वह खय्याम साहब का ही था। हम उनसे मिले, उन्होंने बड़े विस्तार से पूरा सब्जेक्ट सुना, लेख जी के साथ इसके विभिन्न पहलुओं पर चर्चा की और 'हाँ' कर दी। इसके बाद उन्होंने हमारे सीरियल के लिए सात बिलकुल नए और बहुत खूबसूरत गीतों की रचना की जो सीरियल के संवेदनशील और जटिल विषय को देखते हुए आसान काम नहीं था। हम पहले से ही उनके प्रशंसक थे, लेकिन ये गीत सुनने के बाद हमारी प्रशंसा दीवानगी की हद तक बढ़ गई। 'बिखरी आस निखरी प्रीत' के ये सात गीत थे :

क्रम	गीत	गीतकार	गायक/गायिका
1.	निखरी प्रीत के उजियारे में	नक्श लायलपुरी	जसपिन्दर नरूला
2.	हरे कृष्णा हरे-हरे कृष्णा	माया गोविन्द	मधुश्री
3.	मैं तेरी राधा तू मेरा श्याम	माया गोविन्द	रूपकुमार राठौड़-अल्का याग्निक
4.	चले रे पवन	अहमद वसी	अल्का याग्निक
5.	निगाहों में शम्मे मुहब्बत	नक्श लायलपुरी	अल्का याग्निक-मुहम्मद वकील
6.	दिलरुबा दिलनशीं आशिकाना	अहमद वसी	जसपिन्दर नरूला
7.	नजए-ए-करम इधर भी	अहमद वसी	कनिका बाजपेयी

जैसाकि आप इस सूची में देख रहे हैं, सीरियल का सातवाँ गीत 'नजर-ए-करम इधर भी ऐ जानेजाँ कभी' मेरी पत्नी कनिका बाजपेयी की आवाज में था। वे एक थिएटर और टीवी कलाकार हैं और महान संगीत-निर्देशक एस.एन. त्रिपाठी से संगीत की शिक्षा ले चुकी हैं। खय्याम साहब के संगीत-निर्देशन में गाना उनके लिए एक आनन्ददायक और गर्व भरा अनुभव था। जैसाकि इस लोकप्रिय सीरियल के दर्शक जानते ही हैं, कनिका ने इस सीरियल में बहुत महत्त्वपूर्ण भूमिका निभाई थी। खय्याम साहब के संगीत ने इस सीरियल में मानो चार चाँद लगा दिए। इसके बाद हम दोनों के परिवार और भी नजदीक आ गए है। खय्याम साहब हमारी बेटी अंशुला को प्यार से 'मेरी प्यारी बिटिया' और कनिका को 'मालकिन'

कहते थे। जगजीत जी तो कनिका पर मानो जान छिड़कती हैं।

खय्याम अपने गीतों की रचना के लिए अपनी टीम का चुनाव भी बड़े ध्यान से करते थे। उनके शुरू के वर्षों के अरेंजर चिक चॉकलेट महान संगीतकार सी. रामचन्द्र के भी अरेंजर थे। बाद में इनोक डेनियल, अनिल मोहिले और अमर हल्दीपुर जैसे प्रतिभासम्पन्न संगीतकार उनके अरेंजर रहे। उनके सहायकों में फ्रान्सिस, परेस, आई. सी. फर्नांडीस और केसी लॉर्ड इत्यादि शामिल थे। अपने टेली-सीरियल 'बिखरी आस-निखरी प्रीत' के गीतों और बैकग्राउंड संगीत की रिकॉर्डिंग के दौरान हमने देखा कि खय्याम साहब की टीम कितनी कुशल और मेधावी थी। खुद जगजीत कौर भी अपने-आपमें एक अच्छी-खासी संगीतकार हैं। उनका और खय्याम साहब का इनोक डेनियल (जाने-माने पियानो और अकॉर्डियन वादक)और दोनों सहायकों सुभाष परब और सुहास परव के साथ तालमेल देखते ही बनता था।

खय्याम ने अपनी संगीत मान्यताओं और शैली के साथ कभी कोई समझौता नहीं किया और कई बार बड़ी से बड़ी फिल्में भी ठुकरा दीं। उन्होंने अपने ढंग से और अपनी शर्तों पर ही काम किया। सबसे बड़ी बात यह है कि वे 1980 और 1990 के बेसुरे दशकों में भी और उसके बाद भी फिल्म संगीत के सुनहरी दौर के प्रतीक बने रहे और वैसा ही मधुर और सुरीला संगीत देते रहे। टीन-कनस्तर पीटने के जमाने में यह कोई मामूली उपलब्धि नहीं थी।

खय्याम ने अपनी जीवन-कथा 'खय्याम : द मैन-हिज म्यूजिक' के समर्पण के लिए महान विश्व नेता, भारतीय लोकतंत्र के संस्थापक और देश के पहले प्रधानमंत्री पं. जवाहरलाल नेहरू को चुना, जिनके शब्द 'हम भारत को एक प्रजातांत्रिक और समाजवादी सामाजिक ढाँचा देना चाहते हैं' उनकी जिंदगी का प्रेरणा-स्रोत बने रहे। इस पुस्तक की पहली प्रति उन्होंने तत्कालीन प्रधानमंत्री डॉ. मनमोहन सिंह को भेंट की जो दूरद्रष्टा नेहरू के सपनों में गहरी आस्था रखते थे।

खय्याम को बहुत सारे पुरस्कार और सम्मान प्राप्त हुए हैं। इनमें 'कभी-कभी' (1976) और 'उमराव जान' (1981) के लिए फिल्मफेयर पुरस्कार के साथ-साथ फिल्मफेयर का लाइफटाइम अचीवमेंट अवार्ड (2009) भी शामिल है। 'उमराव जान' के संगीत के लिए उन्हें राष्ट्रीय पुरस्कार से भी सम्मानित किया गया। इनके अलावा उन्हें विभिन्न पत्रकार और सिनेदर्शक संस्थाओं, इम्फा, दादा साहब फाल्के अकादमी और संगीत नाटक अकादमी द्वारा सम्मानित किया जा चुका है। उन्हें अशोक सम्मान, लता मंगेशकर सम्मान और सबसे बढ़कर देश के राष्ट्रपति की ओर से पद्म भूषण सम्मान प्राप्त करने का भी गौरव प्राप्त हो चुका है। वे दादा साहब फाल्के पुरस्कार के भी सही अर्थों में अधिकारी हैं, जो देर-सवेर उन्हें मिलना ही चाहिए। हम इस पुस्तक के माध्यम से भी भारत सरकार से यह अपील करना चाहेंगे। तत्कालीन केन्द्रीय सूचना और प्रसारण मंत्री अम्बिका सोनी के हाथों जगजीत कौर को भी लाइफटाइम एचीवमेंट अवार्ड प्राप्त हो चुका है।

पूज्य संत मुरारी बापू भी खय्याम दम्पती को अपने आश्रम में आमंत्रित करके सम्मानित कर चुके हैं। वे अकेले ऐसे संगीत-निर्देशक हैं जिन्हें इस तरह का सम्मान प्राप्त करने का गौरव प्राप्त हुआ है। वे एक पक्के मुसलमान हैं, फिर भी अन्य धर्मों की मान्यताओं और दर्शन की भी गहरी जानकारी रखते हैं। मुरारी बापू द्वारा सम्मानित किए जाने के बाद उन्होंने जो मर्मस्पर्शी भाषण दिया उससे सभी भक्त भाव-विभोर हो उठे। खय्याम को मुम्बई के धीरूभई अम्बानी इंटरनेशनल स्कूल द्वारा भी सम्मानित किया जा चुका है। उन्हें यह सम्मान नीता अम्बानी के हाथों प्राप्त हुआ। इस तरह का सम्मान पाने वाले भी वे पहले संगीतकार हैं।

खय्याम ने इतने सारे खूबसूरत गीत रचे हैं कि उनमें से बारह अनमोल गीतों को छाँटना कोई आसान काम न था। फिर भी काफी सोच-विचार के बाद हमने यह सूची बनाई है :

खय्याम बाजपेयी परिवार के साथ

अंशुला खय्याम के साथ

कनिका बाजपेयी खय्याम के साथ 'नजर-ए-करम इधर भी' की रिकॉर्डिंग पर

जगजीत और कनिका

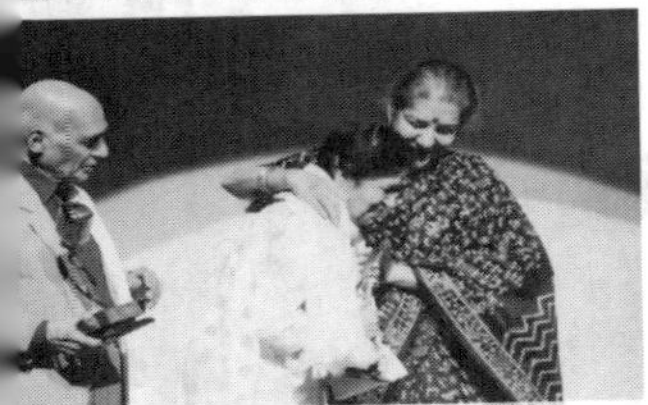

ीय सूचना और प्रसारण मंत्री से सम्मान लेते हुए

संगीत नाटक अकादमी अवार्ड

अपनी आत्मकथा प्रधानमंत्री को भेंट करते हुए

खय्याम और आशा भोंसले

पदमभूषण अवार्ड ग्रहण करते हुए

पदमभूषण अवार्ड के दौरान

खय्याम के 12 अनमोल रत्न

क्रम	गीत	फिल्म	गायक/गायिका
1.	शाम-ए-गम की कसम	फुटपाथ	तलत महमूद
2.	प्यास कुछ और भी भड़का दी	लाला रुख	तलत-आशा
3.	वो सुबह कभी तो आएगी	फिर सुबह होगी	मुकेश-आशा
4.	जाने क्या ढूँढ़ती रहती हैं ये आँखें मुझमें	शोला और शबनम	मुहम्मद रफी
5.	तुम अपना रंजो-गम अपनी परेशानी मुझे दे दो	शगुन	जगजीत कौर
6.	ठहरिए होश में आलूँ तो चले जाइएगा	मुहब्बत इसको कहते हैं	रफी-सुमन
7.	बहारो मेरा जीवन भी संवारो	आखरी खत	लता मंगेशकर
8.	कभी-कभी मेरे दिल में ख्याल आता है	कभी-कभी	लता-मुकेश
9.	आप यूँ फासलों से गुजरते रहे	शंकर-हुसैन	लता मंगेशकर
10.	दिल चीज क्या है आप मेरी जान लीजिए	उमराव जान	आशा भोंसले
11.	ऐ दिले नादाँ आरजू है क्या	रजिया सुल्तान	लता मंगेशकर
12.	दिखाई दिए यूँ कि बेसुध किया	बाजार	लता मंगेशकर

हमारे लिए और खय्याम साहब के दूसरे लाखों चाहनेवालों के लिए यह बड़ी खुशी की बात है कि रिटायर होने की बजाय वे अब भी कुछ और सुहाने गीत रचने, कुछ और मधुर सरगमें बिखेरने की धुन में हैं—मानो अभी सबसे खूबसूरत गीत गढ़ा जाना बाकी रह गया हो! हमारी शुभकामनाएँ उनके साथ हैं—जीत ही लेंगे बाजी हम तुम... खेल अधूरा छूटे न...।

खय्याम अपने अवार्ड्स के साथ

मुरारी बापू का आशीर्वाद लेते खय्याम

सभी धर्मों में आस्था

नीता अम्बानी और खय्याम

ओ.पी. नैयर (1916-2007)

मस्ती, नशे और रोमांस का जादुई संगीत

शेक्सपियर ने लिखा है—'स्टाइल इज द मैन हिमसेल्फ'। हिन्दी फिल्म संगीत की दुनिया में अगर किसी संगीतकार पर यह वाक्य सबसे फिट बैठता है तो वे ओ.पी. नैयर ही हैं। उनका स्टाइल सिर्फ उनका स्टाइल था, जो न उनसे पहले और न उनके बाद कोई दूसरा संगीत-निर्देशक अपना सका। 'रिदम किंग' कहे जाने वाले ओ.पी. नैयर ने फिल्म संगीत की स्थापित परम्पराओं को ऐसे तोड़ा और धूमकेतु की तरह फिल्म संगीत पर ऐसे छाए कि सब देखते रह गए।

वे मास्टर गुलाम हैदर द्वारा स्थापित 'पंजाबी स्कूल' की शाखा थे—एक ऐसी शाखा जिसने पेड़ को कहीं पीछे छोड़ दिया और परम्पराओं को ध्वस्त करते हुए एक बिलकुल नए रिदम और ऑर्केस्ट्रेशन का ऐसा खजाना ढूँढ़ निकाला जो जल्दी ही उनकी पहचान का प्रतीक बन गया। यही उनका स्टाइल था और उनके संगीत को उनके इसी नए और अनूठे स्टाइल से पहचाना जाने लगा। उनसे पहले किसी ने कल्पना भी नहीं की थी कि बाँसुरी को तुरही या शहनाई के साथ, सारंगी को गिटार के साथ, सितार को बैंगो के साथ, सारंगी को सेलो के साथ या माउथ ऑर्गन, अकॉर्डियन या वायलिन वगैरह के साथ भी बजाया जा सकता था। लेकिन उन्होंने यह कर दिखाया और उनके इंटरल्यूड गजब के इंटरल्यूड बन गए। इस बात को समझने के लिए 'फिर वही दिल लाया हूँ' का रफी का यह गीत सुन लेना काफी है—'अजी किब्ला मोहतरमा कभी शोला कभी नग्मा'। आज हम 'फ्यूजन म्यूजिक' की बात करते हैं, लेकिन ओ.पी. नैयर ने यह बरसों पहले कर दिखाया था और परम्परागत भारतीय साजों और पश्चिमी संगीत का ऐसा मिलाप किया था कि सुननेवाले दिल थामकर रह जाते थे। इतना ही नहीं, शास्त्रीय संगीत की कोई औपचारिक शिक्षा न पाने के बावजूद उन्होंने कई अद्भुत शास्त्रीय गीत भी रचे। 'छोटा-सा बालमा ('रागिनी') या 'देखो बिजली डोले बिन सावन के' ('फिर वही दिल लाया हूँ') जैसे गीतों की जादुई पकड़ से भला कौन बच सकता है!

ओंकार प्रसाद (ओ.पी.) नैयर 16 जनवरी 1926 को लाहौर (अब पाकिस्तान) में पैदा हुए थे। उनके पिता मदन गोपाल नैयर और माँ लक्ष्मी (अक्की) का संगीत से कोई सम्बन्ध नहीं था। इसलिए ओ.पी. को बचपन में इस दिशा में कोई प्रोत्साहन नहीं मिला। लेकिन उनमें संगीत की जन्मजात समझ थी और वे बचपन से ही विभिन्न सुरों को पहचानने लगे थे। वे न्यू थिएटर्स के संगीतकारों आर.सी. बोराल, तिमिर बरन और पंकज मलिक के खासतौर से दीवाने थे। उनकी शुरू की कुछ फिल्मों में इन सबका प्रभाव दिखाई भी देता था। अपने संगीत के जुनून के कारण वे लाहौर रेडियो पर बच्चों के कार्यक्रमों में गाने लगे। फिल्मों के साथ उनका जुड़ाव रूप के. शोरी की पंजाबी फिल्म 'दूल्हा भट्टी' से हुआ, जिसमें पं. गोविन्द राम के संगीत निर्देशन में उन्होंने एक गीत गाया था—'ईंदी जान बिच्चो'। पढ़ाई में उनका मन ही नहीं लगता था और वे सारा दिन धुनों के बारे में ही सोचते रहते थे। सिर्फ 17 वर्ष की उम्र में उन्होंने एच.एम.वी. के लिए 'कबीर वाणी' कम्पोज की और धनीराम और इनायत अली नामक संगीतकारों के लिए अकसर गाने लगे। उन्हीं दिनों उन्होंने एच.एम.वी. के लिए दो गीत रिकॉर्ड किए, जिन्हें उनकी भविष्य की पत्नी सरोज मोहिनी ने लिखा था। इनमें से एक गीत, जिसे सी.सच. आत्मा ने गाया था, खूब लोकप्रिय हुआ—'प्रीतम आन मिलो, दुखिया जिया बुलाए प्रीतम आन मिलो' (1943)। कोई कल्पना भी नहीं कर सकता था कि यह गीत एक सत्रह वर्ष के

ओ.पी. नैयर अक्की (माँ) के साथ

ओ.पी. नैयर

आशा और ओ.पी. नैयर

बालक ने कम्पोज किया था! (बरसों बाद उन्होंने यही गीत गुरुदत्त की फिल्म 'मि. एंड मिसेज 55' के लिए गीता दत्त की आवाज में भी रिकॉर्ड किया।) इस गीत की धूम के बाद लाहौर के जाने-माने निर्माता दलसुख (डी.एस.) पंचोली ने ओ.पी. नैयर को अपनी एक फिल्म में संगीत देने के लिए कहा। लेकिन जल्दी ही भारत-पाकिस्तान बँटवारे की बातें उठने लगीं और फिल्म खटाई में पड़ गई। ओ.पी. निराश होकर पटियाला चले गए और एक संगीत स्कूल में पढ़ाने लगे। पर दिल था कि कुछ और करने के लिए मचल रहा था। वे नौकरी छोड़कर बम्बई (अब मुम्बई) चले आए, जहाँ जाने-माने गीतकार प्रेम धवन ने उन्हें सहारा दिया। वे कुछ समय तक प्रेम धवन के घर में ही ठहरे। उनके एक पुराने दोस्त कृष्ण कुमार ने भी उनकी मदद की। उन्हीं की कोशिशों से उन्हें कैरावान पिक्चर्स की फिल्म 'कनीज' का बैकग्राउंड संगीत देने का काम मिल गया। श्यामा और मुनव्वर सुल्ताना की मुख्य भूमिकाओं वाली इस फिल्म में गुलाम हैदर का संगीत था, जिनके पाकिस्तान चले जाने के बाद फिल्म के बचे हुए गीत हंसराज बहल ने कम्पोल किए थे। फिल्म का बैकग्राउंड संगीत तैयार करने का काम ओ.पी. नैयर को मिल गया था। इस बीच लाहौर के डी.एस. पंचोली भी बम्बई में आ बसे थे। वे ओ.पी. नैयर को अब भी नहीं भूले थे। उन्होंने ही अपनी फिल्म 'आसमान' (1952) में एक स्वतंत्र संगीत-निर्देशक के रूप में ओ.पी. नैयर को उनका पहला ब्रेक दिया।

अपनी पहली ही फिल्म में ओ.पी. नैयर ने धूम मचा दी, हालाँकि बॉक्स ऑफिस पर इस फिल्म ने कोई बड़ा धमाका नहीं किया। फिल्म के गीतकार कोई और नहीं बल्कि ओ.पी. नैयर के मददगार और शुभचिन्तक प्रेम धवन ही थे। ओ. पी. नैयर ने अपना सबसे पहला गाना सी.एच. आत्मा की आवाज में रिकॉर्ड किया था—'इक बेवफा जहाँ में वफा ढूँढ़ते रहे'। लेकिन गीता दत्त का 'देखो जादू भरे मेरे नैन' फिल्म का सबसे सुपरहिट गाना साबित हुआ। उनके दूसरे गाने 'पोम पोम पोम बाजे ढोल' ने भी खूब धूम मचाई—इतनी कि अमीन सयानी ने इसकी धुन को अपने मशहूर रेडियो प्रोग्राम 'बिनाका गीतमाला' की 'सिग्नेचर ट्यून' ही बना लिया। गीता दत्त के एक और गीत 'दिल है दीवाना जवाँ है' के साथ-साथ सी.एच. आत्मा के 'रात सुहानी हँसते-हँसते' और 'कुछ समझ नहीं आए' भी बड़े मोहक गीत थे। लेकिन हमारी नजर में फिल्म का सबसे खूबसूरत गीत राजकुमारी का 'मोरी निंदिया चुराए गयो' था। इसी गीत के साथ एक ऐसी कहानी जुड़ी हुई है जिसने मानो ओ.पी. नैयर के भविष्य के संगीत की रूपरेखा भी तय कर दी—जो बाद में ओ.पी. नैयर के संगीत की विशिष्टता ही बन गई—ऐसा संगीत जिसमें लता मंगेशकर नामक गायिका का कोई अस्तित्व नहीं था! कहते हैं कि राजकुमारी वाला गाना दरअसल ओ.पी. नैयर ने लता मंगेशकर से गवाने के लिए कम्पोज किया था। लेकिन उन दिनों लता इतनी व्यस्त थीं कि इस नए संगीतकार के लिए लगातार तीन दिनों तक रिहर्सल का समय नहीं निकाल पाईं। ओ.पी. भले ही नए थे, लेकिन उतने ही स्वाभिमानी और जिद्दी भी। उन्होंने यह गाना राजकुमारी से गवा लिया और जिंदगी में कभी भी लता के साथ काम न करने की कसम खा ली। तो इस तरह अपनी पहली ही फिल्म 'आसमान' में ओ.पी. नैयर ने अपने भविष्य के संगीत की सीमाएँ तय कर दी थीं, जिसका उन्हें कभी अफसोस नहीं हुआ। लता ने निर्माता डी.एम. पंचोली और सिने म्यूजिक डायरेक्टर्स एसोसिएशन से शिकायत भी की थी, लेकिन उन्होंने ओ.पी. नैयर का ही साथ दिया। बरसों बाद विविध भारती पर फौजी भाइयों के लिए एक 'लाइव' कार्यक्रम में लता मंगेशकर ने ओ. पी. नैयर का एक मशहूर गीत 'ये है रेशमी जुल्फों का अँधेरा न घबराइए' गाकर सबको हैरान कर दिया था। लेकिन ओ. पी. नैयर तब भी नहीं पिघले और लता की इस गुदगुदी को नजरअन्दाज करके उनके बिना ही काम चलाते रहे। बहुत बाद में मध्य प्रदेश सरकार ने उन्हें 'लता मंगेशकर पुरस्कार' देना चाहा तो ओ.पी. नैयर को यह भी आपत्तिजनक लगा और उन्होंने इसे लेने से इनकार कर दिया।

ओ.पी. नैयर फिल्म संगीत के सुनहरे दौर के एकमात्र ऐसे सफल संगीतकार हैं जिन्होंने सुरों की मलिका लता मंगेशकर से एक भी गीत नहीं गवाया। उन्होंने अपने लम्बे कैरियर में लगभग 73 फिल्मों में संगीत दिया और इनमें से ज्यादातर फिल्मों का संगीत सुपरहिट साबित हुआ। हिन्दी फिल्म संगीत की धुरी मानी जाने वाली लता के बिना इतने वर्षों तक टिके रहना और सुपरहिट संगीत देते रहना कोई मामूली बात नहीं थी। उनके अपने अनूठे 'स्टाइल' की तरह यह भी उनकी एक 'विशिष्टता' बन गई और संगीत-प्रेमी उनकी फिल्मों में आशा भोंसले के कुछ लाजवाब गीत सुनने के इन्तजार में रहने लगे।

जिस तरह ओ.पी. नैयर की पहली फिल्म 'आसमान' (1952) उनके समूचे संगीत में लता मंगेशकर की अनुपस्थिति की प्रतीक बन गई, उसी तरह उनकी दूसरी फिल्म 'छम-छम-छम' (1952) उनके संगीत की धड़कन और जान मानी जाने वाली आशा भोंसले के उनके संगीत में प्रवेश की प्रतीक थी। पी.एल. सन्तोषी द्वारा निर्देशित इस फिल्म में किशोर कुमार और रेहाना मुख्य भूमिकाओं में थे। आशा भोंसले ने ओ.पी. नैयर के संगीत-निर्देशन में जो पहला गीत गाया वह था—'ओ परदेसी बालमा'। इसके अलावा उन्होंने किशोर कुमार के साथ तीन डुएट भी गाए थे—'तुम्हारी दुनिया से हमारी दुनिया निराली है', 'नैना मिला जरा चुपके से' और 'तरसते हैं तड़पते हैं'। फिल्म के गीत खुद निर्देशक पी.एल. सन्तोषी ने लिखे थे। बॉक्स ऑफिस पर यह फिल्म

कोई छम-छम नहीं कर पाई और फ्लॉप हो गई।

महान निर्माता-निर्देशक और अभिनेता गुरुदत्त की अभिनेता के रूप में पहली फिल्म उन्हीं के द्वारा निर्देशित 'बाज' (1954) थी और इसके संगीत के लिए उन्होंने उभरते हुए जोशीले संगीतकार ओ.पी. नैयर को चुना। ओ.पी. नैयर ने भी उन्हें निराश नहीं किया और पुर्तगाली पृष्ठभूमि वाली इस फिल्म में गीता दत्त के तीन चटपटे गीतों—'जरा सामने आ जरा आँख मिला', 'ऐ दिल ऐ दीवाने' और 'माँझी अलबेले चलो रे हौले-हौले'—के साथ-साथ 'मुझे देखो हसरत की तसवीर हूँ मैं' (तलत महमूद) जैसा गंभीर और मर्मस्पर्शी गीत भी रचा। इसी फिल्म से ओ.पी. नैयर के चहेते पुरुष गायक मुहम्मद रफी भी उनके साथ जुड़ गए थे। ओ.पी. के साथ उनका पहला गीत था—'जो दिल की बात है'। मजरूह सुल्तानपुरी के गीतों वाली यह फिल्म भी बॉक्स ऑफिस पर कोई खास कमाल नहीं कर सकी।

लेकिन गुरुदत्त निराश नहीं हुए। उन्होंने एक बार फिर ओ.पी. नैयर को लेकर 'आर-पार' (1954) के रूप में बॉक्स ऑफिस पर एक बड़ा धमाका कर दिया। यह उनके अपने घरेलू प्रोडक्शन की पहली फिल्म थी, जिसकी सफलता ने उनके बैनर को तो मजबूती से स्थापित किया ही, साथ ही ओ.पी. नैयर की लोकप्रियता को भी आसमान में पहुँचा दिया। एक दिलचस्प तथ्य यह है कि इस फिल्म से पहले ओ.पी. नैयर इतने निराश हो चुके थे कि उन्होंने बोरिया-बिस्तर बाँधकर पंजाब लौट जाने का मन बना लिया था। गुरुदत्त ने उन्हें बड़ी मुश्किल से रोका और भरोसा दिलाया कि जल्दी ही सब ठीक हो जाएगा। ओ.पी. नैयर तब भी आश्वस्त नहीं दिखे तो गुरुदत्त ने उसी वक्त उनके हाथ में दो हजार रुपए थमाते हुए उन्हें 'आर-पार' के लिए साइन कर लिया। गुरुदत्त को ओ.पी. नैयर की प्रतिभा पर पूरा भरोसा था—खासकर इसलिए भी कि गीता दत्त उनके साथ गा चुकी थीं और उनके गुण गाते नहीं थकती थीं। गुरुदत्त और श्यामा की मुख्य भूमिकाओं से सजी 'आर-पार' में ओ.पी. नैयर ने सचमुच ही पूरा जोर लगा दिया। यह फिल्म तो हिट हुई ही, इसका संगीत सुपरहिट साबित हुआ। पूरे संगीत पर गीता दत्त ही छाई हुई थीं। उनके एक से एक धूम मचाने वाले गीतों में अकॉर्डियन के बड़े मोहक और बदलते रिदम वाला 'बाबूजी धीरे चलना, प्यार में जरा सँभलना' और 'ए लो मैं हारी पिया' के साथ-साथ रफी के साथ उनके तीन युगल-गीत 'सुन सुन सुन सुन जालिमा', 'मुहब्बत कर लो जी भर लो' और 'अरे न न न न तौबा-तौबा' शामिल थे। जिल्डा से प्रेरित 'हूँ अभी मैं जवाँ' और 'जा जा जा जा बेवफा' उनके दो अनूठे दर्दभरे गीत थे, जिनमें उनकी अदायगी देखते ही बनती थी। गीता ने सचमुच ही इन गीतों में अपने आपको निचोड़कर रख दिया था। शमशाद बेगम के फड़कते हुए 'कभी आर कभी पार लागा तीरे नजर' ने भी खूब धूम मचाई थी। कुल मिलाकर ओ.पी. नैयर ने साबित कर दिया था कि फड़कता हुआ जोशीला संगीत देने के मामले में वे दूसरों से उन्नीस नहीं बल्कि इक्कीस ही थे। इस फिल्म के बाद उन्हें चोटी के संगीतकारों में गिना जाने लगा और पंजाब लौटने का ख्याल फिर कभी उनके दिल में नहीं आया। इन सुपरहिट गीतों को मजरूह सुल्तानपुरी ने लिखा था।

गीता, गुरुदत्त और ओ.पी. नैयर

गुरुदत्त के बैनर की ही अगली फिल्म 'मि. एंड मिसेज 55' (1955) में ओ.पी. नैयर ने एक बार फिर धूम मचाई। गुरुदत्त और मधुबाला की मुख्य भूमिकाओं वाली यह रूमानी कॉमेडी अबरार अल्वी की चुस्त पटकथा, गुरुदत्त के कल्पनाशील निर्देशन और ओ.पी. नैयर के गजब के संगीत का कमाल थी। इस फिल्म के बाद उनकी तुलना अनिल बिस्वास, नौशाद, सी. रामचन्द्र, एस.डी. बर्मन और शंकर-जयकिशन जैसे महान संगीतकारों के साथ की जाने लगी। गीता दत्त का 'ठंडी हवा काली घटा आ ही गई झूमके' खूब लोकप्रिय हुआ—और रफी के साथ उनके दो युगल-गीत 'उधर तुम हसीं हो इधर दिल जवाँ है' और 'जाने कहाँ मेरा जिगर गया जी' भी। फिल्म के अन्य गीत—'ए जी दिल पर हुआ ऐसा जादू' (रफी), 'नीले आसमानी, बूझो तो ये' (गीता दत्त), 'अब तो जी होने लगा' (शमशाद बेगम) और 'चल दिए बन्दानवाज' (रफी-गीता दत्त)—भी बड़े लुभावने गीत थे। इस फिल्म में ओ.पी. नैयर ने अपनी जिंदगी के सबसे पहले गीत 'प्रीतम आन मिलो' को भी गीता दत्त से फिर से गवाया था, जो खूब लोकप्रिय हुआ था। इस फिल्म ने ओ.पी. नैयर के झूमते हुए रिदम वाले अनूठे स्टाइल को मजबूती से स्थापित कर दिया, जो अब उनकी पहचान बनता जा रहा था।

मधुबाला और ओ.पी. नैयर

पंजाबी लोक-संगीत और तेज रफ्तार पश्चिमी ऑर्केस्ट्रेशन की इस जोशीली जुगलबन्दी ने ऐसी धूम मचाई थी कि पिछले वर्ष दो निर्माताओं ने अपनी फिल्मों के संगीतकारों को हटाकर उनकी जगह ओ.पी. नैयर को ले लिया था। इनमें से पहली फिल्म 'मंगू' (1954) के निर्माता अभिनेता शेख मुख्तार और के. अमरनाथ थे। इसके संगीत-निर्देशक मुहम्मद शफी (नौशाद के सहायक) थे, जो फिल्म के कुछ गाने रिकॉर्ड भी कर चुके थे। लेकिन फिल्म के आधे से ज्यादा गाने ओ.पी. नैयर ने ही बनाए। इनमें आशा भोंसले के तीन गानों—'डोल मेरे मन प्यार से', 'बोल परदेसिया ये तूने क्या किया' और सुपरहिट 'मन मेरे गा झूमके'—के साथ-साथ शमशाद बेगम का खूब लोकप्रिय 'जरा प्यार कर ले बाबू' भी शामिल था। इसी तरह 'महबूबा' (1954) के निर्माताओं ने भी अपने मूल संगीतकार रोशन को हटाकर ओ पी. नैयर को ले लिया था। इस फिल्म में ओ.पी. नैयर द्वारा संगीतबद्ध गानों में शमशाद बेगम के 'ए जी जानेमन अपने से' और 'आते-जाते आँख बचाना घड़ी-घड़ी' (रफी के साथ युगल-गीत) शामिल थे। ओ.पी. नैयर ने अपनी भेंटवार्ताओं में कई बार कहा

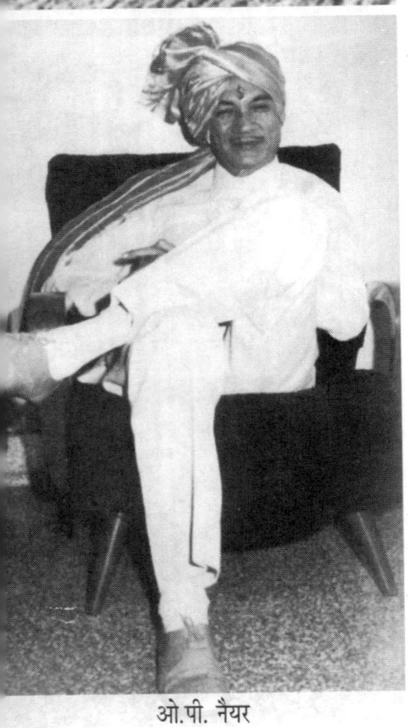
ओ.पी. नैयर

था कि वे शमशाद बेगम, राजकुमारी और गीता दत्त के सहयोग को नहीं भुला सकते, जिन्होंने ऐसे वक्त में उनका साथ दिया था जब लता मंगेशकर के साथ झगड़े के बाद कई गायक-गायिकाएँ उनसे बिदकने लगे थे। इन दोनों फिल्मों के गीत मजरूह सुल्तानपुरी ने लिखे थे।

शुरू के इन वर्षों में (1950 के दशक के मध्य वर्षों में) गीता दत्त ही ओ.पी. नैयर की प्रमुख गायिका बनी रहीं। बीच-बीच में आशा भोंसले एक-दो गीत गाकर अपनी उपस्थिति जताती रहीं। लेकिन ए.आर. कारदार की 'बाप रे बाप' (1955) एक ऐसी फिल्म थी जिसमें सरताज गीत 'पिया पिया पिया मोरा जिया पुकारे' समेत सभी आठ गीत उन्होंने ही गाए थे। इस गीत में ओ.पी. नैयर ने घोड़े की पदचाप का पहली बार इस्तेमाल किया। यह युगल-गीत आशा ने किशोर कुमार के साथ गाया था, जो आज भी अकसर सुनाई पड़ता रहता है। आशा के एक और गीत 'तुम न आए घटा गम की छाने लगी' ने भी काफी धूम मचाई थी। पिछली चार फिल्मों में मजरूह सुल्तानपुरी के साथ जोड़ी जमाए रहे ओ.पी. नैयर ने इस फिल्म में पहली बार जाँ निसार अख्तर के साथ काम किया था।

केदार कपूर की 'मिस कोकाकोला' (1955) में गीता दत्त और आशा भोंसले के बराबर-बराबर गीत थे, दोनों के तीन-तीन सोलो। शम्मी कपूर और गीताबाली की मुख्य भूमिकाओं वाली यह रूमानी कॉमेडी इन दोनों के रोमांस का बहाना बन गई, जो शादी पर जाकर खत्म हुआ। फिल्म के लोकप्रिय गीतों में मुकेश और आशा भोंसले का लुभावना डुएट 'झुका-झुकाके निगाहें मिलाए जाते हैं' शामिल था, जो ओ.पी. नैयर के साथ मुकेश का पहला गीत भी था। गीता दत्त का 'बन धड़कन कजरारे नैना' और रफी और शमशाद बेगम का 'कोई जब दर्द का मारा आँसू बहाता है' भी खूब लोकप्रिय हुए थे। इस फिल्म के गीत भी मजरूह सुल्तानपुरी ने लिखे थे।

कभी गुरुदत्त के सहायक रह चुके एम. सादिक उन निर्माताओं में से थे जो ओ.पी. नैयर के संगीत के दीवाने बन चुके थे। (ऐसे अन्य निर्माताओं में गुरुदत्त, शेख मुख्तार, एस. मुखर्जी, विभूति मिश्रा, नासिर हुसैन और शक्ति सामन्त शामिल थे।) एम. सादिक के साथ अपनी पहली फिल्म 'मुसाफिरखाना' (1955) में ओ.पी. नैयर ने कई हिट गीत दिए। उनके गायकों में मुहम्मद रफी, गीता दत्त, आशा भोंसले, शमशाद बेगम और निर्मला देवी शामिल थे। आशा के सबसे ज्यादा गीत थे—तीन सोलो। फिल्म के हिट गीतों में 'जरा-सी बात का हजूर ने फसाना कर दिया' (आशा), 'अगर बाबू दिल है काबू' (आशा-रफी), 'दिल दे डाला नजराना' (गीता दत्त) और 'अच्छा जी माफ कर दो' (गीता दत्त-रफी) शामिल थे। कुछ वर्ष बाद ओ.पी. नैयर ने 'जरा-सी बात का हजूर ने...' की धुन को फिर से इस्तेमाल करके सी.आई.डी. का सुपरहिट 'लेके पहला-पहला प्यार' रच डाला। उन्होंने खुलेआम यह भी स्वीकार किया था कि इस धुन की प्रेरणा उन्होंने नौशाद के 'बूट करूं मैं पालिश बाबू' (स्टेशन मास्टर) से ली थी, जो महान गायिका सुरैया का सबसे पहला गीत था। 'मुसाफिरखाना' के गीतकार भी मजरूह सुल्तानपुरी थे।

पी.एल. सन्तोषी की 'सबसे बड़ा रुपैया' (1955) और भगवान दादा की 'भागमभाग' (1956) ओ.पी. नैयर की दो ऐसी फिल्में थीं जिनमें गीता दत्त का एक भी गीत नहीं था। मजरूह सुल्तानपुरी के गीतों वाली इन फिल्मों में आशा भोंसले के 'थोड़ी देर और बैठो, चले ही तो जाओगे' ('सबसे बड़ा रुपैया') और 'छलका चन्दा का पैमाना' ('भागमभाग') जैसे कुछ लोकप्रिय गीत थे। 'भागमभाग' के 'हमें कोई गम है' (रफी-आशा) और 'बाबू ये है जमाना तेरा' (रफी-किशोर) ने भी खूब धूम मचाई थी लेकिन जहाँ 'सबसे बड़ा रुपैया' बॉक्स ऑफिस पर लुढ़क गई वहीं 'भागमभाग' भी ठीकठाक ही रही। अपनी फिल्मों के गीत लिखने के शौकीन पी.एल. सन्तोषी ने 'सबसे बड़ा रुपैया' का सिर्फ टाइटल-ट्रैक लिखा था।

★

अपने संगीत की तरह ओ.पी. नैयर खुद भी स्टाइल-पसन्द आदमी थे। वे हमेशा साफ, चमचमाती सफेद पोशाकें (शार्क-स्किन सूट या बुशर्ट फ्लैनेल) पहनते थे। लम्बे-ऊँचे कद और आकर्षक व्यक्तित्व वाले ओ.पी. नैयर हमेशा वाईएसएल सिगरेट और जॉनी वाकर ब्लैक लेवल व्हिस्की पीते थे। उनके ऑक्सफोर्ड शैली के जूते और उनकी अंग्रेजी हैट भी उनकी पहचान के प्रतीक बन चुके थे। वे चश्मा भी लगाया करते थे और लजीज खाने के शौकीन (कुल्फी उनकी पसन्दीदा स्वीट-डिश थी) होने के साथ-साथ महिलाओं की संगत में खूब खुश दिखाई देते थे। फिल्मों के अलावा उन्हें होम्योपैथी और ज्योतिष विज्ञान में भी बड़ी गहरी दिलचस्पी थी। वे खूब हँसमुख व्यक्ति थे और अपनी मजेदार बातों से सबका दिल लगाए रखते थे। वे वक्त के पाबन्द और एक कुशल वक्ता होने के साथ-साथ दूसरों की मदद करने और परोपकारी गतिविधियों के लिए भी जाने जाते थे। लाहौर और हैदराबाद उनके पसन्दीदा शहर थे, जबकि उनका मनपसन्द वाक्य था—'औरतों के बिना भी भला जिंदगी कोई जिंदगी है?' इस वाक्य से ज्यादातर पुरुष सहमत होंगे, लेकिन इसे खुलकर कहने की हिम्मत कम ही कर पाते हैं। अपनी धुनों की तरह ओ.पी. खुद भी तेज रफ्तार से चलना पसन्द करते

थे। वे पहले संगीत-निर्देशक थे जो शेवरलेट में सफर किया करते थे। कुल मिलाकर ओ.पी. नैयर खूब पढ़े-लिखे, सुलझे हुए और मिलनसार व्यक्ति थे, जो दोस्तों और साथियों की कद्र करना जानते थे। उनकी स्टाइल पसन्दगी का एक नमूना उनके लेटरहेड और उनके हस्ताक्षरों की बनावट में भी देखा जा सकता है, जो अपने-आपमें एक कलाकृति की तरह थे।

एम. सादिक की अगली फिल्म 'छूमन्तर' (1956) में ओ.पी. नैयर ने फिल्म के नायक जॉनी वाकर के लिए मुहम्मद रफी (और गीता दत्त) से एक सदाबहार सुपरहिट गीत गवाया था—'गरीब जान के हमको न तुम भुला देना'। इस फिल्म में ओ.पी. नैयर के संगीत में वापसी करते हुए गीता दत्त ने कई गीत गाए थे। उनके दोनों सोलो 'जब बादल लहराया जिया झूम-झूम बल खाया' और 'रात नशीली रंग-रंगीली मस्त हवा' खूब लोकप्रिय हुए थे। फिल्म के दो अन्य डुएट 'मैं तो बनके नैनोंवाली' (आशा भोंसले-रफी) और 'हमें जब दिल था दिया' (शमशाद बेगम-रफी) भी खूब चले थे। इन गीतों को जाँ निसार अख्तर ने लिखा था। एम. सादिक की पिछली फिल्म 'मुसाफिरखाना' और अगली फिल्म 'मि. कार्टून एम.ए.' के भी हीरो जॉनी वाकर ही थे, जिनकी उन दिनों खूब धूम थी।

ओ.पी. नैयर हारमोनियम और पियानो बजाने में माहिर थे। वे अपनी धुनें हारमोनियम पर और इंटरल्यूड पियानो पर बनाते थे। जी.एस. कोहली (जो बाद में खुद भी स्वतंत्र संगीत-निर्देशक बने) और सेबस्तियन (जो शंकर-जयकिशन के साथ भी जुड़े हुए थे) उनके भरोसेमन्द सहयोगी थे। कोई गीत रिकॉर्ड करने से पहले नैयर की टीम खूब मेहनत करती थी और उनके सभी गीतों में हर साज और हर सुर का पूरा और स्वाभाविक तालमेल दिखाई देता था। उनके सभी गीतों में एक कुदरती लचीलापन और जोशीलापन भी दिखाई देता था। इस सबके पीछे अकसर कई दिनों की मेहनत होती थी। उनका बेधड़क और जोशीला अन्दाज ही उनका 'स्टाइल' था, जो उनके सुनहरे दौर (वर्ष 1956-1968) के सभी गीतों में देखा जा सकता है।

गुरुदत्त की 'सी.आई.डी.' (1956) ओ.पी. नैयर की एक और धूम मचाने वाली फिल्म साबित हुई। सचाई यह है कि इस फिल्म के सदाबहार जोशीले संगीत की धूम आज तक नहीं थमी है। आज भी 'लेके पहला-पहला प्यार' या 'आँखों ही आँखों में इशारा हो गया' सुनकर लोग झूम उठते हैं। यही वह फिल्म थी जिसने ओ.पी. नैयर को 'ए-प्लस' फिल्मों के ग्रेड में ला खड़ा किया—बड़े सितारों और बड़े बैनरों की फिल्मों के संगीत-निर्देशक के रूप में। यह अलग बात है कि ओ.पी. नैयर इसके बाद भी कॉमेडी, सस्पेंस और अपराध फिल्मों में संगीत देते रहे, क्योंकि इन फिल्मों में तेज रफ्तार और जोशीले संगीत का ज्यादा 'स्कोप' रहता था। यूँ गुरुदत्त के सहायक राज खोसला द्वारा निर्देशित 'सी.आई.डी.' भी अपने नाम के अनुरूप एक क्राइम-थ्रिलर थी। जैसाकि हम पीछे कह चुके हैं, गुरुदत्त और देव आनन्द अपने संघर्ष के दिनों से ही बड़े पक्के दोस्त थे। गुरुदत्त ने इस फिल्म में उनके साथ अरब की सुन्दरी शकीला और अपनी नई खोज वहीदा रहमान को पेश किया था। (वहीदा रहमान अपनी इस पहली फिल्म में एक अच्छे दिल की खलनायिका की भूमिका में थीं।) ओ.पी. नैयर ने चुस्त पटकथा और उतने ही चुस्त निर्देशन वाली इस सुपरहिट फिल्म में ऐसा संगीत दिया कि यह फिल्म देव आनन्द और उनके कैरियर की एक कीर्ति-स्तम्भ फिल्म बन गई। फिल्म के सभी गीत बरसों तक धूम चाए रहे—'आँखों ही आँखों में इशारा हो गया' (रफी-गीता दत्त), 'कहीं पे निगाहें कहीं पे निशाना' (शमशाद बेगम), 'जाता कहाँ है दीवाने, सब कुछ यहाँ है सनम' (गीता दत्त), 'बूझ मेरा क्या नाम रे' (शमशाद बेगम), 'ऐ दिल है मुश्किल जीना यहाँ, ये है बॉम्बे ये है बॉम्बे ये है बॉम्बे मेरी जाँ' (रफी-गीता दत्त) और देश के कोने-कोने में गूँजनेवाला 'लेके पहला-पहला प्यार, भरके आँखों में खुमार, जादूनगरी से आया है कोई जादूगर' (रफी-शमशाद बेगम-आशा भोंसले)। वाह! क्या संगीत था! छा गए नैयर साहब! इन धूम मचाने वाले गीतों को मजरूह सुल्तानपुरी और जाँ निसार अख्तर ने लिखा था।

किशोर कुमार और मधुबाला की मुख्य भूमिकाओं वाली 'ढाके की मलमल' (1956) में ओ.पी. नैयर ने एक बार फिर आशा भोंसले से कई गीत गवाए। इनमें 'जादूगर साँवरिया कैसी तान सुनाई' सबसे यादगार था। इस फिल्म में ओ.पी. नैयर ने अपनी पत्नी सरोज मोहिनी द्वारा लिखे गए एक गीत 'दिया तो जला सब रात रे बलम' (जिसे पहले एक प्राइवेट एलबम में अभिनेता मनमोहन कृष्ण ने गाया था) को फिर से इस्तेमाल करते हुए इसे सी.एच. आत्मा से गवाया था। फिल्म के अन्य गीत जाँ निसार अख्तर ने लिखे थे। फिल्मिस्तान की 'हम सब चोर हैं' (1957) अपने नाम के अनुरूप एक धमाल कॉमेडी-सस्पेंस फिल्म थी। शम्मी कपूर के साथ नलिनी जयवन्त के डबल रोल वाली इस फिल्म के निर्देशक जाने-माने कॉमेडियन आई.एस. जौहर थे। फिल्म के लोकप्रिय गीतों में आशा भोंसले के 'अंटम-फंटम छोड़ दे बाबू', 'गुड़िया तेरे राज में', 'बेइमान बलमा मान भी जा' और 'भूल जा ऐ दिल प्यार के वो दिन' के साथ-साथ रफी और जी.एम. दुर्रानी का धमाकेदार 'हमको हँसते देख जमाना जलता है' भी शामिल था, जिसने खूब धूम मचाई थी। हमारे ख्याल से आशा भोंसले का 'भूल जा ऐ दिल...' उनकी और ओ.पी. नैयर की जोड़ी की बेहतरीन रचनाओं में से है। ऐसे गीत आशा ने कम ही गाए हैं। इस फिल्म के गीत मजरूह सुल्तानपुरी ने लिखे थे।

ओ.पी. नैयर

निर्माता-अभिनेता शेख मुख्तार ने ओ.पी. नैयर को अपनी फिल्म 'मि. लम्बू' (1956) के लिए साइन किया तो उन्हें लगभग रिटायर हो चलीं महान गायिका-अभिनेत्री सुरैया से कुछ लुभावने गीत गवाने का अवसर मिल गया। सुरैया के इन गीतों में 'याद करूं तोरी बतियाँ' और 'कहाँ जाकर सोई है तकदीर मेरी' के साथ-साथ रफी के साथ उनका डुएट 'तुम जरा-सी बात पर खफा न हो' भी शामिल था। फिल्म में आशा भोंसले के भी तीन सोलो थे और रफी के साथ गीता दत्त का एक डुएट भी—'ऐ मेरे दिलदार कर ले हमसे...'। एन.ए. अन्सारी द्वारा निर्देशित इस फिल्म के गीत मजरूह सुल्तानपुरी, जाँ निसार अख्तर और हर्ष ने लिखे थे।

के. अमरनाथ की 'नया अन्दाज' (1956) में किशोर कुमार और शमशाद बेगम का एक बड़ा प्यार डुएट था—'मेरी नींदों में तुम मेरे ख्वाबों में तुम'—जो हिन्दी सिनेमा के सबसे सुहाने युगल-गीतों में शामिल है। वाल्ज के नशीले रूमानी अन्दाज वाले इस गीत में ओ.पी. नैयर ने वायलिन और पियानो का बड़ा सुन्दर प्रयोग किया था। हमने अपने लोकप्रिय टेली-सीरियल 'बिखरी आस निखरी प्रीत' (2009) के मुशायरे वाले एपिसोड में इस गीत को फिर से इस्तेमाल किया तो सीरियल की टीआरपी एकाएक ही बढ़ गई। तो इस गीत का आज भी गजब का असर है! मीना कुमारी और किशोर कुमार की मुख्य भूमिकाओं वाली इस फिल्म में और भी कई खूबसूरत गीत थे—'रात रंगीली गाए रे' (शमशाद बेगम), 'अपना तो जमाने में' (किशोर कुमार), 'ये रात आशिकाना' (रफी-आशा), 'आज सुहानी रात रे' (रफी-शमशाद-किशोर) और गली-गली में गूँजने वाला 'चना जोर गरम बाबू मैं लाया मजेदार चना जोर गरम' (शमशाद-किशोर)। जाँ निसार अख्तर के गीतों वाली यह फिल्म बॉक्स ऑफिस पर भी ठीक चली थी। जी.पी. सिप्पी की 'श्रीमती 420' (1956) में कॉमेडियन जॉनी वाकर एक बार फिर मुख्य भूमिका में थे, इस बार मीना शोरी के साथ। 1956 में रिलीज होने वाली यह ओ.पी. नैयर की नौवीं और आखिरी फिल्म थी। फिल्म के लोकप्रिय गीतों में तीन डुएट 'हमको छोड़के कहाँ जाओगे' (गीता दत्त-रफी), 'मैं ढूँढ़ता हूँ जिधर' (रफी-आशा) और 'यहाँ हम वहाँ तुम' (रफी-गीता दत्त) शामिल थे। लेकिन फिल्म का सबसे खूबसूरत गीत था गीता दत्त का 'मेरी जिंदगी के हमसफर फेंकना यहाँ भी इक नजर'। इन गीतों को मजरूह सुल्तानपुरी और जाँ निसार अख्तर ने लिखा था।

उन दिनों कॉमेडियन जॉनी वाकर की लोकप्रियता सातवें आसमान पर थी। एक निर्माता ने तो उन्हीं के नाम पर एक फिल्म ही बना डाली—'जॉनी वाकर' (1957)—जिसमें वे श्यामा के साथ मुख्य भूमिका में थे। यह फिल्म खूब चली भी। ओ.पी. नैयर का संगीत भी खूब लोकप्रिय हुआ, जिसमें हमेशा की तरह गीतादत्त, मुहम्मद रफी और आशा भोंसले छाए हुए थे। लेकिन डुएट रफी और गीता दत्त या रफी या आशा भोंसले के न होकर गीता दत्त और आशा भोंसले के थे—'झुकी-झुकी प्यार की नजर' और 'ठंडी-ठंडी हवा पूछे उनका पता'। रफी का सोलो 'ऐ दिल तू न डर' और मन्ना डे के साथ उनका युगल-गीत 'मुँह से मत लगा चीज है बुरी' भी खूब लोकप्रिय हुए थे। इस फिल्म में हसरत जयपुरी और ओ.पी. नैयर ने पहली बार साथ-साथ काम किया था। फिल्मिस्तान की 'बड़े सरकार' (1957) में भी साहिर लुधियानवी और ओ.पी. नैयर की नई जोड़ी थी। किशोर साहू द्वारा निर्देशित इस फ्लॉप फिल्म में आशा भोंसले का एक यादगार गीत था—'जवानी झूमती है दुल्हन बनके'। एम. सादिक की 'दुनिया रंग-रंगीली' (1957) भी एक कमजोर फिल्म साबित हुई। राजेन्द्र कुमार, श्यामा, चाँद उस्मानी और जॉनी वॉकर की मुख्य भूमिकाओं से सजी यह फिल्म सिर्फ एक सुपरहिट गीत 'किया ये क्या तूने इशारा, अरे अभी-अभी' (गीता दत्त) देकर चली गई। फिल्म के गीतकार जाँ निसार अख्तर थे। इसी वर्ष रिलीज हुई एम. सादिक की 'माई-बाप' (1957) भी कोई खास कमाल नहीं दिखा सकी। बलराज साहनी, श्यामा और जॉनी वाकर की मुख्य भूमिकाओं से सजी इस फिल्म में रफी का एक लोकप्रिय गीत था—'मैं हूँ मिस्टर जॉनी मैंने सब मुल्कों का पिया है पानी'। जाहिर है यह जॉनी वाकर पर फिल्माया गया था।

इन कमजोर फिल्मों के बाद ओ.पी. नैयर का अगला बड़ा संगीत धमाका रही बी.आर. चोपड़ा की सुपरहिट और कालजयी फिल्म 'नया दौर' (1957)। दिलीप कुमार और वैजयन्तीमाला की मुख्य भूमिकाओं से सजी इस भव्य और महत्त्वाकांक्षी फिल्म के संगीत ने ऐसी धूमी मचाई कि इसके कई गीत आज भी खूब लोकप्रिय हैं और अकसर गाए-बजाए जाते हैं। इसी फिल्म ने ओ.पी. नैयर को उनका पहला फिल्मफेयर पुरस्कार भी दिलवाया, जिसके लिए उन्हें शंकर-जयकिशन ('कठपुतली') और सचिन देव बर्मन ('प्यासा') को पछाड़ना पड़ा। इस फिल्म में साहिर लुधियानवी और ओ.पी. नैयर 'बड़े सरकार' के बाद फिर एक साथ आए और इस बार इस पंजाबी जोड़ी का जादू सचमुच सिर चढ़कर बोला। ओ.पी. नैयर ने पंजाबी लोक-संगीत का धड़ल्ले से इस्तेमाल करते हुए

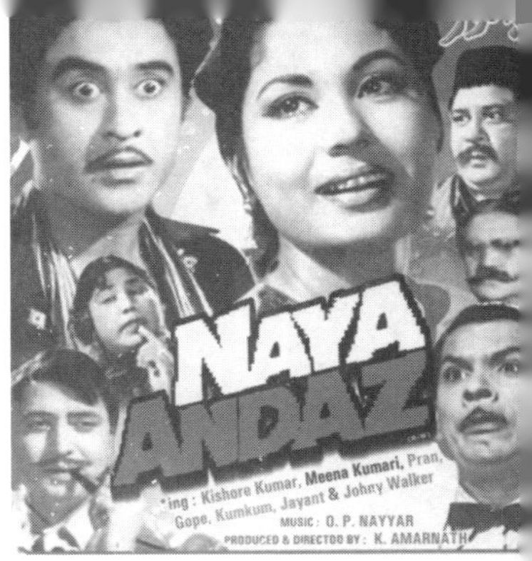

आठ शाहकार गीत रचे, जो फिल्म की चुस्त पटकथा की माँग पर बिलकुल खरे उतरते थे। प्रेम को मधुर अभिव्यक्ति वाला 'माँग के साथ तुम्हारा मैंने माँग लिया संसार' (आशा भोंसले-रफी) हो या मस्ती और छेड़छाड़ भरा 'उड़ें जब-जब जुल्फें तेरी कुँवारियों का दिल मचले' (आशा-रफी), गाँव की नटखट नवयुवतियाँ की आपसी दिल्लगी भरा 'रेशमी सलवार कुरता जाली का' (शमशाद बेगम-आशा भोंसले)' हो या भंगड़े के धूम-धड़ाके वाला 'ये देश है वीर जवानों का' (रफी-बलवीर)—सभी खूब धूम मचाने वाले यादगार गीत थे। रफी का भजन 'आना है तो आ...' और जॉनी वाकर पर फिल्माया गया कॉमेडी गीत 'मैं बम्बई का बाबू नाम मेरा अनजाना' भी खूब लोकप्रिय हुए थे। आशा भोंसले का समूह-गीत 'साथी हाथ बढ़ाना' तो एक राष्ट्रीय गीत की तरह देखा जाने लगा था और सभी राष्ट्रीय अवसरों पर गाया-बजाया जाने लगा था। 'ये देश है वीर जवानों का' भी जितना शादियों में लोकप्रिय हुआ था उतना ही फौजियों में भी। रफी का 'दिल लेके दगा देंगे' भी बड़ी खूबसूरत रचना थी। आशा भोंसले का एक और गीत 'एक दीवाना आते-जाते' फिल्म से हटा दिया गया था। कुल मिलाकर 'नया दौर' रफी, आशा, साहिर और ओ.पी. नैयर का एक ऐसा संगीत धमाका थी, जिसकी गूँज बरसों तक सुनाई देती रही। ओ.पी. नैयर के कैरियर में तो यह एक मील का पत्थर थो।

इस फिल्म की सफलता के बाद ओ.पी. नैयर सबसे महँगे संगीत-निर्देशक बन गए। उन्हें एच.एम.वी. से रॉयल्टी भी मिलने लगी, जो तब एक अनसुनी-सी बात थी। कुछ निर्माताओं को तो यह अखरा भी। बी.आर. चोपड़ा के साथ उनके सम्बन्ध इतने बिगड़ गए कि बरसों बाद फिल्म के रंगीन वर्जन के लिए ओ.पी. नैयर ने संगीत की री-रिकॉर्डिंग से इनकार कर दिया।

लेकिन इस फिल्म के बाद ओ.पी. नैयर और आशा भोंसले का संगीतात्मक जुड़ाव व्यक्तिगत स्तर पर भी बहुत मधुर सुरों का रूप लेने लगा। आशा उनके संगीत पर इस हद तक छा गईं कि कहते हैं कि एक दिन गीता दत्त ने ओ.पी. नैयर को फोन करके पूछा था कि भई, आखिर हमसे ऐसी क्या गुस्ताखी हो गई कि आपने हमसे गवाना ही बन्द कर दिया? जैसाकि बरसों बाद ओ.पी. नैयर ने एक इंटरव्यू में बताया था, उनके पास गीता दत्त की इस बात का कोई जवाब नहीं था। उन्हें इसी तरह शमशाद बेगम को नजरअन्दाज करने का भी अफसोस था, लेकिन वे यह स्वीकार करने से कतराते रहे कि इन दोनों गायिकाओं से पीठ फेरने के पीछे विशुद्ध भावनात्मक कारण थे।

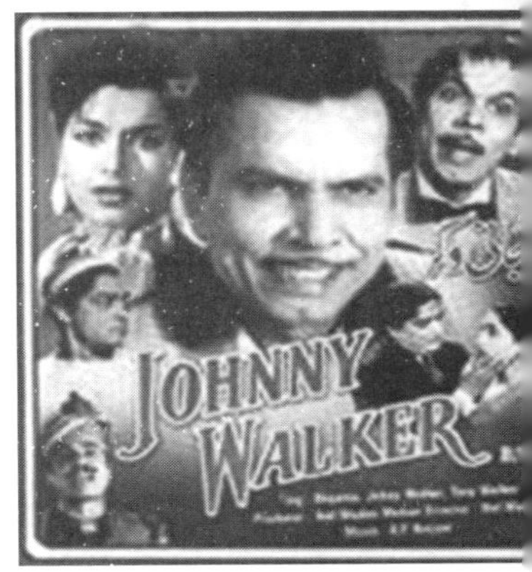

एफ.सी. मेहरा के बैनर ईगल फिल्म्स की 'कैदी' (1957) में ओ.पी. नैयर के कुछ गीतों के अलावा और कुछ भी यादगार नहीं था। मुहम्मद हुसैन द्वारा निर्देशित और पद्मिनी और सुरेश की मुख्य भूमिकाओं वाली इस फिल्म में 'यूँ मुस्करा के सामने आया न कीजिए' (रफी-आशा), 'हमसे भी आते-जाते आँख मिलाना दूर से' (आशा भोंसले) और 'यूँ ही बातें न बना तू' (शमशाद बेगम) जैसे कुछ चुलबुले गीत थे। नानूभाई भट्ट द्वारा निर्देशित और अशोक कुमार की केन्द्रीय भूमिका वाली 'उस्ताद' (1957) भी ऐसी ही एक फिल्म थी। इस फिल्म में आशा भोंसले के 'ये समाँ फिर कहाँ आ भी जा' और रफी के 'जान सके तो जान तेरे मन में' के साथ-साथ गीता दत्त का खूब धूम मचाने वाला 'चोर लुटेरे डाकू फिरे हैं आवारा, कहीं लूटा कहीं मारा' भी था, जो अमीन सयानी की 'बिनाका गीतमाला' में कई हफ्तों तक चोटी पर रहा था। इन दोनों फिल्मों के गीत जाँ निसार अख्तर ने लिखे थे।

नासिर हुसैन की सुपरहिट रोमांटिक फिल्म 'तुमसा नहीं देखा' (1957) ओ.पी. नैयर के उस मस्ती भरे और बेहद नशीले रूमानी संगीत का पहला बड़ा धमाका थी, जिसके लिए वे खासतौर से जाने जाते हैं। फिल्मिस्तान द्वारा निर्मित यह फिल्म शम्मी कपूर की भी एक 'रिबेल स्टार' के रूप में पहली फिल्म थी, जिसने उन्हें एक मस्तमौला, रंगीन-मिजाज और तूफानी रोमांस करने वाले नायक की एक नई और सफल छवि दी। इसके बाद की कई फिल्मों ('दिल देके देखो', 'जंगली', 'कश्मीर की कली') की तरह इस फिल्म में भी उनके साथ एक नई नायिका—अमीता थी। मजरूह सुल्तानपुरी के गीतों वाली इस फिल्म के सभी गीतों ने खूब धूम मचाई थी—'सर पर टोपी लाल हाथ में रेशम का रूमाल ओ तेरा क्या कहना' (रफी-आशा), 'छुपनेवाले सामने आ छुप-छुपके मेरा दिल न जला' (रफी), 'आए हैं दूर से मिलने हजूर से' (रफी-आशा), 'जवानियाँ ये मस्त-मस्त बिन पिए' (रफी), 'देखो कसम से, कसम से, कहते

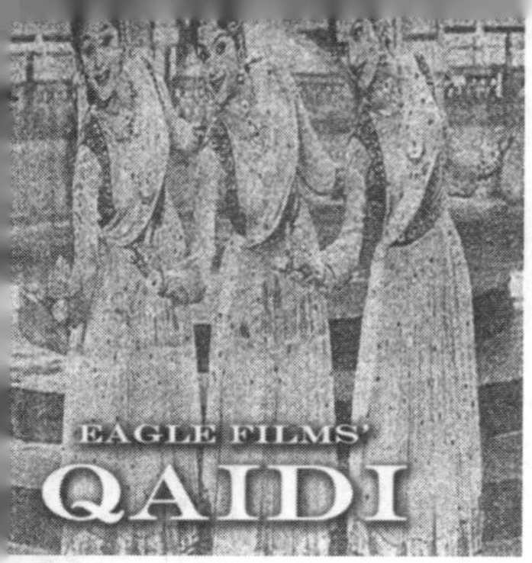

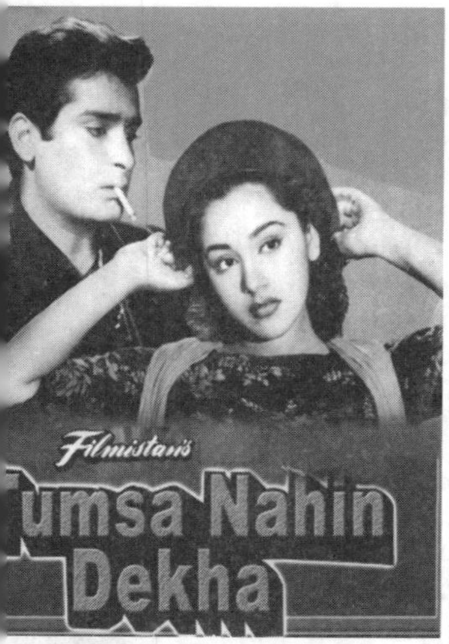

ओ.पी.नैयर और शम्मी कपूर

हैं तुमसे हाँ' (रफी-आशा) और साहिर लुधियानवी द्वारा लिखा गया फिल्म का इकलौता गीत 'यूँ तो हमने लाख हसीं देखे हैं, तुमसा नहीं देखा' (जिसमें ओ.पी. नैयर ने एक बार फिर घोड़े की पदचाप का बड़ा मोहक प्रयोग किया था)। कहते हैं कि जब गुरुदत्त की 'प्यासा' के संगीत की सफलता के बाद साहिर लुधियानवी ने इस तरह के बयान देने शुरू किए कि सारा कमाल उनकी कलम का था तो 'प्यासा' के संगीत-निर्देशक एस.डी. बर्मन को तो बुरा लगा ही, ओ.पी. नैयर भी स्तब्ध रह गए। उनकी दृढ़ मान्यता थी कि गीतों की रचना में एक संगीत-निर्देशक की भूमिका गीतकार और गायक-गायिकाओं से कहीं बढ़कर थी। उन्होंने न सिर्फ 'तुमसा नहीं देखा' से साहिर लुधियानवी को हटवाकर मजरूह सुल्तानपुरी को ले लिया, बल्कि अपनी अन्य सभी फिल्मों ('12 ओ क्लॉक', 'सोने की चिड़िया', 'हावड़ा ब्रिज' वगैरह) में भी साहिर को बदलवा दिया।

जी.पी. सिप्पी द्वारा निर्मित और राज खोसला की तरह गुरुदत्त के एक और शिष्य प्रमोद चक्रवर्ती द्वारा निर्देशित '12 ओ क्लॉक' (1957) पैरी मैसन शैली की एक सस्पेंस थ्रिलर थी। 'प्यासा' से बिलकुल अलग तरह की इस फिल्म में गुरुदत्त और वहीदा रहमान की जोड़ी थी। ओ.पी. नैयर ने एक बार फिर अनूठी मस्ती और रोमांस में ढले तथा खूब धूम मचाने वाले सुपरहिट गीत रचे। फिल्म के सबसे यादगार गीतों में गीता दत्त का सदाबहार 'कैसा जादू बलम तूने डारा, खो गया नन्हा-सा दिल हमारा' शामिल था। पीलू / दादरा ताल पर आधारित इस गीत को पूरी साड़ी में लिपटी वहीदा रहमान पर शावर के नीचे फिल्माया गया था। गीता दत्त और रफी का मोहक डुएट 'तुम जो हुए मेरे हमसफर रस्ते बदल गए' भी एक सदाबहार गीत था। रफी का 'मैं खो गया यहीं कहीं' भी खूब लोकप्रिय हुआ था। फिल्म के नायक गुरुदत्त थे जबकि निर्देशक प्रमोद चक्रवर्ती गीता दत्त की बहन से ब्याहे हुए थे, इसलिए बहुत स्वाभाविक था कि फिल्म के संगीत पर गीता दत्त ही छाई हुई थीं—जबकि आशा भोंसले पूरी तरह से नदारद थीं। साहिर लुधियानवी के दो गीतों—शमशाद बेगम का 'सैयाँ तोरी अँखियों में दिल खो गया' और रफी-गीता दत्त का 'देख इधर ओ हसीना' को छोड़कर फिल्म के बाकी पाँचों गीत मजरूह सुल्तानपुरी ने लिखे थे।

डी.एम. पंचोली की आखिरी फिल्म 'फरिश्ता' (1958) में ओ.पी. नैयर ने पुराने महारथी कमर जलालाबादी के साथ मिलकर आशा भोंसले के चार सोलो रचे, जिनमें 'मेरी अँखियों में अँखियाँ न डाल' भी शामिल था। रफी के साथ उनका डुएट 'जो वक्त पे काम आ जाए' और गीता दत्त का 'बच बच बच कहूँ सच सच' भी अच्छे चले थे। लेकिन अशोक कुमार, मीना कुमारी और सोहराब मोदी जैसे दिग्गज अभिनेताओं से सजी और रवीन्द्र दवे द्वारा निर्देशित यह फिल्म बॉक्स ऑफिस पर चारों खाने चित्त हो गई। सी.पी. दीक्षित की 'कभी अँधेरा कभी उजाला' (1958) कहीं ज्यादा दिलचस्प फिल्म साबित हुई। (मदन मोहन के संगीत वाली फली मिस्त्री की 'चन्दन' भी मिलती-जुलती कहानी पर आधारित थी।) इसमें किशोर कुमार का एक सुपरहिट गीत था—'सुरमा मेरा निराला, आँखों में जिसने डाला'। आशा भोंसले और मन्ना डे का 'बाँहों को जरा लहरा दे' भी अच्छा चला था। बॉक्स ऑफिस पर ठीकठाक रही इस फिल्म के गीत मजरूह सुल्तानपुरी और हसरत जयपुरी ने लिखे थे। पिछले वर्ष 'जॉनी वाकर' नामक फिल्म बना चुकी निर्देशक जोड़ी वेद-मदन की 'मि. कार्टून एम.ए.' (1958) में भी जॉनी वाकर और श्यामा मुख्य भूमिकाओं में थे। इस फिल्म में भी ओ.पी. नैयर के संगीत पर आशा भोंसले ही छाई रहीं। 'चन्दा चले झूमके', 'अंटा-फंटा ऊट ओटंटा', 'मेरा दिल घबराए मेरी आँख शरमाए' (रफी के साथ), 'दिल तेरा दीवाना ओ मस्ताना' (गीता दत्त के साथ) और 'मैं मैं मैं मैं कार्टून' (रफी-शमशाद बेगम के साथ)—सभी काफी लोकप्रिय हुए थे। हसरत जयपुरी और राजा मेहंदी अली खान के गीतों वाली यह फिल्म भी बॉक्स ऑफिस पर एक औसत फिल्म रही।

शक्ति सामन्त के खुद के बैनर की पहली फिल्म 'हावड़ा ब्रिज' (1958) और इसके संगीत ने ऐसी धूम मचाई कि 'मेरा नाम चिन-चिन चू' (गीता दत्त) आज भी लोगों की जुबान पर है और 'आइए मेहरबाँ बैठिए जानेजाँ' (आशा भोंसले) की एक झलक आज भी हम सबको मंत्रमुग्ध कर देती है। अशोक कुमार और 'वीनस ऑफ इंडियन स्क्रीन' मधुबाला की मुख्य भूमिकाओं से सजी यह हंफ्री बोगार्ट शैली की फिल्म एक गजब की क्राइम-थ्रिलर फिल्म थी और ओ.पी. नैयर का संगीत इसकी 'हाईलाइट' था। यह बहस आज भी जारी है कि कौन-सा गीत बेहतर था—गीता दत्त का 'मेरा नाम चिन-चिन चू' या आशा भोंसले का 'आइए मेहरबाँ'? जो भी हो, दोनों गीत अपने-आपमें लाजवाब थे और ओ.पी. नैयर के गजब के संगीत-सृजन का नमूना थे। 'ईंट की दुक्की पान का इक्का' (रफी), 'ये क्या कर डाला तूने' (आशा भोंसले के इस गीत में ताँगे में बैठी मधुबाला के मंत्रमुग्ध कर देने वाले सौन्दर्य और अशोक कुमार की शरारत भरी सीटियों को भला कौन भुला सकता है?) 'गोरा रंग चुनरिया काली' (रफी-आशा का धमाकेदार भंगड़ा गीत), 'देखके तेरी नजर' (रफी-आशा का क्लब गीत) और 'मैं जान गई तुझे सैयाँ' (रफी-शमशाद बेगम का फड़कता हुआ युगल-गीत) फिल्म के अन्य लोकप्रिय आकर्षण थे। इन धूम मचाने वाले गीतों को कमर जलालाबादी और हसरत जयपुरी ने लिखा था।

एफ.सी. मेहरा की 'मुजरिम' (1958) भी एक सस्पेंस-थ्रिलर फिल्म थी। शम्मी कपूर के डबल रोल वाली यह फिल्म निर्देशक के रूप में ओ.पी. रल्हन की पहली फिल्म थी। फिल्म की नायिका थीं पद्मिनी की छोटी बहन रागिनी। फिल्म के लोकप्रिय गीतों में 'चन्दा चाँदनी में जब चमके' (गीता दत्त—जिसे मेहमान कलाकार गीताबाली पर फिल्माया गया था), 'दो निगाहें तेरी दो निगाहें मेरी' (आशा भोंसले) और 'जाने जिगर यूँ ही अगर' (रफी-आशा) शामिल थे। इस फिल्म में एक बार फिर मजरूह सुल्तानपुरी और ओ.पी. नैयर की जोड़ी थी। बरसों बाद ओ.पी. रल्हन ने इसी फिल्म को 'बँधे हाथ' के नाम से अपने बैनर तले बनाया, जिसमें अमिताभ बच्चन और मुमताज मुख्य भूमिकाओं में थे। लेकिन आर.डी. बर्मन के संगीत वाली यह फिल्म बुरी तरह फ्लॉप हो गई।

★

यह ओ.पी. नैयर का सुनहरी दौर था जो साठ के दशक के मध्य तक जारी रहा। इस सुनहरी दौर में (1956-1966) जैसाकि ओ.पी. नैयर खुद भी कहा करते थे—वे मिट्टी को भी हाथ लगाते थे तो वह सोना हो जाती थी। उनके सब गीत हिट हो रहे थे, सब फिल्में हिट हो रही थीं। लेकिन सबसे बड़ी बात है कि उनके गीतों की स्तरीयता और विशिष्ट शैली में कभी कोई लोच नहीं आई। यही कारण है कि उनके गीत आज भी खूब लोकप्रिय हैं और खूब बिकते हैं। ओ.पी. नैयर के संगीत और उनके खास स्टाइल के साथ एक जुड़ाव महसूस करने के लिए दिमाग को नहीं, सिर्फ दिल की जरूरत होती है!

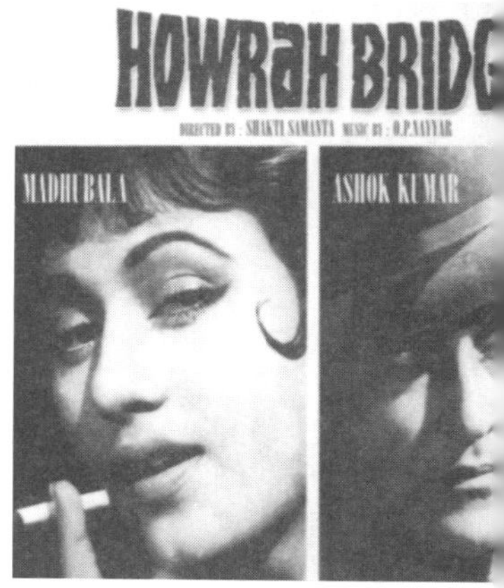

विभूति मिश्रा की 'फागुन' (1958) में ओ.पी. नैयर ने एक से एक मधुर सुरों की सरगम बिखेर दी। भारत भूषण और मधुबाला की मुख्य भूमिकाओं से सजी इस संगीत-प्रधान फिल्म के लिए शास्त्रीय संगीत की गहरी जानकारी रखने वाले संगीत-निर्देशक की जरूरत थी। हालाँकि ओ.पी. नैयर बार-बार ये कहते रहे कि उन्हें शास्त्रीय संगीत की समझ नहीं थी, लेकिन इस फिल्म की कठिन कसौटी पर वे पूरी तरह खरे उतरे। दिलचस्प तथ्य यह है कि 'फागुन' के सभी गीत एक ही राग 'पीलू' पर आधारित थे, लेकिन सुनने में एक-दूसरे से बिलकुल अलग लगते थे। भला शास्त्रीय संगीत की समझ न रखने वाला संगीतकार कैसे इतनी विविधता ला सकता था? किसी फिल्म के सभी गीत सिर्फ एक ही राग पर आधारित होने का सिर्फ एक और उदाहरण मिलता है। उस्ताद झंडे खाँ ने केदार शर्मा की 'चित्रलेखा' (1936) के सभी गीत भैरवी राग पर आधारित रखे थे। 'फागुन' के सभी नौ गीत एक से बढ़कर एक थे और खूब लोकप्रिय हुए थे। 'इक परदेसी मेरा दिल ले गया, जाते-जाते मीठा-मीठा गम दे गया' (रफी-आशा) ने तो तूफान ही मचा दिया था। 'पिया पिया पिया न लागे मोरा जिया' (आशा भोंसले) और 'तुम रूठ के मत जाना' (रफी-आशा) का भी यही हाल था। आशा भोंसले के दो और गीत 'छुन-छुन घुंघरू बोले' और 'तीर ये छुपके चलाया किसने' भी खूब लोकप्रिय हुए थे। लेकिन हमारी नजर में फिल्म का सबसे खूबसूरत गीत था धीमे-मीठे सुरों वाला रूमानी डुएट 'मैं सोया अखियाँ मींचे, तेरी जुल्फों के नीचे' (रफी-आशा)। इन एक से एक मधुर गीतों को कमर जलालाबादी ने लिखा था। कहते हैं जब उस्ताद झंडे खाँ ने ओ.पी. नैयर को एक ही राग में इतनी विविधता ले आने के लिए बधाई दी तो वे उनका मुँह देखते रह गए। उन्हें खुद भी पता नहीं था कि उन्होंने क्या कमाल कर दिखाया था!

अशोक कुमार के घरेलू बैनर की 'रागिनी' (1958) भी एक संगीत-प्रधान फिल्म थी, जिसमें वे छोटे भाई किशोर कुमार और पद्मिनी के साथ थे। राखन द्वारा निर्देशित इस फिल्म में भी ओ.पी. नैयर ने शास्त्रीय संगीत का बढ़-चढ़कर कमाल दिखाया। राग तिलंग पर आधारित रफी का मंत्रमुग्ध कर देने वाला 'मन मोरा बावरा' ऐसा ही एक गीत था। दिलचस्प तथ्य यह है कि यह गीत फिल्म में किशोर कुमार पर फिल्माया गया था। जब किसी ने ओ.पी. नैयर से पूछा कि उन्होंने जाने-माने गायक किशोर कुमार के लिए मुहम्मद रफी की आवाज क्यों ली तो वे सिर्फ मुस्करा दिए। शायद

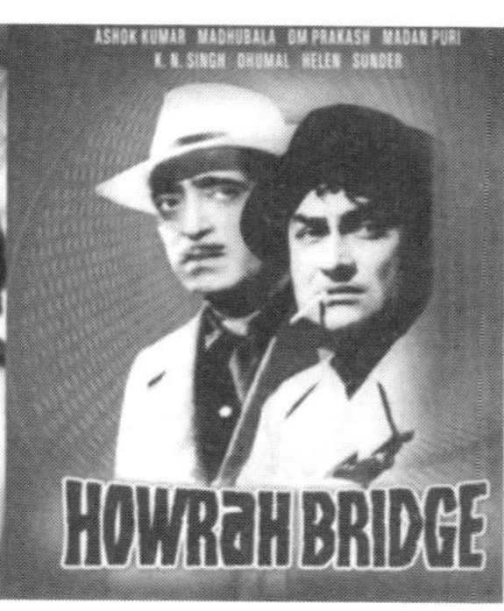

ओ.पी. नैयर और भारत भूषण

अशोक कुमार और ओ.पी. नैयर

उन्हें ऐसा लगा हो कि गीत की जटिल मुरकियाँ शास्त्रीय गायन में अनुभवनहीन किशोर कुमार सँभाल नहीं पाएँगे। ओ.पी. नैयर ने इस फिल्म में नौशाद ('मुगले-ए-आजम') का अनुसरण करते हुए फिल्म का टाइटल-ट्रैक उस्ताद अमीर खान से गवाया था। राग ललित, तीन ताल पर आधारित यह गीत था—'जोगिया मेरे घर आए'। इसी तरह एक दूसरा शास्त्रीय गीत 'छेड़ दिए मेरे दिल के तार क्यों' (राग कामोद) उन्होंने अमानत अली और फतेह अली से गवाया था। उनकी एक और खूबसूरत उपलब्धि थी राग तिलंग पर आधारित आशा भोंसले का सदाबहार 'छोटा-सा बालमा अखियन नींद चुराए ले गयो'। फिल्म में कई 'नैयर शैली' के धमाकेदार गीत भी थे—ढोलक पर पंजाबी कहरवा की तालवाला 'मुड़-मुड़ हमको देखता' (आशा-किशोर), बंगाली-कर्नाटकी मिश्रण वाला 'मै बंगाली छोकरा करूँ प्यार को नमस्कारम' (किशोर-आशा), नैयर की जानी-पहचानी घोड़े की पदचाप वाला 'पिया मैं हूँ पतंग तू डोर' (आशा-किशोर), 'इस दुनिया से निराला हूँ' (गीता दत्त-आशा भोंसले) और 'मुझको बार-बार याद न आ बेवफा' (किशोर-आशा)। इस फिल्म के संगीत में नैयर ने सारंगी का जिस तरह से इस्तेमाल किया था, वह अपने-आपमें एक अनूठी बात थी। फिल्म के गीत कमर जलालाबादी और जाँ निसार अख्तर ने लिखे थे।

बलराज साहनी और नूतन की मुख्य भूमिकाओं वाली 'सोने की चिड़िया' (1958) जानी-मानी लेखिका इस्मत चुगताई द्वारा निर्मित और शाहिद लतीफ द्वारा निर्देशित एक नव-यथार्थवादी और साम्यवादी विचारधारा पर आधारित फिल्म थी। ओ.पी. नैयर ने इस 'आवाँ गर्दे' फिल्म में बिलकुल अलग अन्दाज का संगीत देने के लिए पूरा जोर लगा दिया। फिल्म के गीत साहिर लुधियानवी ने लिखे थे (जो इन दोनों के रिश्तों में पड़ी दरार से पहले ही रिकॉर्ड किए जा चुके थे)। ओ.पी. नैयर ने बहुत कम इस्तेमाल किए जाने वाले और मुश्किल माने जाने वाले हमीर राग पर एक ऐसा गीत रच दिया जो तलत महमूद और आशा भोंसले दोनों का ही सदाबहार गीत बन गया—'प्यार पर बस तो नहीं है मेरा लेकिन फिर भी, तू बता दे कि तुझे प्यार करूँ या न करूँ' (दो वर्जनों में)। इस गीत में गिटार, सितार और मैंडोलिन के ऑर्केस्ट्रेशन का बड़ा मोहक प्रयोग किया गया था। फिल्म के अन्य लोकप्रिय गीतों में रफी का सदाबहार 'रात भर का है मेहमाँ अँधेरा, किसके रोके रुका है सवेरा' शामिल था। जोगिया राग पर आधारित इस गीत का दूसरा हिस्सा रफी-आशा के युगल-गीत के रूप में था। तलत और आशा का युगल-गीत 'सच बता तू मुझपे फिदा' भी खूब लोकप्रिय हुआ था। फिल्म में मजरूह सुल्तानपुरी द्वारा लिखा गया इकलौता गीत था—'बेकस की तबाही के सामान हजारों हैं'। इस मर्मस्पर्शी गीत को आशा भोंसले ने सचमुच ही डूबकर गाया था। तलत ने इस फिल्म में कुछ-कुछ खलनायक के रंगवाली एक भूमिका भी निभाई थी।

ओ.पी. नैयर दिलीप कुमार के लिए 'नया दौर' में और देव आनन्द के लिए 'सी.आई.डी.' में पहले ही संगीत दे चुके थे। राज कपूर की 'दो उस्ताद' में संगीत देकर वे उन गिने-चुने संगीत-निर्देशकों की सूची में शामिल हो गए, जिन्हें इस महान तिकड़ी की फिल्मों में संगीत देने का गौरव प्राप्त है। शेख मुख्तार द्वारा निर्मित 'दो उस्ताद' में राज कपूर खुद शेख मुख्तार और मधुबाला के साथ थे। एक दिलचस्प तथ्य यह है कि ओ.पी. नैयर ने राज कपूर के लिए भी मुकेश की बजाय अपने प्रिय गायक मुहम्मद रफी की आवाज का इस्तेमाल किया। यह वह दौर था जब ओ.पी. नैयर अपनी प्रसिद्धि के चरम पर थे और उनकी इच्छा के आगे बड़े-बड़ों को सर झुकाना पड़ता था। फिल्म के लोकप्रिय गीतों में रफी और आशा भोंसले के कई डुएट—'तेरे दिल का मकान सैयाँ बड़ा आलीशान', 'नजरों के तीर मारे कस-कस-कस', 'टिक-टिक, टिक-टिक, बम-बम चिक' और 'तू लड़की मैं लड़का'—शामिल थे। इनके अलावा 'आया तुमपे दिल आया' (आशा), 'हमपे दिल आया तो बोलो' (रफी-आशा-शमशाद) और शम्मी कपूर शैली का 'इरी री राका' (रफी) भी खूब धूम मचाने वाले गीत थे। फिल्म के गीत कमर जलालाबादी ने लिखे थे।

'फागुन' की सफलता के बाद विभूमि मिश्रा ने अपनी अगली फिल्म

'बसन्त' (1960) में भी ओ.पी. नैयर को दोहराया। शम्मी कपूर और नूतन की मुख्य भूमिकाओं वाली यह फिल्म 'फागुन' की सफलता को तो नहीं दोहरा पाई, लेकिन रफी और आशा भोंसले के डुएट एक बार फिर खूब लोकप्रिय हुए, खासकर 'चोरी-चोरी इक इशारा हो गया है' और 'रस्ते में इक हसीं आज मिल गया'। इसी फिल्म में ओ.पी. नैयर के दो भविष्य के नियमित गीतकारों एस.एच. बिहारी और शेवन रिजवी ने भी उनके संगीत की दुनिया में कदम रखा, हालाँकि ज्यादातर गीत कमर जलालाबादी ने ही लिखे थे। फिल्म के अन्य लोकप्रिय गीतों में आशा भोंसले के 'मैं छोटी-सी छैल-छबीली' और 'रात चाँदनी समा सुहाना' के साथ-साथ रफी के साथ उनके कुछ और युगल-गीत—'मेरे लहंगे में घुंघरू' और 'मेरे दिल पे लगा दे'—भी शामिल थे।

ओ.पी. नैयर अब पूरी तरह 'आशावादी' हो चुके थे। आशा भोंसले के कैरियर के विकास में उनके योगदान को भुलाया नहीं जा सकता। सचिन देव बर्मन, रवि और खय्याम ने भी अपने-अपने तरीके से आशा भोंसले की आवाज को तराशा और संवारा था, लेकिन ओ.पी. नैयर का योगदान इन सबसे बढ़-चढ़कर था। उन्होंने ही आशा भोंसले को उनकी महान बहन लता मंगेशकर की छाया से निकाला और उनमें एक पार्श्व-गायिका के रूप में अपनी एक अलग हस्ती विकसित करने के लिए आत्मविश्वास पैदा किया। उन्होंने ही आशा को यह भरोसा दिलाया कि लता की तरह वे भी एक महान और चोटी की गायिका हैं और उनसे बढ़कर नहीं तो कम भी नहीं हैं। कहते हैं कि एक दिन उन्होंने आशा को बड़े गुलाम अली की एक मुश्किल ठुमरी का रियाज करने के लिए कहा और चुपके से उनके इस रियाज को रिकॉर्ड कर लिया। बाद में जब उन्होंने यह रिकॉर्डिंग आशा को सुनाई तो वे अपनी ही आवाज में इतनी मुश्किल मुरकियाँ सुनकर हैरान रह गईं। इस तरह की घटनाओं से उनका आत्मविश्वास बढ़ता चला गया और वे मुश्किल से मुश्किल और अच्छे से अच्छे गीत गाने की ताक में रहने लगीं। दुबई में आशा भोंसले का एक रेस्तराँ है, उनके अपने ही नाम 'आशा' से। वहाँ दीवारों पर बहुत से संगीत-निर्देशकों के साथ उनकी तस्वीरें टंगी हुई हैं। लेकिन इनमें एक संगीतकार गायब है—ओ.पी. नैयर। शायद यह चूक अनजाने में हो गई हो, लेकिन संगीत को गहराई से समझने-जानने वालों को यह निश्चित ही अखरता है, खासकर ओ.पी. नैयर के अगाध प्रशंसकों को!

लगभग सभी निर्माता ओ.पी. नैयर को दोहराना पसन्द करते थे। अशोक कुमार ने भी 'रागिनी' के बाद 'कल्पना' (1960) में एक बार फिर ओ.पी. नैयर को दोहराया। इस फिल्म में वे दो बहनों पद्मिनी और रागिनी के साथ मुख्य भूमिका में थे। निर्देशक एक बार फिर राखन ही थे। यह भी एक संगीत-प्रधान फिल्म थी—ओ.पी. नैयर की दस उत्कृष्ट रचनाओं से सजी हुई। इनमें कुछ थिरकते हुए मस्ती भरे गीत थे तो गहरे और वजनदार शास्त्रीय गीत भी—सब के सब ओ.पी. नैयर की विशिष्ट शैली की छाप लिए हुए। फिल्म के सबसे यादगार गीतों में आशा भोंसले का एक अनमोल रत्न शामिल था—'बेकसी हद से जब गुजर जाए, कोई ऐ दिल जिए के मर जाए'। इस खूबसूरत नज्म को ग़ज़ल शैली में राग देस में कम्पोज करके ओ.पी. नैयर ने शास्त्रीय संगीत की अपनी गूढ़ समझ (जिसे वे नासमझी कहते थे) का परिचय दे दिया था। इससे भी बढ़कर ललित राग पर आधारित रफी और मन्ना डे का युगल-गीत था, जिसमें ओ.पी. नैयर ने दुर्लभ सितारखानी ताल का प्रयोग किया था—'तू है मेरा प्रेम देवता'। इस गीत ने शास्त्रीय संगीत के महापंडितों के भी कान खड़े कर दिए थे, जो सम्भवत: रफी और मन्ना डे की युगलबन्दी की सबसे सुन्दर और उत्कृष्ट रचना है। फिल्म के ये दोनों गीत इतने अद्भुत थे कि आशा भोंसले के 'हमको समझ न लीजिए डाली गुलाब की', 'आना-आना अटरिया पे' और 'ए जी सावन में हूँ बेकरार' (फिल्म के टाइटलों में प्रयुक्त) जैसे लुभावने गीत या रफी के साथ उनके मोहक डुएट—'मैं खिड़की पे आऊँगी जब शाम को' और 'प्यारा-प्यारा है समाँ'—फीके पड़ गए थे। फिल्म के गीतकारों में राजा मेहंदी अली खान, हसरत जयपुरी, कमर जलालाबादी और जाँ निसार अख्तर शामिल थे।

'तू है मेरा प्रेम देवता'

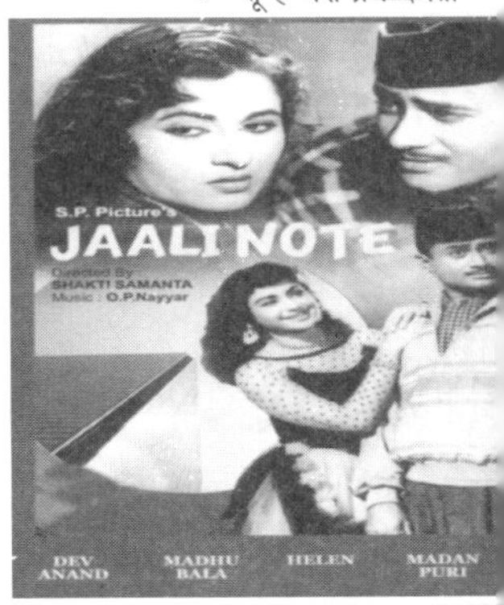

ओ.पी. नैयर को मधुबाला की सबसे ज्यादा यानी छह फिल्मों में संगीत देने का गौरव प्राप्त है—'मि. एंड मिसेज 55', 'ढाके की मलमल', 'फागुन', 'हावड़ा ब्रिज', 'दो उस्ताद' और 'जाली नोट'। देव आनन्द और मधुबाला की मुख्य भूमिकाओं से सजी 'जाली नोट' (1960) में निर्माता-निर्देशक शक्ति सामन्त ने ('हावड़ा ब्रिज' के बाद) एक बार फिर ओ.पी. नैयर को दोहराया। इस फिल्म के संगीत की सबसे उल्लेखनीय बात यह थी कि कॉमेडियन ओमप्रकाश पर फिल्माए गए रफी के 'छुरी बन काँटा बन' को छोड़कर फिल्म के अन्य सभी गीत युगल-गीत थे, ज्यादातर रफी और आशा भोंसले की आवाज में। पर्दे पर इन गीतों की प्रस्तुति में देव आनन्द और मधुबाला का आप्सी तालमेल देखते ही बनता था। 'चाँद जर्द-जर्द है', 'दिल है आपका हजूर लीजिए न लीजिए', 'ओ मिस्टर दिल बड़ी मुश्किल' और 'निगाहों ने फेंका है पंजे पे छक्का'—सभी बड़ी कल्पनाशीलता से फिल्माए गए थे। सबसे ज्यादा गजब ढाने वाला गीत था 'सच कहता हूँ बहुत हसीं हो'। इस गीत से पहले देव आनन्द शरारत से मुस्कराते हुए कहते हैं—''वो बात कह डालें जो कल कहना चाहते थे और कहते-कहते शरमा गए थे?'' जवाब में मधुबाला अपनी लाख रुपए की मुस्कान बिखेरते हुए कहती हैं— ''कह डालिए!'' राजा मेहंदी अली खान और नए-नए आए अनजान के गीतों से सजी यह फिल्म अच्छे संगीत के बावजूद कोई खास नहीं चली, जाली नोटों की तरह!

प्रदीप कुमार की घरेलू प्रोडक्शन 'मिट्टी में सोना' (1980) भी सोना कम और मिट्टी ज्यादा साबित हुई। इस

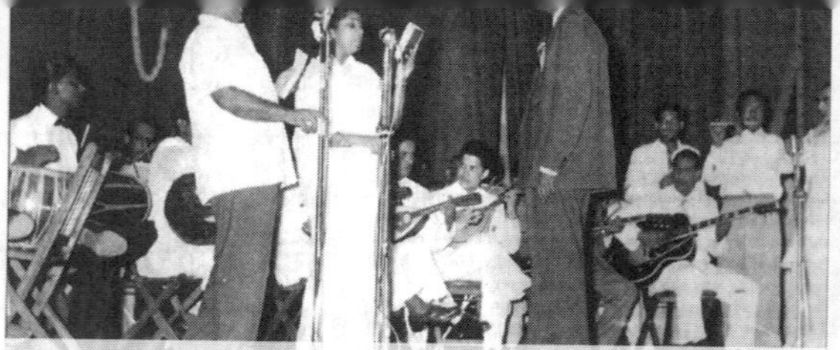

ओ.पी. नैयर रिकॉर्डिंग के समय अपनी टीम के साथ

एस. मुखर्जी और ओ.पी. नैयर

फिल्म में वे माला सिन्हा के साथ थे। यह फिल्म भले ही भुला दी गई हो, लेकिन इसका एक गीत भुलाए नहीं भूलता—'पूछो न हमें हम उनके लिए क्या-क्या नजराने लाए हैं, देने को मुबारकबाद मगर आँखों में ये आँसू आए हैं'। आशा भोंसले का यह गीत उनके सबसे खूबसूरत और सदाबहार गीतों में शामिल है। उनका एक और गीत 'ये दुनिया रहे न रहे क्या पता' और रफी के साथ उनका डुएट 'बाल बिखरे हुए' भी बड़े खूबसूरत गीत थे। चन्दर सहगल द्वारा निर्देशित इस फिल्म के गीत राजा मेहंदी अली खान और एस.एच. बिहारी ने लिखे थे।

जैसाकि हमने पीछे कहा है, ओ.पी. नैयर अपनी टीम के मामले में बड़ी सावधानी बरतते थे। लेकिन इसके साथ ही वे अपने सहयोगियों का ख्याल भी बहुत रखते थे और अपने संगीत की सफलता में उनके योगदान को खुलकर स्वीकार करते थे। रिदम का ध्यान रखने वाले जी.एस. कोहली और ऑर्केस्ट्रेशन के विशेषज्ञ सेबिस्तियन डी'सूजा उनके दाएँ हाथ की तरह थे। इनके अलावा गुड़ी सीरवई (अकॉर्डियन), मनोहरी सिंह (सेक्सोफोन), सुमन्त राज (बाँसुरी), पं. रामनारायण (सारंगी), उस्ताद रईस खान (सितार), अब्दुल सत्तार (ढोलक), बाबू सिंह (हारमोनियम), सरदार हजारा सिंह (गिटार) और बर्वे (बाँसुरी) का भी उनके संगीत में बहुत योगदान था। वे इस बात का ध्यान रखते थे कि उनके साजिंदों को रिकॉर्डिंग के साथ ही भुगतान कर दिया जाए। एक बार एक गीत की रिकॉर्डिंग से वे इतने खुश हो गए कि उन्होंने अपनी कीमती रोलेक्स घड़ी उतारकर सेबिस्तियन को भेंट कर दी। इसके बाद उन्होंने फिर कभी कोई घड़ी नहीं पहनी। उनकी टीम भी उन्हें बहुत मानती थी और उनके लिए कुछ भी करने को तैयार रहती थी।

★

यह अपने-आपमें एक पहेली है कि 'सी.आई.डी.', 'नया दौर', 'तुमसा नहीं देखा' और 'हावड़ा ब्रिज' जैसी सुपरहिट फिल्मों में खूब धूम मचाने वाला संगीत देने के बावजूद 1960-61 के आसपास ओ.पी. नैयर का कैरियर अचानक ठंडा क्यों पड़ गया। 1961 में उनकी एक भी फिल्म रिलीज नहीं हुई। लेकिन अगले वर्ष राज खोसला की 'एक मुसाफिर एक हसीना' (1962) से उन्होंने बड़ी शानदार वापसी की। इस फिल्म में उन्होंने न सिर्फ नए अन्दाज का बेहद रूमानी और मस्ती भरा संगीत दिया, बल्कि यह फिल्म उनके कैरियर में एक मील का पत्थर बन गई। फिल्मालय द्वारा निर्मित इस फिल्म में फिल्मालय के मालिक एस. (शशधर) मुखर्जी के बेटे जॉय मुखर्जी नायक थे और उनकी नायिका थीं फिल्मालय की ही खोज साधना। (इससे पहले इस जोड़ी के साथ आर.के. नैयर के निर्देशन में 'लव इन शिमला' भी बनाई जा चुकी थी।)

जैसाकि हमने कहा है, इस फिल्म में ओ.पी. नैयर ने नए अन्दाज का संगीत दिया—जो न सिर्फ नशीला और मस्ती भरा था बल्कि उतना ही संवेदनशील और मर्मस्पर्शी था। जरा मुलाहिजा फरमाइए—'बहुत शुक्रिया बड़ी मेहरबानी, मेरी जिंदगी में हजूर आप आए' (रफी-आशा; बाबू सिंह के हारमोनियम और अब्दुल सत्तार के ढोलक के ऑर्केस्ट्रेशन ने इसे और भी लुभावना बना दिया था); 'आप यूँ ही अगर हमसे मिलते रहे, देखिए एक दिन प्यार हो जाएगा' (रफी-आशा; जिसे कहरवा ताल और राग चाँदनी केदार पर आधारित रईस खान के सितार के इंटरल्यूडों ने और भी नशीला बना दिया था); 'मुझे देखकर आपका मुस्कराना, मुहब्बत नहीं है तो फिर और क्या है' (रफी, इस गीत में उनकी आवाज और अदायगी की नशीली मस्ती का भला कोई जवाब हो सकता है!) और केदार राग में हारमोनियम की जबर्दस्त लहरों वाला 'हमको तुम्हारे इश्क ने क्या-क्या बना दिया, जब कुछ न बन सके तो तमाशा बना दिया' (रफी)। भला इन चार छलकते हुए नशीले प्यालों से ज्यादा कोई पी सकता है? इतने में ही दिल उछलने और सर बहकने लगता है! लेकिन फिल्म में और गीत भी थे—'मेरी नजरें हसीन जैसे तुम' (आशा भोंसले), 'तुम्हें मुहब्बत है हमसे माना' (आशा-रफी) और पंजाबी लोक-संगीत के धूम-धड़ाके के साथ 'ओ यार जुल्फोंवाले' (रफी-आशा)। इसके अलावा वह तूफानी नशीला गीत भी जो इन सब गीतों से ऊपर था, लेकिन जिसे बड़े अफसोस की बात है कि फिल्म से हटा दिया गया—'मैं प्यार का राही हूँ, तेरी जुल्फ के साए में कुछ देर ठहर जाऊँ... तुम एक मुसाफिर हो, कब छोड़ के चल दोगे, ये सोच के घबराऊँ' (रफी-आशा)। इन मस्ती में डूबे, नशीले और दिल में बस जाने वाले गीतों को राजा मेहंदी अली खान, शेवन रिजवी और एस.एच. बिहारी ने लिखा था। वाह नैयर साहब, वाह! इस फिल्म से फिल्मालय के एस. मुखर्जी और ओ.पी. नैयर ऐसे जुड़े कि जिंदगी भर नहीं बिछड़े।

पाच्छी द्वारा निर्मित 'हांगकांग' (1962) ओ.पी. नैयर की एक और सस्पेंस थ्रिलर फिल्म थी। अशोक कुमार और बी. सरोजा देवी की मुख्य भूमिकाओं वाली यह फिल्म अपने कमजोर कथानक के कारण बुरी तरह फ्लॉप हो गई, लेकिन इसके कुछ गीत लोगों को याद रह गए। 'हो जो हुकम

तो मेहरबाँ', 'ये जुल्फें आवारा लुटा जमाना सारा' और 'हांगकांग चीना मीना सिंगापुर' जैसे कुछ दिलचस्प गीत ऐसे ही गीत थे। इस बार नैयर के गीतकारों में उनके चारों भरोसेमन्द गीतकार राजा मेहंदी अली खान, कमर जलालाबादी, शेवन रिज्वी और एस.एच. बिहारी शामिल थे। पाच्छी जाने-माने कॉमेडियन ओमप्रकाश के भाई थे, जो बाद में राज कपूर के साथ 'एराउंड द वर्ल्ड' जैसी भव्य पैमाने की फिल्मों के निर्माता के रूप में प्रसिद्ध हुए।

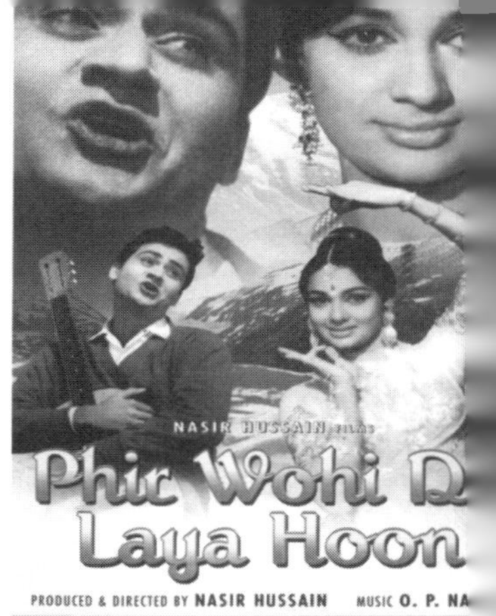

'एक मुसाफिर एक हसीना' और इसके बाद ओ.पी. नैयर के संगीत में एक नई तरह की नशीली मिठास और नजाकत भरी मस्ती दिखाई देने लगी थी—एक ऐसा रूमानी गुबार और मस्ती में डूबा एक ऐसा नशीला तूफान जिसके लिए उनके गीतों को सबसे ज्यादा याद किया जाता है। उन्होंने मानो प्रेम और रोमांस को एक नया आयाम दे दिया था—जो किसी बेहद सुहाने दिन की तरह जितना नशीला और मस्ती भरा था, उतना ही बेधड़क, बेपरवाह और किसी भी तरह की हदों को न मानने वाला भी। 'फिर वही दिल लाया हूँ' (1963), 'कश्मीर की कली' (1964) और 'मेरे सनम' (1965) फिल्में प्रेम-संगीत के इसी नए, नशीले और मस्ती भरे आयाम का उदाहरण थीं, जो न तो इससे पहले और न इसके बाद ही कभी सुना गया। इन गीतों में ओ.पी. नैयर ने सितार, गिटार, वायलिन और सन्तूर का खुलकर प्रयोग किया था जबकि सारंगी और बाँसुरी इन गीतों का आधार थीं। एक तरह से हम कह सकते हैं कि 1950 के पूरे दशक में ओ.पी. नैयर ने जो कुछ सीखा और आजमाया था, उसे नए सिरे से निखार और संवारकर तथा कलात्मकता की कसौटी के सर्वोच्च बिन्दु पर पहुँचाकर 1960 के दशक के इन मध्य वर्षों में पेश कर दिया था—ओ.पी. नैयर स्टाइल ऐट इट्स बेस्ट! इस दौर का ओ.पी. नैयर का संगीत संगीत-प्रेमियों के लिए एक अमूल्य उपहार से कम नहीं है, जिसे बार-बार सुनकर भी कभी जी नहीं भरता!

आशा पारिख और ओ.पी. नैयर

नासिर हुसैन की 'फिर वही दिल लाया हूँ' (1963) कश्मीर की पृष्ठभूमि पर आधारित एक रंगीन फिल्म थी और अपने नाम के अनुरूप एक थिरकती-झूमती हुई रोमांटिक फिल्म थी। आशा पारिख और जॉय मुखर्जी की मुख्य भूमिकाओं से सजी इस सुपरहिट फिल्म में ओ.पी. नैयर ने वैसा ही थिरकता-झूमता हुआ और मस्ती भरा संगीत भी दिया था। सभी गीत एक से बढ़कर एक थे—टाइटल-गीत 'बन्दा परवर थाम लो जिगर, बनके प्यार फिर आया हूँ, खिदमत में आपकी हुजूर फिर वही दिल लाया हूँ' (रफी) से लेकर 'लाखों हैं निगाह में जिंदगी की राह में सनम हसीन जवाँ' (रफी) तक। (इस दूसरे गीत में हजारा सिंह ने कमाल का गिटार बजाया था।) या फिर आशा भोंसले की बात करें तो 'आँखों से जो उतरी है दिल में तसवीर है इक अनजाने की' (किरवाणी आधारित) से लेकर 'मुझे प्यार में तुम न इल्जाम देते' तक। और अगर युगल-गीतों की बात करें तो रफी और आशा के 'हमदम मेरे खेल न जानो चाहत के इकरार को' (जिसके मुखड़े की शुरुआत दो दूसरे मुखड़ों 'दूर बहुत मत जाइए' और 'नाजनीं बड़ा रंगीं है वादा तेरा' के बाद होती है) से लेकर आशा और उषा मंगेशकर के अद्भुत 'देखो बिजली डोले बिन बादल के' (राग छायानट) तक। फिल्म के अन्य गीतों में रफी का खूब लोकप्रिय 'अजी किबला मोहतरमा कभी शोला कभी नगमा' और सदाबहार 'आँचल में सजा लेना कलियाँ जुल्फों में सितारे भर लेना' शामिल था, जो पचास वर्ष बीत जाने पर भी भुलाए नहीं भूलता। राग बिलावल पर आधारित 'जुल्फ की छाँव में चेहरे का उजाला लेकर' भी दिल को छू लेने वाला गीत था। दोनों बहनें आशा और उषा का युगल-गीत 'देखो बिजली डोले...' लगभग लुप्त हो चले लक्ष्मी ताल में फिल्माया गया था। शूटिंग के बाद फिल्म की नायिका आशा पारिख एक गुलदस्ता लेकर ओ.पी. नैयर के पास जा पहुँची और उन्हें लक्ष्मी ताल के पुनरोद्धार के लिए धन्यवाद देने लगीं। ओ.पी. नैयर ने बड़े स्नेह से उनका गुलदस्ता तो स्वीकार कर लिया, लेकिन साथ ही उन्हें यह भी बताया कि उन्हें लक्ष्मी ताल के बारे में कुछ भी नहीं पता था। इस गीत की प्रेरणा उन्हें सीधे ईश्वर से मिली थी। यह सच भी था, ओ.पी. नैयर के गीत सीधे उनके दिल से निकलते थे। इस फिल्म में उनके पुराने साथी मजरूह सुल्तानपुरी काफी समय बाद उनके साथ फिर जुड़े थे और दोनों की जोड़ी ने सचमुच ही धूम मचा दी थी। यह फिल्म ओ.पी. नैयर के कैरियर की पहली रंगीन फिल्म थी।

इस फिल्म की तरह शक्ति सामन्त की 'कश्मीर की कली' (1964) भी ओ.पी. नैयर की एक रंगीन फिल्म थी और अपने नाम के अनुरूप कश्मीर में फिल्माई गई थी। रिबेल स्टार शम्मी कपूर और अपनी पहली हिन्दी फिल्म कर रहीं शर्मीला टैगोर की मुख्य भूमिकाओं से सजी यह फिल्म ओ.पी. नैयर के संगीत के स्वर्ग से कम नहीं थी—उसी तरह जैसे कश्मीर को पृथ्वी का स्वर्ग कहा जाता है। फिल्म के सभी गीत प्रेम की उमंग और मस्ती का इतना नया व नशीला अन्दाज लिए थे कि हर गीत अपने-आपमें एक अनमोल रत्न की तरह था। 'इशारों-इशारों में दिल लेने वाले बता ये हुनर तूने सीखा कहाँ से' (पहाड़ी राग) हो या 'दीवाना हुआ बादल सावन की घटा छाई, ये देखके दिल झूमा ली प्यार ने अंगड़ाई' (बागेश्वरी) या फिर भंगड़े के धूम-धड़ाके वाला 'हाय रे हाय, ये मेरे हाथ में तेरा हाथ, रहे दिन-रात, तो फिर क्या बात, मेरी जाँ बल्ले-बल्ले'—रफी और आशा के ये तीनों युगल-गीत उनके सबसे लोकप्रिय और सदाबहार युगल-गीतों में शामिल हैं। इसी तरह रफी के सभी सोलो भी एक से बढ़कर एक थे। 'सुबहान अल्लाह हसीं चेहरा ये

मस्ताना अदाएँ' दीपचन्दी ताल पर आधारित था, जिसमें हारमोनियम का अद्‌भुत प्रयोग देखते ही बनता था! इसी तरह कई पीढ़ियों तक हर प्रेमी, हर आशिक की प्रेरणा बना रहने वाले 'है दुनिया उसी की जमाना उसी का, मुहब्बत में जो हो गया हो किसी का' का आज भी कोई जवाब नहीं है। इसमें कोई शक नहीं कि मुहम्मद रफी और शम्मी कपूर ने मिलकर मुहब्बत का जो पैगाम नौजवान पीढ़ी तक पहुँचाया वह अपने-आपमें काबिले-तारीफ और लाजवाब है! इस गीत में सेक्सोफोन का गजब का प्रयोग किया गया था। दिलचस्प बात यह है कि इसे बजाने वाले मनोहरी सिंह खुद भी फिल्म के इस दृश्य में मौजूद थे और सेक्सोफोन ही बजा रहे थे। रफी का तीसरा सोलो सबसे ज्यादा धूम मचाने वाला था—'तारीफ करूँ क्या उसकी जिसने तुम्हें बनाया'! कहते हैं कि शम्मी कपूर ने मुहम्मद रफी से कहा था कि इस गीत में जब भी 'तारीफ' शब्द आए वे उसे अलग तरह से गाएँ ताकि शम्मी कपूर खुद भी हर बार अलग तरह से एक्टिंग कर सकें। ऐसा ही हुआ भी। इस गीत ने सिनेमाघरों में जो तूफान मचाया था उसकी कल्पना करना मुश्किल है! फिल्म में आशा भोंसले के भी दो सोलो थे—दोनों ही बेहद खूबसूरत—'बलमा खुली हवा में, महकी हुई फिजा में, दिल चाहता है मेरा बहकना इधर-उधर' और 'फिर ठेस लगी दिल को फिर...'। अफसोस, ये दोनों गीत फिल्म से हटा दिए गए! फिर भी ये आशा भोंसले के सबसे प्यारे और अनमोल गीतों में शामिल हैं।

ओ.पी. नैयर की तीसरी रंगीन फिल्म 'मेरे सनम' (1965) भी कश्मीर की पृष्ठभूमि पर आधारित थी। शायद इन तीनों फिल्मों में उनके गजब के संगीत में कश्मीर की सुहानी वादियों का भी कुछ हाथ था। (भले ही ये सभी गीत उन्होंने मुम्बई के रिकॉर्डिंग स्टूडियो में रिकॉर्ड किए थे!) जी.पी. सिप्पी द्वारा निर्मित 'मेरे सनम' में आशा पारिख और विश्वजीत मुख्य भूमिकाओं में थे और साथ ही 'ये है रेशमी जुल्फों' वाली मुमताज भी थीं। निर्देशक थे अमर कुमार। एक बार फिर मजरूह सुल्तानपुरी के गीतों वाली इस फिल्म (जो उनके साथ ओ.पी. नैयर की आखिरी फिल्म थी) के संगीत ने भी खूब धूम मचाई। रफी का 'पुकारता चला हूँ मैं' और आशा भोंसले के 'जाइए आप कहाँ जाएँगे' और 'ये है रेशमी जुल्फों का अँधेरा' तो आज भी उतने ही ताजा प्रतीत होते हैं और खूब लोकप्रिय हैं। रफी के 'हुए हैं तुम पे आशिक हम बुरा मानो भला मानो' और 'हमदम मेरे मान भी जाओ कहना मेरे प्यार का' ने भी खूब धूम मचाई थी और पहाड़ी राग पर आधारित मर्मस्पर्शी 'टुकड़े हैं मेरे दिल के ऐ यार तेरे आँसू' ने भी। फिल्म के युगल-गीत भी उतने ही लुभावने थे—थिरकता-झूमता हुआ 'टोका कई बार मैंने दिल की उमंग को, क्या करूँ मैं अपनी निगाहों की पसन्द को' भी और धीमा और नशीला 'हमने तो दिल को आपके कदमों पे रख दिया' भी—हालाँकि रफी-आशा के इस दूसरे युगल-गीत को न जाने क्यों फिल्म से हटा दिया गया। आशा भोंसले के पीलू राग पर आधारित 'जाइए आप कहाँ...' में रईस खान के सितार और शिवकुमार शर्मा के सन्तूर के सुरों का कमाल देखते ही बनता था। यूँ इस मुश्किल मुरकियों वाले गीत में आशा भोंसले की अदायगी भी लाजवाब थी। यही बात मुमताज पर फिल्माए गए 'ये है रेशमी जुल्फों का अँधेरा' के बारे में भी कही जा सकती है। इन गीतों में आशा ओ.पी. नैयर के साथ अपनी गायन-कला के चरम शिखर पर पहुँच गई थीं। कुल मिलाकर 'मेरे सनम' ओ.पी. नैयर की एक शानदार उपलब्धि थी—और बॉक्स ऑफिस की दृष्टि से उनकी आखिरी बड़ी सफलता भी!

ओ.पी. नैयर

किशोर कुमार और सोनिया साहनी की मुख्य भूमिकाओं वाली 'अकलमन्द' (1966) बड़ी और रंगीन फिल्मों के बाद ओ.पी. नैयर की एक छोटी और ब्लैक एंड व्हाइट फिल्म थी। रामदयाल द्वारा निर्मित यह फिल्म ठेठ आई.एस. जौहर शैली की कॉमेडी थी, जिसमें वे खुद भी एक प्रमुख भूमिका में थे। 'दो अकलमन्द हुए फिक्रमन्द' (रफी-किशोर), 'दिया है आपने बड़ा हसीं सहारा' (किशोर), 'खूबसूरत साथी इतनी बात बता' (किशोर-आशा) और 'अजी क्या रखा है ध्यानम में' (रफी) फिल्म के कुछ लोकप्रिय गीत थे। इन्हें पी.एल. सन्तोषी और अजीज कश्मीरी ने लिखा था।

प्रदीप कुमार के अपने बैनर की दूसरी फिल्म 'दो दिलों की दास्तान' (1966) भी एक फीकी-फीकी-सी फिल्म साबित हुई। प्रदीप कुमार और वैजयन्तीमाला की मुख्य भूमिकाओं वाली इस ब्लैक एंड व्हाइट फिल्म को पहले तो बनने में ही काफी समय लग गया और फिर यह ढंग से पूरे देश में रिलीज भी नहीं हो पाई। इस फिल्म का निर्देशन खुद प्रदीप कुमार ने ही किया था। फिल्म के यादगार गीतों में 'मिलती है अगर नजरों से नजर', 'अजी पहली मुलाकात में नहीं प्यार' और 'मुझे अँखियों पे अपनी यकीन है' जैसे रफी-आशा के कुछ युगल-गीत शामिल थे। इन गीतों को राजा मेहंदी अली खान, एस.एच. बिहारी और शेवन रिजवी ने लिखा था।

ओ.पी. नैयर अपनी भेंटवार्ताओं में भी यह बात स्वीकार कर चुके हैं कि उन्हें कामयाबी का नशा हो गया था और कभी-कभी वे बहुत अकड़कर बात करते थे। लेकिन उनकी यह अकड़ उन्हीं लोगों तक सीमित थी जो खुद भी अहंकार के शिकार थे। आम लोगों के प्रति उनका रवैया हमेशा नरम और सहयोगपूर्ण ही रहता था। कहते हैं कि कई टैक्सीवाले उन्हें पहचानने लगे थे क्योंकि वे बहुत मोटी 'टिप' देते थे। रिकार्डिंग वाले दिन वे पूरे दिन के लिए टैक्सी 'बुक' कर लेते थे और 'टिप' भी दिल खोलकर देते थे। विनोद नामक एक कम्पोजर बुरे वक्त का शिकार हो गया तो ओ.पी. नैयर

ने बढ़-चढ़कर उसकी मदद की और उसकी बेटी को एक नृत्य प्रतियोगिता में हिस्सा दिलवाकर पाँच सौ रुपए का ईनाम भी दिलवाया, जो उन दिनों अच्छी-खासी रकम थी।

उनकी अगली फिल्म 'बहारें फिर भी आएँगी' (1966) भी निर्माण में लम्बे समय तक फँसी रही एक ब्लैक एंड व्हाइट फिल्म थी। अपनी महत्त्वाकांक्षी फिल्म 'साहब, बीवी और गुलाम' की विफलता के बाद गुरुदत्त ने इस फिल्म का निर्माण खुद ही शुरू किया था और अपने पुराने तथा चहेते संगीतकार ओ.पी. नैयर को इसके संगीत की जिम्मेदारी सौंपी थी। लेकिन गुरुदत्त चल बसे और उनके साथ माला सिन्हा और तनूजा जैसी दो नायिकाओं वाली यह फिल्म अधूरी ही रह गई। (यह फिल्म न्यू थिएटर्स की बहुचर्चित फिल्म 'प्रेजिडेंट' की री-मेक थी।) गुरुदत्त के भाई आत्माराम, निर्देशक शाहिद लतीफ और लेखक अबरार अल्वी ने मिल-जुलकर और उभरते हुए धर्मेन्द्र को गुरदत्त की जगह नायक की भूमिका में लेकर किसी तरह इस फिल्म को पूरा किया। यह फिल्म बॉक्स ऑफिस पर तो कुछ खास नहीं चल पाई, लेकिन इसके संगीत ने सचमुच ही धूम मचा दी। रफी के 'आपके हसीन रुख पे आज नया नूर है' (अनजान) को भला कौन भुला सकता है? इस गजब के रूमानी गीत का जवाब ढूँढ़ना मुश्किल है। इसका पियानो, गिटार और वायलिन पर आधारित ऑर्केस्ट्रेशन भी उतने ही कमाल का था। इसी तरह आशा भोंसले के 'वो हँसके मिले हमसे हम प्यार समझ बैठे' (माउथ ऑर्गन, सेक्सोफोन और बाँसुरी के मोहक ऑर्केस्ट्रेशन के साथ) और 'कोई कहदे जमाने से जाके कि हम घबराके मुहब्बत कर बैठे' भी गजब के गीत थे और उनके सबसे लोकप्रिय और अमर गीतों में शामिल हैं। कैफी आजमी द्वारा लिखा गया फिल्म का टाइटल-गीत 'बदल जाए अगर माली, चमन होता नहीं खाली' (महेन्द्र कपूर) भी बहुत खूबसूरत गीत था और खूब लोकप्रिय हुआ था। एक दिलचस्प तथ्य यह है कि गुरुदत्त का बैनर होने के बावजूद इस फिल्म में गीता दत्त का एक भी गीत नहीं था। अनजान और कैफी आजमी के साथ-साथ अजीज कश्मीरी, एस.एच. बिहारी और शेवन रिजवी भी फिल्म के गीतकारों में शामिल थे।

इसमें कोई सन्देह नहीं कि कैरियर के इस चरण में ओ.पी. नैयर के संगीत में कुछ भटकाव और दोहराव दिखाई देने लगा। शायद वे भावनात्मक या मानसिक स्तर पर कुछ उखड़े हुए थे। फिल्मों के चयन के मामले में भी कुछ लापरवाही दिखाई देने लगी। इसका एक कारण यह भी हो सकता है कि संगीत कितनी ही धूम क्यों न मचा दे, जब तक फिल्म हिट नहीं होती थी संगीतकार की माँग नहीं बढ़ती थी। ओ.पी. नैयर भी किसी हिट फिल्म की तलाश में थे, जो 1968 में 'किस्मत' से पहले उन्हें नसीब नहीं हुई। (तब तक शायद बहुत देर हो चुकी थी!)

बी.के. आदर्श की 'लव एंड मर्डर' (1966) ओ.पी. नैयर की प्रतिष्ठा में वृद्धि करने वाली फिल्म नहीं थी। उल्टे इस फिल्म से दो नकारात्मक बातें जुड़ी हुई हैं। एक तो यह कि इस फिल्म में उन्होंने आशा भोंसले के एक गीत 'साजन मेरे दिल में तेरे' में 'मेरे सनम' के 'हमदम मेरे मान भी जाओ' की धुन को ही दोहरा दिया, दूसरी यह कि वे अपने चहेते गायक मुहम्मद रफी से झगड़ पड़े। इससे यही प्रतीत होता है कि वे किसी तरह के भावनात्मक / मानसिक द्वन्द्व या तनाव के शिकार थे। हुआ यूँ कि फिल्म के सबसे खूबसूरत गीत 'तेरे गेसुओं का साया मेरी जान' की रिकॉर्डिंग के लिए मुहम्मद रफी एक घंटा देर से पहुँचे। समय के पाबन्द ओ.पी. नैयर को यह तो अखरा ही, साथ ही रफी के मुँह से यह सुनकर कि वे 'फलाँ' संगीतकार की रिकॉर्डिंग में फँसे हुए थे, वे बुरी तरह चिढ़ गए। उन्होंने रफी के साथ कभी कोई रिकॉर्डिंग न करने और लगभग आधा दर्जन निर्माणाधीन फिल्मों के गीत उनकी बजाय महेन्द्र कपूर से गवाने का फैसला कर लिया। लता से तो वे गवाते ही नहीं थे, अब मुहम्मद रफी की भी अनुपस्थिति उनके संगीत और कैरियर के लिए एक बड़ा झटका थी। लेकिन उस समय वे शायद इसे समझ पाने की मनोस्थिति में ही नहीं थे। खैर, इसका असर दिखाई देने में अभी कुछ समय था, क्योंकि किसी गीत की रिकॉर्डिंग और फिल्म की रिलीज में अकसर एक-डेढ़ या दो वर्ष का अन्तर रहता था।

धर्मेन्द्र और राजश्री की मुख्य भूमिकाओं से सजी रंगीन फिल्म 'मुहब्बत जिंदगी है' (1966) में ओ.पी. नैयर ने कुछ लुभावने और हिट गीत दिए। जगदीश नरुला द्वारा निर्देशित इस फिल्म के दो गीत खासतौर से लोकप्रिय हुए—रफी का 'न जाने क्यों हमारे दिल को तुमने दिल नहीं समझा' (भैरवी राग) और आशा भोंसले का 'रातों को चोरी-चोरी बोले मोरा कंगना'। आशा का यह गीत उनके सबसे मोहक और मदहोश कर देने वाले गीतों में शामिल है। फिल्म के अन्य गीतों में 'नजर नजर से मिलाओ तो कोई बात बने' (आशा), 'तुम्हारी मुलाकात से मुझको पता' (रफी), 'तुम सबसे हसीं हो' (महेन्द्र कपूर-आशा भोंसले) और 'ये पुरनूर चेहरा ये दिलकश अदा' (महेन्द्र कपूर) इत्यादि शामिल थे। फिल्म के सभी गीत एस.एच. बिहारी ने लिखे थे।

शक्ति सामन्त की 'सावन की घटा' (1966) ओ.पी. नैयर के साथ उनकी चौथी और आखिरी फिल्म थी। मनोज कुमार और शर्मीला टैगोर की मुख्य भूमिकाओं वाली इस रंगीन फिल्म में ओ.पी. नैयर ने एक बार फिर सुपरहिट संगीत दिया। फिल्म के लगभग सभी गीत खूब लोकप्रिय हुए थे—'जुल्फों को हटा ले चेहरे से थोड़ा-सा उजाला होने दे'

(रफी), 'मेरी जान तुम पे सदके अहसान इतना कर दो' (महेन्द्र कपूर और आशा भोंसले के अलग-अलग वर्जन), 'होंठों पे हँसी आँखों में नशा' (रफी-आशा भोंसले), 'जो दिल की तड़प न जाने' (आशा भोंसले) और खूब धूम मचाने वाला आशा का ही 'जरा हौल्ले-हौल्ले चल्लो मोरे साजना हम भी पीछे हैं तुम्हारे' (एक बार फिर घोड़े की मोहक पदचाप के साथ)। रफी-आशा का 'होंठों पे हँसी आँखों में...' 'फिर वही दिल लाया हूँ' में आशा के 'आँखों से जो उतरी है दिल में' की याद दिलाता था। नैयर अपने-आपको दोहराने क्यों लगे थे? 'मुहब्बत जिंदगी है' की तरह यह फिल्म भी बॉक्स ऑफिस पर नहीं चली।

ओ.पी. नैयर की तीन अनमोल फिल्मों 'फिर वही दिल लाया हूँ', 'कश्मीर की कली' और 'मेरे सनम' के बाद अगर उनकी किसी फिल्म के संगीत ने जबर्दस्त धूम मचाई तो वह थी रंगीन फिल्मों के जमाने में बनी ब्लैक एंड व्हाइट फिल्म 'ये रात फिर न आएगी' (1966)। विश्वजीत और शर्मीला टैगोर की मुख्य भूमिकाओं से सजी और बृज द्वारा निर्देशित यह फिल्म एक रहस्य-रोमांच फिल्म थी। शायद इसीलिए इसे ब्लैक एंड व्हाइट में बनाया गया था। ओ.पी. नैयर की पिछली कुछ फिल्मों की तरह यह फिल्म भी नहीं चली। लेकिन इस फिल्म में ओ. पी. नैयर का संगीत सचमुच ही कमाल का और लाजवाब था। यह फिल्म आशा भोंसले के गीतों के ताजमहल की तरह थी, जिसे ओ.पी. नैयर ने बड़े प्यार से तराशा और गढ़ा था—एक से एक खूबसूरत, एक से एक लाजवाब गीत, जिनका आकर्षण और जादुई सम्मोहन आज भी कम नहीं हुआ है। 'मैं शायद तुम्हारे लिए अजनबी हूँ मगर चाँद-तारे मुझे जानते हैं, ये सारे नजारे मुझे जानते हैं'... 'यही वो जगह है यही वो फिजा है जहाँ पर कभी आप हमसे मिले थे'... 'हर टुकड़ा मेरे दिल को देता है गवाही, दिल टूट गया आपको आवाज न आई'... और 'मुहब्बत चीज है क्या मुहब्बत करके देखेंगे'। रफी के साथ उनके दोनों युगल-गीत भी इतने ही मंत्रमुग्ध कर देने वाले थे—'फिर मिलोगी कभी इस बात का वादा कर लो' और 'आपसे मैंने मेरी जान मुहब्बत की है, आप चाहें तो मेरी जान भी ले सकती हैं'। इसी तरह मीनू पुरुषोत्तम के साथ उनका धमाकेदार युगल-गीत भी गजब का था—'हजूरेवाला, जो हो इजाजत, तो हम ये सारे, जहाँ से कह दें, तुम्हारी अदाओं पे मरते हैं हम, ये किसने कहा है कि डरते हैं हम'। यह गीत मनोहरी सिंह के अद्‌भुत सेक्सोफोन के साथ शुरू होता है, जिसके बाद हजारा सिंह अपनी गिटार का जलवा दिखाते हैं और फिर आखिर में आशा और मीनू बिजलियाँ गिराते हुए बरस पड़ती हैं। महेन्द्र कपूर का 'मेरा प्यार वो है कि मरकर भी तुमको जुदा अपनी बाँहों से होने न देगा' भी खूब लोकप्रिय हुआ था, बल्कि 'बिनाका गीतमाला' के चोटी के गीतों में शामिल रहा था। इन होश उड़ा देने वाले गीतों को एस.एच. बिहारी और अजीज कश्मीरी ने लिखा था।

यह भी एक अबूझ पहेली है कि ओ.पी. नैयर को 'सी.आई.डी. 999' और 'नसीहत' जैसी बी-ग्रेड फिल्में करने की जरूरत क्यों पड़ गई। यह अलग बात है कि इन फिल्मों में भी कई गीत उनके मधुर और सम्मोहन भरे संगीत की छाप लिए हुए थे। फिरोज खान और मुमताज की मुख्य भूमिकाओं वाली 'सी.आई.डी. 999' (1967) एक क्राइम-थ्रिलर फिल्म थी। यह ओ.पी. नैयर की आखिरी ब्लैक एंड व्हाइट फिल्म भी थी। फिल्म के संगीत पर पूरी तरह आशा भोंसले और महेन्द्र कपूर छाए हुए थे। आशा का 'यार बादशाह यार दिलरुबा' और महेन्द्र कपूर के साथ उनका युगल-गीत 'जाने तमन्ना क्या कर डाला' खूब लोकप्रिय हुए थे और इन दोनों के सदाबहार गीतों में शामिल हैं। आशा का नृत्य युगल-गीत 'धड़का तो होगा दिल जरूर, किया तो होगा तुमने प्यार' भी बड़ा मोहक था और खूब लोकप्रिय हुआ था। फिल्म के अन्य गीतों में आशा के 'चाहे तो जान ले लो', 'नदी का किनारा हो पानी आवारा हो' और युगल-गीत 'तेरा निखरा-निखरा चेहरा' शामिल था। इसी तरह, दारा सिंह और साउथ की राजश्री की मुख्य भूमिकाओं वाली रंगीन फिल्म 'नसीहत' (1967) में भी ओ.पी. नैयर के कई हिट गीत थे—'कभी हमारी मुहब्बत का इम्तिहान न लो' (आशा), 'जरा देखिए मेरी सादगी मैं वफा के नाम पे लुट गया' (महेन्द्र कपूर) और धमाकेदार 'या कि तुम पर मेरी जाँ शबाब आ गया या कि फिर मेरे मरने के दिन आ गए' (महेन्द्र कपूर)। 'सी.आई.डी. 999' के गीत एस.एच. बिहारी, शेवन रिजवी, अजीज कश्मीरी और वर्मा मलिक ने लिखे थे, जबकि 'नसीहत' के गीत एस.एच. बिहारी और अजीज कश्मीरी ने लिखे थे। इन दोनों फिल्मों में रफी का एक भी गीत नहीं था।

ओ.पी. नैयर रफी के साथ

जॉय मुखर्जी द्वारा निर्मित और निर्देशित 'हमसाया' (1968) उनकी एक महत्त्वाकांक्षी फिल्म थी, जिसे उन्होंने बहुत भव्य स्तर पर

और बड़ी मेहनत से बनाया था। फिल्म में उनका डबल रोल था और उनके साथ दो बड़ी हीरोइनें थीं—माला सिन्हा और शर्मीला टैगोर। लेकिन यह फिल्म उस जमाने में खूब लोकप्रिय हुईं जासूसी फिल्मों 'फर्ज' (जीनेन्द्र) और 'आँखें' (धर्मेन्द्र) की सफलता को दोहरा नहीं पाई और इस फिल्म के बाद जॉय मुखर्जी का कैरियर लगभग खत्म ही हो गया। जैसाकि हमने कहा, इस फिल्म में उनका डबल रोल था—वे भारतीय जासूस भी थे और चीनी जासूस भी, जो आपस में बदल जाते हैं। फिल्म की इस दोहरी पृष्ठभूमि को देखते हुए ओ.पी. नैयर ने संगीत भी दो रंगी दिया था—एक तरफ 'ओ कन्हैया... आज पनघट पे तेरी राधा अकेली खड़ी' तो दूसरी तरफ 'वो हसीन दर्द दे दो' और 'कितना हसीं है ये जहाँ'। फिल्म के संगीत पर पूरी तरह आशा भोंसले छाई हुई थीं और 'ये रात फिर न आएगी' की तरह इसमें भी उनके एक से एक खूबसूरत गीत थे—लेकिन अलग अन्दाज के—रूमानी कम और तूफानी ज्यादा। 'आजा मेरे प्यार के सहारे' ने तो तूफान ही मचा दिया था, जिसे न जाने क्यों फिल्म में नहीं लिया जा सका। यह गीत शायद आशा भोंसले का सबसे मादक, सबसे तूफानी गीत है। रफी का 'दिल की आवाज भी सुन' और आशा के साथ उनका डुएट 'मुझे मेरा प्यार दे दे' भी खूब लोकप्रिय हुए थे, जो उनके और आशा के सदाबहार गीतों में शामिल हैं। एस.एच. बिहारी, शेवन रिजवी और हसरत जयपुरी के गीतों वाली यह फिल्म ओ.पी. नैयर की एक यादगार फिल्म थी।

विनोद और हरीश शाह द्वारा निर्मित 'दिल और मुहब्बत' (1968) जॉय मुखर्जी की एक और फ्लॉप फिल्म थी, जिसमें वे शर्मीला टैगोर के साथ थे। यह फिल्म कब आई और कब गई यह तो पता नहीं चला, लेकिन इसके गीत बरसों तक खूब लोकप्रिय रहे। महेन्द्र कपूर का 'कहाँ से लाई हो जानेमन ये किताबी चेहरा गुलाबी आँखें' और आशा भोंसले के साथ उनका डुएट 'हाथ आया है जबसे तेरा हाथ में' खूब लोकप्रिय हुए। इनके अलावा आशा के दो एक-दूसरे से बिलकुल अलग गीत—एक कैबरे और एक मुजरा—'उफ ये बेकरार दिल कहाँ लुटा न पूछिए' और 'बड़े खूबसूरत बड़े ही हसीं' भी कमाल के गीत थे। फिल्म के गीत एस.एच. बिहारी, शेवन रिजवी, अजीज कश्मीरी और वर्मा मलिक ने लिखे थे। 'एक मुसाफिर एक हसीना' और 'फिर वही दिल लाया हूँ' जैसी फिल्मों में ओ.पी. नैयर के संगीत ने जॉय मुखर्जी के कैरियर को आगे बढ़ाने में काफी मदद की थी, पर अब उनका संगीत भी उन्हें नहीं बचा पा रहा था।

विश्वजीत के लिए 'मेरे सनम' में खूब धूम मचाने वाला संगीत दे चुके ओ.पी. नैयर 'कहीं दिन कहीं रात' और बड़े इन्तजार के बाद आई अपनी एक हिट फिल्म 'किस्मत' में एक बार फिर उनके साथ थे। दर्शन सभरवाल की 'कहीं दिन कहीं रात' (1968) में विश्वजीत एक नई नायिका सपना के साथ थे (जो लेख टंडन की अधूरी फिल्म 'मि. रोमियो' में शम्मी कपूर की नायिका थीं।) फिल्म के हिट गीतों में आशा भोंसले का 'मुहब्बत हो गई जिनसे शिकायत उनसे क्या होगी' और महेन्द्र कपूर के साथ उनका डुएट 'तुम्हारा चाहनेवाला खुदा की दुनिया में' शामिल थे, जिनका सम्मोहन आज भी कम नहीं हुआ है। बाद के दिनों के सुपर डायरेक्टर मनमोहन देसाई द्वारा निर्देशित 'किस्मत' (1968) में विश्वजीत के साथ नई पीढ़ी की चहेती अभिनेत्री बबीता थीं। फिल्म तो हिट हुई ही, इसके संगीत ने भी खूब धूम मचाई—खासकर बबीता पर फिल्माए गए 'आओ हजूर तुमको सितारों में ले चलूँ' ने, जो आशा भोंसले के सबसे ज्यादा धूम मचाने वाले नशीले गीतों में शामिल है। ओ.पी. नैयर एक बार फिर अपनी पूरी लय में थे। महेन्द्र कपूर के 'लाखों हैं यहाँ दिलवाले' और 'आँखों में कयामत के काजल' के साथ-साथ आशा भोंसले के साथ उनका युगल-गीत 'वन टू थ्री बेबी या-या-या' भी खूब लोकप्रिय हुआ था, जिसमें आशा का नशीला आलाप देखते ही बनता था। लेकिन फिल्म का सबसे बड़ा आश्चर्य था शमशाद बेगम की ओ.पी. नैयर के संगीत में वापसी और आशा भोंसले के साथ उनका सुपरहिट युगल-गीत 'कजरा मुहब्बत वाला अँखियों में ऐसा डाला'! देश के कोने-कोने में धूम मचा देने वाला यह गीत देस राग पर आधारित पंजाबी लोक-शैली का गीत था, जिसमें बाबू सिंह के हारमोनियम ने भी अपना कमाल दिखाया था। फिल्म के ये धमाकेदार गीत एस.एच. बिहारी और नूर देवासी ने लिखे थे।

प्रदीप और ओ.पी. नैयर

'इस दुनिया में प्यारे दो काम करना... फैशन से जीना फैशन से मरना'—यह वह मंत्र था जो सदाबहार कॉमेडियन नायक किशोर कुमार ने अपने दर्शकों और श्रोताओं को दिया था। फिल्म थी रामदयाल की 'श्रीमानजी' (1968), जिसमें उन्होंने आई.एस. जौहर के साथ मिलकर खूब धमाचौकड़ी मचाई थी। आशा भोंसले और कमल बारोट का 'गोरी शरमाओ न हमसे कह दो जरा' और किशोर कुमार तथा महेन्द्र कपूर का 'अरे श्रीमानजी, कहो मेहरबानजी' फिल्म के अन्य आकर्षण थे। ऐसा लगता है कि अब ओ.पी. नैयर के कैसी भी फिल्में करने के दिन आ गए थे, क्योंकि उन्हें बड़े बैनरों की फिल्में नहीं मिल रही थीं। कॉमेडियन मारुति द्वारा निर्देशित दारा सिंह की 'द किलर्स' (1969) भी ऐसी ही एक फिल्म थी, जिसमें आशा भोंसले का एक यादगार गीत था—'नजरें मिलाके आपने अहसान कर दिया'। इन फिल्मों के गीत एस.एच. बिहारी और अजीज कश्मीरी ने लिखे थे।

बड़े बैनरों द्वारा ओ.पी. नैयर से पीठ फेर लिए जाने के बावजूद उनके पुराने दोस्त और महान निर्माता एस. मुखर्जी को अब भी उन पर पूरा भरोसा था और वे उन्हें फिल्म पर फिल्म दिए जा रहे थे। उनके द्वारा निर्मित 'सम्बन्ध' (1969) एक

प्राण जाए पर वचन न जाए की रिकॉर्डिंग

ओ.पी. नैयर और आशा भोंसले

पिता और उसके बिछड़े हुए पुत्र (और पत्नी) के सम्बन्धों पर आधारित एक मर्मस्पर्शी और गंभीर फिल्म थी—बल्कि शायद आम दर्शकों के लिहाज से कुछ ज्यादा ही गंभीर! फिल्म के मर्मस्पर्शी विषय को देखते हुए एस. मुखर्जी और ओ. पी. नैयर ने इसके गीतकार के रूप में पुराने दिग्गज प्रदीप को चुना। इन दोनों धुरंधरों की जोड़ी ने मिलकर ऐसा समाँ बाँधा कि यह फिल्म भले ही न चली हो लेकिन इसके गीत हमेशा के लिए अमर हो गए। मुकेश का 'चल अकेला चल अकेला चल अकेला, तेरा मेला पीछे छूटा राही चल अकेला' फिल्म का सबसे लोकप्रिय गीत साबित हुआ, जो शायद मुकेश का सबसे शानदार गीत भी है। इस गीत में संगीत की भव्यता मानो ओ.पी. नैयर के संगीत-सृजन की परिकाष्ठा की प्रतीक थी—ऐसा संगीत जो पीढ़ी दर पीढ़ी तन-मन और आत्मा में बसता रहता है और आजीवन आनन्दित और प्रेरित करता रहता है। इसी तरह आशा भोंसले का 'अकेली हूँ मैं पिया आ' उनके सबसे अद्भुत और मोहक गीतों में शामिल है। महेन्द्र कपूर का 'अँधेरे में जो बैठे हैं, नजर उन पर भी कुछ डालो, अरे ओ रोशनीवालो' भी गजब का गीत था और 'ये खुशी लेके मैं क्या करूँ' भी। इसी फिल्म में ओ.पी. नैयर लगभग रिटायर हो चले हेमन्त कुमार को भी अपने संगीत की दुनिया में खींच लाए थे, जिन्होंने उनके साथ पहली बार दो गाने गाए—'हे जगत पिता परमात्मा' और 'अपनी माता के दुलारे बच्चे'। महेन्द्र कपूर और हेमन्त कुमार का युगल-गीत 'जो दिया था तुमने इक दिन, मुझे फिर वो प्यार दे दो... इक कर्ज माँगता हूँ बचपन उधार दे दो' तो इतना मर्मस्पर्शी था कि सिनेमाघरों में बैठे दर्शकों की आँखें छलक उठती थीं। आशा भोंसले के दो अनसुने से गीत भी बड़े मर्मस्पर्शी थे 'दर्द के गाँव से निकलो' और 'तू ही मेरे दिन का सूरज'। कुल मिलाकर ओ.पी. नैयर ने 'सम्बन्ध' में बिलकुल अलग अन्दाज का संगीत दिया था—दार्शनिक और आध्यात्मिक—और यह दिखा दिया था कि उनका संगीत कहाँ तक जा सकता था—इसके कितने आयाम हो सकते थे—कि यह सिर्फ प्रेम, रोमांस और मस्ती तक सीमित नहीं था। यह फिल्म ओ.पी. नैयर के कैरियर की सबसे महत्त्वपूर्ण फिल्मों में शामिल है।

अच्छे संगीत के बावजूद निर्माता ओ.पी. नैयर से मुँह फेरे हुए थे। शायद जमाना बदल रहा था क्योंकि कई दूसरे दिग्गज संगीतकारों—नौशाद, मदन मोहन, चित्रगुप्त, रवि इत्यादि—का भी यही हाल था। निर्माता-निर्देशक कामरान की 'ऐसा भी होता है' (1971) ओ.पी. नैयर की एक और जल्दी ही भुला दी गई फिल्म साबित हुई। देव मुखर्जी और नन्दिता बोस की मुख्य भूमिकाओं वाली इस फिल्म में कुछ लुभावने गीत थे। इनमें आशा भोंसले के 'चाँद रातों को निकले न निकले' और 'राम जाने कैसी लागी लगन' के साथ-साथ किशोर कुमार का 'ओ मेरी गोरी-गोरी जान' भी शामिल था। इसी फिल्म में मुहम्मद रफी ने ओ.पी. नैयर के संगीत की दुनिया में वापसी करते हुए एक भजन गाया था—'जिसका रखवाला भगवान'—लेकिन गुजरे हुए सुनहरी और नशीले दौर की वापसी की कोई सँभावना दिखाई नहीं दे रही थी। खुद रफी भी किशोर कुमार की तूफानी लोकप्रियता के आगे हाशियों में सिमटते जा रहे थे।

फिल्म संगीत की मुख्यधारा से लगभग लुप्त हो जाने से पहले ओ.पी. नैयर दो धूम मचाने वाली फिल्में देते गए—'एक बार मुस्करा दो' और 'प्राण जाए पर वचन न जाए'। मुखर्जी खानदान से जुड़े राम मुखर्जी (नए दौर की अभिनेत्री रानी मुखर्जी के पिता और दिलीप कुमार की 'लीडर' जैसी बड़ी फिल्मों के निर्देशक) द्वारा निर्देशित 'एक बार मुस्करा दो' (1972) में जॉय मुखर्जी, तनूजा और देव मुखर्जी मुख्य भूमिकाओं में थे। इस फिल्म में ओ.पी. नैयर ने किशोर कुमार के कई धूम मचाने वाले गीत दिए। लेकिन फिल्म का सबसे लोकप्रिय गीत रहा राग नन्द पर आधारित मुकेश और आशा भोंसले का 'चेहरे से जरा आँचल जब आपने सरकाया'। किशोर के 'रूप तेरा ऐसा दर्पण में न समाए' और 'सवेरे का सूरज तुम्हारे लिए है' (यमन कल्याण) के साथ-साथ आशा भोंसले के साथ उनके युगल-गीत 'इक बार मुस्करा दो' और 'ये दिल लेकर नजराना' भी खूब लोकप्रिय हुए। फिल्म का सबसे बड़ा आश्चर्य था किशोर का अद्भुत रैप-गीत—'तू औरों की क्यों हो गई'। लगभग एक दशक बाद रैप-गीत खूब लोकप्रिय हो गए, लेकिन ओ.पी. नैयर बहुत पहले ही यह कमाल दिखा चुके थे। फिल्म में रफी का भी एक गीत था—'जमाने की आँखों ने देखा है'। इन हिट गीतों के बावजूद 'एक बार मुस्करा दो' बॉक्स ऑफिस पर कोई खास हंगामा नहीं कर सकी। फिल्म के गीत एस.एच. बिहारी और शेवन रिजवी ने लिखे थे।

ओ.पी. नैयर का दूसरा बड़ा संगीत धमाका थी रतन मोहन की 'प्राण जाए पर वचन न जाए' (1973)। अली रजा द्वारा निर्देशित और सुनील

दत्त और रेखा की मुख्य भूमिकाओं वाली इस फिल्म ने बॉक्स ऑफिस पर भी खूब धूम मचाई थी। इस फिल्म में ओ.पी. नैयर ने एक बार फिर अपने जाने-पहचाने अन्दाज का बेधड़क और मस्ती भरा संगीत दिया था। फिल्म के सभी गीतों पर पूरी तरह से आशा भोंसले ही छाई हुई थीं। उनके एक से एक हिट और फड़कते हुए गीतों में 'इक तू है पिया, जिस पे दिल आ गया', 'आ के दर्द जवाँ है', 'देखो राजा देखा दिलवाले', 'देखो अरे दिलवर' और 'बीकानेर की चुनरी ओढ़ी' शामिल थे। लेकिन फिल्म का सबसे शानदार और यादगार गीत था आशा भोंसले का दर्द भरा—'चैन से हमको कभी आपने जीने न दिया'। इस गीत के लिए उन्हें वर्ष की सर्वश्रेष्ठ गायिका का फिल्मफेयर पुरस्कार भी मिला था। वे यह पुरस्कार लेने नहीं गईं, इसलिए इसे उनकी तरफ से ओ.पी. नैयर ने स्वीकार किया। न जाने क्यों यह गीत फिल्म से भी हटा दिया गया। बिलावल राग पर आधारित इस गीत में कोमल गा और कोमल नी का अन्य स्वर के रूप में और आठ मात्रा के कहरवा ताल में कल्पनाशील प्रयोग किया गया था। ओ.पी. नैयर की इस आखिरी यादगार फिल्म के गीत एस.एच. बिहारी और एक नए गीतकार अहमद वसी ने लिखे थे।

इसके बाद वह हुआ जिसकी किसी ने कल्पना भी नहीं की थी—ओ.पी. नैयर और आशा भोंसले अलग हो गए। एक महान संगीतकार और एक महान गायिका की वह जोड़ी टूट गई, जिसने पिछले दो दशकों में संगीत-प्रेमियों को एक से एक अद्‌भुत, मधुर और लुभावने गीत दिए थे। आशा भोंसले ओ.पी. नैयर के संगीत की धड़कन की तरह थी। जब धड़कन ही नहीं रही तो संगीत कब तक जिंदा रहता? ओ.पी. नैयर भी धीरे-धीरे गुमनामी के अँधेरों में खोते और लुप्त होते चले गए।

आशा भोंसले किसी धूमकेतु की तरह उभरकर फिल्माकाश पर छा गए राहुल देव बर्मन की प्रमुख गायिका बन गई थीं, जिनके साथ ओ.पी. नैयर की तरह ही उनकी जोड़ी खूब जम रही थी। कई वर्ष बाद उन्होंने उनसे विवाह भी कर लिया।

'फिल्मफेयर' के जनवरी 1987 के अंक में नलिन शाह को दिए गए एक इंटरव्यू में ओ.पी. नैयर ने आशा भोंसले के साथ अपने सम्बन्धों के बारे में खुलकर बात करते हुए कहा था—

''हमारे सम्बन्धों के बारे में पूरी दुनिया जानती थी, इसलिए इस बारे में कुछ भी नया कहने की जरूरत नहीं है। इस बारे में अब कुछ कहना शोभा नहीं देता। वक्त ही मिलाता है और वक्त ही अलग करता है। दोस्ती की परीक्षा एक-दूसरे के साथ होने पर नहीं, अलग हो जाने के बाद होती है। आशा एक महान गायिका थी और है लेकिन कोई भी 'इंडिस्पेंसेबल' (अपरिहार्य) नहीं होता। पेशेवर तौर पर झगड़ा कृष्णा कल्ले से गवाने को लेकर हुआ था। इसके बाद मैंने उसके (आशा भोंसले के) बिना तीन-चार फिल्में कीं जो फ्लॉप हो गईं। लेकिन मेरा मानना है कि कामयाबी और नाकामयाबी जिंदगी के दो चरण होते हैं। मैंने अपने-आपको कभी भी फ्लॉप नहीं माना। मैं जानता हूँ कि एक कम्पोजर के रूप में मेरी जगह कहाँ है। मैं एक कम्पोजर के तौर पर जीया हूँ, जी रहा हूँ और मरूंगा भी एक कम्पोजर के रूप में ही।''

इसी इंटरव्यू में उनसे एक प्रश्न करते हुए नलिन शाह ने कहा था—''कुछ लोगों का ख्याल है कि ओ.पी. नैयर के बिना आशा भोंसले बिना चीनी की चाय की तरह हैं।'' इसके जवाब में ओ.पी. नैयर ने मुस्कराते हुए अपने जाने-पहचाने अन्दाज में कहा था—''बिना आशा के ओ.पी. नैयर पर भी यही बात लागू होती है। लेकिन मुझे अब फीकी चाय पीने की आदत पड़ गई है और मैं इससे काफी खुश हूँ।''

मुहम्मद हुसैन की 'टैक्सी ड्राइवर' 1973 में रिलीज हुई ओ.पी. नैयर की एक और फिल्म थी। अशोक कुमार के साथ एक नई जोड़ी विशाल आनन्द और अनुपमा की मुख्य भूमिकाओं वाली इस फिल्म में कृष्णा कल्ले का एक गाना था, जो काफी लोकप्रिय हुआ था—'प्यार करते हो यार, करके डरते हो यार'। ओ.पी. नैयर के अनुसार, उनका और आशा भोंसले का झगड़ा इसी गाने को लेकर हुआ था। इस फिल्म में आशा भोंसले के गीत भी थे, जिनमें 'बलम हरजाई मैं तो आँख मिला पछताई' के साथ-साथ रफी के साथ उनके दो डुएट 'खाकर तूने पान कसम से' और 'तेरी नीली-नीली जैकेट' भी शामिल थे। इन गीतों को फारुख कैसर और अहमद वसी ने लिखा था।

इस फिल्म के बाद ओ.पी. नैयर की फिल्मों का सूखा-सा पड़ा गया। वे लुप्त-से हो गए। शायद वे कम पैसों में फिल्में करने के लिए तैयार

ओ.पी. नैयर अपने समकालीनों के साथ

नहीं थे, जैसाकि कई निर्माता चाहते थे। फिल्म इंडस्ट्री में उनके और निर्माता-निर्देशक प्रकाश मेहरा के बीच हुआ यह संवाद बहुत मशहूर है, जो अमिताभ बच्चन की फिल्म 'नमक हलाल' को लेकर था—

प्रकाश मेहरा—''हम आपको अमिताभ बच्चन की फिल्म दे रहे हैं, वाजिब दाम लीजिए!''

ओ.पी. नैयर—''आप ओ.पी. नैयर का संगीत ले रहे हैं, वाजिब दाम दीजिए!''

फिर भी कुछ वर्षों के अन्तराल के बाद उन्होंने कुछ फिल्में कीं और दिलराज कौर, वाणी जयराम, पुष्पा पगधरे, कृष्णा कल्ले, उत्तरा केरकर, एस. जानकी, कविता कृष्णामूर्ति, अमित कुमार, मुहम्मद अजीज और एस.पी. बालासुब्रह्मण्यम जैसी कई नई आवाजों का इस्तेमाल किया। इसके बाद के दौर में उनके कुछ लोकप्रिय गीतों में 'जुल्फ लहराई तो बादल को पसीना आया' (वाणी जयराम, 'खून का बदला खून', 1978), 'जब याद तुम्हारी हमें आ-आके' (रफी, 'बिन माँ के बच्चे', 1979), 'होंठ हैं तेरे दो लाल हीरे' (रफी-दिलराज कौर, 'हीरा-मोती', 1979), 'हम कैसे बताएँ तकदीर ने' (एस. जानकी, 'मंगनी', 1992), 'छुट्टी कर दी मेरी' (कविता कृष्णामूर्ति, 'निश्चय', 1992) इत्यादि शामिल थे। इन्हें दिग्गज कमर जलालाबादी के साथ-साथ अहमद वसी और नूर देवासी जैसे गीतकारों ने लिखा था। ओ.पी. नैयर के कुछ अच्छे गीत बन्द हो गई फिल्मों में भी दबकर रह गए। इनमें आर.के. बैनर की 'एक गुनाह और सही' के लिए राजेन्द्र कृष्ण द्वारा लिखे गए रफी के दो खूबसूरत गीत भी शामिल थे—'खुदा जन्नत से तुझको भेजकर पूछता रहा होगा' और 'तेरी दुनिया में जीना चाहता हूँ'। इसी तरह 'जाने महबूब' के लिए एस.एच. बिहारी द्वारा लिखा गया एक और खूबसूरत गीत भी उन्होंने रफी की आवाज में रिकॉर्ड किया था—'किसी से हाल-ए-दिल अपना यहाँ कहिए तो क्यों कहिए'। 'मुकद्दर की बात' नामक फिल्म के लिए भी उन्होंने कुछ अच्छे गीत रिकॉर्ड किए थे।

ओ.पी. नैयर ने पीनाज मसानी, अशोक खोसला और रूना लैला इत्यादि के साथ कुछ गैर-फिल्मी एलबमों पर भी काम किया था। रूना लैला के गीतों का उनका एलबम 'द लव्स ऑफ रूना लैला' लगभग उसी समय बाजार में आया था जब बप्पी लाहिड़ी भी उनके साथ 'सुपर रूना' नामक एक एलबम लेकर आए थे। ओ.पी. नैयर वाला एलबम कहीं ज्यादा लोकप्रिय हुआ और बिक्री में भी मीलों आगे रहा।

ओ.पी. नैयर का प्रिय राग 'काफी' था, जो उनके जिंदादिल और जोशीले अन्दाज से पूरी तरह मेल खाता था। अपने सभी समकालीन संगीत-निर्देशकों के साथ उनकी खूब जमती थी। उनके पसन्दीदा समकालीनों में अनिल बिस्वास, सी. रामचन्द्र, मदन मोहन, एस.डी. बर्मन, शंकर-जयकिशन, रोशन और सज्जाद हुसैन शामिल थे। अपने प्रेरणा-स्रोतों में वे पंडित अमरनाथ, मास्टर गुलाम हैदर, इनायत हुसैन, श्याम सुन्दर, धनीराम, पंकज मलिक, तिमिर बरन, कमल दासगुप्ता, एस.के. पाल और खेमचन्द प्रकाश का नाम लिया करते थे। ओ.पी. नैयर को पढ़ने का भी खूब शौक था और उनके चहेते लेखकों में ऑस्कर वाइल्ड, खलील जिब्रान और गाइ-दि-मोपासाँ शामिल थे। उनकी सबसे मनपसन्द धार्मिक पुस्तक 'कबीर वाणी' थी, जिसके कुछ पृष्ठ वे प्रतिदिन नियम से पढ़ा करते थे।

अब बारी है ओ.पी. नैयर के सबसे यादगार, सबसे अनमोल बारह गीत चुनने की। तो आइए मुश्किल भरा काम मिल-जुलकर करते हैं। हम कोशिश करेंगे कि आपको इस सूची में ज्यादा बदलाव न करना पड़े :

ओ.पी. नैयर के 12 अनमोल रत्न

क्रम	गीत	फिल्म	गायक/गायिका
1.	ये लो मैं हारी पिया	आर-पार	गीता दत्त
2.	लेके पहला-पहला प्यार	सी.आई.डी.	रफी-शमशाद बेगम
3.	मेरी नींदों में तुम मेरे ख्वाबों में तुम	नया अन्दाज	किशोर-शमशाद
4.	माँग के साथ तुम्हारा	नया दौर	रफी-आशा
5.	यूँ तो हमने लाख हसीं देखे हैं	तुमसा नहीं देखा	रफी
6.	प्यार पर बस तो नहीं है मेरा लेकिन फिर भी	सोने की चिड़िया	तलत महमूद
7.	मेरा नाम चिन-चिन-चू	हावड़ा ब्रिज	गीता दत्त
8.	मैं प्यार का राही हूँ	एक मुसाफिर एक हसीना	रफी-आशा
9.	है दुनिया उसी की जमाना उसी का	कश्मीर की कली	रफी
10.	आंखों से जो उतरी है दिल में	फिर वही दिल लाया हूँ	आशा भोंसले
11.	जाइए आप कहाँ जाएँगे	मेरे सनम	आशा भोंसले
12.	चैन से हमको कभी आपने जीने न दिया	प्राण जाए पर वचन न जाए	आशा भोंसले

ओ.पी. नैयर बहुत संवेदनशील व्यक्ति थे। उनका दिल बच्चों की तरह नरम और नाजुक था, इसलिए वे जल्दी से रूठ भी जाते थे। अपनी जिंदगी के बहुत सारे वर्ष चर्चगेट की 'ए' रोड पर स्थित शारदा बिल्डिंग के शानदार फ्लैट में

अपनी पत्नी सरोज मोहिनी, तीन बेटियों और एक बेटे के साथ बिताने के बाद उनका मन अचानक ही उखड़ गया और वे न जाने क्या सोचकर घर छोड़कर चले गए। बाद के वर्षों में एक गैर-फिल्मी महिला से उनकी गहरी दोस्ती हो गई, जिसने आध्यात्मिक शांति की तलाश में भटकते उनके मन को एक नई रोशनी दी। अपने आखिरी वर्ष ओ.पी. नैयर ने ठाणे के एक परिवार के साथ 'पेइंग गेस्ट' के रूप में बिताए।

जिस तरह उन्होंने अपने खास स्टाइल से जिंदगी को जिया था और अपना संगीत रचा था, उसी तरह अपने खास स्टाइल से ही उन्होंने जिंदगी से विदा भी ली। एक सुबह उन्होंने उबले हुए अंडों और बीयर के साथ अपना नियमित नाश्ता किया और फिर कुछ ही देर बाद बाथरूम में आए दिल के दौरे के बाद दम तोड़ दिया। वह 28 जनवरी 2007 का दिन था। बारह दिन पहले ही उन्होंने अपने जीवन के 81 वर्ष पूरे किए थे।

रफी, शम्मी कपूर, ओ.पी. नैयर सब चले गए—लेकिन ओ.पी. नैयर ने इनके और आशा भोंसले के साथ मिलकर एक से एक लाजवाब गीतों का जो नशा बिखेरा था, वह आनेवाली कई पीढ़ियों को मदहोश करता रहेगा और वे झूमते हुए कहती रहेंगी—यूँ तो हमने लाख हसीं देखे हैं... तुमसा नहीं देखा!

मदन मोहन (1924-1975)
कालजयी धुनों और ग़ज़लों का बादशाह

मदन मोहन का नाम हिन्दी सिनेमा के उन गिने-चुने संगीत-निर्देशकों में शामिल है जिनके गीतों—खासकर ग़ज़लों की चर्चा करना पार्टियों, महफिलों, ताश की बाजियों के बीच और पिकनिकों में एक फैशन-सा बन गया था। ऐसे संगीतकारों को संगीत के बादशाहों की तरह देखा जाता था और मदन मोहन तो बादशाहों के बादशाह थे—गजलों के बादशाह। राजेन्द्र कृष्ण या राजा मेहंदी अली खान की कोई नज्म या ग़ज़ल हो, लता की आवाज और मदन मोहन का संगीत तो मानो कुछ और सुनने की जरूरत ही नहीं रह जाती थी। 'यूँ हसरतों के दाग'... 'वो भूली दास्ताँ'... 'नैना बरसे रिमझिम-रिमझिम'... 'लग जा गले'... 'तू जहाँ-जहाँ चलेगा'... 'आपकी नजरों ने समझा'—मंत्रमुग्ध कर देने वाले मधुरस की एक ऐसी फुहार और रिमझिम जो मानो कभी खत्म ही नहीं होती थी।

दरअसल यह बादशाहत मदन मोहन के खून में थी। उनके पिता फिल्मिस्तान जैसे बड़े फिल्म स्टूडियो के मालिकों में से थे। लेकिन आश्चर्य की बात यह है कि इसके बावजूद मदन मोहन को कड़ा संघर्ष करना पड़ा, क्योंकि उनके पिता नहीं चाहते थे कि उनका बेटा एक फिल्म संगीत-निर्देशक बने।

मदन मोहन का जन्म 25 जून 1924 को बगदाद (इराक) में हुआ था, जहाँ उनके पिता चुन्नीलाल कोहली ब्रिटिश सरकार के प्रतिनिधि के रूप में इराक पुलिस के एकाउंटेंट जनरल थे। तब इराक भी भारत की तरह ब्रिटिशों के अधीन था। ब्रिटिश सरकार ने चुन्नीलाल कोहली की सेवाओं से खुश होकर उन्हें 'राय बहादुर' की उपाधि प्रदान की, जिसके बाद उन्हें राय बहादुर चुन्नीलाल के नाम से जाना जाने लगा। जल्दी ही इराक में हुई बगावत के बाद ब्रिटिशों को वहाँ से अपना बोरिया-बिस्तर समेटना पड़ा। राय बहादुर चुन्नीलाल भी भारत लौट आए और पहले रावलपिंडी और फिर चकवाल (दोनों ही अब पाकिस्तान में) में रहे। जाने-माने लेखक-निर्देशक ओ.पी. दत्ता (आज के बहुचर्चित निर्देशक जे.पी. दत्ता के पिता) उनके पड़ोसी थे। मदन मोहन की उनके साथ बड़ी गहरी दोस्ती हो गई—खासकर इसलिए भी कि उनके घर में एक हारमोनियम था जिस पर उंगलियाँ चलाना मदन मोहन को बेहद अच्छा लगता था।

मदन मोहन देखने में काफी खूबसूरत थे और उनके गाल का मस्सा उनके आकर्षण को और भी बढ़ा देता था। उन्हें यह खूबसूरती अपनी माँ सुभाग्यवती से मिली थी। सिर्फ शक्लोसूरत ही नहीं, एक कलाकार का दिल भी उन्हें अपनी माँ से मिला था। वे ढोलक की ताल पर बड़ा अच्छा गा लेती थीं और उनकी आवाज भी बड़ी मीठी थी।

इस बीच राय बहादुर चुन्नीलाल भारत में नई सम्भावनाएँ तलाशने में जुटे हुए थे। गाँधीवादी उद्योगपति सेठ जमनालाल बजाज के पास उन दिनों बर्मा शैल की एजेन्सी थी। उन्होंने चुन्नीलाल को कुछ पेट्रोल पम्प ले लेने का सुझाव दिया। इसी बीच बॉम्बे टॉकीज के संस्थापक और मालिक हिमान्शु राय ने भी उन्हें अपना हिस्सादार बनने और फिल्म व्यवसाय में आने का सुझाव दिया। राय बहादुर चुन्नीलाल को यह प्रस्ताव पसन्द आया और वे बॉम्बे टॉकीज में हिमान्शु राय के हिस्सेदार बनकर अपने परिवार समेत बम्बई (अब मुम्बई) में बस गए। अब वे सेठ राय बहादुर चुन्नीलाल के नाम से जाने जाने लगे। यह 1935 के आसपास की बात है। तब मदन मोहन लगभग ग्यारह वर्ष के थे और भायखला के कॉन्वेंट ऑफ जीसस एंड मैरी में पढ़ रहे थे। संगीत और फिल्मों की दुनिया अपने-आप

ही उनके पास आ गई थी। बहुत कम लोगों को मालूम है कि उन्होंने और उनके छोटे भाई प्रकाश ने बॉम्बे टॉकीज की मशहूर फिल्म 'अछूत कन्या' (1936) में छोटी-छोटी भूमिकाएँ भी निभाई थीं। 1940 में हिमान्शु राय के निधन के बाद सेठ राय बहादुर चुन्नीलाल बॉम्बे टॉकीज से अलग हो गए और उन्होंने एस. (शशधर) मुखर्जी और कुछ अन्य हिस्सेदारों के साथ मिलकर अपना खुद का फिल्मिस्तान स्टूडियो स्थापित कर लिया।

ऑल इंडिया रेडियो के स्टेशन डायरेक्टर जेड ए. बुखारी सेठ चुन्नीलाल के दोस्तों में से थे। उन्होंने किशोर उम्र मदन मोहन को कुछ अन्य प्रतिभाशाली किशोरों के साथ रेडियो पर गाने का अवसर दिया। इन किशोरों में आने वाले दिनों की कई महान हस्तियाँ—सुरैया, राज कपूर, शम्मी कपूर इत्यादि शामिल थीं। लेकिन जल्दी ही मदन मोहन की जिंदगी ने एक नई राह पकड़ ली। 18 वर्ष की उम्र में सीनियर कैम्ब्रिज की परीक्षा पास करने के बाद वे एक पारिवारिक मित्र के कहने पर फौज में भर्ती हो गए। देहरादून के मिलिट्री हाई स्कूल में उनकी कड़ी ट्रेनिंग हुई। उनका कसरती बदन और अनुशासन में ढला जीवन उनकी इसी ट्रेनिंग की देन था। वे एक अच्छे फौजी साबित हुए और जल्दी ही एक अफसर के पद पर जा पहुँचे। लेकिन बारूद और बन्दूकों के बीच भी उनका संगीत-प्रेम कम नहीं हुआ था। दूसरा विश्वयुद्ध खत्म होते ही उन्होंने फौज से इस्तीफा दे दिया और लखनऊ के रेडियो स्टेशन पर असिस्टेंट म्यूजिक अरेंजर के रूप में भर्ती हो गए। वह 1945 का वर्ष था और वे तब इक्कीस वर्ष के थे।

ऑल इंडिया रेडियो में अपनी इस नौकरी के दौरान मदन मोहन को कई महान संगीत हस्तियों के सम्पर्क में आने और उनकी लाजवाब प्रस्तुतियों को सुनने का अवसर मिला। इनमें बेगम अख्तर, बरकत अली खान, सिद्धेश्वरी देवी, फय्याज खान, रोशनआरा बेगम के साथ-साथ तलत महमूद, रोशन और जयदेव जैसी कई नई प्रतिभाएँ भी शामिल थीं। वे बेगम अख्तर के कुछ मंच कार्यक्रमों में तानपुरा और हारमोनियम भी बजाया करते थे। उनका घर तो इनमें से कई महान हस्तियों का अड्डा ही बन गया था। बेगम अख्तर और बरकत अली खान जैसे शास्त्रीय संगीत के महारथियों की निरंतर सगंत ने मदन मोहन की संगीत प्रतिभा को निखारने-संवारने और उनमें ग़ज़लों और ठुमरियों की गहरी समझ पैदा करने में बहुत मदद की। ये एक तरह से भविष्य के 'गजल किंग' की तैयारी के दिन थे।

मदन मोहन का लखनऊ से दिल्ली तबादला हो गया तो उनके कला-प्रेमी दिल पर मानो बिजली-सी गिरी। दिल्ली के रेडियो स्टेशन का नौकरशाही अन्दाज उन्हें जरा भी पसन्द नहीं आया और वे नौकरी से इस्तीफा देकर अपने परिवार के पास बम्बई लौट गए।

सेठ राय बहादुर चुन्नीलाल फिल्मिस्तान स्टूडियो के मालिक थे और पूरी फिल्म इंडस्ट्री में उनकी खूब धाक थी। होना तो यह चाहिए था कि उनके बेटे को घर बैठे-बिठाए ही बड़ी-बड़ी फिल्में मिल जातीं और वे फिल्म इंडस्ट्री में आसानी से जम जाते। लेकिन हुआ इसका ठीक उल्टा! मदन मोहन को घर ही छोड़ना पड़ गया। उनके पिता सेठ चुन्नीलाल नहीं चाहते थे कि उनका बेटा फिल्मों में काम करे। वे उसे एक बड़े सरकारी अफसर के रूप में देखना चाहते थे और इस बात से नाराज थे कि उसने फौज की नौकरी क्यों छोड़ दी थी।

युवा मदन मोहन

लेकिन मदन मोहन को अपनी माँ से जो कला-प्रेम मिला था वह उनका पीछा नहीं छोड़ रहा था। वे करते भी तो क्या करते? किस तरह अपनी पूरी जिंदगी एक बड़े अफसर के रूप में गुजार देते? उनके दिल में तो ऐसी कोई इच्छा भी नहीं थी कि अपने पिता की तरह वे भी फिल्म स्टूडियो के मालिक बनें। वे सिर्फ एक कलाकार बनना चाहते थे। धुनें बनाना और गाना और गवाना चाहते थे—जो उनके पिता को बिलकुल भी पसन्द नहीं था!

मदन मोहन ने घर छोड़ दिया। उन्होंने पहले श्याम सुन्दर (जाने-माने संगीत-निर्देशक) और फिर बचपन के पड़ोसी और दोस्त ओ.पी. दत्ता के घर शरण ली, जो तब खुद भी संघर्ष के दौर में थे। वे अपना प्यारा तानपुरा साथ लेते गए थे। ओ.पी. दत्ता ने भी तबला बजाना सीख लिया ताकि वे अपने दोस्त की संगत कर सकें। वे गर्दिशों के दिन थे। मदन मोहन को काम की तलाश में काफी दौड़-धूप करनी पड़ी। आखिर एच.एम.वी. कम्पनी ने उन्हें ओ.पी. दत्ता द्वारा लिखी गईं दो ग़ज़लें कम्पोज करने के लिए कहा। लेकिन रिकॉर्ड कुछ खास नहीं बिके और मदन मोहन की गर्दिशों के दिन जारी रहे। देखने में सुन्दर थे, इसलिए 'पर्दा' (1946 के आसपास) नामक एक फिल्म में उन्हें हीरो की भूमिका मिल गई। लेकिन यह फिल्म बीच में ही बन्द हो गई और वे संगीत-निर्देशक की बजाय अभिनेता बनते-बनते रह गए। इसके बाद संयोग से ही वे गायक बनते-बनते भी रह गए—वह भी सुरों की मलिका लता मंगेशकर के सह-गायक के रूप में। हुआ यूँ कि महान संगीतकार मास्टर गुलाम हैदर ने लता मंगेशकर, जो तब एक संघर्षशील नई गायिका के रूप में काम की तलाश में थीं, के साथ मदन मोहन का एक डुएट रिकॉर्ड किया। राजा मेहंदी अली खान द्वारा लिखे गए इस गीत 'पिंजरे में बुलबुल बोले' को वे फिल्मिस्तान की फिल्म 'शहीद' में इस्तेमाल करना चाहते थे। लेकिन फिल्मिस्तान के हिस्सेदार और दिग्गज निर्माता एस. मुखर्जी ने इस गीत को ठुकरा दिया और कहा कि इन दोनों गायकों की आवाज ठीक नहीं थी। लता मंगेशकर की आवाज तो उन्हें खासतौर से खराब लगी थी—उन्हें क्या पता था कि यह सदी की महानतम गायिका लता मंगेशकर की आवाज थी! सभी लोग गलतियाँ करते हैं और बड़े लोग बड़ी गलतियाँ करते हैं। एस. मुखर्जी की यह गलती भी ऐसी ही एक बड़ी गलती थी। खैर, उनके इस फैसले से मदन मोहन गायक बनते-बनते रह गए। लेकिन संयोग देखिए, यही लता मंगेशकर उनके एक से एक महान गीतों की धड़कन बनीं—और इनमें से सबसे लोकप्रिय गीतों को राजा मेहंदी अली खान ने लिखा था। कहते हैं कि एस. मुखर्जी द्वारा लता मंगेशकर की आवाज को ठुकरा दिए जाने के बाद मदन मोहन ने उनकी हिम्मत बढ़ाते हुए कहा था— ''दिल छोटा न करो! एक दिन मैं संगीत-निर्देशक बनूँगा और

मदन मोहन

तुम्हारी आवाज को जरूर इस्तेमाल करूँगा! तुम्हारी आवाज तो गजब की आवाज है! एक न एक दिन तुम एक महान गायिका बनोगी!'' उनकी यह बात कितनी सच निकली!

खैर, इस बीच कई दोस्त और जाननेवाले पिता-पुत्र की सुलह करवाने में लगे हुए थे, जिनमें ओ.पी. दत्ता भी शामिल थे। आखिर सेठ चुन्नीलाल पसीज गए और अपने बेटे को सरकारी अफसर की बजाय एक फिल्म संगीत-निर्देशक के रूप में स्वीकार करने के लिए तैयार हो गए। मदन मोहन को एक सहायक संगीत-निर्देशक के रूप में फिल्मिस्तान में नौकरी मिल गई। उनकी पहली फिल्म फिल्मिस्तान की 'दो भाई' (1947) थी, जिसमें उन्होंने सचिन देव बर्मन के सहायक की भूमिका निभाई थी। उन्होंने श्याम सुन्दर ('एक्ट्रेस' 1948 और 'निर्दोष' 1950) और सी. रामचन्द्र ('सांवरियाँ' 1949, 'समाधि' 1950 और 'सरगम' 1952) के सहायक के रूप में भी काम किया।

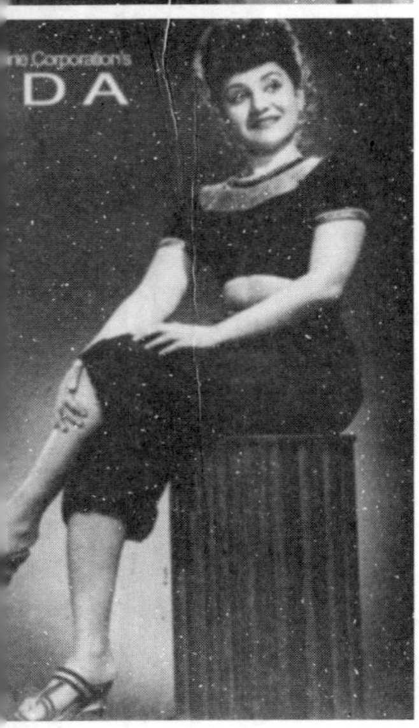

एक स्वतंत्र संगीत-निर्देशक के रूप में उन्हें अपना पहला ब्रेक अपने पिता की बजाय देवेन्द्र गोयल से मिला, जो कई सुपरहिट पारिवारिक फिल्मों के निर्माता-निर्देशक के रूप में जाने जाते हैं। देवेन्द्र गोयल की इस फिल्म का नाम 'आँखें' (1950) था और इसमें नलिनी जयवन्त, भारत भूषण और शेखर की मुख्य भूमिकाएँ थीं। यह फिल्म बॉक्स ऑफिस पर अच्छी चली और देवेन्द्र गोयल के साथ-साथ मदन मोहन भी एक संगीत-निर्देशक के रूप में स्थापित हो गए। लगभग तीन दशक लम्बे अपने कैरियर में उन्होंने 94 फिल्मों में संगीत दिया और 618 खूबसूरत गीतों की रचना की।

लगभग दस वर्ष बाद 'आँखें' को देवेन्द्र गोयल ने 'प्यार का सागर' के नाम से दोबारा भी बनाया था, जिसमें रवि का संगीत था (जो बाद में उनके चहेते और नियमित संगीतकार रहे)। 'आँखें' में मदन मोहन का संगीत भी काफी लोकप्रिय हुआ था, जिसमें राजा मेहंदी अली खान, भरत व्यास, सरस्वती कुमार 'दीपक' और बी.डी. मिश्र द्वारा रचे गए नौ गाने थे। इनमें 'प्रीत लगाके मैंने ये फल पाया' (मुकेश), 'हम इश्क में बर्बाद हैं' (रफी), 'मोरी अटरिया पे कागा बोले' (मीना कपूर) और 'हमसे नैन मिलाना बी.ए. पास करके' (शमशाद बेगम-मुकेश) खूब लोकप्रिय हुए थे। एक दिलचस्प तथ्य यह है कि इस फिल्म में एक गाना बाद के दिनों के जाने-माने निर्देशक राज खोसला ने भी गाया था, जो तब एक पार्श्व-गायक बनने की कोशिश में थे। भगवत दत्त (बी.डी.) मिश्र द्वारा लिखा गया यह गाना था—'रेल में जिया मोरा सनासन होए'। एक और दिलचस्प तथ्य यह है कि एक निर्देशक के रूप में राज खोसला की कुछ सबसे मशहूर फिल्मों ('वो कौन थी', 'मेरा साया', 'चिराग') में मदन मोहन का ही संगीत था। अपनी पहली ही फिल्म 'आँखें' में मदन मोहन ने रफी, मुकेश और शमशाद बेगम जैसे चोटी के गायकों के साथ काम किया था। वे लता मंगेशकर से भी गवाना चाहते थे लेकिन न जाने क्यों लता आना-कानी करती रहीं। शायद उन्हें लगता था कि एक स्टूडियो मालिक का बेटा भला एक गंभीर कलाकार कैसे हो सकता था! ओ.पी. दत्ता ने पुराने दिनों को याद करते हुए हमें बताया था कि 'आँखें' की रिलीज के दिन मदन मोहन खुशी से झूम रहे थे। उस शाम उन्होंने ओ.पी. दत्ता के घर पर अपने कुछ दोस्तों को दावत दी थी और उन्हें अपने हाथ से खाना बनाकर खिलाया था। मदन मोहन की पहली फिल्म की रिलीज के कुछ ही दिन बाद उनके पिता सेठ राय बहादुर चुन्नीलाल का देहान्त हो गया था। यह भी एक विचित्र संयोग था कि फिल्म पत्रिकाओं के जिस अंक में 'आँखें' के संगीत की तारीफ छपी थी, उसी में सेठ चुन्नीलाल के निधन पर उन्हें श्रद्धांजलि भी दी गई थी।

देवेन्द्र गोयल की दूसरी फिल्म 'अदा' (1951) में भी मदन मोहन का संगीत था। शेखर और रेहाना की मुख्य भूमिकाओं वाली इस फिल्म के संगीत की रचना के दौरान मदन मोहन को एक बार फिर लता मंगेशकर की याद आई। लता ने फिर से हिचकिचाहट दिखाई तो मदन मोहन सीधे उनके घर जा पहुँचे (जैसाकि ओ.पी. दत्ता ने भी हमें बताया था)। कहते हैं कि मदन मोहन ने उन्हें भाई-बहन के गाने 'पिंजरे में बुलबुल बोले' की याद दिलाई, जो उन दोनों ने

साथ-साथ गाया था और जिसे फिल्मिस्तान के एस. मुखर्जी ने नापसन्द कर दिया था। ''क्या इस रिश्ते से हम दोनों भाई-बहन नहीं हुए ?'' उन्होंने लता से पूछा। लता शरमा गईं और उनकी बहन बनने के लिए तैयार हो गईं। उसी दिन से वे उन्हें 'मदन भैया' कहकर बुलाने लगीं और उनके संगीत-निर्देशन में गाने के लिए राजी हो गईं। मदन मोहन ने उनसे 'अदा' के दो गाने गवाए और दोनों ही खूब लोकप्रिय हुए—'प्रीतम मेरी दुनिया में दो दिन तो रहे होते' और 'साँवरी सूरत मन भाई रे पिया'। इस फिल्म में तलत महमूद का भी एक खूबसूरत गीत था—'जिस दिल में बसना चाहता था'। राजा मेहंदी अली खान, प्रेम धवन, सरस्वती कुमार 'दीपक' और बहजाद लखनवी के गीतों वाली यह फिल्म बॉक्स ऑफिस पर कुछ खास नहीं चली।

★

वाडिया भाइयों की 'मदहोश' (1951) भी मदन मोहन की एक फ्लॉप फिल्म साबित हुई। लेकिन मनहर देसाई और मीना कुमारी की मुख्य भूमिकाओं वाली इस फिल्म के गीतों को आज भी याद किया जाता है—खासकर तलत महमूद के सदाबहार गीत 'मेरी याद में तुम न आँसू बहाना', जिसमें रईस खान के सितार-वादन का बड़ा खूबसूरत प्रयोग किया गया था। लता का 'हमें हो गया तुमसे प्यार बेदर्दी बालमा' भी खूब लोकप्रिय हुआ था। इस फिल्म के सभी नौ गीत राजा मेहंदी अली खान ने लिखे थे। उनके साथ मदन मोहन की जोड़ी खूब सफल रही। दोनों ने 14 फिल्मों में साथ-साथ काम किया और एक से एक सदाबहार और अमर गीतों की रचना की। इस बीच मदन मोहन ने फिल्मिस्तान की 'शबिस्तान' में भी संगीत दिया, जिसे स्टूडियो के मालिकों के साथ झगड़े के बाद सी. रामचन्द्र ने बीच में ही छोड़ दिया था। विभूति मिश्रा द्वारा निर्देशित और नसीम बानू और श्याम की मुख्य भूमिकाओं वाली इस फिल्म के चार गाने मदन मोहन ने कम्पोज किए। कमर जलालाबादी द्वारा लिखे गए इन गानों में तलत और गीता दत्त का लोकप्रिय डुएट 'ये है मौसम-ए-बहार' भी शामिल था। इसी फिल्म की शूटिंग के दौरान अभिनेता श्याम की घोड़े से गिरकर मृत्यु हो गई थी। शांति कुमार द्वारा निर्देशित 'अन्जाम' (1952) में भी कमर जलालाबादी के गीत और मदन मोहन का संगीत था। वैजयन्तीमाला और प्रेमनाथ की मुख्य भूमिकाओं वाली इस फिल्म में 'जब लड़का कहदे हाँ और लड़की कहदे न' (रफी), 'बोल ओ बाबू कहाँ चला' (शमशाद बेगम) और 'ओ जी ए जी मक्की के खेतों में आना' (हमीदा बानू) जैसे कुछ लोकप्रिय गीत थे।

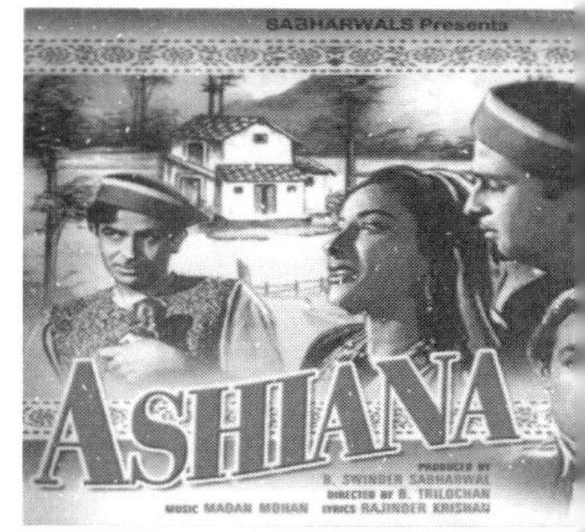

बी. त्रिलोचन द्वारा निर्देशित 'आशियाना' (1952) मदन मोहन की एक यादगार फिल्म थी। राज कपूर और नर्गिस की मुख्य भूमिकाओं वाली यह फिल्म उनकी पहली 'ए-प्लस' ग्रेड फिल्म भी थी। मदन मोहन ने इस सुनहरे अवसर का लाभ उठाते हुए एक से एक खूबसूरत और अमर गीतों की रचना की। इनमें राग केदार पर आधारित 'मैं पागल मेरा मनवा पागल' (तलत), राग यमन कल्याण पर आधारित 'तुम चाँद के साथ चले आओ' (लता), दो पहलू दो रंग वाला 'मेरा करार ले जा मुझे बेकरार कर जा' (लता और तलत के वर्जन), 'मेरे पिया से कोई जाके कह दे' (लता), 'मैं न जानूँ मेरे दिल को' (लता) और शंकर-जयकिशन ('काली घटा') की झलक वाला 'समाँ है बहार का ले ले मजा प्यार का' जैसे हिट गीत शामिल थे। इसी फिल्म से लेखक-गीतकार राजेन्द्र कृष्ण के साथ मदन मोहन के लम्बे जुड़ाव की भी शुरुआत हुई। इस सफल जोड़ी ने 37 फिल्मों में साथ-साथ काम किया और 268 लाजवाब गीतों की रचना की। बॉक्स ऑफिस पर यह फिल्म कोई खास कमाल नहीं दिखा सकी, इसलिए सुपरहिट संगीत के बावजूद मदन मोहन की माँग नहीं बढ़ी।

इसी वर्ष मदन मोहन की जिंदगी में एक सुखद घटना भी घटी। जाने-माने स्वतंत्रता सेनानी मदन लाल ढींगरा की भतीजी शीला ढींगरा उनकी जीवन-संगिनी बन गईं। उनकी तीन सन्तानें हुईं—बेटी संगीता (1954) तथा दो बेटे संजीव (1956) और समीर (1961)। संजीव कोहली लम्बे समय तक एच.एम.वी. से जुड़े रहे। उन्होंने जाने-माने निर्माता-निर्देशक यश चोपड़ा के साथ भी काम किया। विवाह के बाद मदन मोहन के संगीत में और भी निखार आता चला गया और वे अपनी एक अनूठी शैली विकसित करते चले गए।

मदन मोहन की शादी

सुरैया और नासिर खान की मुख्य भूमिकाओं वाली 'खूबसूरत' (1952) मदन मोहन की एक और सुरीली लेकिन फ्लॉप फिल्म साबित हुई। फाजली भाइयों द्वारा निर्मित और एस.एफ. हसनैन द्वारा निर्देशित इस फिल्म में मदन मोहन को महान गायिका-अभिनेत्री सुरैया से चार लुभावने सोलो गवाने का अवसर मिला। इनमें खूब लोकप्रिय हुआ 'ये चाँद-सितारे क्या जानें' भी शामिल था। तलत महमूद के 'मेरी रातों के अँधेरे में उजाले हो तुम' (राग बागेश्वरी) और 'मुहब्बत में कशिश होगी' भी खूब चले थे। इस फिल्म में आशा भोंसले ने भी मदन मोहन के साथ पहली बार काम करते हुए एक

मदन मोहन और राजेन्द्र कृष्ण

मदन मोहन का परिवार

लोकप्रिय गीत गाया था—'बीच बजरिया मोरी चुनरिया'। फिल्म के गीत शम्स अजीमाबादी, शौकत जौनपुरी और एस.एच. बिहारी ने लिखे थे।

इसी वर्ष रिलीज होने वाली मदन मोहन की एक और फिल्म 'निर्मोही' (1952) में लता मंगेशकर के कई सुरीले गीत थे। अभिनेता बैज शर्मा द्वारा निर्देशित इस फिल्म में सज्जन और नूतन मुख्य भूमिकाओं में थे। राग कल्याण पर आधारित 'दुखियारे नैना ढूँढें पिया को', बाँसुरी-मैंडोलिन-गिटार के सुन्दर ऑर्केस्ट्रेशन से सजी लोरी 'लाड़ले सोजा नींद तुम्हारी टूट न जाए' और बड़े मोहक आलाप वाला 'कल जलेगा चाँद सारी रात' फिल्म के कुछ यादगार गीत थे। गीतकारों में इन्दीवर, पी.एन. रंगीन और उद्धव कुमार शामिल थे। अगले वर्ष राजा परान्जये की 'चाचा चौधरी' (1953) के साथ मदन मोहन ने नए वर्ष की सुरीली शुरुआत करते हुए आशा भोंसले के कुछ लुभावने गीत दिए। राजेन्द्र कृष्ण द्वारा लिखे गए इन गीतों में 'मेरे पिया छेड़े जिया' और 'चली राधा पिया ढूँढन को' जैसे हिट गीत शामिल थे। इसी वर्ष राज कपूर और नर्गिस की एक और फिल्म 'धुन' (1953) में भी मदन मोहन को संगीत देने का अवसर मिला। अभिनेता कुमार द्वारा निर्देशित इस फिल्म के लोकप्रिय गीतों में लता के राग भैरवी पर आधारित 'तारे गिन-गिन बीते सारी रात' (पियानो के मोहक सुरों के साथ), 'सितारों से पूछो नजारों से पूछो' (वायलिन के मधुर सुरों के साथ), राग भैरवी और त्रिताल पर आधारित अर्द्ध-शास्त्रीय 'निंदिया न आए तुम बिन' और दिल को झकझोर देने वाला 'बड़ी बर्बादियाँ लेकर मेरी दुनिया में प्यार आया' शामिल थे। फिल्म के गीतों में पूरी तरह लता छाई हुई थीं। हेमन्त कुमार के साथ उनका डुएट 'हम प्यार करेंगे, हम लड़के-झगड़के भी प्यार करेंगे' भी बड़ा लुभावना गीत था। इसी फिल्म में जोहराबाई अम्बालेवाली और राजकुमारी का एक अद्‌भुत युगल-गीत भी था—'तेरी उम्मीद में हमने लाखों मोती बोए'। इन गीतों को भरत व्यास, पी.एल. सन्तोषी और कैफ इरफानी ने लिखा था।

भारत भूषण और मीना कुमारी ने 'बैजू बावरा' के अलावा सिर्फ एक और फिल्म में साथ-साथ काम किया था—वी.एम. व्यास द्वारा निर्देशित 'दाना-पानी' (1953) में। इसमें मदन मोहन का संगीत था और फिल्म के लोकप्रिय गीतों में रफी और शमशाद बेगम का 'तुम हँसे तो गम शरमाया' शामिल था। लेकिन इसी वर्ष रिलीज हुई 'बागी' (1953) के संगीत ने कहीं ज्यादा धूम मचाई। अनन्त ठाकुर द्वारा निर्देशित और नसीम बानू तथा रंजन की मुख्य भूमिकाओं वाली इस फिल्म में मजरूह सुल्तानपुरी और मदन मोहन ने पहली बार साथ-साथ काम किया था। उनकी जोड़ी ने लता की एक बेहद खूबसूरत और दिल को झकझोर देने वाली ग़ज़ल—'हमारे बाद अब महफिल में अफसाने बयाँ होंगे' के साथ-साथ सुरों की मलिका के कई और यादगार गीत भी दिए—'दर्द की ऐ रात ठहर जा', 'कहीं बिन आग जले न परवाना', 'तारे खिले आई रात' और 'करके बदनाम मेरी नींदें हराम'। फिल्म के अन्य लोकप्रिय गीतों में 'तूफान से खेले मेरी नाव' (शंकर दासगुप्ता) और 'जंगल मंगल' (संध्या मुखर्जी) शामिल थे। मजरूह सुल्तानपुरी और मदन मोहन की जोड़ी ने कुल आठ फिल्मों में 49 यादगार गीत दिए।

आर.सी. तलवार की 'इल्जाम' (1954) में मीना कुमारी और किशोर कुमार मुख्य भूमिकाओं में थे। इस फिल्म के हिट गीतों में 'ए बी सी, ए बी सी, मेरे सपनों में चोरी-चोरी आया करो जी' (किशोर कुमार-आशा भोंसले) और 'कहती है ये ठंडी हवा' (आशा भोंसले) इत्यादि शामिल थे। इस फिल्म की तरह एच.एस. रवेल द्वारा निर्देशित 'मस्ताना' (1954) में भी राजेन्द्र कृष्ण और मदन मोहन की जोड़ी थी। मोतीलाल और निगार सुल्ताना की मुख्य भूमिकाओं वाली इस फिल्म में 'झूम-झूमके दो दीवाने गाते जाएं गली-गली' (रफी-लक्ष्मीशंकर), 'दुनिया के सारे गमों से बेगाना, मैं हूँ मस्ताना' (रफी) और 'मत भूल अरे इनसान' (रफी) जैसे कई लोकप्रिय गीत थे।

राजेन्द्र शर्मा द्वारा निर्देशित और शम्मी कपूर और मुनव्वर सुल्ताना की मुख्य भूमिकाओं वाली 'अहसान' (1954) बॉक्स ऑफिस पर भले ही फ्लॉप रही हो, लेकिन मदन मोहन के लिए यह एक यादगार फिल्म थी। इस फिल्म के दो गीत मलिका-ए-गजल बेगम अख्तर से गवाकर वे अनिल बिस्वास के बाद दूसरे ऐसे संगीतकार बन गए जिसे यह दुर्लभ गौरव प्राप्त हुआ था। कैफ इरफानी द्वारा लिखे गए ये गीत थे—'हमें दिल में बसा भी लो, ये कहती हैं जवाँ नजरें' और 'ऐ इश्क मुझे और तो कुछ याद नहीं'। लता का 'काहे जिया की उमंग छाए' भी खूब लोकप्रिय हुआ था। फिल्म के दूसरे गीतकार डी.एन. मधोक थे। इस वर्ष मदन मोहन को एक व्यक्तिगत झटका भी झेलना पड़ा था। उनके छोटे भाई प्रकाश दिल्ली में एक शादी में गए थे। वहाँ से बम्बई लौटते समय किसी ने ट्रेन में उनकी हत्या कर दी।

जाने-माने अभिनेता, निर्माता-निर्देशक, समाज-सेवक और नेता सुनील दत्त की पहली फिल्म 'रेलवे प्लेटफार्म' (1955) में भी मदन मोहन का संगीत था। रमेश सहगल द्वारा निर्मित-निर्देशित इस फिल्म में सुनील दत्त के साथ नलिनी जयवन्त और शीला रमानी मुख्य भूमिकाओं में थीं। इस फिल्म में महान शायर साहिर लुधियानवी और मदन मोहन ने पहली बार साथ-साथ काम किया। (उन्होंने कुल तीन फिल्मों में 23 खूबसूरत गीत रचे।) फिल्म के लोकप्रिय गीतों में रफी का सदाबहार 'बस्ती-बस्ती पर्वत-पर्वत गाता जाए बंजारा, लेकर दिल का इकतारा' शानिल था। लता का राग मालकौंस पर आधारित 'चाँद मद्धम है आसमाँ चुप है' और 'जिया खो गया तेरा हो गया' भी खूब लोकप्रिय हुए थे। लेकिन अनूठी कहानी, अच्छे निर्देशन, यादगार अभिनय और हिट संगीत के बावजूद यह फिल्म बॉक्स ऑफिस पर कोई खास हलचल नहीं मचा सकी।

नलिनी जयवन्त और एम. राजन की मुख्य भूमिकाओं वाली 'फिफ्टी-फिफ्टी' (1955) का एक गीत खूब लोकप्रिय हुआ था—'ये भूल हुई भूले से कभी, हम तेरी तमन्ना कर बैठे'। बहुत से पति रफी का यही गीत गाकर अपनी पत्नी को चिढ़ाया करते थे या दिल का बोझ हल्का किया करते थे। रोशनलाल मल्होत्रा द्वारा निर्देशित इस फिल्म में मदन मोहन के कई और सुरीले गीत भी थे। लता का 'चल दिया दिल मेरा तोड़के, यूँ अकेला मुझे छोड़के' चाँदनी रातों की तन्हाइयों में आज भी दिल में एक हूक-सी पैदा कर देता है। लता का मुजरा 'ये तो बता रसिया' भी गजब का था और मैंडोलिन और गिटार के मोहक सुरों वाला 'नादान बलम ऐसे भी नहीं' (कुछ-कुछ शंकर-जयकिशन की शैली में ढला) भी।

मद्रास (अब चेन्नई) के ए.वी.एम. प्रोडक्शन की 'भाई-भाई' (1956) मदन मोहन की पहली बड़ी हिट साबित हुई। अशोक कुमार, निम्मी, किशोर कुमार, श्यामा और निरूपा राय जैसे बड़े सितारों से सजी और एम.वी. रमन द्वारा निर्देशित इस फिल्म के संगीत ने भी खूब धूम मचाई। लता के राग भैरवी पर आधारित और ठुमरी शैली में ढले 'कदर जाने न मोरा बालम बेदर्दी' की लोकप्रियता का तो यह हाल था कि बड़े-बड़ों के कान खड़े हो गए थे। कहते हैं कि उस्ताद बिस्मिल्लाह खान एक खचाखच भरी महफिल में गा रहे थे कि कहीं दूर से इस गाने की कुछ पंक्तियाँ सुनकर वे अचानक ही रुक गए और मुस्कराते हुए बोले—"अब मैं क्या गाऊँ? यह लड़की तीन मिनट में जो असर पैदा कर लेती है, हम घंटों गाकर भी नहीं कर पाते!" एक महान कलाकार द्वारा एक दूसरे महान कलाकार की इससे ज्यादा तारीफ भला और क्या हो सकती थी! इसी तरह महान शास्त्रीय गायिका बेगम अख्तर ने रेडियो पर यह गाना सुना तो मदन मोहन को फोन करके बधाई देने के साथ-साथ उन्हें पूरा गाना फोन पर ही सुनाने के लिए कहा। यह फिल्म भी खूब चली थी और बम्बई के राक्सी सिनेमाघर में आसानी से 25 हफ्ते पूरे करके सिल्वर जुबली भी मना लेती। लेकिन निर्माता ए.वी. मैयप्पन और निर्देशक एम.वी. रामन के बीच कुछ झगड़े के कारण इसे 23 हफ्ते बाद अचानक ही थिएटर ने उतार लिया गया। मदन मोहन को बम्बई में अपनी पहली सिल्वर जुबली के लिए पूरे आठ साल इन्तजार करना पड़ा—1964 में प्रदर्शित 'वो कौन थी' तक! फिर भी, 'भाई-भाई' के संगीत ने ऐसी धूम मचाई कि मदन मोहन को प्रथम श्रेणी के संगीतकारों में गिना जाने लगा। फिल्म के लगभग सभी गीत खूब लोकप्रिय हुए—'मेरा नाम अब्दुल रहमान' (किशोर-लता), 'मेरा छोटा-सा देखो ये संसार' (लता), 'दिल तेरी नजर में अटका' (आशा), 'इस दुनिया में सब चोर-चोर' (लता), 'अपना है फिर भी अपना' (रफी) और 'भगवान जो तू है' (लता)। लेकिन फिल्म का सबसे सुपरहिट गीत रहा राग बिलावल पर आधारित गीता दत्त का 'ऐ दिल मुझे बता दे तू किस पे आ गया है, वो कौन है जो आकर ख्वाबों पे छा गया है'। इन सुपरहिट गीतों को राजेन्द्र कृष्ण ने लिखा था।

मद्रास में अपनी पहली फिल्म 'भाई-भाई' का संगीत देने के दौरान मदन मोहन ने सी.पी. दीक्षित द्वारा निर्देशित 'नया आदमी' के लिए भी दो गीत कम्पोज किए थे—'गरीबों का पसीना बह रहा है' (रफी) और 'अजब है ये दुनिया अजब जिंदगी है' (लता)—जिन्हें राजेन्द्र कृष्ण ने ही लिखा था। एन.टी. रामाराव और अन्जलि देवी की मुख्य भूमिकाओं वाली इस फिल्म के अन्य सात गीत मूल संगीत-निर्देशक विश्वनाथ राममूर्ति ने तैयार किए थे।

'भाई-भाई' की तरह एच.एस. रवेल की 'पॉकेटमार' (1956) भी मदन मोहन की एक 'ए प्लस' ग्रेड फिल्म थी; जिसमें देव आनन्द के साथ गीताबाली और नादिरा मुख्य मुख्य भूमिकाओं में थे। राजेन्द्र कृष्ण के गीतों वाली इस फिल्म के संगीत ने भी खूब धूम मचाई थी। लता और तलत महमूद का डुएट—'ये नई-नई प्रीत है, तू ही तो मेरा गीत है' फिल्म का सबसे शाहकार गीत था। लता और तलत ने इसे जितनी खूबसूरती से गाया था, गीताबाली और देव आनन्द ने उतनी ही खूबसूरती से इसे पर्दे पर पेश किया था। लता के सभी सोलो भी बड़े खूबसूरत थे—अकॉर्डियन के मोहक सुरों वाला 'तेरी गली कैसे आऊँ सजना', गजब की लय वाला 'बलमा अनाड़ी मंगा दे घोड़ा-गाड़ी', 'छोटी-सी ये जिंदगी', 'किसी के ठुकरा के अरमान' और 'प्यासे नैनों की प्यास बुझा ले'।

आर.सी. तलवार की 'मेम साहिब' (1956) में जहाँ मीना कुमारी और किशोर कुमार मुख्य भूमिकाओं में थे, वहीं शम्मी कपूर पहली और आखिरी बार एक खलनायक की भूमिका में नजर आए थे। इस फिल्म में तलत और आशा भोंसले के दो बड़े सुहाने युगल-गीत थे—'कहता है दिल तुम हो मेरे लिए' और 'हमारी गली आना अच्छा जी'। लता का एक भी गीत नहीं था। पूरी तरह आशा भोंसले ही छाई हुई थीं। फिल्म का

सबसे लोकप्रिय गीत था आशा और किशोर का दो पहलू दो रंग वाला 'दिल दिल से मिलाकर देखो', जो हॉलीवुड की मशहूर फिल्म 'द ब्रिज ऑन द रिवर क्वई' के थीम-संगीत से प्रेरित था। यह गीत कई हफ्तों तक 'बिनाका गीतमाला' की चोटी पर रहा। लेकिन फिल्म का सबसे लाजवाब गीत था राग सारंग पर आधारित 'इश्क इक जहर सही फिर भी पिए जाते हैं'—जो आशा भोंसले की सबसे खूबसूरत ग़ज़लों में शामिल है। इस फिल्म के गीत भी राजेन्द्र कृष्ण ने लिखे थे।

निम्मी और शेखर की मुख्य भूमिकाओं वाली 'छोटे बाबू' (1957) मदन मोहन की एक और सुरीली फिल्म थी। लता और तलत का डुएट 'तेरी चमकती आँखों के आगे ये सितारे कुछ भी नहीं' तो उनके सदाबहार युगल-गीतों में शामिल है। तलत का मर्मस्पर्शी सोलो 'दो दिन की मुहब्बत में हमने' भी बहुत खूसबरूत बन पड़ा था। फिल्म में हेमन्त कुमार का एक खूब लोकप्रिय गीत भी था—'ले ले दर्द पराया कर दे दूर गम का साया'। इसी तरह राग भैरवी पर आधारित लता का 'आने वाले कल की तुम तसवीर हो' भी बच्चों के सबसे लोकप्रिय और प्रेरक गीतों में शामिल है। लता और तलत का दूसरा युगल गीत 'तुम मेरे स्वामी अन्तर्यामी' भी बड़ा मोहक गीत था। एक से एक खूबसूरत गीतों से सजी इस फिल्म के गीतकारों में इन्दीवर, पी.एल. सन्तोषी, कैफ इरफानी और चन्द्रशेखर पांडे शामिल थे।

हिन्दी सिनेमा के इतिहास में ऊँचे स्तर की हल्की-फुल्की और विशुद्ध मनोरंजक फिल्में बहुत कम देखने को मिलती हैं। जाने-माने कॉमेडियन अभिनेता ओमप्रकाश द्वारा निर्मित 'गेटवे ऑफ इंडिया' (1957) ऐसी ही एक यादगार फिल्म थी। मधुबाला, भारत भूषण, प्रदीप कुमार, अनीता गुहा और जॉनी वाकर जैसी चोटी के सितारों से सजी इस फिल्म में मदन मोहन ने भी यादगार संगीत दिया था। फिल्म के एक से एक मधुर गीतों में लता के 'सपनों में सजन से दो बातें, इक याद रही एक भूल गए' और 'न हँसों हम पे जमाने के हैं ठुकराए हुए' जैसे सदाबहार गीत शामिल थे। न जाने क्यों पहले गीत 'सपनों में सजन से...' को फिल्म से हटा दिया गया—शायद इसलिए कि इसमें फिल्म के निर्माता ओमप्रकाश की चुटकी ली गई थी। रफी और लता का युगल-गीत 'दो घड़ी वो जो पास आ बैठे, हम जमाने से दूर जा बैठे' फिल्म का एक और मधुर आकर्षण था। सितार के मोहक इंटरल्यूडों वाला यह गीत आज भी उतना ही ताजा प्रतीत होता है। इस फिल्म में मदन मोहन ने कुछ अलग अन्दाज का संगीत दिया था। पश्चिमी ऑर्केस्ट्रेशन का ऐसा सहज प्रयोग उन्होंने कम ही फिल्मों में किया है। 'चल मेरे दिल के उड़न-खटोले' (रफी) और 'देखता चला गया मैं जिंदगी की राह में' (रफी-लता-जॉनी वाकर) जैसे धमाकेदार गीत इसी का उदाहरण थे। 'देखता चला गया...' को मधुबाला और जॉनी वाकर पर इतने दिलचस्प अन्दाज में फिल्माया गया था कि देखते ही बनता था। गीता दत्त का क्लब-गीत 'ये राह बड़ी मुश्किल है' भी पश्चिमी ऑर्केस्ट्रेशन पर मदन मोहन की अनूठी पकड़ का उदाहरण था। फिल्म में एक जोरदार कव्वाली थी थी—'जलवा जो तेरा देखा हमने' (आशा भोंसले-उषा मंगेशकर-मीना मंगेशकर-मुबारक बेगम)। कुल मिलाकर 'गेटवे ऑफ इंडिया' मदन मोहन की विविधतापूर्ण संगीत-प्रतिभा का एक उत्कृष्ट उदाहरण थी। इस खूबसूरत फिल्म के गीत भी राजेन्द्र कृष्ण ने लिखे थे।

★

पंजाबी होने के बावजूद मदन मोहन फिल्म संगीत के 'पंजाबी स्कूल' से कोसों दूर थे। शायद इसका कारण उनकी लखनवी पृष्ठभूमि थी। शहर-ए-लखनऊ की तहजीब, तलफ्फुज और नफासत उनकी खासियत और संगीत में गहराई से रच-बस गई थी। बेगम अख्तर की ठुमरियों और रोशनआरा बेगम की ग़ज़लों ने उनकी पंजाबियत पर लखनवी संस्कृति और परम्पराओं की अमिट छाप छोड़ दी थी। अपनी इसी पृष्ठभूमि के कारण वे आगे चलकर एक लाजवाब 'गजल कम्पोजर' बने। उन्हें सतही व्यावसायिक सफलताओं की जरा भी परवाह नहीं थी। वे हमेशा अपने दिमाग से संगीत की रचना करते थे और अपने दिल के फितूरों को बीच में नहीं आने देते थे। यही कारण था कि उनकी रचनाओं में एक अनूठा संतुलन और अनुशासन दिखाई देता था। यह सही है कि कभी-कभार वे 'झुमका गिरा रे' (मेरा साया) या 'ये माना मेरी जाँ' ('हँसते जख्म') जैसे फड़कते हुए गीत भी रच देते थे, लेकिन इनमें भी वे 'मेलोडी' का पूरा ध्यान रखते थे। यह अलग बात है कि कैरियर के शुरुआती दशक में वे बीच-बीच में भटक भी जाते थे और 'बेटी' (1957), 'खजांची' (1958), 'खोटा पैसा' (1958) और 'नाइट क्लब' (1958) जैसी फिल्मों में हल्के दर्जे का संगीत दे बैठते थे। लेकिन ऐसी फिल्मों की संख्या बहुत ज्यादा नहीं थी।

अमिय चक्रवर्ती की 'देख कबीरा रोया' (1957) मदन मोहन के कैरियर की एक कीर्ति-स्तम्भ फिल्म साबित हुई। तीन नायकों और तीन नायिकाओं वाली इस फिल्म में उन्होंने शास्त्रीय रंग में ढला ऐसा उत्कृष्ट और अमर संगीत दिया कि उन्हें एक उच्च कोटि के संगीत-निर्देशकों के रूप में देखा जाने लगा। यह फिल्म बॉक्स ऑफिस पर भले ही न चली हो, लेकिन इस फिल्म का संगीत आज तक चल रहा है। राग बागेश्री पर आधारित 'हमसे आया न गाया तुमसे बुलाया न गया' (तलत) हो या राग रागेश्री पर आधारित 'कौन आया मेरे मन के द्वारे' (मन्ना डे) या फिर राग अहीर भैरव पर

आधारित 'मेरी वीणा तुम बिन रोए' (लता)—सभी एक से एक अद्‌भुत रचनाएँ थीं। 'बैनर हो गई रैन' (मन्ना डे, राग जयजयवन्ती), 'लगन तोसे लागी बलमा' (लता, राग तिलंग) और 'हम बुलाते ही रहे' (लता-गीता दत्त) भी ऊँचे दर्जे की और बेहद मोहक शास्त्रीय रचनाएँ थीं। मुझे याद है, मैंने यह फिल्म 1963 के आसपास वाराणसी के भारती सिनेमा में देखी थी, जहाँ यह कई वर्ष बाद दोबारा रिलीज हुई थी। फिल्म के आखिर में तीन गाने एक के बाद एक आए थे—नायिका अमीता पर फिल्माया गया 'मेरी वीणा तुम बिन रोए' (लता), नायिका अनीता गुहा पर फिल्माया गया 'अश्कों से तेरी हमने तसवीर बनाई है' (आशा भोंसले) और नायिका शोभा खोटे पर फिल्माया गया 'तू प्यार करे या ठुकराए' (लता, राग भैरवी)। एक के बाद एक आने वाले इन दर्द भरे गानों को सुनकर पूरे हॉल में सन्नाटा-सा छा गया था। दर्शक मंत्रमुग्ध से अपनी-अपनी सीटों से बँधे थे। इन तीनों नायिकाओं में से कोई भी हिन्दी सिनेमा की बड़ी और बहुत लोकप्रिय नायिका नहीं थी। लेकिन संगीत में ऐसी जबर्दस्त पकड़ थी कि दर्शक दम साधकर बैठे थे। कोई भी जरा भी हिल-डुल नहीं रहा था। यह मदन मोहन का कमाल था! उनके अद्‌भुत और अलौकिक संगीत का कमाल! एक बार फिर मदन मोहन की धुनों में राजेन्द्र कृष्ण के बोल थे—जितनी खूबसूरत धुनें उतने ही खूबसूरत बोल!

मदन मोहन और विलायत खान

शक्ति सामन्त की 'शेरू' (1957) में भी मदन मोहन के कई सुरीले गीत थे। अशोक कुमार और नलिनी जयवन्त की मुख्य भूमिकाओं से सजी यह फिल्म बॉक्स ऑफिस पर भी अच्छी चली। फिल्म के लोकप्रिय गीतों में बाँसुरी और मैंडोलिन के मोहक सुरोंवाला 'नैनों में प्यार डोले' (लता), 'कैसे समझाऊँ पिया तुमको' (आशा भोंसले), 'गोरे-गोरे बादलों पे होके सवार' (तलत-आशा) और 'अगर तेरी दुनिया में ये गम रहेंगे' (रफी) शामिल थे। फिल्म के गीत कैफ इरफानी ने लिखे थे, जिन्होंने मदन मोहन के साथ चार फिल्मों में काम किया और कुल 17 गीत लिखे। इसी वर्ष रिलीज हुई 'समन्दर' (1957) में मदन मोहन और राजेन्द्र कृष्ण फिर एक साथ थे। प्रेमनाथ और बीना राय की मुख्य भूमिकाओं वाली इस फिल्म के निर्माता-निर्देशक खुद प्रेमनाथ ही थे। राग छायानट पर आधारित लता का 'चैन नहीं आए कहाँ दिल जाए' फिल्म का सबसे खूबसूरत गीत था, जिसमें 'सजनवा हो बलमवा हो' की गुहार का बड़ा लुभावना प्रयोग किया गया था। इसी तरह 'आजा कहीं से आ जा' (लता) और 'क्या साथ मेरा दोगे तुम प्यार की राहों में' (मुकेश-लता) भी बड़े मोहक गीत थे। यह युगल-गीत मदन मोहन के संगीत-निर्देशन में मुकेश का पहला गीत भी था। प्रेमनाथ की यह महत्त्वाकांक्षी फिल्म बॉक्स ऑफिस पर कोई कमाल नहीं कर सकी।

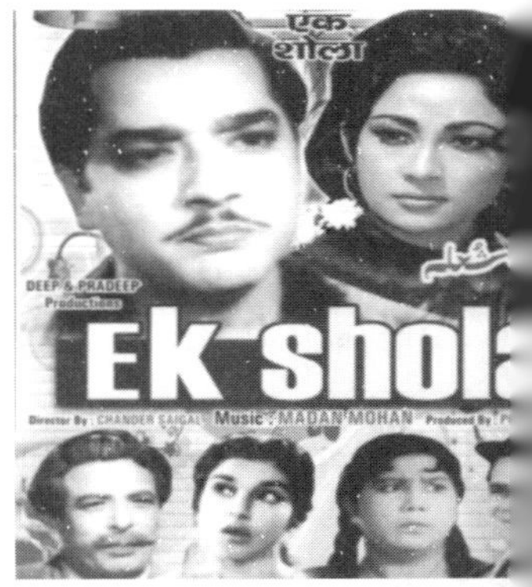

मदन मोहन अपने समकालीन संगीतकारों से भी प्रेरणा लेने में हिचकिचाते नहीं थे। महेश कौल की 'आखिरी दांव' (1958) में तो उन्होंने सज्जाद हुसैन के 'ये हवा ये रात ये चाँदनी' (तलत, 'संगदिल', 1952) की सीधे-सीधे नकल करते हुए रफी का सुपरहिट 'तुझे क्या सुनाऊँ मैं दिलरुबा' रच दिया। सज्जाद हुसैन का गुस्सा बड़ा मशहूर था लेकिन उन्होंने खुद ही इन पंक्तियों के लेखक (त्रिनेत्र बाजपेयी) को बताया था कि जब उन्होंने मदन मोहन को आड़े हाथों लिया तो उन्होंने इस नकल को सीधे-सीधे कबूल करते हुए कहा था कि ''किसी ऐसे-वैसे की नकल तो नहीं की!'' इसके बाद सज्जाद हुसैन बड़े फख्र से यह कहते रहे कि ''मेरा गाना ही नहीं, उसकी परछाईं भी चलती है!'' नूतन और शेखर की मुख्य भूमिकाओं से सजी 'आखिरी दांव' में और भी कई सुरीले गीत थे। रफी और आशा भोंसले का अमर डुएट 'हमसफर साथ अपना छोड़ चले' मदन मोहन की अपनी विशिष्ट शैली की छाप लिए था। आशा भोंसले का चुलबुला 'हाय उनकी वो निगाहें' और क्लब-गीत 'न डर सनम लगा भी ले दिल' भी खूब लोकप्रिय हुए थे। फिल्म के एक दूसरे

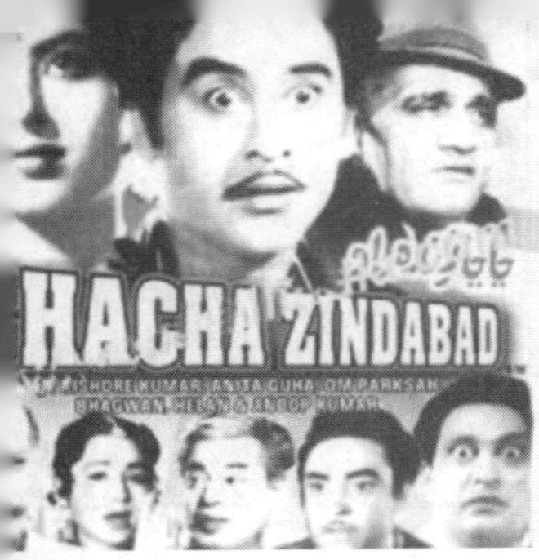

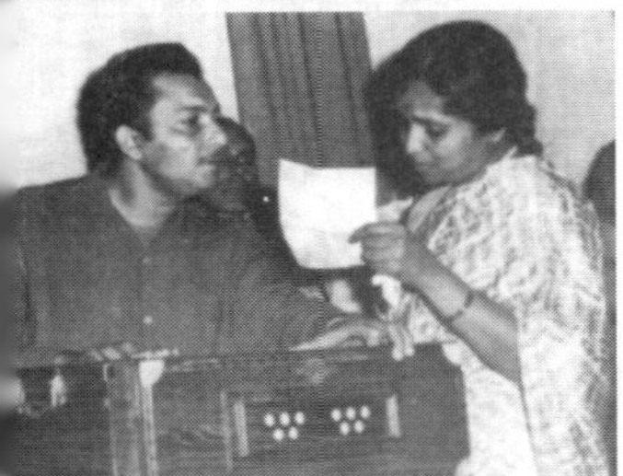
मदन मोहन आशा के साथ

युगल-गीत 'वो चाँद मुस्कराए सितारे शरमाए' (मन्ना डे-लता) में शंकर-जयकिशन के सुपरहिट 'ये रात भीगी-भीगी' (मन्ना डे-लता, 'चोरी-चोरी', 1956) की झलक थी। एक ही फिल्म में अपने दो समकालीनों की प्रतिभा को सलाम करने का शायद यह मदन मोहन का अपना शरारत भरा तरीका था! फिल्म के गीत मजरूह सुल्तानपुरी ने लिखे थे।

नर्गिस और प्रदीप कुमार की यादगार भूमिकाओं से सजी 'अदालत' (1958) मदन मोहन की एक और कीर्ति-स्तम्भ फिल्म थी। कालिदास द्वारा निर्देशित इस फिल्म में मदन मोहन की रचनाशीलता मानो अपनी चरम ऊँचाइयों पर जा पहुँची। उन्होंने लता से कुछ ऐसी ग़ज़लें गवाईं जिनके बिना फिल्मी ग़ज़लों का कोई भी कार्यक्रम न तो शुरू होता है और न पूरा—'यूँ हसरतों के दाग मुहब्बत में धो दिए'... 'जाना था हमसे दूर बहाने बना लिए'... 'उनको ये शिकायत है के हम कुछ नहीं कहते'। ये सभी ग़ज़लें राजेन्द्र कृष्ण की कलम, मदन मोहन के संगीत-सृजन और लता मंगेशकर की आवाज का कमाल हैं और आज भी उतनी ही ताजा और सम्मोहक प्रतीत होती हैं—ऐसी ग़ज़लें जिन्हें बार-बार सुनकर भी जी नहीं भरता। फिल्म के अन्य खूबसूरत गीतों में रफी और आशा का सदाबहार 'जमीं से हमें आसमां पर बिठाकर गिरा तो न दोगे' शामिल था। यूँ रफी-आशा का दूसरा युगल-गीत 'जब दिल हसीं दिल हो जवाँ' और गीता दत्त व आशा का भंगड़ा 'दुपट्टा मेरा मलमल का' भी कम नहीं थे। मदन मोहन ने एक नया प्रयोग करते हुए फिल्म का एक गीत 'जा जा रे जा साजना' लता और आशा दोनों से अलग गवाया था—उदास वर्जन लता से और खुशी का वर्जन आशा से। कुल मिलाकर 'अदालत' मदन मोहन और राजेन्द्र कृष्ण की जोड़ी की एक लाजवाब फिल्म थी।

मदन मोहन की टीम में एक से एक नामी सहायक साजिंदे और अरेंजर थे, जिनमें ज्ञान वर्मा, मास्टर सोनिक ('सोनिक ओमी' की जोड़ी के रूप में बाद में कई फिल्मों के संगीत-निर्देशक) और सेबिस्तियन इत्यादि शामिल थे। वे अपने गीतों के लिए उस्ताद रईस खान, पं. हरिप्रसाद चौरासिया, पं. शिवकुमार शर्मा, जयराम आचार्य और गुडी सरवई जैसे जाने-माने संगीतज्ञों का इस्तेमाल करते रहते थे। वे गुणवत्ता के साथ कभी कोई समझौता नहीं करते थे और रिकॉर्डिंग के दौरान पूरी टीम उनसे सहमी रहती थी। कहते हैं कि 'मेरा साया' के मशहूर गीत 'नैनों में बदरा छाए' की रिकॉर्डिंग के दौरान कुछ साजिंदे वैसे इंटरल्यूड नहीं दे पा रहे थे जैसाकि मदन मोहन चाहते थे। जब बार-बार यही होता रहा तो मदन मोहन ने गुस्से के मारे पार्टीशन का काँच ही तोड़ डाला था। यूँ वे गुरुओं और उस्तादों की बड़ी इज्जत करते थे और सितार-वादक उस्ताद विलायत खान के जबर्दस्त फैन थे।

मदन मोहन और रोशन के कैरियर में एक बात काफी मिलती-जुलती थी—दोनों को ही फ्लॉप फिल्मों के लम्बे दौर से गुजरना पड़ा। जब खूब मेहनत करने और लगातार ऊँचे दर्जे का लोकप्रिय संगीत देने के बावजूद फिल्में हिट न हों, माँग और प्रतिष्ठा न बढ़े तो झुंझलाहट और निराशा होना स्वाभाविक है। मदन मोहन भी इसी झुंझलाहट में कई बार गलत फिल्में ले बैठते थे और चालू संगीत देने की कोशिश करते थे। लेकिन यह सब उन्हें रास नहीं आता था और उनके अन्दर का कलाकार बेचैन हो उठता था। इसी तरह की उनकी कुछ कमजोर फिल्मों के यादगार गीतों में 'बता मुझे ओ जहाँ के मालिक' (रफी, 'एक शोला' 1958, मजरूह), 'तुम सामने आकर जिस दम' (रफी-आशा, 'खजांची', 1958, राजेन्द्र कृष्ण), 'हसीनो सँभालो अपनी ये दुनिया' (रफी, 'खोटा पैसा', 1958, राजेन्द्र कृष्ण), 'लोग कहें मेरे नैन बावरे' (लता, राग भैरवी, 'चन्दन', 1958, राजेन्द्र कृष्ण), 'बड़ा ही सीआईडी है ये नीली छतरीवाला' (रफी, 'चन्दन', 1958, राजेन्द्र कृष्ण), 'निगाहों का इशारा है' (शमशाद बेगम-आशा भोंसले, 'नाइट क्लब', 1958, मजरूह), 'माने न माने न हाय बलम परदेसिया' (लता, राग यमन कल्याण, 'जागीर', 1959, राजा मेहंदी अली खान) और 'वफाओं के बदले जफा कर रहे हैं' (आशा भोंसले, 'जागीर', 1959, राजा मेहंदी अली खान) शामिल हैं।

दिग्गज अभिनेता और निर्माता-निर्देशक सोहराब मोदी के मशहूर बैनर मूवीटोन की 'जेलर' (1958) मदन मोहन की एक और यादगार फिल्म थी। सोहराब मोदी, कामिनी कौशल, गीताबाली और अभि भट्टाचार्य की मुख्य भूमिकाओं से सजी इस फिल्म में लता का वह मंत्रमुग्ध कर देने वाला सदाबहार गीत था—'हम प्यार में जलने वालों को चैन कहाँ आराम कहाँ'। पियानो के अद्‌भुत सुरों ने इस गीत को और भी मोहक बना दिया था, जिसे लता और मदन मोहन की जोड़ी के कई दीवाने उनकी सबसे बेहतरीन रचना मानते हैं। लता का राग मल्हार पर आधारित 'बूँदियाँ बरसन लागी' भी बहुत खूब था और आशा का 'प्यार की निशानियाँ सुनाएँ ये कहानियाँ' भी। इस फिल्म में महेन्द्र कपूर ने भी मदन मोहन के साथ अपना पहला गाना गाया—'बस इक सजा ही तो है जिंदगी'। फिल्म के गीतकार एक बार फिर राजेन्द्र कृष्ण थे।

मदन मोहन की प्रतिभा में अटूट निष्ठा रखने वाले कॉमेडियन अभिनेता और निर्माता-निर्देशक ओमप्रकाश की लाजवाब कॉमेडी फिल्म 'चाचा जिंदाबाद' (1959) में लता का एक अनमोल गीत था—'बैरन नींद न आए, मोरा जिया घबराए'। पार्श्व-गायन के पच्चीस वर्ष पूरे होने पर लता मंगेशकर ने अपने सर्वश्रेष्ठ दस गीतों का जो रिकॉर्ड निकाला था, उसमें यह गीत भी शामिल था। इतना ही नहीं, 1967 में एच.एम.वी. द्वारा सीमित मात्रा में जारी किए गए इस रिकॉर्ड में मदन मोहन का एक और गीत भी शामिल था—'लग जा गले के फिर ये हसीं रात हो न हो' ('वो कौन थी')—जबकि

अनिल बिस्वास, सी. रामचन्द्र, शंकर-जयकिशन और सचिन देव बर्मन जैसे धुरंधर संगीतकारों का एक भी गीत नहीं था। इससे पता चलता है कि लता अपने 'मदन भैया' को कितना मानती थीं। किशोर कुमार, अनीता गुहा (ओमप्रकाश की चहेती अभिनेत्री) और खुद ओमप्रकाश की मुख्य भूमिकाओं से सजी 'चाचा जिंदाबाद' के अन्य लोकप्रिय गीतों में 'ऐ हसीनो नाजनीनो मैं दिल हथेली पे लेके आ गया' (किशोर), 'बड़ी चीज है प्यार-मुहब्बत' (किशोर-लता), 'नजरें उठाके जरा देख' (आशा भोंसले), 'देस छुड़ाए भेस छुड़ाए' (किशोर), 'बच गए हम दोनों फँसते-फँसते' (किशोर-लता) और राग ललित पर आधारित 'प्रीत दरस दिखाओ' (लता-मन्ना डे) शामिल थे। गीतकार राजेन्द्र कृष्ण ही थे।

प्रदीप कुमार और माला सिन्हा की मुख्य भूमिकाओं वाली 'दुनिया न माने' (1959) में मदन मोहन के कई लोकप्रिय गीत थे। वी. अवधूत द्वारा निर्देशित इस फिल्म का सबसे धूम मचाने वाला गीत था मुकेश और लता का युगल-गीत 'तुम चल रहे हो हम चल रहे हैं'। केदार राग पर आधारित यह गीत अकेले मुकेश की आवाज में उदास वर्जन में भी था—'हम चल रहे थे तुम चल रहे थे'—जिसे मदन मोहन ने राग यमन कल्याण पर आधारित रखा था। लता का भैरवी आधारित 'सजना लगन तोरी सोने न दे' भी बड़ा मोहक और अनूठा गीत था। फिल्म के अन्य लोकप्रिय गीतों में 'चला दिलदार वई-वई, लेके मेरा प्यार वई-वई' (लता) और 'सितारो छुप जाना नजर न लगाना' (आशा भोंसले) शामिल थे। इन गीतों को राजेन्द्र कृष्ण ने लिखा था।

ए.वी.एम. की पारिवारिक फिल्म 'बाप-बेटे' (1959) बॉक्स ऑफिस पर कोई धूम न मचाने वाली मदन मोहन की एक और कमजोर फिल्म साबित हुई। लेकिन इसमें लता के कुछ सुरीले गीत थे—'मैं तो जाऊँ न जमना किनारे' (राग मल्हार), 'मोरी पायल गीत सुनाए' (भैरवी राग) और सितार के मधुर सुरोंवाला 'दिल उनको उठाके दे दिया'। फिल्म में रफी और आशा का एक लुभावना युगल-गीत भी था—'मेरे दिल में आने वाले, मुझको प्यार सिखाने वाले'। इस फिल्म के गीतकार भी राजेन्द्र कृष्ण थे।

अब मदन मोहन और लता में बहुत सुन्दर तालमेल स्थापित हो चुका था और उनके गीतों में ज्यादा गहराई और एक नई तरह की परिष्कृत कलात्मकता दिखाई देने लगी थी। कामिनी कौशल और शेखर की मुख्य भूमिकाओं वाली 'बैंक मैनेजर' (1959) में लता का 'कदम बहके-बहके जिया धड़क-धड़क जाए' (राग बागेश्वरी) उनकी निरन्तर निखरती जुगलबन्दी का उदाहरण था। फिल्म के अन्य गीतों में आशा भोंसले छाई हुई थीं, जिनमें से 'सब से ये कह दो कि कलियाँ बिछा दें' अपनी मोहकता से आज भी मंत्रमुग्ध कर देता है। फिल्म के गीत इन्दीवर, अनवर फरूखाबादी और जलाल मलाहाबादी ने लिखे थे।

⋆

बम्बई में अपने शुरू के दौर में मदन मोहन दूर-दराज के उपनगर मालाड में रहा करते थे। बाद में वे शहर के सबसे पॉश इलाके पैडर रोड पर चले गए। उनकी 'मकानी मैनॉर' नामक बिल्डिंग जसलोक अस्पताल के सामने और 'डॉक्टर्स बिल्डिंग' की बगल में स्थित थी। उनके घर से कुछ ही दूर सड़क के उस पार सुरों की मलिका लता मंगेशकर का निवास स्थान 'प्रभु कुंज' था। (वे अब भी वहीं रहती हैं।) कहते हैं कि कोई नई धुन सूझते ही मदन मोहन लपककर लता के घर जा पहुँचते थे और लता भी रिहर्सल के लिए उनके घर आती रहती थीं। शायद हो किन्हीं दो पड़ोसियों में ऐसा संगीतात्मक तालमेल देखने को मिले। पैडर रोड पर न जाने कितने यादगार और जादुई गीतों की रचना हुई। खूब लोकप्रिय गीतकार राजेन्द्र कृष्ण भी पास ही 'शांति बिल्डिंग' में रहा करते थे।

1959 में रिलीज होने वाली मदन मोहन की कुछ और फिल्मों में 'मिनिस्टर' और 'मोहर' शामिल थीं। 'मिनिस्टर' (1959) में राजेन्द्र कृष्ण रचित लता का एक बड़ा प्यारा गीत था—'उन आँखों में नींद कहाँ जिन आँखों से प्रीतम दूर बसे'। शम्मी कपूर और गीताबाली की 'मोहर' (1959) में तो कई मंत्रमुग्ध कर देने वाले गीत थे। लता का 'तुम हो साथ रात भी हसीं है, अब तो मौत का भी गम नहीं है' फिल्म का सबसे यादगार गीत था। बाद में रेडियो सिलोन ने इसी गीत के इंटरल्यूडों को अपने 'हमेशा जवान गीतों का प्रोग्राम' की सिग्नेचर ट्यून बना लिया। हेमन्त कुमार का 'खो गया जाने कहाँ आरजुओं का जहाँ' और तलत का 'याद जब आए तेरी' (सज्जाद हुसैन की शैली की याद दिलाता हुआ) भी बड़े खूबसूरत गीत थे। लता और रफी का सुहाना डुएट 'ऐ हमसफर बता दे मंजिल तेरी किधर है' भी खूब लोकप्रिय हुआ था और लता के दोनों सोलो 'दिल से है प्यारा जिसका इशारा' और 'दिलवालों की महफिल में' भी। गीतकार एक बार फिर वही जाने-पहचाने राजेन्द्र कृष्ण थे।

मदन मोहन का कैरियर रुक-रुककर और धीरे-धीरे आगे बढ़ रहा था। हिट गीतों के बावजूद उनकी फिल्में हिट नहीं हो रही थीं। 1959 में बहुत सारी फिल्मों के बाद 1960 में उनकी एक ही फिल्म रिलीज हुई। उनके बड़े पक्के कद्रदान अभिनेता-निर्माता-निर्देशक कुमार की 'बहाना' (1960)। मीना कुमारी और सज्जन की मुख्य भूमिकाओं

मदन मोहन आशा के साथ

'वो कौन थी?'

से सजी इस फिल्म में मदन मोहन ने एक बार फिर हिट संगीत देने की कोशिश की। लता के राग यमन कल्याण पर आधारित 'जा रे बदरा बैरी जा रे' और राग गारा पर आधारित 'बोल मेरे नन्दलाला' हो या तलत और आशा भोंसले का युगल-गीत 'तेरी निगाहों में तेरी ही बाँहों में'—सभी मंत्रमुग्ध कर देने वाले और खूब लोकप्रिय गीत थे। आशा की 'मुहब्बत क्या है हसीं धोखा है' और शमशाद बेगम का 'अड़ोसन-पड़ोसन कहे जो कहे' भी बड़े लुभावने गीत थे। लेकिन फिल्म का सबसे शाहकार गीत था तलत महमूद का सदाबहार 'बेरहम आसमाँ मेरी मंजिल बता है कहाँ'। गिटार और वायलिन के सुरों के साथ बड़ी मोहक धुन में पिरोया गया यह गीत तलत के सबसे शानदार गीतों में शामिल है। गीत के बोल भी बड़े खूबसूरत थे। राजेन्द्र कृष्ण ने पाँचों अन्तरों में मानो अपना दिल निचोड़कर रख दिया था। जरा इस गीत का यह आखिरी अन्तरा देखिए :

अब कोई भी तमन्ना नहीं
अब यहाँ हमको जीना नहीं
जिंदगी अब तेरे जाम से
एक कतरा भी पीना नहीं
मौत को भेजकर खत्म कर दे मेरी दास्ताँ
बेरहम आसमाँ...

ऐसे लाजबाव संगीत के बावजूद बॉक्स ऑफिस था कि पिघलने को तैयार न था। मदन मोहन भी हार मानने को तैयार न थे। अपने एक और वफादार कद्रदान अभिनेता-निर्माता ओमप्रकाश द्वारा निर्मित और बाद के दिनों के चोटी के निर्माता-निर्देशक प्रमोद चक्रवर्ती द्वारा निर्देशित 'संजोग' (1961) में उन्होंने और भी मंत्रमुग्ध कर देने वाला सुपरहिट संगीत दिया। प्रदीप कुमार और अनीता गुहा की मुख्य भूमिकाओं वाली इस फिल्म में लता का एक गीत 'वो भूली दास्ताँ लो फिर याद आ गई' तो मदन मोहन और लता की लाजबाव जोड़ी का प्रतीक गीत बन गया और इस जोड़ी के एक से एक मधुर हांटिंग-गीतों की शृंखला की पहली कड़ी भी। लता का 'बदली से निकला है चाँद' और मुकेश के साथ उनका डुएट 'इक मंजिल राही दो फिर प्यार न कैसे हो' भी उनके सदाबहार गीतों में शामिल हैं। इसी तरह मुकेश के 'भूली हुई यादो मुझे इतना न सताओ' को भला कौन संगीत-प्रेमी भुला सकता है? रफी का 'दो घूँट मैंने पी' फिल्म का एक और लोकप्रिय गीत था। इन सुपरहिट गीतों को राजेन्द्र कृष्ण ने लिखा था।

राजा मेहंदी अली खान और मदन मोहन की जोड़ी ने अपना पहला बड़ा कमाल 'अनपढ़' (1962) में दिखाया—'आपकी नजरों ने समझा प्यार के काबिल मुझे, दिल की ऐ धड़कन ठहर जा मिल गई मंजिल मुझे'। इसके बाद तो लता और इन दोनों की तिकड़ी ने मिलकर गीतों की ऐसी मधुर सरगम की बौछार की कि ये गीत मदन मोहन की शैली के हस्ताक्षर गीत बन गए और हिन्दी सिनेमा के सबसे लोकप्रिय, मधुरतम और उत्कृष्टतम गीतों में शामिल हो गए। कहते हैं कि सुरों की मलिका के महानतम गीतों में से एक 'आपकी नजरों ने समझा...' को सुनकर महान संगीत-निर्देशक नौशाद इतने अभिभूत और चमत्कृत हो गए थे कि उन्होंने मदन मोहन से कहा था— ''मेरा सारा संगीत ले लो और मुझे अपना यह एक गाना दे दो!'' संगीत के बड़े से बड़े महारथियों को चौंका देने वाले इस फिल्म के संगीत ने बॉक्स ऑफिस पर जमी बर्फ को भी पिघला डाला और यह फिल्म मदन मोहन की एक बड़ी बॉक्स ऑफिस सफलता साबित हुई। राजेन्द्र भाटिया द्वारा निर्मित इस फिल्म के निर्देशक मोहन कुमार थे और माला सिन्हा और धर्मेन्द्र मुख्य भूमिकाओं में थे। राग दरबारी की रूपक ताल पर आधारित 'आपकी नजरों ने समझा...' के अलावा फिल्म में लता की एक खूबसूरत ग़ज़ल भी थी—'है इसी में प्यार की आबरू, वो जफा करें मैं वफा करूँ' (राग भैरवी), जो उनकी सबसे खूबसूरत और अमर ग़ज़लों में शामिल है। राग आसावरी पर आधारित 'वो देखो जला घर किसी का' (लता), राग यमन कल्याण पर आधारित 'जिया ले गयो जी मोरा साँवरिया' (लता), सदाबहार राखी-गीत 'रंग-बिरंगी राखी लेके आई बहना' (लता) और मोहन चोटी पर फिल्माया गया कॉमेडी गीत 'सिकन्दर ने पोरस से की थी लड़ाई' (महेन्द्र कपूर)—सभी खूब धूम मचाने वाले गीत थे। कहने की जरूरत नहीं कि 'भाई-भाई', 'देख कबीरा रोया', 'अदालत' और 'संजोग' के बाद मदन मोहन के कैरियर में 'अनपढ़' एक मील का पत्थर फिल्म थी—शायद इन सबसे बढ़कर।

मदन मोहन और रफी

इसी वर्ष रिलीज हुई ए.वी.एम. की 'मनमौजी' (1962) के संगीत ने भी खूब धूम मचाई। फिल्म भी खूब चली। किशोर कुमार और साधना की मुख्य भूमिकाओं वाली इस फिल्म में किशोर कुमार का एक मशहूर गीत था—'जरूरत है, जरूरत है, जरूरत है... इक श्रीमती की, कलावती की, सेवा करे जो पति की'। लता के दो गीत भी उनके और मदन मोहन के सदाबहार और अमर गीत साबित हुए—राग हमीर पर आधारित 'चन्दा जा रे जा रे, चन्दा जा' और राग भैरवी पर आधारित 'मैं तो तुम संग नैन मिलाके हार गई सजना'। किशोर का 'मेरा नाम अब्दुल रहमान', लता का 'आया है कहाँ

से पी के दीवाने' तथा आशा भोंसले और कमल बारोट का मजेदार 'मुर्गे ने झूठ बोला मुर्गे की चूँ-चूँ हो गई' फिल्म के अन्य लोकप्रिय गीत थे। मद्रास (अब चेन्नई) की इस फिल्म के गीतकार भी वहाँ के निर्माताओं के चहेते राजेन्द्र कृष्ण थे।

रणजीत स्टूडियो द्वारा निर्मित और मीना कुमारी और राजेन्द्र कुमार की मुख्य भूमिकाओं वाली 'अकेली मत जइयो' (1963) बॉक्स ऑफिस पर ऐसी पिटी की सेठ चन्दूलाल शाह और उनके रणजीत स्टूडियो के बन्द होने की नौबत आ गई। नन्दलाल जसवन्तलाल द्वारा निर्मित इस फिल्म का कॉमेडी-प्रधान कथानक गंभीर छवि वाली मीना कुमारी और राजेन्द्र कुमार के प्रशंसकों को जरा भी रास नहीं आया। लेकिन मदन मोहन इस फिल्म में भी कुछ यादगार गीत देने से नहीं चूके थे। लता का 'वो जो मिलते थे कभी हमसे दीवानों की तरह, आज यूँ मिलते हैं जैसे कभी पहचान न थी' भुलाए न भूलने वाला गीत था। आशा भोंसले का क्लब-गीत 'थोड़ी देर के लिए मेरे हो जाओ' भी गजब का और खूब धूम मचाने वाला गीत था। लता का कोरस वाला 'अकेली मत जइयो नैनों में कजरा डालके' और रफी के साथ उनके युगल-गीत 'ये हवा ये मौसम मस्ताना', 'रास्ते में दो अनजाने' और 'ये तो कहो कौन हो तुम' फिल्म के अन्य मधुर आकर्षण थे। इस बार मदन मोहन का साथ मजरूह सुल्तानपुरी ने निभाया था।

'अनपढ़' के बाद राज खोसला की 'वो कौन थी' (1964) मदन मोहन का एक और बड़ा संगीन धमाका साबित हुई और बम्बई में पच्चीस हफ्ते पूरे करके सिल्वर जुबली मनाने वाली उनकी पहली फिल्म थी। मनोज कुमार और साधना की मुख्य भूमिकाओं से सजी यह ब्लैक एंड व्हाइट सस्पेंस फिल्म (तब ज्यादातर फिल्में ब्लैक एंड व्हाइट में ही बना करती थीं) हिन्दी फिल्मों के इतिहास में एक मील का पत्थर थी—तीन वर्ष पहले रिलीज हुई हेमन्त कुमार की 'बीस साल बाद' (विश्वजीत-वहीदा रहमान) की तरह ही। फिल्म का संगीत इसका सबसे बड़ा आकर्षण था—ऐसा संगीत जिसे सिर्फ अलौकिक संगीत कहा जा सकता है। 'अनपढ़' के बाद राजा मेहंदी अली खान और मदन मोहन की जोड़ी ने सुरों की मलिका लता मंगेशकर के साथ मिल-कर हिन्दी फिल्मों के सबसे मधुर, सबसे मोहक और सबसे सुरीले और नशीले संगीत की सरगम बिखेर दी थी। ऐसा जादुई संगीत जिसका वर्णन करने के लिए सभी विशेषण कम पड़ जाते हैं। 'नैना बरसे रिमझिम रिमझिम...', 'लग जा गले कि फिर ये हँसी रात हो न हो...', 'जो हमने दास्ताँ अपनी सुनाई आप क्यों रोए'—जैसे गीतों को आप और क्या कहेंगे? इन गीतों को सुनने के बाद यह कहने का मन होता है कि हिन्दी फिल्म इंडस्ट्री में मदन मोहन से बड़ा संगीतकार और कोई भी नहीं हुआ है! एक फिल्म स्टूडियो के मालिक सेठ राय बहादुर चुन्नीलाल का बेटा! एक ऐसा सिरफिरा नौजवान जिसके पिता उसके संगीतकार बनने के खिलाफ थे! एक ऐसा मनचला और खूबसूरत रईसजादा जिसे लता मंगेशकर समेत बहुतों ने शुरू-शुरू में गंभीरता से नहीं लिया था! उसी सिरफिरे और सनकी नौजवान ने 'अनपढ़' में संगीत महारथी नौशाद को चमत्कृत कर दिया था तो 'वो कौन थी' में पूरे देश को संगीत के सबसे मीठे सुरों में डुबो दिया था।

मदन मोहन ने बेरीटोन सेलो, कम्पनशील वायलिनों, झूमते हुए जलतरंगों और पियानों के गूँजते हुए सुरों का ऐसा कल्पनाशील प्रयोग किया था जैसा उनसे पहले किसी ने भी नहीं किया था। 'वो कौन थी' का संगीत आपको किसी दूसरे लोक या किसी दूसरे जन्म से बड़ी मधुरता से पुकाराता हुआ और अपने मोह-बन्धन में जकड़ता हुआ प्रतीत होता था—अतृप्त आत्मा को एक अनूठी और परम तृप्ति की तरफ ले जाते हुए। ये तीनों गीत फिल्म की नायिका साधना के उदास, निश्छल और मोहक सौन्दर्य के प्रतीक बन गए और साधना इन गीतों की प्रतीक बन गई। फिल्म की सफलता में इन गीतों का बहुत बड़ा हाथ था और निर्देशक राज खोसला ने इन्हें रहस्यमयी साधना पर फिल्माया भी बड़े खूबसूरत अन्दाज में था। गीतों के बोल भी लाजवाब थे—मानो राजा मेहंदी अली खान ने अपनी कलम को खून-ए-जिगर में भिगोकर लिखा था—'हम अपने आँसुओं में चाँद-तारों को डुबो देंगे'। फिल्म का एक और कमाल का गीत था—'शोख नजर की बिजलियाँ, दिल पे मेरे गिराए जा, मेरा न कुछ ख्याल कर तू यूँ ही मुस्कुराए जा' (आशा भोंसले) और महेन्द्र कपूर और लता का युगल-गीत भी—'छोड़कर तेरे प्यार का दामन, तू बता दे कि हम किधर जाएं... हमको डर है कि तेरी बाँहों में हम खुशी से न आज मर जाएँ'। इस गीत की एक पंक्ति थी—'तेरे कदमों में जिंदगी रख दूँ... अपनी आँखों की रोशनी रख दूँ'।

'नैना बरसे रिमझिम रिमझिम' फिल्म का सबसे लोकप्रिय गीत था। शिमला के कुफरी इलाके में इस गीत की शूटिंग के दौरान बड़ी दिलचस्प बात हुई। तबीयत खराब होने के कारण लता मंगेशकर इस गीत को समय पर रिकॉर्ड नहीं कर पाईं और शूटिंग का दिन आ पहुँचा। अब किया क्या जाए? मदन मोहन ने एक तरकीब निकालते हुए इस गीत को अपनी आवाज में रिकॉर्ड करके दे दिया और उन्हीं की आवाज में इस गीत को नायिका साधना पर फिल्मा लिया गया। शिमला में शूटिंग देखने के लिए जमा पर्यटक हैरान थे। यह कैसी फिल्म थी? नायिका मर्दानी आवाज में क्यों गा रही थी? अब उन्हें कौन समझाए कि शूटिंग में रुकावट न आने देने के लिए कैसे-कैसे तरीके अपनाने पड़ते हैं! बाद में इस गीत को लता की आवाज में डब किया गया। फिल्म के दूसरे लोकप्रिय गीत 'लग जा गले कि फिर ये हसीं रात हो न हो' (राग

हिमालय पर 'हकीकत' की शूटिंग

मदन और तलत

देस) को लता ने पच्चीस वर्षों के अपने सर्वश्रेष्ठ दस गीतों में शामिल किया था। जब 'वो कौन थी' के लिए मदन मोहन को वर्ष के सर्वश्रेष्ठ संगीतकार का फिल्मफेयर पुरस्कार नहीं मिला तो उनके साथ-साथ लता को भी बहुत ज्यादा निराशा हुई थी। वे अपनी भावनाएँ व्यक्त करने के लिए मदन मोहन के पास गईं तो उन्होंने मुस्कराते हुए कहा—''मेरे लिए क्या यह कम बड़ा अवार्ड है कि तुम्हें अफसोस हुआ!''

हमने कुछ लोगों को कहते सुना है कि मदन मोहन ने मुहम्मद रफी के साथ बहुत ज्यादा हिट गीत नहीं दिए। यह एक बहुत बड़ी गलतफहमी है। ऐसी बहुत-सी फिल्में हैं जिनमें मदन मोहन के संगीत पर पूरी तरह मुहम्मद रफी छाए रहे। देव आनन्द और मधुबाला की मुख्य भूमिकाओं वाली 'शराबी' (1964) भी ऐसी ही एक फिल्म थी—जो 'वीनस ऑफ इंडियन स्क्रीन' मधुबाला की आखिरी फिल्मों में से थी। राज ऋषि द्वारा निर्देशित इस फिल्म में रफी के कई धीमे, झूमते हुए और नशीले गीत थे, जो उनके सदाबहार गीतों में शामिल हैं। इन्हीं में से एक था—'सावन के महीने में, इक आग-सी सीने में, लगती है तो पी लेता हूँ, दो-चार घड़ी जी लेता हूँ'। कहते हैं कि गीतकार राजेन्द्र कृष्ण और उनके मित्र मदन मोहन तफरीह के लिए बम्बई के पास ही स्थित खंडाला गए हुए थे। बारिश का मौसम था और बड़ा सुहाना समाँ था। वहीं व्हिस्की की चुस्कियों के बीच राजेन्द्र कृष्ण को यह गीत सूझा था और मदन मोहन ने झट से इसकी धुन तैयार कर दी थी। नशे और दर्द में घुला-मिला रफी का एक दूसरा गीत भी बड़ा खूबसूरत गीत था—'मुझे ले चल आज फिर उस गली में'—और फिल्म का सबसे धूम मचाने वाला गीत भी—'कभी न कभी, कहीं न कहीं, कोई न कोई तो आएगा... अपना मुझे बनाएगा, दिल में मुझे बसाएगा'। रफी और आशा के दोनों युगल-गीत 'तुम हो हसीं कहाँ के' और 'जाओ जी जाओ देखे हैं बड़े' लुभावने तो थे, लेकिन मदन मोहन लोकप्रियता के चक्कर में कुछ-कुछ ओ.पी. नैयर की शैली अपना बैठे थे। इसी तरह 'सावन के महीने में' के तेज वर्जन में भी शंकर-जयकिशन की झलक दिखाई देती थी। ढीली पटकथा और कमजोर निर्देशन के कारण यह फिल्म दर्शकों को नहीं लुभा सकी और जल्दी ही सिनेमाघरों से उतर गई।

मोहन कुमार की 'आपकी परछाइयाँ' और ए.वी.एम. की 'पूजा के फूल' भी कोई बड़ा धमाका तो नहीं कर सकीं, लेकिन इन दोनों फिल्मों का संगीत काफी लोकप्रिय हुआ। धर्मेन्द्र और सुप्रिया पाठक की मुख्य भूमिकाओं वाली 'आपकी परछाइयाँ' (1964) में लता का एक सदाबहार गीत था—'अगर मुझसे मुहब्बत है मुझे सब अपने गम दे दो' (राग दरबारी)। इसी राग पर आधारित रफी का 'मैं निगाहें तेरे चेहरे से हटाऊँ कैसे' भी बड़ा लाजवाब गीत था। रफी के दो अन्य गीत 'यही है तमन्ना, तेरे घर के सामने मेरी जान जाए' और 'इक मतवाला आज चला अपनी मंजिल को' भी काफी लोकप्रिय हुए थे। इसी तरह माला सिन्हा और धर्मेन्द्र की मुख्य भूमिकाओं वाली 'पूजा के फूल' (1964) को भी मधुर गीतों से सजाने में मदन मोहन ने कोई कसर नहीं छोड़ी थी। इस फिल्म में भी लता का एक सदाबहार गीत था—'मेरी आँखों से कोई नींद लिए जाता है'। अन्य गीत इतने यादगार तो नहीं थे, लेकिन अपने समय में अच्छे चले थे। इनमें लता के दो और गीतों 'दिल तोड़ना किसी का ये जिंदगी नहीं है' और 'मिऊँ-मिऊँ मेरी सखी' के साथ 'सनम अपनी पलकों पे तुझको बिठाकर' (रफी), 'बन्दा परवर रात के अँधेरे में' (आशा भोंसले) और 'अब दो दिलों की मुश्किल आसान हो गई है' (रफी-आशा) शामिल थे। 'आपकी परछाइयाँ' के गीत राजा मेहंदी अली खान ने और 'पूजा के फूल' के गीत राजेन्द्र कृष्ण ने लिखे थे।

1964 का वर्ष मदन मोहन की धूम का वर्ष था। पिछले कुछ वर्षों से वर्ष में सिर्फ एक-दो फिल्में करते रहने के बाद 1964 में उनकी पूरी आठ फिल्में रिलीज़ हुईं। इनमें रहस्य-रोमांच प्रधान 'वो कौन थी' और देशभक्ति से ओत-प्रोत 'हकीकत' ने सबसे ज्यादा धूम मचाई। चेतन आनन्द की 'हकीकत' (1964) से दो महान हस्तियों का ऐसा साथ जुड़ा कि लगभग दस वर्षों में मदन मोहन ने चेतन आनन्द की पाँच खूबसूरत फिल्मों में यादगार संगीत दिया—'हकीकत', 'हीर राँझा', 'हिन्दुस्तान की कसम', 'हँसते जख्म' और 'साहब बहादुर'। भारत में बनी आज तक की सबसे महान युद्ध-फिल्म 'हकीकत' लेखक-निर्माता-निर्देशक चेतन आनन्द की एक महत्त्वाकांक्षी फिल्म थी—एक ऐसी फिल्म जिसने एक संवेदनशील, प्रतिभाशाली और महान फिल्म निर्देशक के रूप में चेतन आनन्द की प्रतिभा को पूरी तरह से स्थापित कर दिया और उनकी प्रतिष्ठा और प्रसिद्धि को सातवें आसमान पर पहुँचा दिया।

★

'हकीकत' के निर्माण के पीछे बड़ी दिलचस्प कहानी है। 'अंजलि' नामक एक बहुत खूबसूरत और सार्थक फिल्म बनाने के बाद चेतन आनन्द इतने घाटे में चले गए थे कि देव आनन्द, गीताबाली और प्रिया राजवंश की मुख्य भूमिकाओं वाली अपनी अगली फिल्म 'काफिर' के लिए फाइनेंस नहीं जुटा सके और यह फिल्म ठप्प हो गई। उन्हीं दिनों चीन ने अचानक भारत पर हमला कर दिया तो चीन के इस विश्वासघात पर उन्हें एक फिल्म बनाने की सूझी। लेकिन फिल्म

की कहानी लिखने से पहले उन्होंने इसके फाइनेंस की व्यवस्था कर लेना ठीक समझा। फिल्म के राष्ट्रीय महत्त्व को देखते हुए उन्होंने पंजाब के मुख्यमंत्री प्रताप सिंह कैरों को पंजाब सरकार की तरफ से इस फिल्म को फाइनेंस करने के लिए कहा। मुख्यमंत्री ने उन्हें मिलने के लिए बुलाया। चेतन आनन्द का ख्याल था कि इस मीटिंग में फिल्म के फाइनेंस से जुड़े मामलों पर चर्चा होगी। लेकिन प्रताप सिंह कैरों ने छूटते ही कहा—''कहानी सुनाओ!'' चेतन आनन्द सकते में पड़ गए। कहानी तो उन्होंने लिखी ही नहीं थी। अब क्या करें? लेकिन वे एक लेखक तो थे ही, इसलिए इस फिल्म को लेकर जो धुँधला-सा विचार उनके मन में था उसी के आधार पर उन्होंने झट से एक कहानी गढ़ ली। वे सुनाते रहे और कैरों और उनके साथी बड़े ध्यान से सुनते रहे। आधी कहानी सुनाते-सुनाते रात के खाने का समय हो गया तो चेतन आनन्द ने राहत की साँस ली। डिनर के दौरान वे व्यंजनों का आनन्द लेने की बजाय आगे की कहानी को लेकर मगपच्ची करते रहे। उनकी चिन्ता निराधार भी नहीं थी। खाने के बाद मीठे के दौरान मुख्यमंत्री ने फिर हुक्म सुना दिया—''अब आगे की कहानी सुनाओ!'' चेतन आनन्द ने जैसे-तैसे यह कठिन परीक्षा भी पास कर ली। कैरों इतने प्रभावित हो गए कि उन्होंने झट से पंजाब सरकार द्वारा फिल्म की पूरी फाइनेंसिंग का फैसला सुना दिया। मीटिंग के बाद चेतन आनन्द खुशी-खुशी मुख्यमंत्री आवास से बाहर निकले तो कहीं दूर से एक फिल्मी गाने की आवाज उनके कानों में पड़ी—'यूँ हसरतों के दाग मुहब्बत में धो दिए'। बस, उन्होंने उसी समय इस फिल्म के संगीत के लिए मदन मोहन को साइन करने का फैसला कर लिया।

यह पूरी घटना खुद चेतन आनन्द ने हमें सुनाई थी। मेरी पत्नी और बड़ी उत्साही रंगमंच कलाकार कणिका बाजपेयी चेतन आनन्द के मशहूर टेली-सीरियल 'परमवीर चक्र' के एक एपिसोड में काम कर चुकी हैं, जिसमें उनके साथ जाने-माने अभिनेता नसीरुद्दीन शाह थे। मदन मोहन का बहुत पहले ही निधन हो चुका था, इसलिए इस टीवी सीरियल का संगीत 'प्यारे मोहन' के नाम से उनके एक बेटे ने दिया था।

'हकीकत' का संगीत इतना मधुर, मोहक और लोकप्रिय संगीत था कि ऐसा धूम मचाने वाला संगीत देशभक्ति से जुड़ी फिल्मों में कम ही सुनाई देता है। खुद फिल्म के भी बॉक्स ऑफिस पर सफलता के सभी रिकॉर्ड तोड़ दिए। तेजी से रंगीन हो रही हिन्दी फिल्मों के उस जमाने में किसी ब्लैक एंड व्हाइट फिल्म को शायद ही इतनी जबर्दस्त सफलता मिली हो। मदन मोहन द्वारा मुहम्मद रफी की आवाज के कम इस्तेमाल से जुड़ी गलतफहमी को हम पीछे 'शराबी' और 'आपकी परछाइयाँ' के उदाहरणों से दूर कर चुके हैं। 'हकीकत' के संगीत पर भी पूरी तरह रफी छाए हुए थे। फिल्म के सबसे शाहकार और अमर गीत 'कर चले हम फिदा जाने-ओ-तन साथियो, अब तुम्हारे हवाले वतन साथियो' की लोकप्रियता का यह हाल था कि देश के कोने-कोने में यही गीत गूँजता हुआ प्रतीत होता था। बरसों बाद 1980 में देश के सबसे महान गायक मुहम्मद रफी का निधन हुआ तो लोगों को उनका यही गीत याद आया। सी. रामचन्द्र द्वारा संगीतबद्ध लता मंगेशकर के गैर-फिल्मी गीत 'ऐ मेरे वतन के लोगो' को छोड़कर शायद ही देशभक्ति का कोई गीत इतना मर्मस्पर्शी बन पड़ा हो और इतनी गहरी और प्रबल राष्ट्रीय भावनाएँ पैदा करने की क्षमता रखता हो। इसमें कैफी आजमी के जबर्दस्त बोलों का भी हाथ था, जिन्होंने 'छू न पाए सीता का दामन कोई' और 'राम भी तुम तुम्हीं लक्ष्मण साथियो' जैसी पंक्तियाँ लिखकर भारतीय संस्कृति से जुड़ी गहरी आस्थाओं को झकझोर दिया था। फिल्म का दूसरा यादगार गीत 'होके मजबूर मुझे उसने भुलाया होगा' भी बहुत मर्मस्पर्शी गीत था, जिसे रफी, तलत और मन्ना डे के साथ एक नए गायक भूपेन्द्र ने गाया था। उन्होंने इस फिल्म में एक छोटी-सी भूमिका भी निभाई थी। राग यमन कल्याण पर आधारित लता का 'जरा-सी आहट होती है तो दिल सोचता है... कहीं ये वो तो नहीं... कहीं ये वो तो नहीं' उनके सबसे मधुर और अमर गीतों में शामिल हैं। इसी तरह पियानो, वायलिन और विब्रोफोन के धीमे सुरों वाला रफी का 'मैं ये सोचकर उसके दर से उठा था... कि वो रोक लेगी, मना लेगी मुझको' हमारे ख्याल से उनके महानतम गीतों में शामिल है। रफी के झूमते-मनचलते 'मस्ती में छेड़के तराना कोई दिल का' समेत इन सभी गीतों ने देश भर में तूफान-सा मचा दिया था। कैफी आजमी, मदन मोहन और चेतन आनन्द की तिकड़ी ने मानो दर्शकों पर जादू-सा कर दिया था। यह जादू 'हीर राँझा', 'हिन्दुस्तान की कसम' और 'हँसते जख्म' जैसी फिल्मों में भी जारी रहा था। विद्रोही तेवरों वाले कैफी आजमी ने मदन मोहन के साथ 12 फिल्मों में कुल 71 गीत लिखे।

'हकीकत' के लिए लता का एक और गीत भी रिकॉर्ड किया गया था—'खेलो न मेरे दिल से ओ मेरे साजना'। यह गीत फिल्म में इस्तेमाल नहीं हो सका तो चेतन आनन्द ने मदन मोहन से कहा कि वे चाहें तो इसे किसी दूसरी फिल्म में इस्तेमाल कर सकते थे। लेकिन संगीत के रिकॉर्ड बनाने वाली कम्पनी एच.एम.वी. को गीतों का 'नागरा बॉक्स' भेजते समय चेतन आनन्द के प्रोडक्शन डिपार्टमेंट ने गलती से यह गीत भी भेज दिया और यह 'हकीकत' के रिकॉर्डों में शामिल हो गया। जैसाकि स्वाभाविक था मदन मोहन इस गलती पर बहुत बिगड़े। फिल्म के सबसे लोकप्रिय गीत 'कर चले हम फिदा...' के पीछे भी एक कहानी है। मदन मोहन अपनी एक और निर्माणाधीन फिल्म 'जहाँआरा' के गानों के लिए तलत महमूद से बात करने गए तो वे जाने-माने संगीतकार खय्याम (हमारे पारिवारिक मित्र और हमारे लोकप्रिय टेली-सीरियल 'बिखरी आस निखरी प्रीत' के संगीत-निर्देशक) के साथ एक गैर-फिल्मी गीत 'महरबा या नबी मरहबा या नबी' की रिकॉर्डिंग कर रहे थे। मदन मोहन इस 'नात' से इतने प्रभावित हुए कि घर लौटकर उन्होंने इसी धुन पर 'हकीकत' का क्लाइमेक्स-गीत कम्पोज करने का फैसला कर लिया। उन्होंने खय्याम को फोन करके हँसते

हुए कहा—''मैंने आपका गाना उठा लिया है!'' खय्याम ने भी बुरा नहीं माना। दोनों में बड़ी गहरी दोस्ती थी जो जिंदगी भर कायम रही। 'कर चले हम फिदा...' की अपार लोकप्रियता से खय्याम को खुशी के साथ-साथ गर्व भी महसूस हुआ होगा।

प्रदीप कुमार, भारत भूषण और माला सिन्हा की मुख्य भूमिकाओं वाली 'जहाँआरा' (1964) भी मदन मोहन की एक शाहकार फिल्म थी, भले ही यह बॉक्स ऑफिस पर एक बड़ी त्रासदी साबित हुई। यह फिल्म मदन मोहन के कैरियर की पहली रंगीन फिल्म भी थी। इसे मदन मोहन के गहरे दोस्त और पुराने कद्रदान कॉमेडियन अभिनेता-निर्माता ओमप्रकाश ने बनाया था। ('गेट वे ऑफ इंडिया', 'चाचा जिंदाबाद' और 'संजोग' के बाद मदन मोहन के साथ यह उनकी चौथी फिल्म थी।) ओमप्रकाश के 'लाइट एंड शेड फिल्म्स' के बैनर तले बनी इस भव्य रंगीन फिल्म के निर्देशक थे विनोद कुमार। जैसाकि फिल्म के नाम से ही जाहिर है, शाहजहाँ की बेटी और औरंगजेब की बहन जहाँआरा पर आधारित यह फिल्म एक मुगलकालीन फिल्म थी, जिसमें ग़ज़लों और दरबारी मुजरा-गीतों की भरपूर गुंजाइश थी। फिल्म के गीतकार के रूप में मदन मोहन और ओमप्रकाश दोनों ने ही अपने साझे दोस्त राजेन्द्र कृष्ण का चुनाव किया। राजेन्द्र कृष्ण और मदन मोहन की पुरानी और भरपूर सफल जोड़ी ने मिलकर एक बार फिर ऐसे लाजवाब गीतों की रचना की कि इस भव्य ऐतिहासिक फिल्म को चार चाँद लग गए। फिल्म भले ही फ्लॉप हो गई लेकिन इसके गीत लोगों को बरसों तक याद रहे। इनमें से कुछ तो आज तक लोकप्रिय हैं। फिल्म के बहुत से गीत तलत महमूद की आवाज में थे, जो उस समय एक पार्श्व-गायक के रूप में लगभग 'आउट' हो चुके थे। फिर भी मदन मोहन उन्हीं से गवाना चाहते थे। निर्माता ओमप्रकाश इसके पक्ष में नहीं थे और उन दिनों फिल्म संगीत पर पूरी तरह से छाए और खूब लोकप्रिय मुहम्मद रफी से गवाना चाहते थे। मदन मोहन भी झुकने के लिए तैयार नहीं थे। उन्होंने जोखिम उठाते हुए और अपने खर्चे पर (उन दिनों के हिसाब से 50,000 रुपए की भारी-भरकम रकम खर्च करते हुए) फिल्म की तीन ग़ज़लें तलत महमूद की आवाज में रिकॉर्ड कीं और ओमप्रकाश को सुनाईं। इन्हें सुनने के बाद ओमप्रकाश के पास हार मानने के अलावा और कोई चारा न रहा। ये तीन ग़ज़लें थीं—'फिर वही शाम वही गम वही तन्हाई है' (हरिप्रसाद चौरासिया की बाँसुरी के मधुर सुरों के साथ), 'मैं तेरी नजर का सरूर हूँ तुझे याद हो कि न याद हो' (पंडित शिवप्रसाद शर्मा के मोहक सन्तूर-वादन के साथ) और उस्ताद रईस खान के जादुई सितार-वादन से सजी 'तेरी आँख के आँसू पी जाऊँ ऐसी मेरी तकदीर कहाँ'। फिल्म के गीतों में लता मंगेशकर की भी बराबर की हिस्सेदारी थी। उनकी दोनों ग़ज़लें 'वो चुप रहें तो मेरे दिल के दाग जलते हैं' और राग मियाँ की मल्हार पर आधारित 'हाल-ए-दिल यूँ उन्हें सुनाया गया' उनकी सबसे लोकप्रिय और अमर ग़ज़लों में शामिल हैं। तलत महमूद के साथ उनका युगल-गीत 'ऐ सनम आज ये कसम खाएँ' (राग यमन कल्याण) फिल्म का सबसे लोकप्रिय गीत साबित हुआ। आशा भोंसले के साथ उनके युगल-गीत 'जब-जब तुम्हें भुलाया तुम और याद आए' ने भी खूब धूम मचाई, जो शायद दोनों बहनों द्वारा गाया गया सबसे खूबसूरत युगल-गीत भी है। इतने कमाल के, मधुर और लोकप्रिय संगीत के बावजूद फिल्म की असफलता से सभी को धक्का पहुँचा था। निर्माता ओमप्रकाश की हालत तो पूछिए मत! उन्होंने फिल्में बनाना ही बन्द कर दिया और अपने प्रोडक्शन दफ्तर को 'जहाँआरा का मकबरा' कहने लगे!

मदन मोहन संगीतकार दोस्तों के साथ

ओमप्रकाश और मदन मोहन के बीच बड़ी गाढ़ी छनती थी। दोनों एक-दूसरे से बहुत ज्यादा खुले हुए थे। जाने-माने लेखक-निर्देशक ओ.पी. दत्ता ने हमें इन दोनों की दोस्ती से जुड़ा एक मजेदार किस्सा सुनाया था। हुआ यूँ कि मदन मोहन ने ओमप्रकाश की किसी फिल्म के लिए एक गीत रिकॉर्ड किया। ओमप्रकाश को यह गीत इतना ज्यादा पसन्द आया कि उन्होंने इसकी तारीफ में जमीन-आसमान एक कर दिया। कुछ देर बाद मदन मोहन ने उनसे कहा—''यार! गाना तो हो गया ठीक-ठाक, अब यह बताओ कि पैसे कब मिलेंगे?'' ओमप्रकाश कुछ सकपका से गए और अपने जाने-पहचाने अन्दाज में बोले—''भगवान की सौगन्ध, मेरे घर में खाने को नहीं आज और तुम पैसे माँग रहे हो!'' मदन मोहन चुप हो गए। अगले दिन एक किराना स्टोरवाला खाने-पीने का बहुत-सा सामान आटा, चावल, दाल, घी आदि लेकर ओमप्रकाश के घर जा पहुँचा तो वे हैरानी से बोले—''मैंने तो यह सब नहीं मँगवाया!'' किराना स्टोरवाले ने जवाब दिया—''जी, यह सब मदन मोहन जी ने भिजवाया है!'' ओमप्रकाश इतने शर्मिन्दा हुए कि उन्होंने अगले दिन ही मदन मोहन का भुगतान कर दिया। लेकिन मदन मोहन इस तरह का मजाक सिर्फ मुँहलगे दोस्तों के साथ ही किया करते थे।

'जहाँआरा' की तरह 'गजल' (1964) भी एक ऊँचे दर्जे की भव्य फिल्म थी और इसमें भी मदन मोहन ने शानदार और यादगार संगीत दिया था। पृथ्वीराज कपूर, मीना कुमारी और सुनील दत्त की मुख्य भूमिकाओं से सजी यह फिल्म एक 'मुस्लिम सोशल' ब्लैक एंड व्हाइट फिल्म थी। गीतकार थे साहिर लुधियानवी। फिल्म के संगीत-प्रधान विषय के अनुरूप उन्होंने 'किसे पेश करूँ' शीर्षक की तीन अलग-अलग ग़ज़लें लिखीं, जिन्हें मदन मोहन ने तीन अलग-अलग रागों में ढालकर कम्पोज किया। ये तीन बेहद लोकप्रिय ग़ज़लें थीं—'नगमा-ओ-शेर की सौगात किसे पेश करूँ' (लता, राग भीमपलासी), 'इश्क की गर्मी-ए जज्बात किसे पेश करूँ' (रफी, राग काफी) और प्यार करने वालों के दिलों पर पहाड़ की तरह टूट पड़ने वाली ग़ज़ल 'रंग और नूर की बारात किसे पेश करूँ' (रफी, राग शिवरंजनी)। इस तीसरी ग़ज़ल की कुछ पंक्तियाँ थीं—'कौन कहता है कि चाहत पे सभी का हक है, तू जिसे चाहे तेरा प्यार उसी का हक है,

मुझसे कह दे मैं तेरा हाथ किसे पेश करूँ'। रफी का 'दिल खुश है आज उनसे मुलाकात हो गई', सुमन कल्याणपुर के साथ उनका डुएट 'मुझे ये फूल न दे', आशा भोंसले का 'अदा कातिल नजर बरके' और लता और सुमन कल्याणपुर का एक दुर्लभ डुएट 'उनसे नजरें मिलीं और हिजाब आ गया' फिल्म के अन्य धूम मचाने वाले गीत थे। लेकिन अफसोस, यह फिल्म कोई धूम नहीं मचा सकी और एक बड़ी बॉक्स ऑफिस असफलता साबित हुई। इस फिल्म में एक और बहुत खूबसूरत गीत भी था, जो हमारे ख्याल से फिल्म का सबसे बड़ा आकर्षण था। दरअसल यह साहिर की बड़ी मशहूर नज्म थी—'मेरे महबूब कहीं और मिलाकर मुझको'!

गुरुदत्त एक महान निर्माता-निर्देशक तो थे ही, गजब के अभिनेता भी थे। यह अपने-आपमें एक दिलचस्प प्रश्न हो सकता है कि अगर वे सिर्फ अभिनेता होते तो किस मुकाम पर पहुँचते। एक अभिनेता के रूप में उनकी आखिरी फिल्म 'सुहागन' (1964) मदन मोहन के खूबसूरत संगीत से सजी एक यादगार फिल्म थी। मद्रास में बनी इस फिल्म में गुरुदत्त की नायिका वही 'प्यासा' वाली माला सिन्हा थीं। फिल्म के लोकप्रिय गीतों में 'इक बात पूछती हूँ, ऐ दिल जवाब देना' (लता), 'तुम्हीं तो मेरी पूजा हो, तुम्हें दिल में बसाया है' (लता-तलत), 'मेरे प्यार में तुझे क्या मिला' (रफी) और 'भीगी चाँदनी छाई बेखुदी' (लता-मन्ना डे) शामिल थे। लेकिन फिल्म का सबसे शाहकार और सुपरहिट गीत था 'तू मेरे सामने है, तेरी जुल्फें हैं खुली, तेरा आँचल है ढला, मैं भला होश में कैसे रहूँ'—जिसमें रफी की गजब की अदायगी के साथ-साथ पर्दे पर गुरुदत्त, माला सिन्हा और माँ के रूप में रोती-बिलखती लीला चिटणिस का अभिनय देखते ही बनता था। साउथ की इस फिल्म के गीतकार राजेन्द्र कृष्ण न होकर हसरत जयपुरी थे। इस फिल्म के निर्माण के दौरान ही गुरुदत्त हमेशा के लिए इस दुनिया से चले गए।

'जहाँआरा' की विफलता के बाद एक मराठी पत्रकार ने मदन मोहन के बारे में लिखा था— 'असफल फिल्मों का सफल संगीत-निर्देशक'। यह बात काफी हद तक सच भी थी। 1964 में रिलीज हुई उनकी आठ फिल्मों में से सिर्फ दो—'वो कौन थी' और 'हकीकत' ही बॉक्स ऑफिस हिट साबित हुई थीं। लेकिन इसे मदन मोहन की कमजोरी के रूप में नहीं देखा जा सकता। दरअसल वही फिल्म-निर्माता मदन मोहन को संगीत-निर्देशक के रूप में लेते थे जिनकी फिल्मों में कोई तत्त्व होता था, कहानी में गहराई और वजन होता था। ऐसी फिल्मों की व्यावसायिक सफलता या असफलता से उनकी श्रेष्ठता कम या ज्यादा नहीं हो जाती थी। 'शराबी', 'आपकी परछाइयाँ', 'पूजा के फूल', 'जहाँआरा', 'गजल', 'सुहागन'—सभी बहुत अच्छी और यादगार फिल्में थीं और आज भी देखी जाती हैं। विशुद्ध व्यावसायिक निर्माता मदन मोहन से दूर ही रहते थे।

मदन मोहन संगीतकार दोस्तों के साथ

फिर भी कई बार कमजोर कथानकों वाली फिल्में भी मदन मोहन के हाथ लगती रहती थीं—ऐसी फिल्में जो मदन मोहन के संगीत को छोड़कर जल्दी ही भुला दी गईं। 1961 में प्रदर्शित 'सेनापति' के अलावा इस तरह की ज्यादातर फिल्में 1965-1967 के वर्षों में देखने को मिलीं। इन फिल्मों की खूबी यही है कि इनके साथ मदन मोहन के कई सुपरहिट और यादगार गीत जुड़े हुए हैं। उदाहरण के लिए पृथ्वीराज कपूर की मुख्य भूमिकाओं वाली 'सेनापति' (1961) में आशा भोंसले का बड़ा लुभावना गीत था—'मत खोल घूँघट पट सजनियाँ'।

राजकुमार और नूतन की 'रिश्ते-नाते' (1965) में लता का 'खनक गयो हारे बैरी कंगना' जैसा सुपरहिट गीत था तो माला सिन्हा और धर्मेन्द्र की 'नीला आकाश' (1965) में लता के 'न आसमाँ न सितारे फरेब देते हैं' और रफी के 'आखरी गीत मुहब्बत का सुना लूँ तो चलूँ' के साथ-साथ 'आपको प्यार जताने की बुरी आदत है' और 'तेरे पास आके मेरा वक्त गुजर जाता है' जैसे रफी-आशा के धूम मचाने वाले युगल-गीत थे। माला सिन्हा और धर्मेन्द्र की ही 'जब याद किसी की आती है' (1967) तो मदन मोहन के कई मर्मस्पर्शी और यादगार गीतों से सजी हुई थी—'जब याद किसी की आती है, रातों की नींद उड़ जाती है' (लता), 'तेरे बिन सावन कैसे बीता तू क्या जाने बालमा' (लता) और 'क्यों मेरे दिल को करार आता नहीं' (महेन्द्र कपूर-लता)। शशि कपूर और नन्दा की 'नींद हमारी ख्वाब तुम्हारे' (1966) के गीतों ने भी खूब धूम मचाई थी—'कोई शिकवा भी नहीं, कोई शिकायत भी नहीं' (आशा भोंसले), 'कभी तेरा दामन न छोड़ेंगे हम' (रफी-आशा), 'हुस्न जब-जब इश्क से टकरा गया, सारी दुनिया पर नशा-सा छा गया' (रफी-आशा) और 'यूँ रूठो न हसीना, मेरी जान पे बन जाएगी' (रफी) वगैरह। इसी तरह 'नौनिहाल' (1967) में रफी के यादगार गीतों 'तुम्हारी जुल्फ के साए में शाम कर लूँगा' और 'मेरी आवाज सुनो, प्यार का राग सुनो' को भला कौन भुला सकता है? 'नवाब सिराजुदौल्ला' (1967) में मन्ना डे का सदाबहार 'आज मिले मन के मीत' था तो जॉय मुखर्जी और नीना साहू की 'एक कली मुस्काई' (1968) में 'मैं तो पी की नगरिया जाने लगी' (लता) और 'जुल्फ बिखराती चली आई हो' (रफी) के साथ-साथ सदाबहार 'न तुम बेवफा हो न हम बेवफा हैं' (लता) जैसे धूम मचाने वाले गीत थे। इसी दौर में 'बॉम्बे रेसकोर्स' (1965) में जॉनी वाकर पर फिल्माया गया 'ले गया जालिम घड़ी समझकर' और 'लड़का-लड़की' (1966) में किशोर कुमार का धमाकेदार 'सुनिए-सुनिए आजकल की लड़कियों का प्रोग्राम' भी मदन मोहन के लोकप्रिय गीतों में शामिल रहे।

अशोक कुमार, भारत भूषण और वैजयन्तीमाला की मुख्य भूमिकाओं वाली 'नया कानून' (1965) काफी समय तक निर्माण में फँसी रहने के बाद दर्शकों तक पहुँची जरूर लेकिन अपनी ताजगी खो चुकी थी। इसके गीत भी काफी समय पहले ही रिलीज कर दिए गए थे। यूँ आर.सी. तलवार द्वारा निर्देशित इस फिल्म में कई लुभावने और लोकप्रिय गीत थे—'उन्हें किस्सा-ए-गम जो लिखने को बैठे' (रफी और आशा के दो वर्जनों वाला), 'कुछ ऐसी प्यारी शक्ल' (रफी), 'आँख में रहते हैं' (आशा), 'शमा में ताकत कहाँ' (रफी), 'मेरी राख की रखियो लाज' (आशा) और 'लीजिए दिल का नजराना' (रफी-आशा)। इन गीतों को हसरत जयपुरी ने लिखा था। रंगीन फिल्मों के बढ़ते चलन को देखते हुए यह पुरानी-पुरानी सी ब्लैक एंड व्हाइट फिल्म बॉक्स ऑफिस पर बुरी तरह फ्लॉप हो गई। लेकिन मदन मोहन को ऐसे नजारों की अब आदत-सी पड़ चुकी थी।

उपर वर्णित फिल्मों में से तीन—'नीला आकाश' (1965), 'नींद हमारी ख्वाब तुम्हारे' (1966) और 'जब याद किसी की आती है'—रंगीन फिल्में थीं। राज खोसला की 'मेरा साया' (1966) भी मदन मोहन की एक रंगीन फिल्म थी। डबल रोल में साधना की मुख्य भूमिकाओं वाली इस फिल्म ने 'वो कौन थी' की तरह ही बॉक्स ऑफिस पर खूब धूम मचाई। इसके संगीत का भी यही हाल था। 'वो कौन थी' के बाद राजा मेहंदी अली खान और मदन मोहन की जोड़ी ने एक बार फिर कमाल कर दिया था। 'झुमका गिरा रे बरेली के बाजार में' (आशा भोंसले) और 'नैनोंवाली ने हाय मेरा दिल लूटा' (लता) जहाँ गली-गली में गूँजने लगे, वहीं 'नैनों में बदरा छाए, बिजली-सी चमके हाय' (लता, राग भीमपलासी), 'आपके पहलू में आकर रो दिए' (रफी) और 'तू जहाँ-जहाँ चलेगा मेरा साया साथ होगा' (लता, दुर्लभ राग नन्द पर आधारित) ड्राइंग रूमों और प्रतिष्ठित महफिलों की शोभा बन गए। 'नैनों में बदरा छाए' और 'तू जहाँ-जहाँ चलेगा' दोनों ही लता और मदन मोहन की जोड़ी की महानतम रचनाओं में शामिल हैं। 'नैनों में बदरा छाए' सितार के मंत्रमुग्ध कर देने वाले सुरों से सजा इतना अद्भुत गीत था कि इस गीत के लिए मदन मोहन को 'सुर सिंगार संसद' की तरफ से उनका पहला स्वामी हरिदास पुरस्कार भी मिला। कुल मिलाकर 'वो कौन थी' की तरह 'मेरा साया' भी मदन मोहन के अलौकिक संगीत से सजी एक यादगार फिल्म थी।

मदन मोहन के संगीत को सुनना एक ऐसा आनन्ददायक अनुभव होता है जिसका कोई जवाब नहीं है। ऐसे नशीले और मंत्रमुग्ध कर देने वाले सुरों से सजा अलौकिक संगीत, जिसे सुनने के बाद कुछ और सुनने की इच्छा नहीं रह जाती। वे सही अर्थों में हिन्दी फिल्म संगीत के परम शिखर थे—मधुरतम और उत्कृष्टतम संगीत की पराकाष्ठा! नूतन और धर्मेन्द्र की मुख्य भूमिकाओं वाली 'दुल्हन एक रात की' (1966) भी मदन मोहन के ऐसे ही संगीत से सजी एक यादगार ब्लैक एंड व्हाइट फिल्म थी। दिग्गज डी.डी. कश्यप द्वारा निर्देशित इस फिल्म में लता का राग रागेश्री पर आधारित एक अद्भुत गीत था—'सपनों में अगर मेरे तुम आओ तो सो जाऊँ'। इसी तरह डॉ. इकबाल की मशहूर नज्म के रूप मे लता की एक अद्भुत कव्वाली भी थी—'कभी ऐ हकीकत-ए-मुन्तिजर नजर आ लिबास-ए-मजाज में'। मदन मोहन ने लता और कोरस से इस कव्वाली को इतने खूबसूरत अन्दाज में गवाया था और इसे इतने अनूठे अन्दाज में कम्पोज किया था कि यह कव्वाली हिन्दी सिनेमा की सबसे बेमिसाल कव्वालियों में शामिल हो गई। लता का राग पीलू पर आधारित 'मैंने रंग ली आज चुनरिया सजना तेरे रंग में' और 'कई दिन से दिल है बेकल, ऐ दिल की लगन अब ले चल', रफी का 'इक हसीं शाम को दिल मेरा खो गया' और महेन्द्र कपूर और आशा भोंसले का युगल-गीत 'आपने अपना बनाया मेहरबानी आपकी' फिल्म के अन्य मधुर और खूब लोकप्रिय गीत थे। 'मैंने रंग ली आज चुनरिया' के लिए मदन मोहन को उनका दूसरा स्वामी हरिदास सम्मान प्राप्त हुआ तो उन्होंने घर पर करीबी दोस्तों को एक पार्टी दी और खुद अपने हाथ से सबका मनपसन्द भिंडी गोश्त बनाया। शंकर-जयकिशन की टीम के शंकर भी वहाँ पहुँचे हुए थे। उन्होंने मजाक-मजाक में मदन मोहन से पूछ लिया कि स्वामी हरिदास पुरस्कार की ट्राफी उन्हें कितने रुपयों

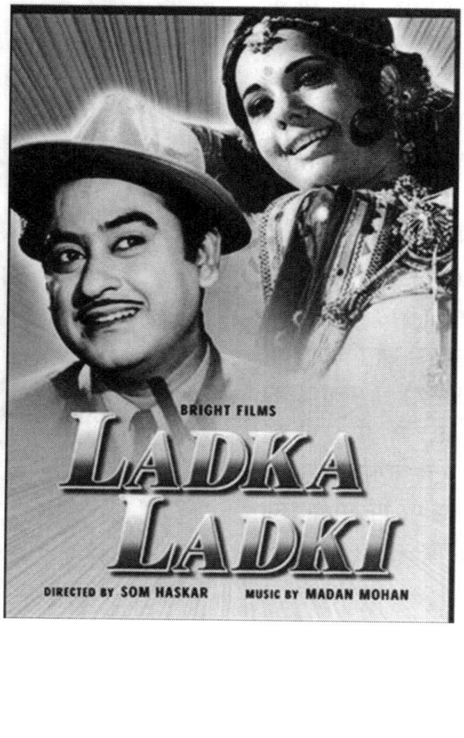

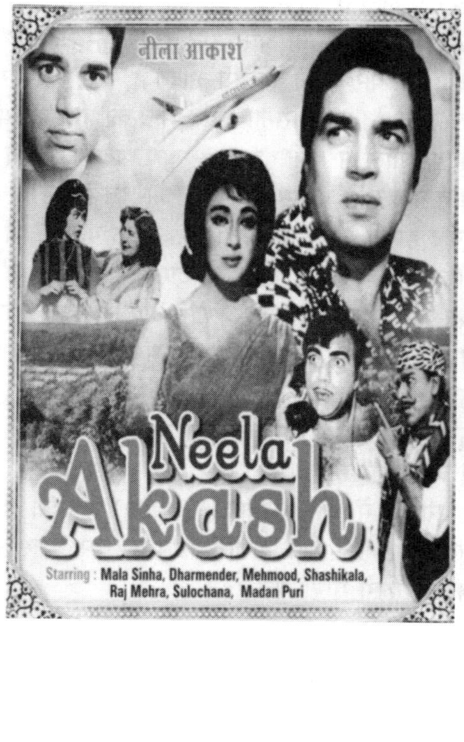

में पड़ी। इस प्रश्न पर मदन मोहन इतने भड़क उठे कि ट्राफी उठाकर अपने तीसरी मंजिल के घर की बालकनी की तरफ बढ़ते हुए बोले, ''अपने शब्द वापस लो वरना मैं यह ट्राफी इसी समय बालकनी से नीचे फेंक दूँगा!'' कहना न होगा कि शंकर को अपने शब्दों के लिए माफी माँगनी पड़ी और इसके बाद ही यह मामला शांत हुआ। राजा मेहंदी अली खान के गीतों वाली इस फिल्म के कुछ गीत नीरज ने भी लिखे थे।

जैसाकि पीछे जिक्र किया गया है, 1967-68 में मदन मोहन की 'जब याद किसी की आती है', 'नौनिहाल', 'नवाब सिराजुदौल्ला' और 'एक कली मुस्काई' जैसी कुछ कमजोर फिल्में रिलीज हुईं, जिनका संगीत ही उनकी सबसे बड़ी खूबी थी। इसके बाद 1969 में रिलीज हुई 'चिराग' उनकी एक औसत सफल लेकिन महत्त्वपूर्ण फिल्म थी। 'मेरा साया' की निर्माता-निर्देशक जोड़ी प्रेमजी और राज खोसला की यह दूसरी रंगीन फिल्म सुनील दत्त और आशा पारिख की मुख्य भूमिकाओं से सजी हुई थी। फिल्म का सबसे लोकप्रिय और सदाबहार गीत था रफी और लता के दो वर्जनों वाला—'तेरी आँखों के सिवा दुनिया में रखा क्या है'। राग झिंझोटी पर आधारित इस अमर गीत में गिटार, मैंडोलिन और वायलिन का बहुत मधुर प्रयोग किया गया था। यूँ फिल्म के सभी गीत खूब लोकप्रिय हुए थे—लता के 'भोर होते कागा पुकारे काहे राम', 'मेरे बिछड़े साथी सुनता जा' और सखियों के साथ बड़ा मोहक समूह-गीत 'छाई बरखा बहार, पड़े अंगना फुहार, पिया आके गले लग जा' हो या रफी के 'जब देख लिया तो छुपोगे कहाँ' और दर्दभरा सदाबहार 'चिराग दिल का जलाओ बहुत अँधेरा है'। यह फिल्म राजा मेहंदी अली खान और मदन मोहन की बेजोड़ जोड़ी की आखिरी फिल्मों में से थी।

*

मदन मोहन संभ्रान्त प्रकृति के व्यक्ति थे और बड़े ऊँचे शौक रखते थे। उनका संगीत भी उनके व्यक्तित्व की तरह ऊँचे और संभ्रान्त स्तर का था—गली-नुक्कड़ों की बजाय ड्राइंग-रूमों में सुना जाने वाला संगीत। उनके करीबी दोस्त रहे खय्याम ने बताया था कि वे न सिर्फ अपने दोस्तों को अपने हाथ से बड़ा लजीज मटन बनाकर खिलाते थे बल्कि इसे बम्बई के नल बाजार से खुद खरीदकर भी लाते थे। उन्हें टेनिस, बिलियर्ड, स्नूकर जैसे खेलों का भी खूब शौक था। क्रिकेट के तो वे दीवाने थे। बम्बई के ब्रेबोन स्टेडियम में होने वाला कोई क्रिकेट मैच वे शायद ही कभी छोड़ते थे। जाने-माने खेल और संगीत पत्रकार राजू भारतन से टकरा जाने पर वे हमेशा क्रिकेट की ही बात करते थे, संगीत की नहीं। क्रिकेटर भी उनके दीवाने थे। नवाब पटौदी उनके प्रशंसकों में शामिल थे। आज जहाँ वानखेड़े स्टेडियम है, वहाँ कभी लॉयड्स री-क्रिएशन ग्राउंड हुआ करता था। मदन मोहन वहाँ अकसर क्रिकेट या टेनिस खेलते पाए जाते थे। उनके बेटे संजीव कोहली के अनुसार, बीच कैंडी के पास स्थित बॉम्बेलिस रेस्तराँ और वे-साइड इन मदन मोहन के मनपसन्द अड्डे हुआ करते थे, जहाँ जयकिशन और तलत महमूद अकसर उनके साथ होते थे। छुट्टी के दिन वे एनएससीआई या जुहू के सन-एंड सैंड होटल में अपने परिवार के साथ स्वीमिंग करते भी देखे जाते थे। उन्होंने दो कुत्ते भी पाल रखे थे—एक का नाम 'शुगर' था तो दूसरे का 'रोमियो'। इसी तरह वे अपनी प्यारी कार स्टडीब्रेकर को 'बेबी' कहकर बुलाते थे और उसे खुद अपने हाथ से धोते थे। उनके सबसे कीमती 'खजाने' में ग्रंडिग और अकई 'स्पूल टाइप' टेप-रिकॉर्डर शामिल थे, जिन्हें वे हीरे-मोतियों की तरह सँभालकर रखते थे।

लेखक-निर्माता-निर्देशक चेतन आनन्द की पहली रंगीन फिल्म 'हीर रांझा' (1970) कई मायनों में एक महत्त्वपूर्ण फिल्म थी। इस फिल्म के संवाद आम बोलचाल की भाषा में न होकर काव्य-शैली में थे, इसलिए फिल्म के गीतकार कैफी आजमी फिल्म के संवाद लेखक भी थे। मदन मोहन 'गजल किंग' या संभ्रान्त वर्ग के संगीतकार के रूप में जाने जाते थे, लेकिन इस फिल्म में हीर-रांझा की कहानी की पृष्ठभूमि के अनुरूप उन्होंने पंजाबी लोक-शैली का संगीत दिया—ऐसा संगीत जो उनकी छवि के अनुरूप मधुर और मोहक तो था, लेकिन धमाकेदार भी। बॉक्स ऑफिस पर इस फिल्म की भरपूर सफलता से उनके लड़खड़ाते कैरियर को मानो नया जीवन मिल गया। राजकुमार और प्रिया राजवंश की मुख्य भूमिकाओं से सजी 'हीर रांझा' के दो गीतों ने सबसे ज्यादा धूम मचाई थी—लता का 'मिलो न तुम तो हम घबराएँ मिलो तो आँख चुराएँ' और रफी का 'ये दुनिया ये महफिल मेरे काम की नहीं'। रफी के इस सदाबहार गीत के पीछे एक दिलचस्प कहानी है। चेतन आनन्द फिल्म के रांझा राजकुमार पर एक दर्द भरा गीत फिल्माना चाहते थे। रिकॉर्डिंग से एक दिन पहले मदन मोहन ने उन्हें बड़ी मेहनत से तैयार किया गया एक गाना सुनाया तो चेतन आनन्द ने इसे सिरे से

अस्वीकार कर दिया। मदन मोहन बड़े परेशान हो गए। घर लौटकर उन्होंने चेतन आनन्द को फोन किया और दुखी मन से कहा— ''आपने मेरी सारी मेहनत पर मिनटों में पानी फेर दिया! समझ में नहीं आता कि क्या करूँ! अब तो बस यही कहने का मन करता है कि ये दुनिया मेरे काम की नहीं, ये महफिल मेरे काम की नहीं!'' चेतन आनन्द ने झट से कहा—''क्या कहा? जरा फिर से तो कहना!'' मदन मोहन ने अपना वाक्य दोहराया तो चेतन आनन्द ने खुशी से झूमते हुए कहा— ''मुझे बस यही चाहिए! ये दुनिया ये महफिल मेरे काम की नहीं! कैफी को रास्ते में साथ लेते हुए फौरन मेरे घर पहुँचो!'' मदन मोहन कैफी आजमी के साथ चेतन आनन्द के घर पहुँचे तो रात के दो बज रहे थे। पाँच बजे गीत पूरा हुआ और सुबह नौ बजे राग दरबारी पर आधारित इस धूम मचाने वाले गीत की रिकॉर्डिंग हुई। फिल्म के अन्य अमर गीतों में थे लता का मर्मस्पर्शी 'दो दिल टूटे दो दिल हारे, दुनियावालो सदके तुम्हारे' और राग यमन कल्याण पर आधारित रफी और लता का धीमा और नशीला डुएट 'मेरी दुनिया में तुम आईं' भी। इनके अलावा 'नाचे अंग वे छलके रंग वे' (शमशाद बेगम-जगजीत कौर-नूरजहाँ जूनियर), 'डोली चढ़ते ही हीर ने' (लता), 'जो मोटी तेरी नानी है' (एस. बलबीर-उषा टिमोथी-कृष्णा कल्ले-हेमलता) और 'तेरे कूचे में तेरा दीवाना' (रफी) भी एक से एक बढ़कर थे और खूब लोकप्रिय हुए थे।

जाने-माने लेखक राजेन्द्र सिंह बेदी द्वारा निर्मित-निर्देशित ऑफ बीट फिल्म 'दस्तक' (1970) मदन मोहन की आखिरी ब्लैक एंड व्हाइट फिल्म थी। संजीव कुमार और नवोदित रेहाना सुल्तान की मुख्य भूमिकाओं और मजरूह सुल्तानपुरी के गीतों से सजी इस फिल्म के लिए मदन मोहन को वर्ष के सर्वश्रेष्ठ संगीत-निर्देशक का राष्ट्रीय पुरस्कार (राष्ट्रपति का स्वर्ण पदक) मिला था। फिल्म के सभी गीत उच्च कोटि के शास्त्रीय गीत थे, जिनमें से कई खूब लोकप्रिय भी हुए थे। इनमें लता की दो सदाबहार ठुमरियों 'बइयाँ न धरो हो बलमा' (राग चारुकेशी) और 'माई रे मैं कासे कहूँ पीर अपने जिया की' (राग बागेश्वरी) समेत उनकी एक शाहकार ग़ज़ल 'हम हैं मता-ए-कूचा-ओ-बाजार की तरह' भी शामिल थी। 'मैं कासे कहूँ...' ठुमरी खुद मदन मोहन की आवाज में भी थी। रफी का 'तुमसे कहूँ इक बात परों से हल्की-हल्की' भी बहुत खूबसूरत गीत था। यह फिल्म गलती से वेश्याओं के मुहल्ले में रहने चले आए नवविवाहित पति-पत्नी के अनुभवों पर आधारित थी, इसलिए फिल्म में बहुत-सी परम्परागत ग़ज़लों के छोटे-छोटे टुकड़े भी थे—'मेरी आँखों से इक तूफान पैदा हो ही जाता है'... 'मुहब्बत का होगा असर रफ्ता-रफ्ता'... 'वो जिस्म चिरागों के शोले मंजिल पे इशारा करते हैं'... 'दिए फरेब नजरों ने बार-बार मुझे'... और 'ये क्यों जुल्फ शानों पे लहरा रहे हो'। फिल्म का बैकग्राउंड संगीत भी गजब का था, जिसमें ठुमरियों और दादरों के कई छोटे-छोटे टुकड़े थे—'मोरा पापी जिया'... 'न तड़पने की इजाजत है न फरियाद की'.... और 'मैं वारी मुख फेर पिया रे' वगैरह। यह फिल्म मदन मोहन के संगीत-खजाने में एक अनमोल मोती से कम नहीं थी। राष्ट्रपति के गोल्ड मैडल के साथ उन दिनों एक हजार रुपए की राशि दी जाती थी। मदन मोहन ने यह पुरस्कार राशि अपने छोटे बेटे समीर कोहली को भेंट कर दी थी, जिसने सबसे पहले उन्हें यह पुरस्कार जीतने की खबर सुनाई थी।

राजेन्द्र सिंह बेदी की 'दस्तक' भले ही एक यादगार अनुभव रहा हो, लेकिन 1970 के दशक की दस्तक कोई अच्छा संकेत नहीं दे रही थी। 1950 और 1960 के दशकों की गहरी मानवीय सामाजिक भावनाओं से जुड़ी संगीत-प्रधान उच्च मध्यवर्गीय फिल्मों का युग तेजी से पीछे छूट रहा था। इसकी जगह विशुद्ध मनोरंजक मध्यवर्गीय सिनेमा ले रहा था, जिसमें नौशाद, ओ.पी. नैयर, चित्रगुप्त, रवि और मदन मोहन जैसे महान संगीतकारों के लिए कोई गुंजाइश नहीं थी। अब या तो विशुद्ध मनोरंजक फिल्में बन रही थीं या फिर 'समानान्तर', 'सार्थक' या 'कला' फिल्मों के नाम से छोटे बजट की फिल्में। मदन मोहन ने अब तक बहुत अच्छा संगीत दिया था और एक से एक खूबसूरत ग़ज़लों और शास्त्रीय गीतों के रूप में कई अनमोल नगीने तराशे थे, लेकिन अब जैसे प्रेरणा का स्रोत सूखता जा रहा था। यही कारण था कि 1970 के दशक की फिल्मों में उनका संगीत पहले जैसी ऊँचाइयाँ नहीं छू सका। फिर भी इन फिल्मों में उनके कुछ यादगार गीत जरूर थे। 'महाराजा' (1970) में लता का 'तुमसे बिछड़के चैन कहाँ हम पाएँगे'; 'शीशे का पैमाने का'; 'सुल्ताना डाकू' (1972) में आशा भोंसले का 'भोर होते बलम चले जाएँगे'; 'एक मुट्ठी आसमान' (1973) में किशोर कुमार का 'हर कोई चाहता है इक मुट्ठी आसमाँ'; 'असलियम' (1974) में आशा भोंसले का 'अरमाँ से खेलते हैं'; 'चौकीदार'

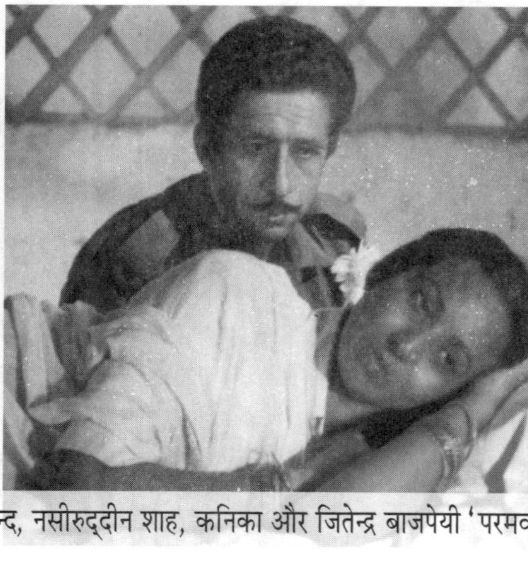

चेतन आनन्द, नसीरुद्दीन शाह, कनिका और जितेन्द्र बाजपेयी 'परमवीर चक्र' के सेट पर

(1974) में रफी का 'इक लड़की भोली-भाली सी' ऐसे ही कुछ गीत थे। इसी तरह उनके मरणोपरान्त रिलीज हुई 'शराफत छोड़ दी मैंने' (1976), 'इंस्पेक्टर ईगल' (1978), 'जलन' (1978) और 'चालबाज' (1980) में भी कुछ अच्छे गीत थे।

इसी दौर में नवीन निश्चल और योगिता बाली की मुख्य भूमिकाओं से सजी 'परवाना' (1971) में मदन मोहन के संगीत ने खूब धूम मचाई। आजकल अमिताभ बच्चन के 'नेगेटिव रोल' के लिए याद की जाने वाली इस फिल्म में 'सिमटी-सी शरमाई-सी किस दुनिया से तुम आई हो' (किशोर), 'यूँ न शरमा फैला दे अपनी गोरी-गोरी बाँहें' (किशोर), 'पिया की गली लागे भली' (आशा भोंसले-परवीन सुल्ताना, राग गौड़ मल्हार पर आधारित) और 'जिस दिन से मैंने तुमको देखा है' (रफी-आशा) जैसे कई सुपरहिट गीत थे। यकीन करना मुश्किल है कि इन फड़कते हुए गीतों को कैफी आजमी ने लिखा था। उनकी और मदन मोहन की जोड़ी की एक और यादगार फिल्म थी हृषिकेश मुखर्जी की 'बावर्ची' (1972)। राजेश खन्ना और जया भादुड़ी जैसे लोकप्रिय सितारों से सजी इस फिल्म में लता के 'मस्त पवन डोले रे डोले' और 'मोरे नैना बहाएँ नीर' जैसे शास्त्रीय गीत थे। राग बिलावल पर आधारित फिल्म के एक और शास्त्रीय गीत 'भोर आई गया अंधियारा' के लिए मदन मोहन ने निर्मला देवी, लक्ष्मीशंकर और फैयाज जैसे जाने-माने शास्त्रीय गायकों का इस्तेमाल किया था, उसी तरह जैसे 'परवाना' के 'पिया की गली...' में आशा भोंसलें का साथ देने के लिए वे जानी-मानी शास्त्रीय गायिका परवीन सुल्ताना को लाए थे।

'हकीकत' और 'हीर रांझा' के बाद नवीन निश्चल और प्रिया राजवंश की मुख्य भूमिकाओं से सजी 'हँसते जख्म' (1973) चेतन आनन्द, कैफी आजमी और मदन मोहन की तिकड़ी की एक और शानदार फिल्म थी। बॉक्स ऑफिस पर भी अच्छी चलने वाली इस फिल्म में लता के दो बेहद खूबसूरत गीत थे—नए-नए प्यार की खुशी और नशे में डूबा 'बेताब दिल की तमन्ना यही है' और उतने ही गहरे दर्द में डूबा 'आज सोचा तो आँसू भर आए'। ये दोनों गीत लता, कैफी आजमी और मदन मोहन की महान तिकड़ी की भव्य और अलौकिक सृजनशीलता के प्रतीक हैं। 'बेताब दिल की तमन्ना यही है' मानवीय भावनाओं की उन ऊँचाइयों का प्रतीक है जहाँ प्रेम सांसारिक भावनाओं से ऊपर उठकर पूजा का विषय बन जाता है—'तुम्हें चाहेंगे, तुम्हें पूजेंगे, तुम्हें अपना खुदा बनाएँगे'। दरअसल सच्चा और पवित्र प्रेम सिर्फ सांसारिक होता भी नहीं है; इसके साथ हमेशा एक आध्यात्मिक और दार्शनिक आयाम जुड़ा रहता है। कैफी आजमी ने इस गीत में प्रेम के इन्हीं आध्यात्मिक और दार्शनिक आयामों को छूने की कोशिश की है। वायलिन, जलतरंग और पियानो के पहले धीमे-धीमे और गुदगुदाते हुए और फिर धीरे-धीरे ऊँचे उठते और लता की मधुर आवाज पर हावी होते सुरों ने इस गीत को एक अनूठा आध्यात्मिक अनुभव बना दिया—ऐसा अध्यात्म जो सांसारिकता से अलग न होकर उसके साथ बहुत गहराई से जुड़ा होता है, और सांसारिकता को एक सार्थक और तृप्तिदायक आयाम प्रदान करता है। लता का दूसरा गीत 'आज सोचा तो आँसू भर आए... मुद्दतें हो गईं मुस्कराए' उतने ही गहरे दर्द के सुरों में डूबा हुआ था। दिल को बहुत गहराई से कचोटने और टीसने वाले इस गीत की एक पंक्ति थी—'दिल की नाजुक रगें टूटती हैं... याद इतना भी कोई न आए'। लता के इन दो गीतों की तरह रफी का 'तुम जो मिल गए हो... तो ये लगता है... कि जहाँ मिल गया' भी सांसारिकता से ऊपर उठकर प्रेम के अध्यात्मिक आयामों को छूता हुआ गीत था, लेकिन सांसारिकता के लुभावने और आनन्ददायक सुखों का त्याग किए बिना... बल्कि इन सुखों में सराबोर होकर आध्यात्मिकता की तरफ बढ़ता हुआ। मदन मोहन ने इस गीत में ऑर्केस्ट्रेशन भी बड़े गजब का दिया था। बारिश की मधुर रिमझिम पर सैकड़ों गीत रचे गए हैं, लेकिन हिन्दी सिनेमा के संगीत के 75 वर्षों के इतिहास में मूसलाधार बारिश के तेज थपेड़ों में उतनी ही तेज रफ्तार से दौड़ती कार में फिल्माया गया यह अपनी तरह का इकलौता गीत है। मदन मोहन ने तूफानी रात में बम्बई की जगमगाती सड़कों पर दौड़ती कार के अन्दरूनी और बाहरी माहौल का पूरा ध्यान रखा था और वैसा ही एक साथ धीमा और तेज संगीत दिया था। सुरों के सम्राट नौशाद मदन मोहन का 'आपकी नजरों ने समझा...' सुनकर चमत्कृत रह गए थे। उसी तरह 'तुम जो मिल गए हो...' भी अपने आपमें इतना अनूठा है कि यह अकेला गीत ही मदन मोहन को श्रेष्ठता के शिखर पर रखने के लिए काफी है। इन तीन अमर गीतों के अलावा फिल्म में दो और लोकप्रिय गीत भी थे—'ये माना मेरी जाँ मुहब्बत सजा है' (रफी) और 'गली-गली में किया रे बदनाम' (आशा भोंसले)। कुल मिलाकर तेजी से बेसुरे हो रहे हिन्दी फिल्म संगीत के जमाने में 'हँसते जख्म' का संगीत हवा के एक बेहद लुभावने और सुहाने झोंके की तरह था।

जाने-माने शायर और गीतकार नक्श लायलपुरी (जो हमारे पारिवारिक मित्र भी हैं) ने 1960 में एक फिल्म पत्रिका को दिए इंटरव्यू में यह घोषणा की थी कि अगर कोई फिल्म निर्माता उन्हें मदन मोहन के साथ काम करने का अवसर दे तो वे मुफ्त में गीत लिखने के लिए तैयार थे। बारह वर्ष बाद फिल्म निर्माता रामदयाल ने उन्हें इस घोषणा की याद दिलाई तो वे झट से इस पर अमल करने के लिए राजी हो गए। मदन मोहन के साथ नक्श लायलपुरी की इस पहली फिल्म का नाम था 'प्रभात' (1973), जो रामदयाल की पिछली फिल्म 'दोराहा' (1971) की तरह ही एक 'बोल्ड' और 'न्यू वेव' फिल्म थी। सिर्फ तीन गीतोंवाली इस फिल्म के तीनों गीत

लता मंगेशकर की आवाज में थे। ये तीन खूबसूरत गीत थे—'साकिया करीब आ नजर मिला', 'मैंने सारी उमर तेरे गुन गाए' और राग कलावती पर आधारित 'भरोसा कर लिया जिस पर उसी ने हमको लूटा है'। नक्श को पैसों की उतनी परवाह नहीं थी, जितनी कि मदन मोहन के साथ काम करके उन्हें खुशी मिल रही थी। फिल्म की बॉक्स ऑफिस सफलता ने उनकी खुशी को और भी बढ़ा दिया।

बी.आर. इशारा की 'दिल की राहें' (1973) में एक बार फिर नक्श लायलपुरी को अपने प्रिय संगीतकार मदन मोहन के साथ काम करने का अवसर मिला। इस बार उन्हें पैसे भी मिले, भले ही मदन मोहन की दखलंदाजी के बाद। रेहाना सुल्तान और राकेश पांडे की मुख्य भूमिकाओं से सजी यह फिल्म भी छोटे बजट की 'न्यू वेव' फिल्म थी, लेकिन इसका संगीत इन सीमाओं से ऊपर उठकर खूब लोकप्रिय हुआ। शुरू में इस फिल्म के तीन गीत रिकॉर्ड किए गए थे—राग खमाज पर आधारित शास्त्रीय गीत 'अपने सुरों में मेरे सुरों को' (मन्ना डे-उषा मंगेशकर), 'मस्त मयूरा नाच आई बसंती' (मन्ना डे) और वह गीत जो मदन मोहन खुद भी महफिलों में खूब गाया करते थे—'जिंदगी के गम भुलाने के लिए शराब का सहारा मैंने ले लिया' (मन्ना डे)। नक्श लायलपुरी के अनुसार जब चौथे गीत की बारी आई तो मदन मोहन ने उन्हें एक धुन सुनाई। यह धुन सुनते ही नक्श को अपनी एक पुरानी नज़्म याद आ गई। उन्होंने यह नज़्म मदन मोहन को सुनाई तो दोनों यह देखकर हैरान रह गए कि यह पुरानी नज़्म नई धुन पर बिलकुल सही बैठती थी। यह मशहूर नज़्म थी—'आपकी बातें करें या अपना अफसाना कहें'। जल्दी ही इस नज़्म को लता मंगेशकर की आवाज में रिकॉर्ड कर लिया गया, जो न सिर्फ खूब लोकप्रिय हुई बल्कि उनके सदाबहार गीतों में शामिल हो गई।

मदन मोहन हमेशा एक खास नियम से काम करते थे। वे सुबह 10 बजे गीतकार को धुन सुनाते थे और चाहते थे कि उसी शाम 4 बजे तक इस पर गीत तैयार हो जाए। वे इसमें किसी तरह का बदलाव पसन्द नहीं करते थे। (यह अनुशासन उनके फौज के दिनों और पिता राय बहादुर की देन था।) मदन मोहन पेडर रोड पर रहते थे तो नक्श लायलपुरी मीलों दूर मुलुंड उपनगर में। उनके लिए पैडर रोड से घर लौटकर गीत लिखना और शाम के चार बजे तक वापस लौटना सम्भव नहीं था। इसलिए वे धुन सुनकर पैडर रोड से कुछ ही दूर स्थित गिरगाँव चौपाटी पर चले जाते थे और वहीं किसी पेड़ की छाँव में बैठकर गीत पूरा करके ले आते थे। फिल्म के पाँचवें और सबसे लोकप्रिय गीत का जन्म भी इसी तरह हुआ—'रस्मे उल्फत को निभाएं तो निभाएं कैसे'। राग मधुवन्ती पर आधारित यह गीत लता मंगेशकर ने इतना डूबकर गाया कि यह उनके सबसे लोकप्रिय गीतों में शामिल हो गया। इस गीत की लोकप्रियता को लेकर नक्श साहब ने हमें एक दिलचस्प प्रसंग सुनाया था। महान शास्त्रीय गायिका बेगम अख्तर के निधन के बाद मदन मोहन ने उनकी स्मृति में लखनऊ में आयोजित एक संगीत कार्यक्रम की अध्यक्षता की। इस कार्यक्रम में बहुत से गायक-गायिकाओं ने बेगम अख्तर की एक से एक मशहूर ग़ज़लें प्रस्तुत कीं। बहुत सारी ग़ज़लें हो जाने के बाद सुननेवालों में से किसी ने फरमाइश की कि 'रस्मे उल्फत को निभाएँ' सुनाई जाए। मदन मोहन ने विनम्रतापूर्वक घोषणा की कि यह प्रोग्राम बेगम अख्तर की याद में था, इसलिए दूसरी कोई ग़ज़ल नहीं सुनाई जा सकती। लेकिन जब सुननेवाले बार-बार इसी ग़ज़ल की रट लगाने लगे तो मदन मोहन को झुकना पड़ा और उपस्थित गायिकाओं में से एक ने लता की यह ग़ज़ल भी सुनाई।

नक्श लायलपुरी ने मदन मोहन के साथ सिर्फ एक फिल्म में मुफ्त में काम करने की घोषणा की थी। लेकिन जब दूसरी फिल्म 'दिल की राहें' के कुछ गीत लिखने के बाद भी उन्हें भुगतान नहीं किया गया तो उन्होंने मदन मोहन से शिकायत की। मदन मोहन ने न सिर्फ जल्दी से उनका भुगतान करवाया बल्कि नाराज निर्माताओं को उन्हें फिल्म से हटाने से भी रोका। मदन मोहन उनका साथ न देते तो तो 'रस्मे उल्फत को निभाएँ' का जन्म ही न होता।

चेतन आनन्द के साथ मदन मोहन की दो और फिल्मों में 'हिन्दुस्तान की कसम' और 'साहिब बहादुर' शामिल थीं। राजकुमार और प्रिया राजवंश की मुख्य भूमिकाओं वाली 'हिन्दुस्तान की कसम' (1973) में लता का सीधा दिल में उतर जाने वाला अमर गीत था—'है तेरे साथ मेरी वफा मैं नहीं तो क्या'। मन्ना डे का 'हर तरफ अब यही अफसाने हैं, हम तेरी आँखों के दीवाने हैं' भी गजब का गीत था। राग भैरव पर आधारित लता का दूसरा गीत 'दुनिया बनाने वाले यही है मेरी इल्तिजा' कैफी आजमी की कलम से निकला एक और खूबसूरत गीत था। मदन मोहन के मरणोपरान्त रिलीज हुई 'साहिब बहादुर' में देव आनन्द के साथ प्रिया राजवंश मुख्य भूमिका में थीं। यह फिल्म नवकेतन बैनर की पुरानी फिल्म 'अफसर' का री-मेक थी, जिसका निर्देशन भी चेतन आनन्द ने ही किया था। कैफी आजमी की तबीयत ठीक न होने के कारण मदन मोहन के पुराने दोस्त राजेन्द्र कृष्ण ने एक बार फिर उनका साथ निभाया। इस पुरानी और खूब लोकप्रिय जोड़ी की इस आखिरी फिल्म के यादगार गीतों में किशोर कुमार का 'राही था मैं आवारा' और लता का 'मुश्किल है जीना' शामिल थे।

मदन मोहन एक सच्चे कला-प्रेमी थे और ऊँचे स्तर का कलात्मक संगीत रचने के आदी थे। लेकिन हिन्दी फिल्में थी कि दिनोदिन स्तर-विहीन और बेसुरी होती जा रही थीं। ऐसे में अपनी कुंठा और निराशा से उबरने के लिए मदन मोहन ने बोतल का सहारा लिया और खूब पीने लगे—जैसाकि वे महफिलों में अपने मनपसन्द गीत में कहा करते थे—'जिंदगी

के गम भुलाने के लिए शराब का सहारा मैंने ले लिया'।

लेकिन एक सच्चे और अद्भुत प्रतिभा से छलकते कलाकार को बोतल भी कहाँ रास आती है? मदन मोहन जल्दी ही 14 जुलाई, 1975 को हमेशा के लिए इस दुनिया से चले गए। वे सिर्फ इक्यावन वर्ष के थे। उनके जाने के बाद उनकी दो फिल्मों 'मौसम' और 'लैला मजनूँ' के संगीत ने खूब धूम मचाई। बॉक्स ऑफिस पर भी हिट रहीं इन दोनों फिल्मों के गीत बरसों तक देशभर में गूँजते रहे... बल्कि आज भी गूँज रहे हैं।

महान फिल्म निर्देशक हृषिकेश मुखर्जी की 'बावर्ची' में मदन मोहन पहले ही संगीत दे चुके थे। कभी हृषि दा के शिष्य रहे और उन्हीं की तरह साफ-सुथरी और लीक से हटकर फिल्में बनाने वाले गुलजार की 'मौसम' (1976) में भी मदन मोहन ने उत्कृष्ट संगीत दिया—सिर्फ उत्कृष्ट ही नहीं, सुपरहिट भी। संजीव कुमार और दोहरी भूमिका में शर्मीला टैगोर की मुख्य भूमिकाओं से सजी इस फिल्म में यूँ तो लता का बेहद खूबसूरत और सदाबहार गीत भी था—'रुके-रुके से कदम रुक के बार-बार चले'—और रफी और लता का खूब लोकप्रिय 'छड़ी रे छड़ी कैसी गले में पड़ी' भी—लेकिन सबसे ज्यादा धूम मचाने वाला गीत था लता और भूपेन्द्र का 'दिल ढूँढता है फिर वही फुर्सत के रात-दिन'। यह गीत क्या था—गुजरे हुए खुशनुमा दिनों में फिर से लौटने का एक गुदगुदाता हुआ निमंत्रण था! ये दिन... ये फुर्सत के दिन किसी व्यक्ति की जिंदगी के गुजरे हुए दिन भी हो सकते थे और एक गुजरे हुए दौर से जुड़ी सुहानी यादों के प्रतीक भी—तब जब जिंदगी इतनी बँधी हुई, इतनी तेज रफ्तार और इतनी मशीनी नहीं थी। यह गीत आपको गाँव-कस्बों की छतों पर से गुजरीं सुहानी रातों की तरफ ले जाता है और जाड़ों की नरम धूम सेंकने से जुड़ी मीठी यादों की तरफ भी—और बर्फ में ढकी उन वादियों की तरफ भी जहाँ खामोशियाँ बातें करती हुईं और बातें बर्फ की तरह जमी हुई प्रतीत होती हैं। कुल मिलाकर यह गीत गुलजार की कलम और मदन मोहन के संगीत संयोजन का ऐसा मिला-जुला कमाल था जिसने इस नई जोड़ी को एक अद्भुत जोड़ी बना दिया था! पर अफसोस सिर्फ एक फिल्म के लिए! गीत के इस खुशनुमा वर्जन के बाद जल्दी ही भूपेन्द्र का उदास सोलो शुरू हो जाता था—धीमा और एक अलग धुन में ढला—'दिल ढूँढना है फिर वही फुर्सत के रात-दिन... बैठे रहे तसव्वुरे जाना किए हुए...'। कुल मिलाकर 'मौसम' दुनिया से रुखसत हो चुके मदन मोहन का एक खुशनुमा मौसम थी।

एच.एस. रवेल की 'लैला मजनूँ' (1976) न सिर्फ मदन मोहन की आखिरी फिल्म थी बल्कि उनकी सबसे बड़ी हिट भी। ऋषि कपूर के साथ नई नायिका रंजीता की मुख्य भूमिकाओं और साहिर लुधियानवी के गीतों से सजी इस फिल्म के संगीत ने भी खूब धूम मचाई। लता का 'कोई पत्थर से न मारे मेरे दीवाने को' कई हफ्तों तक 'बिनाका गीतामाला' की चोटी पर रहा। इसी तरह लता और रफी का 'इस रेशमी पाजेब की झंकार के सदके' भी बरसों धूम मचाए रहा। रफी-लता का दूसरा युगल-गीत 'अब अगर हमसे खुदाई भी खफा हो जाए' और रफी के दोनों सोलो 'तेरे दर पे आया हूँ' और 'बर्बाद-ए-मुहब्बत की दुआ साथ लिए जा' भी खूब लोकप्रिय हुए। फिल्म में एक धूम मचाने वाली कव्वाली भी थी—'होके मायूस तेरे दर से सवाली न गया' (रफी-अजीज नाजाँ-शंकर शम्भू-अम्बर कुमार)। ये छह सुपरहिट गीत रिकॉर्ड करने के बाद ही मदन मोहन इस दुनिया से चले गए थे। फिल्म के बाकी चार गीत जयदेव ने कम्पोज किए थे।

जीते-जी तो सभी लोग फिल्मों में संगीत देते हैं, लेकिन मदन मोहन को मरने के लगभग तीस वर्ष बाद भी एक फिल्म में संगीत देने का सौभाग्य प्राप्त हुआ। इस विचित्र घटना के पीछे रहस्य यह है कि मदन मोहन हर गीत की बहुत-सी धुनें तैयार कर लिया करते थे। इसके बाद वे निर्माता या गायक-गायिका से पूछते थे कि उन्हें कौन-सी धुन सबसे ज्यादा पसन्द था। लता मंगेशकर तो इस झमेले से इतनी घबरा जाती थीं कि उनसे कहा करती थीं—''मदन भैया! एक ही धुन सुनाओ न! गाने में आसानी होती है!'' मदन मोहन इस्तेमाल न होने वाली धुनों को 'स्पूल टाइप' टेप-रिकॉर्डर में रिकॉर्ड करते रहते थे। जाने-माने निर्माता-निर्देशक यश चोपड़ा ने शाहरुख खान, प्रिटी जिन्टा और रानी मुखर्जी के साथ अपनी महत्त्वाकांक्षी फिल्म 'वीर जारा' (2004) बनाने का फैसला किया तो उनकी इच्छा हुई कि इस खूबसूरत प्रेम-कथा में संगीत भी खूबसूरत होना चाहिए—मदन मोहन जैसा संगीत। बस फिर क्या था, मदन मोहन के बेटे संजीव कोहली ने मदन मोहन की इस्तेमाल न हुई धुनों के खजाने में से कुछ अच्छी धुनें ढूँढ़ निकालने में उनकी मदद की और कभी मदन मोहन के वायलिन-वादक रहे उत्तम सिंह ने इनका ऑर्केस्ट्रेशन तैयार करने और जाने-माने लेखक-गीतकार जावेद अख्तर ने गीतों के बोल लिखने की जिम्मेदारी सँभाल ली। इस तरह मदन मोहन के निधन के 28-29 वर्ष बाद उनके संगीत से सजी एक और फिल्म तैयार हो गई। लता मंगेशकर भी बहुत खुश थीं जिन्हें इतने वर्ष बाद मदन भैया के कुछ और गीत गाने का अवसर मिल गया था। 'वीर जारा' के इन खूब लोकप्रिय गीतों में 'तेरे लिए हम हैं जीए' (लता-रूपकुमार राठौड़), 'दो पल रुका ख्वाबों का' (लता-सोनू निगम) और 'मैं यहाँ हूँ यहाँ हूँ' (उदित नारायण) इत्यादि शामिल थे।

ऐसी भी कई फिल्में थीं जिनके लिए मदन मोहन ने एक-दो गीत रिकॉर्ड किए, लेकिन किसी न किसी कारण से ये फिल्में बन्द हो गईं। संजीव कोहली ने अपने पिता के इस खजाने में से भी कुछ अनमोल मोती ढूँढ़ निकाले और एच.एम.वी. (अब सारेगामा) की तरफ से 'मदन मोहन : ए ट्रेजर रिवील्ड' नामक सी.डी. / कैसेट जारी करवाने में सफल रहे। इनमें से कुछ खूबसूरत गीत हैं—

1. 'मेरे अश्कों का गम न कर ऐ दिल' (लता, 'रहनुमा', नक्श लायलपुरी)
2. 'तुम जुदा होकर हमें कुछ और प्यारे हो गए' (तलत, एस.के. फिल्म्स की अनाम फिल्म)
3. 'कैसे कटेगी जिंदगी तेरे बगैर' (रफी, नवरंग फिल्म्स)
4. 'आज मुझे जल जाने दो' (किशोर, शिव पारस प्रो., नक्श लायलपुरी)

5. 'जे पूछ लीजिए वहाँ हम जवाब देंगे' (तलत, 'शांति')
6. 'फिर वही दर्द पुराने' (आशा भोंसले, 'फिर वही शाम')
7. 'ये दुनिया इक मयखाना है' (आशा भोंसले, 'मैंने तो मुहब्बत की है')
8. 'आज की शाम पहलू में' (आशा भोंसले, 'रहनुमा', नक्श लायलपुरी)
9. 'ऐ दिल-ए-नादाँ' (आशा भोंसले, 'सलमा', राजेन्द्र कृष्ण)
10. 'कैसे कहूँ हम होश में थे जब उनकी तमन्ना कर बैठे' (आशा भोंसले, नजीर हुसैन की अनाम फिल्म, नक्श लायलपुरी)
11. 'अब कितने बजे हैं' (रफी, 'जहाँ मिले धरती आकाश', राजेन्द्र कृष्ण)
12. 'मैं भी हूँ इक किताब' (लता, 'नया जनम', कैफी आजमी)

(इनमें से बहुत से गीतों के रचनाकारों के नाम उपलब्ध नहीं हैं।)

आइए, अब मदन मोहन के 12 सबसे यादगार गीतों की सूची बनाएँ—यानी एक बार फिर बड़ा मुश्किल काम! फिर भी पेश है हमारी पसन्द की यह सूची :

मदन मोहन के 12 अनमोल रत्न

क्रम	गीत	फिल्म	गायक/गायिका
1.	कदर जाने न मोरा बालम बेदर्दी	भाई भाई	लता मंगेशकर
2.	बेरहम आसमाँ मेरी मंजिल बता है कहाँ	बहाना	तलत महमूद
3.	चाँद मद्धम है आसमाँ चुप है	रेलवे प्लेटफार्म	लता मंगेशकर
4.	तुम हो साथ रात भी हसीं है	मोहर	लता मंगेशकर
5.	दो घड़ी वो जो पास आ बैठे	गेट वे ऑफ इंडिया	रफी-लता
6.	तू प्यार करे या ठुकराए	देख कबीरा रोया	लता मंगेशकर
7.	भूली हुई यादों मुझे इतना न सताओ	संजोग	मुकेश
8.	लग जा गले कि फिर ये हसीं रात हो न हो	वो कौन थी	लता मंगेशकर
9.	मैं ये सोचकर उसके दर से उठा था	हकीकत	मुहम्मद रफी
10.	नैनों में बदरा छाए	मेरा साया	लता मंगेशकर
11.	बेताब दिल की तमन्ना यही है	हँसते जख्म	लता मंगेशकर
12.	हर तरफ अब यही अफसाने हैं	हिन्दुस्तान की कसम	मन्ना डे

आप चाहें तो इस सूची में 'यूँ हसरतों के दाग' (लता), 'कौन आया मेरे मन के द्वार' (मन्ना डे), 'वो भूली दास्ताँ लो फिर या आ गई' (लता), 'आपकी नजरों ने समझा' (लता), 'नैना बरसे रिमझिम रिमझिम' (लता), 'कर चले हम फिदा जान-ओ-तन साथियो' (रफी), 'जू जहाँ-जहाँ चलेगा मेरा साया साथ होगा' (लता), 'कभी ऐ हकीकत-ए-मुन्तजिर' (लता और कोरस) और 'तुम जो मिल गए हो' (रफी) जैसे गीतों को भी शामिल कर सकते हैं।

मदन मोहन मधुरतम संगीत का ऐसा अलौकिक सुर थे जो हमेशा हमारी रगों में धड़कता रहेगा, हमारे कानों में गूँजता रहेगा... आनेवाली अनेक पीढ़ियों तक! जाने कब कौन-सी पीढ़ी उन्हें एक छुपे खजाने की तरह ढूँढ़ निकाले... और गुनगुनाने लगे—वो भूली दास्ताँ लो फिर याद आ गई...

सलिल चौधरी (1922-1997)
अद्‌भुत सुरों और अनूठी धुनों का महारथी

कहते हैं कि पूर्व पूर्व है और पश्चिम पश्चिम और दोनों कभी भी आपस में मिल नहीं सकते। लेकिन सलिल चौधरी ने हिन्दुस्तानी और पश्चिमी शास्त्रीय संगीत का ऐसा अनूठा और जादुई संगत प्रस्तुत कर दिखाया कि सुननेवाले चमत्कृत रह गए—वह भी आज के तकनीकी और इलेक्ट्रॉनिक क्रान्ति के इस जमाने में नहीं, बल्कि साठ वर्ष पहले! यह तानसेन और मोजार्ट की जुगलबन्दी जैसी बात थी—भैरवी को मोजार्ट के अन्दाज में प्रस्तुत करने वाली बात! जरा याद कीजिए 'छाया' फिल्म का तलत और लता का वह सदाबहार युगल-गीत 'इतना न मुझसे तू प्यार बढ़ा कि मैं इक बादल आवारा... जनम-जनम से हूँ साथ तेरे है नाम मेरा जल की धारा'। सलिल चौधरी के लिए किसी तरह की सीमाओं का कोई मतलब नहीं था। संगीत के स्थापित ढाँचे और परम्पराएँ तोड़ने के लिए थीं, न कि अनुसरण करने के लिए। और तो और, बंगाली संगीत की परम्पराओं का भी उनके लिए कोई बन्धन नहीं था। वे सही अर्थों में अपने-आपमें एक स्कूल, एक संस्था थे—संगीत की एक नई राह और दिशा—जिसमें भारतीय और पश्चिमी संगीत शैलियाँ आपस में घुली-मिली हुईं प्रतीत होती थीं।

सलिल चौधरी 19 नवम्बर 1922 को बंगाल के 24 परगना जिले के चिंगारीपोठा नामक गाँव में जनमे थे। उनके जन्म वर्ष को लेकर कुछ विवाद है, जो कुछ लोगों के अनुसार 1925 या 1927 है। उनके पिता ज्ञानेन्द्र नाथ (जी.एन.) चौधरी यूँ तो पेशे से एक डॉक्टर थे और असम के एक चाय बागान में काम करते थे, लेकिन संगीत के बड़े जबर्दस्त शौकीन थे। उनके पास पश्चिमी शास्त्रीय संगीत का अच्छा-खासा भंडार था—बीथोवेन, मोजार्ट, बाश, चैकोवस्की, चॉपिन और शुर्ब्ट इत्यादि। वे बंगाली और असमी लोक-संगीत के भी दीवाने थे। जैसाकि स्वाभाविक था, सलिल चौधरी को बचपन से ही संगीत का चस्का लग गया। संगीत मानो उनकी नस-नस में दौड़ने लगा। असम के चाय बागानों में टहलते हुए वे बड़े ध्यान से पक्षियों के चहचहाने, पत्तों के फड़फड़ाने, नदियों की कलकल, वर्षा की रिमझिम और हवा की साँय-साँय की आवाज सुनते और यह प्राकृतिक संगीत उन्हें बेहद रोमांचित कर देता। बाद में अपने गीतों में उन्होंने इन प्राकृतिक आवाजों का खुलकर प्रयोग किया। 'मधुमति' (1958) के संगीत में इनके अद्‌भुत योगदान को भला कौन भुला सकता है!

ब्रिटिशों के लिए काम करने के बावजूद जी.एन. चौधरी में देशभक्ति की भावना कूट-कूटकर भरी थी। वे चाय बागानों के गरीब मजदूरों के साथ मिलकर अक्सर ब्रिटिशों के अत्याचारों के खिलाफ नाटकों का आयोजन करते रहते थे। कहते हैं कि एक बार एक ब्रिटिश अफसर द्वारा 'डर्टी निगर' पुकारे जाने पर उन्होंने उसकी जमकर पिटाई कर दी थी और उसके कुछ दाँत भी तोड़ डाले थे। अपने साहसी और देशभक्त पिता की ये खूबियाँ सलिल चौधरी में भी बचपन से ही झलकने लगी थीं। बाद में अपनी कहानियों (वे बहुत अच्छे लेखक भी थे) और संगीत के माध्यम से उन्होंने गरीबों की दुर्दशा, शोषण और अत्याचारों के खिलाफ जमकर आवाज उठाई।

उनके पिता के पास एक जर्मन पियानो था, जिसे सलिल बचपन से ही बजाने लगे थे। आठ वर्ष की उम्र में पहुँचते-पहुँचते वे बड़ी अच्छी बाँसुरी भी बजाने लगे। इसके बाद हारमोनियम, वायलिन और पखावज पर भी वे इस तरह हाथ आजमाने लगे मानो यही उनके बचपन के खिलौने हों। जी.एन. चौधरी अब सोनारपुर में बस गए थे। सलिल को पढ़ने के लिए 18 मील दूर कलकत्ता (अब

कोलकाता) जाना पड़ता था, वह भी पैदल चलकर। रास्ते में वे खस्ताहाल झोंपड़ियों में बसे गरीबों की हालत देखते तो उनका मन तड़प उठता। बाद में यही तड़प उनके संगीत का एक अभिन्न अंग बन गई। उनके गीतों की संवेदनशील और मर्मस्पर्शी प्रकृति बचपन के इन्हीं अनुभवों की देन थी।

सलिल के भाई निखिल ने 'मिलन परिषद' के नाम से एक संगीत मंडली बना रखी थी, जिसमें सलिल भी बढ़-चढ़कर हिस्सा लेते रहते थे। उनके पिता अपने बेटों के संगीत-प्रेम से बहुत खुश थे। उन्हीं के प्रोत्साहन से सलिल ने शास्त्रीय और लोक-संगीत का औपचारिक प्रशिक्षण भी लिया। स्कूल की पढ़ाई पूरी करने के बाद सलिल कॉलेज की डिग्री के लिए कलकत्ता चले गए। वहाँ उनके कम्युनिस्ट विचारों ने अपना रंग दिखाया और वे एक बाँसुरी-वादक के रूप में 'इंडियन पीपुल्स थिएटर एसोसिएशन' (इप्टा) से जुड़ गए। वे नाटक, कहानियाँ और गीत लिखने के साथ-साथ उनकी धुनें भी बनाने लगे। अपने दोस्त सुकान्त भट्टाचार्य द्वारा रचित कुछ गीतों की तो उन्होंने इतनी मोहक धुनें बनाईं कि ये गीत बंगाल के कोने-कोने में गूँजने लगे और आम जनता की आवाज बन गए। इनमें 'विचारपति', 'रनर', 'अबाक प्रतिभी' और 'गायेर बोडु' जैसे लोकप्रिय गीत शामिल थे, जो आम जनता के साथ-साथ भद्रलोक के भी प्रेरणा-स्रोत बन गए। तब सलिल चौधरी सिर्फ बीस वर्ष के थे। उन्होंने 'कोरस' को आम जनता की आवाज के प्रतीक के रूप में इस्तेमाल करते हुए ऐसे-ऐसे प्रयोग किए कि कोरस का अर्थ ही बदल गया। बाद में 'जुल्मी संग आँख लड़ी' ('मधुमति') ओर 'ऐ दिल कहाँ तेरी मंजिल' ('माया') जैसे गीतों में उन्होंने कोरस को इंटरल्यूड संगीत की तरह इस्तेमाल करके गजब का प्रभाव पैदा कर दिया।

'रिक्शावाला'

अंग्रेजी में बी.ए. और बंगाली में एम.ए. करने के बाद कलकत्ता के बंगभाषी कॉलेज में उनकी पढ़ाई पूरी हो गई। वे इतने संवेदनशील थे कि उन्होंने अपनी बी.ए. की डिग्री बंगाल के तत्कालीन गवर्नर रिचर्ड केसी के हाथों स्वीकार करने से इनकार करके हलचल मचा दी थी। (रिचर्ड केसी पर निर्दोष छात्रों के खिलाफ दमन-चक्र चलाने का आरोप था।) कॉलेज के दिनों में ही सलिल चौधरी ने खेतिहर मजदूरों को उनके अधिकार दिलवाने के लिए 'कृषक समिति' की स्थापना भी की थी। बाद में उन्होंने अपनी कलम और संगीत को अपना हथियार बनाते हुए एक से एक क्रान्तिकारी गीतों की रचना की। उनके 'हे शमालो धान हो, कास्ते तो दाव शान हो' जैसे गीतों ने इतनी हलचल मचा दी कि ब्रिटिश सरकार ने उनके खिलाफ 'शूट एट साइट' डेथ वारंट जारी कर दिया और उन्हें अंडर ग्राउंड हो जाना पड़ा। 15 अगस्त 1947 को देश को आजादी मिलने के बाद ही वे राहत की साँस ले पाए।

देश को मुक्ति दिलाने का सपना पूरा हो गया तो सलिल चौधरी ने संगीत की साधना और कला की उपासना को अपना लक्ष्य बनाते हुए फिल्मों की दुनिया में प्रवेश किया। सत्येन बोस द्वारा निर्देशित 'परिवर्तन' (1949) एक संगीत-निर्देशक के रूप में उनकी पहली फिल्म थी। (इसी फिल्म को बाद में सत्येन बोस ने 'जागृति' के नाम से हिन्दी में भी बनाया, जिसमें हेमन्त कुमार का संगीत था।) सत्येन बोस की ही 'बरजाश्री' (1951), सुधीर मुखर्जी की 'पाशेर बाड़ी' (1952) और 'बॉशेर केल्ला' (1953) सलिल चौधरी की कुछ और बंगाली फिल्में थीं।

इसी बीच सलिल चौधरी ने बंगालियों के गाँवों के खेत-विहीन किसानों की दुर्दशा पर 'रिक्शावाला' के नाम से एक मर्मस्पर्शी कहानी लिखी। यह कहानी महान निर्माता-निर्देशक बिमल राय को इतनी ज्यादा पसन्द आई कि उन्होंने इस पर 'दो बीघा जमीन' के नाम से हिन्दी में एक फिल्म बनाने का फैसला कर लिया। इतना ही नहीं, इस फिल्म के संगीत की जिम्मेदारी भी उन्होंने सलिल चौधरी को ही सौंप दी, जो हिन्दी में उनकी पहली फिल्म साबित हुई। बलराज साहनी और निरूपा राय की यादगार भूमिकाओं वाली इस फिल्म के गीत लिखने के लिए मर्मस्पर्शी गीतों के धनी शैलेन्द्र को चुना गया। उन्होंने और सलिल चौधरी ने मिलकर ऐसा जादू जगाया कि यह फिल्म और इसका संगीत हिन्दी सिनेमा के अमिट हस्ताक्षर बन गए। (बाद में सलिल चौधरी की इसी कहानी पर सत्येन बोस ने 'रिक्शावाला' के नाम से ही बंगाली में भी एक फिल्म बनाई।)

सलिल चौधरी ने तीन दशकों से भी अपने लम्बे कैरियर में 62 हिन्दी, 33 बंगाली, 22 मलयालम, 4 तमिल, 2 असमिया और एक-एक मराठी, गुजराती, तेलुगू और उड़िया फिल्मों में संगीत दिया। उन्होंने बहुत-सी डॉक्युमेंट्रियों और टीवी सीरियलों में संगीत देने के साथ-साथ कितने ही बेसिक, कोरस और रेडियो गीत भी रिकॉर्ड किए। उनकी कुछ फिल्में अधूरी या अप्रदर्शित भी रह गईं, जिनमें 'मिट्टी के देव', 'माँगे मिले न प्यार', 'आनन्द महल', 'डेजी' और 'रात की उलझन' इत्यादि प्रमुख हैं।

बिमल राय की मास्टर पीस फिल्म 'दो बीघा जमीन' (1953) को हिन्दी सिनेमा के एक मील के पत्थर के रूप में देखा जाता है—और इसके संगीत को भी। मिट्टी की सोंधी-सोंधी गंध वाला 'धरती कहे पुकार के, बीज उगाले प्यार ले, कौन कहे इसे ओर तू फिर आए न आए' (मन्ना डे-लता) आज भी आस्था, परिश्रम और मानवीय प्रेम का सन्देश देने वाले समूह गीतों में सबसे ऊपर है। कहते हैं कि सलिल चौधरी को इसकी अद्‌भुत धुन की प्रेरणा रूस की क्रान्ति सेना के मार्चिंग-गीत से मिली थी। फिल्म का दूसरा लोकप्रिय समूह-गीत 'हरियाला सावन ढोल बजाता आया' उनके अपने ही एक इप्टा-गीत 'उरु ताका ताका तघीना' से प्रेरित था। कहते हैं कि लता मंगेशकर सलिल चौधरी की संगीत शैली से इतनी अभिभूत थीं कि मन्ना डे के साथ इस गीत की रिकॉर्डिंग के दौरान अपने चहेते संगीत-निर्देशक रोशन को

भी अपने साथ लेती गई थीं—ताकि वे सलिल चौधरी के काम करने के तरीके को नजदीक से देख सकें। फिल्म में लता की लोरी 'आजा री आ निंदिया तू आ' भी गजब की थी। उन दिनों महान अभिनेत्री मीना कुमारी बिमल राय के साथ एक दूसरी फिल्म 'परिणिता' में काम कर रही थीं। उन्होंने यह लोरी सुनी तो इसे उन्हीं पर फिल्माए जाने का आग्रह करने लगीं। लिहाजा बिमल दा ने उन्हें मेहमान कलाकार के रूप में 'दो बीघा जमीन' में ले लिया और यह लोरी उन्हीं पर फिल्माई गई। फिल्म का चौथा गीत पूरबी लोक-शैली में ढला धूम-धड़ाके भरा गीत था—'गजब तोरी दुनिया हो मोरे रामा'—जिसे मुहम्मद रफी ने कोरस के साथ खूब मस्ती से गाया था। फिल्म में बस ये चार ही गीत थे और चारों ही सलिल चौधरी की अद्‌भुत संगीत-प्रतिभा के प्रतीक थे। अपनी पहली हिन्दी फिल्म में ही उन्होंने अपनी एक अलग पहचान स्थापित कर दी थी।

सलिल चौधरी का दृष्टिकोण व्यावसायिकता से कोसों दूर था, इसलिए उनका संसार सिर्फ कलात्मक फिल्मों तक सीमित था। उनकी अगली फिल्म बिमल राय की ही 'बिराज बहू' (1954) थी। अभि भट्टाचार्य और निरूपा राय की मुख्य भूमिकाओं से सजी यह फिल्म शरतचन्द्र के इसी नाम के उपन्यास पर आधारित थी। (बिमल राय की 'परिणिता' भी शरत बाबू के इसी नाम के उपन्यास पर आधारित थी।) 'बिराज बहू' में भी सलिल चौधरी ने अलग अन्दाज का और विविधतापूर्ण संगीत दिया। 'मेरा मन भोला-भाला काहे डोले' (हेमन्त कुमार), 'दिल मेरा सदके' (शमशाद बेगम) और 'सुनो सीता की कहानी' (रफी)—सभी बड़े मोहक और यादगार गीत थे। कश्तीवालों का लोकप्रिय गीत 'माँझी रे ले चल नैया' सलिल चौधरी ने जाने-माने लोक-गायक निर्मलेन्दु चौधरी से गवाया था। लता और श्यामल मिश्रा का विदाई गीत 'जा री दुल्हनिया जा' और हेमन्त कुमार का कीर्तन 'झूम-झूम मनमोहन रे' भी बड़ी खूबसूरत और कलात्मक रचनाएँ थीं। प्रेम धवन के गीतों वाली इस फिल्म को वर्ष के सर्वश्रेष्ठ निर्देशक (बिमल राय) और सर्वश्रेष्ठ अभिनेत्री (कामिनी कौशल) का फिल्मफेयर पुरस्कार भी मिला था।

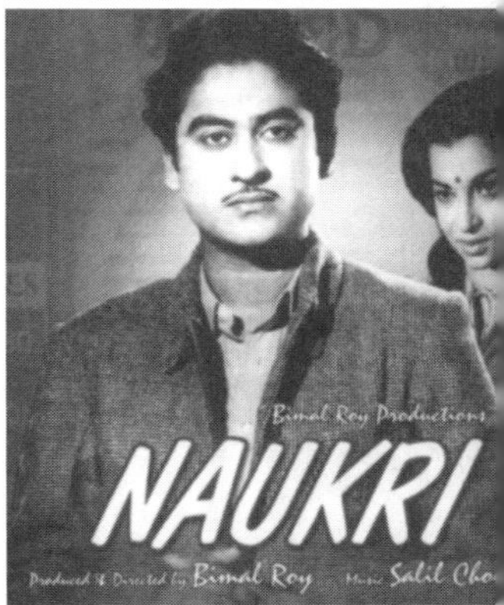

बिमल राय की 'नौकरी' (1954) में सलिल चौधरी ने किशोर कुमार का एक खूब लोकप्रिय और सदाबहार गीत दिया—'छोटा-सा घर होगा बादलों की छाँव में'। दो पहलू दो रंग वाला यह गीत हेमन्त कुमार की आवाज में भी था—खुशीवाला वर्जन किशोर और शीला बेले की आवाज में तथा उदास वर्जन हेमन्त कुमार की आवाज में। किशोर कुमार और शीला रमानी की मुख्य भूमिकाओं वाली इस फिल्म के इस लोकप्रिय गीत की धुन नेपाली लोक-गीत 'बोला ऊँदा न बोलने कस्ते हजूर' से प्रेरित थी। फिल्म के अन्य लोकप्रिय गीतों में 'झूमे रे कली भंवरा उलझ गया' (गीता दत्त), 'ये आँसू बनेंगे सितारे' (लता) और 'इक छोटी-सी नौकरी का तलबगार हूँ मैं' (किशोर-श्यामल मिश्रा) शामिल थे। फिल्म के गीत शैलेन्द्र ने लिखे थे। बरसों बाद सलिल चौधरी ने 'छोटा-सा घर होगा...' की तर्ज पर बंगाली में भी एक लोकप्रिय गीत बनाया—'आक जे हिलो'—जिसे उनकी बेटी अन्तरा चौधरी ने गाया था।

बिमल राय द्वारा निर्मित और अरविन्द सेन द्वारा निर्देशित 'अमानत' (1955) में हेमन्त कुमार और गीता दत्त का एक बड़ा मोहक डुएट था—'जबसे मिलीं तोसे अखियाँ जियरा डोले रे'—जो सलिल चौधरी के अपने अलग और अनूठे अन्दाज की छाप लिए था। भारत भूषण और चाँद उस्मानी की मुख्य भूमिकाओं वाली इस फिल्म के अन्य यादगार गीतों में 'बाँकी अदाएँ देखना जी देखना' (गीता दत्त), 'जबसे मुहब्बत छीन ली' (आशा भोंसले) और बंगाली शैली में ढला 'रे मूरख तू क्या जाने' (मन्ना डे-आशा) शामिल थे। लेकिन शैलेन्द्र के गीतों वाली यह दिलचस्प फिल्म बॉक्स ऑफिस पर पूरी तरह पिट गई और चाँद उस्मानी एक स्टार बनते-बनते रह गईं।

लेखराज भाखड़ी द्वारा निर्देशित और बलराज साहनी, निरूपा राय, शम्मी कपूर और अनीता गुहा की मुख्य भूमिकाओं से सजी 'ताँगेवाली' (1955) एक पंजाबी पृष्ठभूमि वाली फिल्म थी। बंगाली बाबू सलिल चौधरी के लिए यह किसी चुनौती से कम नहीं थी। वे इस पर पूरी तरह खरे भी उतरे। हीर शैली का 'मैं लुट गई दुनिया वालो' और बोलियों के अन्दाज में ढला 'तेरे नैनों ने जादू किया' (रफी-लता) पंजाबी लोक संगीत के उनके अद्‌भुत प्रयोग के उदाहरण थे। फिल्म के एक गीत 'हल्के-हल्के चलो साँवरे प्यार की मस्त हवाओं में' में घोड़े की पदचाप का प्रयोग नौशाद और ओ. पी. नैयर की शैलियों से बिलकुल अलग था। लता और हेमन्त कुमार का यह युगल-गीत खूब लोकप्रिय हुआ था और रफी का 'देखो ताँगा मेरा निराला' भी। लता का 'रिमझिम रिमझिम बदरा बरसे' भी उनके सबसे अनूठे अमर गीतों में शामिल है। फिल्म की पंजाबी पृष्ठभूमि को देखते हुए इस फिल्म के गीत प्रेम धवन ने लिखे थे।

सलिल चौधरी को अपने इस शुरुआती दौर में ही एक और महान फिल्मकार के साथ काम करने का अवसर मिला—महबूब खान के साथ। महबूब भी अपने तरीके से कम्युनिस्ट सोच के व्यक्ति थे। 'अमर' (1954) की सफलता के बाद वे जहाँ अपनी टेक्नीकलर और भव्य फिल्म 'मदर इंडिया' के निर्माण की तैयारी में जुट गए थे, वहीं अपने बैनर की कुछ फिल्मों के लिए बाहर के निर्देशक भी लेने लगे थे। 'हम लोग' और 'फुटपाथ' जैसी ऑफ बीट फिल्मों के निर्देशक के रूप में नाम कमा चुके जिया सरहदी द्वारा निर्देशित 'आवाज' (1955) भी ऐसी ही एक फिल्म थी। नलिनी

सलिल और आशा

देव, राज और सलिल

देवआनंद

जयवन्त, राजेन्द्र कुमार, उषा किरण और जुल वैलेनी की मुख्य भूमिकाओं से सजी इस फिल्म के संगीत के लिए महबूब ने बिमल राय खेमे के सलिल चौधरी को ही चुना। इस फिल्म के संगीत का सबसे उल्लेखनीय पहलू था महाराष्ट्र की लावणी शैली से शुरू होने वाला और गोवा की लोक-शैली के मुखड़े, इंटरल्यूडों और अन्तरों में ढला लता का धमाकेदार 'धीतंग धीतंग बोले'। इसमें अकॉर्डियन, हारमोनियम, गिटार और कोरस का प्रयोग देखते ही बनता था। सबसे बड़ी बात यह थी कि इसमें कैरीबियन ताल के साथ हमारी अपनी दादरा ताल का ऐसा जोड़ बिठाया गया था कि यकीन करना मुश्किल था। यही गीत पहले एक गैर-फिल्मी बंगाली गीत के रूप में हेमन्त कुमार ने भी गाया था, जो खूब लोकप्रिय हुआ था। फिल्म के अन्य यादगार गीतों में 'उल्फत के हैं काम निराले' (लता), 'भोर हुई पंछी निकले' (रफी), 'आ रा रम ता रा रम, दुनिया के कैसे-कैसे गम' (किशोर), 'दिल दीवाना दिल मस्ताना माने न' (लता-तलत) और विदाई गीत 'बाबा तेरी सोन चिरैया' (लता) शामिल थे। फिल्म के गीत जिया सरहदी, शैलेन्द्र, प्रेम धवन और विश्वामित्र आदिल ने लिखे थे। इतने सारे प्रतिभाशाली लोगों के जुड़े होने के बावजूद महबूब खान की यह फिल्म बॉक्स ऑफिस पर बुरी तरह पिट गई।

बहुत कम लोगों को मालूम है कि जाने-माने हास्य अभिनेता असित सेन बिमल राय के सहायक निर्देशकों में भी शामिल थे। (इसी नाम के एक दूसरे) निर्देशक भी हुए हैं, जो 'ममता', 'अनोखी रात', 'खामोशी' और 'सफर' जैसी यादगार फिल्मों के निर्देशक के रूप में जाने जाते हैं। कॉमेडियन असित सेन द्वारा निर्देशित 'परिवार' (1956) बिमल राय बैनर की फिल्म थी और इसमें सलिल चौधरी का संगीत था। सलिल चौधरी ने इस फिल्म में बहुत कम सुनाई देने वाले राग कर्नाटिकी का इस्तेमाल करते हुए एक सुपरहिट और अमर गीत रचा था—'जा तोसे नहीं बोलूँ कन्हैया' (लता-मन्ना डे)। फिल्म का एक दूसरा गीत 'फिर फिर फिर फिर बदरवा बरसे हो काले-काले' (लता-हेमन्त कुमार) भी सलिल चौधरी के ही 'रिमझिम झिमझिम बदरवा बरसे' (ताँगेवाली) की झलक लिए होने के बावजूद खूब लोकप्रिय हुआ था। लेकिन फिल्म का सबसे धूम मचाने वाला गीत था किशोर कुमार का 'कुएँ में डूबके मर जाना, यार तुम शादी मत करना', जिसे मेहमान कलाकार के रूप में खुद किशोर कुमार पर ही फिल्माया गया था। फिल्म के गीत शैलेन्द्र ने लिखे थे।

सलिल चौधरी के अनूठे और कलात्मक संगीत के जादू से महान अभिनेता, निर्माता-निर्देशक और 'शो-मैन' राज कपूर भी प्रभावित हुए बिना नहीं रहे। बिमल राय और महबूब के बाद सलिल चौधरी के संगीत-संसार से जुड़नेवाले अगले निर्माता वही थे। 'श्री 420' की धमाकेदार सफलता के बाद राज कपूर ने 'जागते रहो' (1956) के रूप में एक प्रयोगवादी फिल्म बनाई तो इसके संगीत के लिए उन्होंने सलिल चौधरी को ही चुना। हिन्दी और बंगाली दोनों भाषाओं में बनाई जाने वाली इस फिल्म (बंगाली में 'एक दिन रात्रे' के नाम से) के निर्देशक रंगमंच की जानी-मानी हस्तियाँ शम्भू मित्रा और अमित मित्रा थे। मुख्य भूमिकाओं में राज कपूर के साथ मोतीलाल, प्रदीप कुमार, सुमित्रा देवी, स्मृति विश्वास और नर्गिस (मेहमान भूमिका में) थे। (यही फिल्म आर.के. बैनर के साथ नर्गिस की आखिरी फिल्म भी थी।) फिल्म के पाँचों गीत अपने-आपमें लाजवाब थे—'जिंदगी ख्वाब है, ख्वाब में झूठ क्या और भला सच है क्या' (मुकेश)—जिसे नशे में धुत्त मोतीलाल पर बड़े खूबसूरत अन्दाज में फिल्माया गया था—'ठंडी-ठंडी पवन की फुहार' (आशा भोंसले), 'मैंने जो ली अंगड़ाई' (संध्या मुखर्जी-हरिधन), 'जागो मोहन प्यारे जागो' (लता) और पंजाबी भंगड़े के अन्दाज वाला 'मैं कोई झूठ बोल्या, कोई न, मैं कोई कुफर तोल्या, कोई न, मैं कोई जहर घोल्या, कोई न भई कोई न' (मुहम्मद रफी-बलबीर और साथी)। राग भैरव पर आधारित और नर्गिस पर फिल्माया गया 'जागो मोहन प्यारे जागो' फिल्म का सबसे मर्मस्पर्शी और मोहक गीत था। इस गीत के दौरान खस्ताहाल राज कपूर को पानी पिलाती नर्गिस की छवि इस महान जोड़ी की साथ-साथ आखिरी छवि भी थी। प्रेम धवन द्वारा रचित 'मैं कोई झूठ बोल्या' को छोड़कर फिल्म के सभी गीत शैलेन्द्र की मर्मस्पर्शी कलम की उपज थे। बॉक्स ऑफिस पर फ्लॉप हो जाने के बावजूद 'जागते रहो' आर.के. बैनर की एक कीर्ति-स्तम्भ फिल्म थी। यही बात इस फिल्म के संगीत के बारे में भी कही जा सकती है।

बिमल राय के बैनर में सिर्फ गंभीर और कलात्मक फिल्में ही नहीं बनती थीं। वे हल्की-फुल्की मनोरंजक फिल्में भी बनाते रहते थे, जिनका निर्देशन वे अपने किसी सहायक को सौंप देते थे। उनके सहायक और हास्य अभिनेता असित सेन द्वारा निर्देशित दूसरी फिल्म 'अपराधी

कौन' भी ऐसी ही एक हल्की-फुल्की सस्पेंस फिल्म थी। अभि भट्टाचार्य और माला सिन्हा की मुख्य भूमिकाओं वाली इस फिल्म में संगीत की कोई खास गुंजाइश नहीं थी। फिर भी सलिल चौधरी ने 'हैं प्यार के दो मतवाले' (मन्ना डे-गीता दत्त) और 'कोई देखे तो कहे तुझको' (आशा भोंसले) जैसे कुछ लुभावने गीत रचे थे। रॉक एंड रोल शैली में ढला हास्य गीत 'फिर वही दर्द है' (मन्ना डे) भी गजब का गीत था। मजरूह सुल्तानपुरी के गीतों वाली इस फिल्म का बैकग्राउंड संगीत भी आम सस्पेंस फिल्मों से हटकर था।

'एक गाँव की कहानी' (1957) में एक बार फिर सलिल चौधरी की बड़ी सुरीली धुनें सुनाई दीं। दुलाल गुहा द्वारा निर्देशित और तलत महमूद और माला सिन्हा की मुख्य भूमिकाओं वाली इस फिल्म में तलत महमूद का एक सुपरहिट गीत था—'रात ने क्या-क्या ख्वाब दिखाए'। घोड़े की मोहक पदचाप वाला यह गीत राग बिलावल की दादरा ताल में ढला होने के बावजूद पश्चिमी सिम्फोनी का स्पर्श लिए था। स्वर और ऑर्केस्ट्रेशन का अनूठा मिलाप भी मंत्रमुग्ध कर देने वाला था। तलत का ही 'झूमे रे नीला अम्बर झूमे धरती को चूमे' और लता का 'बोले पिहू पिहू रे पपिहरा' भी बड़े सुहाने गीत थे। पूरबी रंग का होली गीत 'मेरे संग पिया घबराए मोरा जिया' (लता-तलत) फिल्म का एक और मधुर आकर्षण था। इस खूबसूरत फिल्म के खूबसूरत गीतों को शैलेन्द्र ने लिखा था।

अपने मर्मस्पर्शी और कलात्मक संगीत के कारण सलिल चौधरी लीक से हटकर फिल्में बनाने वाले निर्माता-निर्देशकों के चहेते संगीत-निर्देशक बन गए थे। या यूँ कहें कि जो लोग बर्मन दादा (एस.डी. बर्मन) के महंगे दाम नहीं चुका पाते थे वे सलिल चौधरी का रुख करते थे। जाने-माने लेखक राजेन्द्र सिंह बेदी द्वारा निर्मित और 'इप्टा' से बड़ी गहराई से जुड़े बलराज साहनी द्वारा निर्देशित 'लाल बत्ती' (1957) भी ऐसी ही एक ऑफ बोट फिल्म थी। बलराज साहनी, माला सिन्हा और जवाहर कौल की मुख्य भूमिकाओं से सजी इस फिल्म में लता का एक बड़ा मोहक गीत था—'हाय झिलमिल झिलमिल ये शाम के साए'—जिसमें कोरस की गुनगुनाहट ने गजब का प्रभाव पैदा कर दिया था। फिल्म के गीत मजरूह सुल्तानपुरी ने लिखे थे। फिल्मिस्तान द्वारा निर्मित और अरविन्द सेन द्वारा निर्देशित 'जमाना' (1957) में भी सलिल चौधरी के कई सुरीले गीत थे। इनमें नाविकों का गीत 'नैया का मेरे तू ही खेवैया' (रफी और कोरस), 'दिन बहार के हैं' (गीता दत्त) और 'उलझ गए नैना' (आशा भोंसले) खासतौर से यादगार थे। फिल्म के गीत इन्दीवर और प्रेम धवन ने लिखे थे। सलिल चौधरी ने इस फिल्म के लिए एक गीत नक्श लायलपुरी से भी लिखवाया था, जिसे निर्माता तोलाराम जलान की दिलचस्पी न होने के कारण रिकॉर्ड नहीं किया जा सका। लेकिन सलिल चौधरी नक्श साहब को उनका मेहनताना दिलवाने से नहीं चूके।

बिमल राय के सहायकों में हिन्दी सिनेमा के एक महान निर्देशक हृषिकेश मुखर्जी भी शामिल थे। जैसाकि स्वाभाविक था, एक स्वतंत्र निर्देशक के रूप में उनकी पहली फिल्म 'मुसाफिर' (1957) में भी सलिल चौधरी का संगीत था। यह एक प्रयोगवादी फिल्म थी, जिसमें तीन अलग-अलग कहानियाँ थीं। दिलीप कुमार और उषा किरण, किशोर कुमार और निरूपा राय तथा शेखर और सुचित्रा सेन इन तीन कहानियों में तीन अलग-अलग जोड़ियाँ थीं। फिल्म का थीम-गीत 'इक आए इक जाए मुसाफिर दुनिया एक सराय रे' (श्यामल मिश्रा) खूब लोकप्रिय हुआ था। यूँ सभी गीत अपने-आपमें अनूठे थे—नौटंकी शैली का 'टेढ़ी-टेढ़ी हमसे फिरे सारी दुनिया' (शमशाद बेगम-मन्ना डे), राग भैरवी पर आधारित भजन 'मन रे हरि के गुण गा' (लता) और 'बिनाका गीतमाला' की हिट परेड में खूब धूम मचाने वाला 'मुन्ना बड़ा प्यारा मम्मी का दुलारा' (किशोर कुमार), जो कोंकणी लोक-संगीत से प्रेरित था। लेकिन फिल्म का सबसे लाजवाब और यादगार गीत था अनूठी ठुमरी शैली में ढला 'लागी नाहीं छूटे रामा चाहे जिया जाए'। दो भागों वाले इस गीत को लता मंगेशकर के साथ-साथ 'ट्रेजिडी किंग' दिलीप कुमार से गवाकर सलिल चौधरी ने हंगामा मचा दिया था। सभी अखबारों में मोटी-मोटी सुर्खियों में छपा था—'मेलोडी क्वीन लता के साथ ट्रेजिडी किंग का गाना'! कहते हैं कि 'तारों में मुस्कान है तेरी' जैसी मुश्किल मुरकियों की अदायगी के लिए अभिनय-सम्राट को ब्रांडी के तीन पेग हलक में उतारने पड़े थे। इस फिल्म के रिकॉर्ड बाजार में आते ही लोग उन पर टूट पड़े थे—सिर्फ लता के साथ दिलीप कुमार का गाना सुनने के लिए! फिल्म के गीत शैलेन्द्र ने लिखे थे।

शैलेन्द्र और सलिल चौधरी में बड़ी गजब की दोस्ती थी। दोनों के विचार भी एक-दूसरे से बहुत ज्यादा मिलते-जुलते थे। यही कारण था कि इस अनूठी जोड़ी ने 19 फिल्मों में एस से एक मधुर, मर्मस्पर्शी और यादगार गीत दिए। इस जोड़ी की सबसे बड़ी उपलब्धि थी बिमल राय की अमर फिल्म 'मधुमति' (1958), जो इन पंक्तियों के लेखक (त्रिनेत्र बाजपेयी) के अनुसार हिन्दी फिल्मों के इतिहास की महानतम फिल्म है। इस फिल्म का संगीत भी दिल, दिमाग और आत्मा में बस जाने वाला उच्च कोटि का मधुर और बेहद लोकप्रिय संगीत था—जो किसी भी दूसरी संगीत-प्रधान फिल्म से उन्नीस नहीं है। अभिनय-सम्राट दिलीप कुमार और महान अभिनेत्री और नर्तकी वैजयन्तीमाला की मुख्य भूमिकाओं से सजी और खुद बिमल राय द्वारा निर्देशित 'मधुमति' जैसी मर्मस्पर्शी और सम्मोहक प्रेमकथाएँ हिन्दी सिनेमा के पर्दे पर

किशोर कुमार 'मुसाफिर' मं

दिलीप कुमार, डेजी इरानी और 'मुसाफि

लता और दिलीप कुमार की प्रसिद्ध रिकॉर्डि

सलिल और शैलेन्द्र

सलिल और लता

द्विजेन मुखर्जी

हेमन्त कुमार गायक मंडली का नेतृत्व करते हुए

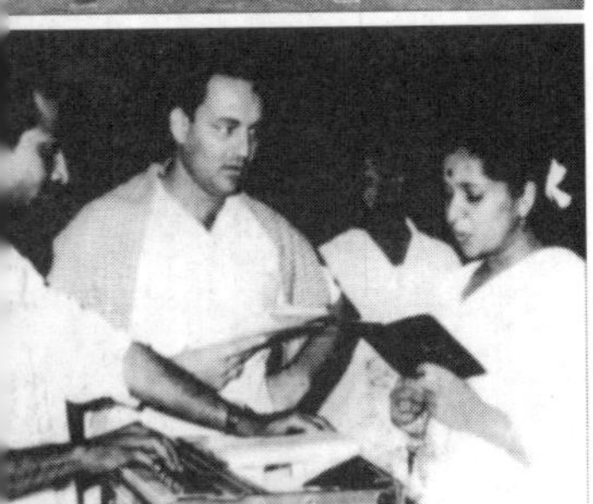

सलिल, मुकेश और आशा

सलिल और सबिता

बहुत कम दिखाई दी हैं। पुनर्जन्म से जुड़ी एक ऐसी रहस्यमय और काव्यात्मक प्रेमकथा, जिसे सलिल चौधरी के अद्भुत संगीत ने अलौकिक ऊँचाई प्रदान कर दी थी। उन्होंने कुमायूँ और असम के पूरे लोक-संगीत का खजाना खोजकर उसे शास्त्रीय रागों में इस तरह से पिरोया था कि संगीत-प्रेमी नतमस्तक रह गए थे। हमारे विचार में राग बागेश्री पर आधारित और कहरवा ताल में ढला लता मंगेशकर का 'आ जा रे परदेसी, मैं तो कब से खड़ी इस पार, ये अखियाँ थक गईं पंथ निहार' सुरों की मलिका के पूरे कैरियर का सर्वश्रेष्ठ गीत है। मनोहरी सिंह के मंत्रमुग्ध कर देने वाले बाँसुरी-वादन ने इस गीत की मोहकता को और भी बढ़ा दिया था। कहते हैं कि लता के सुझाव पर सलिल दा ने उन्हें 'पंचम' से गाने की अनुमति दे दी थी। (दरअसल 'मैं तो कबसे खड़ी इस पार, ये अखियाँ थक गईं पंथ निहार' मुखड़े की दूसरी पंक्ति है, जिससे शुरुआत करने से इस गीत का प्रभाव और भी बढ़ गया था। इस गीत की रिकॉर्डिंग से शैलेन्द्र और सलिल चौधरी दोनों ही इतने अभिभूत थे कि शैलेन्द्र ने लता को एक बहुत प्यारा गुलदस्ता मँगाकर भेंट किया तो सलिल दा भाव-विभोर से देर तक उनका हाथ अपने हाथ में थामे रहे। इंटरल्यूड वाला टुकड़ा 'गा मा गा मा मा गा मा पा धा पा धा' इतना गजब का बन पड़ा था कि सलिल दा ने इसी को बागेश्री पर ही आधारित एक दूसरे गीत 'घड़ी-घड़ी मोरा दिल धड़के' (लता) के मुखड़े की धुन बना डाला। नैनीताल की खूबसूरत वादियों में नायिका वैजयन्तमाला पर इस गीत का फिल्मांकन फिल्म का एक खास आकर्षण बन गया। सलिल चौधरी को यह बागेश्री इंटरल्यूड इतना ज्यादा भा गया था कि उन्होंने अपने दो और लोकप्रिय गीतों में भी इसका इस्तेमाल किया—'बाग में कली खिली' ('चाँद और सूरज') और 'साथी रे... तुम बिना जिया उदास रे' ('पूनम की रात')।

'मधुमति' की तरफ लौटें तो लता के एक और अद्भुत और सुपरहिट गीत का जिक्र करना होगा—'चढ़ गयो पापी बिच्छुआ'—जिसमें मन्ना डे के साथ-साथ लाजवाब कोरस ने भी उनका साथ निभाया था। 'द्रुत गत' के साथ इस गीत का एक पूरा का पूरा कोरस वाला वर्जन भी बनाया गया था, जिसे रिकॉर्ड-डिस्क में जारी नहीं किया गया। गीत का यह हिस्सा फिल्म की बाद की रीलों में प्रकट होता है। राग सारंग पर आधारित 'पापी बिच्छुआ' लता मंगेशकर के सबसे अनूठे और सुपरहिट गीतों में शामिल है। लोक-शैली पर आधारित 'जुल्मी संग आँख लड़ी' लता का एक और यादगार गीत था और फिल्म के धूम मचाने वाले गीतों में शामिल था। यही बात दिलीप कुमार पर फिल्माए गए 'सुहाना सफर और ये मौसम हसीं' के बारे में भी कही जा सकती है, जिसे गलती से ही मुकेश ने गा दिया था। यह गीत तलत महमूद के लिए बनाया गया था लेकिन वे विदेशी दौरे पर निकल गए और मजबूरन इसे मुकेश से गवाना पड़ा। कहते हैं कि दिलीप कुमार इस फैसले से खुश नहीं थे और सलिल दा ने उन्हें बड़ी मुश्किल से मनाया था। यह गीत न सिर्फ मुकेश बल्कि दिलीप कुमार के कैरियर का भी एक शाहकार और यादगार गीत साबित हुआ। यूँ मुकेश ने दिलीप कुमार के लिए लता के साथ एक डुएट भी गाया था—'दिल तड़प-तड़पके कह रहा है आ भी जा'—जो उस दौर के प्रेमी जोड़ों में खूब लोकप्रिय होने के साथ-साथ लता और मुकेश के अमर युगल-गीतों में शामिल है। रफी का राग कान्हड़ा आधारित 'टूटे हुए ख्वाबों ने हमको ये सिखाया है' फिल्म का एक और सुपरहिट गीत था। असफल प्रेम के सदाबहार गीतों में शामिल इस गीत की एक दर्दभरी पंक्ति थी—'हम ढूँढते हैं उनको जो मिलके नहीं मिलते'। इन सब गीतों के अलावा फिल्म में मुबारक बेगम का एक मंत्रमुग्ध कर देने वाला मुजरा भी था—'हम हाल-ए-दिल सुनाएँगे सुनिए के न सुनिए'। राग आसावरी पर आधारित यह मुजरा फिल्म में कुछ ही क्षणों के लिए प्रकट होने के बावजूद जबर्दस्त प्रभाव छोड़ जाता है। कमाल की बात यह है कि इसमें सिर्फ सारंगी, हारमोनियम और तबले का प्रयोग किया गया था। इसी तरह कुमायूँ लोक-शैली पर आधारित 'कान्चा रे कान्ची रे लाग्यो' (आशा भोंसले-सबिता बनर्जी-गुलाम मुहम्मद) भी फिल्म में कुछ ही क्षणों के लिए प्रकट होता है। ऐसा ही एक और कोरस गीत भी रिकॉर्ड किया गया था—'तन जले मन जलता रहे' (द्विजेन मुखर्जी) जिसे फिल्म से निकाल दिया गया।

'मधुमति' ने देशभर में खूब धूम मचाई और बिमल राय के बैनर की सबसे बड़ी हिट साबित हुई। जाने-माने शायर

और हमारे पारिवारिक मित्र नक्श लायलपुरी एक दिन अचानक ही अंधेरी रेलवे स्टेशन पर सलिल चौधरी से टकरा गए थे। तब 'मधुमति' बम्बई के रॉक्सी सिनेमाघर में 14वें हफ्ते में चल रही थी और खूब धूम मचा रही थी। सलिल दा को कुछ मायूस देखकर नक्श ने इसका कारण जानना चाहा तो उन्होंने बताया कि 'मधुमति' की जबर्दस्त सफलता के बावजूद उन्हें एक भी नई फिल्म नहीं मिली थी। नक्श ने उन्हें तसल्ली दिलाते हुए कहा—''देखते जाइए, आगे-आगे होता है क्या!'' और नक्श साहब के अनुसार, सचमुच अगले हफ्ते से ही सलिल दा को इतनी फिल्में मिलने लगीं कि सिर्फ साइनिंग की पेशगी से ही उनके पास साढ़े चार लाख रुपए की रकम जमा हो गई, जो आज के करोड़ों रुपए के बराबर थी। जैसाकि हम कह चुके हैं, इस सुपरहिट फिल्म के गीत शैलेन्द्र ने लिखे थे। (सिर्फ एक गीत 'तन जले मन जलत रहे' मजरूह सुल्तानपुरी ने लिखा था, जिसे फिल्म में इस्तेमाल नहीं किया जा सका।) बिमल राय, शैलेन्द्र, सलिल चौधरी, दिलीप कुमार और वैजयन्तीमाला के अलावा इस फिल्म के साथ और भी कई जानी-मानी हस्तियाँ जुड़ी हुई थीं—नबेन्दु घोष (पटकथा), राजेन्द्र सिंह बेदी (संवाद), दिलीप गुप्ता (छायांकन) और हृषिकेश मुखर्जी (सम्पादन)। 'मधुमति' इन सभी महारथियों की प्रतिभा का फल थी।

सलिल चौधरी को संगीत में नए-नए प्रयोग करने का जुनून-सा था। 1957 के आसपास उन्होंने इस प्रयोगधर्मिता को आगे बढ़ाने के लिए 'बॉम्बे यूथ कोयर' नामक एक मंच की स्थापना की। अनिल बिस्वास, नौशाद, लता मंगेशकर, हेमन्त कुमार, मन्ना डे, मुकेश, द्विजेन मुखर्जी, असीम कुमार और रूमा गुहा जैसी जानी-मानी संगीत हस्तियों ने भी बढ़-चढ़कर उनका साथ दिया। गीतों में ऑर्केस्ट्रेशन और कोरस के प्रभाव को बढ़ाने में इस मंच का महत्त्वपूर्ण योगदान रहा। सलिल चौधरी कोरस को सिर्फ 'कोरस' के रूप में इस्तेमाल न करके ऑर्केस्ट्रेशन के रूप में इस्तेमाल करना चाहते थे और यही उन्होंने कर दिखाया। उन्होंने 'कोरल इफेक्ट' के बहुत से ढाँचे तैयार कर लिए थे जिनमें 'एल्टोस', 'टेनोर्स', 'बास' और 'सोपरा नोश' इत्यादि प्रमुख थे।

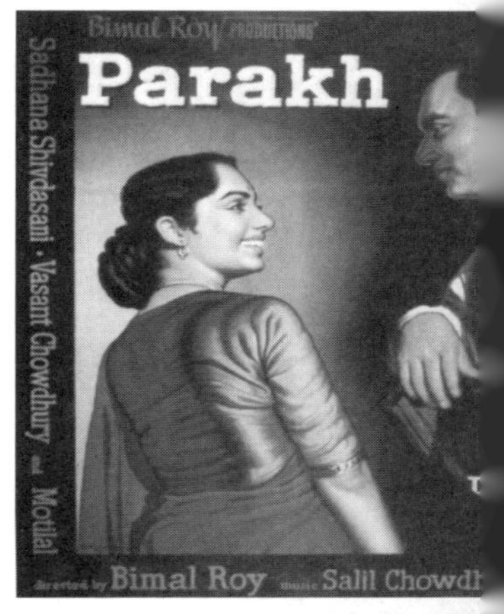

सलिल दा के अव्यावसायिक और प्रयोगधर्मी दृष्टिकोण के कारण 'मधुमति' की जबर्दस्त सफ्लता के बावजूद कोई बड़ी फिल्म उनके हाथ में नहीं आई। यह बड़े आश्चर्य की बात है कि 'मधुमति' के बाद उनकी अगली फिल्में दो वर्ष बाद 1960 में रिलीज होने वाली 'जवाहर', 'हनीमून' और बिमल राय की 'परख' और 'उसने कहा था' थीं। ये सब की सब छोटे बजट की फिल्में थीं। कुलदीप प्रोडक्शन्स की 'जवाहर' (1960) में सलिल चौधरी ने एक ऐसा गीत रचा जो एक शास्त्रीय रचना के रूप में शुरू होकर असमिया लोक-शैली में बदल जाता था—'जागिए गोपाललाल बंसी बन बोले'। प्रेम धवन के गीतों वाली इस फिल्म के अन्य मोहक गीतों में 'वो दुनिया बदल दे जिस दुनिया में बच्चों की मुस्कान नहीं' (लता) और 'ये प्यार का जमाना' (लता-मन्ना डे) शामिल थे।

पंजाबी फिल्मों की पृष्ठभूमि वाले लेखराज भाखड़ी के साथ सलिल चौधरी पहले भी ('ताँगेवाली', 1955) में काम कर चुके थे। उन्हीं के द्वारा निर्मित-निर्देशित 'हनीमून' (1960) में एक बार फिर सलिल चौधरी का संगीत था। मनोज कुमार और सईदा खान की मुख्य भूमिकाओं वाली इस फिल्म के एक डुएट में सलिल दा ने अपनी मशहूर हो चली 'कोयर' का बड़ा प्रभावशाली प्रयोग किया था। लता और मुकेश का यह लोकप्रिय युगल-गीत था—'मेरे ख्वाबों में ख्यालों में छुपे'। फिल्म के कुछ गीतों में सलिल दा की एक और खूबी —ऊँचे और नीचे सुरों में बड़ी तेजी से बदलाव का भी कमाल देखने को मिला था। 'छेड़ो न छेड़ो न अकेले में मेरे सैयाँ' (सबिता मुखर्जी-मुकेश), 'अहा रे मगन मेरे जुल्मी सजन' (लता) और 'दुनिया न देखे जमाना न जाने' (लता-द्विजेन मुखर्जी) ऐसे ही अद्भुत गीन थे। इसी तरह, लता और उषा मंगेशकर का युगल-गीत भी शास्त्रीय स्पर्श के बावजूद झूमती हुई लहरदार धुन में रचा गया था—'साँझ भई सुन री सखी'। शैलेन्द्र और सलिल चौधरी की जोड़ी के इन खूबसूरत गीतों के बावजूद इस फिल्म का बॉक्स ऑफिस पर हनीमून ज्यादा दिन नहीं चला और फिल्म फ्लॉप हो गई।

इस बीच गायिका सबिता बनर्जी सलिल चौधरी से विवाह करके सबिता चौधरी बन गईं। यह सलिल चौधरी का दूसरा विवाह था। सबिता ने उनके साथ कई फिल्मी गीतों के अलावा 47 गैर-फिल्मी बेसिक गीत भी गाए। सलिल दा ने कई दूसरे गायक-गायिकाओं के साथ भी इस तरह के बेसिक गैर-फिल्मी गीत रिकॉर्ड किए। इनमें अनूप घोषाल, अरुन्धति, बनश्री सेनगुप्ता, बानी घोषाल, विष्णुपदा दास, विश्वजीत, चन्द्राणी मुखर्जी, देवब्रत विश्वास, धनंजय भट्टाचार्य, द्विजेन मुखर्जी, गौतम दासगुप्ता, हेमन्ती शुक्ला, हीरालाल सरखेल, जतिलेश्वर मुखर्जी, कार्तिक (बसन्त) कुमार, कृष्णा चटर्जी, माधुरी चटर्जी, मानवेन्द्र मुखर्जी, मानस मुखर्जी, निर्मला मिश्रा, निर्मलेन्दु चौधरी, पंकज मिश्र, पिन्टू भट्टाचार्य, रानू मुखर्जी (हेमन्त कुमार की बेटी), सचिन गुप्ता, सागर सेन, सनत बनर्जी, सुचित्रा मिश्र, संध्या मुखर्जी, श्यामल मिश्रा, शिवाजी चटर्जी, सुबीर सेन, सुनन्दा मुखर्जी, सुपर्णा गुहा, सुनील मुखर्जी, तरुण बनर्जी, उषा मंगेशकर, उषा उत्थुप और उत्पला सेन इत्यादि शामिल थे। यही नहीं, उन्होंने लता मंगेशकर (35 गीत), हेमन्त कुमार (25 गीत) और मुकेश (2 गीत) जैसे दिग्गज पार्श्व-गायकों के साथ भी ऐसे ही गैर-फिल्मी बंगाली गीत रिकॉर्ड किए, जिनमें से कई को उन्होंने अपने सुपरहिट हिन्दी फिल्मी गीतों की धुनों का आधार बनाया।

★

सलिल चौधरी और कनु घोष

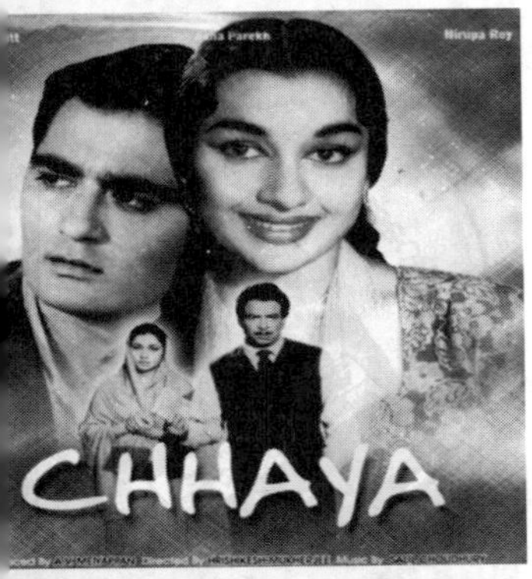

रफी, सलिल और गीता

बिमल राय की ऑफ बीट क्लासिक फिल्म 'परख' (1960) में सलिल चौधरी ने एक ऐसा गीत रचा जिसे हिन्दी सिनेमा और लता मंगेशकर के सबसे खूबसूरत गीतों में सबसे ऊपर रखना होगा—'ओ सजना... बरखा बहार आई, रस की फुहार लाई, अखियों में प्यार लाई'। यह गीत देकर मानो शैलेन्द्र और सलिल चौधरी ने हिन्दी सिनेमा को उसकी सबसे मधुर पहचान दे दी थी। प्रेम-रस में भीगा एक ऐसा मोहक और जादुई गीत जो सलिल चौधरी को संगीत-कला के महानतम साधकों में शामिल करने के लिए काफी है। खुद बिमल राय द्वारा निर्देशित और मोतीलाल, साधना और बसन्त चौधरी की मुख्य भूमिकाओं वाली इस फिल्म में लता के सभी गीत बारिश की बूँदों या ओस के कतरों की तरह प्रकृति से जनमे हुए प्रतीत होते थे। यह प्रकृति के साथ सलिल दा और उनके संगीत के गहरे जुड़ाव का परिचायक था। मन्ना डे के 'क्या हवा चली रे बाबा' को छोड़कर फिल्म के संगीत पर लता मंगेशकर ही छाई हुई थीं। 'मेरे मन के दीए यूँ ही घुट-घुट' उनका सबसे अद्‌भुत गीत था, जिसमें पहले अन्तरे से पहले न तो कोई शुरुआत थी और न इंटरल्यूड, सिर्फ कोयर-गायन था। पहले अन्तरे के बाद भी इंटरल्यूड के रूप में सिर्फ बाँसुरी का स्वर था। इस अनूठे प्रयोग पर भला कौन संगीत-प्रेमी अभिभूत महसूस नहीं करेगा? इस गीत में ऊँचे सुर वाला कोयर स्वर खुद सबिता बनर्जी का था। इसी तरह बाँसुरी के मंत्रमुग्ध कर देने वाले प्रयोग वाला एक दूसरा गीत 'ये बँसी क्यों गाए' सिम्फोनी में हार्मनी की प्रस्तुति का बहुत सुन्दर उदाहरण था। लता का स्वर बाँसुरी के स्वर के साथ-साथ बहता हुआ प्रतीत होता था और दोनों की मधुरता को एक-दूसरे से अलग करना बहुत मुश्किल था। लता का एक और गीत 'मिला है किसी का झुमका' भी बहुत खूबसूरत बन पड़ा था, जिसमें मैंडोलिन और ओबो का मोहक प्रयोग देखते ही बनता था। यूँ फिल्म का सबसे लोकप्रिय गीत 'बरखा बहार आई...' ही साबित हुआ। राग मांज खमाज पर आधारित इस गीत को जयराय आचार्य के सितार के मीठे सुरों ने और भी मोहक बना दिया था। कहते हैं कि इस अमर गीत की प्रेरणा सलिल चौधरी को अपनी कार के वाइपरों की आवाज से मिली थी। इसे भी उनकी अद्‌भुत प्रतिभा का कमाल ही कहना होगा!

बिमल राय की ही 'उसने कहा था' (1960) सलिल चौधरी की एक और खूबसूरत फिल्म थी। चन्द्रधर शर्मा गुलेरी की इसी नाम की मशहूर कहानी पर आधारित इस फिल्म का निर्देशन बिमल राय के दामाद मोनी भट्टाचार्य ने किया था। (जिन्होंने बाद में सुनील दत्त की सुपरहिट फिल्म 'मुझे जीने दो' का भी निर्देशन किया।) सुनील दत्त और नन्दा की मुख्य भूमिकाओं से सजी 'उसने कहा था' में तलत और लता का एक सदाबहार और सुपरहिट युगल-गीत था—'आहा रिमझिम के ये प्यारे-प्यारे गीत लिए'। इस गीत में सलिल दा ने एक बार फिर पश्चिमी और भारतीय शास्त्रीय संगीत का बड़ा सुन्दर मिलाप किया था। पहाड़ी लोक-संगीत से भरपूर प्रेरणा लेते हुए सलिल चौधरी ने इतनी तेज और सुरीली धुन बनाई थी कि दोनों गायक किसी रिले दौड़ की तरह एक-दूसरे के स्वर को आगे बढ़ाते हुए प्रतीत होते थे। लता का 'मचलती आरजू खड़ी बाँहें पसारे' भी एक अविस्मरणीय गीत था। इसी तरह मकदूम मोहिउद्‌दीन द्वारा रचित 'जाने वाले सिपाही से पूछो वो कहाँ जा रहा है' (मन्ना डे-सबिता चौधरी) भी बड़ा अद्‌भुत और दिल को झकझोर देने वाला गीत था। रफी और मन्ना डे का 'चलते ही जाना जहाँ तक आज ये राह चले', 'दो बीघा जमीन' की शैली की याद दिलाता था और युद्ध की पृष्ठभूमि पर आधारित इस फिल्म को एक मर्मस्पर्शी आयाम देता था। रफी और बलबीर का धमाकेदार भंगड़ा गीत 'बल खाती शरमाती आजा, लहरों-सी लहराती आजा' फिल्म का एक और मधुर आकर्षण था। इस गीत में रिदम का अद्‌भुत प्रयोग और उतार-चढ़ाव देखते ही बनता था। एक से एक अनूठे गीतों से सजी इस फिल्म के गीतकार भी शैलेन्द्र थे।

यथार्थवादी और कलात्मक फिल्मों के एक और प्रेमी कृष्ण चोपड़ा (जो बाद में प्रेमचन्द की 'गबन' पर फिल्म बनाने के दौरान चल बसे) द्वारा निर्देशित 'चारदीवारी' (1961) मध्यवर्गीय परिवार के अन्तर्द्वन्द्वों से जुड़ी एक ऑफ बीट फिल्म थी। शशि कपूर और नन्दा की मुख्य भूमिकाओं से सजी इस फिल्म में भी सलिल चौधरी का बड़ा प्यारा संगीत सुनने को मिला। मुकेश का थिरकता-झूमता हुआ 'हमको समझ बैठी है दुनिया दीवाना' हो या पूरबी रंग में ढला क्लासिक 'कैसे मनाऊँ पियवा गुन मेरे एकोही नाहीं', लता की राग बिहाग पर आधारित लोरी 'नींद परी लोरी गाए भी झुलाए झूलना' हो या मस्ती भरा 'झुक-झुक-झुक झूम घटा गाए' और तेज रफ्तार 'अकेला तुझे जाने न दूँगी'—सभी बड़े मोहक और खूबसूरत गीत थे। विदाई गीत 'गोरी बाबुल का घरवा अब है विदेसवा' भी बड़ा सुन्दर बन पड़ा था। गीतकार एक बार फिर शैलेन्द्र थे।

सलिल चौधरी के पास बहुत प्रतिभाशाली और संगीत की गहरी समझ रखने वाली टीम थी, जो आजीवन उनके साथ जुड़ी रही। उनके सहायक कनु घोष 'दो बीघा जमीन' (1953) से लेकर करीब-करीब आखिरी फिल्म 'तृषाग्नि' (1988) तक उनके साथ काम करते रहे। इसी तरह शंकर-जयकिशन और ओ.पी. नैयर जैसे चोटी के संगीत-निर्देशकों से जुड़े सेबिस्तियन भी उनके साथ लम्बे समय तक काम करते रहे। वे गजब के अरेंजर और रिदम स्पेशलिस्ट माने जाते थे और अपने प्यारे दोस्त जयकिशन के असामयिक निधन के बाद रिटायर होकर गोवा में जा बसे। पत्नी सबिता चौधरी

भी सलिल दा का हाथ बंटाती रहती थीं। उनके अन्य सहायकों में धीरज, श्याम और आर.के. शेखर (ए.आर. रहमान के पिता) शामिल थे। किशोर देसाई, जयराम आचार्य और इनोक डेनियल जैसे जाने-माने संगीतज्ञ भी उनके साथ काम करते रहते थे। सलिल चौधरी की जटिल और दुरूह रचनाएँ कम जानकारी रखने वालों के बस की बात थीं भी नहीं।

सलिल और मजरूह

मद्रास के ए.बी.एम. स्टूडियो द्वारा निर्मित 'छाया' (1961) सलिल चौधरी के कैरियर में एक खूबसूरत मोड़ साबित हुई। अब तक यथार्थवादी और कलात्मक फिल्मों के संसार से जुड़े सलिल चौधरी ने इस फिल्म के बाद मुख्यधारा की कुछ लोकप्रिय फिल्मों में भी संगीत दिया। इनमें 'माया', 'हाफ टिकट' और 'झूला' जैसी फिल्में शामिल थीं। 'छाया' की बात करें तो यह सुनील दत्त और आशा पारिख की मुख्य भूमिकाओं से सजी एक हिट फिल्म थी, जिसमें सलिल चौधरी का संगीत सुपरहिट साबित हुआ। फिल्म के लगभग सभी गीत ऊँचे दर्जे के बड़े मीठे-सुरीले गीत थे, जो खूब लोकप्रिय भी हुए। तलत और लता का डुएट 'इतना न मुझसे तू प्यार बढ़ा कि मैं इक बादल आवारा' फिल्म का सबसे शाहकार गीत था। मोजार्ट की 41वीं सिम्फोनी से प्रेरित होने के बावजूद सलिल दा ने इसे राग भैरवी में अपनी अनूठी शैली में इस तरह ढाल दिया था कि यह हिन्दी सिनेमा का एक अमर युगल-गीत बन गया। खुद सलिल दा बड़े गर्व से इसे एक 'कंस्ट्रक्टिव कॉपी' कहा करते थे। तलत की आवाज में इस गीत का उदास वर्जन भी बहुत खूबसूरत था। लता का राग बसन्त बहार पर आधारित 'छम-छम बाजत आई बहार' भी बड़ा मोहक गीत था और तलत का झूमता-मचलता हुआ 'आँखों में मस्ती शराब की' भी। राग यमन कल्याण पर आधारित तलत का दर्दभरा 'आँसू समझ के क्यों मुझे आँख से यूँ गिरा दिया' दिल की गहराइयों में उतर जाने वाला गीत था। इसी तरह रफी का 'या कह दे हम इनसान नहीं' भी बड़ा मर्मस्पर्शी बन पड़ा था। फिल्म में एक और धूम मचाने वाला युगल-गीत भी था—'दिल से दिल की डोर बाँधे, चोरी-चोरी जाने हम-तुम' (मुकेश-लता)। दिलचस्प तथ्य यह है कि इसकी धुन हेमन्त कुमार की आवाज में रिकॉर्ड किए गए एक बेसिक गैर-फिल्मी बंगाली सोलो 'दुरंतो घुरनिर ए लेगेछे पाक' (1958) पर आधारित थी। कहते हैं कि हेमन्त कुमार इस बात से बहुत ज्यादा खफा थे कि सलिल ने इसकी हिन्दी प्रस्तुति में उनकी आवाज का इस्तेमाल क्यों नहीं किया था! यह साउथ की फिल्म थी और जैसाकि स्वाभाविक था, इस फिल्म के गीतकार भी दक्षिण भारत के चहेते हिन्दी गीतकार राजेन्द्र कृष्ण थे।

गुरुदेव रवीन्द्रनाथ टैगोर की मर्मस्पर्शी कृति पर आधारित 'काबुलीवाला' (1961) बिमल राय द्वारा निर्मित-निर्देशित और सलिल चौधरी के हृदयस्पर्शी संगीत से सजी एक यादगार फिल्म थी। 'दो बीघा जमीन' के बाद बिमल राय ने फिल्म की केन्द्रीय भूमिका के लिए एक बार फिर महान अभिनेता बलराज साहनी को चुना था, जिन्होंने अपनी बेटी की याद में तड़पते नाजुक दिल पठान के पात्र को पर्दे पर साकार कर दिया था। अपनी मिट्टी और अपनी जन्मभूमि से जुड़ी भावनाओं को अभिव्यक्त करने वाला 'ऐ मेरे प्यारे वतन, ऐ मेरे बिछड़े चमन, तुझपे दिल कुरबान' (मन्ना डे) फिल्म का सबसे शाहकार और दिल को झकझोर देने वाला गीत था। फिल्म के विषय के अनुरूप सलिल चौधरी ने इसे एक अफगान धुन पर आधारित रखा था और उसी रंग का ऑर्केस्ट्रेशन भी इस्तेमाल किया था। बंगाल की भटियाली शैली वाला हेमन्त कुमार का 'गंगा आए कहाँ से, गंगा जाए कहाँ रे, लहराए पानी में जैसे धूप-छाँव में' भी बड़ा खूबसूरत गीत था। (यह गीत गुलजार द्वारा लिखा गया पहला फिल्मी गीत भी था।) ये दोनों ही गीत मन्ना डे और हेमन्त कुमार के सबसे अनमोल और अमर गीतों में शामिल हैं। बच्चों का गीत 'काबुलीवाला आया' (हेमन्त कुमार-उषा मंगेशकर-सबिता बनर्जी-रानू मुखर्जी) और सरहदी रंग में रंगा 'ओ साबा कहना मेरे दिलदार से' (रफी और कोरस)—जिसमें मैंडोलिन का बड़ा सुन्दर प्रयोग किया गया था—फिल्म के अन्य लुभावने गीत थे। 'गंगा आए कहाँ से...' गीत में गंगा के अविरल प्रवाह को अभिव्यक्त करने के लिए 'गोपीचन्द' नामक बंगाली वाद्य-यंत्र का प्रयोग किया गया था और इसका प्रभाव सचमुच देखते ही बनता था। इस अमर फिल्म के गीत प्रेम धवन और गुलजार ने लिखे थे।

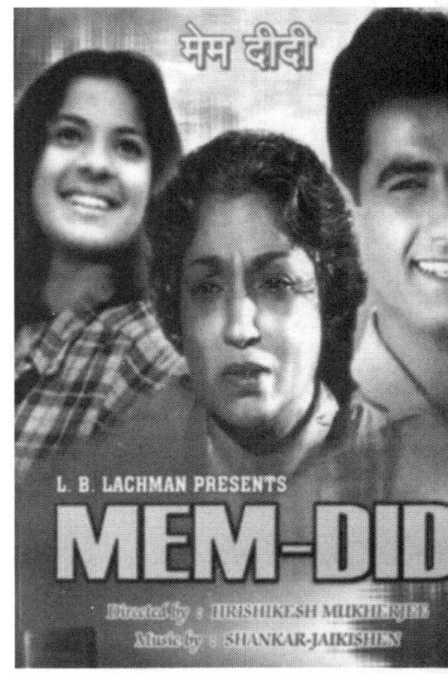

जैसाकि हम कह चुके हैं, सलिल चौधरी में पश्चिमी और भारतीय शास्त्रीय संगीत के संयोजन की अद्भुत प्रतिभा थी। विशुद्ध भारतीय संगीत में पश्चिमी ऑर्केस्ट्रेशन का यह सहज जुड़ाव उनके गीतों को बेहद मोहक बना देता था। इन गीतों की प्रकृति भारतीय ही रहती थी क्योंकि वे पश्चिमी सिम्फोनी को भारतीय रंग में ढालकर ही प्रस्तुत करते थे। इसके अलावा हर वाद्य-यंत्र की विशिष्टता पर पूरा जोर देना और उसे इस तरह से इस्तेमाल करना मानो वह भी अपनी 'आवाज' में 'गा' रहा हो, उनकी एक और खूबी थी। उनकी रचनाएँ समय की माँग के भी अनुरूप होती थीं। यही कारण था कि बाद के दौर के गीतों में वे पश्चिमी ऑर्केस्ट्रेशन पर ज्यादा जोर देने लगे, लेकिन उनकी रचनाएँ हमेशा भारतीय जमीन और संस्कृति की सोंधी-सोंधी महक लिए होती थीं और आयातित या किसी दूसरी संस्कृति की नकल नहीं लगती थीं। सलिल दा अपनी जमीन और संस्कृति से बहुत गहराई से जुड़े हुए थे और उनका संगीत भी।

हुस्नलाल-भगतराम और शंकर-जयकिशन के परम भक्त डी.डी. कश्यप ने जब अपने घरेलू बैनर द्वारा निर्मित 'माया' (1961) के संगीत के लिए सलिल चौधरी को चुना तो खुद सलिल दा को भी हैरानी हुई होगी। देव आनन्द

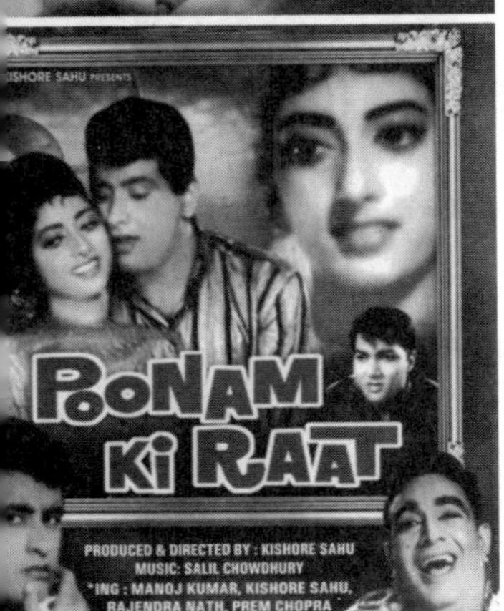

और माला सिन्हा की मुख्य भूमिकाओं वाली और खुद डी.डी. कश्यप द्वारा निर्देशित इस फिल्म में संगीत देने के साथ ही सलिल चौधरी उन गिने-चुने संगीत-निर्देशकों में शामिल हो गए जिन्होंने राज कपूर ('जागते रहो'), दिलीप कुमार ('मुसाफिर', 'मधुमति') और देव आनन्द ('माया') तीनों महानायकों की फिल्मों में संगीत दिया था। 'माया' के संगीत ने ऐसी धूम मचाई कि इसके कई गीत आज भी अकसर सुनाई पड़ते रहते हैं और हिन्दी सिनेमा के सदाबहार गीतों में शामिल हैं। चार्ली चैपलिन की 'लाइमलाइट—थ्री कॉयन्ज इन ए फाउंटेन' से प्रेरित 'जिंदगी है क्या सुन मेरी जाँ' हो या पियानो के मधुर सुरों वाला 'कोई सोने के दिल वाला, कोई चांदी के दिल वाला, शीशे का है मतवाला मेरा दिल' (दोनों रफी) या फिर पश्चिम ऑर्केस्ट्रेशन के कल्पनाशील प्रयोग वाला 'फिर एक बार कहो, उसी अदा से कहो' (द्विजेन मुखर्जी-लता)—सभी बड़े मोहक और लोकप्रिय गीत थे। लेकिन फिल्म के सबसे अद्‌भुत और सबसे यादगार गीत थे अन्य तीन गीत। इनमें से पहला गीत था रफी और लता का बेहद लुभावना युगल-गीत 'तसवीर तेरी दिल में, जिस दिन से उतारी है', जिसमें सुरों का उतार-चढ़ाव और सरगम का तेज बदलाव देखते ही बनता था। भैरवी राग पर आधारित इस जटिल गीत को गाना किसी कठिन चुनौती से कम नहीं था और रफी और लता जैसे गायक ही इस पर खरे उतर सकते थे। यह गीत लता की आवाज में रिकॉर्ड किए गए एक गैर-फिल्मी सलिल क्लासिक 'ओगो आर बिछो तो नई' (1960) पर आधारित था। दूसरा अद्‌भुत गीत लता का ही एक और अमर गीत था—'जा रे... जा रे उड़ जा रे पंछी'। यह गीत भी भैरवी राग पर आधारित था, जिसमें कोरल और ऑर्केस्ट्रेशन के समिश्रण से पैदा हुआ 'क्रीसेंडो इफेक्ट' देखते ही बनता था। सच पूछें तो 'बरखा बहार आई', 'जा रे उड़ जा रे पंछी' और 'आ जा रे परदेसी' जैसे गीत ही सलिल दा की अमिट और अमर पहचान हैं। ऐसे अद्‌भुत गीत सिर्फ उन्हीं की देन थे। 'तसवीर तेरी दिल में' की तरह 'जा रे उड़ जा रे पंछी' भी सलिल चौधरी द्वारा पहले से ही लता की आवाज में रिकॉर्ड किए गए एक गैर-फिल्मी गीत 'जा रे जा रे उड़ जा रे पाखी' (1959) पर आधारित था। फिल्म का तीसरा अद्‌भुत गीत था दो पहलुओं वाला और लता और द्विजेन मुखर्जी की आवाज में रिकॉर्ड किया गया 'ऐ दिल कहाँ तेरी मंजिल', जिसमें हार्मनी और कोरल प्रभावों का इस्तेमाल देखते ही बनता था। ये तीनों गीत सलिल चौधरी की तीन महान रचनाएँ हैं।

लता मंगेशकर सलिल दा का कितना मान करती थीं और उनके लिए किस सीमा तक जाने के लिए तैयार रहती थीं, इसका अन्दाजा इसी फिल्म से जुड़ी एक घटना से लगाया जा सकता है। सलिल चौधरी 'ऐ दिल कहाँ...' गीत द्विजेन मुखर्जी की आवाज में रिकॉर्ड कर रहे थे कि लता मंगेशकर अचानक रिकॉर्डिंग स्टूडियो में चली आईं। दरअसल उसी दिन उनके एक दूसरे गीत की रिकॉर्डिंग थी, जिसमें अभी कुछ समय था। सलिल दा ने लता को देखते ही रिकॉर्डिंग रोक दी और कुछ सोचने लगे। कुछ देर बाद उन्होंने लता से कहा— ''क्या तुम कोरस में शामिल हो सकती हो?'' लता बिना किसी हिचकिचाहट के झट से दूसरे कोरस गायक-गायिकाओं की भीड़ में शामिल हो गईं। सलिल ने उनके लिए एक खास तरह की 'हमिंग ट्यून' खोज निकाली, जिसे लता ने कोरस के साथ-साथ गाया। तो यह था सलिल चौधरी की अद्‌भुत और अनूठी संगीत-प्रतिभा का प्रभाव! सभी गायक-गायिकाएँ उनके लिए कुछ भी करने के लिए तैयार रहते थे। कुछ दिन बाद लता ने इस गीत का अपना वर्जन भी रिकॉर्ड करवाया। कोरस की आवाज से ऊपर उठता हुआ गुनगुनाहट का स्वर भी सलिल चौधरी की अपनी खोज था, जिसे वे बड़ी खूबसूरती से इस्तेमाल करते रहते थे। फिल्म में दो और गीत भी थे—आशा भोंसले का लोक-शैली में ढला 'जादू डाले है मचल-मचल किसी की नजर' और रफी का पश्चिमी ऑर्केस्ट्रेशन से सजा हास्य गीत 'सनम तू चल दिया रस्ता'। अफसोस, इतने खूबसूरत और अनूठे गीतों वाली यह फिल्म बॉक्स ऑफिस पर कोई खास धमाका नहीं कर सकी। फिल्म के गीत मजरूह सुल्तानपुरी ने लिखे थे।

हृषिकेश मुखर्जी की 'मेम दीदी' (1961) में भी सलिल चौधरी का संगीत था। एक बार फिर शैलेन्द्र उनके साथ थे और दोनों ने मिलकर इस सार्थक फिल्म को बड़ा सुरीला रंग दे दिया था। इस फिल्म में भी 'ओरल इफेक्ट' वाला एक खूबसूरत गीत था—'भुला दे जिंदगी के गम' (लता)—जो 'बॉम्बे यूथ कोयर' द्वारा रचित 'तू जिंदा है तो जिंदगी' पर आधारित था। डेविड और जयन्त के रूप में दो नेकदिल गुंडों और मुख्य भूमिका में ललिता पवार पर केन्द्रित इस फिल्म के अन्य लुभावने गीतों में लता का मर्मस्पर्शी 'रातों को जब नींद उड़ जाए' और मुकेश के साथ उनका झूमता हुआ डुएट 'मैं जानती हूँ तुम झूठ बोलते हो' शामिल थे। इसी वर्ष रिलीज हुई सलिल चौधरी की एक और फिल्म 'सपने सुहाने' में बलराज साहनी के साथ गीताबाली मुख्य भूमिका में थीं। केदार कपूर द्वारा निर्देशित इस फिल्म में एक धमाकेदार नृत्य-गीत था—'नाम मेरा निम्मो मुकाम लुधियाना' (लता-मन्ना डे-द्विजेन मुखर्जी)—जो खूब लोकप्रिय हुआ था। इससे भी बढ़कर लता के लोक-गीत शैली में ढले और बड़े मोहक कोरस वाले 'घूंघट हटा न देना गोरिए, चन्दा शरम से डूबेगा' ने धूम मचाई थी। फिल्म के दो युगल-गीत—'ओ गोरी आजा गड्डी विच बैठ जा' (मन्ना डे-लता) और 'नजर से मिल गई नजर' (सबिता चौधरी-द्विजेन मुखर्जी)—भी काफी लोकप्रिय हुए थे। लेकिन हमारे विचार में फिल्म का सबसे खूबसूरत गीत था सबिता चौधरी का सोलो 'चाँद कभी था बाँहों में'—गजब की कम्पोजीशन वाला और सचमुच

मंत्रमुग्ध कर देने वाला गीत! शैलेन्द्र के खूबसूरत गीतों और सलिल दा के धूम मचाने वाले संगीत के बावजूद यह फिल्म भी बॉक्स ऑफिस पर कोई धमाका नहीं कर सकी।

किशोर कुमार और मधुबाला की धमाकेदार कॉमेडी से सजी 'हाफ टिकट' (1962) सलिल चौधरी जैसे संवेदनशील और गंभीर संगीत-साधक के लिए किसी चुनौती से कम न थी। लेकिन वे इस चुनौती पर पूरी तरह खरे उतरे। कालिदास द्वारा निर्देशित इस सुपरहिट फिल्म में उन्होंने ऐसे चुलबुले, तेज रफ्तार और फड़कते हुए गीत दिए कि उनके प्रशंसक हैरान रह गए। किशोर का 'आके सीधी लगी दिल पे' फिल्म का सबसे अद्‌भुत गीत था, जिसमें किशोर ने पुरुष और महिला दोनों की आवाज में गाया था। लता के गैर-फिल्मी सोलो 'सात भई चम्पा जागो रे जागो रे' पर आधारित 'चील-चील चिल्लाके कजरी सुनाए' (किशोर), 'वो इक निगाह क्या मिली' (किशोर-लता), 'अरे ले लो जी ले लो' (किशोर), 'चाँद रात तुम हो साथ' (किशोर-लता) और 'अरे वाह रे मालिक' (किशोर) फिल्म के अन्य धूम मचाने वाले गीत थे। 'वीनस ऑफ इंडियन स्क्रीन' कही जाने वाली मधुबाला और 'हिन्दी सिनेमा के डैनी केथ' माने जाने वाले किशोर कुमार द्वारा 'चाँद रात...' की पर्दे पर प्रस्तुति भी देखने लायक थी। इन एक से एक हिट गीतों को शैलेन्द्र ने लिखा था।

के. शंकर द्वारा निर्देशित 'झूला' (1962) सलिल चौधरी की साउथ की एक और फिल्म थी। ए.वी.एम. की 'छाया' की तरह इस फिल्म में भी राजेन्द्र कृष्ण के गीत थे। 'झूला' में सुनील दत्त के साथ वैजयन्तीमाला मुख्य भूमिका में थीं। बड़े सितारों से सजी इस फिल्म में सलिल चौधरी ने कई हिट गीत दिए। इनमें लता के तीन बड़े प्यारे सोलो शामिल थे—'सजना मेरा दिल तेरा दिल', 'मेरे पहले-पहले प्यार' और दर्दभरा 'उनसे बिछड़के जब हम रोए तो ऐसे रोए'। मन्ना डे का 'एक समय पर दो बरसातें' और रफी का 'इनसान की जिंदगी है दुख-सुख का इक झूला' भी बड़े मर्मस्पर्शी सिचुएशन-प्रधान गीत थे। फिल्म में दो युगल-गीत भी थे—सुरों के मोहक उतार-चढ़ाव वाला 'दूर बहुत आबादी से' (मुकेश-लता) और कव्वाली और लोक-शैली के अनूठे मिश्रण वाला 'आग पानी में लगी' (रफी-लता)। पर न जाने क्यों यह फिल्म मुख्यधारा की बड़ी फिल्मों के साथ सलिल चौधरी के छोटे से रोमांस की आखिरी कड़ी साबित हुई।

बिमल राय की 'प्रेमपत्र' (1962) सलिल चौधरी के मीठे-सुरीले संगीत से सजी बड़ी खूबसूरत फिल्म थी। शशि कपूर और साधना की मुख्य भूमिकाओं वाली यह फिल्म इस कदर फ्लॉप हो गई कि इसका मोहक संगीत भी लुप्त-सा हो गया। फिल्म का हर गीत अपने-आपमें एक अनमोल रत्न से कम न था। इसमें लता के दो सोलो और तीन युगल-गीत शामिल थे। यूँ राग यमनी बिलावल पर आधारित और पियानो के मोहक सुरों वाला तलत-लता का डुएट 'ये मेरे अँधेरे उजाले न होते' अब भी कभी भूले-भटके सुनाई दे जाता है। लता का यमन कल्याण पर आधारित 'अब और न कुछ भी याद रहा' दिल की गहराइयों को झकझोर देने वाला लाजवाब गीत था। गीत के शुरू में बाँसुरी के मोहक सुरों और इंटरल्यूडों में उतनी ही मोहक सितार की झंकार ने इस गीत की मोहकता को और भी बढ़ा दिया था। इसी तरह लता के दूसरे सोलो 'खुश हो रहे थे ऐसे' के इंटरल्यूड भी सितार के मंत्रमुग्ध कर देने वाले सुरों से सजे हुए थे। मुकेश और लता के डुएट 'दो अँखियाँ झुकी-झुकी सी' में बाँसुरी का प्रयोग और तलत और लता के दूसरे डुएट 'सावन की रातों में ऐसा भी होता है' (राग मल्हार) में सितार का अनूठा ऑर्केस्ट्रेशन देखते ही बनता था। 'सावन की रातों में...' गुलजार द्वारा लिखा गया फिल्म का इकलौता गीत भी था। फिल्म के बाकी गीत राजेन्द्र कृष्ण ने लिखे थे। कभी-कभी बहुत खूबसूरत गीत भी न जाने कहाँ खो जाते हैं! न जाने क्यों!

ऐसा लगता है कि सलिल चौधरी को व्यावसायिक सिनेमा रास नहीं आता था और व्यावसायिक सिनेमा को वे रास नहीं आते थे। वरना क्या कारण था कि 'हाफ टिकट' (1962) और 'झूला' (1962) जैसी फिल्मों के बाद (बीच में सिर्फ बिमल राय की 'प्रेमपत्र' को छोड़कर) उनकी अगली फिल्म पूरे तीन वर्ष बाद 1965 में देखने को मिली? अशोक कुमार, निरूपा राय, धर्मेन्द्र और तनूजा की मुख्य भूमिकाओं से सजी यह फिल्म—'चाँद और सूरज' (1965)—एक और प्रतिभाशाली बंगाली निर्देशक दुलाल गुहा द्वारा निर्देशित थी। इसी फिल्म में राग बागेश्री पर आधारित और 'आजा रे परदेसी' के इंटरल्यूड से प्रेरित वह गीत था जिसका जिक्र हम पीछे कर चुके हैं—'बाग में कली खिली बगिया महकी' (आशा भोंसले)। इसे सलिल चौधरी ने बड़े खूबसूरत ढंग से जाज शैली में कम्पोज किया था। राग भैरवी पर आधारित लता का 'तेरी याद न दिल से जा सकी' भी जितना जटिल था, उतना ही खूबसूरत भी। जैसाकि हम कह चुके हैं, सलिल दा की रचनाओं की यही जटिलता उनकी विशिष्टता थी और उन्हें अद्‌भुत बना देती थी। रफी और सुमन कल्याणपुर का डुएट 'तुम्हें दिल से चाहा तुम्हें दिल दिया है' भी बड़ा मोहक था और मुकेश का सोलो 'किसी ने जादू किया करूँ मैं क्या' भी। (न जाने क्यों, मुकेश के इस खूबसूरत गीत को फिल्म से निकाल दिया गया!) लता का शास्त्रीय 'झनन-झनन बाजे बिछुआ बाजे ननदी जागे' और आशा का लावणी शैली का 'मेरी और उसकी प्रेम कहानी' फिल्म के अन्य मधुर गीत थे। एक बार फिर सलिल दा का साथ उनके प्रिय गीतकार शैलेन्द्र ने निभाया था।

जाने-माने अभिनेता और निर्माता-निर्देशक किशोर साहू द्वारा निर्मित और निर्देशित 'पूनम की रात' (1966) सलिल

चौधरी की ('अपराधी कौन' के बाद) एक और सस्पेंस फिल्म थी। मनोज कुमार और नई अभिनेत्री कुमुद छुगानी की मुख्य भूमिकाओं से सजी इस फिल्म के प्रमुख गीत में सलिल चौधरी ने एक बार फिर 'मधुमति' के 'आजा रे परदेसी' के इंटरल्यूड को अपना आधार बनाया था। लता का यह खूब लोकप्रिय गीत था—'साथी रे... तुझ बिन जिया उदास रे, ये कैसी अनबुझ प्यास रे, आजा'—जिसमें हार्मनी का निरन्तर उतार-चढ़ाव देखते ही बनता था। सलिल खुद भी इस गीत को अपनी श्रेष्ठतम रचनाओं में गिनते थे। रफी का 'दिल तड़पे तड़पाए जिनके मिलने को तरसे वो न आए' और मुकेश-लता-उषा का 'सपनों में मेरे कोई आए-जाए' भी बड़े अद्‌भुत गीत थे, जिनमें कोरस का बहुत मोहक प्रयोग किया गया था। फिल्म के अन्य मधुर गीतों में मुकेश और लता का डुएट 'कहाँ ले चले हो सजन अलबेले' और आशा भोंसले के दो कोरस-गीत 'ता धिम ताना धिम ता धिम धिम धिम' और 'भोले पिया जाने क्या तूने किया' (लता के गैर-फिल्मी 'सात भाई चम्पा' से प्रेरित था) शामिल थे। गीतकार एक बार फिर शैलेन्द्र ही थे। मनोज कुमार की 'हिमालय की गोद में' और 'दो बदन' जैसी रंगीन फिल्मों के जमाने में यह ब्लैक एंड व्हाइट सस्पेंस फिल्म बॉक्स ऑफिस पर जरा भी ठहर नहीं पाई।

सलिल चौधरी अब तक दूसरों की फिल्मों में संगीत देते रहे थे, इसलिए उन्होंने सोचा कि क्यों न खुद भी एक फिल्म बना डाली जाए। उन्होंने दो भगौड़े कैदियों की बड़ी खूबसूरत कहानी लिखी और पहली बार निर्देशन के क्षेत्र में उतरते हुए इस पर एक फिल्म बना डाली—'पिंजरे के पंछी' (1966)। मीना कुमारी, बलराज साहनी और महमूद की मुख्य भूमिकाओं से सजी यह फिल्म सलिल दा की प्रकृति के अनुरूप एक लीक से हटकर और प्रयोगात्मक फिल्म थी। जैसाकि स्वाभाविक था, तेजी से रंगीन हो रही हिन्दी फिल्मों के जमाने में यह ब्लैक एंड व्हाइट और फार्मूला-विहीन फिल्म दर्शकों ने झट से नकार दी। कला-प्रेमी सलिल चौधरी ने फिल्म के संगीत में भी लोकप्रियता के तत्त्वों के साथ कोई समझौता नहीं किया था। सिर्फ एक गीत 'मंजिल तेरी खोज में कितनी सदियाँ हो गईं, राहें मिलकर खो गईं' (लता) हल्का-फुल्का लोकप्रिय हुआ। फिल्म के गीत शैलेन्द्र और गुलजार ने लिखे थे। शैलेन्द्र के गीतों से सजी यह सलिल चौधरी की आखिरी फिल्म भी थी, क्योंकि इसके बाद सीधे, सरल और मर्मस्पर्शी गीतों का यह जादूगर इस दुनिया में ही नहीं रहा।

इसी वर्ष सलिल चौधरी की दो और फिल्में भी देखने को मिलीं, जो उनकी अधिकांश फिल्मों की तरह मुख्यधारा की फिल्में नहीं थीं—हेमेन गुप्ता द्वारा निर्देशित 'नेताजी सुभाष चन्द्र बोस' (1966) और चिल्ड्रेन फिल्म सोसायटी की 'जवाब आएगा' (1966)। 'नेताजी सुभाष चन्द्र बोस' अपने नाम के अनुरूप भारत के महान स्वतंत्रता सेनानी सुभाष चन्द्र बोस के जीवन पर आधारित थी, जिन्होंने ब्रिटिशों को भारत से बाहर खदेड़ने के लिए 'आजाद हिन्द फौज' का गठन किया था। जाने-माने अभिनेता अभि भट्टाचार्य ने सुभाष चन्द्र बोस की केन्द्रीय भूमिका निभाई थी। फिल्म के कई लोकप्रिय राष्ट्रवादी गीतों में 'जन्मभूमि माँ मैं यहाँ तू कहाँ' (हेमन्त कुमार-सबिता चौधरी) और 'अब जंग शुरू हो कल से' (रफी) शामिल थे। रुद्रवीणा के अद्‌भुत प्रयोग वाला 'झंकारो झंकारो झनन अग्निबीना' (हेमन्त-सबिता) फिल्म का एक और मधुर आकर्षण था। उर्दू की महान लेखिका इस्मत चुगताई और उनके प्रतिभाशाली पति शाहिद लतीफ द्वारा निर्देशित बच्चों की फिल्म 'जवाब आएगा' में बच्चों के दो खूबसूरत गीत थे, जिन्हें प्रेम धवन ने लिखा था। 1960 के दशक में सलिल चौधरी की यही आखिरी फिल्म भी थी।

1966 से लेकर 1970 के अन्त में रिलीज हुई 'आनन्द' तक सलिल चौधरी की एक भी फिल्म नहीं आई। सिर्फ हिन्दी में ही नहीं, बंगाली और मलयालम में भी—हालाँकि उनकी पिछली मलयालम फिल्म 'चेमीन' (1965) सुपरहिट रही थी। ऐसा क्यों हुआ यह एक रहस्यमयी पहेली से कम नहीं है। शायद सलिल दा का मन व्यावसायिक सिनेमा से उखड़ गया था और उनकी पसन्द की छोटे बजट की ब्लैक एंड व्हाइट फिल्में रंगीन फिल्मों की चुनौती का मुकाबला नहीं कर पा रही थीं। जो भी हो, चार वर्ष तक फिल्म संगीत की दुनिया से दूर रहने के बाद सलिल चौधरी फिर लौटे और बड़े धूम-धड़ाके के साथ, अपनी पहली रंगीन फिल्म 'आनन्द' (1970) के रूप में।

हृषिकेश मुखर्जी की 'आनन्द' (1970) एक मील का पत्थर फिल्म थी। इस फिल्म ने न सिर्फ हिन्दी सिनेमा के इतिहास के इकलौते 'फिनोमेना' राजेश खन्ना की 'स्टारडम' को 'सुपर स्टारडम' में बदल दिया बल्कि संघर्षरत अमिताभ बच्चन को भी एक छोट-मोटा स्टार बना दिया, जिन्हें इस फिल्म के बाद नायक और सहनायक के रूप में कई फिल्में मिल गईं। 'आनन्द' इस दृष्टि से भी महत्त्वपूर्ण थी कि इस फिल्म के बाद 1970 के दशक की सार्थक फिल्मों का रास्ता खुल गया और उनके दर्शक तैयार हो गए। शायद 'आनन्द' ऐसी पहली फिल्म थी जिसमें एक नौजवान नायक की कोई नायिका नहीं थी, फिर भी यह फिल्म खूब चली। इस फिल्म में सलिल चौधरी का संगीत भी मील का पत्थर संगीत था। गुलजार और एक नए गीतकार योगेश के साथ मिलकर उन्होंने चार ऐसे खूबसूरत गीत रचे, जिन्होंने इस हृदयस्पर्शी फिल्म में चार चाँद लगा दिए। ये चारों गीत न सिर्फ खूब लोकप्रिय हुए बल्कि हमेशा के लिए हिन्दी सिनेमा के सदाबहार और

अमर गीतों का हिस्सा बन गए। गुलजार के दो गीतों में लता का राग मालगुंजी पर आधारित 'ना जिया लागे न, तेरे बिना मेरा कहीं जिया लागे न' शामिल था। बहुत खूबसूरत और मंत्रमुग्ध कर देने वाले शिल्प में गढ़ा गया यह गीत सलिल दा द्वारा लता के पहले से रिकॉर्ड किए गए एक गैर-फिल्मी बंगाली गीत 'ना, मानो लागे न' पर आधारित था। गुलजार का दूसरा गीत पियानो के मधुर सुरों वाला 'मैंने तेरे लिए ही सात रंग के सपने चुने' था, जिसे मुकेश ने उतने ही मधुर अन्दाज में गाया था। फिल्म के बाकी दो गीत नए गीतकार योगेश ने लिखे थे। इनमें से 'जिंदगी कैसी है पहेली हाय, कभी ये हँसाए, कभी ये रुलाए' (मन्ना डे) ने सबसे ज्यादा धूम मचाई थी। विशुद्ध बिलावल पर आधारित इस गीत में सलिल चौधरी ने कोरस और सेक्सोफोन का इतना अद्भुत प्रयोग किया था कि देखते ही बनता था। लगभग चालीस वर्ष बाद भी यह गीत उतना ही लोकप्रिय है और मन्ना डे के सबसे ज्यादा सुनाई देने वाले गीतों में शामिल है। योगेश का दूसरा गीत भी गजब का गीत था—'कहीं दूर जब दिन ढल जाए' (मुकेश)। इस गीत का अनूठा कम्पोजीशन भी सलिल दा के अपने ही एक गैर-फिल्मी बंगाली-गीत 'अमे प्रश्न कोरे नील दिन ढली जाए' (हेमन्त कुमार) पर आधारित था। कहते हैं कि सलिल चौधरी को दूसरी बार अपना एक गीत हिन्दी में किसी दूसरे गायक से गवाते देखकर (पिछली बार ऐसा ही 'छाया' फिल्म के एक युगल-गीत के मामले में हुआ था) हेमन्त कुमार बहुत नाराज हो गए थे। 'आनन्द' में कोई नया प्रयोग किए बिना सलिल चौधरी ने बहुत मधुर और मोहक संगीत दिया था। शायद हृषिकेश मुखर्जी उनसे यही चाहते थे। या फिर सलिल दा का अशांत और विद्रोही मन अब कुछ-कुछ नरम पड़ने लगा था!

'रजनीगंधा' फिल्म की टीम

Antara, Sanchari, Sabita and Salil Chowdhury at Rabindra Sadan

'गहरा राज' (1971) के रूप में एक बी-ग्रेड फिल्म करने के बाद—जिसमें सलिल चौधरी को अख्तर रोमानी और असद भोपाली के गीतों को हेमलता जैसी नई नायिका से गवाना पड़ा था—गुलजार की निर्देशक के रूप में पहली फिल्म 'मेरे अपने' (1971) सलिल चौधरी की एक और हिट फिल्म साबित हुई। मीना कुमारी, विनोद खन्ना और शत्रुघ्न सिन्हा की मुख्य भूमिकाओं से सजी यह फिल्म तपन सिन्हा की हिट बंगाली फिल्म 'अपनाजन' पर आधारित थी। फिल्म का सबसे खूबसूरत गीत था—'रोज अकेली आए, रोज अकेली जाए, चाँद कटोरा लिए भिखारिन रात' (लता)। अफसोस, मीना कुमारी का निधन हो जाने के कारण यह गीत उन पर फिल्माया नहीं जा सका, इसलिए यह फिल्म में नहीं था। किशोर कुमार का दर्द भरा 'कोई होता जिसको अपना हम अपना कह लेते यारो' और धमाकेदार 'हालचाल ठीक-ठाक है' (किशोर-मुकेश) फिल्म के अन्य लोकप्रिय गीत थे। मन्ना डे का लोक-शैली में ढला 'गंगा की गोद में गंगा के राही चले' भी फिल्म में शामिल नहीं किया जा सका। फिल्म के गीत, जैसाकि स्वाभाविक था, खुद गुलजार ने ही लिखे थे।

'आनन्द' और 'मेरे अपने' की सफलता के बाद सलिल चौधरी को तेजी से कुछ फिल्में मिलीं, जिनमें से ज्यादातर 'समानान्तर सिनेमा' के रूप में जानी जाने वाली छोटे बजट और पूना फिल्म इंस्टीट्यूट से आए नए कलाकारों की फिल्में थीं। एल.बी. लच्छमन द्वारा निर्मित और असित सेन (जो 'ममता', 'अनोखी रात', 'खामोशी' और 'सफर' जैसी फिल्मों के निर्देशक के रूप में खूब नाम कमा चुके थे) द्वारा निर्देशित 'अन्नदाता' (1972) एक बहुत खूबसूरत, सार्थक और दिलचस्प फिल्म थी। दिग्गज कामेडियन और चरित्र अभिनेता ओमप्रकाश के साथ पूना इंस्टीट्यूट के जया भादुड़ी और अनिल धवन की मुख्य भूमिकाओं से सजी इस फिल्म में सलिल चौधरी ने अपनी पसन्द का और उच्च कोटि का बेहद मधुर, मोहक और प्रयोगात्मक संगीत दिया। योगेश के रूप में उन्हें मानो एक नए शैलेन्द्र मिल गए थे, जिन्होंने इस फिल्म के लिए एक से एक खूबसूरत और यादगार गीत लिखे। फिल्म में लता के दो गीत थे और दोनों ही बड़े गजब के और लाजवाब गीत थे। पहले गीत का मुखड़ा था—'रातों के साए घने, जब बोझ दिल पर बनें, न तो जले बाती न हो कोई साथी, फिर भी न डर अगर बुझे दीए, सहर तो है तेरे लिए'। इस मुखड़े में सुरों के इतने उतार-चढ़ाव थे कि इसे गाना किसी कठिन परीक्षा से कम नहीं था। लेकिन सुरों की मलिका लता मंगेशकर ने इसे कर दिखाया और यह गीत उनके सबसे चुनौतीपूर्ण, अद्भुत और मोहक गीतों में शामिल हो गया। सलिल चौधरी की यह महान रचना चॉपिन के विख्यात 'नॉकटर्ना' से प्रेरित थी। गीत के इंटरल्यूडों में कोरल हमिंग, तेजी से उठते-गिरते सुरों और निरन्तर बदलती हुई सरगमों का प्रयोग देखते ही बनता था। लता का दूसरा गीत भी कमाल का गीत था—'निस दिन निस दिन मेरा जुल्मी सजन ऐसी बतियाँ बनाए हाँ, जले बैरी मन, सुलगे बदन, आग-सी लग जाए हाँ'। यह गीत सलिल दा द्वारा लता के पहले से ही रिकॉर्ड किए गए एक गैर-फिल्मी बंगाली गीत 'निशी दिन निशी दिन' पर आधारित था। फिल्म में किशोर कुमार के भी दो बड़े मोहक गीत थे—'गुजर जाए दिन-दिन-दिन, कि हर पल गिन-गिन-गिन' और लोक-शैली में ढला खूब फड़कता हुआ धमाकेदार युगल-गीत 'ओ मेरी प्राण-सजनी चम्पावती आ जा' (सबिता चौधरी के साथ)। किशोर ने लोक-शैली का ही एक और गीत भी इस फिल्म के लिए रिकॉर्ड किया था—'हमराही मंजिल के'। सबिता चौधरी ने उन दिनों को याद करते हुए एक दिलचस्प प्रसंग सुनाया था। किशोर कुमार 'गुजर जाए दिन-दिन-दिन...' की रिहर्सल के लिए उनके घर आए तो सलिल चौधरी सोफे पर बैठकर हारमोनियम बजाने लगे। किशोर भी उनके पास ही सोफे बैठे हुए थे। लेकिन वे अचानक ही उठ खड़े हुए और कहने लगे—"भला मैं उस सोफे पर बैठकर कैसे रिहर्सल कर सकता हूँ जिस पर आप बैठे हुए हैं? आपको मुझसे ऊपर बैठना चाहिए!" वे सच्चे मन से सलिल दा का सम्मान करते थे और उन्हें एक गुरु की तरह देखते थे। 'अन्नदाता' में मन्ना डे और सबिता चौधरी का भी एक युगल-गीत था, जो फिल्म का थीम-गीत भी था—'यहाँ अब क्या रहना... चल दे वहाँ तुझको मिले प्यार जहाँ'। इस गीत में भी कोरस का बड़ा सुन्दर प्रयोग किया गया था।

असित सेन द्वारा ही निर्देशित 'अनोखा दान' (1972) में भी सलिल चौधरी का संगीत था। अनिल धवन और जाहिरा की मुख्य भूमिकाओं वाली

इस फिल्म में लता के दो बड़े सुरीले गीत थे—'मदभरी ये हवाएँ, पास आएँ' (इसमें भी सुरों का अद्‌भुत चढ़ाव और सरगम का मंत्रमुग्ध कर देने वाला बदलाव था) और 'हमें याद कभी तुम कर लेना जब रोता हुआ सावन आए' (गजल-शैली की अदायगी वाले इस गीत में गिटार और वायलिन के बड़े मोहक इंटरल्यूड थे)। मन्ना डे का सुरों के चढ़ाव और 'क्रीसेंडो इफेक्ट' वाला 'माना कि है जिंदगी ये सफर' भी बड़ा लुभावना और अनूठा गीत था। अगले वर्ष 'हमें याद कभी तुम...' की धुन को ही दोबारा इस्तेमाल करते हुए सलिल चौधरी ने 'रजनीगंधा' के सुपरहिट शीर्षक-गीत 'रजनीगंधा फूल तुम्हारे महकें यूँ ही जीवन में' (लता) की रचना कर डाली। 'अनोखा दान' के इन खूबसूरत गीतों को भी योगेश ने ही लिखा था, जो अब सलिल चौधरी के चहेते गीतकार बन गए थे।

प्रणोति घोष की बंगाली फिल्म 'यारी' (1966) को हिन्दी में डब कर के 'अनोखा मिलन' (1972) के नाम से रिलीज किया गया। मूल बंगाली फिल्म में सलिल चौधरी का संगीत था, जिसे उन्हें हिन्दी संस्करण के लिए डब करना पड़ा। इस फिल्म में खुद प्रणोति घोष के साथ हिन्दी सिनेमा के दो बड़े सितारे दिलीप कुमार और धर्मेन्द्र थे। सलिल चौधरी की उत्कृष्ट रचनाओं में 'ये मन डोले बोले क्या रे' (मन्ना डे) और एक परम्परागत गीत 'तोरा सुन्दरी सामी पासी' (सबिता चौधरी) शामिल थे। इसी वर्ष रिलीज होने वाली राजश्री प्रोडक्शन्स की 'मेरे भैया' (1972) में भी सलिल चौधरी का संगीत था। दिग्गज सत्येन बोस द्वारा निर्देशित और पूना इंस्टीट्यूट के विजय अरोड़ा के साथ नाजिमा की मुख्य भूमिकाओं वाली इस फिल्म में सलिल दा ने लता के एक लुभावने गीत 'प्यास लिए मनवा हमारा ये तरसे' के लिए उन्हीं के गैर-फिल्मी बंगाली गीत 'सात भाई चम्पा जागो रे' को आधार बनाया था। कहते हैं कि फिल्म के एक दूसरे गीत 'मर्जी है तुम्हारी' की रिकॉर्डिंग के दौरान जब हारमोनियम-वादक उस तरह नहीं बजा पाया जिस तरह सलिल दा चाहते थे तो वे खुद हारमोनियम लेकर बैठ गए थे। फिल्म के गीत योगेश और सोम ठाकुर ने लिखे थे। हृषिकेश मुखर्जी की बड़ी दिलचस्प सेक्स कॉमेडी 'सबसे बड़ा सुख' (1972) इस वर्ष रिलीज होने वाली सलिल चौधरी की एक और फिल्म थी। विजय अरोड़ा और रवि घोष की मुख्य भूमिकाओं से सजी और योगेश के गीतों वाली इस फिल्म में मन्ना डे का टाइटल-गीत 'कहाँ है, कहाँ है, कहाँ है, तेरा सबसे बड़ा सुख' बहुत खूबसूरत बन पड़ा था।

इस बीच एक और प्रयोगधर्मी और प्रतिभाशाली निर्देशक सलिल चौधरी की जिंदगी में आ चुके थे—बासु चटर्जी। वे लीक से हटकर साफ-सुथरी लेकिन मनोरंजक फिल्में बनाने में विश्वास करते थे। सलिल चौधरी ने उनकी पाँच फिल्मों में संगीत दिया—'सारा आकाश', 'रजनीगंधा', 'छोटी-सी बात', 'जीना यहाँ' और 'त्रिया चरित्र'। इनमें से 'रजनीगंधा' (1974) और 'छोटी-सी बात' (1975) के संगीत ने काफी धूम मचाई। दोनों फिल्मों में विद्या सिन्हा और अमोल पालेकर मुख्य भूमिकाओं में थे। 'रजनीगंधा' में इन दोनों के साथ दिनेश ठाकुर (मशहूर रंगकर्मी और हमारे पारिवारिक मित्र) थे तो 'छोटी-सी बात' में असरानी और बड़ी दिलचस्प भूमिका में दादामुनि अशोक कुमार। 'रजनीगंधा' के खूब लोकप्रिय गीत 'रजनीगंधा फूल तुम्हारे महकें यूँ ही जीवन में' (लता) का जिक्र हम पीछे भी कर चुके हैं, जिसकी धुन का इस्तेमाल वे दो वर्ष पहले ही रिलीज हुई 'अनोखा दान' के एक गीत 'हमें याद कभी तुम कर लेना' (लता) में भी कर चुके थे। मुकेश का 'कई बार यूँ भी देखा है, ये जो मन की सीमा-रेखा है, मन तोड़ने लगता है' फिल्म का एक और लुभावना और लोकप्रिय गीत था। इसी तरह दिग्गज निर्माता-निर्देशक बी.आर. चोपड़ा द्वारा निर्मित 'छोटी-सी बात' में भी तीन खूबसूरत गीत थे—लता के 'न जाने क्यों होता है ये जिंदगी के साथ' और 'ये दिन क्या आया लगे फूल हँसने' के साथ-साथ खूब धूम मचाने वाला 'जानेमन-जानेमन तेरे दो नयन' (येसुदास-आशा भोंसले)। 'रजनीगंधा' और 'छोटी-सी बात' की बॉक्स ऑफिस सफलता ने छोटे बजट की साफ-सुथरी और हल्की-फुल्की मनोरंजक फिल्मों का रास्ता खोल दिया। इन दोनों फिल्मों के खूबसूरत गीत योगेश ने लिखे थे।

अभिनय सम्राट दिलीप कुमार के सबसे छोटे भाई अहसान खान द्वारा निर्मित 'संगत' (1975) एक ऐसी फिल्म थी जिसकी रिलीज का दर्शकों को पता ही नहीं चला। राकेश पांडे और कजरी की मुख्य भूमिकाओं वाली इस छोटे बजट की फिल्म का संगीत भी श्रोताओं तक ठीक से नहीं पहुँच सका। फिल्म के कई लुभावने गीतों का यह अन्जाम देखकर सलिल चौधरी को काफी निराशा हुई होगी। इनमें मन्ना डे के मर्मस्पर्शी 'देखते-देखते इक धुआँ छा गया' के साथ-साथ लता के साथ उनके दो डुएट 'बलमा मोरा अचरा महके रे' और 'कान्हा बोले न पूछूँ बार-बार-बार' शामिल थे। फिल्म के गीत जाँ निसार अख्तर ने लिखे थे।

'संगत' के बाद सलिल चौधरी ने 17 और फिल्मों में भी संगीत दिया, लेकिन इनमें से कोई भी फिल्म बॉक्स ऑफिस पर कोई हलचल नहीं मचा सकी। फिर भी हिन्दी फिल्म संगीत के तेजी से गिरते स्तर के बावजूद सलिल चौधरी हमेशा ऊँचे दर्जे का संगीत देते रहे। उनकी बाद की

'रजनीगंधा' फिल्म की टीम

फिल्मों के कुछ यादगार गीतों में 'मौजों की डोली चली' (किशोर, 'जीवन ज्योति'), 'तेरी गलियों में हम आए' (मन्ना डे-अन्तरा चौधरी, 'मीनू'), 'ओह शाम आई रंगों में रंगी हुई' (लता, 'जीना यहाँ'), 'आज कोई नहीं अपना' (लता, 'अग्नि-परीक्षा'), 'मेरे प्रेम की गाए रागिनी' (येसुदास-एस. जानकी, 'दिल का साथी दिल'), 'हैं जवाँ दिल के मेरे अरमाँ' (आशा भोंसले, 'रूम नं. 3'), 'जाने क्या राज है' (येसुदास, 'कुहासा') और 'आ जा रे मितवा' (येसुदास-सबिता चौधरी, 'आनन्द महल') शामिल थे। उन्होंने अपना आखिरी गीत फिल्म 'मेरा दामाद' (1995) के लिए पार्थो घोष की आवाज में रिकॉर्ड किया था।

सलिल चौधरी ने कुछ बिना गीतों वाली फिल्मों का बैकग्राउंड संगीत भी दिया था। उन्हें इसका विशेषज्ञ माना जाता था। इनमें बी.आर. चोपड़ा की दो धूम मचाने वाली फिल्में 'कानून' (1961) और 'इत्तफाक' (1970) शामिल थीं। इसके अलावा उन्होंने कई दूसरे संगीत-निर्देशकों की फिल्मों का बैकग्राउंड संगीत भी दिया था। इनमें 'अचानक' (वसन्त देसाई, 1972), 'नौकरी' (आर.डी. बर्मन, 1978), 'काला पत्थर' (राजेश रोशन, 1979), 'चेहरे पे चेहरा' (एन. दत्ता, 1980) और 'अनोखा रिश्ता' (आर.डी. बर्मन, 1987) जैसी फिल्में शामिल थीं। रोशन के निधन के बाद उन्होंने उनकी आखिरी फिल्म 'अनोखी रात' (1968) और मदन मोहन के निधन के बाद उनकी फिल्म 'मौसम' (1975) का बैकग्राउंड संगीत भी दिया था।

सलिल चौधरी ने कई टेली-सीरियलों में भी संगीत दिया था। इनमें जाने-माने निर्देशक और हमारे पारिवारिक मित्र लेख टंडन के दो टेली-सीरियल 'कुरुक्षेत्र' और 'दरार' भी शामिल थे। 'दरार' में नक्श लायलपुरी द्वारा कलमबद्ध और जगजीत सिंह द्वारा गाया गया एक गीत 'रिश्तों में दरार आई' खूब लोकप्रिय हुआ था। सलिल चौधरी के अन्य टीवी-सीरियलों में 'दर्पण', 'चरित्रहीन और 'अलग' शामिल थे।

1970 का दशक खत्म होते-होते सलिल चौधरी का मन बम्बई फिल्म इंडस्ट्री से इतना उखड़ गया कि वे अपने परिवार के साथ कलकत्ता लौट गए। वहाँ उन्होंने अपनी पत्नी सबिता और दोनों बेटियों अन्तरा और संचरी के साथ मिलकर एक रिकॉर्डिंग स्टूडियो की स्थापना की। फिर भी वे अपनी हिन्दी फिल्मों की रिकॉर्डिंग के लिए अकसर बम्बई आते रहते थे। 5 सितम्बर 1997 को उनका यह आना-जाना भी रुक गया और वे इस दुनिया को छोड़कर एक अनजाने सफर पर चले गए।

सलिल चौधरी के सबसे यादगार बारह गीत चुनने के लिए हमें काफी मगजपच्ची करनी पड़ी और अपने बहुत से संगीत-प्रेमी मित्रों की सलाह भी लेनी पड़ी। आखिर में जो सूची तैयार हुई वह इस प्रकार है :

सलिल चौधरी के 12 अनमोल रत्न

क्रम	गीत	फिल्म	गायक/गायिका
1.	आ जा री आ निंदिया तू आ	दो बीघा जमीन	लता मंगेशकर
2.	छोटा-सा घर होगा बादलों की छाँव में	नौकरी	किशोर कुमार
3.	जबसे मिलीं तोसे अखियाँ	अमानत	गीता दत्त-मन्ना डे
4.	जिंदगी ख्वाब है	जागते रहो	मुकेश
5.	रात ने क्या-क्या ख्वाब दिखाए	एक गाँव की कहानी	तलत महमूद
6.	आजा रे परदेसी मैं तो कबसे खड़ी इस पार	मधुमति	लता मंगेशकर
7.	टूटे हुए ख्वाबों ने हमको ये सिखाया है	मधुमति	मुहम्मद रफी
8.	ओ सजना बरखा बहार आई	परख	लता मंगेशकर
9.	मचलती आरजू खड़ी बाँहें पसारे	उसने कहा था	लता मंगेशकर
10.	इतना न मुझसे तू प्यार बढ़ा	छाया	तलत-लता
11.	तसवीर तेरी दिल में जिस दिन से उतारी है	माया	रफी-लता
12.	अब और न कुछ भी याद रहा	प्रेमपत्र	लता मंगेशकर

आप सोच रहे होंगे कि 'जा रे उड़ जा रे पंछी', 'साथी रे, तुम बिन जिया उदास रे', 'जिंदगी कैसी है पहेली हाय' और 'रातों के साए घने' जैसे कई अद्भुत गीत तो इस सूची से बाहर ही रह गए। दरअसल, सलिल दा का पूरा संगीत ही अद्भुत और अनूठा था और मन को बंधे-बधाए ढर्रों से दूर किसी अनजानी खोज की तरफ ले जाता हुआ प्रतीत होता था। मन में एक ऐसी प्यास पैदा करता हुआ कि जितना भी सुन लो उनके गीत हमेशा कम पड़ जाते थे। सलिल चौधरी अपनी तरह के अकेले संगीतकार थे—सबसे अलग और सबसे अनूठे! यही कारण है कि उनकी याद आते ही मन में एक हूक-सी उठने लगती है—तू नहीं तो ये बहार क्या बहार है, गुल नहीं खिले कि तेरा इन्तजार है...।

हेमन्त कुमार (1920-1989)

ईश्वरीय संगीत का बंगाली जादूगर

कहते हैं बंगाल का जादू सर चढ़कर बोलता है। यह कहावत महान गायक और उतने ही महान संगीतकार हेमन्त कुमार पर पूरी तरह चरितार्थ होती है। लता मंगेशकर ने एक बार कहा था कि हेमन्त कुमार जब गाते थे तो ऐसा लगता था मानो किसी मन्दिर का पुजारी मन्दिर की घंटियाँ बजा रहा हो और मंत्रों का जाप कर रहा हो। वे इतनी श्रद्धा से, इतने भक्ति-भाव से गाते थे! जहाँ तक उनके संगीत-निर्देशन का सम्बन्ध है, तो उन्हें हिन्दी सिनेमा के महान संगीतकारों में शामिल करने के लिए सिर्फ एक फिल्म 'नागिन' ही काफी है—जिसके संगीत की माँग साठ वर्ष बाद भी खत्म होने का नाम नहीं ले रही है। वे सही मायने में बंगाल के जादूगर थे—संगीत के जादूगर—अकेले और इकलौते हेमन्त कुमार मुखोपाध्याय!

कोई जितना बड़ा गायक हो उतना ही बड़ा संगीतकार भी, हिन्दी फिल्म संगीत में इसका कोई दूसरा उदाहरण न के बराबर ही है। यह सही है कि सी. रामचन्द्र कभी-कभी 'चितलकर' के नाम से गाते भी थे, लेकिन उन्होंने दूसरे संगीत-निर्देशकों के लिए बहुत कम गाने गाए। इसी तरह पंकज मलिक ने बहुत कम हिन्दी फिल्मों में संगीत दिया था। हेमन्त कुमार न सिर्फ अपने समय के चोटी के पार्श्व-गायक रहे बल्कि कई बरसों तक सदाबहार देव आनन्द की चहेती आवाज बने रहे। सिर्फ एक गायक के रूप में भी उन्हें हिन्दी सिनेमा की महानतम हस्तियों में रखा जा सकता है। उनके बहुरंगी व्यक्तित्व का एक तीसरा आयाम भी था—वे 'बीस साल बाद', 'कोहरा', 'बीवी और मकान', 'खामोशी' और 'राहगीर' जैसी कई यादगार फिल्मों के निर्माता भी थे।

16 जून 1920 को वाराणसी में एक बंगाली परिवार में जनमे हेमन्त कुमार के पिता कालिदास मुखोपध्याय कलकत्ता (अब कोलकाता) में एक शिपिंग कम्पनी में क्लर्क थे। उनका एक ही सपना था—उनका बेटा भी बड़ा होकर उन्हीं की तरह कोई अच्छी-सी नौकरी करे और बंधी-बंधाई तनख्वाह में खुशी-खुशी जिंदगी गुजारे। लेकिन भवानीपुर क्षेत्र के मित्र इंस्टीट्यूशन स्कूल में पढ़ते हुए हेमन्त कुमार भविष्य के जाने-माने बंगाली कवि सुभाष मुखर्जी के सम्पर्क में आ गए और इस दोस्ती ने मानो उनके भविष्य की दिशा भी तय कर दी। हेमन्त कुमार की सुरीली आवाज से प्रभावित होकर सुभाष उन्हें गायक बनने के लिए उकसाने लगे। इतना ही नहीं, सिर्फ तेरह वर्ष की उम्र में ही उन्होंने हेमन्त को 'ब्रॉडकास्टिंग हाउस' (बाद में 'ऑल इंडिया रेडियो') में अपने किसी जानकार से मिलवा दिया और स्कूली दिनों में ही हेमन्त रेडियो के लिए गाने लगे। अपने पहले गीत 'अमार गानेते एले नवरूपी चिरन्तनी' की रिकॉर्डिंग से हुई कमाई से हेमन्त कुमार ने एक हारमोनियम खरीद लिया और बड़े दिल से उसका अभ्यास करने लगे। अब पढ़ाई में मन क्या लगता? फिर भी किसी तरह इंटर पास करने के बाद वे पिता के जोर देने पर जाधवपुर यूनिवर्सिटी में इंजीनियरिंग की पढ़ाई करने लगे, पर उन्होंने रेडियो के लिए गाना भी जारी रखा। वहीं ऑल इंडिया रेडियो में उनकी मुलाकात जाने-माने गायक जगमोहन (जगनमोय मित्र) से हुई, जो जल्दी ही गहरी दोस्ती में बदल गई। 'सुर सागर' जगमोहन ने उनकी संगीत प्रतिभा को पहचाना और उन्हें अपना जीवन संगीत को ही समर्पित करने के लिए प्रेरित किया।

जल्दी ही हेमन्त कुमार की समझ में आ गया कि पढ़ना-लिखना उनके बस की बात नहीं थी।

उनकी रगों में तो संगीत धड़क रहा था। सिर्फ सत्रह वर्ष की उम्र में ही उन्होंने पढ़ाई छोड़ दी और (अपने पिता की मर्जी के खिलाफ) पूरी तरह संगीत-साधना में जुट गए। संगीत की शुरुआती शिक्षा उन्होंने पं. पी.जी. बोस, पी. बनर्जी और निरापद मुखर्जी से प्राप्त की। जल्दी ही शैलेष दासगुप्ता के रूप में उन्हें एक गुरु मिल गए और वे संगीत की विविध विधाओं में पारंगत होते चले गए। उन्होंने उस्ताद फैयाज खान से शास्त्रीय संगीत भी सीखा, हालाँकि उस्ताद ज्यादा दिन नहीं जी पाए और यह शार्गिदगी जल्दी ही खत्म हो गई।

हेमन्त कुमार ने इस बीच कई संगीत कम्पनियों से भी सम्पर्क किया, लेकिन ज्यादातर ने ऑडीशन के बाद उनकी आवाज को नापसन्द कर दिया। उन्हें गुजर-बसर के लिए पार्टटाइम टाइपिस्ट की नौकरी करनी पड़ी। उन्होंने 'वातायन' और 'देश' जैसी कुछ बंगाली पत्रिकाओं के लिए लेख इत्यादि भी लिखे। इस बीच उनका सम्पर्क कोलम्बिया रिकॉर्डिंग कम्पनी के लिए काम कर रहे शैलेन दासगुप्ता से हुआ। उन्होंने हेमन्त की आवाज से प्रभावित होकर उनसे टैगोर के कुछ गीतों का रिहर्सल करवाया और जल्दी ही हेमन्त का पहला कोलम्बिया रिकॉर्ड जारी हुआ। यह 1937 की बात है, जब हेमन्त कुमार सिर्फ सत्रह वर्ष के थे। टैगोर के इन गीतों में 'जानी ते जोदी गो तुमी' और 'बालो गो बालो मोरे' जैसे गीत शामिल थे, जो खूब लोकप्रिय हुए। कोलम्बिया ने एक के बाद एक उनके बारह टैगोर गीत रिकॉर्ड किए। हेमन्त ने कई और गैर-फिल्मी गीत भी गाए। गैर-फिल्मी गीतों के साथ उनका यह रोमांस जिंदगी भर जारी रही—निधन से पाँच वर्ष पहले 1984 तक।

हेमन्त कुमार ने अपना पहला हिन्दी गीत 1940 में गाया। बंगाल के जाने-माने संगीत-निर्देशक कमल दासगुप्ता (जिनकी 'जवाब' ने खूब धूम मचाई थी) ने एक साथ उनके कई गीत रिकॉर्ड किए। फैयाज हाशमी द्वारा लिखे इन गीतों में 'कितना दुख भुलाया तुमने', 'ओ प्रीत निभाने वाली', 'आज शराबी आँखों में' और 'मुसीबतों को भुला रहा' जैसे लोकप्रिय गीत शामिल थे। कमल दासगुप्ता हेमन्त की संगीत की समझ से इतने प्रभावित हुए कि उन्होंने उन्हें अपने सहायक के तौर पर रख लिया।

इसके बाद जल्दी ही हेमन्त कुमार ने अपना पहला बंगाली फिल्मी गाना भी गाया। यह गाना उनसे 'निमाई संन्यासी' (1940) फिल्म के लिए संगीत-निर्देशक हरिप्रसन्न दास ने गवाया था। उन्होंने भी हेमन्त की प्रतिभा से प्रभावित होकर उन्हें अपना प्रमुख सहायक नियुक्त कर लिया। इस बीच हेमन्त कुमार ने कई गैर-फिल्मी हिन्दी गीत भी रिकॉर्ड किए। वे रवीन्द्र संगीत से भी बड़ी गहराई से जुड़े रहे। पहले आनन्दी दस्तीदार के शिष्य के रूप में और फिर महान पंकज मलिक की शैली में उन्होंने ऐसे कई गीत गाए। उन्हें रवीन्द्र संगीत के महारथी के रूप में देखा जाने लगा। उनका पहला रवीन्द्र संगीत बंगाली फिल्म 'प्रिया बंघवी' (1944) के मशहूर गीत 'पाथेर शेष कोठे' के रूप में था। कोलम्बिया ने रवीन्द्र संगीत पर आधारित उनके कुछ गैर-फिल्मी गीत भी जारी किए, जिनमें 'आमार आओ होबे ना देरी' और 'केनो पान्हा ए चंचलता' जैसे लोकप्रिय गीत शामिल थे।

लेकिन हेमन्त कुमार गायन के साथ-साथ संगीत-निर्देशन पर भी हाथ आजमाने के लिए छटपटा रहे थे। साथ ही वे बंगाली संगीत की दुनिया तक सीमित न रहकर पूरे भारत के श्रोताओं तक पहुँचना चाहते थे। जल्दी ही उनकी यह इच्छा पूरी भी हो गई। महान गायक और संगीत-निर्देशक पंकज मलिक ने 'मीनाक्षी' (1942) फिल्म के लिए उनसे उनका पहला हिन्दी फिल्मी गीत 'आँखों की ओट जो रहता था' गवाया। तब हेमन्त कुमार बाइस वर्ष के थे। अपना दूसरा हिन्दी फिल्मी गीत गाने के लिए उन्हें दो वर्ष तक इन्तजार करना पड़ा। हुस्नलाल-भगतराम के बड़े भाई पं. अमरनाथ ने 'इरादा' (1944) फिल्म के लिए उनसे एक साथ दो गीत गवाए। अजीज कश्मीरी द्वारा लिखे गए ये गीत थे—'आराम से जो रातें काटीं' और 'फिर मुहब्बत के पैगाम आने लगे'। अगले वर्ष महान निर्देशक बिमल राय की 'हमराही' (1945) फिल्म के लिए उन्हें सुपर्णा सरकार के साथ एक युगल-गीत 'मधुगंध भरे मृदु' गाने का अवसर मिला। इस फिल्म के संगीतकार फिल्म संगीत के पथ-प्रदर्शकों में शामिल आर.सी. बोराल थे। इस बीच 1944 में हेमन्त कुमार ने चुपके से एक संगीत-निर्देशक के रूप में भी अपनी पारी की शुरुआत कर दी थी। इस वर्ष रिकॉर्ड किए गए अपने दो गैर-फिल्मी बंगाली गीतों 'कथा कायोनाको शुद्ध सोना' और 'आमार बिरहा अकाशे प्रिया' को उन्होंने खुद ही संगीतबद्ध किया था।

1945 का वर्ष हेमन्त कुमार के लिए शहनाइयों का वर्ष रहा। इस वर्ष वे अपनी एक शिष्या बेला मुखर्जी के साथ विवाह-बन्धन में बँध गए। बेला न्यू थिएटर्स की 'काशिनाथ' (1943) के कुछ गीतों के अलावा बंगाली में भी बहुत से गीत गा चुकी थीं। विवाह के बाद उन्होंने गाना लगभग छोड़-सा दिया। उनकी और हेमन्त की दो सन्तानें हुईं—जयन्त (जो प्रसिद्ध अभिनेत्री मौसमी चटर्जी से विवाहित हैं और एक रिकॉर्डिंग स्टूडियो चलाते हैं) और रानू (जिन्होंने सत्तर के दशक में संगीत-निर्देशक के रूप में भी अपना भाग्य आजमाया था)। बेला मुखोपाध्याय का कुछ ही वर्ष पहले, 2009 में निधन हुआ है।

उन्हीं दिनों हेमन्त कुमार को जाने-माने निर्माता-निर्देशक व्ही. शांताराम ने 'शिव शक्ति' नामक फिल्म में स्वतंत्र संगीत-निर्देशक के रूप में अवसर दिया। लेकिन यह फिल्म बन्द हो गई और हेमन्त कुमार को हिन्दी फिल्म दर्शकों तक पहुँचने के लिए कई वर्ष और इन्तजार करना पड़ा। एक स्वतंत्र संगीत-निर्देशक के रूप में उनकी पहली फिल्म एक बंगाली फिल्म थी—'पूर्वराग' (1947)। यह फिल्म तो नहीं चली लेकिन इसके बाद उन्होंने कई और बंगाली फिल्मों में भी संगीत दिया—'भूली नाई' (1948), 'प्रियतमा' (1948), 'दिनेर पर दिन' (1948), 'सन्दीपन पाठशाला' (1949) और 'स्वामी' (1949) इत्यादि। वे कई बंगाली फिल्मों में गाते भी रहे। कभी-कभार कोई बंगाली संगीत-निर्देशक उनसे हिन्दी फिल्म का भी कोई गीत गवा लेता था। लेकिन एक पार्श्व-गायक के रूप में उनका पहला हिट हिन्दी फिल्मी गीत 'जमीन आसमान' का 'इक रात कभी ऐसी आए' साबित हुआ।

इन शुरुआती वर्षों में हेमन्त कुमार कम्युनिस्ट विचारधारा से प्रभावित थे और 'इंडियन पीपुल्स थिएटर एसोसिएशन' (इप्टा) से भी जुड़ गए थे। वहाँ उनकी मुलाकात क्रान्तिकारी सोच के सलिल चौधरी से हुई और जल्दी ही दोनों जिंदगी भर के लिए पक्के दोस्त बन गए। सलिल आम जनता के लिए क्रान्तिकारी गीत लिखा करते थे जो खूब लोकप्रिय भी होते थे। सलिल ने ऐसा ही एक और गीत 'कोनए एक गायेर बधू' लिखा,

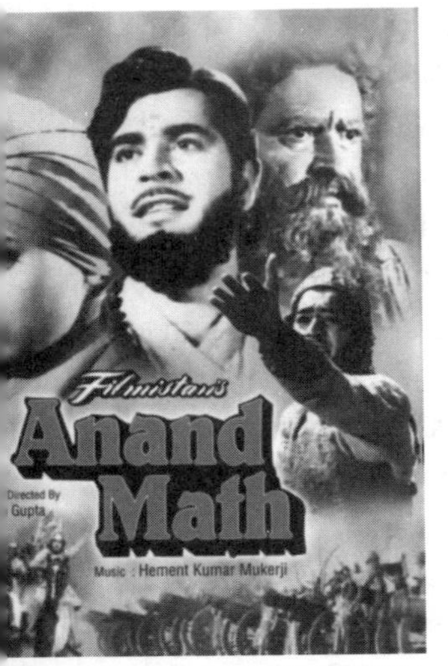

जिसे वे हेमन्त कुमार से गवाना चाहते थे। वे उनके साथ रिहर्सल भी कर चुके थे। लेकिन कम्युनिस्ट पार्टी से जुड़ीं अपनी गतिविधियों के कारण सलिल को रिकॉर्डिंग से एक दिन पहले ही अंडरग्राउंड हो जाना पड़ा। उनकी अनुपस्थिति में हेमन्त कुमार ने खुद ही इस गीत का ऑर्केस्ट्रेशन तैयार करके इसे रिकॉर्ड कर लिया। गरीबी और अकाल के शिकार गाँवों की दुर्दशा को व्यक्त करने वाला यह गीत आम रूमानी बंगाली गीतों से बिलकुल अलग था और इसका स्वरूप भी परम्परागत गीतों की बनावट से बिलकुल अलग था। छह मिनट के इस गीत ने पूरे बंगाल में इतनी धूम मचाई कि सलिल और हेमन्त का नाम घर-घर का नाम बन गया। इस अकेले गीत ने हेमन्त कुमार को अपने समकालीन प्रतिष्ठित गायकों जगनमोय मित्र (जगमोहन), शेबिन मजुमदार, सत्य चौधरी, धनंजय चटर्जी, सुधीर लाल चक्रवर्ती, बेचू दत्ता और तपन कुमार (तलत महमूद का बंगाली छद्म नाम) से कहीं ऊपर उठा दिया। इसके बाद सलिल और हेमन्त ने मिलकर आम जनता से जुड़े विषयों पर बहुत से गीत तैयार किए। इन गैर-फिल्मी बंगाली गीतों में 'रनर' (डाकिए का गीत), 'अबाक पृथ्वी' और 'पालकी चले' खासतौर से लोकप्रिय हुए।

हेमन्त कुमार द्वारा संगीत-निर्देशित 'भूली नाई' के निर्माता-निर्देशक हेमेन गुप्ता थे। उन्हीं के द्वारा निर्मित-निर्देशित और हेमन्त कुमार के संगीत से सजी एक और बंगाली फिल्म 'आनन्दमठ' ने इतनी धूम मचाई कि बम्बई (अब मुम्बई) के प्रतिष्ठित स्टूडियो 'फिल्मिस्तान' ने इसे हिन्दी में बनाने का फैसला कर लिया। फिल्म के बंगाली संस्करण से जुड़ी पूरी टीम को ही बम्बई बुला लिया गया। इस तरह 1951 में हेमन्त कुमार के बम्बई आगमन के साथ हिन्दी फिल्मों में उनके कैरियर की शुरुआत हो गई—बड़े धूम-धड़ाके के साथ।

अगले दो दशकों में हेमन्त कुमार ने 53 हिन्दी फिल्मों में संगीत दिया, जिनमें से कई सुपरहिट रहीं। इनमें से अधिकांश फिल्मों के संगीत ने खूब धूम मचाई। इन हिन्दी फिल्मों के अलावा हेमन्त कुमार ने अपनी जिंदगी में कुल 125 बंगाली फिल्मों में भी संगीत दिया। इनमें 'शापमोचन', 'हारनो सुर', 'मरुतीर्थ हिंगलज', 'नील आकाशेर नीचे', 'मोनिहारी', 'अद्वितीय', 'कुहक', 'दुई भाई' और 'सप्तपदी' जैसी लोकप्रिय और प्रतिष्ठित फिल्में शामिल हैं। 'शापमोचन' से गायक-संगीत-निर्देशक हेमन्त कुमार और बांग्ला फिल्मों के लोकप्रिय अभिनेता उत्तम कुमार की ऐसी जोड़ी बनी जो जिंदगी भर नहीं टूटी।

1950 और 1960 के दो दशकों में हेमन्त कुमार ने गायक, संगीत-निर्देशक और फिल्म निर्माता के रूप में इतना काम कर लिया जो शायद दूसरा व्यक्ति चालीस वर्षों में भी न कर पाए। लेकिन सिर्फ संगीतकारों से जुड़ी इस किताब में हम उनके संगीत-निर्देशन पर ही केन्द्रित रहेंगे। सच पूछें तो हेमन्त कुमार की बहुमुखी प्रतिभा और हिन्दी और बंगाली फिल्मों में उनके योगदान पर एक बहुत मोटी और दिलचस्प किताब बन सकती है।

एक संगीत-निर्देशक के रूप में हेमन्त कुमार की पहली हिन्दी फिल्म 'आनन्द मठ' (1952) पृथ्वीराज कपूर, भारत भूषण, गीताबाली, प्रदीप कुमार (उनकी पहली फिल्म) और अजीत जैसे बड़े कलाकारों से सजी फिल्मिस्तान की एक महत्त्वाकांक्षी फिल्म थी। महान बांग्ला लेखक बंकिमचन्द्र चट्टोपाध्याय के इसी नाम के प्रसिद्ध उपन्यास पर आधारित यह फिल्म ब्रिटिश राज के खिलाफ संन्यासियों की बगावत की कहानी थी। फिल्म का सबसे अद्भुत, सबसे अनूठा और सबसे अमर गीत था राग भैरवी पर आधारित 'वन्दे मातरम' (हेमन्त-लता)। कोई भी बड़े से बड़ा संगीतकार (संगीत सम्राट नौशाद समेत) हमारे इस राष्ट्रीय गीत का इतना मधुर, झकझोर देने वाला और प्रेरणादायक प्रस्तुतिकरण नहीं कर पाया है जितना कि हेमन्त कुमार ने कर दिखाया। यह गीत अपने-आपमें एक प्रचंड लहर, एक आन्दोलन, एक राष्ट्रीय जागरण का प्रतीक है, जैसाकि एक राष्ट्रीय गीत को होना भी चाहिए। फिल्म के सभी गीत अविस्मरणीय थे—हेमन्त और गीता दत्त के 'जय जगदीश हरे' और 'नैनों में सावन मन में फागुन' हों या 'आ रे भंवरे आ' (गीता दत्त) और 'दिल का पैमाना है आँख का मयखाना है' (राजकुमारी)। तलत और गीता दत्त का 'कैसे रोकोगे ऐसे तूफान को' और जयदेव के 'गीत गोविंद' से लिया गया 'धीरे समीरे तरणी तीरे' भी मन को छू लेने वाले गीत थे। फिल्म के विषय को देखते हुए हेमन्त कुमार ने बैकग्राउंड संगीत को भी उतना ही प्रभावशाली और प्रेरणादायक बनाने की कोशिश की थी और दर्शकों पर इसका प्रभाव देखते ही बनता था। बंकिम रचित 'वन्दे मातरम' को छोड़कर शेष गीत शैलेन्द्र और हसरत जयपुरी ने लिखे थे।

इस फिल्म के संगीत ने देशभर में इतनी हलचल मचा दी कि हेमन्त कुमार को ढेर सारी फिल्में मिल गईं। एक वर्ष की खामोशी के बाद 1954 में उनकी आधा दर्जन फिल्में रिलीज हुईं। इनमें से तीन कम महत्त्वपूर्ण फिल्में थीं—'सम्राट', 'कश्ती' और 'डाकू की लड़की'। फिल्मिस्तान द्वारा ही निर्मित 'सम्राट' में लता और आशा का बड़ा मधुर युगल-गीत था—'ये खामोशियाँ ये समाँ'। लेकिन राजेन्द्र कृष्ण के गीतों वाली यह फिल्म अच्छे संगीत के बावजूद फ्लॉप हो गई। हेमन गुप्ता द्वारा निर्देशित और देव आनन्द और गीताबाली की मुख्य भूमिकाओं वाली 'कश्ती' का दूसरा नाम 'फैरी' था। इस फिल्म के कई लुभावने गीतों में 'यही है मेरे सपनों का संसार' (गीता दत्त) और 'नाव बढ़ा ले साथी' (हेमन्त) शामिल थे। पं. निखिल बनर्जी और उस्ताद अली अकबर खान की सितार-सरोद

जुगलबन्दी फिल्म के संगीत का एक प्रमुख आकर्षण थी। इस फ्लॉप फिल्म के गीत भी राजेन्द्र कृष्ण ने लिखे थे। इसी तरह की एक और फ्लॉप फिल्म 'डाकू की लड़की' में भी हेमन्त कुमार के कई लोकप्रिय गीत थे। इनमें लता के साथ उनके दो डुएट 'नजरों से छुप गया है तकदीर का सवेरा' और बड़े मोहक कोरस वाला 'चाँद से पूछो सितारों से पूछो' शामिल थे। लता का सोलो 'हम प्यार में जितने कदम चले' भी बड़ा खूबसूरत गीत था।

फिल्मिस्तान के मुखिया एस. (शशधर) मुखर्जी फिल्म-निर्माण के सभी पहलुओं में दिलचस्पी लेते थे और खुलकर दखल देते थे। कहते हैं कि वे हेमन्त कुमार की बहुत सारी धुनों को यह कहकर खारिज करते रहते थे कि वे आम जनता के गले नहीं उतरेंगी। उनका यह दखल हेमन्त कुमार को न सिर्फ अखरने लगा था बल्कि उनकी हिम्मत भी टूटने लगी थी। फिर भी फिल्मिस्तान की 'शर्त' में उन्होंने इतना धूम मचाने वाला संगीत दिया कि उनके आलोचकों की जुबान बन्द हो गई। फिल्म का सबसे लोकप्रिय और अमर गीत था खुद हेमन्त कुमार और गीता दत्त के अलग-अलग वर्जनोंवाला 'न ये चाँद होगा न तारे रहेंगे... मगर हम हमेशा तुम्हारे रहेंगे'। राग काफी पर आधारित इस गीत में दोनों गायकों की लाजवाब अदायगी के साथ-साथ सारंगी, सितार और तबले का प्रयोग भी मंत्रमुग्ध कर देने वाला था। इन्हीं दोनों का मधुर डुएट 'देखो वो चाँद छुपके करता है क्या इशारे' फिल्म का एक और खूबसूरत और अमर गीत था। यूँ फिल्म के सभी गीत वजनदार गीत थे—'पिया मैं तो हुई बावरी' (लता), 'चाँद घटने लगा' (गीता दत्त), 'मेरी तकदीर के मालिक' (लता) और 'मुहब्बत में मेरी तरह जो लुटा हो' (हेमन्त) के साथ-साथ आशा भोंसले के तीनों सोलो—'जाना न छोड़के', 'मेरे हमसफर' और 'चला काफिला प्यार का' भी। फिल्म के गीत राजेन्द्र कृष्ण और एस.एच. बिहारी ने लिखे थे।

इतने अच्छे और लोकप्रिय गीतों के बावजूद 'शर्त' भी फ्लॉप हो गई तो हेमन्त कुमार का दिल टूट गया और वे बोरिया-बिस्तर बाँधकर कलकत्ता लौटने की सोचने लगे। ऐसे में उनका हाथ पकड़कर उन्हें रोकने वाले भी शशधर मुखर्जी ही थे—वही जो बार-बार उनकी धुनों को खारिज करते रहे थे। उन्होंने हेमन्त कुमार से कहा—''तुम ऐसे नहीं जा सकते! तुम्हें नौशाद की तरह अपने नाम का डंका बजवाना होगा, शोहरत हासिल करनी होगी, उसके बाद ही तुम कलकत्ता लौट सकते हो!'' उन्होंने झट से हेमन्त कुमार को फिल्मिस्तान की एक और फिल्म भी थमा दी—'नागिन'।

नाग-नागिनों और सपेरों से जुड़ी अनूठी प्रेमकथा पर आधारित 'नागिन' (1954) तब कोई बहुत बड़ी फिल्म नहीं प्रतीत हो रही थी। हेमन्त कुमार के साथ 'आनन्द मठ' में अपना कैरियर शुरू कर चुके प्रदीप कुमार इस बीच 'अनारकली' (1953) के रूप में एक हिट फिल्म जरूर दे चुके थे (जिसमें सी. रामचन्द्र के संगीत-निर्देशन में हेमन्त कुमार ने उनके लिए कई सुपरहिट गीत गाए थे), लेकिन फिर भी नए-नए थे। नायिका वैजयन्तीमाला भी 'बहार' (1951) के रूप में सिर्फ एक हिट फिल्म दे चुकी थीं। लेकिन इन दोनों की जोड़ी वाली 'नागिन' और इसके संगीत ने ऐसी धूम मचाई कि यह फिल्म रातोरात बड़े सितारों वाली बड़ी फिल्म बन गई। हेमन्त कुमार ने इस फिल्म के लिए बारह एक से एक खूबसूरत गीत रिकॉर्ड किए थे। चूँकि यह फिल्म पूरी तरह से संगीत-प्रधान फिल्म थी और सब कुछ संगीत की लोकप्रियता पर निर्भर करता था, इसलिए शशधर मुखर्जी ने ये बारह गीत जाने-माने कॉमेडियन अभिनेता और निर्माता भगवान दादा को सुनाए, जिन्हें किसी फिल्म की व्यावसायिक सम्भावनाओं का विशेषज्ञ माना जाता था। भगवान दादा ने इन बारह गीतों को बड़े ध्यान से सुनने के बाद अपने जाने-पहचाने अन्दाज में नाचते-झूमते हुए कहा—''फिल्म में अगर ये गाने हैं तो फिल्म को गोल्डन जुबली हिट समझो!'' फिल्म के ये 12 सुपरहिट और सदाबहार गीत थे :

1. 'मन डोले मेरा तन डोले' (लता, राग पीलू)
2. 'मेरा दिल ये पुकारे आजा' (लता, राग किरवाणी)
3. 'जादूगर सैयाँ छोड़ो मोरी बैइयाँ' (लता, राग वृन्दावनी सारंग)
4. 'मेरा बदली में छुप गया चाँद रे' (लता)
5. 'सुन रसिया मन बसिया' (लता, राग तोड़ी)
6. 'ऊँची-ऊँची दुनिया की दीवारें सैयाँ तोड़के' (लता, राग भैरवी)
7. 'सुन री सखी मोहे सजना बुलाए' (लता, राग पहाड़ी)
8. 'तेरी याद में जलकर देख लिया' (लता)
9. 'याद रखना, प्यार की निशानी गोरी याद रखना' (हेमन्त)
10. 'तेरे द्वार खड़ा इक जोगी' (हेमन्त, राग बैरागी)
11. 'जिंदगी के देने वाले, जिंदगी के लेने वाले' (हेमन्त, राग भोपाली तोड़ी)
12. 'सैयाँ छोड़ दे पतंग मोरी छोड़ दे' (लता-हेमन्त)

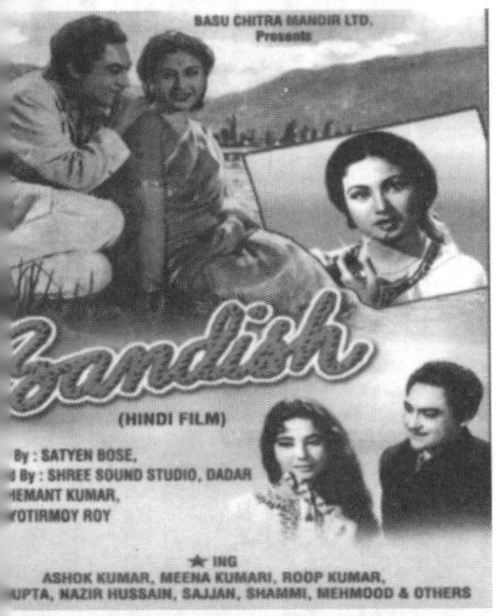

फिल्म में बीन के संगीत की रचना के लिए हेमन्त कुमार ने क्ले वायलिन का इस्तेमाल किया था, जिसे बाद के दिनों की कल्याणजी-आनन्दजी की टीम के बड़े भाई कल्याणजी वीरजी शाह ने बजाया था। यह बीन-संगीत पूरी फिल्म में बार-बार सुनाई देता रहा और फिल्म की 'सिग्नेचर ट्यून' बन गया। फिल्म के सभी बारह गीत हेमन्त कुमार ने इतनी खूबसूरती से रचे थे मानो कोई सपेरा बीन बजाते हुए अपनी टोकरी से एक के बाद एक बारह खूबसूरत और दुर्लभ साँपों का प्रदर्शन कर रहा हो। लता मंगेशकर की तो मानो बन आई थी। उनके एक से बढ़कर एक पूरे आठ गीत थे और हेमन्त कुमार के साथ युगल-गीत को मिलाकर नौ। 'मन डोले मेरा तन डोले' की धुन पर तो मानो पूरा देश नाच उठा था। सिनेमाघरों में इस गीत से जुड़ा दृश्य आते ही दर्शकों की प्रतिक्रिया देखते ही बनती थी। देशभर में, हर गली-मोहल्ले में, सुबह से शाम तक यह गीत बजता ही रहता था। धीमे सुरों और बहुत सादगी भरे ऑर्केस्ट्रेशन वाला 'मेरा दिल ये पुकारे आजा' भी गजब का गीत था। आलापों और मुरकियों की लता की लाजवाब अदायगी ने इस गीत को बेहद मर्मस्पर्शी बना दिया था—हमेशा के लिए दिल की गहराइयों में रच-बस जाने वाला एक अमर गीत। इनके अलावा 'तेरी याद में जलकर देख लिया, अब आग में जलकर देखेंगे' गीत हो या इसी के बाद जादुई ढंग से शुरू हो जाने वाला 'ऊँची-ऊँची दुनिया की दीवारें सैयाँ तोड़के'—सभी गीत मंत्रमुग्ध कर देने वाले थे। इसी तरह 'सुन रसिया मन बसिया' का कम्पोजीशन भी भुलाए नहीं भूलता, जिसमें संगीत के ऊँचे और जोशीले सुरों ने इस दर्द भरे गीत को और भी हृदयस्पर्शी बना दिया था। खुद हेमन्त कुमार का 'तेरे द्वार खड़ा इक जोगी' भी उनकी इसी अनूठे कम्पोजीशन का प्रतीक था, जिसमें एक प्रेम-गीत को भजन के अन्दाज में प्रस्तुत किया गया था।

कुल मिलाकर 'नागिन' हेमन्त कुमार की जादुई संगीत प्रतिभा का एक धमाकेदार ऐलान थी। शशधर मुखर्जी इस फिल्म की सफलता को लेकर इतने आश्वस्त थे कि उन्होंने एच.एम.वी. को हफ्ते भर में फिल्म के संगीत के एक हजार रिकॉर्ड तैयार करने का आदेश दिया, जिन्हें उन्होंने देश के सभी बड़े शहरों के होटलों और रेस्तराँओं को मुफ्त में बाँट दिया। देश भर के सभी छोटे-बड़े होटलों और रेस्तराँओं में ये रिकॉर्ड बजे और लोगों ने ये मंत्रमुग्ध कर देने वाले गीत सुने तो वे इस फिल्म को देखने के लिए सिनेमाघरों पर टूट पड़े। भगवान दादा की भविष्यवाणी को सही साबित करते हुए इस फिल्म ने देशभर में कई सिनेमाघरों में गोल्डन जुबली (50 हफ्ते तक लगातार प्रदर्शन) मनाई। इतना ही नहीं, नन्दलाल जसवन्त लाल द्वारा निर्देशित और राजेन्द्र कृष्ण के गीतों वाली इस फिल्म के लिए हेमन्त कुमार को वर्ष के सर्वश्रेष्ठ संगीतकार का फिल्मफेयर पुरस्कार भी मिला, जो तब बस शुरू ही हुआ था!

1954 का वर्ष हेमन्त कुमार की धूम का वर्ष था—पहले 'शर्त', फिर 'नागिन' और फिर 'जागृति'। हालाँकि सत्येन बोस द्वारा निर्देशित फिल्मिस्तान की 'जागृति' (1954) एक शिक्षापद्र फिल्म थी, लेकिन इसने बॉक्स ऑफिस पर भी खूब धूम मचाई। फिल्म के राष्ट्रवादी विषय को देखते हुए इसमें कवि प्रदीप के गीत थे—सभी एक से एक बढ़कर—'हम लाए हैं तूफान से कश्ती निकालके, इस देश को रखना मेरे बच्चो सँभालके' (रफी), 'दे दी हमें आजादी बिना खड़ग बिना ढाल, साबरमती के सन्त तूने कर दिया कमाल' (आशा भोंसले) और 'आओ बच्चो तुम्हें दिखाएँ झाँकी हिन्दुस्तान की, इस मिट्टी को तिलक करो ये धरती है बलिदान की, वन्देमातरम' (प्रदीप)। ये सभी महान गीत देश की अमूल्य धरोहर हैं और हर वर्ष राष्ट्रीय अवसरों पर बजते ही रहते हैं। इस फिल्म में हेमन्त कुमार ने एक और बड़ा मोहक गीत रचा था—'चलो चलें माँ सपनों के गाँव में' (आशा भोंसले) जो खूब लोकप्रिय हुआ था।

हेमन्त कुमार अब एक असाधारण और सफल संगीतकार के रूप में मजबूती से स्थापित हो चुके थे और फिल्म निर्माता उनके पीछे-पीछे थे। अगले दो वर्षों 1955 और 1956 में उन्होंने ग्यारह फिल्मों में संगीत दिया। उन्होंने खार के प्रतिष्ठित इलाके 14वीं रोड पर अपना खूबसूरत बंगला भी बनवा लिया—'गीतांजलि'। बाद में उन्होंने इसी नाम से अपना बैनर भी स्थापित किया। गीतांजलि में न जाने कितने खूबसूरत और यादगार गीतों की रचना हुई। उनके प्रमुख सहायक रविशंकर शर्मा उन दिनों को बड़े गर्व से याद किया करते थे। बाद में रवि खुद भी एक स्वतंत्र संगीत-निर्देशक बने और हिन्दी सिनेमा के महानतम संगीतकारों में शामिल हैं। हेमन्त कुमार खुद ही उन्हें स्वतंत्र होने के लिए उकसाने लगे थे—''रवि! अब बहुत सीख लिया! अब तुम्हें अपने बलबूते पर संगीत देना शुरू कर देना चाहिए!'' उन्होंने निर्माताओं से रवि के नाम की सिफारिश करके उन्हें कुछ फिल्में भी दिलवाईं। ऐसा गुरु, ऐसा शुभचिन्तक दोस्त आज कहाँ मिलेगा? रवि उन्हें हमेशा श्रद्धा और कृतज्ञता की भावना के साथ याद किया करते थे।

अगले दो वर्षों की बहुत सारी फिल्मों में लेखक-निर्देशक ओ.पी. दत्ता की 'लगन' (1955) भी शामिल थी। नलिनी जयवन्त और सज्जन की मुख्य भूमिकाओं वाली इस फिल्म में राग पीलू पर आधारित खुद हेमन्त कुमार का एक बड़ा सुरीला गीत था—'मुहब्बत की जुबाँ चुप है, सितारों तुम भी चुप रहना'। ताल कहरवा केमठा में ढला यह गीत आत्मा की गहराइयों में उतर जाने वाला गीत है। उन्हीं की आवाज में दर्दभरा 'बहाए चाँद ने आँसू जमाना चाँदनी समझा' और लता के 'मुझे नजर से उतार के भी न चैन पाया तो क्या करोगे', 'पी की लगन में' और 'ले जा आज तेरी याद की निशानी'

फिल्म के अन्य लोकप्रिय गीत थे। इन गीतों को राजेन्द्र कृष्ण ने लिखा था।

इस वर्ष की अन्य तीन फिल्में 'बहू', 'भागवत महिमा' और 'बंदिश' कोई खास हंगामा नहीं कर पाईं। निर्माता-निर्देशक शक्ति सामन्त की निर्देशक के रूप में पहली फिल्म 'बहू' (1955) में खुद हेमन्त कुमार के 'छोड़ दे नैया भंवर में' और लता के 'ऐ दर्द-ए-जिगर फरियाद न कर' और 'अंग-अंग में उमंग' के साथ तलत और गीता दत्त के दो लुभावने डुएट 'ठंडी हवाओं में' और 'देखो देखो जी बलम देखो' शामिल थे। फिल्मिस्तान की 'भागवत महिमा' (1955) में हेमन्त कुमार के दो भजनों 'भगवत भगवान की है आरती' और 'दिगन्त नाथ देवता' के साथ-साथ उन्हीं के 'इसी भाँति सागर कहानी कहता आता है' जैसे कुछ लोकप्रिय गीत थे। सत्येन बोस द्वारा निर्देशित 'बंदिश' (1955) में लता के खूब लोकप्रिय 'झूमती जवानी है रुत मस्तानी है' और 'तुम्हारी याद में' के साथ-साथ हेमन्त कुमार का 'ये दुनिया एक सागर है' और रफी का धमाकेदार 'ले लो जी हमारे गुब्बारे' शामिल थे।

इन दो वर्षों में हिन्दी की ग्यारह फिल्मों के साथ-साथ हेमन्त कुमार ने नौ बंगाली फिल्मों में भी संगीत दिया था। बम्बई में खूब धूम मचाने के बावजूद वे अपनी जड़ों को नहीं भूले थे और बड़ी निष्ठा से बंगाली सिनेमा से जुड़े हुए थे। कलकत्ता में उनकी लोकप्रियता देखते ही बनती थी। पूरे पश्चिम बंगाल में उन्हें संगीत के किसी देवता की तरह देखा जाता था। भला हिन्दी फिल्मों में खूब सफल होने के बाद हेमन्त कुमार अपने इन बंगाली प्रशंस्कों को कैसे भूल जाते? इसलिए उनका एक पाँव बम्बई में होता था तो दूसरा कलकत्ता में। उन दिनों विमान यात्रा इतनी सुगम भी नहीं थी। जेट विमान तो थे ही नहीं, डकोटा और बिस्काउंट विमानों को बम्बई से कोलकाता आते-जाते हुए रास्ते में ईंधन भरवाने के लिए रुकना पड़ता था। हेमन्त कुमार दिन भर बम्बई के रिकॉर्डिंग स्टूडियो में काम करने के बाद शाम को कलकत्ता का विमान पकड़ते और अगली सुबह वहाँ पहुँचते। वहाँ दिन भर बंगाली फिल्मों के लिए गीतों की रिकॉर्डिंग के बाद वे एक बार फिर शाम को विमान पकड़ते और अगले दिन सुबह बम्बई लौटते। रोज-रोज के इस आने-जाने के कारण इंडियन एयरलाइन्स उन्हें 'डेली पैसेंजर' कहने लगी थी (तब दूसरी एयरलाइन्सें भी नहीं थीं)। एक बार उन्हें इंडियन एयरलाइन्स की तरफ से 'सर्वश्रेष्ठ यात्री' का पुरस्कार भी मिला था—उनके और उनकी पत्नी के लिए बम्बई से कलकत्ता आने-जाने का मुफ्त टिकट!

⋆

1955-56 के दो वर्षों में हिन्दी और बंगाली की मिलाकर कुल बीस फिल्में, जिससे सचमुच बहुत ज्यादा व्यस्तता थी। स्वभाविक था कि इनमें से ज्यादातर फिल्में 'नागिन' द्वारा स्थापित संगीत के ऊँचे मापदंडों को नहीं छू पाईं। प्रदीप कुमार और वैजयन्तीमाला की जोड़ी की 'अनजान' (1956) का एक गीत 'चँदनिया नदिया बीच नहाए, कि चंचल जल में आग लगाए' (हेमन्त कुमार) तो सीधे-सीधे 'नागिन' के 'तेरे द्वार खड़ा इक जोगी' का ही दुहराव था। फिर भी बॉक्स ऑफिस पर अच्छी चलने वाली इस फिल्म में लता के कई लोकप्रिय गीत थे—'ये दुनिया बड़ी बेवफा', 'दिन छुप गया निकले तारे', 'कहाँ छोड़के चला है तू', 'सावन की आई है बहार' और 'होली की आई बहार'। रफी का 'सबसे महंगी चीज मुहब्बत' भी खूब लोकप्रिय हुआ था। इस फिल्म के गीत भी राजेन्द्र कृष्ण ने लिखे थे।

बहुत कम लोग जानते हैं कि मशहूर निर्माता-निर्देशक एस.डी. नारंग ने अपने कैरियर की शुरुआत सुपरहिट फिल्म 'खजांची' के हीरो के रूप में की थी। उनके द्वारा निर्मित-निर्देशित 'अरब का सौदागार' (1956) में भी हेमन्त कुमार का संगीत था। इस फिल्म में खुद हेमन्त कुमार और आशा भोंसले का एक सुपरहिट डुएट था—'ये महफिल सितारों की, रात ये बहारों की'। हेमन्त कुमार का 'तेरा ही सहारा है दो जहान वाले' और उनका और गीता दत्त का दो वर्जनों वाला 'मुहब्बत का नतीजा हमने' फिल्म के अन्य लोकप्रिय गीत थे। यह भी बहुत कम लोगों को मालूम है कि हेमन्त कुमार के सहायक और बाद के दिनों के जाने-माने संगीतकार रवि उन दिनों गीत-लेखन पर भी हाथ आजमाते रहते थे। (बहुत बाद में उन्होंने कुछ गीत गाए भी थे।) उन्हीं द्वारा लिखा गया 'हमारा वतन' (1956) का एक डुएट खूब लोकप्रिय हुआ था—'ये शोख सितारे करते हैं इशारे' (हेमन्त-आशा)। हेमन्त कुमार के संगीत से सजी इस फिल्म में प्रेमनाथ और बीना राय मुख्य भूमिकाओं में थे। निर्देशक थे जयन्त देसाई। एस.डी. नारंग की 'अरब का सौदागर' के गीत एस.एच. बिहारी ने लिखे थे।

जाने-माने निर्माता-निर्देशक बी.आर. चोपड़ा के अपने बैनर की पहली फिल्म 'एक ही रास्ता' (1956) हेमन्त कुमार के संगीत से सजी एक सुपरहिट फिल्म थी। अशोक कुमार, मीना कुमारी और सुनील दत्त की मुख्य भूमिकाओं वाली इस फिल्म में उन्होंने बड़ा सुरीला और उच्च कोटि का संगीत दिया था। भैरवी राग पर आधारित उनका अपना गीत 'चली गोरी पी के मिलन को चली' फिल्म का सबसे यादगार गीत था। लता के साथ उनके तीन डुएट 'साँवले सलोने आए दिल बहार के', 'सो जा नन्हे मेरे तू सो जा' और 'चमका बनके अरमान का तारा' भी खूब लोकप्रिय हुए थे। लता

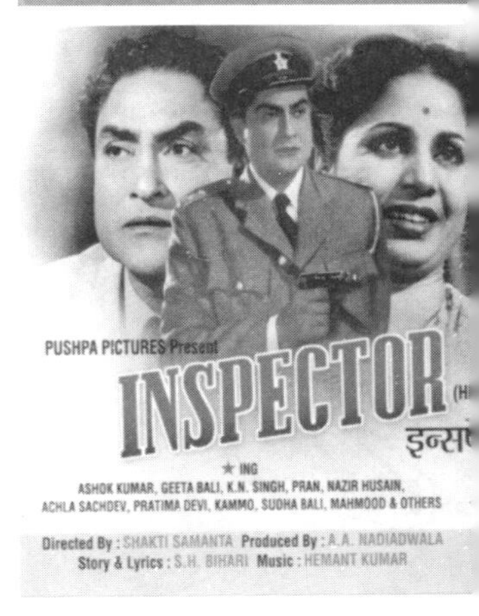

का 'बेकस की आबरू को नीलाम करके छोड़ा' भी बहुत मर्मस्पर्शी गीत था। इन खूबसूरत गीतों को मजरूह सुल्तानपुरी ने लिखा था।

अपने इस शुरुआती दौर में हेमन्त कुमार मैंडोलिन, बाँसुरी और क्ले-वायलिन के मोहक ऑर्केस्ट्रेशन का बहुत ज्यादा प्रयोग करते थे। लेकिन वे इसे गायक-गायिका की आवाज पर हावी नहीं होने देते थे। उनके गीतों में मधुरता और सुरीलेपन पर बहुत ज्यादा जोर रहता था।

प्रदीप कुमार और मीना कुमारी की मुख्य भूमिकाओं वाली 'बन्धन' (1956) के संगीत में पूरी तरह खुद हेमन्त कुमार ही छाए हुए थे। ये सभी गीत भजन और भक्ति-गीतों की शक्ल में थे—'जो मिलता है भगवान से', 'जैसे पानी छुपा धारा में', 'दूल्हा राम सिया दुलारी' (बेला मुखर्जी के साथ युगल-गीत), 'करे न जो बन्दों से प्यार' इत्यादि। ये सभी गीत बाँसुरी और सितार के मोहक सुरों से सजे हुए थे। लता का 'वृन्दावन की कुंज गलिन में डोले राधा बावरिया' भी बड़ा प्यारा गीत था। इसी तरह मोतीलाल और गीताबाली की मुख्य भूमिकाओं वाली 'लालटेन' (1956) में 'दिल से हैं शहजादे' (हेमन्त), 'ओ लिली लिली' (गीता दत्त-एस. बलबीर) और 'कभी अकड़ के बात न करना' जैसे गीत थे। ये दोनों फिल्में बॉक्स ऑफिस पर फ्लॉप साबित हुईं।

इसी वर्ष की एक और फिल्म 'ताज' में न सिर्फ प्रदीप कुमार और वैजयन्तीमाला की हिट जोड़ी थी बल्कि निर्देशक भी वही 'नागिन' वाले नन्दलाल जयवन्त लाल थे। लेकिन कमजोर पटकथा इस फिल्म को भी ले डूबी। हेमन्त कुमार का संगीत फिल्म का इकलौता आकर्षण था। उनके खुद के गाए दोनों गीत 'गोरी बुलाए तेरा साँवरिया' (राग सारंग) और 'झूम-झूमके चली अकेली' काफी लोकप्रिय हुए थे। फिल्म में लता के भी कई मधुर गीत थे—'तुम संग लागे पिया मोरे नैन', 'इक बात बता दे जोगी', 'बंसी की धुन सुन', 'जहाँ में आई दीवाली' और 'ये कैसा तूफान उठा'। रफी के साथ उनका युगल-गीत 'बाँसुरिया फिर से बजा दो कान्हा' तो उनके अमर गीतों में शामिल है। फिल्म के गीत राजेन्द्र कृष्ण ने लिखे थे।

शक्ति सामन्त द्वारा निर्देशित 'इंस्पेक्टर' (1956) बॉक्स ऑफिस पर अच्छी चलने वाली फिल्म साबित हुई। अशोक कुमार और गीताबाली की मुख्य भूमिकाओं वाली इस फिल्म में हेमन्त कुमार का एक यादगार गीत था—'दिल छेड़ कोई ऐसा नगमा गीतों में जमाना खो जाए'। राग जौनपुरी पर आधारित दो पहलुओं वाले इस गीत में पियानो के सुरों का बड़ा मोहक प्रयोग किया गया था। लता का 'मेरा अकेला जिया कैसे लागे न पिया' भी खूब लोकप्रिय हुआ था, जिसे हेमन्त कुमार के आलाप और दोनों की साथ-साथ सीटियों की आवाज ने और भी लुभावना बना दिया था। हेमन्त कुमार को दो पहलू वाले गीतों का बहुत ज्यादा शौक था।

फिल्मिस्तान की महत्त्वाकांक्षी रंगीन (गोवाकलर) फिल्म 'दुर्गेश नंदिनी' (1956) में हेमन्त कुमार ने ऐसा मंत्रमुग्ध कर देने वाला और यादगार संगीत दिया कि इस फिल्म को हम 'नागिन' और 'साहब बीवी और गुलाम' के बाद उनकी तीसरी सबसे महत्त्वपूर्ण फिल्म मानते हैं। प्रदीप कुमार, नलिनी जयवन्त, बीना राय और अजीत की मुख्य भूमिकाओं से सजी और विभूति मिश्र द्वारा निर्देशित इस फिल्म के संगीत पर पूरी तरह लता मंगेशकर छाई हुई थीं। उनके एक से एक सुरीले गीतों में उनका एक बेहद खूबसूरत गीत शामिल था—'कहाँ ले चले हो बता दो मुसाफिर, सितारों से आगे ये कैसा जहाँ है' (राग सिन्धु भैरवी)। उनके अन्य सदाबहार गीतों में 'चाँद निकलेगा जिधर हम न उधर देखेंगे', 'मत मारो श्याम पिचकारी', 'मेरी मजबूरियों पे मुस्कराने वाले' और 'चन्दन की नैया पे होके सवार' (जिसे खुद हेमन्त कुमार ने भी ऑर्केस्ट्रेशन के बिना गाया था)। लता और हेमन्त का होली गीत 'प्यार के रंग में सैयाँ मोरी रंग दे चुनरिया' भी खूब लोकप्रिय हुआ था। फिल्म में आशा भोंसले के भी दो गीत थे—'कैसे मैं आऊँ पिया' और 'रात अंधेरी डर लागे'। राजेन्द्र कृष्ण के गीतों वाली यह भव्य फिल्म चली जरूर, पर बॉक्स ऑफिस पर कोई बड़ा धमाका नहीं कर सकी।

पिछले तीन वर्षों की तरह 1957 भी हेमन्त कुमार की बहुत सारी फिल्मों का वर्ष साबित हुआ। इनमें से पहली थी सत्येन बोस द्वारा निर्देशित और अशोक कुमार, बीना राय, किशोर कुमार और नन्दा की मुख्य भूमिकाओं वाली 'बन्दी' (1957)। इस फिल्म का एक गीत 'चुप हो जा ये अमीरों के सोने की घड़ी है' हफ्तों तक 'बिनाका गीतमाला' की चोटी पर रहा। 'घर की रौनक है घरवाली' (किशोर-गीता दत्त) और 'ये मस्त नजर शोख अदा किसके लिए है' (हेमन्त-गीता दत्त) भी खूब लोकप्रिय हुए। बॉक्स ऑफिस पर भी भरपूर सफल रही इस फिल्म के गीत राजेन्द्र कृष्ण, प्रेम धवन और रवि ने लिखे थे। प्रदीप कुमार और माला सिन्हा की मुख्य भूमिकाओं वाली 'फैशन' (1957) में भी हेमन्त कुमार का धूम मचाने वाला संगीत था। फिल्म के दो लुभावने युगल-गीतों 'बहारों से पूछो नजारों से पूछो' (हेमन्त-लता) और 'तुम और हम भूलके गम' (हेमन्त-गीता दत्त) के साथ-साथ 'धरती की गोद में' (हेमन्त), 'माँ को लजाना न' (हेमन्त-बेला मुखर्जी), 'होंठों पे तेरा नाम तू ही मेरा श्याम' (लता-गीता दत्त-हेमन्त) और बेहद लुभावना 'मदभरी हैं प्यार की पलकें, हल्के-हल्के बुँदियाँ छलकें' (लता-गीता दत्त) भी खूब लोकप्रिय हुए थे। सुलोचना कदम और मुबारक

बेगम के बहुभाषी लोकगीत 'बिन्दु नाशी दाओ मोरे हाले' ने भी खूब धूम मचाई थी। लेकिन संगीत की इस धूम के बावजूद बॉक्स ऑफिस पर यह फिल्म ठंडी ही रही।

'इंस्पेक्टर' की सफलता के बाद नाडियाडवाला की अगली फिल्म 'हिल स्टेशन' (1957) के निर्देशक भी शक्ति सामन्त थे। प्रदीप कुमार और बीना राय की मुख्य भूमिकाओं से सजी इस फिल्म में हेमन्त कुमार ने अपना मनपसन्द 'दो पहलू दो रंग' फिर से आजमाया—'नई मंजिल नई राहें नया हो कारवाँ अपना' (लता-हेमन्त) और अकेले लता की आवाज में इसके उदास वर्जन ने खूब धूम मचाई। 'वो खुशनसीब है जिसको किसी का प्यार मिला' (हेमन्त), 'मुहब्बत में तड़पने से करार आता है इस दिल को' (लता) और 'गोरी-गोरी पतली कलाई रे' (रफी-गीता दत्त) फिल्म के अन्य लोकप्रिय गीत थे। बॉक्स ऑफिस पर अच्छी चलने वाली इस फिल्म की वीसीडी-डीवीडी आज न जाने क्यों उपलब्ध नहीं हैं।

सुनील दत्त और पद्मिनी की मुख्य भूमिकाओं वाली 'पायल' (1957) हेमन्त कुमार के मधुर संगीतवाली एक कमजोर फिल्म थी। जॉसेफ टी. द्वारा निर्देशित इस फिल्म में लता के 'पिया मिलन को चली' और 'जा रे साँवले सलोने' के साथ-साथ हेमन्त कुमार के साथ उनके दो डुएट भी थे—'चलो चलें सजना' और 'ऐ मेरी मौत ठहर होश में आ लूँ'। इसी तरह आई.एस. जोहर द्वारा निर्देशित और नलिनी जयवन्त और अजीत की मुख्य भूमिकाओं वाली 'कितना बदल गया इनसान' (1957) भी एक कमजोर फिल्म साबित हुई। फिल्म के यादगार गीतों में गीता दत्त का 'जब तुम नहीं तो चाँद सितारे मैं क्या करूँ' और हेमन्त कुमार के 'है चार दिन की दुनिया' और 'पाँव बढ़ाता चल' शामिल थे। मधुबाला और प्रदीप कुमार की मुख्य भूमिकाओं वाली 'यहूदी की लड़की' भी हेमन्त कुमार की इस वर्ष की फ्लॉप फिल्मों की सूची में शामिल थी। निर्माता-निर्देशक एस.डी. नारंग की इस फिल्म का संगीत भी कुछ खास धमाका नहीं कर सका।

प्रदीप कुमार के घरेलू बैनर की फिल्म 'एक झलक' (1957) हेमन्त कुमार की एक यादगार फिल्म साबित हुई। प्रदीप कुमार और वैजयन्तीमाला की लोकप्रिय जोड़ी वाली इस हल्की-फुल्की रोमानी कॉमेडी की पटकथा जाने-माने लेखक-निर्माता-निर्देशक नासिर हुसैन ने लिखी थी। निर्देशक थे प्रदीप कुमार के भाई कालिदास। यह एक तरह से एक मल्टीकास्ट फिल्म थी, जिसमें नए-नए उभरते राजेन्द्र कुमार और अनीता गुहा के रूप में एक दूसरी जोड़ी भी थी। हेमन्त कुमार के सुपरहिट संगीत से सजी यह फिल्म बॉक्स ऑफिस पर भी अच्छी चली थी। फिल्म के लोकप्रिय गीतों में खुद हेमन्त कुमार के 'ये हँसता हुआ कारवाँ जिंदगी का न जाने चला है कहाँ' (जिसमें वैजयन्तीमाला की दिलचस्प टिप्पणियाँ भी थीं) और 'गोरी चोरी-चोरी जाना बुरी बात है, तेरी किस्मत की चाबी मेरे हाथ है' शामिल थे। उनके कुछ लुभावने डुएट 'चल बादलों से आगे कुछ और ही समाँ है' (आशा भोंसले के साथ) और 'आजा जरा मेरे दिल के सहारे दिलरुबा' (गीता दत्त के साथ और सीधे-सीधे एक पश्चिमी धुन की नकल) भी खूब चले थे। आशा के साथ उनका एक और डुएट 'बहारें भी देखीं नजारे भी देखे' सचमुच लाजवाब था लता का 'ये रात है तारों भरी' और गीता दत्त का 'आजा जरा' फिल्म के अन्य लोकप्रिय गीत थे। एक दिलचस्प तथ्य यह है कि फिल्म के दो गीतों के वर्जन रिकॉर्डों (78 आरपीएम) में मुकेश की आवाज थी—'ये हँसता हुआ कारवाँ' और 'गोरी चोरी-चोरी जाना'। मुकेश तब अपने कैरियर के गर्दिश के दौर से गुजर रहे थे। न जाने क्यों इस दिलचस्प फिल्म के वीसीडी-डीवीडी भी उपलब्ध नहीं हैं। दिवंगत अभिनेता-निर्माता प्रदीप कुमार के प्रशंसकों को इस दिशा में पहल करनी चाहिए और इस फिल्म का प्रिन्ट ढूँढ़कर उसे वीसीडी-डीवीडी के रूप में जारी करना चाहिए।

फिल्मिस्तान को मानो रंगीन फिल्मों की धुन सवार थी, जिसकी फिल्में तब गेवाकलर या टेक्नोकलर में उपलब्ध थीं। 'दुर्गेश नंदिनी' की तरह गेवाकलर में ही निर्मित 'चम्पाकली' (1957) में भारत भूषण के साथ बंगाल की सुन्दरी और बहुचर्चित अभिनेत्री सुचित्रा सेन थीं और निर्देशक थे जाने-माने नन्दलाल जसवन्तलाल। इस फिल्म के लिए हेमन्त कुमार ने लता के कई सुरीले गीत रचे। इनमें से सबसे ज्यादा लोकप्रिय हुआ राग झिंझोटी पर आधारित सदाबहार 'छुप गया कोई रे दूर से पुकार के, दर्द अनोखे हाय दे गया प्यार के'। लता के अन्य गीतों में 'न जाने ये चन्दा न जाने ये सितारे', 'खुली हवा में डोले रे' और 'तेरे बादलों की खैर' शामिल थे। मन्ना डे के साथ उनका डुएट 'आ जाओ रसिया सावन के दिन आए' और हेमन्त कुमार का 'जो मेरे साईं बाबा' फिल्म के अन्य लोकप्रिय गीत थे। भरपूर अपेक्षाएँ जगाने के बावजूद यह फिल्म बॉक्स ऑफिस पर कुछ खास नहीं चली। निर्देशक नन्दलाल जसवन्तलाल 'अनारकली' और 'नागिन' की जबर्दस्त सफलता को फिर कभी भी नहीं दोहरा पाए।

त और बेला अफ्रीका मेंकृष्ण कन्हैया'

हेमन्त बी.बी.सी. पर गाते हुए

1957 में रिलीज होने वाली हेमन्त कुमार की नौवीं और आखिरी फिल्म 'मिस मैरी' इस वर्ष की उनकी सबसे बड़ी हिट भी थी। मद्रास (अब चेन्नई) के प्रतिष्ठित स्टूडियो ए.वी.एम. द्वारा निर्मित इस फिल्म में मीना कुमारी के साथ जेमिनी गणेशन मुख्य भूमिकाओं में थे। फिल्म में किशोर कुमार की भी एक दिलचस्प भूमिका थी। जहाँ तक धूम मचाने की बात है तो 'नागिन' के बाद हेमन्त कुमार के इसी फिल्म के संगीत ने सबसे ज्यादा धूम मचाई। राग दुर्गा पर आधारित रफी और लता का 'वृन्दावन का कृष्ण कन्हैया सबकी आँखों का तारा' तो आज तक जन्माष्टमी के अवसर पर बजाया जाता है। खुद हमें भी यह भजन इतना पसन्द है कि हमने अपने लोकप्रिय टेली-सीरियल 'बिखरी आस निखरी प्रीत' के जन्माष्टमी वाले एपिसोड में इसे कनिका बाजपेयी और मिलिन्द गुनाजी पर फिर से फिल्माया, जिसे दर्शकों ने भी खूब पसन्द किया। 'मिस मैरी' के अन्य यादगार गीतों में लता के 'सो गया सारा जमाना नींद क्यों आती नहीं' के साथ-साथ रफी के साथ उनका सदाबहार युगल-गीत 'ओ रात के मुसाफिर, चन्दा जरा बता दे' भी शामिल था। फिल्म के अन्य गीतों—'सैयाँ लग जा गले' (लता), 'आई रे घिर-घिर पहली-पहली बदरिया' (गीता दत्त), 'गाना न आया बजाना न आया' (किशोर) और 'सखी री सुन बोले पपीहा उस पार' (लता-आशा)—ने भी खूब धूम मचाई थी। लेकिन फिल्म का सबसे दिलचस्प और अनूठा गीत था लता और रफी का दो पहलू दो रंगवाला 'ये मर्द बड़े बेदर्द बड़े'—जो उस जमाने के कॉलेज के लड़के-लड़कियों में खूब लोकप्रिय हुआ था। राजेन्द्र कृष्ण के गीतों वाली इस फिल्म का एक दिलचस्प पहलू यह भी था कि इस सुपरहिट संगीत से सजी फिल्म में खुद हेमन्त कुमार ने एक भी गीत नहीं गाया था।

नए वर्ष में हेमन्त कुमार की पहली फिल्म 'चाँद' (1958) में एक बार फिर लता के कुछ सुहाने गीत सुनने को मिले। इनमें 'खोई-खोई अखियाँ नींद बिना', 'ऐ बादलो रिमझिम के गीत लिए' और 'आजा चाँदनी हमारी गली' सचमुच मंत्रमुग्ध कर देने वाले गीत थे। इन गीतों को भी राजेन्द्र कृष्ण ने लिखा था। प्रदीप कुमार के घरेलू प्रोडक्शन की अगली फिल्म 'पुलिस' (1958) शक्ति सामन्त द्वारा निर्देशित एक क्राइम-थ्रिलर फिल्म थी। फिल्म के अलग तरह के विषय को देखते हुए हेमन्त कुमार ने अपनी ही एक बंगाली धुन 'तुमी जे आमार' ('हरनो सुर') में एस.डी. बर्मन के 'चुप है धरती चुप हैं चाँद सितारे' ('हाउस नं. 44') की धुन को मिलाकर एक सुपरहिट डुएट 'चले हम कहाँ' (हेमन्त-गीता दत्त) रच डाला। लेकिन साथ ही हॉलीवुड से भी उन्होंने इतना मसाला चुराया कि वहाँ की कम्पनियों ने उन पर मुकदमा ही ठोंक दिया। जाने-माने वकील और काँग्रेस नेता रजनी पटेल ने बड़ी मुश्किल से समझौता कराकर उन्हें इस मुसीबत से बचाया। इस फिल्म में मजरूह सुल्तानपुरी और नीलकान्त तिवारी के गीत थे। इसी वर्ष की एक और फिल्म 'सहारा' (1958) में भी हेमन्त कुमार के कई लोकप्रिय गीत थे। लेकिन 'बनके सुहागन रही अभागन' (लता), 'मुझे तर्क-ए-ताल्लुक के लिए' (सुधा मल्होत्रा), 'छमछम चले वो माँ' (लता) और 'हर दुखड़ा सहनेवाली' (हेमन्त-बेला मुखर्जी) जैसे इन लोकप्रिय गीतों के बावजूद यह फिल्म बुरी तरह पिट गई। इस पारिवारिक फिल्म के गीतकार भरत व्यास थे। इस वर्ष हेमन्त कुमार की चौथी और आखिरी फिल्म 'दो मस्ताने' (1958) भी एक कमजोर फिल्म साबित हुई, जिसमें याद करने लायक कुछ भी नहीं था। अगले वर्ष 1959 में तो हेमन्त कुमार की सिर्फ एक ही फिल्म रिलीज हुई—'हम भी इनसान हैं' कुछ सुपरहिट गीतों—'फुलवा बिन महके' (गीता दत्त-सुमन कल्याणपुर) और 'गोरी तोरे नटखट नैन' (सुबीर सेन-गीता दत्त)—के बावजूद यह फिल्म भी बॉक्स ऑफिस पर कोई धमाका नहीं कर सकी।

★

पिछले कुछ वर्षों में ढेर सारी फिल्में करने के बाद हेमन्त कुमार की फिल्मों की संख्या एकाएक क्यों गिर गई थी? इसके पीछे उनकी प्रतिष्ठा या माँग में कोई कमी न होकर बिलकुल दूसरी तरह के कारण थे। वे फिल्मिस्तान स्टूडियो के निमंत्रण पर ही बम्बई आए थे और शुरुआती वर्षों में फिल्मिस्तान उनका एक मजबूत आधार-स्तम्भ रहा था। लेकिन पिछले दो-तीन वर्षों से यह महान स्टूडियो बिखरने लगा था। मालिकों में मतभेद पैदा हो गए थे और स्टूडियो के एक प्रमुख आधार स्तम्भ एस. मुखर्जी ने फिल्मिस्तान से अलग होकर अपना खुद का फिल्मालय स्टूडियो स्थापित कर लिया था। यह सब देखकर हेमन्त कुमार बहुत विचलित हो गए थे और अपना खुद का प्रोडक्शन हाउस शुरू करने की सोचने लगे थे। इस बीच वे कलकत्ता में भी कुछ ज्यादा ही व्यस्त रहे थे और बहुत-सी सुपरहिट बंगाली फिल्मों के संगीत से जुड़े रहे थे। इनमें 'ताशेर घर', 'हरनो सुर', 'लुकोचोरी', 'मरुतीर्थ हिंगलज', 'दीप जले जाए', 'कुहक', 'सोना हरिन', 'शेष पोरजांतो', 'स्वरलिपि', 'मध्य रात्रे तारा' और 'शप्तपदी' जैसी प्रसिद्ध फिल्में शामिल थीं। जल्दी ही उन्होंने अपने फैसले पर अमल करते हुए अपना खुद का बैनर पहले 'हेमन्त-बेला प्रोडक्शन और फिर 'गीतांजलि' के नाम से स्थापित कर लिया। इस बैनर की पहली फिल्म 'नील आकाशेर नीचे' (1959) नामक बंगाली फिल्म थी। मृणाल सेन द्वारा निर्देशित यह फिल्म आजादी की लड़ाई के दौरान कलकत्ता के एक चीनी ठेलेवाले की व्यथा-कथा पर आधारित थी। इस फिल्म को वर्ष की सर्वश्रेष्ठ फिल्म के लिए राष्ट्रपति का स्वर्ण पदक भी मिला था, जो हेमन्त कुमार और उनके नए

बैनर के लिए बड़े गर्व की बात थी। जैसाकि स्वाभाविक था, इस बंगाली फिल्म में भी हेमन्त कुमार का संगीत था। 1959 में ही हेमन्त कुमार अपनी पत्नी बेला के साथ इंग्लैंड और अफ्रीका के दौरे पर भी गए थे, जहाँ भारतीय मूल के लोगों ने उनका भरपूर सत्कार किया था। हेमन्त कुमार ने बीबीसी रेडियो पर कुछ गीत भी गाए थे।

खुद भी एक फिल्म निर्माता बन जाने के कारण अब हेमन्त कुमार से पहले की तरह बहुत सारी फ़िल्मों में संगीत देने की अपेक्षा नहीं की जा सकती थी। 1960 में उनकी दो फिल्में रिलीज हुईं—'गर्लफ्रेंड' और 'दुनिया झुकती है'। पुराने दोस्त सत्येन बोस द्वारा निर्देशित 'गर्लफ्रेंड' (1960) में किशोर कुमार के साथ वहीदा रहमान मुख्य भूमिका में थीं। इस फिल्म में पहली बार महान शायर साहिर लुधियानवी और हेमन्त कुमार का साथ हुआ और दोनों ने मिलकर कई यादगार गीत रचे। इनमें किशोर कुमार और सुधा मल्होत्रा का बेहद सुरीला और सदाबहार युगल-गीत भी शामिल था—'कश्ती का खामोश सफर है, शाम भी है तन्हाई भी, दूर किनारे पर बजती है लहरों की शहनाई भी, आज मुझे कुछ कहना है'। साहिर ने दिल की गहराइयों में डूबकर जितनी खूबसूरती से यह गीत लिखा था, किशोर और सुधा ने उतनी ही खूबसूरती से इसे गाया भी। दोनों प्रेमियों की हिचकिचाहट को व्यक्त करती हुई एक खूबसूरत पंक्ति थी—'आज नहीं तो कल कह लेंगे अब तो साथ ही रहना है'। हमें अपने मशहूर टीवी सीरियल 'बिखरी आस निखरी प्रीत' के एक एपिसोड के लिए इस गीत को वाराणसी के गंगा घाट पर फिर से फिल्मांकित करते हुए सचमुच ही बहुत मजा आया। निर्देशक लेख टंडन ने इस पवित्र और मनोरम स्थल पर फिल्माए गए इस दृश्य में मानो जान ही फूँक दी। जहाँ तक 'गर्लफ्रेंड' की बात है, इस फिल्म में किशोर का एक बेहद मर्मस्पर्शी दर्द भरा गीत भी था—'आज रोना पड़ा तो समझे हँसने का मोल क्या है'। इस खूबसूरत गीत को आज लगभग भुला ही दिया गया है! कभी मौका लगे तो इसे एक बार सुनकर देखिए!

शकील बदायूँनी और हेमन्त कुमार

वाडिया फिल्म्स की 'दुनिया झुकती है' (1960) को भले ही भुला दिया गया हो, लेकिन इसमें हेमन्त कुमार और गीता दत्त का एक भुलाया न जा सकने वाला युगल-गीत था—'गुमसुम-सा ये जहाँ, ये रात ये समाँ'। इसके बाद लगभग दो वर्ष के अन्तराल से रिलीज हुई लेखराज भाखड़ी की 'माँ बेटा' (1962) में तो हेमन्त कुमार के कई सुरीले गीत थे। इनमें उन्हीं के बंगाली हिट गीत 'मन मेरो मेघेरे संगिनी' पर आधारित 'मन मेरा उड़ता जाए बादल के संग' (लता) के साथ-साथ 'वो कौन-सी मुश्किल है' (रफी) और तीन लुभावने डुएट—'मैंने कहा ऐ जी मैंने कहा' (लता-मुकेश), 'मुहब्बत जिसको कहते हैं वो इक धड़कन पुरानी है' (लता हेमन्त) और 'छन-छन छन-छन पायल छनके' (लता-मन्ना डे)—शामिल थे।

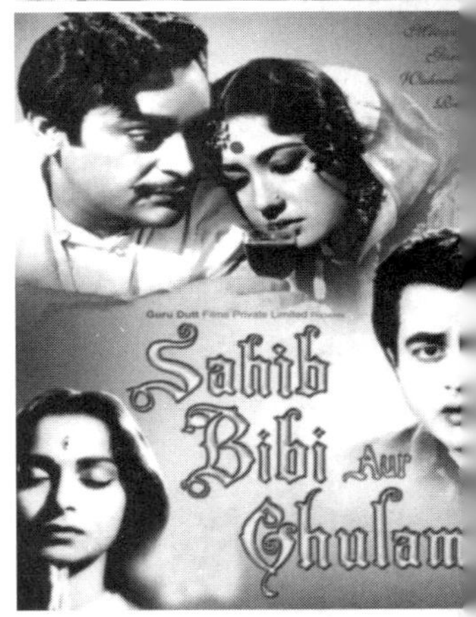

1961 में हेमन्त कुमार के संगीत से सजी एक भी हिन्दी फिल्म रिलीज नहीं हुई क्योंकि वे अपने गीतांजलि बैनर की पहली और महत्त्वाकांक्षी फिल्म 'बीस साल बाद' (1962) के निर्माण में व्यस्त थे। एक हिन्दी फिल्म बनाने का फैसला करने के बाद सबसे पहला प्रश्न उनके मन में यह उठा कि किस तरह की फिल्म बनाई जाए। उनके बैनर द्वारा निर्मित पहली बंगाली फिल्म 'नील आकाशेर नीचे' एक यथार्थवादी और प्रयोगात्मक फिल्म थी। लेकिन हिन्दी की फिल्मी दुनिया एक अलग तरह की दुनिया थी और वे अपनी पहली ही फिल्म में कोई बड़ा जोखिम नहीं उठाना चाहते थे। जाने-माने कला निर्देशक बिरेन नाग ने उन्हें सुझाव दिया कि बैनर की पहली फिल्म एक सस्पेंस थ्रिलर होनी चाहिए। उन्होंने हेमन्त कुमार को सर ऑर्थर कॉनन डायल द्वारा रचित मशहूर शर्लोक होम्ज सीरीज के एक जासूसी उपन्यास 'द हाउस ऑफ बास्कर विले' की कहानी इतने दिलचस्प अन्दाज में सुनाई कि हेमन्त कुमार ने उन्हीं को इस फिल्म का निर्देशन सौंपने का फैसला कर लिया। फिल्म का नाम भी खूब सोच-समझकर रखा गया—'बीस साल बाद'। हेमन्त कुमार बंगाली फिल्म इंडस्ट्री में उभर रहे नए अभिनेता विश्वजीत से बहुत ज्यादा प्रभावित थे, इसलिए उन्होंने उन्हीं को अपनी पहली हिन्दी फिल्म का नायक बनाने का फैसला कर लिया। नायिका के रूप में वहीदा रहमान को चुन लिया गया। संगीत तो उनका अपना था ही, फिल्म के गीतकार के रूप में शकील बदायूँनी को ले लिया गया—जिनके गीतों से हेमन्त कुमार बहुत ज्यादा प्रभावित थे और काफी समय से उनके साथ काम करना चाह रहे थे। इस पूरी टीम ने मिलकर एक ऐसी फिल्म बनाई जिसने बॉक्स ऑफिस पर खूब धूम मचाई और हेमन्त कुमार के बैनर 'गीतांजलि' को मजबूती से स्थापित कर दिया।

फिल्म के पहले गीत—जो एक भटकती आत्मा द्वारा बदला लेने की कहानी पर आधारित इस फिल्म का थीम-गीत भी था—को रिकॉर्ड करने का समय आया तो पता चला कि सुरों की मलिका लता मंगेशकर लम्बी बीमारी से उठी थीं और उन्हें लगता था कि उनका गला ठीक नहीं था। हेमन्त कुमार उनके अलावा किसी और से यह गीत गवाने की कल्पना भी नहीं कर पा रहे थे। लिहाजा उन्होंने लता मंगेशकर को यूँ ही रिहर्सल के लिए बुलाया और उन्हें बताए बिना चुपके से इस रिहर्सल को रिकॉर्ड कर लिया। बाद में जब उन्होंने यह रिकॉर्डिंग लता को सुनाई तो वे अपनी मधुर आवाज को सुनकर दंग रह गईं। उनका खोया हुआ आत्मविश्वास लौट आया और वे इस गीत की रिकॉर्डिंग के लिए तैयार हो गईं। यह अमर गीत था—'कहीं दीप जले कहीं दिल, जरा देख ले आकर परवाने तेरी कौनसी है मंजिल'। इस गीत में शकील बदायूँनी के जितने खूबसूरत बोल थे और हेमन्त कुमार ने जितनी खूबसूरत इसकी धुन बनाई थी, लता ने उतने ही खूबसूरत अन्दाज में इसे गाया भी था। यह गीत उनके सबसे लोकप्रिय और महानतम गीतों में शामिल हो गया। इतना ही नहीं, अपने पार्श्व-गायन के पच्चीस वर्ष पूरे होने पर उन्होंने अपने दस सर्वश्रेष्ठ गीतों में इस गीत

को भी शामिल किया। फिल्म के अन्य गीत भी एक से बढ़कर एक थे। हेमन्त कुमार के दोनों गीतों 'बेकरार करके हमें यूँ न जाइए' (दादरा ताल पर आधारित) और 'जरा नजरों से कह दो जी, निशाना चूक न जाए' (जिसमें बीच-बीच में उनके दिलचस्प संवाद भी थे) ने खूब धूम मचाई थी और उनके सबसे लोकप्रिय गीतों में शामिल हैं। लता का 'सपने सुहाने लड़कपन के, मेरे नैनों में डोलें बहार बनके' भी बेहद मधुर और मोहक गीत था और हिन्दी सिनेमा के प्रतीक-गीतों में शामिल है। लता का एक और खूबसूरत गीत 'ऐ मुहब्बत मेरी दुनिया में तेरा काम न था' नौशाद की शैली की छाप लिए था। (शायद यह उनके नियमित गीतकार शकील बदायूँनी के साथ काम करने का प्रभाव था!) 'बीस साल बाद' एक खूबसूरत और दिलचस्प फिल्म थी। यह फिल्म और इसका संगीत हिन्दी फिल्मों के इतिहास में एक मील के पत्थर से कम नहीं है।

गुरुदत्त की 'साहब बीवी और गुलाम' (1962) भी ऐसी ही एक उत्कृष्ट और मील का पत्थर फिल्म थी—बल्कि इससे भी बढ़कर, क्योंकि यह बंगाली के महान उपन्यासकार बिमल मित्र की इसी नाम की बहुचर्चित साहित्यिक कृति पर आधारित थी। बंगाल के धनी जमींदारों और उनकी शानोशौकत भरी लेकिन बदनाम हवेलियों की संस्कृति और इसके धीरे-धीरे खंडित होते साम्राज्य पर केन्द्रित इस मर्मस्पर्शी और नाटकीय कथा को एक हिन्दी फिल्म के रूप में फिल्माने का फैसला महान अभिनेता-निर्माता-निर्देशक गुरुदत्त का एक साहसिक कदम था। लेकिन उन्होंने इसका निर्देशन खुद करने की बजाय पटकथा-संवाद लेखक अबरार अल्वी को ही सौंप देना ठीक समझा। शायद वे अपने द्वारा निर्देशित 'कागज के फूल' की जबर्दस्त विफलता से पैदा हुई निराशा से उबर नहीं पा रहे थे। इससे पहले उनके द्वारा निर्मित 'चौदहवीं का चाँद' (1960) के निर्देशक भी वे खुद न होकर एम. सादिक थे। 'साहब बीवी और गुलाम' उनके बैनर की सबसे प्रतिष्ठित फिल्म साबित हुई, जिसे हिन्दी सिनेमा की सबसे गौरवशाली और महानतम उपलब्धियों में गिना जाता है। 'ट्रेजिडी क्वीन' मीना कुमारी, गुरुदत्त, वहीदा रहमान और रहमान की मुख्य भूमिकाओं से सजी इस फिल्म को आज एक 'क्लासिक' के रूप में देखा जाता है और अपनी पहली रिलीज पर बॉक्स ऑफिस पर कोई बड़ा धमाका न करने के बावजूद इसकी लोकप्रियता समय के साथ निरन्तर बढ़ती ही रही है।

जहाँ तक 'साहब बीवी और गुलाम' के संगीत की बात है तो इस फिल्म का संगीत उतना ही महान था जितनी कि खुद बिमल राय की मूल कृति या इस पर गुरुदत्त द्वारा निर्मित और अबरार अल्वी द्वारा निर्देशित यह फिल्म—शायद हेमन्त कुमार का महानतम संगीत! फिल्म के संगीत पर पूरी तरह गीता दत्त और आशा भोंसले छाई हुई थीं, जबकि लता मंगेशकर पूरी तरह गायब थीं। फिल्म का सबसे ज्यादा झकझोरने वाला और दिल की गहराइयों में उतरकर आत्मा में बस जाने वाला गीत था गीता दत्त का बेमिसाल—'कोई दूर से आवाज दे चले आओ'। फिल्म के विषय के अनुरूप यह गीत काल की भेंट चढ़ चुकी हवेली के खंडहरों में से और गुजरे हुए वक्त की गहराइयों में से निकलता हुआ और बड़ी तड़प और टीस के साथ पुकारता हुआ प्रतीत होता था। यह तड़प, यह टीस उस छोटी बहू की थी जो आजादी और उमंगों के साथ जीना चाहती थी, लेकिन बड़े रहस्यमय और क्रूर ढंग से इस हवेली में ही दफना दी गई। इस गीत में गीता दत्त के स्वर के साथ-साथ बाँसुरी, पियानो और वायलिन के सुर भी हवाओं में भटकते हुए प्रतीत होते थे, जो हेमन्त कुमार के अद्‌भुत सृजन का कमाल था। इस गीत की अदायगी में रहस्यमयता का अन्दाज भी देखते ही बनता था। ऐसा लगता था जैसे इस गीत में गीता दत्त ने अपनी आवाज के साथ-साथ अपनी आत्मा को भी निचोड़कर रख दिया था। निस्सन्देह यह गीत उनके महानतम गीतों में शामिल है। यह गीत जितना अलौकिक और अमूर्त था, उनका दूसरा गीत उतना ही सांसारिक, नशीला और उच्छृंखलता भरा—'न जाओ सैयाँ छुड़ाके बैयाँ कसम तुम्हारी मैं रो पडूँगी'। इस गीत के दौरान पर्दे पर मीना कुमारी की अदायगी भी देखते ही बनती थी। (जिसके लिए उन्हें वर्ष की सर्वश्रेष्ठ अभिनेत्री का फिल्मफेयर पुरस्कार भी मिला था।) इसी तरह गीता दत्त का तीसरा गीत 'पिया ऐसो जिया में समाय गयो रे कि मैं तन-मन की सुध-बुध भुला बैठी' भी गजब का गीत था। ये तीनों गीत मानो गीता दत्त के एक पार्श्व-गायिका के रूप में विदाई के प्रतीक भी थे, क्योंकि इसके बाद उन्होंने हिन्दी फिल्मों में कुछ गिने-चुने गीत ही गाए। गीता दत्त के इन तीन महान गीतों की रचना के लिए इनके जनक हेमन्त कुमार को भी नमन करना होगा, जिन्होंने आत्मीय और ईश्वरीय संगीत की जादुई सरगम बिखेर दी थी—एक-दूसरे से बिलकुल अलग तीन अद्वितीय और अद्‌भुत गीत!

गीता दत्त इन तीन असाधारण गीतों और अपनी उतनी ही असाधारण अदायगी से भले ही बाजी मार ले गई थीं, लेकिन फिल्म की दूसरी गायिका आशा भोंसले भी ज्यादा पीछे नहीं थीं। 'भंवरा बड़ा नादान हाय' हो या 'मेरी बात रही मेरे मन में'—लोकप्रियता के मामले में ये गीत भी कम नहीं थे। 'भंवरा बड़ा नादान' में तो उन्होंने अपनी आदर्श गीता दत्त की नकल उतारने की मीठी-मीठी सी गुस्ताखी भी कर दी थी। उनके दो गीत और भी थे—दोनों मुजरे—'मेरी जाँ ओ मेरी जाँ अच्छा नहीं इतना सितम' और खूब धूम मचाने वाला 'साकिया आज मुझे नींद नहीं आएगी'। ये दोनों ही मुजरे हिन्दी फिल्मों के सबसे मोहक और खूबसूरत मुजरों में शामिल हैं। यकीन करना मुश्किल है कि गीता दत्त के तीन उपरोक्त गीतों की रचना करने वाले संगीतकार ने ही ये दोनों मुजरे भी रचे थे। कितनी विविधता! खासकर 'साकिया आज मुझे नींद नहीं आएगी' तो पुरानी हवेलियों की धूमधाम, शानोशौकत और रंगरलियों का बड़ा खूबसूरत प्रतीक था। गजब के कोरस के साथ आशा भोंसले का यह मुजरा हिन्दी सिनेमा के सबसे लोकप्रिय और उत्कृष्टतम मुजरों में शामिल है। इस फिल्म के संगीत से हेमन्त कुमार ने अपनी संगीत प्रतिभा की ऐसी धाक जमा दी जिसे मिटा पाना

असम्भव है। इस संगीत के आगे 'कमाल', 'गजब' और 'अद्‌भुत' जैसे सभी शब्द फीके पड़ जाते हैं। हाँ, याद आया, इस फिल्म में खुद हेमन्त कुमार की आवाज में एक और गीत भी था—'साहिल की तरफ कश्ती ले चल'—जिसे ताँगे के अन्दर गुरुदत्त की गोद में सर रखकर लेटी मीना कुमारी पर फिल्माया गया था। लेकिन सेंसर बोर्ड ने इस गीत को काट दिया। भला पुरानी हवेली की एक खानदानी बहू किस तरह ऐसा व्यवहार कर सकती थी—भले ही नशे में! दिल को बड़ी गहराई से छू लेने वाले इस फिल्म के ये सभी गीत भी शकील बदायूँनी की कलम का कमाल थे। हेमन्त कुमार के साथ उनकी संगत खूब रंग ला रही थी।

जैसाकि आप देख रहे हैं, खुद भी एक फिल्म निर्माता बन जाने के बाद हेमन्त कुमार अब गिनी-चुनी और उत्कृष्ट फिल्मों में ही संगीत दे रहे थे—ऐसी फिल्में जो हिट रही हों या फ्लॉप, उन्हें भुलाया नहीं जा सकता। ज्योति स्वरूप द्वारा निर्देशित 'बिन बादल बरसात' (1963) भी ऐसी ही एक फिल्म थी। न सिर्फ इस सस्पेंस-थ्रिलर फिल्म का विषय उनकी रुचि के अनुरूप था, बल्कि इसके नायक भी उन्हीं की खोज विश्वजीत थे। उनके साथ मोहक-सुन्दर आशा पारिख की मुख्य भूमिका वाली यह फिल्म बॉक्स ऑफिस पर भले ही कुछ खास न चली हो, लेकिन इस फिल्म का संगीत हेमन्त कुमार के सबसे लोकप्रिय और यादगार संगीत का हिस्सा है। फिल्म का सबसे खूबसूरत और दिल में एक मीठी-मीठी सी तड़प पैदा कर देने वाला गीत था खुद हेमन्त कुमार का 'जब जाग उठे अरमाँ तो कैसे नींद आए'। एक दुर्लभ राग 'सिन्दूरा' पर आधारित इस गीत की विशिष्टता यह थी कि यह जवाँ दिलों में मचलती प्यास को बुझाता भी था और बढ़ाता भी था। जैसाकि हमने कहा, यह गीत सिन्दूरा नामक दुर्लभ राग पर आधारित था, जिस पर रचा गया सिर्फ एक और गीत हमारे ध्यान में आता है—'जलते हैं जिसके लिए, तेरी आँखों के दीए' (तलत, 'सुजाता', एस.डी. बर्मन)। बर्मन दादा के इस गीत की तरह हेमन्त कुमार का 'जब जाग उठे अरमाँ' भी शीशे में जड़ाकर रखने के काबिल है। इस गीत का मीठा नशीलापन और इसके साथ जुड़ी उतनी ही मीठी तड़प और चाह अपने-आपमें एक बेहद सुखद और मंत्रमुग्ध कर देने वाला अनुभव था। गीत की एक पंक्ति थी—'इक जाम की खातिर जैसे बेचैन हो कोई शराबी'। गीत के ऑर्केस्ट्रेशन में सितार और वायलिन के मोहक सुर भी दिल को गुदगुदाते-बहकाते हुए प्रतीत होते थे। फिल्म का दूसरा गीत भी बड़ा खूबसूरत और नशीला गीत था— हेमन्त कुमार और लता दोनों की अलग-अलग आवाज में दो पहलू-दो रंग वाला 'जिंदगी कितनी खूबसूरत है, आइए आपकी जरूरत है'। राग यमन कल्याण पर आधारित यह गीत भी एक लाजवाब कम्पोजीशन था और हेमन्त कुमार के सबसे लोकप्रिय गीतों में शामिल है। हेमन्त कुमार और लता का युगल-गीत 'इक बार जरा फिर कह दो मुझे शरमाके तुम दीवाना' भी बड़ा लुभावना गीत था। यह गीत हेमन्त कुमार के अपने ही एक बंगाली हिट गीत 'ए पोथ जो दिना शेशा' ('सप्तपदी') पर आधारित था। फिल्म के अन्य लोकप्रिय गीतों में लता और आशा दोनों की अलग-अलग आवाज में फिल्म का टाइटल-गीत 'बिन बादल बरसात न होगी', रफी और आशा का डुएट 'दिल में तेरी याद सनम' और लता का दर्द भरा 'खुशी भी मिली हमको तो गम से भरी' शामिल थे। इस फिल्म के गीत भी हेमन्त कुमार के पसन्दीदा शकील बदायूँनी ने लिखे थे।

एक निर्माता के रूप में अपनी पहली हिन्दी फिल्म 'बीस साल बाद' की धमाकेदार सफलता के बाद हेमन्त कुमार ने अपने बैनर 'गीतांजलि' की दूसरी फिल्म 'कोहरा' (1964) में भी विश्वजीत और वहीदा रहमान की सफल जोड़ी को दोहराने का फैसला किया। निर्देशक भी वही बिरेन नाग थे। यह भी एक सस्पेंस-थ्रिलर थी। लेकिन इस बार शर्लोक होम्ज की बजाय अल्फ्रेड हिचकॉक की मशहूर फिल्म 'रेबेका' से प्रेरणा ली गई। 'कोहरा' एक फिल्म के रूप में भले ही 'बीस साल बाद' जैसा प्रभाव न छोड़ पाई हो लेकिन इसका संगीत उससे बढ़कर था—और बैकग्रउंड संगीत मूल 'रेबेका' से बढ़कर! 'कोहरा' के संगीत में ऐसी सादगी भरी मोहकता और सुन्दरता थी, जिसका बखान करना मुश्किल है। इसके गीत मानो कोहरे की तरह ही फिल्म के कथानक पर छाए हुए थे। ऐसे गीत जो कोहरे की तरह ही बिना किसी हलचल के चुपचाप आपको अपनी चपेट में ले लेते हैं,अपने सम्मोहन में जकड़ लेते हैं। इसकी सबसे सुन्दर मिसाल था फिल्म का टाइटल-गीत 'झूम-झूम ढलती रात, लेके चली मुझे अपने साथ' (लता)—जिसका मधुर निमंत्रण और अद्‌भुत सम्मोहन आपको पूरी तरह मुग्ध और बेबस कर देता है। फिल्म के डरावने दृश्यों का हिस्सा होने के बावजूद यह गीत एक अजीब-सी शांति और तृप्ति प्रदान करता हुआ प्रतीत होता है। लता का दूसरा गीत 'ओ बेकरार दिल हो चुका है मुझको आँसुओं से प्यार' इतना मीठा और मोहक गीत था कि ऐसा लगता था जैसे कोयल गा रही हो! अगर कोयल सचमुच गाती तो इसी तरह गाती, यही गीत गाती! शायद इसीलिए लता को कभी कोयल तो कभी भारत की नाइटिंगेल कहा जाता है। यह बेहद खूबसूरत गीत हेमन्त कुमार की अपनी ही एक बंगाली रचना 'ओ नोदी रे' पर आधारित था। फिल्म का एक और बेहद खूबसूरत गीत था हेमन्त कुमार का खुद का 'ये नयन डरे-डरे... ये जाम भरे-भरे... जरा पीने दो'। इस गीत का सुरूर सचमुच सर चढ़कर बोलता है। हेमन्त कुमार की आवाज में एक ऐसी रूमानी कशिश थी जो बड़ी कोमलता से आपको अपने आगोश में जकड़ लेती थी। एक ऐसी जादुई मधुरता जिसका आकर्षण छुटाए नहीं छूटता था! यह गीत भी

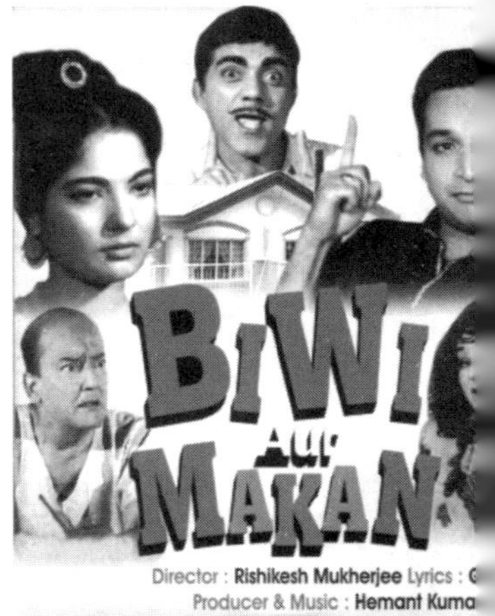

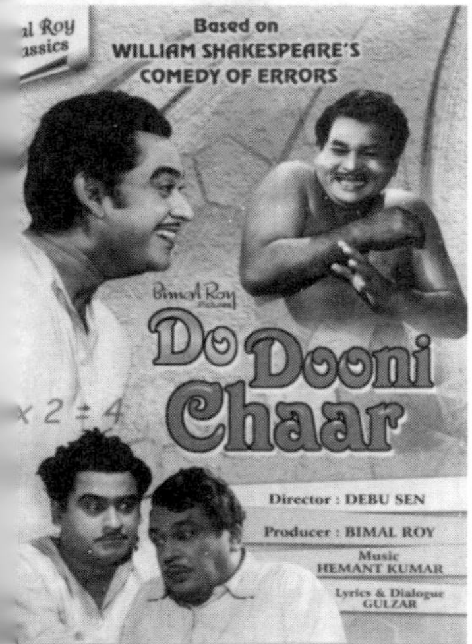

इसी का एक उदाहरण है—दिल में एक प्यास, तड़प, साथ ही मदहोशी और तृप्ति का मिला-जुला अहसास पैदा करता हुआ। सचमुच ही समय को बाँध लेने वाला गीत! हेमन्त कुमार का दूसरा गीत 'राह बनी खुद मंजिल' अपनी मचलती हुई रफ्तार से सुस्त रगों में चुस्ती और थके-हारे दिलों में खुशी और मस्ती पैदा करने वाला गीत था। कुल मिलाकर 'कोहरा' के गीत एक कोहरे भरे दिन की तरह रहस्यमयता की एक खूबसूरत चादर में ढके दिव्य और अलौकिक गीत थे। शकील बदायूँनी साहब के बीमार पड़ जाने के कारण इस फिल्म के गीत कैफी आजमी ने लिखे थे। शकील साहब तो जल्दी ही ठीक हो गए लेकिन इस फिल्म के निर्देशक बिरेन नाग जल्दी ही बहुत कम उम्र में इस दुनिया से चले गए। उनकी कमी हेमन्त कुमार और उनके गीतांजलि बैनर के लिए एक बड़ा झटका थी।

हृषिकेश मुखर्जी द्वारा निर्देशित 'दो दिल' (1965) उनकी छवि के विपरीत एक कास्ट्यूम ड्रामा शैली की प्रेमकथा थी। कुछ महीने पहले ही इससे मिलती-जुलती कहानी पर आधारित और शम्मी कपूर और साधना की मुख्य भूमिकाओं वाली 'राजकुमार' (1964) सुपरहिट हो चुकी थी, इसलिए दर्शकों ने वैसी ही एक और फिल्म में कोई खास दिलचस्पी नहीं दिखाई—'शहनाई' की सुपरहिट जोड़ी विश्वजीत और राजश्री के बावजूद! हाँ, इस फिल्म में हेमन्त कुमार का संगीत जरूर पसन्द किया गया। 'प्यासी हिरनी बन-बन भटके कोई शिकार आए रे' (लता), 'सारा मोरा कजरा चुराया तूने' (आरती मुखर्जी-रफी) और 'तेरा हुस्न रहे मेरा इश्क रहे' (रफी) जैसे एक से एक मधुर प्रेम-गीत खूब लोकप्रिय हुए। इनके अलावा राग पहाड़ी पर आधारित 'मन मोरा नाचे' और 'काँटों में फँसा आँचल' (रफी) फिल्म के अन्य यादगार गीत थे। इस फिल्म के गीत भी कैफी आजमी ने लिखे थे।

'बीस साल बाद' और 'कोहरा' की तुलना में हेमन्त कुमार के गीतांजलि बैनर की अगली फिल्म 'फरार' (1965) एक कमजोर और महत्त्वहीन-सी फिल्म साबित हुई। पिनाकी मुखर्जी द्वारा निर्देशित इस सस्पेंस-थ्रिलर में अगर कुछ यादगार या तो इसका संगीत—खासकर सीधे दिल की गहराइयों में उतर जाने वाला लता का सदाबहार 'प्यार की दास्ताँ तुम सुनो तो कहें... क्या करेगा सुनके जहाँ, तुम सुनो तो कहें'। इस गीत को पियानो, वायलिन, सितार और तबले के अनूठे ऑर्केस्ट्रेशन ने और भी खूबसूरत बना दिया था। फिल्म के अन्य कई गीत—'दिल-ए-नादाँ को सँभालूँ तो चले जाइएगा' (लता), 'कैसे बने दिल की बात' (हेमन्त), 'मेरा कातिल हसीन कातिल' (बेला मुखर्जी) और 'लोग पीते हैं लड़खड़ाते हैं, दिल से दुनिया का गम मिटाते हैं' (हेमन्त)—भी बड़े लुभावने गीत थे। गीतकार एक बार फिर कैफी आजमी ही थे। जैसाकि स्वाभाविक था, कमजोर पटकथा और बिना सितारों वाली यह फिल्म बॉक्स ऑफिस पर बुरी तरह पिट गई।

अगली फिल्म की तरफ बढ़ने से पहले हम हेमन्त कुमार की दो भोजपुरी फिल्मों की बात करेंगे—'आइल बसन्त बहार' (1964) और 'बलमा बड़ा नादान' (1964)। ये दोनों फिल्में उस दौर की फिल्में थीं जब भोजपुरी फिल्में अपनी लोकप्रियता के चरम पर थीं और हिन्दी फिल्मों को भी मात दे रही थीं। शक्ति सामन्त की 'आइल बसन्त बहार' में मन्ना डे के दो गीत 'फुलवा के फुलवा' और 'मैया ठुमक-ठुमक' खूब लोकप्रिय हुए थे। इन गीतों को पं. राममूर्ति चतुर्वेदी ने लिखा था। इसी तरह 'बलमा बड़ा नादान' के लिए भी हेमन्त कुमार ने कई हिट गीत रचे थे—'जा रे जा बालमा' (लता), 'पायलिया छनकत' (मुबारक बेगम) और 'कभी रहिए' (हेमन्त कुमार-सुमन कल्याणपुर)।

'फरार' तो फ्लॉप हुई ही, 1966 में भी गीतांजलि बैनर की दो फिल्में रिलीज हुईं—एक कॉमेडी और एक सस्पेंस-थ्रिलर—लेकिन दुर्भाग्यवश ये दोनों भी नहीं चलीं। हृषिकेश मुखर्जी द्वारा निर्देशित 'बीवी और मकान' (1966) एक मजेदार कॉमेडी थी, लेकिन मेलोड्रामा शायद कुछ ज्यादा हो गया। फिर भी विश्वजीत, कल्पना, महमूद और कई उभरते हुए कलाकारों से सजी इस फिल्म में कुछ अच्छे गीत थे। रफी का 'जाने कहाँ देखा है' और दोनों बहनों लता और आशा का 'दबे लबों से कभी जो कोई सलाम ले ले' खूब लोकप्रिय भी हुए थे। लता के सुपरहिट बंगाली गीत 'अशार श्रावन माने नातो मोन' ('मोनिहार') पर आधारित खुद हेमन्त कुमार का 'सावन में बरखा सताए' भी एक यादगार गीत था। अन्य गीत नौटंकीनुमा ज्यादा थे, जिनमें मन्ना डे का 'रहने को घर दो' भी शामिल था। फिल्म के गीत गुलजार ने लिखे थे। गीतांजलि की दूसरी फिल्म 'सन्नाटा' (1966) तनूजा और अनिल चटर्जी की मुख्य भूमिकाओं से सजी एक हॉरर-सस्पेंस फिल्म थी। फिल्म का सबसे यादगार गीत खुद हेमन्त कुमार की आवाज में था—'बस ये चुप-सी लगी है, नहीं उदास नहीं'। लता का 'ऐसा होता तो नहीं' और लता और हेमन्त दोनों की आवाज में दो पहलुओं वाला 'सूनी रात में खो गए' फिल्म के अन्य लुभावने गीत थे।

'कोहरा' के बाद हेमन्त कुमार का सबसे धूम मचाने वाला संगीत हृषिकेश मुखर्जी द्वारा निर्देशित 'अनुपमा' (1966) में सुनने को मिला। धर्मेन्द्र और शर्मीला टैगोर की मुख्य भूमिकाओं से सजी इस संवेदनशील फिल्म में कैफी आजमी के उतने ही संवेदनशील और मर्मस्पर्शी गीत भी थे। हेमन्त कुमार ने मानो एक से एक मधुर धुनों की सरगम ही बिखेर दी थी। फिल्म के सभी गीत न सिर्फ बहुत खूबसूरत थे बल्कि लाजवाब भी—'कुछ दिल ने कहा' (लता, राग भीम पलासी), 'भीगी-भीगी फिजा' (आशा भोंसले, राग भैरवी), 'क्यों मुझे इतनी खुशी दे दी कि घबराता है दिल' (आशा

भोंसले) और 'या दिल की सुनो दुनियावालो, या मुझको अभी चुप रहने दो' (हेमन्त कुमार)। पीछे हमने 'साहब बीवी और गुलाम' के एक गीत का जिक्र किया है, जिसे सेंसर बोर्ड ने काट दिया था—'साहिल की तरफ कश्ती ले चला' (हेमन्त)। हेमन्त कुमार ने उसी धुन को इतनी खूबसूरती से 'या दिल की सुनो' के लिए इस्तेमाल कर लिया कि यह गीत उनके सबसे लोकप्रिय और अमर गीतों में शामिल हो गया। फिल्म के ये सभी गीत एक-दूसरे से बढ़कर थे, लेकिन इन सबसे बढ़कर था फिल्म का सबसे लोकप्रिय और शाहकार गीत—'धीरे-धीरे मचल ऐ दिले बेकरार, कोई आता है' (लता)। इस गीत में लता और पियानो के सुरों की जो मिठास है, उसे एक-दूसरे से अलग करना बहुत मुश्किल है। ऐसी मिठास जो पूरे वातावरण को महका देती है और सुननेवालों को अपने ममतामयी आँचल में छिपा लेती है। यह गीत हिन्दी सिनेमा के सबसे मधुर और लाजवाब गीतों में शामिल है। 'अनुपमा' भले ही चुनिंदा दर्शकों के ही गले उतर पाई हो, लेकिन इसका संगीत हरेक दिल को छू लेनेवाला था। हेमन्त और शकील की तरह हेमन्त और कैफी की टीम ने भी संगीत-प्रेमियों को बहुत से अनमोल नगीने दिए हैं

'अनुपमा' के लाजवाब संगीत के बावजूद हिन्दी फिल्मों में हेमन्त कुमार का कैरियर अब अपनी ढलान पर था—क्योंकि पिछले कई वर्षों से उनकी फिल्में बॉक्स ऑफिस पर हिट नहीं हो रही थीं। ह्रषिकेश मुखर्जी की ही 'मझली दीदी' और बिमल राय की 'दो दूनी चार' उनकी दो और फ्लॉप फिल्में साबित हुईं। मीना कुमारी और धर्मेन्द्र की मुख्य भूमिकाओं से सजी 'मझली दीदी' (1967) तेजी से रंगीन हो रहीं हिन्दी फिल्मों के जमाने में इन दोनों बड़े कलाकारों की आखिरी ब्लैक एंड व्हाइट फिल्म थी। इस फिल्म के यादगार गीतों में नीरज द्वारा लिखे गए पहले फिल्मी गीत 'उमरिया बिन खेवट की नैया' के साथ-साथ जात्रा शैली में ढला 'माँ ही गंगा' (लता) और 'मैं लाल-लाल मचकून' (लता-कमल बारोट-नीलिमा चटर्जी) शामिल थे। भारत के महानतम फिल्म निर्देशक बिमल राय द्वारा निर्मित-निर्देशित 'दो दूनी चार (1968) उनके असामयिक निधन के कारण लटक गई थी और काफी देर से रिलीज हो पाई। किशोर कुमार और कॉमेडियन असित सेन की दोहरी भूमिकाओं से सजी यह फिल्म शेक्सपियर के मशहूर नाटक 'कॉमेडी ऑफ एरर' पर आधारित एक मजेदार कॉमेडी थी। अफसोस, यह फिल्म चल नहीं पाई और फिल्म का सिर्फ एक गीत 'हवाओं पे लिख दो हवाओं के नाम' (किशोर) लोगों की जुबान पर रह गया। यूँ किशोर का एक दूसरा गीत—बड़ा मजेदार गीत था—'बड़ा बदमाश है ये दिल... कभी पिटवाएगा... मुसीबत लाएगा'। इन गीतों के रचयिता गुलजार फिल्म के पटकथा-संवाद लेखक भी थे। बरसों बाद उन्होंने इसी पटकथा को थोड़ा और निखार-संवारकर अपनी मशहूर कॉमेडी फिल्म 'अंगूर' बनाई, जिसमें संजीव कुमार और देवेन वर्मा दोहरी भूमिकाओं में थे।

यह भी एक दिलचस्प तथ्य है कि हिन्दी फिल्मों के लिए हेमन्त कुमार के आखिरी सुपरहिट संगीत का नाम 'खामोशी' था। जी हाँ, यही 'खामोशी' (1969) 'बीस साल बाद' के बाद उनके बैनर द्वारा निर्मित एक हिट फिल्म थी। असित सेन (हास्य अभिनेता असित सेन नहीं) द्वारा निर्देशित (जो इससे पहले इसे बंगाली में 'दीप जले जाए' के नाम से बना चुके थे) इस फिल्म में वहीदा रहमान के साथ एक नए उभरते हुए अभिनेता राजेश खन्ना थे—जो इस फिल्म के सिनेमाघरों में पहुँचते-पहुँचते एक सुपरस्टार बन चुके थे। लिहाजा उनकी दूसरी फिल्मों की तरह यह फिल्म भी दर्शकों के आकर्षण का केन्द्र बन गई और ब्लैक एंड व्हाइट होते हुए भी रंगीन फिल्मों के जमाने में अच्छा-खासा बिजनेस कर गई। यह एक बहुत खूबसूरत और मर्मस्पर्शी फिल्म थी, जिसमें हेमन्त कुमार का संगीत सोने में सुहागा या अंगूठी में नगीने की तरह था। लाजवाब संगीत! यह सचमुच ही खामोशी का संगीत था—दिव्य, अलौकिक, आध्यात्मिक संगीत! खुद हेमन्त कुमार का 'तुम पुकार लो... तुम्हारा इन्तजार है' हो या मन्ना डे का 'दोस्त कहाँ कोई तुमसा', लता का 'हमने देखी है उन आँखों की महकती खुशबू' हो या किशोर का 'वो शमा कुछ अजीब थी, ये शाम भी अजीब है'—सभी गीत एक खामोशी में डूबे हुए और कुछ कहने की, किसी दिव्य ऊँचाई को छूने की कोशिश करते हुए प्रतीत होते थे। जैसाकि फिल्म के गीतकार गुलजार ने एक पंक्ति में लिखा था—'नूर की बूँद है सदियों से बहा करती है'—हेमन्त कुमार ने अपने संगीत में नूर की इसी बूँद को पकड़ने की कोशिश की थी। कुल मिलाकर 'खामोशी' का संगीत एक उदास, अकेली शाम में मन की अनगिनत चाहतों, आकांक्षाओं, उड़ानों का संगीत था। ऐसा आध्यात्मिक संगीत जो हेमन्त कुमार के पिछले सभी गीतों, खासकर उनके खुद के गाए गीतों में बूँद-बूँद टपकता रहा था और 'खामोशी' में आकर एकाएक पूरे वेग से वह निकला था—इसका एक कारण यह भी था कि 'खामोशी' के दोनों पुरुष पात्र (राजेश खन्ना और मेहमान कलाकार के रूप में धर्मेन्द्र) एक ऐसी दुनिया के लोग थे, जहाँ न कोई जमीन होती है न आसमान—ऐसे लोग जिन्हें दूसरे लोग 'पागल' कहते हैं! अकेलेपन और उदासी में भीगे होने के बावजूद इन गीतों में एक अजीब-सी कशिश थी, एक अजीब-सा आकर्षण और सम्मोहन था—आरती मुखर्जी की

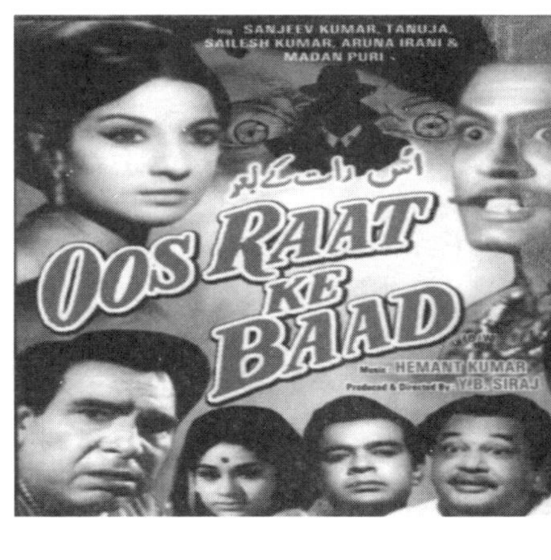

गुनगुनाहट 'आज की रात चिरागों का...' की तरह—और बस यही बंगाल के जादूगर हेमन्त कुमार का कमाल था!

तरुण मजुमदार द्वारा निर्देशित 'राहगीर' (1969) हेमन्त कुमार के बैनर की एक और लीक से हटकर लेकिन फ्लॉप फिल्म थी। मराठी की एक सफल फिल्म 'पाथलाग' पर आधारित होने के बावजूद यह फिल्म हिन्दी दर्शकों को नहीं लुभा सकी। हेमन्त कुमार के कुछ अनूठे गीतों के लिए संगीत-प्रेमी इस फिल्म को आज भी याद करते हैं। विश्वजीत और संध्या राय की मुख्य भूमिकाओं वाली इस फिल्म में हेमन्त कुमार के ये तीन यादगार गीत थे—'जनम से बंजारा हूँ बन्धु, जनम-जनम बंजारा, कहीं कोई घर न घाट न अंगनारा', 'तुम्हारे नैन देखके सुना है लोग जोगी हो गए' और 'कभी रुक गए हैं'। लता के 'बैरी आँचल पग-पग' और 'मितवा रे' भी बड़े मोहक गीत थे। इन खूबसूरत गीतों को गुलजार ने लिखा था।

इसके बाद हेमन्त कुमार ने बम्बई और हिन्दी फिल्मों की दुनिया से लगभग विदा ले ली और कलकत्ता में ही डेरा जमाकर पूरा ध्यान बंगाली फिल्मों पर देने लगे। इस बीच उन्होंने 'बीस साल बाद' की सफलता को दोहराने के इरादे से अपने बैनर से एक और हिन्दी फिल्म 'बीस साल पहले' (1972) जरूर बनाई, लेकिन इस फिल्म की असफलता ने उन्हें पूरी तरह कलकत्ता और बंगाली फिल्मों की तरफ मोड़ दिया। कुछ वर्ष बाद उन्होंने लगभग 17 वर्ष के अन्तराल के बाद अपने बैनर की दूसरी बंगाली फिल्म 'अनिंदिता' (1976) बनाई। इसके बाद एक आखिरी कोशिश के रूप में वे हिन्दी फिल्मों की तरफ फिर से लौटे। उन्होंने न सिर्फ 'दो लड़के दोनों कड़के' (1979) के नाम से अपने बैनर की नौवीं और आखिरी फिल्म बनाई बल्कि इसी दौरान दो और हिन्दी फिल्मों 'उस रात के बाद' (1979) और 'लव इन कनाडा' (1979) में भी संगीत दिया। यही तीन फिल्में एक संगीत-निर्देशक के रूप में उनकी आखिरी हिन्दी फिल्में भी हैं।

बंगाली फिल्मों से हेमन्त कुमार का जुड़ाव मृत्यु से एक वर्ष पहले तक जारी रहा। उनके संगीत से सजी इन बंगाली फिल्मों में 'संसार सीमान्ते' (1975), 'प्रतिश्रुति' (1976), 'प्रोतिमा' (1977), 'स्वाति' (1977), 'गणदेवता' (1978), 'दादार कीर्ति' (1980), 'कपाल कुंडला' (1981), 'छोटो माँ' (1982), 'राजेश्वरी' (1983), 'दीदी' (1984), 'भालोबाशा भालोबाशा' (1985), 'पथभोला' (1986), 'प्रतिभा' (1987), 'सुरेर साथी' (1988) और 'आगमन' (1988) जैसी प्रसिद्ध फिल्में शामिल थीं।

अनेक वर्षों तक बम्बई और कलकत्ता में लगातार काम में डूबे रहने, बहुत ज्यादा सिगरेटें फूँकने और अनियमित दिनचर्या का प्रभाव धीरे-धीरे हेमन्त कुमार के स्वास्थ्य पर भी दिखाई देने लगा और वे दिल की बीमारी के शिकार हो गए। उन्हें पेस-मेकर लगाया गया। इससे उनकी आवाज भी प्रभावित हुई, हालाँकि उन्होंने गाना नहीं छोड़ा और फिल्मी और गैर-फिल्मी दोनों तरह के गीत गाते रहे। दिल की बीमारी के साथ-साथ डायबिटीज ने उनकी परेशानी और भी बढ़ा दी थी। फिर भी उन्होंने हिम्मत नहीं हारी। सितम्बर 1989 में अपने गिरते स्वास्थ्य के बावजूद वे ढाका (बाँग्लादेश) गए, जहाँ उन्हें माइकल मधुसूदन सम्मान से सुशोभित किया गया। उन्होंने वहाँ एक संगीत कार्यक्रम में भी भाग लिया। कलकत्ता लौटने पर उन्हें दिल का दूसरा दौरा पड़ा और 26 सितम्बर 1989 को शहर के एक नर्सिंग होम में उन्होंने हमेशा के लिए इस दुनिया से विदा ले ली। वे 69 वर्ष के थे।

हेमन्त कुमार के निधन पर महान फिल्मकार सत्यजीत रे की प्रतिक्रिया थी—''रवीन्द्र संगीत चला गया!'' जबकि उनके पुराने साथी और महान संगीतकार सलिल चौधरी ने उन्हें भावभीनी श्रद्धांजलि देते हुए कहा—''हेमन्त की आवाज स्वयं ईश्वर की आवाज थी।''

अनेक अन्य पुरस्कारों और सम्मानों के अलावा हेमन्त कुमार को रवीन्द्र भारती विश्वविद्यालय और कलकत्ता विश्वविद्यालय दोनों ने ही डी. लिट की मानद उपादि प्रदान की थी।

हेमन्त कुमार जितने महान गायक और संगीत-निर्देशक थे उतने ही सीधे-सरल, विनम्र और हँसमुख इनसान भी थे। अहँकार या घमंड उन्हें छू तक नहीं गया था।

हेमन्त कुमार एक सच्चे रोमेंटिसिस्ट थे—एक गायक के रूप में भी और एक संगीतकार के रूप में भी। उनका यह रोमांस सांसारिकता तक सीमित न रहकर आध्यात्मिकता के सर्वोच्च आयामों तक फैला हुआ था। इसीलिए उनकी आवाज ईश्वरीय आवाज थी, उनका संगीत दिव्य और अलौकिक संगीत था।

उनके सबसे खूबसूरत, सबसे यादगार बारह गाने कौन से थे? आइए, एक संगीतकार के रूप में उनके बारह अनमोल मोती चुनने की कोशिश करते हैं।

'कश्ती का खामोश सफर': लोकप्रिय सीरियल 'बिखरी आस निखरी प्रीत' का एक दृश्य

हेमन्त कुमार के 12 अनमोल रत्न			
क्रम	गीत	फिल्म	गायक/गायिका
1.	ना ये चाँद होगा न तारे रहेंगे	शर्त	हेमन्त–गीता दत्त
2.	मन डोले मेरा तन डोले	नागिन	लता मंगेशकर
3.	कहाँ ले चले हो बता दो मुसाफिर	दुर्गेश नंदिनी	लता मंगेशकर
4.	वृन्दावन का कृष्ण कन्हैया सबकी	मिस मैरी	रफी–लता
5.	छुप गया कोई रे दूर से पुकार के	चम्पाकली	लता मंगेशकर
6.	दिल छेड़ कोई ऐसा नगमा	इंस्पेक्टर	हेमन्त–लता
7.	चली गोरी पी के मिलन को चली	एक ही रास्ता	हेमन्त कुमार
8.	बेकरार करके हमें यूँ न जाइए	बीस साल बाद	हेमन्त कुमार
9.	ये नयन डरे–डरे ये जाम भरे–भरे	कोहरा	हेमन्त कुमार
10.	कोई दूर से आवाज दे चले आओ	साहब बीवी और गुलाम	गीता दत्त
11.	जब जाग उठे अरमाँ तो कैसे नींद आए	बिन बादल बरसात	हेमन्त कुमार
12.	वो शाम कुछ अजीब थी	खामोशी	किशोर कुमार

हेमन्त कुमार से उनके प्रशंसक बार–बार यही कहना चाहेंगे—बेकरार करके हमें यूँ न जाइए... आपको हमारी कसम लौट आइए!

बिसरी आस निखरी प्रीत सीरियल में 'वृंदावन का कृष्ण कन्हैया' की फिल्मांकन

रवि (1926-1992)

जितना छोटा नाम उतना ही बड़ा काम

यह 1960 के आसपास की घटना है। मैं तब सिर्फ दस वर्ष का था। हमारे शहर वाराणसी में 'मुहम्मद रफी नाइट' का आयोजन हुआ, जिसका संचालन 'बिनाका गीतमाला' के मशहूर संचालक अमीन सयानी (हमारे पारिवारिक मित्र) कर रहे थे। भीड़ इतनी थी कि लम्बा-चौड़ा स्टेडियम भी छोटा पड़ गया था। कम से कम एक लाख लोग होंगे। शाम ढलते ही कार्यक्रम शुरू हुआ तो मुहम्मद रफी ने अपनी मधुर, जोशीली और सधी हुई आवाज में एक से एक सुपरहिट गाने सुनाने शुरू किए। श्रोताओं का उत्साह देखते ही बनता था। सब मंत्रमुग्ध से देश के इस महानतम गायक की ईश्वरीय आवाज के साथ-साथ मानो किसी दूसरी दुनिया में विचर रहे थे—संगीत की मधुर, नशीली और जादुई दुनिया में। रात के बारह बज गए तो रफी ने कार्यक्रम की समाप्ति की तरफ बढ़ते हुए 'बैजू बावरा' का मशहूर गीत 'ओ दुनिया के रखवाले' सुनाया। इस पर खचाखच भरे स्टेडियम में देर तक तालियाँ बजती रहीं। इसके बाद अमीन सयानी ने घोषणा की—''अब मुहम्मद रफी साहब आज की इस खूबसूरत शाम का आखिरी गीत सुनाएँगे।'' पिछले कई घंटों से दम साधे बैठी भीड़ में एक हलचल-सी दौड़ गई। बहुत से लोग भीड़ में फँसने से बचने के लिए अपनी सीटों से उठकर प्रवेश-द्वार की तरफ बढ़ने लगे। तभी रफी ने अपना वह आखिरी गीत छेड़ दिया और मानो कोई जादू हो गया। प्रवेश-द्वार की तरफ बढ़ते कदम रुक गए। अपनी सीटों से उठ चुके लोग मंत्रमुग्ध से खड़ के खड़े रह गए और फिर धीरे-धीरे अपनी सीटों पर वापस बैठ गए। उस शाम का यह जादुई और आखिरी गीत था—'चौदहवीं का चाँद हो या आफताब हो... जो भी हो तुम खुदा की कसम लाजवाब हो'।

यह गीत पूरा हुआ तो तालियों और 'वन्स मोर' के शोर से पूरा आसमान गूँज उठा। रफी को यह गीत 'वन्स मोर' ही नहीं बल्कि तीन बार सुनाना पड़ा। गुरुदत्त की मशहूर फिल्म 'चौदहवीं का चाँद' के इस जादुई गीत के बोल लिखे थे शकील बदायूँनी ने और इसे बड़ी मधुर धुन में पिरोकर संगीत से संवारा था रवि ने! एक छोटा-सा नाम—लेकिन इतना बड़ा काम कि उनके गीत मानो सर चढ़कर बोलते थे। हिट गीत बनाने की उन्हें ऐसी महारत हासिल थी कि बड़े से बड़े संगीतकार उनसे रश्क करते थे।

यूँ उनका पूरा नाम इतना छोटा भी नहीं था—रवि शंकर शर्मा—पर अपने चाहनेवालों के लिए उन्होंने इसमें से सिर्फ छोटा-सा 'रवि' ही चुना, जिससे उनकी विनम्र और शालीन प्रकृति का भी पता चलता है।

3 मार्च 1926 को दिल्ली के एक मध्यवर्गीय परिवार में जनमे रवि के माहौल में ऐसा कुछ भी नहीं था कि उन्हें संगीत का चस्का लगता। फिर भी उन्हें संगीत का मानो जन्मजात शौक था, खासकर गाने का। वे बड़े मन से आर.सी. बोराल और पंकज मलिक की रचनाएँ सुनते और उन्हें गाने की कोशिश करते, खासकर के.एल. सहगल के गाने। एक दिन उनके पिता उन्हें पड़ोस में होने वाले एक भजन सम्मेलन में ले गए। भजन सुनते-सुनते रवि इतने अभिभूत हो गए कि सहसा मंच पर जाकर खुद भी एक भजन सुनाने लगे। यह भजन मशहूर फिल्म 'पुकार' (1939) का भजन था—'तुम बिन हमारी कौन खबर ले'। उन्हें इतना अच्छा गाते देखकर उनके पिता हैरान रह गए। हर बुधवार को आयोजित होने वाले इस भजन सम्मेलन में रवि की ही उम्र का एक लड़का गाता भी था और हारमोनियम भी बजाता था। रवि भी उसी की तरह हारमोनियम बजाना चाहते थे। एक बार ऐसे ही एक भजन सम्मेलन में ऊँची आवाज में भजन सुनाते हुए और साथ-साथ हारमोनियम बजाते

हुए उनकी आवाज फट गई, जिससे उन्हें और उनके पिता दोनों को ही धक्का लगा। इसके बाद उनके पिता ने उन्हें ठेलों की मिर्च-मसालों वाली चीजें खाने से मना करते हुए उन्हें एक हारमोनियम ले दिया। तेरह-चौदह वर्षीय रवि की खुशी का कोई ठिकाना नहीं रहा। उन्होंने कई हफ्तों तक बड़ी लगन से हारमोनियम के साथ भजनों का अभ्यास किया और अगली बार जब भजन सम्मेलन में भजन सुनाया तो सुननेवाले सचमुच मंत्रमुग्ध हो गए। रवि को पुरस्कार के रूप में पाँच कटोरे प्रसाद भी मिला।

रवि

रवि मैट्रिक की परीक्षा में फेल हो गए तो उनके परिवार को एक झटका-सा लगा। यह लड़का आखिर करेगा क्या? रोजी-रोटी कैसे कमाएगा? आखिर सबकी राय के बाद उन्हें बिजली का काम सिखाने का फैसला किया गया, क्योंकि बिजली मैकेनिक की माँग हमेशा ही बनी रहती थी। रवि ने बिजली, पंखे इत्यादि की मरम्मत का कान सीख लिया और इस काम में इतने कुशल हो गए कि उन्हें दिल्ली के डाक-तार विभाग में बिजली मैकेनिक की नौकरी मिल गई। दो वर्ष तक यही नौकरी करने के बाद उनकी बदली दिल्ली छावनी में कर दी गई तो उनकी मुसीबतें एकाएक बढ़ गईं। उन्हें घर से दफ्तर तक हर रोज साइकिल पर 26 किलोमीटर लम्बी परेड करनी पड़ती थी। उन्हीं दिनों उनके साथ एक दिलचस्प घटना भी घटी। उनका पूरा नाम रवि शंकर शर्मा था इसलिए उन्होंने अपने दफ्तर की मेज पर अपने नाम के शुरू के अक्षरों 'आर.एस.एस.' की तख्ती टाँग रखी थी। जनवरी 1948 में राष्ट्रपिता महात्मा गाँधी की हत्या के बाद राष्ट्रीय स्वयंसेवक संघ यानी 'आर.एस.एस.' को सन्देह की नजर से देखा जाने लगा तो पुलिस उनके दफ्तर में भी आ पहुँची और उनसे तरह-तरह के सवाल करने लगी। कुछ देर बाद जब उनकी मेज पर लगी तख्ती 'आर.एस.एस.' के वास्तविक अर्थ का रहस्य खुला तो उनके साथ-साथ पुलिसवाले भी हँसकर लोट-पोट हो गए।

इस बीच रवि का संगीत का शौक जरा भी कम नहीं हुआ था। वे लगभग रोज ही हारमोनियम पर गाने का अभ्यास किया करते थे। उन्हीं दिनों संयोग से उनकी मुलाकात मुहम्मद रफी से हुई, जो तब एक उभरते हुए गायक थे और फतेहपुरी के सालाना जलसे में आए हुए थे। इस मुलाकात के बाद रवि की सोई हुई आकांक्षाएँ एकाएक जाग उठीं और वे बम्बई (अब मुम्बई) जाकर एक गायक बनने के लिए छटपटाने लगे। उन्होंने नौकरी से इस्तीफा देने की पेशकश की तो डाक-तार विभाग ने एक बेहतर रास्ता सुझाते हुए उनकी बदली बम्बई कर दी। बस, फिर क्या था, रवि बोरिया-बिस्तर उठाकर बम्बई चले आए और इस मायानगरी में एक गायक के रूप में उनके संघर्ष का दौर शुरू हो गया। इस बीच दिल्ली में उनका विवाह भी हो चुका था। लेकिन बम्बई की फिल्मी दुनिया में यह संघर्ष उन्होंने अकेले ही करने का फैसला किया।

बम्बई में काफी धक्के खाने के बाद रवि को फिल्मिस्तान स्टूडियो में तबला-वादक का काम मिल गया तो उन्होंने सरकारी नौकरी छोड़ दी। वे एक कोरस-गायक के रूप में गाने भी लगे। लेकिन काफी संघर्ष करने के बाद भी उन्हें एक मुख्य गायक के रूप में गाने का अवसर नहीं मिला। 1952 में फिल्मिस्तान की 'आनन्द मठ' में संगीत देने के लिए हेमन्त कुमार कलकत्ता (अब कोलकाता) से बम्बई आए तो रवि को उनके साथ नजदीक से काम करने का अवसर मिला। हेमन्त कुमार उनकी आवाज से तो नहीं लेकिन उनकी संगीत-प्रतिभा से बहुत प्रभावित हुए और उन्होंने उन्हें अपना सहायक नियुक्त कर लिया। रवि के संघर्ष को मानो मंजिल तक पहुँचने का रास्ता मिल गया। उन्होंने हेमन्त कुमार के सहायक के रूप में 'सम्राट', 'शर्त', 'जागृति', 'चम्पाकली' और खूब धूम मचाने वाली 'नागिन' में काम किया। हेमन्त कुमार उनके काम से इतने खुश थे कि 'नागिन' की सफलता के बाद उन्होंने उनसे कहा—''चलो, अब बहुत-सीख लिया, रवि! तुम जब तक चाहोगे, मेरे असिस्टेंट तो रहोगे ही, लेकिन अब खुद अपने नाम से भी फिल्मों में संगीत देना शुरू कर दो!''

जल्दी ही रवि को अपने दोस्त निर्माता-निर्देशक देवेन्द्र गोयल की पहली फिल्म 'वचन' (1955) में एक स्वतंत्र संगीत-निर्देशक के रूप में काम करने का अवसर मिला। बलराज साहनी, गीताबाली और राजेन्द्र कुमार की मुख्य भूमिकाओं से सजी इस सुपरहिट फिल्म के संगीत ने ऐसी धूम मचाई कि रवि ने फिर पीछे मुड़कर नहीं देखा। अपने तीन-चार दशकों लम्बे कैरियर में उन्होंने सौ से भी अधिक फिल्मों में संगीत दिया, जिनमें से एक-तिहाई फिल्में सुपरहिट रहीं। सफलता का यह रिकॉर्ड अपने-आपमें एक शानदार और अनूठा रिकॉर्ड है।

रवि की कुल 109 हिन्दी फिल्मों में से लगभग 30 फिल्मों ने सिल्वर या गोल्डन जुबली मनाई। उन्होंने कुछ मलयालम ('परिणयम', 'सुख रूथम' इत्यादि) और एक गुजराती ('बेर नी बलुसात') फिल्म में भी संगीत दिया, जिनके लिए उन्हें सर्वश्रेष्ठ संगीत का पुरस्कार भी मिला। हिन्दी फिल्मों के लिए उन्हें दो बार वर्ष के सर्वश्रेष्ठ संगीत-निर्देशक का फिल्मफेयर पुरस्कार मिला—'घराना' (1961) और 'खानदान (1965) के लिए। इसके अलावा पाँच बार उनकी फिल्में इस पुरस्कार के लिए नामांकित फिल्मों की सूची में शामिल रहीं—'चौदहवीं का चाँद' (1960), 'दो बदन' (1966), 'हमराज' (1967), 'आँखें' (1968) और 'निकाह' (1982)। इस सूची में शामिल न हो पाने वाली उनकी कई और धूम मचाने वाली फिल्मों में 'चिराग कहाँ रोशनी कहाँ' (1959), 'घूंघट' (1960), 'प्यार का सागर' (1961), 'भरोसा' (1963), 'गुमराह' (1963), 'काजल' (1965), 'वक्त' (1965), 'दो कलियाँ' (1968), 'नील कमल' (1968) और 'एक फूल दो माली' (1969) इत्यादि शामिल थीं। रवि ने अपने द्वारा संगीतबद्ध कुछेक गीत खुद ही लिखे भी थे। इसी तरह उन्होंने कुछ गीत गाए भी थे।

रवि

रवि की पहली ही फिल्म 'वचन' (1955) के संगीत ने देशभर में धूम मचा दी थी। आशा भोंसले की लोरी 'चन्दा मामा दूर के पुए पकाएँ बूर के, आप खाएँ थाली में मुन्ने को दें प्याली में' तो बरसों तक माँओं की प्रिय लोरी और बच्चों का प्रिय गीत बना रहा। इसी तरह 'ओ जाने वाले बाबू इक पैसा दे दे' (रफी-आशा) भी घर-घर का गीत बन गया था। आशा भोंसले के 'वो दिन कहाँ गए' और 'जरा सीख लो अँखियों' के साथ-साथ उनके दो और युगल-गीत 'जब लिया हाथ में हाथ निभाना साथ मेरे सजना' (रफी के साथ) और 'यूँ ही चुपके-चुपके बहाने-बहाने' (खुद संगीत-निर्देशक रवि के साथ) भी खूब लोकप्रिय हुए थे। इन सीधे-सरल और मधुर गीतों को प्रेम धवन ने लिखा था। इस पहली फिल्म से ही रवि और देवेन्द्र गोयल की ऐसी जोड़ी बनी कि उन्होंने साथ-साथ कुल तेरह फिल्मों में काम किया—'वचन' (1955), 'अलबेली' (1955), 'एक साल' (1957), 'नरसी भक्त' (1957), 'चिराग कहाँ रोशनी कहाँ' (1959), 'नई राहें' (1959), 'प्यार का सागर' (1961), 'दूर की आवाज' (1964), 'दस लाख' (1966), 'एक फूल दो माली' (1969), 'धड़कन' (1972), 'एक महल हो सपनों का' (1975) और 'आदमी सड़क का' (1979)। इनमें से सात फिल्में सिल्वर या गोल्डन जुबली हिट फिल्में थीं। इसी वर्ष रिलीज हुई देवेन्द्र गोयल की दूसरी फिल्म 'अलबेली' (1955) वैसा हंगामा तो नहीं मचा सकी, लेकिन प्रदीप कुमार और गीताबाली की मुख्य भूमिकाओं वाली इस फिल्म में भी कई लोकप्रिय गीत थे—'गोरी तुझे आना पड़ेगा' (हेमन्त कुमार), जॉनी वाकर पर फिल्माया गया मजेदार गीत 'हम तो लड़ने चले' (रफी) और खुद रवि द्वारा लिखा हुआ बड़ा लुभावना डुएट 'मुस्कराती हुई चाँदनी जगमगाता हुआ आसमाँ' (हेमन्त-लता)।

1950 के दशक में पौराणिक या माइथोलॉजिकल कही जाने वाली फिल्मों की खूब धूम थी। रवि ने भी ऐसी कुछ फिल्मों में संगीत दिया—'प्रभु की माया' (1955), 'अयोध्यापति' (1956) और खुद देवेन्द्र गोयल की 'नरसी भक्त' (1957)। लेकिन इसके बाद पूरे पन्द्रह वर्ष बाद ही उनकी चौथी और आखिरी पौराणिक फिल्म आई—'नाग पंचमी' (1972)। 'प्रभु की माया' के गीतों में 'राम राजा राम प्रजा राम का संसार है' (हेमन्त कुमार), 'चलो देने को बधाई गुरु आँगन में' (आशा भोंसले), 'घूम रहा है चक्र जगत का', 'भज मन नारायण नारायण', 'गंगा तुम्हीं करो उद्धार' और 'जब-जब होता नाश धर्म का' जैसे भक्ति-भावना से ओत-प्रोत गीत शामिल थे, जो खूब लोकप्रिय भी हुए थे। इसी तरह 'अयोध्यापति' में भी कुछ यादगार गीत थे—'छोड़ चले आज हमारे राम अयोध्या छोड़ चले' (हेमन्त) और 'आओ आ जाओ सखी फूलों से पलना' (सोहर शैली में आशा भोंसले का गीत)। लेकिन रवि का सबसे धूम मचाने वाला भक्ति संगीत देवेन्द्र गोयल की 'नरसी भक्त' में सुनने को मिला। इस फिल्म के एक से एक लोकप्रिय भजनों में राग केदार पर आधारित 'दर्शन दो घनश्याम नाथ मोरी अखियाँ प्यासी रे' (हेमन्त-मन्ना डे-सुधा मल्होत्रा), राग खमाज पर आधारित और महात्मा गाँधी का प्रिय भजन 'वैष्णव जन तो तेने कहिए' (मन्ना डे), 'राधा के रसिया गोकुल के बसिया' (सुधा मल्होत्रा) और 'लो बजी श्याम की बाँसुरिया सुन ले राधा बावरिया' (सुधा मल्होत्रा) शामिल थे।

'अयोध्यापति' के निर्माता ए.ए. नाडियाडवाला थे। दरअसल जब रवि ने एक स्वतंत्र संगीत-निर्देशक बनने का फैसला लिया था तो उन्हें एक सहायक के रूप में हेमन्त कुमार से मिलने वाली 200 रुपए महीने की बँधी-बधाई तनख्वाह खतरे में पड़ती हुई प्रतीत हुई थी। उन दिनों के हिसाब से यह कोई मामूली रकम नहीं थी। इसलिए उन्होंने अपनी पहचान के कुछ निर्माताओं से मिलकर उनका भरोसा प्राप्त करने की कोशिश की थी। इनमें ए.ए. नाडियाडवाला और एस.डी. नारंग भी शामिल थे। नाडियाडवाला ने तो उन्हें झट से तीन फिल्मों के लिए साइन कर लिया था। उनके बैनर पुष्पा पिक्चर्स के लिए रवि ने 'अयोध्यापति' (1956), 'दुल्हन' (1958), 'घर संसार' (1958), 'मेहंदी' (1958), 'पहली रात' (1959) और 'नई माँ' (1960) इत्यादि कई फिल्मों में संगीत दिया। इसी तरह 'दिल्ली का ठग' (1958) के साथ एस.डी. नारंग से जुड़ने के बाद उन्होंने उनके बैनरों ओरिएंटल फिल्म्स और नारंग फिल्म्स के लिए भी कई फिल्मों—'बम्बई का चोर' (1962), 'मॉडर्न गर्ल' (1961), 'शहनाई' (1964), 'सगाई' (1966), 'अनमोल मोती' (1969) और 'बाबुल की गलियाँ' (1972)—में संगीत दिया।

रवि के बम्बई आने के तीन वर्ष बाद उनकी पत्नी ने उन्हें एक तरह का 'अल्टीमेटम' दे दिया था—''बहुत हो गया... अब या तो दिल्ली लौट आओ या मुझे भी अपने साथ बम्बई ले चलो!'' रवि के पास बम्बई में रहने का कोई ठिकाना नहीं था। वे सी.पी. टैंक की हीरा बाग धर्मशाला से लेकर कभी कालबा देवी, कभी दूरदराज मालाड तो कभी वापस कालबा देवी में डेरा जमाए रहे थे। लेकिन पत्नी का भाव-भीना पत्र पाकर वे कोई ढंग का घर ढूँढ़ने में जुट गए, जो उन दिनों बम्बई में सबसे मुश्किल काम होता था। काफी दौड़-धूप के बाद दूरदराज कान्दिवली में जो घर मिला, वह घर कम और गोदाम ज्यादा था। टीन की छत और दीवारें... एक तरफ सीमेन्ट का गोदाम तो दूसरी तरफ लाल मिर्चें पीसने की चक्की! लेकिन रवि ने अपनी पत्नी के साथ एक बार इस 'घर' में डेरा जमाया तो इस घर ने आसानी से उनका पीछा नहीं छोड़ा। वे एक स्वतंत्र संगीत-निर्देशक बन गए, सफल भी हो गए, उन्होंने दो कारें भी ले लीं, लेकिन यह घर

नहीं छूटा। आखिर एक बार फिर ए.ए. नाडियाडवाला ने ही उन्हें इस मुसीबत से मुक्ति दिलाई। उन्होंने अपनी फिल्मों के पारिश्रमिक के रूप में रवि और निर्देशक शक्ति सामन्त दोनों को ही सान्ताक्रूज के मीरा बाग में एक-एक प्लाट ले दिया। रवि ने इस प्लाट पर एक खूबसूरत बंगला बनवाया और इसके बाद ही कान्दिवली के उस गोदमनुमा घर से उनका पीछा छूटा। उन्होंने अपने बंगले का नाम अपनी पहली और जुबली हिट फिल्म के नाम पर ही रखा था—'वचन'। खैर, उनका घर-संसार तो बस गया, इसी नाम की नाडियाडवाला की फिल्म 'घर संसार' (1959) और इसके संगीत ने भी खूब धूम मचाई।

वी.एम. व्यास द्वारा निर्देशित और नर्गिस, बलराज साहनी, राजेन्द्र कुमार और कुमकुम की मुख्य भूमिकाओं से सजी 'घर संसार' के हिट गीतों में आशा भोंसले के 'सपनों की डोर बँधी थी' और खूब धूम मचाने वाले 'भाभी करे अपील और देवर बने वकील' के साथ-साथ रफी का 'भला करने वाले भलाई किए जा' और तीन लुभात्रने युगल-गीत 'ये हवा ये नदी का किनारा' (मन्ना डे-आशा, राग भैरवी), 'छेड़ो धुन मतवालों की' (रफी-आशा) और 'होंठ गुलाबी गाल करारे' (रफी-आशा) शामिल थे। इन फड़कते हुए गीतों को मजरूह सुल्तानपुरी और एस.एच. बिहारी ने लिखा था। इसी वर्ष रिलीज हुई नाडियाडवाला की 'दुल्हन' (1958) में भी रवि के कुछ लोकप्रिय गीत थे। वी.एम. व्यास द्वारा ही निर्देशित और निरूपा राय, राजकुमार और नन्दा की मुख्य भूमिकाओं वाली इस फिल्म के गीतों में 'कैसे जाऊँ मैं पिया' (आशा भोंसले), 'मेरे गोरे-गोले गाल' (शमशाद बेगम-रफी) और 'जिया शरमाए नजर झुकी जाए' (आशा भोंसले) इत्यादि शामिल थे। पी.एल. सन्तोषी और एस.एच. बिहारी के गीतों वाली यह फिल्म बॉक्स ऑफिस पर ठंडी ही रही। यही हाल नाडियाडवाला की अगली फिल्म 'पहली रात' (1959) का भी हुआ। पी.एल. सन्तोषी द्वारा निर्देशित इस फिल्म में 'बता ए आसमाँ' (आशा भोंसले), 'क्यों दिल हमको दे डाला' (मन्ना डे-आशा) और 'हमको दुआएँ दो तुम्हें' (रफी-आशा-सुधा) जैसे कई लोकप्रिय गीत थे। जैसाकि आपने गौर किया होगा, रवि शुरू से ही लता की तुलना में आशा भोंसले को कहीं ज्यादा वरीयता देने लगे थे। शायद अपने गीतों के लिए उन्हें आशा की आवाज ज्यादा उपयुक्त प्रतीत होती थी।

लेकिन देवेन्द्र गोयल की 'एक साल' (1957) में लता के कई गीत थे। अशोक कुमार और मधुबाला की मुख्य भूमिकाओं से सजी इस फिल्म में लता का एक बड़ा प्यारा और अमर गीत था—'सब कुछ लुटाके होश में आए तो क्या किया'। दो पहलू दो रंग वाले इस गीत का दूसरा वर्जन तलत महमूद ने गाया था। 'छम-छम चली पिया की गली' (लता), 'किसके लिए रुका है' (रफी), 'उलझ गए दो नैना देखो' (हेमन्त-लता) और आशा भोंसले का खूब धूम मचाने वाला सदाबहार 'तुम जियो हजारों साल, साल के दिन हों पास हजार' फिल्म के अन्य लोकप्रिय गीत थे। इन खूबसूरत गीतों को प्रेम धवन और खुद रवि ने लिखा था। यह फिल्म बॉक्स ऑफिस पर भी अच्छी चली थी।

रवि की एक बड़ी खूबी यह थी कि वे फिल्म के विषय की माँग के अनुरूप बिलकुल साँचे में ढला संगीत बनाते थे—ऐसा संगीत जो फिल्म की प्रकृति के साथ बिलकुल रच-बस जाता था और उसी का हिस्सा बन जाता था। नाडियाडवाला की 'मेहंदी' (1958) के रूप में उन्हें एक मुस्लिम सोशल फिल्म में संगीत देने का अवसर मिला तो उन्होंने फिल्म की माँग के अनुरूप पूरी तरह शायराना संगीत दिया। एस.एम. यूसुफ द्वारा निर्देशित तथा अजीत और जयश्री (राजकमल बैनर के बाहर उनकी पहली फिल्म) की मुख्य भूमिकाओं से सजी यह फिल्म महान ऐतिहासिक शायरा और तवायफ उमराव जान अदा की जिंदगी पर आधारित थी। खुमार बाराबंकवी, सरवर और एस.एच. बिहारी के गीतों से सजी इस फिल्म में लता के कई बड़े मोहक गीत थे—'अदाओं में शोखी अजब दास्ताँ है' और 'प्यार की दुनिया लुटेगी हमें मालूम न था'। 'गाओ-गाओ री सखी' (आशा भोंसले), 'झूलो लालना चाँदी की डोली' (आशा-चाँदबाला) और एक बड़ा मर्मस्पर्शी डुएट 'बेदर्द जमाना तेरा दुश्मन है तो क्या' (हेमन्त-लता) फिल्म के अन्य मधुर आकर्षण थे। फिल्म में रफी और लता द्वारा गाई गई कुछ मुशायराना नज्में भी थीं, जिन्हें कामिल रशीद ने लिखा था। यह खूबसूरत फिल्म बॉक्स ऑफिस पर भी अच्छी चली थी।

निर्माता-निर्देशक एस.डी. नारंग के साथ रवि के लम्बे जुड़ाव की पहली फिल्म किशोर कुमार की खूब धूम मचाने वाली 'दिल्ली का ठग' (1958) थी। किशोर कुमार की रोमांटिक कॉमेडी का कोई जवाब नहीं था और उन्होंने मधुबाला, वैजयन्तीमाला, माला सिन्हा से लेकर गंभीर भूमिकाओं के लिए प्रसिद्ध मीना कुमारी और वहीदा रहमान तक सभी बड़ी नायिकाओं के साथ नायक के रूप में काम किया था। इस फिल्म में वे नूतन के साथ थे। फिल्म का सबसे लोकप्रिय और यादगार गीत था—'ये रातें ये मौसम नदी का किनारा ये चंचल हवा' (किशोर-आशा)। 'सी.ए.टी. कैट, कैट माने बिल्ली' (किशोर-आशा) और 'हम तो मुहब्बत करेगा, दुनिया से नहीं डरेगा' (किशोर) जैसे फड़कते हुए मजेदार गीतों ने भी खूब धूम मचाई। फिल्म के अन्य लोकप्रिय गीतों में आशा भोंसले के 'किसी का दिल लेना हो', 'सीख लो बाबू प्यार का जादू' और 'ये बहार ये समाँ' के साथ-साथ गीता दत्त का 'ओ बाबू ओ लाला' और किशोर का 'तेरा यूँ

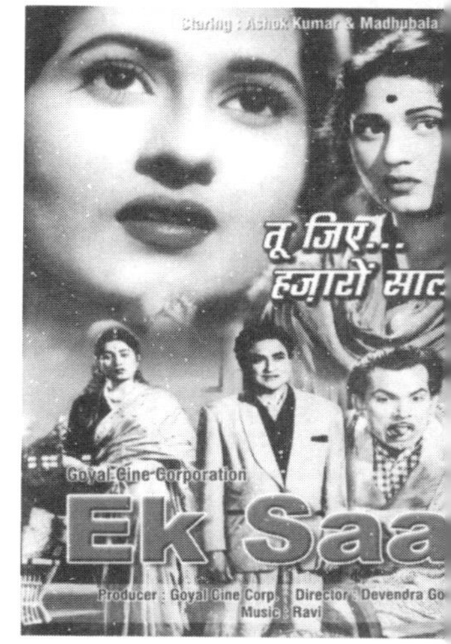

नजर चुराके जाना हाय-हाय' शामिल थे। इन गीतों को शैलेन्द्र, मजरूह सुल्तानपुरी और एस.एच. बिहारी ने लिखा था।

देवेन्द्र गोयल की गंभीर पारिवारिक फिल्म 'चिराग कहाँ रोशनी कहाँ' (1959) भी बॉक्स ऑफिस पर खूब धूम मचाने वाली फिल्म साबित हुई। मीना कुमारी, राजेन्द्र कुमार और बाल कलाकार बबलू (डेजी ईरानी) की मुख्य भूमिकाओं से सजी इस फिल्म में रवि ने एक से एक मधुर और दिल को छू लेने वाले पारिवारिक गीत दिए, जो खूब लोकप्रिय भी हुए। इनमें लता के दर्द भरे 'बड़ा बेदर्द जहाँ है यहाँ इनसाफ कहाँ है, मुझे ऐ दुनियावाले वापस बुला ले' के साथ-साथ उनके दो बरसों तक धूम मचाते रहने वाले बाल-गीत भी शामिल थे—'टिमटिम करते तारे, ये कहते हैं सारे' और 'चल मेरे घोड़े टिक-टिक-टिक'। फिल्म के अन्य गीतों में सुमन कल्याणपुर और कोरस का 'आए हो तो देख लो दुनिया' और रफी का 'अजब है मालिक तेरा जहाँ' शामिल थे। देवेन्द्र गोयल की पिछली फिल्म 'एक साल' की तरह इन सीधे-सादे और बड़े प्यारे गीतों को भी प्रेम धवन और खुद रवि ने लिखा था। देवेन्द्र गोयल की अगली फिल्म 'नई राहें' उनकी सफल फिल्मों की शृंखला की एक कमजोर कड़ी साबित हुई। प्रेम धवन के गीतों वाली इस फिल्म में 'ये झूमते नजारे तुम पास हो हमारे' (लता), 'कल के चाँद आज के सपने' (लता-हेमन्त), 'तोसे लागे नैन सैयाँ' (आशा भोंसले) और 'कहाँ तेरी मंजिल कहाँ है ठिकाना' (रफी) जैसे कई लोकप्रिय गीत थे।

इसी दौर में रवि की कुछ और कमजोर फिल्में भी आईं जो बॉक्स ऑफिस पर कोई हलचल नहीं मचा सकीं—'देवर भाभी', 'जवानी की हवा', 'नई माँ' और 'घर की लाज'। 'देवर भाभी' (1958) में 'किसे थी खबर कि यूँ हद से गुजरके' (आशा) और 'ये कैसी रुत आई अजब रंग लाई' (आशा); 'जवानी की हवा' (1959) में आशा भोंसले के ही 'चंदा के पास एक तारा', 'बहार लेके आई करार लेके आई' और 'चली-चली कैसी ये जवानी की हवा' के साथ-साथ रफी का 'जा रे जा मेरा दिल न जला'; 'नई माँ' (1960) में मुकेश और गीता दत्त के सदाबहार 'तुमसे ही मेरी जिंदगी मेरी बहार तुम' के साथ-साथ 'झुक जाएगा इक दिन' (रफी), 'दिल तेरा है दीवाना' (आशा) और 'सुनले छोटी-सी अरजिया हमार बबुआ' (रफी) और 'घर की लाज' (1960) में 'लैला की उँगलियाँ बेचूँ' (रफी), 'गम देने वाले देने को' (आशा) और 'उजड़ गया पंछी अब तेरा' (रफी) जैसे लोकप्रिय गीत थे।

रफी, राजेन्द्र कृष्ण और रवि

रवि और आशा

गुरुदत्त की 'चौदहवीं का चाँद' (1960) ने खुद पूनम के चाँद की तरह ही रवि की लोकप्रियता और प्रतिष्ठा को सातवें आसमान पर पहुँचा दिया। इस फिल्म में उन्होंने ऐसा शानदार और ऊँचे दर्जे का संगीत दिया कि उन्हें घरेलू फिल्मों के सीमित दायरे का संगीतकार मानने वाले उनकी प्रतिभा के आगे नतमस्तक हो गए। इस फिल्म का संगीत कलात्मकता और गुणवत्ता के मामले में नौशाद, सचिन देव बर्मन और हेमन्त कुमार द्वारा स्थापित संगीत के सर्वोच्च मापदंडों की टक्कर का संगीत था। बल्कि 'चौदहवीं का चाँद' के संगीत की 'मेरे महबूब' (नौशाद), 'कागज के फूल' (सचिन देव बर्मन) और 'साहब बीवी और गुलाम' (हेमन्त कुमार) के संगीत से तुलना करना अपने-आपमें एक दिलचस्प अध्ययन हो सकता है! चलिए, अब रवि के कैरियर की इस सबसे खूबसूरत और यादगार फिल्म की बात करते हैं। गुरुदत्त अपनी महत्त्वाकांक्षी फिल्म 'कागज के फूल' की विफलता से इतने निराश हो गए थे कि उन्होंने अपने द्वारा निर्मित इस 'मुस्लिम सोशल' फिल्म का निर्देशन एम. सदिक को सौंप दिया और सचमुच यह फिल्म बॉक्स ऑफिस पर सुपरहिट साबित हुई। गुरुदत्त, वहीदा रहमान और रहमान की मुख्य भूमिकाओं से सजी इस दिलचस्प और मर्मस्पर्शी फिल्म में रवि के संगीत ने मानो चार चाँद लगा दिए। एक से एक खूबसूरत और धूम मचाने वाले गीतों से सजी यह फिल्म महान शायर और गीतकार शकील बदायूँनी के साथ रवि के लम्बे और सफल जुड़ाव की भी शुरुआत थी। दोनों की जोड़ी ने मानो मधुर, लोकप्रिय और सदाबहार गीतों की बौछार ही कर दी—'चौदहवीं का चाँद हो या आफताब हो' (रफी)... 'दिल की कहानी रंग लाई है' (आशा भोंसले)... 'बदले-बदले मेरे सरकार नजर आते हैं' (लता)... 'मिली खाक में मुहब्बत जला दिल का आशियाना' (रफी)... और बरसों तक शादी-ब्याहों में धूम मचाते रहने वाला 'मेरा यार बना है दूल्हा और फूल खिले हैं दिल के' (रफी)। राग खमाज पर आधारित 'चौदहवीं का चाँद हो...' रफी के सबसे लोकप्रिय और अमर गीतों में शामिल है, जैसाकि हमने इस अध्याय के शुरू में भी जिक्र किया है। फिल्म में उनका एक और खूबसूरत गीत भी था—लखनऊ की निराली आन-बान-शान और मशहूर तहजीब को सलाम करता हुआ—'ये लखनऊ की सरजमीं...'। राग जयजयवन्ती पर आधारित लता का दर्द भरा 'बदले-बदले मेरे सरकार...' हो या गीता दत्त का चुहल भरा विदाई गीत 'बालम से मिलन होगा शरमाने के दिन आए' या फिर शमशाद बेगम और आशा भोंसले की जोरदार कव्वाली 'शरमाके ये क्यों सब पर्दानशीं आँचल को संवारा करते हैं'—सभी खूब धूम मचाने वाले यादगार गीत थे। आशा भोंसले के दोनों मुजरे भी गजब के थे 'दिल की कहानी...' और 'बेदर्दी मेरे सैयाँ'। 'दिल की कहानी रंग लाई है' तो हिन्दी सिनेमा के सबसे लाजवाब मुजरों में शामिल है। कुल मिलाकर 'चौदहवीं का चाँद' का संगीत चाँदनी रातों के मधुर रोमांस और रंगीन महफिलों का संगीत था—जिंदगी, जिंदादिली और जोशीले अरमानों का संगीत!

इतना खूबसूरत संगीत देने के बावजूद रवि उस वर्ष के सर्वश्रेष्ठ संगीतकार का फिल्मफेयर पुरस्कार पाने से चूक गए। दिलचस्प बात यह है कि

उनके द्वारा संगीतबद्ध 'चौहदवीं का चाँद हो' गीत के लिए मुहम्मद रफी और शकील बदायूँनपी दोनों ही यह पुरस्कार पाने में सफल रहे। लेकिन उस वर्ष नौशाद 'मुगल-ए-आजम' और शंकर-जयकिशन ('दिल अपना और प्रीत पराई') के साथ कड़ी टक्कर में रवि संगीत-निर्देशक शंकर-जयकिशन से मात खा गए। सर्वश्रेष्ठ गायक और सर्वश्रेष्ठ गीतकार का पुरस्कार जीतने वाले इस गीत के सृजन के पीछे भी एक दिलचस्प कहानी है। तब सान्ताक्रूज में रवि का बंगला बन ही रहा था। दीवारें खड़ी हो चुकी थीं लेकिन छत पड़नी बाकी थी। वहीं बिना छतवाले एक कमरे में और कान्दिवली के घर से लाई गई दरियाँ बिछाकर रवि और शकील बदायूँनी ने इस महान गीत की रचना की थी। उन दिनों रवि की बिजली की मिस्त्रीगिरी भी बहुत काम आया करती थी। वे हर रोज घर से अपने टेलीफोन का सेट उठा लाते थे और उसे अपने निर्माणाधीन बंगले में बिछी टेलीफोन की तार से जोड़ लिया करते थे।

शकील की तरह अपने प्रिय गायक मुहम्मद रफी के साथ भी रवि की खूब जमती थी। गीतों की रिहर्सल के लिए कोई उपयुक्त जगह न होने के कारण रवि कई बार अपना हारमोनियम लेकर रफी के साथ समुद्र तट पर जा बैठते थे और वहीं उन्हें रिहर्सल करवाया करते थे। रफी भी बड़ी खुशी से उनके साथ सहयोग करने के लिए तैयार रहते थे। उन्होंने रवि के साथ कुल 79 फिल्मों में 235 गीत गाए (130 सोलो, 97 डुएट और 8 समूह-गीत)।

जैसाकि हमने पीछे जिक्र किया है, रवि अपने कैरियर के शुरू से ही आशा भोंसले को अपनी प्रमुख गायिका के रूप में इस्तेमाल करने लगे थे। आशा भोंसले के कैरियर को संवारने में चार संगीत-निर्देशकों का सबसे ज्यादा योगदान रहा है—ओ.पी. नैयर, रवि, सचिन देव बर्मन और खय्याम (इसी क्रम में)। उस दौर में जब लता मंगेशकर फिल्म संगीत पर पूरी तरह छाई हुई थीं, उनकी बजाय आशा भोंसले से एक से एक हिट गीत गवाना बड़ी हिम्मत की बात थी। आशा भोंसले ने रवि के साथ 101 फिल्मों में (एक तरह से रवि की लगभग हर फिल्म में) कुल 585 गीत गाए (215 सोलो, 157 डुएट और 13 समूह-गीत)। उनकी तुलना में लता मंगेशकर ने रवि के साथ 27 फिल्मों में कुल 75 गीत गाए (52 सोलो, 18 डुएट और 5 समूह-गीत)।

बाद के दिनों के जाने-माने निर्माता-निर्देशक बृज सडाना ('विक्टोरिया नं. 203' के लिए मशहूर) ने देवेन्द्र गोयल की फिल्म 'अलबेली' में सह-नायक की भूमिका के साथ-साथ बरसों उनके सहायक के रूप में भी काम किया। उनके द्वारा निर्देशित पहली फिल्म 'तू नहीं और सही' (1960) में भी रवि का संगीत था। प्रदीप कुमार, कुमकुम और निशी की मुख्य भूमिकाओं वाली इस फिल्म में रफी और आशा भोंसले के कई लोकप्रिय डुएट थे—'ये रंग भरा बादल, ये उड़ता हुआ आँचल', 'तेरा हाथ हाथ में आ गया', 'दीवाना हूँ मैं प्यार का' और 'मेरी महफिल में आके'। फिल्म के अन्य गीतों में आशा का 'मन ही मन मुस्काए' और मुकेश का टाइटल-गीत 'तू नहीं और सही' शामिल थे। फिल्म के गीत मजरूह सुल्तानपुरी, असद भोपाली और शकील नूरानी ने लिखे थे।

मद्रास (अब चेन्नई) के जाने-माने फिल्म निर्माता एस.एस. वासन के जेमिनी स्टूडियो द्वारा निर्मित 'घूँघट' (1960) रवि की एक धूम मचाने वाली फिल्म थी। रामानन्द सागर द्वारा निर्देशित और भारत भूषण, बीना राय, राजेन्द्र कुमार और आशा पारिख जैसे सितारों से सजी यह मल्टीकास्ट फिल्म साउथ में उनकी पहली फिल्म थी फिल्म के एक से एक लोकप्रिय गीतों में लता के दो सदाबहार गीत—राग भैरवी पर आधारित 'मोरी छम-छम बाजे पायलिया' और राग शिवरंजनी पर आधारित 'लागे न मोरा जिया सजना नहीं आए'—और रफी का उतना ही यादगार 'हाय रे इनसान की मजबूरियाँ' शामिल थे। फिल्म के अन्य गीत 'मेरी पट राखो गिरधारी' (लता), 'ये जिंदगी का मौसम' (रफी-आशा), 'दो नैन मिले दो फूल खिले' (महेन्द्र कपूर-आशा) और आशा भोंसले के तीनों सोलो—'गोरी घूँघट में मुखड़ा', 'जा री सखी सज-धज' और 'दिल न कहीं लगाना'—भी बड़े मोहक गीत थे। इन हिट-परेट गीतों को शकील बदायूँनी ने लिखा था। इस फिल्म के बाद रवि जेमिनी स्टूडियो के चहेते संगीतकार बन गए और आने वाले वर्षों में उन्होंने इस प्रतिष्ठित बैनर की पाँच और फिल्मों में संगीत दिया—'घराना' (1962), 'गृहस्थी' (1963), 'औरत' (1967), 'पैसा या प्यार' (1969) और 'समाज को बदल डालो' (1969)। उन्होंने रामानन्द सागर द्वारा निर्मित-निर्देशित 'आँखें' (1968) में भी सुपरहिट संगीत दिया था।

देवेन्द्र गोयल की एक और फिल्म 'प्यार का सागर' (1961) में एक बार फिर रवि के बड़े मीठे-मीठे और प्यार भरे गीत सुनने को मिले। मीना कुमारी और राजेन्द्र कुमार की मुख्य भूमिकाओं से सजी यह फिल्म खुद गोयल की ही पहली फिल्म 'आँखें' का री-मेक थी। इस फिल्म के एक से एक सुरीले गीतों में 'रात-रात भर जाग-जागकर इन्तजार करते हैं' (आशा), 'मुझे प्यार की जिंदगी देने वाले' (रफी-आशा), 'वफा जिनसे की बेवफा हो गए' (मुकेश, राग पीलू), 'हाल दिल का सुनाएँ' (आशा), 'सदा खुश रहे तू जफा करने वाले' (मुकेश, राग तिलक कामोद) और 'प्यार का सागर देखा है किसी के चंचल नैनों में' (मुकेश-आशा) शामिल थे। प्रेम धवन और असद भोपाली के गीतों वाली यह हिट फिल्म रवि के कैरियर में एक मधुर कीर्ति-स्तम्भ थी।

इसी वर्ष रवि की तीन कम महत्त्वपूर्ण फिल्मों में भी कुछ लुभावने गीत सुनने को मिले थे। प्रदीप कुमार और सईदा खान की मुख्य भूमिकाओं वाली 'मॉडर्न गर्ल' (1961) में राग बिलावल पर आधारित मुकेश और सुमन कल्याणपुर का एक सुपरहिट युगल-गीत था 'ये मौसम रंगीन समाँ ठहर जरा ओ जानेजाँ'। फिल्म के गीतकार राजेन्द्र कृष्ण और गुलशन बावरा थे। इसी तरह सुबिराज और कुमकुम की मुख्य भूमिकाओं वाली बी-ग्रेड फिल्म 'सलाम मेमसाहब' (1961) में भी 'हम भी अकेले तुम भी अकेले' (रफी-आशा), 'जरा-सी बात प्यार की' (रफी-सुमन कल्याणपुर) और 'कहिए कैसा मिजाज है आपका' (रफी-आशा) जैसे लोकप्रिय गीत थे। फिल्म के गीतकार कमर जलालाबादी और असद भोपाली थे। जॉनी वाकर द्वारा निर्मित 'वान्टेड' (1961) भी रवि की इस वर्ष की फ्लॉप फिल्मों में शामिल थी। शकील बदायूँनी के गीतों वाली इस फिल्म में तलत महमूद का एक बड़ा प्यारा गीत था—'मैंने तो हुस्न की नजरों में जगह पाई है'।

'घूँघट' के बाद मद्रास के जेमिनी बैनर की अगली फिल्म 'घराना' (1961) भी रवि की एक सुपरहिट फिल्म साबित हुई। राज कुमार, राजेन्द्र कुमार और आशा पारिख की मुख्य भूमिकाओं वाली यह फिल्म रवि को उनका पहला फिल्मफेयर पुरस्कार दिलवाने वाली फिल्म भी थी—नौशाद की 'गंगा जमना' और शंकर-जयकिशन की 'जिस देश में गंगा बहती है' के साथ कड़े मुकाबले के बावजूद। फिल्म में रफी के सदाबहार 'हुस्नवाले तेरा जवाब नहीं' और 'जब से तुम्हें देखा है आँखों में तुम्हीं तुम हो' (आशा भोंसले के साथ युगल-गीत) जैसे लुभावने गीत तो थे ही, बच्चों का एक खूब धूम मचाने वाला गीत भी था—'दादी अम्मा दादी अम्मा मान जाओ, छोड़ो भी ये गुस्सा जरा हँसके दिखाओ' (आशा भोंसले-कमल बारोट)। फिल्म के अन्य मधुर गीतों में 'मैं तो अपने बलम की हो गई रे' (आशा), 'न देखो हमें घूर के' (आशा-रफी), 'ये जिंदगी की उलझनें' (आशा), 'जय रघुनन्दन जय सियाराम' और कव्वाली शैली का सुपरहिट विवाह-गीत 'मेरे बन्ने की बात न पूछो' शामिल थे। जैसाकि स्वाभाविक था, इस फिल्म के गीत भी 'घूँघट' में रवि के जोड़ीदार रहे शकील बदायूँनी ने लिखे थे।

साउथ के ही एक और निर्माता वीनस पिक्चर्स के एस. कृष्णामूर्ति ने रवि को शोमैन राज कपूर की फिल्म में संगीत देने का अवसर दिया। राज कपूर के साथ वैजयन्तीमाला और उषा किरण की मुख्य भूमिकाओं से सजी इस फिल्म—'नजराना' (1961) के निर्देशक सी.वी. श्रीधर थे (जिन्होंने बाद में 'दिल एक मन्दिर' जैसी सुपरहिट फिल्म बनाई)। रवि मुकेश के साथ पहले ही 'प्यार का सागर' में कई हिट गीत दे चुके थे—जो राज कपूर के नियमित पार्श्व-गायक थे। 'नजराना' में भी उन्होंने मुकेश से दो लुभावने डुएट गवाए—'बिखराके जुल्फें चमन में न जाना' (लता के साथ) और 'मेरे पीछे इक दीवाना' (आशा के साथ)। फिल्म में मुकेश का एक सदाबहार दर्द भरा गीत भी था—'इक वो भी दीवाली थी इक ये भी दीवाली है'। लता के 'मैंने अपनी शमा बुझाके' और 'देखा है मैंने जिधर-जिधर' भी दिल को छू लेने वाले गीत थे। फिल्म में रफी के भी दो गीत थे—'इक प्यासा तुझे मयखाना' और खूब धूम मचाने वाला सदाबहार 'बाजी किसी ने प्यार की जीती या हार दी'। बॉक्स ऑफिस पर काफी अच्छी चलने वाली इस फिल्म के इन खूबसूरत गीतों को राजेन्द्र कृष्ण ने लिखा था।

साउथ के सुपर स्टार अभिनेता शिवाजी गणेशन देव आनन्द के साथ 'अमरदीप' में काम कर चुके थे। ए. भीम सिंह द्वारा निर्देशित 'राखी' (1962) उनकी दूसरी हिन्दी फिल्म थी, जिसमें वे अशोक कुमार, वहीदा रहमान, प्रदीप कुमार और अमीता जैसे एक से एक लोकप्रिय सितारों के साथ थे। यह फिल्म रवि की एक और सिल्वर जुबली हिट फिल्म थी। भाई-बहन की मर्मस्पर्शी कथा पर आधारित इस फिल्म में 'राखी धागों का त्योहार' (रफी), 'बाबुल छूट चला तेरा अंगना' (लता), 'सितारो आज तो हम भी तुम्हारे साथ जाएँगे' (आशा), 'सैयाँ छोड़ दे बैयाँ' (लता-मुकेश) और 'या मेरी मंजिल बता' (रफी) जैसे कई लोकप्रिय गीत थे। इस फिल्म के गीत भी राजेन्द्र कृष्ण ने लिखे थे।

निर्माता-निर्देशक और अभिनेता एन.ए. अन्सारी की 'टॉवर हाउस' (1962) को लता के एक बेहद लुभावने और अमर गीत के लिए याद किया जाता है—'ए मेरे दिल-ए-नादाँ तू गम से घबराना'। अजीत और शकीला की मुख्य भूमिकाओं से सजी इस फिल्म में रवि के कई और सुरीले गीत भी थे। इनमें 'मैं खुशनसीब हूँ मुझको किसी का प्यार मिला' (मुकेश-लता, राग बागेश्री) के साथ-साथ आशा भोंसले के तीन सोलो 'ये सितम क्या है', 'मौसम है जवाँ' और 'जरा बचके शिकारी' शामिल थे। फिल्म के गीतकार असद भोपाली और एस.एच. बिहारी थे।

नजराना की रिकॉर्डिंग

एस.डी. नारंग के साथ रवि की तीसरी फिल्म 'बम्बई का चोर' (1962) उनकी पहली फिल्म 'दिल्ली का ठग' की ही अगली कड़ी थी। इसमें किशोर कुमार माला सिन्हा के साथ थे। इस फिल्म के एक लोकप्रिय और सदाबहार गीत

के लिए रवि ने बड़ी अनूठी ताल का प्रयोग किया था—'हसरत ही रही हमसे भी कभी कोई प्यार करता'। किशोर के अन्य गीतों में 'हल्की-हल्की सर्द हवा', 'कौन आया है महफिल में' और आशा भोंसले के साथ एक चुलबुला युगल-गीत 'हलो-हेलो जी, कहो क्या है जी' शामिल थे। रफी का 'है बहार-ए-बाग दुनिया चन्द रोज' फिल्म का एक और खूबसूरत गीत था। राजेन्द्र कृष्ण के गीतों वाली यह फिल्म बॉक्स ऑफिस पर अच्छी चली थी।

मनोज कुमार और आशा पारिख की मुख्य भूमिकाओं वाली 'अपना बनाके देखो' (1962) इस दौर में रवि की एक और फिल्म थी। जगदीश निरुला द्वारा निर्देशित इस फिल्म में 'मिले हैं आप जबसे जिंदगी कितनी सुहानी है' (आशा भोंसले), 'राज-ए-दिल उनसे छुपाया न गया' (रफी) और 'हम प्यार तुम्हें करते हैं' (रफी-आशा) जैसे कई मीठे-मीठे रूमानी गीत थे। असद भोपाली और एस.एच. बिहारी के गीतों वाली यह फिल्म भी बॉक्स ऑफिस पर ठीक-ठाक चली थी।

जैसाकि हमने पीछे जिक्र किया है, निर्माता ए.ए. नाडियाडवाला ने रवि और शक्ति सामन्त दोनों को ही सान्ताक्रूज में एक-एक खाली प्लाट ले दिया था। लिहाजा ये दोनों पड़ोसी बन गए थे। जब शक्ति सामन्त ने अपनी रोमांटिक क्राइम-थ्रिलर 'चाइना टाउन' (1962) के संगीत के लिए उन्हें साइन किया तो प्रश्न यह था कि क्या रूमानी या पारिवारिक फिल्म के लिए संगीत देने वाले रवि एक क्राइम-थ्रिलर फिल्म में संगीत दे पाएँगे—वह भी 'रिबेल स्टार' शम्मी कपूर की फिल्म में? रवि ने हर किसी को चौंकाते हुए शम्मी कपूर की छवि के अनुरूप एक धमाकेदार रॉक एंड रोल गीत रच डाला—'बार-बार देखो हजार बार देखो' (रफी) । आज भी इस गीत का जलवा कम नहीं हुआ है और इसके न जाने कितने री-मिक्स बनते रहते हैं। यह पहला ऐसा गीत था जिसकी पश्चिमी धुन के लिए वहाँ के एक म्यूजिक ग्रुप की अनुमति ली गई थी। निर्माता-निर्देशक शक्ति सामन्त ने इस गीत को शम्मी कपूर और नायिका शकीला पर फिल्माया भी बड़े दिलचस्प अन्दाज में था। यही बात रफी के दूसरे धूम मचाने वाले गीत 'देखो जी इक बाला जोगी मतवाला जोगी' के बारे में कही जा सकती है, जिसमें मीनू पुरुषोत्तम ने उनका साथ दिया था। फिल्म के अन्य चुलबुले गीतों में 'यम्मा यम्मा यम्मा दो परवाने एक शमा' (आशा भोंसले) और इसके बाद फौरन शुरू होने वाले 'क्या तेरी महफिल है सनम' (रफी), 'हमसे न पूछो हम कहाँ चले' (रफी-आशा), 'ये रंग न छूटेगा' (रफी-आशा), 'बड़ा कातिल है मेरा यार' (रफी-आशा) और टाइटल-गीत 'चाइना टाउन चाइना टाउन' (आशा भोंसले) शामिल थे। इन मस्ती भरे गीतों को मजरूह सुल्तानपुरी ने लिखा था। बरसों बाद इसी थीम पर अमिताभ बच्चन की 'डॉन' समेत कितनी ही फिल्में बनीं।

शक्ति सामन्त द्वारा ही निर्देशित एक पारिवारिक फिल्म 'इसी का नाम दुनिया है' (1962) में भी रवि का संगीत था। अशोक कुमार और श्यामा की मुख्य भूमिकाओं वाली इस फिल्म में एस.एच. बिहारी द्वारा लिखे गए 'मुझको सहारा देने वाले ये दिल कहे शुक्रिया' (आशा भोंसले) और 'जहाँ जाएँगे दीवाने' (रफी) जैसे कुछ लोकप्रिय गीत थे। इसी तरह जॉनी वाकर द्वारा निर्मित एक और फिल्म 'कौन अपना कौन पराया' (1963) में भी रवि के कुछ मधुर गीत सुनने को मिले थे। वहीदा रहमान के साथ जॉनी वाकर के भाई टानी वॉकर की बेमेल जोड़ी वाली इस फ्लॉप फिल्म के हिट गीतों में 'जरा सुन हसीना-ए-नाजनीन' (रफी), 'आया बहार का जमाना' (आशा भोंसले) और 'आशिक हूँ अपने प्यार के' (रफी) शामिल थे। फिल्म के गीत शकील बदायूँनी ने लिखे थे।

इसी वर्ष रवि की एक और यादगार फिल्म थी मद्रास के वासु फिल्म्स बैनर की 'भरोसा' (1963)। के. शंकर द्वारा निर्देशित इस फिल्म में गुरुदत्त और आशा पारिख मुख्य भूमिकाओं में थे और गुरुदत्त के जोर देने पर ही रवि को यह फिल्म मिली थी।

'चौदहवीं का चाँद' के निर्माण के दौरान रवि और गुरुदत्त में बड़ी अच्छी दोस्ती हो गई थी। तब गुरुदत्त बहुत ज्यादा पीने लगे थे। एक दिन रवि ने बातों ही बातों में उनसे यह वायदा ले लिया था कि वे धीरे-धीरे इस लत को छोड़ने की कोशिश करेंगे। लेकिन अफसोस, गुरुदत्त इस वायदे को निभा नहीं सके। देश के बहुत से सिनेमाघरों नें सिल्वर जुबली मनाने वाली 'भरोसा' का सबसे प्यारा गीत था—'वो दिल कहाँ से लाऊँ तेरी याद जो भुला दे' (लता)। सभी संगीत-प्रेमी इस बात से सहमत होंगे कि राग पहाड़ी पर आधारित यह गीत लता के सीधे दिल में उतर जाने वाले सबसे मीठे गीतों में शामिल है। रवि ने लता से (आशा भोंसले की तुलना में) बहुत कम गाने गवाए, लेकिन इनमें से ज्यादातर बड़े चुनिन्दा और यादगार गाने हैं। 'आज की मुलाकात बस इतनी' (लता-महेन्द्र कपूर), 'ये झुके-झुके नैना ये लट बल खाती' (रफी), भंगड़ा शैली का 'काहे इतना गुमान गोरिए' (रफी-आशा) और 'इस भरी दुनिया में कोई भी हमारा न हुआ' (रफी) फिल्म के अन्य धूम मचाने वाले गीत थे। साउथ की इस फिल्म के गीत राजेन्द्र कृष्ण ने लिखे थे।

मद्रास के ही जेमिनी स्टूडियो की लगातार तीसरी सिल्वर जुबली फिल्म 'गृहस्थी' (1963) में भी रवि का संगीत था। अशोक कुमार, निरूपा राय, मनोज कुमार और राजश्री की मुख्य भूमिकाओं से सजी और किशोर साहू द्वारा निर्देशित इस फिल्म के संगीत के लिए रवि को अत्यंत प्रतिष्ठित 'सुर सिंगार संसद पुरस्कार' मिला था। फिल्म का सबसे यादगार

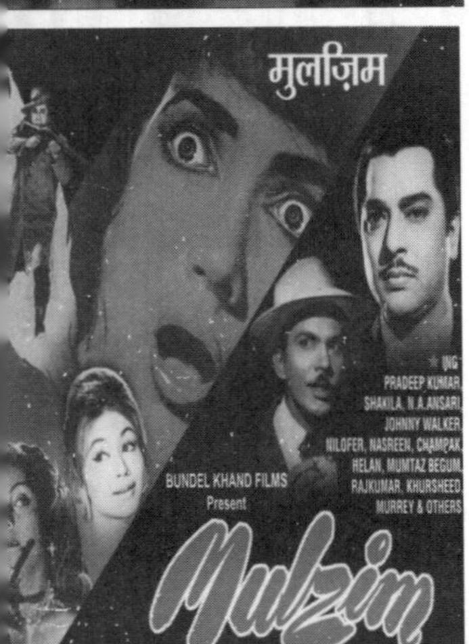

गीत था राग सोहनी पर आधारित आशा भोंसले का 'जीवन ज्योत जले', जो उनके सबसे खूबसूरत गीतों में शामिल है। फिल्म के अन्य लोकप्रिय गीतों में 'जरा देख सनम मेरा जज्बा-ए-दिल' (लता), 'जाने तेरी नजरों ने' (रफी-लता), 'डिंग डोंग डिंगडोग डिंग लाला' (गीता दत्त) और 'खिले हैं सखी आज फुलवा मन के' (लता-आशा-उषा।) जेमिनी की इस फिल्म के गीत भी पिछली दो फिल्मों की तरह शकील बदायूँनी ने लिखे थे।

निर्माता-निर्देशक ओ.पी. रल्हन (जिन्होंने बाद में 'फूल और पत्थर' और 'तलाश' जैसी फिल्में बनाईं) के खुद के बैनर की पहली फिल्म 'गहरा दाग' (1963) भी रवि की एक सिल्वर जुबली हिट फिल्म थी। ओ.पी. रल्हन के बहनोई राजेन्द्र कुमार और माला सिन्हा की मुख्य भूमिकाओं से सजी इस फिल्म में भी कई लुभावने और लोकप्रिय गीत थे। 'कैसे कहूँ मैं बात जिया की' (आशा भोंसले), 'तुम्हें पाके हमने जहाँ पा लिया है' (आशा-रफी), 'आज उड़ता हुआ इक पंछी' (रफी), 'सुबह का भूला शाम को घर आ जाए' (आशा भोंसले) और 'भगवान इक कसूर की' (रफी)—सभी बड़े मीठे और दिल को छू लेने वाले गीत थे। इस फिल्म के गीतकार भी शकील बदायूँनी थे।

नरेश सहगल की 'प्यार का बन्धन' (1963) रवि की एक महत्त्वहीन-सी फिल्म साबित हुई, हालाँकि इसमें उन्होंने भविष्य के अपने बड़े पक्के जोड़ीदार साहिर लुधियानवी के साथ पहली बार काम किया था। फिल्म का एक-एक गीत कमर जलालाबादी और नक्श लायलपुरी ने भी लिखा था। राजकुमार और निशी की मुख्य भूमिकाओं वाली इस फिल्म में राग झिंझोटी पर आधारित आशा भोंसले के 'इक प्यार के बन्धन की खातिर' के साथ-साथ रफी का धूम मचाने वाला 'घोड़ा पिशौरी मेरा ताँगा लाहौरी मेरा' गीत भी था। एन.ए. अन्सारी की क्राइम-थ्रिलर 'मुल्जिम' (1963) बॉक्स ऑफिस पर अच्छी चली थी, जिसमें रवि के हिट संगीत का भी काफी हाथ था। प्रदीप कुमार और शकीला की मुख्य भूमिकाओं वाली इस फिल्म के लोकप्रिय गीतों में राग गारा पर आधारित 'दीवाना कहके आज मुझे फिर पुकारिए' के साथ-साथ रफी के दो और सोलो भी थे—'इश्कवालों पे दीवानों की नजर होती है' और 'संग-संग रहेंगे तुम्हारे जी हजूर'। आशा भोंसले का 'आते ही जवानी का मौसम' भी बड़ा लुभावना गीत था। इस फिल्म के गीत शकील बदायूँनी ने लिखे थे। उनके 'दीवाना कहके आज मुझे...' की एक पंक्ति थी—'लग जाए आपको न किसी की नजर कहीं, घर जाके अपने हुस्न का सदका उतारिए'।

नितिन बोस द्वारा निर्देशित 'नर्तकी' (1963) अपने आदर्शवादी और मर्मस्पशी विषय के कारण एक यादगार फिल्म थी। सुनील दत्त और नन्दा की मुख्य भूमिकाओं से सजी इस फिल्म में रवि ने वैसा ही मर्मस्पर्शी संगीत भी दिया था। उनकी और शकील बदायूँनी की जोड़ी ने एक बार फिर बड़े सुन्दर गीत रचते हुए 'आज दुनिया बड़ी सुहानी है' (आशा भोंसले), 'हम तुमसे मुहब्बत कर बैठे' (महेन्द्र कपूर) और 'जिंदगी की उलझनों को भूलकर' (आशा भोंसले) जैसे मीठे-सुरीले गीत दिए थे।

निर्माता बी.एस. रंगा द्वारा निर्मित 'जब प्यार किया तो डरना क्या' (1963) रवि की एक और साउथ की फिल्म थी। शम्मी कपूर और बी. सरोजा देवी की मुख्य भूमिकाओं वाली यह फिल्म कुछ खास तो नहीं चली, लेकिन इसमें रफी का एक सुपरहिट गीत था—'जिंदगी क्या है, गम का दरिया है... न जीना यहाँ बस में न मरना यहाँ बस में, अजब दुनिया है'। फिल्म में रफी का एक और खूबसूरत और सदाबहार गीत भी था—राग मालकौंस पर आधारित 'जान-ए-बहार हुस्न तेरा बेमिसाल है'—जिसे फिल्म में सुहागरात के दृश्य में फिल्माया गया था। 'मेरा दिल आशिकाना है' (रफी), 'दुनिया में मुहब्बतवालों की' (आशा भोंसले), 'जब तक हम हैं हम ही हम हैं' (रफी) और 'मुहब्बत का नगमा जुबाँ पर न आता' (रफी-आशा) फिल्म के अन्य लोकप्रिय गीत थे। इन खूबसूरत गीतों को शकील बदायूँनी ने लिखा था।

निर्देशक बृज और रवि की जोड़ी की एक और फिल्म 'उस्तादों के उस्ताद' (1963) का एक गीत न जाने कितनी अन्ताक्षरी / संगीत महफिलों की शान बना रहा है—'सौ बार जनम लेंगे सौ बार फना होंगे, ऐ जाने वफा फिर भी हम-तुम न जुदा होंगे'। राग कौशिक कान्हड़ा पर आधारित यह गीत मुहम्मद रफी के सबसे यादगार और अमर गीतों में शामिल है। अशोक कुमार, प्रदीप कुमार, शकीला और शेख मुख्तार की मुख्य भूमिकाओं से सजी इस फिल्म के एक मोहक गीत 'रात चुप है चाँदनी मदहोश है' (आशा भोंसले) की शुरू की पंक्तियाँ 'तूफान से टकराए जा...' रवि ने खुद गाई थीं। फिल्म के अन्य लोकप्रिय गीतों में 'हसीनों से तो बस साहब सलामत दूर की अच्छी' (रफी), 'मेरे दिल को जिसकी तलाश थी' (रफी-आशा) और खूब धूम मचाने वाली कव्वाली 'मिलते ही नजर तुमसे हम हो गए दीवाने' (रफी-मन्ना डे-आशा भोंसले) शामिल थी। फिल्म के गीत असद भोपाली ने लिखे थे।

बहुचर्चित नानावती मर्डर केस की सच्ची घटना (जिसमें फौज के एक अफसर ने अपनी पत्नी के प्रेमी की हत्या कर दी थी) पर आधारित 'ये रास्ते हैं प्यार के' (1963) सुनील दत्त, लीला नायडू और रहमान की मुख्य भूमिकाओं से सजी और खुद सुनील दत्त द्वारा निर्मित एक साहसिक और दिल को झकझोर देने वाली फिल्म थी।

सुपरहिट 'लव इन शिमला' के प्रतिभाशाली युवा निर्देशक और चोटी की अभिनेत्री साधना के भविष्य के जीवन-साथी आर.के. नैयर द्वारा निर्देशित इस फिल्म का संगीत किसी चुनौती से कम नहीं था। रवि इस चुनौती पर पूरी तरह खरे उतरे और उन्होंने न सिर्फ फिल्म के विषय के अनुरूप साँचे में ढला बल्कि यादगार संगीत दिया। फिल्म में आशा भोंसले के कुछ बड़े मोहक और दिल में एक हलचल-सी पैदा कर देने वाले गीत थे—'आज ये मेरी जिंदगी, देखो खुशी में झूमती, जाने चली कहाँ'... 'ये रास्ते हैं प्यार के चलना सँभल-सँभल के'... 'रूह ख़त्म हो गई दिल तबाह हो गया'... और रफी के साथ एक नशीला युगल-गीत 'ये खामोशियाँ, ये तन्हाइयाँ, मुहब्बत की दुनिया है कितनी जवाँ'। रफी के दोनों सोलो भी बड़े मोहक गीत थे—'कोई मुझसे पूछे कि तुम मेरे क्या हो' और 'तुम जिस पे नजर डालो उस दिल का खुदा हाफिज'। इन थिरकते-मचलते और दिल में एक तूफान-सा पैदा करने वाले गीतों को राजेन्द्र कृष्ण ने लिखा था।

साहिर लुधियानवी के साथ रवि की लाजवाब जोड़ी की शुरुआत सही मायने में 'आज और कल' (1963) से हुई और इसके बाद 'गुमराह' ने तो इनकी जुगलबन्दी को रचनात्मकता के सर्वोच्च शिखरों पर पहुँचा दिया। बसन्त जोगलेकर द्वारा निर्मित-निर्देशित 'आज और कल' में अशोक कुमार के साथ सुनील दत्त, नन्दा और तनूजा मुख्य भूमिकाओं में थे। रवि ने साहिर की गहरी और मर्मस्पर्शी शायरी से एक अनूठी प्रेरणा महसूस करते हुए पहाड़ी और भूपाली रागों की मधुर सरगम बिखेर दी—'ये वादियाँ ये फिजाएँ बुला रही हैं तुम्हें' (रफी)... 'मुझे गले से गा लो बहुत उदास हूँ मैं' (आशा-रफी)... 'इतनी हसीन इतनी जवाँ रात क्या करे' (रफी)... और 'मौत कितनी भी संगदिल हो मगर ज़िंदगी से तो मेहरबाँ होगी' (आशा भोंसले)। सबके सब गजब के गीत! और उतने ही सदाबहार भी!

महान निर्माता-निर्देशक बी.आर. चोपड़ा बहुत-सी फिल्में बना चुकी थे, लेकिन किसी एक संगीत-निर्देशक से संतुष्ट नहीं हो पा रहे थे। उनकी 'करवट' में हंसराज बहल का, 'चाँदनी चौक' में रोशन का, 'अफसाना' में हुस्नलाल-भगतराम का, 'एक ही रास्ता' में हेमन्त कुमार, 'नया दौर' में ओ.पी. नैयर और 'साधना', 'धूल का फूल' और 'धर्मपुत्र' में एन. दत्ता का संगीत था। साहिर लुधियानवी उनके साथ 'नया दौर' से जुड़ चुके थे और पहले ओ.पी. नैयर और फिर एन. दत्ता के साथ काम कर चुके थे। लेकिन बी.आर. चोपड़ा का मन मानो अभी भी नहीं भरा था। उनकी नई फिल्म 'गुमराह' (1963) का विषय भी कुछ ऐसा था—विवाह के बाद प्रेम-सम्बन्ध—कि ऐसा संगीत चाहिए था कि रोमांस की मस्ती भी हो और कुछ खो देने की तड़प और टीस भी। लिहाजा अशोक कुमार, सुनील दत्त और माला सिन्हा के त्रिकोण वाली इस प्रेम-कथा के संगीत के लिए उन्होंने साहिर के साथ रवि को आजमाने का फैसला किया। बस फिर क्या था, साहिर, रवि और बी.आर. चोपड़ा की इस नई तिकड़ी ने संगीत के नाम पर ऐसा जादू बिखेरा कि आने वाले कई वर्षों के लिए यह एक 'पर्मानेन्ट' तिकड़ी बन गई।

रवि के लिए एक बड़ी परेशानी यह थी कि उनके चहेते गायक मुहम्मद रफी बी.आर. चोपड़ा के बैनर के लिए उपलब्ध नहीं थे। 'धर्मपुत्र' की एक कव्वाली को लेकर उनके और बी.आर. चोपड़ा के बीच कुछ खटपट हो गई थी। रवि को उनकी बजाय महेन्द्र कपूर को ध्यान में रखकर अलग तरह की तर्जें बनानी पड़ीं और उनकी आवाज को भी अपने संगीत के अनुरूप एक अलग खाँचे में ढालना पड़ा। नतीजा यह हुआ कि इस फिल्म के बाद महेन्द्र कपूर एक प्रमुख पार्श्व-गायक के रूप में देखे जाने लगे।

फिल्म के सभी गीत धूम मचाने वाले गीत थे। महेन्द्र कपूर और आशा भोंसले का युगल-गीत 'इन हवाओं में इन फिजाओं में तुझको मेरा प्यार पुकारे' दो युवा प्रेमियों के मस्ती भरे रोमांस और मचलती आरजुओं का प्रतीक था। लेकिन राग भोपाली पर आधारित इस गीत का एक उदास वर्जन भी था—सिर्फ महेन्द्र कपूर की आवाज में। इसकी कुछ कचोटती

बी.आर. चोपड़ा और रवि

हुई और दिल में एक टीस-सी पैदा करती हुई पंक्तियाँ थीं :

इल्म नहीं था इतनी जल्दी ख़त्म फ़साने हो जाएँगे
तुम बेगाने हो जाओगे हम दीवाने हो जाएँगे
कल बाँहों का हार मिला था आज अश्क़ों का हार पुकारे।

और फिर एक प्रेमी अपनी प्रेमिका को एक दूसरे पुरुष की पत्नी के रूप में देखकर और उसके पति की उपस्थिति में अपने आपको धर्मसंकट में पाकर इससे बेहतर क्या कह सकता है कि—'चलो इक बार फिर से अजनबी बन जाएँ हम दोनों!' कहते हैं कि रवि ने साहिर की इस खूबसूरत नज़्म के लिए पूरी 31 धुनें बनाई थीं, जिनमें से काफी दुविधा के बाद अन्तिम धुन चुनी गई थी। महेन्द्र कपूर के इस खूब लोकप्रिय और सदाबहार गीत का दूसरा अन्तरा था :

ताल्लुक़ बोझ बन जाए तो उसको तोड़ना अच्छा
तारुफ़ रोग बन जाए तो उसको भूलना अच्छा
वो अफ़साना जिसे अंजाम तक लाना न हो मुमकिन
उसे इक ख़ूबसूरत मोड़ देकर छोड़ना अच्छा।

महेन्द्र कपूर का तीसरा गीत भी लाजवाब था—'आप आए तो ख्याल-ए-दिल-ए-नाशाद आया'। इस गीत में भी मानो साहिर ने एक हारे-लुटे हुए प्रेमी की तड़प और लम्हे भर की खुशियों को निचोड़कर रख दिया था :

साहिर

रूह में जल उठे बुझती हुई यादों के दीए
कैसे दीवाने थे हम आपको पाने के लिए
यूँ तो कुछ कम नहीं जो आपने अहसान किए
हाय किस वक़्त मुझे सबका ग़िला याद आया।

महेन्द्र कपूर का चौथा (जिसे आशा भोंसले के साथ युगल-गीत को मिलाकर पाँचवाँ भी कहा जा सकता है) गीत भी कम खूबसूरत नहीं था—'ये हवा, ये फिजा, है उदास जैसे मेरा दिल'। इनके अलावा फिल्म में दो हल्के-फुल्के, चुलबुले गीत भी थे—'एक थी लड़की मेरी सहेली' (आशा भोंसले) और 'मुर्गा बोले कुकड़ूकूँ' (आशा भोंसले-उषा मंगेशकर)। 'गुमराह' ने बॉक्स ऑफिस पर ऐसी धूम मचाई कि इसके बाद रवि, बी.आर. चोपड़ा के परिवार के सदस्य की तरह हो गए और उन्होंने उनके बैनर की आठ और फिल्मों में भी संगीत दिया—'वक्त', 'हमराज', 'आदमी और इनसान', 'धुंध', 'निकाह', 'आज की आवाज', 'दहलीज' और 'अवाम'।

जैसाकि आपने ध्यान दिया होगा, 1963 का वर्ष रवि के कैरियर का व्यस्तम वर्ष रहा, जिसमें उनकी पूरी बारह फिल्में रिलीज हुईं। इनमें से अधिकांश फिल्मों का संगीत सुपरहिट संगीत था। रवि कभी भी अपने बारे में डींगें मारने या अपना प्रचार करने की कोशिश नहीं करते थे। उनका मानना था कि 'मेरा काम बोलेगा!' उन्होंने न तो कभी कोई पब्लिसिस्ट या पीआरओ रखा और न ही लोगों की नजरों में आने के लिए कॉकटेल पार्टियाँ ही दीं। शायद इसी कारण बहुत से संगीत-समीक्षक—असली और तथाकथित—उन्हें अकसर नजरअन्दाज कर देते थे। लेकिन इसके बावजूद रवि के चाहनेवालों की संख्या लाखों-करोड़ों में है और उनका संगीत हिन्दी सिनेमा के उत्कृष्टतम संगीत का हिस्सा है।

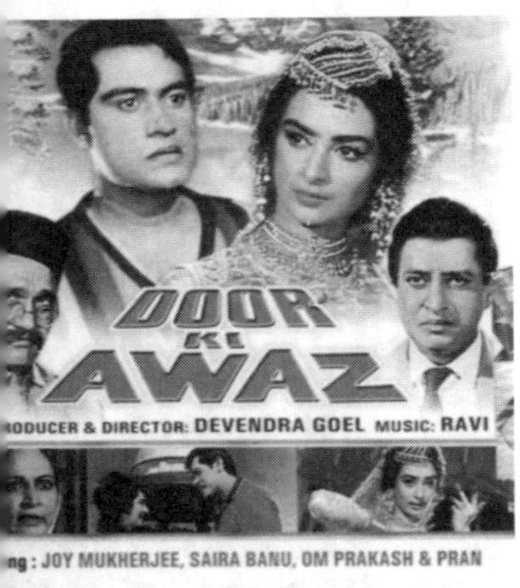

★

एस.डी. नारंग की 'शहनाई' (1964) बॉक्स ऑफिस पर तो अच्छी चली ही, इसका संगीत भी खूब लोकप्रिय हुआ। विश्वजीत और राजश्री की नई जोड़ी वाली इस फिल्म में रफी के मस्ती भरे 'कितनी जवाँ है जिंदगी कितनी जवाँ बहार' (जो विश्वजीत और जॉनी वाकर दोनों पर ही फिल्माया गया था) और राग पीलू पर आधारित सदाबहार 'न झटको जुल्फ से पानी ये मोती टूट जाएँगे' के साथ-साथ आशा भोंसले का दर्द भरा अमर गीत 'इस तरह तोड़ा मेरा दिल क्या मेरा दिल दिल न था' भी था। फिल्म के अन्य गीतों में 'क्या अजब साज है ये शहनाई' (रफी), 'सदियों पुरानी अपनी कहानी' (रफी-आशा), 'शरमाके न जा बल खाके न जा' (रफी) और आशा भोंसले की बड़ी मीठी लोरी 'पवन मेरे अंगना में धीरे-धीरे आना' शामिल थी। फिल्म के गीत राजेन्द्र कृष्ण ने लिखे थे।

देवेन्द्र गोयल की 'दूर की आवाज' (1964) उनकी एक कमजोर और फ्लॉप फिल्म साबित हुई। लेकिन जॉय मुखर्जी और सायरा बानू की मुख्य भूमिकाओं वाली इस फिल्म में रवि के कई लुभावने गीत थे।। रफी के 'हुस्न से चाँद भी शरमाया है', 'दिल मेरा आज खो गया है कहीं' और 'मुकद्दर आजमाना चाहता हूँ' खासतौर से लोकप्रिय हुए थे। 'हाथों में हाथ होंठों पे अफसाने प्यार के' (रफी-आशा), 'टूट गई मोरे मन की मुरलिया' (आशा भोंसले), 'इक

मुसाफिर को दुनिया में क्या चाहिए' (रफी) और 'मोहे तिरछी नजरिया न मारो' (आशा भोंसले)—सभी बड़े खूबसूरत गीत थे। बच्चों के लोकप्रिय गीत बनाने में रवि को शुरू से ही महारत हासिल थी। इस फिल्म में भी बच्चों का एक धूम मचाने वाला गीत था—'हम भी अगर बच्चे होते, नाम हमारा होता गबलू-बबलू, खाने को मिलते लड्डू... और दुनिया कहती हैपी बर्थडे टू यू' (रफी-आशा-मन्ना डे)। इन लोकप्रिय गीतों को शकील बदायूँनी ने लिखा था।

वासु मेनन द्वारा निर्मित और ए. भीम सिंह द्वारा निर्देशित 'खानदान' (1965) खूब धूम मचाने वाली पारिवारिक फिल्म थी। सुनील दत्त और नूतन की मुख्य भूमिकाओं से सजी इस फिल्म में लता का एक बेहद लोकप्रिय गीत था—'तुम्हीं मेरे मन्दिर, तुम्हीं मेरी पूजा, तुम्हीं देवता हो, तुम्हीं देवता हो'। राग दरबारी पर आधारित इस गीत के लिए राजेन्द्र कृष्ण को वर्ष के सर्वश्रेष्ठ गीतकार का फिल्मफेयर पुरस्कार भी मिला था। फिल्म के अन्य धूम मचाने वाले गीतों में 'बड़ी देर भई नन्दलाला, तेरी राह तके बृजबाला' (रफी), 'नील गगन पर उड़ते बादल आ आ आ' (रफी-आशा) और रफी का दर्द भरा अमर गीत 'कल चमन था आज इक सहरा हुआ' शामिल थे। इस फिल्म के लिए न सिर्फ सुनील दत्त को वर्ष के सर्वश्रेष्ठ अभिनेता का फिल्मफेयर पुरस्कार मिला बल्कि खुद रवि को भी 'घराना' के बाद उनका दूसरा फिल्मफेयर पुरस्कार प्राप्त हुआ।

शत्रुजीत पाल द्वारा निर्मित और टी. प्रकाशराव द्वारा निर्देशित 'बहू बेटी' (1965) रवि की एक और पारिवारिक फिल्म थी। अशोक कुमार, माला सिन्हा और जॉय मुखर्जी की मुख्य भूमिकाओं वाली इस फिल्म में भी रवि और साहिर की जोड़ी थी। फिल्म का सबसे यादगार गीत था बच्चों का बड़ा प्यारा गीत—'भारत माँ की आँख के तारो' (आशा भोंसले)। अन्य लोकप्रिय गीतों में 'सबमें शामिल हो मगर सबसे जुदा हो' (रफी), 'आज है करवा-चौथ सखी री' (आशा), राग यमन पर आधारित 'जियो तो ऐसे जियो जैसे सब तुम्हारा है' (रफी) शामिल थे। इसी तरह पी.एन. अरोड़ा की फन्तासी फिल्म 'सिन्दबाद, अलीबाबा और अलादीन' (1965) भी रवि की एक कम उल्लेखनीय फिल्म थी। एस.एच. बिहारी के गीतों वाली इस फिल्म में 'मेरा नाम जिनी सोने की जिनी' (आशा भोंसले) और 'क्या जवाँ रात है बहारों की' (रफी-आशा) जैसे कुछ लोकप्रिय गीत थे।

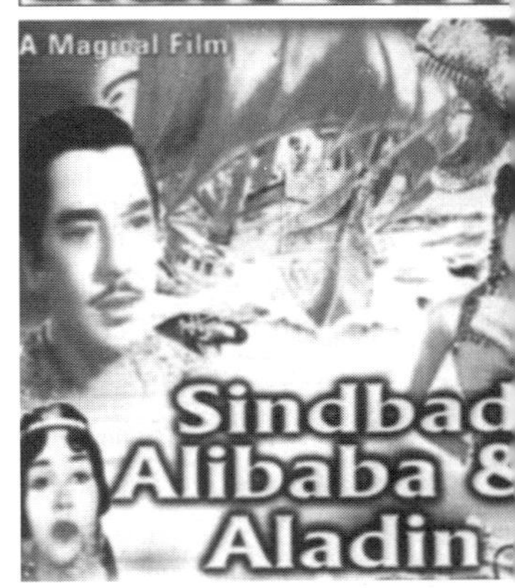

राम महेश्वरी की सिल्वर जुबली हिट फिल्म 'काजल' (1965) रवि की एक और यादगार फिल्म थी। मीना कुमार, राजकुमार, धर्मेन्द्र और पद्मिनी की मुख्य भूमिकाओं से सजी इस फिल्म का संगीत फिल्म के कथानक का एक अभिन्न अंग भी था और उस पर पूरी तरह छाया हुआ भी था—खासकर साहिर लुधियानवी की शायरी (गुरुदत्त की 'प्यासा' की तरह)। फिल्म के सभी गीत धूम मचाने वाले गीत थे—आशा भोंसले के श्रद्धा और भक्ति-भाव भरे 'मेरे भैया मेरे चन्दा मेरे अनमोल रत्न' और 'तोरा मन दरपन कहलाए' (राग जौनपुरी) हों या रफी के नशे के खुमार में डूबे 'ये जुल्फ अगर खुलके बिखर जाए तो अच्छा' (राग छायानट) और 'छू लेने दो नाजुक होंठों को, कुछ और नहीं हैं जाम है ये' (राग जयन्तश्री)। महेन्द्र कपूर के 'आपके पास जो आएगा पिघल जाएगा' और 'मुद्दत की तमन्नाओं का सिला' चाहत की आग में सुलगते और धधकते हुए गीत थे। आशा भोंसले के साथ उनका युगल-गीत 'अगर मुझे न मिले तुम तो मैं ये समझूँगा/ समझूँगी' भी खूब लोकप्रिय हुआ था और कॉमेडियन महमूद और मुमताज पर फिल्माया गया 'जरा-सी और पिला दो भंग' (रफी-आशा) भी। जैसाकि हमने कहा है, फिल्म के कथानक पर साहिर का काव्य और आशा भोंसले की आवाज पूरी तरह छाए हुए थे—'छमछम घुँघरू बोले, राधा लाज की मारी इत-उत डोले'... 'समझी थी कि ये घर मेरा है'... 'कबीरा निर्भय राम जपे' इत्यादि। यह सुपरहिट फिल्म और इसका सुपरहिट संगीत रवि के कैरियर में एक जगमगाता हुआ कीर्ति-स्तम्भ था।

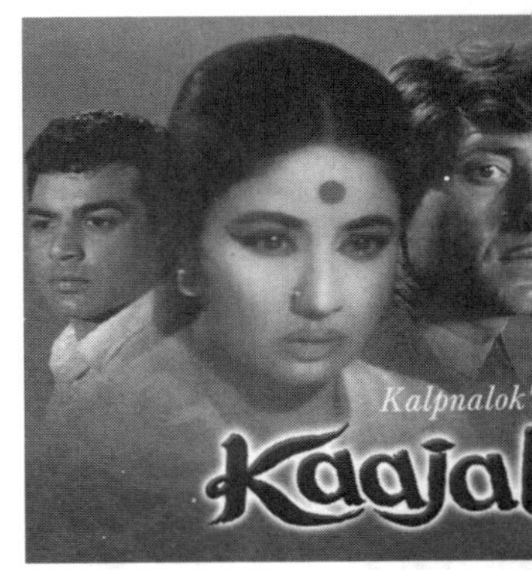

यही बात बी.आर. चोपड़ा की गोल्डन जुबली हिट फिल्म 'वक्त' (1965) के बारे में भी कही जा सकती है। बी.आर. चोपड़ा के छोटे भाई यश चोपड़ा द्वारा निर्देशित यह फिल्म सही मायने में एक मल्टी-स्टार फिल्म थी और चुस्त पटकथा, निर्देशन और निर्माण-मूल्यों के मामले में एक मील का पत्थर थी। बलराज साहनी, राजकुमार, सुनील दत्त, शशि कपूर, साधना, शर्मीला टैगोर और शशिकला से लेकर पुराने दिग्गजों मोतीलाल, सुरेन्द्र, मनमोहन कृष्ण, अचला सचदेव, लीला चिटणिस, मदन पुरी और रहमान तक भला कौन नहीं था इस फिल्म में? फिल्म की बेहद दिलचस्प कहानी और भव्य प्रस्तुतिकरण को देखते हुए रवि ने वैसा ही सम्मोहन भरा और भव्य संगीत भी दिया था। फिल्म में बहुत सारे गाने थे—और सब के सब सुपरहिट—'ऐ मेरी जोहराजबीं तुझे मालूम नहीं, तू अभी तक है हसीं और मैं ज्वाँ' (मन्ना डे, राग सिन्धु भैरवी), 'चेहरे पे खुशी छा जाती है आँखों में सुरूर आ जाता है' (आशा भोंसले, राग भैरवी), 'हम जब सिमटके आपकी बाँहों में आ गए' (आशा भोंसले-महेन्द्र कपूर), 'कौन आया कि निगाहों में खुशी जाग उठी' (आशा भोंसले), 'मैंने इक ख्वाब-सा देखा है' (महेन्द्र कपूर-आशा भोंसले), 'दिन हैं बहार के तेरे-मेरे इकरार के' (आशा भोंसले-महेन्द्र कपूर) और बी.आर. बैनर से खफा होने के बावजूद मुहम्मद रफी द्वारा गाया गया बेहद मर्मस्पर्शी टाइटल-गीत 'वक्त से दिन और रात, वक्त से कल और आज'। लेकिन हमारी नजर में फिल्म का सबसे खूबसूरत, सबसे शानदार गीत था आशा

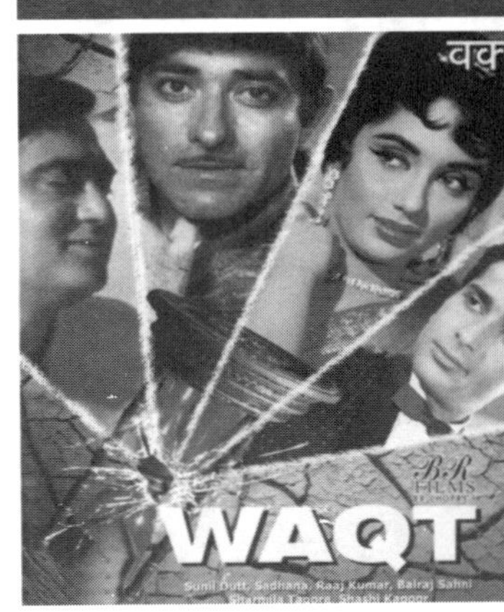

भोंसले का सदाबहार 'आगे भी जाने न तू... पीछे भी जाने न तू... जो भी है बस यही इक पल है'—जिसका आकर्षण आज भी कम नहीं हुआ है। यूँ यही बात मन्ना डे द्वारा गजब के अन्दाज में गाए गए और बलराज साहनी और अचला सचदेव पर उतने ही गजब के अन्दाज में फिल्माए गए 'ऐ मेरी जोहराजबीं...' के बारे में भी कही जा सकती है। 'काजल' के बाद रवि और साहिर लुधियानवी की जोड़ी की यह एक और बड़ी और शानदार सफलता थी।

राज खोसला द्वारा निर्देशित 'दो बदन' (1966) शकील बदायूँनी की बहुत खूबसूरत ग़ज़लों और रवि की मोहक धुनों से सजी एक मधुर प्रेम-कथा थी—जिन्हें मुहम्मद रफी ने अपनी भावुक आवाज में और भी मर्मस्पर्शी बना दिया था। ये एक से एक अनमोल और अमर ग़ज़लें थीं—'भरी दुनिया में आखिर दिल को समझाने कहाँ जाएँ' (राग भैरवी), 'रहा गर्दिशों में हरदम मेरे इश्क का सितारा' (राग दरबारी) और 'नसीब में जिसके जो लिखा था वो तेरी महफिल में काम आया'। मनोज कुमार और आशा पारिख की मुख्य भूमिकाओं से सजी इस सुपरहिट फिल्म में आशा भोंसले के भी दो बहुत खूबसूरत और सदाबहार गीत थे—'जब चली ठंडी हवा' और 'मत जइयो नौकरिया छोड़ के तोरे पइयाँ पड़ूँ बलमा'। फिल्म का छटा, आखिरी और सबसे दर्द भरा गीत लता मंगेशकर की आवाज में था—'लो आ गई उनकी याद वो नहीं आए'। फिल्म के ये सभी छह गीत न सिर्फ सुपरहिट हुए बल्कि हिन्दी सिनेमा के सबसे अनमोल गीतों में शामिल हैं—और प्रेम की सबसे गहरी और मीठी भावनाओं को अभिव्यक्त करने की रवि की अद्वितीय क्षमता के प्रतीक भी।

रवि की पिछली सभी फिल्में ('शहनाई', 'खानदान', 'काजल', 'वक्त', 'दो बदन') सुपरहिट साबित हो रही थीं। देवेन्द्र गोयल की एक और पारिवारिक फिल्म 'दस लाख' (1966) भी रवि की एक गोल्डन जुबली हिट फिल्म साबित हुई। ओमप्रकाश, मनोरमा और प्राण के साथ दो उभरते हुए सितारों संजय और बबीता की मुख्य भूमिकाओं से सजी इस फिल्म का सबसे धूम मचाने वाला गीत था—'गरीबों की सुनो, वो तुम्हारी सुनेगा... तुम एक पैसा दोगे वो दस लाख देगा' (आशा भोंसले-उषा मंगेशकर)—जिसके लिए आशा भोंसले को उनका पहला फिल्मफेयर पुरस्कार भी मिला था। रफी के भजन 'अजब मेरी कारीगरी रे करतार' ने भी खूब धूम मचाई थी। 'आ लग जा गले दिलरुबा' (रफी) और 'आगरे का लाला अंग्रेजी दुल्हन लाया रे' (आशा-रफी) फिल्म के अन्य लोकप्रिय गीत थे। देवेन्द्र गोयल की अन्य फिल्मों की तरह इस फिल्म के गीत भी प्रेम धवन और खुद रवि ने लिखे थे।

'शहनाई' की सफलता को फिर से दोहराने के इरादे से एस.डी. नारंग ने उन्हीं सितारों—विश्वजीत और राजश्री—के साथ और उसी तर्ज पर 'सगाई' (1966) बना डाली। लेकिन इस बार पहले जैसा जलवा नहीं हुआ। हाँ, इस फिल्म में रवि के संगीत ने जरूर एक बार फिर धूम मचाई। 'न ये जमीं थी न आसमाँ था... न चाँद-तारों का ही निशाँ था... मगर ये सच है कि उन दिनों भी... तेरा-मेरा प्यार यूँ ही जवाँ था' (रफी-आशा)। रफी का 'ओ पापे न शरमा', आशा भोंसले का 'मेरी खता हजूर की' और महेन्द्र कपूर का 'खफा न होना अगर मैं पूछूँ' फिल्म के अन्य लोकप्रिय गीत थे। फिल्म के गीत राजेन्द्र कृष्ण ने लिखे थे।

आर.के. नैयर द्वारा निर्देशित 'ये जिंदगी कितनी हसीन है' (1966) बहुत-सी सफलताओं के बीच रवि की एक कमजोर फिल्म साबित हुई। जॉय मुखर्जी और सायरा बानू की मुख्य भूमिकाओं से सजी यह फिल्म बॉक्स ऑफिस पर बुरी तरह पिट गई। फिर भी इसमें रवि के कुछ यादगार गीत थे। आशा भोंसले के 'जीने का अगर अन्दाज आए तो कितनी हसीं है जिंदगी' और 'कोई आँख मिलाके देखे' के साथ-साथ रफी और आशा दोनों के वर्जनों वाला 'जवाँ हो माशा-अल्लाह तुम' ऐसे ही गीत थे। इन गीतों को राजेन्द्र कृष्ण ने लिखा था।

ओ.पी. रल्हन की 'फूल और पत्थर' (1966) रवि की एक और गोल्डन जुबली फिल्म साबित हुई। मीना कुमारी और धर्मेन्द्र की मुख्य भूमिकाओं से सजी इस फिल्म में आशा भोंसले के भजन 'सुन ले पुकार आई आज तेरे द्वार' और मस्ती भरे 'शीशे से पी या पैमाने से पी' और कोरस के साथ होली-गीत 'लाई है हजार रंग होली' फिल्म के अन्य लोकप्रिय गीत थे। शकील बदायूँनी के गीतों वाली इस फिल्म ने धर्मेन्द्र को एक सुपरस्टार बनाने के साथ-साथ ओ.पी. रल्हन के बैनर को भी मजबूती से स्थापित कर दिया।

रंगीन फिल्मों के जमाने में जेमिनी स्टूडियो की ब्लैक एंड व्हाइट 'औरत' (1967) एक सुपर फ्लॉप फिल्म साबित हुई। फिरोज खान और पद्मिनी के साथ नए-नए उभरते राजेश खन्ना और नाजिमा की सह भूमिकाओं वाली इस फिल्म में लता के मर्मस्पर्शी 'नारी जीवन झूले की तरह, इस पार कभी उस पार कभी' के अलावा रवि कुछ भी यादगार नहीं दे सके। साउथ की ही एक और फिल्म 'नई रोशनी' (1967) भी बॉक्स ऑफिस पर तो नहीं चली, लेकिन इसके सभी गीत बड़े मधुर गीत थे और लोकप्रिय भी हुए थे। वासु मेनन द्वारा निर्मित और अशोक कुमार, राज कुमार, माला सिन्हा, विश्वजीत और तनूजा की मुख्य भूमिकाओं से सजी इस फिल्म में लता के 'सपने हैं सपने कब हुए अपने' के साथ-साथ महेन्द्र कपूर के साथ उनका एक डुएट भी था—'मैं गुनहगार हूँ जो चाहे सजा दो मुझको'। आशा भोंसले का 'ये तोहफा तुम्हारे प्यार का' भी काफी लोकप्रिय हुआ था। रफी के तो कई गीत थे 'तेरी आँख का जो इशारा न होता', 'गरीबों का

जीना भी है कोई जीना', 'जितनी लिखी थी मुकद्दर में हम उतनी पी चुके' और सबसे ज्यादा लोकप्रिय हुआ 'किस तरह जीते हैं ये लोग बता दो यारो'। इन खूबसूरत और मर्मस्पर्शी गीतों को राजेन्द्र कृष्ण ने लिखा था।

मद्रास के बड़े स्टूडियो में से एक ए.वी.एम. ही था जो अब तक रवि की तरफ नहीं खिंचा था। इस बैनर द्वारा निर्मित सिल्वर जुबली हिट 'मेहरबान' (1967) से यह दूरी भी खत्म हो गई। अशोक कुमार के साथ सुनील दत्त और नूतन की मुख्य भूमिकाओं वाली इस पारिवारिक फिल्म में रवि ने 'खानदान' की तरह ही खूब लोकप्रिय घरेलू शैली का संगीत दिया। फिल्म के हिट गीतों में 'सारी दुनिया में देखे हैं दो अनपढ़ नादान, इक तुम दूजे भगवान' (लता), 'इक राजा की सुन लो कहानी' (रफी-लता), 'आएगा-आएगा इक छैल-छबीला आएगा' (रफी), 'सावन को रात कारी-कारी' (लता, राग मालकौंस) और रफी का मर्मस्पर्शी 'ऐ मेरे दोस्त ऐ मेरे हमदम' शामिल थे। जैसाकि स्वाभाविक था, मद्रास की इस फिल्म के गीत भी राजेन्द्र कृष्ण ने लिखे थे।

'गुमराह' और 'वक्त' के बाद रवि, साहिर और बी.आर. चोपड़ा की लाजवाब तिकड़ी का तीसरा बड़ा धमाका थी 'हमराज' (1968)। पिछली दोनों फिल्मों की तरह इस फिल्म के संगीत पर भी महेन्द्र कपूर छाए हुए थे, बल्कि इस बार लगभग पूरी तरह। आशा भोंसले ने सिर्फ एक युगल-गीत गाया था, उन्हीं के साथ। सुनील दत्त, राज कुमार और मुमताज के साथ नई अभिनेत्री विम्मी की मुख्य भूमिकाओं वाली इस फिल्म को महेन्द्र कपूर के कैरियर की सबसे महत्त्वपूर्ण फिल्म कहा जा सकता है। फिल्म के सभी गीत लाजवाब थे। सब के सब सुपरहिट। सब के सब सदाबहार। राग भूपाली पर आधारित 'नीले गगन के तले, धरती का प्यार मिले' फिल्म का सबसे लाजवाब गीत था, जिसके तीनों अन्तरे बस इतने से थे—'शबनम के मोती फूलों पे बिखरे दोनों की आस फले'... 'बल खाती बेलें मस्ती में खेलें पेड़ों से मिलके गले'... 'नदिया का पानी दरिया से मिलके सागर की ओर चले'। इतने छोटे अन्तरों वाले गीत की कम्पोजीशन अपने-आपमें एक चुनौती थी। रवि ने न सिर्फ यह कमाल कर दिखाया बल्कि इस गीत को एक महान और अमर गीत बना दिया। (इस गीत के लिए महेन्द्र कपूर को फिल्मफेयर पुरस्कार भी मिला था।) फिल्म के अन्य धूम मचाने वाले गीत थे 'तुम अगर साथ देने का वादा करो', 'किसी पत्थर की मूरत से मुहब्बत का इरादा है', 'न मुँह छुपाके जियो और न सर झुकाके जियो' और 'तू हुस्न है मैं इश्क हूँ, तू मुझमें है मैं तुझमें हूँ' (आशा भोंसले के साथ युगल-गीत)। यह फिल्म रवि के कैरियर में एक और शानदार कीर्तिमान थी।

जैसाकि एक पत्रकार ने लिखा था, रवि का स्पर्श पाते ही हर फिल्म सोने-चाँदी यानी सिल्वर या गोल्डन जुबली में बदल जाती थी। रामानन्द सागर की 'आँखें' (1968) रवि की एक और गोल्डन जुबली फिल्म साबित हुई। माला सिन्हा और धर्मेन्द्र की मुख्य भूमिकाओं से सजी इस खूब दिलचस्प और पारिवारिक शैली की जासूसी फिल्म में एक बार फिर रवि और साहिर लुधियानवी की जोड़ी थी। फिल्म का सबसे शाहकार गीत था—'मिलती है जिंदगी में मुहब्बत कभी-कभी'—जो लता के सबसे ज्यादा लोकप्रिय गीतों में शामिल है। राग चारुकेशी पर आधारित इस गीत के साथ-साथ लता के दूसरे गीत 'गैरों पे करम अपनों पे सितम, ऐ जाने वफा ये जुल्म न कर' (राग काफी) ने भी खूब धूम मचाई थी—और आशा भोंसले और मन्ना डे के धमाकेदार 'तुझको रक्खे राम तुझको अल्ला रक्खे' ने भी। रफी का टाइटल-गीत 'हर तरह के जज्बात का ऐलान हैं आँखें' और कैबरे गीत 'लुट जा किसी पे लुट जा' फिल्म के अन्य लुभावने आकर्षण थे।

रवि की सिल्वर या गोल्डन जुबली फिल्मों की श्रृंखला की अगली कड़ी ए.वी.एम. की 'दो कलियाँ' (1968) बाद के दिनों की एक सफल नायिका और ऋषि कपूर की जीवन-संगिनी नीतू सिंह की एक गजब की फिल्म थी—जिन्होंने इस फिल्म में 'बेबी सोनिया' के नाम से एक बाल कलाकार के रूप में काम किया था, और वह भी डबल रोल में। सही मायने में वे ही फिल्म की केन्द्रीय भूमिकाओं में थीं और फिल्म की जान भी। फिल्म के असली नायक-नायिका विश्वजीत और माला सिन्हा मानो सहायक अभिनेता/अभिनेत्री बनकर रह गए थे। बच्चों और बड़ों दोनों के लिए इस बेहद दिलचस्प, मनोरंजक और मर्मस्पर्शी फिल्म में रवि और साहिर की जोड़ी ने एक बार फिर कमाल दिखाया। बच्चों के प्रिय गीत 'बच्चे मन के सच्चे, सारे जग की आँख के तारे' (लता) और सदाबहार डुएट 'तुम्हारी नजर क्यों खफा हो गई' (रफी-लता) ने सबसे ज्यादा धूम मचाई। राग झिंझोटी पर आधारित 'चितरंजन आगे नाचूँगी' (आशा भोंसले), 'मुर्गा-मुर्गी प्यार से देखें' (लता), 'सजना ओ सजना ऐसे में जी न जला' (आशा भोंसले) और 'ये समाँ ये रुत ये नजारे' (रफी-लता)—सभी गीत खूब लोकप्रिय हुए थे।

'काजल' के बाद राम महेश्वरी की 'नील कमल' (1968) रवि की एक और सिल्वर जुबली हिट फिल्म साबित हुई। राजकुमार, वहीदा रहमान और मनोज कुमार की मुख्य भूमिकाओं वाली इस फिल्म में भी रवि और साहिर लुधियानवी की जोड़ी थी। फिल्म के सबसे ज्यादा धूम मचाने वाले गीतों में रफी के दो दमदार गीत 'बाबुल की दुआएँ लेती जा, जा तुझको सुखी संसार मिले' और कई भागों वाला 'आजा तुझको पुकारे मेरा प्यार' शामिल थे। आशा भोंसले के 'ओ रोम-रोम में बसने वाले राम' और 'ये जिंदगी जो थी अब तक तेरी पनाहों में' भी खूब लोकप्रिय हुए थे। राम महेश्वरी

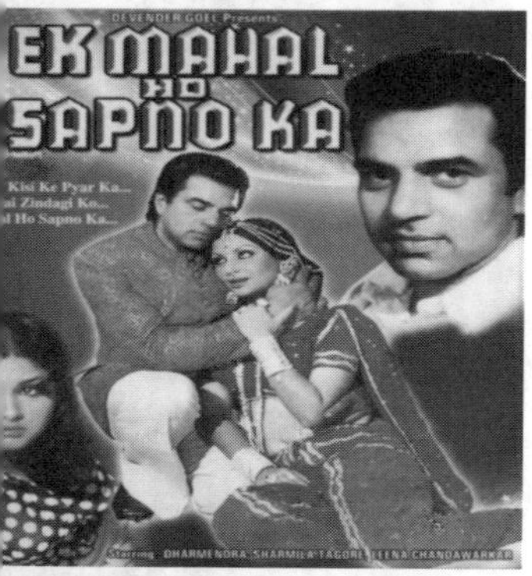

की अगली फिल्म 'चिंगारी' (1989) में भी रवि और साहिर की जोड़ी थी। लेकिन संजय और लीना चन्दावरकर की मुख्य भूमिकाओं वाली यह फिल्म किन्हीं कारणों से वर्षों तक रिलीज ही नहीं हो पाई। इसमें 'तू बोल न बोल बस रह मेरे कोल' (महेन्द्र कपूर), 'पिघली आग से दामन भर लूँ' (आशा भोंसले) और सबसे बढ़कर 'हर वक्त तेरे हुस्न का होता है समाँ और, हर वक्त मुझे चाहिए अन्दाज-ए-बयाँ और' (महेन्द्र कपूर) जैसे कई मोहक गीत थे।

बी.आर. चोपड़ा की 'आदमी और इनसान' (1968) इसी दौर की रवि की एक और यादगार फिल्म थी। यश चोपड़ा द्वारा निर्देशित और धर्मेन्द्र, सायरा बानू, फिरोज खान और मुमताज की मुख्य भूमिकाओं से सजी इस फिल्म में आशा भोंसले के 'जिंदगी इत्तफाक है, कल भी इत्तफ़ाक थी, आज भो इत्तफाक है' ने खूब धूम मचाई थी—बल्कि इस सम्मोहन भरे गीत की लोकप्रियता आज भी कम नहीं हुई है। यह गीत दो भागों में था और दूसरे भाग में महेन्द्र कपूर ने आशा भोंसले का साथ दिया था। फिल्म के अन्य लुभावने गीतों में 'जिंदगी के रंग कई रे' (आशा), 'नीले पर्वतों की धारा आई ढूँढ़ने किनारा' (आशा-महेन्द्र कपूर), 'इतनी जल्दी न करो रात का दिल टूटेगा' (आशा) और फौजियों का धमाकेदार 'दिल करता यारा-दिलदारा मेरा दिल करता' (महेन्द्र कपूर-एस. बलबीर-जोगिन्दर) शामिल थे। यह फिल्म रवि और साहिर लुधियानवी की सुपरहिट जोड़ी की आखिरी यादगार फिल्मों में से थी, हालाँकि यह फिल्म बॉक्स ऑफिस पर कुछ खास नहीं चली थी।

1963 की तरह 1968 और 1969 में भी रवि की ढेरों फिल्में रिलीज हुईं। 1968 में तो उनकी 'हमराज', 'दो कलियाँ', 'नील कमल' और 'आँखें' के संगीत ने ऐसी धूम मचाई कि पूरे वर्ष रवि ही रवि छाए रहे। 'हमराज' को छोड़कर बाकी तीन फिल्में बॉक्स ऑफिस पर भी सुपरहिट रहीं। लेकिन हिन्दी फिल्म संगीत पर रवि का यह वर्चस्व एक तरह से सफलता की चोटियों पर उनके आखिरी धमाकों का भी प्रतीक था—क्योंकि इसके बाद जल्दी ही उनके कैरियर में ढलाव आना शुरू हो गया। इन दो वर्षों में उनकी कई और फिल्में भी रिलीज हुईं, जिनमें से ज्यादातर अच्छी पारिवारिक लेकिन बॉक्स ऑफिस पर ज्यादा न चलने वाली फिल्में थीं। इन फिल्मों के यादगार गीतों में 'गौरी' (1968) के 'मोर बोले चकोर बोले' (लता), 'दिल मेरा तुम्हारी अदाएँ ले गईं' (रफी), 'बाजे री मोरी पायलिया' (आशा भोंसले) और 'लोग तो मरकर जलते होंगे' (रफी); 'मन का मीत' (1968) के 'एक अनाड़ी जंगली जानवर बदतमीज दीवाना' (आशा भोंसले और महेन्द्र कपूर दोनों के अलग-अलग वर्जन), 'तेरे जैसे तो आते रहते हैं' (आशा भोंसले) और 'अपनी आँखों के झरोखों में बसा लो मुझको' (आशा-महेन्द्र कपूर); 'अनमोल मोती' (1969) के 'आजा राजा लेके बरात आजा' (आशा भोंसले) और 'ऐ जाने चमन तेरा गोरा बदन जैसे खिलता हुआ गुलाब' (महेन्द्र कपूर); 'पैसा या प्यार' (1969) के 'जाने क्यों बार-बार बार-बार मेरा दिल, मुझसे कहे उनसे मिल' (लता) और 'बेर लेयो बेर लेयो... मेवा गरीबों का तेरे-मेरे नसीबों का' (आशा भोंसले); 'बड़ी दीदी' (1969) के 'सजना कल मैंने देखा इक सपना' (आशा भोंसले) और 'इश्क की माला हाथ में लेकर' (मन्ना डे) और 'डोली' (1969) के 'डोली चढ़के दुल्हन ससुराल चली' (महेन्द्र कपूर), 'आज मैं देखूँ जिधर-जिधर' (आशा भोंसले) और खूब लोकप्रिय 'सजना साथ निभाना' (आशा-रफी) शामिल थे।

देवेन्द्र गोयल की 'एक फूल दो माली' (1969) रवि के सफलता की बुलन्दियों के दौर की आखिरी सुपरहिट फिल्म साबित हुई। बलराज साहनी, साधना और संजय की मुख्य भूमिकाओं से सजी इस खूबसूरत और दिलचस्प पारिवारिक-रोमांस फिल्म में एक बार फिर रवि और प्रेम धवन की हिट जोड़ी थी। (इसी दौर में खुद प्रेम धवन ने भी 'पवित्र पापी' नामक फिल्म में संगीत दिया था, जिसमें किशोर कुमार का एक सदाबहार गीत था—'तेरी दुनिया से होके मजबूर चला'।) एक से एक हिट गीतों से सजी 'एक फूल दो माली'—'सैयाँ ले गई जिया तेरी पहली नजर' (आशा भोंसले), 'ये परदा हटा दो जरा मुखड़ा दिखा दो' (रफी-आशा), 'सजना-सजना ओ सजना' (आशा भोंसले), 'ओ नन्हे से फरिश्ते'

(रफी), 'तुझे सूरज कहूँ या चन्दा' (मन्ना डे) और 'औलादवालो फूलो-फलो' (रफी-आशा)—पारिवारिक-रोमांटिक फिल्मों के उस खूबसूरत दौर की आखिरी कड़ी थी जिसमें पूरी तरह रवि का राज रहा था।

इसके बाद जेमिनी की 'समाज को बदल डालो' (1970) में 'अम्मा इक रोटी दे दो' (लता-उषा), 'पड़ोसी' (1971) में 'वो प्यार हमसे करते हैं' (आशा भोंसले), एस.डी. नारंग की 'बाबुल की गलियाँ' (1971) में 'इक चीज माँगते हैं हम तुमसे पहली बार' (किशोर-आशा) और 'गंगा तेरा पानी अमृत' (1972) में रफी के बहुत खूबसूरत टाइटल-गीत के साथ-साथ 'एक धरती इक खुला गगन' जैसे रवि के कुछ लोकप्रिय गीत सुनने को तो मिले, लेकिन ये फिल्में बॉक्स ऑफिस पर कोई हलचल नहीं मचा सकीं।

पर देवेन्द्र गोयल रवि का साथ छोड़ने को तैयार न थे। एक बच्चे की पिछले जन्म की यादों और अपने दुश्मनों से बदला लेने की कथा से जुड़ी उनकी दिलचस्प लेकिन फ्लॉप फिल्म 'धड़कन' (1972) में भी रवि क संगीत था। संजय, मुमताज और बाल कलाकार मास्टर अलंकार की मुख्य भूमिकाओं से सजी इस फिल्म के हिट गीतों में किशोर का 'मैं तो चला जिधर चले रस्ता' और आशा भोंसले का बड़ा मोहक कैबरे गीत 'दीवाने क्यों डरा-डरा सा है' शमिल थे। प्रेम धवन और खुद रवि के गीतों वाली इस फिल्म के अन्य लोकप्रिय गीत थे—'मैंने पहली ही बार देखा गुस्सा हसीनों का' (किशोर), 'सो जा मेरे लाल सो जा' (लता) और 'मेरे दोस्त तुझे तेरा मीत मुबारक' (रफी)। इसके तीन वर्ष बाद आई देवेन्द्र गोयल की अगली फिल्म 'एक महल को सपनों का' (1975) में लता का एक खूब लोकप्रिय और सदाबहार गीत था—'दिल में किसी के प्यार का जलता हुआ दिया'—जो अलग से किशोर कुमार की आवाज में भी था। फिल्म के अन्य लोकप्रिय गीतों में किशोर का 'देखा है जिंदगी को कुछ इतना करीब से' और टाइटल-गीत 'इक महल हो सपनों का' (रफी-लता) शामिल थे। यह फिल्म रवि और साहिर लुधियानवी की जोड़ी की एक और सुरीली फिल्म थी।

इस बीच बी.आर. चोपड़ा ने जरूर रवि का साथ छोड़ दिया—भले ही एक फिल्म के लिए। उनकी पुरानी और सुपरहिट फिल्म 'अफसाना' (1950) की री-मेक और डबल रोल में दिलीप कुमार के साथ शर्मीला टैगोर और बिन्दु की मुख्य भूमिकाओं से सजी महत्त्वाकांक्षी फिल्म 'दास्तान' (1972) में साहिर लुधियानवी के गीत तो थे, लेकिन संगीत रवि की बजाय लक्ष्मीकान्त-प्यारेलाल का था। रवि मन मसोसकर रह गए। अभिनय-सम्राट दिलीप कुमार के साथ काम करने का अवसर इतना नजदीक होकर भी उनके हाथ से निकल गया था। रफी के 'न तू जमीं के लिए है न आसमाँ के लिए' को छोड़कर 'दास्तान' का पूरा संगीत फ्लॉप हो गया। फिल्म भी फ्लॉप हो गई। इसके बाद अपनी गलती का अहसास करते हुए बी.आर. चोपड़ा ने अपनी अगली फिल्म 'धुंध' (1973) में एक बार फिर रवि को लिया और इस फिल्म की सफलता ने उनके लड़खड़ाते बैनर को काफी हद तक सँभाल लिया। संजय, नवीन निश्चल और जीनत अमान की मुख्य भूमिकाओं से सजी इस मर्डर-सस्पेन्स फिल्म में रवि और साहिर लुधियानवी की जोड़ी ने एक बार फिर कुछ खूबसूरत नगमे, कुछ खूबसूरत गीत बिखेरने की कोशिश की—'संसार की हर शै का इतना ही फसाना है, इक धुंध से आना है इक धुंध में जाना है' (महेन्द्र कपूर), 'उलझन सुलझे न रस्ता सूझे न' (आशा भोंसले), 'जो जहाँ था वो वहाँ क्योंकर हुआ' (आशा-उषा) और पटाखेदार 'जुबना से चुनरिया खिसक गई' (आशा-मन्ना डे)।

1970 के दशक में अमिताभ बच्चन की 'जंजीर' (1973) की जर्बदस्त सफलता के बाद हिन्दी सिनेमा में हिंसा के दौर की शुरुआत हो गई तो हिन्दी फिल्मों से मधुर संगीत का लुप्त हो जाना बड़ी स्वाभाविक-सी बात थी। जब कहानी हीरो और विलेन की आपसी दुश्मनी पर केन्द्रित हो तो प्रेम और इससे जुड़ी भावनाओं पर आधारित मीठे-सुरीले गीतों के लिए गुंजाइश ही कहाँ रह जाती है? लिहाजा नौशाद, ओ.पी. नैयर, मदन मोहन, चित्रगुप्त और हेमन्त कुमार जैसे सभी महान संगीतकार रातोरात मैदान से बाहर हो गए। (रोशन इस दुनिया में ही नहीं रहे जबकि जयकिशन के बिना अकेले पड़ गए शंकर भी हाशिए में सिमट गए।) मैदान में रह गए तो कल्याणजी-आनन्दजी, लक्ष्मीकान्त-प्यारेलाल और राहुल देव बर्मन जैसे अपेक्षाकृत नए संगीतकार—जो इन हिंसक या सस्ते मनोरंजन वाली फिल्मों की माँग के अनुरूप अपनी

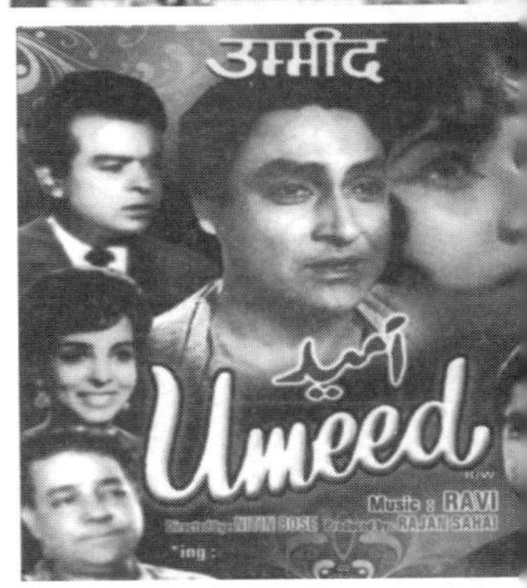

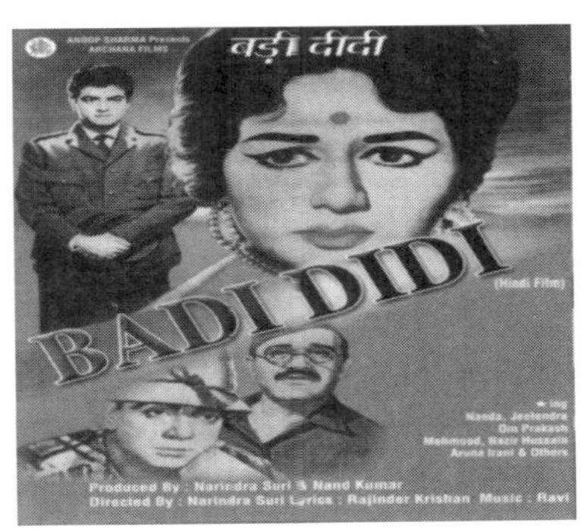

कला के साथ समझौता करने के लिए तैयार थे। कुछ वर्षों तक सदा जवान बर्मन दादा भी टिमटिमाते रहे और फिर बुझ गए। रवि भी क्या करते? जब सुरों की देवी फिल्मों से रूठ जाए तो संगीतकार क्या करे? हाशिए में तो वे भी चले गए, लेकिन लम्बे समय तक संघर्ष करते रहे। अगले दो दशकों तक बीच-बीच में उनकी फिल्में आती रहीं और शोर-शराबे के प्रचलित दौर से अलग मधुर सुरों का अहसास करवाती रहीं।

इस दौर में रवि के कुछ यादगार गीतों में लम्बे समय से लटकी और आखिर 1971 में रिलीज हुई साहिर के गीतों वाली 'अमानत' के 'दूर रहकर न करो बात करीब आ जाओ' (रफी), 'तेरी जवानी जलता महीना ओ नाजनीना' (रफी), 'बुझे-बुझे रंग हैं नजारों के' (आशा भोंसले), और 'मतलब निकल गया है तो पहचानते नहीं' (रफी) के साथ-साथ 'सोने के हाथ' (1973) में 'ले लो चम्पा चमेली गुलाब ले लो' (आशा); 'घटना' (1974) में 'हजार बातें कहे जमाना' (लता); 'मेहमान' (1974) में 'खुले गगन के नीचे' (मीनू पुरुषोत्तम); 'वन्दना' (1975) में 'आपकी इनायतें आपके करम' (आशा); 'मेरे सरताज' (1975) में 'झुका-झुकाके नजर यूँ उठाई जाती है' (रफी); 'साँझ की बेला' (1980) में 'मेरी दुनिया को बहारों से सजाया तुमने, जाने तुम कौन हो' (मुकेश); 'जोगी' (1982) में 'इक भूली याद ने तड़पा दिया' (आशा) और 'अब मुझे चाँद-सितारों की जरूरत न रही' (रफी-आशा); 'घर का सुख' (1987) में 'जानेजाँ कहके पुकारा' (आशा-सुरेश वाडकर) और 'मेरा सुहाग' में 'बहारों का ये मौसम सुहाना' (किशोर) और 'किस्मतवालों को मिलता है प्यार के बदले प्यार' (आशा) शामिल थे।

यहाँ रवि और शकील बदायूँनी की लाजवाब जोड़ी की आखिरी फिल्म 'उम्मीद' (1971) का जिक्र करना भी उपयुक्त होगा, जो इस महान शायर के असामयिक निधन के बाद रिलीज हुई थी। जॉय मुखर्जी और नन्दा की मुख्य भूमिकाओं वाली यह ब्लैक एंड व्हाइट फिल्म काफी समय तक लटकी रहने के बाद ही सिनेमाघरों का मुँह देख पाई थी। जैसाकि स्वाभाविक था, यह जल्दी ही उतर भी गई। लेकिन इस फिल्म के कुछ गीत लोगों को याद रह गए—'मुझे इश्क है तुझी से' (रफी), 'हमने चाहा मगर कह न पाए प्यार की दास्ताँ उनके आगे' (आशा भोंसले), 'मेरा दिल है प्यार का आशियाँ' (रवि) और 'थोड़ी-सी और पी ले' (आशा भोंसले)।

देवेन्द्र गोयल और रवि की जोड़ी की आखिरी फिल्म 'आदमी सड़क का' (1977) भी बॉक्स ऑफिस पर एक सफल फिल्म साबित हुई। विक्रम और जाहिरा के साथ विशेष भूमिका में शत्रुघ्न सिन्हा जैसे नए दौर के सितारों से सजी इस फिल्म का सबसे धूम मचाने वाला गीत था—'आज मेरे यार की शादी है' (रफी)—जो आजकल भी शादी-ब्याहों में बजता रहता है। फिल्म के अन्य मोहक गीतों में 'बस्ती-बस्ती पर्वत-पर्वत कह दो गाँव-गाँव में' (आशा-रफी) और टाइटल-गीत 'कोई काम नहीं है मुश्किल गर करो इरादा पक्का... कि मैं हूँ आदमी सड़क का' (रफी)। इस फिल्म के गीत रवि के एक नए साथी वर्मा मलिक ने लिखे थे।

इस बीच कुछ दूसरे संगीतकारों के साथ काम करने के बाद बी.आर. चोपड़ा एक बार फिर रवि की तरफ लौटे, जिन्होंने उनकी सुपरहिट फिल्म 'निकाह' (1982) में उतना ही सुपरहिट संगीत दिया। राज बब्बर, दीपक पाराशर और पाकिस्तानी गायिका-अभिनेत्री सलमा आगा की मुख्य भूमिकाओं से सजी इस फिल्म का संगीत तैयार करते समय रवि के सामने एक नई चुनौती आ खड़ी हुई। साहिर लुधियानवी तो रहे नहीं थे, इसलिए एक नए और प्रतिभाशाली शायर हसन कमाल से कुछ खूबसूरत गीत लिखवा लिए गए थे। रवि ने इन गीतों की बहुत-सी धुनें भी बना ली थीं। लेकिन जब इन्हें रिकॉर्ड करने का समय आया तो उन्हें पता चला कि ये गीत लता या आशा भोंसले की बजाय फिल्म की नायिका सलमा आगा से गवाने हैं। रवि को नए सिरे से मेहनत करके सलमा आगा की आवाज के अनुरूप अलग तरह की धुनें बनानी पड़ीं। वे इस प्रयास में कितने सफल रहे, इसका अन्दाजा सलमा आगा के खूब धूम मचाने वाले गीत 'दिल के अरमाँ आँसुओं में बह गए' से लगाया जा सकता है। राग दरबारी पर आधारित इस गीत के अलावा सलमा आगा का 'फिजा भी है जवाँ-जवाँ' भी बड़ा खूबसूरत गीत था और महेन्द्र कपूर के साथ उनका डुएट 'दिल की ये आरजू थी कोई दिलरुबा मिले' भी। महेन्द्र कपूर का 'बीते हुए लम्हों की कसक' फिल्म का एक और खूबसूरत और लोकप्रिय गीत था।

इसके बाद भी रवि ने बी.आर. चोपड़ा की बहुत-सी फिल्मों में काम किया। इन फिल्मों के कुछ यादगार गीतों में 'आज की आवाज' (1984) का 'दिल ही दिल में ले लिया दिल' (महेन्द्र कपूर); बी.आर. चोपड़ा द्वारा निर्देशित बाहर की एक फिल्म 'तवायफ' (1985) का 'बहुत देर से दर पे आँखें लगी थीं' (आशा भोंसले); 'दहलीज' (1986) के 'झूमती बहारों का समाँ' (आशा-महेन्द्र कपूर), 'मेरे हमदम मेरे करीब' (महेन्द्र कपूर) और 'तुम आए तो हमको' (आशा-महेन्द्र कपूर), और 'अवाम' (1987) के 'तेरी आँखों में' (आशा भोंसले), 'ये रात ये बरसात' (आशा-महेंद्र कपूर) और 'कैसी मुरली बजाई' (आशा भोंसले) शामिल थे।

रवि द्वारा संगीतबद्ध आखिरी फिल्म 'वो सुबह कभी तो आएगी' (1991) में भी 'दिल का दीया जला लिया तेरी खुशी के वास्ते' (आशा भोंसले), 'कुछ भी नहीं कबूल तुम्हारी वफा के बाद' (आशा-महेन्द्र कपूर) और 'खिलते हुए

चेहरों की इनायत है जिंदगी' (आशा भोंसले) जैसे कई लुभावने गीत थे। इसी दौर में रवि ने कई मलयालम फिल्मों में भी लोकप्रिय संगीत दिया, जिनमें से 'परिणयम' और 'सुखरूथम' का जिक्र हम पीछे भी कर चुके हैं। उन्हें 'नकटायरगल' के लिए राष्ट्रीय और 'सरगम' के लिए फिल्मफेयर पुरस्कार भी प्राप्त हुआ। उन्होंने बीबीसी के एक टेली-सीरियल में भी संगीत दिया, जिसमें उन्होंने मिर्जा गालिब की ग़ज़लों को 'लावणी', 'हीर', 'गरबा' और 'भरत नाट्यम' इत्यादि शैलियों में प्रस्तुत करके दर्शकों को चमत्कृत कर दिया था।

रवि के मीठे सुरीले गीतों के विशाल भंडार में से बारह सर्वश्रेष्ठ गीत चुनना कोई आसान काम न था। फिर भी हमारी पसन्द कुछ इस तरह है :

रवि के 12 अनमोल रत्न

क्र.सं.	गीत	फिल्म	गायक/गायिका
1.	सब कुछ लुटाके होश में आए तो क्या किया	एक साल	तलत
2.	चौदहवीं का चाँद हो या आफताब हो	चौदहवीं का चाँद	मुहम्मद रफी
3.	मोरी छम-छम बाजे पायलिया	घूंघट	लता मंगेशकर
4.	हुस्नवाले तेरा जवाब नहीं	घराना	मुहम्मद रफी
5.	ये मौसम रंगीन समाँ	मॉडर्न गर्ल	मुकेश-सुमन
6.	रात-रात भर जाग-जाग कर	प्यार का सागर	आशा भोंसले
7.	जाने बहार हुस्न तेरा बेमिसाल है	प्यार किया तो डरना क्या	मुहम्मद रफी
8.	बार-बार देखो हजार बार देखो	चाइना टाउन	मुहम्मद रफी
9.	सौ बार जन्म लेंगे सौ बार फना होंगे	उस्तादों के उस्ताद	मुहम्मद रफी
10.	आज ये मेरी जिंदगी देखो खुशी में झूमती	ये रास्ते हैं प्यार के	आशा भोंसले
11.	चलो इक बार फिर से	गुमराह	महेन्द्र कपूर
12.	आगे भी जाने न तू	वक्त	आशा भोंसले

आप चाहें तो इस सूची में 'ऐ मेरे दिल-ए-नादाँ' (लता), 'वो दिल कहाँ से लाऊँ' (लता), 'जब चली ठंडी हवा' (आशा भोंसले), 'नीले गगन के तले धरती का प्यार पले' (महेन्द्र कपूर), 'तुम्हारी नजर क्यों खफा हो गई' (रफी-लता) और 'मिलती है जिंदगी में मुहब्बत कभी-कभी' (लता) जैसे गीतों को भी शामिल कर सकते हैं।

7 अगस्त 1992 को इस दुनिया से हमेशा के लिए चले गए रवि के गीत आज भी हवाओं में गूँज रहे हैं... और हमेशा गूँजते रहेंगे। ऐसा लगता है मानो वे हम सबसे कह रहे हों—तुम अगर साथ देने का वादा करो मैं यूँ ही मस्त नग़मे लुटाता रहूँ!

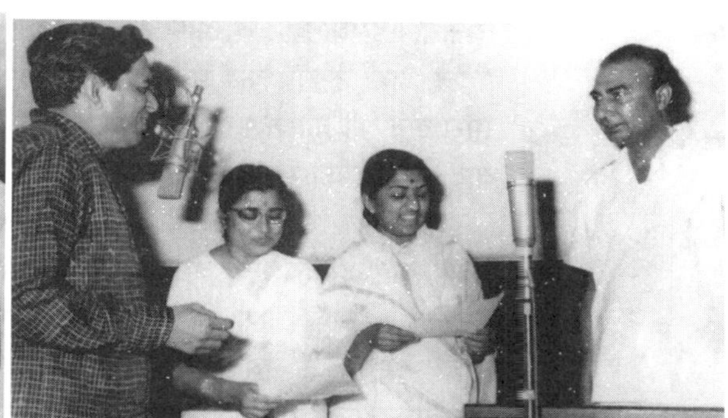

संगीत रिकॉर्डिंग के क्षणों में रवि : (बाएँ) किशोर और लता के साथ, (दाएँ) उषा, लता और साहिर के साथ

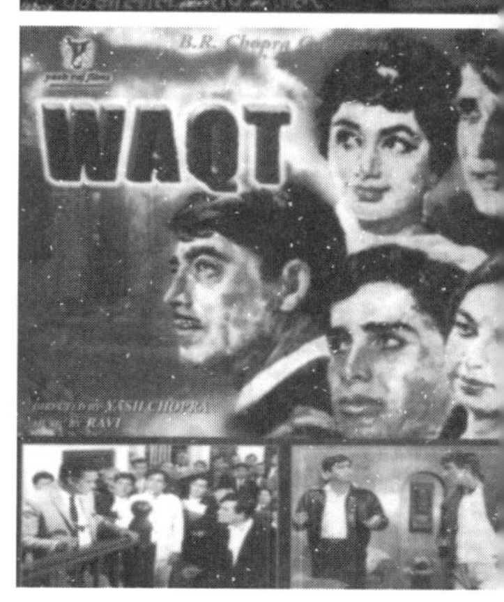

जयदेव (1918-1987)

शास्त्रीय सुरों की सुगम प्रस्तुति

महान कलाकारों की रचनात्मक अभिव्यक्ति अकसर उनके व्यक्तित्व का ही विस्तार होती है। जाने-माने संगीत-निर्देशक जयदेव पर तो यह बात सोलह आने लागू होती है। उनके लिए जिंदगी किसी कठिन और दुरूह शास्त्रीय राग से कम नहीं थी, जिसे उन्होंने अपने जुझारू रवैये से आसान बना लिया था—अपनी धुनों की तरह।

पंजाब से सम्बन्ध रखने के बावजूद जयदेव वर्मा का जन्म 3 अगस्त 1918 को देश से हजारों मील दूर नैरोबी (केन्या) में हुआ था, जहाँ उनके पिता का कारोबार था। बचपन में ही माँ को खो देने के कारण उनका पालन-पोषण पंजाब के लुधियाना में अपनी बुआ और फूफा के घर में हुआ। वहाँ संगीत का कोई माहौल नहीं था। फिर भी पन्द्रह वर्ष की उम्र में एक फिल्म 'अलीबाबा और चालीस चोर' में जहाँआरा कज्जन के एक गाने 'ये बिजली दुख की गिरती है' ने उन्हें इतना ज्यादा प्रभावित किया कि वे दिन-रात इसी फिल्म और इस गाने के बारे में सोचने लगे। जल्दी ही वे घर से भागकर बम्बई (अब मुम्बई) जा पहुँचे और एक बाल-कलाकार के रूप में फिल्मों में काम करने लगे।

इनमें वाडिया ब्रदर्स की 'वामन अवतार', 'वीर भारत', 'हंटरवाली', 'काला गुलाब' और 'मिस फ्रन्टियर मेल' जैसी फिल्में शामिल थीं। 'वीर भारत' में तो उन्होंने दो गीत भी गाए। लेकिन दो-तीन वर्ष बाद ही उनके फूफा का अचानक निधन हो गया तो उन्हें अपने छोटे भाई और बहन के पास लुधियाना लौटना पड़ा। एक वर्ष बाद वे फिर से बम्बई पहुँच गए, जहाँ उन्हें कृष्णराव चोणकर से संगीत की शिक्षा पाने का अवसर मिला। इससे पहले कि वे अपने पाँव जमा पाते, भाग्य ने उन्हें फिर से लुधियाना धकेल दिया। उनके पिता नैरोबी से भारत लौटे आए थे और अपनी आँखों की रोशनी खो बैठे थे। 1943 में उनका निधन हो गया तो छोटी बहन के विवाह और भाई की देखभाल की जिम्मेदारी जयदेव के कन्धों पर आ पड़ी।

बहन का विवाह करने के बाद जयदेव ने कुछ समय उदय शंकर की वाद्य-शाला में बिताया। उन्होंने लखनऊ जाकर उस्ताद अली अकबर खान से सरोद-वादन भी सीखा। जल्दी ही वे बहुत अच्छा सरोद बजाने लगे। सरोद पर उनकी यह असाधारण पकड़ बाद में उनके गई गीतों में भी दिखाई दी। उन्हीं दिनों, बहुत ज्यादा बीमार पड़ने के बाद उन्होंने कुछ समय अपनी बहन के पास शिमला में बिताया। इसके बाद वे आध्यात्मिक शांति की तलाश में स्वामी शिवानन्द के ऋषिकेश आश्रम में जा पहुँचे, जहाँ उन्होंने कई महीने बिताए। 1946 में छोटे भाई का विवाह करने के बाद उन्होंने सुख की साँस लेने की कोशिश की तो साल भर के अन्दर-अन्दर खुद भाई ही गुजर गया। इस दुखद घटना के बाद जयदेव का मन इतना उचाट हो गया कि उन्होंने खुद कभी विवाह ही नहीं किया।

इस बीच उस्ताद अली अकबर खान को जोधपुर के महाराजा ने अपना शाही संगीतकार बना लिया था। जयदेव एक बार फिर उनके साथ जुड़ गए। उस्ताद को बम्बई में कुछ फिल्मों में संगीत देने का निमंत्रण मिला तो वे जयदेव को भी साथ लेते गए। जयदेव ने उनके मुख्य सहायक के रूप में देव आनन्द के नवकेतन बैनर की 'आँधियाँ' (1951) और 'हमसफर' (1953) में काम किया। इस बीच आनन्द भाइयों, खासकर चेतन आनन्द के साथ उनके इतने अच्छे सम्बन्ध बन गए कि उन्हें नवकेतन बैनर की अगली फिल्म 'टैक्सी ड्राइवर' में सचिन देव बर्मन का सहायक नियुक्त कर दिया

गया। जयदेव ने बर्मन दादा के साथ 'फन्टूश', 'हाउस नं. 44', 'नौ दो ग्यारह', 'काला पानी', 'लाजवन्ती', 'चलती का नाम गाड़ी' और 'काला बाजार' में भी काम किया।

देव आनन्द एक नायक के रूप में अपनी छवि को लेकर बड़े भाई चेतन आनन्द की राय से सहमत नहीं थे। लिहाजा चेतन आनन्द ने नवकेतन से अलग होकर अपना खुद का बैनर स्थापित कर लिया। उन्होंने ही अपने द्वारा निर्देशित 'जोरू का भाई' (1955) में जयदेव को एक स्वतंत्र संगीत-निर्देशक के रूप में पहला ब्रेक भी दिया। महाशक्ति फिल्म्स के बैनर तले बनी इस फिल्म में बलराज साहनी और शीला रमानी के साथ-साथ आनन्द भाइयों में सबसे छोटे विजय आनन्द ने भी एक महत्त्वपूर्ण भूमिका निभाई थी। यह फिल्म एक बड़ी खूबसूरत कॉमेडी फिल्म थी, जिसमें जयदेव के संगीत ने चार चाँद लगा दिए थे। फिल्म के लोकप्रिय गीतों में 'सुबह का इन्तजार कौन करे' (लता) और इसी के दूसरे पहलू 'तेरी जुल्फों से प्यार कौन करे' (तलत) के साथ-साथ 'तू सच बतला मुझे जोगी' (लता) और आशा भोंसले की बड़ी खूबसूरत ठुमरी 'हम संग नैना काहे को लगाए' शामिल थे। किशोर कुमार के 'काली-काली रात तारों वाली' में बर्मन दादा का प्रभाव दिखाई देता था तो शमशाद बेगम का 'बात मेरी मान ले नजर पहचान ले' पंजाबी शैली में ढला हुआ था। फिल्म के गीत साहिर लुधियानवी, पं. नरेन्द्र शर्मा और विश्वमित्र आदिल ने लिखे थे।

इस फिल्म के बाद भी जयदेव कई वर्षों तक सचिन देव बर्मन के सहायक के रूप में काम करते रहे, लेकिन इसके साथ-साथ उनके स्वतंत्र संगीत-निर्देशन का सिलसिला भी जारी रहा। लगभग साढ़े तीन दशकों के अपने कैरियर में उन्होंने कुल 37 फिल्मों में संगीत दिया। इनमें से ज्यादातर फिल्में उत्कृष्ट संगीत की उदाहरण हैं।

एक स्वतंत्र संगीत-निर्देशक के रूप में उनकी दूसरी फिल्म का नाम 'समुन्दरी डाकू' (1956) था। नासिर खान और नादिरा की मुख्य भूमिकाओं वाली इस फिल्म में तलत महमूद और आशा भोंसले के एक डुएट 'दिल जवाँ है आरजू जवाँ इक नजर इधर भी मेहरबाँ' में उन्होंने गिटार और अकॉर्डियन के बड़े अनूठे ऑर्केस्ट्रेशन का प्रयोग किया था। लेकिन विश्वामित्र आदिल के गीतों वाली यह फिल्म बॉक्स ऑफिस पर बुरी तरह पिट गई।

चेतन आनन्द द्वारा निर्मित-निर्देशित 'अंजलि' (1957) जयदेव की एक लाजवाब फिल्म थी। इसमें निम्मी, शीला रमानी और सितारा देवी के रूप में तीन नायिकाओं के साथ खुद चेतन आनन्द ही नायक की भूमिका में थे। बौद्ध-काल पर आधारित इस ऑफ-बीट दार्शनिक फिल्म में जयदेव को एक से एक उत्कृष्ट गीत रचने का अवसर मिला था और उन्होंने इसका भरपूर लाभ उठाया। राग मालकौंस पर आधारित आशा भोंसले का 'रात के पिछले पहरों में तुम क्या जानो हम क्यों रोए' हमारे विचार में उनके कैरियर के महानतम गीतों में से एक है। इसी तरह लता का राग अहीर भैरव पर आधारित 'किस किसको दीपक प्यार करे', आशा भोंसले का 'दीपक से दीपक जल गए लो आज अँधेरे ढल गए', लता का लोक-शैली का 'जियरा हौले-हौले डोल' और आशा भोंसले का जोगिया-शैली का 'जोगिया तोसे नैना लगाके पछताई' सभी बड़े अद्भुत गीत थे। आशा भोंसले के दो अन्य गीत 'मन की कासे कहूँ जियरा पल-पल जले' और 'रोऊँ मैं गिन-गिन तारे' और रफी का 'बुद्धम शरणम गच्छामि' भी बहुत खूबसूरत बन पड़े थे। इस फिल्म में एक ऐसा गीत भी था जो जयदेव ने चारों मंगेशकर बहनों—लता, आशा, उषा और मीना—से गवाया था। मानो इतना काफी नहीं था, उन्होंने इन चारों के साथ सुमन कल्याणपुर को भी जोड़ लिया था। यह दुर्लभ समूह-गीत था—'लो चोरी पकड़ी गई'। फिल्म के टाइटल-ट्रैक के रूप में कोरस का आलाप और कई जगह नृत्य-संगीत और सरोद-वादन के टुकड़े फिल्म का एक और मधुर आकर्षण थे। लेकिन अफसोस, अपने समय से बहुत आगे की यह फिल्म बॉक्स ऑफिस पर ऐसी पिटी कि इसका अद्भुत संगीत भी लुप्तप्राय: हो गया। फिल्म के गीत न्याय शर्मा ने लिखे थे, जिन्होंने बाद में जयदेव के संगीत से सजी 'किनारे किनारे' का निर्माण किया।

शम्मी कपूर और जबीन की मुख्य भूमिकाओं वाली 'रात के राही' (1959) के चार गाने विपिन बाबुल पहले ही रिकॉर्ड कर चुके थे। जयदेव ने इस फिल्म के सिर्फ दो गाने संगीतबद्ध किए। विश्वामित्र आदिल द्वारा लिखे गए ये दोनों गाने आशा भोंसले की आवाज में थे—'तू क्या समझे तू क्या जाने' और 'पाव-वड़ा पाव-वड़ा'।

जयदेव और रफी

जयदेव के कैरियर की सबसे शानदार और यादगार फिल्म थी नवकेतन

लता और जयदेव

बैनर की 'हम दोनों' (1961)। दोहरी भूमिका में देव आनन्द के साथ साधना और नन्दा की मुख्य भूमिकाओं से सजी इस फिल्म के संगीत ने ऐसी धूम मचाई कि यह सोचकर बड़ा आश्चर्य होता है कि इसके बाद जयदेव के कैरियर ने जोर क्यों नहीं पकड़ा! नवकेतन बैनर से जुड़े अमरजीत द्वारा निर्देशित और साहिर लुधियानवी के गीतों से सजी इस सुपरहिट फिल्म के संगीत के लिए जयदेव के चुनाव के पीछे भी एक दिलचस्प कहानी है। गुरुदत्त की 'प्यासा' (1958) के संगीत की धूम के बाद जब साहिर लुधियानवी ने अपनी भेंटवार्ताओं में सारा श्रेय खुद लेने की कोशिश की तो सचिन देव बर्मन के साथ-साथ और भी बहुत से संगीतकारों ने भविष्य में उनके साथ काम न करने की कसम खा ली। तब देव आनन्द 'हम दोनों' को शुरू करने की तैयारी में थे और बर्मन दादा काफी समय से उनके नियमित संगीत-निर्देशक रहे थे। लेकिन वे यह भी चाहते थे कि इस फिल्म में साहिर लुधियानवी के गीत हों। इसी दौरान जयदेव उनसे पूछे बैठे—''नवकेतन की कोई फिल्म करने का मुझे कब मौका मिलेगा?'' देव आनन्द ने मुस्कराते हुए अपने मस्ती भरे अन्दाज में जवाब दिया—''अब!'' बस, फिर क्या था, जयदेव और साहिर की जोड़ी बड़े जोर-शोर से 'हम दोनों' के संगीत की तैयारी में जुट गई और ऐसा संगीत रचा कि खुद देव आनन्द भी चमत्कृत रह गए। फिल्म के सभी गीत कीर्ति-स्तम्भ गीत थे—'अभी न जाओ छोड़कर कि दिल अभी भरा नहीं' (रफी-आशा, राग यमन कल्याण)... 'मैं जिंदगी का साथ निभाता चला गया' (रफी, राग बिलावल)... 'कभी खुद पे कभी हालात पे रोना आया' (रफी, राग गारा)... और 'अभी न जाओ छोड़कर' की ही तर्ज पर उदासी भरा 'जहाँ में ऐसा कौन है कि जिसको गम मिला नहीं' (आशा भोंसले, राग यमन)। जैसाकि हमने कहा, ये सभी गीत अपने-आपमें मील का पत्थर थे। लेकिन फिल्म के दो सबसे अद्भुत गीत थे लता के दो सदाबहार भजन—'प्रभु तेरो नाम जो ध्याएँ फल पाए सुखदाए तेरो नाम' (राग धानी) और 'अल्लाह तेरो नाम ईश्वर तेरो नाम' (राग गौड़ सारंग)। ये दोनों भजन इतने लोकप्रिय हुए कि देखते ही देखते पूरे देश के रोजाना के भजन बन गए।

इन भजनों को लता से गवाने के पीछे भी एक दिलचस्प कहानी है। सत्येन बोस की 'सितारों से आगे' के एक गीत की रिकॉर्डिंग को लेकर बर्मन दादा और लता के बीच कुछ खटपट हो गई थी, जिसके बाद दोनों ने कुछ वर्षों तक साथ-साथ काम नहीं किया। जयदेव अब भी बर्मन दा के सहायक के रूप में काम करते रहते थे, इसलिए लता ने उनके साथ भी गाने से इनकार कर दिया। अब क्या किया जाए? देव आनन्द ने उन्हें मनाने के लिए ठिगने कद के हास्य अभिनेता रशीद खान को उनके पास भेजा, जो मीठी-मीठी बातें करने में माहिर थे। उन्होंने लता को बताया कि ये दोनों भजन कितने खूबसूरत थे। साथ ही उनकी हमदर्दी जगाने के लिए उन्होंने यह भी जोड़ दिया कि अगर वे नहीं गाएँगी तो जयदेव को फिल्म से हटा दिया जाएगा। बस, फिर क्या था, लता पिघल गईं और जयदेव के संगीत-निर्देशन में गाने के लिए तैयार हो गईं।

'अल्लाह तेरो नाम' को इतनी श्रद्धा के साथ देखा जाता रहा है कि 1962 के चीनी हमले के बाद देश की रक्षा के लिए धन जुटाने के लिए आयोजित की जाने वाली सिने कलाकार संध्याओं की शुरुआत हमेशा इसी भजन से होती थी। इनमें से कुछ कार्यक्रमों में खुद प्रधानमंत्री जवाहरलाल नेहरू भी मौजूद रहे थे और यह भजन सुनकर भाव-विभोर हो उठते थे। महान शास्त्रीय गायक पं. जसराज ने एक बार कहा था कि यह भजन सुनकर उनकी आँखों में आँसू आ जाते थे। खुद हमें भी इस भजन के अद्भुत प्रभाव का अनुभव हो चुका है। मिडल ईस्ट में हमारे लम्बे प्रवास के दौरान मेरी पत्नी कणिका बाजपेयी जब भी भारतीय समुदाय के सांस्कृतिक कार्यक्रमों में यह भजन सुनाती थीं तो श्रोता भाव-विभोर हो उठते थे और भजन पूरा होते ही हॉल तालियों से गूँज उठता था।

देव आनन्द 'हम दोनों' के संगीत से इतने खुश थे कि उन्होंने बर्मन दादा और जयदेव को बारी-बारी से नवकेतन की फिल्में देने का फैसला किया। नवकेतन की अगली फिल्म 'तेरे घर के सामने' में बर्मन दादा का खूब धूम मचानेवाला मस्ती भरा संगीत था। इसके बाद जब 'गाइड' की बारी आई तो न जाने क्यों जयदेव की जगह एक बार फिर बर्मन दादा को ही ले लिया गया। जयदेव को इससे इतना ज्यादा धक्का लगा कि उन्होंने नवकेतन बैनर को हमेशा के लिए छोड़ दिया। 'हम दोनों' इस बैनर के लिए उनकी पहली और आखिरी फिल्म साबित हुई।

महान अभिनेता और निर्माता-निर्देशक सुनील दत्त ने अपने खुद के बैनर की महत्त्वाकांक्षी फिल्म 'मुझे जीने दो' (1963) के संगीत के लिए जयदेव को ही साइन करने का फैसला किया। बल्कि उन्होंने 'हम दोनों' की हिट जोड़ी जयदेव और साहिर—को ही साइन कर लिया। मोनी भट्टाचार्य द्वारा निर्देशित इस फिल्म में सुनील दत्त के साथ वहीदा रहमान मुख्य भूमिका में थीं। दिलीप कुमार की 'गंगा जमना' और राज कपूर की 'जिस देश में गंगा बहती है' की तरह 'मुझे जीने दो' भी डाकू-समस्या पर आधारित थी और इस मर्मस्पर्शी और नाटकीय फिल्म में अच्छे और लोकप्रिय संगीत की भरपूर गुंजाइश थी। लेकिन जयदेव और साहिर की जोड़ी को जैसे शुरू में ही नजर लग गई। सीधे-सरल और मर्मस्पर्शी गीत लिखने में शैलेन्द्र का कोई जवाब नहीं था। इसी तरह, गहरे और वजनदार गीत लिखने में साहिर का भी कोई जवाब नहीं था, लेकिन वे संगीतकारों के अहँ पर चोट करने से भी बाज नहीं आते थे। जैसाकि जाने-माने शायर और हमारे पारिवारिक मित्र नक्श लायलपुरी ने हमें बताया था, साहिर लुधियानवी ने शुरू में ही जयदेव को नाराज करते हुए फिल्म के प्रोडक्शन कंट्रोलर से कह दिया कि ''जयदेव से कहो अपना बाजा लेकर मेरे घर आ जाए!'' जयदेव भला संगीत की बैठक के लिए गीतकार के घर क्यों जाते—गीतकार कितना ही बड़ा और नामी क्यों न हो! उन्होंने जवाब दिया—''मैं कोई मिरासी नहीं हूँ कि उनके दर पे बाजा लेके जाऊँ!'' लिहाजा फिल्म के संगीत बैठकें नहीं हो पाईं और शूटिंग सर पर आ गई। जयदेव ने जल्दी से दो परम्परागत गीतों को ही रिकॉर्ड कर लिया और शूटिंग के दौरान इन्हें फिल्मा भी लिया गया। आशा भोंसले की आवाज में ये दोनों परम्परागत गीत थे—'नदी नारे न जाओ शाम पैयाँ पड़ूँ' और 'मोको पीहर में मत छेड़'—जो काफी लोकप्रिय हुए थे। अब फिल्म के बाकी गीतों के लिए क्या

किया जाए? साहिर और जयदेव दोनों ही एक-दूसरे के घर जाने के लिए तैयार नहीं थे। लिहाज़ा निर्माता सुनील दत्त ने बीच का रास्ता निकालते हुए जुहू के सन एंड सैंड होटल का एक कमरा बुक कर लिया और वहीं फिल्म के बाकी गीत तैयार किए गए। ये खूबसूरत गीत थे—'रात भी है कुछ भीगी-भीगी चाँद भी है कुछ मद्धम-मद्धम' (लता), 'माँग में भर के रंग सखी री' (आशा भोंसले), 'तेरे बचपन को जवानी की दुआ देती हूँ' (लता), 'मोहे न यूँ घूर-घूर के देख' (लता) और राष्ट्रभक्ति से ओत-प्रोत और खूब लोकप्रिय 'अब कोई गुलशन न उजड़े अब वतन आजाद है' (रफी)। डाकुओं पर आधारित अन्य दोनों फिल्मों ('गंगा जमना' और 'जिस देश में गंगा बहती है') की तरह यह फिल्म भी सुपरहिट हुई थी।

पंजाबी तांत्रिक और गीतकार न्याय शर्मा द्वारा निर्मित और चेतन आनन्द द्वारा निर्देशित 'किनारे-किनारे' (1963) जयदेव की एक और महत्त्वपूर्ण फिल्म थी। देव आनन्द और मीना कुमारी की मुख्य भूमिकाओं से सजी यह फिल्म दरअसल 1958 में बननी शुरू हुई थी, लेकिन बहुत से आपसी विवादों के कारण पाँच वर्षों में धीरे-धीरे और रुक-रुककर पूरी हुई थी—पहले न्याय शर्मा और देव आनन्द के बीच, फिर न्याय शर्मा और चेतन आनन्द के बीच, और आखिर में न्याय शर्मा और मीना कुमारी के बीच! फिर भी बॉक्स ऑफिस पर कुछ खास न चलने वाली इस फिल्म का संगीत सचमुच ही यादगार संगीत था। फिल्म के सबसे लोकप्रिय गीतों में खुद लता के सबसे मनपसन्द गीतों में से एक 'हर आस अश्कबार है' के साथ-साथ 'देख ली तेरी खुदाई बस मेरा दिल भर गया' (तलत), 'जब गम-ए-इश्क सताता है तो हँस लेता हूँ' (मुकेश) और 'चले जा रहे हैं मुहब्बत के मारे, किनारे-किनारे' (मन्ना डे) शामिल थे। लता के 'सुलग उठी दिल की लगी' और 'आज जचानक टूट गए क्यों', रफी का 'तेरी तसवीर भी कुछ ऐसी' और रफी-आशा का युगल-गीत 'देर न होगी पल-छिन की' फिल्म के अन्य खूबसूरत गीत थे। जयदेव ने एक बार बताया था कि इस युगल-गीत की प्रेरणा उन्हें अपनी माँ से मिली थी जो इसी से मिलता-जुलता एक गीत अकसर गाती रहती थीं। इस फिल्म का एक दिलचस्प पहलू यह भी था कि खुद निर्देशक चेतन आनन्द ने ही फिल्म के सहनायक और नायिका के खामोश प्रेमी की भूमिका निभाई थी।

जयदेव और लता

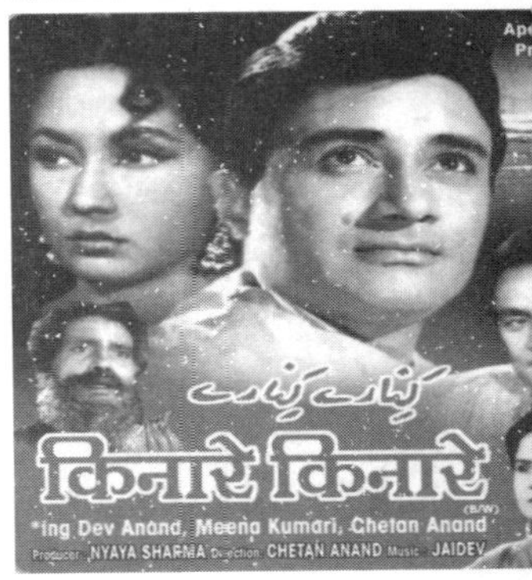

जैसाकि हमने पहले भी कहा है, यह बड़ी हैरानी की बात है कि 'हम दोनों' और 'मुझे जीने दो' जैसी दो सुपरहिट फिल्में और 'किनारे-किनारे' के मधुर और अमर संगीत के बाद भी जयदेव को कोई बड़ी फिल्म नहीं मिली। इन तीन बड़ी फिल्मों के बाद उनकी अगली दो फिल्में भोजपुरी की 'नैहर छूटल जाए' (1964) और इसके तीन वर्ष बाद आई छोटे बजट की 'हमारे गम से मत खेलो' (1967) थीं। कुमकुम के साथ बाद के दिनों के कॉमेडियन अभिनेता और निर्माता देवेन वर्मा की मुख्य भूमिकाओं से सजी भोजपुरी फिल्म में जयदेव ने उत्तर प्रदेश के लोक-संगीत को बड़े अनूठे और मोहक अन्दाज में प्रस्तुत किया था। मन्ना डे द्वारा गाई गई कजरी 'अरे रामा रिमझिम बरसेला पनिया' हो या रफी और आशा भोंसले का दो भागों वाला 'जियरा कसक-मसक मोर रहे लागला'—परम्परागत भैरवी पर आधारित लता का नए अन्दाज का विदाई गीत 'बाबुल मोरा नैहर छूटल जाए' हो या मुबारक बेगम और मीनू पुरुषोत्तम का विरह-गीत 'चढ़ेला असाढ़ भरेला सब नदिया'—सब एक से एक बढ़कर थे। मन्ना डे और आशा भोंसले का होली-गीत 'जमुना तट श्याम खेलत होरी' भी गजब का गीत था। भोजपुरी फिल्म-संगीत में मील का पत्थर कही जाने वाली इस फिल्म के इन मनभावन गीतों को शैलेन्द्र ने लिखा था।

पाल प्रेमी द्वारा निर्देशित छोटे बजट की 'हमारे गम से मत खेलो' (1967) कब आई और कब गई, पता ही नहीं चला। इस फिल्म में 'आँसू छिपाए आँखों में' (तलत), 'ये खामोशी क्यों ये मदहोशी क्यों' (गीता दत्त) और 'शौक-ए-बेपयाँ का इजहार करूँ या न' (आशा भोंसले) जैसे जयदेव के कुछ खूबसूरत गीत थे, जो अनसुने ही रह गए। इन गीतों को न्याय शर्मा, शिरिष और असरार ने लिखा था।

जब हाथ में कोई फिल्म नहीं होती थी तो जयदेव अपने आपको गैर-फिल्मी संगीत में व्यस्त रखते थे। इस क्षेत्र में उन्होंने सचमुच ही बहुत उल्लेखनीय काम किया। खय्याम के बाद वही अकेले संगीत-निर्देशक हैं जिन्होंने गैर-फिल्मी संगीत के रूप में संगीत का ढेर सारा अनमोल खजाना दिया। इसमें छायावादी युग के महान कवियों की प्रसिद्ध रचनाओं की संगीतात्मक प्रस्तुतियाँ भी शामिल हैं। आशा भोंसले की आवाज में महादेवी वर्मा की 'कैसे उनको ढूँढू आली', जयशंकर प्रसाद की 'मन तुमुल कोलाहल कहल में' और मन्ना डे की आवाज में हरिवंश राय बच्चन की 'मधुशाला' के साथ-साथ रामधारी सिंह दिनकर की 'उर्वशी' की संगीतात्मक प्रस्तुति ऐसी ही प्रस्तुतियाँ हैं। इसी तरह जयदेव ने मीराबाई की कई रचनाएँ—'आली री मेने नैना', 'फागुन के दिन', 'बना ले नन्दलाला' और 'कैसी लगन' (सभी आशा भोंसले की आवाज में) और सूरदास की 'मोहे अबकी बेर उबारो' (छाया गांगुली) भी संगीतबद्ध कीं। जयदेव और आशा भोंसले की जोड़ी ने उर्दू साहित्य के कई अमर शायरों की रचनाओं पर भी काम किया। इनमें 'कभी नेकी भी उसके जी में' (गालिब), 'शौक हर रंग रकीब' (जिगर मुरादाबादी) और 'कभी शाख-ओ-सब्ज-ओ बाग पर' (फानी बदायूँनी) इत्यादि शामिल हैं। जयदेव ने पं. नरेन्द्र शर्मा की देशक्ति भरी कविता 'जो समर में अमर हो गए' के साथ-साथ उनकी कई अन्य रचनाओं 'मोरे नैना जागे सारी रैना', 'मधुर-मधुर मेरे दीपक', 'तुम सो जाओ मैं जागूँ' और 'न मैं लड़ी थी' इत्यादि को भी संगीतबद्ध किया है।

नक्श लायलपुरी के जयदेव से बड़े नजदीकी सम्बन्ध थे। उन्होंने हमें बताया था कि जयदेव ने महादेवी वर्मा की एक कविता को संगीतबद्ध करने की अनुमति चाही थी तो उन्होंने तपाक से जवाब में लिखा था— ''मैं आपको अपने सारे कृतित्व की अनुमति देती हूँ!'' इसी तरह जयदेव ने एक बार नक्श से ऐसी नज्म लिखने के लिए कहा जिसमें 'सबब' (कारण या आशय) शब्द का इस्तेमाल होता हो। नक्श ने झट से ऐसी एक नज्म लिख दी। जयदेव इसकी धुन बना रहे थे तो अचानक जानी-मानी शास्त्रीय और ग़ज़ल गायिका परवीन सुल्ताना उनसे मिलने आ पहुँचीं। उन्हें यह

नज्म इतनी पसन्द आई कि वे इसे गाने की जिद करने लगीं। जयदेव भला कैसे इनकार करते? उन्होंने उनकी इच्छा का मान करते हुए इसे उनके अगले एलबम में शामिल कर लिया।

जहाँ तक फिल्मों का सम्बन्ध है, जयदेव की अगली दो फिल्में बी-ग्रेड फिल्में थीं—'जीयो और जीने दो' और 'सपना'। पर इन फिल्मों का संगीत ब्री-ग्रेड नहीं था। तनूजा और शैलेश कुमार की मुख्य भूमिकाओं वाली 'जीयो और जीने दो' (1969) में 'आज की रात है बस जलवा दिखाने की रात' (रफी), 'मैं तो कर-कर विनती हारी' (सुमन कल्याणपुर), 'जो ख्वाब सजा है पलकों में' (उषा मंगेशकर) और 'रुत अलबेली डगरिया नवेली' (आशा भोंसले) जैसे कई लुभावने गीत थे। इन्हें हसरत जयपुरी और नक्श लायलपुरी ने लिखा था। इसी तरह बी. कौशिक द्वारा निर्देशित 'सपना' (1969) में भी लता के अहीर भैरव पर आधारित 'जाने कितनी बार हृदय से' और उषा मंगेशकर के राग कलावती पर आधारित 'साँझ भई झाँझर भेद जियरा के' जैसे दो लाजवाब गीत थे। 'मुझसे रूठो मत मेरी जान' (रफी) और 'अनाड़ी मोरा बलमा' (लक्ष्मी शंकर) फिल्म के दो अन्य लोकप्रिय गीत थे। फिल्म के गीतकार एक नए गीतकार बी.एन. मंगल थे।

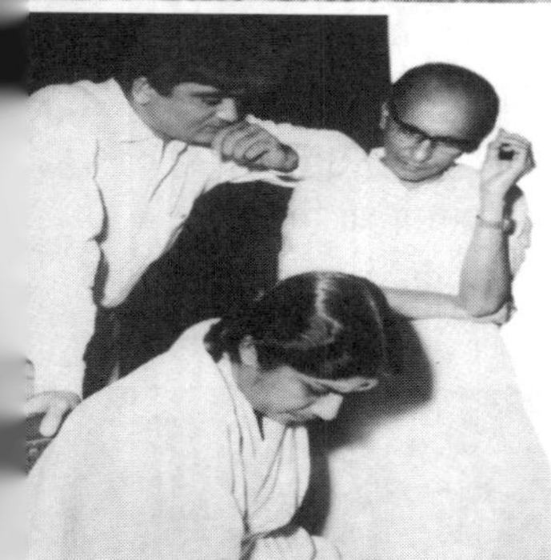
सुनील दत्त, जयदेव और लता

'मुझे जीने दो' के बाद सुनील दत्त ने अपने अजन्ता बैनर की भव्य और महत्त्वाकांक्षी फिल्म 'रेशमा और शेरा' (1971) के संगीत के लिए भी जयदेव को ही चुना। सुनील दत्त के साथ वहीदा रहमान, राखी, विनोद खन्ना, जयन्त और नायक के गूँगे और डरपोक लेकिन अचूक निशानेबाज छोटे भाई की भूमिका में नए उभरते अमिताभ बच्चन की मुख्य भूमिकाओं से सजी इस फिल्म का कुछ हिस्सा सुखदेव द्वारा निर्देशित किए जाने के बाद असंतुष्ट सुनील दत्त ने निर्देशन की कमान खुद ही सँभाल ली थी। राजस्थान के दो कबीलों की खूंखार और खानदानी दुश्मनी की पृष्ठभूमि पर आधारित यह अनूठी प्रेमकथा जितनी रोमांचक थी उतनी ही यथार्थवादी भी! शायद मनोरंजक तत्त्वों की घोर कमी ही इस लाजवाब और यादगार फिल्म को बॉक्स ऑफिस पर ले डूबी और सुनील दत्त भारी कर्जों में घिर गए। फिल्म के एक से एक खूबसूरत और रोंगटे खड़े कर देने वाले दृश्यों की तरह इस फिल्म का संगीत भी आम फिल्मों से अलग हटकर था। धीमे-मधुर राग माँड में ढले राजस्थानी लोक-शैली के 'तू चन्दा मैं चाँदनी तू तरुवर मैं पात रे' और 'इक मीठी-सी चुभन' (दोनों लता) हों या तालों के अद्‌भुत मिश्रण वाले नशीले मुजरे 'जबसे लगन लगाई उमर भर नींद न आई' और 'इक तो ये भरपूर जवानी उस पर ये तन्हाई मेरी तौबा' (दोनों आशा भोंसले)—फिल्म का संगीत एक अलग दुनिया में ले जाने वाला संगीत था। शायद इसीलिए इस फिल्म के संगीत के लिए जयदेव को वर्ष के सर्वश्रेष्ठ संगीतकार का राष्ट्रीय पुरस्कार भी मिला था। फिल्म के गीत बालकवि बैरागी, नीरज, उद्धव कुमार और राजेन्द्र कृष्ण ने लिखे थे।

राज कपूर की फिल्मों के जाने-माने लेखक और लीक से हटकर प्रयोगवादी फिल्में बनाने वाले निर्माता-निर्देशक ख्वाजा अहमद (के.ए.) अब्बास की 'दो बूँद पानी' (1971) जयदेव की एक और उल्लेखनीय फिल्म थी। सिम्मी, जलाल आगा और मधुचन्दा की मुख्य भूमिकाओं से सजी इस फिल्म के खूबसूरत गीतों में आशा भोंसले का राग माँड पर आधारित और खूब लोकप्रिय 'जा री पवनिया पिया के देस जा' शामिल था। परवीन सुल्ताना और मीनू पुरुषोत्तम का राग पहाड़ी पर आधारित और कल्सा रिदमवाला 'पीतल की मोरी गागरी' भी बहुत लोकप्रिय हुआ था। लक्ष्मी शंकर का विवाह-गीत 'बन्नी तेरी बिन्दिया की ले लूँ' भी बड़ा लुभावना बन पड़ा था। कैफी आजमी के गीतों वाली इस फिल्म में जयदेव ने नूरजहाँ जूनियर नामक एक नई गायिका को भी ब्रेक दिया था। इस छोटे बजट की फिल्म के संगीत की धूम के बाद जयदेव को 'समानान्तर सिनेमा' कही जाने वाली बहुत-सी फिल्में मिलती चली गईं।

रूप के. शोरी की 'एक थी रीटा' (1971) बरसों पुरानी सुपरहिट फिल्म 'एक थी लड़की' का री-मेक थी, जिसमें विनोद नामक संगीत-निर्देशक के संगीत ने खूब धूम मचाई थी—खासकर 'लारा लप्पा लारा लप्पा' गीत ने। लेकिन न जाने क्यों फिल्म के इस नए संस्करण में जयदेव वैसा धूम मचाने वाला संगीत नहीं दे पाए। फिर भी तनूजा और विनोद मेहरा की मुख्य भूमिकाओं वाली इस नई फिल्म में कुछ लुभावने गीत थे। इनमें बाँसुरी के मोहक सुरों वाले आशा भोंसले के 'जाने क्यों प्रीतम न आए' के साथ-साथ लता और मुकेश का डुएट 'मैं किसे अपना कहूँ आज मेरा कोई नहीं' शामिल थे। एक नई गायिका सरला कपूर की आवाज में 'मैं तो उन्हीं से' भी बहुत मोहक बन पड़ा था। फिल्म के गीत बहुत सारे गीतकारों—सरशार सैलानी, प्रेम जलन्धरी, विकल साकेती, नक्श लायलपुरी और अनजान—ने लिखे थे।

'चेतना' से सनसनी मचा देने वाले बी.आर. इशारा की 'मान जाइए' (1972) में भी जयदेव का संगीत था। इस फिल्म में लता का एक बहुत खूबसूरत शास्त्रीय गीत था—'बदरा छाए रे कारे कजरारे'। रेहाना सुल्तान और राकेश पांडे की मुख्य भूमिकाओं वाली इस फिल्म के अन्य उल्लेखनीय गीतों में मुकेश और वाणी जयराम का डुएट 'ले चलो ले चलो अब कहीं ले चलो' और किशोर कुमार का 'ये वही गीत है जिसको मैंने धड़कन में बसाया है' शामिल थे। इसी वर्ष जयदेव की एक और फिल्म 'भावना' (1972) में भी 'मेरी इल्तजा है साकी बस एक इल्तजा है' (आशा भोंसले)

और 'फिर मिलेंगी कहाँ ऐसी तन्हाइयाँ' (मुकेश-आशा भोंसले) जैसे लुभावने गीत थे। करुणेश ठाकुर द्वारा निर्देशित इस फिल्म के गीत नक्श लायलपुरी ने लिखे थे।

रामानन्द सागर द्वारा निर्मित छोटे बजट की 'प्रेम पर्वत' (1973) में जयदेव एक बार फिर अपनी पूरी लय में दिखे। वेद राही द्वारा निर्देशित और रेहाना सुल्तान और सतीश कौल की मुख्य भूमिकाओं से सजी यह फिल्म पहाड़ों की मनोरम पृष्ठभूमि पर आधारित एक मर्मस्पर्शी प्रेमकथा थी। फिल्म का संगीत भी इस पृष्ठभूमि से मेल खाता हुआ और दिल को छू लेने वाला संगीत था। राग पहाड़ी पर आधारित लता का सदाबहार 'ये दिल और उनकी निगाहों के साए' फिल्म का सबसे खूबसूरत गीत था। राग तिलक कामोद पर आधारित लता का दूसरा गीत 'ये नीर कहाँ से बरसे है' भी बहुत खूबसूरत गीत था और ये दोनों ही गीत खूब लोकप्रिय भी हुए थे। 'ये दिल और उनकी ...' में सन्तूर का मोहक प्रयोग तो देखते और सुनते ही बनता था! मीनू पुरुषोत्तम का चुहल भरा 'रात पिया के संग जागी री सखी' तो आज भी शादी-ब्याहों के छेड़छाड़ भरे गीतों में शामिल रहता है। इन मोहक और दिल को छू लेने वाले गीतों को जाँ निसार अख्तर ने लिखा था।

1974 का वर्ष जयदेव की दो और छोटे बजट की फिल्मों 'आलिंगन' और 'परिणाम' का वर्ष था। सी.एल. धीर की 'आलिंगन' (1974) में रोमेश शर्मा और जाहिरा की जोड़ी थी और जाँ निसार अख्तर और नक्श लायलपुरी के गीत थे। रफी का 'इस तरह जाओ नहीं ठहरो-ठहरो' और रफी-आशा का डुएट 'हमारे दिल को तुमने दिल बना दिया' इस फिल्म के सबसे यादगार गीत थे। दूसरी फिल्म 'परिणाम' (1974) में शर्मा भाइयों का एक सुपरहिट भजन था—'सूरज की गरमी से जलते हुए तन को मिल जाए तरुवर की छाया'। इसी तरह इस फिल्म में जयदेव एक नए ग़ज़ल गायक राजेन्द्र मेहता को भी लाए थे—'कवि रे कवि'। मन्ना डे और वाणी जयराम का 'मितवा मोरे मन मितवा आ जा' फिल्म का एक और यादगार गीत था। फिल्म के गीत जाँ निसार अख्तर, नक्श लायलपुरी और रामानन्द शर्मा ने लिखे थे।

अवतार भोगल की 'एक हंस का जोड़ा' (1975) में जयदेव ने लगभग पूरी तरह पश्चिमी ऑर्केस्ट्रेशन को आजमाते हुए इतने सुरीले गीत रचे कि संगीत-प्रेमी आश्चर्यचकित रह गए। 'साथी मिलते हैं' (किशोर कुमार), 'मेरे दिल में तेरी तसवीर' (आशा भोंसले) और 'प्यार से दिल मिले' (किशोर-आशा) ऐसे ही यादगार गीत थे। इस फिल्म में भी एक नए गायक को पेश करते हुए जयदेव ने फिल्म का टाइटल-गीत 'एक हंस का जोड़ा जिसने प्यार में' अजीत सिंह से गवाया था।

के.ए. अब्बास की 'फासला' (1976) शबाना आजमी और रमन खन्ना की मुख्य भूमिकाओं और कैफी आजमी के गीतों से सजी जयदेव की एक और उल्लेखनीय फिल्म थी। इस फिल्म के खूबसूरत गीतों में 'इस दिल ने तड़प-तड़प के तड़पना सिखा दिया' (भूपेन्द्र) और 'निगाहें चुराओ न दामन छुड़ाओ' (भूपेन्द्र-मीनू पुरुषोत्तम) शामिल थे। इसी वर्ष रिलीज हुई एच.एस. रवेल की भव्य और महत्त्वाकांक्षी फिल्म 'लैला मजनूँ' (1976) के पोस्टरों में भी संगीतकार के रूप में जयदेव का नाम था, लेकिन मदन मोहन के बाद। ऋषि कपूर और रंजीता की मुख्य भूमिकाओं वाली इस सुपरहिट फिल्म के छह गीत रिकॉर्ड करने के बाद महान संगीतकार मदन मोहन अचानक ही इस दुनिया से चले गए तो फिल्म के बाकी तीन गीत कम्पोज करने की जिम्मेदारी जयदेव पर आ पड़ी। दिलचस्प बात यह थी कि इस फिल्म में साहिर लुधियानवी के गीत थे, जिनके साथ 'मुझे जीने दो' के दौरान जयदेव को बड़े खट्टे अनुभव हो चुके थे। फिर भी इस फिल्म के अधूरे संगीत को पूरा करने के लिए दोनों ने एक बार फिर साथ-साथ काम किया। बैकग्राउंड संगीत के अलावा जयदेव द्वारा संगीतबद्ध किए गए फिल्म के तीन गीत थे—'लैला मजनूँ दो बदन इक जान थे' (राज कुमार रिज्वी, प्रीति सागर, अनुराधा), 'ये दावा आज दुनिया भर से' (रफी) और 'कहना इक दीवाना' (रफी-लता)।

छोटे बजट की फिल्में करते-करते और अपनी योग्यता के अनुरूप मान-प्रतिष्ठा न मिल पाने के कारण जयदेव इतने निराश हो गए कि 'लैला मजनूँ' की सुपरहिट सफलता के बाद फिल्मों से संन्यास लेकर पंजाब में जा बसे। एन.सी. सिप्पी द्वारा निर्मित और हृषिकेश मुखर्जी द्वारा निर्देशित 'आलाप' (1977) के संगीत के लिए उन्हें ढूँढ़ा जाने लगा तो उनका कहीं कोई अता-पता न चला। लेकिन भाग्य एक बार फिर उन्हें बम्बई खींच लाना चाहता था। वे किसी काम से दिल्ली गए तो संयोग से एन.सी. सिप्पी को फोन कर बैठे। एन.सी. सिप्पी उनकी आवाज सुनते ही फोन पर खुशी से चिल्लाए—"अरे, तुम कहाँ हो? यहाँ एक फिल्म कब से तुम्हारा इन्तजार कर रही है और तुम गायब हो!" जयदेव बम्बई लौट आए और दोबारा कभी वापस नहीं गए। अमिताभ बच्चन और रेखा की मुख्य भूमिकाओं से सजी 'आलाप' में उन्होंने इतना उत्कृष्ट और ऊँचे दर्जे का संगीत दिया कि यह फिल्म उनके कैरियर की एक यादगार फिल्म बन गई। येसुदास, फैयाज, मधुरानी और दिलराज कौर जैसे नए गायक-गायिकाओं की आवाजों को अपने चहेते रागों में ढालते हुए उन्होंने पं. विष्णु दिगम्बर पलुस्कर द्वारा प्रेरित 'माता सरस्वती शारदा' (लता-येसुदास-मधुरानी-दिलराज कौर) समेत एक से एक खूबसूरत गीत रचे— 'चाँद अकेला जाए सखी री' (येसुदास, राग खमाज), 'आई रुत सावन की' (भूपेन्द्र-फैयाज, राग देस), 'काहे मनवा नाचे' (लता, राग खमाज), 'जिंदगी को संवरना होगा' (येसुदास, राग अहीर

ANDOLAN

जयदेव, भीमसेन और रूना लैला

भैरव) और 'नई री लगन और मीठी बतियाँ' (येसुदास-मधुरानी-फैयाज)। फिल्म के गीत फिल्म के पटकथा-संवाद लेखक डॉ. राही मासूम रजा ने ही लिखे थे। पर फिल्म का सर्वश्रेष्ठ गीत डा. हरिवंश राय बच्चन की एक कविता पर आधारित 'कोई गाता मैं सो जाता' (येसुदास) था, जिसे उनके बेटे और फिल्म के नायक अमिताभ बच्चन के सुझाव पर फिल्म में शामिल किया गया था।

स्वतंत्रता आन्दोलन के दिनों में बहुचर्चित 'काकोरी ट्रेन बमकांड' पर आधारित 'आन्दोलन' (1977) निर्देशक लेख टंडन की एक यादगार फिल्म थी। इस बमकांड से जुड़े क्रान्तिकारी शहीद अश्फाक-उल्ला की जिंदगी पर आधारित इस फिल्म में राकेश पांडे और नीतू सिंह मुख्य भूमिकाओं में थे। जयदेव ने इस फिल्म में आशा भोंसले का एक ऐसा गीत रचा जिसे वे अपने सबसे चहेते गीतों में गिनती रही हैं—'पिया को मिलन कैसे होए री' (मीराबाई का मशहूर भजन)। फिल्म के अन्य गीतों में शहीद रामप्रसाद बिस्मिल द्वारा रचित 'दर-ओ-दीवार पे हसरत से नजर करते हैं' (भूपेन्द्र) शामिल था। न जाने क्यों, आज इस फिल्म का प्रिन्ट या इसके गीत ढूँढ़े नहीं मिलते।

निर्माता-निर्देशक भीमसेन की मर्मस्पर्शी और सार्थक फिल्म 'घरौंदा' (1977) जयदेव के संगीत से सजी एक और यादगार फिल्म थी। अमोल पालेकर, जरीना बहाव और डॉ. श्रीराम लागू की मुख्य भूमिकाओं से सजी इस फिल्म में दो हिस्सों वाले सिर्फ दो गीत थे, लेकिन दोनों ही सुपरहिट। पहला गीत अपने-आपमें एक जाने-माने निर्माता-निर्देशक और बाहर की सिर्फ चुनिन्दा फिल्मों में गीत लिखने वाले गुलजार की कलम से निकला—'दो दीवाने शहर में रात में और दोपहर में' (भूपेन्द्र-रूना लैला) और इसी का उदास वर्जन 'एक अकेला इक शहर में' (भूपेन्द्र)। फिल्म का दूसरा गीत 'तुम्हें हो न हो मुझको तो इतना यकीं है... मुझे प्यार तुमसे नहीं है नहीं है' (रूना लैला) संयोग से ही फिल्म में शामिल हो गया था। एक शाम एक गैर-फिल्मी गीतों के एलबम के लिए जयदेव और नक्श लायलपुरी पश्चिमी धुनों पर कुछ गीत बनाने में व्यस्त थे कि अचानक रूना लैला आ पहुँचीं और यह गीत सुनते ही इसे गाने की जिद करने लगीं। बाद में जब जयदेव ने यह गीत भीमसेन को सुनाया तो वे भी इसे अपनी फिल्म में लेने को मचल उठे और इस तरह रूना लैला का यह गीत बिना किसी पूर्व योजना के ही फिल्म में शामिल हो गया। इन गीतों के साथ-साथ इस दिलचस्प फिल्म ने भी बॉक्स ऑफिस पर खूब धूम मचाई।

बासु चटर्जी की 'तुम्हारे लिए' (1978) में जयदेव और साहिर लुधियानवी की पुरानी जोड़ी सभी गिले-शिकवे भुलाकर एक बार फिर साथ जुड़ी। लेकिन भाग्य को कुछ और ही मंजूर था। इससे पहले कि काम शुरू हो, साहिर को दिल का दौरा पड़ गया और उन्होंने अपनी बजाय नक्श लायलपुरी का नाम सुझाया, जिनके काम की वे शुरू से ही बढ़-चढ़कर तारीफ करते रहे थे। बस, फिर क्या था, मन ही मन साहिर के प्रति कृतज्ञ महसूस करते हुए नक्श बड़े जी-जान से कुछ यादगार गीतों की रचना में जुट गए। अशोक कुमार, संजीव कुमार और विद्या सिन्हा की मुख्य भूमिकाओं से सजी यह फिल्म पूर्वजन्म की प्रेमकथा पर आधारित थी, जिसमें गहरे और वजनदार गीतों की भरपूर गुंजाइश थी। जयदेव और नक्श लायलपुरी की लगभग स्थाई हो चुकी टीम की सबसे खूबसूरत रचना थी—'तुम्हें देखती हूँ तो लगता है ऐसे कि जैसे युगों से तुम्हें जानती हूँ'—जो निस्सन्देह लता मंगेशकर के सबसे खूबसूरत और भव्य गीतों में शामिल है। इस गीत के एक अन्तरे की एक पंक्ति 'मुझे मेरे सपनों की इक रैन दे दो' मीटर पर फिट नहीं बैठ रही थी। जयदेव ने सुझाव दिया, क्यों न इसके आखिर में 'न' अक्षर जोड़ दिया जाए? नक्श को भी यह बात जम गई और इस तरह यह पंक्ति हो गई—'मुझे मेरे सपनों की इक रैन दे दो न'। मीटर में फिट बैठने के साथ-साथ इस पंक्ति का प्रभाव भी कहीं ज्यादा बढ़ गया। इस गीत में सरोद के इंटरल्यूड भी गजब के थे। फिल्म के अन्य खूबसूरत गीतों में 'बोले राधा श्याम दीवानी' (लता), 'बाँसुरिया मन हर ले गई' (आशा भोंसले) और 'मोरे तरस-तरस गए नैना' (उषा मंगेशकर) शामिल थे। भीमसेन की 'दूरियाँ' (1979) में भी जयदेव की कुछ मीठी धुनें सुनने को मिली थीं। उत्तम कुमार और शर्मीला टैगोर की मुख्य भूमिकाओं वाली इस फिल्म में 'जिंदगी, मेरे घर आना जिंदगी' और 'जिंदगी में...' (दोनों भूपेन्द्र-अनुराधा) जैसे कुछ लोकप्रिय गीत थे। लेकिन सुदर्शन फाकिर के गीतों वाली यह फिल्म बॉक्स ऑफिस पर 'घरौंदा' जैसा जलवा नहीं दिखा सकी।

मुजफ्फर अली की 'गमन' (1979) जयदेव को उनका दूसरा राष्ट्रीय पुरस्कार दिलवाने वाली फिल्म साबित हुई। फारुख शेख और स्मिता पाटिल की मुख्य भूमिकाओं वाली इस फिल्म में जयदेव ने एक बार फिर कई नई आवाजों का प्रयोग किया था। 'आपकी याद आती रही रात भर' (छाया गांगुली) और 'सीने में जलन आँखों में तूफान-सा क्यों है' (सुरेश वाडकर) ने तो खूब धूम मचाई। 'अजीब हादसा मुझ पर गुजर गया यारो' (ए. हरिहरन), 'आजा साँवरिया तुझे गरवा लगा लूँ' (हीरादेवी मिश्रा, परम्परागत भैरवी पर आधारित) और 'बड़ी धूम गजर से आयो रे नौशा' (हीरादेवी मिश्रा, परम्परागत बन्ना) फिल्म के अन्य यादगार गीत थे। इस फिल्म में जयदेव ने ग़ज़ल गायकी को एक बिलकुल नया स्वरूप दे दिया था। जाने-माने रंगकर्मी और हमारे पारिवारिक मित्र दिनेश ठाकुर तो इस फिल्म के संगीत को हिन्दी सिनेमा का श्रेष्ठतम संगीत मानते थे।

कायदे से मुजफ्फर अली की अगली और खूब धूम मचानेवाली फिल्म 'उमराव जान' में भी जयदेव का संगीत होना चाहिए था और था भी—कम से कम शुरू में। लेकिन बाद में भाग्य ने कुछ ऐसा पलटा खाया कि यह फिल्म उनकी बजाय खय्याम के कैरियर की सबसे बड़ी उपलब्धि या यूँ कहें कि सर का ताज बन गई! जैसाकि नक्श साहब ने खुद हमें बताया था, जयदेव ने इस फिल्म के सभी नौ गीतों की बहुत खूबसूरत धुनें तैयार कर ली थीं और मुजफ्फर अली की सहमति के बाद एक नई गायिका से इनकी रिहर्सल भी करवा ली थी। लेकिन रिकॉर्डिंग का समय आया तो मुजफ्फर अली और उनकी पत्नी सुहासिनी अली ने कहा कि दो गाने आशा भोंसले से गवा लीजिए। जयदेव को यह बात अखर गई और उन्होंने ऐसा करने से साफ इनकार कर दिया। लेकिन मुजफ्फर अली भी आखिर फिल्म के निर्माता-निर्देशक थे और उनकी अपनी अलग सोच थी। आखिर जयदेव को यह फिल्म छोड़नी पड़ी और उनकी जगह खय्याम आ गए। उन्होंने इस फिल्म में कैसा संगीत दिया यह सबके सामने है। लेकिन उन खूबसूरत धुनों का क्या हुआ जो जयदेव ने तैयार की थीं? काश! वे भी दुनिया के सामने आ पातीं!

अमिताभ बच्चन के दौर में भी खूब धूम मचा देने वाली अभिनेत्री श्रीदेवी की पहली फिल्म 'सोलहवाँ सावन' (1979) में भी जयदेव का संगीत था। भारती राजा द्वारा निर्देशित इस फिल्म में वे अमोल पालेकर के साथ थीं। फिल्म तो फ्लॉप हो गई लेकिन इसके कुछ गीत काफी लोकप्रिय हुए। नक्श लायलपुरी द्वारा लिखे गए इन गीतों में 'पी कहाँ... धीरे से हौले से तू मेरे कानों में' (वाणी जयराम) और 'गोरिया ओ गोरिया क्यों तूने सजाए' (येसुदास-वाणी जयराम) जैसे गीत शामिल थे। इसी तरह सुनील दत्त और परवीन बाबी की मुख्य भूमिकाओं वाली 'एक गुनाह और सही' (1980) भी एक फ्लॉप लेकिन जयदेव के कुछ अच्छे गीतों से सजी फिल्म साबित हुई। जाँ निसार अख्तर द्वारा लिखे गए इन गीतों में 'रात आती है हर दर्द चमक उठता है', 'यही है तमन्ना, यही है इरादा' और 'बलमा रे अब तोसे लागे रे' जैसे गीत शामिल थे, जो लगभग अनसुने ही रह गए।

जयदेव

कृष्णा नायडू द्वारा निर्देशित 'आई तेरी याद' (1981) जयदेव और नक्श लायलपुरी की जोड़ी के कई लुभावने गीतों से सजी एक और उल्लेखनीय लेकिन भुला दी गई फिल्म थी। फिल्म के इन खूबसूरत गीतों में 'फिर तेरी याद नए दीप जलाने आई' (भूपेन्द्र), 'सौ बार कहा आँखों ने यही अफसाना' (भूपेन्द्र-पीनाज मसानी), 'तुम्हारा प्यार शामिल है मेरे दिल की उड़ानों में' (पीनाज मसानी) और 'ये ख्वाब-सा देखा था बस जान-ए-वफा हो तुम' (हरिहरन) शामिल थे।

जाने-माने सिनेमैटोग्राफर के.के. महाजन द्वारा निर्मित और विनय शुक्ला द्वारा निर्देशित 'वही बात' (1981) भी एक ऐसी फिल्म थी जिसके गीत साहिर लुधियानवी लिखने वाले थे, लेकिन बीमारी के कारण उन्होंने यह जिम्मेदारी नक्श लायलपुरी को थमा दी थी। बाद में 'समीरा' नाम से प्रदर्शित इस फिल्म में जयदेव और नक्श लायलपुरी की टीम का एक यादगार गीत था—'जहर देता है कोई' (आशा भोंसले)—जो बोलों और धुन के लिहाज से सचमुच ही एक लाजवाब गीत था। कान्तिलाल राठौड़ की 'रामनगरी' (1982) में भी जयदेव के कई लाजवाब गीत थे। अमोल पालेकर और सुहासिनी मुले की मुख्य भूमिकाओं वाली इस फ्लॉप फिल्म के इन गीतों में 'मैं तो कबसे तेरी शरण' (हरिहरन-नीलम साहनी), 'मन के दर्पण में चेहरा खिला' (हरिहरन-अनुराधा, नौटंकी शैली में राग अहीर भैरव), 'रातों को माँगे है साजन गोरिया' और गोवा की लोक-शैली का 'तेरा नाम लिखा है इस दिल पे' शामिल थे। इस फिल्म में जयदेव ने एक नई गायिका नीलम साहनी को पेश किया था, जो इंगलैंड के ट्रिनिटी कॉलेज से पियानो में डिप्लोमा प्राप्त कर चुकी थीं। इसी दौर में हेमा मालिनी, विनोद मेहरा और रामेश्वरी जैसे बड़े सितारों से सजी 'एक नया इतिहास' (1984) भी कोई इतिहास बनाने की बजाय जयदेव की एक फ्लॉप और भुला दी गई फिल्म साबित हुई। इसमें भी उनकी कुछ अच्छी रचनाएँ थीं।

अमोल पालेकर द्वारा निर्देशित 'अनकही' (1985) जयदेव को उनका तीसरा राष्ट्रीय पुरस्कार दिलवाने वाली फिल्म साबित हुई। खुद अमोल पालेकर के साथ दीप्ति नवल की मुख्य भूमिकाओं वाली इस फिल्म का संगीत विशुद्ध शास्त्रीय संगीत पर आधारित था। आशा भोंसले के 'मुझको भी राधा बना लो' और 'कौनो ठगवा नगरिया लूटल हो' (कबीरदास रचित) के अलावा जयदेव ने दो गीत जाने-माने शास्त्रीय गायक पं. भीमसेन जोशी से भी गवाए थे—'ठुमक-ठुमक' और 'रघुवर तुमको मेरी लाज'। इस फिल्म के उत्कृष्ट संगीत के लिए जयदेव को उनका चौथा सुर सिंगार संसद पुरस्कार भी मिला था।

उम्र भर अविवाहित रहने के कारण जयदेव की दुनिया बहुत छोटी-सी और सीमित थी। उनकी जरूरतें भी बहुत-सीमित थीं। वे चर्चगेट की लिली कोर्ट नामक बिल्डिंग में सिर्फ एक कमरे में पेइंग-गेस्ट के रूप में रहते थे। इस कमरे में सिर्फ एक हारमोनियम, कुछ किताबें और पानी का एक मटका था (जिसकी जगह बाद में उन्होंने एक छोटा-सा फ्रिज ले लिया था)। वे फिल्मों में होकर भी फिल्मों की चकाचौंध से दूर थे और अपने संगीत को लेकर उनका एक अलग दृष्टिकोण था। उन्हें एक बार 'प्रेम पुजारी', 'कन्यादान' और 'पहचान' जैसी फिल्मों के मशहूर गीतकार और हिन्दी के जाने-माने कवि नीरज के साथ काम करने का अवसर मिला। फिल्म निर्माता ने एडवान्स के रूप में नीरज को दस हजार रुपए भी दे दिए। लेकिन जब संगीत पर काम शुरू हुआ तो नीरज जयदेव द्वारा बनाई गई धुनों पर गीत लिखने में परेशानी महसूस करने लगे। संयोग से उसी शाम नक्श लायलपुरी जयदेव से मिलने आ गए और जयदेव को समस्या सुलझती हुई दिखाई दी। अगले दिन उनहोंने नीरज को सुझाव दिया कि फिल्म

के कुछ गीत नक्श लायलपुरी से लिखवा लिए जाएँ और खुद नीरज के लिए नई धुनें बना ली जाएँ, जिन पर वे आसानी से गीत लिख सकें। यह सुनते ही नीरज ने भड़कते हुए कहा—''जयदेव जी, मैं बम्बई में पैसा कमाने आया हूँ, दूसरों के साथ अपनी रोटी बाँटने नहीं!'' जयदेव को यह विशुद्ध व्यवसायिक दृष्टिकोण इतना बुरा लगा कि उन्होंने संगीत की बैठक खत्म करते हुए कहा, ''नीरज साहब, मैं मौसिकी की खिदमत करने के लिए बम्बई आया हूँ, पैसा कमाने के लिए नहीं! आपके साथ मेरी पटरी नहीं बैठ सकती!'' उन्होंने उसी शाम नक्श लायलपुरी को अपने घर बुलाकर उनसे तैयार धुनों पर गीत लिखवा लिए और निर्माता से बात करके नीरज को बदलवा दिया। वे इस बात के लिए भी तैयार हो गए कि नीरज को एडवान्स में दिए गए दस हजार रुपए उनके पारिश्रमिक में से काटे जाएँगे।

सलाहुद्दीन परवेज की 'जुम्बिश' (1986) भले ही बॉक्स ऑफिस पर न चली हो, पर इसमें जयदेव के कुछ उत्कृष्ट गीत थे, बल्कि उत्कृष्टतम। अकबर खान और पद्मिनी कोल्हापुरे की मुख्य भूमिकाओं वाली इस फिल्म के इन यादगार गीतों में 'धीरे-धीरे शमा आ रही है' (पीनाज मसानी), 'सिमट के बाँहों में' (भूपेन्द्र) और इन्हीं दोनों के तीन युगल-गीत 'आसमान पे एक सितारा', 'कोई पुरानी मगन' और 'सनसनी-सी साजिश हो' शामिल थे। इस बीच जयदेव की गैर-फिल्मी रिकॉर्डिंगें भी जारी थीं, जिनमें पीनाज मसानी ('तुमको हम दिल में' और 'वादा-ए-शाम-ए-फरदा पे' इत्यादि) और चन्दन दास ('शब-ए-रोज मौसम बदलते रहे') के दो एलबम भी शामिल थे। इसमें कोई सन्देह नहीं कि कितनी ही नई आवाजों को संगीत-प्रेमियों तक पहुँचाने में जयदेव का बढ़-चढ़कर योगदान रहा है। उनके कई शिष्य आज भी उनके नाम की माला जपते हैं।

कई ऐसी फिल्में भी थीं जो अधूरी रह गईं और इनके लिए रचे गए जयदेव के कई उत्कृष्ट गीत श्रोताओं तक नहीं पहुँच पाए। ये अनसुने गीत हैं—अमोल पालेकर की 'फुटपाथ' के 'मोरे नैना लागे सारी रैना' और 'महलों में आए' (दोनों आशा भोंसले); सोहराब मोदी की 'आतिश' के 'हाय मैं मेरी' और 'अजी जरा-सी बात पर' (दोनों आशा); डॉ. धर्मवीर भारती के उपन्यास 'गुनाहों का देवता' पर आधारित अमिताभ बच्चन और जया भादुड़ी की जोड़ी की बहुचर्चित फिल्म 'एक था चन्दर एक थी सुधा' का 'बेला महका' (आशा); 'अमर ज्योति' के 'कजरारे कारे बदरा' (आशा-हरिहरन), 'जनम-जनम का है यही नाता' (आशा) और 'राह-ए-मुहब्बत राह-ए-वफा' (आशा); 'खुन्नस' के 'साँवरिया काहे मारो नजरिया रे' (लता-उषा का मुजरा), 'मेरे आ जाने से महफिल पे शबाब आया है' (भूपेन्द्र-पीनाज मसानी) और 'इश्क में क्या-क्या मेरे जनून की की है बुराई लोगों ने' (रफी); 'शगुन' का 'प्रीत किए दुख होय' (आशा); एक अनाम फिल्म का 'कल रात गिरी थी शबनम'; निर्माता रमेश खोसला की 'चन्द्रग्रहण' के लिए रिकॉर्ड किए गए मुकेश के दो गीत 'तुझको यूँ देखा है' और 'तुम्हीं ने दिल को दिल' और लता के 'आ प्यार की बाँहों में' और 'मैं जानूँ नहीं' (सौभाग्यवश, ये गीत निर्माता के बेटे रॉबिन खोसला ने 1997 में एचएमवी से जारी करवाके लाखों संगीत-प्रेमियों का दिल जीत लिया)। इनके अलावा 'मुलाकातें', 'अनेदा दीदी' और 'शादी कर लो' नाम की फिल्मों के लिए भी जयदेव ने कुछ गीत रिकॉर्ड किए थे।

जयदेव द्वारा संगीतबद्ध आखिरी फिल्म 'त्रिकोण का चौथा कोण' (1987) थी। इसमें छाया गांगुली का एक बड़ा प्यारा गीत था—'हौले-हौले रस घोले मुझसे जिया'। जयदेव अपने आखिरी दिनों में पेइंग-गेस्ट वाला कमरा छोड़कर 'साउथ ग्रीन' नामक होटल में रहने लगे थे। वहीं उनकी तबीयत खराब हुई और 6 जनवरी 1987 की सुबह ब्रीच कैंडी अस्पताल में उनकी मृत्यु हो गई। उनके द्वारा रिकॉर्ड किया गया आखिरी गीत फिराक

गौरखपुरी की एक ग़ज़ल थी—जो उनकी ग़ज़लों पर एक गैर-फिल्मी एलबम का हिस्सा थी। यह ग़ज़ल थी—'हम भी फिराक इनसान थे आखिर तर्क-ए-मुहब्बत से क्या होता है'।

जयदेव की एक से एक उत्कृष्ट रचनाओं के खजाने में से बारह अनमोल गीत चुनना आसान तो न था, फिर भी हमने एक कोशिश की है :

जयदेव के 12 अनमोल रत्न

क्रम	गीत	फिल्म	गायक/गायिका
1.	सुबह का इन्तजार कौन करे	जोरू का भाई	लता मंगेशकर
2.	रात के पिछले पहरों में	अंजलि	आशा भोंसले
3.	अभी न जाओ छोड़कर	हम दोनों	रफी-आशा
4.	नदी नारे न जाओ शाम पैयाँ पड़ूँ	मुझे जीने दो	आशा भोंसले
5.	जियरा कसक-मसक मोर रहे	नैहर छूटल जाए	मुहम्मद रफी
6.	देख ली तेरी खुदाई बस मेरा दिल भर गया	किनारे-किनारे	तलत महमूद
7.	तू चन्दा मैं चाँदनी	रेशमा और शेरा	लता मंगेशकर
8.	बदरा छाए रे कारे-कारे कजरारे	मान जाइए	लता मंगेशकर
9.	ये दिल और उनकी निगाहों के साए	प्रेम पर्वत	लता मंगेशकर
10.	पिया को मिलन कैसे होय री	आन्दोलन	लता मंगेशकर
11.	तुम्हें देखती हूँ तो लगता है ऐसे	तुम्हारे लिए	लता मंगेशकर
12.	आपकी याद आती रही रात भर	गमन	छाया गांगुली

जयदेव हमेशा उत्कृष्ट फिल्म संगीत के जगमगाते और भव्य प्रतीक बने रहेंगे—व्यावसायिक शर्तों से दूर विशुद्ध कलात्मक संगीत—जो गंभीर संगीत-प्रेमियों के लिए किसी अनमोल खजाने से कम नहीं हैं! भले ही खुद जयदेव बड़ी सादगी और विनम्रता से कहते रहे—मैं जिंदगी का साथ निभाता चला गया!

राहुल देव बर्मन (1939-1994)
जवाँ धुनों का जोशीला और अमर संगीत

भारत के इतिहास के एक गौरवशाली दिन 15 अगस्त 1947 को अंग्रेजों का 200 वर्ष लम्बा राजनीतिक प्रभुत्व भले ही खत्म हो गया हो, लेकिन उनके सांस्कृतिक प्रभाव की छाप इतनी गहरी साबित हुई कि उनके जाने के बाद दोनों संस्कृतियों को एक-दूसरे से अलग करना दिनोदिन और ज्यादा मुश्किल होता चला गया। यही बात भारतीय फिल्मों और उनके संगीत में भी दिखाई दी। एचएमवी, आरसीए और ईएमई जैसी अंग्रेजी संगीत कम्पनियों ने अपनी भारतीय शाखाओं के माध्यम से एंग्लो-इंडियन शैली के रॉक एंड रॉल संगीत को तो बढ़ावा दिया ही, साथ ही फिल्म-दर्शकों और संगीत-प्रेमियों की बदलती रुचि के अनुरूप हिन्दी फिल्मों के संगीत-निर्देशक भी पश्चिमी संगीत-शैलियों और ऑर्केस्ट्रेशन को अपनाने और उन्हें परम्परागत भारतीय संगीत के साथ मिलाकर नई तरह का आधुनिक संगीत तैयार करने की जरूरत महसूस करने लगे। बदलाव की इस दौड़ में सबसे आगे रहे दादा बर्मन (सचिन देव बर्मन), जिन्होंने पश्चिमी और भारतीय संगीत का अनूठा और मोहक मिलाप करके नई पीढ़ी को अपनी धुनों पर थिरकने और मचलने के लिए मजबूर कर दिया। उनके प्रेरणा-स्रोतों में हॉलीवुड का सिनेमा और लिवरपूल का एक ब्रिटिश रॉक बैंड तो था ही, साथ ही उनके खुद के किशोर उम्र बेटे 'पंचम' की अजीबोगरीब और कल्पनाशील संगीत-धमाचौकड़ियाँ भी थीं। कहते हैं कि 1950 के दशक में बर्मन दादा के कुछ अनूठे और मजेदार हिट गीतों—'ऐ मेरी टोपी पलटके आ' (किशोर, 'फंटूश', 1956) और 'सर जो तेरा चकराए' (रफी, 'प्यासा' 1957) इत्यादि—के पीछे भी 17-18 वर्ष के राहुल देव बर्मन की कल्पनाशीलता की ही प्रेरणा थी।

बर्मन दादा के यही इकलौते सुपुत्र राहुल देव बर्मन उर्फ आर.डी. बर्मन उर्फ पंचम 1960 के दशक के अन्त में किसी धूमकेतु की तरह फिल्म संगीत के आकाश पर उभरे और देखते ही देखते हिन्दी फिल्म संगीत के एक बिलकुल नए अन्दाज—और रिदम और ऑर्केस्ट्रेशन के एक बिलकुल नए स्वरूप—के प्रतीक बनते चले गए। 'तीसरी मंजिल', 'बहारों के सपने', 'पड़ोसन', 'प्यार का मौसम' और 'अभिलाषा' इत्यादि फिल्में संगीत के इसी नए अन्दाज वाली फिल्में थीं—जोशीला, जवाँ, तेज रफ्तार लेकिन उतना ही मधुर, मोहक और सदाबहार संगीत। ऐसा संगीत जो पिछले चालीस-पैंतालीस वर्षों से धूम मचाए रहने के बावजूद आज भी उतना ही ताजा प्रतीत होता है—'आजा आजा मैं हूँ प्यार तेरा' ... 'ओ मेरे सोना रे सोना रे सोना रे' ... 'चुनरी सँभाल गोरी'... 'आजा पिया तोहे प्यार दूँ'... 'मेरे सामने वाली खिड़की में'... 'मैं चली मैं चली देखो प्यार की गली'... 'निसुल्ताना रे प्यार का मौसम आया'... 'तुम बिन जाऊँ कहाँ'... 'वादियाँ मेरा दामन रास्ते मेरी बाँहें, जाओ मेरे सिवा तुम कहाँ जाओगे ?'... इत्यादि।

सचिन देव और मीरा बर्मन की इकलौती सन्तान राहुल 27 जून 1939 को कलकत्ता (अब कोलकाता) में पैदा हुए थे। कहते हैं कि छुटपन में वे 'पा' अक्षर का इतने ऊँचे सुर में बार-बार उच्चारण करते रहते थे कि सचिन दा के घनिष्ट मित्र और हिन्दी सिनेमा के पहले महानायक दादामुनि अशोक कुमार ने उनका प्यार का नाम 'पंचम' रख दिया था। बर्मन दम्पती के बम्बई (अब मुम्बई) में बहुत ज्यादा व्यस्त होने के कारण पंचम अपनी नानी माँ के पास कलकत्ता में पले-बढ़े। वहीं पहले बल्लीगंज गवर्नमेंट हाई स्कूल और फिर अन्य स्कूलों में उन्होंने अपनी प्रारम्भिक शिक्षा प्राप्त की।

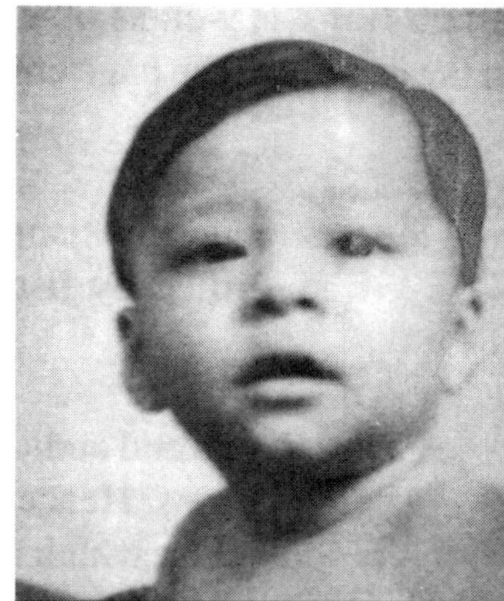

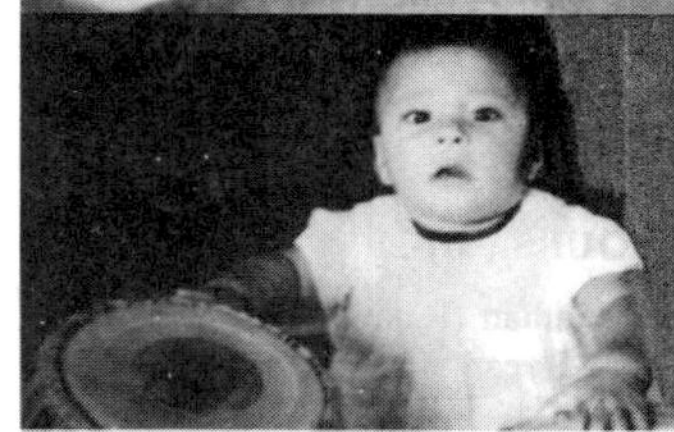

बचपन में राहुल देव

संगीत उनके खून में था, इसलिए वे बचपन से ही तरह-तरह की धुनें बनाने लगे थे। वे माउथ ऑर्गन भी बड़ा अच्छा बजाने लगे थे। बाद में अपने पिता द्वारा संगीतबद्ध एक मशहूर गीत 'है अपना दिल तो आवारा' (हेमन्त कुमार, 'सोलवाँ साल', 1956) में उन्होंने ही माउथ ऑर्गन बजाया था, जो इस गीत के ऑर्केस्ट्रेशन का सबसे अहम हिस्सा था। बर्मन दा ने उन्हें पं. ब्रिजेन विश्वास से तबला सीखने और उस्ताद अली अकबर खान से सरोद सीखने के लिए प्रेरित किया। इसके बाद पंचम अपने पिता के सहायकों की टीम में शामिल हो गए (जिसमें जयदेव और एन. दत्ता जैसे नामी संगीतकार थे)। 'चलती का नाम गाड़ी' (1958) से लेकर 'त्याग' (1976) तक वे अपने पिता के सहायक की भूमिका निभाते रहे, हालाँकि इस बीच वे खुद भी बहुत बड़े और अत्यन्त व्यस्त संगीत-निर्देशक बन चुके थे। एक स्वतंत्र संगीत-निर्देशक के रूप में उन्हें सबसे पहला अवसर महान अभिनेता और निर्माता-निर्देशक गुरुदत्त ने दिया था, वह भी एक बार नहीं बल्कि दो-दो बार। दुर्भाग्यवश, ये दोनों ही फिल्में बन्द हो गईं। पहली फिल्म 'गौरी' में गुरुदत्त की पत्नी और मशहूर गायिका गीता दत्त ही उनकी नायिका की भूमिका निभाने वाली थीं। पंचम ने फिल्म के दो गीत भी रिकॉर्ड किए थे। इसके बाद गुरुदत्त ने 'राज' के नाम से एक सस्पेंस-थ्रिलर बनाने की योजना बनाई और इसका संगीत भी पंचम को ही सौंपा। गुरुदत्त के साथ वहीदा रहमान की मुख्य भूमिका वाली यह फिल्म 'द लेडी इन व्हाइट' से प्रेरित थी (जिस पर बाद में गुरुदत्त के सहायक रह चुके राज खोसला ने सुपरहिट 'वो कौन थी' बनाई)। यह फिल्म भी कई रीलें शूट होने के बाद ठप्प पड़ गई और पंचम एक स्वतंत्र संगीत-निर्देशक बनते-बनते रह गए। उन दिनों जाने-माने कॉमेडियन महमूद के साथ उनकी बड़ी गहरी दोस्ती थी। कहते हैं कि वे जब भी महमूद से मिलते थे तो उनकी कार के डैशबोर्ड को तबले की तरह इस्तेमाल करते हुए अपनी कोई नई धुन सुनाने लगते थे। महमूद ने एक निर्माता के रूप में अपनी पहली फिल्म 'छोटे नवाब' (1961) शुरू की तो इसका संगीत 'पंचम' को ही सौंपना और इस तरह अपनी कार को उनकी रोज-रोज की ठोंक-पीट से मुक्ति दिलाना ठीक समझा। बस फिर क्या था 'छोटे नवाब' से राहुल देव बर्मन के संगीत-कैरियर की जो खूबसूरत शुरुआत हुई, वह चार वर्ष बाद महमूद की दूसरी फिल्म 'भूत बंगला' (1965) से एक धूमधमाड़े और फिर जल्दी ही शम्मी कपूर की 'तीसरी मंजिल' (1966) से एक बड़े धमाके में बदल गई।

आर.डी. बर्मन ने अपने लम्बे, सफल और शानदार कैरियर में 331 फिल्मों में संगीत दिया। इनमें 292 हिन्दी, 31 बंगला, 9 मराठी, 3 तेलुगू, 2 तमिल और 2 उड़िया फिल्में शामिल थीं। 'छोटे नवाब' (1961) बॉक्स ऑफिस पर कोई खास हंगामा नहीं कर सकी, लेकिन 21 वर्षीय पंचम के संगीत ने संगीत-प्रेमियों को थोड़ा चौंकाया जरूर। एक परम्परागत मुस्लिम खानदान की कहानी पर आधारित होने के बावजूद इस फिल्म में पश्चिमी ऑर्केस्ट्रेशन से सजी तेज रफ्तार धुनें थीं। फिल्म का सबसे यादगार गीत रहा राग मालकौंस पर आधारित लता का विशुद्ध शास्त्रीय 'घर आजा घिर आए बदरा साँवरिया', जिसकी लोकप्रियता आज भी कम नहीं हुई है। रफी और सुमन कल्यापपुर का 'मतवाली आँखोंवाले, ओ अलबेले मतवाले' भी बहुत मधुर और लोकप्रिय युगल-गीत था, जिसमें लेटिन अमेरिकी और अरबी संगीत-शैलियों की बड़ी मोहक युगलबन्दी थी। रफी और सुमन की गूँजती हुई आवाजों का प्रयोग भी अपने-आपमें बड़ा मोहक प्रयोग था और अरब की 1001 रातों की याद दिलाने वाला लुभावना प्रभाव लिए था। रफी और लता के 'आज हुआ मेरा दिल मतवाला' और 'जीनेवाले मुस्कराके जी' फिल्म के दो और दिलचस्प युगल-गीत थे। अन्य गीतों में 'आम छुम ताम छुम' और 'इलाही तू सुन ले' (दोनों रफी), 'चुराके दिल बन रहे हैं' (लता) और 'कोई आने को है दिल' (शमशाद बेगम-रफी) शामिल थे। शैलेन्द्र के गीतों वाली इस फिल्म के संगीत का एक दिलचस्प पहलू यह भी था कि लक्ष्मीकान्त-प्यारेलाल इस फिल्म में राहुल देव बर्मन के सहायक थे, जो जल्दी ही पहले 'पारसमणि' (1963) और फिर 'दोस्ती' (1964) में धूम मचाने के बाद आर.डी. बर्मन से काफी पहले ही एक सफल संगीत-निर्देशक जोड़ी के रूप में स्थापित हो गए।

फिल्म नहीं चली और कुछ गीतों को छोड़कर संगीत भी नहीं चला, इसलिए राहुल देव बर्मन को 'छोटे नवाब' के बाद लम्बी प्रतीक्षा करनी पड़ी। शायद फिल्म निर्माता बर्मन दादा के इस मस्तमौला और बिन्दास सुपुत्र को अभी गंभीरता से लेने के लिए तैयार नहीं थे। पंचम अपने मनचले और मजाकिया स्वभाव के अनुरूप दिखते भी किसी कॉमेडियन की तरह थे। महमूद की अगली फिल्म 'भूत बंगला' में चश्माधारी पंचम ने सचमुच ही एक कॉमेडियन की भूमिका निभाई और वे खूब जमे भी।

महमूद के भूत बंगले में घुसने से पहले राहुल देव बर्मन को जिंदगी के एक खूबसूरत पड़ाव से गुजरना पड़ा। इसी वर्ष 1965 में रीटा पटेल नामक एक युवती से उनका विवाह हो गया। उनके पिता सचिन देव बर्मन ने महालक्ष्मी के रेसकोर्स मैदान में बहुत भव्य स्तर पर इस विवाह का आयोजन किया और अपने स्वभाव के विपरीत दिल खोलकर खर्च किया। लेकिन पंचम की भाग्य-रेखा में कुछ और ही लिखा था। उनकी शुरुआती फिल्मों की तरह यह विवाह भी नहीं चला और कुछ वर्ष बाद दोनों का तलाक हो गया। इसके बाद वर्षों तक अकेले और पूरी तरह फिल्म संगीत में डूबे रहने के बाद 1979 में उन्होंने अपनी चहेती गायिका आशा भोंसले से विवाह कर लिया और इस तरह बरसों से साथ-साथ भटकते दो सुर मानो हमेशा के लिए एक हो गए।

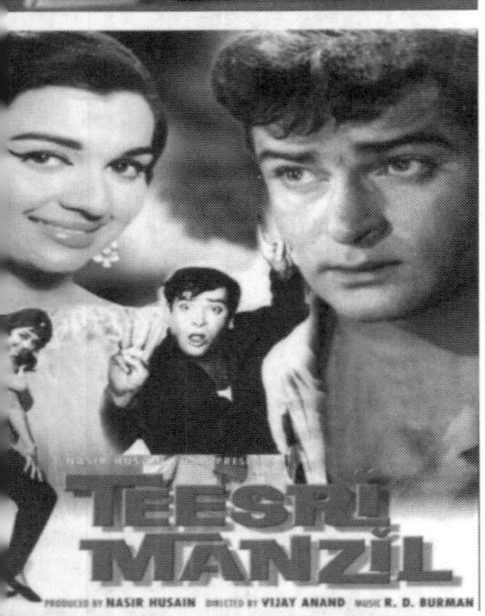

अपने नाम के अनुरूप महमूद की 'भूत बंगला' (1965) एक रहस्य-रोमांच भरी कॉमेडी फिल्म थी। महमूद के साथ तनूजा और एक पूरी कॉमेडियन-टोली (जैसाकि हमने कहा, जिसमें खुद राहुल देव बर्मन भी शामिल थे) की मजेदार भूमिकाओं से सजी इस फिल्म को कुछ डरावने दृश्यों के कारण 'ए' (सिर्फ वयस्कों के लिए) सर्टिफिकेट मिला, इसलिए महमूद के बहुत से कम उम्र प्रशंसक सिनेमाघरों से बाहर ही रह गए। खैर, इस दिलचस्प फिल्म में राहुल देव बर्मन ने अपनी अनूठी छाप वाला बिलकुल अलग अन्दाज का संगीत दिया, जो खूब लोकप्रिय भी हुआ। फिल्म के यादगार गीतों में मन्ना डे के बीटलनुमा 'आओ ट्विस्ट करें' और लता के बेहद मोहक 'ओ मेरे प्यार आजा' के साथ-साथ किशोर कुमार का खूब धूम मचाने वाला 'जागो सोने वालो... सुनो मेरी कहानी' शामिल थे। हसरत जयपुरी के गीतों वाली इस फिल्म के बाद फिल्म निर्माताओं को यह यकीन हो गया कि आर.डी. बर्मन न सिर्फ हिट संगीत दे सकते थे, बल्कि उनकी शैली भी अपने पिता एस.डी. बर्मन की शैली से बिलकुल अलग थी। उनकी अगली दो फिल्में 'तीसरा कौन' और 'पति-पत्नी' भी छोटे बजट की ब्लैक एंड व्हाइट फिल्में थीं। फिरोज खान और कल्पना की मुख्य भूमिकाओं वाली सस्पेंस-थ्रिलर 'तीसरा कौन' (1965) के लोकप्रिय गीतों में मुकेश और लता के युगल-गीत 'प्यार का फसाना बनाले दिल दीवाना' के साथ-साथ 'अच्छा सनम कर ले सितम' (आशा भोंसले), 'मेरी सहेलियाँ ब्याह चलीं' (सुमन कल्याणपुर) और 'मेरी जान तू खफा है तो क्या हुआ' (रफी) शामिल थे। संजीव कुमार और नन्दा के साथ कॉमेडियन जोड़ी महमूद और मुमताज की मुख्य भूमिकाओं वाली 'पति पत्नी' (1966) में लता का एक बेहद लुभावना अमर गीत था—'कजरे बदरवा रे' (राग पीलू)। इसके अलावा 'मार डालेगा दर्द-ए-जिगर' (आशा भोंसले), 'मेरी पत्नी मुझे सताती है' (मन्ना डे-सुरेन्द्र-महमूद) और 'अल्लाह जाने मैं हूँ कौन' (मन्ना डे) भी खूब लोकप्रिय हुए थे। इन दोनों फिल्मों के गीत आनन्द बख्शी ने लिखे थे।

ये सभी फिल्में और ये सभी गीत मानो एक तूफान से पहले की हल्की-फुल्की बौछारों की तरह थे—वह तूफान जो राहुल देव बर्मन 'तीसरी मंजिल' (1966) के रूप में लाने वाले थे। विजय आनन्द द्वारा निर्देशित और शम्मी कपूर और आशा पारिख की मुख्य भूमिकाओं वाली इस सुपरहिट फिल्म के संगीत ने ऐसी धूम मचाई कि सभी जमे हुए और प्रतिष्ठित संगीत-निर्देशक पंचम की प्रतिभा से दंग रह गए—मानो अँधेरों में लुप्त कोई दुर्लभ सितारा अपनी पूरी चमक के साथ एकाएक प्रकट हो गया हो! लेकिन हमेशा शंकर-जयकिशन का संगीत पसन्द करने वाले रिबेल सुपर स्टार शम्मी कपूर की यह रंगीन और भव्य फिल्म आसानी से पंचम के हाथ में नहीं आई थी। 'तीसरी मंजिल' के साथ-साथ विजय आनन्द उन दिनों नवकेतन की 'गाइड' (1966) का निर्देशन भी कर रहे थे, जिसमें बर्मन दादा का संगीत था और पंचम उनके सहायक थे। विजय आनन्द पंचम की प्रतिभा से इतने ज्यादा प्रभावित थे कि उन्होंने पंचम की कुछ धुनें 'तीसरी मंजिल' के निर्माता नासिर हुसैन को सुनाईं। नासिर हुसैन ये धुनें सुनकर इतने मुग्ध हो गए कि उन्होंने शंकर-जयकिशन को लेने पर अड़े शम्मी कपूर को भी एक बार ये धुनें सुन लेने के लिए कहा। बस, फिर क्या था, ये तेज रफ्तार और मस्ती भरी धुनें सुनते ही शम्मी कपूर भी उछल पड़े और आर.डी. बर्मन को उनकी मनचाही फिल्म मिल गई। 'तीसरी मंजिल' जहाँ हिन्दी सिनेमा के इतिहास की सबसे शानदार रोमांटिक सस्पेंस-थ्रिलर थी, वहीं इसका संगीत भी सही मायनों में रॉक-एंड-रॉल संगीत था, जिसने उन दिनों पूरे पश्चिम में खूब धूम मचा रखी थी। आर.डी. बर्मन ने सेक्सोफोन, इलेक्ट्रिक ऑर्गन, गिटार और ड्रमों के ऑर्केस्ट्रेशन का ऐसा अद्भुत संयोजन किया कि हिन्दी फिल्म संगीत की दुनिया में एक क्रान्ति-सी आ गई। युवा पीढ़ी तो इस संगीत की ऐसी दीवानी हुई कि पूछिए मत! इलेक्ट्रिक ऑर्गन के सबसे पहले प्रयोग वाला 'ओ मेरे सोना रे सोना रे सोना रे' (आशा भोंसले-रफी) हो या पॉप और रॉक के नशीले और धमाकेदार मिश्रण वाले 'आजा आजा मैं हूँ प्यार तेरा' (रफी-आशा) और 'ओ हसीना जुल्फोंवाली जान-ए-जहाँ' (रफी-आशा)—सभी गीतों ने देशभर में एक तूफान-सा मचा दिया। रफी और आशा का ही 'देखिए साहबो वो कोई और थी' भी बड़े अनूठे अन्दाज वाला गजब का गीत था। इन सभी गीतों ने भारत में भी रॉक एंड रॉल संगीत की वह लहर पैदा कर दी जो कुछ वर्ष पहले जिमी रेंड्रिक्स और बीटल्स के रूप में पूरे यूरोप और अमेरिका को अपनी चपेट में ले चुकी थी।

दरअसल रॉक और नशीले द्रव्यों की हवा पूरे पश्चिम में साथ-साथ ही बहनी शुरू हुई थी—मानो दोनों एक-दूसरे के पर्याय हों। लेकिन जहाँ नशे की लत ने एक पूरी पीढ़ी को 'हिप्पीवाद' के रूप में एक भटकाव भरी पगडंडी पर धकेल दिया, वहीं रॉक संगीत गिरते हुओं को सँभालने वाला और भटके हुओं को राह दिखाने वाला साबित हुआ। 'तीसरी मंजिल' का संगीत भी शरीर में एक तरंग पैदा करने के साथ-साथ मन में एक नई उमंग और आशाएँ पैदा करने वाला संगीत था। फिल्म में जहाँ 'आजा आजा मैं हूँ प्यार तेरा' और 'ओ हसीना जुल्फोंवाली' जैसे तेज रफ्तार और धमाकेदार गीत थे, वहीं 'ओ मेरे सोना रे...' और रफी के 'दीवाना मुझसा नहीं इस अम्बर के नीचे' और 'तुमने मुझे देखा होकर मेहरबाँ, रुक गई ये जमीं थम गया आसमाँ' जैसे नशीली मस्ती और मिठास भरे सदाबहार गीत भी। 'तुमने मुझे

देखा...' तो सेक्सोफोन और वायलिन की गूँज के बीच नेपाली लोक-गीत 'ए कान्चा मलई सुन' की याद दिलाता था। कुल मिलाकर 'तीसरी मंजिल' का संगीत हिन्दी फिल्म संगीत की दुनिया में राहुल देव बर्मन के शानदार आगमन का संकेत था। यह भी एक विचित्र संयोग था कि इस वर्ष 1966 में जहाँ एक तरफ बर्मन दादा की 'गाइड' का संगीत धूम मचा रहा था, वहीं दूसरी तरफ राहुल देव बर्मन की 'तीसरी मंजिल' का संगीत भी लगभग उतना ही तूफान मचाए था। लक्ष्मीकान्त-प्यारेलाल की धूम मचाने वाली 'दोस्ती' (1964) की तरह राहुल देव बर्मन के पहले बड़े संगीत धमाके 'तीसरी मंजिल' (1966) के गीत भी सदा जवान मजरूह सुल्तानपुरी ने लिखे थे।

मजरूह सुल्तानपुरी और राहुल देव बर्मन की जोड़ी की एक और शानदार सफलता थी—नासिर हुसैन की अगली फिल्म 'बहारों के सपने' (1967)। नासिर हुसैन की नियमित नायिका आशा पारिख के साथ नए उभरते राजेश खन्ना की मुख्य भूमिकाओं वाली यह ब्लैक एंड व्हाइट फिल्म एक क्रान्तिकारी 'आवाँ गर्दे' फिल्म थी। जैसाकि अकसर होता रहा है, यह बेहद खूबसूरत और मर्मस्पर्शी फिल्म बॉक्स ऑफिस पर नहीं चल पाई। लेकिन इसके संगीत ने ऐसी धूम मचाई कि इस फिल्म का नाम हमेशा के लिए भारतीय सिनेमा की यादगार फिल्मों में शामिल हो गया। मन्ना डे और लता का धमाकेदार 'चुनरी सँभाल गोरी उड़ी चली जाए रे' हो या लता का शहद घुला 'आजा पिया तोहे प्यार दूँ' या फिर रफी का टीसता और झकझोरता हुआ 'जमाने ने मारे जवाँ कैसे-कैसे... जमीं खा गई आसमाँ कैसे-कैसे'—सभी गीत दिल की गहराइयों में उतर जाने वाले मर्मस्पर्शी गीत थे। लता का 'ओ मोरे सजना ओ मोरे बलमा' और आशा भोंसले और उषा मंगेशकर का धमाकेदार कैबरे-गीत 'दो पल जो तेरी आँखों से पीने को मिले' भी बड़े लुभावने गीत थे। लेकिन फिल्म का सबसे गजब का, सबसे लाजवाब गीत था 'कलर' में फिल्माया गया लता का प्रतिध्वनियों भरा स्वप्न-गीत—'क्या जानूँ सजन होती है क्या गम की शाम... जल उठे सौ दीए जब लिया तेरा नाम'। इस फ्लॉप फिल्म का सदाबहार संगीत पंचम की अद्‌भुत प्रतिभा का जीता-जागता उदाहरण है।

मीना कुमारी और धर्मेन्द्र की मुख्य भूमिकाओं से सजी इस्माइल मेनन की 'चन्दन का पलना' (1967) में भी आर. डी. बर्मन के कुछ लाजवाब गीत थे। लता के दो गीतों का परस्पर विरोधाभास तो देखते ही बनता था—एक तरफ 'ओ गंगा मइया, ओ गंगा मइया, पार लगा दे मेरे सपनों की नइया' तो दूसरी तरफ 'शराबी-शराबी मेरा नाम हो गया'! 'तुम्हें देखा है मैंने गुलसितां में' (रफी), 'जुल्फों को आप यूँ न संवारा करो' (रफी-आशा) और बिन्दादीन महाराज के तोड़े वाला 'बहे पवन मन्द सुगन्ध शीतल' (रफी-मन्ना डे) फिल्म के कुछ अन्य लुभावने लेकिन कम चलने वाले गीत थे। फिल्म के गीतकार आनन्द बख्शी थे।

मीना कुमारी की ही एक और फिल्म 'अभिलाषा' (1968) भी राहुल देव बर्मन के हिट संगीत से सजी एक फ्लॉप फिल्म साबित हुई। 'ट्रेजडी क्वीन' के साथ संजय और नन्दा की रूमानी जोड़ी वाली इस फिल्म में रफी और लता के अलग-अलग वर्जनों वाला एक सुपरहिट गीत था—'वादियाँ मेरा दामन रास्ते मेरी बाँहें, जाओ मेरे सिवा तुम कहाँ जाओगे'—जिसमें पंचम का गजब का ऑर्केस्ट्रेशन देखते ही बनता था। 'मुन्ने मेरे आ सदके तेरे आ' (लता), 'एक जानिब शमे महफिल एक जानिब रूहे जाना' (रफी-मन्ना डे) और 'प्यार हुआ है जबसे मुझको नहीं चैन आता' (किशोर-लता) भी बड़े खूबसूरत और लोकप्रिय गीत थे। इन गीतों को भी आर.डी. बर्मन के शुरुआती तूफान के नियमित जोड़ीदार मजरूह सुल्तानपुरी ने लिखा था।

मद्रास (अब चेन्नई) में निर्मित और बासु मेनन द्वारा निर्देशित 'वारिस' (1969) राहुल देव बर्मन के मधुर संगीत से सजी एक हिट फिल्म थी। जीतेन्द्र और हेमा मालिनी की मुख्य भूमिकाओं वाली इस खूब मनोरंजक और दिलचस्प फिल्म में 'कभी-कभी ऐसा भी तो होता है जिंदगी में' और 'लहराके आया है झोंका बहार का' जैसे रफी और लता के दो सदाबहार युगल-गीत थे। तेज रफ्तार 'एक बेचारा प्यार का मारा' (रफी), 'दिल की लगी को बुझाऊँ कैसे' (लता) और मजेदार कॉमेडीनुमा 'कौन है वो कौन मुझे जिसने जगाया' (आशा भोंसले-मन्ना डे) भी खूब चले थे। साउथ की इस फिल्म के गीतों को वहाँ के निर्माताओं के चहेते गीतकार राजेन्द्र कृष्ण ने लिखा था।

'तीसरी मंजिल' और 'बहारों के सपने' के बाद राहुल देव बर्मन ने नासिर हुसैन की 'प्यार का मौसम' (1969) में भी बहुत मधुर और सुपरहिट संगीत दिया। नासिर हुसैन पंचम से इतने खुश थे कि उनकी पूरी सात फिल्मों में उन्हीं का संगीत था। इतना ही नहीं, उनके भाई ताहिर हुसैन की तीन फिल्मों में भी पंचम का ही संगीत था, जिनमें से कुछ फिल्मों के निर्देशक खुद नासिर हुसैन थे। शशि कपूर और आशा पारिख की मुख्य भूमिकाओं से सजी 'प्यार का मौसम' में रफी और लता के 'निसुल्ताना रे प्यार का मौसम आया' के अलावा रफी और किशोर के अलग-अलग वर्जनों वाले 'तुम बिन जाऊँ कहाँ' ने भी खूब धूम मचाई। ये दोनों ही वर्जन आज भी इतने लोकप्रिय हैं कि यह फैसला करना मुश्किल है कि कौन-सा वर्जन बेहतर है! रफी का चहकता हुआ 'ये खुश नजारे ये खुश नजारे' और लता के चुलबुले 'मैं न मिलूँगी नजर हटा लो', 'आप चाहें मुझको आरजू है किसको' और 'आपसे मिलिए प्यार था इनको' भी बड़े मीठे, नए

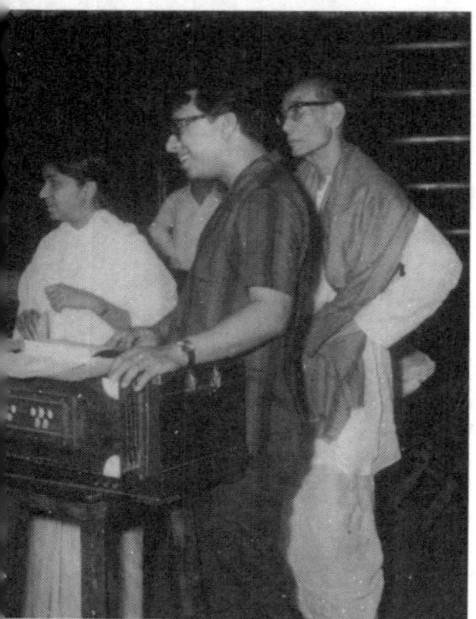

राहुल देव, लता और पिता एस.डी. बर्मन

अन्दाज के और लोकप्रिय गीत थे। लता का दमदार 'न जा ओ मेरे हमदम' भी बड़े गजब की रचना थी और पंचम की तेज रफ्तार और झूमती हुई संगीत शैली का एक और खूबसूरत उदाहरण थी। लेकिन ऐसे झूमते हुए सदाबहार संगीत के बावजूद मजरूह सुल्तानपुरी के गीतों वाली यह फिल्म बॉक्स ऑफिस पर कुछ खास नहीं चली। कहते हैं कि नासिर हुसैन सिर्फ एक कहानी लेकर बम्बई आए थे, जिस पर उन्होंने पूरी चौदह फिल्में बना दीं। इनमें से ज्यादातर हिट रहीं, पर कुछ फ्लॉप भी हुईं।

'तीसरी मंजिल' के बाद आर.डी. बर्मन का सबसे बड़ा संगीत धमाका थी उन्हें सबसे पहला ब्रेक देने वाले महमूद द्वारा निर्मित 'पड़ोसन' (1968)। सुनीत दत्त, सायरा बानू, किशोर कुमार और खुद महमूद की मुख्य भूमिकाओं से सजी और ए. भीम सिंह द्वारा निर्देशित इस सुपरहिट फिल्म के संगीत ने ऐसी धूम मचाई कि पंचम चोटी के संगीत-निर्देशकों में शामिल हो गए—या यूँ कहें कि लक्ष्मीकान्त-प्यारेलाल के साथ हिन्दी फिल्म संगीत की दुनिया पर छा गए। फिल्म के सभी गीत सुपरहिट थे। लता, आशा और कोरस का धमाकेदार 'मैं चली मैं चली देखो प्यार की गली' हो या इंटरल्यूडों के मोहक और अनूठे झटकों वाला और अजीबोगरीब रॉक एंड रॉल शैली में ढला 'मेरे सामने वाली खिड़की में इक चाँद का टुकड़ा रहता है' (किशोर)—सभी गीत खूब धूम मचाने वाले थे। जाज शैली में ढला और वायलिन और सेक्सोफोन के लुभावने ऑर्केस्ट्रेशन से सजा 'कहना है कहना है आज तुमसे ये पहली बार' (किशोर), रिमझिम-सी मिठास और शरारत भरा 'भाई बत्तूर भाई बत्तूर अब जाएँगे कितनी दूर' (लता)', हँसकर लोट-पोट कर देने वाला धमाकेदार 'इक चतुर नार करके सिंगार' (मन्ना डे-किशोर), गुदगुदाहट और मुस्कराहटें बिखेरता हुआ 'ओ मेरे भोले बलम ओ मेरे प्यारे बलम' (किशोर), और प्रेम और चाहत के मधुरस में घुला 'शर्म आती है मगर आज ये कहना होगा' (लता)—भला कौन-सा ऐसा गीत है जिसे हम आज भी बार-बार सुनने को न मचले उठें? कुल मिलाकर कहें तो 'पड़ोसन' का संगीत हिन्दी सिनेमा और राहुल देव बर्मन के कैरियर में एक यादगार कीर्ति-स्तम्भ था—ऐसा संगीत जो जितना तेज रफ्तार और जोशीला था उतना ही मधुर, लुभावना और सदाबहार भी। इन एक से एक लोकप्रिय गीतों को राजेन्द्र कृष्ण ने लिखा था।

तेजी से सफलता की चोटी की तरफ बढ़ रहे आर.डी. बर्मन ने इस दौर में कुछ ऐसी फिल्में भी कीं, जो उनके कैरियर की दृष्टि से बहुत ज्यादा महत्त्वपूर्ण नहीं थीं। 'रातों का राजा' (1970), 'पुरस्कार' (1970) और 'अहसान' (1970) ऐसी ही कुछ फिल्में थीं। 'रातों का राजा' में 'झनक-झन घुँघरू बजा री मतवाली' (लता), 'पुरस्कार' में 'नतीजा हमारी मुहब्बत का क्या है' (मुकेश-आशा) और 'अहसान' में गजब की तेज रफ्तार वाला 'आज तेरे नैना मिलके' (रफी-आशा) जैसे कुछ खूब लोकप्रिय गीत थे। जैसाकि हमने कहा, राहुल देव बर्मन ने अपने पूरे कैरियर में 292 हिन्दी फिल्मों में संगीत दिया। न तो हमारी पुस्तक की सीमित पृष्ठ-संख्या को देखते हुए इन सभी फिल्मों का जिक्र करना सम्भव है और न ही ये सभी फिल्में सचमुच काबिल-ए-जिक्र हैं। 1975 के आसपास और खासकर 1976 में अपने यशस्वी पिता के निधन के बाद पंचम संगीत की नई दिशाएँ तलाशने और नए ट्रेंड स्थापित करने की बजाय प्रचलित चलनों का ही अनुसरण करने लगे। परिणामस्वरूप उनकी अधिकांश फिल्मों के संगीत में लय और ताल की वह मधुरता और कल्पनाशीलता कम होती चली गई जिसके लिए वे विख्यात रहे थे। इसलिए हम यहाँ सिर्फ उन्हीं फिल्मों का जिक्र करेंगे जो संगीत की दृष्टि से सचमुच यादगार थीं।

नासिर हुसैन की तरह शक्ति सामन्त के साथ भी राहुल देव बर्मन की खूब जमी, जिनकी 'आराधना' में बर्मन दादा के संगीत ने राजेश खन्ना के साथ-साथ किशोर कुमार की लोकप्रियता को भी सातवें आसमान पर पहुँचा दिया था। पंचम ने 'कटी पतंग', 'अमर प्रेम', 'अजनबी', 'महबूबा', 'द ग्रेट गैम्बलर' और 'अलग-अलग' समेत शक्ति सामन्त की कुल 18 फिल्मों में संगीत दिया। जहाँ तक सुपर स्टार राजेश खन्ना की बात है, आर.डी. बर्मन ने उनकी पूरी 31 फिल्मों में संगीत दिया, जो अपने-आपमें एक रिकॉर्ड है। राजेश खन्ना और आशा पारिख की मुख्य भूमिकाओं से सजी सुपरहिट 'कटी पतंग' (1971) में किशोर कुमार के एक से एक लाजवाब और अमर गीत थे—कानों में मधुर सीटियों-सा गूँजता हुआ 'ये शाम मस्तानी मदहोश किए जाए'... 'प्यार दीवाना होता है मस्ताना होता है' (बर्मन दादा की 'तीन देवियाँ' के 'ख्वाब हो तुम या...' की याद दिलाता हुआ)... और सेक्सोफोन के नशीले और जोशीले सुरों वाला झूमता-मचलता हुआ 'ये जो मुहब्बत है, ये उनका है काम...'। राग भैरवी पर आधारित मुकेश का 'जिस गली में तेरा घर न हो बालमा' भी बड़ा मधुर और दिल को छू लेने वाला गीत था, जिसे नैनीताल की मनोरम झील में उतनी ही खूबसूरती से फिल्माया भी गया था। यही बात लता के दर्द भरे 'न कोई उमंग है' के बारे में भी कही जा सकती है, जिसमें ('ये शाम मस्तानी...' और 'जिस गली में...' की तरह) मीठे, नशीले और जोशीले ऑर्केस्ट्रेशन का कमाल देखते ही बनता था। होली-गीत 'आज न छोड़ेंगे' (किशोर-आशा) भी बिलकुल अलग अन्दाज का होली-गीत था, उसी तरह जैसे आशा भोंसले का कैबरे-गीत 'मेरा नाम है शबनम' एक बिलकुल अलग तरह का और अनूठा कैबरे-गीत था। कुल मिलाकर 'कटी पतंग'

का संगीत मधुर, नशीले और भव्य संगीत का प्रतीक था। इन सुपरहिट गीतों को जल्दी ही राहुल देव बर्मन के संगीत पर छा जाने वाले आनन्द बख्शी ने लिखा था।

'कटी पतंग' से पहले और इसके आसपास राहुल देव बर्मन की कई और फिल्मों के संगीत ने भी खूब धूम मचाई। इनमें रवि नगाइच द्वारा निर्देशित राजेश खन्ना और नन्दा की सस्पेंस-थ्रिलर 'द ट्रेन' (1970) सबसे प्रमुख थी। इसके तेज रफ्तार और मस्ती भरे गीतों में 'गुलाबी आँखें जो तेरी देखीं शराबी ये दिल हो गया' (रफी), 'मुझसे भला ये काजल तेरा' (रफी-लता), 'किसलिए मैंने प्यार किया' (लता), 'सैयाँ रे सैयाँ रे तारों की छैंया' (आशा भोंसले और कोरस) और 'ओ मेरी जाँ मैंने कहा' (आशा-आर.डी. बर्मन) जैसे लोकप्रिय गीत शामिल थे। इसी तरह 'अधिकार' (1970) का युगल-गीत 'कोई माने या न माने जो कल तक थे अनजाने' (आशा-किशोर) भी खूब लोकप्रिय हुआ था। 'बुढ्ढा मिल गया' (1971) और 'लाखों में एक' (1971) में तो कई सुपरहिट गीत थे। इनमें 'रात कली इक ख्वाब में आई' (किशोर), 'भली-भली सी इक सूरत भला-सा इक नाम' (किशोर-आशा), 'ओय बुढ्ढो लम्बो-लम्बो ओय जादूवाला' (लता और कोरस) और 'आयो कहाँ से घनश्याम' (मन्ना डे-अर्चना)—सभी 'बुढ्ढा मिल गया'—और लता और किशोर दोनों के सुपरहिट वर्जनों वाला 'चंदा ओ चंदा, किसने चुराई तेरी-मेरी निंदिया' और 'जोगी ओ जोगी प्यार में क्या होगा' (लता-किशोर)—सभी 'लाखों में एक'—शामिल थे। इसी तरह 'मेला' (1971) में 'रुत है मिलन की साथी मेरे आ रे' (रफी-लता) और 'गोरी के हाथ में जैसे ये छल्ला' (रफी-लता और कोरस); 'पराया धन' (1971) में 'आज उनसे पहली मुलाकात होगी' (किशोर) और 'आओ झूमें गाएँ' (किशोर-आशा); 'अपना देश' (1972) में 'कजरा लगाके गजरा सजाके' (किशोर-लता), 'सुन चम्पा सुन तारा' (लता-किशोर) और 'दुनिया में लोगों को धोखा कभी हो जाता है' (आर.डी. बर्मन-आशा भोंसले); 'दो चोर' (1972) में 'यारी हो गई यार से लक टुनु-टुनु' (लता) और 'काली पलक तोरी गोरी' (किशोर-लता); और 'दिल का राजा' (1972) में 'सुन्दर हूँ ऐसी मैं जिधर जलूँ इक बार' (आशा भोंसले) और 'बड़ी है शोहरत तुम्हारे होंठों तुम्हारे गालों की' (रफी) जैसे कई धूम मचाने वाले गीत थे।

आर.डी. बर्मन की बहुत सारी फिल्मों की बरसात के इस मौसम में कुछ फिल्में ऐसी भी थीं जिनका अलग से जिक्र करना जरूरी है—'अमर प्रेम', 'कारवाँ', 'हरे राम हरे कृष्ण', 'मेरे जीवनसाथी', 'परिचय' और 'जवानी दीवानी' ऐसी ही कुछ फिल्में थीं। निर्माता-निर्देशक रमेश बहल की रोज मूवीज द्वारा निर्मित 'द ट्रेन' (1970) में आर.डी. बर्मन पहले ही अपने तेज रफ्तार संगीत से काफी हंगामा कर चुके थे। इस बैनर की अगली फिल्म 'जवानी दीवानी' (1972) में उन्होंने और भी जवां और जोशीला संगीत दिया। नई पीढ़ी के नए सितारों रणधीर कपूर और जया भादुड़ी की मुख्य भूमिकाओं से सजी इस फिल्म का संगीत इलेक्ट्रिक ऑर्गन और प्रतिध्वनियों पर आधारित होने के बावजूद पश्चिमी रॉक और पॉप संगीत की झलक लिए था। नई पीढ़ी में खूब लोकप्रिय हुए फिल्म के तेज रफ्तार गीतों में किशोर कुमार के धमाकेदार 'ये जवानी है दीवानी' और 'सामने ये कौन आया दिल में हुई हलचल' के साथ-साथ किशोर-आशा के तीन युगल-गीत 'अगर साज छेड़ा तराने बनेंगे', 'नहीं-नहीं अभी नहीं अभी करो इन्तजार' और सुरों की अनूठी लहरों और तरंगों भरा 'जानेजाँ ढूँढता फिर रहा मैं यहाँ से वहाँ' शामिल थे। आनन्द बख्शी के गीतों से सजी इस सुपरहिट फिल्म के बाद निर्माता-निर्देशक रमेश बहल और आर.डी. बर्मन की जोड़ी एक स्थाई जोड़ी बन गई। पंचम ने इस बैनर की कुल ग्यारह फिल्मों में संगीत दिया।

अपने पिता एस.डी. बर्मन के कारण पंचम और देव आनन्द के नवकेतन बैनर का साथ बहुत पुराना था। लेकिन सिर्फ अपने दम पर उन्होंने पहली बार इस बैनर की 'हरे राम हरे कृष्ण' (1971) में संगीत दिया और क्या संगीत दिया! 'दम मारो दम' तो मानो देश की पूरी युवा पीढ़ी का जीवन-मंत्र और थीम-गीत बन गया! देव आनन्द, मुमताज और जीनत अमान की मुख्य भूमिकाओं से सजी और खुद देव आनन्द द्वारा निर्देशित यह फिल्म दुनिया भर में तेजी से फैल रही हिप्पी संस्कृति और नशे की लत पर आधारित एक अन्तर्राष्ट्रीय थीम की फिल्म थी। राहुल देव बर्मन ने इस फिल्म में वैसा ही अल्ट्रा-मॉडर्न और हर तरह की सीमाओं को तोड़ता हुआ अन्तर्राष्ट्रीय संगीत भी दिया था। दरअसल पश्चिम में हिप्पीवाद की यह हवा 1960 के दशक में ही बहनी शुरू हो गई थी, जिसके एक परिणाम के रूप में अफ्रीकी अमेरिकी संगीतकारों द्वारा रचा गया एक नई तरह का 'फंक' संगीत सामने आया था। विद्रोह की भावना के साथ-साथ एक नई किस्म के वैराग्य की संस्कृति से प्रभावित यह संगीत जाज, रिदम और ब्लू संगीत का नशीला मिश्रण था। भारत की दहलीज पर यह संगीत आर.डी. बर्मन की 'हरे राम हरे कृष्ण' के साथ ही पहुँचा, जब एकाएक देशभर में विदेशी हिप्पियों की बाढ़-सी दिखाई देने लगी और उनकी देखादेखी देश की युवा-पीढ़ी भी नशीले द्रव्यों और हिप्पीवाद की राह पर चल पड़ी। इलेक्ट्रिक गिटार, इलेक्ट्रिक बास, ड्रमों, ट्रोम्बोनो, सेक्सोफोनों और ट्रम्पेटों पर आधारित इस फिल्म के संगीत ने देखते ही देखते देश की पूरी युवा-पीढ़ी को अपनी चपेट में ले लिया। जैसाकि हम कह चुके हैं, 'दम मारो दम, मिट जाए गम' (आशा भोंसले) युवा पीढ़ी का जीवन-मंत्र बन गया और वर्ष का सबसे सुपरहिट, सबसे लोकप्रिय

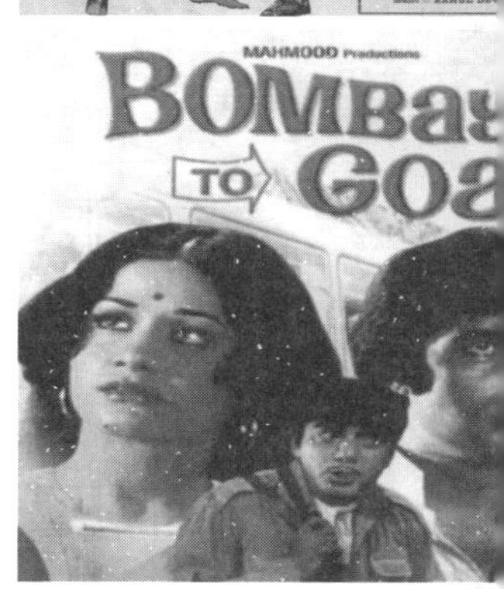

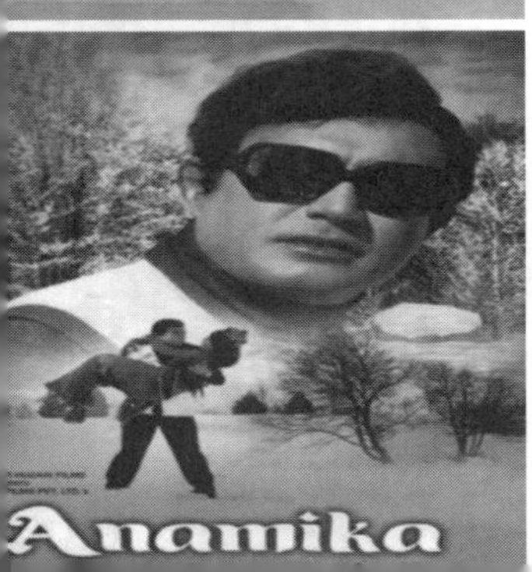

गीत साबित हुआ। आशा भोंसले और उषा उत्थुप का हिन्दी-अंग्रेजी 'दारी दी दी राम... आय लव यू... क्या खुशी क्या गम जब तक है दम में दम' भी गजब का गीत था। फिल्म के अन्य हिट गीतों में भाई-बहन के प्यार वाले और लता और किशोर के अलग-अलग वर्जनों वाले बड़े मोहक 'फूलों का तारों का सबका कहना है' के साथ-साथ नेपाली लोक-धुन पर आधारित 'कांची रे कांची रे प्रीत मेरी साँची' (किशोर-लता) और राग यमन कल्याण पर आधारित 'देखो ओ दीवानो तुम ये काम न करो' (किशोर) शामिल थे। इस फिल्म के गीत भी लक्ष्मीकान्त-प्यारेलाल की तरह अब आर.डी. बर्मन के भी नियमित गीतकार बनते जा रहे आनन्द बख्शी ने लिखे थे।

शक्ति सामन्त की 'अमर प्रेम' (1971) राहुल देव बर्मन के बेहद सुरीले, गहरे और अमर संगीत से सजी एक खूबसूरत और यादगार फिल्म थी। राजेश खन्ना और शर्मीला टैगोर की मुख्य भूमिकाओं वाली इस फिल्म के सभी गीत शीशे में जड़ने लायक अनमोल गीत थे। इनमें किशोर कुमार के तीन क्लासिक गीत शामिल थे—'चिंगारी कोई भड़के तो सावन उसे बुझाए' (जिसे शक्ति दा ने हुगली में नायक-नायिका पर बड़े मर्मस्पर्शी अन्दाज में फिल्माया था), 'ये क्या हुआ कब हुआ कैसे हुआ' और 'कुछ तो लोग कहेंगे लोगों का काम है कहना'। लता के 'रैना बीती जाए श्याम न आए' और 'बड़ा नटखट है कृष्ण कन्हैया' (राग खमाज) भी उनके सबसे खूबसूरत और अमर शास्त्रीय गीतों में शामिल हैं। पंचम ने फिल्म का एक गीत अपने पिता बर्मन दादा से भी गवाया था—'डोली में बिठाइके कहार'—जो खूब लोकप्रिय भी हुआ था। इस फिल्म के गीत भी आनन्द बख्शी ने लिखे थे।

नासिर हुसैन द्वारा निर्देशित और उनके भाई ताहिर हुसैन द्वारा निर्मित 'कारवाँ' (1971) आर.डी. बर्मन की एक और धूम मचानेवाली फिल्म थी। जीतेन्द्र और आशा पारिख की मुख्य भूमिकाओं से सजी इस फिल्म के सभी गीत सुपरहिट थे। फिर भी सबसे ज्यादा तहलका मचाया आशा भोंसले के कैबरे-गीत 'पिया तू अब तो आजा' ने, जिसमें खुद पंचम की 'मोनिका, ओ माय डार्लिंग!' की पुकार का अपना जलवा था। रफी और लता के 'कितना प्यारा वादा है इन मतवाली आँखों का' और 'चढ़ती जवानी मेरी चाल मस्तानी तूने कदर न जानी रामा' भी बरसों गली-गली में गूँजते रहे। लता का कोरस के साथ 'दिलवर दिल से प्यारे' और आशा भोंसले के 'अब जो मिले हैं तो बाँहों को बाँहों में रहने दे ओ साजना' और 'दैया ये मैं कहाँ आ फँसी' भी खूब लोकप्रिय हुए थे। किशोर का धमाकेदार 'हम तो हैं राही दिल के' और 'गोरिया कहाँ तेरा देश रे' (रफी-आशा) फिल्म के दो अन्य धूम मचाने वाले गीत थे। तेज रफ्तार रिदम, सुरों के उतार-चढ़ाव में एकाएक बदलाव और गायक-गायिकाओं की फर्राटेदार अदायगी आर.डी. बर्मन की अनूठी संगीत-शैली के प्रतीक बन चुके थे और 'कारवाँ' का संगीत इसका बहुत खूबसूरत उदाहरण था। फिल्म के इन धूम मचाने वाले गीतों को नासिर हुसैन के चहेते और नियमित गीतकार मजरूह सुल्तानपुरी ने लिखा था।

एक नायक के रूप में अमिताभ बच्चन की पहली सफल फिल्म 'बॉम्बे टू गोवा' (1972) में भी राहुल देव बर्मन का संगीत था। महमूद द्वारा निर्मित और एस. रामनाथन द्वारा निर्देशित इस खूब मजेदार कॉमेडी सस्पेंस-थ्रिलर में महमूद की कई फिल्मों की जोड़ीदार अरुणा ईरानी नायिका की भूमिका में थीं। खलनायक शत्रुघ्न सिन्हा के साथ-साथ किशोर कुमार भी एक मजेदार अतिथि भूमिका में थे। फिल्म का सबसे धूम मचाने वाला गीत था चलती बस के अन्दर अमिताभ बच्चन के धमाकेदार नृत्य के साथ फिल्माया गया 'देखा न हाय रे सोचा न हाय रे रख दी निशाने पे जान' (किशोर कुमार)। खुद किशोर कुमार पर फिल्माया गया 'ओ महकी-महकी ठंडी हवा... बॉम्बे-गोवा बॉम्बे टू गोवा' भी बड़ा खूबसूरत गीत था। बीच ब्वायज के 'हेल्प मी रोंडा' से प्रेरित यह गीत फिल्म का थीम-साँग था। किशोर और लता का 'दिल तेरा है मैं भी तेरी हूँ सनम' फिल्म का एक और लोकप्रिय गीत था। बम्बई से गोवा तक बस के मजेदार सफर पर आधारित इस फिल्म की पटकथा के साथ-साथ इसके गीत भी राजेन्द्र कृष्ण ने लिखे थे।

रवि नगाइच द्वारा निर्देशित और राजेश खन्ना और तनूजा की मुख्य भूमिकाओं वाली 'मेरे जीवनसाथी' (1972) राहुल देव बर्मन और मजरूह सुल्तानपुरी की जोड़ी की एक और बड़ी सफलता थी। बॉक्स ऑफिस पर कुछ खास न चलनेवाली इस फिल्म के संगीत ने खूब धूम मचाई—खासकर किशोर कुमार के एक से एक यादगार गीतों ने—'ओ मेरे दिल के चैन'... 'चला जाता हूँ किसी की धुन में'... 'दीवाना लेके आया है दिल का तराना'... और 'कितने सपने कितने अरमाँ लाया हूँ मैं'। आशा भोंसले का गुदगुदाता-लुभाता हुआ 'आओ न गले लगाओ न' और किशोर-आशा का 'दीवाना करके छोड़ोगे लगता है यूँ हमको' भी खूब लोकप्रिय हुए थे।

जीतेन्द्र द्वारा निर्मित और गुलजार द्वारा निर्देशित तिरुपति पिक्चर्स की 'परिचय' (1972) आर.डी. बर्मन के मधुर संगीत से सजी एक खूबसूरत फिल्म थी। जीतेन्द्र, जया भादुड़ी, संजीव कुमार और बहुत से नटखट बच्चों की मुख्य भूमिकाओं वाली यह फिल्म हॉलीवुड की मशहूर फिल्म 'साउंड ऑफ म्यूजिक' से प्रेरित थी। फिल्म के एक से एक ताजगी भरे गीतों में 'मुसाफिर हूँ यारो न घर है न ठिकाना' (किशोर) और 'सारे के सारे गामा को लेकर गाते चले' (किशोर-आशा-सुषमा श्रेष्ठ) जैसे सुपरहिट गीत शामिल थे। शास्त्रीय सुरों में ढले 'बीती न बिताई रैना' (भूपेन्द्र-लता)

और 'मितवा बोलो मीठे बोल' (भूपेन्द्र, राग रागेश्री) भी खूब लोकप्रिय हुए थे। कहते हैं कि पंचन और गुलजार में इतनी गहरी छनने लगी थी कि पंचम उन्हें प्यार से 'सफेद कौवा' (गुलजार के सफेद कुरते-पाजामे के कारण) कहकर बुलाते थे। उन दिनों गुलजार एक होटल में रहा करते थे। पंचम को जब भी कोई नई धुन सूझती वे वक्त की परवाह न करके आधी रात को भी गुलजार के होटल पर धावा बोल देते और उन्हें बिस्तर से उठाकर और अपनी कार में बिठाकर इधर-उधर घूमने निकल जाते। फिल्म का खूब लोकप्रिय गीत 'मुसाफिर हूँ यारो...' इसी तरह रात के एक-दो बजे बम्बई की सड़कों के चक्कर लगाते हुए लिखा गया था। पंचम और गुलजार ने साथ-साथ दस फिल्मों में काम किया।

कई सुपरहिट फिल्मों के निर्माता-निर्देशक मनमोहन देसाई के साथ भी राहुल देव बर्मन ने दो फिल्मों में काम किया—'रामपुर का लक्ष्मण' (1972) और 'आ गले लग जा'। ये दोनों ही फिल्में बॉक्स ऑफिस पर भी अच्छी चलीं। ए.ए. नाडियाडवाला द्वारा निर्मित और रणधीर कपूर, रेखा और शत्रुघ्न सिन्हा की मुख्य भूमिकाओं वाली 'रामपुर का लक्ष्मण' में कई लुभावने और हिट गीत थे—'रामपुर का वासी हूँ मैं लछमन मेरा नाम' (किशोर), 'गुम है किसी के प्यार में दिल सुबह-ओ-शाम' (किशोर-आशा), 'प्यार का समय कम है जहाँ' (रफी-लता-किशोर) और 'साँवला रंग है मेरा' (आशा भोंसले)। इन गीतों को मजरूह सुल्तानपुरी ने लिखा था। मनमोहन देसाई की दूसरी फिल्म 'आ गले लग जा' में आर.डी. बर्मन और साहिर लुधियानवी की जोड़ी थी। बरसों पहले गुरुदत्त की 'प्यासा' (1958) में एस.डी. बर्मन और साहिर ने साथ-साथ काम किया था। इसके बाद साहिर की टिप्पणियों के कारण यह जोड़ी हमेशा के लिए टूट गई थी तथा पिता और पुत्र—बर्मन दादा और पंचम—साहिर से दूर ही रहे थे। लेकिन 'आ गले लग जा' में साहिर और पंचम की जोड़ी ने 'तेरा मुझसे है पहले का नाता कोई' (किशोर,—एल्विस प्रिसले के 'द येलो रोज ऑफ टेक्सास' से प्रेरित) और 'वादा करो नहीं छोड़ोगे तुम मेरा साथ' (किशोर-लता) जैसे कई हिट गीत दिए।

रमेश सिप्पी की खूब धूम मचाने वाली फिल्म 'सीता और गीता' (1972) में राहुल देव बर्मन ने वैसा ही धूम मचाने वाला संगीत भी दिया। दिलीप कुमार की सुपरहिट 'राम और श्याम' (1967) की री-मेक और उतनी ही सफल इस फिल्म में धर्मेन्द्र और संजीव कुमार के साथ हेमा मालिनी दोहरी भूमिका में थीं। फिल्म के हिट गीतों में गजब की तेज रफ्तार और रिदम वाले 'हवा के साथ-साथ घटा के संग-संग' (किशोर-आशा) के साथ-साथ 'जिंदगी है खेल कोई पास कोई फेल' (मन्ना डे-आशा), 'हाँ जी हाँ मैंने शराब पी है' (लता), 'अभी तो हाथ में जाम है' (मन्ना डे) और 'कोई लड़की मुझे कल रात सपनों में मिली' (किशोर-लता) शामिल थे। आनन्द बख्शी के गीतों वाली इस फिल्म में अपनी गजब की दोहरी भूमिका के लिए हेमा मालिनी को फिल्मफेयर पुरस्कार भी मिला था। संजीव कुमार और जया भादुड़ी की मुख्य भूमिकाओं वाली 'अनामिका' (1973) आर.डी. बर्मन की एक और उल्लेखनीय फिल्म थी। ताहिर हुसैन द्वारा निर्मित और कभी बिमल राय के सहायक रहे रघुनाथ झालानी द्वारा निर्देशित इस फिल्म के हिट गीतों में 'बाँहों में चले आओ' (लता), 'मेरी भीगी-भीगी-सी पलकों में रह गए जैसे मेरे सपने बिखर के' (किशोर), 'लोगों न मारो इसे यही तो मेरा दिलदार है' (आशा भोंसले) और 'कारवाँ' के 'पिया तू अब तो आ जा' की याद दिलाता हुआ उतना ही मोहक एक और कैबरे-गीत 'आज की रात कोई आने को है बेकरार' (आशा भोंसले) शामिल थे। कहते हैं कि लता की 'बाँहों में चले आओ' की अदायगी से पंचम इतने अभिभूत थे कि उनकी प्रशंसा करते नहीं थकते थे। इन हिट गीतों को मजरूह सुल्तानपुरी ने लिखा था।

नासिर हुसैन की एक और धमाकेदार और सुपरहिट फिल्म 'यादों की बारात' (1973) भी आर.डी. बर्मन के संगीत से सजी हुई थी। धर्मेन्द्र, जीनत अमान, विजय अरोड़ा और तारिक की मुख्य भूमिकाओं वाली इस फिल्म में एक से एक फड़कते हुए और खूब लोकप्रिय गीत थे। पंचम पश्चिम का 'साइकीडेलिक रॉक' फिर से ले आए थे, लेकिन एक नए रंग-रूप और अन्दाज में—जिसे उनकी अपनी अनूठी शैली और प्रयोगधर्मिता ने और भी आकर्षक बना दिया था। 'आपके कमरे में कोई रहता है', 'लेकर हम दीवाना दिल' और 'दिल मिल गए तो हम खिल गए' (तीनों किशोर-आशा)—सभी नए अन्दाज के झूमते-मचलते हुए गीत थे। 'आपके कमरे में...' तो मानो किशोर, आशा और खुद पंचम की एक रिले दौड़ की तरह था, जो रिदम के कई झटकों से गुजरते हुए एक जबर्दस्त 'क्रीसेंडो' के साथ खत्म होता था। ऐसा जोशीला और तेज रफ्तार संगीत जो पंचम के पिछले बड़े धमाके 'दम मारो दम' की याद दिलाता था। खुद नायिका जीनत अमान भी मानो 'दम मारो दम' की याद दिलाती हुई प्रतीत होती थीं। उनका बेहद मोहक और सदाबहार युगल-गीत 'चुरा लिया है तुमने जो दिल को' (आशा-रफी) फिल्म की जान था। 'इफ इट्ज ट्यूजडे इट मस्ट बी बेल्जियम' की याद दिलाता हुआ यह गीत आज भी उतना ही ताजा और मोहक प्रतीत होता है। 'कैच मी इफ यू कैन' के अन्दाज वाला 'मेरी सोनी मेरी तमन्ना झूठ नहीं है मेरा प्यार' (किशोर-आशा) भी बड़ा लुभावना युगल-गीत था। फिल्म का टाइटल-गीत 'यादों की बारात निकली है आज दिल के द्वारे' (किशोर, रफी-किशोर, लता-पद्मिनी-शिवांगी-सुषमा श्रेष्ठ के तीन अलग-अलग हिस्सों में बँटा) भी बड़ा आकर्षक बन

पड़ा था और खूब लोकप्रिय हुआ था। मजरूह सुल्तानपुरी के गीतों वाली इस फिल्म के संगीत ने युवा पीढ़ी में एक हलचल-सी मचा दी थी।

जे. ओमप्रकाश की 'आपकी कसम' और गुलजार की 'आँधी' राहुल देव बर्मन के मधुर और सदाबहार संगीत से सजी दो यादगार फिल्में थीं। पहले शंकर-जयकिशन और बाद में लक्ष्मीकान्त-प्यारेलाल की जोड़ियों के दीवाने रहे जे. ओमप्रकाश की 'आपकी कसम' (1974) आर.डी. बर्मन के साथ उनकी इकलौती फिल्म थी। (हालाँकि गुलजार की 'आँधी' के निर्माता भी वही थे।) राजेश खन्ना, मुमताज और संजीव कुमार की मुख्य भूमिकाओं वाली 'आपकी कसम' के गीतों ने देशभर में खूब धूम मचाई, खासकर धूम-धड़ाके भरे होली-गीत 'जय-जय शिवशंकर काँटा लगे न कंकर' (किशोर-लता) ने। पहाड़ी राग पर आधारित 'करवटें बदलते रहे सारी रात हम' (लता-किशोर) भी बेहद खूबसूरत और लुभावना युगल-गीत था और खूब लोकप्रिय हुआ था। इसी तरह 'जिंदगी के सफर में गुजर जाते हैं जो मुकाम' भी किशोर कुमार के सबसे लोकप्रिय और सदाबहार गीतों में शामिल है। फिल्म के अन्य सुरीले और लोकप्रिय गीतों में 'ये अँखियाँ दो अँखियाँ' (लता) और किशोर और लता के दो युगल-गीत 'सुनो कहो सुना कहा कुछ हुआ क्या' और 'पास नहीं आना दूर नहीं जाना' शामिल थे। इस सुपरहिट फिल्म के इन सुपरहिट गीतों को आनन्द बख्शी ने लिखा था।

आर.डी. बर्मन और गुलजार की जोड़ी की सबसे लाजवाब फिल्म 'आँधी' (1975) गुलजार द्वारा निर्देशित सबसे खूबसूरत फिल्म थी। ऐसा माना जाता है कि राजनीतिक पृष्ठभूमि वाली यह फिल्म कुछ-कुछ देश की तत्कालीन प्रधानमंत्री इन्दिरा गाँधी के व्यक्तिगत जीवन पर आधारित थी, इसलिए इमरजेंसी के दौरान रिलीज हुई इस फिल्म को प्रशासन की कड़ी परीक्षा से गुजरना पड़ा था। संजीव कुमार के साथ महान बांग्ला अभिनेत्री सुचित्रा सेन की मुख्य भूमिकाओं वाली इस फिल्म में किशोर और लता के तीन बेहद खूबसूरत और लाजवाब युगल-गीत थे—गुलजार की अबूझ-सी और जादुई काव्य-शैली वाला 'इस मोड़ से जाते हैं कुछ सुस्त कदम रस्ते कुछ तेज कदम राहें' (राग यमन कल्याण)... राग सिन्धु भैरवी पर आधारित बेहद मोहक 'तुम आ गए हो नूर आ गया है, नहीं तो चिरागों से लौ जा रही थी'... और दर्द और टीसती-सालती हुई यादों में डूबा हुआ 'तेरे बिना जिंदगी से कोई शिकवा तो नहीं, तेरे बिना जिंदगी भी लेकिन जिंदगी तो नहीं'। यह फिल्म राहुल देव बर्मन के कैरियर में एक कीर्ति-स्तम्भ तो थी ही, साथ ही इस बात का प्रमाण भी थी कि बहुत-सी विशुद्ध व्यावसायिक फिल्मों की भीड़ के बीच भी उन्होंने अपना कलात्मक और संवेदनशील स्पर्श नहीं खोया था। उनकी अनूठी संगीत-शैली की ताजगी कभी भी कम नहीं हुई और हिन्दी फिल्म संगीत के तेजी से गिरते स्तर के बीच भी वे कई लाजवाब और यादगार गीत देते रहे।

गुलजार की सभी फिल्मों में राहुल देव बर्मन ने बहुत कलात्मक और संवेदनशील संगीत दिया—1988 की अप्रदर्शित फिल्म 'लिबास' तक। जीतेन्द्र और हेमा मालिनी की जोड़ी वाली 'खुशबू' (1975) में जहाँ 'दो नैनों में आँसू भरे हैं निंदिया कैसे समाए' (लता) और 'बेचारा दिल क्या करे' (आशा भोंसले) जैसे खूबसूरत गीत थे, वहीं इसी जोड़ी के साथ धर्मेन्द्र की विशेष भूमिका वाली 'किनारा' (1977) में कई मर्मस्पर्शी और लोकप्रिय गीत थे—'नाम गुम जाएगा चेहरा ये बदल जाएगा, मेरी आवाज ही पहचान है' (लता-भूपेन्द्र, राग यमन), 'अबके न सावन बरसे' (लता, राम खमाज), 'मीठे बोल बोले बोले पायलिया' (लता-भूपेन्द्र, राग भैरवी) और 'जाने क्या सोचकर नहीं गुजरे' (किशोर)। इसी तरह उत्तम कुमार के साथ विद्या सिन्हा की मुख्य भूमिकाओं वाली 'किताब' (1977) में 'हा रे दिन तो बीता शाम हुई' (राजकुमारी) और 'धन्नो की आँखों में सुरमा' (आर.डी. बर्मन) जैसे दो अनूठे गीत थे। संजीव कुमार के साथ वहीदा रहमान, शर्मीला टैगोर, शबाना आजमी और किरण वैराले की मुख्य भूमिकाओं वाली 'नमकीन' (1982) एक अनूठे विषय पर आधारित बहुत दिलचस्प फिल्म थी। ट्रक ड्राइवर की भूमिका में संजीव कुमार पर फिल्माए गए 'राहों पे रहते हैं' (किशोर कुमार) के साथ-साथ मसाला कूटती हुई ग्रामीण महिलाओं पर बड़े खूबसूरत अन्दाज में फिल्माया गया लोक-शैली का 'बाँकी चली झाँकी चली' (आशा भोंसले) इस फिल्म के दो अनूठे और यादगार गीत तो थे ही, आशा भोंसले के दोनों शास्त्रीय गीत 'बड़ी देर से मेघा बरसे' और 'फिर से आया बदरा विदेस' भी बहुत खूबसूरत बन पड़े थे। इसी तरह अप्रदर्शित 'लिबास' में भी 'सीली हवा छू गई' (लता), 'खामोश-सा अफसाना' (लता-सुरेश वाडकर), 'फिर किसी शाख ने हाथ हिलाया' (लता) और 'क्या बुरा है क्या भला' (लता-आर.डी. बर्मन) जैसे कई खूबसूरत गीत थे। आशा भोंसले ने 'सीली हवा...' सुनने के बाद एक रेडियो कार्यक्रम में पंचम की चुटकी लेते हुए कहा था—''आर. डी. अपने सबसे खूबसूरत गीत लता दीदी के लिए रिजर्व रखते हैं!''

★

विशुद्ध मनोरंजक और व्यावसायिक फिल्मों के इस दौर में कलात्मक और संवेदनशील संगीत की रचना एक असम्भव-सा काम हो गया था। गहरे मानवीय मूल्यों और मर्मस्पर्शी विषयों से जुड़ा सिनेमा मुख्यधारा से हटकर हाशियों में सिमट

गया था—जिसे समानान्तर, सार्थक, न्यू वेव सिनेमा इत्यादि नामों से परिभाषित किया जा रहा था। ऐसे में राहुल देव बर्मन जैसे संवेदनशील संगीत-निर्देशकों के सामने बहुत कम सम्भावनाएँ बच गई थीं। फिर भी इस सीमित दायरे में भी उन्होंने कई फिल्मों में अलग अन्दाज का संगीत देने की कोशिश की। 'खेल खेल में', 'शोले' और 'हम किसी से कम नहीं' ऐसे ही कुछ उदाहरण थे।

ऋषि कपूर और नीतू सिंह की युवा और जोशीली जोड़ी से सजी (उनके व्यक्तिगत जीवन की लव-स्टोरी भी इसी फिल्म के दौरान परवान चढ़ी थी) और रवि टंडन द्वारा निर्देशित 'खेल खेल में' (1975) नए अन्दाज के कई हिट गीतों वाली एक सुपरहिट फिल्म थी। इनमें किशोर और आशा भोंसले के 'एम मैं और एक तू' और 'खुल्लम्खुल्ला प्यार करेंगे हम दोनों' के साथ-साथ शैलेन्द्र सिंह का 'हमने तुमको देखा तुमने हमको देखा ऐसे' और आशा और आर.डी. बर्मन का 'सपना मेरा टूट गया' शामिल थे। इन थिरकते-मचलते गीतों को पंचम के एक नए जोड़ीदार गुलशन बावरा ने लिखा था। इस फिल्म का संगीत उस जमाने की युवा पीढ़ी में खासतौर से लोकप्रिय हुआ था।

हिन्दी सिनेमा के इतिहास की सबसे सफल और लोकप्रिय फिल्म 'शोले' (1975) में भी आर.डी. बर्मन का संगीत था। रमेश सिप्पी द्वारा निर्देशित और धर्मेन्द्र, अमिताभ बच्चन, हेमा मालिनी, जया भादुड़ी, संजीव कुमार और 'गब्बर सिंह' की भूमिका में नवोदित अमजद खान की मुख्य भूमिकाओं से सजी यह फिल्म भले ही अपने मशहूर संवादों 'कितने आदमी थे?' इत्यादि से पहचानी जाती हो, लेकिन इसके संगीत ने भी खूब धूम मचाई थी। 'ये दोस्ती हम नहीं छोड़ेंगे' (किशोर-मन्ना डे), 'कोई हसीना जब रूठ जाती है' (किशोर), 'जब तक है जाँ जानेजहाँ मैं नाचूँगी' (लता) और 'होली के दिन दिल खिल जाते हैं' (लता-किशोर) सभी खूब लोकप्रिय हुए थे। लेकिन फिल्म का सबसे मोहक और अद्भुत गीत था खुद पंचम की आवाज में 'महबूबा महबूबा, गुलशन में गुल खिलते हैं जब सेहरा में मिलते हैं मैं और तू।' जिप्सी शैली का यह गीत डेमिस रूसो के 'से यू लव मी' से प्रेरित था और इसकी शानदार अदायगी के लिए आर.डी. बर्मन को वर्ष के सर्वश्रेष्ठ पार्श्व-गायक के फिल्मफेयर पुरस्कार के लिए भी नामांकित किया गया था। आनन्द बख्शी के गीतों वाली इस सदाबहार रोमांचक फिल्म का बैकग्राउंड संगीत भी गजब का था।

पुनर्जन्म की प्रेमकथा पर आधारित 'महबूबा' (1976) मुशीर रियाज द्वारा निर्मित और शक्ति सामन्त द्वारा निर्देशित एक खूबसूरत और संवेदनशील फिल्म थी, जिसमें आर.डी. बर्मन ने वैसा ही मधुर और मर्मस्पर्शी संगीत भी दिया था। राजेश खन्ना और हेमा मालिनी की मुख्य भूमिकाओं वाली इस फिल्म के एक से एक लोकप्रिय और सदाबहार गीतों में शिवरंजनी राग पर आधारित और लता और किशोर के अलग-अलग वर्जन वाला 'मेरे नैना सावन-भादों फिर भी मेरा मन प्यासा' शामिल था। फिल्म के अन्य खूबसूरत गीतों में 'मैं तवायफ हूँ मुजरा करूँगी' (लता), राग मारू बिहाग पर आधारित 'जमुना किनारे आजा', 'गोरी तोरी पैजनियाँ मन के भेद खोले' (मन्ना डे) और खूब लोकप्रिय 'परवत के पीछे चम्बे दा गाँव' (लता) शामिल थे। इन मर्मस्पर्शी गीतों को आनन्द बख्शी ने लिखा था।

बचपन की प्रेमकथा पर आधारित नासिर हुसैन की एक और सुपरहिट फिल्म 'हम किसी से कम नहीं' (1977) में राहुल देव बर्मन ने खूब धूम मचाने वाला संगीत दिया था। ऋषि कपूर, काजल किरण (संगीत-निर्देशक शैलेश मुखर्जी की बेटी) और तारीक की मुख्य भूमिकाओं से सजी इस फिल्म के जवाँ और जोशीले गीतों में आशा भोंसले और रफी का बेहद चुलबुला 'ये लड़का हाय अल्लाह कैसा है दीवाना', किशोर का धमाकेदार 'बचना ऐ हसीनों लो मैं आ गया', रफी और आशा भोंसले की उतनी ही धमाकेदार कव्वाली 'है अगर दुश्मन-दुश्मन जमाना गम नहीं गम नहीं' और फिल्म का सबसे लोकप्रिय और फिल्मफेयर पुरस्कार जीतने वाला गीत 'क्या हुआ तेरा वादा वो कसम वो इरादा' (रफी-सुषमा श्रेष्ठ-शिवांगी) शामिल थे। इन सुपरहिट गीतों के अलावा फिल्म में बहुत सारे गीतों की एक हिट परेड भी थी। नासिर हुसैन इससे पहले ऐसा ही प्रयोग 'यादों की बारात' में भी कर चुके थे, लेकिन 'हम किसी से कम नहीं' में यह प्रयोग मानो अपने चरमोत्कर्ष पर पहुँच गया। युवा पीढ़ी को खूब लुभानेवाली इस हिट परेड के ये सुपरहिट गीत थे—'चाँद मेरा दिल चाँदनी हो तुम' (रफी), 'आ दिल क्या महफिल है तेरे कदमों में' (किशोर), 'तुम क्या जानो मुहब्बत क्या है' (आर.डी. बर्मन) और 'मिल गया हमको साथी मिल गया' (आशा भोंसले)। मल्टी स्टार एक्शन फिल्मों के जमाने में भी बॉक्स ऑफिस पर इस प्रेमकथा की जबर्दस्त धूम से नासिर हुसैन और राहुल देव बर्मन दोनों ने ही साबित कर दिया था कि हम किसी से कम नहीं—और मजरूह सुल्तानपुरी ने भी!

कुछ वर्ष बाद नासिर हुसैन और आर.डी. बर्मन की जोड़ी ने एक बार फिर ऐसा ही रंग जमाने की कोशिश की—'जमाने को दिखाना है' (1981) में। लेकिन इस बार जाने कहाँ चूक हो गई और फिल्म बॉक्स ऑफिस पर ढेर हो गई। फिर भी इस फिल्म के गीत खूब चले। ऋषि कपूर और पद्मिनी कोल्हापुरे की मुख्य भूमिकाओं वाली इस फिल्म में डिस्को शैली की एक धमाकेदार कव्वाली थी—'जमाने को दिखाना है'। रफी-आशा का डुएट 'पूछो न यार क्या हुआ' भी बड़ा मोहक बन पड़ा था और फिल्म में बार-बार गूँजता रहा था। इसी तरह 'हैया हैया' या 'बोले-बोलो कुछ तो

राहुल देव और आशा

बोलो' भी रॉक और फंक शैली का गजब का गीत था और 'पूछो न यार' के साथ कुछ इस तरह इस्तेमाल किया गया था कि ब्रॉडवे के किसी संगीत नाटक का भ्रम होता था। फिल्म के अन्य धूम मचाने वाले गीतों में शैलेन्द्र सिंह का बाँसुरी के मोहक सुरों वाला 'होगा तुमसे प्यारा कौन ओ कांची' और खुद पंचम का धमाकेदार 'दिल लेना खेल है दिलदार का' शामिल थे। इस आखिरी गीत के जाने कितने री-मिक्स बने हैं, लेकिन किसी में भी 'ओरिजिनल' जैसा दम नहीं था। इसी तरह पहाड़ों की वादियों में रेलगाड़ी की छत पर फिल्माए गए 'ओ कांची अरे ओ कांची' का भी युवा गायक शैलेन्द्र सिंह के गीतों में जवाब ढूँढ़ना मुश्किल है। नासिर हुसैन की अधिकांश फिल्मों की तरह इस फिल्म के गीत भी सदा जवान मजरूह सुल्तानपुरी ने लिखे थे।

रेखा और विनोद मेहरा की मुख्य भूमिकाओं वाली 'घर' (1978) एक बहुत खूबसूरत फिल्म थी और राहुल देव बर्मन ने इसमें उतना ही खूबसूरत संगीत भी दिया था। जाने-माने रंगकर्मी दिनेश ठाकुर द्वारा लिखी गई और मानिक चटर्जी द्वारा निर्देशित एन.एन. सिप्पी की यह फिल्म शोर-शराब भरे संगीत के दौर में एक सुरीला और लुभावना झोंका थी। लता का हवाओं-सा झूमता-मचलता हुआ 'आजकल पाँव जमीं पर नहीं पड़ते मेरे' हो या उन्हीं का बड़े अनूठे और मोहक रिदमवाला 'तेरे बिना जिया जाए न' या फिर किशोर के साथ उनका सदाबहार लुभावना डुएट 'आपकी आँखों में कुछ महके हुए से राज हैं' सभी शीशों में जड़ाने लायक गीत थे। किशोर का गजब का 'फिर वही रात है... रात है ख्वाब की' दिल में एक हूक-सी पैदा कर देने वाला और सोई रातों को जगा देने वाला गीत था। इन खूबसूरत गीतों को गुलजार ने लिखा था।

'अनुराधा', 'अनुपमा', 'सत्यकाम', 'आशीर्वाद' और 'आनन्द' जैसी मर्मस्पर्शी फिल्मों के निर्देशक हृषिकेश मुखर्जी द्वारा निर्देशित 'गोलमाल' (1979) एक खूब मजेदार कॉमेडी फिल्म थी ('चलती का नाम गाड़ी' और 'पड़ोसन' की तरह), जिसमें नायक अमोल पालेकर की दोहरी भूमिका तो थी लेकिन झूठमूठ की! उनके साथ बिन्दिया गोस्वामी और हँसाकर लोटपोट कर देने वाले उत्पल दत्त की मुख्य भूमिकाओं से सजी इस फिल्म में राहुल देव बर्मन ने गुदगुदाता हुआ और बड़ा लुभावना संगीत दिया था—'गोलमाल है भई सब गोलमाल है' (खुद आर.डी. बर्मन और स्वप्न चक्रवर्ती), 'इक बात कहूँ गर मानो तुम' (लता) और 'इक दिन सपने में देखा' (किशोर-अमित कुमार)। गुलजार के संवादों और गीतों वाली इस फिल्म का सबसे लोकप्रिय गीत रहा—'आनेवाला पल जाने वाला है' (किशोर)। राहुल देव बर्मन ने हृषि दा की कुल ग्यारह फिल्मों में संगीत दिया और इन सभी का संगीत खूब लोकप्रिय हुआ। उदाहरण के लिए 'दीए जलते हैं', 'नदिया से दरिया', 'मैं शायर बदनाम' (सभी किशोर, 'नमक हराम', 1973); 'कोई पास आए यूँ ही' (लता) और 'द लोनली बुल' की स्पेनिश मैटाडोर धुन पर आधारित 'कहीं करती होगी वो मेरा इन्तजार' (मुकेश, 'फिर कब मिलोगी', 1974); 'मैंने तुमको पिया कह दिया' (लता) और 'ऊपर जाकर याद आएँ' (मुकेश, 'नौकरी', 1978); 'सावन के झूले पड़े' (लता) और 'हे सखी बावरी हो गए' (लता-मन्ना डे, 'जुर्माना', 1979); 'हमें रास्तों की जरूरत नहीं' और 'मेरे अंगना आए रे' (दोनों आशा भोंसले, 'नरम गरम', 1981); 'ए री पवन ढूँढे किसे तेरा मन' (लता) और 'कितनी खूबसूरत ये तसवीर है' (लता-किशोर-सुरेश वाडकर, 'बेमिसाल' 1982); 'दुनिया रंग-बिरंगी भैया' (मन्ना डे) और 'कभी कुछ पल जीवन के' (अनुराधा-आरती, 'रंग बिरंगी', 1983) तथा 'साथी ऐसा लगता है' (लता) और 'ऐ जिंदगी हुई कहाँ भूल' (किशोर, 'नामुमकिन', 1988)।

हृषि दा की 'खूबसूरत' (1980) का अलग से जिक्र करना होगा, क्योंकि यह भी 'गोलमाल' की तरह एक बहुत खूबसूरत कॉमेडी थी। दादामुनि अशोक कुमार और राकेश रोशन के साथ इसमें रेखा ने अपने कैरियर की एक यादगार भूमिका निभाई थी। उनके गीतों में जहाँ चुलबुला 'सुन-सुन-सुन दीदी तेरे लिए इक रिश्ता आया है' था तो राग यमन कल्याण पर आधारित कत्थक शैली का 'पिया बावरी पिया बावरी' भी (दोनों आशा भोंसले)। फिल्म के अन्य गीत 'सारे नियम तोड़ दो' (आशा) और 'कायदा-कायदा क्या फायदा' (सपना चक्रवर्ती-रेखा) भी फिल्म के विषय के अनुरूप चुटकीले और मजेदार गीत थे।

रणधीर कपूर की 'जवानी दीवानी' (1972) के दिनों से ही उनमें और आर.डी. बर्मन में बड़ी अच्छी छनने लगी थी। वे अपनी केन्द्रीय भूमिकाओं वाली आर.के. बैनर की फिल्मों में भी वैसा ही जोशीला संगीत चाहते थे। लिहाजा पंचम ने आर.के. कैम्प की दो फिल्मों रणधीर कपूर द्वारा निर्देशित 'धरम करम' (1978) और राहुल रवेल निर्देशित 'बीवी ओ बीवी' (1981) में संगीत दिया। राजकपूर, रेखा और रणधीर कपूर की मुख्य भूमिकाओं वाली 'धरम करम' में मुकेश का एक आखिरी और सुपरहिट गीत था—'इक दिन बिक जाएगा माटी के मोल'। 'नाचन नाहीं आवत कहत अंगना टेढ़ा' (लता), 'तू कहाँ गई थी तेरा मर जाए साँवरिया' (किशोर-आशा) और 'तेरे हमसफर गीत हैं तेरे' (किशोर-मुकेश-आशा) फिल्म के अन्य लोकप्रिय गीत थे। डबल रोल में संजीव कुमार के साथ रणधीर कपूर और पूनम ढिल्लों की मुख्य भूमिकाओं वाली 'बीवी ओ बीवी' अबरार अल्वी की पटकथा से सजी एक मजेदार कॉमेडी थी। 'अरे पैसे का खेल निराला' (रफी-आशा), 'गोरी हो काली हो या नखरेवाली' (किशोर) और 'मेरी बुलबुल यूँ न हो गुल' (किशोर-लता) इस फिल्म के कुछ लोकप्रिय गीत थे। इन दोनों फिल्मों के गीत क्रमशः मजरूह सुल्तानपुरी और निदा फाजली ने लिखे थे।

निर्माता-निर्देशक चेतन आनन्द की 'कुदरत' (1981) आर.डी. बर्मन के सुरीले और मोहक संगीत से सजी एक बहुत खूबसूरत और दिलचस्प फिल्म थी। चेतन आनन्द ने पहली बार पुनर्जन्म से जुड़ी एक प्रेमकथा पेश की थी, लेकिन अपने अनूठे और अलग अन्दाज में। राज कुमार, राजेश

खन्ना, हेमा मालिनी, विनोद खन्ना और प्रिया राजवंश की मुख्य भूमिकाओं से सजी इस फिल्म में लता का एक कोयल-सा कुहुकता हुआ गीत था—'तूने ओ रंगीले कैसा जादू किया, कुहु-कुहु बोले मतवाला जिया'। किशोर कुमार और परवीन सुल्ताना के अलग-अलग वर्जन वाला 'हमें तुमसे प्यार कितना ये हम नहीं जानते' भी राग भैरवी पर आधारित बड़ा खूबसूरत गीत था। ये तीनों ही गीत खूब लोकप्रिय हुए थे। फिल्म के अन्य गीत भी गजब की मोहकता लिए थे—क्लब-गीत 'छोड़ो सनम काहे का गम' (किशोर-एनेटी) हो या 'सजती है यूँ ही महफिल रंग यूँ ही जमने दो' (आशा भोंसले)। लगभग खत्म हो चले सुरीले संगीत के जमाने में यह फिल्म एक अपवाद से कम नहीं थी और अच्छी रुचि के दर्शकों में खासी लोकप्रिय भी हुई थी। इन खूबसूरत गीतों को मजरूह सुल्तानपुरी और कतील शिफई ने लिखा था।

राहुल देव बर्मन देव आनन्द की बहुत-सी फिल्मों के साथ-साथ राज कपूर की दो फिल्मों ('धरम करम' और 'नौकरी') में भी संगीत दे चुके थे। दिलीप कुमार की 'शक्ति' (1982) में संगीत देने के साथ ही वे उन गिने-चुने संगीत-निर्देशकों (सचिन देव बर्मन, शंकर-जयकिशन, सी. रामचन्द्र, सलिल चौधरी, ओ.पी. नैयर, कल्याणजी-आनन्दजी और लक्ष्मीकान्त-प्यारेलाल) में शामिल हो गए जिन्हें दिलीप-राज-देव की महान त्रिमूर्ति की फिल्मों में संगीत देने का सौभाग्य प्राप्त हुआ था। रमेश सिप्पी द्वारा निर्देशित एम.आर. प्रोडक्शन की 'शक्ति' में दिलीप कुमार के साथ अमिताभ बच्चन, राखी और स्मिता पाटिल मुख्य भूमिकाओं में थे। खूब कसी हुई और नाटकीय पटकथा वाली इस फिल्म के लोकप्रिय गीतों में 'हमने सनम को खत लिखा' (लता), 'जाने कैसे कब कहाँ इकरार हो गया' (लता-किशोर) और 'माँगी थी इक दुआ जो कबूल हो गई' (महेन्द्र कपूर) शामिल थे। रवि चोपड़ा द्वारा निर्देशित बी.आर. फिल्म्स की 'मजदूर' (1983) और रमेश तलवार द्वारा निर्देशित यश जौहर की 'दुनिया' (1984) दिलीप कुमार की दो और ऐसी फिल्में थीं जिनमें आर.डी. बर्मन का संगीत था। 'मजदूर' के अलावा बी.आर. चोपड़ा की दो और फिल्मों 'कर्म' (1977) और 'द बर्निंग ट्रेन' (1980) में भी आर.डी. बर्मन का संगीत था। चोपड़ा के दामाद राज तिलक की 'मुक्ति' (1977) में भी उन्हीं का संगीत था।

राहुल देव, किशोर कुमार के साथ

पंचम का पहला विवाह सफल नहीं हो पाया था। 7 जुलाई 1979 को वे अपनी बरसों की चहेती गायिका आशा भोंसले के साथ विवाह बन्धन में बँध गए और जैसाकि हम पीछे कह चुके हैं, बरसों से भटकते दो सुर हमेशा के लिए एक हो गए। एक पार्श्व गायिका के रूप में आशा भोंसले के शानदार कैरियर में सबसे बड़ा योगदान ओ.पी. नैयर का रहा था, लेकिन 1970 के दशक में आर.डी. बर्मन ने भी उन्हें शिखर पर बनाए रखने में बढ़-चढ़कर योगदान दिया। आशा भोंसले की आवाज को सँवारने, निखारने और तराशने में तथा उन्हें एक पार्श्व गायिका के रूप में आगे बढ़ाने में पाँच संगीतकारों की सबसे महत्त्वपूर्ण भूमिका रही है—ओ.पी. नैयर, सचिन देव बर्मन, रवि, राहुल देव बर्मन और खय्याम (इसी क्रम में)। कहते हैं कि आशा भोंसले घर की साफ-सफाई को लेकर इतनी ज्यादा सनकी थीं कि विवाह की एक वर्षगाँठ पर राहुल देव बर्मन ने उन्हें तोहफे के तौर पर एक झाड़ू पेश कर दी थी—वह भी एक गिफ्ट-पैक में अच्छी तरह से सजाकर और सभी मेहमानों के सामने!

हिन्दी फिल्म संगीत के नाम पर शोर-शराबे और बेसुरे संगीत के दौर में भी आर.डी. बर्मन और गुलजार की जोड़ी का सुरीला सफर थमने का नाम नहीं ले रहा था। विलियम शेक्सपियर के मशहूर नाटक 'कॉमेडी ऑफ एरर्स' पर आधारित 'अँगूर' (1981) इस जोड़ी की एक और गुदगुदाती-लुभाती हुई पेशकश थी। बरसों पहले गुलजार इसी कृति पर आधारित बिमल राय की 'दो दूनी चार' की पटकथा लिख चुके थे। अब उन्होंने इसे नए सिरे से परोसते हुए एक बहुत खूबसूरत और मजेदार कॉमेडी बना दी, जो दर्शकों को खूब पसन्द भी आई। संजीव कुमार और देवेन वर्मा दोनों की ही यादगार दोहरी भूमिकाओं वाली इस फिल्म में मौसमी चटर्जी और दीप्ति नवल भी थीं। फिल्म के गुदगुदाते हुए गीतों में 'होंठों पे बीती बात आई है' (आशा भोंसले) और देवेन वर्मा पर फिल्माया गया मजेदार पैरोडी गीत 'प्रीतम आन मिलो' (स्वप्न चक्रवर्ती) शामिल थे (जिसे मूल गायक सी.एच. आत्मा के बाद 'मि. एंड मिसेज 55' में गीता दत्त भी आजमा चुकी थीं)। आशा भोंसले का शास्त्रीय सुरों में ढला 'रोज-रोज डाली-डाली क्या लिख जाए' भी बड़ा खूबसूरत गीत था। इसी तरह गुलजार द्वारा ही निर्देशित 'इजाजत' (1988) में भी कई सुरीले और यादगार गीत थे। रेखा, नसीरुद्दीन शाह और अनुराधा पटेल की मुख्य भूमिकाओं वाली इस खूबसूरत फिल्म में 'मेरा कुछ सामान तुम्हारे पास पड़ा है', 'कतरा-कतरा मिलता है' और 'खाली हाथ शाम आई है' जैसे आशा भोंसले के कई मर्मस्पर्शी गीत थे। टाइटल-गीत 'छोटी-सी कहानी से...' भी बहुत खूबसूरत बन पड़ा था। कहते हैं कि जब गुलजार ने 'मेरा कुछ सामान...' लिखकर पंचम के हाथ में थमाया था तो वे झुंझलाकर बोले थे—''यह भी कोई गीत हुआ! इसकी धुन कैसे बनाई जा सकती है? अगली बार तुम कहोगे कि 'टाइम्स ऑफ इंडिया' में छपी इस खबर की धुन बना दो!''

यह भी एक विचित्र संयोग था कि तीन बड़े सितारों राजेन्द्र कुमार, सुनील दत्त और धर्मेन्द्र के बेटों—यानी कुमार गौरव, संजय दत्त और सनी देयोल—की पहली फिल्म 'लव स्टोरी' (1981), 'रॉकी' (1981) और 'बेताब' (1983) में राहुल देव बर्मन का ही संगीत था।

आर.डी. बर्मन ने फिल्म इंडस्ट्री के लगभग सभी जाने-माने निर्माताओं और निर्देशकों के साथ काम किया था। इनमें पीछे वर्णित निर्माताओं और निर्देशकों के अलावा ओ.पी. रल्हन ('हलचल', 1971), एस.एम. अब्बास ('हंगामा', 1971), प्रकाश मेहरा ('मेला', 1971 और 'समाधि', 1972), लेख टंडन ('अगर तुम न होते', 1983), राज खोसला ('शरीफ बदमाश' 1973; 'नहले पे दहला', 1976, 'सनी' 1984; 'माटी माँगे खून', 1984), शम्मी कपूर ('मनोरंजन', 1974 और 'बंडलबाज' 1975), यश चोपड़ा ('जोशीला' 1973 और 'दीवार', 1975), प्रमोद चक्रवर्ती ('वारंट', 1975 और 'आजाद', 1977), विजय आनन्द ('बुलेट', 1976), महेश भट्ट ('विश्वास्घात', 1976 और 'नया दौर', 1978), शेखर

कपूर ('मासूम', 1983), बासु चटर्जी ('मंजिल', 1979; 'रत्नदीप', 1979; 'शौकीन', 1982), राजेन्द्र भाटिया ('पराया धन', 1971), सावन कुमार ('गोमती के किनारे', 1972), भप्पी सोनी ('झील के उस पार', 1973; 'भँवर', 1976; 'चलता पुर्जा', 1977; 'जेल यात्रा', 1981; 'बड़े दिलवाला', 1984), अनिल गांगुली ('आँचल', 1980), दुलाल गुहा ('धुआँ', 1981), मोहन सहगल ('दौलत', 1982 और 'हम हैं लाजवाब', 1984), बृज ('मर्दोंवाली बात', 1988'), रामानन्द सागर ('रोमांस', 1983), राज एन. सिप्पी ('अन्दर बाहर', 1984; 'बॉक्सर', 1984; 'शिवा का इन्साफ', 1985; 'सितमगर', 1985; 'जीवा', 1986), डेविड धवन ('जुर्रत', 1989), राम गोपाल वर्मा ('द्रोही', 1991), प्रियदर्शन ('गर्दिश', 1993), बी.आर. इशारा ('सनम से पहले', 1994), विद्धु विनोद चोपड़ा ('परिन्दा' 1989 और '1942 : ए लव स्टोरी', 1994) और राजकुमार सन्तोषी ('घातक', 1996) इत्यादि शामिल थे।

पुस्तक की सीमित पृष्ठ-संख्या को देखते हुए हम आर.डी. बर्मन की सभी फिल्मों का विस्तार से जिक्र नहीं कर पाए हैं। लेकिन उनके कुछ ऐसे गीतों का जिक्र करना जरूरी है जो अपने-आपमें लाजवाब और अनूठे थे या खूब लोकप्रिय हुए थे। अब तक उल्लिखित गीतों के अलावा उनके कुछ और यादगार गीत थे—'गोमती के किनारे' (1972) में 'आज तो मेरी हँसी उड़ाई जैसे भी चाहा पुकारा' (लता) और 'जीने का दिन मर जाने का मौसम है इन बहारों में' (किशोर-लता); 'परछाइयाँ' (1972) में 'साँसों में कभी दिल में कभी' (रफी-लता); 'राखी और हथकड़ी' (1972) में 'अच्छी नहीं सनम दिल्लगी दिल-ए-बेकरार से' (किशोर-आशा); 'समाधि' (1972) में 'बंगले के पीछे तेरी बेरी के नीचे काँटा लगा' (लता); 'जैसे को तैसा' (1973) में 'अबके सावन में जी डरे' (किशोर-लता); 'झील के उस पार' (1973) में 'दो घूँट मुझे भी पिला दे शराबी देख फिर होता है क्या' (लता); 'राजा रानी' (1973) में 'मैं इक चोर तू मेरी रानी' (किशोर-लता) और 'जब अँधेरा होता है' (आशा भोंसले-भूपेन्द्र); 'शरीफ बदमाश' (1973) में 'नींद चुराकर रातों में' (आशा-किशोर); 'जोशीला' (1973) में 'किसका रस्ता देखे ऐ दिल ऐ सौदाई' (किशोर); 'दो फूल' (1973) में 'मुत्तू कुल्ली कव्वाड़ी हड़ा' (महमूद-आशा भोंसले); 'बँधे हाथ' (1973) में 'ओ माँझी रे जाऊँ कहाँ' (आशा भोंसले) और 'ये कौन आज आया' (लता); 'अजनबी' (1973) में 'भीगी-भीगी रातों में' (किशोर-लता) और 'इक अजनबी हसीना से' (किशोर); 'बेनाम' (1974) में 'आ रात जाती है चुपके से' (आशा-रफी); 'चरित्रहीन' (1974) में 'तेरी-मेरी यारी बड़ी पुरानी' (आशा भोंसले); 'मनोरंजन' (1974) में 'चोरी-चोरी सोलह सिंगार करूँगी' (आशा भोंसले); 'जहरीला इनसान' (1974) में 'ओ हंसिनी कहाँ उड़ चली' (किशोर); 'दीवार' (1975) में 'कह दूँ तुम्हें या चुप रहूँ' (किशोर-आशा); 'वारंट' (1975) में 'रुक जाना रुक जाना ओ जानेजाँ' (किशोर); 'बालिका वधू' (1976) में 'बड़े अच्छे लगते हैं' (अमित कुमार); 'बुलेट' (1976) में 'चोरी-चोरी चुपके-चुपके तेरे-मेरे' (किशोर-आशा); 'बंडलबाज' (1976) में 'नगमा हमारा गाएगा ये जमाना' (रफी-लता); 'नहले पे दहला' (1976) में 'सावन का महीना आ गया' (लता-किशोर); 'कर्म' (1977) में 'समय तू धीरे-धीरे चल' (किशोर-आशा), 'मुक्ति' (1977) में 'सुहानी चाँदनी रातें हमें सोने नहीं देतीं' (मुकेश); 'शालीमार' (1978) में 'हम बेवफा हर्गिज न थे' (किशोर); 'कसमे वादे' (1978) में 'कसमें-वादे निभाएँगे हम' (किशोर-लता); 'द ग्रेट गैम्बलर' (1979) में 'पहले-पहले प्यार की मुलाकातें याद हैं' (आशा-किशोर) और 'दो लफ्जों की है दिल की कहानी' (आशा-अमिताभ बच्चन-शरद कुमार); 'मंजिल' (1979) में 'रिमझिम रिमझिम गिरे सावन' (किशोर और लता के वर्जन); 'अब्दुल्ला' (1980) में 'मैंने पूछा चाँद से' (रफी); 'लव स्टोरी' (1981) में 'याद आ रही है' (लता-अमित कुमार); 'रॉकी' (1981) में 'क्या यही प्यार है' (लता-किशोर); 'अगर तुम न होते' (1983) में 'हमें और जीने की चाहत न होती' (किशोर और लता के वर्जन); 'मासूम' (1983) में 'दो नैना इक कहानी' (आरती मुखर्जी), 'लकड़ी की काठी' (गौरी बापट-गुरप्रीत कौर-वनिता मिश्रा) और 'तुझसे नाराज नहीं जिंदगी' (लता); और 'सनी' (1984) में 'और क्या अहदे वफा होते हैं' (आशा भोंसले) और 'जाने क्या बात है, नींद नहीं आती बड़ी लम्बी रात है' (लता)।

जैसाकि आपने देखा, 1980 के बेसुरे दशक में भी पंचम के सुरीले गीतों की रिमझिम बौछार जारी थी। इसी दौर में उन्हें लगातार दो वर्ष 'सनम तेरी कसम' (1982) और 'मासूम' (1983) के लिए फिल्मफेयर पुरस्कार भी प्राप्त हुआ। यह भी बड़े आश्चर्य की बात है कि बहुत शुरू में ही 'तीसरी मंजिल' (1966), 'पड़ोसन' (1968), 'कटी पतंग' (1971), 'कारवाँ' (1971), 'अमर प्रेम' (1972) और 'हरे राम हरे कृष्ण' (1972) जैसी फिल्मों के धूम मचाने वाले और अमर संगीत के बावजूद यह पुरस्कार उन्हें पहले क्यों नहीं मिला था।

1980 के दशक में ही उनकी दो और फिल्मों के संगीत ने भी खूब धूम मचाई—'सत्ते पे सत्ता' (1982) और 'सागर' (1985)। रोमू सिप्पी द्वारा निर्मित और राज एन. सिप्पी द्वारा निर्देशित 'सत्ते पे सत्ता' हॉलीवुड की मशहूर फिल्म 'सेवन ब्राइड्स फॉर सेवन ब्रदर्स' से प्रेरित एक खूब

मजेदार और दिलचस्प फिल्म थी। अमिताभ बच्चन और हेमा मालिनी के साथ रंजीता, सचिन और बहुत सारे दूसरे लोकप्रिय सहनायकों/खलनायकों की मुख्य भूमिकाओं से सजी इस फिल्म में राहुल देव बर्मन ने उतना ही लोकप्रिय और धमाकेदार संगीत भी दिया था। 'दिलबर मेरे' (किशोर-एनेटी पिन्टो-अमित कुमार), 'झुकाके सर को पूछो' (आशा भोंसले-सपन चक्रवर्ती-आनन्द), 'मस्ताना-मस्ताना' (आशा भोंसले-दिलराज कौर और कोरस) और सबसे बढ़कर टाइटल-गीत 'दुक्की पे दुक्की हो या सत्ते पे सत्ता' (किशोर-आशा-राहुल देव बर्मन)—सभी खूब लोकप्रिय हुए थे। इनके अलावा 'जिंदगी मिलके बिताएँगे' (किशोर-भूपेन्द्र-सपन चक्रवर्ती) और किशोर कुमार और खुद पंचम की अनूठी और हँसाकर लोटपोट कर देने वाली जुगलबन्दी और धमाचौकड़ी वाला 'परियों का मेला है' भी बड़े लुभावने गीत थे। लेकिन फिल्म का सबसे खूबसूरत और यादगार गीत था—'प्यार हमें किस मोड़ पे ले आया' (किशोर-सपन चक्रवर्ती-राहुल देव बर्मन-गुलशन बावरा)। इन मजेदार गीतों को खुद भी अच्छे-खासे कॉमेडियन रहे गुलशन बावरा ने लिखा था।

'सीता और गीता', 'शोले' और 'शान' वाले जी.पी. सिप्पी द्वारा निर्मित और इन सभी फिल्मों की तरह उनके प्रतिभाशाली बेटे रमेश सिप्पी द्वारा निर्देशित 'सागर' (1985) राहुल देव बर्मन के कैरियर के अन्तिम चरण की एक उल्लेखनीय फिल्म थी। यह फिल्म अपनी पहली फिल्म 'बॉबी' (1973) के बाद रिटायर हो गईं डिम्पल कापड़िया की बारह वर्ष बाद फिल्मों में फिर से वापसी की फिल्म थी। यह फिल्म तो नहीं चली, लेकिन डिम्पल कापड़िया खूब चलीं और जल्दी ही श्रीदेवी के साथ उस दौर की चोटी की नायिका बन गईं। इस फिल्म में राहुल देव बर्मन का संगीत भी खूब चला। फिल्म का टाइटल-गीत 'सागर किनारे दिल ये पुकारे' (किशोर-लता और अकेले लता के दो अलग वर्जन) हो या किशोर का रूमानी चाहत भरा 'सागर जैसी आँखों वाली ये तो बता तेरा नाम है क्या' या फिर गोवा की लोक-शैली में ढला धमाकेदार 'ओ मारिया, ओ मारिया' (एस.पी. बालासुब्रह्मण्यम-आशा भोंसले)—सभी खूब धूम मचाने वाले गीत थे। आशा भोंसले और शैलेन्द्र सिंह का गुदगुदाता हुआ 'जाने दो न, पास आओ न' और धमाचौकड़ी भरा 'यूँ ही गाते रहो' (एस.पी. बालासुब्रह्मण्यम-किशोर कुमार) भी खूब लोकप्रिय हुए थे—और साउथ के और कमल हासन के चहेते गायक एस.पी. बालासुब्रह्मण्यम का सोलो 'सच मेरे यार है' भी। बॉक्स ऑफिस पर तहलका मचा देने वाली 'बॉबी' की सुपरहिट जोड़ी ऋषि कपूर और डिम्पल कापड़िया के साथ-साथ कमल हासन की यादगार भूमिकाओं और रमेश सिप्पी के कल्पनाशील निर्देशन के बावजूद यह फिल्म कमजोर और घिसी-पिटी कहानी के कारण एक यादगार फिल्म नहीं बन पाई।

राहुल देव बर्मन को उनका पहला फिल्मफेयर पुरस्कार दिलवाने वाली 'सनम तेरी कसम' (1982) का जिक्र करना भी जरूरी है। दक्षिण के सुपर स्टार कमल हासन और रीना राय की मुख्य भूमिकाओं से सजी यह फिल्म हिन्दी फिल्म संगीत में पॉप, रॉक और डिस्को संगीत के नशीले और जोशीले सुर पिरोने की पंचम की अनूठी धुन और क्षमता की आखिरी कड़ी थी। किशोर और आशा भोंसले के अलग-अलग वर्जन वाला फिल्म का टाइटल-गीत 'कितने भी तू कर ले सितम हँस-हँसके सहेंगे हम' हो या आशा भोंसले का नशीला डिस्को-गीत 'जानेजाँ ओ मेरी जानेजाँ' या फिर किशोर का सोलो 'देखता हूँ कोई लड़की हँसी'—सभी खूब लोकप्रिय हुए थे। फिल्म का एक धमाकेदार डिस्को-गीत खुद पंचम की आवाज में भी था—'जानाँ ओ मेरी जानाँ'। इस गीत ने हिन्दी फिल्मों में डिस्को-गीतों का एक नया चलन ही शुरू कर दिया और विचित्र बात यह है कि इसका ज्यादा फायदा पंचम की बजाय उन्हीं की संगीत-शैली का अनुसरण करने वाले बप्पी लाहिड़ी ने उठाया।

जैसाकि हम पीछे कह चुके हैं, 1970 के दशक के मध्य वर्षों से आर.डी. बर्मन नए प्रयोग कम और प्रचलित चलनों का अनुसरण ज्यादा करने लगे थे। दरअसल वे बहुत ज्यादा फिल्में कर रहे थे। वे अकेले ही लगभग उतनी ही फिल्मों में संगीत दे रहे थे जितनी लक्ष्मीकान्त और प्यारेलाल मिलकर कर रहे थे। सभी बड़ी फिल्में या तो उन्हें मिल रही थीं या फिर लक्ष्मीकान्त-प्यारेलाल को। कल्याणजी-आनन्दजी तीसरे स्थान पर थे। इन तीनों के अलावा बाकी सभी संगीतकार लगभग हाशियों में सिमट गए थे। आखिर पंचम कितनी फिल्मों में नए-नए प्रयोग करते? कितनी फिल्मों में ताजगी भरा और कल्पनाशील संगीत देते? लिहाजा आने वाले तमाम वर्षों में वे उत्कृष्टतम और चलताऊ संगीत के बीच झूलते रहे।

फिर भी, जब भी जरा-सा भी अवसर मिला राहुल देव बर्मन ने ताजगी भरा और कल्पनाशील संगीत देने की कोशिश की—जैसाकि आप अब तक वर्णित उनके लोकप्रिय गीतों की सूचियों में भी देख सकते हैं। उन्हें दूसरा फिल्मफेयर पुरस्कार दिलवाने वाली 'मासूम' (1983) भी ऐसे ही सुरीले और ताजगी भरे संगीत का उदाहरण थी। शेखर कपूर द्वारा निर्देशित इस मर्मस्पर्शी फिल्म के गीतों—'दो नैना और इक कहानी', 'लकड़ी की काठी, काठी पे घोड़ा' और 'तुझसे नाराज नहीं जिंदगी' (लता) इत्यादि—का हम पीछे भी जिक्र कर चुके हैं।

कुल मिलाकर देखा जाए तो राहुल देव बर्मन हिन्दी फिल्म संगीत के कई दशकों लम्बे सुनहरी दौर की आखिरी कड़ी थे। उन्हें इस भव्य और गौरवशाली सुनहरी दौर का आखिरी छोर या आखिरी सिरा होना भी चाहिए था—क्योंकि हिन्दी फिल्मों को वे जिन नशीली और जोशीली ऊँचाइयों पर ले गए, उससे आगे या उससे बढ़कर कुछ और हो भी तो नहीं सकता था!

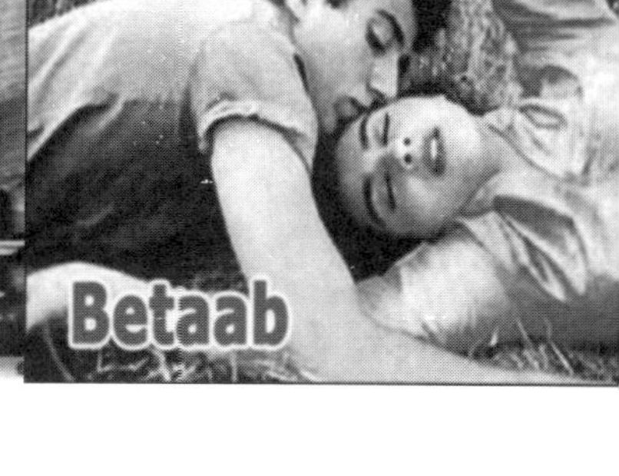

शंकर-जयकिशन और लक्ष्मीकान्त-प्यारेलाल की जोड़ियों की टक्कर की सफलता और लोकप्रियता के बावजूद

पंचम बड़े सीधे-सादे, साफ दिल के और हँसमुख इनसान थे। एक वक्त ऐसा भी था जब वे खुलेआम कहा करते थे कि—''मैंने एक के बाद एक पूरी तेईस फ्लॉप फिल्में दी हैं!''

दुनिया के कई दूसरे जीनियसों की तरह उन्होंने भी जवानी में ही अपना आखिरी सफर करने का फैसला कर लिया—इस दुनिया से उस दुनिया का सफर जहाँ शायद सिर्फ संगीत ही संगीत है, इसके अलावा और कुछ भी नहीं! 1988 में दिल के दौरे के बाद उनकी ओपन हार्ट सर्जरी हुई थी। 1994 के वर्ष की शुरुआत होते ही उन्हें दूसरा दौरा पड़ा और 4 जनवरी, 1994 को वे हम सबको अलविदा कहकर चिरंतन और सनातन संगीत की उसी दुनिया में चले गए। वे सिर्फ 54 वर्ष के थे।

राहुल देव या आर.डी. बर्मन या यूँ कहें कि हम सबके प्यारे 'पंचम' द्वारा रचे गए 12 अनमोल गीत कौन-से हैं? आप भी मानेंगे कि यह बड़ा मुश्किल काम है! इतने विशाल और चमचमाते खजाने में से सिर्फ बारह? फिर भी, यह रही हमारी अपनी पसन्द :

राहुल देव बर्मन के 12 अनमोल रत्न

क्रम	गीत	फिल्म	गायक/गायिका
1.	घर आजा घिर आए बदरा साँवरिया	छोटे नवाब	लता मंगेशकर
2.	तुमने मुझे देखा होकर मेहरबाँ	तीसरी मंजिल	मुहम्मद रफी
3.	कहना है कहना है आज तुमसे ये पहली बार	पड़ोसन	किशोर कुमार
4.	ये जो मुहब्बत है ये उनका है काम	कटी पतंग	किशोर कुमार
5.	पिया तू अब तो आजा	कारवाँ	आशा भोंसले
6.	ये क्या हुआ कब हुआ कैसे हुआ	अमर प्रेम	किशोर कुमार
7.	दम मारो दम मिट जाए गम	हरे राम हरे कृष्ण	आशा भोंसले
8.	ये जवानी है दीवानी	जवानी दीवानी	किशोर कुमार
9.	चुरा लिया है तुमने जो दिल को	यादों की बारात	आशा-रफी
10.	तुम आ गए हो नूर आ गया है	आँधी	किशोर-लता
11.	मेरे नैना सावन भादों	महबूबा	लता मंगेशकर
12.	हमें तुमसे प्यार कितना ये हम नहीं जानते	कुदरत	परवीन सुल्ताना

राहुल देव बर्मन (जिन्हें प्यार से 'पंचम' के अलावा 'द बॉस' भी कहा जाता था) के संगीत के जवाँ और जोशीले सुर संगीत-प्रेमियों की दुनिया को हमेशा जवान बनाए रखेंगे और उन्हें थिरकने-मचलने और झूमने पर मजबूर करते रहेंगे। फिर भी, उनके ये गीत सुनकर दिलों में एक हूक-सी भी उठती रहेगी और होंठों पर यह गीत मचलता रहेगा—हमें तुमसे प्यार कितना ये हम नहीं जानते... मगर जी नहीं सकते तुम्हारे बिना!

हॉल ऑफ फेम

हिन्दी फिल्म संगीत के अन्य जगमगाते सितारे

हिन्दी फिल्म संगीत के महान सुर-साधकों में सिर्फ कुछ ही नामों को विस्तार से वर्णन के लिए चुनना एक चुनौती भरा काम था। जैसाकि हम पहले भी कह चुके हैं, यह चुनाव करते समय हमारे सामने तीन कसौटियाँ थीं—(1) संगीत का स्तर और मात्रा, (2) नए ट्रेंड या चलन शुरू करने की क्षमता, और (3) लोकप्रियता। हमारी सूची में शामिल सभी संगीतकार फिल्म संगीत की दुनिया में नए ट्रेंड शुरू करने वाले और अपनी एक अलग और विशिष्ट शैली विकसित करने वाले संगीतकार थे। नया, उत्कृष्टतम और कालजयी संगीत रचने की इनकी प्रतिभा और क्षमता अपने-आपमें अनूठी थी और अपने काम के प्रति इनकी लगन और समर्पण भावना भी उतनी ही असाधारण थी। इन्होंने आसान रास्ते नहीं चुने; सस्ती लोकप्रियता के लिए अपने भीतर के कलाकार के साथ समझौता नहीं किया; जरूरत पड़ने पर मैदान भले ही छोड़ दिया, लेकिन अपने संगीत का स्तर गिराना स्वीकार नहीं किया। ये सचमुच ही विलक्षण, विद्वान और महान संगीत-निर्देशक थे, महान कला-प्रेमी और कलाकार थे।

लेकिन कई ऐसे प्रतिभाशाली और गुणी संगीतकार भी हुए हैं, जिनके काम की मात्रा उतनी नहीं थी कि उन्हें हिन्दी फिल्म संगीत के सबसे महान और यशस्वी संगीतकारों की सूची में शामिल किया जा सकता। इसी तरह, ऐसे संगीत-निर्देशक भी इस सूची से बाहर रह गए हैं, जिन्होंने भरपूर मात्रा में संगीत तो रचा और खूब लोकप्रिय भी हुए, लेकिन जिनके संगीत का स्तर इन महान सुर-साधकों के समतुल्य नहीं था। कुछ नाम सिर्फ इसलिए भी इस सूची में नहीं हैं क्योंकि हमारी इस पुस्तक की पृष्ठ संख्या की अपनी सीमाएँ थीं।

इस तरह के सभी प्रतिभाशाली और गुणी संगीत-निर्देशकों का बिलकुल भी जिक्र न करना अन्यायपूर्ण होगा, क्योंकि हिन्दी फिल्म संगीत को अद्भुत कलात्मक ऊँचाइयों पर ले जाने या उसे जन-जन में लोकप्रिय बनाने में इन सबका अपना-अपना योगदान रहा है। हम इन सभी संगीतकारों को हिन्दी फिल्म संगीत के 'हॉल ऑफ फेम' नामक इस अध्याय में शामिल कर रहे हैं।

1. उस्ताद झंडे खाँ

हिन्दी फिल्म संगीत के सबसे आरम्भिक सूत्रधारों और पथ-प्रदर्शकों में उस्ताद झंडे खाँ का नाम बड़े गर्व और सम्मान के साथ लिया जाता है। उन्होंने 1931 से लेकर 1943 तक बहुत-सी फिल्मों में संगीत दिया, जिनमें से ज्यादातर सेठ चन्दूलाल शाह के रणजीत स्टूडियो (रणजीत मूवीटोन) की फिल्में थीं। पंजाब के गुजराँवाला (अब पाकिस्तान में) से सम्बन्ध रखने वाले उस्ताद झंडे खाँ हिन्दुस्तानी शास्त्रीय संगीत के विद्वान थे। उन्होंने अपने कैरियर की शुरुआत नाटकों में संगीत देने से

चित्रलेखा

की और जुबली थिएटर्स और न्यू एल्फ्रेड थिएटर्स जैसी जानी-मानी थिएटर कम्पनियों के साथ काम किया। इसके बाद वे फिल्मों में भी संगीत देने लगे। उनकी प्रमुख फिल्मों में 'चार चकरम' (1932), 'राधा रानी' (1932), 'भोला शिकारी' (1933), 'वीर बषरुवहन' (1934), 'प्रभु की दुनिया' (1935), 'प्रभु का प्यारा' (1936), 'चित्रलेखा' (1941) और 'शहंशाह अकबर' (1943) इत्यादि शामिल थीं। 1936 में रणजीत स्टूडियो से अलग होने के बाद उन्होंने दरयानी भाइयों की ईस्टर्न आर्ट्स, अजन्ता सिनेटोन और अमृत फिल्म्स इत्यादि बैनरों की फिल्मों में संगीत दिया। केदार शर्मा की 'चित्रलेखा' (1941) में उनके संगीत को हिन्दी सिनेमा के इतिहास में मील का पत्थर माना जाता है। इस फिल्म के सभी गीत उन्होंने एक ही राग 'भैरवी' में रचे थे, जो अपने-आपमें एक अनूठी बात थी। इतना ही नहीं, उन्होंने फिल्म का बैकग्राउंड संगीत भी इसी राग में रचा था। इस फिल्म के कई लोकप्रिय गीत—'नीलकमल मुस्काए भंवरा झूठी कसमें खाए' (राम दुलारी), 'सैयाँ साँवरे भए बावरे' और 'तुम जाओ बड़े भगवान बने'—आज भी कई संगीत प्रेमियों के दिलों में बसे हुए हैं। उस्ताद झंडे खाँ के शागिर्दों में मलिका-ए-गजल बेगम अख्तर और मूक फिल्मों के युग के चोटी के अभिनेता मास्टर निसार के साथ-साथ बाद के दिनों के कई महान संगीत-निर्देशक—नौशाद, गुलाम मुहम्मद, श्याम सुन्दर और हेमन्त कुमार—शामिल थे। हिन्दी फिल्म संगीत को एक मजबूत आधार-शिला देने और खूब नाम कमाने के बाद 1953 में उनका निधन हो गया।

2. पंकज मलिक

हिन्दी फिल्म संगीत के अग्रणी पथ-प्रदर्शक आर.सी. बोराल के समकालीन होने के साथ-साथ पंकज मलिक उनके एक प्रमुख गायक भी थे। वे कलकत्ता के न्यू थिएटर्स के प्रमुख स्तम्भों में से एक थे और एक जाने-माने गायक होने के साथ-साथ संगीत-निर्देशक भी थे। 1926 में एक गायक के रूप में अपने कैरियर की शुरुआत करने के बाद उन्होंने कुछ मूक फिल्मों में आर.सी. बोराल के साथ मिलकर संगीत दिया। पार्श्व-गायन का इस्तेमाल करने वाली पहली बंगला फिल्म 'देना पाउना' (1931) में भी वे आर.सी. बोराल के साथ संयुक्त संगीत-निर्देशक थे। उन्होंने उस दौर के सभी लोकप्रिय गायकों से एक से एक हिट गीत गवाए। इनमें के.एल. सहगल, कानन देवी, असित बरन, पहाड़ी सान्याल, इला घोष, उत्पल सेन और धनंजय भट्टाचार्य जैसे नामी गायक शामिल थे। उनके द्वारा संगीतबद्ध प्रमुख फिल्मों में 'माया' (1936), 'करोड़पति' (1936), 'मुक्ति' (1937), 'प्रेजीडेंट' (1937), 'धरती माता' (1938), 'दुश्मन' (1939), 'कपाल कुंडला' (1939), 'नर्तकी' (1940),'जिंदगी' (1940), 'डॉक्टर' (1941), 'काशीनाथ' (1943) और 'रूप कहानी' (1950) इत्यादि शामिल थीं। उनके द्वारा रचे गए कुछ मशहूर गीत थे—'अब मैं काह करूँ कित जाऊँ' (के.एल. सहगल), 'सुन्दर नारी प्रीतम प्यारी' (के.एल. सहगल-पंकज मलिक-उमा शशि), 'करूँ क्या आस निरास भई' (के.एल. सहगल), 'पिया मिलन को जाना' (पंकज मलिक), 'सो जा राजकुमारी सो जा' (के.एल. सहगल), 'दो नैना मतवारे तिहारे' (के.एल. सहगल) और 'चले पवन की चाल' (पंकज मलिक)। देव आनन्द और गीताबाली की मुख्य भूमिकाओं वाली 'जलजला' (1952) पंकज मलिक द्वारा संगीतबद्ध आखिरी हिन्दी फिल्म थी। बंगाली फिल्मों के साथ उनका रोमांस लम्बे समय तक जारी रहा। उनकी आखिरी बंगाली फिल्म 'विद्यालिता करुणा जाह्नवी जमुना' (1972) थी।

3. केशव राव भोले

पूना (अब पुणे) के विख्यात प्रभात स्टूडियो से जुड़े केशव राव भोले एक प्रतिष्ठित संगीत-निर्देशक थे और गोविन्द राव तेम्बे द्वारा शुरू की गई संगीत परम्परा की एक महत्त्वपूर्ण कड़ी थे। इससे पहले वे कृष्णा सेन की 'कृष्णावतार' (1932) में भी संगीत दे चुके थे, लेकिन 1933 में प्रभात से जुड़ने के बाद उन्होंने एक से एक प्रतिष्ठित फिल्मों में यादगार संगीत दिया। इनमें 'अमृत मंथन' (1934), 'चन्द्रसेना' (1935), 'राजपूत रमणी' (1936), 'सन्त तुकाराम' (1936), 'दुनिया न माने' (मराठी में 'कुन्कु' के नाम से), 'मेरा लड़का' (1938), 'सन्त ज्ञानेश्वर' (1940), 'सन्त सखू' (1941), 'दस बजे' (1942), 'राम शास्त्री' (1944) और 'कुबेर' (1944) जैसी अमर फिल्में शामिल थीं। उनकी आखिरी फिल्म 'श्री कृष्ण सत्यभामा' (1951) थी। 1945 में प्रभात स्टूडियो से अलग होने के बाद उन्होंने राजा नेने और दत्ता धर्माधिकारी की कई फिल्मों में भी एक स्वतंत्र संगीत-निर्देशक के रूप में संगीत दिया। उनके द्वारा रचे गए कुछ यादगार गीतों में 'एक था राजा' (शांता आप्टे), 'देखूँ कब तक बाट' (शांता हुबलीकर); 'भँवरे तू न सता' (शांता हुबलीकर), 'उसने कहा इनकार क्यों' और 'लिख रही हूँ चित्र तेरे मैं विमल मन के पटल पर' (मालती पांडे) इत्यादि शामिल थे। विदर्भ के अमरावती क्षेत्र में जनमे केशव राव भोले 10 सितम्बर 1977 को स्वर्ग सिधार गए।

4. मीर साहब

सोहराब मोदी के मिनर्वा मूवीटोन से जुड़े मीर साहब अपने जमाने के एक नामी संगीत-निर्देशक थे। सरोज मूवीटोन की 'किमियागार' (1936), 'सिपहसालार' (1936), 'ईनाम फरोश' (1937), 'कल की बात' (1937) और कृष्णचन्द आर्ट्स की 'बहादुर किसान' (1938) जैसी फिल्मों से अपनी शुरुआत करने वाले मीर साहब शास्त्रीय संगीत के विद्वान माने जाते थे। ग़ज़लों और दादरों की रचना करने में उनका कोई सानी नहीं था। 'बहादुर किसान' में उन्होंने खान मस्ताना को एक गायक के रूप में पहला ब्रेक दिया था। यह फिल्म महान कॉमेडियन और निर्माता-निर्देशक भगवान दादा की भी पहली फिल्म थी। इसमें खान मस्ताना का वह पहला मशहूर गीत था—'बलम गए री सजनी'। मीर साहब के संगीत से सजी मिनर्वा मूवीटोन की फिल्मों में 'बसन्ती' (1938), 'डायवोर्स' (1938), 'जेलर' (1938), 'पुकार' (1939), 'सिकन्दर' (1941), 'फिर मिलेंगे' (1942), 'पत्थरों का सौदागर' (1944) इत्यादि शामिल थीं। इस बैनर के अलावा उन्होंने सुरेन्द्र और नूरजहाँ की मुख्य भूमिकाओं से सजी के.बी. लाल की सुपरहिट 'लाल हवेली' (1943) में भी संगीत दिया था। सोहराब मोदी की 'पुकार' (1939) भारतीय सिनेमा के इतिहास में एक मील का पत्थर फिल्म थी। इस फिल्म के खूब लोकप्रिय गीतों में 'जिंदगी का साज भी क्या साज है, बज रहा है और बेआवाज है' (नसीम बानू), 'तुम बिन मेरी कौन खबर ले' (शीला), 'साँवरा ला वो ही रे संवर' (नसीम बानू-सरदार अख्तर), 'दिल में तू आँखों में तू' (मेनकाबाई) और 'काहे को मोहे छेड़े रे' (सरदार अख्तर) शामिल थे। चन्द्रमोहन, नसीम बानू (सायरा बानू की माँ, जिन्हें अपने जमाने की 'ब्यूटी क्वीन' कहा जाता था) और सरदार अख्तर (जो बाद में महान निर्माता-निर्देशक महबूब खान की जीवन-संगिनी बनीं) की यादगार भूमिकाओं से सजी इस फिल्म के कुछ गीत एक स्टेशन मास्टर की बेटी रोशनआरा ने गाए थे, 'शीला' के छद्म नाम से। इसी तरह, मीर साहब की 'लाल हवेली' (1943) भी कई सुपरहिट और यादगार गीतों से सजी हुई थी—'यही फिकर है शाम-सवेरे हसीनों की गलियों के फेरे' (सुरेन्द्र), 'बनती नजर नहीं आती तकदीर' (नूरजहाँ), 'पी शराब क्यों हिजाब आजकल शबाब है' (राजकुमारी) और 'दिल लेकर मुकर न जाना' (सुरेन्द्र-नूरजहाँ)।

5. पद्मभूषण मास्टर कृष्ण राव

महाराष्ट्र के आलन्दी में 12 जनवरी 1898 को जनमे मास्टर कृष्ण राव ने सिर्फ 17 वर्ष की उम्र में ही थिएटरों में संगीत देना शुरू कर दिया था। वे लगभग 20 वर्ष तक जाने-माने रंगकर्मी बाल गन्धर्व के थिएटर से जुड़े रहे। 1935 में पूना के प्रभात स्टूडियो के प्रमुख आधार-स्तम्भ व्ही. शांताराम ने बाल गन्धर्व को अपनी फिल्मों में गाने के लिए कहा तो उन्होंने यह शर्त रख दी कि इन फिल्मों में मास्टर कृष्ण राव का ही संगीत होगा। इस तरह बाल गन्धर्व के साथ-साथ मास्टर कृष्ण राव भी प्रभात स्टूडियो से जुड़ गए। उन्होंने इस प्रतिष्ठित बैनर की कई यादगार फिल्मों—'धर्मात्मा' (1935), 'अमर ज्योति' (1936), 'वाहन' (1937), 'गोपाल कृष्ण' (1938), 'आदमी', 1938 (मराठी में 'माणुस' के नाम से), 'माली' (1944) और 'लाखारानी' (1945)—इत्यादि में संगीत दिया। प्रभात के बाहर भी उन्होंने कई फिल्मों में संगीत दिया, जिनमें श्रीधर परसेकर की 'मेरी अमानत' (1947) भी शामिल थी। बहुत से जानकारों के अनुसार, 'अमर ज्योति' में शांता आप्टे द्वारा गाया गया गीत 'सुनो-सुनो वन के प्राणी, बनी हूँ आज तुम्हारी रानी' 1930 के पूरे दशक का सबसे सुपरहिट गीत था। मास्टर कृष्ण राव द्वारा संगीतबद्ध कई अन्य लोकप्रिय गीतों में 'मुझे न भेजो नदी किनारे' (शांता आप्टे, 'वाहन'), 'तू मेरी मैया मैं लाल तेरा' (राम मराठे, 'गोपाल कृष्ण'), 'अब किसलिए कल की बात' (शांता हुबलीकर, 'आदमी'), 'मैं गीत सुनाती रहती हूँ' (अनीस खातून-बलवन्त सिंह, 'पड़ोसी'), 'झनझन वीणा बाजे सरगम' (वनमाला-शाहू मोडक 'वसन्त सेना'), 'सुनो-सुनो री कान्हा ने बंसी बजाई' (अमीरबाई कर्नाटकी, 'माली') और 'उठो न भाई देखो तो भोर भई' (मास्टर कृष्ण राव, 'लाखारानी') इत्यादि शामिल थे। 15 अगस्त 1947 को देश की आजादी के दिन ऑल इंडिया रेडियो द्वारा प्रसारित पहला गीत 'वन्दे मातरम्' मास्टर कृष्ण राव की आवाज में ही था। इसके कुछ ही वर्ष बाद वे फिल्मों से रिटायर हो गए और उन्होंने कई वर्ष बाद माणिक चित्र की 'कीचक वध' (1952) में संगीत दिया। इस फिल्म में लता के एक बड़े मोहक गीत 'आज मिलन की रात है अधर न बोलें' के साथ-साथ रफी के साथ उनका एक युगल-गीत भी था—'ओहो गोरी आँखों में डाले कजरा' (राग वृन्दावनी सारंग)। देश के राष्ट्रपति द्वारा पद्मभूषण से सम्मानित मास्टर कृष्णराव पूना में सदाशिव पेठ में रहते थे। वे 86 वर्ष की उम्र में परलोक सिधार गए।

6. तिमिर बरन

के.एल. सहगल की अमर फिल्म 'देवदास' के संगीत-निर्देशक तिमिर बरन पूरी तरह संगीत-रस में डूबे भट्टाचार्य घराने से सम्बन्ध रखते थे। उनके घराने को तांत्रिक विद्या के लिए भी जाना जाता था। कभी इसी घराने का शागिर्द रहा पाथेर घाट ठाकुर घराना बाद में कलकत्ता में हिन्दुस्तानी शास्त्रीय संगीत के गढ़ के रूप में जाना जाने लगा। तिमिर बरन को इसी घराने के प्रसिद्ध संगीत केन्द्र में गुरुदेव रबीन्द्रनाथ टैगोर के सम्पर्क में आने और उनसे बहुत कुछ सीखने का अवसर मिला। बाद में वे गोवर्द्धन संगीत केन्द्र में उस्ताद अमीर खान के सम्पर्क में आए। मैहर घराने के संस्थापक उस्ताद अलाउद्दीन खान के तो वे पीछे ही पड़ गए, जब तक कि उस्ताद ने उन्हें अपना शागिर्द नहीं बना लिया। उन्होंने मैहर जाकर उस्ताद से सरोद बजाना सीखा। उनकी प्रतिभा से प्रभावित होकर महान नर्तक उदय शंकर ने उन्हें अपने नृत्यों का संगीत तैयार करने का काम सौंप दिया। उनके संगीत-संयोजक के रूप में तिमिर बरन देश-विदेश में खूब लोकप्रिय हो गए। उन्होंने मधु बोस के नाटकों में भी संगीत दिया। उनकी ख्याति से प्रभावित होकर महान फिल्म निर्देशक पी.सी. बरुआ ने उन्हें न्यू थिएटर्स की 'देवदास' (1935) में संगीत देने के लिए कहा। महान गायक-अभिनेता के.एल. सहगल के साथ जमुना की मुख्य भूमिकाओं वाली इस अमर फिल्म के बंगाली संस्करण में आर.सी. बोराल और पंकज मलिक ने मिलकर संगीत दिया था। 'देवदास' के हिन्दी संस्करण के संगीत ने देशभर में ऐसी धूम मचाई कि तिमिर बरन का नाम घर-घर का नाम बन गया। इस फिल्म के एक से एक लोकप्रिय और अमर गीतों में के.एल. सहगल के 'बालम आन बसो मोरे मन में', 'दुख के दिन अब बीतत नाहीं' और 'पिया बिन आवत नाहीं चैन' के साथ-साथ 'नाहीं आए घनश्याम' (राजकुमारी) और 'बदला हुआ जमाना था' (पहाड़ी सन्याल) इत्यादि शामिल थे। इसी तरह, न्यू थिएटर्स की 'पुजारी' (1936) में भी तिमिर बरन के संगीत ने खूब धूम मचाई थी। फिल्म के यादगार गीतों में के.एल. सहगल के

देवदास

'जो बीत चुकी सो बीत चुकी' और 'पिए जा और पिए जा' तथा के.सी. डे का 'फल कर्मों का हम क्यों भोगें' शामिल थे। 'अधिकार' (1938), 'सुहाग' (1940), 'राजनर्तकी' (1941), 'सम्पत्ति' (1949), 'बादबान' (1954) और 'अनोखी' तिमिर बरन की कुछ और यादगार हिन्दी फिल्में थीं। उन्होंने बहुत-सी बंगाली फिल्मों में भी संगीत दिया। उनकी आखिरी फिल्म 'विश्व का इतिहास' थी। उन्होंने अपना आखिरी हिन्दी गीत 'बादबान' फिल्म के लिए हेमन्त कुमार और गीता दत्त की आवाज में रिकॉर्ड किया था। अशोक कुमार, देव आनन्द, मीना कुमारी और उषा किरण की मुख्य भूमिकाओं वाली और फणी मजूमदार द्वारा निर्देशित इस फिल्म का यह महत्त्वपूर्ण गीत था—'कैसे कोई जीए जहर है जिंदगी'। 1987 में उनकी मृत्यु हो गई।

7. रफीक गजनवी

लाहौर से सम्बन्ध रखने वाले रफीक गजनवी की रगों में मानो बचपन से ही संगीत धड़क रहा था। लखनऊ में मैट्रिक की परीक्षा पास करते ही उनका पहला रिकॉर्ड जारी हो गया था। उन्हें शायरी का भी शौक था और उनकी ग़ज़लें लाहौर की मशहूर (और बदनाम) हीरा मंडी की तवायफों में खूब लोकप्रिय थीं। रफीक अपनी शायरी और संगीत के साथ-साथ अपने रूमानी मिजाज के लिए भी मशहूर थे। निर्माता-निर्देशक जे.के. नन्दा के साथ उनका लम्बा जुड़ाव रहा, जिन्होंने उन्हें पहला ब्रेक भी दिया था। लाहौर में ओरिएंटल फिल्म्स के बैनर तले निर्मित इस फिल्म का नाम 'पवित्र गंगा' (1932) था। उनकी अन्य प्रमुख फिल्मों में 'पृथ्वीराज संयोगिता' (1933), 'जवानी दीवानी' (1934), 'प्रेम पुजारी' (1935)—जिसमें संवाद लिखने के साथ-साथ उन्होंने नायक की भूमिका भी निभाई थी—'कौन किसी का' (1939), 'सितारा' (1939), 'अपनी नगरिया' (1941), सोहराब मोदी की ऐतिहासिक फिल्म 'सिकन्दर' (1941), 'स्वामी' (1941), 'कलयुग' (1942), 'सोसायटी' (1942), 'किसकी बीवी' (1942), 'दुल्हन' (1943) और नूरजहाँ की मुख्य भूमिका वाली 'नौकर' (1943) शामिल थीं। रफीक गजनवी कई बड़े बैनरों की प्रतिष्ठित फिल्मों में संगीत देने के लिए भी याद किए जाते हैं। इनमें सोहराब मोदी के मिनर्वा मूवीटोन की 'सिकन्दर' के अलावा 'पृथ्वी बल्लभ' (1943) और 'एक दिन का सुल्तान' (1946), महबूब खान की 'तकदीर' (1943), महान अभिनेत्री नर्गिस की पहली फिल्म और 'नजमा' (1943, अशोक कुमार और वीना) शामिल थीं। देश के बँटवारे के बाद रफीक गजनवी पाकिस्तान में ही रह गए और वहाँ की फिल्मों में संगीत देते रहे। उन्होंने 'मंडली' नामक एक फिल्म का निर्माण भी किया। मशहूर लेखक सआदत हसन मंटो उनके बड़े अच्छे दोस्त होने के साथ-साथ उनके सबसे बेबाक आलोचकों में से थे। बाद में रफीक गजनवी की बेटी ने एक अभिनेत्री के रूप में कई पाकिस्तानी फिल्मों में काम किया। जानी-मानी गायिका-अभिनेत्री सलमा आगा उनकी भतीजी हैं। उनके दामाद जिया सरहदी ने भी एक लेखक, निर्देशक और गीतकार के रूप में खूब नाम कमाया। रफीक गजनवी का 68 वर्ष की उम्र में पाकिस्तान में निधन हो गया।

8. ज्ञान दत्त

1930-1940 के दशकों के एक प्रमुख संगीत-निर्देशक ज्ञान दत्त को 'भक्त सूरदास' (1939) में उनके अमर संगीत के लिए आज भी याद किया जाता है। रणजीत मूवीटोन की इस फिल्म में 'पंछी बावरा चाँद से प्रीत लगाए' (खुर्शीद), 'मधुकर श्याम हमारे चोर' (के.एल. सहगल), 'मधुर-मधुर गा रे मनवा' (खुर्शीद), 'रैन गई अब आया सवेरा' (के.एल. सहगल), 'सर पे कदम्ब की छाया' (के.एल. सहगल-राजकुमारी), 'नैनहीन को राह दिखा प्रभु' (के.एल.

सहगल), 'चाँदनी रात और तारे खिले' (के.एल. सहगल-खुर्शीद), 'कदम चले आगे मन पीछे' (के.एल. सहगल) और 'दिन से दुगनी हो जाएँ रतियाँ' (के.एल. सहगल) जैसे एक से एक खूबसूरत गीत थे। इसी तरह, रणजीत स्टूडियो की ही 'सन्त तुलसीदास' (1939) भी उनके मधुर संगीत से सजी एक यादगार फिल्म थी। इस फिल्म के लोकप्रिय गीतों में 'बन चले राम रघुराई' (विष्णुपन्त पगणिस) और 'माली मेरे मन की बगिया झूली' (विष्णुपन्त पगणिस-वसन्ती) इत्यादि शामिल थे। मूलत: बंगाली लेकिन बैंगलोर (अब बंगलुरु) में जनमे ज्ञान दत्त रणजीत स्टूडियो के स्थाई संगीत-निर्देशक थे। उनके द्वारा संगीतबद्ध रणजीत मूवीटोन की अन्य फिल्मों में 'बाजीगर' (1938), 'वन की चिड़िया' (1938), 'सेक्रेटरी' (1938), 'अधूरी कहानी' (1939), 'नदी किनारे' (1939), 'ठोकर' (1939), 'अछूत' (1940), 'चिंगारी' (1940) और 'मुसाफिर' (1940) इत्यादि शामिल थीं। खुर्शीद उनकी चहेती गायिका थीं और उनके बहुत से गीत उन्हीं की आवाज में थे। ज्ञान दत्त ने रणजीत स्टूडियो के अलावा कई बाहर की फिल्मों में भी संगीत दिया। इनमें 'तितली' (1938), 'आपकी मर्जी' (1939), 'मुराद' (1939), 'सजनी' (1940), 'बेटी' (1941), 'कंचन' (1941), 'अरमान' (1942), 'रिटर्न ऑफ तूफान मेल' (1942), 'सवेरा' (1942), 'बाँसुरी' (1943), 'पैगाम' (1943), 'नर्स' (1943), 'पन्नादाई' (1945), 'कमला' (1946), 'गीत गोविन्द' (1947), 'चन्दा की चाँदनी' (1948), 'सुनहरे दिन' (1949; राज कपूर, रेहाना), 'दिलरुबा' (1950; देव आनन्द, रेहाना), 'गजल' (1951) और 'दरियाई लुटेरा' (1952) इत्यादि शामिल थीं। उनकी आखिरी दो हिन्दी फिल्में 'गुल-ए-बकावली' (1956) और 'जनम जनम के साथी' (1965) थीं। ज्ञान दत्त द्वारा संगीतबद्ध अन्य लोकप्रिय गीतों में 'हम तुमसे माँगते हैं आँखों के बदले आँखें' (अमीरबाई कर्नाटकी, 'बाँसुरी'), 'इक मीठी नजर बनके समा जाओ' (राजकुमारी, 'ससुराल'), 'जो दिल में दर्द बनके आए थे' (सुरेन्द्र, 'पैगाम'), 'मत छेड़ दिलों के तार' (शमीम, 'रिटर्न ऑफ तूफान मेल'), 'कोयलिया मोरे अंगना में आना री' (निर्मला देवी, 'सवेरा'), 'कर ले रूप सिंगार तुझे पिया बुलावे' (के.सी. डे, 'अँधेरा'), 'कहानी बन गई मोरी' (खुर्शीद, 'नर्स'), 'अपने ही रंग रंग डारूँ श्याम तोहे' (मन्ना डे-राजकुमारी, 'गीत गोबिन्द'), 'मीठी-मीठी बातें सुनाके' (गीता दत्त, 'लाल दुपट्टा'), 'जो साँस हूँ मैं' (रफी, 'हुआ सवेरा'), 'मैंने देख ली जग की रीत' (मुकेश-शमशाद बेगम, 'सुनहरे दिन'), 'आज हमें चाँद लागे प्यारा' (बीनापानी मुखर्जी, 'गजल'), 'दिल टूटा हुआ' (मीना कपूर, 'घायल') और 'चिड़ैया उड़ी जाय रे' (मुकेश-गीता दत्त, 'दिलरुबा') इत्यादि शामिल थे। उनकी कुछ प्रमुख हिट फिल्में थीं—'भक्त सूरदास', 'सन्त तुलसीदास', 'बेटी', 'नर्स', 'अँधेरा' और 'सुनहरे दिन'। 3 दिसम्बर 1974 को ज्ञान दत्त का बम्बई में निधन हो गया।

9. पं. गोविन्दराम

फिल्म संगीत की दुनिया में पं. गोविन्दराम का नाम आज भी जादू-सा असर करता है, खासकर फिल्म संगीत के पुराने जानकारों में। हिन्दुस्तानी शास्त्रीय संगीत की बहुत गहरी जानकारी रखने वाले पं. गोविन्दराम अपने समय के अग्रणी और सबसे प्रतिष्ठित संगीत-निर्देशकों में से थे। 'जीवन ज्योति' (1937) से अपने कैरियर की शुरुआत करने के बाद उन्होंने लगभग दो दशकों तक बहुत-सी फिल्मों में संगीत दिया। इनमें 'खूनी जादूगर' (1939), 'हिम्मत' (1941), 'आबरू' (1943), 'पगली' (1943), 'सहारा' (1943), 'सलमा' (1943), 'चालीस करोड़' (1945), 'लैला मजनूँ' (1945), 'हमारा संसार' (1945), 'नसीब' (1945), 'परिन्दे' (1945), 'रत्नावली' (1945), 'सस्सी पुन्नू' (1946), 'दो दिल' (1947), 'दूसरी शादी' (1947), 'घर की इज्जत' (1948; दिलीप कुमार, मुमताज शांति), 'निस्बत' (1949), 'भोली' (1949), 'माँ का प्यार' (1949), 'राजमुकुट' (1950), 'चोर' (1950), 'शादी की रात' (1950), 'सरकार' (1951), 'जीवन नौका' (1952), 'राजमहल' (1953) और 'नकाब' (1955; शम्मी कपूर, मधुबाला) इत्यादि शामिल थीं। उन्होंने कई पंजाबी फिल्मों में भी संगीत दिया था। उनके द्वारा संगीतबद्ध पंजाबी फिल्म 'मंगनी' ने तो सफलता के सभी रिकॉर्ड तोड़ दिए थे। लाहौर में लगातार 75 हफ्तों तक चलने वाली इस फिल्म के संगीत ने तूफान-सा मचा दिया था। इसी तरह, उनके द्वारा संगीतबद्ध 'हिम्मत' (1941) और 'आबरू' (1942) में लगभग एक जैसा एक बेहद लोकप्रिय मुजरा था, जिसे बरसों बाद गुलाम मुहम्मद ने 'पाकीजा' (1972) के सुपरहिट मुजरे 'इन्हीं

लोगों ने ले लीन्हा दुपट्टा मेरा' का आधार बनाया। पं. गोविन्द राम की सबसे सफल फिल्मों में 'दूसरी शादी', 'लैला मजनूँ', 'निस्बत', 'घर की इज्जत' और 'भोली' इत्यादि शामिल थीं। निर्माता-निर्देशक रूप के. शोरी और राम दरयानी, मशहूर कॉमेडियन गोप और गीतकार ईश्वर चन्द्र (आई.सी.) कपूर (हमारे पारिवारिक मित्र भरत कपूर के पिता) के साथ पं. गोविन्द राम का लम्बा जुड़ाव रहा। ये सभी उनके घनिष्ठ मित्रों में भी शामिल थे। पंडितजी द्वारा संगीतबद्ध कुछ यादगार गीत थे—'जा रहा है कारवाँ जिंदगी का कारवाँ' (जोहराबाई-खान मस्ताना, 'लैला मजनूँ'), 'कौन जीवन में मेरे समाए जा रहा है' (जोहराबाई, 'हमारा संसार'), 'ऐ दिल-ए-नाकाम अब जीने की तमन्ना छोड़ दे' (रफी, 'हमारा संसार'—इस गीत को मुहम्मद रफी का पहला हिट सोलो-गीत माना जाता है), 'कभी तो जागो ऐ सोनेवालो' (पारुल घोष, 'परिन्दे'), 'ये मेरे मैं इनकी हूँ' (नसीम अख्तर-सुरेन्द्र, 'रत्नावली'), 'मौसम बहार का आया' (जोहराबाई-शमशाद बेगम, 'सस्सी पुन्नू'), 'कागज की मेरी नाव और दूर है किनारा' (सुरैया-मुकेश, 'दो दिल'), 'मन भूली कथाएँ याद न कर' (शमशाद बेगम, 'दूसरी शादी'), 'बाग में कोयलिया यही गाए रे' (जोहराबाई-शमशाद बेगम, 'घर की इज्जत'), 'मोहे लहंगा ला दे मखमल का' (शमशाद बेगम, 'माँ का प्यार'), 'रुखसत हुई हर शोखी' (शमशाद बेगम, 'निस्बत'), 'दिल तोड़ने वाले क्या तूने किया है' और 'सो जा मेरे नन्हे' (लता, 'भोली' और 'माँ का प्यार'), 'तू चन्दा क्यों मुस्काए' (लता, 'चोर'), 'कभी ऐसे में आ जाओ बलम' (लता, 'सरकार'), 'हम दिल की कहानी क्या कहते' (लता, 'शादी की रात'), 'दो दिलों के मिल जाने का बहाना' (मुकेश, 'राजमुकुट'), 'कारी-कारी रात अंधियारी रात' (लता, 'जलपरी'), 'प्रेम के सुहाने गीत गा' (रफी-शमशाद, 'जीवन नौका'), 'बनाने वाले क्या तूने यही दुनिया बनाई' (रफी-आशा, 'जलपरी'), 'कुछ जान न थी पहचान न थी' (आशा भोंसले, 'राजमहल'), 'कुछ दिल की लगी कुछ तू ही बता इस इश्क में क्या-क्या होता है' (लता) और 'कब तक उठाएँ और ये गम-ए-इन्तजार' (रफी-लता, दोनों 'नकाब'; शम्मी कपूर, मधुबाला)। पं. गोविन्द राम से जुड़ा एक दिलचस्प तथ्य यह भी है कि के. आसिफ की भव्य और अमर फिल्म 'मुगले-ए-आजम' के संगीत के लिए पहले उन्हीं को साइन किया गया था, लेकिन निर्माता शिराजी के पाकिस्तान चले जाने के कारण यह फिल्म खटाई में पड़ गई। कुछ वर्ष बाद यह दोबारा शुरू हुई तो पं. गोविन्द राम फिल्मी दुनिया से रिटायर हो चुके थे, इसलिए उनकी जगह नौशाद को ले लिया गया। संगीत के तथाकथित पंजाबी स्कूल से सम्बन्ध रखने के बावजूद पंडितजी बहुमुखी प्रतिभा वाले संगीतकार थे और उच्चस्तरीय और विविधतापूर्ण संगीत के प्रतीक थे।

10. रामचन्द्र पाल

कलकत्ता में जनमे (1909) रामचन्द्र पाल बॉम्बे टॉकीज के एक प्रमुख संगीत-निर्देशक के रूप में जाने जाते हैं। उन्होंने सरस्वती देवी के साथ और अलग से भी हिमांशु राय के इस विख्यात और प्रतिष्ठित स्टूडियो की कई यादगार फिल्मों में संगीत दिया। उस्ताद बादल खान से संगीत की शिक्षा प्राप्त करने के बाद रामचन्द्र पाल ने सबसे पहले एक तमिल फिल्म 'बिलवा मंगलम' में संगीत दिया। इसके बाद उन्होंने दो बंगाली फिल्मों 'रजनी' (1936) और 'इंडिया' (1936) में संगीत दिया। इसी वर्ष उन्होंने अपनी पहली हिन्दी फिल्म 'प्रेम सागर' (1936) में भी संगीत दिया। इस फिल्म के निर्देशक नरोत्तम व्यास उनकी प्रतिभा से इतने प्रभावित हुए कि उन्होंने उनका नाम बॉम्बे टॉकीज के मालिक हिमांशु राय को सुझाया। हिमांशु राय ने उन्हें अपने स्टूडियो के एक नियमित संगीतकार के रूप में नियुक्त कर दिया। इसके बाद रामचन्द्र पाल ने स्टूडियो की बहुत-सी प्रतिष्ठित फिल्मों में संगीत दिया, जिनमें से कुछ में उन्होंने सरस्वती देवी के साथ मिलकर काम किया। इनमें अशोक कुमार और लीला चिटणिस की मुख्य भूमिकाओं वाली 'कंगन' (1939) और 'बन्धन' (1940) जैसी सुपरहिट फिल्में शामिल थीं। उनके द्वारा संगीतबद्ध 'पुनर्मिलन' के निर्माण के दौरान नायक किशोर साहू और नायिका स्नेहप्रभा प्रधान विवाह बन्धन में बँध गए, हालाँकि उतनी ही जल्दी उनका तलाक भी हो गया। रामचन्द्र पाल द्वारा संगीतबद्ध (सरस्वती देवी के साथ मिलकर) कुछ अन्य प्रसिद्ध फिल्में थीं—'आजाद' (1940), 'नया संसार' (1941), 'कुँवारा बाप' (1942), 'उलझन' (1942), 'आगे कदम' (1943), 'तसवीर' (1943), 'नल दमयन्ती' (1945), 'तारामती' (1945), 'लाज' (1946), 'फिर भी अपना है' (1946), 'उवर्शी' (1946) और 'घर घर की कहानी' (1947)। बरसों बाद उन्होंने 'राज नन्दिनी' (1962) नामक एक फिल्म का निर्माण और निर्देशन किया,

जिसमें उन्हीं का संगीत था। इसके बाद वे फिल्मी दुनिया से रिटायर हो गए। वे दादर के शिवाजी पार्क में केलुस्कर रोड पर रहा करते थे। उनके द्वारा संगीतबद्ध कुछ लोकप्रिय गीतों में 'क्यों बाजे हृदय-वीणा के तार' (अशोक कुमार-लीला चिटणिस, 'कंगन'), स्वतंत्रता आन्दोलन के दौरान पूरे देश का राष्ट्रीय गीत बन गया सुपरहिट 'चल-चल रे नौजवान' (अशोक कुमार, 'बन्धन', कवि प्रदीप द्वारा रचित), 'नाचो-नाचो प्यारे मन के मोर' (अरुण कुमार-स्नेहप्रभा प्रधान, 'पुनर्मिलन'), 'एक नया संसार बसा लें' (अशोक कुमार-रेणुका, 'नया संसार'), 'काहे पाप से पाप छुपाए' (खुद रामचन्द्र पाल की आवाज में, 'कुँवारा बाप', प्रसिद्ध साहित्यकार अमृतलाल नागर द्वारा रचित'), 'नई दुनिया बसा ले' (राधारानी, 'लाज') तथा एक और महान साहित्यकार भगवती चरण वर्मा द्वारा रचित और खुद रामचन्द्र पाल द्वारा गाया गया 'पतझड़ के दिन काटे गिन-गिन', 'घर घर की कहानी' शामिल थे। इसी फिल्म का एक और मर्मस्पर्शी गीत 'आज चन्दा को रुलाती है मेरी आवाज' भी खूब लोकप्रिय हुआ था।

11. जी.ए. चिश्ती

फिल्म संगीत के पंजाबी स्कूल के एक प्रमुख प्रतिनिधि जी.ए. चिश्ती ने किसी की शार्गिदगी करने की बजाय खुद ही संगीत सीखा था। उनकी मार्गदर्शक 'मार्फत-उल-नगमात' नामक एक किताब थी। बाद में लाहौर में आगा हश्र कश्मीरी से मिलने के बाद उन्होंने उनसे भी संगीत के कुछ गुर सीखे। जलन्धर के पास एक गाँव में जनमे जी.ए. चिश्ती के संगीत कैरियर की शुरुआत जद्दनबाई और अमीरबाई कर्नाटकी जैसी महान गायिकाओं के कुछ गैर-फिल्मी गीतों की रिकॉर्डिंग से हुई। इसके बाद उन्होंने 'दीन-ओ-दुनिया' (1936), रूप के. शोरी निर्मित 'सोहनी महिवाल' (1938) और 'पाप की नगरी' (1939) नामक फिल्मों में संगीत दिया। कुछ समय कलकत्ता में बिताने के बाद वे पंजाब लौट आए, जहाँ उन्होंने निर्माता-निर्देशक आर.सी. तलवार की कई फिल्मों में संगीत दिया। इनमें पंजाबी फिल्म 'परदेसी ढोला' (1941) के साथ-साथ हिन्दी फिल्म 'खामोशी' (1942) भी शामिल थी। चिश्ती खुद भी एक अच्छे-खासे शायर और गीतकार थे और अपनी बहुत-सी फिल्मों के गीत खुद ही लिखा करते थे। उनकी अन्य प्रमुख फिल्मों में 'मनचली' (1943), केदार शर्मा की 'कलियाँ' (1944), आर.सी. तलवार द्वारा निर्मित और एच.एस. रवेल द्वारा निर्देशित सुपरहिट 'शुक्रिया' (1944), 'अलबेली' (1945), 'जिद' (1945), 'ये है जिंदगी' (1947), 'झूठी कसमें' (1948), एच.एस. रवेल की 'दो बातें' (1949), एस.डी. नारंग की 'नई भाभी' (1950) और 'जवानी की आग' (1951) शामिल थीं। युगल-गीतों में बातचीत के अन्दाज का सूत्रपात करने और तथाकथित 'हिचकी-गानों' की शुरुआत का श्रेय 'चिश्ती बाबा' के नाम से मशहूर जी.ए. चिश्ती को दिया जाता है। उनकी फिल्म 'शुक्रिया' (1944) के एक गीत 'नैना के तीर चला गई शहर की लौंडिया' ने तो इतनी धूम मचा दी थी कि कॉलेज के लड़के यह गीत गाकर लड़कियों को छेड़ने लगे थे। इस गीत को लेकर पंजाब में उठे तूफान के बाद सरकार को इस पर प्रतिबन्ध लगाना पड़ा था। जी.ए. चिश्ती कई वर्षों तक हिन्दी सिनेमा के चोटी के संगीतकारों में शामिल रहे। जाने-माने संगीत-निर्देशक खय्याम भी कभी उनके सहायक हुआ करते थे, भले ही बिना किसी वेतन के। वे 'चिश्ती बाबा' को बड़े प्यार से याद करते थे। देश के बँटवारे के बाद जी.ए. चिश्ती लाहौर में ही रह गए और पाकिस्तानी फिल्मों में संगीत देते रहे। वहाँ की पहली सिल्वर जुबली हिट फिल्म 'फेरे' में संगीत देने का श्रेय भी उन्हीं को जाता है। उनकी सफलता और लोकप्रियता का यह हाल था कि उन्होंने अपनी जिंदगी में लगभग 250 फिल्मों में संगीत दिया। इनमें से कई सुपरहिट फिल्में थीं। 25 दिसम्बर 1994 को 89 वर्ष की उम्र में चिश्ती बाबा का लाहौर में निधन हो गया।

12. शंकर राव व्यास

संगीत की दुनिया में शंकर राव व्यास का नाम बहुत सम्मान के साथ लिया जाता है। 23 जनवरी 1898 को महाराष्ट्र के कोल्हापुर में जनमे शंकर राव व्यास शास्त्रीय संगीत के पंडित माने जाते थे। उनके गुरु उस जमाने के अत्यन्त प्रतिष्ठित संगीतज्ञ पं. विष्णु दिगम्बर पलुस्कर थे। शंकर राव व्यास ने शास्त्रीय संगीत पर कई पुस्तकें लिखने के साथ-साथ गुजरात संगीत विद्यालय (अहमदाबाद) और व्यास संगीत विद्यालय (मुम्बई) जैसी संगीत संस्थाओं की भी स्थापना की। वे भट्ट भाइयों के प्रतिष्ठित बैनर प्रकाश पिक्चर्स से जुड़े एक जाने-माने संगीत-निर्देशक थे। उनकी प्रमुख फिल्मों में 'हुकुम हाइनेस' (1937), 'पूर्णिमा' (1938), 'मि. एक्स' (1938), 'लेडीज ओनली' (1939), 'एक ही भूल' (1940), 'सरदार' (1940), 'नरसी भक्त' (1940), 'भरत मिलाप' (1942), 'राम राज्य' (1943), 'विक्रमादित्य' (1945), 'घूँघट' (1946), 'मेरा गीत' (1946), 'वाल्मीकि' (1946), 'भक्त ध्रुव' (1947), 'भक्त बिलवामंगल' (1948), 'भक्त गोपाल भैया' (1948), 'राम बाण' (1948), 'भगवान श्री कृष्ण' (1950), 'राम दर्शन' (1950), 'द्रौपदी वस्त्रहरण' (1952), 'इन्द्रासन' (1952), 'हरी दर्शन' (1953), 'रामायण' (1954), 'महापूजा' (1954), 'राजयोगी भृतिहरी' (1954) और 'गंगा मैया' (1955) शामिल थीं। जैसाकि इस सूची से स्पष्ट है, उन्होंने अधिकांशतः धार्मिक फिल्मों में संगीत दिया। विजय भट्ट द्वारा निर्देशित 'राम राज्य' (1943) उनकी सफलतम फिल्म थी। प्रेम अदीब और शोभना समर्थ की मुख्य भूमिकाओं वाली इस फिल्म ने देशभर में ऐसी धूम मचाई कि लोग प्रेम अदीब और शोभना समर्थ को राम और सीता के रूप में देखने लगे। इस फिल्म में शंकरराव व्यास का संगीत भी खूब लोकप्रिय हुआ। फिल्म के कई यादगार और अमर गीतों में 'भारत की एक सन्नारी की हम कथा सुनाते हैं' (राम आप्टे-मधुसूदन), 'वीणा मधुर-मधुर कुछ बोल' (सरस्वती देवी, राग भीमपलासी) और 'हुए सूर्यदेव जगदीश' (फूलाजी बुआ) शामिल थे। इस फिल्म में प्रसिद्ध गायक मन्ना डे के भी कुछ गीत थे, जो तब सिर्फ बाइस वर्ष के थे। उनका नाम उनके यशस्वी चाचा के.सी. डे ने सुझाया था। (दृष्टिहीन के.सी. डे सिर्फ अपने ऊपर फिल्माए गए गीत गाते थे।) वयोवृद्ध महर्षि वाल्मीकि के पात्र पर फिल्माए गए मन्ना डे के ये गीत थे—'अजब लेख विधि का पढ़ा न जाए', 'चल तू दूर नगरिया' और 'त्यागमयी तू गई'। इसके बाद मन्ना डे शंकराव व्यास के एक प्रमुख गायक बन गए। 'भरत मिलाप' (1942) में भी 'आए रघुवीर आए गंगा के तीर' (अमीरबाई कर्नाटकी), 'श्री रामचन्द्र कृपालु भज राम' और 'रघुकुल रीत सदा चली आई' (दोनों जी.एम. दुर्रानी) जैसे कई लोकप्रिय गीत थे। लेकिन हमारी नजर में शंकराव व्यास द्वारा संगीतबद्ध सर्वश्रेष्ठ गीत था फिल्म 'राम विवाह' (1949) का सुपरहिट 'हे चन्द्रवदन चन्दा की किरण तुम किसका चित्र बनाती हो' (राजकुमारी), भले ही इसमें अनिल बिस्वास के 'दिल जलता है तो जलने दे' (मुकेश, 'पहली नजर') की कुछ झलक थी।

13. के. दत्ता

मुम्बई के गिरगाँव में जनमे कोरेगांवकर दत्ता 1940 के दशक के एक प्रमुख संगीत-निर्देशक थे। उनकी पहली फिल्म मास्टर विनायक (प्रसिद्ध अभिनेत्री नन्दा के पिता) की 'मेरा हक' (1939) थी। उन्होंने महान गायिका-अभिनेत्री नूरजहाँ की कुछ फिल्मों 'नादान' (1943) और 'बड़ी माँ' (1945) इत्यादि में भी संगीत दिया था। 'बड़ी माँ' के गीतों ने तो धूम ही मचा दी थी। इनमें 'दिया जलाकर आप बुझाए', 'आ इन्तजार है तेरा', 'तुम हमको भुला बैठे हो' और 'किसी तरह से मुहब्बत में चैन पा न सके' जैसे नूरजहाँ के सुपरहिट गीत शामिल थे। कहते हैं कि 'दिया जलाकर आप बुझाए' से महान संगीतकार ओ.पी. नैयर इतने चमत्कृत थे कि उन्होंने के. दत्ता को एक पियानो भेंट कर दिया था इसी तरह, 'नादान' में भी नूरजहाँ के कई लोकप्रिय गीत थे—'रोशनी अपनी उमंगों की', 'अब तो नहीं दुनिया में कहीं अपना ठिकाना', 'एक अनोखा गम एक अनोखी', 'दिल दूँ कि न दूँ' और 'नाचती जा गाए जा'। के. दत्ता नूरजहाँ की आवाज पर इस कदर फिदा थे कि उनके पाकिस्तान चले जाने के बाद उन्होंने आह भरते हुए कहा था—''नूरजहाँ चली गई और अपने साथ मेरा साज भी ले गई!'' बाद में उनके द्वारा संगीतबद्ध लता के कई गीत भी नूरजहाँ के ही अन्दाज में ढले हुए थे। इनमें 'ये दुनिया बड़ी बेवफा' और 'कैसे तुम बिन कटेगी' ('गुमशता', 1951), 'अश्कों से लिखी तकदीर मेरी' और 'तिरुलेला

चित्रलेखा

तिरुलेला गाए लता गाए लता' ('दामन', 1951), 'साजन से पहली बार हम' और 'बेदर्द जमाने से शिकवा' ('रिश्ता', 1954) जैसे लता के कई लोकप्रिय गीत शामिल थे। के. दत्ता द्वारा संगीतबद्ध कुछ अन्य प्रमुख फिल्में थीं—'अलख निरंजन' (1940), 'गीता' (1940), 'याद' (1942), 'यतीम' (1945), 'शाहकार' (1947), 'रंगमहल' (1948), 'मेरी कहानी' (1948) और 'हरिहर भक्ति' (1956)। बरसों बाद उन्होंने एक और फिल्म 'अजनबी' (1966) में भी संगीत दिया, जो उनकी आखिरी फिल्म थी। उनके द्वारा संगीतबद्ध अन्य लोकप्रिय गीतों में 'कयामत है कि हम इक बेवफा से प्यार करते हैं' (राजकुमारी, 'यतीम'); 'जाने वाले जरा दुनिया का चलन देखता जा' (सुरैया), 'दिल की दुनिया में' (सुरेन्द्र-गीता दत्त) और 'दिलवाले दिल का मेल' (लता, सभी 'मेरी कहानी'); 'चकोरी का चन्दा से प्यार' (लता), 'याद आने लगी दिल दुखाने लगी' (रफी-लता) और 'ये रुकी-रुकी हवाएँ ये बुझे-बुझे सितारे' (लता-आशा, सभी 'दामन'); 'क्या खबर थी कि तमन्ना खाक में मिल जाएगी' (मुबारक बेगम) और 'वही चाँदनी है वही आसमाँ है' (तलत महमूद, दोनों 'रिश्ता') इत्यादि शामिल थे। अपने बाद के वर्षों में के. दत्ता संगीत की बजाय ज्योतिष-शास्त्र में दिलचस्पी लेने लगे थे। 23 दिसम्बर 1978 को मुम्बई में उनकी मृत्यु हो गई।

14. पं. अमरनाथ

हुस्नलाल-भगतराम के नाम से मशहूर दो भाइयों की जोड़ी के प्रेरणा-स्रोत और इन दोनों के बड़े भाई पं. अमरनाथ हिन्दी और पंजाबी फिल्म संगीत के तथाकथित 'पंजाबी स्कूल' के एक प्रमुख हस्ताक्षर माने जाते हैं। उनके कैरियर की शुरुआत अपनी जन्मस्थली जलन्धर में नाटकों में अभिनय करने और गीत गाने से हुई। उस जमाने के जाने-माने निर्माता-निर्देशक रूप के. शोरी ने उन्हें अपनी फिल्म 'निशानी' (1942) में एक संगीत-निर्देशक के रूप में पहला ब्रेक दिया, जिसके बाद पं. अमरनाथ ने बहुत-सी फिल्मों में संगीत दिया। इनमें 'कोयल' (1944), 'दासी' (1944), 'इरादा' (1944), 'धमकी' (1945), 'कैसे कहूँ' (1945), 'रागिनी' (1945), 'शीरीं फरहाद' (1945), 'शहर से दूर' (1946), 'शाम सवेरा' (1946), 'आए बहार' (1946), 'झुमके' (1946), 'पगडंडी' (1947) और 'पतझड़' (1948) के साथ-साथ सुपरहिट 'मिर्जा साहिबां' (1947) शामिल थीं। प्रधान पिक्चर्स की 'दासी' (1944) ने भी खूब धूम मचाई थी, जो जाने-माने कॉमेडियन अभिनेता ओमप्रकाश की पहली फिल्म थी। इस फिल्म में पं. अमरनाथ की चहेती गायिका जीनत बेगम के कई सुपरहिट गीत थे—'धान के खेत में न जइयो मोरे राजा', हो या 'रसिया कभी ले चल तू जमुना के पार' और 'सुबह हुई और पंछी जागे'। पं. अमरनाथ कई वर्षों तक एच.एम.वी. संगीत कम्पनी से भी जुड़े रहे, जिसके लिए उन्होंने कई गैर-फिल्मी ग़ज़लों, ठुमरियों और गीतों के रिकॉर्ड तैयार किए। इनमें चमत्कारी बाल गायक मास्टर मदन की एलबमें भी शामिल थीं, जिनके कुछ मशहूर गीत थे—'यूँ न रह-रहकर हमें', 'हसरत से तक रहा है', 'चेतता है तो', 'बागाँ विच', 'गोरी तोरी बइयाँ', 'मोरी विनती मानो कान्हा रे', 'रावी तो कर ले पार' और 'मन की मन में ही रही'। पं. अमरनाथ द्वारा संगीतबद्ध लोकप्रिय फिल्मी गीतों में 'श्याम दिल लेके रूठ गए' (शमशाद बेगम, 'निशानी'), 'जब तुम यहाँ हम यहाँ' (मुनव्वर सुल्ताना, 'धमकी'), 'बरसात की रात काली-काली रे' (जीनत बेगम, 'शहर से दूर'), 'टूटे हुए दो दिल', (जीनत बेगम, 'कैसे कहूँ'), 'फिर मुहब्बत के पयाम आने लगे' (हेमन्त कुमार, 'इरादा'), 'उठ सोए हुए हुस्न तुझे इश्क जगाए' (जोहराबाई, 'रागिनी')—बरसों बाद शकील बदायूँनी ने इसी मुखड़े में हल्का-फुल्का बदलाव करके 'मेरे महबूब' (1963) का सुपरहिट 'ऐ हुस्न जरा जाग तुझे इश्क जगाए' (रफी) रचा—'ये दिल ये मेरे प्यार का घर तेरे लिए है' (शमशाद-एस.डी. बातिश, 'झुमके') और 'बस इक निगाह में' (जीनत बेगम, 'झुमके') शामिल थे। उनकी सही मायनों में आखिरी फिल्म 'मिर्जा साहिबां' (1947) के गीतों ने तो ऐसी धूम मचाई कि सब देखते रह गए। इनमें 'क्या यही तेरा प्यार था' (नूरजहाँ), 'हाथ सीने पे जो रख दो' (नूरजहाँ-जी.एम. दुर्रानी), 'तुम आँखों से दूर हो' (नूरजहाँ-जी.एम. दुर्रानी), 'सामने गली में मेरा घर है' (जोहराबाई) और 'रात रंगीली आई चाँदनी छाई' (नूरजहाँ, शमशाद बेगम-जोहराबाई) जैसे सुपरहिट गीत शामिल थे। अफसोस, इस फिल्म और इसके गीतों की धमाकेदार सफलता को देखने के लिए पं. अमरनाथ इस दुनिया में नहीं रहे थे। इस फिल्म के निर्माण के दौरान ही सिर्फ 35 वर्ष की उम्र में उनकी मृत्यु हो गई थी और फिल्म के संगीत का बचा हुआ काम उनके दोनों भाइयों हुस्नलाल और भगतराम ने पूरा किया था।

15. खुर्शीद अनवर

ख्वाजा खुर्शीद अनवर भी पं. अमरनाथ की तरह फिल्म संगीत के पंजाबी स्कूल से सम्बन्ध रखते थे। वे शायद सबसे ज्यादा शिक्षित संगीत-निर्देशक भी थे। उन्होंने न सिर्फ दर्शन-शास्त्र में एम.ए. की डिग्री प्राप्त की थी बल्कि इंडियन सिविल सर्विस (आई.सी.एस.) की लिखित परीक्षा भी पास की थी। लेकिन किसी जिले का कमिश्नर या कलेक्टर बनने की बजाय उन्होंने संगीत की दुनिया में प्रवेश करना बेहतर समझा। उस्ताद तवक्कल हुसैन खान से संगीत की शिक्षा प्राप्त करने के बाद वे लाहौर के ऑल इंडिया रेडियो से जुड़ गए और इसके संगीत विभाग में एक प्रोड्यूसर के रूप में काम करने लगे। उनकी पहली फिल्म 'कुड़माई' (1941) ए.आर. कारदार द्वारा निर्मित एक पंजाबी फिल्म थी। जे.के. नन्दा द्वारा निर्देशित 'इशारा' (1943) उनकी पहली हिन्दी फिल्म थी, जिसमें पृथ्वीराज कपूर और सुरैया मुख्य भूमिकाओं में थे। खुर्शीद अनवर के संगीत की एक खासियत यह थी कि वे आवाज की टोन पर बहुत ज्यादा जोर देते थे। मेलोडी में इस माइक्रो टोनल प्रभाव के साथ-साथ वे हरियाणा की लोक-शैली का भी भरपूर प्रयोग करते थे। उनके द्वारा संगीतबद्ध कुछ प्रमुख फिल्मों में 'परख' (1944), 'यतीम' (1945), 'आज और कल' (1945), 'पगडंडी' (1947), 'सिंगार' (1949), 'निशाना' (1950) और 'नीलमपरी' (1952) के साथ-साथ के.एल. सहगल की आखिरी फिल्म 'परवाना' (1947) भी शामिल थी। के.एल. सहगल के साथ सुरैया की मुख्य भूमिकाओं वाली इस फिल्म के गीतों ने खूब धूम मचाई थी। इनमें 'उस मस्त नजर पर पड़ी जो नजर' (के.एल. सहगल), 'जब तुम ही नहीं अपने दुनिया ही बेगानी है' (सुरैया), 'मुहब्बत में कभी ऐसी भी हालत पाई जाती है' (के.एल. सहगल), 'मेरे मुंडेरे न बोल' (सुरैया) और 'सैयाँ ने उंगली मरोड़ी' (राजकुमारी) जैसे सुपरहिट गीत शामिल थे। खुर्शीद अनवर द्वारा संगीतबद्ध अन्य लोकप्रिय गीतों में इरा निगम (जो बाद में रोशन से विवाह करके इरा रोशन बन गईं) द्वारा गाए गए 'परख' के 'कोई क्या जाने दर्द हमारा' के साथ-साथ 'झूम रही बागों में भीगी हुई डालियाँ' (राजकुमारी-जी.एम. दुर्रानी, 'यतीम'); 'दिल आने के ढंग निराले हैं' (सुरेन्द्र कौर) और 'चन्दा रे मैं तेरी गवाही लेने आई' (सुरैया, दोनों 'सिंगार'), और अशोक कुमार और मधुबाला की मुख्य भूमिकाओं वाली 'निशाना' में गीता दत्त का 'कभी मुरली बजाई श्याम ने' शामिल थे। देश के बंटवारे के बाद खुर्शीद अनवर पाकिस्तान चले गए, जहाँ उन्होंने बहुत-सी फिल्मों में संगीत दिया। उन्हें अपने मुल्क के 'म्यूजिकल स्पोक्समैन' के रूप में भी जाना जाता रहा। 30 अक्टूबर 1985 को 75 वर्ष की उम्र में उनका निधन हो गया।

16. कमल दासगुप्ता

ढाका (अब बांग्लादेश) में जन्मे कमल दासगुप्ता फिल्म संगीत के बंगाली स्कूल का प्रतिनिधित्व करते थे। वे अपने समय के व्यस्तम और प्रचुर मात्रा में संगीत रचने वाले संगीतकार थे। हिन्दी फिल्मों के अलावा उन्होंने लगभग अस्सी बंगाली फिल्मों में भी संगीत दिया और गैर-फिल्मी गीतों को मिलाकर उनके द्वारा संगीतबद्ध गीतों की संख्या आठ हजार से भी अधिक है। उनका शिक्षण और प्रशिक्षण भी बहुत ऊँचे स्तर का था। कलकत्ता अकादमी में मैट्रिक पास करने के बाद उन्होंने कोमिला विक्टोरिया कॉलेज से बी.कॉम किया और फिर मीराबाई पर अपने काम के लिए बनारस हिन्दू विश्वविद्यालय से डॉक्टरेट की उपाधि प्राप्त की। उन्होंने पहले अपने संगीत रसिक पिता प्रसन्न दासगुप्ता और फिर अपने बड़े भाई बिमल दासगुप्ता से संगीत की आरम्भिक शिक्षा प्राप्त की—जो एक जादूगर भी थे। इसके बाद उन्होंने दिलीप कुमार रॉय, काना केस्ता और उस्ताद जमीरुद्दीन खान जैसे जाने-माने गुरुओं से संगीत सीखा। रवीन्द्र संगीत की गहरी जानकारी प्राप्त करने के साथ-साथ कमल दासगुप्ता बहुत अच्छा हारमोनियम भी बजाने लगे। दरअसल, वे एक जीनियम से कम नहीं थे और बांग्ला, हिन्दी, उर्दू और तमिल में बड़ा अच्छा गाते थे। वे उतने ही अच्छे कम्पोजर भी थे। उनका संगीत शास्त्रीय-संगीत और खासकर ठुमरी शैली से प्रेरित था। तथाकथित 'हिन्दुस्तानी-गीतों' के चलन की शुरुआत का श्रेय भी उन्हीं को दिया जाता है, जो दरअसल उनके द्वारा संगीतबद्ध कई महान गायक-गायिकाओं के गैर-फिल्मी गीत थे और 78 आरपीएम डिस्क पर जारी किए जाते थे। इन महान गायकों में जुथिका रॉय, सुरसागर जगमोहन (जगमोहन मित्र), धनंजय भट्टाचार्य और मुहम्मद बख्शी जैसे अमर गायक शामिल थे। कमल दासगुप्ता द्वारा संगीतबद्ध

बनारस हिन्दू यूनिवर्सिटी

इन लोकप्रिय गीतों में जुथिका रॉय के 'आँखों में मथुरा है', 'तुलसी मीरा सूर कबीर', 'आँखों में है मदीना', 'मैं तो प्रेम दीवानी', 'घूँघट के पट खोल रे', 'पग घुँघरू बाँध मीरा नाची रे' और जगमोहन मित्र के 'दिल को है तुमसे प्यार क्यूँ' और 'आज उसने फिर देखा है' जैसे सदाबहार गैर-फिल्मी गीत शामिल थे। तलत महमूद द्वारा रिकॉर्ड किया गया सबसे पहला गीत भी कमल दासगुप्ता ने ही संगीतबद्ध किया था। यह सुपरहिट गैर-फिल्मी गीत था—'तसवीर तेरी दिल मेरा बहला न सकेगी'। तलत ने 'तपन कुमार' के नाम से उनके संगीत-निर्देशन में कई गैर-फिल्मी बंगाली गीत—'घूमेरो छाया' और 'दुती पाखी दुती तीरे' इत्यादि—भी गाए, जो खूब लोकप्रिय हुए। इसी तरह, 'आज शराबी आँखों से' और 'मुसीबतों को भुला रहा' जैसे हेमन्त कुमार के कई मशहूर गैर-फिल्मी गीत भी कमल दासगुप्ता ने ही कम्पोज किए थे। वे महान बांग्ला कवि काजी नजरुल इस्लाम से भी बहुत नजदीक से जुड़े हुए थे और उनके द्वारा संगीतबद्ध 'नजरुल गीते' की एक से एक लोकप्रिय एलबमों को लोग आज भी याद करते हैं। उनकी पहली फिल्म बंगाली में निर्मित 'पंडित मोशाय' (1936) थी। उनकी हिन्दी फिल्मों में पी.सी. बरुआ की क्लासिक 'जवाब' (1942) समेत 'हॉस्पिटल' (1943), 'रानी' (1943), 'मेघदूत' (1945), देवकी बोस की 'कृष्ण लीला' (1946), 'बिन्दिया' (1946), 'गिरिबाला' (1947), 'मनमोहिनी' (1947), 'फैसला' (1947), 'चन्द्रशेखर' (1948) और पी.सी. बरुआ की ही 'ईरान की एक रात' (1949) इत्यादि शामिल थीं। 'जवाब', 'हॉस्पिटल', 'मेघदूत' और 'कृष्ण लीला' जैसी फिल्मों के संगीत ने न सिर्फ खूब धूम मचाई थी बल्कि यह संगीत हिन्दी सिनेमा के अमर संगीत का भी हिस्सा है। 'जवाब' में कानन देवी के कई सुपरहिट गीतों—'कुछ याद रहे तो सुनकर जा', 'ए चाँद छुप न जाना', 'दुनिया ये दुनिया तूफान मेल' और 'दूर देश से आनेवाला' (असित बरन के साथ युगल-गीत)— को पुराने संगीत-प्रेमी आज भी बड़ी चाहत से याद करते हैं। इसी तरह, 'हॉस्पिटल' में भी 'प्रभुजी राखो लाज हमारी', 'मेरी मजबूरियों ने दामन चाक कर डाला' और 'जरा नैनों से नैना मिलाय जाओ रे' जैने कानन देवी के कई यादगार गीत थे। 'मेघदूत' में जगमोहन के 'ओ वर्षा के पहले बादल' को एक क्लासिक के रूप में याद किया जाता है। जैसाकि हम कह चुके हैं, कमल दासगुप्ता ने लगभग अस्सी बंगाली फिल्मों में भी खूब लोकप्रिय और यादगार संगीत दिया। उन्होंने विश्वयुद्ध से जुड़ी अमेरिका की एक प्रचार फिल्म का बैकग्राउंड संगीत भी दिया था। कमल दासगुप्ता ने अपनी धुनों के लिए अपनी खुद की एक 'स्वरलिपि' भी ईजाद की थी। बाद के वर्षों में उन्हें पूर्वी बंगाल की मशहूर गायिका फिरोजा बेगम से प्रेम हो गया और वे इस्लाम कबूल करके और दूसरा विवाह रचाकर उसके साथ पूर्वी पाकिस्तान (अब बांग्लादेश) में बस गए। वहीं 20 जुलाई 1974 को उनका निधन हो गया।

17. हाफिज खान

उत्तर प्रदेश में आगरा में (1917 के आसपास) जनमे हाफिज खान ने अपने संगीतज्ञ पिता से सितार बजाना सीखा और फिर कलकत्ता जाकर अपने एक अंकल से संगीत की शिक्षा ली। उनके कैरियर की शुरुआत एक रेडियो गायक के रूप में हुई। जवानी की दहलीज पर पहुँचते ही वे फिल्म जगत बम्बई जा पहुँचे, जहाँ लम्बे संघर्ष के बाद उन्हें मीर साहब द्वारा संगीतबद्ध 'बहादुर किसान' (1938) में एक गीत गाने का अवसर मिला। यह गीत था—'बालम गए परदेस री सजनी'। मीर साहब उनकी आवाज से ज्यादा उनकी संगीत प्रतिभा से प्रभावित हुए। उन्होंने उन्हें अपना सहायक नियुक्त कर लिया और इस तरह हाफिज खान ने मीर साहब के साथ सोहराब मोदी के मिनर्वा मूवीटोन की कई फिल्मों में काम किया। उनकी पहली स्वतंत्र फिल्म भी मिनर्वा मूवीटोन की ही 'वसीयत' (1940) थी। इसके बाद उन्होंने बहुत-सी फिल्मों में संगीत दिया—'विर्जीनिया' (1940), 'सर्कस की सुन्दरी' (1941), 'राजा रानी' (1942), 'बदलती दुनिया' (1943), 'राहगीर' (1943), 'तलाश' (1943), किशोर साहू की 'राजा' (1943), 'बदमाश' (1944), 'टैक्सी ड्राइवर' (1944), किशोर साहू की 'वीर कुनाल' (1945), 'एयर मेल' (1946), 'हमजोली' (1946), 'जीवन स्वप्न' (1946), 'भंवर' (1947), 'भूल न जाना' (1947), 'जमाने की हवा' (1952), 'गुनहगार' (1953), 'लकीरें' (1954; अशोक कुमार, नलिनी जयवन्त), 'वतन' (1954) और 'मेरा सलाम' (1957; भारत भूषण, बीना राय) इत्यादि। उनकी सबसे यादगार और धूम मचाने वाली फिल्म नूरजहाँ की मुख्य भूमिका वाली 'जीनत' (1945) थी। इस फिल्म में हिन्दी सिनेमा की सबसे पहली धमाकेदार कव्वाली थी—'आहें न भरीं शिकवे न किए कुछ भी न जुबाँ से

काम लिया' (जोहराबाई-नूरजहाँ)। इसके अलावा इस फिल्म में नूरजहाँ के कई और अमर गीत भी थे—'बुलबुलो मत रो यहाँ' (राग दरबारी कान्हड़ा), 'नाचो सितारो नाचो', 'आजा री निंदिया तू आ' (राग पीलू) और 'आँधियाँ गम की यूँ चलीं'। इसी फिल्म के गीत 'बुलबुलो मत रो...' के बाद नूरजहाँ को 'मलिका-ए-तुरन्नुम' कहा जाने लगा था। इतना ही नहीं, कुछ वर्ष बाद जब दुबली-पतली और कमसिन लता मंगेशकर मास्टर गुलाम हैदर से काम माँगने गईं तो उन्होंने नूरजहाँ का यही गीत गाकर सुनाया था। हाफिज खान द्वारा रची गई कई सुरीली धुनें आज भी भुलाए नहीं भूलतीं—'दिल की धड़कन पे आ' (तलत महमूद, 'लकीरें'), 'जहाँ चाँद का नूर बिखरा हुआ था' (आशा भोंसले, 'वतन'), 'हर शाम शाम-ए-गम हर रात अँधेरी है' और 'हसीं चाँद-सितारों का वास्ता आजा' (तलत-आशा, 'मेरा सलाम') इत्यादि। हाफिज खान की अपनी एक अलग शैली थी। खासकर बड़े मीठे और दिल को छू लेने वाले युगल-गीत रचने में उन्हें महारत हासिल थी। उनकी धुनें बला की नाजुक और नरम-मुलायम होती थीं और गायक-गायिकाओं को मीठे से मीठा गाने के लिए प्रेरित करती थीं। हिन्दी फिल्मों को कई मीठे गीत देने वाले इस प्रतिभाशाली संगीतकार का 6 मार्च 1972 को सिर्फ पचपन वर्ष की उम्र में माहिम (मुम्बई) के उनके घर में निधन हो गया।

18. फिरोज निजामी

1940 के दशक के एक प्रमुख संगीत-निर्देशक फिरोज निजामी 1916 के आसपास लाहौर (अब पाकिस्तान में) में पैदा हुए थे। वे मशहूर क्रिकेटर नजर मुहम्मद के बड़े भाई थे। संगीत के किराना घराने से जुड़े जाने-माने शास्त्रीय गायक होने के साथ-साथ फिरोज निजामी को पढ़ने-लिखने का भी खूब शौक था। उनके मित्रों में सआदत हसन मंटो और कृश्न चन्दर जैसे उर्दू के चोटी के लेखक शामिल थे। उन्होंने खुद भी शास्त्रीय संगीत पर एक प्रतिष्ठित पुस्तक 'असरार-ए-मौसिकी' लिखी थी, जो पंजाब यूनिवर्सिटी के पाठ्यक्रम में शामिल थी। उन्होंने सूफी दर्शन पर भी 'सरचश्मा-ए-हयात' नाम से एक पुस्तक लिखी थी। लाहौर के इस्लामिया कॉलेज में अपनी पढ़ाई पूरी करने और उस्ताद अब्दुल वहीद खान से संगीत की शिक्षा पाने के बाद वे दिल्ली में ऑल इंडिया रेडियो के लिए काम करने लगे। तब वे पुल बंगश नामक इलाके में रहा करते थे और मंटो और कृश्न चन्दर के साथ-साथ संगीत-निर्देशक ख्वाजा खुर्शीद अनवर भी उनके मित्रों में शामिल थे। इन्हीं मित्रों के माध्यम से बम्बई की फिल्मी दुनिया से उनका परिचय हुआ और उन्हें संगीत-निर्देशक के रूप में अपनी पहली फिल्म 'विश्वास' (1943) मिल गई। वाडिया मूवीटोन द्वारा निर्मित इस फिल्म में सुरेन्द्र और महताब मुख्य भूमिकाओं में थे। इसी फिल्म में सुरेन्द्र ने अपने सबसे पहले गीत भी गाए थे—'दुनिया नई बसाई सजनी' और 'सावन की रुत आए सजनवा'। मजहर आर्ट्स की 'बड़ी बात' (1944), के.एम. मुल्तानी की 'उमंग' (1944); सी.एम. लोहार की 'उस पार' (1944); एस.एम. यूसुफ की 'पिया मिलन' (1945) और 'नेक परवीन' (1946); आर.सी. ठाकुर की 'शरबती आँखें' (1945), 'अली बाबा' (1946), 'रंगीन कहानी' (1947); एस.एम. यूसुफ की 'पति सेवा' (1947) और दिलीप कुमार और नूरजहाँ की मुख्य भूमिकाओं वाली सुपरहिट 'जुगनू' (1947) फिरोज निजामी की कुछ अन्य प्रमुख फिल्में थीं। शौकत हुसैन रिजवी द्वारा निर्मित 'जुगनू' मलिका-ए-तरन्नुम नूरजहाँ के साथ अभिनय-सम्राट दिलीप कुमार की इकलौती फिल्म थी, जिसे लोग आज भी बड़ी चाहत से याद करते हैं। इस फिल्म का संगीत भी उतना ही लाजवाब था—ऐसा धूम मचाने वाला अमर संगीत कि फिरोज निजामी के नाम को जिंदा रखने के लिए यह एक फिल्म ही काफी है। फिल्म के सभी गीत सुपरहिट थे। नूरजहाँ और रफी के 'यहाँ बदला वफा का बेवफाई के सिवा क्या है' ने तो पूरे देश में तूफान ही मचा दिया था। यह गीत महान गायक मुहम्मद रफी का भी पहला सुपरहिट गीत था। नूरजहाँ के अन्य धूम मचाने वाले गीतों में 'हमें तो शाम-ए-गम' में काटनी है जिंदगी अपनी', 'आज की रात सजा-ए-पुरदर्द न छेड़', 'तुम भी भुला दो हम भी भुला दें' और 'उमंगें दिल की मचलीं मुस्कराई जिंदगी अपनी' शामिल थे। रोशनआरा बेगम का 'देश की पुरकैफ रंगीली फिजाओं में' और रफी का 'वो अपनी याद दिलाने को' भी

खूब लोकप्रिय हुए थे। इस फिल्म के अलावा फिरोज निजामी द्वारा संगीतबद्ध कुछ अन्य यादगार गीत थे—'विश्वास' की बेहद खूबसूरत ग़ज़ल 'भूल जा जो देखता है'; 'बड़ी बात' में 'इकरार के पर्दे में मुझको न सजा देते' (अमीर बाई) और 'जाऊँ कैसे मैं बीच बजार' (राजकुमारी); 'उस पार' में 'जरा बोलो री हाँ क्या लोगी' (मुकेश-कुसुम) और 'पंछी भूला कल का गाना' (जी.एम. दुर्रानी); 'अमर राज' में 'मैं कह छेड़ूँ अमर तराना' (रफी-मोहनतारा); 'पिया मिलन' में 'आए दिन पिया मिलन के आए' (जोहराबाई) और 'रंगीन कहानी' में 'तुम बिन कौन सहारा भगवन' (अमीरबाई) । देश के बंटवारे के बाद फिरोज निजामी पाकिस्तान चले गए, जहाँ उन्होंने 'दुपट्टा', 'चनवे', 'किस्मत' और 'मंजिल' जैसी बहुत-सी मशहूर फिल्मों में संगीत दिया। वे पाकिस्तान आर्ट काउंसिल के चेयरमैन भी रहे।
15 नवम्बर 1975 को लाहौर में उनका निधन हो गया।

19. बुलो सी. रानी

अविभाजित भारत के सिन्ध प्रान्त में 6 मई 1921 को जन्मे बुलो सी. रानी 1940 और 1950 के दशकों के एक महत्त्वपूर्ण संगीत-निर्देशक थे। उनके पिता चन्दीरमानी भी एक जाने-माने संगीतकार थे। फिल्मी दुनिया का आकर्षण बुलो सी. रानी को लाहौर खींच ले गया, जहाँ उनकी मुलाकात महान संगीत-निर्देशक मास्टर गुलाम हैदर से हुई। उन्होंने मास्टरजी को नूरजहाँ का मशहूर गाना 'तू कौन-सी बदली में मेरे चाँद है आजा' ('खानदान') रिकॉर्ड करते देखा और उनके साथ काम करने के लिए बेचैन हो उठे। लेकिन मास्टरजी शायद उनसे इतने प्रभावित नहीं हुए और उन्हें कोई काम नहीं दे पाए। इसके बाद बुलो सी. रानी उस जमाने के चोटी के गीतकार डी.एन. (दीनानाथ) मधोक से मिले। मधोक उन्हें अपने साथ बम्बई (अब मुम्बई) ले गए; जहाँ उन्होंने उन्हें एक और महान संगीत-निर्देशक खेमचन्द प्रकाश से मिलवाया। खेमचन्द प्रकाश ने उनकी प्रतिभा को पहचाना और उन्हें अपना सहायक नियुक्त कर लिया। बुलो सी. रानी ने उनके साथ 'चाँदनी', 'दुख सुख', 'तानसेन', 'प्रभु का घर' और 'शहंशाह बाबर' इत्यादि फिल्मों में काम किया। ये सब रणजीत मूवीटोन की फिल्में थीं। रणजीत स्टूडियो ने ही 'पगली दुनिया' (1944) में उन्हें एक स्वतंत्र संगीत-निर्देशक के रूप में पहला ब्रेक दिया। इसके बाद बुलो सी. रानी ने बहुत-सी फिल्मों में संगीत दिया—'चाँद चकोरी' (1945), 'मूर्ति' (1945), 'प्रीत' (1945), 'धरती' (1946), 'राजपूतनी' (1946), 'श्रवण कुमार' (1946), 'कौन हमारा' (1947), 'वो जमाना' (1947), 'बेला' (1947), 'पिया घर आजा' (1947, इस फिल्म में महान अभिनेत्री मीना कुमारी ने भी कुछ गीत गाए थे), 'अंजुमन' (1948), 'गण सुन्दरी' (1948), 'मिट्टी के खिलौने' (1948), 'भूल भुलैया' (1949), 'गरीबी' (1949), 'बिछड़े बालम' (1949), 'जोगन' (1950; केदार शर्मा की इस मशहूर फिल्म में नर्गिस और दिलीप कुमार थे), 'मगरूर' (1950), 'लवंगी' (1950), 'प्यार की बातें' (1951), 'इज्जत' (1952), 'बगदाद' (1952), 'निर्मल' (1952), 'गुल सनोवर' (1953), 'हुस्न का चोर' (1953), 'औरत तेरी यही कहानी' (1954), 'बिलवा मंगल' (1954; सी.एच. आत्मा और सुरैया की मुख्य भूमिकाओं वाली मशहूर फिल्म), 'हसीना' (1955), 'मधुर मिलन' (1955), 'शिकार' (1955), 'नूरे चमन' (1956), 'जहाजी लुटेरा' (1957), 'जीवनसाथी' (1957), 'अल-हिलाल' (1958), 'टिन टिन टिन' (1959), 'ब्लैक टाइगर' (1960), 'अनारबाला' (1961), 'रूम नं. 17' (1961), 'श्रीगणेश' (1962), 'हकदार' (1964), 'सन ऑफ हातिमताई' (1965), 'सुनहरे कदम' (1966) और 'नकली शान' (1972)। उनकी सबसे धूम मचाने वाली फिल्म केदार शर्मा की 'जोगन' (1950) थी, जिसमें गीता दत्त के कई सुपरहिट गीत थे—'घूँघट के पट खोल रे तोहे पिया मिलेंगे' (राग दरबारी), 'मत जा मत जा मत जा जोगी' (राग भैरवी), 'डारो रे रंग डारो रे' (राग तिलक कामोद), 'जरा थम जा तू ऐ सजना', 'जिन आँखों की नींद', 'प्यारे दर्शन दीजो आय' और 'सखी री चितचोर नहीं आए'। मीरा के इन गीतों के अलावा फिल्म में कई और यादगार गीत भी थे—'सुन्दरता के सभी शिकारी' (तलत महमूद), 'उठ तो चले अवधूत' (रफी) और 'काहे नैनों में कजरा डाले री' (शमशाद बेगम)। बुलो सी. रानी द्वारा संगीतबद्ध अन्य लोकप्रिय गीतों में 'कारवाँ' में 'आँखों में इन्तजार की दुनिया' (जोहराबाई); 'मूर्ति' में 'हवा तू कासिद बनकर आना' (अमीरबाई), 'अम्बुआ पे कोयल बोले' (खुर्शीद), 'हसीनों से हसीनों को मुहब्बत हो ही जाती है' (मुकेश) और 'बदरिया बरस गई उस पार' (खुर्शीद-हमीदा-मुकेश); 'अंजुमन'

में 'कैसे बताऊँ उनसे इस दिल को प्यार क्यों है' (मुकेश-शमशाद); 'राजपूतनी' में 'जा परवाने जा कहीं शमा जल रही है' (मुकेश-हमीदा); 'मिट्टी के खिलौने' में 'दिल से तेरा ख्याल न जाए तो क्या करूँ' (शमशाद बेगम), 'मधुर सुरों में सुनो' (बाद के वर्षों के जाने-माने निर्माता-निर्देशक राज खोसला की आवाज में) और 'किसी ने हमसे पूछा मुहब्बत किसको कहते हैं' (रफी); 'मगरूर' में 'बड़ी भूल हुई तुझे प्यार किया' (श्रीमती बिशनीलाल); 'प्यार की बातें' में 'मस्त चाँदनी झूम रही है' (मुकेश-गीता दत्त); 'गुल सनोबर' में 'इसे न और लूटिए' (लता); 'बिलवा मंगल' में 'मोहन प्यारे अब आ रे साज पे गा रे' (सी.एच. आत्मा) और 'हम इश्क के मारों को' (सुरैया); 'मधुर मिलन' में 'दिल प्यार की महफिल है' (लता) और 'कभी आँसू बहते हैं' (रफी-तलत); 'अल-हिलाल' की सुपरहिट और अमर कव्वाली 'हमें तो लूट लिया मिलके हुस्नवालों ने' (इस्माइल आजाद) शामिल थे। भरपूर सफलता और प्रसिद्धि बटोरने वाले बुलो सी. रानी 1960 के दशक के बाद धीरे-धीरे लुप्त होते और फिल्म संगीत से दूर होते चले गए। यह भी एक विचित्र पहेली है कि 73 वर्ष की पकी उम्र में स्वाभाविक मृत्यु का इन्तजार करने की बजाय उन्होंने 24 मई 1993 को खुद ही अपनी जिंदगी खत्म कर देने का फैसला कर लिया।

20. विनोद

लाहौर में 28 मई 1922 को जनमे और बचपन में एरिक रॉबर्ट्स के नाम से जाने जाने वाले विनोद 'एक थी लड़की' (1949) के धूम मचाने वाले गीत 'लारा लप्पा लारा लप्पा लाई रखदा' के लिए याद किए जाते हैं। उन्होंने कुल 37 (32 हिन्दी और 5 पंजाबी) फिल्मों में संगीत दिया, जिनमें से ज्यादातर कॉमेडी फिल्में थीं। फिर भी, सिर्फ 37 वर्ष की उम्र में इस दुनिया से चले गए विनोद अपनी एक छाप जरूर छोड़ गए। उनकी शुरुआत लाहौर के एक होटल में पियानो बजाने से हुई थी। वहीं वे हुस्नलाल और भगतराम के बड़े भाई पं. अमरनाथ के सम्पर्क में आए, जिनसे उन्होंने संगीत के विभिन्न रागों की बारीकियों को समझने के साथ-साथ धुनें बनाना भी सीखा। 1945 में पं. अमरनाथ के असामयिक निधन के बाद विनोद को उनकी कुछ अधूरी फिल्मों—'खामोश निगाहें', 'पराए बस में' और 'कामिनी —को पूरा करने का अवसर मिला। इस बीच वे लाहौर के जाने-माने निर्माता-निर्देशक रूप के. शोरी और उनकी अभिनेत्री पत्नी मीना शोरी के सम्पर्क में आए। उन्होंने एक पंजाबी और तीन हिन्दी फिल्मों में संगीत दिया, लेकिन ये सब की सब फ्लॉप हो गईं। 1947 में देश के बंटवारे के बाद शोरी दम्पती लाहौर से बम्बई चले आए तो अपने साथ विनोद और गीतकार अजीज कश्मीरी को भी लेते आए। विनोद ने रूप के. शोरी द्वारा निर्मित और मोतीलाल और मीना शोरी की मुख्य भूमिकाओं वाली 'एक थी लड़की' (1949) में संगीत दिया। बस, फिर क्या था, इस खूब मजेदार कॉमेडी फिल्म और इसके संगीत ने ऐसा तहलका मचाया कि विनोद रातोरात एक जाने-माने संगीत-निर्देशक बन गए। फिल्म के सभी गीत सुपरहिट थे। 'लारा लप्पा लारा लप्पा लाई रखदा' (लता-रफी-जी.एम. दुर्रानी) के अलावा ये धूम मचाने वाले गीत थे—'ये शोख सितारे' (रफी-लता), 'घिर-घिर के आई बदरिया सजनवा' (लता) और 'अब हाल-ए-दिल या हाल-ए-जिगर कुछ न पूछिए' (रफी-लता)। इस फिल्म के बाद अगले दस वर्षों में विनोद ने बहुत-सी फिल्मों में संगीत दिया, जिनमें से ज्यादातर, जैसाकि हमने कहा, कॉमेडी फिल्में थीं। इनमें से कुछ प्रमुख फिल्में थीं—'अनमोल रतन' (1950), 'वफा' (1950), 'सब्जबाग' (1951), 'फॉर लेडीज ओनली' (1951), 'आग का दरिया' (1953), 'लाड़ला' (1954), 'ऊटपटांग' (1955), 'हा हा ही ही हो हो' (1955), 'जलवा' (1955), 'मक्खीचूस' (1956), 'श्री नकद नारायण' (1956), 'शेख चिल्ली' (1957), 'गरम गरम' (1957), 'मुमताज महल' (1957) और उनके असामयिक निधन के बाद रिलीज होने वाली 'देखी तेरी बम्बई' (1961) और 'एक लड़की सात लड़के' (1961)।

विनोद ठेठ पंजाबी किस्म के नौजवान थे और लता मंगेशकर के साथ उनकी बहुत अच्छी जमती थी। उनके कुछ अन्य लोकप्रिय गीत थे—'अनमोल रतन' में 'फिर याद आ रहे हैं याद आने वाले' (लता-तलत), 'मेरे द्वार खुले हैं' (लता), 'जब किसी के रुख पे जुल्फें' (तलत) और 'शिकवा तेरा मैं गाऊँ' (लता-तलत); 'वफा' में 'कागा रे जा रे' (लता); 'तितली' में 'मेरा मन झूम झूम लहराए' (तलत-आशा भोंसले); 'मुखड़ा' में 'हमारी गली आओ श्याम' (जीनत बेगम); 'सब्जबाग' में 'मेरे दिल के तड़पने का तमाशा' (लता) और 'अपनी तसवीर से कह दो' (रफी-आशा); 'आग का

दरिया' में 'इक दिल हजार गम'; 'एक दो तीन' में 'आ जा रे बलम तुझे मेरी कसम' (संध्या मुखर्जी); 'लाड़ला' में 'प्यार नहीं छुपता छुपाने से' (तलत-आशा); 'उटपटांग' में 'मुहब्बत ने हमको दिए कैसे धोखे' (लता); 'मुमताज महल' में 'अपना बनाके फिर क्यों भुलाया' (तलत-सुधा मल्होत्रा)।

प्रतिभाशाली विनोद का निधन एक अनहोनी घटना से कम नहीं था। एक दिन हजामत बनाते हुए उनका चेहरा जरा-सा छिल गया। इसी जरा से घाव ने टिटनेस का रूप ले लिया और कुछ ही दिनों में 25 दिसम्बर 1959 को उनका निधन हो गया। जैसाकि हमने कहा, वे सिर्फ 37 वर्ष के थे।

21. एस.के. पाल

सूर्यकान्त पाल बॉम्बे टॉकीज के संगीत-निर्देशक रामचन्द्र पाल के भतीजे थे। उन्होंने डब्ल्यू.जेड. अहमद के बैनर शालीमार पिक्चर्स की बहुत-सी फिल्मों में संगीत दिया, तो उस जमाने की जानी-मानी अभिनेत्री नीना के साथ अपने विवाह के कारण भी चर्चा में रहे। एस.के. पाल द्वारा संगीतबद्ध फिल्मों में शालीमार पिक्चर्स की 'एक रात' (1942), 'प्रेम संगीत' (1943), सुपरहिट 'मन की जीत' (1944), 'गुलामी', 'पृथ्वीराज संयोगिता' (1946), 'मीराबाई' (1947) और 'रंगीला राजस्थान' शामिल थीं। इसके अलावा उन्होंने प्रभात स्टूडियो की 'भीष्म प्रतिज्ञा' (1946), 'सीधा रास्ता' (1947), इंडिया फिल्म कॉरपोरेशन की 'नई रात' (1945), 'बेबस' (1950), 'सागर' (1951), बिमल राय की 'माँ' (1952), 'प्यासे नैन' (1954) और बॉम्बे टॉकीज के तकनीशियनों द्वारा निर्मित 'बादबान' (1954) इत्यादि में भी संगीत दिया। अशोक कुमार, देव आनन्द, मीना कुमारी और उषा किरण की मुख्य भूमिकाओं वाली 'बादबान' में उन्होंने तिमिर बरन के साथ मिलकर संगीत दिया था। 'ढोला मारू' (1957) उनकी आखिरी फिल्म मानी जाती है। एस.के. पाल द्वारा रचे गए लोकप्रिय गीतों में 'प्रेम संगीत' का 'घायल करके हमसे पूछते हो दर्द होता है' (कवि भरत व्यास द्वारा रचित); 'मन की जीत' के 'मोरा जोबना का देखो उभार' (जाने-माने जोश मलीहाबादी द्वारा रचित यह गीत अपने आपमें एक आश्चर्य था), 'नगरी मेरी कब तक यूँ ही बर्बाद रहेगी' और 'ऐ चाँद न इतराना' (दोनों सितारा ऑफ कानपुर की आवाज में); 'पृथ्वीराज संयोगिता' का 'सुन्दर सपना बनके आती' (नीना-सितारा ऑफ कानपुर); 'शहजादी का बन्द कलियों को' (जोश मलीहाबादी रचित); 'नई रीत' का 'आओ जीवन का गान गाएँ' (मीना कपूर); 'भीष्म प्रतिज्ञा' का 'चंचल पवन चले' (गीता दत्त); 'बटोही' का 'भजन बिना इस तन का क्या' (मन्ना डे), 'संसार' का 'रो रो कर तेरी राह तकूँ' (गीता दत्त); 'माँ' का वो आँखें क्या आँखें' (मन्ना डे); 'बादवान' का कैसे कोई जीए जहर है जिंदगी' (हेमन्त कुमार और गीता दत्त के अलग-अलग वर्जन); 'प्यासे नैन' का 'मेरे जीवन में आया है कौन' (तलत-आशा भोंसले) और 'ढोला मारू' का 'काजल बिन मेरी फीकी हैं अखियाँ' (लता) शामिल थे।

22. लच्छीराम

कुछ ही फिल्मों में संगीत देने वाले लच्छीराम भले ही आज एक भूला-सा नाम हों, लेकिन उनके द्वारा संगीतबद्ध कुछ सुरीले गीत आज भी हवाओं में गूँज रहे हैं। प्रतिभाशाली लच्छीराम का जन्म हिमाचल प्रदेश की कुठार रियासत में हुआ था, जहाँ उनके पिता राणा साहब जगजीत चन्द्र राजदरबार में एक ऊँचे अधिकारी थे। पर लच्छीराम बचपन में ही अपने पिता को खो बैठे और एक सहृदय संगीत-प्रेमी के घर में पले-बढ़े। संगीत की आरम्भिक शिक्षा भी उन्हें उन्हीं से मिली। इसके बाद लच्छीराम ने उस्ताद नूर खान से भी संगीत सीखा, जो राजदरबार के एक नामी संगीतकार थे। युवावस्था में

प्रवेश करने के बाद लच्छीराम दिल्ली चले आए, जहाँ उन्होंने एच.एम.वी. संगीत कम्पनी के लिए हिमाचल प्रदेश के कई लोक-गीतों के साथ-साथ बहुत-सी ग़ज़लें भी रिकॉर्ड कीं। उनके द्वारा संगीतबद्ध पहली ग़ज़ल 'हमसे खताएँ होंगी हमसे कसूर होगा' (डॉ. नज्मी द्वारा रचित) ने खूब धूम मचा दी। लच्छीराम ने ऑल इंडिया रेडियो के लिए कई गीत भी गाए। उनके द्वारा गाया मिर्जा गालिब का 'दिल ही तो है न संग-ओ-खिश्त' खूब लोकप्रिय हुआ। शायर और गीतकार अजीज कश्मीरी ने उनकी प्रतिभा से प्रभावित होकर उन्हें लाहौर के मशहूर निर्माता-निर्देशक रूप के. शोरी से मिलवाया। लच्छीराम रूप.के. शोरी के लिए 750 रुपए महीने की तनख्वाह पर काम करने लगे, जो उन दिनों बहुत बड़ी रकम थी। उन्होंने लाहौर में निर्मित 'शालीमार' और 'बदनामी' जैसी फिल्मों में पं. अमरनाथ के सहायक के रूप में काम किया। देश के बँटवारे के दिनों में लच्छीराम हिमाचल प्रदेश लौट गए, जहाँ कुछ समय नाहर (जिला सिरमौर) में बिताने के बाद उन्होंने बम्बई (अब मुम्बई) की फिल्म नगरी में अपना भाग्य आजमाने का फैसला किया। उन्हें जल्दी ही एक स्वतंत्र संगीत-निर्देशक के रूप में अपनी पहली फिल्म भी मिल गई। 'आरसी' (1947) नामक इस सिल्वर जुबली फिल्म ने इतनी धूम मचाई कि लच्छीराम का नाम सफल संगीत-निर्देशकों में गिना जाने लगा। 'चम्पा' (1947), 'मोहिनी' (1947), 'डायरेक्टर' (1947), 'बिरहन' (1948), 'गुरु दक्षिणा' (1950) और 'मधुबाला' (1950) उनकी कुछ अन्य शुरुआती फिल्में थीं। देव आनन्द और मधुबाला की मुख्य भूमिकाओं वाली 'मधुबाला' के बाद लच्छीराम के कैरियर का सुनहरी दौर शुरू हो सकता था, लेकिन दुर्भाग्यवश उन्हीं दिनों उन्हें टीबी की घातक बीमारी ने आ घेरा और उन्हें ठीक होने में कई वर्ष लग गए। इसके बाद कुछ फिल्मों में सुपरहिट संगीत देने के बावजूद वे ज्यादा उभर नहीं पाए। उनकी अन्य फिल्में थीं—'महारानी झाँसी' (1952), 'अमीर' (1954), 'शहीद भगत सिंह' (1954), 'गुरु घंटाल' (1956), 'दो शहजादे' (1956), 'हजार परियाँ' (1959), 'रजिया सुल्तान' (1961) और 'मैं सुहागन हूँ' (1964)। उनके द्वारा संगीतबद्ध लोकप्रिय गीतों में 'आरसी' का 'क्या हमसे पूछते हो किधर जा रहे हैं हम' (एस. डी. बातिश), 'बिहरन' का 'टूटे हुए दिल की न सुनो हमसे कहानी' (दिलशाद बेगम), 'मधुबाला' के 'प्यार भी दर्द बनेगा' (आशा भोंसले), 'जवानी के जमाने में जो दिल न लगाएगा' (तलत-शमशाद), 'अब न जागेगी ये किस्मत' (आशा भोंसले) और 'ये दुनिया है बेवफाई की' (जी.एम. दुर्रानी), 'अमीर' का 'तुम्हें याद होगा बाग-ए-मुहब्बत हमने लगाया था' (आशा भोंसले),'गुरु घंटाल' का 'हम आपके हैं हमसे तो पर्दा न कीजिए' (रफी-आशा), 'शहीद भगत सिंह' का रामप्रसाद बिस्मल रचित 'सरफरोशी की तमन्ना अब हमारे दिल में है' (रफी) और 'दो शहजादे' के 'धड़कते हुए दिल को' (मुबारक बेगम) और 'जिंदगी के साज पर नगमा-ए-बहार गा' (आशा भोंसले) शामिल थे। परंतु लच्छीराम को उनकी आखिरी दो फिल्मों के सुपरहिट संगीत के लिए सबसे ज्यादा याद किया जाता है। खासकर 'रजिया सुल्तान' (1961) का 'ढलती जाए रात कह ले दिल की बात, शमा परवाने का न होगा फिर साथ' (रफी-आशा) एक लाजवाब डुएट था और आज भी खूब लोकप्रिय है। इसी तरह, उनकी आखिरी फिल्म 'मैं सुहागन हूँ' (1964) में भी कई सदाबहार गीत थे—'तू शोख कली मैं मस्त पवन' (रफी-आशा), 'ऐ दिल मचल-मचल के मिल' (लता), 'सब जवाँ सब हसीं कोई तुझसा नहीं' (रफी), 'ये किस मंजिल पे ले आई' (तलत) और 'गोरी तेरे नैना काजर बिन काले' (रफी-आशा)। लच्छीराम भले ही आज हमारे बीच न हों लेकिन उनके ये सुरीले और लुभावने गीत आज भी कभी कानों में पड़ जाते हैं तो मन झूम उठता है।

23. अविनाश व्यास

अहमदाबाद में 21 जुलाई 1912 को जनमे अविनाश व्यास गुजराती फिल्मों के सबसे चोटी के संगीत-निर्देशकों में गिने जाते हैं। उन्होंने लगभग 175 गुजराती फिल्मों में 12,000 से भी अधिक गीतों की रचना की। इतना ही नहीं, संगीतकार होने के साथ-साथ वे एक लेखक, गायक और अभिनेता भी थे। हिन्दी सिनेमा के साथ भी वे बहुत करीब से जुड़े रहे और उन्होंने 'महासती अनुसूया' (1943) से लेकर 'डाकू और भगवान' (1975) तक बहुत-सी हिन्दी फिल्मों में संगीत दिया। इनमें से ज्यादा धार्मिक फिल्में थीं। उस्ताद अल्लाउद्दीन खान से संगीत की शिक्षा प्राप्त अविनाश व्यास को उनका क्रिकेट और संगीत प्रेम 1940 में बम्बई (अब मुम्बई) खींच लाया। नेशनल ग्रामोफोन कम्पनी के लिए कुछ गीत रिकॉर्ड

करने और फिर ऑल इंडिया रेडियो के लिए संगीत का सृजन करने के बाद वे महान गाँधीवादी कन्हैयालाल एम. मुंशी के सम्पर्क में आए, जिन्होंने उन्हें अपने भारतीय विद्या भवन के संगीत विभाग का प्रमुख नियुक्त कर दिया। कुछ ही वर्षों में वी.एम. व्यास निर्देशित 'महासती अनुसूया' (1943) से उनकी फिल्मी पारी की भी शुरुआत हो गई, वह भी एक स्वतंत्र संगीत-निर्देशक के रूप में। इसके बाद उन्होंने बहुत-सी फिल्मों में संगीत दिया। उनके द्वारा संगीतबद्ध प्रमुख हिन्दी फिल्में थीं—'कृष्ण भक्त बोद्धना' (1944), 'लहरी बदमाश' (1944), 'भीमसेन' (1950), सुपरहिट 'हर हर महादेव' (1950), 'दशावतार' (1951), 'जय महालक्ष्मी' (1951), 'रामजन्म' (1951), 'श्री विष्णु भगवान' (1951), 'राजरानी दमयन्ती' (1952), 'शिव भक्ति' (1952), 'वीर अर्जुन' (1952), 'भाग्यवान' (1953), 'अधिकार' (1954), 'हुकूमत' (1954), 'मलिका-ए-आलम नूरजहाँ' (1954), 'चक्रधारी' (1954), 'महापूजा' (1954), 'एकादशी' (1955), 'जगतगुरु शंकराचार्य' (1955), 'रियासत' (1955), 'अंधेर नगरी चौपट राजा' (1955), 'द्वारकाधीश' (1956), 'सुदर्शन चक्र' (1957), 'शेषनाग' (1957), 'आधी रोटी' (1957), 'नीलोफर' (1957), 'गोपीचन्द' (1958), 'जंग बहादुर' (1958), 'गृलक्ष्मी' (1959), 'हवामहल' (1962), 'कैलाशपति' (1962), 'रॉयल मेल' (1963), 'भक्त ध्रुव कुमार' (1964), 'माता महाकाली' (1968), 'सूर्यदेवता' (1969), 'बदमाश' (1969), 'तख्त और तलवार' (1970) और 'डाकू और भगवान' (1975)। गुजराती फिल्म 'मेहंदी रंग लाग्यो' उनकी सबसे सफल फिल्म थी, जिसमें राजेन्द्र कुमार और उषा किरण जैसे हिन्दी फिल्मों के बड़े सितारे थे। अविनाश व्यास द्वारा संगीतबद्ध कुछ लोकप्रिय हिन्दी गीत थे—'भीमसेन' में 'आज मोरी बगिया में बुलबुल बोले' (गीता दत्त), 'दशावतार' में 'मोरी गोरी के गाल हुए लाल रे' (आशा भोंसले), 'हर हर महादेव' में खूब धूम मचाने वाला 'कंकर कंकर से मैं पूछूँ मेरा शंकर कहाँ है' (गीता दत्त), 'श्री विष्णु भगवान' में 'सनानन सनानन चले पवन' (मालती पांडे), 'राजरानी दमयन्ती' में 'पायल के छन्द सखी बोलें' (आशा भोंसले), 'शिव भक्ति' में 'नित्य निरन्तर बोले अन्तर बोलो हर-हर शिवशंकर' (मुकेश), 'वीर अर्जुन' में 'करूँ गौरी पूजा मैं तो तन-मन से' (आशा भोंसले), 'अधिकार' में 'इक धरती है एक है गगन' (मीना कपूर) और 'कमाता हूँ बहुत कुछ कमाई पर डूब जाती है' (किशोर), 'मलिका-ए-आलम नूरजहाँ' में 'तड़प-तपड़कर जाँ दे देंगे' (आशा भोंसले), 'अंधेर नगरी चौपट राजा' में 'दीप जल रहा है मगर रोशनी कहाँ' (तलत) और 'एक बार तो मिल लो गले' (तलत-सुधा मल्होत्रा), 'चक्रधारी' में 'चोरी-चोरी चल दिए' (आशा भोंसले), 'आज गोरा हुआ रे बैरागी' (हेमन्त कुमार), 'बोलो रे जमीं बोलो आसमाँ' (रफी) और 'बादलों की पालकी पे होके सवार' (हेमन्त-आशा), 'नागमणि' में 'आज नहीं तो कल बिखरेंगे ये बादल' (गीता दत्त) और 'पिंजरे के पंछी रे' (प्रदीप), 'भक्त राज' में 'काम न आएगा ये दुनिया का मेला' (रफी), 'कैलाशपति' में 'मेरे मतवारे नैनों में' (लता, राग केदार) और 'जा रे बादल जा देश पिया के जा' (लता, राग चन्द्रकौंस), और 'रॉयल मेल' में 'जिंदगी देने वाले मेरा दिल तो लेता जा' (सुमन कल्याणपुर)। गुजराती फिल्म संगीत को एक नया आयाम देने के लिए गुजरात संगीत अकादमी के गौरव पुरस्कार के साथ-साथ पद्मश्री से सम्मानित अविनाश व्यास 29 अगस्त 1984 को अल्ट्रा माउंट रोड, मुम्बई के अपने निवास पर स्वर्ग सिधार गए।

24. नीनू मजूमदार

नीनू मजूमदार 1940 और 1950 के दशकों के एक प्रतिभाशाली संगीतकार होने के साथ-साथ एक कवि और गायक भी थे। 9 सितम्बर 1915 को बड़ौदा (अब वड़ोदरा) के गुजराती नागर ब्राह्मण परिवार में पैदा हुए नीनू को संगीत की शिक्षा घर में ही अपने पिता नगेन्द्र मजूमदार से मिली थी, जो संगीतकार होने के साथ-साथ एक फिल्म निर्देशक भी थे। बाद में उन्होंने उस्ताद इमाम अली खान और उस्ताद फैयाज खान से भी प्रशिक्षण लिया। संगीत का उन्हें इतना जुनून था कि वे मैट्रिक के बाद पढ़ाई छोड़कर पूरी तरह संगीत और उत्तर प्रदेश में अपनी पुश्तैनी खेतीबाड़ी से जुड़ गए। वहीं उनकी मुलाकात विख्यात सिद्धेश्वरी देवी से हुई, जिनसे उन्होंने ठुमरी और दादरा की शिक्षा ली। एक गायक के रूप में उन्होंने पहला गीत जाने-माने संगीत-निर्देशक एस.एन. त्रिपाठी के संगीत-निर्देशन में फिल्म 'चूड़ियाँ' (1942) के लिए गाया—'ओ जाने वाले तूने जीना जाना'। इसके बाद जल्दी ही उन्होंने एक संगीत-निर्देशक के रूप में अपनी

पहली फिल्म 'ब्लैक आउट' (1942) में संगीत दिया, जिसके बाद उन्हें बहुत-सी फिल्में मिलती चली गईं। उनकी अन्य महत्त्वपूर्ण फिल्में थीं—'अमानत' (1943), 'मास्टरजी' (1943), 'प्रतिज्ञा' (1943), 'स्कूल मास्टर' (1943), 'किरण' (1944), 'परिस्तान' (1944), 'रंगीले दोस्त' (1944), 'मैं क्या करूँ' (1945), 'गुड़िया' (1947), गजनन जागीरदार द्वारा निर्देशित राज कपूर और कामिनी कौशल की 'जेल यात्रा' (1947), महेश कौल द्वारा निर्देशित राज कपूर और तृप्ति मिश्रा की 'गोपीनाथ' (1948), खुद नीनू मजूमदार द्वारा निर्देशित 'कुछ नया' (1948), 'अफलातून' (1950), 'राज रतन' (1953), 'भाई साहब' (1954), 'तीन तसवीरें' (1954) और बरसों बाद प्रदर्शित 'पूनम का चाँद' (1967)। नीनू मजूमदार ने कई गुजराती फिल्मों में भी संगीत दिया। 'तीन तसवीरें' में उनके संगीत-निर्देशन में गाने वाली गायिका कौमुदी मुंशी बाद में उनकी जीवन-संगिनी बन गईं। 1954 में फिल्म संगीत से रिटायर होकर नीनू मजूमदार ऑल इंडिया रेडियो से जुड़ गए और 1975 तक वहीं कार्यरत रहे। फौजी भाइयों के लिए फिल्मी हस्तियों द्वारा पेश किए जाने वाले मशहूर कार्यक्रम 'जयमाला' की शुरुआत का श्रेय भी उन्हीं को दिया जाता है। नीनू मजूमदार द्वारा संगीतबद्ध कुछ लोकप्रिय फिल्मी गीत थे—'स्कूल मास्टर' में 'वो हमसे रूठे हुए हैं' (राजकुमारी), 'मैं क्या करूँ' में 'आज हँस-हँसके दो बातें' (सुरैया), 'गोपीनाथ' में 'पिया मिलने नवेली जाए रे' (राजकपूर—जी हाँ, हिन्दी सिनेमा के महान शोमैन ने खुद भी कुछ गीत गाए थे, जिनमें से यह गीत गवाने का श्रेय नीनू मजूमदार को प्राप्त है), 'आई गोरी राधिका बृज में बल खाती' (नीनू मजूमदार-मीना कपूर; राग भैरवी पर आधारित इसी गीत की धुन पर लक्ष्मीकान्त-प्यारेलाल ने राज कपूर की 'सत्यम शिवम सुन्दरम' का मशहूर गीत 'यशोमती मैया से बोले नन्दलला' रचा था), 'कुछ नया' में 'लेना फकीरी फिर कल दिलगीरी' (नीनू मजूमदार-मीना कपूर), 'भाई साहब' में 'चमन जल रहा है लुटा आशियाँ' (लता) और 'नजर ने कह दिया अफसाना मेरे प्यार का' (सी.एच. आत्मा), 'तीन तसवीरें' में 'करके सिंगार चली,' 'साँवरिया बाँसुरिया बजाए रे' और 'न पूछो जी हमसे' (सभी कौमुदी मुंशी) तथा 'पूनम का चाँद' में 'नाचो-नाचो री गुजरिया' (मन्ना डे-सुमन कल्याणपुर)। बाद में नीनू मजूमदार के बेटे उदय मजूमदार भी फिल्मों से जुड़े रहे। मशहूर टेली-सीरियल 'बुनियाद' में भी उन्होंने ही संगीत दिया था। नीनू मजूमदार की बेटी मीनल पटेल एक उत्साही रंगकर्मी हैं और हमारी बड़ी अच्छी पारिवारिक मित्र हैं। नीनू मजूमदार का 3 मार्च, 2000 को मम्बई मे निधन हो गया। वे 84 वर्ष के थे।

25. सुधीर फड़के

25 जुलाई 1919 को महाराष्ट्र के कोल्हापुर में जनमे सुधीर फड़के का बचपन का नाम राम फड़के था। लेकिन उन्हें लगा कि 'राम' और 'फड़के' के सुर आपस में लय में नहीं बैठते थे, इसलिए उन्होंने अपना नाम बदलकर सुधीर फड़के रख लिया। उन्होंने हिन्दी फिल्मों में तो संगीत दिया ही, लेकिन मराठी फिल्मों के तो वे सबसे धुरँधर संगीत-निर्देशक बन गए। फिल्म इंडस्ट्री में 'बाबूजी' के नाम से मशहूर सुधीर फड़के एक अच्छे गायक भी थे। मराठी फिल्मों के साथ-साथ उन्होंने हिन्दी में भी कुछ गीत गाए। जाने-माने संगीत विद्वान वामन राव पंढये से संगीत की शिक्षा प्राप्त करने के बाद सुधीर फड़के डॉ. भाजेकर और महाराष्ट्र संगीत विद्यालय से भी जुड़े रहे। 1941 में एच.एम.वी. संगीत कम्पनी के लिए कुछ गीत रिकॉर्ड करके उन्होंने अपने संगीत कैरियर की शुरुआत तो कर दी, लेकिन उनका सुनहरा दौर कुछ वर्ष बाद पूना (अब पुणे) के प्रभात स्टूडियो से जुड़ने के बाद शुरू हुआ। अपनी पहली फिल्म प्रदीप पिक्चर्स की 'रुक्मिणी स्वयंवर' (1946) में उन्होंने बी. वासुदेव के साथ संयुक्त रूप से संगीत दिया, जो उनके मित्र और उन्हें प्रभात स्टूडियो में ले जाने वाले स्नेहल भाटकर का ही दूसरा नाम था। इसी वर्ष उन्हें प्रभात स्टूडियो की 'गोकुल' (1946) में स्वतंत्र रूप से संगीत देने का भी अवसर मिला। इस फिल्म का संगीत पहले हुस्नलाल-भगतराम दे रहे थे, लेकिन दो गीत रिकॉर्ड करने के बाद उन्होंने फिल्म छोड़ दी और प्रभात ने इसके संगीत की जिम्मेदारी सुधीर फड़के को सौंप दी। इस फिल्म को मिलाकर सुधीर फड़के ने कुल 21 हिन्दी फिल्मों में संगीत दिया। इनमें देव आनन्द और गायिका-अभिनेत्री खुर्शीद की मुख्य भूमिकाओं वाली 'आगे बढ़ो' (1947), 'सीता स्वयंवर' (1948), 'अपराधी' (1949), 'जय भीम' (1949), 'राम प्रतिज्ञा' (1949), 'माया बाजार' (1949), 'सन्त जानाबाई' (1949), 'श्री कृष्ण दर्शन' (1950),

'मालती माधव' (1951), 'मुरलीवाला' (1951), 'पहली तारीख' (1954), 'रत्नाघर' (1955), 'सजनी' (1956), 'गज गौरी' (1958), 'गोकुल का चोर' (1959), 'भाभी की चूड़ियाँ' (1961) और 'प्यार की जीत' (1962) शामिल थीं। इसके बाद उन्होंने लम्बे अन्तरालों के साथ तीन और हिन्दी फिल्मों में संगीत दिया—'दरार' (1974), 'शेर शिवाजी' (1981) और 'सुराज' (1987)। लेकिन हिन्दी से कहीं ज्यादा नाम और सम्मान सुधीर फड़के को मराठी फिल्मों और भाव गीतों के संगीतकार के रूप में मिला। उनकी कुछ प्रमुख मराठी फिल्में थीं—'पुढ़ेचा पाउस' (1950), 'लाखाची गोड़ला' (1952), 'प्रतापगढ़' (1952), 'कुबेरचे धन' (1953), 'सौभाग्य' (1953), 'महारानी येसुबाई' (1954) और 'ऊन पाउस' (1954)। सुधीर फड़के ो जाने-माने कवि जी.डी. मद्गुलकर के साथ मिलकर 'गीत रामायण' के नाम से मराठी में एक सरलीकृत रामायण की भी रचना की, जिसके लिए उनका नाम हमेशा अमर रहेगा। इस 'गीत रामायण' के 56 गीत 1954-55 में ऑल इंडिया रेडियो पर वर्ष भर प्रसारित होते रहे थे। ये गीत खुद सुधीर फड़के की आवाज में थे। 21 हिन्दी फिल्मों के साथ-साथ मराठी की 90 फिल्मों में संगीत देने वाले सुधीर फड़के ने प्रसिद्ध गायिका ललिता देऊलकर से विवाह कर लिया। लता मंगेशकर और आशा भोंसले दोनों महान बहनों के साथ उन्हें भरपूर मात्रा में काम करने का गौरव प्राप्त है। उनके कुछ यादगार हिन्दी गीतों में 'अपराधी' में 'जान-पहचान न साहब सलाम न' (कानपुर की सितारा), 'आगे बढ़ो' में 'तकदीर में लिखा है' (खुर्शीद), 'जय भीम' में 'हम दोनों पंछी उड़े जा रहे' (ललिता देऊलकर), 'माया बाजार' में 'बिरहा सताए बैरी' (माणिक वर्मा), 'मालती माधव' में 'मन सौंप दिया अनजाने में', 'मैं यौवन की कली' और 'बाँध प्रीति फुलडोर' (सभी लता), 'मुरलीवाला' में 'चन्दा चमका नील गगन में' (लता), 'रत्नागढ़' में 'ऐसे हैं सुख सपने हमारे' (लता) और 'भाभी की चूड़ियाँ' में राग भूपाली पर आधारित लता का सुपरहिट अमर गीत 'ज्योति कलश छलके' शामिल हैं। 1991 में संगीत नाटक अकादमी के सम्मान से सुशोभित सुधीर फड़के 60 से भी अधिक वर्षों तक राष्ट्रीय स्वयंसेवक संघ के सदस्य रहे। वे गोवा के मुक्ति आन्दोलन से भी बहुत नजदीक से जुड़े हुए थे। उन्हें अमेरिका में 'इंडियन हेरिटेज फाउंडेशन' की स्थापना करने का भी गौरव प्राप्त है। जीवन के अन्तिम वर्षों में वे वीर सावरकर पर एक फिल्म बनाने के लिए बहुत ज्यादा उत्साहित थे। लेकिन 25 जुलाई 2002 को ब्रेन हेमरेज से मुम्बई में उनका निधन हो गया। उन्होंने उसी दिन अपने जीवन के 83 वर्ष पूरे किए थे।

26. स्नेहल भाटकर

बम्बई में 17 जुलाई 1919 को जनमे स्नेहल भाटकर का असली नाम वासुदेव भाटकर था। वे एक प्रतिभाशाली संगीतकार थे और नए-नए प्रयोग करने में विश्वास रखते थे। बचपन से ही संगीत के चस्के के कारण उन्होंने मैट्रिक से पहले ही पढ़ाई छोड़ दी और पूरी तरह संगीत की साधना में जुट गए। वे कुछ समय तक एच.एम.वी. संगीत कम्पनी से भी जुड़े रहे, जहाँ उनकी मुलाकात सुधीर फड़के से हुई। जैसाकि आप ऊपर पढ़ चुके हैं, उन्होंने सुधीर फड़के की पहली फिल्म 'रुक्मिणी स्वयंवर' (1946) में उनके साथ मिलकर संगीत दिया था। एच.एम.वी. कम्पनी की शर्तों के कारण उन्होंने शुरू की कुछ फिल्मों में अपने असली नाम के बजाय 'बी. वासुदेव' नाम का इस्तेमाल किया। राज कपूर और मधुबाला की मुख्य भूमिकाओं वाली 'नील कमल' (1947) और जी.ए. चिश्ती के पाकिस्तान चले जाने के बाद उनके द्वारा पूरी की गई 'कलियाँ' (1947) ऐसी ही कुछ फिल्में थीं। स्नेहल भाटकर ने किसी का शागिर्द बनने की बजाय खुद ही संघर्ष करके संगीत सीखा था। वे लड़कपन से ही गिरगाँव की भजन मंडलियों से जुड़े रहे थे और एच.एम.वी. की विभिन्न रिकॉर्डिंग में हारमोनियम बजाया करते थे। इनमें से कई रिकॉर्डिंगों में जाने-माने शास्त्रीय गायक भाग लेते थे और स्नेहल भाटकर उनसे कुछ न कुछ सीखते रहते थे। 'चित्रलेखा' के गीतों की रिकॉर्डिंग के दौरान उनकी मुलाकात महान निर्माता-निर्देशक केदार शर्मा से हुई, जिन्होंने उनकी प्रतिभा से प्रभावित होकर उन्हें 'नीलकमल' के संगीत की जिम्मेदारी सौंप दी। इसके बाद स्नेहल भाटकर को बहुत-सी फिल्में मिलती चली गईं। जैसाकि हमने कहा, उनका असली नाम वासुदेव भाटकर था लेकिन वे 'बी. वासुदेव' के नाम से संगीत देते थे। बाद में उन्होंने इस नाम की बजाय स्नेहल भाटकर के नाम से संगीत देना शुरू कर दिया। 'स्नेहल' उनकी बेटी का नाम था, लेकिन इसके बाद वासुदेव भाटकर 'स्नेहल भाटकर' के नाम से ही जाने जाने लगे। राज कपूर और मधुबाला की 'नील कमल' (1947) के अलावा उनकी

अन्य प्रमुख फिल्में थीं—'सुहागरात' (1948), 'सन्त तुकाराम' (1948), 'सती अहिल्या' (1949), 'ठेस' (1949), 'हमारी बेटी' (1950; महान अभिनेत्री नूतन की पहली फिल्म), 'नन्द किशोर' (1951), 'गुनाह' (1953), 'आज की बात' (1955), 'बिंदिया' (1955), 'दिवाली की रात' (1956), 'जलदीप' (1956), 'हरिया' (1957), 'स्काउट कैम्प' (1958), 'छबीली' (1960), 'हमारी याद आएगी' (1961), 'दीपक' (1963) और 'फरियाद' (1964)। इसके बाद लम्बे अन्तराल के बाद उनकी तीन और फिल्में आईं—'पहला कदम' (1980), 'प्यासे नैना' (1989) और 'सहमे हुए सितारे' (1994)। स्नेहल भाटकर द्वारा संगीतबद्ध कुछ यादगार फिल्मी गीत थे—'छोड़ चले मुँह मोड़ चले' (राजकुमारी, 'सुहागरात'), 'लाखी बाबुल मोरे काहे को दीन्ही बिदेस' (मुकेश, 'सुहागरात'), 'छुप-छुपके तीर चलाए न कोई' (राजकुमारी, मुकेश 'ठेस'), 'मेरे सपने बने आज अपने' (लता, 'हमारी बेटी'), 'मुहब्बत भी झूठी जमाना भी झूठा' (मुकेश, 'हमारी बेटी'), 'चन्दा तुमको लाज न आए' (लता, 'भोला शंकर'), 'राधा के मन की मुरली' (लता, 'नन्द किशोर'), 'तू इश्क से डर बेमौत न मर' (लता, 'गुनाह'), 'कभी आप हँसे कभी नैन हँसे' (लता, 'आज की बात'), 'है दिल में मिलन की आस' (तलत, 'बिन्दिया'), 'ये खुशी का समाँ जिंदगी है जवाँ (तलत, 'दिवाली की रात'), 'लहरों पे लहर उल्फत है जवाँ' (हेमन्त कुमार और नूतन के अलग-अलग वर्जन, 'छबीली'), 'ऐ मेरे हमसफर' (नूतन, 'छबीली'), 'कभी तन्हाइयों में यूँ हमारी याद आएगी' (मुबारक बेगम, राग भोमपलासी, 'हमारी याद आएगी'), 'सोचता हूँ ये किया मैंने' (मुकेश-लता, राग भैरवी, 'हमारी याद आएगी'), और स्नेहल भाटकर द्वारा रचा गया शायद सबसे खूबसूरत गीत 'हाल-ए-दिल उनको सुनाना था... सुनाया न गाया' (सुमन कल्याणपुर, 'फरियाद')। हमेशा गाँधीवादी पोशाक में दिखाई देने वाले सीधे-सादे और हँसमुख स्नेहल भाटकर आज भले ही हमारे बीच न हों, लेकिन उनके कई गीत कई पीढ़ियों को यूँ ही गुदगुदाते-लुभाते रहेंगे—'लहरों पे लहर...', 'कभी तन्हाइयों में यूँ...', 'हाल-ए-दिल उनको सुनाना था...'।

27. नाशाद

हिन्दी सिनेमा के एक महारथी संगीत-निर्देशक नौशाद के सहायक रहे नाशाद की कहानी अपने-आपमें काफी दिलचस्प है। उनका असली नाम शौकत अली था। उन्होंने अपनी पहली दो फिल्मों 'दिलदार' (1947) और 'टूटे तारे' (1948) में 'शौकत देहलवी' के नाम से, 'पायल' (1948) में 'शौकत अली' के नाम से, 'जीने दो' (1949) में 'शौकत हुसैन' के नाम से और 'आइए' (1948), 'दादा' (1949) और 'गजल' (1949) में 'शौकत हैदरी' के नाम से संगीत दिया। इसके बाद ही वे 'नाशाद' बने। उन्होंने 1964 तक भारत में रहकर हिन्दी फिल्मों में संगीत दिया और इसके बाद पाकिस्तान में जाकर वहाँ भी खूब धाक जमाई।

11 जुलाई 1923 को दिल्ली में जनमे नाशाद ने बचपन में ही बाँसुरी बजाना सीख लिया था और इस पर मुश्किल से मुश्किल धुनें निकालने लगे थे। वयस्क होने के बाद वे बम्बई (अब मुम्बई) चले आए और मास्टर गुलाम हैदर और नौशाद जैसे चोटी के संगीत-निर्देशकों के सहायक रहे। 'दिलदार' (1947) में एक स्वतंत्र संगीत-निर्देशक के रूप में ब्रेक मिलने के बाद उन्होंने विभिन्न नामों से उन सब फिल्मों में संगीत दिया जिनका जिक्र हम ऊपर कर चुके हैं। लेकिन इसके बाद मानो उनके कैरियर में एक ब्रेक-सा लग गया और उन्हें फिल्में मिलनी बन्द हो गईं। उन्हीं दिनों वे नक्शब जराचबी (जे. नक्शब) के सम्पर्क में आए, जिन्होंने उन्हें अपना नाम बदलने का सुझाव दिया। कई नाम आजमा चुके शौकत अली को खुद भी यह सुझाव पसन्द आया और उन्होंने अपना नाम बदलकर 'नाशाद' रख लिया। उन्होंने जे. नक्शब की 'नगमा' (अशोक कुमार-नादिरा) में इसी नाम से संगीत दिया और इसके बाद की सभी फिल्मों में भी। नाशाद द्वारा संगीतबद्ध अन्य प्रमुख फिल्में थीं—'दरवाजा' (1954), 'शहजादा' (1955), 'बारादरी' (1955), 'जवाब' (1955), 'हथकड़ी' (1955), 'जल्लाद' (1956), 'आवारा शहजादी' (1956), 'बड़ा भाई' (1957), 'महफिल' (1957), 'जिंदगी या तूफान' (1958), 'जरा बचके' (1959), 'कातिल' (1960), 'प्यार की दास्तान' (1961) और भारत में उनकी आखिरी फिल्म 'रूपलेखा' (1962)। उनकी सबसे ज्यादा धूम मचाने वाली फिल्मों में 'नगमा', 'चार चाँद' और सुपरहिट 'बारादरी' शामिल थीं। उनके द्वारा रचे गए लोकप्रिय गीतों में कुछ यादगार गीत

थे—'दादा' में 'तेरा किसी से प्यार था' (मुकेश-सुरेन्द्र कौर); 'आइए' में 'मोहे आने लगी अंगड़ाई' (मुबारक बेगम); 'चार चाँद' में 'है ये वही आसमाँ और है वही जमीं' (तलत और आशा भोंसले के वर्जन); 'नगमा' में सुपरहिट 'बड़ी मुश्किल से दिल की बेकरारी को करार आया' (शमशाद बेगम), 'ओ तीर चलाने वाले' (तलत, राग भैरवी), 'काहे जादू किया मुझको इतना बता' (शमशाद बेगम), 'मिलते ही नजर उनसे' (तलत) और 'कहता है ये दिल चल उनसे मिल' (प्रेमलता, जिनसे बाद में नाशाद ने विवाह कर लिया); 'दरवाजा' में 'एक दिल दो हैं तलबगार' (तलत-सुमन कल्याणपुर); 'बारादरी' में एक से एक सुपरहिट 'भुला नहीं देना जी भुला नहीं देना' (लता-रफी), 'तसवीर बनाता हूँ तसवीर नहीं बनती' (तलत), 'दर्द भरा दिल भर-भर आए' (लता), 'मुहब्बत की बस इतनी दास्ताँ है' (रफी-लता) और 'छोड़ो-छोड़ो जी बहियाँ हमार' (लता-शमशाद बेगम); 'जवाब' में 'आज गम कल खुशी है' (रफी) और 'सो जा तू मेरे राजदुलारे' (तलत); 'शहजादा' में 'रात आई है घूँघट निकाले' (आशा भोंसले); 'जल्लाद' में 'हुस्न यहाँ इश्क यहाँ दोनों हसीं दोनों जवाँ' (रफी-आशा); 'बड़ा भाई' में 'चोरी-चोरी दिल का लगाना बुरी बात है' (तलत-आशा); 'हथकड़ी' में 'पिया जबसे लिया तूने हाथों में हाथ' (लता-रफी); 'जिंदगी या तूफान' में 'सुनी किसी ने बिन कहे हमारी दास्ताँ' (रफी-सुमन कल्याणपुर); 'प्यार की दास्तान' में 'लुट गया मेरे सपनों का डेरा' (रफी) और 'रूपलेखा' में 'चाँद है तारे भी हैं' (रफी-सुमन कल्याणपुर)। गायिका प्रेमलता से विवाहित नाशाद का भरा-पूरा परिवार था—आठ लड़के और सात लड़कियाँ। 14 जनवरी 1981 को पाकिस्तान में उनका निधन हो गया। वे सिर्फ 58 वर्ष के थे।

28. एस. मोहिन्दर

'गुजरा हुआ जमाना आता नहीं दुबारा, हाफिज खुदा तुम्हारा' ('शीरीं फरहाद') जैसे कुछ बहुत सुहाने हिन्दी गीतों की रचना करने वाले एस. मोहिन्दर को बहुत-सी पंजाबी फिल्मों के संगीत के लिए भी याद किया जाता है—खासकर पंजाब में लोकप्रियता के सभी रिकॉर्ड तोड़ देने वाले—'नानक नाम जहाज है' के संगीत के लिए। वे उन गिने-चुने सिख संगीत-निर्देशकों में से थे जो हिन्दी फिल्म संगीत पर अपनी कोई छाप छोड़ने में सफल रहे। अविभाजित पंजाब में सिलाँवाला नामक एक छोटे से कस्बे में जनमे मोहिन्दर सिंह सरना बख्शी के पिता एक पुलिस सब-इंस्पेक्टर होने के बावजूद बड़ी अच्छी बाँसुरी बजाते थे। जैसाकि स्वाभाविक था एस. मोहिन्दर को संगीत की प्रेरणा उन्हीं से मिली। बाद में उन्होंने उस्ताद बड़े गुलाम अली खाँ और लच्छमन दास जैसे शास्त्रीय संगीत के जाने-माने महारथियों से भी संगीत की शिक्षा ली। 1935 के आसपास उनका परिवार लायलपुर में जा बसा तो एस. मोहिन्दर सिख धार्मिक गायक सन्त सुजान सिंह के सम्पर्क में आए और फिर पिता की ननकाना साहिब के पास शेखूपुरा में बदली हो जाने पर एक और मशहूर धार्मिक संगीतकार भाई समुन्द सिंह के सम्पर्क में भी आए। पिता की बार-बार बदली होते रहने से एस. मोहिन्दर की पढ़ाई पर असर पड़ रहा था, इसलिए उन्हें अमृतसर जिले में कैरों नामक गांव के खालसा हाई स्कूल में दाखिल करवा दिया गया, जहाँ उन्होंने अपनी पढ़ाई पूरी की। देश के बँटवारे के बाद उनका पूरा परिवार ही पूर्वी पंजाब में आ बसा। शास्त्रीय संगीत का प्रेम एस. मोहिन्दर को बनारस खींच ले गया, जहाँ उन्होंने दो वर्ष तक कई बड़े उस्तादों से संगीत की शिक्षा ली। जल्दी ही कई दूसरे युवा संगीतकारों की तरह उनका मन भी फिल्मों से जुड़ने के लिए मचलने लगा और वे मायानगरी बम्बई (अब मुम्बई) के सफर पर निकल पड़े।

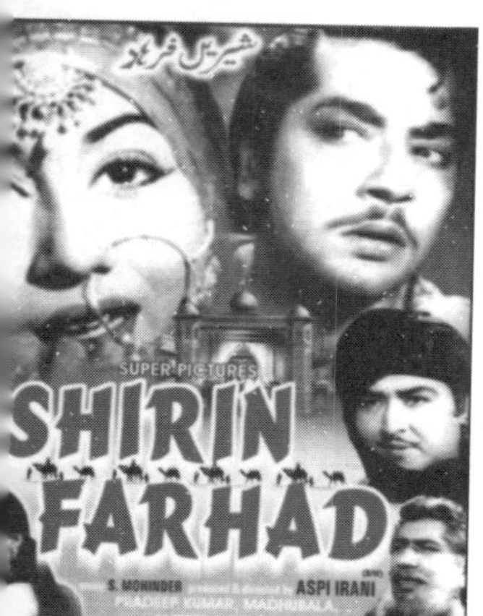

एस. मोहिन्दर की पहली फिल्म अरुण प्रोडक्शन्स की 'सेहरा' (1948) थी। इसमें शास्त्रीय गायिका निर्मला देवी और अरुण आहूजा (आज के लोकप्रिय अभिनेता गोविन्दा के पिता) की मुख्य भूमिकाएँ थीं। इसके बाद एस. मोहिन्दर ने बहुत-सी हिन्दी फिल्मों में संगीत दिया। वे काफी लम्बे समय तक एस. मुखर्जी के फिल्मिस्तान स्टूडियो से भी जुड़े रहे। उनकी प्रमुख हिन्दी फिल्में थीं—'जीवनसाथी' (1949), देव आनन्द और सुरैया की मुख्य भूमिकाओं वाली 'निली' (1950), 'शादी की रात' (1950), 'श्रीमतीजी' (1952), 'बहादुर' (1953), राज कपूर और नर्गिस की मुख्य भूमिकाओं वाली 'पापी' (1954), 'नाता' (1955), 'शहजादा' (1955), 'कारवाँ' (1955), 'शीरीं फरहाद' (1955), 'सौ का नोट' (1955), 'दो दोस्त' (1955), 'सुल्तान-ए-आलम' (1956), 'पाताल परी' (1957), 'नया पैसा' (1958), 'भगवान और शैतान' (1959), 'खूबसूरत धोखा' (1959), 'महलों के ख्वाब' (1960), 'एक

लड़की सात लड़के' (1961), 'जय भवानी' (1961), 'बाँके साँवरिया' (1962), 'पिकनिक' (1962), 'रिपोर्टर राजू' (1962), 'सरफरोशी' (1964), 'कैप्टन शेरू' (1966), 'प्रोफेसर एक्स' (1966) और 'बेखबर' (1969)।

'शीरीं फरहाद' (1955) उनकी सबसे ज्यादा धूम मचाने वाली और यादगार फिल्म थी। इस फिल्म में नौ गीत थे और सबके सब सुपरहिट। कहते हैं कि इन गीतों को सुनकर 'वीनस ऑफ इंडियन स्क्रीन' मधुबाला इतनी मंत्रमुग्ध हो गई थीं कि एक दिन शूटिंग के बाद सीधे एस. मोहिन्दर के घर जा पहुँची थीं—सिर्फ यह देखने के लिए कि इन जादुई धुनों का रचनाकार कौन था! लता मंगेशकर के साथ-साथ मुहम्मद रफी, तलत महमूद और हेमन्त कुमार जैसे सभी बड़े गायकों की आवाजों से सजे ये जादुई गीत थे—'गुजरा हुआ जमाना आता नहीं दुबारा' (लता), 'हजारों रंग बदलेगा जमाना' (रफी), 'सुनाऊँ किसको अफसाना' (तलत), राग भैरवी में अरबी शैली का 'आजा ओ जान-ए-वफा' (लता-हेमन्त कुमार), 'ऐ दिलरुबा जान-ए-वफा तूने ये क्या जादू किया' (हेमन्त कुमार-आशा भोंसले), 'खुशियों को लूटकर यहाँ' (हेमन्त कुमार-आशा भोंसले) और सुपरहिट धमाकेदार कव्वाली 'आँखों में तुम्हारे जलवे हैं' (रफी)। 'शीरीं फरहाद' के इस शानदार धमाके के अलावा एस. मोहिन्दर द्वारा संगीतबद्ध कुछ अन्य लोकप्रिय गीत थे—'श्रीमतीजी' में 'दो नैना तुम्हारे प्यारे-प्यारे' (हेमन्त-गीता दत्त); 'बहादुर' में 'मीठी-मीठी खुशबू' (आशा भोंसले) और 'मुहब्बत के जमाने निगाहों के फसाने' (आशिमा बनर्जी का पहला गीत); 'पापी' का सुपरहिट 'तेरा काम है जलना परवाने चाहे शमाँ जले न जले' (रफी); 'नाता' में 'लगन लगी है सजन मिलन की' (लता), 'जवानी झूलती है आशिकी झूला झुलाती है' (लता) और 'देखते-देखते जल गया आशियाँ' (लता); 'खूबसूरत धोखा' में 'किसी का दिल चुरा लेना बड़ी प्यारी शरारत है' और 'ये जवानी ये हसीन रात' (मुकेश); 'महलों के ख्वाब' में 'गर तुम बुरा न मानो' (आशा-सुबीर सेन) और 'ए जान-ए-जिगर घुट-घुटके अगर' (किशोर-आशा) और 'बेखबर' में 'फिर तेरी याद नए गीत सुनाने आई' (रफी)।

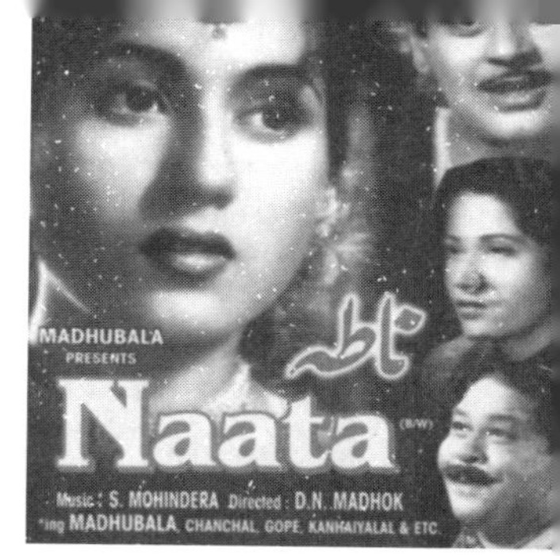

'शीरीं फरहाद' के धमाके को दोहरा न पाने के कारण एस. मोहिन्दर बाद में (1964-65 के आसपास) पंजाबी फिल्मों से जुड़ गए। 'परदेसी ढोला', 'चम्बे दी कली' उनके घनिष्ठ मित्र इन्द्रजीत हसनपुरी द्वारा निर्मित 'दाज' और उन्हें सर्वश्रेष्ठ संगीत के लिए राष्ट्रीय पुरस्कार दिलवाने वाली राम महेश्वरी की रिकॉर्डतोड़ 'नानक नाम जहाज है' पंजाबी फिल्मों की दुनिया में उनकी कुछ बड़ी सफलताएँ थीं। इसके बाद 1970 के दशक में उन्होंने कई गैर-फिल्मी पंजाबी गीतों के एलबम तैयार किए, जिनमें आशा सिंह मस्ताना और सुरिन्दर कौर जैसे पंजाबी के चोटी के गायकों के गीत शामिल थे। देवेन्द्र कौर से विवाहित और चार बच्चों (दो बेटे और दो बेटियाँ) के पिता एस. मोहिन्दर 1982 में भारत को अलविदा कहकर अमेरिका में जा बसे, जहाँ उन्होंने भक्ति-गीतों के कई एलबम तैयार किए। लेकिन भारत में उनके प्रशंसक उन्हें आज भी नहीं भूले हैं—'हजारों रंग बदलेगा जमाना, न बदलेगा मुहब्बत का फसाना'।

29. जमाल सेन

जमाल सेन ने भले ही कुछ फिल्मों में संगीत दिया हो, लेकिन यह बहुत ऊँचे दर्जे का संगीत था। राजस्थान के चुरु जिले के सुजानगढ़ कस्बे में जन्मे जमाल सेन को संगीत मानो विरासत में मिला था। उनके एक पूर्वज तानसेन के शिष्य रह चुके थे। उनके पिता जीवन सेन भी एक जाने-माने संगीतज्ञ थे और शाही दरबार में गाया-बजाया करते थे। वे फारसी नाटकों में भी संगीत दिया करते थे। जैसाकि स्वाभाविक था, जमाल सेन को संगीत की प्रेरणा और शिक्षा अपने पिता से ही मिली और वे बहुत जल्दी पखावज, तबला और ढोलक बजाने में पारंगत हो गए। वे बड़े अच्छे कत्थक नर्तक और गायक भी थे। कलकत्ता (अब कोलकाता) के ऑल इंडिया रेडियो से उन्होंने एक गायक के रूप में ही अपने कैरियर की शुरुआत की थी। कहा जाता है कि उन्होंने ही सबसे पहले एक फिल्म 'जंग-ए-आजादी' (1940) में 'वन्दे मातरम्' गीत गाया था। बाद में वे लाहौर जाकर महान संगीत-निर्देशक मास्टर गुलाम हैदर के सहायक बन गए। मास्टरजी की मशहूर फिल्म 'खजांची' (1944) के कई सुपरहिट गीतों में उन्होंने ही तबला और ढोलक बजाया था। जमाल सेन को एक स्वतंत्र संगीत-निर्देशक के रूप में पहला ब्रेक दिग्गज निर्माता-निर्देशक केदार शर्मा ने दिया। सुरैया और प्रेमनाथ की मुख्य भूमिकाओं वाली इस फिल्म का नाम 'शोखियाँ' (1951) था। इसके बाद जमाल सेन ने कुछ और फिल्मों में

भी संगीत दिया। इनमें कमाल अमरोही द्वारा निर्मित-निर्देशित और मीना कुमारी और नासिर खान की मुख्य भूमिकाओं वाली 'दायरा' (1953) भी शामिल थी। जमाल सेन द्वारा संगीतबद्ध अन्य फिल्में थीं—'रंगीला' (1953), 'धर्मपत्नी' (1953), 'कस्तूरी' (1954), 'पतित पावन' (1955), 'अमर शहीद' (1960), 'मनचली' (1962), 'बगदाद' (1962), 'आल्हा उदल' (1962), 'नाग पंचमी' (1964, भोजपुरी) और 'घरद्वार' (1971, छत्तीसगढ़ी)। 'शोखियाँ' और 'दायरा' जमाल सेन की सबसे यादगार फिल्में थीं। 'शोखियाँ' में 'रातों की नींद छीन ली' (सुरैया), 'सपना बन साजना आए' (लता) और 'ओ दूर देश में आजा रे' (सुरैया-लता) जैसे लोकप्रिय गीत थे तो 'दायरा' में एक अमर भजन 'देवता तुम हो मेरा सहारा' (रफी-मुबारक बेगम) के साथ-साथ तलत महमूद के 'आँसू तो नहीं है आँखों में' और 'आ भी जा मेरी दुनिया में' तथा मुबारक बेगम के 'जली जो शमाँ' और 'दीप के संग जलूँ मैं' जैसे यादगार गीत थे। जमाल सेन द्वारा रचे गए अन्य यादगार गीतों में 'रंगीली' में 'दिल आज मेरा गाने लगा' (रफी-आशा); 'पतित पावन' में 'ज्योति तुम बिन' (लता, मालकौंस और चन्द्रकौंस रागों का अद्‌भुत मिश्रण); 'अमर शहीद' में 'झूमे मोरी बेलिया प्रीत रे' (मन्ना डे-सुमन कल्याणपुर); 'बगदाद' में 'कैसे दिल में गम यहाँ छोड़े' (सुमन कल्याणपुर); और 'मनचली' में 'तुम दूर हुए, हुए मजबूर हम' (लता) शामिल थे। 12 अगस्त 1979 को इस दुनिया से विदा हो गए जमाल सेन के पुत्र शम्भू सेन और तीन पौत्र दिलीप सेन, समीर सेन और ललित सेन भी फिल्म संगीत से जुड़े रहे हैं। ललित सेन ने तो हमारे एक टेली-सीरियल 'बड़ा आदमी' में भी संगीत दिया था।

30. शिवराम कृष्ण

22 मार्च 1927 को राजस्थान के जोधपुर में जनमे शिवराम कृष्ण कुछ समय वहाँ के महाराजा उमेद सिंह की सेवा में रहे। बाद में वे लाहौर जाकर मास्टर गुलाम हैदर और पं. अमरनाथ के साथ काम करते रहे, जिनसे उन्होंने बहुत कुछ सीखा। इसके बाद कुछ समय लखनऊ में एच.एम.वी. से जुड़े रहने के बाद वे बम्बई (अब मुम्बई) चले आए। एक स्वतंत्र संगीत-निर्देशक के रूप में उनके कैरियर की शुरुआत महान निर्माता-निर्देशक और अभिनेता व्ही. शांताराम की फिल्मों 'सुरंग' (1953) और 'तीन बत्ती चार रास्ता' (1953) से हुई। लेकिन इसके बाद वे पौराणिक यानी माइथोलॉजिकल फिल्मों के संगीत-निर्देशक के रूप में ही ज्यादा जाने जाते रहे। उन्होंने कुछ भरपूर सफल राजस्थानी फिल्मों में भी संगीत दिया। व्ही. शांताराम की उपरोक्त दो फिल्मों के अलावा उनकी अन्य प्रमुख फिल्में थीं—'सती अनुसूया' (1956), 'जय अम्बे' (1957), 'गौरी शंकर' (1958), 'नया कदम' (1958), 'रंगीला राजा' (1960), 'श्रवण कुमार' (1960), 'दुर्गा पूजा' (1962), 'कण कण में भगवान' (1963), 'महासती बेहुला' (1964), 'सती नारी' (1965), 'शंकर सीता अनुसूया' (1965), 'श्री राम भरत मिलन' (1965), 'वीर बजरंग' (1966), सुपरहिट 'बद्रीनाथ यात्रा' (1966), 'सम्पूर्ण तीर्थयात्रा' (1970) और 'महापावन तीर्थयात्रा' (1975) इत्यादि। उनके द्वारा संगीतबद्ध लोकप्रिय राजस्थानी फिल्मों में 'बाबा सी लाड़ली' (1961), 'बाबा रामदेव' (1963), 'रानीबाई को मायो' (1963), 'धनी लुगाई'

(1964), 'गनगौर' (1964) और 'गोगाजी पीर' (1969) इत्यादि शामिल थीं। शिवराम कृष्ण द्वारा संगीतबद्ध कुछ यादगार गीत थे—'सुरंग' में लता के तीन बहुत मधुर सोलो-गीत 'गुजरी थी रात आधी खामोश था जमाना', 'गहरी-गहरी नदिया में बही जाऊँ रे' और 'छलकें न गम के प्याले'; 'तीन बत्ती चार रास्ता' में 'कितना मीठा होता है कितना प्यार होता है' (लता), 'तुमसे है प्यार मुझे' (तलत) और 'अपनी अदा पर मैं हूँ फिदा'; 'रफ्तार' में 'जादू भरे नैना तिहारे बलम' (शमशाद बेगम), 'सहारा कोई मिल जाता' (तलत) और 'मुहब्बत में जीना है तूफाँ में जीना' (तलत-आशा); 'महासती बेहुला' में 'चमके चाँद पूनम का' (मुकेश-सुमन कल्याणपुर) और 'कण कण में भगवान' में खूब धूम मचानेवाला 'सबको नाच नचाता फिर भी नजर नहीं वो आता' (मन्ना डे)। 2 फरवरी 1980 को स्वर्ग सिधार गए शिवराम कृष्ण के दोनों बेटे जुगल किशोर और तिलकराज भी हिन्दी फिल्म संगीत से जुड़े रहे हैं।

31. सरदार मलिक

सरदार मलिक उन प्रतिभाशाली संगीत-निर्देशकों में शामिल थे जिन्हें अपनी प्रतिभा दिखाने और अपनी योग्यता के अनुरूप प्रसिद्धि बटोरने के पर्याप्त अवसर नहीं मिले। फरवरी 1930 में जन्मे सरदार मलिक एक बहुत अच्छे नर्तक थे, जिन्हें महान नर्तक उदय शंकर से उनके अल्मोड़ा स्थित निवास स्थान और नृत्यशाला में नृत्य सीखने का सौभाग्य प्राप्त हुआ था। उनकी आवाज भी बहुत अच्छी थी और वे उदय शंकर के नृत्य कार्यक्रमों में गाने के साथ-साथ नृत्य-निर्देशन में भी हाथ बँटाते थे। उन्हें 3,000 रुपए की अच्छी-खासी रकम पर एक बार स्वतंत्र नृत्य-निर्देशन का भी अवसर मिला था। लेकिन दुर्भाग्यवश वे एक विवाद में फँस गए, जिसके बाद उन्होंने नृत्य-निर्देशन से तौबा ही कर ली। इसके बाद वे सिर्फ संगीत पर ध्यान देने लगे और जल्दी ही एक स्वतंत्र संगीत-निर्देशक के रूप में उन्हें उनकी पहली फिल्म 'रेणुका' (1947) मिल गई। इसके बाद उन्होंने बहुत-सी फिल्मों में संगीत दिया। उनकी प्रमुख फिल्में थीं—'राज' (1949),

'स्टेज' (1951; देव आनन्द, रमोला), 'लैला मैजनूँ' (1953; शम्मी कपूर, नूतन), 'ठोकर' (1954, शम्मी कपूर), 'औलाद' (1954, किशोर कुमार), 'चमक चाँदनी' (1957), 'टैक्सी 555' (1958), 'माँ के आँसू' (1959), सोहराब मोदी की 'मेरा घर मेरे बच्चे' (1960), 'सारंगा' (1960), 'सुपरमैन' (1960), 'मदन मंजरी' (1961), 'नाग ज्योति' (1963), 'नाग मोहिनी' (1963), 'बचपन' (1963), 'जन्तर मन्तर' (1964), 'रूप सुन्दरी' (1964), 'महारानी पद्मिनी' (1964) और 'पाँच रतन' (1965) इत्यादि। उनके द्वारा रचे गए कई बड़े सुरीले गीतों में से कुछ यादगार गीत थे—'रेणुका' में 'आया क्या सन्देशा लाया पंछी' (बीनापानी मुखर्जी); 'स्टेज' में 'दिल मचलने लगा जाग उठी धड़कनें' (आशा भोंसले); 'ठोकर' में मजाज लखनवी की मशहूर ग़ज़ल 'ऐ गम-ए-दिल क्या करूँ' (तलत और आशा भोंसले के वर्जन); 'लैला मजनूँ' में 'देख ली ऐ इश्क तेरी मेहरबानी देख ली' (तलत-आशा); 'चोर बाजार' में 'हुई ये हमसे नादानी' (लता); 'आबे हयात' में 'मैं गरीबों का दिल हूँ वतन की जुबाँ' (हेमन्त कुमार); 'औलाद' में 'दुनिया तसवीर है रोते हुए इनसानों की' (तलत); 'चमक चाँदनी' में 'मेरा जला रात भर दीया' (सुधा मल्होत्रा); 'टैक्सी 555' में 'चन्दा के देस में रहती है इक रानी' (मुकेश); 'सारंगा' में 'सारंगा तेरी याद में नैन हुए बेचैन' (मुकेश), 'दइया रे दइया एक कन्हैया' (लता), 'पिया कैसे मिलूँ तुमसे' (लता-रफी) और 'लागी तुमसे लगन साथी छूटे न' (मुकेश-लता); 'बचपन' में 'तेरे हम ओ सनम' (रफी-सुमन कल्याणपुर) तथा 'नाग ज्योति' में 'सुन चाँद मेरी ये दास्ताँ' (मुकेश)। कहा जाता है कि सरदार मलिक अनचाहे ही लता मंगेशकर और साहिर लुधियानवी के बीच छिड़े विवाद में फँस गए, जिसके बाद उनका कैरियर डगमगा गया और वे बी-ग्रेड फिल्मों तक सीमित रह गए। कुछ ही वर्ष पहले जनवरी 2006 में इस दुनिया से रुखसत हुए सरदार मलिक के बड़े बेटे अनु मलिक उनके जीते-जी ही फिल्म संगीत की दुनिया में खूब धूम मचा चुके थे। उनके दूसरे बेटे डब्बू मलिक भी संगीत की दुनिया से जुड़े हुए हैं।

32. मुहम्मद शफी

अपने जमाने के एक धुरंधर ऑर्केस्ट्रा अरेंजर माने जाने वाले मुहम्मद शफी के बचपन और पृष्ठभूमि के बारे में बहुत कम जानकारी उपलब्ध है। सिर्फ इतना पता है कि आर.सी. बोराल और पंकज मलिक जैसे पथ-प्रदर्शक संगीत-निर्देशकों के साथ जुड़े रहने के बाद वे लम्बे समय तक महान संगीत-निर्देशक नौशाद के भी सहायक रहे। एक स्वतंत्र संगीत-निर्देशक के रूप में उनकी पहली फिल्म 'हकदार' (1946) थी। इसके बाद उन्होंने बहुत-सी फिल्मों में संगीत दिया। इनमें से प्रमुख फिल्में थीं—'काँगो' (1946), 'दो नैना' (1947), 'शिकारपुरी' (1947), 'अनोखी सेवा' (1949), 'बेदर्द' (1949), 'घराना' (1949), 'हलचल' (1951, सिर्फ कुछ गीत), 'अन्नदाता' (1952), 'कृष्ण कन्हैया' (1952), 'दारा' (1953), 'अबशार' (1953), 'बाजूबन्द' (1954), 'मँगू' (1954, कुछ गीत), 'दीवार' (1955), 'जिंदगी' (1956), 'मुहब्बत की जीत' (1960), 'तन्हाई' (1961), 'फाइट फाइट' (1965), 'इरादा' (1971), 'बड़ी माँ' (1974) और 'दयारे मदीना' (1974)। उनके द्वारा रचे गए कुछ यादगार गीत थे—'हलचल' में 'किस्मत के सितारे डूब गए' और 'ओ बिछड़े हुए साथी' (दोनों रफी-लता); 'अन्नदाता' में 'बहारों के डोले में आई', 'दिल दे भी दिया', 'आई खुशी बनके बहार' और 'सुन ले मेरी फरियाद बेदर्दी' (सभी लता); 'दारा' में 'नैना झुके-झुके', 'उलफत की कहानी इतनी थी' और 'नैनों में झूमकर सजना' (सभी लता); 'बाजूबन्द' में 'बाजूबन्द खुल-खुल जाए' (लता, राग भैरवी), 'आरजू ये है कि' (लता) और 'दीया बुझाओ झटपट' (जी.एम. दुर्रानी); 'मँगू' में 'मुहब्बत दिल के बस इतने से अफसाने को कहते हैं' (तलत-शमशाद बेगम); और 'जिंदगी' में 'अभी तो सजी है मुरादों की दुनिया' (लता), 'अपना समझके आँख मिलाने का शुक्रिया' (सुधा मल्होत्रा) और 'मुस्कराके जख्म खाना आ गया' (लता-तलत)। काफी लम्बी बीमारी के बाद मुहम्मद शफी का 30 अप्रैल 1980 को बम्बई में निधन हो गया।

33. एन. दत्ता

गोवा के दत्ता नायक, जो फिल्म संगीत की दुनिया में एन. दत्ता के नाम से मशहूर हुए, ने बम्बई (अब मुम्बई) के देवधर संगीत विद्यालय से संगीत की शिक्षा ली थी। कई दूसरे जाने-माने संगीत-निर्देशकों की तरह वे भी कुछ समय तक 'म्यूजिक स्कूल' कहे जाने वाले मास्टर गुलाम हैदर के सहायक रहे। बँटवारे के दिनों में मास्टरजी पाकिस्तान चले गए तो एन. दत्ता एक दूसरे महान संगीत-निर्देशक सचिन देव बर्मन के साथ जुड़ गए और वर्षों तक उनके साथ काम करते रहे। टी.आर. फतेहचन्द द्वारा निर्मित और देव आनन्द और गीताबाली की मुख्य भूमिकाओं वाली 'मिलाप' (1955) 'सहायकों की फिल्म' के रूप में चर्चित हुई थी। यह फिल्म एक निर्देशक के रूप में गुरुदत्त के सहायक राज खोसला की और एक स्वतंत्र संगीत-निर्देशक के रूप में एन. दत्ता की पहली फिल्म थी। इसके बाद एन. दत्ता ने बहुत-सी फिल्मों में संगीत दिया। महान शायर और गीतकार साहिर लुधियानवी के साथ उनकी जोड़ी खासतौर से सफल रही और दोनों ने मिलकर बहुत-सी फिल्मों में सुपरहिट संगीत दिया। इनमें बी.आर. चोपड़ा की तीन यादगार फिल्में—'साधना' (1958), 'धूल का फूल' (1959) और एक निर्देशक के रूप में यश चोपड़ा की पहली फिल्म 'धर्मपुत्र' (1961)—भी शामिल थीं। यूँ एन. दत्ता की पहली ही फिल्म 'मिलाप' (1955) में भी एन. दत्ता और साहिर की जोड़ी का एक सुपरहिट गीत था—'ये बहारों का समाँ चाँद-तारों का समाँ' (तलत महमूद और आशा भोंसले के अलग-अलग वर्जन)। राग भीमपलासी पर आधारित 'चन्द्रकान्ता' का 'मैंने चाँद और सितारों की तमन्ना की थी' इस जोड़ी का सबसे यादगार गीत था, जो मुहम्मद रफी के सबसे लोकप्रिय और अमर गीतों में शामिल है। एन. दत्ता की कुछ अन्य प्रमुख फिल्में थीं—'मेरिन ड्राइव' (1955), 'लाइट हाउस' (1958), 'ब्लैक कैट' (1959), 'दीदी' (1959), 'हॉलीडे इन बॉम्बे' (1962), 'ग्यारह हजार लड़कियाँ' (1962), 'मेरे अरमाँ मेरे सपने' (1963) और 'अकेला' (1963)। उनकी आखिरी फिल्म भी बी.आर. चोपड़ा परिवार (उनके दामाद राज तिलक द्वारा निर्मित 'चेहरे पे चेहरा', 1980) की थी। एन. दत्ता द्वारा संगीतबद्ध कुछ सुपरहिट और यादगार गीत थे—'मेरिन ड्राइव' में 'अब वो करम करें या सितम' (रफी); 'लाइट हाउस' में 'तंग आ चुके हैं कशमकश-ए-जिंदगी से हम' (आशा भोंसले); 'साधना' में 'औरत ने जनम दिया मर्दों को मर्दों ने उसे बाजार दिया' (लता), 'कहो जी तुम क्या-क्या खरीदोगे' (लता), 'सँभल ऐ दिल तड़पने और तड़पाने से क्या होगा' (आशा भोंसले-महेन्द्र कपूर) और 'तोरा मनवा क्यों घबराए रे' (गीता दत्त) जैसे एक से एक सुपरहिट गीतों के साथ-साथ खूब धूम मचाने वाली कव्वाली 'आज क्यों हमसे पर्दा है' (रफी-एस. बलबीर); 'ब्लैक कैट' में 'मैं तुम्हीं से पूछती हूँ मुझे तुमसे प्यार क्यों है' (लता); 'दीदी' में 'तुम मुझे भूल भी जाओ तो ये हक है तुझको' (सुधा मल्होत्रा-मुकेश); 'धूल का फूल' में 'तू हिन्दू बनेगा न मुसलमान बनेगा' (रफी) और 'कासे कहूँ मन की बात' (सुधा मल्होत्रा, राग पीलू) के साथ-साथ खूब धूम मचाने वाले तीन युगल-गीत 'तेरे प्यार का आसरा चाहता हूँ' (महेन्द्र कपूर-लता), 'धड़कने लगे दिल के तारों की दुनिया जो तुम मुस्करा दो' (महेन्द्र कपूर-आशा भोंसले) और 'झुकती घटा गाती हवा सपने जगाए' (आशा भोंसले-महेन्द्र कपूर), 'मैं जब भी अकेली होती हूँ तुम चुपके से आ जाते हो' (आशा भोंसले) और 'आज की रात मुरादों की बरात आई है' (महेन्द्र कपूर); 'ग्यारह हजार लड़कियाँ' में 'मेरे महबूब मेरे साथ ही चलना है तुझे' (रफी); 'दो भाई' में 'ऐ दिल ये बता क्या मुझे हो गया' (मुकेश-आशा); 'हॉलीडे इन बॉम्बे' में 'पीहू-पीहू पपीहे न बोल' (लता) और 'आज ये आँचल मुँह क्यों छिपाए' (मुकेश); 'चाँदी की दीवार' में 'अश्कों में जो पाया है वो गीतों में दिया है' (तलत), 'कहीं करार न हो' (रफी) और 'लागे तोसे नैन लागे-लागे' (तलत-आशा, राग कल्याण), और 'काला समन्दर' की धमाकेदार और सुपरहिट कव्वाली 'मेरी तसवीर लेकर क्या करोगे तुम मेरी तसवीर लेकर' (रफी-आशा-एस. बलबीर)।

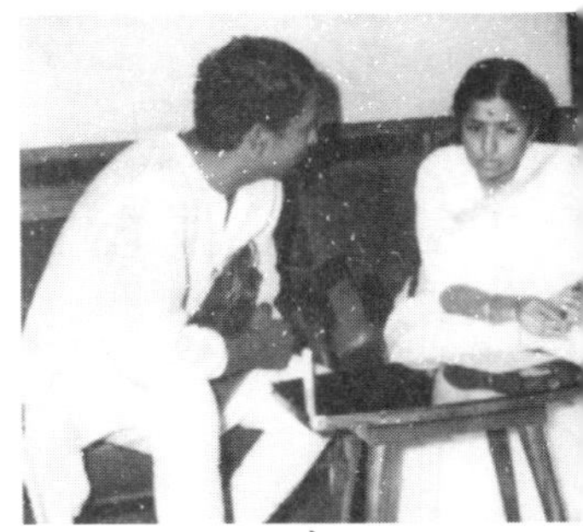

लता के साथ एन. दत्ता

इन एक से एक सुरीले, लुभावने और अमर गीतों से स्पष्ट है कि एन. दत्ता प्रतिभाशाली संगीत-निर्देशक थे। ऐसे संगीतकार जिन्हें बाद में न जाने क्यों उनकी योग्यतानुसार पर्याप्त अवसर नहीं मिले। फिर भी, हमें इन खूबसूरत गीतों का खजाना देकर वे 30 सितम्बर 1987 को हमेशा के लिए इस दुनिया से चले गए।

34. दत्ताराम

दत्ताराम ने अपनी माँ के कहने पर तबला बजाना सीखा था। समय के साथ वे तबला बजाने में इतने माहिर हो गए कि उनकी एक अनोखी थाप को फिल्म इंडस्ट्री में 'दत्ताराम थाप' के नाम से जाना जाने लगा। बहुत निर्धन परिवार से आए दत्ताराम को बम्बई (अब मुम्बई) आने के बाद काफी संघर्ष करना पड़ा। और तो और, उन्होंने कुछ समय तक बम्बई गोदी में हमालगिरी भी की। ऑपेरा हाउस के पास एक जिम में शंकर-जयकिशन की जोड़ी के शंकर से मुलाकात होने के बाद उनकी किस्मत के दरवाजे खुले और वे इस मशहूर संगीतकार जोड़ी के स्थाई सहायक बन गए। एक स्वतंत्र संगीत-निर्देशक बनने के बाद भी उन्होंने शंकर-जयकिशन का साथ नहीं छोड़ा और वे आखिर तक उनके सहायक के रूप में काम करते रहे। शंकर-जयकिशन के कहने पर ही राज कपूर ने अपनी एक छोटे बजट की फिल्म 'अब दिल्ली दूर नहीं' (1951) में उन्हें संगीत देने का अवसर दिया, जो एक स्वतंत्र संगीत-निर्देशक के रूप में उनकी पहली फिल्म थी। इसके बाद दत्ताराम ने बहुत-सी फिल्मों में संगीत दिया, जिनमें राज कपूर और माला सिन्हा की मुख्य भूमिकाओं वाली सुपरहिट 'परवरिश' (1958) भी शामिल थी। उनकी अन्य प्रमुख फिल्में थीं—'कैदी नं. 11' (1959), 'सन्तान' (1959), 'काला आदमी' (1960) 'श्रीमान सत्यवादी' (1960; राज कपूर, शकीला), 'फर्स्ट लव' (1961), 'डार्क स्ट्रीट' (1961), 'जिंदगी और ख्वाब' (1961; मीना कुमारी, राजेन्द्र कुमार), 'जबसे तुम्हें देखा है' (1962; प्रदीप कुमार, गीता बाली), 'नीली आँखें' (1965), 'टार्जन कम्स टू दिल्ली' (1965), 'मोरे मन मितवा' (1965, भोजपुरी), 'विघन नाच नचावे' (1965, भोजपुरी), 'बालक' (1968), 'बेकसूर' (1969), 'चोरों का चोर' (1970) और 'एक दिन आधी रात' (1971)' इत्यादि। दत्ता राम द्वारा संगीतबद्ध कुछ यादगार गीत थे—'छुन-छुन करती आई चिड़िया' (रफी, 'अब दिल्ली दूर नहीं'); 'आँसू भरी हैं ये जीवन की राहें' (मुकेश, राग यमन कल्याण, 'मस्ती भरा है समाँ' (मन्ना डे-लता) और 'लुटी जिंदगी और गम मुस्कराया' (लता, सभी 'परवरिश'); 'मीठी-मीठी बातों से बचना जरा' (लता) और 'प्यार भरी ये घटाएँ' (मन्ना डे-लता, दोनों 'कैदी नं. 11'); 'बोले ये दिल का इशारा' (मन्ना डे-लता, 'सन्तान'); 'छोटी-सी दुल्हनिया की शादी' (लता) और 'बीते हुए दिन कुछ ऐसे ही हैं' (सुमन कल्याणपुर, दोनों 'फर्स्ट लव'); 'कभी किसी की खुशियाँ कोई लूटे न' (मुकेश), 'कहती है झुकी-झुकी नजरें' (सुमन कल्याणपुर) और 'न जाने कहाँ हम थे' (मन्ना डे-सुमन कल्याणपुर, सभी 'जिंदगी और ख्वाब'); 'ये दिन दिन हैं खुशी के' (मन्ना डे-सुमन कल्याणपुर), 'हम आपकी महफिल में' (रफी) और सुपरहिट कव्वाली 'तुम्हें हुस्न देके खुदा ने सितमगर बनाया' (रफी-लता-आशा-मन्ना डे, सभी 'जबसे तुम्हें देखा है'); 'ऐ दिल देखे हैं हमने बड़े-बड़े संगदिल' (मुकेश), 'क्यों उड़ा जाता है आँचल' (सुमन कल्याणपुर) और 'भीगी हवाओं में तेरी अदाओं में' (मन्ना डे-सुमन कल्याणपुर, सभी 'श्रीमान सत्यवादी'); 'दिल ढूँढता है सहारे-सहारे' (मुकेश) और 'हम भी तो तेरे दीवाने हैं' (रफी, दोनों 'काला आदमी'); 'ऐ मेरी जान-ए-वफा मैंने देखा है ये क्या' (मुकेश), 'देखिए न इस तरफ झूमके' (गीता दत्त) और 'ये नशीली हवा छा रहा है नशा' (मन्ना डे-सुमन कल्याणपुर, सभी 'नीली आँखें') और 'मेरे आँसुओं पे न मुस्करा' (मुबारक बेगम, 'मोरे मन मितवा')। जैसाकि हमने कहा, इन फिल्मों में संगीत देने के साथ-साथ दत्ताराम शंकर-जयकिशन के सहायक के रूप में भी काम करते रहे थे। 1971 में जयकिशन के निधन के बाद शंकर का कैरियर लड़खड़ाने लगा था, फिर भी दत्ताराम उनके साथ जुड़े रहे थे। 1980 के दशक में शंकर फिल्म संगीत से लगभग रिटायर-से हो गए तो दत्ताराम भी मुम्बई छोड़कर गोवा में जा बसे। अपने जीवन के शेष वर्ष उन्होंने वहीं गुजारे। जून 2007 में उनका निधन हो गया।

35. उषा खन्ना

फिल्म संगीत-निर्देशन से जुड़ी रहीं गिनी-चुनी महिलाओं में सिर्फ तीन ही नाम प्रमुख हैं—जद्दनबाई (नर्गिस की माँ), सरस्वती देवी और उषा खन्ना। 1942 में ग्वालियर (मध्य प्रदेश) में पैदा हुईं उषा खन्ना के पिता मनोहर खन्ना ग्वालियर रियासत के जल विभाग में उप-प्रबन्धक थे। वे फिल्मों और फिल्म-संगीत के दीवाने थे। जल्दी ही यह शौक उन्हें बम्बई (अब मुम्बई) खींच ले गया और वे फिल्मों के लिए गीत लिखने लगे। उन्होंने कुछ फिल्मों में संगीन भी दिया, जिनमें इजरा मीर की 'पम्पोश' (1953) भी शामिल थी। कहते हैं कि इस फिल्म के गीतों की धुनों में उनसे ज्यादा उनकी ग्यारह वर्षीय बेटी उषा का हाथ था, जो उनसे भी ज्यादा फिल्म संगीत की दीवानी थी। उषा खन्ना ने बम्बई के देवधर संगीत विद्यालय में संगीत की शिक्षा ली और फिर संगीत-निर्देशक रॉबिन बनर्जी की भी शिष्या रहीं। इतनी कमउम्र लड़की में फिल्म-संगीत की इतनी गहरी सूझबूझ देखकर गीतकार इन्दीवर बहुत ज्यादा प्रभावित हुए। उन्होंने उषा खन्ना को दिग्गज फिल्म निर्माता शशधर मुखर्जी से मिलवाया, जो पहले बॉम्बे टॉकीज और फिर फिल्मिस्तान जैसे प्रतिष्ठित स्टूडियो से जुड़े रहने के बाद अपने नए स्टूडियो फिल्मालय की पहली फिल्म 'दिल देके देखो' बनाने जा रहे थे शशधर यानी एस. मुखर्जी 18 वर्षीय उषा खन्ना की खुद की बनाई हुई कुछ धुनें सुनकर इतने चमत्कृत रह गए कि उन्होंने 'दिल देके देखो' के संगीत-निर्देशन की जिम्मेदारी उन्हीं को सौंप दी। इस तरह, शम्मी कपूर और आशा पारिख को मुख्य भूमिकाओं वाली 'दिल देके देखो' (1959) के साथ उषा खन्ना का बड़ी धूमधाम से हिन्दी फिल्म संगीत की दुनिया में प्रवेश हुआ, जो खुद आशा पारिख की भी पहली फिल्म थी। अपनी पहली फिल्म के संगीत से ही उषा खन्ना ने खूब धूम मचा दी। फिल्म भी सुपर हिट रही। फिल्म के एक से एक लोकप्रिय और शोख-चुलबुले गीतों में 'दिल देके देखो दिल देके देखो' (रफी), 'बड़े हैं दिल के काले' (रफी-आशा), 'बोलो-बोलो कुछ तो बोलो' (रफी), 'कौन ये आया महफिल में' (रफी), 'रॉक-रॉक रॉक बेबी रॉक' (रफी-आशा), 'राही मिल गए राहों में' (रफी), 'हम और तुम और ये समाँ' (रफी), 'मेघा रे बोले' (रफी) और 'यार चुलबुला है' (रफी-आशा) शामिल थे। इसके बाद उषा खन्ना ने अनगिनत फिल्मों में संगीत दिया, जिनमें छोटी और बड़ी, सोशल और स्टंट, ए-ग्रेड और बी-ग्रेड हर तरह की फिल्में शामिल थीं। उनकी धूम मचाने वाली फिल्मों में 'हम हिन्दुस्तानी' (1960), 'आओ प्यार करें' (1964), 'शबनम' (1964), 'एक सपेरा एक लुटेरा' (1965), 'निशान' (1965), 'लाल बंगला' (1967), 'दीदार' (1970), 'हवस' (1974), 'साजन बिना सुहागन' (1978), 'लक्ष्मी' (1980), 'साजन की सहेली' (1980), 'आप तो ऐसे न थे' (1980), 'गोपीचन्द जासूस' (1982) और 'सौतन' (1983) इत्यादि शामिल थीं।

उषा खन्ना के सुरों की सरगम का सफर ये पंक्तियाँ लिखे जाने तक भी जारी था। उनकी कुछ अन्य प्रमुख फिल्में थीं—'बादल' (1966), 'इनसाफ' (1966), 'वो कोई और होगा' (1967), 'आग' (1967), 'एक रात' (1968), 'फरेब' (1968), 'हाय मेरा दिल' (1968), 'नतीजा' (1969), 'इल्जाम' (1970), 'बहरूपिया' (1970), 'एक पहेली' (1971), 'सबक' (1973), 'अब क्या होगा' (1977), 'दादा' (1979), 'होटल' (1981) और 'लैला' (1982) इत्यादि। उषा खन्ना द्वारा संगीतबद्ध बहुत से लोकप्रिय गीतों में से कुछ यादगार गीत थे—'हम हिन्दुस्तानी' में, 'छोड़ो कल की बातें कल की बात पुरानी' (मुकेश), 'माँझी मेरी किस्मत के जी चाहे जिधर ले चल' (लता), 'रात निखरी हुई जुल्फ बिखरी हुई' (मुकेश), 'हम जब चलें तो' (रफी) और 'नीली-नीली घटा और भीगी-भीगी फिजा' (मुकेश-आशा); 'शबनम' में 'ये तेरी सादगी ये तेरा बाँकपन' (रफी) और 'मैंने रखा है मुहब्बत अपने अफसाने का नाम' (रफी); 'आओ प्यार करें' में 'जहाँ तू है वहाँ पर चाँदनी को कौन पूछेगा' (रफी), 'तुम अकेले तो कहीं बाग में जाया न करो' (रफी-लता), 'मेरी दास्ताँ मुझे ही' (लता), 'ये झुकी-झुकी-झुकी निगाहें तेरी' (रफी), 'इक सुनहरी शाम थी' (लता) और 'दिल के आइने में तसवीर तेरी' (रफी); 'एक सपेरा एक लुटेरा' में 'हम तुमसे जुदा होके मर जाएँगे रो-रो के' (रफी) और 'उठाओ जाम चलो दोनों साथ-साथ पिएँ' (सुमन कल्याणपुर); 'निशान' में 'हाय तबस्सुम तेरा' (रफी); 'बादल' में 'अपने लिए जिए तो क्या जिए, तू जी ऐ दिल जमाने के लिए' (मन्ना डे); 'एक रात' में 'आज उनसे दूर होकर ऐसे रोया मेरा प्यार' (मुकेश); 'हम एक हैं' में 'बोले रे बोले मोरनी बोले' (लता); 'बन्दिश' में 'अभी तो रात बाकी है' (रफी); 'लाल बंगला' में 'चाँद को क्या मालूम चाहता है उसे कोई चकोर' (मुकेश) और 'हसीन वादियो हवाओं से कह दो घटाओ से कह दो' (रफी); 'नतीजा' (1969) में 'दिल करने लगा है प्यार तुम्हें' (रफी-हेमलता); 'हवस' में 'तेरी गलियों में न रखेंगे कदम' (रफी); 'दादा' में 'दिल के टुकड़े-टुकड़े करके मुस्कराके चल दिए' (येसुदास), 'साजन बिना सुहागन' में 'मधुबन खुशबू देता है' (येसुदास-अनुराधा पोडवाल), और 'सौतन' में 'शायद मेरी शादी का ख्याल दिल में आया है' (लता-किशोर) और 'जिंदगी प्यार का गीत है इसे हर दिल को गाना पड़ेगा' (किशोर-लता) इत्यादि।

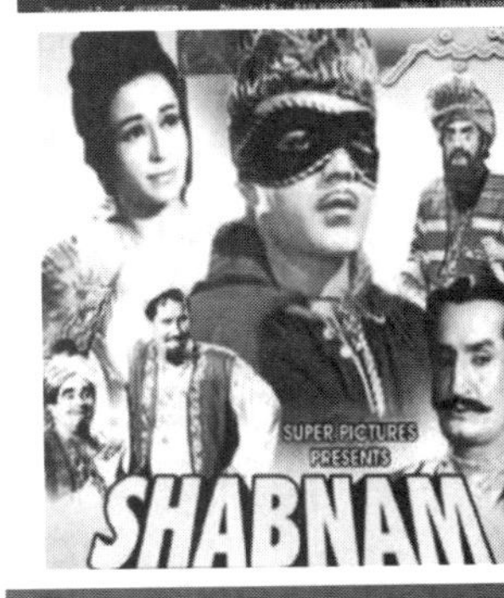

एक समय ऐसा भी आया जब अपनी बहुत-सी फिल्मों 'हवस', 'साजन बिना सुहागन', 'सौतन' इत्यादि के निर्माता-निर्देशक सावन कुमार के साथ उषा खन्ना विवाह-बन्धन में बँध गईं। यह विवाह तो ज्यादा लम्बा नहीं चला, लेकिन अलग होने के बाद भी दोनों के बीच बँधा संगीत का सूत्र पहले की तरह ही कायम रहा।

36. इकबाल कुरैशी

लम्बे-ऊँचे, गठीले और कभी खूब लम्बे बाल रखने के शौकीन इकबाल कुरैशी की धड़कनों में बचपन से ही संगीत धड़क रहा था। उनकी जन्मस्थली औरंगाबाद के ऑल इंडिया रेडियो के स्टेशन डायरेक्टर अपने दफ्तर के फाटक पर ही उनका गीत सुनकर इतने प्रभावित हो गए थे कि उन्होंने उन्हें बच्चों के कार्यक्रमों के लिए एक गायक के तौर पर नियुक्त कर लिया था। बाद में इकबाल कुरैशी हैदराबाद की ललित कला अकादमी के लिए काम करते रहे। इसके बाद निर्माता-निर्देशक लेखराज भाखड़ी के साथ हुई एक मुलाकात ने उनके जीवन की दिशा बदल दी। उन्होंने भाखड़ी को मशहूर शायर मखदूम मोहिउद्दीन की कुछ ग़ज़लें इतने अनूठे अन्दाज में सुनाईं कि भाखड़ी ने झट से उन्हें अपनी नई फिल्म के संगीतकार के रूप में साइन कर लिया। मनोज कुमार की मुख्य भूमिका वाली 'पंचायत' (1960) नाम की यह फिल्म तो नहीं चली, लेकिन इकबाल कुरैशी का संगीत चल निकला। जल्दी ही ए.वी.एम. की 'बिन्दिया' (1960) और फिल्मालय की सुपरहिट 'लव इन शिमला' (1960)—जो साधना, जॉय मुखर्जी और निर्देशक आर.के. नैयर की पहली फिल्म थी—ने इकबाल कुरैशी को एक संगीत-निर्देशक के रूप में स्थापित कर दिया। उनकी अन्य प्रमुख फिल्में थीं—'उम्रकैद' (1961), 'जमाना बदल गया' (1961), मनोज कुमार और विजया चौधरी की मुख्य भूमिकाओं वाली 'बनारसी ठग' (1962), शशि कपूर और रागिनी की मुख्य भूमिकाओं वाली 'ये दिल किसको दूँ' (1963), 'चा चा चा' (1963), 'कव्वाली की रात' (1963), 'कब होइबे गवनवा हमार' (1964, भोजपुरी), 'सरहदी लुटेरा' (1966), 'मुहब्बत और जंग' (1967), 'बम्बई रात की बाँहों में' (1967), 'दो ठग' (1968), 'आलमआरा' (1973), 'दास्ताने लैला मजनूँ' (1974), 'सुल्तान-ए-हिन्द' (1978), 'हुक्मरान' (1978), 'नेक परवीन' (1982) और 'प्रीत न जाने रीत' (1982) इत्यादि। जैसाकि इन फिल्मों की सूची से स्पष्ट है, शुरू में कुछ सफलता के बाद इकबाल कुरैशी की फिल्में बॉक्स ऑफिस पर कोई खास धूम नहीं मचा सकीं। इसलिए बहुत-सी फिल्मों में खूब लोकप्रिय और यादगार संगीत के बावजूद उनका कैरियर डगमगाता और फिर गर्दिशों में गुम होता चला गया। इकबाल कुरैशी द्वारा रचे गए कुछ बेहद लोकप्रिय और अमर गीत थे—'पंचायत' में 'ता थैया करते आना' (लता-गीता दत्त); 'बिंदिया' में 'नशा-सा छा गया' (लता) और 'मैं अपने आपसे घबरा गया हूँ' (रफी); 'लव इन शिमला' में 'लव का मतलब है प्यार' (रफी-आशा), 'गाल गुलाबी किसके हैं' (रफी), 'दर पे आए हैं कसम ले' (मुकेश), 'दिल थाम चले हम' (रफी) और 'हसीनों की सवारी है' (रफी-आशा); 'बनारसी ठग' में 'याद सुहानी तेरी बनी जिंदगानी मेरी' (लता) और 'इक बात पूछता हूँ' (रफी-उषा मंगेशकर); 'ये दिल किसको दूँ' में 'फिर आने लगा याद वही प्यार का आलम' (रफी-उषा खन्ना), 'जब तक दुनिया रही रहेगा तेरा नाम मेरा नाम' (रफी-लता) और 'हमें दम देइके सौतन घर जाना' (आशा भोंसले-मुबारक बेगम); 'चा चा चा' में 'सुबह न आई शाम न आई' (रफी), 'वो हम न वो तुम न थे' (रफी) और 'इक चमेली के मंडवे तले' (रफी-आशा); 'कव्वाली की रात' में 'हुस्नवाले हुस्न का अन्जाम देख' (रफी-आशा), 'मुझे तुझसे मुहब्बत है' (सुमन कल्याणपुर), 'देखकर मेरी तरफ' (रफी-मुबारक बेगम), 'दिल गया दिल का ऐतबार गया' (रफी-सुमन कल्याणपुर) और धमाकेदार टाइटल-कव्वाली 'कव्वाली की रात है ये कव्वाली की रात' (रफी-आशा-मन्ना डे-एस. बलबीर) और 'सरहदी लुटेरा' में 'दीवाना है दीवाना' (रफी)। 21 मार्च 1998 को इस दुनिया को अलविदा कह गए इकबाल कुरैशी को 'ये दिल किसको दूँ' और 'चा चा चा' जैसी फिल्मों के मस्ती और चाहत भरे लाजवाब संगीत के लिए हमेशा याद किया जाता रहेगा।

37. कल्याणजी–आनन्दजी

'सम्राट चन्द्रगुप्त' (1958) से लेकर 'सफर' (1970) तक—या यूँ कहें कि 1960 के पूरे दशक में—एक से एक सुरीले और अमर गीतों की रचना करने वाले कल्याणजी–आनन्दजी हिन्दी सिनेमा के चोटी के संगीतकारों में शामिल थे। इसके बाद 1970 और 1980 के दशकों में लक्ष्मीकान्त–प्यारेलाल और राहुल देव बर्मन के साथ हिन्दी सिनेमा पर पूरी तरह छाए रहे कल्याणजी–आनन्दजी ने लगभग 250 फिल्मों में संगीत दिया, जिनमें से 17 गोल्डन जुबली (50 हफ्ते) और 39 सिल्वर जुबली (25 हफ्ते) हिट फिल्में थीं। हुस्नलाल–भगतराम की तरह ही आपस में सगे भाई कल्याणजी और आनन्दजी में कल्याणजी बड़े थे और उनका जन्म 30 जून 1928 को गुजरात के कच्छ क्षेत्र में हुआ था। 2 मार्च 1933 को पैदा हुए आनन्दजी उनसे पाँच वर्ष छोटे थे। उनके पिता वीरजी भाई शाह गुजरात से बम्बई (अब मुम्बई) में आ बसे और गिरगाँव के इलाके में किराने की दुकान चलाने लगे तो बचपन से ही संगीत के दीवाने कल्याणजी और आनन्दजी पड़ोस के एक संगीत शिक्षक से संगीत सीखने लगे। बड़े भाई कल्याणजी तो कई दूसरे साजों के साथ–साथ क्ले वायलिन बजाने में इतने माहिर हो गए कि हेमन्त कुमार ने अपनी मशहूर फिल्म 'नागिन' (1955) के गीतों में उन्हीं से 'बीन' बजवाई थी (जिसके लिए दरअसल एक क्ले वायलिन का इस्तेमाल किया गया था)। कल्याणजी भाई ने शंकर–जयकिशन के कई गीतों के लिए भी ऑर्केस्ट्रा में काम किया था। एक स्वतंत्र संगीत–निर्देशक बनने के लिए उन्हें ज्यादा इन्तजार नहीं करना पड़ा। दिग्गज फिल्म निर्देशक जयन्त देसाई ने उनकी प्रतिभा से प्रभावित होकर उन्हें अपनी फिल्म 'सम्राट चन्द्रगुप्त' (1958) का संगीत सौंप दिया। भारत भूषण और निरूपा राय की मुख्य भूमिकाओं वाली इस फिल्म में कल्याणजी ने अपने पूरे नाम 'कल्याणजी वीरजी शाह' के नाम से संगीत दिया था। इस फिल्म के कुछ गीतों को लोग आज भी भूले नहीं हैं, खासकर रफी–लता के बड़े सुरीले डुएट 'चाहे पास हो चाहे दूर हो, मेरे सपनों की तुम तसवीर हो' को। इसी तरह, सुनील दत्त और शकीला की मुख्य भूमिकाओं वाली 'पोस्ट बॉक्स 999' (1959) में भी उन्होंने बहुत मधुर संगीत दिया था—'नींद न मुझको आए, दिल मेरा घबराए, चुपके–चुपके कोई आके सोया प्यार जगाए' (हेमन्त–लता)। छोटे भाई आनन्दजी भला कब तक दूर बैठे यह नजारा देखते रहते? जल्दी ही वे भी कल्याणजी से आ जुड़े और दोनों भाई मिलकर 'कल्याणजी–आनन्दजी' के नाम से फिल्मों में संगीत देने लगे। 'सट्टा बाजार' (1959) से लेकर 'उलफत की नई मंजिलें' (1994) तक इन दोनों भाइयों की जोड़ी ने कितनी ही फिल्मों में सुपरहिट संगीत दिया।

कल्याणजी–आनन्दजी के सुरीले और अमर संगीत से सजी कुछ यादगार फिल्में थीं—'छलिया' (1960; राज कपूर, नूतन), 'ब्लफ मास्टर' (1963; शम्मी कपूर, सायरा बानू), 'फूल बने अंगारे' (1963), 'दुल्हा दुल्हन' (1964; राज कपूर, साधना), 'हिमालय की गोद में' (1965), 'जब जब फूल खिले' (1965), 'उपकार' (1967), 'सुहागरात' (1968), 'सरस्वतीचन्द्र' (1968), 'हसीना मान जाएगी' (1968), 'महल' (1969), 'विश्वास' (1969), 'राजा साहब' (1969), 'सफर' (1970), 'गीत' (1970) और 'पूरब और पश्चिम' (1970) इत्यादि। इनके अलावा उन्होंने 'इशारा' (1964), 'सहेली' (1965), 'जौहर महमूद इन गोवा' (1965), 'राज' (1967), 'जुआरी' (1968), 'परिवार' (1968), 'नन्हा फरिश्ता' (1969), 'बन्धन' (1969), 'यादगार' (1970) और 'मेरे हमसफर' (1970) इत्यादि फिल्मों में भी बड़ा मीठा और यादगार संगीत दिया था। उनकी अन्य प्रमुख फिल्मों में धर्मेन्द्र की पहली फिल्म 'दिल भी तेरा हम भी तेरे' (1960), 'ओ तेरा क्या कहना' (1959), 'मेहंदी लगी मेरे हाथ' (1962), 'जी चाहता है' (1964), 'पूर्णिमा' (1965), 'प्रीत न जाने रीत' (1966), 'आमने सामने' (1967), 'एक श्रीमान एक श्रीमती' (1969), 'सच्चा झूठा' (1970), 'गोपी' (1970), 'जॉनी मेरा नाम' (1970), 'छोटी बहू' (1971), 'मर्यादा' (1971), 'जोरू का गुलाम' (1972), 'विक्टोरिया नं. 203' (1972), 'बनारसी बाबू' (1973), 'हीरा' (1973), 'ब्लैकमेल' (1973), 'जंजीर' (1973), 'कोरा कागज' (1974), 'रफू चक्कर' (1975), 'कालीचरण' (1976), 'बैराग' (1976), 'डॉन' (1978), 'मुकद्दर का सिकन्दर' (1978), 'कुर्बानी' (1980), 'लावारिस' (1981), 'विधाता' (1982), 'घुँघरू' (1983), 'जाँबाज' (1986) और 'त्रिदेव' (1989) इत्यादि शामिल थीं।

कल्याणजी–आनन्दजी द्वारा रचे गए बहुत सारे सुरीले और यादगार गीतों में 'सट्टा बाजार' (1959) में 'तुम्हें याद होगा कभी हम मिले थे' (हेमन्त–लता); 'मदारी' (1959) में 'दिल लूटने वाले जादूगर अब मैंने तुझे पहचाना है' (लता–मुकेश); 'छलिया' में 'डमडम डिगा–डिगा मौसम भीगा–भीगा' (मुकेश), 'तेरी राहों में खड़े हैं दिल थामके' (लता) और 'मेरे टूटे हुए दिल से कोई तो आज ये पूछे' (मुकेश); 'दिल भी तेरा हम भी तेरे' में 'मुझको इस रात की तनहाई में आवाज न दो' (मुकेश) और 'ये वादा करें जहाँ भी रहें, तुम हमारे रहो हम तुम्हारे रहें' (मुकेश–लता); 'पासपोर्ट' (1961) में 'साज–ए–दिल छेड़ दे क्या हसीं रात है' (रफी–लता); 'फूल बने अंगारे' (1963) में 'चाँद आहें भरेगा फूल दिल थाम लेंगे' (मुकेश) और 'वतन पे जो फिदा होगा अमर वो नौजवाँ होगा' (रफी); 'ब्लफ मास्टर' में

'हुस्न चला कुछ ऐसी चाल (रफी), 'सोचा था प्यार हम न करेंगे' (मुकेश), 'गोविन्दा आला रे आला' (रफी) और 'ऐ दिल अब कहीं ले जा' (हेमन्त); 'जी चाहता है' (1964) में 'हम छोड़ चले हैं महफिल को' (मुकेश); 'इशारा' में 'दिल बेकरार-सा है' (लता); 'दुल्हा दुल्हन' में 'हमने तुमसे प्यार किया है जितना' (मुकेश और लता के वर्जन); 'मजबूर' में 'तुम्हें जो भी देख लेगा किसी का न हो सकेगा' (हेमन्त); 'सहेली' (1965) में 'जिस दिल में बसा था प्यार तेरा' (मुकेश और लता के वर्जन); 'जौहर महमूद इन गोवा' में 'धीरे रे चलो मोरी बाँकी हिरनिया' (मुकेश) और 'अखियों का नूर है तू' (सुमन कल्याणपुर); 'हिमालय की गोद में' में 'चाँद-सी महबूबा हो मेरी' (मुकेश), 'कंकरिया मारके जगाया' (लता); 'मैं तो इक ख्वाब हूँ' (मुकेश)', 'इक तू जो मिला सारी दुनिया मिली' और इसी गीत का उदास वर्जन 'इक तू न मिला सारी दुनिया मिले भी तो क्या' (लता); शामिल हैं।

'जब जब फूल खिले' में 'परदेसियों से न अखियां मिलाना' (रफी और लता के वर्जन), 'ये समाँ, समाँ है ये प्यार का' (लता) और 'एक था गुल और एक थी बुलबुल' (रफी); 'राज' (1967) में 'अकेले हैं चले आओ' (रफी और लता के वर्जन), 'ए जी जरा सुनना' (लता) और 'दिल सँभाले सँभलता नहीं आज तो' (मुकेश-लता); 'आमने सामने' में 'कभी रात-दिन हम दूर थे' (रफी-लता); 'उपकार' में 'मेरे देश की धरती' (महेन्द्र कपूर), 'कस्मे वादे प्यार वफा' (मुन्ना डे), 'हर खुशी हो वहाँ तू जहाँ भी रहे' (लता) और 'दीवानों से ये मत पूछो' (मुकेश); 'दिल ने पुकारा' में 'खाई थी कसम इक रात सनम' (लता) और 'वक्त करता जो वफा' (मुकेश); 'जुआरी' (1968) में 'हमसफर अब ये सफर कट जाएगा' (मुकेश-लता) और 'नींद उड़ जाए तेरी' (मुबारक बेगम); 'परिवार' में 'हमने जो देखे सपने' (महेन्द्र कपूर-लता), 'सुहागरात' में 'गंगा मइया में जब तक कि पानी रहे' (लता), 'धरती की तरह हर दुख सहले' (किशोर) और 'खुश रहो हर खुशी है तुम्हारे लिए' (मुकेश); 'बाजी' में 'आ मेरे गले लगजा ओ जानेजाना' (लता); 'सरस्वतीचन्द्र' में 'चन्दन-सा बदन चंचल चितवन' (लता और मुकेश के वर्जन); 'फूल तुम्हें भेजा है खत में' (लता-मुकेश), 'छोड़ दे सारी दुनिया किसी के लिए' (लता), 'हमने अपना सब कुछ खोया' (मुकेश) और 'मैं तो भूल चली बाबुल का देस' (लता); 'हसीना मान जाएगी' में 'चले थे साथ मिलके' (रफी) और 'बेखुदी में सनम उठ गए जो कदम' (रफी-लता); 'राजा साब' (1969) में 'राजू का है एक ख्वाब' (रफी), 'हमने आज से तुम्हें ये नाम दे दिया' (रफी-लता), 'सजना ओ तेरे बिन सजना' (लता) और 'किसी मेहरबाँ की नजर ढूँढते हैं' (रफी और साथी); 'नन्हा फरिश्ता' में 'ओ नटखट नन्ही लाड़ली' (लता) और 'बच्चे में है भगवान' (रफी-किशोर-मन्ना डे); 'एक श्रीमान एक श्रीमती' में 'चाँदनी रात में यूँ दिल को' (रफी); 'विश्वास' में 'चाँदी की दीवार न तोड़ी' (मुकेश); 'ले चल, ले चल मेरे जीवनसाथी' (मुकेश-सुमन कल्याणपुर); 'आज की रात सजन मनचाहे' (लता) और 'आपसे हमको बिछड़े हुए' (मनहर-सुमन कल्याणपुर) जैसे मधुर गीतों को भला कौन भुला सकता है?

इसी तरह, 'महल' में 'आँखों-आँखों में हम-तुम' (किशोर-आशा), 'आइए आपका था हमें इन्तजार' (आशा भोंसले-देव आनन्द), 'बड़े खूबसूरत हो तुम नौजवाँ' (लता) और 'ये दुनियावाले पूछेंगे' (किशोर-आशा); 'यादगार' (1970) में 'जिस पथ पे चला' (लता); 'घर घर की कहानी' में 'समाँ है सुहाना-सुहाना' (किशोर); 'सच्चा झूठा' में 'यूँ ही तुम मुझसे बात करती हो' (रफी-लता); 'सफर' में 'जिंदगी का सफर है ये कैसा सफर' (किशोर), 'नदिया चले चले रे धारा' (मन्ना डे), 'हम थे जिनके सहारे' (लता) और 'जो तुमको हो पसन्द वही बात कहेंगे' (मुकेश); 'गीत' में 'आजा तुझको पुकारें मेरे गीत रे' (रफी-लता) और 'जिसके सपने हमें रोज आते रहे' (महेन्द्र कपूर-लता); 'गोपी' में 'सुख के सब साथी' (रफी), 'अकेले ही अकेले चला है कहाँ' (लता) और 'रामचन्द्र कह गए सिया से' (महेन्द्र कपूर); 'होली आई रे' में 'मेरी तमन्नाओं की तकदीर तुम सँवार दो' (लता और मुकेश के वर्जन); 'मेरे हमसफर' में 'किसी राह में किसी मोड़ पर' (मुकेश-लता), 'मौसम है बहारों का' (महेन्द्र कपूर-एस. बलबीर) और 'मेरा परदेसी न आया' (लता); 'पूरब और पश्चिम' में 'दुल्हन चली हो बहन चली' (महेन्द्र कपूर), 'कोई जब तुम्हारा हृदय तोड़ दे' (मुकेश) और 'पुरवा सुहानी आई रे' (लता-महेन्द्र कपूर-मनहर); 'छोटी बहू' (1971) में 'ये रात है प्यासी-प्यासी' (रफी) और 'हे रे कन्हैया किसको कहेगा तू मैया' (किशोर); 'मर्यादा' में 'जुबाँ पे दर्द भरी दास्ताँ चली आई' (मुकेश); 'एक हसीना दो दीवाने' में 'दो कदम तुम भी चलो' (मुकेश-लता); 'पारस' में 'तेरे होंठों के दो फूल प्यारे-प्यारे' (मुकेश-लता); 'जोरू का गुलाम' (1972) में 'कहाँ जाएँ हम दो मुहब्बत के मारे' (किशोर-आशा); 'बनारसी बाबू' (1973) में 'कोई-कोई रात ऐसी होती है' (लता); 'समझौता' में 'बड़ी दूर से आए हैं' (रफी); 'हाथ की सफाई' (1974) में 'वादा करले साजना' (लता-रफी); और कल्याणजी आनन्द जी को उनका पहला फिल्मफेयर पुरस्कार दिलवाने वाली 'कोरा कागज' (1974) में 'मेरा जीवन कोरा कागज कोरा ही रह गया' (किशोर), इत्यादि उनके सबसे मधुर गीतों में शामिल थे।

उनके खूब धूम मचाने वाले कुछ अन्य मधुर गीत थे—'जौहर महमूद इन गोवा' में 'न कोई रहा है न कोई रहेगा'

(मुकेश) और 'ये दो दीवाने दिल के चले हैं देखो मिलके' (रफी-मन्ना डे); 'हिमालय की गोद में' में रफी और उषा टिमोथी का पंजाबी टप्पों वाला 'तू रात खड़ी थी छत पे' और लता का गजब का समूह-गीत 'ऊँचे हिमालय के नीचे'; 'जब जब फूल खिले' में 'ना-ना करते प्यार तुम्हीं से कर बैठे' (रफी-सुमन कल्याणपुर); 'राजा साब' में 'तू जंगल की मोरनी ते मैं बागाँ दा मोर' (रफी-लता); 'एक श्रीमान एक श्रीमती' में 'प्यार तो इक दिन होना था' (रफी-आशा); 'यादगार' में 'इकतारा बोले टुनटुन, क्या कहे ये तुमसे सुन-सुन' (महेन्द्र कपूर); 'सच्चा झूठा' में मेरी प्यारी बहनियाँ बनेगी दुल्हनियाँ' (किशोर); 'आँसू और मुस्कान' में 'गुरुजनो भक्तजनो' (किशोर); 'जॉनी मेरा नाम' में 'पल भर के लिए कोई हमें प्यार कर ले' (किशोर), 'ओ मेरे राजा' (आशा भोंसले-किशोर) और 'बाबुल प्यारे (लता); 'जोरू का गुलाम' में 'नैनों में निंदिया है' (किशोर-लता); 'विक्टोरिया नं. 203' में 'दो बेचारे बिना सहारे' (किशोर-महेन्द्र कपूर) और 'ब्लैकमेल' में 'पल-पल दिल के पास' (किशोर) इत्यादि।

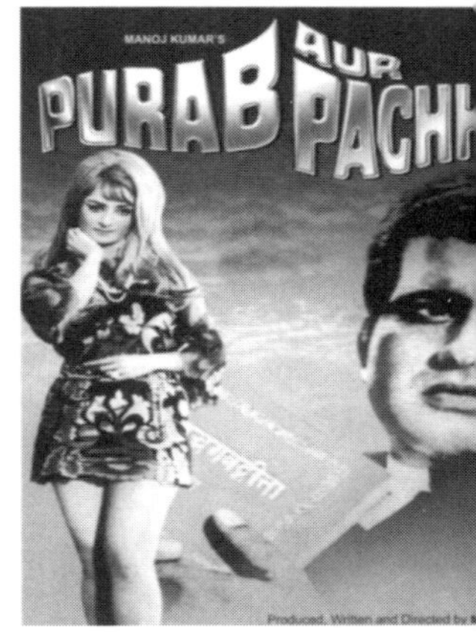

कल्याणजी-आनन्दजी के अन्य लोकप्रिय गीतों में 'जंजीर' (1973) में 'यारी है ईमान मेरा यार मेरी जिंदगी' (मन्ना डे); 'कहानी किस्मत की' में 'रफ्ता-रफ्ता देखो आँख मेरी लड़ी है' (किशोर); 'हीरा' में 'मैं तुझसे मिलने आई मन्दिर जाने के बहाने' (लता) और 'आज नाचूँ ऐसे कि आग लग जाए' (लता); 'रफूचक्कर' (1975) में 'तुमको मेरे दिल ने पुकारा है बड़े नाज से' (शैलेन्द्र सिंह-कंचन) और 'किसी पे दिल अगर आ जाए' (शैलेन्द्र सिंह-कंचन); 'धर्मात्मा' में 'तुमने किसी को कभी प्यार किया है' (मुकेश-कंचन); 'कालीचरण' में 'जा रे जा ओ हरजाई' (लता); 'बैराग' में 'सारे शहर में आप-सा कोई नहीं' (रफी-आशा); 'मुकद्दर का सिकन्दर' (1978) में 'सलाम-ए-इश्क मेरी जाँ' (आशा भोंसले-किशोर), 'रोते हुए आते हैं सब' (किशोर) और 'दिल तो है दिल' (लता); 'डॉन' में 'खाइके पान बनारसवाला' (किशोर) और 'ई है बम्बई नगरिया तू देख बबुआ' (किशोर); 'कुर्बानी' (1980) में 'हम तुझे चाहते हैं ऐसे' (मनहर उधास-कंचन) और 'लावारिस' (1981) में 'मेरे अंगने में तुम्हारा क्या काम है' (अल्का याग्निक) इत्यादि शामिल थे।

कल्याणजी और आनन्दजी दोनों ही बड़े सरल स्वभाव के और हँसमुख व्यक्ति थे और उनके चुटकुले पूरी फिल्म इंडस्ट्री में मशहूर थे। 3 नवम्बर 2000 को बड़े भाई कल्याणजी इस दुनिया से चले गए तो आनन्दजी अकेले ही अपनी मुस्कराहटें बिखेरते रह गए—हालाँकि अब उनमें पहले जैसा चुटकीलापन नहीं रहा था। सुरों के सरगम का उनका लम्बा सफर ये पंक्तियाँ लिखे जाने तक भी जारी था। 1970-1980 के दशकों में कल्याणजी-आनन्दजी ने बहुत-सा ऐसा संगीत भी रचा जो उनके द्वारा स्थापित मापदंडों के अनुरूप नहीं था। लेकिन उनके चाहनेवाले उन्हें 'छलिया', 'ब्लफ मास्टर', 'हिमालय की गोद में', 'जब जब फूल खिले', 'उपकार', 'विश्वास', 'महल', 'सरस्वतीचन्द्र' और 'सफर' जैसी फिल्मों के मधुर संगीत के लिए हमेशा याद रखेंगे।

38. लक्ष्मीकान्त-प्यारेलाल

कल्याणजी-आनन्दजी की तरह लक्ष्मीकान्त-प्यारेलाल ने भी 'पारसमणि' (1963) से लेकर 'शोर' (1972) तक के पूरे एक दशक में बहुत मधुर, ऊँचे दर्जे का और अमर संगीत दिया। सबसे ज्यादा फिल्मों (635 फिल्में) और सबसे बड़ी फिल्मों में संगीत देने के कारण उन्हें शंकर-जयकिशन के बाद हिन्दी सिनेमा के सबसे सफल संगीत-निर्देशक कहा जा सकता है। यह अलग बात है कि 1970 के दशक और उसके बाद के शोर-शराबे भरे वर्षों में उनके अधिकांश गीतों में वह मधुरता, गहराई और कल्पनाशीलता नहीं रही, जिसके लिए वे जाने जाते थे। फिर भी, वे अपने जमाने के सभी बड़े फिल्म निर्माताओं—ताराचन्द बड़जात्या और एल.वी. प्रसाद से लेकर राज कपूर, मनोज कुमार, जे. ओमप्रकाश, यश चोपड़ा, राज खोसला, मनमोहन देसाई, सुभाष घई इत्यादि—की पहली पसन्द रहे। इनके अलाव उन्होंने व्ही. शांताराम ('जल बिन मछली नृत्य बिन बिजली'), बी.आर. चोपड़ा ('दास्तान'), सुबोध मुखर्जी ('शार्गिद' और 'अभिनेत्री'), एच.एस. रवेल ('महबूब की मेहंदी') और मोहन कुमार ('अनजाना', 'आप आए बहार आई' इत्यादि) जैसे कई अन्य प्रतिष्ठित निर्माताओं के साथ भी काम किया।

लक्ष्मीकान्त का पूरा नाम लक्ष्मीकान्त शांताराम कुदलकर था। वे 3 नवम्बर 1937 को महाराष्ट्र के एक निर्धन परिवार में पैदा हुए थे। उन्हें बचपन से ही संगीत का शौक था और उन्होंने कड़ी मेहनत और लगन से मेंडोलिन और वायलिन

बजाना सीखा था। बाद में वे विभिन्न संगीत कार्यक्रमों में अपना कमाल दिखाने के साथ-साथ हिन्दी फिल्मी गीतों की रिकॉर्डिंग में भी एक अच्छे साजिंदे के रूप में भाग लेने लगे। उनके जोड़ीदार प्यारेलाल एक जाने-माने ट्रम्पेट-वादक पं. रामप्रसाद शर्मा के बेटे थे। 3 सितम्बर 1940 को गोरखपुर (उत्तर प्रदेश) में पैदा हुए प्यारेलाल का बचपन भी मुम्बई में ही बीता। सिर्फ आठ वर्ष की उम्र में उन्होंने गोवा के गोनसॉल्विस से वायलिन बजाना सीख लिया और बारह वर्ष के होते-होते वे फिल्मी गीतों की रिकॉर्डिंग में भाग लेने लगे। उन्हीं की तरह लक्ष्मीकान्त को भी सिर्फ दस वर्ष की उम्र में लता मंगेशकर के एक संगीत कार्यक्रम में मेंडोलिन बजाने का गौरव प्राप्त हो चुका था। लक्ष्मीकान्त और प्यारेलाल दोनों ही मंगेशकर परिवार द्वारा चलाई जाने वाली बच्चों की संगीत अकादमी से जुड़े हुए थे। लता मंगेशकर ने उनकी कमजोर आर्थिक स्थिति और विलक्षण प्रतिभा को देखते हुए नौशाद, सचिन देव बर्मन और सी. रामचन्द्र जैसे जाने-माने संगीतकारों से सिफारिश करके उन्हें काम दिलवाना शुरू कर दिया। संगीत अकादमी और रिकॉर्डिंग स्टूडियो में घंटों साथ-साथ रहने के कारण लक्ष्मीकान्त और प्यारेलाल में बड़ी गहरी दोस्ती हो गई और वे मिल-जुलकर अपने उज्ज्वल भविष्य के सपने देखने लगे। कई वरिष्ठ संगीत-निर्देशकों के साथ काम करने का लम्बा अनुभव बटोरने के बाद वे दोनों पहले चित्रगुप्त और फिर कल्याणजी-आनन्दजी के सहायकों के रूप में काम करने लगे। इतना ही नहीं, अपने हमउम्र राहुल देव बर्मन की पहली फिल्म 'छोटे नवाब' (1961) में वे उनके भी सहायक रहे। 'पंचम' के नाम से मशहूर राहुल देव बर्मन के साथ उनकी इतनी गहरी दोस्ती हो गई कि लक्ष्मीकान्त-प्यारेलाल की सबसे महत्त्वपूर्ण शुरुआती फिल्म 'दोस्ती' (1964) के सभी गीतों में राहुल देव बर्मन ने ही माउथ ऑर्गेन बजाया था।

अपनी पहली ही फिल्म (बाबू भाई मिस्त्री निर्देशित) 'पारसमणि' (1963) से खूब धूम मचाने वाले लक्ष्मीकान्त-प्यारेलाल ने अगले ही वर्ष ताराचन्द बड़जात्या के राजश्री बैनर द्वारा निर्मित 'दोस्ती' (1964) में एक बड़ा संगीत धमाका करने के साथ-साथ अपना पहला फिल्मफेयर पुरस्कार भी लपक लिया। उनके मधुर और यादगार संगीत से सजी अन्य धूम मचाने वाली फिल्मों में 'लुटेरा' (1965), 'आए दिन बहार के' (1966), 'मिलन' (1967), 'पत्थर के सनम' (1967), 'शागिर्द' (1967), 'राजा और रंक' (1968), 'मेरे हमदम मेरे दोस्त' (1968), 'इन्तकाम' (1969), 'धरती कहे पुकार के' (1969), 'जीने की राह' (1969), 'आया सावन झूम के' (1969), 'दो रास्ते' (1969), 'अभिनेत्री' (1970), 'जीवन मृत्यु' (1970), 'खिलौना' (1970), 'महबूब की मेहंदी' (1971), 'आन मिलो सजना' (1971), 'पिया का घर' (1972), 'शोर' (1972) और 'दाग' (1973) इत्यादि शामिल थीं। 1963 से 1973 तक के इस दौर में उन्होंने बहुत-सी अन्य फिल्मों में भी बड़ा मोहक और उत्कृष्ट संगीत दिया। इनमें 'आसरा' (1966), 'जाल' (1967), 'अनीता' (1967), 'तकदीर' (1967), 'वापस' (1968), 'साजन' (1969), 'प्यासी शाम' (1969), 'शराफत' (1970), 'मन की आँखें' (1970), 'दर्पण' (1970) और 'जल बिन मछली नृत्य बिन बिजली' (1971) जैसी फिल्में शामिल थीं।

उनकी अन्य लोकप्रिय फिल्मों में जीतेन्द्र की 'फर्ज' (1967), 'जिगरी दोस्त' (1969), 'हिम्मत' (1970), 'हमजोली' (1970) और 'रूप तेरा मस्ताना' (1972); राजेन्द्र कुमार की 'अनजाना' (1969) और 'आप आए बहार आई' (1971); धर्मेन्द्र की 'मेरा गाँव मेरा देश' (1971) और 'राजा जानी' (1972), और राजेश खन्ना की 'हाथी मेरे साथी' (1971) और 'दुश्मन' (1972) के साथ-साथ 'बॉबी' (1973), 'रोटी कपड़ा और मकान' (1974), 'रोटी' (1974), 'प्रतिज्ञा' (1975), 'ड्रीम गर्ल' (1976), 'जानेमन' (1976), 'अमर अकबर एंथनी' (1977), 'सत्यम शिवम सुन्दरम' (1978), 'धर्मवीर' (1978), 'सरगम' (1979), 'कर्ज' (1980), 'क्रान्ति' (1980), 'एक दूजे के लिए' (1981), 'नसीब' (1981), 'प्रेम रोग' (1982), 'हीरो' (1983), 'मि. इंडिया' (1987), 'तेजाब' (1988), 'चालबाज' (1989), 'राम लखन' (1989), 'हम' (1991), 'सौदागर' (1991), 'खुदा गवाह' (1992), 'खलनायक' (1993) और 'त्रिमूर्ति' (1995) इत्यादि शामिल थीं।

फिल्म इंडस्ट्री में 'एल.पी.' या 'लक्ष्मी-प्यारे' के नाम से मशहूर लक्ष्मीकान्त-प्यारेलाल की जोड़ी शंकर-जयकिशन के 9 फिल्मफेयर पुरस्कारों के बाद सबसे ज्यादा—कुल सात बार—यह पुरस्कार जीतने वाली जोड़ी थी। उन्हें 'दोस्ती' (1964), 'मिलन' (1966), 'जीने की राह' (1969), 'अमर अकबर एंथनी' (1977), 'सत्यम शिवम सुन्दरम' (1978), 'सरगम' (1979) और 'कर्ज' (1980) के संगीत के लिए यह लोकप्रिय पुरस्कार प्राप्त हुआ था।

असद भोपाली के 'हँसता हुआ नूरानी चेहरा' और आनन्द बख्शी रचित 'उई माँ उई माँ ये क्या हो गया' से अपने संगीत के सरगम की शुरुआत करने वाले लक्ष्मीकान्त-प्यारेलाल ने राजा मेहंदी अली खान ('जाल' और 'अनीता'), साहिर लुधियानवी ('मन की आँखें', 'इज्जत', 'दास्तान' और 'दाग' इत्यादि) और मजरूह सुल्तानपुरी ('दोस्ती', 'शागिर्द', 'बहारों की मंजिल', 'मेरे हमदम मेरे दोस्त', 'वापस', 'अभिनेत्री' और 'जल बिन मछली नृत्य बिन बिजली' इत्यादि) के साथ भी काम किया। लेकिन उनकी अधिकांश फिल्मों के गीत उनके प्रिय गीतकार आनन्द बख्शी ने लिखे थे।

लक्ष्मीकान्त-प्यारेलाल द्वारा रचित सबसे खूबसूरत गीतों में 'पारसमणि' में 'वो जब याद आए बहुत याद आए' (रफी-लता); 'दोस्ती' (1964) में 'जानेवालो जरा मुड़के देखो मुझे' और 'मेरा तो जो भी कदम है वो तेरी राह में है' (दोनों रफी); 'सती सावित्री' (1964) में 'जीवन डोर तुम्हीं संग बाँधी' (लता); 'मि. एक्स इन बॉम्बे' (1964) में 'मेरे महबूब कयामत होगी' (किशोर); 'सन्त ज्ञानेश्वर' (1965) में 'ज्योत से ज्योत जलाते चलो' (लता); 'हम सब उस्ताद हैं' (1965) में 'प्यार बाँटते चलो' (किशोर) और 'अजनबी तुम जाने-पहचाने से लगते हो' (किशोर और लता के वर्जन); 'आसरा' में 'नींद कभी रहती थी आँखों में' (लता), 'तुम कौन हो बताओ तुम्हारा नाम है क्या' (लता), 'मेरे सूने जीवन का आसरा है तू' (आशा भोंसले) और 'सजना किधर सारी रतिया गँवाई' (लता-उषा मंगेशकर); 'आए दिन बहार के' में 'सुनो सजना पपीहे ने' (लता), 'खत लिख दे साँवरिया के नाम बाबू' (आशा भोंसले) और 'ऐ काश किसी दीवाने से हमको भी मुहब्बत हो जाए' (लता-आशा); 'जाल' में 'मेरी जिंदगी के चिराग को तेरी बेरुखी ने बुझा दिया' (लता), 'धड़का है दिल में प्यार तुम्हारा अभी-अभी' (लता) और 'अकेला हूँ मैं हमसफर ढूँढता हूँ' (रफी); 'मेरे लाल' (1966) में 'पायल की झंकार रस्ते-रस्ते' (लता); 'अनीता' में 'करीब आ ये नजर फिर मिले, मिले न मिले' (लता), 'मैं देखूँ जिस ओर सखी री सामने मेरे साँवरिया' (लता), 'तुम बिन जीवन कैसे बीता' (मुकेश) और 'है नजर का इशारा सँभल जाइए' (लता-उषा); 'मिलन' (1967) में 'सावन का महीना पवन करे सोर' (मुकेश-लता) और 'हम-तुम, युग-युग से ये गीत मिलन के गाते रहे हैं, गाते रहेंगे' (मुकेश-लता); 'पत्थर के सनम' में 'महबूब मेरे महबूब मेरे' (मुकेश-लता), 'ऐ दुश्मन-ए-जाँ चल दिया कहाँ' (आशा भोंसले) और 'पत्थर के सनम तुझे हमने मुहब्बत का खुदा जाना' (रफी); 'तकदीर' में 'जब-जब बहार आई और फूल मुसकराए' (रफी), 'आइए बहार को हम बाँट लें' (लता) और 'पप्पा जल्दी आ जाना' (लता और साथी); और 'शागिर्द' में 'दिल-विल प्यार-व्यार मैं क्या जानूँ रे' (लता) और 'उड़के पवन के रंग चलूँगी, मैं भी तुम्हारे संग चलूँगी' (लता) शामिल थे।

इसी तरह 'राजा और रंक' (1968) में 'तू कितनी अच्छी है तू कितनी भोली है, ओ माँ ओ माँ' (लता); 'बहारों की मंजिल' में 'निगाहें क्यों भटकती हैं कदम क्यों डगमगाते हैं' (लता), 'ये दामन अब न छूटेगा कभी चाहे खफा तुम हो' (लता) और 'आजा रे पिया खिलने लगे तन-मन में फूल' (लता और साथी); 'मेरे हमदम मेरे दोस्त' में 'चलो सजना जहाँ तक घटा चले' (लता), 'न जा कहीं अब न जा दिल के सिवा' (रफी), 'छलकाए जाम आइए आपकी आँखों के नाम होंठों के नाम' (रफी) और 'अल्लाह ये अदा कैसी है इन हसीनों में' (आशा भोंसले); 'नाइट इन लंडन' में 'नजर न लग जाए किसी की राहों में' (रफी); 'इज्जत' में 'ये दिल तुम बिन कहीं लगता नहीं' (लता-रफी) और तमिलनाडु की कई बार मुख्यमंत्री रहीं जयललिता पर फिल्माया गया 'जागी बदन में ज्वाला सैयाँ तूने क्या कर डाला' (लता); 'इन्तकाम' में 'कैसे रहूँ चुप कि मैंने पी ही क्या है' (लता) और 'ओ जानेजाँ मेरा ये हुस्न जवाँ' (लता); 'साजन' (1969) में 'साजन-साजन पुकारूँ गलियों में' (लता) और 'रेशम की डोरी, कहाँ जइयो...' (रफी-लता); 'धरती कहे पुकार के' में 'जे हम-तुम चोरी से' (मुकेश-लता), 'जा रे कारे बदरा' (लता), 'खुशी की वो रात आ गई' (मुकेश) और 'दीए जलाएँ प्यार के चलो इसी खुशी में' (लता); 'आँसू बन गए फूल' (1969) में 'मेहरबाँ महबूब दिलवर जानेमन' (आशा भोंसले) और 'जाने कैसा है मेरा दीवाना' (आशा-किशोर); 'जीने की राह' में 'इक बंजारा गाए' (रफी), 'आने से उसके आए बहार' (रफी), 'चन्दा को ढूँढने सभी तारे निकल पड़े' (आशा-उषा-हेमलता) और 'आप मुझे अच्छे लगने लगे' (लता); 'अनजाना' (1969) में 'रिमझिम के गीत सावन गाए' (रफी-लता) और 'जान चली जाए जिया नहीं जाए' (रफी-सुमन कल्याणपुर); 'जिगरी दोस्त' में 'दिल में क्या है' (रफी-लता), 'रात सुहानी जाग रही है' (रफी-सुमन कल्याणपुर) और 'मेरे देस में पवन चली पुरवाई' (रफी); 'प्यासी शाम' (1969) में 'ये कैसा गम सजना' (लता) और 'यारो मेरा साथ निभाओ' (रफी); 'सत्यकाम' (1969) में 'अभी क्या सुनाऊँ सुनो तो हँसोगे' (लता) और 'दो दिन की जिंदगी' (लता); 'आया सावन झूम के' में 'रामा दुहाई मेरे रामा दुहाई' (लता), 'साथिया नहीं जाना' (रफी-लता), 'ओ माँझी चल' (रफी) और टाइटल-गीत 'बदरा छाए कि झूले पड़ गए हाय' (रफी-लता और साथी); 'दो भाई' (1969) में 'गीत नहीं बन सकते कुछ साज ऐसे होते हैं' (आशा-रफी) और 'आ हम अहदे-वफा कर लें' (रफी-सुमन); 'शर्त' (1969) में 'तू कौन है, हाँ याद आया' (लता) भी लक्ष्मीकांत-प्यारेलाल के बहुत मधुर गीत थे।

राजेश खन्ना और मुमताज की सुपरहिट जोड़ी की पहली फिल्म 'दो रास्ते' (1969) में 'बिन्दिया चमकेगी' (लता), 'छुप गए सारे नजारे' (लता-रफी), 'ये रेशमी जुल्फें' (रफी) और 'मेरे नसीब में ऐ दोस्त तेरा प्यार नहीं' (किशोर); 'वापस' (1969) में 'एक तेरा साथ हमको दो जहाँ से प्यारा है' (रफी-लता) और 'आई बहारों की शाम' (रफी); 'अभिनेत्री' में 'सारेगामापा गा रे मेरे संग मेरे साजना' (लता-किशोर), 'ओ घटा साँवरी थोड़ी-थोड़ी बावरी' (लता) और 'खिंचे हमसे साँवरे इतने क्यों हो' (लता); 'मन की आँखें' (1970) में 'दिल कहे रुक जा रे रुक जा यहीं पे

कहीं' (रफी) और 'चला भी आ आजा रसिया' (लता-रफी); 'खिलौना' में 'खिलौना जानकर तुम तो...' (रफी), 'खुश रहे तू सदा' (रफी) और 'अगर दिलवर की रुसवाई हमें मंजूर हो जाए' (लता); 'बचपन' (1970) में 'आया रे खिलौनेवाला खेल-खिलौने लेके आया रे' (रफी); 'शराफत' में 'दुनिया ने सुन ली है... ओ राजा जानी' (लता) और 'शराफत छोड़ दी मैंने' (लता); 'दर्पण' (1970) में 'जिसे ये दुनिया ठुकराए' (लता), 'एक गगन का राजा एक चमन की रानी' (लता) और 'दर्पण झूठ न बोले' (मन्ना डे); 'हिम्मत' (1970) में 'मैं हूँ अकेली बड़ी मुश्किल घड़ी है' (लता) और 'मान जाइए मान जाइए' (लता-रफी); 'माँ और ममता' में 'रुत बेकरार है छाई बहार है' (रफी-लता); 'जीवन मृत्यु' में 'झिलमिल सितारों का आँगन होगा' (रफी-लता और अकेले लता के वर्जन) और 'जमाने में अजी ऐसे कई नादान होते हैं' (लता); 'हमजोली' में 'ढल गया दिन हो गई शाम' (आशा-रफी), 'हाय रे हाय नींद नहीं आए' (रफी-लता) और 'टिक-टिक-टिक मेरा दिल बोले' (लता); 'महबूब की मेहंदी' (1971) में 'जाने क्यों लोग मुहब्बत किया करते हैं' (लता), 'इतना तो याद है मुझे' (लता-रफी), 'ये जो चिलमन है' (रफी) और 'मेरे दीवानेपन की भी दवा नहीं' (किशोर); 'मन मन्दिर' (1971) में 'जादूगर तेरे नैना' (किशोर-लता); 'मेरा गाँव मेरा देश' में 'सोना लइजा रे चाँदी लइजा रे' (लता) और 'कुछ कहता है ये सावन' (लता-रफी); 'हाथी मेरे साथी' में 'सुन जा ऐ ठंडी हवा' (किशोर-लता) और 'दिलवर जानी चली हवा मस्तानी' (किशोर-लता); 'आप आए बहार आई' में 'मुझे तेरी मुहब्बत का सहारा मिल गया होता' (लता-रफी); 'आन मिलो सजना' में 'तेरे कारण तेरे कारण' (लता), 'अच्छा तो हम चलते हैं' (लता-किशोर) और 'रंग-रंग के फूल खिले मुझे भाए कोई रंग ना' (लता-रफी); 'उपहार' में 'माँझी नया ढूँढे किनारा' (मुकेश) और 'मैं इक राजा हूँ तू इक रानी है' (रफी-लता); 'जल बिन मछली नृत्य बिन बिजली' में 'मन की प्यास मेरे मन से न निकली' (लता), 'कजरा लगाके बिंदिया सजाके रे आई मैं तो आई' (लता), 'ओ मितवा ओ मितवा ये दुनिया तो क्या है' (लता) और 'बात है इक बूँद-सी दिल के प्याले में' (मुकेश-लता) भी बहुत खूबसूरत गीत थे।

दिलीप कुमार की 'दास्तान' (1972) में 'न तू जमीं के लिए है न आसमाँ के लिए' (रफी); 'पिया का घर' में 'पिया का घर है ये रानी हूँ मैं' (लता) और 'ये जीवन है इस जीवन का यही है रंग-रूप' (किशोर); 'एक नजर' (1972) में 'पहले सौ बार इधर और उधर देखा है' (लता) और 'पत्ता-पत्ता बूटा-बूटा हाल हमारा जाने है' (लता-रफी); 'हार जीत' (1972) में 'इतने दिन तुम कहाँ रहे' (किशोर-लता); 'जीत' (1972) में 'शीशी भरी गुलाब की पत्थर पे तोड़ दूँ' (लता); 'मोम की गुड़िया' (1972) में 'बन्धन टूटे न साँवरिया' (लता) और 'बागों में बहार आई' (आनन्द बख्शी-लता); 'रूप तेरा मस्ताना' में 'हसीन दिलरुबा आ करीब आ' (रफी), 'आकाश पे दो तारे सदियों से चमकते हैं' (महेन्द्र कपूर-लता); 'शोर' में 'इक प्यार का नगमा है' (लता-मुकेश); 'हनीमून' (1973) में 'जीवन है इक सपना' (किशोर-आशा) और 'मेरे प्यासे मन की बहार' (किशोर-आशा); 'दाग' में 'मेरे दिल में आज क्या है' (किशोर); 'लोफर' में 'आज मौसम बड़ा बेइमान है' (रफी); 'इम्तिहान' (1974) में 'रोज शाम आती थी मगर ऐसी न थी' (लता); 'चरस' (1976) में 'कि आजा तेरी याद आई' (रफी-लता); 'सत्यम शिवम सुन्दरम' (1978) में 'ईश्वर सत्य है, सत्य ही शिव है, शिव ही सुन्दर है' (लता); 'सरगम' (1979) में 'डफलीवाले डफली बजा' (लता-रफी); 'एक दूजे के लिए' (1981) में 'ऐ प्यार तेरी पहली नजर को सलाम' (लता) और 'हीरो' (1983) में 'निंदिया से जागी बहार' (लता) इत्यादि लक्ष्मीकांत-प्यारेलाल के कुछ अन्य यादगार गीत थे।

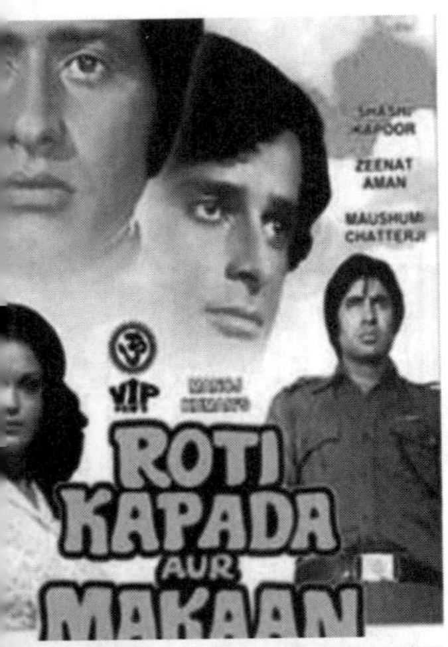

उनके खूब धूम मचाने वाले कुछ अन्य मधुर गीत थे—'पारसमणि' में 'हँसता हुआ नूरानी चेहरा' (लता-कमल बारोट) और 'उई माँ उई माँ ये क्या हो गया' (लता और साथी); 'दोस्ती' में 'चाहूँगा मैं तुझे साँझ-सवेरे', 'राही मनवा दुख की चिन्ता क्यों सताती है' (रफी), 'गुड़िया कब तक रूठी रहोगी' (लता) और 'मेरी दोस्ती मेरा प्यार' (रफी); 'लुटेरा' में 'किसी को पता न चले बात का', 'रात से कहो रुके जरा', 'नींद निगाहों से खो जाती है', 'ओ दिलवालो', 'सनम राह भूले यहाँ आते-आते' और 'मुझे देखिए मैं इक दास्ताँ हूँ' (सभी लता); 'फर्ज' में 'मस्त बहारों का मैं आशिक' (रफी), 'तुमसे ओ हसीना' (रफी-सुमन कल्याणपुर), 'हम तो तेरे आशिक हैं सदियों पुराने' (मुकेश-लता) और 'बार-बार दिन ये आए' (रफी); 'मिलन' में 'तोहे साँवरिया नाहीं खबरिया' (लता), 'राम करे ऐसा हो जाए' (मुकेश), 'मैं तो दीवाना दीवाना दीवाना' (मुकेश) और 'बोल गोरी बोल तेरा कौन पिया' (मुकेश-लता); 'शागिर्द' में 'बड़े मियाँ दीवाने ऐसे न बनो' (रफी) और 'वो हैं जरा खफा-खफा' (रफी-लता); 'राजा और रंक' में 'मेरा नाम है चमेली' (लता) और 'ओ फिरकीवाली तू कल फिर आना' (रफी); 'मेरे हमदम मेरे दोस्त' में 'हमें तो हो गया है प्यार तुम्हें हो न हो' (लता); 'आया सावन झूम के' में 'मैं इक हसीना वो इक दीवाना' (आशा भोंसले), 'बुरा मत सुनो बुरा मत देखो बुरा मत कहो' (रफी) और 'ये शमाँ तो जली रोशनी के लिए' (रफी); 'जीने की राह' में 'आ मेरे हमजोली आ खेलें आँख-मिचोली आ' (रफी-लता और साथी); 'खिलौना' में 'मैं शराबी नहीं' (आशा-रफी); 'हाथी मेरे साथी' में 'चल चल चल मेरे हाथी' (किशोर); 'मेरा गाँव मेरा देश' में 'हाय शरमाऊँ किस-किसको बताऊँ, आया-आया

अटरिया पे कोई चोर' और 'मार दिया जाए कि छोड़ दिया जाए' (सभी लता); 'राजा जानी' में 'ए बी सी डी छोड़ो' (लता) और 'दुनिया का मेला मेले में लड़की' (लता); 'दुश्मन' में 'वादा तेरा वादा' (किशोर); 'लोफर' में 'मोतियों की लड़ी हूँ मैं' (आशा भोंसले), 'कोई शहरी बाबू दिल लहरी बाबू' (आशा भोंसले) और 'मैं तेरे इश्क में मर न जाऊँ कहीं' (लता); 'दाग' में 'जब भी जी चाहे नई दुनिया बसा लेते हैं लोग' (लता) और 'मैं ताँ यार बनाउणा नीं चाहे लोग बोलियाँ बोलें' (लता-आशा) इत्यादि।

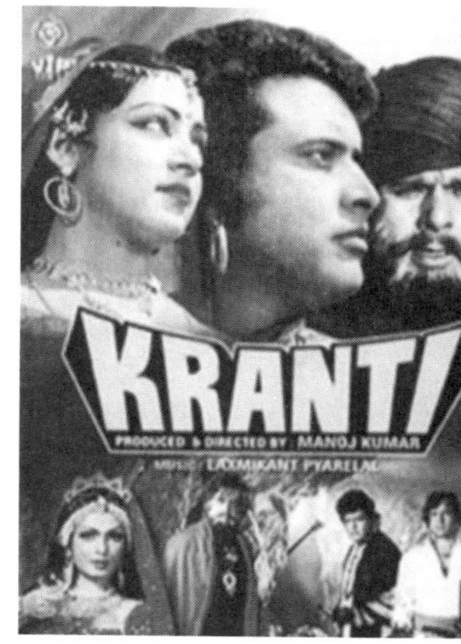

1973 के बाद हिन्दी सिनेमा के बदलते सुरों वाले दौर में लक्ष्मीकान्त-प्यारेलाल के कुछ लोकप्रिय गीत थे—'बॉबी' (1973) में 'हम-तुम इक कमरे में बन्द हों' (शैलेन्द्र सिंह-लता), 'मैं शायर तो नहीं' (शैलेन्द्र सिंह), 'न माँगूँ सोना-चाँदी' (मन्ना डे-शैलेन्द्र सिंह और साथी) और 'झूठ बोले कौवा काटे' (लता-शैलेन्द्र सिंह); 'रोटी कपड़ा और मकान' (1974) में 'हाय-हाय ये मजबूरी' (लता) और 'मैं न भूलूँगा' (मुकेश-लता); 'प्रतिज्ञा' (1975) में 'मैं जट यमला पगला दीवाना' (रफी); 'अमर अकबर एंथनी' (1977) में 'माय नेम इज एंथनी गॉन्सॉल्विस' (किशोर) और 'पर्दा है पर्दा' (रफी और साथी); 'अपनापन' (1977) में 'आदमी मुसाफिर है' (रफी-लता); 'धर्मवीर' (1977) में 'ओ मेरी महबूबा महबूबा महबूबा' (रफी); 'सरगम' (1979) में 'पर्वत के इस पार पर्वत के उस पार' (लता); 'कर्ज' (1980) में 'दर्द-ए-दिल दर्द-ए-जिगर दिल में जगाया आपने' (रफी); 'आशा' (1980) में 'शीशा हो या दिल हो' (लता); 'क्रान्ति' (1981) में 'जिंदगी की न टूटे लड़ी' (लता-नितिन मुकेश); 'एक दूजे के लिए' (1981) में 'हम बने तुम बने इक दूजे के लिए' (लता-बाला सुब्रह्मण्यम); 'नसीब' (1981) में 'चल मेरे भाई तेरे हाथ जोड़ता हूँ' (रफी-अमिताभ बच्चन) और 'मेरे नसीब में तू है कि नहीं' (लता); 'प्रेम रोग' (1982) में 'मुहब्बत है क्या चीज हमें ये बताओ' (लता-सुरेश वाडकर); 'हीरो' (1983) में 'तू मेरा जानू है' (अनुराधा पौड़वाल-मनहर उधास); 'मि. इंडिया' (1987) में 'काटे नहीं कटते ये दिन ये रात' (कविता कृष्णामूर्ति और किशोर कुमार के वर्जन) और 'हवा हवाई' (कविता कृष्णामूर्ति); 'तेजाब' (1988) में 'एक दो तीन' (अलका याग्निक); 'खुदा गवाह' (1992) में 'तू न जा मेरे बादशाह' (अलका याग्निक-मुहम्मद अजीज) और 'खलनायक' (1993) में 'चोली के पीछे क्या है' (अलका याग्निक-इला अरुण) इत्यादि।

लक्ष्मीकान्त सिर्फ साठ वर्ष की उम्र में, 25 मई 1998 को, इस दुनिया से चले गए और प्यारेलाल अकेले रह गए—मानो बचपन से ही अपने इस अभिन्न साथी और जोड़ीदार की याद में अपनी ही फिल्म 'दोस्ती' का यह गीत गुनगुनाते हुए—'चाहूँगा मैं तुझे साँझ-सवेरे, फिर भी कभी अब नाम को तेरे... आवाज मैं न दूँगा'।

लक्ष्मीकान्त-प्यारेलाल द्वारा रचे गए बहुत सारे खूबसूरत गीतों को भले ही उनके ज्यादा लोकप्रिय और हल्के स्तर के गीतों की धूम में भुला दिया गया हो, लेकिन गंभीर संगीत-प्रेमी 'दोस्ती', 'आसरा', 'जाल', 'अनीता', 'मिलन', 'शागिर्द', 'तकदीर', 'वापस', 'बहारों की मंजिल', 'अभिनेत्री', 'मेरे हमदम मेरे दोस्त', 'जीने की राह', 'आया सावन झूम के', 'खिलौना', 'दो रास्ते' और 'जल बिन मछली नृत्य बिन बिजली' जैसी फिल्मों में उनके उत्कृष्ट संगीत को एक अनमोल खजाने की तरह अपनी यादों में संजोकर रखेंगे।

39. जी.एस. कोहली

लम्बे समय तक महान संगीत-निर्देशक ओ.पी. नैयर के सहायक रहे जी.एस. कोहली ने पहली बार 'लम्बे हाथ' (1961) में एक स्वतंत्र संगीत-निर्देशक के रूप में संगीत दिया। इसके बाद उन्होंने 'मि. इंडिया' (1961), 'शिकारी' (1963), 'फौलाद' (1963), 'चार दरवेश' (1964), 'एडवेंचर्स ऑफ रॉबिनहुड' (1965), 'नमस्तेजी' (1965), 'नौजवान' (1966), 'दो मतवाले' (1966), 'जंग और अमन' (1968), 'गुंडा' (1969), 'जालसाज' (1969) और बरसों बाद 'पैगाम' (1988) इत्यादि बहुत-सी फिल्मों में संगीत दिया, जिनमें से ज्यादातर स्टंट फिल्में थीं। एक कुशल अरेंजर और प्रतिभाशाली साजिंदे माने जाने वाले जी.एस. कोहली की संगीत-शैली में कुछ-कुछ उनके गुरु ओ.पी. नैयर की झलक थी। उनके कुछ लोकप्रिय गीतों से यह अन्दाजा भी लगाया जा सकता था कि अगर लता मंगेशकर की

आवाज और ओ.पी. नैयर का संगीत होता तो क्या कमाल हो सकता था! अजीत और रागिनी की मुख्य भूमिकाओं वाली 'शिकारी' (1963) जी.एस. कोहली की सबसे धूम मचाने वाली फिल्म थी। इसमें 'तुमको पिया दिल दिया कितने नाज से' (लता-उषा), 'चमन के फूल भी तुमको गुलाब कहते हैं' (रफी-लता), 'ये रंगीन महफिल' (आशा भोंसले), 'बाजे घुँघरू छुन-छुन-छुन' (लता) और 'माँगी हैं दुआएँ हमने सनम' (आशा-उषा) जैसे कई सुपरहिट गीत थे। उनके अन्य लोकप्रिय गीतों में 'लम्बे हाथ' में 'प्यार की राह दिखा दुनिया को' (रफी), 'मि. इंडिया' में 'मत पूछ मेरा है कौन वहाँ' (रफी), 'एडवेंचर्स ऑफ रॉबिनहुड' में 'माना मेरे हसीं सनम' (रफी), 'गुंडा' में 'नजर ने उठते ही कुछ इस अदा से काम किया' (लता) और 'नमस्तेजी' में 'हमें क्या जो हर सू उजाले हुए हैं' (रफी) और 'बहारों थाम लो अब दिल' (मुकेश-लता) इत्यादि शामिल थे। जी.एस. कोहली 25 जुलाई 1986 को इस दुनिया से विदा हो गए।

40. सी. अर्जुन

कराची (अब पाकिस्तान) में 1 सितम्बर, 1933 को जनमे सी. अर्जुन बँटवारे के दौरान अपने परिवार के साथ बड़ोदरा में आ बसे। उनके पिता को संगीत का बहुत शौक था, जिसका प्रभाव बचपन से ही उनमें भी दिखाई देने लगा था। शुरू में भारतीय रेल में एक क्लर्क की नौकरी करने के बाद उनका मन नहीं माना तो वे जाने-माने हिन्दी संगीत निर्देशक बुलो सी. रानी के सहायक बन गए। एक स्वतंत्र संगीत निर्देशक के रूप में उनकी पहली फिल्म 'अबाना' नामक एक सिन्धी फिल्म थी, जो प्रतिष्ठित नायिका साधना की भी पहली फिल्म थी। इस फिल्म का संगीत खूब लोकप्रिय हुआ। हिन्दी में उनकी पहली फिल्म 'रोड न. 303' (1960) थी। इसके बाद उन्होंने 'मैं और मेरा भाई' (1961), 'एक साल पहले' (1965), 'पुनर्मिलन' (1966), 'सुशीला' (1966), 'लम्बू इन हांगकांग' (1967), 'उस्ताद पेड्रो' (1971) और 'गुरु और चेला' (1973) इत्यादि कई फिल्मों में संगीत दिया।

उनका सबसे बड़ा संगीत धमाका 1975 में प्रदर्शित 'जय संतोषी माँ' थी, जिसमें उषा मंगेशकर द्वारा गाए गए 'मैं तो आरती उतारूँ रे' ने खूब धूम मचाई। इसके बाद उन्होंने 'रक्षा बंधन' (1976), 'आँख का तारा' (1977), 'सुबह जरूर आएगी' (1977), 'नवाब साहब' (1978), 'करवा चौथ' (1989), 'कानून और मुजरिम' (1988), 'सती

नागकन्या' (1983) और 'मिस हंटरवाली' (1988) इत्यादि कई अन्य फिल्मों में भी संगीत दिया।

सी. अर्जुन द्वारा संगीतबद्ध सबसे यादगार और उत्कृष्ट गीत थे — मुहम्मद रफी और तलत महमूद का मशहूर युगल-गीत 'गम की अंधेरी रात में, दिल को न बेकरार कर' (जाँ निसार अख्तर, 'सुशीला'), मुहम्मद रफी का बेहद मधुर सुरों में ढला 'पास बैठो तबीयत बहल जाएगी' (इंदीवर, 'पुनर्मिलन'), और मुबारक बेगम की आवाज में बेहद दिलकश 'बेमुरव्वत बेवफा बेगाना-ए-दिल आप हैं' (जाँ निसार अख्तर, 'पुनर्मिलन')। जाँ निसार अख्तर के साथ उनकी जोड़ी खास तौर से सफल रही, जिनके साथ उन्होंने 'मैं अभी गैर हूँ मुझको अभी अपना न कहो' (मुकेश-आशा, 'मैं और मेरा भाई', 1961), 'पीने वाले मेरी आँखों से पिया करते हैं' (आशा भोंसले, 'मंगू दादा', 1970) और 'जितनी हसीन हो तुम उतनी ही बेवफा हो', (मोहम्मद रफी, 'मंगू दादा', 1970) जैसे कई और भी लोकप्रिय गीत दिए। 'जय संतोषी माँ' सी. अर्जुन की सबसे बड़ी हिट थी। जीवन के आखिर तक सक्रिय रहने वाले सी. अर्जुन 1992 में सिर्फ 59 वर्ष की उम्र में जुहू के एक स्टूडियो में एक गीत की रिकॉर्डिंग के दौरान दिल का दौरा पड़ने के बाद चल बसे।

41. सपन-जगमोहन

1970 के दशक में 'चेतना', 'दोराहा' और 'कॉल गर्ल' जैसी 'न्यू वेव' फिल्मों से चर्चित हुई संगीतकार जोड़ी 'सपन-जगमोहन' के सपन सेनगुप्ता पश्चिम बंगाल के और जगमोहन बख्शी जम्मू और कश्मीर के थे। उनके कैरियर को आगे बढ़ाने में उनके नियमित गीतकार और प्रेरणा-स्रोत नक्श लायलपुरी का भी काफी हाथ रहा, जिन्होंने 1968 में प्रदर्शित 'तेरी तलाश में' समेत उनकी बहुत-सी फिल्मों के गीत लिखे। सपन कभी जाने-माने गायक और संगीतकार पंकज मलिक के पड़ोसी थे, जिनसे उन्होंने प्रेरणा लेने के साथ-साथ धाक बजाना भी सीखा। लखनऊ के मशहूर मैरिस कॉलेज (अब भातखंडे संगीत महाविद्यालय) में संगीत की शिक्षा पाने वाले जगमोहन बाद में वहाँ के ऑल इंडिया रेडियो से भी जुड़े रहे। इतना ही नहीं, उन्हें 1954 में नवकेतन की सुपरहिट फिल्म 'टैक्सी ड्राइवर' में सचिन देव बर्मन के संगीत-निर्देशन में एक गीत गाने का भी सौभाग्य प्राप्त हुआ था। यह गीत 'देखो माने नहीं रूठी हसीना' उन्होंने आशा भोंसले के साथ गाया था। सपन और जगमोहन सलिल चौधरी के 'यूथ कॉयर' से भी जुड़े हुए थे। बाद में उन्होंने अपनी जोड़ी बनाकर 'चाइना ब्रिज' नामक एक फिल्म में संगीत दिया और आशा भोंसले की आवाज में एक गीत 'चाँद से प्यारा है तेरा बचपन' भी रिकॉर्ड किया। लेकिन दुर्भाग्यवश यह फिल्म बन्द हो गई। सपन-जगमोहन की पहली प्रदर्शित फिल्म एक पंजाबी फिल्म 'जीजाजी' (1961) थी। इसके बाद उन्होंने धर्मेन्द्र और सुप्रिया चौधरी की मुख्य भूमिकाओं वाली 'बेगाना' (1963) में संगीत दिया, जो उनकी पहली हिन्दी फिल्म थी। इस फिल्म में रफी का एक गीत 'फिर वो भूली-सी याद आई है' खूब लोकप्रिय हुआ था, जिसे उस दौर के चोटी के गीतकार शैलेन्द्र ने लिखा था। सपन-जगमोहन द्वारा संगीतबद्ध अन्य फिल्मों में 'आएगा आनेवाला' (1967), 'गुम्बद' (1967), 'तेरी तलाश में' (1968), 'इनसाफ का मन्दिर' (1969), 'गुनाह और कानून' (1970), खूब धूम मचाने वाली 'चेतना' (1970), 'दोराहा' (1971), 'मन तेरा तन मेरा' (1971), 'बाजीगर' (1971), 'रॉकी मेरा नाम' (1973),'दो गज जमीन के नीचे' (1973), 'जीवन सुख' (1973), 'नई दुनिया नए लोग' (1973), 'दो नम्बर के अमीर' (1974), 'कॉल गर्ल' (1974), 'कागज की नाव' (1975), 'मेरा जीवन' (1976), 'रईस' (1976), 'सज्जो रानी' (1976), 'आज की धारा' (1977), 'लाल कोठी' (1978), 'सिसकियाँ' (1981), 'एक और संग्राम' (1982) और 'गीत गंगा' (1982) इत्यादि शामिल थीं। उनकी आखिरी फिल्म 1996 में प्रदर्शित 'कुँवारी माँ' थी। सपन-जगमोहन द्वारा संगीतबद्ध कुछ लोकप्रिय गीत थे—'आएगा आनेवाला' में 'हम वो नहीं जो आपके कदमों में' (मुकेश), 'तेरी तलाश में' में आशा भोंसले के सुपरहिट 'खो दिए हैं सनम, पिछले कई जनम, तेरी तलाश में' के साथ-साथ उन्हीं का 'राज-ए-दिल हमसे कहो' और 'तेरी आवाज की जादूगरी से' (रफी); 'इनसाफ का मन्दिर' में 'शायर तो नहीं हूँ शायर की नजर पाई है' (रफी) और 'सुन प्यारे सजना रे' (आशा-मुकेश); 'गुनाह और कानून' में 'ऐसा तो कभी मुमकिन ही नहीं' (रफी); 'चेतना' में सुपरहिट 'मैं तो हर मोड़ पर तुझको दूँगा सदा' (मुकेश) और 'जीवन है इक भूल सजनवा बिन तेरे' (सुमन कल्याणपुर); 'दोराहा' में 'तुम्हीं रहनुमा हो मेरी जिंदगी के' (आशा भोंसले) और 'डोले झुमका मेरा बोले प्यारा कंगना' (आशा); 'मन तेरा तन मेरा' में

'जिंदगी के मोड़ पर हम-तुम मिले और खो गए' (मुकेश); 'रॉकी मेरा नाम' में 'दिल कभी तुमने दिया था' और 'सो जा सनम तेरी जवाँ पलकों तले नींदें सजा दूँ' (दोनों रफी); 'दो गज जमीन के नीचे' में 'मैं हूँ तेरी जोगनियाँ श्याम' (वाणी जयराम); 'नई दुनिया नए लोग' में 'दो होंठ हिले इक गीत सुना' (मुकेश); 'कागज की नाव' में 'हर जनम में हमारा मिलन' (मनहर-आशा); 'सज्जो रानी' में सुपरहिट 'नथनिया ने हाय राम बड़ा दुख दीन्हा' (शोभा गुर्टू); 'सैयाँ के गाँव में तारों की छाँव में', 'मोरी बाली उमरिया' और 'जिया माने न खड़ी ताकूँ' (सभी आशा भोंसले); 'आज की धारा' में 'ये महफिल यूँ ही सजेगी' (किशोर) और 'शादी से पहले' में 'इक खूबसूरत लड़की मुझे रात को मिली थी' (रफी), 'तेरी साँसों में कैसी खुशबू है' (रफी-आशा) और 'ये सुर्ख जोड़ा ये बदन और ये तुम्हारा बाँकपन' (रफी)। सपन-जगमोहन ने मशहूर टेली-सीरियल 'अमानत' में संगीत देने के साथ-साथ कुछ गैर-फिल्मी गीतों के एलबम भी तैयार किए थे। जगमोहन 26 फरवरी 1999 को इस दुनिया से चले गए और सपन अपने सुरों की दुनिया में अकेले ही नई धुनें तलाशते रह गए।

42. सोनिक-ओमी

सोनिक-ओमी की जोड़ी चाचा और भतीजे की जोड़ी थी। 26 नवम्बर 1926 को पंजाब के स्यालकोट (अब पाकिस्तान में) में पैदा हुए सोनिक ने सिर्फ ढाई वर्ष की उम्र में अपनी आँखों की रोशनी खो देने के बावजूद एक कलाकार का दिल पाया था। उन्होंने पहले लाहौर के संगीत महाविद्यालय और फिर लखनऊ में संगीत की शिक्षा ली। उन्होंने लाहौर में हुस्नलाल-भगतराम के बड़े भाई पं. अमरनाथ के सहायक के रूप में भी काम किया और फिर बँटवारे के बाद दिल्ली में ऑल इंडिया रेडियो से जुड़े रहे। उन्होंने एच.एम.वी. संगीत कम्पनी के लिए काम करने के अलावा कुछ फिल्मों में अकेले ही 'मास्टर सोनिक' के नाम से संगीत दिया। तब उनके भविष्य के जोड़ीदार और भतीजे ओमी बहुत छोटे थे। इन फिल्मों में पंजाबी की 'किस्मत' (1949) के अलावा 'ईश्वर भक्ति' (1952) और 'ममता' (1952) शामिल थीं। 'ममता' में मुकेश के एक यादगार गीत 'भोर भई इक परी गगन से उतरी' के बावजूद ये दोनों ही फिल्में फ्लॉप हो गईं और सोनिक को मदन मोहन और रोशन जैसे संगीत-निर्देशकों के सहायक के रूप में काम करना पड़ा। वे एक बड़े अच्छे अरेंजर भी माने जाते थे। इस बीच उनके भतीजे ओमी एक गायक के रूप में संघर्ष करने लगे थे। कुछ वर्ष बाद वे भी अपने चाचा से आ जुड़े और रोशन की मशहूर फिल्म 'दिल ही तो है' (1963) में दोनों ने ही उनके सहायक के रूप में काम किया। इस फिल्म के निर्माता सी.एल. रावल और जी.एल. रावल उनकी प्रतिभा से बहुत प्रभावित हुए और उन्होंने अपनी अगली फिल्म 'दिल ने फिर याद किया' (1966) के संगीत की जिम्मेदारी चाचा-भतीजे की इसी नई जोड़ी को सौंप दी। जी.एल. रावल एक अच्छे-खासे गीतकार भी थे और इस फिल्म के गीत उन्होंने ही लिखे थे। धर्मेन्द्र, नूतन और रहमान की मुख्य भूमिकाओं से सजी 'दिल ने फिर याद किया' के संगीत ने ऐसी धूम मचाई कि कई जमे हुए संगीतकार भी दंग रह गए। फिल्म के सभी गीत सुपरहिट थे—'कलियों ने घूँघट खोले हर फूल पे भँवरा डोले' (रफी), 'ये दिल है मुहब्बत का प्यासा' (मुकेश), 'आ जा रे प्यार पुकारे' (लता), 'मैं सूरज हूँ तू मेरी किरण संग तेरा रहे' (रफी-आशा), 'लो चेहरा सुर्ख शराब हुआ' (रफी) और फिल्म का सबसे खूबसूरत गीत 'दिल ने फिर याद किया बर्फ-सी लहराई है' (रफी-सुमन-मुकेश)। इसके बाद रावल भाइयों की 'आबरू' (1968) में भी सोनिक-ओमी ने ऐसा ही हिट संगीत दिया—'जिन्हें हम भूलना चाहें वो अकसर याद आते हैं' (मुकेश), 'आपसे प्यार हुआ आप खफा हो बैठे' (रफी और आशा भोंसले के वर्जन), 'ये वादी-ए-कश्मीर है जन्नत का नजारा' (रफी)। रावल खानदान के ही दीपक रावल और विम्मी की मुख्य भूमिकाओं से सजी इस फिल्म के गीत भी जी.एल. रावल ने ही लिखे थे। खूब लोकप्रिय संगीत के बावजूद यह फिल्म तो नहीं चली, लेकिन इसके बाद आईं 'महुआ' (1969), 'बेटी' (1969) और मोहन सहगल की 'सावन भादों' (1970) में भी सोनिक-ओमी के संगीत ने खूब धूम मचाई। 'सावन भादों' तो बॉक्स ऑफिस पर भी सुपरहिट रही, जो नवीन निश्चय के साथ-साथ महान अभिनेत्री रेखा की भी पहली फिल्म के रूप में जानी जाती है। इसके बाद सोनिक-ओमी ने रावल बन्धुओं की 'लड़की पसन्द है' (1972) के साथ-साथ 'दो बच्चे दस हाथ' (1972), 'दो यार' (1972), 'मेम साब' (1972), 'भाई हो तो ऐसा' (1972), 'एक खिलाड़ी बावन पत्ते'

(1973), 'बिंदिया और बन्दूक' (1973), 'जग्गू' (1975), 'उम्रकैद' (1975) और सुपरहिट 'धर्मा' (1977) इत्यादि बहुत-सी फिल्मों में संगीत दिया। 'गंगा और रंगा' (1993) उनकी आखिरी फिल्म थी। ऊपर वर्णित गीतों के अलावा उनके द्वारा संगीतबद्ध कुछ लोकप्रिय गीत थे—'महुआ' में 'दोनों ने किया था प्यार मगर' (रफी); 'बेटी' में 'ये क्या किया रे दुनियावाले' (मुकेश), 'ट्रक ड्राइवर' (1970) में राग ललित पर आधारित 'कान्हा रे कान्हा तूने लाखों रास रचाए' (लता); 'सावन भादों' में 'कान में झुमका चाल में ठुमका' (रफी), 'सुन-सुन-सुन ओ गुलाबो कली' (रफी), 'आँखें मेरी मयखाना पीके होजा दीवाना' (आशा भोंसले) और 'हो नजरबाज सैयाँ नजरिया न मारो' (आशा भोंसले); 'लड़की पसन्द है' में 'तू कर दे नजर से मस्ताना' (रफी-हेमलता); 'मेम साब' में 'सुनो-सुनो इक बात सुनाऊँ' (रफी-लता); 'जग्गू' में 'मेरी पायल छनके' (लता); 'उम्रकैद' में 'याद रहेगा प्यार का वो रंगीं जमाना' (लता-मुकेश) और 'धर्मा' की सुपरहिट कव्वाली 'राज की बात कह दूँ तो' (रफी-आशा भोंसले)। चाचा सोनिक लम्बी बीमारी के बाद 9 जुलाई 1993 को इस दुनिया से चले गए और भतीजे ओमी अकेले रह गए। इसके बाद 'लेडी किलर' (1995), 'हिन्द की बेटी' (1996) और 'बीवी नं. 2' (2000) जैसी कुछ फिल्मों में उन्होंने अकेले ही संगीत दिया। उनके सुरों का यह सफर ये पंक्तियाँ लिखने तक भी जारी था। चाचा-भतीजे की इस जोड़ी का सबसे सुरीला गीत 'दिल ने फिर याद किया बर्फ-सी लहराई है... फिर कोई चोट मुहब्बत की उभर आई है' आज भी संगीत-प्रेमियों के दिलों को गुदगुदाता जाता है और वे सहसा कह उठते हैं—'जिन्हें हम भूलना चाहें वो अकसर याद आते हैं!'

43. जे.पी. कौशिक

जिस तरह जाने-माने लेखक-पत्रकार और राज कपूर की कई सुपरहिट फिल्मों के कहानी और संवाद लेखक ख्वाजा अहमद (के.ए.) अब्बास एक प्रयोगवादी फिल्म निर्माता-निर्देशक भी थे, उसी तरह जग फूल (जे.पी.) कौशिक उनकी बहुत-सी फिल्मों से जुड़े एक प्रयोगवादी संगीत-निर्देशक थे। आज के जाने-माने निर्माता-निर्देशक सतीश कौशिक के पिता जे.पी. कौशिक ने के.ए. अब्बास की 'शहर और सपना' (1963), 'हमारा घर' (1966), 'बम्बई रात की बाँहों में' (1967) और 'सात हिन्दुस्तानी' (1969) के अलावा कई अन्य 'ऑफ बीट' फिल्मों 'बस्ती और बाजार' (1977), 'आँखिन देखी' (1978), 'सिस्टर' (1980), 'धमाका' (1980), 'सजनी' (1984) और 'चन्द्रवाल' (1988, हरियाणवी) इत्यादि में भी संगीत दिया। के.ए. अब्बास की ही 'आसमान महल' (1966) के लिए रची गई उनकी कुछ खूबसूरत ग़ज़लों—'तूने समझा ही नहीं क्या है हकीकत मेरी' (विजय) और 'खूबसूरत है तेरी तरह शिकायत तेरी' (महेन्द्र कपूर)—को हम आज भी याद करते हैं।

44. रवीन्द्र जैन

1972-73 के बाद के बेसुरे दौर के संगीतकार होने के बावजूद रवीन्द्र जैन को एक 'सुरीले संगीतकार' के रूप में याद किया जाता है। 28 फरवरी 1944 को राजस्थान के बाँसवाड़ा जिले के एक गाँव लोहाड़िया में जन्मे रवीन्द्र जैन सात भाई-बहनों के परिवार में तीसरे स्थान पर थे। उन्हें संगीत की शुरुआती शिक्षा पं. घमंडीलाल, पं. जनार्दन शर्मा और पं. नाथूराम से प्राप्त हुई। बाद में इलाहाबाद (उत्तर प्रदेश) की प्रयाग संगीत समिति में उन्होंने संगीत का गहराई से अध्ययन किया। कुछ समय अलीगढ़ में बिताने के बाद वे कलकत्ता (अब कोलकाता) चले गए, जहाँ वे पं. जयचन्द भट्ट (गायिका हेमलता के पिता) के सम्पर्क में आए। बचपन से ही कविताएँ और गीत लिखने के शौकीन रवीन्द्र जैन

एक अच्छे-खासे गायक भी थे। कलकत्ता में मंच पर गाने के साथ-साथ उन्होंने अपने गीतों की एक डिस्क भी रिकॉर्ड करवाई। उन्होंने संगीत-निर्देशक वेदपाल वर्मा के सहायक के रूप में भी काम किया। एक फिल्म निर्माता राधेश्याम झुनझुनवाला उन्हें बम्बई (अब मुम्बई) ले लाए। रवीन्द्र जैन ने 'लोरी' नामक एक फिल्म के लिए मुकेश के कुछ गीत भी रिकॉर्ड किए, लेकिन यह फिल्म बन्द हो गई। इसके बाद उनकी एक और फिल्म एन.सी. सिप्पी की 'सिलसिला है प्यार का' भी बन नहीं पाई। एक संगीत-निर्देशक के रूप में उनकी पहली प्रदर्शित फिल्म 'काँच और हीरा' (1972) थी। इसके बाद अगले वर्ष राजश्री की 'सौदागर' (1973) और फिर सी.पी. दीक्षित की 'चोर मचाए शोर' (1974) के संगीत से खूब धूम मचाने के बाद वे एक सफल संगीतकार के रूप में स्थापित हो गए। उन्होंने राजश्री की 'गीत गाता चल', 'चितचोर' (1976), 'अखियों के झरोखों से' (1978), 'दुल्हन वही जो पिया मन भाए' (1979), 'सुनयना' (1979) और 'अबोध' (1984, माधुरी दीक्षित की पहली फिल्म) जैसी कई लोकप्रिय फिल्मों के अलावा 'हाथी के दाँत' (1973), 'शतरंज के मोहरे' (1974), 'दो जासूस' (1975), 'सलाखें' (1975), सुबोध मुखर्जी की 'दीवानगी' (1976), 'फकीरा' (1976), 'श्याम तेरे कितने नाम' (1977), बी.आर. चोपड़ा की 'पति पत्नी और वो' (1978) और 'इंसाफ का तराजू' (1980), और शक्ति सामन्त की 'ख्वाब' (1980) और 'ऐयाश' (1982) इत्यादि कितनी ही फिल्मों में संगीत दिया। उन्हें राज कपूर के भव्य बैनर आर.के. फिल्म्स की दो सुपरहिट फिल्मों 'राम तेरी गंगा मैली' (1986) और 'हिना' (1991) में संगीत देने का भी गौरव प्राप्त है। 'राम तेरी गंगा मैली' के संगीत ने तो देश भर में तहलका ही मचा दिया था। लोगों ने बरसों बाद किसी हिन्दी फिल्म में इतना सुरीला संगीत सुना था। इस फिल्म के लिए रवीन्द्र जैन को वर्ष के सर्वश्रेष्ठ संगीत का फिल्मफेयर पुरस्कार भी प्राप्त हुआ था। कुछ वर्षों के अन्तराल के बाद रवीन्द्र जैन ने राजश्री बैनर की कुछ और फिल्मों 'विवाह' (2006) और 'एक विवाह ऐसा भी' (2009) में भी संगीत दिया।

'सौदागर' (1973) के संगीत से एक संगीत-निर्देशक के रूप में अपनी पहली सफलता प्राप्त करने के कुछ ही समय बाद दृष्टि से लाचार रवीन्द्र जैन की जिंदगी में उनकी धर्मपत्नी और कवयित्री दिव्या मानो एक दिव्य ज्योति बनकर आ गई थीं, जिसके बाद उनके संगीत में मानो और भी निखार आ गया।

अपने अधिकांश गीत खुद ही लिखने वाले रवीन्द्र जैन द्वारा संगीतबद्ध कुछ लोकप्रिय गीत थे—'सौदागर' में 'सजना है मुझे सजना के लिए' (आशा भोंसले), 'चोर मचाए शोर' में 'ले जाएँगे ले जाएँगे दिलवाले' (किशोर-आशा) और 'एक डाल पर तोता बोले' (रफी-लता); 'गीत गाता चल' में 'श्याम तेरी बंसी पुकारे राधा नाम' (आरती मुखर्जी-जसपाल सिंह); 'चितचोर' में 'गोरी तेरा गाँव बड़ा प्यारा' (येसुदास), 'तू जो मेरे सुर में' (येसुदास-हेमलता) और 'आज से पहले आज से ज्यादा' (येसुदास); 'फकीरा' में 'चल चला चल फकीरा चल चला चल' (महेन्द्र कपूर); 'तोता-मैना की कहानी' (किशोर-लता) और 'दिल में तुझे बिठाके' (लता); 'अँखियों के झरोखों से' में सुपरहिट टाइटल-गीत 'अँखियों के झरोखों से तुझे देखा जो साँवरे' (हेमलता); 'पति पत्नी और वो' में 'ठंडे-ठंडे पानी से नहाना चाहिए' (महेन्द्र कपूर-आशा भोंसले); 'राम तेरी गंगा मैली' में 'सुन साहिबा सुन' (लता; शंकर-जयकिशन द्वारा रचित एक पुरानी धुन पर आधारित), 'तुझे बुलाएँ ये मेरी बाँहें' (लता), 'हुस्न पहाड़ों का' (लता-सुरेश वाडकर), 'राम तेरी गंगा मैली हो गई' (लता) और 'इक राधा इक मीरा' (लता); और 'हिना' में 'चिट्ठिए पंख लगाके उड़ जा' (लता) इत्यादि।

रवीन्द्र जैन ने रामानन्द सागर के सुपरहिट टेली-सीरियल 'रामायण' समेत उनके कई अन्य टेली-सीरियलों 'दादा-दादी की कहानियाँ', 'लव-कुश', 'श्रीकृष्ण', 'अलिफ लैला', 'इतिहास की प्रेम कहानियाँ', हेमा मालिनी के 'नुपूर' और 'विमेन ऑफ इंडिया', संजय खान के 'जय हनुमान' और धीरज कुमार के 'जय माँ वैष्णो देवी' इत्यादि में भी संगीत दिया।

45. कनु राय

कनु राय ऐसे प्रतिभाशाली संगीतकारों में शामिल थे जिन्हें उनकी योग्यता के अनुरूप पर्याप्त अवसर नहीं मिले। वे एक गायक बनने के इरादे से कलकत्ता (अब कोलकाता) से बम्बई (अब मुम्बई) आए थे। कुछ समय 'इप्टा' से जुड़े रहने

के बाद उन्होंने बिमल राय की फिल्म 'परिवार' में आशा भोंसले के साथ एक डुएट भी गाया। उन्होंने महान संगीत-निर्देशक अनिल बिस्वास के साथ भी एक कोरस गायक के रूप में कुछ गीत गाए। संघर्ष के लम्बे दौर के बाद उनके घनिष्ठ मित्र बासु भट्टाचार्य ने उन्हें अपनी फिल्म 'उसकी कहानी' (1969) के संगीत की जिम्मेदारी सौंपी तो उन्होंने गीता दत्त की आवाज में एक सदाबहार क्लासिक गीत 'आज की काली घटा मस्त मतवाली घटा' रच डाला। इसके बाद बासु भट्टाचार्य की ही 'अनुभव' (1971) में वे अपनी एक अलग पहचान बनाने में सफल रहे। संजीव कुमार, तनूजा और दिनेश ठाकुर की मुख्य भूमिकाओं वाली इस ब्लैक एंड व्हाइट लेकिन लोकप्रिय फिल्म में गीता दत्त के कई बड़े खूबसूरत और यादगार गीत थे—'मेरी जाँ मुझे जाँ न कहो मेरी जाँ', 'कोई चुपके से आके' और 'मेरा दिल जो मेरा होता'। मन्ना डे का 'फिर कहीं कोई फूल खिला' भी बड़ा लाजवाब गीत था और खूब लोकप्रिय हुआ था। इसके बाद बासु भट्टाचार्य की 'आविष्कार' (1973), 'तुम्हारा कल्लू' (1975) और 'गृह प्रवेश' (1979) में भी उन्होंने कई यादगार गीत रचे। उनकी अन्य फिल्मों में 'श्यामला' (1979), नूतन की मुख्य भूमिका वाली 'मयूरी' (1980), सई परांजये की नसीरुद्दीन शाह और शबाना आजमी की मुख्य भूमिकाओं वाली 'स्पर्श' (1980), और दिनेश ठाकुर और रीता भादुड़ी की मुख्य भूमिकाओं वाली 'वो फिर नहीं आई' (1981) शामिल थीं। 'अनुभव' के उपरोक्त गीतों के अलावा उनके कुछ यादगार गीत थे—राजेश खन्ना और शर्मीला टैगोर की मुख्य भूमिकाओं वाली 'आविष्कार' में 'हँसने की चाह ने कितना मुझे रुलाया है' (मन्ना डे) और 'नैना हैं प्यासे मेरे' (आशा भोंसले); 'तुम्हारा कल्लू' में 'दरदियो न जाने ओ मोरे राजा' (मदन चोपड़ा); संजीव कुमार और शर्मीला टैगोर की मुख्य भूमिकाओं से सजी 'गृह प्रवेश' में राग बिहाग पर आधारित 'बोलिए सुरीली बोलियाँ' (भूपेन्द्र-सुलक्षणा पंडित), 'जिंदगी फूलों की नहीं' (भूपेन्द्र), 'आप अगर आप न होते' (सुलक्षणा पंडित) और 'पी के याद आए' (पंकज मिश्रा); 'श्यामला' में 'बलमा मेरे बलमा' (मुकेश-दिलराज कौर); 'मयूरी' में 'मेरा जीवन इक बर्फीली धारा' (नूतन) और 'स्पर्श' में 'प्यासा छलका उजला दर्पण, जगमग मन आँगन' (सुलक्षणा पंडित) इत्यादि। आजीवन अविवाहिता रहे कनु राय बहुत कम उम्र में ही 20 दिसम्बर 1982 को कैंसर से चल बसे।

46. हृदयनाथ मंगेशकर

पं. दीनानाथ मंगेशकर के सुपुत्र और लता मंगेशकर, आशा भोंसले, उषा (खादिलकर) मंगेशकर और मीना मंगेशकर जैसी चार सुप्रसिद्ध बहनों के इकलौते भाई और परिवार के सबसे छोटे सदस्य हृदयनाथ मंगेशकर भला संगीत से कैसे दूर रह पाते? लिहाजा, 26 अक्तूबर 1937 को जनमे हृदयनाथ ने बहुत कम उम्र में ही सुरों में डुबकियाँ लगाना शुरू कर दिया। हुस्नलाल-भगतराम की मशहूर जोड़ी के हुस्नलाल से वायलिन बजाना सीखने के बाद वे उस्ताद अमीर खान के भी शागिर्द रहे। बचपन से ही वे इतना अच्छा गाने लगे थे कि उन्होंने नौशाद की 'बैजू बावरा' और 'दीवाना' और सचिन देव बर्मन की 'बाबला' में एक बाल-गायक के रूप में कुछ गीत गाए। 12 वर्ष की उम्र में ही उनके गीतों का एक रिकॉर्ड भी जारी हो गया। इसमें 'निसदिन बरसात' और 'बरसें बुँदियाँ सावन की' जैसे कई लोकप्रिय गीत थे। थोड़ा बड़े होने के बाद वे संगीत-निर्देशन की तरफ मुड़े और सिर्फ 18 वर्ष की उम्र में ही उनकी पहली फिल्म 'आकाश गंगा' (1955) भी रिलीज हो गई, जो एक मराठी फिल्म थी। हिन्दी फिल्म संगीत की दुनिया में प्रवेश करने में उन्हें कुछ समय लगा।

1969 में प्रदर्शित 'प्रार्थना' उनकी पहली हिन्दी फिल्म थी। इसके बाद 'हरीशचन्द्र तारामती' (1970), व्ही. शांताराम की 'चानी' (1977), सुरेन्द्र कुमार की 'धनवान' (1981), यश चोपड़ा की 'मशाल' (1983; दिलीप कुमार, वहीदा रहमान, अनिल कपूर, रति अग्निहोत्री), 'आस और प्यास' (1983), 'सुबह' (1983), 'जिंदगी इम्तिहान लेती है' (1984), लता मंगेशकर द्वारा निर्मित और विनोद खन्ना और डिम्पल कापड़िया की मुख्य भूमिकाओं से सजी 'लेकिन' (1987), 'माया मेमसाब' (1993) और 'लाल सलाम' (2002) उनकी कुछ अन्य हिन्दी फिल्में थीं।

शास्त्रीय संगीत का गहरा ज्ञान रखने वाले हृदयनाथ मंगेशकर को उनकी दो मराठी फिल्मों 'पवनकडाचा घोड़ी' और 'धर्मकन्या' के लिए लगातार दो वर्ष तक अत्यन्त प्रतिष्ठित सुर सिंगार संसद पुरस्कार प्राप्त हो चुका है। वे जब्बार पटेल की 'जैत रे जैत' के संगीत के लिए राष्ट्रीय पुरस्कार से भी सम्मानित किए जा चुके हैं। अपनी सबसे बड़ी और सबसे लोकप्रिय बहन लता मंगेशकर के कुछ गैर-फिल्मी गीतों के एलबमों के लिए भी वे काफी नाम कमा चुके हैं। इनमें मीराबाई के भजनों की एलबम के साथ-साथ 'गालिब', 'शिवकल्याण राजा', 'ज्ञानेश्वर माउली' और 'मीरा सूर कबीर' इत्यादि एबलम शामिल हैं। 2009 में पद्मश्री से सम्मानित हृदयनाथ मंगेशकर के सुरों का सफर आज भी जारी है और उनके प्रशंसक उनकी नई एलबमों की बड़ी उत्सुकता से राह देखते हैं।

47. दान सिंह

मुकेश की आवाज के दीवाने फिल्म 'माय लव' (1971) का उनका गीत 'वो तेरे प्यार का गम... इक बहाना था सनम' सुनते ही एक अनजान से नाम के बारे में सोचने लगते हैं—जो इस सदाबहार गीत की लाजवाब धुन और ऑर्केस्ट्रेशन के रचयिता यानी इस फिल्म के संगीत-निर्देशक का नाम था—दान सिंह! इसी फिल्म में मुकेश का एक दूसरा गीत 'जिक्र होता है जब कयामत का तेरे जलवों की बात होती है' कानों में पड़ने पर भी ऐसी ही प्रतिक्रिया होती है। इसी तरह, एक दूसरी फिल्म 'भूल न जाना' (70) के 'पुकारो मेरा नाम लेकर पुकारो' और 'गम-ए-दिल किससे कहूँ' (दोनों मुकेश) भी संगीत-प्रेमियों के दिलों में एक हूक-सी पैदा करने के साथ-साथ इन असाधारण धुनों और ऑर्केस्ट्रेशनों के रचयिता को लेकर उन्हें एक पहेली में उलझा जाते हैं। आखिर कौन थे ये दान सिंह, जो कुछ थोड़े से लाजवाब और अमर गीत रचकर न जाने कहाँ खो गए? राजस्थान से जुड़े और कभी महान संगीत-निर्देशक खेमचन्द प्रकाश के शागिर्द रहे दान

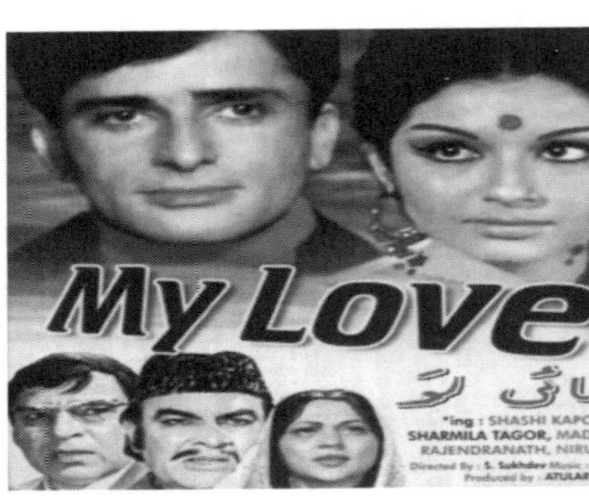

सिंह के बारे में बहुत कम जानकारी उपलब्ध है। सिर्फ इतना पता है कि 1960 के दशक के मध्य में निर्मित उनकी पहली फिल्म 'भूल न जाना' रिलीज ही नहीं हो पाई, जबकि उनकी दूसरी फिल्म 'तूफान' (1969) दारा सिंह और हेलन की मुख्य भूमिकाओं वाली एक ब्लैक एंड व्हाइट स्टंट फिल्म थी। सही मायने में सिर्फ एक ही फिल्म 'माय लव' (1971) उनके चाहनेवालों को देखने को मिल गई, जो शशि कपूर और शर्मीला टैगोर की मुख्य भूमिकाओं से सजी एक रंगीन फिल्म थी। लेकिन आनन्द बख्शी और कैफी आजमी द्वारा रचित एक से एक लाजवाब और खूब लोकप्रिय गीतों के बावजूद यह फिल्म भी बॉक्स ऑफिस पर फ्लॉप हो गई और दान सिंह किसी धूमकेतु की तरह फिल्मी दुनिया से ओझल हो गए। माना जाता है कि वे राजस्थान के ऑल इंडियो रेडियो के साथ जुड़े रहे, जहाँ उन्होंने अपनी डॉक्टर पत्नी के साथ अपने जीवन के अन्तिम वर्ष भी बिताए। कभी-कभी वे रेडियो-टेलीविजन पर इंटरव्यू भी देते रहते थे या किसी संगीत कार्यक्रम में मंच पर दिखाई दे जाते थे। वे यह देखकर निश्चित ही बड़ी खुशी और सन्तोष महसूस करते थे कि संगीत प्रेमी उनके मुट्ठीभर गीतों को भुला नहीं पा रहे थे।

लगभग तीन दशकों के अन्तराल के बाद उन्होंने एक और फिल्म 'बवंडर' (2000) में भी संगीत दिया, जिसमें उन्होंने कई नई आवाजों के साथ-साथ वायलिन, पियानो और सेक्सोफोन के ऑर्केस्ट्रेशन के नए-नए प्रयोग किए। इसी तरह के बड़े मोहक प्रयोगों से सजे उनके कुछ अन्य यादगार गीत थे—'भूल न जाना' में गीता दत्त का गजब का 'मेरे हमनशीं मेरे हमनवाह मेरे पास आ मुझे थाम ले' और 'माय लव' में आशा भोंसले के 'सुनाते हैं सितारे रात भर' और 'गुजर गए वो हसीं जमाने' के साथ-साथ रफी का मस्ती भरा 'ये तुम्हारे रास्ते में फूल क्यों खिलाती नहीं'। संगीत प्रेमियों को इन थोड़े से अनमोल गीतों का खजाना देकर दान सिंह 18 जून 2011 को हमेशा के लिए इस दुनिया से चले गए।

48. राजेश रोशन

हिन्दी फिल्म संगीत के सुनहरी दौर के जाने-माने संगीत-निर्देशक रोशन के सुपुत्र और रोमांटिक-कॉमेडी फिल्मों के लोकप्रिय अभिनेता राकेश रोशन के भाई राजेश रोशन लाल नागरथ 22 मई 1955 को बम्बई (अब मुम्बई) में पैदा हुए थे। उनके यशस्वी पिता को तो सभी जानते हैं, उनकी माँ इरा रोशन भी एक अच्छी-खासी गायिका थीं। राहुल देव बर्मन और हृदयनाथ मंगेशकर की तरह राजेश रोशन को भी पुराने (यानी सुनहरी) दौर की छाप वाले संगीत-निर्देशक के रूप में देखा जा सकता है, जिन्होंने डिस्को और नुक्कड़ गीतों के शोर-शराबे भरे दौर में भी सुरीलेपन का दामन नहीं छोड़ा। पहले अपने पिता और फिर उनके असामयिक निधन के बाद अपनी कला-प्रेमी माँ से संगीत की आरम्भिक शिक्षा प्राप्त करने और उस्ताद फैयाज खान का शिष्य रहने के बाद राजेश रोशन ने कॉमेडियन महमूद की फिल्म 'कुँवारा बाप' (1975) से अपने संगीत कैरियर की शुरुआत की। अपनी दूसरी ही फिल्म 'जूली' (1975) से उन्होंने खूब धूम मचा दी। 'दिल क्या करे जब किसी से' (किशोर-लता), 'भूल गया सब कुछ' (किशोर-लता) और 'ये रातें नई-पुरानी' (लता) जैसे सभी गीत न सिर्फ खूब लोकप्रिय हुए बल्कि राजेश रोशन ने वर्ष के सर्वश्रेष्ठ संगीत के लिए अपना पहला फिल्मफेयर पुरस्कार भी लपक लिया। इसके बाद उन्होंने बहुत-सी फिल्मों में संगीत दिया, जिनमें यश चोपड़ा की मल्टी-स्टार 'काला पत्थर' (1978); देव आनन्द की 'देस परदेस' (1978) और 'लूटमार' (1980); बासु चटर्जी की 'खट्टा मीठा' (1977), 'दिल्लगी' (1978), 'बातों बातों में' (1979), 'प्रियतमा' (1980) और 'मनपसन्द' (1980); एल.वी. प्रसाद की 'उधार का सिन्दूर' (1976); मोहन सहगल की 'एक ही रास्ता' (1976); एन.सी. सिप्पी की 'जिंदगी' (1977) और

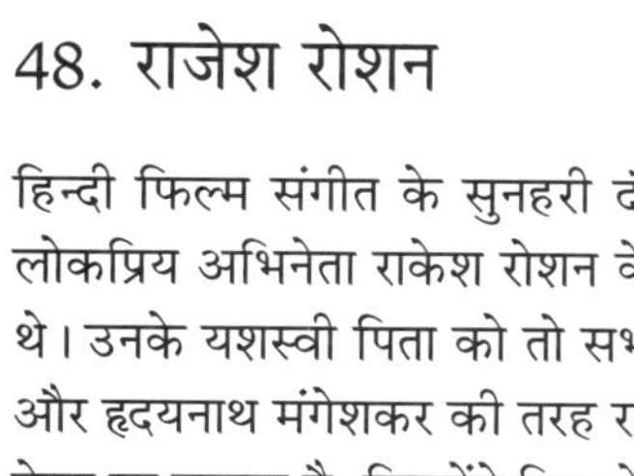

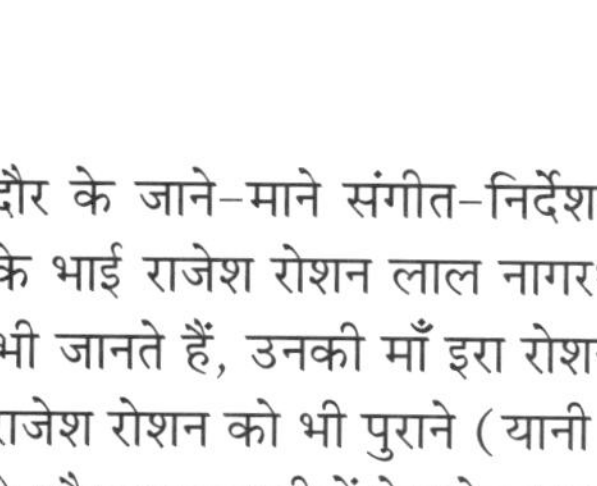

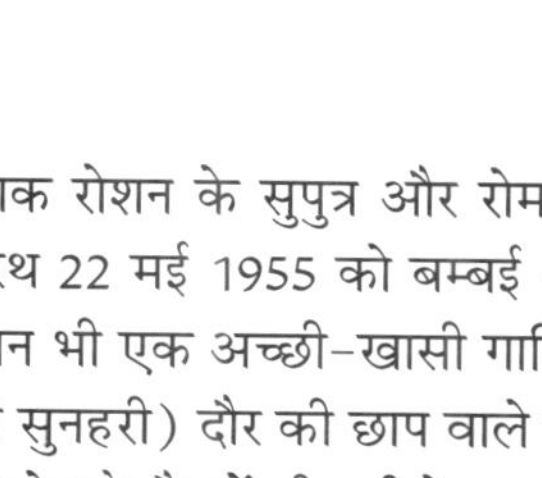

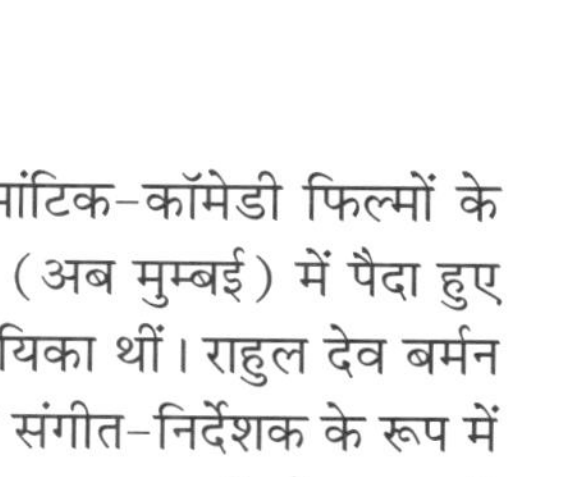

'इनकार' (1977); सुभाष घई की 'विश्वनाथ' (1977); रमेश तलवार की 'दूसरा आदमी' (1977); बी.आर. चोपड़ा की 'तुम्हारी कसम' (1979); महमूद की 'जनता हवलदार' (1979); बी. नागीरेड्डी की 'स्वर्ग नरक' (1978), 'यही है जिंदगी' (1983) और 'इन्तेहा' (1984); और जे. ओमप्रकाश की 'आखिर क्यों' (1985) इत्यादि शामिल थीं। उन्होंने अमिताभ बच्चन की कुछ लोकप्रिय फिल्मों—'मि. नटवरलाल' (1979), 'दो और दो पाँच' (1980) और 'याराना' (1981)—में भी संगीत दिया।

वे अपने भाई और अभिनेता-निर्माता-निर्देशक राकेश रोशन के घरेलू बैनर की फिल्मों से भी शुरू से आखिर तक जुड़े रहे। इनमें 'इनसान जाग उठा', 'खुदगर्ज', 'खून भरी माँग', 'कोयला', 'किशन कन्हैया', 'करन अर्जुन', 'कहो न प्यार है', 'कोई मिल गया', 'कृश' और 'काइट' इत्यादि शामिल थीं, जिनमें से ज्यादातर सुपरहिट रहीं। अपने भतीजे और राकेश रोशन के बेटे ऋतिक रोशन के कैरियर को उभारने में भी उनके संगीत की महत्त्वपूर्ण भूमिका रही, हालाँकि ऋतिक सचमुच ही गजब के अभिनेता हैं।

49. बप्पी लाहिड़ी

डिस्को गीतों के लिए मशहूर बप्पी लाहिड़ी 27 नवम्बर 1952 को कलकत्ता (अब कोलकाता) में पैदा हुए थे। उनका असली नाम अलोकेश था। उनके पिता अपरेश लाहिड़ी एक गायक थे तो उनकी माँ बन्सरी लाहिड़ी एक गायिका होने के साथ-साथ संगीत का भी अच्छा ज्ञान रखती थीं। लेकिन 'श्यामा संगीत' में पारंगत माता-पिता की औलाद होने के बावजूद बप्पी लाहिड़ी ने अपना एक अलग रास्ता चुना और सिर्फ 20-21 वर्ष की उम्र में ही बंगाली फिल्म 'दादू' (1972) और हिन्दी फिल्म 'नन्हा शिकारी' (1973) में संगीत देने का गौरव प्राप्त कर लिया। 'जख्मी' (1975) और 'चलते चलते' (1976) जैसी फिल्मों के धूम मचाने वाले संगीत—'जलता है जिया मेरा भीगी-भीगी रातों में' (किशोर-आशा), 'आओ तुम्हें चाँद पे ले जाएँ' (लता), 'चलते-चलते मेरे ये गीत याद रखना' (किशोर) और 'जाना कहाँ है, प्यार यहाँ है' (खुद बप्पी लाहिड़ी के साथ सुलक्षणा पंडित) इत्यादि—ने उन्हें एक सफल संगीतकार के रूप में स्थापित कर दिया। इसके बाद उन्होंने 'सुरक्षा', 'डिस्को डांसर', 'एक बार देखो', 'अरमान' और प्रकाश मेहरा की 'नमकहलाल' और 'शराबी' समेत बहुत-सी फिल्मों में संगीत दिया। लेकिन उन पर दूसरों की धुनों की धड़ल्ले से नकल करने और उन्हें कोई श्रेय न देने के आरोप भी निरन्तर लगते रहे।

अपने कुछ गाने खुद ही गाने और अमिताभ बच्चन और जयाप्रदा की मुख्य भूमिकाओं वाली 'शराबी' (1985) के लिए वर्ष के सर्वश्रेष्ठ फिल्म संगीत का फिल्मफेयर पुरस्कार जीतनेवाले बप्पी लाहिड़ी अपनी पत्नी चित्राणी और बेटा-बेटी बप्पा और रेमा के साथ मधुर सुरों भरी जिंदगी गुजार रहे हैं।

50. आनन्द-मिलिन्द

हिन्दी फिल्म संगीत के सुनहरे दौर के महान संगीत-निर्देशक चित्रगुप्त के सुपुत्र आनन्द और मिलिन्द नए दौर की संगीतकार जोड़ी के रूप में खूब सफल रहे हैं। 'अब आएगा मजा' (1984) से अपने कैरियर की शुरुआत करने वाले आनन्द-मिलिन्द ने नासिर हुसैन की सुपरहिट 'कयामत से कयामत तक' (1988) में अपने संगीत से तहलका-सा मचा दिया था, जो आमिर खान और जूही चावला जैसे जाने-माने सुपरस्टारों की पहली फिल्म थी। आनन्द-मिलिन्द खूब लोकप्रिय 'बागी', 'दिल', 'बेटा', 'लव', 'मदहोश', 'आई मिलन की रात', 'संगीत', 'महासंग्राम', 'बोल राधा बोल',

'स्वर्ग', 'मुत्युदंड', 'झूठ बोले कौवा काटे', 'राजा बाबू', 'कुली नं. 1', 'हीरो नं. 1', 'छोटे सरकार', 'फूल', 'दूल्हे राजा' और 'जान से प्यारा' समेत अब तक 200 से भी ज्यादा फिल्मों में संगीत दे चुके हैं। इसी तरह, सिर्फ मशहूर गीतकार समीर के साथ मिलकर ही वे अब तक 950 से भी अधिक गीतों की रचना कर चुके हैं। 'पापा कहते हैं बड़ा नाम करेगा', 'न जाने कहाँ दिल खो गया' और 'धक-धक करने लगा' जैसे गीतों के लिए मशहूर आनन्द-मिलिन्द का सरगम का सफर अब भी जारी है।

51. राम-लक्ष्मण

इसी दौर की एक और लोकप्रिय जोड़ी राम और लक्ष्मण ने भी कई फिल्मों में धूम मचाने वाला संगीत दिया, हालाँकि उनके कैरियर की शुरुआत सत्तर के दशक में ही दीपक बाहरी की 'एजेंट विनोद' (1977) से हो गई थी। मंच पर संगीत कार्यक्रम देने वाले राम-लक्ष्मण इससे पहले दादा कोणके की सुपरहिट मराठी फिल्म 'पांडु हवलदार' में भी संगीत दे चुके थे। उनकी अन्य लोकप्रिय फिल्मों में 'तराना' (1979), 'साँच को आँच नहीं' (1979), 'हमसे बढ़कर कौन' (1981), 'उस्तादी उस्ताद से' (1982), 'तुम्हारे बिना' (1982), 'सुन सजना' (1982), 'बेजुबान' (1982), 'सुन मेरी लैला' (1983), 'गुमनाम है कोई' (1983), 'तेरे मेरे बीच में' (1984) और दादा कोणके की 'अँधेरी रात में दीया तेरे हाथ में' (1989) समेत मनमोहन देसाई की 'अनमोल' (1993) भी शामिल थी। लेकिन राम-लक्ष्मण को सबसे ज्यादा लोकप्रियता राजश्री की दो सुपरहिट फिल्मों 'मैंने प्यार किया' (1989, सलमान खान और भाग्यश्री की पहली फिल्म) और इससे भी बढ़कर 'हम आपके हैं कौन' (1994) के तहलका मचा देने वाले संगीत से मिली। राजश्री की इसी श्रृंखला की तीसरी फिल्म 'हम साथ साथ हैं' (1999) में भी उन्हीं का संगीत था। कुछ वर्ष पहले राम इस दुनिया से चले गए और लक्ष्मण अकेले रह गए, जिनका असली नाम विजय पाटील है। वे एक अच्छे अकॉर्डियन प्लेयर हैं और 'राम-लक्ष्मण' के नाम से अब भी फिल्मों में संगीत दे रहे हैं।

52. अनु मलिक

सुनहरी दौर के एक और महत्त्वपूर्ण हस्ताक्षर सरदार मलिक के बेटे अनु मलिक भी नए दौर के अग्रणी संगीतकारों में शामिल हैं। पं. रामप्रसाद शर्मा से संगीत का प्रशिक्षण लेने के साथ-साथ अनु मलिक शंकर-जयकिशन की जोड़ी के शंकर से भी बहुत ज्यादा प्रभावित रहे हैं। मोहन चोटी की 'हंटरवाली' (1977) से अपने कैरियर की शुरुआत करने के बाद से अनु मलिक 200 से भी ज्यादा फिल्मों में संगीत दे चुके हैं। इनमें 'एक जान हैं हम' (1983), 'सोहनी महिवाल' (1984), 'मर्द' (1985), 'बाजीगर' (1992), 'मैं खिलाड़ी तू अनाड़ी' (1994), 'घातक' (1996), 'बॉर्डर' (1997), 'करीब' (1998), 'चाइना गेट' (1998), 'हम आपके दिल में रहते हैं' (1999), 'बीवी नं. 1' (1999), 'रिफ्यूजी' (2000), 'चोरी चोरी चुपके चुपके' (2001), 'यादें' (2001), 'मैं प्रेम की दीवानी हूँ' (2003), 'मुन्ना भाई एमबीबीएस' (2003), 'मैं हूँ न' (2004), 'फिजा' (2004), 'शादी नं. 1' (2005), 'नो एंट्री' (2005) और 'यमला पगला दीवाना' (2011) जैसी कई लोकप्रिय फिल्में शामिल हैं। अनु मलिक ने अपने

द्वारा संगीतबद्ध कुछ गीत खुद गाए भी हैं। वे 'बाजीगर' के लिए फिल्मफेयर और 'रिफ्यूजी' के लिए राष्ट्रीय पुरस्कार से भी सम्मानित किए जा चुके हैं।

53. जतिन-ललित

जोधपुर में जनमे जतिन पंडित और ललित पंडित जाने-माने संगीत शास्त्री पं. प्रताप नारायण के सुपुत्र और प्रसिद्ध शास्त्रीय गायक पं. जसराज के सम्बन्धी होने के साथ-साथ दो प्रतिभाशाली बहनों जानी-मानी गायिका-अभिनेत्री सुलक्षणा पंडित और सुपरहिट 'लव स्टोरी' (1982) की नायिका विजयेता पंडित की छत्रछाया में पले-बढ़े हैं। इसलिए यह बहुत स्वाभाविक था कि वे अपने कर्मक्षेत्र के रूप में सुरों की दुनिया का ही चुनाव करते। 1992 में 'यारा दिलदारा' से अपना सरगम का सफर शुरू करने के बाद से वे अब तक 60 से भी ज्यादा फिल्मों में संगीत दे चुके हैं। इनमें 'जो जीता वो सिकन्दर' (1992), 'खिलाड़ी' (1992), 'राजू बन गया जेंटलमैन' (1992), 'दिलवाले दुल्हनिया ले जाएँगे' (1995), 'कुछ कुछ होता है' (1998), 'मुहब्बतें' (2000), 'कभी खुशी कभी गम' (2001), 'फना' (2006) और

'दबंग' (2010) जैसी कई प्रतिष्ठित और लोकप्रिय फिल्में शामिल हैं। यश चोपड़ा की 'दिलवाले दुल्हनिया ले जाएँगे' (1995) को सबसे लम्बे समय तक चलने वाली हिन्दी फिल्म के रूप में भी याद किया जाता है। इसी तरह, करण जौहर की 'कुछ कुछ होता है' (1998) की लोकप्रियता भी आज तक बरकरार है।

54. ए.आर. रहमान

6 जनवरी, 1966 को मद्रास (अब चेन्नई) में जन्मे ए.आर. रहमान हिन्दू पिता आर.के. शेखर और मुस्लिम माँ कस्तूरी (असली नाम करीमा) की सन्तान हैं और उनका बचपन का नाम ए.एस. दिलीप कुमार था। वे बड़े हुए तो उनके जीवन में अभिनय सम्राट दिलीप कुमार की तरह ही एक सायरा बानू आ गईं और उन्होंने अपना धर्म बदलकर (या यूँ कहें कि अपनी माँ का धर्म अपनाकर) उससे ब्याह कर लिया। इस तरह वे दिलीप कुमार से ए.आर. रहमान बन गए। संगीत

की प्रेरणा उन्हें अपने पिता आर.ए. शेखर से मिली जो खुद भी एक संगीत-निर्देशक थे। ए.आर. रहमान ने लंदन के ट्रिनिटी कॉलेज ऑफ म्यूजिक से संगीत की शिक्षा प्राप्त की और फिर चेन्नई लौटकर अपना खुद का एक हाई-टेक संगीत स्टूडियो स्थापित कर लिया। इसके बाद उन्होंने चेन्नई से लेकर हॉलीवुड तक बहुत-सी भाषाओं की 100 से भी अधिक फिल्मों में संगीत दिया, जिनमें हिन्दी की 'रोजा', 'बॉम्बे', 'रंगीला', 'दिल से', 'ताल', 'लगान', 'स्वदेश', 'रंग दे बसन्ती', 'गुरु', 'जोधा अकबर', 'जाने तू या जाने न' और 'गजनी' जैसी कई सुपरहिट फिल्में शामिल थीं। दुनिया भर में उनके संगीत के अब तक 30 लाख से भी अधिक रिकॉर्ड बिक चुके हैं और उन्हें संगीत के इतिहास में दुनिया का सबसे अधिक बिकने वाला रिकॉर्डिंग आर्टिस्ट माना जाता है। उन्हें फिल्म संगीत को एक नया आयाम और एक नई परिभाषा देने का श्रेय भी दिया जाता है। जैसाकि स्वाभाविक है, वे समूची फिल्म इंडस्ट्री में सबसे ऊँचे दामों वाले संगीत-निर्देशक हैं। वे ऐसे इकलौते भारतीय संगीत-निर्देशक भी हैं जिनकी किसी फिल्म 'स्लमडॉग मिलिनेयर'—को ऑस्कर पुरस्कार प्राप्त हुआ है।

55. विशाल भारद्वाज

लोकप्रिय कवि और गीतकार राम भारद्वाज के सुपुत्र विशाल वर्तमान दौर के एक 'सुरीले संगीतकार' माने जाते हैं। लेकिन उनकी प्रतिभा सिर्फ संगीत की धुनों तक ही सीमित नहीं है। वे एक फिल्म निर्माता, निर्देशक, पटकथा लेखक भी हैं और गायक और गीतकार भी। उत्तर प्रदेश के बिजनौर में 4 अगस्त 1960 को पैदा हुए विशाल भारद्वाज अपने एक दोस्त के माध्यम से जाने-माने लेखक-गीतकार और निर्माता-निर्देशक गुलजार तक पहुँचे और 'जंगल बुक', 'एलिस इन वंडरलैंड', 'गुब्बारे' जैसे कई टेली-सीरियलों में उनके साथ जुड़े रहे। उन्होंने उनकी फिल्म 'माचिस' (1999) में भी संगीत दिया और 'चप्पा-चप्पा चरखा चले' से देशभर में खूब धूम मचा दी। उनकी अन्य प्रमुख फिल्मों में 'सत्या' (1998), 'चाची 420' (1999), 'गॉड मदर' (1999), 'मकबूल' (2005), 'ओंकारा' (2006), 'नि:शब्द' (2007), 'कमीने' (2009), 'इश्किया' (2010) और '7 खून माफ' (2011) इत्यादि शामिल हैं। 'इश्किया' के संगीत के लिए वे वर्ष के सर्वश्रेष्ठ फिल्म संगीत का राष्ट्रीय पुरस्कार भी प्राप्त कर चुके हैं। वे एक प्रतिभाशाली गायिका रेखा भारद्वाज से विवाहित हैं।

सरगम के सफर के अन्य सुर...

हमें इस बात का बहुत ज्यादा अफसोस है कि पृष्ठों की सीमा और कई अन्य बाधाओं के कारण हम बहुत से प्रतिभाशाली और गुणी संगीतकारों के महत्त्वपूर्ण योगदान को सरगम के सफर की इस कहानी में शामिल नहीं कर पाए हैं। फिर भी, हम यहाँ सबके नाम जरूर दे रहे हैं।

जद्दन बाई

बद्री प्रसाद

नर्गिस की माँ के रूप में आज ज्यादा याद की जाने वालीं बीवी जद्दन बाई (तलाश-ए-हक, हृदय मंथन, मैडम फैशन, जीवन स्वप्न, मोती का हार), प्रकाश पिक्चर्स से जुड़े लल्लू भाई नायक (एक्ट्रेस, बॉम्बे मेल, लाल चिट्ठी, फैशन शो), इम्पीरियल मूवीटोन से जुड़े प्राणसुख नायक (इन्दिरा एम.ए., भारती माता, माधुरी), मैडन थिएटर के बृजलाल वर्मा (आँख का नशा, मतवाली मीरा, ध्रुव चरित्र), प्रभात स्टूडियो के गोविंदराव तेम्बे (अयोध्या का राजा, सीता, मान-अपमान), अपने समय के जाने-माने चरित्र अभिनेता और भवनानी प्रोडक्शन की फिल्मों से शुरुआत करने वाले वाराणसी के बद्री प्रसाद (स्वराज के सिपाही, बाला जोबन, रोमांटिक इंडिया), नागरदास नायक (दिल की प्यास, मधुर मुरली, नल दमयन्ती), किकूभाई याग्निक (सूर्या कुमारी, शेवरलेट, फैशनेबल वाइफ), वजीर खान, सागर मूवीटोन के एस.पी. राणे (माया बाजार, चंद्रहार, इम्पीरियल मेल), इम्पीरियल मूवीटोन से ही जुड़े अन्ना साहब मैनकर (चलता पुर्जा, डेंजर, सिग्नल, चरणों की दासी), मास्टर विनायक की फिल्मों में संगीत देने वाले दादा चाँदेकर (नेताजी पालकर, ब्रह्मचारी, ब्रांडी की बोतल), सुन्दरलाल भाटिया (ईद का चाँद, रूप बसन्त, मार्डर्न यूथ), महान अभिनेत्री मीना कुमारी के पिता अली बख्श (गुनहगार, वायदा, आरती), न्यू थिएटर्स के अनुपम घटक (भोले-भाले, लेडीज ओनली, बदनामी, शालीमार), त्रिलोक सिनेटोन के हरीश चन्द्र (एच.सी.) बाली (दीवानी, वतनपरस्त, भिखारिन), न्यू थिएटर्स के हरी प्रसन्न (एस.पी.) दास (कादम्बरी, बेगम, मजबूर), शांति कुमार (पुनर्जन्म, नौकर, घर की बहू), सागर मूवीटोन के अशोक घोष, जिन्होंने मुकेश से उनका पहला फिल्मी गीत गवाया था (मनमोहन, संस्कार, राधिका, कसौटी), न्यू थिएटर्स के रॉबिन चट्टोपाध्याय, जिन्होंने तलत महमूद से उनका पहला हिन्दी फिल्मी गीत गवाया था (राजलक्ष्मी, पहली शादी, तुम और मैं, ढाके की मलमल), श्यामबाबू पाठक (नमक, इम्तिहान, हमारी दुनिया), पं. रामप्रसाद, जो अपने समय के जाने-माने ट्रेम्पेट-प्लेयर होने के साथ-साथ लक्ष्मीकान्त-प्यारेलाल की जोड़ी के लक्ष्मीकान्त के पिता भी थे (शक्ति, अन्याय, बानू), महान गायिका गीता दत्त को दुनिया के सामने लाने वाले हनुमान प्रसाद (चौरंगी, द्रौपदी, बहू बेटियाँ), राम गांगुली (आग, संग्राम, पैसा), लाल मुहम्मद (तदबीर, उमर खय्याम, मिट्टी), उस्ताद फतेह अली खान (आईना), पं. गोवर्द्धन प्रसाद (इस्मत), पं. गनपत राव (कुरुक्षेत्र, शबरी, बेबस), पं. ज्ञानप्रकाश घोष (पराया धन, मुजरिम), नन्दराम ओमकारजी (बैरिस्टर, आजाद जीवन, जंगल में मंगल), इन्द्रवधन भट्ट (दिलवाले, रूप सुन्दरी, धनवाले), धूमी खान (रहनुमा, दोरंगिया डाकू) और मुश्ताक हुसैन (इंडस्ट्रियल इंडिया, बागवान) इत्यादि।

वसन्त प्रभु

दत्ता दावजेकर और लता

★

इसी तरह आरम्भिक युग के बाद शुरू हुए फिल्म संगीत के 'सुनहरी दौर' से जुड़े अन्य संगीतकार थे—सुरों की मलिका लता मंगेशकर से उनका पहला हिन्दी फिल्मी गीत 'आपकी सेवा में' गवाने वाले दत्ता दावजेकर (गोलकुंडा का कैदी), रसीद अत्रे

(पगली, रूम नं. 9, नतीजा), धनीराम (पपीहा रे, डाक बाबू, शोले), एम.ए. रऊफ (तोहफा, बीते दिन, बसेरा), श्रीधर पारसेकर (अंधों का सहारा, गोकुल का राजा, मर्द मराठा), गुलशन सूफी (किसान कन्या, आईना, घमंड), अजीज खान 'हिन्दी' (एक्टर, डंका, धूप-छाँव), शार्दुल क्वात्रा (शगुन, गूँज, पिलपिली साहब), नरेश भट्टाचार्य (बिहारी, बॉम्बे, शोले), प्रेमनाथ (देहाती, चाँद सितारे, पहला प्यार), कृष्ण दयाल (लेख, जंजीर, बावरा), अजीत मर्चेन्ट (चंडी पूजा, रिफ्यूजी, सपेरा), वी. बलसारा (रंग महल, तलाश, विद्यापति), अरुण कुमार (परिणिता, शमशीर, समाज), बी.एन. बाली (बगदाद का चोर, हावड़ा एक्सप्रेस, फ्लाइंग रानी), महान संगीतकार खेमचन्द प्रकाश के छोटे भाई बसन्त प्रकाश (सलोनी, बदनाम, हम कहाँ जा रहे हैं), बिपिन बाबुल (चौबीस घंटे, चालीस दिन, रेशमी रूमाल), सन्मुख बाबू उपाध्याय (नाग पद्मिनी, हमीर पीठ, राज प्रतिज्ञा), एस.एन. त्रिपाठी और चित्रगुप्त जैसे दिग्गजों के सहायक रहे दिलीप ढोलकिया (सौगन्ध, प्राइवेट सेक्रेटरी, तीन उस्ताद), रॉबिन बनर्जी (वजीरे आजम, मार्बेल मैन, फ्लाइंग सर्कस), बसन्त प्रभु (घरबार), वेदपाल वर्मा (भूतनाथ, ओ बेवफा, सौतन की बेटी), इकबाल (सिपहसालार, जिप्सी, ब्लैकमेलर), जिमी (स्मगलर, आवारा शहजादी, पठान), महान गायिका गीता दत्त के भाई मुकुल राय (सैलाब, डिटेक्टिव, दो बहादुर), दक्षिण की अभिनेत्री अंजलि देवी के पति आदी नारायण राव (स्वर्ण सुन्दरी, फूलों की सेज, गन फाइटर जॉनी), रमेश नायडू (हैमलेट, जय सिंह, पिया मिलन), साउथ के विश्वनाथ राममूर्ति (नया आदमी, आखिरी निशान, बारह घंटे), घंटासलाल (पाताल भैरवी, पांडव वनवास, लव कुश), मनोहर (रईस, चिंगारी, भूले भटके), भोला श्रेष्ठ (दारोगाजी, आबशार, नौलखा हार), सी. रामचन्द्र के सहायक चिक चॉकलेट (नादान, रंगीली), पं. हरबन्स लाल (सच्चा प्यार, हुरिकेन एक्सप्रेस, मैडम जपाटा), उमापति स्याल (विद्या सागर), नचिकेता घोष (25 जुलाई), मलय चक्रवर्ती (मुक्ति, छत्तीसगढ़ी कहि देबे सन्देस) और बाद में पाकिस्तान में जा बसे निसार बज्मी (बड़े साहब, जमना पार, क्यूंजी) इत्यादि।

★

इसके बाद की पीढ़ी के संगीत-निर्देशकों में ये नाम भी शामिल थे—(एस.डी.) बर्मन दादा के सहायक सुहिदकर (काँच की गुड़िया), लाला असर सत्तार (संग्राम, जहाँ सती वहाँ भगवान), बाबू सिंह (झूम उठा आकाश, सोलह सिंगार करे दुल्हनिया), भूषण (मैखाना, पुरानी पहचान), रघुनाथ सेठ (फिर भी, परिणति, ये नजदीकियाँ), दुलाल सेन (ब्लैक प्रिन्स, तू ही राम तू ही कृष्ण, ये प्यार नहीं और मशहूर पंजाबी फिल्म मामाजी), लक्ष्मी-प्यारे टीम के लक्ष्मीकान्त के छोटे भाई गणेश (ठाकुर जनरैल सिंह, स्मगलर, अंजाम), सतीश भाटिया (बूँद जो बन गई मोती, मालदार), शंकर-जयकिशन और ओ.पी. नैयर जैसी महान हस्तियों के सहायक रहे सेबिस्तियन (सुराज, स्ट्रीट सिंगर), जाने-माने संगीत विशेषज्ञ इनोक डेनियल (सुजान, हाउस नं. 13, गोरी), असम के सुप्रतिष्ठित संगीत शास्त्री भूपेन हजारिका (आरोप, चमेली मेमसाब, साज, रूदाली), श्याम सागर (डाक बंगला), श्यामजी-घनश्यामजी (धुएँ की लकीर), रत्नदीप हेमराज (राख और चिंगारी, अंधा युग, अनोखा इनसान), गोविन्द नरेश (बालक ध्रुव, मीरा श्याम), एच. परशुराम (बीवी किराए की), राजकमल (सावन को आने दो, कथा, सिन्दूर की होली), श्यामल मित्रा (अमानुष, आनन्द आश्रम, बन्दी), अरुण पौड़वाल (भगवान समाए संसार में, आज का ये घर), महान पार्श्व-गायिका आशा भोंसले के सुपुत्र हेमन्त भोंसले (टैक्सी टैक्सी, दामाद, श्रद्धांजलि), मानस मुखर्जी, जो आज के मशहूर गायक शान के पिता भी हैं (शायद, अल्बर्ट पिंटो को गुस्सा क्यों आता है, लाखों की बात), बृज भूषण (जरूरत, मिलाप, एक नाव दो किनारे), शम्भू सेन (मृगतृष्णा), राम कदम (पिंजरा), भास्कर चन्दावरकर (राखी-राखी, परमा, राव साहब), विजय राघव राव (भुवन शोम, बदनाम बस्ती, बंसी बिरजू), संगीत महारथी राहुल देव बर्मन के सहायक सपन चक्रवती (नया नशा, जब अँधेरा होता है, छत्तीस घंटे, जमीर), कल्याणजी-आनन्दजी और लक्ष्मीकान्त-प्यारेलाल के सहायक रहे जय पर्ते (भगवान परशुराम, पुतलीबाई, जान हाजिर है), जाने-माने अरेंजर रहे बासु मनोहरी (सबसे बड़ा रुपया, चटपटी, जीना है प्यार में), वनराज भाटिया (जाने भी दो यारो, मोहन जोशी हाजिर हो, हिप हिप हुर्रे), चोटी के अरेंजर रहे उत्तम सिंह (पेंटर बाबू, क्लर्क, दिल तो पागल है), अजीत बर्मन (आक्रोश, अर्द्धसत्य, साराँश), थिएटर संगीत से जुड़े रहे कुलदीप सिंह (साथ-साथ, अंकुश, ट्रेन टू पाकिस्तान), नीता सेन (कृष्ण सुदामा), प्रेम कुमार गुप्ता (पैसा और जिंदगी), सुनीता अनुराधा (खिरचनें), राजसी पृष्ठभूमि वाले विजय सिंह (रोड टू सिक्किम), महान संगीत-निर्देशक गुलाम मुहम्मद के सुपुत्र मसूद इकबाल (चोर के घर चोर), और एक और महान संगीत-निर्देशक खय्याम के सहायक रहे विपेन महबूब इत्यादि।

★

हिन्दी फिल्म संगीत में कई जाने-माने शास्त्रीय संगीतकारों के असीम योगदान का उल्लेख करना हमारे लिए अत्यन्त

उत्तम सिंह

बाजपेयी परिवार इनोक डेनियल के सा

लता और भूपेन हजारिका

पं. पन्ना लाल घोष

उस्ताद अली अख्तर, लता और पं. रवि श

प्रसन्नता और गर्व का विषय है। इनमें से सभी ने सिर्फ थोड़ी-सी फिल्मों में ही लेकिन उत्कृष्ट और अमर संगीत दिया, जो भारतीय सिनेमा की एक अनमोल धरोहर है। हिन्दी फिल्म संगीत के इतिहास के ये कुछ विशिष्ट सुर-साधक हैं—सुविख्यात बाँसुरी-वादक पं. पन्नालाल घोष (स्नेह बन्धन, बसन्त, अनजान, दुहाई, आन्दोलन इत्यादि), सरोद के महारथी उस्ताद अली अकबर खान (आँधियाँ, हमसफर), महान तबलानवाज उस्ताद अल्लारक्खा (ए.आर.) कुरैशी (घर, आजाद, हिन्दुस्तान, माँ बाप, रूप बसन्त, सबक, बेवफा, लैला इत्यादि), महान सितार-वादक पं. रविशंकर (नीचा नगर, अनुराधा, गोदान, मीरा), एक और महान सितार-वादक उस्ताद विलायत खान (कादम्बरी और बहुचर्चित बंगाली फिल्म जलसाघर), शहनाई के जादूगर पं. राम नारायण उर्फ रामलाल (नकाबपोश, हुस्नबानो, सेहरा, गीत गाया पत्थरों ने इत्यादि), जाने-माने बाँसुरी-वादक पं. हरिप्रसाद चौरसिया और सन्तूर के महारथी पं. शिवकुमार शर्मा की जोड़ी शिव हरि (सिलसिला, फासले, लम्हे, चाँदनी, डर, परम्परा, साहिबा इत्यादि), उस्ताद अल्लारक्खा के प्रतिभाशाली सुपुत्र और जाने-माने तबलानवाज उस्ताद जाकिर हुसैन (मुहाफिज, साज), जाने-माने संगीत शास्त्री उस्ताद जिया फरीदुद्दीन डागर (सतह से उठा आदमी), मशहूर सितार-वादक और संगीत शास्त्री उस्ताद सुल्तान खान और दिग्गज संगीत महारथी आनन्द शंकर (आरम्भ) इत्यादि।

★

हिन्दी फिल्म संगीत से जुड़ा एक दिलचस्प तथ्य यह भी है कि कई जाने-माने पार्श्व गायकों ने भी कुछ फिल्मों में संगीत दिया। सुरों को अलापने के अलावा कभी-कभी साजों को भी साधने वाले ये गायक-संगीतकार थे—सुर सागर जगमोहन उर्फ जगनमोय मित्रा (सरदार), जी.एम. दुर्रानी (अंगूरी, विजयलक्ष्मी, भाग्यलक्ष्मी, स्टेट एक्सप्रेस), खान मस्ताना (भँवर, पन्ना दाई, जीवन स्वप्न), अमीरबाई कर्नाटकी (शहनाज),

मन्ना डे (सती तोरल, महापूजा, गौरीपूजा, वीरांगना, शुक रम्भा, हम भी इनसान हैं), शिव दयाल (एस.डी.) बातिश (बहू बेटी, अमर कीर्तन, टीपू सुल्तान, हार जीत, तूफान), शंकर दासगुप्ता(शीशे की दीवार, सदमा, पहली मुलाकात), मुकेश (अनुराग), किशोर कुमार (झुमरू, 'दूर गगन की छांव में', दूर का राही) अपरेश लाहिड़ी (सुभाष चन्द्र), सैलेश मुखर्जी (परिचय, सवेरा, सुहाग सिन्दूर), मीनू पुरुषोत्तम (सबर), महान मंगेशकर बहनों में से एक मीना (मंगेशकर) खाडिलकर (कानून और शिकार), सुबीर सेन (मिडनाइट मेल), शारदा (गरीबी हटाओ, माँ बहन और बीवी, मन्दिर मस्जिद, जहरीली, जमाने से पूछो, तू मेरी मैं तेरा, हजार हाथ, मैला आँचल), किशोर अमोनकर (दृष्टि), सुरिन्दर कोहली (फूल और इनसान, फर्ज और प्यार, नफरत), मोहिन्दर जीत सिंह (दीक्षा, मढ़ी का दीप), जगजीत सिंह (प्रेम गीत, अर्थ, काल्का, निर्वाण), अनूप जलोटा (तोहफा मुहब्बत का, कर्म कसौटी, सवा सेर गेहूँ), पंकज उधास (औरत पैर

जगमोहन

अमीरबाई

जी.एम. दुर्रानी

शंकर दासगुप्ता

मीनू पुरुषोत्तम

सुबीर सेन

जगजीत सिंह

ललित सेन

की जूती नहीं, एक ही मकसद, अग्निदाह), उस्ताद गुलाम मुस्तफा खान (आगमन), सुखविन्दर (बेनाम रिश्ते, आघात, अस्तित्व), ललित सेन (कुछ दिल ने कहा), और बाबा सहगल (डांस पार्टी) इत्यादि।

अन्तर्राष्ट्रीय ख्यातिप्राप्त महान फिल्मकार सत्यजीत रे ने भी अपनी कई फिल्मों (शतरंज के खिलाड़ी, सद्गति, इत्यादि) में खुद ही संगीत दिया था। इसी तरह, एक और महान फिल्म निर्देशक तपन सिन्हा की फिल्म (एक डॉक्टर की मौत) भी खुद उन्हीं के संगीत से सजी हुई थी।

★

वर्तमान पीढ़ी के कई लोकप्रिय संगीत-निर्देशकों का उल्लेख किए बिना भी सरगम का यह सफर पूरा नहीं हो सकता। ये धूम मचाने वाले नाम हैं—दक्षिण के इलाया राजा (सदमा, संध्या दीप, हे राम), अजीत सिंह (आकर्षण, पुराना मन्दिर, मेरी कहानी), अजय स्वामी (त्यागपत्र, बदनसीब, शाहीन), जाने-माने शास्त्रीय गायक पं. जसराज के सुपुत्र शारंग देव (राजा रानी को चाहिए, सुष्मन, आस्था), अजीत वर्मन (विजेता, अर्द्धसत्य, सारांश), नदीम-श्रवण (आशिकी, दीवाना, राजा, दामिनी, परदेस, हम हैं राही प्यार के, सड़क), अमर उत्पल, जिनमें से अमर का पूरा नाम अमर हल्दीपुर है जबकि उत्पल विश्वास महान संगीत-निर्देशक अनिल बिस्वास के सुपुत्र हैं (शहंशाह, मैं आजाद हूँ), निखल विनय (प्यार भरा दिल, बेवफा सनम, चोर और चाँद), आदेश श्रीवास्तव, जो संगीत परिवार से जुड़ी अभिनेत्री विजयेता पंडित के पति भी हैं (अंगारे, कुँवारा, तरकीब), दिनेश शर्मा, आनन्द राज आनन्द (मासूम, काँटे, आक्रोश), शंकर अहसान लॉय (दिल चाहता है, कल हो न हो, बंटी और बबली, कभी अलविदा न कहना), जाने-माने संगीतज्ञ विपिन रेशमिया के सुपुत्र हिमेश रेशमिया (हलो ब्रदर, जोड़ी नं. 1, कहीं प्यार न हो जाए), सन्दीप चौठा (मस्त, कमबख्त इश्क, प्यार तूने क्या किया), महारथी कल्याणजी के सुपुत्र विजू शाह (त्रिदेव, मोहरा, विश्वात्मा), महान संगीतकार जमाल सेन के क्रमश: पोते और भतीजे दिलीप सेन-समीर जैन (आइना, ये दिल्लगी, सलाखें), मनोज ज्ञान (रूही, एक मिसाल, अंजाम खुदा जाने), इस्माइल दरबार (हम दिल दे चुके सनम, देवदास), मधुर सुरों के धनी शांतनु मोइत्रा (परिणिता, लगे रहो मुन्नाभाई, 3 ईडियट्स, हजारों ख्वाहिशें ऐसी), साउथ के एम.एम. करीम (क्रिमिनल, इस रात की सुबह नहीं), सन्देश शांडिल्य (कभी खुशी कभी गम), प्रीतम चक्रवर्ती (धूम, चॉकलेट, रेडी), विशाल शेखर (दोस्ताना, ओम शांति ओम, तीसमार खाँ), सलीम सुलेमान (रब ने बना दी जोड़ी, चक दे इंडिया, बैंड बाजा बरात), त्रिना चक्रवर्ती (काकी, मजहब), मोंटी शर्मा (साँवरिया) और साजिद वाजिद (पार्टनर, वीर, दबंग) इत्यादि।

जैसाकि हम देख चुके हैं, बहुत से पार्श्व गायकों ने भी संगीत निर्देशन पर हाथ आजमाया। जहाँ तक गीतकारों की बात है, शायद प्रेम धवन ऐसे इकलौते गीतकार हैं, जिन्होंने अपने समय के एक चोटी के गीतकार होने और देवेन्द्र गोयल की कई सुपरहिट फिल्मों के गीत लिखने के अलावा बाद के वर्षों (1960 और 1970 के दशक) में बहुत-सी फिल्मों में संगीत भी दिया। बिमल राय की 'दो बीघा जमीन' और बी.आर. चोपड़ा की 'नया दौर' के नृत्य-निर्देशक भी रह चुके बहुमुखी प्रतिभा सम्पन्न प्रेम धवन द्वारा संगीतबद्ध कुछ प्रमुख फिल्में थीं—'शहीद' (1965), 'रात के अँधेरे में' (1969), 'वीर अभिमन्यु' (1970), 'वीर अमर सिंह राठौर' (1970), 'पवित्र पापी' (1970), 'मेरा देश मेरा धर्म' (1973), 'किसान और भगवान' (1974), के.एल. अब्बास की 'नक्सलाइट' (1980) और 'गंगा माँग रही बलिदान' (1981) इत्यादि। उनके सबसे लोकप्रिय और उत्कृष्ट गीतों में 'शहीद' (1965) के खूब धूम मचाने वाले और देशभक्ति भरे 'ऐ वतन ऐ वतन हमको तेरी कसम' (रफी और साथी) और 'मेरा रंग दे बसंती चोला' (रफी और साथी) के साथ-साथ इसी फिल्म में लता और सखियों का बेहद प्यारा गीत 'जोगी हम तो लुट गए तेरे प्यार में' शामिल था। इसी तरह 'पवित्र पापी' (1970) में लता का दर्द भरा 'दिल वाले दुखड़े हुए' और किशोर कुमार का खूब धूम मचाने वाला 'तेरी दुनिया से होके मजबूर चला' भी उनकी उत्कृष्ट संगीत रचनाओं का हिस्सा हैं।

★

जैसाकि आपने भी महसूस किया होगा, 'हॉल ऑफ फेम' नामक इस अध्याय में वर्णित बहुत से संगीतकार ऐसे हैं जिनके दिलचस्प कैरियर और हिन्दी फिल्म संगीत में उनके महत्त्वपूर्ण योगदान का विस्तार से जिक्र करना उचित होगा। हमारी सचमुच ही यह हार्दिक इच्छा है कि हम ऐसा कर पाएँ और इस पुस्तक का एक दूसरा संस्करण या खंड बना पाएँ। साथ ही हम उन सभी संगीतकारों और उनके चाहनेवालों से क्षमा-याचना भी करना चाहेंगे जिनका नाम भूल से इस पुस्तक में शामिल नहीं हो पाया है। और हाँ, हम जाते-जाते आपको हिन्दी सिनेमा के चोटी के इन 81 संगीत-निर्देशकों का एक-एक गीत भी सुनाना चाहेंगे!

शारंग देव

शांतनु मोयत्रा

प्रेम धवन

प्रीतम

शंकर-अहसान-लॉय

चलते-चलते

हम बाप-बेटी (त्रिनेत्र और अंशुला) की टीम ने सरगम का यह लम्बा लेकिन बेहद सुरीला और यादगार सफर गहरे अध्ययन, विस्तृत विचार-विमर्श और गर्मागर्म बहसों के बीच तय किया है। खसकर कुछ महान संगीत-निर्देशकों के 12 सर्वश्रेष्ठ गीतों की सूचियों को लेकर तो हम मुश्किल से ही एक-दूसरे से सहमत हो पाए—संगीत चीज ही ऐसी है! तो फिर 81 संगीत-निर्देशकों का सिर्फ एक-एक गीत चुनना क्यों न और भी मुश्किल होता? फिर भी, हमें लगा कि पिछले अध्यायों में रह गई इस कमी को क्यों न एक साथ दूर कर दिया जाए—संगीत-प्रेमियों को इन संगीत-निर्देशकों के सबसे खूबसूरत और यादगार 81 गीत सुनाकर! तो पेश हैं हमारी पसन्द के ये 81 सदाबहार गीत—

क्रम	संगीत-निर्देशक	फिल्म	गीत	गीतकार	गायक/गायिका
1.	उस्ताद झंडे खाँ	चित्रलेखा	नीलकमल मुस्काए	केदार शर्मा	रामदुलारी
2.	आर.सी. बोराल	मुक्ति	न जाने क्या है दिल का राग	आरजू लखनवी	कानन देवी
3	पंकज मलिक	कपाल कुंडला	पिया मिलन को जाना	वीर मु. पुरी	पंकज मलिक
4.	केशव राव भोले	अमृत मंथन	कमसिनी में दिल पे	अमीर हैदर	शांता आप्टे
5.	मीर साहब	पुकार	जिंदगी का साज भी क्या साज है	कमाल अमरोही	नसीब बानो
6.	मास्टर कृष्ण राव	अमर ज्योति	सुनो-सुनो वन के प्राणी	पं. नरोत्तम व्यास	शांता आप्टे
7.	अनिल बिस्वास	परदेसी	रसिया रे मन बसिया रे	प्रेम धवन	मीना कपूर
8.	सरस्वती देवी	अछूत कन्या	उड़ी हवा में जाती है	जे.एस. कश्यप	देविका रानी
9.	तिमिर बरन	देवदास	दुख के दिन अब बीतत नाहीं	केदार शर्मा	के.एल. सहगल
10.	खेमचन्द प्रकाश	महल	ये रात फिर न आएगी	जे. नक्शव	जोहराबाई/राजकुमारी
11.	रफीक गजनवी	स्वामी	कौन किसी का मीत रे	शातिर गजनवी	सितारा/राजकुमारी
12.	ज्ञान दत्त	भक्त सूरदास	पंछी बावरा चाँद से	डी.एन. मधोक	खुर्शीद
13.	पं. गोबिन्दराम	दूसरी शादी	मन भूली कथाएँ याद न कर	आई.सी. कपूर	शमशाद
14.	रामचन्द्र पाल	पुनर्मिलन	नाचो-नाचो प्यारे मन के मोर	प्रदीप	स्नेहप्रभा प्रधान
15.	वसन्त देसाई	झनक झनक पायल बाजे	नैन से नैन नाहीं मिलाओ	हसरत जयपुरी	लता/हेमन्त
16.	जी.ए. चिश्ती	झूठी कसमें	सावन के दिन आए	जमील मजहरी	संध्या मुखर्जी
17.	शंकर राव व्यास	राम विवाह	हे चन्द्रवदन चन्दा की	रमेश शास्त्री	राजकुमारी
18.	के. दत्ता	बड़ी माँ	दिया जलाकर आप बुझाया	जिया सरहदी	नूरजहाँ
19.	पंडित अमरनाथ	दासी	रातें न रहीं वो	डी.एन. मधोक	जीनत बेगम
20.	खुर्शीद अनवर	परवाना	मुहब्बत में कभी ऐसी भी	डी.एन. मधोक	के.एल. सहगल
21.	फिरोज निजामी	जुगनू	यहाँ बदला वफा का	असगर सरहदी	नूरजहाँ-रफी

क्रम	संगीत-निर्देशक	फिल्म	गीत	गीतकार	गायक/गायिका
22.	गुलाम हैदर	खानदान	तू कौन-सी बदली में मेरे चाँद	वली साहब	नूरजहाँ
23.	नौशाद		दुलारी	सुहानी रात ढल चुकी	शकील बदायूँनी
24.	सी. रामचन्द्र	आजाद	कितना हसीं है मौसम	राजेन्द्र कृष्ण	चितलकर-लता
25.	एस.एन. त्रिपाठी	लाल किला	न किसी की आँख का नूर हूँ	बहादुर शाह जफर	रफी
26.	श्याम सुन्दर	ढोलक	चोरी-चोरी आग-सी दिल में	श्याम लाल 'शम्स'	सुलोचना कदम
27.	हुस्नलाल भगतराम	बड़ी बहन	वो पास रहें या दूर रहें	कमर जलालाबादी	सुरैया
28.	सज्जाद हुसैन	रुस्तम सोहराब	ऐ दिलरुबा नजरें मिला	जाँ निसार अख्तर	लता
29.	हंसराज बहल	चुनरिया	दिल-ए-नाशाद को जीने की	बी.आर. शर्मा	लता
30.	हाफिज खान	जीनत	बुलबुलो मत रो यहाँ	अन्जुम पीलीभीती	नूरजहाँ
31.	बुलो सी. रानी	जोगन	घूँघट के पट खोल दे	मीराबाई	गीता दत्त
32.	विनोद		एक थी लड़की	लारा लाप्पा लारा लप्पा	अजीज कश्मीरी
33.	एस.के. पाल	मन की जीत	नगरी मेरी कब तक यूँ ही	जोश मलीहाबादी	कानपुर की सितारा
34.	लच्छीराम	मैं सुहागन हूँ	तू शोख कली मैं मस्त पवन	कैफी आजमी	रफी
35.	अविनाश व्यास	हर-हर महादेव	कंकर-कंकर से मैं पूछूँ	रमेश शास्त्री	गीता दत्त
36.	नीनू मजूमदार	भाई साहब	नजर ने कह दिया अफसाना	शैलेन्द्र	सी.एच. आत्मा
37.	सुधीर फड़के	मालती माधव	बाँध प्रीत फुलडोर	पं. नरेन्द्र शर्मा	लता
38.	स्नेहल भाटकर	दीवाली की रात	ये खुशी का समाँ जिंदगी है जवाँ	नक्श लायलपुरी	तलत
39.	एस.डी. बर्मन	सुजाता	जलते हैं जिसके लिए	मजरूह सुल्तानपुरी	तलत
40.	गुलाम मुहम्मद	मिर्जा गालिब	रहिए अब ऐसी जगह चलकर	मिर्जा गालिब	सुरैया
41.	चित्रगुप्त	भाभी	चल उड़ जा रे पंछी	राजेन्द्र कृष्ण	रफी
42.	शंकर-जयकिशन	चोरी-चोरी	ये रात भीगी-भीगी	शैलेन्द्र	मन्ना डे-लता
43.	रोशन		ताजमहल	जो वादा किया वो निभाना पड़ेगा	साहिर लुधियानवी
44.	खय्याम		शगुन	तुम अपना रंज-ओ-गम	साहिर लुधियानवी
45.	ओ.पी. नैयर	मेरे सनम	जाइए आप कहाँ जाएँगे	मजरूह सुल्तानपुरी	आशा भोंसले
46.	मदन मोहन	अनपढ़	आपकी नजरों ने समझा	राजा मेहंदी अली खाँ	लता
47.	सलिल चौधरी	मधुमति	टूटे हुए ख्वाबों ने	शैलेन्द्र	रफी
48.	हेमन्त कुमार	इंस्पेक्टर	दिल छेड़ कोई ऐसा नगमा	एस.एच. बिहारी	हेमन्त कुमार
50.	एस. मोहिन्दर	पापी	तेरा काम है जलना परवाने	राजेन्द्र कृष्ण	रफी
51.	जमाल सेन	शोखियाँ	रातों की नींद छीन ली	केदार शर्मा	सुरैया
52.	शिवराम कृष्ण	ऊँची हवेली	सपनों के गाँव में	भरत व्यास	आशा भोंसले/शिवराम
53.	सरदार मलिक	ठोकर	ऐ गम-ए-दिल क्या करूँ	मजाज लखनवी	तलत
54.	मुहम्मद शफी	जिंदगी	अभी तो सजी है बहारों की	कैफी आजमी	लता
55.	रवि	गुमराह	चलो इक बार फिर से	साहिर लुधियानवी	

क्रम	संगीत-निर्देशक	फिल्म	गीत	गीतकार	गायक/गायिका
56.	जयदेव	अंजलि	रात के पिछले पहरों में	न्याय शर्मा	
57.	एन. दत्ता	चन्द्रकान्ता	मैंने चाँद और सितारों की तमन्ना	साहिर लुधियानवी	रफी
58.	दत्ताराम		फर्स्ट लव	बीते हुए दिन कुछ ऐसे	गुलशन बावरा
59.	उषा खन्ना	हम हिन्दुस्तानी	माझी मेरी किस्मत के	राजेन्द्र कृष्ण	लता
60.	इकबाल कुरैशी	ये दिल किसको दूँ	फिर आने लगी याद वही	कमर जलालाबादी	रफी
61.	कल्याणजी-आनन्दजी	दुल्हा-दुल्हन	हमने तुझको प्यार किया है जितना	इन्दीवर	मुकेश
62.	किशोर कुमार	दूर का राही	बेकरार दिल तू गाए जा	इरशाद	किशोर-सुलक्षणा पंडित
63.	आर.डी. बर्मन	तीसरी मंजिल	तुमने मुझे देखा होकर मेहरबाँ	मजरूह सुल्तानपुरी	रफी
64.	लक्ष्मीकान्त-प्यारेलाल	मि. एक्स इन बॉम्बे	मेरे महबूब कयामत होगी	आनन्द बख्शी	किशोर कुमार
65.	जी.एस. कोहली	शिकारी	तुमको पिया दिल दिया	फारुख कैसर	लता-उषा
66.	सी. अर्जुन	पुनर्मिलन	पास बैठो तबीयत मचल जाएगी	इंदीवर	
67.	सपन-जगमोहन	चेतना	मैं तो हर मोड़ पर	नक्श लायलपुरी	मुकेश
68.	सोनिक-ओमी	आबरू	जिन्हें हम भूलना चाहें	जी.एल. रावल	महेन्द्र कपूर
69.	जे.पी. कौशिक	आसमान महल	खूबसूरत है तेरी तरह शिकायत तेरी	अली सरदार	महेन्द्र कपूर
70.	कनु राय	उसकी कहानी	आज की काली घटा	कैफी आजमी	गीता दत्त
71.	हृदयनाथ मंगेशकर	चानी	तुम्ही हो मेरे अपने	भरत व्यास	लता
72.	दान सिंह	माय लव	गुजर गए जो हसीं जमाने	कैफी आजमी	आशा भोंसले
73.	रवीन्द्र जैन	दुल्हन वही जो पिया मन भाए	ले तो आए हो हमें सपनों के गाँव में	रवीन्द्र जैन	हेमलता
74.	राजेश रोशन	दूसरा आदमी	आओ मनाएँ जश्न-ए-मुहब्बत	मजरूह सुल्तानपुरी	किशोर-लता
75.	बप्पी लाहड़ी	चलते-चलते	चलते-चलते मेरे ये गीत	अमित खन्ना	किशोर कुमार
76.	आनन्द-मिलिन्द	कयामत से कयामत तक	पापा कहते हैं बड़ा नाम करेगा	मजरूह सुल्तानुपरी	उदित नारायण
77.	राम-लक्ष्मण	हम आपके हैं कौन	दीदी तेरा देवर दीवाना	देव कोहली	लता-बाला सुब्रह्मण्यम
78.	अनु मलिक	करीब	चोरी-चोरी जब नजरें मिलीं	राहत इन्दौरी	संजीवनी-कुमार सानू
79.	जतिन-ललित	दिलवाले दुल्हनिया ले जाएँगे	तुझे देखा तो ये जाना सनम	आनन्द बख्शी	लता-कुमार सानू
80.	ए.आर. रहमान	दिल से	चल छैयाँ-छैयाँ	गुलजार	सुखविन्दर/सपना अवस्थी
81.	विशाल भारद्वाज	ओंकारा	नमक इश्क का	गुलजार	रेखा भारद्वाज/राकेश पंडित